[제2전정판]

공탁법해설

[형사공탁의 특례]

최 돈 호 저

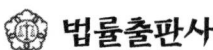 법률출판사

■ 머리말

2019년 5월 30일 〈전정판 공탁법해설〉이 나온 지 어언간 4년이 흘렀다. 그 동안에 공탁법이 개정(2020년 12월 8일 법률 제17567호)되면서 '형사공탁의 특례'(공탁법 제5조의2)를 신설하였다. 공탁규칙은 무려 5회에 걸쳐 대폭으로 개정(2019년 6월 4일 대법원규칙 제2848호, 2019년 9월 17일 대법원규칙 제2859호, 2020년 11월 26일 대법원규칙 제2929호, 2021년 5월 27일 대법원규칙 제2982호, 2022년 10월 27일 대법원규칙 제3073호)되었다.

공탁법 일부개정에 따라 신설된 '형사공탁의 특례'에 따라 2022년 10월 27일 공탁규칙 일부개정으로 '제8장 형사공탁의 특례'가 신설되었다. 이에 따라 "형사공탁에 관한 업무처리지침(대법원행정예규 제1321호 2022.12.2.)"에서 공탁법 제5조의2 형사공탁과 그와 관련된 업무처리에 관하여 공탁규칙 제89조에 서 위임한 사항과 형사공탁의 구체적인 절차와 방법 및 그 시행에 필요한 세부적인 사항인 별지 양식을 규정한 내용 및 전정판 공탁법해설 출간 이후 공탁에 관련된 대법원 판례를 빠짐없이 수록하였다.

법원은 피고인에게 범죄의 정상(情狀)에 참작할 만한 사유가 있는 때에는 작량(酌量)하여 그 형을 감경할 수 있다(형법 제53조). 이때 법원이 참작(參酌)할 만한 사유는 형법 제51조가 기준이 된다. 법원이 형을 정함에 있어서는, "1) 범인의 연령, 성행(性行), 지능과 환경 2) 피해자에 대한 관계 3) 범행의 동기, 수단과 결과 4) 범행 후의 정황(情況)"을 참작하여야 한다(형법 제51조). '피해자(被害者)'란 범죄에 의하여 침해되거나 위협된 법익(法益)의 주체 (主體)를 말한다.

여기서 작량감경 사유인 "피해자에 대한 관계"라 함은 가해자인 피고인이 피해자에게 손해를 배상한 여부도 해당되므로, 형사사건의 피고인이 법원으로부터 그 형(刑)을 감경받기 위한 정상참작 사유로 피해자를 위하여 변제공탁을 하는 사례가 많으며, 특히 피고인이 "피해자의 인적사항을 알 수 없는 경우" 해당 형사사건이 계속 중인 법원 소재지의 공탁소에 공탁할 수 있도록 공탁법 개정으로 "형사공탁의 특례"가 마련되었다.

그동안 수집해 놓은 공탁에 관한 새로운 판례와 자료를 부족한 내용에 대폭 보완하고 보충하였다. 출판계의 경기침체에도 불구하고 본서를 계속하여 출간해 주신 법률출판사 김용성 사장님과 원고 정리 및 교정에 정성을 다해준 한석희 실장님께 고마움을 전합니다.

저자가 편안한 마음으로 저술활동에 전력을 쏟도록 정성을 다하여 내조하는 사랑하는 아내와 자신의 일에 열의와 성의로 매진하는 아들 준규, 형규, 딸 원영의 성원과 사랑에 고마움을 전하며, 귀여운 손녀 주연, 윤서, 채현과 손자 윤호, 예준이가 언제나 건강하고 슬기롭고 지혜롭게 성장하길 기원합니다.

2023년 새 봄을 맞이하여

저자 씀

■ 머리말

공탁제도는 공탁을 하려는 자가 법령에 규정된 공탁원인사실에 따라 금전·유가증권 그 밖의 물품을 공탁소에 임치(任置)함으로써 일정한 법률상의 목적을 달성하는 제도이다. 공탁은 공탁원인(유효·적법하게 공탁할 수 있는 요건)에 의하여 변제공탁, 담보공탁, 집행공탁, 보관공탁, 몰취공탁, 혼합공탁으로 분류된다.

"변제공탁(辨濟供託)"은 변제자가 변제의 목적물을 채무의 이행에 갈음하여 공탁소에 임치하여 채무를 면하는 제도이다. 변제공탁은 연혁상 최초로 시작된 공탁으로서 변제대용(辨濟代用)으로 행해지는 공탁이므로 공탁에 의하여 채무자의 채무는 소멸하고 채권자는 공탁물 출급청구권을 갖게 된다.

"담보공탁(擔保供託)"은 기존 채권 또는 장래 피공탁자에게 손해가 발생할 가능성이 있을 때에 그 손해배상을 담보하기 위한 공탁으로서 기능상 재판상 담보공탁, 영업보증공탁, 납세담보공탁으로 나누어진다. 재판상 담보공탁은 당사자의 소송행위나 재판상의 처분으로 인하여 상대방이 받게 될 손해를 담보하기 위한 공탁이다. 영업보증공탁은 영업거래 등으로 발생할 피해자의 손해배상채권 등을 담보하기 위한 공탁이며, 납세담보공탁은 국세, 지방세 등의 징수유예 등을 담보하기 위한 공탁이다.

"집행공탁(執行供託)"은 강제집행 또는 보전처분절차에서 일정한 경우에 집행기관이나 집행당사자 또는 제3채무자가 민사집행법상의 권리·의무로서 집행목적물을 공탁하여 그 목적물의 관리와 집행법원의 지급위탁에 의한 집행당사자에의 교부를 공탁절차에 따라 행하게 하는 제도이다. 집행공탁은 다른 공탁과는 달리 집행절차의 일환으로서 집행절차를 보조하여 원활하게 하는 기능을 한다.

"보관공탁(保管供託)"은 목적물 그 자체의 보관을 목적으로 하는 공탁이다. 변제공탁, 담보공탁, 집행공탁은 궁극적으로 청구권의 만족을 위한 제도이나 보관공탁은 그와 같은 목적이 전혀 없고 단순히 목적물 자체의 보관·관리를 위한 공탁이다. 보관공탁은 피공탁자가 원시적으로 존재하지 아니하므로 공탁물 출급청구권도 없다.

"몰취공탁(沒取供託)"은 일정한 사유가 발생했을 때 공탁물을 몰취(沒取)함으로써 소명을 갈음하는 선서 등의 진실성 또는 상호가등기제도의 적절한 운용 등을 간접적으로 담보하는 기능을 수행하는 제도이다.

"혼합공탁(混合供託)"이란 공탁원인사실 및 공탁근거법령이 다른 실질상 두개 이상의 공탁을 공탁자의 이익보호를 위하여 하나의 공탁절차에 의하여 하는 공탁을 말한다. 혼합공탁은 주로 채권자 불확지 변제공탁사유와 집행공탁사유가 함께 존재하여 하나의 공탁절차에 의하여 공탁이 이루어진다.

공탁신청은 원칙상 공탁원인사실이 수개일 경우에는 공탁원인별로 따로 신청하여야 한다. 그러나

1개의 채무에 관하여 법률관계가 얽힐 경우 그 채무에 대하여 법률상 근거를 달리하는 여러 개의 공탁원인이 발생하여 공탁자가 어느 공탁원인에 따라 공탁을 하여야 할 것이지를 판단하기 어려운 경우가 있다. 이 경우에 위 원칙에 따라 공탁원인별로 수개의 공탁을 하도록 한다면 사실상 공탁자에게 이중의 공탁을 강요하는 것이 되고, 또한 공탁자로 하여금 이중변제의 위험을 부담하도록 하는 것이 되어 부당한 결과가 된다.

이러한 문제를 해결하기 위하여 대법원은 1996.4.26. 96다2583 판결에서 하나의 채무에 대하여 변제공탁과 집행공탁의 사유가 동시에 발생한 경우에 위 두 가지 공탁을 하나의 공탁절차에 의하여 공탁할 수 있고, 그 공탁은 변제공탁과 집행공탁의 효력이 있다고 판시함으로써 소위 '혼합공탁(混合供託)'의 개념을 정면으로 인정하였다.

공탁은 공탁자가 자기의 책임과 판단 아래 하는 것으로서, 공탁자는 자신의 의사에 좇아 변제공탁이나 집행공탁 또는 혼합공탁을 선택하여 할 수 있다. 공탁자가 그 중 어떠한 종류의 공탁을 하였는지는 피공탁자의 지정여부, 공탁의 근거가 되는 법령조항, 공탁원인사실 등을 종합적 · 합리적으로 고려하여 판단되어야 한다.

공탁이란 법령의 규정에 따른 원인에 기하여 금전 · 유가증권 · 기타의 물품을 공탁소에 임치하는 것이므로 공탁은 반드시 법령에 근거하여야 하며 당사자가 임의로 할 수 없다. 이와 같이 공탁을 할 수 있는 법령을 공탁근거법령이라고 하며, 공탁서에는 '공탁을 하게 된 관계법령의 조항'을 반드시 기재하게 되어 있다. 수개의 법조항이 하나의 공탁근거법령을 이루고 있는 경우에는 이를 모두 공탁서에 기재하여야 한다.

공탁관은 공탁당사자의 공탁신청이나 공탁물의 출급 · 회수청구에 대하여 그것이 절차상 · 실체상 일체의 법률적 요건을 구비하고 있는가의 여부를 심사하며, 그 심사방법은 공탁사무의 신속을 도모하기 위하여 공탁법규가 정하는 공탁서 또는 공탁물 출급 · 회수청구서, 공탁기록 등 첨부서면만에 의하여 심사하는 형식적 심사주의(서면심사주의)에 의하며, 그 한계를 넘어 실질적 심사를 할 수 없다.

공탁관이 공탁신청이나 공탁물 출급 · 회수청구서를 심사한 결과 공탁신청사유가 존재하지 않는 것이 분명한 경우 또는 공탁물 출급 · 회수청구자에게 실체상 지급청구권이 없음이 명백한 경우에는 공탁신청이나 공탁물 출급 · 회수청구를 불수리(不受理)할 수 있다. 공탁관이 불수리할 경우에는 이유를 적은 결정으로 하여야 한다.

공탁관의 처분(수리, 인가, 불수리)에 대하여 불복하는 자는 관할 지방법원에 이의신청을 할 수 있다. 관할 지방법원은 이의신청에 대하여 이유를 붙인 결정(決定)으로써 하며, 이 경우 이의가 이유 있다고 인정하면 공탁관에게 상당한 처분을 할 것을 명하여야 한다.

공탁관의 '수리처분(受理處分)'에 대하여도 이의신청이 가능하다는 견해가 있으나 '불수리처분(不受

理處分)'에 대하여만 의의를 할 수 있고 수리처분에 대하여는 이의를 할 수 없다는 견해(서울지방법원 1999.6.14. 99파168, 대결2001.6.5. 2000마2605)가 있다. 일본의 공탁실무도 공탁신청 또는 공탁물 지급청구가 인용된 경우에는 공탁절차구조로 보아서 이의신청에 대한 심사청구의 대상이 아니라고 하고 있다.

2017년 3월 31일 법률출판사에서 "공탁법 해설"을 발행한 이후 공탁법이 개정(2018.12.18. 법률 제15791호)되어 시행되고 있으며, 공탁예규도 많이 제정 또는 개정되었다. 이에 따라 기존 공탁법 해설의 내용을 수정·보완할 필요성이 대두되어 본서를 발간하게 되었다. 본서에서는 개정된 공탁법과 공탁에 관련된 대법원 판례와 해설을 많이 인용·보완하였고, 그 동안의 새로운 공탁예규·공탁선례 등을 반영하였다.

제2장 제19절 "공탁금의 법정이율 '연 1만분의 35'의 문제점"에서는 공탁법 전부개정법률(2007년 3월 29일 법률 제8319호)에 의하여 공탁금의 보관·관리 등과 관련된 공탁금보관은행의 지정 및 적격심사 등의 사항을 효율적으로 처리하기 위하여 공탁금관리위원회(법인)를 설립하고, 공탁금을 보관하는 은행은 매년 공탁금운용수익금의 일부를 위원회에 출연할 수 있도록 하였다. 공탁에 관한 사무를 관장·감독하는 법원은 대법관회의의 의결로 공탁금의 이자에 관한 규칙을 수차 개정하면서 종전의 공탁금의 이율 '연 2푼'을 현재의 '연 1만분의 35'로 대폭 인하한 문제점을 지적했다.

본서가 공탁에 관된 법령의 해설서로서 공탁사무를 처리하는 공탁관은 물론 공탁업무를 처리하는 변호사·법무사·공탁제도를 이용하는 분들에게 실무지침서로서의 역할을 할 수 있기를 기대한다. 아울러 어려운 여건임에도 불구하고 본서를 출간한 법률출판사 김용성 회장님과 원고정리와 교정에 정성을 다해준 한석희 실장님에게 고마움을 전한다.

저자가 저술활동을 할 수 있도록 정성을 다하여 도와주는 사랑하는 아내와 아들 준규, 형규, 딸 원영의 성원과 사랑에 고마움을 전하며, 귀여운 손주 주연, 윤서, 채현, 예준이가 언제나 건강하고 슬기롭고 지혜롭게 성장하길 기원합니다.

2019년 3월 새봄을 맞이하여
저자

■ 머리말

2012년 1월 31일 "공탁의 이론과 실무"가 발간 된 후 5년이 지나는 동안 공탁법이 2회, 공탁규칙이 3회에 걸쳐 개정되었고, 이에 따라 각종 공탁서, 공탁통지서, 출급 및 회수 청구서, 기타 공탁사무 문서양식이 수차례 개정되었다.

그 과정에서 공탁에 관련된 새로운 대법원판례가 나왔으며, 기존의 공탁업무에 관련된 대법원 행정예규의 신설·개정이 있었고, 공탁 선례가 나오게 되었다. 이러한 사정으로 인하여 이미 발간된 "공탁의 이론과 실무"의 전 부분을 수차에 걸쳐 수정·가필함으로서 그 내용을 다듬고 손질하여 많이 보완하였다.

공탁은 공탁자가 자기의 책임과 판단으로 하는 것으로서 공탁자는 자신의 의사에 쫓아 변제공탁, 담보공탁, 보관공탁, 집행공탁, 혼합공탁을 선택하여 할 수 있다. 그러나 공탁은 반드시 법령에 근거하여야 하고 공탁자가 임의로 할 수는 없다.

따라서 공탁은 공탁의 권리·의무를 규정하고 있는 법령에 근거하여야 하며, 각종 공탁서 및 공탁물 출급·회수청구서의 기재사항 및 첨부서면이 법령의 규정에 위반한 경우에는 공탁관은 공탁신청이나 공탁물 출급·회수청구를 불수리하게 된다.

이와 같이 공탁신청 및 공탁물 출급·회수 업무는 법률사무로서 공탁의 권리 또는 의무를 규정하고 있는 각종 공탁근거법령에 관한 정확한 이해를 필요로 하는 분야이다.

본서는 현재까지 개정된 공탁에 관련된 법규와 새로 나온 대법원 판례, 공탁예규, 공탁선례 등을 반영하여 공탁의 이론과 실무를 종합적으로 분류·정리하여 체계화하도록 노력하였으나 아직도 그 내용이 부족하거나 미비한 점이 많다고 본다. 이러한 분야는 계속하여 연구 보완할 것이다.

본서가 법원에서 공탁사무를 처리하는 공탁관은 물론 공탁관련 업무를 처리하는 변호사·법무사, 공탁제도를 이용하는 개인 등에게 실무지침서로서의 역할을 다할 수 있기를 기대한다. 아울러 어려운 여건임에도 불구하고 본서를 출간한 법률출판사 김용성 회장님과 원고정리와 교정에 정성을 다해준 한석희 실장님의 노고에 고마움을 전한다.

저자가 언제나 편안한 마음으로 저술활동을 할 수 있도록 정성을 다하여 도와주는 사랑하는 아내와 성실한 아들 준규, 형규, 딸 원영의 성원과 사랑에 고마움을 전하며, 저자의 희망이요 꿈인 귀여운 손주 주연, 윤서, 채현, 윤호, 예준이가 언제나 건강하고 슬기롭고 지혜롭게 성장하길 기원합니다.

2017년 3월의 새봄을 맞이하여
저 자

■ 머리말

2010년 7월 21일 공탁법총람 발행 이후 공탁규칙의 일부개정(공탁규칙 일부개정규칙. 대법원규칙 제2272호. 2010. 2. 1. 공포. 시행일 2010. 2. 1.)으로,

첫째, 공탁통지서의 발송을 위한 봉투의 제출에 갈음하여 공탁통지서를 공탁신청서에 첨부하여 제출하도록 하였고(규칙 제23조),

둘째, 출급. 회수청구인이 법인 아닌 사단이나 재단인 경우에는 대표자의 자격을 증명하는 서면에 그 사실을 확인하는데 상당하다고 인정되는 2명 이상의 성년인 사람이 사실과 같다는 뜻과 성명을 적고 "인감도장을 찍은 다음, 인감증명서를" 첨부하도록 한 것을 인감도장과 인감증명서에 갈음하여 "자필서명을 한 다음 신분증사본"을 첨부하도록 하였다(규칙 제38조 제2항).

셋째, 공탁물 출급. 회수청구서에 공탁통지서나 공탁서를 첨부할 수 없는 때에는 공탁관이 인정하는 2명이상이 연대하여 그 사건에 관하여 손해가 생기는 때에는 이를 배상한다는 "보증서(인감 날인)와 인감증명서"를 제출하도록 한 것을 인감의 날인 및 인감증명서의 제출에 갈음하여 "자필 서명한 보증서와 신분증 사본"의 제출로 갈음할 수 있도록 하였다(규칙 제41조 제1항).

또한 공탁사무 문서양식에 관한 예규 일부개정예규(대법원 행정예규 제895호. 2011. 5. 30. 시행일 2011. 5. 31.)에 따라,

1. 별표 양식목록에 신설양식{양식번호 1-9 금전공탁서(형사사건용). 2-4 금전공탁통지서(형사사건용)}을 추가하고, 재판상 보증공탁의 양식(제1-2 호 양식) 중 불필요한 부분을 일부 삭제함.

2. 공탁금 출급. 회수 청구서(제8-1호 양식)의 "청구 및 이의유보 사유"란 및 "첨부서류"란에 예시를 적어 체크하도록 양식을 변경함.

3. 공탁규칙 제38조 제2항의 개정으로 출급. 회수청구인이 법인 아닌 사단이나 재단인 경우에는 대표자의 자격을 증명하는 서면에 그 사실을 확인하는데 상당하다고 인정되는 2명 이상의 성년인 사람이 사실과 같다는 뜻과 성명을 적고 인감도장을 찍은 다음 인감증명서를 첨부하였는데 보증인의 인감증명서의 첨부에 갈음하여 자필 서명한 신분증사본을 첨부하도록 하였으며 이에 따라 보증서 양식을 일부 변경하였다(제10호 양식).

4. 형사사건으로 인해 변제공탁을 할 경우 공탁서에 형사사건의 표시부분을 두고, 별지로 제출하던 회수제한신고서 대신 회수제한신고취지를 공탁서에 기재할 수 있도록 형사사건용 공탁서양식과 형사사건용 공탁통지서 양식을 각 신설하였다(제1-9호 양식. 제2-4호 양식).

5. 원거리에서의 1,000원 이하 공탁금지급청구에 있어서 접수공탁소와 관할 공탁소가 다르므로 원거리신청용 공탁금 계좌입금신청서양식을 신설하였다(제9-4호 양식).

6. 상대적 불확지 공탁사건 등에 있어서 공탁금 지급청구인이 상대방에게 동의(승낙)서를 받고자 할 때 관련 동의서(승낙서)양식을 신설(제18호 양식)하는 등 공탁사무에 관한 양식이 개정되었다.

이에 따라 2010년 7월 21일에 발행한 공탁법총람에 공탁규칙 일부개정규칙과 변경된 공탁사무문서양식을 반영함과 동시에 수차에 걸쳐 내용을 정성을 다하여 다듬고 손질을 하였다.

공탁에 관한 대법원판례는 판례공보 제383호(2011년 12월 1일)에 게재된 내용까지 인용하였으며, 공탁에 관한 대법원 행정예규와 공탁선례는 2011년 12월까지 나온 것을 전부 인용하였다.

이 책을 이용하는 독자의 편의를 위하여 목차를 총목차. 사항별목차로 구분하였고, 색인을 판례색인. 예규색인. 선례색인. 사항색인. 서식색인으로, 서식색인을 다시 변제공탁서식. 보증공탁서식. 집행공탁서식. 공탁금출급청구서식. 공탁금회수청구서식. 공탁금이자청구서식으로 세분하여 필요한 사항이나 각종 서식을 무엇이나 즉석에서 손쉽게 찾아 볼 수 있도록 하였다.

본서가 공탁업무에 종사하는 공탁관. 변호사. 법무사 등이 공탁업무를 신속, 정확하게 처리함에 이바지할 수 있기를 기대합니다.

출판업계의 어려운 형편에도 불구하고 이 책을 발간해 주신 법률출판사 김용성 사장님의 노고에 감사드립니다.

2012년 1월 임진년 새해를 맞이하여
저 자 씀

■ 머리말

2008년 6월 26일 『신 공탁법』을 발간한 후 2년 사이에 공탁에 관한 새로운 판례, 예규, 선례가 많이 나왔으며, 집행공탁에 관한 예규는 수차 개정되었다. 따라서 새로 출간한 본 『공탁법총람』에서는 2010년 6월까지의 공탁에 관한 새 판례, 예규, 선례와 새로운 이론을 대폭 보완 추가하였다.

또한 『신 공탁법』에서 다소 미흡하였던, 집행공탁, 혼합공탁, 토지수용보상금의 공탁, 공탁서 정정 등에 관하여 그 내용을 빠짐없이 보강하려고 노력하였으며, 각종 공탁서의 새로운 서식을 공탁유형에 따라 많이 추가하였다.

대법원은 공탁물보관자 지정절차의 투명성, 전문성을 제고하고 기존 공탁금보관은행에 대한 감독을 강화하기 위하여 공탁물관리위원회를 대법원장의 자문기관으로 설치하였으며, 공탁금보관은행으로부터 공탁금 운용수익금의 일부를 출연 받아 법률구조사업 등 공익사업에 사용할 수 있도록 하기 위하여 법인형태의 공탁금관리위원회를 설치하였는데 이에 대하여 상술하였다.

천학비재한 저자가 학문적으로 정진할 수 있도록 항상 용기를 북돋아 주시고 분에 넘치는 격려와 칭찬을 아끼지 아니하시는 전 헌법재판소장 윤영철님과 전 감사원장 이시윤 박사님께 깊은 감사를 드립니다.

경제적으로 너무나 어려운 여건임에도 불구하고 알찬 내용의 책을 만들고자 하는 사명감으로 저자의 모든 요구를 받아주며 짧은 기간 내에 출간한 법률출판사 김용성 사장님의 노고에 경의를 표합니다.

언제나 저자가 연구 활동에 전념할 수 있도록 온갖 정성을 다하여 도와주고 있는 사랑하는 아내와 자신의 업무에 성실하게 최선의 노력을 다하고 있는 아들 준규, 형규, 딸 원영이에게 고마움을 전하며, 사랑스런 손녀 윤서, 외손녀 주연, 채현이가 한 송이 백합같이 언제나 건강하고 아름답게 잘 자라기를 기원합니다.

2010년 6월
저자 씀

■ 머리말

2003년 12월 10일 전정판 공탁법을 발간 후 5년 사이에 공탁법 및 공탁사무처리규칙(현행 공탁규칙)이 수차에 걸쳐 개정(전면개정)되었다.

첫째, 2007년 3월 29일 법률제8319호 공탁법 전부 개정 법률에 의하여 대법원장이 공탁금 보관은행을 지정하는 경우에 해당 지방법원장의 의견을 듣고 공탁금 관리위원회의 심사를 거치도록 의무화하며, 특별한 사정이 있는 경우에는 공탁물보관자가 공탁물을 처분 할 수 있는 근거를 마련하였고, 공탁금 관리위원회가 공탁금 보관은행으로부터 공탁금 운용 수익금의 일부를 출연 받아 법률 구조사업 등 공익사업에 사용 할 수 있는 법적 근거를 마련하였고, 2008년 3월 21일 공탁법 일부 개정 법률에 의하여 법 문장을 원칙적으로 한글로 하였고 어려운 용어를 쉬운 용어로 바꾸는 등 국민이 이해하기 쉽게 공탁법을 정비하였다.

둘째, 공탁사무 처리규칙이 대법원규칙 제1957호(2005.9.21), 제2044호(2006.10.13), 제2079호 (2007.3.29), 제2147호(2007.12.31)로 각 개정되었고, 공탁문서 처리에 관한 예규(대법원 행정예규 제 742호, 2008.2.15)의 제정에 따라 공탁서, 공탁물 출급, 회수 청구서 등 공탁사무 문서양식이 전면 개정되었으며, 공탁물의 출급, 회수청구시의 공탁통지서와 공탁서, 인감증명서의 첨부의무를 공탁금액의 다소에 따라 완화하였고, 보증지급절차의 개선과 최고지급절차의 폐지 및 공탁물 출급, 회수시 공탁금액 5,000만 원(관공서나 비법인 사단, 재단의 경우 1000만원) 이하인 경우에는 공탁통지서 또는 공탁서 첨부 의무를 삭제하는 등 전반적인 개정이 이루어졌다.

위와 같이 공탁법과 공탁사무 처리규칙(2007.3.29, 대법원규칙 제2079호로 공탁규칙으로 개정됨)의 전면 개정에 따라 종전의 "전정판 공탁법"을 전반적으로 개정하게 되었으며, 이에 따라 미흡한 부분을 대폭 보완하였고 2008년 5월까지의 공탁에 관한 대법원 판례와 예규, 선례 등을 추가하였다.

특히 민법, 상법, 기타 법령에 의한 각종 공탁 및 집행공탁, 혼합공탁 등에 관하여 자세한 설명을 하였으며, 독자의 편의를 위하여 색인을 판례색인, 예규색인, 선례색인, 사항색인, 각종 서식색인(공탁서, 공탁물 출급, 회수청구서 등)으로 세분하였다.

저자가 학문적 자세로 정진할 수 있도록 항상 용기를 북돋아 주시는 이시윤 박사님께 깊은 감사를 드리며, 이 책의 출간을 위하여 직접 교정을 하는 등 노력과 정성을 다 해온 법률출판 김용성 사장님과 편집부 직원 여러분의 노고에 감사의 뜻을 전합니다.

2008. 6
저자 씀

■ 추천사

공탁법이 시행된 지 44년이 지나도록 공탁에 관한 종합적이고 체계적인 완벽한 기준을 담은 해설서가 나오지 못한 것으로 보인다. 본인은 법원에 재직시 법원행정처 법정국장으로 근무한 바 있어 등기 · 공탁 · 호적 등 법정업무에 많은 관심을 가지게 되었다.

이번에 발간하게 되는 「공탁법」의 저자와는 법원에 재직시 네 번이나 함께 근무할 수 있는 기회를 가지게 되었는데, 저자는 자신이 담당하는 업무에 관하여 분야별로 평소에 꾸준히 각종 자료(관련법규 · 판례 · 예규 · 선례 · 논문 등)를 분류 · 정리하여 "자료뱅크"라는 별명을 들을 정도로 성실하게 학구적인 노력을 게을리 하지 아니함을 옆에서 보아 왔다.

저자가 서울지방법원 북부지원과 서울지방법원 등에서 공탁공무원으로 직접 공탁업무를 처리함은 물론 법무사개업 후에는 명지대학교 · 경북전문대학 서울캠퍼스 · 대한법무사연수원 등에서 부동산등기법 · 공탁법강의를 하는 등 오랫동안 부동산등기와 공탁분야에 관하여 꾸준한 각고의 연구 끝에 알찬 내용을 담은 「공탁법」을 저술하였다는 소식을 들으니 그 기쁨은 어디에 비할 수가 없다.

본서는 공탁에 관련된 각종 법규와 대법원판례 · 예규 · 선례를 망라하여 종합적으로 서술하였고, 공탁에 관한 이론과 실무를 연결시킨 것으로 공탁법의 좌표를 확립해 주는 독보적인 기념물이라고 볼 수 있겠다.

특히 본서는 공탁에 관한 이론과 실무를 독자들로 하여금 알기 쉽게 하기 위하여 본문해설 바로 다음에 그에 관련된 예규 · 선례를 낱낱이 인용한 후 그에 따른 각종 서식을 예시함으로써 공탁에 관한 이론과 실무를 연결시켜 이 한 권의 책만으로도 공탁에 관한 연구와 실무에 부족함이 없을 만큼 완벽을 기한 것으로 생각된다.

전문가만의 연구과제가 아니라 최근에는 교통사고로 인한 변제공탁 · 집행공탁 · 토지수용보상금공탁 등 각종 공탁사건이 증가추세에 있으므로 이제 공탁법은 개인의 생활과도 밀접한 관계를 맺고 있다. 이러한 변화 속에서 본서가 공탁업무를 처리하는 실무가뿐만 아니라 일반인에게도 큰 도움이 될 것으로 믿어 이 책을 널리 추천하는 바이다.

박영사가 우리나라의 법률문화향상에 기여한 바 지대함은 주지의 사실로서, 그 중에서 본서의 간행은 특기할 만한 공헌이라고 할 것이다. 그러한 뜻에서 박영사 안종만 회장님의 열의에 경의를 표하며, 앞으로도 더욱더 훌륭한 저서가 계속 발간되기를 기대하는 바이다.

2002년 3월
헌법재판소장 윤 영 철

■ 감수사 서문

공탁의 권리·의무를 규정한 법규로는 공탁실체법인 민법·상법·어음법 등과 공탁절차법인 공탁법·공탁사무처리규칙·공탁금의이자에관한규칙·민사소송법·가사소송법·파산법·회사정리법·국세기본법·국세징수법·관세법·토지수용법 등 각종 법령이 있으며, 공탁에 관한 판례·예규·선례 등이 집적되어 공탁사무를 처리하는 공탁공무원은 물론 공탁업무에 종사하는 실무가들에게 공탁에 관련된 법규·판례·선례 등을 해설한 체계서의 간행이 절실히 요구되어 왔다.

본서는 이러한 요청에 부응하여 공탁에 관련된 각종의 법령과 판례·예규·선례·서식 등에 이르기까지 공탁에 관련된 모든 자료를 종횡으로 연결하면서 구체적인 공탁사건을 중심으로 체계적으로 해설하여 누구나 공탁업무에 손쉽게 접근할 수 있는 길잡이가 될 수 있도록 하였다. 저자의 치밀한 성격, 장기간에 걸친 자료수집 그리고 연구성과의 정성이 한 눈에 보이는 것 같다.

저자는 본인이 서울고등법원 부장판사로 재직시에는 참여사무관으로, 수원지방법원장으로 재직시에는 감사관으로 근무한 바 있는데, 그때 저자는 매사에 주도면밀함과 오로지 연구에만 쏟는 부단한 학구열에 경탄한 바 있으며, 그 후 저자는 대학에서 부동산 등기법을 강의하면서 부동산등기법강의 등 수 권의 저서를 발행하는 등 꾸준히 연구 활동을 계속해 오던 터에 서울지방법원본원 및 북부지원 등에서 공탁공무원으로서 쌓은 실무경험과 틈틈이 연구한 실적을 집대성하여 이번에 공탁법 저서를 내어 이 분야에 커다란 이정표를 세웠다.

본서는 공탁업무에 종사하는 공탁공무원은 물론 변호사에게. 나아가 법무사, 법원승진시험 및 법무사 시험 준비생들에게 필요하고 유익한 반려자가 될 수 있을 것으로 믿어 의심치 않으며, 외국저서의 모사판이나 자료집 정도에 그치기 쉬웠고 학문적으로 연구의 소외지대가 되어 공탁에 관한 기존의 빈번한 저서나 논문이 없는 현실에서 공탁에 관한 귀중한 문헌으로서 실무처리의 지침서가 될 것으로 믿어 이 책을 널리 추천하는 바이다.

2002년 3월
전 감사원장
법학박사·변호사 이 시 윤

■ 차 례

1. 총목차

2. 사항별 목차

제1장 ┃ 총   론

제2장 | 각 론

부 록

2. 양 식

제1장 총 론

제 1 절 공탁제도

　민법 제487조 이하의 공탁은 변제공탁으로서 변제자가 변제의 목적물을 채무의 이행에 갈음하여 공탁소에 임치하고 채무를 면하는 제도이다. 변제공탁제도는 채무의 이행에 채권자의 협력을 필요로 하는 경우에 채권자의 협력 없이 채무를 면할 수 있다는 점에서 의미를 가진다.

　변제공탁제도는 채무자가 채무의 목적물을 공탁소에 공탁함으로써 채무를 면하게 하는 변제자를 위한 제도로서 그 공탁이 국가의 후견적 관여하에 이루어진다고 하더라도 본질적으로는 사인 간의 법률관계를 조정하기 위한 것이므로, 우리 공탁제도는 채무자(공탁자)가 공탁을 함에 있어서 채권자(피공탁자)를 지정할 의무를 지며{공탁사무처리규칙 제19조 제2항 (바)목, 제20조 제3항, 제27조의2, 현행 공탁규칙 제20조 제2항 제5호, 제21조 제3항, 제30조 제6항} 공탁공무원(현행법의 공탁관)은 형식적 심사권만을 갖고 채무자가 지정해 준 채권자에게만 공탁금을 출급하는 등의 업무를 처리하는 것(같은 규칙 제29조, 제30조, 현행규칙 제32조, 제33조)을 그 기본 원리로 삼고 있다(대판 1997.10.16. 96다11747 전원합의체판결).

　공탁이라 함은 변제(민법 제487조 제 488조 등). 담보(민사소송법 제117조 제214조 제502조 등). 보관(상법 제491조 제4항 제492조 제2항, 담보부사채신탁법 제50조 제3항 제84조 제2항, 신탁법 제70조 제1항 등)등의 목적으로 금전, 유가증권, 기타의 물건을 공탁소에 임치(민법 제693조)하는 것을 말한다. 공탁은 법령에서 정한 목적의 달성에 기여하는 제도로서 공탁에 의하여 달성하고자 하는 목적은 공탁의 근거법령에 따라 각각 다르다.

공탁은 공탁자가 자기의 책임과 판단 아래 하는 것으로서, 공탁자는 자신의 의사에 좇아 변제공탁이나 집행공탁 또는 혼합공탁을 선택하여 할 수 있다. 그리고 공탁자가 그 중 어떠한 종류의 공탁을 하였는지는 피공탁자의 지정 여부, 공탁의 근거가 되는 법령조항, 공탁원인사실 등을 종합적·합리적으로 고려하여 판단되어야 한다(대판 2012.1.12. 2011다84076 공탁금 출급 청구권 확인).

공탁은 공탁원인에 의하여 변제공탁, 보증(담보)공탁, 집행공탁, 혼합공탁, 보관공탁, 몰취공탁으로, 시간적 단계에 의하여 기본공탁, 대공탁, 부속공탁으로, 공탁물에 의하여 금전공탁, 유가증권공탁, 물품공탁 등으로 구분할 수 있다.

공탁은 반드시 법령에 근거하여야 하며 당사자가 임의로는 할 수 없다(공탁규칙 제20조 제2항 4호 참조). 공탁의 권리, 의무를 규정하고 있는 법령을 공탁 근거법령이라 한다.

공탁소에 금전, 유가증권, 기타 물품을 임치(민법 제693조)하는 자를 "공탁자"라고 하며, 공탁에 의하여 공탁소로부터 공탁물을 수령할 자로 지정된 자를 "피공탁자"라고 한다. 공탁자와 피공탁자를 합하여 공탁당사자라고 한다.

공탁사무를 관장하는 기관을 "공탁소"라고 하며 법원조직법상 공탁사무는 법원이 관장 또는 감독한다(법원조직법 제2조 제3항). 법령에 따라 행하는 공탁사무는 지방법원장이나 지방법원 지원장이 소속 법원서기관 또는 법원사무관 중에서 지정하는 자("공탁관"이라 한다)가 처리한다. 공탁관은 공탁사무 처리에 있어 단독제의 국가기관으로서 자기명의로 공탁신청에 대하여 법률상 요건의 구비여부를 심사하여 수리, 불수리 등 처분을 하고 이에 대하여 대외적 책임을 진다.

대법원장은 법령에 따라 공탁하는 금전, 유가증권, 그 밖의 물품을 보관할 은행이나 창고업자를 지정한다(법원조직법 제3조 제1항).

Ⅰ. 공탁법의 제정

대한민국 정부수립 후에도 공탁제도에 관하여는 특별한 변화 없이 일제강점기의 공탁제도가 그대로 유지되었다. 그 후 1958년 7월 29일 법률 제492호로 공탁법이 제정 공포되어 공포일로부터 90일을 경과한 후에 시행됨에 따라 종래의 공탁에 관한 건(1922년 3월 9일 제령 제2호)은 폐지되었다. 이 공탁법은 법령의 규정에 의하여 행하는 공탁의 절차를 규정하고 있다. 이에 맞추어 1959년 1월 13일 법원조직법중개정법률(법률 제516호)에 의하여, 공탁이 법원의 관장 사무로 규정되어 법원행정처가 이를 총괄하게 되었다(법원조직법 제2조 제3항. 제19조 제2항).

공탁법의 시행에 필요한 사항은 대법원 규칙으로 정한다(공탁법 제41조).

Ⅱ. 공탁 관련 법규

1. 공탁물처리규칙

1958년 10월 16일 대법원규칙 제44호로 공탁물처리규칙이 제정 공포되었다. 이 규칙의 시행으로 1912년 12월 6일자 공탁물취급규칙과 1922년 3월 30일자 공탁국공탁물취급규칙이 폐지되었다.

공탁물처리규칙의 내용은 폐지된 위 2가지 규칙의 내용을 새로이 제정된 공탁법의 내용에 맞추어 정리한 것이다. 이 규칙은 1961년 3월 7일 대법원규칙 제78호로 개정되었는데, 이는 신민법의 시행에 맞추어 조문을 조정하기 위한 것이었다. 이 규칙은 1962년 7월 2일 대법원규칙 제129호 공탁규칙의 제정 공포로 폐지되었다(법원사 437면).

2. 공탁금의 이식(이자)에 관한 규칙

이 규칙은 1958년 10월 16일 대법원규칙 제45호로 제정 공포되어 그 달 28일부터 시행된 본문 3조와 부칙 1조로 구성된 대법원규칙이다. 이 규칙의 내용은 공탁금의 이식은 연 2분 4리로 하고 그 이자는 공탁금을 수입한 달과 지급하는 달은 이를 지급하지 아니하며, 금 천환 미만의 단수에 대하여는 이식을 부가하지 않는다는 것이다.

이 규칙은 1959년 2월 10일 대법원규칙 제49호로 1차 개정되어 이율이 '일변5리'로 조정되었고, 그 해 9월 1일 대법원규칙 제56호로 2차 개정되어 이율이 '일변3리'로 바뀌었다(위 법원사 438면).

1970년 9월 25일에는 대법원규칙 제425호로 「공탁금의이식에관한규칙」의 명칭을 「공탁금의이자에관한규칙」으로 바꾸고 조문을 전면 한글화한 후 수차례 개정되어 공탁금의 이자에 관한 규칙 일부 개정규칙(2018.5.29. 대법원규칙 제2790호)에 의하여 공탁금의 이자는 연 1만분의 35로 인하되었다{이 책 제2장 제11절 2. (3) 공탁금에 관한 법정이율 참조}.

3. 공탁사무처리규칙의 제정

1958년 제정 공포된 공탁법은 1960년에 들어서도 개정됨이 없이 그대로 유지되었으므로 공탁제도의 골간에는 특별한 변화가 없었다. 그러나 1962년 7월 2일 대법원규칙 제129호로 공탁사무처리규칙이 제정되어 그 해 7월 10일부터 시행됨으로써 종래의 공탁물처리규칙은 폐지되었다.

4. 공탁사무처리규칙의 개정

1962.7.2. 대법원규칙 제129호로 제정된 공탁사무처리규칙은 공탁사무를 합리적으로 처리하기 위하여 이에 관한 절차를 규정하여 시행되다가 2007.3.29. 대법원규칙 제2079호로 "공탁규칙"으로 제명이 개정되어 그 동안 2016.6.27. 대법원규칙 제2668호 등 수차 개정되었다.

Ⅲ. 공탁

1. 공탁의 개념

공탁이라 함은 금전·유가증권 기타의 물건을 공탁소에 임치하는 것, 즉 공탁자와 법률이 정하는 공탁기관과의 사이에 맺어지는 임치계약을 말한다. 공탁제도는 변제를 위하여, 담보를 위하여 또는 보관 등을 위하여 등의 목적으로 이용되나 여기서 공탁이라고 하는 것은 「변제대용으로서의 공탁」 즉 「변제공탁」을 말한다. 민법 제487조 이하에서 규정하는 공탁은 변제자가 변제의 목적물을 채무의 이행에 갈음하여 공탁소에 임치하고, 채무를 면하는 제도이다.

2. 공탁의 목적

변제공탁은 변제자가 변제의 목적물을 채무의 이행에 갈음하여 공탁소에 임치하고 채무를 면하는 수단이며, 이 공탁에 의하여 채무를 면할 수 있는 경우는 일반적으로 채권자의 수령거절·수령불능 및 채무자가 과실 없이 채권자를 확실히 알 수 없는 때이다. 담보공탁은 상대방에게 생기는 손해의 배상을 담보하기 위한 수단으로서 주로 민사소송법, 민사집행법, 세법 등에 그 예를 볼 수 있다. 보관공탁은 타인의 물건을 즉시 처분할 수 없는 경우에 일시공탁에 의하여 보관하는 제도이다. 따라서 공탁제도는 변제목적, 담보목적, 보관목적 등 여러 가지 목적을 달성하기 위하여 이용된다.

공탁은 법령에서 규정한 목적의 달성에 기여하는 제도로서 그 목적은 해당 근거법령에 따라 다르다.

3. 공탁 당사자

(1) 공탁자와 피공탁자

공탁소에 금전·유가증권 기타의 물품을 임치하는 자를 '공탁자'라고 하고, 공탁자에 의하여 공탁소를 통하여 공탁물을 수령할 자로 지정된 자 또는 공탁 본래의 목적에 따라 자기 이름으로 공탁소를 통하여 공탁물을 수령할 자를 '피공탁자'라고 하며, 공탁자와 피공탁자를 합하여 '공탁당사자'라고 한다.

(2) 공탁소

공탁소란 공탁절차를 주재하고 공탁물을 보관하는 공탁사무의 관장기관이다. 지방법원장 또는 지방법원지원장이 지정한 공탁관이 단독제 국가기관으로서 공탁소가 된다(공탁법 제2조 제1항).

법령에 따라 행하는 공탁사무는 지방법원장이나 지방법원지원장이 소속 법원서기관 또는 법원사무관 중에서 지정하는 자가 처리한다. 다만, 시·군법원은 지방법원장이나 지방법원지원장이 소속 법원주사 또는 법원주사보 중에서 지정하는 자가 처리할 수 있다(공탁법 제2조 제1항).

공탁은 본질적으로는 공탁자와 피공탁자 사이의 법률관계를 해결하기 위한 하나의 수단으로 공탁소가 관여할 뿐 공탁소는 본질적 의미에서의 당사자는 아니다.

변제자가 공탁하여야 할 장소는 채무이행지의 공탁소이나(민법 제488조 제1항) 공탁소의 토지관할에 관하여 공탁법에 이에 관한 규정이 없다. 채무자 등 공탁자가 금전변제공탁을 하는 경우에 한하여 공탁자(변제자인 채무자)의 주소지를 관할하는 공탁소(접수공탁소)에 공탁신청을 할 수 있다(법원 행정예규 제887호. 2011.2.7.).

Ⅳ. 공탁의 법적 성질

헌법재판소는 "공탁은 공탁자가 변제, 보증, 담보 등 특정목적을 이루기 위하여 금전, 유가증권, 물건 등을 국가(공탁소)에 보관시키고 국가는 이를 받아 보관하다가 일정한 권리자에게 지급하는 제도로서 공탁자의 편의를 위하여 국가가 공탁물을 보관하는 것이지 예금이 아니며, 공탁자가 공탁제도를 이용하는 것은 변제, 보증, 담보 등의 특정한 목적을 달성하기 위한 것이고 이자를 증식시키기 위한 것이 아니다."라고 판결 하였다(헌법재판소 1995.3.23. 헌마214 전원합의체판결).

공탁의 법률적 성질에 관하여는 학설이 대립하고 있다. 현재의 다수설은 제3자를 위한 임치계약이라고 한다. 즉 공탁은 공탁자와 공탁소가 채권자로 하여금 계약상의 권리를 취득하게 하기 위하여 체결하는 임치계약이라는 것이 다수설이다. 이에 대하여 공탁은 공법관계라는 소수설이 있다.

소수설에 의하면 공탁은 공탁관의 수탁처분으로 성립하는 것이며, 이 수탁처분은 공탁자의 신청에 기하여 행하여지는 것이기는 하지만 하나의 일방적인 행정처분이므로, 공탁을 공탁자와 공탁소(공탁관)와의 사법상의 계약으로 볼 수는 없다고 한다. 그러나 공탁은 공탁자에 대한 관계에 있어서 공탁소에 보관의무를 발생시키고, 채권자에게 공탁물교부청구권을 취득케 하므로 제3자(채권자)를 위한 사법상의 임치계약과 비슷한 관계를 포함하며, 따라서 그 한도에서 임치계약에 관한 민법의 규정이 원칙적으로 준용된다고 해석한다. 공탁은 행정관청의 일방적 행정처분이라는 것이 소수설의 견해이다.

공탁의 법률적 성질에 관하여 어느 설을 취하는가에 따라 공탁금지급청구를 직접 민사소송으로 할 수 있는가? 공탁금이 일단 지급된 후에 다시 공탁금지급청구를 할 수 있는가? 공탁금지급청구권의 소멸시효는 몇 년인가? 등에 대한 결론이 달라진다.

1. 사법관계설(제3자를 위한 임치계약)

공탁은 공탁자의 신청과 공탁관의 수리로 성립하는 사법상의 임치계약이며, 특히 변제공탁은 제3자(피공탁자)를 위한 임치계약이라는 설이 있다. 이 설에 의하면 공탁물지급청구가 공탁관에 의하여 거부된 때에는 국가를 상대로 민사소송을 제기할 수 있으며, 공탁물지급청구권은 민법상의 소멸시효에 걸린다고 한다.

민법상 임치는 무상(無償)을 원칙으로 하며 '금전의 임치'는 물건의 임치와 달리 보통 소비임치(消費任置라 함은 수치인이 계약에 의하여 임치물을 소비할 수 있는 경우를 말한다. 즉 임치에 있어서 목적물의 소유권을 수치인에게 이전하기로 하고, 수치인은 그것과 동종, 동질, 동량의 것을 반환하기로 하는 특약을 한 경우이다. 민법 제720조)로 행해진다.

최근의 대법원 판례는 「변제공탁제도는 채무자가 채무의 목적물을 공탁소에 공탁함으로써 채무를 면하게 하는 변제자를 위한 제도로서 본질적으로는 "사인간의 법률관계를 조정하기 위한 것"」이라고 판시한 바 있다(대판 1997.10.26. 96다11747).

공탁은 사법관계로 보게 되면 공탁관의 처분에 대한 불복(공탁법 제12조 참조)은 민사소송으로 제기할 수 있게 되고, 공탁금출급청구권을 채권으로 보아 민법 제162조 제1항에 따라 10년의 소멸시효에 걸린다고 보아야 한다.

판례

변제공탁제도는 채무자가 채무의 목적물을 공탁소에 공탁함으로써 채무를 면하게 하는 변제자를 위한 제도로서 그 공탁이 국가의 후견적 관여하에 이루어진다고 하더라도 본질적으로는 "사인간의 법률관계를 조정하기 위한 것"이므로, 우리 공탁제도는 채무자(공탁자)가 공탁을 함에 있어서 채권자(피공탁자)를 지정할 의무를 지며[공탁규칙 제19조 제2항 바목, 제20조 제3항, 제27조의2] 공탁관은 형식적 심사권만을 갖고 채무자가 지정해 준 채권자에게만 공탁금을 출급하는 등의 업무를 처리하는 것(동 규칙 제29조, 제30조)을 그 기본 원리로 삼고 있다(대판 1997.10.26. 96다11747).

2. 공법관계설(행정처분)

공탁은 공탁관의 수탁처분과 공탁물보관자의 공탁물수령으로서 성립하는 하나의 공법상의 법률관계이며 공탁관의 수탁처분은 공탁자의 신청에 기하여 행하여지는 것이기는 하지만, 그것은 하나의 일방적인 행정처분인 것이므로 공탁은 공탁자와 공탁소(공탁관)와의 계약으로 해석할 수 없다고 한다.

이 설에 의하면 공탁소는 국가기관으로서 적법한 공탁신청이 있는 한 공탁을 수리하여야 하며, 공탁신청이 부적법하면 각하 또는 불수리하여야 하며, 이해관계인은 공탁관의 처분에 대하여 공탁법상의 이의신청을 할 수 있는 점 등을 들어 공탁을 공법상의 법률관계로 보는 견해이며, 국가기관인 공탁관의 행위는 일종의 행정처분이라고 한다.

따라서 계약자유의 원칙이 적용되지 아니하며, 공탁관의 처분에 대하여는 민사소송을 제기할 수 없고, '이의신청'(공탁법 제12조) 기타 법률이 정하는 바에 따라야 한다고 본다. 공탁금지급청구권의 소멸시효기간에 대하여는 정부보관금에관한법률 제1조에 따라 5년이라고 한다.

판례는 '변제공탁은 공탁공무원의 수탁처분(受託處分)과 공탁물보관자의 공탁물수령으로 그 효력이 발생하여 채무소멸의 효과를 가져오는 것이고, 채권자에 대한 공탁통지나 채권자의 수익의 의사표시가 있는 때에 공탁의 효력이 생기는 것이 아니다(대판 1972.5.15, 72마401).'라고 함으로써 공탁의 법률적 성질을 공법관계(公法關係)로 보고 있다.

3. 절충설(공·사법관계 병존설)

공탁은 공법적인 면과 사법적인 면의 양면이 있어 전자를 규율하는 것은 공탁법이고, 후자를 규율하는 것은 민법의 규정이라는 설이다. 이 설은 공탁절차를 규율하는 공탁법에 의하면 공탁은 일방적 행정처분으로서 공법관계라고 하여야 할 것이나, 공탁의 실체 내지 법률적 효과를 규정하는 민법에 의하면 임치계약이라고 한다.

4. 대법원 판례

대법원은 최초에 사법관계설의 입장에서 판시(대판 1967.2.21. 66다2153, 1975.2. 25. 74다1531)를 한 적이 있으나, 1978.3.21. 78마30 결정에서 "일단 공탁금이 지급된 이상 그 지급이 잘못되었다 하더라도 공탁관계는 종료한다."고 설시하여 공법관계설을 취한 이래 공탁관의 처분에 대하여 불복이 있는 자는 공탁법 소정의 항고(이의신청)를 할 수 있고 공탁관에 대하여 법이 정한 절차에 의하여 공탁금지급청구를 하지 아니하고 직접 민사소송으로 국가를 상대로 공탁금지급청구를 함은 부당하다고 하여 공법관계설을 취하고 있다(대판 1991.7.12., 91다15447).

🔍 판례

채권자(피공탁자)를 불확지로 한 공탁의 경우 공탁금을 지급받기 위하여는 먼저 공탁법과 공탁규칙이 정하고 있는 절차에 따라 공탁관에게 공탁물출급청구를 하고, 그에 대한 공탁관의 불수리처분 등에 관하여 불복이 있는 때에는 공탁법소정의 이의신청(공탁법 제10조~제14조)을 통하여 다투어야 하며, 이러한 절차를 거침이 없이 국가를 상대로 직접 민사소송으로서 공탁금지급청구를 함은 허용되지 아니한다(대판 1992.7.28. 92다13011).

5. 법원의 실무

법원의 실무는 공탁금 및 동 이자의 출급 및 회수청구권의 소멸시효를 10년으로 보고 있으며(행정예규 제560호), 위 소멸시효기간이 지나면 공탁규칙 제61조에 의하여 국고 세입 전이라도 출급, 회수를 인가하여서는 안 되며, 공탁일로부터 15년이 경과된 미제공탁사건의 공탁금은 "편의적 국고귀속" 절차에 따라 일괄적으로 국가에 귀속시키고 있다(행정예규 제560호).

6. 금전공탁의 지급청구권의 소멸시효(10년)

공탁물이 금전인 경우(공탁법 제7조에 따른 유가증권상환금, 배당금과 제11조에 따른 물품을 매각하여 그 대금을 공탁한 경우를 포함한다) 그 원금 또는 이자의 수령, 회수에 대한 권리는 그 권리를 행사할 수 있는 때부터 10년간 행사하지 아니할 때에는 시효로 인하여 소멸한다(공탁법 제9조 제3항).

Ⅴ. 공탁근거법령

공탁이란 법령의 규정에 따른 원인에 기하여 금전, 유가증권 기타의 물건을 공탁소에 임치하는 것이므로 공탁은 반드시 법령에 근거하여야 하며 당사자가 임의로 할 수는 없다. 이와 같이 공탁을 할 수 있는 법령을 공탁근거법령이라고 하며, 공탁서에는 '공탁을 하게 된 관계법령의 조항'을 반드시 기재하게 되어 있다(공탁규칙 제20조 2항 4호). 법령에 "공탁하여야 한다," 또는 "공탁할 수 있다"라고 규정하거나 그 공탁근거 규정을 준용하거나 담보제공방법으로서 공탁을 규정한 경우에 한하여 공탁할 수 있으며, 그러한 규정이 없는 경우에는 공탁할 수 없다.

공탁근거법규는 각종 법령에 규정되어 있다.

Ⅵ. 공탁소

공탁소란 공탁절차를 주재하고 공탁물을 보관하는 공탁사무의 관장기관으로 지방법원장 또는 지방법원 지원장이 지정한 공탁관이 단독제 국가기관으로서 공탁소가 된다. 다만, 시법원 또는 군법원의 경우에는 지방법원장 또는 지방법원지원장이 소속 법원주사 또는 법원주사보 중에서 지정하는 자가 공탁사무를 처리할 수 있다(공탁법 제2조).

1. 공탁소의 의의

공탁소라 함은 법령의 규정에 의한 금전, 유가증권 기타의 물건에 관한 공탁사무를 취급하는 기관을 말한다. 공탁하여야 할 장소는 의무이행지의 공탁소이다(민법 제488조 1항).

공탁사무를 관장하는 국가기관은 법원이며(법원조직법 제2조), 그 법원은 지방법원과 동 지원 및 시·군법원에 공탁사무를 처리하는 부서(공탁계라고 함)를 두고 있으며, 이곳에서 지방법원장 또는 동 지원장이 공탁사무를 행하도록 지정한 법원서기관·법원사무관 등(공탁관)이 공탁사무를 자기 책임하에 처리한다.

법원의 공탁소가 제 기능을 다하기 위하여는 공탁절차의 주재자로서 공탁사무를 처리하는 동시에 한편으로는 공탁물보관시설을 갖추고 공탁물을 보관·관리하는 기능도 겸하는 것이 합리적이라 하겠으나, 보관시설을 갖추고 공탁물을 보관·관리하는 것이 법원의 업무측면에서 볼 때 기능적·능률적으로 부적절하므로 대법원장이 지정하는 은행 또는 창고업자가 공탁물의 보관업무를 수행하고 있다(공탁법 제3조).

2. 공탁소의 종류(공탁사무의 처리)

(1) 공탁관(공탁사무의 처리)

(가) 공탁관의 의의

1) 공탁관은 법령의 규정에 의하여 행하는 공탁사무를 처리하는 단독제의 국가기관인 법원공무원을 말하며, 공탁관은 단독으로 공탁소를 구성하며 자기 명의 및 자기 책임으로 독립하여 공탁사무를 처리한다.

공탁관은 지방법원장 또는 지방법원 지원장이 소속 법원서기관 또는 법원사무관 중에서 지정한다. 다만, 시·군법원의 경우에는 지방법원장 또는 지방법원 지원장이 소속 법원주사 또는 법원주사보 중에서 지정하는 자가 이를 처리할 수 있다(공탁법 제2조 제1항).

법원행정처장이 지정·고시하는 공탁소의 공탁사무는 대법원규칙으로 정하는 바에 따라 전산정보처리조직을 이용한 전자문서로 처리할 수 있다(공탁법 제2조 제2항).

2) 공탁관은 접수된 공탁서를 조사하여 수리 결정하고(공규 제25조), 공탁통지서를 발송하며(공규 제27조), 공탁물의 출급 및 회수를 인가한다(공규 제37조). 이해관계인은 공탁관의 처분에 대하여 그 소속법원에 이의신청을 할 수 있다(공탁법 제10조)

3) 공탁관은 소속지방법원장 또는 지원장의 감독하에 공탁사무를 처리하기는 하나 그 감독은 내부적 행정감독에 불과하고 지방법원장 또는 지원장의 보조기관이 아니며, 단독제의 국가기관으로서 자기 명의로 공탁당사자의 신청행위에 대하여 그것이 법률상 요건을 구비하고 있는가 여부를 심사하여 수리·불수리 등 처분을 하고 그에 대하여 대외적 책임을 진다. 법원행정처장은 공탁관의 재정보증에 관한 사항을 정하여 운용할 수 있다(공탁규칙 제56조).

(나) 대리공탁관의 지정

지방법원장 또는 지원장은 공탁관이 직무를 수행할 수 없는 경우에 대비하여 대리공탁관을 지정할 수 있으며(공탁규칙 제55조 1항), 이 대리공탁관도 자기 명의로 공탁사무를 처리하는 독립한 공탁관이며, 그가 처리한 공탁사무에 대하여 원 공탁관이 책임을 지는 것이 아니라 스스로 책임을 진다.

지방법원장 또는 지원장이 공탁관 또는 대리공탁관을 지정한 때에는 공탁물보관자에 대하여 그 성명과 인감을 알려주어야 한다(공탁규칙 제55조 2항).

(다) 현금등의 취급금지

공탁관은 지정된 공탁물보관자에게 공탁금과 공탁유가증권에 관한 계좌를 각 설치하여야 하며, 공탁금 등을 직접 납부받거나 보관할 수 없다(공탁규칙 제57조 1항). 그러나 대리공탁관은 별도의 계좌를 설치하지 아니하고 공탁관의 계좌를 이용한다(공탁규칙 제57조 2항).

(라) 시 · 군법원 공탁관의 직무범위

시 · 군법원 공탁관의 직무범위는 다음 각 호의 업무에 한한다(공탁규칙 제2조).

1. 변제공탁

   해당 시 · 군법원에 계속중이거나 시 · 군법원에서 처리한 소액사건심판법의 적용을 받는 민사사건과 화해 · 독촉 및 조정사건에 대한 채무의 이행으로서 하는 민법 제487조 · 제488조에 따른 변제공탁

2. 재판상 보증공탁

   가. 민사소송법 제117조 제1항에 따른 소송비용의 담보와 관련된 공탁

   나. 민사소송법 제213조에 따른 가집행선고와 관련된 공탁

   다. 민사소송법 제500조 제1항에 따른 재심이나 상소의 추후보완신청으로 말미암은 집행정지와 관련된 공탁

   라. 민사소송법 제501조, 제500조 제1항에 따른 상소제기나 변경의 소제기로 말미암은 집행정지와 관련된 공탁

   마. 민사집행법 제34조 제2항 제16조 제2항에 따른 집행문부여에 대한 이의신청과 관련된 공탁

바. 민사집행법 제46조 제2항·제44조에 따른 청구이의의 소의 잠정처분과 관련된 공탁

사. 민사집행법 제46조 제2항·제45조에 따른 집행문부여에 대한 이의의 소의 잠정처분과 관련된 공탁

아. 민사집행법 제280조·제301조에 따른 가압류 가처분명령과 관련된 공탁

자. 민사집행법 제286조 제5항, 제301조에 따른 가압류 가처분 이의에 대한 재판과 관련된 공탁

차. 민사집행법 제288조 제1항, 제307조에 따른 가압류 가처분취소와 관련된 공탁

3. 집행공탁

민사집행법 제282조의 규정에 따른 가압류 해방금액의 공탁

4. 몰취공탁

민사소송법 제299조 제2항의 규정에 의한 소명에 갈음하는 보증금의 공탁

(마) 공탁관의 심사권(형식적 심사주의)

공탁관은 공탁당사자의 공탁신청이나 지급청구에 대하여 그것이 절차상·실체상 일체의 법률적 요건을 구비하고 있는가의 여부를 심사하며, 그 심사방법은 공탁사무의 신속을 도모하기 위하여 공탁법규가 규정하는 공탁서 또는 지급청구서, 공탁기록 등과 첨부서면만에 의하여 심사하는 형식적 심사주의(서면심사주의)에 의한다.

형식적 심사주의란 공탁의 당사자가 제출하는 각종의 신청서·청구서 등이 형식에 맞게 작성되었는지 여부와 공탁법규에서 정하고 있는 필요한 서류가 첨부되어 있는가의 여부에 의해서만 심사를 하고, 그 수리 여부를 판단하는 것을 말한다.

공탁관은 신청 또는 청구의 기초가 되는 실체적 법률관계의 존부나 제출된 서류에 대한 내용의 진부를 심사할 수 없으며, 이를 위한 증인신문·검증 등 증거조사를 할 수 없음은 물론 새로운 자료의 제출도 요구할 수 없다.

심사의 대상이 되는 사항에 관하여 특별한 제한규정이 없고, 공탁을 하려는 사람은

소정의 공탁서 및 첨부서면을 제출하여야 하며, 공탁서에는 공탁금액 등 이외에 공탁원인사실, 공탁을 하게 된 관계법령의 조항을 기재하도록 요구하고 있는 점 등을 감안하면 공탁관은 공탁의 절차적 요건뿐만 아니라 해당 공탁이 실체법상 유효한가 아닌가 하는 실체적 요건에 관해서도 공탁서첨부서면만에 의하여 심사를 할 수 있다. 그러므로 계약의 효력의 유무에 대해서는 원칙적으로 심사권이 없으나 인장위조 등이 외견상 명백하여 계약이 무효라거나 공탁서기재 자체로 보아 해당 계약이 무효이고, 따라서 공탁에 의하여 면책을 얻고자 하는 채무의 부존재가 일견 명백한 경우에는 예외적으로 심사할 수 있다고 하겠다.

변제자의 과실 없이 채권자를 확지할 수 없을 경우 공탁물 수령자를 정하지 않은 공탁이라 할지라도 공탁관은 형식적 심사권밖에 없어 실체면에 관계되는 사항에 대하여는 관여할 바 아니므로 공탁의 수리를 거부할 수는 없을 것이다(1971.10.21, 행정예규 제24호).

🔍 판례

공탁물회수청구권에 대한 전부명령의 효력 및 공탁관의 심사권의 범위

전부명령이 그 방식에 있어서 적법한 이상 그 내용이 위법·무효하더라도 그것이 발부되어 채무자와 제3채무자에게 송달되면 강제집행종료의 효력을 가지는 것인즉, 형식적 심사권밖에 없는 공탁관으로서는 그 전부명령의 유·무효를 심사할 수는 없는 것이므로, 공탁물회수청구권이 이미 압류 및 전부되었다는 이유로 이 사건 공탁금회수청구를 불수리한 공탁관의 처분은 정당하다 할 것이고, 그 이상 나아가 위 공탁물회수청구채권에 대한 실질적 권리관계의 확정은 당사자 간의 관계로서 별도로 해결될 수밖에 없다고 할 것이다(대법원 1983.3.25, 82마733 결정).

🐟 예규

미등기재산의 징발보상금을 공탁하는 경우

변제자의 과실 없이 채권자를 확지할 수 없을 경우 공탁물수령자를 정하지 않은 공탁이라 할지라도 공탁관은 형식적 심사권밖에 없어 실체면에 관계되는 사항에 대하여서는 관여할 바 아니므로, 공탁의 수리를 거부할 수는 없다 할 것이다(1971.10.21, 대법원행정예규 제24호).

----

1. **근저당채무를 변제공탁시 근저당권설정등기의 말소에 필요한 서류의 교부를 반대급부로 한 경우**

   저당채무의 변제는 원칙적으로 근저당권설정등기의 말소에 앞서 이행되어야 하므로 저당채무의 변제와 근저당권설정등기의 말소를 동시이행하기로 하는 특약을 한 사실이 없음에도 채무자 또는 소유자가 근저당권으로 담보된 채무를 변제공탁함에 있어 근저당권설정등기의 말소에 소요될 서류 일체의 교부를 반대급부로 한 경우에는 위 공탁은 변제의 효력이 없다. 다만, 공탁관은 그러한 특약을 한 사실이 없음에도 특약이 있는 것으로 하는 공탁신청이 있으면 그러한 특약의 유무에 대하여 심사할 권한이 없으므로 이를 수리할 수밖에 없으나, 근저당권자는 특약이 없음을 이유로 변제공탁의 효력을 부인할 수 있을 것이다(1991.11.26, 법정 제1720호).

2. **피공탁자의 직무대행자(공탁 후 직무대행자의 지위상실)의 출급청구**

   변제공탁에 있어서 피공탁자의 지정과 그 소명은 전적으로 공탁자의 행위에 의존할 수밖에 없는 것으로 형식적 심사권만을 가지는 공탁관으로서는 공탁서 및 첨부서류를 심사하여 그 수리 여부를 결정하는 것이고, 또한 공탁금출급청구에 있어서 공탁서에 피공탁자의 대표자로 기재된 직무대행자가 공탁금출급청구에 필요한 서류를 갖추어 공탁금을 출급청구하는 경우, 그 직무집행대행자가 공탁 후에 그 지위를 상실하였다 하더라도 출급청구시 대표자의 자격을 증명하는 서류가 제출된 이상 형식적 심사권의 범위 내에서 인가 여부를 결정하는 공탁관으로서는 출급청구를 인가할 수밖에 없다(2000.8.16, 법정 제3302-315호).

(바) 공탁관의 책임

공탁관은 국가공무원이므로 그 직무를 집행함에 당하여 고의 또는 과실로 법령에 위반하여 타인에게 손해를 가하였을 때에는 국가가 그 손해를 배상하여야 한다(국가배상법 제2조 1항 본문). 이 경우에 만일 공탁관에게 고의 또는 중대한 과실이 있는 때에는 국가는 공탁관에 대하여 구상권을 행사할 수 있다(국가배상법 제2조 2항).

판례는 공탁자가 갑, 을 중 누가 진정한 채권자인지를 확인할 수 있는 확정판결의 교부를 하는 자를 공탁금의 출급청구권자로 한다는 취지의 반대급부의 조건을 붙여 공탁을 하였음에도 공탁관이 확정판결에 해당되지 않는 가집행선고부 갑승소의 판결을 첨부하였음에 불과한 갑에 대하여 공탁금의 출급인가를 하였다면 그에게 직무상의 중과실이 있다고 판시하였다(대법원 1968.7.23, 68마1139).

🔍 판례

1. 공탁관의 과실을 인정한 사례 :

   공탁자가 '갑'·'을' 중 누가 진정한 채권자인지를 확인할 수 있는 확정판결의 교부를 하는 자를 공탁금의 출급청구권자로 한다는 취지의 반대급부의 조건을 붙여 공탁을 하였음에도 공탁관이 공탁법 제9조, 공탁규칙 제30조 등의 규정에 위배하여 위와 같은 확정판결에 해당하지 않는 가집행선고부 '갑' 승소의 판결을 첨부하였음에 불과한 '갑'에 대하여 공탁금의 출급인가를 하였다면, 그에게 직무상의 중과실이 있다 할 것이다(대법원 1968.7.23, 68마1139 결정).

2. 공탁규칙 제52조 제1항은 공탁금의 출급·회수청구권에 대한 압류 등의 경합 등의 사정이 있는 경우 공탁관에게 반드시 집행법원에 그 사유를 신고하여야 하는 직무상 의무를 규정한 것인지 여부(적극):

   공탁규칙 제52조 제1항은 "공탁금의 출급·회수청구권에 대한 압류 등의 경합 등으로 사유신고를 할 사정이 발생한 때에는 공탁관은 지체 없이 사유신고서2통을 작성하여 그1통을 관할 집행법원에 송부하고 다른1통은 해당 공탁기록에 합철한다"고 규정하고 있는바, 이 규정은 공탁관이 사유신고를 할 경우의 세부절차만을 정한 규정이 아니라 공탁금의 출급·회수청구권에 대한 압류 등의 경합 등의 사정이 있는 경우 공탁관으로서는 반드시 집행법원에 그 사유를 신고하여야 한다는 직무상의 의무를 정한 규정이라고 할 것이다(대판 2002.8. 27, 2001다73107).

3. 해방공탁금회수청구권에 대한 압류 추심명령이 경합한 경우, 공탁관이 취하여야 할 업무상의 조치에 관한 사례:

   대법원예규 송민 84-6 '가압류해방공탁금의 회수청구권에 대한 압류명령이 있는 경우의 사유신고시기 등'(1984.5.23, 송무심의 제35호)은 "가압류해방금의 공탁금 회수청구권에 관하여 압류명령이 송달된 때에는 공탁관은 지체 없이 집행법원에 그 사유를 신고하여야 한다."라고 규정하고 있는바, 이 예규는 대법원이 공탁제도의 취지에 비추어 공탁규칙 제52조 제1항과 구 민사소송법(2002.1.26. 법률 제6626호로 전문 개정되기 전의 것) 제581조의 해석에 관한 견해를 밝힘으로써 그 해석을 둘러싸고 야기될 수 있는 실무상의 혼란을 제거하기 위한 것이므로 위 예규가 위와 같은 해석을 분명히 한 이상 공탁규칙 제52조 제1항 또는 구 민사소송법(2002.1.26. 법률 제6626호로 전문 개정되기 전의 것) 제581조의 해석을 둘러싸고 다른 해석이 가능하다는 사정을 들어 위 예규와 달리 공탁사무를 처리한 데에 공탁관에게 과실이 없었다고 할 수 없다(대판 2002.8.27, 2001다73107).

4. 일본국 행정청 명의로 위조된 공탁금출급청구인의 인감증명서 등을 믿고 공탁금출급을 인가한 공탁관의 직무집행상 과실을 인정한 사례(대판 2002.11.22, 2002다49200)

5. **공탁관의 과실로 돌려받지 못한 가압류해방공탁금**

"가압류채권자의 채권자가 가압류해방공탁금의 지급을 구할 경우에는 가압류채권자의 회수청구권을 증명하는 서면을 제출해야 하는데, 공탁관이 위와 같은 회수청구권을 증명할 수 있는 서면이 제출되지 않았음에도 공탁금을 지급한 잘못이 있으므로 피고(국가)는 소속공무원의 직무집행상 과실로 원고에게 가한 손해를 배상할 책임이 있다."(서울고등법원 2005.3.25, 2003나860)

6. [1] 공탁공무원은 공탁물회수청구서와 그 첨부서류만으로 공탁당사자의 공탁금지급청구가 공탁관계 법령에서 규정하는 절차적, 실체적 요건을 갖추고 있는지 여부를 심사하여야 하는 형식적 심사권만을 가진다 할 것이나, 그러한 심사 결과 공탁금회수청구가 소정의 요건을 갖추지 못하였다고 볼만한 상당한 사정이 있는 경우에는 만연히 그 청구를 인가하여서는 안 된다.

[2] 공동공탁자 중 1인이 다른 공동공탁자에게 공탁금회수청구권을 양도한 후 채권 양도통지를 하였으나 그 후 제3자가 위 공동공탁자의 공동명의로 공탁금회 수청구서를 작성한 후 위조하거나 부정발급받은 서류를 첨부하여 공탁금회수청구를 한 사안에서, 공탁공무원에게는 형식적 심사권만 있다고 하더라고 채권양도통지 사실이 기재된 공탁사건기록과 공동공탁자 공동 명의의 위 공탁금회수청구서를 대조하여 보는 것만으로도 위 공탁금회수청구가 진정한 권리자에 의한 것인지에 관하여 의심을 할 만한 사정이 있었다고 할 것임에도, 절차적 요건이나 실체적 요건을 갖추지 못한 위 공탁금회수청구를 인가한 공탁공무원에게는 공탁관련 법령이 요구하는 직무상 주의의무를 위반하여 그 직무집행을 그르친 과실이 있다고 한 사례.

[3] 구 공탁사무처리규칙(2005. 9. 21. 대법원규칙 제1957호로 개정되기 전의 것) 제32조는 공탁물을 회수하려고 하는 사람은 공탁물회수청구서에 공탁서뿐만 아니라 '회수청구권을 갖는 것을 증명하는 서면'을 첨부하도록 규정하고 있는바, 이는 공탁공무원으로 하여금 공탁금회수청구서 및 그 첨부서면의 확인을 통하여 공탁금회수청구의 절차법적 요건은 물론 실체법적 요건도 함께 심사할 의무를 부과한 것으로서 그러한 심사를 통하여 진정한 공탁금회수청구권자가 아닌 무권리자에게 공탁금이 귀속되는 것을 방지하기 위한 것이다. 따라서 공탁공무원으로서는 공탁금회수청

구권자에게 회수청구권이 있다는 것이 첨부서면에 의하여 증명되지 않는 한 그 회수청구를 불수리하여야 하고, 그와 같이 회수청구권이 서면에 의하여 증명되지 아니하였음에도 공탁금회수청구를 인가하는 경우에는 진정한 공탁금회수청구권자가 아닌 무권리자에게 공탁금이 귀속됨으로써 진정한 공탁금회수청구권자가 불측의 손해를 입게 될 개연성이 크다고 할 수 있다(대판 2010.2.25, 2009다82831. 손해배상)

(2) 공탁물보관자

공탁물보관자라 함은 대법원장이 지정하여 법령의 규정에 의하여 공탁하는 금전, 유가증권 또는 그 밖의 물품을 보관하는 은행이나 창고업자를 말한다(법 제3조 제1항). 공탁물보관자로 지정된 은행이나 창고업자는 그의 영업 부류(部類)에 속하는 것으로서 보관할 수 있는 수량에 한정하여 보관하며 선량한 관리자의 주의(注意)로써 보관하여야 한다(법 제3조 제3항).

(가) 대법원장의 공탁물보관자의 지정

1) 은행 또는 창고업자

대법원장은 법령의 규정에 의하여 공탁하는 금전, 유가증권 기타의 물품을 보관할 은행 또는 창고업자를 지정한다. 공탁물보관자는 공탁관의 지시·명령에 따라 공탁물을 보관하였다가 후일 지급하여 주는 등 공탁관의 사무를 보조하는 자에 불과하다.

2) 공탁물보관자의 선관주의의무(善管主意義務)

공탁법 제3조 제1항에 따라 지정된 은행이나 창고업자는 그의 영업 부류(部類)에 속하는 것으로서 보관할 수 있는 수량에 한정하여 보관하며 선량한 관리자의 주의(注意)로써 보관하여야 한다(공탁법 제3조 제3항).

선량한 관리자의 주의 즉 "선관주의의무"라 함은 공탁물보관자인 은행이나 창고업자가 그의 직업 및 사회적 지위에 따라 거래상 보통 일반적으로 요구되는 정도의 주의의무를 말한다. 이 일반적, 객관적 기준에 의해 요구되는 주의를 결하는 것을 추상적 과실이라 하며, 이는 민법상의 주의의무의 원칙이다.

3) 공탁물품보관 창고업자가 보관능력이 없는 경우의 공탁물 보관자의 선임신청

공탁법 제3조 제1항의 규정에 의하여 대법원장이 지정한 공탁물보관 창고업자는 동조 제3항에 의하여 그가 경영하는 영업의 부류에 속하는 것으로써 보관할 수 있는 수량에 한하여 이를 보관할 의무를 부담하게 되는 것이므로, 공탁물보관 창고업자가 해당 공탁물(예컨대, 미국으로부터 수입한 인광석 8,000톤)과 같은 종류의 물품의 보관을 취급하지 않거나 목적물의 수량에 대하여 보관능력이 없는 특수한 경우에는, 공탁자는 민법 제488조 제2항, 비송사건절차법 제53조의 규정에 따라 채무이행지를 관할하는 지방법원에 공탁물보관자의 선임신청을 하여 그 지정을 받아 공탁할 수 있다.

공탁법 제3조 제1항과 제2항에 따라 대법원장이 공탁금보관 은행을 지정하거나 그 지정을 취소하는 절차 등에 관하여는 "공탁금 보관은행 지정절차 등에 관한 예규(2007.12.17. 행정예규 제733호 개정 : 행정예규 제844호…. 2009.12.31. 행정예규 제911호 2011.11.2.)"에 규정되어 있다.

4) 공탁물보관자 지정현황

2007. 9. 3 현재 전국의 공탁물보관자 지정현황은 다음과 같다.

별지 [1]

법원 : 18개소
지원 : 38개소
시·군법원 : 101개소

공 탁 물 보 관 자 지 정 현 황

2007. 9. 3. 현재
(*시 : 군법원)

법원별	금전·유가증권 공탁물보관자	지정일자	물품 공탁물보관자	지정일자
서울중앙지방법원	㈜신한은행 범조타운지점	1989-09-01	㈜신한은행 범조타운지점	1999-02-01
서울동부지방법원	㈜신한은행 동부지방법원지점	1978-05-08	㈜신한은행 동부지방법원지점	1983-12-10
서울남부지방법원	㈜신한은행 남부지방법원지점	2000-02-26	㈜신한은행 남부지방법원지점	2000-02-26
서울북부지방법원	농협중앙회 태능지점	1976-04-06	농협중앙회 태능지점	1999-12-10
서울서부지방법원	㈜신한은행 서부지방법원지점	1995-12-11	㈜신한은행 서부지방법원지점	1999-02-01
의정부지방법원	㈜신한은행 의정부지방법원지점	1962-09-01	㈜신한은행 의정부지방법원지점	2005-05-02
*포 천	농협중앙회 포천군지부	1995-07-14	농협중앙회 포천군지부	1995-07-14
*가 평	농협중앙회 가평군지부	1995-07-14	농협중앙회 가평군지부	1995-07-14
*남양주	농협중앙회 남양주시지부	1995-07-14	농협중앙회 남양주시지부	1995-07-14
*연 천	농협중앙회 연천군지부	1995-07-14	대한통운㈜ 전국영업소	1995-07-14
*철 원	농협중앙회 철원군지부	1995-07-14	농협중앙회 철원군지부	1995-07-14
*동두천	㈜국민은행 동두천지점	1995-07-14	대한통운㈜ 동안출장소	1995-07-14
고양지원	㈜신한은행 고양지원지점	2002-11-29	농협중앙회 고양시지부	2002-11-29
*파 주	㈜국민은행 금촌지점	1995-07-14	농협중앙회 파주군지부	1995-07-14
인천지방법원	㈜신한은행 인천지방법원지점	1979-09-01	대한통운㈜ 인천지점	1983-12-10
			㈜신한은행 인천지방법원지점	2007-05-11
*강 화	㈜신한은행 강화지점	1995-07-14	대한통운㈜ 인천지점	1995-07-14

별지 [2]

법원명	금전·유가증권	지정일자	공탁물보관자 물품	지정일자
* 김 포	㈜우리은행 김포지점	1999-03-15	대한통운㈜ 인천지점	1995-07-14
부천지원	㈜신한은행 부천지원지점	1994-07-06	대한통운㈜ 인천지점	1995-07-14
			㈜ 신한은행 부천지원지점	2007-05-14
수원지방법원	㈜신한은행 수원법원지점	1958-10-14	수원농업협동조합	1989-11-10
* 용 인	㈜신한은행 용인지점	1995-07-14	용인농업협동조합	1995-07-14
* 오 산	농업협동조합중앙회 화성군지부	1995-07-14	오산농업협동조합	1995-07-14
* 광 명	㈜신한은행 하안동중앙지점	1995-07-14	광명농업협동조합	1995-07-14
성남지원	㈜우리은행 성남지점	1999-03-15	성남농업협동조합	1983-12-10
* 광 주	㈜신한은행 경안지점	1995-07-14	경안농업협동조합	1995-07-14
여주지원	농업협동조합중앙회 여주군지부	1958-10-14	대신정기화물자동차㈜	1983-12-10
			농업협동조합중앙회 여주군지부	2007-15-11
* 양 평	농업협동조합중앙회 양평군지부	1995-07-14	양평농업협동조합	1995-07-14
* 이 천	농업협동조합중앙회 이천지부	1995-07-14	이천농업협동조합	1995-07-14
평택지원	㈜신한은행 평택지점	1995-07-12	평택농업협동조합	1995-07-12
* 안 성	㈜신한은행 안성법원지점	1995-07-14	안성농업협동조합	1995-07-14
안산지원	㈜신한은행 안산법원지점	2001-11-24	군자농업협동조합	2001-11-24
춘천지방법원	㈜SC제일은행 춘천지점	1995-10-14	농업협동조합중앙회 춘천시지부	1968-12-26
* 인 제	농업협동조합중앙회 인제군지부	1999-07-14	농업협동조합중앙회 인제군지부	1999-02-01
* 홍 천	㈜신한은행 홍천지점	1999-09-13	㈜신한은행 홍천지점	1999-09-13
* 양 구	농업협동조합중앙회 양구군지부	1995-07-14	농업협동조합중앙회 양구군지부	1999-09-13

별지 [3]

법원별	금전 · 유가증권	지정일자	공탁물보관자 물품	지정일자
* 화 천	농업협동조합중앙회 화천군지부	1995-07-14	농업협동조합중앙회 화천군지부	1999-09-13
강릉지원	㈜SC제일은행 강릉지점	1958-10-14	대한통운㈜ 강릉지점	1968-12-26
			㈜SC제일은행 강릉지점	2007-05-11
* 삼 척	㈜신한은행 삼척지점	1999-09-13	대한통운㈜ 강릉지사	1995-07-14
* 동 해	㈜우리은행 동해지점	1999-03-15	대한통운㈜ 강릉지점	1983-07-14
원주지원	㈜SC제일은행 원주지점	1958-10-14	세차창고 업주 함영구	1995-12-10
* 횡 성	농업협동조합중앙회 횡성군지부	2001-05-02	영신창고 대표자 김용표	1995-07-14
속초지원	㈜우리은행 속초지점	1999-03-15	속초농업협동조합	1983-12-10
* 고 성	농업협동조합중앙회 고성군지부	1995-07-14	농업협동조합중앙회 고성군지부	1995-07-14
* 양 양	㈜신한은행 양양지점	1995-09-13	대한통운㈜ 양양출장소	1995-07-14
영월지원	㈜신한은행 영월지점	1999-09-13	영월농업협동조합	1983-12-10
* 정 선	농업협동조합중앙회 정선군지부	1999-08-13	대한통운㈜ 정선출장소	1995-07-14
* 태 백	㈜신한은행 태백지점	1999-09-13	대신정기화물 태백영업소	1995-07-14
* 평 창	농업협동조합중앙회 평창군지부	1995-07-14	농업협동조합중앙회 평창군지부	1995-07-14
대전지방법원	㈜신한은행 대전지방법원지점	2000-02-14	대한통운㈜ 대전지점	1971-04-06
	㈜하나은행 대전법원지점	2006-05-19	㈜신한은행 대전지방법원지점	2007-05-11
* 연 기	㈜하나은행 조치원지점	1998-10-26	대한통운㈜ 조치원출장소	1995-07-14
* 금 산	㈜하나은행 금산지점	1998-10-26	농업협동조합중앙회 금산지점	1998-10-26
홍성지원	㈜SC제일은행 홍성지점	1958-10-14	농업협동조합중앙회 홍성군지부	1971-04-06
* 서 천	농업협동조합중앙회 장항지점	1995-17-14	농업협동조합중앙회 장항지점	1995-07-14

별지 [4]

법원별	공탁물보관자			
	금전·유가증권	지정일자	물품	지정일자
* 보 령	농업협동조합중앙회 보령시지부	1995-07-14	대한통운(주) 보령출장소	1995-07-14
* 예 산	(주)하나은행 예산지점	1998-10-26	대한통운(주) 예산영업소	1995-07-14
공주지원 공주지	(주)SC제일은행 공주지점	1958-10-14	농업협동조합중앙회 공주시군지부	1971-04-06
* 청 양	농업협동조합중앙회 청양군지점	1995-07-14	농업협동조합중앙회 청양군지부	1995-07-14
논산지원 논산지	(주)하나은행 논산지점	1999-10-26	농업협동조합중앙회 강경지점	1971-04-06
* 부 여	농업협동조합중앙회 부여군지점	1998-07-14	대한통운(주) 부여출장소	1995-07-14
서산지원 서산지	(주)하나은행 서산지점	1995-10-26	농업협동조합중앙회 서산시군지부	1971-04-06
* 태 안	농업협동조합중앙회 태안군지점	1998-07-14	농업협동조합중앙회 태안군지부	1995-07-14
* 당 진	(주)신한은행 당진지점	1995-07-14	대한통운(주) 당진영업소	1995-07-14
천안지원 천안지	(주)신한은행 천안법원지점	1958-10-14	농업협동조합중앙회 천안시군지부	1971-04-06
* 아 산	(주)신한은행 온양지점	1995-07-14	농업협동조합중앙회 아산시지부	1995-07-14
청주지방법원 청주지	(주)신한은행 청주법원지점	1958-10-14	대한통운(주) 청주지부	1968-12-26
			(주)신한은행 청주법원지점	2007-05-11
* 보 은	농업협동조합중앙회 보은군지부	1995-07-14	농업협동조합중앙회 보은군지부	1995-07-14
* 괴 산	농업협동조합중앙회 괴산군지부	1995-07-14	농업협동조합중앙회 괴산군지부	1995-07-14
* 진 천	농업협동조합중앙회 진천군지부	1995-07-19	농업협동조합중앙회 진천군지부	1995-07-14
충주지원 충주지	(주)우리은행 충주지점	1999-03-15	대한통운(주) 충주지부	1968-12-26
			(주)우리은행 충주지점	2007-05-11
* 음 성	농업협동조합중앙회 음성군지부	1995-07-14	농업협동조합중앙회 음성군지부	1995-07-14
제천지원 제천지	(주)신한은행 제천지점	1958-10-14	대한통운(주) 제천염소	1968-12-26

별지 [5]

법원별	공탁물보관자			
	금전·유가증권	지정일자	물품	지정일자
* 단양	농업협동조합중앙회 단양군지부	1995-07-14	(주)신한은행 제천지점	2007-05-11
			농업협동조합중앙회 단양군지부	1995-07-14
영동지원	농업협동조합중앙회 영동군지부	1958-10-14	대한통운(주) 영동출장소	1968-12-26
			농업협동조합중앙회 영동군지부	2007-05-11
* 옥천	농업협동조합중앙회 옥천군지부	1995-07-14	농업협동조합중앙회 옥천군지부	1995-07-14
대구지방법원	(주)신한은행 대구지방법원지점	1978-04-26	대한통운(주) 대구지점	1983-12-10
	(주)대구은행 법원지점	2006-05-19	(주)신한은행 대구지방법원지점	2007-05-11
* 청도	농업협동조합중앙회 청도군지부	1995-07-14	농업협동조합중앙회 청도군지부	1995-07-14
* 영천	농업협동조합중앙회 영천중앙지점	1995-07-14	대한통운(주) 영천지점	1995-07-14
* 칠곡	(주)국민은행 왜관지점	1995-07-14	대한통운(주) 왜관출장소	1995-07-14
* 경산	농업협동조합중앙회 경산시지부	1995-07-14	농업협동조합중앙회 경산시지부	1995-07-14
서부지원	(주)대구은행 서부지원지점	2007-12-07	(주)대구은행 서부지원지점	2007-12-19
* 성주	농업협동조합중앙회 성주군지부	1995-07-14	대한통운(주) 대구지점	1995-07-14
* 고령	농업협동조합중앙회 고령군지부	1995-07-14	대한통운(주) 대구지점	1995-07-14
안동지원	(주)신한은행 안동지점	1958-10-14	안동농업협동조합	1983-12-10
* 영주	농업협동조합중앙회 영주시지부	1995-07-14	대한통운(주) 안동지점영업팀영주출장소	1995-07-14
* 봉화	농업협동조합중앙회 봉화지서수	1995-07-14	대한통운(주) 안동지사	1995-07-14
경주지원	(주)신한은행 경주영업소		대한통운(주) 경주영업소	1983-12-10
			(주)신한은행 경주지점	2007-05-11
포항지원	(주)우리은행 포항지점	1999-03-15	대한통운(주) 포항지사	1998-08-13

별지 [6]

법원별	공탁물보관자			
	금전·유가증권	지정일자	물품	지정일자
김천지원	㈜신한은행 김천지점	1958-10-14	㈜우리은행 포항지점	2007-05-11
			㈜신한은행 김천지점	1983-12-10
* 구 미	㈜신한은행 구미지점	2004-10-04	대한통운㈜ 구미출장소	1995-07-14
상주지원	㈜SC제일은행 상주지점	1958-10-14	상주군양곡지정창고	1983-12-10
			㈜SC제일은행 상주지점	2007-05-11
* 예 천	농업협동조합중앙회 예천군지부	1995-07-14	대한통운㈜ 예천출장소	1995-07-14
* 문 경	농업협동조합중앙회 문경시지부	1995-07-14	흥업정미소	1995-07-14
의성지원	농업협동조합중앙회 의성군지부	1958-10-14	농업협동조합중앙회 의성군지부	1983-12-10
* 청 송	농업협동조합중앙회 청송군지부	1995-07-14	농업협동조합중앙회 청송군지부	1995-07-14
* 군 위	농업협동조합중앙회 군위군지부	1995-07-14	대한통운㈜ 군위군지부	1995-07-14
영덕지원	농업협동조합중앙회 영덕군지부	1958-10-14	농업협동조합중앙회 영덕군지부	1983-12-10
* 울 진	㈜국민은행 울진지점	1995-07-14	진영화물㈜ 울진군지부	1995-07-14
* 영 양	농업협동조합중앙회 영양군지부	1995-07-14	농업협동조합중앙회 영양군지부	1995-07-14
부산지방법원	㈜부산은행 부산법조타운지점	2001-09-19	대한통운㈜ 부산지점	1983-12-10
동부지원	㈜신한은행 범일동지점	2006-05-19	㈜신한은행 부산법조타운지점	1988-09-01
	㈜신한은행 연산동지점	1988-09-01	㈜신한은행 연산동지점	1988-09-01
울산지방법원	㈜신한은행 울산중앙지점	1998-01-08	중앙농업협동조합	1998-01-08
* 양 산	㈜신한은행 양산중앙지점	1995-07-14	농업협동조합중앙회 양산군지부	1995-07-14
창원지방법원	㈜SC제일은행 마산지점	1958-10-14	농업협동조합중앙회 신마산지점	1983-12-10
	㈜경남은행 창원법원지점	2007-07-09		

별지 [7]

법원별	공탁물보관자			
	금전·유가증권	지정일자	물품	지정일자
* 마 산	㈜SC제일은행 마산지점	1996-12-26	㈜SC제일은행 마산지점	1996-12-26
* 함 안	㈜경남은행 함안지점	1995-07-14	㈜경남은행 함안지점	1995-07-14
* 진 해	㈜경남은행 석동지점	2004-08-14	㈜경남은행 석동지점	2004-08-14
* 김 해	㈜SC제일은행 김해지점	1995-07-14	㈜SC제일은행 김해지점	1995-07-14
* 의 령	농업협동조합중앙회 의령군지부	1995-07-14	농업협동조합중앙회 의령군지부	1995-07-14
진주지원	농업협동조합중앙회 동진주지점	1975-07-28	농업협동조합중앙회 동진주지점	1999-06-10
* 하 동	농업협동조합중앙회 하동군지부	1995-07-14	농업협동조합중앙회 하동군지부	1995-07-14
* 사 천	농업협동조합중앙회 사천시지부	1995-07-14	농업협동조합중앙회 사천시지부	1995-07-14
* 남 해	농업협동조합중앙회 남해군지부	1995-07-14	농업협동조합중앙회 남해군지부	1995-07-14
* 산 청	농업협동조합중앙회 산청군지부	1995-07-14	농업협동조합중앙회 산청군지부	1995-07-14
통영지원	㈜SC제일은행 통영지점	1958-10-14	농업협동조합중앙회 통영시지부	1983-12-10
* 거 제	㈜SC제일은행 거제지점	1995-07-14	㈜SC제일은행 거제지점	1995-07-14
* 고 성	농업협동조합중앙회 고성군지부	1995-07-14	농업협동조합중앙회 고성군지부	1995-07-14
밀양지원	농업협동조합중앙회 삼문동지점	1995-07-12	대한통운㈜ 밀양출장소	1968-12-26
* 창 녕	농업협동조합중앙회 창녕군지부		농업협동조합중앙회 창녕군지부	2007-05-11
거창지원	농업협동조합중앙회 거창군지부	1995-07-14	농업협동조합중앙회 거창군지부	1995-07-14
* 합 천	농업협동조합중앙회 합천군지부	1958-10-14	농업협동조합중앙회 합천군지부	1968-12-26
* 함 양	농업협동조합중앙회 함양군지부	1995-07-14	농업협동조합중앙회 함양군지부	1995-07-14
광주지방법원	㈜신한은행 광주지방법원지점	1958-10-14	대한통운㈜ 광주지점	1968-12-26

별지 [8]

법원별	금전·유가증권	지정일자	공탁물 보관자	지정일자
* 곡 성	(주)광주은행 법원지점	2006-05-19	(주)신한은행 광주지방법원지점	2007-05-11
	농업협동조합중앙회 곡성군지부	2000-11-29	농업협동조합중앙회 곡성군지부	1995-07-14
* 영 광	(주)광주은행 영광지점	2000-11-29	농업협동조합중앙회 영광군지부	1995-07-14
* 나 주	(주)국민은행 나주지점	2000-11-29	농업협동조합중앙회 나주시지부	1995-07-14
* 장 성	농업협동조합중앙회 장성군지부	2000-11-29	농업협동조합중앙회 장성군지부	1995-07-14
* 화 순	농업협동조합중앙회 화순군지부	2000-11-29	농업협동조합중앙회 화순군지부	1995-07-14
* 담 양	농업협동조합중앙회 담양군지부	2000-11-29	농업협동조합중앙회 담양군지부	1995-07-14
목포지원	(주)신한은행 목포지점	1958-10-14	대한통운(주) 목포지점	1968-12-26
			(주)신한은행 목포지점	2007-05-11
* 함 평	(주)광주은행 함평지점	1995-07-14	농업협동조합중앙회 함평군지부	1995-07-14
* 영 암	(주)광주은행 영암지점	1985-07-14	농업협동조합중앙회 영암군지부	1995-07-14
* 무 안	(주)광주은행 무안지점	1995-07-14	농업협동조합중앙회 무안군지부	1995-07-14
장흥지원	(주)광주은행 장흥지점	1981-10-13	농업협동조합중앙회 장흥군지부	1968-12-26
* 강 진	농업협동조합중앙회 강진군지부	1995-07-14	농업협동조합중앙회 강진군지부	1995-07-14
순천지원	(주)신한은행 순천지원지점	1958-17-14	농업협동조합중앙회 순천·승주시군지부	1968-12-26
* 보 성	농업협동조합중앙회 보성군지부	1995-07-14	농업협동조합중앙회 보성군지부	1995-07-14
* 고 흥	농업협동조합중앙회 고흥군지부	1995-07-14	농업협동조합중앙회 고흥군지부	1995-07-14
* 여 수	(주)신한은행 여천지점	1998-09-17	농업협동조합중앙회 여수시지부	1998-09-17
* 구 례	농업협동조합중앙회 구례군지부	1995-07-14	농업협동조합중앙회 구례군지부	1995-07-14
* 광 양	(주)신한은행 동광양지점	1995-07-14	농업협동조합중앙회 동광양지점	1995-07-14

별지 [9]

법원별	공탁물보관자			
	금전·유가증권	지정일자	물품	지정일자
해남지원	㈜광주은행 해남지점	1982-08-27	대한통운㈜ 해남출장소	1983-12-10
			㈜광주은행 해남지점	2007-05-11
* 완 도	㈜광주은행 완도지점	1995-07-14	농업협동조합중앙회 완도군지부	1995-07-14
* 진 도	농업협동조합중앙회 진도군지부	1995-07-14	농업협동조합중앙회 진도군지부	1995-07-14
전주지방법원	㈜SC제일은행 전주지점	1958-10-14	대한통운㈜ 전주지점	1968-12-26
			㈜SC제일은행 전주지점	2007-05-11
* 진 안	농업협동조합중앙회 진안군지부	1995-07-14	대한통운㈜ 진안출장소	1995-07-14
* 김 제	㈜전북은행 김제지점	1958-10-14	농업협동조합중앙회 김제시지부	1995-07-14
* 무 주	농업협동조합중앙회 무주군지부	1995-07-14	농업협동조합중앙회 무주군지부	1995-07-14
* 임 실	농업협동조합중앙회 임실군지부	1998-11-01	농업협동조합중앙회 임실군지부	1995-07-14
군산지원	㈜신한은행 군산지원	1958-10-14	대한통운㈜ 군산지점	1968-12-26
			㈜신한은행 군산지원	2007-05-11
* 익 산	㈜SC제일은행 익산지점	1995-07-14	대한통운㈜ 익산지점	1995-07-14
정읍지원	㈜SC제일은행 정읍지점	1958-10-14	농업협동조합중앙회 정읍시지부	1968-12-26
* 부 안	농업협동조합중앙회 부안군지부	1995-07-14	농업협동조합중앙회 부안군지부	1995-07-14
* 고 창	농업협동조합중앙회 고창군지부	1995-07-14	농업협동조합중앙회 고창군지부	1995-07-14
남원지원	㈜SC제일은행 남원지점	1958-10-14	농업협동조합중앙회 남원시군지부	1968-12-26
* 장 수	농업협동조합중앙회 장수군지부	1995-07-14	농업협동조합중앙회 장수군지부	1995-07-14
* 순 창	농업협동조합중앙회 순창군지부	1995-07-14	농업협동조합중앙회 순창군지부	1995-07-14
제주지방법원	㈜SC제일은행 제주지점	1958-10-14	제주시농업협동조합	1983-12-10
* 서귀포	㈜SC제일은행 서귀포지점	1997-08-11	제주시농업협동조합	1995-07-14

(나) 공탁금관리위원회의 심사

대법원장은 공탁법 제3조 제1항에 따라 공탁금 보관은행을 지정하는 경우에 공익성과 지역사회 기여도 등 해당 지역의 특수성이 반영될 수 있도록 해당 지방법원장의 의견을 듣고, 공탁법 제15조에 따른 공탁금관리위원회의 심사를 거쳐야 한다(공탁법 제3조 제2항, 공탁금관리위원회 규칙 제11조 제1호, 제12조 제1항).

공탁금관리위원회의 설립·구성·업무 등에 관하여는 "공탁금관리위원회규칙"(대법원규칙 제2148호 2007.12.31)에 규정되어 있으며, 대법원장의 자문기관으로 대법원에 설치할 공탁물관리위원회의 직능·구성·운영 등을 규정한 공탁물관리위원회규칙(대법원 규칙 제1914호 2004.12.24)은 폐지되었다.

(다) 공탁물보관은행의 지정, 정기적격성심사, 지정취소.

공탁법 제3조 제1항 및 제2항에 따라 대법원장이 공탁금보관은행(이하 "보관은행"이라함)을 지정하거나 그 지정을 취소하는 절차는 아래와 같다.(대법원 행정예규 제974호, 2013.9.9. 시행일: 2013.9.23.).

1) 보관은행의 지정, 지정기준

가) 법원이 신설되거나 제11조에 따라 보관은행 지정이 취소된 경우에는 새로 보관은행을 지정하며, 보관은행의 지정기간은 5년으로 한다(위 행정예규 제2조).

나) 보관은행은 지정법원 본원, 지원, 시·군법원 마다 1개의 금융기관을 지정함을 원칙으로 한다. 다만, 수도권정비계획법 제2조 제1호의 지역이 아닌 지역 소재 법원의 공탁금 1년 평균 잔액 규모가 1,000억원 이상이고 지역경제 활성화 등을 위하여 특히 필요하다고 인정될 때에는 해당 지역 지방은행을 보관은행으로 복수지정 할 수 있다(위 예규 제3조).

2) 보관은행의 지정방법

가) 보관은행은 공개경쟁방식에 따라 공탁금관리위원회(이라 "위원회"라 한다)의 심사를 거쳐 지정하여야 한다. 다만, 시·군법원의 경우 또는 제11조의 지정 취소로 인한 재지정 시 공탁금규모가 50억원 미만인 경우에는 제한경쟁방식 또는 수익계약방식

으로 보관은행을 지정할 수 있다(위 예규 제4조 제1항).

나) 보관은행을 지정할 때에는 공익성과 지역사회 기여도 등 해당 지역의 특수성이 반영될 수 있도록 별지 1(보관은행 적격조사조고서)의 양식에 따라 해당 지방법원장의 의견을 들어야 한다(위 예규 제4조 제2항).

3) 보관은행의 지정절차

가) 공개경쟁방식에 따라 보관은행을 지정하는 경우 법원행정처장은 참여의사가 있는 은행으로부터 제안서를 제출받기 위하여 필요한 사항 등을 새로 지정될 보관은행의 업무개시일(이하 "업무개시일"이라 한다) 5개월 전까지 대법원 홈페이지 (http://www.scourt.go.kr/)에 공고하여야 한다(위 예규 제5조 제1항).

나) 보관은행의 지정에 참여할 의사가 있는 은행은 제1항의 공고일부터 1개월 이내에 법원행정처장에게 제안서 등 심사에 필요한 서류를 제출하여야 한다(위 예규 제5조 제2항).

다) 법원행정처장은 각 은행에서 제출한 제안서 등 심사에 필요한 자료를 첨부하여 업무개시일 3개월 전까지 위원회에 보관은행 지정을 위한 심사를 요청하여야한다(위 예규 제5조 제3항).

라) 제3항의 심사요청이 있는 경우 위원회의 위원장은 신속히 회의를 소집하여 심사를 한 다음 그 결과를 심사요청이 있는 날부터 1개월 이내에 법원행정처장에게 보고하여야 한다(위 예규 제5조 제4항).

마) 특별한 사유가 없는 한 보관은행의 지정결정은 업무개시일 1개월 전까지 하여야 한다(위 예규 제5조 제5항).

4) 보관은행의 정기적격심사

가) 보관은행에 대한 정기적격성심사
법원행정처장은 보관은행에 대하여 5년에 한 번씩 정기적격성심사를 하여야 하며,

법원행정처장은 정기적격성심사를 위하여 별지 2(보관은행평가서)의 양식에 따라 해당 지방법원장(지원의 경우 지원장. 시·군법원의 경우 시·군법원 판사)의 의견을 들어야 한다(위 예규 제6조).

나) 정기적격성심사 절차

법원행정처장은 매년 8월 31일까지 정기적격성심사 대상 보관은행에 대하여 적격성 심사에 필요한 신청서 및 관련 자료의 제출을 요청하여야 한다(위 예규 제7조 제1항). 법원행정처장은 제1항의 신청서 및 관련 자료와 법원의 의견서 들을 첨부하여 위원회에 심사를 요청하여야 하며. 제2항의 심사요청이 있는 경우 위원장은 신속히 회의를 소집하여 심사를 한 다음 그 결과를 심사요청이 있는 날부터 1개월 이내에 법원행정처장에게 보고하여야 한다(위 예규 제7조 제2항. 제3항).

대법원장은 제3항의 심사결과를 참작하여 11월 30일까지 적격성심사 대상 보관은행을 재지정 하거나 지정 취소하여야 한다(위 예규 제7조 제4항).

다) 정기적격성의 심사 · 평가 기준

보관은행의 지정 또는 정기적격성심사를 할 때에는 다음 각 호의 사항을 기준으로 한다(위 예규 제8조).

1. 재무구조의 건전성 및 대내외 신용도
2. 공탁물 보관업무의 수행능력
3. 민원인의 이용 편의성
4. 보관금 · 송달료 등 법원의 다른 업무 수행능력
5. 공익사업 실적 및 법원소재지 지역 사회에 대한 기여도
6. 해당 지방법원장의 의견. 다만, 정기적격성심사를 할 때에는 지원의 경우 지원장. 시·군법원의 경우 시·군법원 판사의 의견
7. 기타 보관업무를 수행함에 있어 특히 필요하다고 인정한 사항

5) 공탁금보관업무 취급 약정의 체결

보관은행을 지정 또는 재 지정하는 경우 법원행정처장은 보관은행과 "공탁금 보관업무 취급약정"을 체결하여야 한다(위 예규 제9조).

6) 보관은행의 지정공표 및 이행계획서의 제출·보완·보고

가) 법원행정처장은 보관은행을 새로 지정한 때에는 지정일로부터 7일 이내에 그 지정결과를 대법원 홈페이지에 공고하고, 지정된 보관은행에 통보한다.

나) 보관은행으로 지정된 은행은 제1항의 통보를 받은 날부터 14일 이내에 공탁업무 이행계획서를 법원행정처장과 해당 지방법원장에게 제출하여야 한다.

다) 법원행정처장과 해당 지방법원장은 공탁업무이행계획서를 점검하여 미비사항이 있는 경우 보완하도록 지시하여야 한다.

라) 법원행정처장은 보관업무의 적정 수행여부를 점검하기 위하여 보관은행에 제3항의 계획서 이행 상황, 재무건전성 평가보고, 기타 보관업무와 관련된 필요한 사항을 보고하도록 지시할 수 있다.

7) 보관은행의 지정취소

가) 다음 각 호의 어느 하나에 해당하는 사유가 있는 경우에는 보관은행의 지정을 취소할 수 있다(위 예규 제11조 제1항).

    1.「공탁금관리위원회 규칙」제21조의 지정취소 건의가 있는 때.

    2. 정기적격성심사 결과 부적격 판정을 받은 때.

    3. 보관은행이 제9조의 보관업무 취급 약정을 위반 한 때.

    4. 제10조 제2항의 공탁업무 이행계획서의 내용을 위반한 때.

    5. 그 밖에 보관은행으로써 업무를 계속할 수 없는 특별한 사유가 발생한 때.

나) 제1항 제3호부터 제5호까지 사유로 지정을 취소 할 때에는 위원회의 심사를 거쳐야 한다(위 예규 제11조 제2항).

다) 지정을 취소할 때에는 사전에 해당 보관은행의 의견을 들어야 한다(위 예규 제11조 제3항).

라) 제1항에 따른 지정취소의 효력발생일은 새로 지정된 보관은행의 업무개시일 전날로 하며, 지정이 취소된 보관은행은 새로 지정된 보관은행에 보관업무와 관련된 일체의 업무를 성실하고 신속하게 인계하여야 한다(위 예규 제11조 제4항. 제5항).

8) 경과조치

이 예규 시행 전에 지정된 보관은행은 이 예규에 따라 지정된 것으로 본다(위 예규 부칙 제2조).

(3) 특별 공탁기관

(가) 공탁소의 지정과 공탁물보관자의 선임

공탁소에 관하여 법률에 특별한 규정이 없으면 법원은 변제자의 청구에 의하여 공탁소를 지정하고 공탁물보관자를 선임하여야 한다(민법 제488조 2항). 이와 같이 법원에 의하여 지정된 공탁소와 선임된 공탁물보관자를 특별공탁기관이라 한다.

민법 제488조 제2항의 규정에 의한 공탁소의 지정과 공탁물보관인의 선임은 채무이행지의 지방법원을 관할법원으로 한다. 법원은 공탁소의 지정과 공탁물보관인의 선임에 관한 재판을 하기 전에 채권자와 변제자를 심문하여야 한다(비송사건절차법 제53조 1항·2항).

(나) 대법원장지정 공탁기관

무기명식 채권소지인이 사채권자집회 소집청구권 또는 소집권 혹은 의결권을 행사하려면 그 채권을 공탁하여야 하는데, 그 공탁을 통상공탁기관인 공탁관에게 하지 아니하는 경우에는 대법원장이 정하는 은행 또는 신탁회사에 하여야 하는바(상법 부칙 제7조), 이와 같은 경우의 지정은행 또는 신탁회사도 특별공탁기관의 하나이다.

(다) 신탁업자

무기명식의 채권을 가진 자는 그 채권을 신탁업자에게 공탁하여야만 신탁업자의 담보물보관상태를 검사할 수 있는바(담보부사채신탁법 제84조 2항), 이와 같은 경우의 신탁업자도 특별공탁기관의 하나이다.

(4) 공탁소의 관할

공탁업무는 지방법원이나 지방법원지원 및 시·군법원에서 처리하고 있지만 전국에 수많은 법원이 있으므로 공탁자가 구체적으로 공탁을 하려고 하는 경우 어느 법원에 공탁신청을 하여야 적법한가 하는 문제가 공탁소의 관할 문제이다.

금전채권의 경우 채무의 변제장소는 특별한 약정이 없는 한 채권자의 현주소지(지참채무의 원칙)에서 하여야 하므로 공탁을 할 때에도 채권자의 주소지를 관할하는 지방법원에 공탁을 한다.

공탁소의 토지관할에 관하여 공탁법에 이에 관한 규정이 없다. 공탁업무는 지방법원이나 지방법원지원 및 시·군법원에서 처리하고 있으나 전국에 수많은 법원이 있으므로, 어떠한 사람이 구체적으로 공탁을 하려고 하는 경우 어느 법원에 공탁신청을 하여야 적법한가 하는 문제가 공탁소의 관할 문제이다. 채무자 등 공탁자가 금전변제공탁을 하는 경우에 한하여 공탁자의 주소지를 관할하는 공탁소(접수공탁소)에 공탁신청을 할 수 있다(2011.2.7. 행정예규 제887호 p100~105 참조).

(가) 변제공탁의 관할

1) 원   칙(채권자의 현주소지의 공탁소)

변제공탁은 채무이행지의 공탁소에 하여야 한다(민법 제488조 1항). 여기서 채무이행지라 함은 채무자가 이행을 하여야 할 장소를 말한다. 우리 민법은 법률에 특별한 규정이 있는 경우(예: 민법 467①, 586, 700)를 제외하고는 지참채무를 원칙으로 하므로 채무변제는 채권자의 현주소에서 하여야 한다(민법 제467조 제2항). 채권자의 현주소라 함은 현실적으로 채무를 이행할 때의 채권자의 주소를 말한다.

이행지는 채무의 성질이나 당사자의 명시·묵시의 의사표시로 정해지는 경우가 보통이나, 이에 의하지 않는 경우 민법은 보충규정을 두었다. 즉 특정물의 인도는 채권발생 당시 그 물건이 있던 장소를, 특정물의 인도 이외의 급부는 채권자의 현주소를 이행지로 한다(민법 제467조). 그러나 영업에 관한 채무의 변제는 채권자의 현영업소에서 하여야 하며(민법 제467조 단서), 지시채권이나 무기명채권 등의 증권적 채권은 채무자의 현영업소를 이행지로 한다(민법 제516조, 제526조). 그런데 채권자의 주소지를 이행지로 하는 채무를 지참채무, 채무자의 주소를 이행지로 하는 채무를 추심채무, 채권자·채무자의 주소 이외의 제3지에 송부하는 경우를 송부채무라 한다.

2) 예외(지참채무의 원칙에 대한 예외)

채무를 이행하여야 할 장소가 변제의 장소이다. 변제의 장소는 당사자의 의사표시 또는 채무의 성질에 의하여 정하여진다(민법 제467조 제1항). 우리 민법은 법률에 특별한 규정이 있는 경우를 제외하고는 지참채무(목적물을 채권자의 주소에서 인도하여야 하는 채무)를 원칙으로 한다. 따라서 변제공탁은 채무이행지의 공탁소 즉 채권자의 주소지의 공탁소에 하여야 함이 원칙이나 다음과 같은 예외가 인정된다.

a) 토지수용보상금의 공탁(수용토지 소재지의 공탁소)

사업시행자는 다음 각 호의 1에 해당하는 때에는 수용 또는 사용의 개시일까지 수용 또는 사용하고자 하는 토지 등의 소재지의 공탁소에 보상금을 공탁할 수 있다(공익사업을위한토지등의취득및보상에관한법률 제40조 2항, 행정예규 제975호 1. 나).

1. 보상금을 받을 자가 그 수령을 거부하거나 보상금을 수령할 수 없는 때
2. 사업시행자의 과실 없이 보상금을 받을 자를 알 수 없는 때
3. 관할 토지수용위원회가 재결한 보상금에 대하여 사업시행자의 불복이 있는 때
4. 압류 또는 가압류에 의하여 보상금의 지급이 금지된 때

b) 금전변제공탁의 관할(공탁자의 주소지 관할 공탁소)

변제공탁의 관할은 지참채무(급부의 목적물을 채무자가 채권자의 주소에 지참하여 이행하지 않으면 안 되는 채무)의 원칙에 따라(민법 제467조 2항) 채권자의 현주소지이나, 금전변제공탁의 경우 공탁자의 생활근거지가 피공탁자의 주소지를 관할하는 공탁소와 멀리 떨어져 있어 피공탁자의 주소지 관할 공탁소에 가서 공탁업무를 처리하는데 따른 불편을 덜어주기 위하여 공탁자의 주소지를 관할하는 공탁소에 공탁신청을 할 수 있도록 하였다(대법원행정예규 제 887호. 2011. 2. 7).

관할공탁소 이외의 공탁소에서의 금전변제 공탁사건처리
(개정:행정예규 제1167호. 2018. 12. 17)

1. 목적

이 지침은 공탁당사자가 관할공탁소와 멀리 떨어져 있는 경우 직접 관할공탁소를 방문해서 공탁업무를 처리해야 하는 불편을 덜어주기 위해 관할공탁소 이외의 공탁소에서 금전변제공탁신청 및 공탁금지급청구에 관련된 공탁업무를 처리함에 필요한 특칙을 마련하는 것을 목적으로 한다.

2. 정의

가. "관할공탁소"라 함은 금전변제공탁신청에 있어서는 채무이행지를 관할하는 공탁소를 말하고, 공탁금지급청구에 있어서는 공탁금이 보관되어 있는 공탁소를 말한다.

나. "접수공탁소"라 함은 이 지침에 따라 공탁서 등이나 청구서 등을 접수하는 공탁소를 말한다.

다. "공탁서 등"이라 함은 공탁신청시 제출하는 공탁서와 회수제한신고서 등의 첨부서류 일체를 말한다.

라. "청구서 등"이라 함은 공탁금지급청구시 제출하는 공탁금출급·회수청구서와 공탁금(포괄)계좌입금신청서 등의 첨부서류 일체를 말한다.

3. 적용범위

가. 이 지침은 공탁신청의 경우에는 금전변제공탁에 한하여 적용하고, 공탁금지급청구의 경우에는 공탁의 종류를 불문하고 모든 금전공탁(유가증권·물품 제외)에 적용하되「공탁규칙」제37조 제3항 각 호에 해당되는 경우 및 법인의 위임을 받은 대리인이 1,000만 원 이하 금액을 청구하는 경우에 한하여 적용한다.

나. 이 지침은 접수공탁소 및 관할공탁소 모두가 지방법원 본원 또는 지원인 경우에 한하여 적용한다.

다. 이 지침은 접수공탁소와 관할공탁소가 같은 특별시 또는 광역시에 소재한 경우와 토지수용·사용과 관련한 보상금 공탁신청의 경우에는 적용하지 아니한다.

4. 접수공탁소에의 공탁신청 또는 공탁금지급청구

가. 공탁신청의 경우

1) 공탁자는 공탁서 등(공탁서 1부와 첨부서류)을 접수공탁소에 제출하면서 우표를 붙인 봉투(원본서류를 관할공탁소에 등기속달 우편으로 송부하기위함)를 함께 제출하여야 하고, 지연처리로 인해 공탁서 등을 배달증명 우편으로 송부받기 위한 경우에는 추가로 우표를 붙인 봉투를 제출하여야 한다.

2) 공탁자는 공탁수리결정 후 접수공탁소 공탁관으로부터 받은 공탁금계좌납입안내문에 기재된 공탁금납입가상계좌로 공탁금을 납입한다.

3) 공탁자는 공탁금납입 후 접수공탁소 공탁금보관은행 또는 접수공탁소 공탁관에게 납입영수증을 제시하여 공탁서 하단에 납입증명을 받는다.

나. 공탁금지급청구의 경우

1) 공탁금지급청구인은 청구서 등(공탁금출급·회수청구서 1부와 첨부서류)을 접수공탁소에 제출하면서 우표를 붙인 봉투(원본서류를 관할공탁소에 등기속달 우편으로 송부하기 위함)를 함께 제출하여야 하고, 지연처리로 인해 불수리결정서 등을 배달증명 우편으로 송부받기 위한 경우에는 추가로 우표를 붙인 봉투를 제출하여야 한다.

2) 공탁금지급청구인은 청구서 등의 제출에 앞서 접수공탁소 공탁금보관은행을 경유하여 공탁금이자소득세 원천징수에 필요한 사항을 등록하고 "공탁금(포괄)계좌입금신청서" 하단에 등록확인인을 받아야 한다.

3) 공탁금(포괄)계좌입금신청서상의 계좌는 반드시 청구인 명의의 계좌이어야 한다.

5. 접수공탁소와 관할공탁소간의 서류전송방법

스캐너를 이용하여 스캔한 후 공탁시스템을 이용하여 전송을 하는 것을 원칙으로 하고, 스캔을 할 수 없는 부득이한 경우(스캐너 고장 등)에 한하여 팩스를 이용할 수 있다.

6. 접수공탁소 공탁관의 처리

가. 공탁신청의 경우

1) 공탁서의 기재사항과 첨부서류를 통해 관할의 확인 등 형식적인 사항을 조사한 후(흠결이 있으면 이를 보정하게 하고, 보정을 거부하는 경우에는 그러한 사정을 메

모 등을 통해 관할공탁소에 알림) 공탁서에 접수공탁소의 접수인을 찍고 별지 제1호 서식의 "관할공탁소로 송부한 공탁사건 접수부(공탁신청)"에 등재한다.

2) 접수인이 찍힌 공탁서 등을 스캔하여 관할공탁소로 전송하고, 전화 등으로 이 사실을 관할공탁소에 통지한다.

3) 관할공탁소로부터 공탁수리의 취지를 기재한 공탁서를 전송받으면 이를 출력하여 그 공탁서 상단 여백에 별표 1의 "대법원 행정예규 제 호에 의함"이라는 주인을 한 후 공탁시스템에서 출력한 별지 제2호 서식의 공탁금계좌납입안내문과 함께 공탁자에게 교부하여 납입기한 내에 안내문에 기재된 가상계좌로 공탁금을 납입하도록 하고, 납입영수증을 가지고 오거나 시스템 상 납입사실이 확인이 되면 공탁서 하단 납입증명란에 기명날인 후 공탁자에게 교부한다.

4) 공탁금을 납입한 공탁자가 「변제 공탁자가 회수청구권의 행사에 조건을 붙이는 경우의 처리지침」에 따라 공탁금회수제한신고서를 제출하여 접수증명을 요구하면, 관할공탁소로부터 전송된 공탁금회수제한신고서를 출력하여 하단에 증명문구란의 내용을 기재하고 기명날인한 후 그 밑에 별표 1의 "대법원 행정예규 제 호에 의함"이라는 주인을 하여 공탁자에게 교부한다.

5) 관할공탁소로부터 불수리결정등본이 전송된 경우에는 이를 출력하여 공탁당사자에게 직접 교부하거나 제출받은 우편봉투에 넣어 발송한다.

6) 공탁서 등의 원본은 관할공탁소로부터 수리 또는 불수리결정을 받은 다음날까지 관할공탁소에 등기속달 우편으로 송부하고, 도달여부의 확인 후 별지 제1호 서식의 "관할공탁소로 송부한 공탁사건 접수부(공탁신청)"해당란에 도달일자를 기재하며, 비고란에 "완"이라고 기재한다.

나. 공탁금지급청구의 경우

1) 청구서의 기재사항과 첨부서류 확인을 통해 형식적인 사항을 조사한 후(흠결이 있으면 이를 보정하게 하고, 보정을 거부하는 경우에는 그러한 사정을 메모 등을 통해 관할공탁소에 알림), 청구서에 접수공탁소의 접수인을 찍고 별지 제2호 서식의 "관할공탁소로 송부한 공탁사건 접수부(공탁금지급)"에 등재한다.

2) 접수인이 찍힌 청구서 등을 스캔하여 관할공탁소로 전송하고, 전화 등으로 이 사실을 관할공탁소에 통지한다.

3) 관할공탁소로부터 불수리결정등본이 전송된 경우에는 이를 출력하여 공탁당사자에게 직접 교부하거나 제출받은 우편봉투에 넣어 발송한다.

4) 관할공탁소로부터 공탁금지급완료 통지를 받은 경우에는 청구서 등의 원본을 다음날까지 관할공탁소에 등기속달 우편으로 송부하고, 도달 여부의 확인 후 별지 제3호 서식의 "관할공탁소로 송부한 공탁사건 접수부(공탁금지급)" 해당란에 도달일자를 기재하며, 비고란에 "완"이라고 기재한다.

7. 관할공탁소 공탁관의 처리

가. 공탁신청의 경우

1) 접수공탁소로부터 공탁서 등이 전송되어오면 이를 일반사건과 같이 접수하되 기록표지에 "접수공탁소로부터 송부된 사건"이라고 표시하고, 지체없이 조사하여 그 수리 및 인가 여부를 결정한다. 다만, 조사에 많은 시간이 필요한 경우에는 결정 예정시간을 접수공탁소에 통지하여 공탁당사자에게 알려준다.

2) 서류에 보정할 사항이 있으면 전화 등으로 접수공탁소 또는 공탁자에게 연락을 취해 보정하도록 한 후 처리하고, 「공탁규칙」 제48조에 따라 불수리결정을 하는 경우에는 불수리결정등본을 접수공탁소로 전송하여 공탁자에게 교부하도록 하고, 영수증을 전송받아 해당 기록에 철한다.

3) 공탁수리결정을 하는 경우에는 공탁금보관은행에 가상계좌번호 부여를 요청하여 번호를 전송받은 후, 공탁수리의 취지를 기재한 공탁서를 접수공탁소로 전송한다.

4) 접수공탁소로부터 공탁금회수제한신고서가 전송된 경우에는 출력하여 관할공탁소의 접수인을 찍은 후 접수공탁소로 전송한다.

5) 공탁금보관은행으로부터 공탁금납입결과가 전송된 후에는 공탁통지서를 즉시 피공탁자에게 송달한다.

6) 전송된 공탁서 등으로 기록을 작성하고, 접수공탁소로부터 원본이 송부되어 오면 대조확인한 후 기록표지에 원본도착일을 기재한 다음 기록에 가철한다.

7) 접수공탁소에 공탁수리결정 또는 불수리결정을 통지한 후 상당한 기일이 지난 후에도 접수공탁소로부터 공탁서 등 원본의 송부가 없는 경우에는 접수공탁소에 확인하는 등 적절한 조치를 취한다.

나. 공탁금지급청구의 경우

1) 접수공탁소로부터 청구서 등이 전송되어오면 이를 일반사건과 같이 접수하되 기록표지에 "접수공탁소로부터 송부된 사건"이라고 표시하고, 지체없이 조사하여 그 수리 및 인가 여부를 결정한다. 다만, 조사에 많은 시간이 필요한 경우에는 결정 예

정시간을 접수공탁소에 통지하여 공탁당사자에게 알려준다.

2) 서류에 보정할 사항이 있으면 전화 등으로 접수공탁소 또는 공탁금지급청구인에게 연락을 취해 보정하도록 한 후 처리하고, 불수리결정을 하는 경우에는 불수리결정등본을 접수공탁소로 전송하여 공탁금지급청구인에게 교부하도록 하고, 영수증을 전송받아 해당 기록에 철한다.

3) 공탁금지급인가결정을 하는 경우에는 관할공탁소 공탁금보관은행에 인가의 취지와 계좌입금 지시를 전송한다.

4) 공탁금 계좌지급 처리결과를 확인한 후 인가취지가 기재된 공탁금출급·회수청구서 하단의 청구서 수령란에 별표 2의 계좌입금지급필 고무인을 주인하고, 접수공탁소에 공탁금지급이 완료되었음을 통지한다.

5) 전송된 청구서 등으로 기록을 작성하고, 접수공탁소로부터 원본이 송부되어 오면 대조 확인한 후 기록표지에 원본 도착일을 기재한 다음 기록에 가철한다.

6) 접수공탁소에 공탁금지급완료 사실을 통지한 후 상당한 기일이 지난 후에도 접수공탁소로부터 원본의 송부가 없는 경우에는 접수공탁소에 확인하는 등 적절한 조치를 취한다.

8. 접수공탁소 공탁금보관은행의 처리

가. 공탁신청의 경우

1) 공탁자가 공탁금을 무통장입금 등의 방법으로 납입하고자 할 때 한도금액을 초과하는 경우에는 공탁금보관은행 사이의 영업망을 이용하는 등의 방법으로 송금한다.

2) 공탁자로부터 공탁금을 납입 받은 때에는 공탁자가 지참한 공탁서 상에 공탁금을 납입 받았다는 취지를 기재하고 날인 후 공탁자에게 교부한다.

나. 공탁금지급청구의 경우

이자소득세 원천징수에 필요한 사항을 등록하고 "공탁금(포괄)계좌입금신청서" 하단에 등록확인인을 날인한다.

9. 관할공탁소 공탁금보관은행의 처리

가. 공탁신청의 경우

1) 공탁금보관은행은 공탁관으로부터 가상계좌번호 부여를 지시받은 즉시 가상계좌를 채번하여 공탁관에게 전송하여야 한다.

2) 공탁금보관은행은 가상계좌로 공탁금 납입 시 공탁소에서 전송된 납입기한 및 공탁금액과 대조하여 확인한 후 납입처리하고, 그 처리결과를 공탁관에게 전송하여야 한다.

나. 공탁금지급청구의 경우
관할공탁소 공탁관의 지급인가 및 계좌입금지시에 따라 계좌입금처리 후 그 처리결과를 정상처리와 처리불능(불능시에는 사유를 명시함)으로 구분하여 관할공탁소 공탁관에게 즉시 전송해야 한다.

10. 관할공탁소 공탁관의 보통예금계좌를 통한 공탁금 납입 절차

가. 가상계좌 채번이 안 되거나 가상계좌 입금이 안 되는 등 부득이한 경우에는 관할공탁소 공탁관의 보통예금계좌를 통해 공탁금을 납입 받을 수 있다.

나. 지방법원 본원 및 지원에 소속된 공탁관은 「공탁규칙」 제57조 제1항에 의해 설치한 계좌 외에 지정된 공탁금보관은행에 보통예금계좌를 설치한다. 이 경우 보통예금계좌의 명의를 "○○법원(○○지원) 공탁관"으로 지정해 공탁관의 변경 시에도 계속적으로 이용할 수 있도록 하며 "공탁금으로 이체되는 경우 외에는 지급하지 않는다"는 특약으로 무통장 개설한다.

다. 위 가.의 공탁금을 납입 받는 방식으로 관할공탁소에서 공탁수리 결정을 하는 경우, 관할공탁소 공탁관은 접수공탁소에서 전송되어온 공탁서 여백에 「공탁금 납입 효력은 관할공탁소 공탁관 계좌(○○은행 ---)에 입금될 때 발생합니다」라는 문구를 기재하고 기명날인한 후 지체 없이 접수공탁소로 전송한다(이 경우 계좌번호는 위 나.의 보통예금계좌번호를 기재함).

라. 위 다.에 따라 전송된 공탁서를 받은 접수공탁소 공탁관은 이를 출력하여 그 공탁서 상단 여백에 별표 1의 "대법원 행정예규 제 호에 의함"이라는 주인을 한 후 공탁자에게 교부하여 납입기한 내에 공탁서에 기재되어 있는 관할공탁소 공탁관의 보통예금계좌로 공탁금을 납입하도록 하고, 납입영수증을 가지고 오거나 시스템상 납

입사실이 확인이 되면 공탁서 하단 납입증명란에 기명날인 후 공탁자에게 교부한다.

　마.　관할공탁소 공탁금보관은행은 공탁관의 보통예금계좌에 공탁금이 입금된 경우, 입금 당일 그 해당액을 인출하여 공탁관의 공탁금계좌로 납입한 후 그 결과를 관할 공탁소 공탁관에게 전송한다.

부　칙

제1조(시행일) 이 예규는 2010년 11월 1일부터 시행한다.
제2조(다른 예규의 폐지) 「금전변제공탁의 경우 관할공탁소 이외의 공탁소에서의 공탁사건처리 지침」은 이를 폐지한다.

[별표 1]

대법원행정예규 제   호에 의함

[규격: 가로 8cm, 세로 1.5cm]

[별표 2]

계좌입금지급필

[규격: 가로 4.5cm, 세로 1.5cm]

[별지 제1호 서식]

관할공탁소로 송부한 공탁사건 접수부(공탁신청)

연번	접수 연월일	공탁자	피공탁자	**공탁금액**	관할공탁소 /사건번호	청구서 등 원본 관할공탁소 도달연월일	비고

※ 이 장부는 매년 조제하고 1년간 보존하되, 5년간은 이를 합철하여 사용할 수 있다.

공탁금 계좌납입 안내문			
공탁금납입 가상계좌	○○은행 XXXXXXXXXXXX	예금주명	○○○○공탁소
공탁수리연월일	20 년 월 일		
납입마감일	20 년 월 일		
공탁번호	20 금 호	납입총액	원

공 탁 자 정 보	
공 탁 자 명		주민등록번호 (법인등록번호)	
주 소			

※ 유 의 사 항

가. 납입수수료는 공탁자 본인이 부담합니다.

나. 납입자는 공탁자와 동일하여야 합니다.

다. 납입총액은 공탁금액과 우편료(공탁통지서 발송)를 합한 금액입니다.

라. 이체한도·납입시간 유의(토, 일, 휴무일 제외)
　○ 분할납부는 허용되지 아니하므로 본인의 이체한도를 확인한 후 납부하시기 바랍니다.
　　※ 가상계좌 발급 은행과 같은 은행(예, ○○은행 가상계좌를 발급받은 경우 ○○은행 모든 지점)에서 창구입금(**수표 입금은 불가**)의 경우에는 한도제한이 없습니다.
　○ 은행의 업무시간 : 관할공탁소 취급점(보관은행)은 **09:00~18:00**,
　　　　　　　　　　　　보관은행의 다른 지점과 타 은행은 **09:00~16:00**
　○ 인터넷뱅킹, 텔레뱅킹, 자동화기기를 통한 입금 가능 시간은 각 은행 별로 다를 수 있으므로 가급적 위 은행의 업무시간 내(**09:00~18:00**)에 납부하시기 바랍니다.

20   년   월   일

○ ○ **지방법원(지원, 시군법원) 공탁관** ○ ○ ○

관할공탁소로 송부한 공탁사건 접수부(공탁금지급)

연번	접수 연월일	지급 청구권자	지급금액	회수/출급	관할공탁소 /사건번호	청구서 등 원본 관할공탁소 도달연월일	비고

※ 이 장부는 매년 조제하고 1년간 보존하되, 5년간은 이를 합철하여 사용할 수 있다.

별지

금전변제공탁의 경우 관할공탁소 이외의 공탁소에서의 공탁사건처리절차

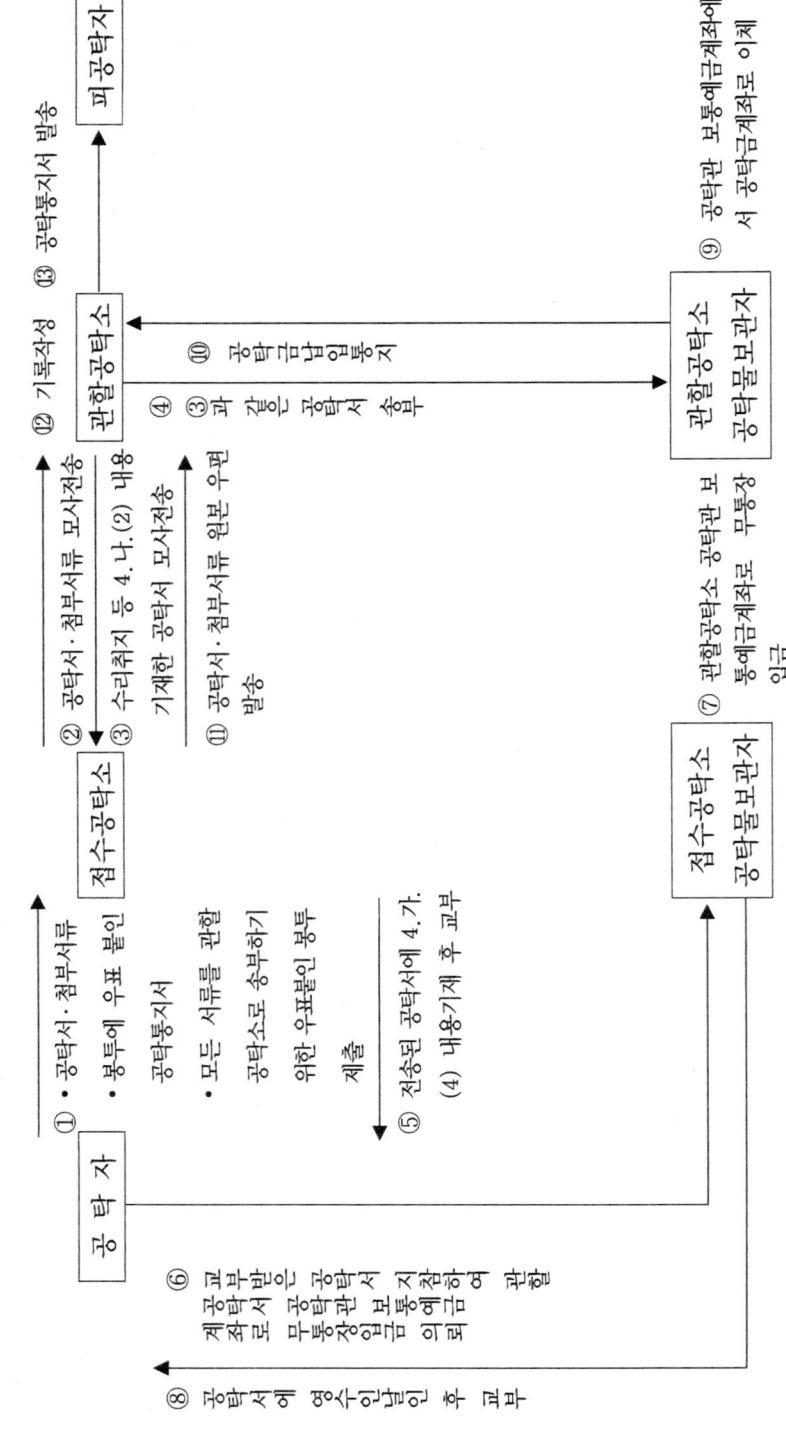

c) 외국인 · 재외국민의 변제공탁의 관할(대법원 소재지 또는 서울중앙지방법원 공탁소)

① 외국인 · 재외국민의 개념

공탁규칙 제6장에서 외국인과 재외국민은 다음 각 호의 사람을 말한다(공탁규칙 제65조)

1. 외국인

가. 대한민국의 국적을 가지지 않은 사람

나. 외국법에 따라 설립된 법인 또는 이에 준하는 단체

2. 재외국민

대한민국의 국민으로서 외국의 영주권을 취득한 자 또는 영주할 목적으로 외국에 거주하고 있는 자

② 대법원 소재지의 공탁소

국내에 주소나 거소가 없는 외국인이나 재외국민(이하 "외국인등"이라 한다)을 위한 변제공탁은 대법원 소재지의 공탁소에 할 수 있다(공탁법 제5조 제1항).

외국인등이 공탁하거나 외국인등을 위하여 공탁하는 절차, 그 밖에 필요한 사항은 대법원규칙으로 정할 수 있다(공탁법 제5조 제2항).

③ 서울중앙지방법원의 공탁관

국내에 주소나 거소가 없는 외국인이나 재외국민을 위한 변제공탁은 지참채무의 경우에 다른 법령의 규정이나 당사자의 특약이 없는 한 서울중앙지방법원의 공탁관에게 할 수 있다(공탁규칙 제66조).

d) 무기명식의 채권을 가진 사채권자의 채권의 공탁

상법 제492조 제2항에 따라 무기명 사채권자가 사채권자집회에서 의결권을 행사하기 위하여는 사채권을 공탁하지 아니하면 그 의결권을 행사하지 못한다.

공탁소의 토지관할에 관한 일반적 규정은 없으며 공탁의 근거법령에서 관할규정을 두고 있지 않은 경우에 공탁소는 직무관할 및 공탁물에 의한 관할범위 내에서 일체의 공탁에 대하여 관할권을 갖는다. 따라서 무기명 사채권을 공탁하고자 하는 사람은 시 · 군법원 공탁소를 제외한 모든 공탁소에서 공탁이 가능하며, 공탁관에게 공탁

을 하지 아니하는 경우에는 대법원장에게 공탁기관의 지정을 구하여 그 지정된 은행 또는 신탁회사에 공탁할 수도 있다(2002.9.5, 법정 제3302-305호).

(나) 보증공탁(담보공탁)의 관할(담보제공명령을 발한 법원소재지의 공탁소)

민사소송법 제502조의 제1항, 민사집행법 제19조 제1항은 이 법의 규정에 의한 공탁은 원고나 피고 또는 채권자나 채무자의 보통재판적이 있는 곳의 지방법원 또는 집행법원에 할 수 있다고 규정하고 있으나, 이 규정은 공탁소의 토지관할을 정한 것이 아니라 공탁을 한 후 그 공탁서를 제출한 법원을 정한 것으로 해석하는 것이 통설이다(공탁실무편람: 34면 (2).).

즉, 재판상 담보공탁이나 집행공탁의 관할에 관하여는 법률에 특별한 제한규정이 없다. 그러나 재판상 담보공탁의 경우에는 담보제공명령을 발한 법원소재지 공탁소에 공탁하는 것이 바람직하다(행정예규 517호. 1999.4.22. 법정 3302-126).

1) 민사집행법상의 담보공탁

민사집행법의 규정에 의한 담보의 제공이나 공탁은 원고나 피고 또는 채권자나 채무자의 보통재판적(普通裁判籍)이 있는 곳의 지방법원 또는 집행법원에 할 수 있다(민사소송법 제502조 제1항. 민사집행법 제19조 제1항).

당사자가 담보를 제공하거나 공탁을 한 때에는, 법원은 그의 신청에 따라 증명서를 주어야 한다(민사소송법 제502조 제2항. 민사집행법 제19조 제2항).

민사집행법에 규정된 담보에는 특별한 규정이 있는 경우를 제외하고는 민사소송법 제122조·제123조·제125조 및 제126조의 규정을 준용한다(민사집행법 제19조).

2) 재판절차와 관련된 공탁

재판절차와 관련된 공탁은 그 재판이 계속중인 법원의 공탁소, 가압류·가처분 등 각종의 신청사건과 관련된 공탁은 그 공탁을 명한 법원의 공탁소가 관할공탁소이다(행정예규 제517호. 3.).

서로 다른 법원으로부터 채권압류명령을 송달받은 제3채무자가 집행공탁을 하고자 할 경우에는 최초에 송달된 압류명령을 발한 법원의 공탁소가 관할공탁소이다.

3) 파산채권자의 배당금

파산절차에서 특정 파산채권자가 파산관재인으로부터 배당받을 채권에 대하여 압류명령 등이 경합하는 경우의 관할공탁소에 대하여 파산법이 그에 관한 특별한 규정을 두고 있지 아니하므로, 이는 민사집행법 제19조 제1항 및 제581조의 규정에 의하여 압류채권자나 파산채권자의 보통재판적소재지의 지방법원 또는 압류명령을 발한 집행법원의 공탁소라 할 것이다. 다만, 실무예는 최초에 압류명령을 발한 법원(가압류발령법원 제외) 공탁소에 공탁하고, 공탁사유신고를 하고 있다(2001.2.16. 법정 제3302-59호).

4) 가압류해방금을 공탁할 공탁소의 관할

가압류명령에는 가압류의 집행정지나 집행한 가압류를 취소하기 위해 채무자가 공탁할 금액을 기재하여야 하는데, 이에 따라 가압류해방금을 공탁할 경우 채무자는 민사집행법 제19조 제1항에 따라 원고(가압류채권자)나 피고(가압류채무자)의 보통재판적소재지의 지방법원 또는 집행법원(가압류발령법원)에 해당 해방금을 공탁할 수 있다. 다만, 공탁한 후 공탁서를 첨부하여 가압류집행취소를 신청하는 것과 관련하여 볼 때 집행법원에 공탁하는 것이 편리할 것으로 생각된다(2001.11.7. 법정 제3302-448호).

5) 영업보증공탁의 관할

영업보증공탁의 토지관할은 각 근거법규에 관할공탁소가 법정되어 있다. 예컨대, 여신전문금융업법상의 보증공탁은 선불카드를 발행한 신용카드업자의 본점 또는 주된 사무소 소재지의 공탁소에(여신전문금융업법 제25조 제2항), 원자력손해배상법상의 보증공탁은 원자력사업자의 주된 사무소를 관할하는 공탁소에(원자력손해배상법 제11조) 각각 공탁하여야 한다.

(다) 집행공탁의 관할(먼저 송달된 압류명령을 발한 집행법원 소재지의 공탁소)

민사집행법 제19조 제1항(담보제공·공탁법원)은 이 법의 규정에 의한 공탁은 채권자나 채무자의 보통재판적이 있는 곳의 지방법원 또는 집행법원에 할 수 있다고 규정하고 있으나, 이 규정은 공탁소의 토지관할을 정한 것이 아니라 공탁을 한 후 그 공탁서를 제출할 법원을 정한 것으로 해석하는 것이 통설이다.

즉, 재판상 담보공탁이나 집행공탁의 관할에 관하여는 법률에 특별한 제한규정이 없다. 그러나 재판상 담보공탁의 경우에는 담보제공명령을 발한 법원 소재지 공탁소에 공탁하는 것이 바람직하다(행정예규 517호, 1999.4.22. 법정 3302-126).

집행공탁의 경우에도 가압류해방공탁은 공탁 후 공탁서를 첨부하여 가압류집행취소를 신청하는 것과 관련하여 볼 때 집행법원에 공탁하는 것이 편리하며(2001.11.7. 법정 3302-448), 민사집행법 제248조에 의한 공탁도 공탁 이후 사유신고는 먼저 송달된 압류명령을 발령한 법원에 사유신고를 하여야 하므로(민집규 제172조 3항), 사유신고와 관련하여 볼 때 먼저 송달된 압류명령을 발령한 집행법원의 소재지 공탁소에 공탁하는 것이 여러모로 편리하다(2001.11.30. 법정 3302-476 참조). 따라서 실무에서는 먼저 송달된 압류명령을 발한 집행법원소재지 공탁소에 공탁하도록 권유하고 있다(공탁실무편람: 34면 (2).).

(라) 혼합공탁의 관할(피공탁자 중 1인의 주소지 공탁소)

집행공탁은 원칙적으로 관할에 관한 규정이 없고, 변제공탁은 채무이행지 주소지(지참채무의 원칙상 채권자의 주소지)에 공탁하도록 되어 있기 때문에, 변제공탁의 일면을 가지는 혼합공탁에 있어서 채권자인 피공탁자의 주소지 공탁소가 관할 공탁소가 될 것이다. 또한, 상대적 불확지 변제공탁에 있어 채권자들의 주소지가 달라 채무이행지가 다른 경우에는 그 중 1인의 주소지 관할 공탁소에 공탁하여도 무방하므로(행정예규 526호), 채권자 불확지 변제공탁과 집행공탁을 합한 혼합공탁에서 관한 공탁소는 피공탁자 어느 1인의 주소지 공탁소 중 한 곳이 관할 공탁소가 될 것이다(공탁실무편람 432면).

채권가압류 이후에 채권양도가 있어 제3채무자가 양도인 또는 양수인을 피공탁자로 하는 채권자 불확지 변제공탁과 채권가압류가 있음을 이유로 한 집행공탁을 합한 혼합공탁을 하는 경우, 위 채무가 지참채무라면 피공탁자들 중 1인의 주소지 공탁소가 관할공탁소가 된다(2009.9.28. 사법등기심의관-2196 질의회답).

Ⅶ. 공탁당사자

1. 공탁당사자의 의의

공탁당사자라 함은 공탁절차의 주체로서 공탁소의 주재하에 채무자인 공탁자와 채권자인 피공탁자에 의하여 채권자의 채권의 만족이라는 목적을 향하여 절차가 진행되는데, 이와 같은 공탁절차가 수행되는 주체인 공탁자와 피공탁자를 공탁당사자라고 한다.

구체적인 절차에서 누가 공탁당사자인가는 공탁신청시에 제출된 공탁서의 기재에 의하여 형식적으로 결정된다. 보관공탁에 있어서는 피공탁자인 대립당사자가 없다.

공탁당사자가 국가인 경우 소관청을 기재하여야 하며{예 : 대한민국(소관청 : ○○ ○○○)}, 공탁당사자가 국가 또는 지방자치단체장인 경우에는 법인등록번호란에 '고유번호'를 기재하여야 한다.

(1) 공탁자
"공탁자"는 자기 명의로 공탁의 목적물을 공탁소에 공탁하는 자를 말하며, 공탁서의 공탁자소정란에 성명 · 주민등록번호 · 주소(공탁자가 법인 또는 법인 아닌 사단이나 재단인 경우에는 그 명칭 · 주사무소)를 기재하게 되어 있다(공탁규칙 제20조 2항 1호).

(2) 피공탁자
"피공탁자"는 공탁자의 상대방으로서 공탁물에서 자기 명의로 채권의 만족을 받는 수익자 또는 공탁 본래의 목적에 따라 자기 이름으로 공탁소를 통해서 공탁물을 수령할 자를 말하며, 공탁할 때에 피공탁자가 특정될 수 있는 때에는 공탁서의 소정란에 피공탁자의 성명 · 주민등록번호(1994.12.27, 행정예규 제231호) · 주소(공탁자가 법인 또는 법인 아닌 사단이나 재단인 경우에는 그 명칭 · 주사무소)를 기재하게 되어 있다(공탁규칙 제20조 2항 5호).

(3) 피공탁자의 특정
공탁자는 공탁시부터 특정되고 공탁자가 존재하지 않는 경우란 있을 수 없지만, 피공탁자의 경우에는 영업보증공탁이나 민사집행법 제248조 제1항에 의한 집행공탁과 같이 공탁 당시에는 관념적으로만 존재하다가 사후적으로 확정되는 경우가 있고, 보관공탁이나 가압류해방공탁 등과 같이 그 성질상 피공탁자가 존재하지 않는 경우도 있다.

공탁제도상 채권자가 특정되거나 적어도 채권자가 상대적으로나마 특정되는 상대적 불확지의 공탁만이 허용될 수 있는 것이고, 채권자가 누구인지 전혀 알 수 없는 절대적 불확지의 공탁은 허용되지 아니하는 것이 원칙이지만, 공익사업을 위한 토지 등의 취득 및 보상에 관한 법률 제40조 제2항 제2호는 토지수용의 주체인 사업시행자가 과실 없이 보상금을 받을 자를 알 수 없을 때에는 절대적 불확지의 공탁이 허용됨을 규정하여, 기업자는 그 공탁에 의하여 보상금 지급의무를 면하고 그 토지에 대한 소유권을 취득하도록 하고 있다.

2. 공탁당사자능력

공탁당사자능력이란 일반적으로 공탁절차의 당사자가 될 수 있는 능력을 말하는 것으로, 이것은 공탁자·피공탁자로서 공탁절차를 수행하는 데 필요한 적격인 "공탁당사자적격"과 구별되는 개념이다. 자연인 및 법인은 물론 권리능력 없는 사단이나 재단에 관해서도 대표자 또는 관리인의 정함이 있는 것에 대하여는 공탁당사자능력을 인정한다(공탁규칙 제20조 2항 1호·5호).

주식회사가 해산되고 청산종결등기가 경료된 경우에도 잔존사무가 있다면 그 범위 내에서는 법인격이 존속하므로 공탁당사자능력을 가진다(대판 1994.5.27, 94다7607, 2001.1.17 법정 제3302-10). 장기간 등기하지 않은 휴면회사로서 상법 제520조2의 제1항의 규정에 의하여 해산간주된 회사도 이로써 법인격이 소멸한 것은 아니므로 공탁의 당사자가 될 수 있다(대결 1991.4.30, 90마672, 2003.8.5. 공탁법인 3302-189).

자연인이 사망하면 공탁당사자능력도 당연히 소멸하지만, 등기부상 소유자를 피공탁자로 하여 보상금을 공탁한 경우 피공탁자가 이미 사망하였다면 그 공탁은 상속인들에 대한 공탁으로서 유효하다(대판 1971.5.24., 70다1459).

3. 공탁 행위능력

행위능력이란 단독으로 확정적인 유효한 법률행위를 할 수 있는 능력을 말한다. 따라서 공탁 행위능력이라 함은 공탁절차행위를 유효하게 할 수 있는 공탁법상의 행위능력을 말하며, 법인과 자연인이 공탁행위능력을 가짐은 물론 권리능력 없는 사단 또는 재단도 대표자 또는 관리인의 정함이 있으면 공탁행위능력을 가진다.

미성년자 · 한정치산자 · 금치산자는 민사소송법상 소송능력에 준하여 원칙적으로 법정대리인에 의해서만 공탁절차행위를 할 수 있으며, 다만 미성년자나 한정치산자가 독립하여 법률행위를 할 수 있는 경우에는 예외라고 할 것이다(민사소송법 제51조 단서).

공탁을 하려고 하는 자가 미성년자이며, 미성년자가 스스로 법률행위를 할 수 있는 예외적인 경우(민법 제5조 1항, 제6조, 제8조)에 해당하지 아니하는 경우에는 직접 공탁신청을 할 수는 없고 법정대리인에 의하여 공탁신청을 하여야 한다. 법정대리인이 친권자인 부 · 모인 경우에는 부와 모가 공동으로 신청하여야 하며(민법 제909조 2항), 그 대리권을 증명할 수 있는 서면을 첨부하여야 한다(공탁규칙 제21조 2항).

4. 공탁 당사자적격

공탁 당사자적격이라 함은 일정한 공탁사건의 공탁자 또는 피공탁자로서 공탁절차를 수행(공탁신청 또는 공탁물의 출급 · 회수)하기 위하여 필요한 자격을 말한다. 공탁 당사자적격은 공탁자와 피공탁자 간에 해당 공탁을 정당하게 하는 실체적 법률관계가 존재하여야 하는 것이나 공탁의 종류에 따라 다르다.

변제공탁의 공탁당사자가 아닌 제3자가 피공탁자를 상대로 하여 공탁물출급수령권 확인의 소를 제기하여 그 확인판결을 받았다 하더라도 그 제3자는 공탁당사자 적격이 없으므로 직접 출급청구를 할 수 없다(대결 1993.12.15, 93마1470).

(1) 변제공탁의 당사자

변제공탁의 공탁자와 피공탁자는 구체적 공탁절차에서 공탁신청시에 공탁서에 기재됨으로써 결정되나, 변제공탁이 유효하기 위하여서는 공탁당사적격이 있는자를 공탁자 및 피공탁자로 하여야 한다.

(가) 공탁자

1) 공탁을 할 수 있는 자

공탁을 하는 자는 변제자이다. 따라서 채무자에 한하지 않고 제3자도 할 수 있다 (민법 제469조).

변제공탁에 있어서는 채무자가 공탁자가 되는 것이 원칙이나 채무의 성질 또는 당사자의 의사표시로 제3자의 변제를 허용한 때에는(민법 제469조) 제3자도 공탁자로서 적격을 가진다. 변제공탁의 피공탁자는 수령거부 또는 수령불능으로 공탁할 때에는 채권자, 채권자불확지로 공탁할 때에는 후에 확지될 채권자가 피공탁자이다.

2) 수인이 공동으로 하나의 공탁금액을 기재하여 공탁한 경우의 분담금액

수인의 공탁자가 공동으로 하나의 공탁금액을 기재하여 공탁한 경우, 균등한 비율로 공탁한 것으로 보아야 하고 공탁자들 내부의 실질적인 분담금액이 다르더라도 공탁자들 내부에서 해결할 문제이다. 강제집행정지의 담보를 위하여 공동 명의로 공탁하였는데 제3자가 다른 공동공탁자의 공탁금회수청구권에 대하여 압류 및 추심명령을 한 경우, 담보공탁금을 전액 출연한 공탁자가 압류채권자에 대하여 자금 부담의 실질관계를 이유로 대항할 수 없다.

🔍 판례

공탁자가 공탁한 내용은 공탁의 기재에 의하여 형식적으로 결정되므로 수인의 공탁자가 공탁하면서 각자의 공탁금액을 나누어 기재하지 않고 공동으로 하나의 공탁금액을 기재한 경우에 공탁자들은 균등한 비율로 공탁한 것으로 보아야 하고, 공탁자들 내부의 실질적인 분담금액이 다르다고 하더라도 이는 공탁자들 내부 사이에 별도로 해결하여야 할 문제이다. 이러한 법리는 강제집행정지의 담보를 위하여 공동 명의로 공탁한 경우 담보취소에 따른 공탁금회수청구권의 귀속과 비율에 관하여도 마찬가지로 적용된다. 따라서 제3자가 다른 공동공탁자의 공탁금회수청구권에 대하여 압류 및 추심명령을 한 경우에 압류 및 추심명령은 공탁자 간 균등한 비율에 의한 공탁금액의 한도 내에서 효력이 있고, 공동공탁자들 중 실제로 담보공탁금을 전액 출연한 공탁자가 있다 하더라도 이는 공동공탁자들 사이의 내부관계에서만 주장할 수 있는 사유에 불과하여 담보공탁금을 전액 출연한 공탁자는 압류채권자에 대하여 자금 부담의 실질관계를 이유로 대항할 수 없다(대판 2015.9.10. 2014다29971).

(나) 피공탁자

채권자의 수령불능 또는 수령거절을 원인(민법 제487조 전단)으로 한 변제공탁의 피공탁자는 채권자이다. 채무자의 과실 없이 "갑 또는 을" 중 누가 진정한 채권자인지 알 수 없음을 원인(민법 제487조 후단)으로 한 상대적 불확지 변제공탁의 피공탁자는 "갑 또는 을"이고, 채권자(공탁물 수령자인 피공탁자)가 누구인지 전혀 알 수 없는 절대적 불확지 변제공탁의 경우에는 피공탁자를 지정하는 공탁서 정정절차(규칙 제30조)를 거쳐 사후적으로 정해진다.

(다) 공탁당사자가 국가인 경우

공탁당사자가 국가인 경우에는 소관청도 기재[예: 대한민국(소관청: ○○○)]하여야 하며, 피공탁자가 국가인 경우에는 공탁통지서는 소관청의 장에게 발송하여야 한다. (행정예규 제972호. 2013.7.10).

🔍 **판례**

1. 매매잔대금변제공탁

   매수인이 매도인을 대리하여 매매잔대금을 수령할 권한을 가지고 있는 병에게 잔대금의 수령을 최고하고, 병을 공탁물수령자로 지정하여 한 잔대금변제공탁은 매도인에 대한 잔대금 지급의 효력이 있고, 또 매수인이 위 공탁을 함에 있어서 반대급부로서 소유권이전등기절차에 필요한 서류 등의 교부를 요구하였다고 하더라도 위 반대급부의 이행을 요구받은 상대방은 매도인이라 할 것이며, 위 반대급부조건을 붙여서 한 공탁은 유효하다(대판 1981.9.22. 81다236).

2. 망인을 피공탁자로 한 중도금변제공탁의 효력

   매매계약의 중도금지급기일을 앞두고 사망한 매도인인 망 ○○○에게 상속인들이 여러 명 있고 그 중에는 출가한 딸들도 있을 뿐만 아니라 출가하였다가 자식만 남기고 사망한 딸도 있는 등 매수인인 원고들로서는 매도인인 망 ○○○의 공동상속인들이나 그 상속인들의 상속지분을 구체적으로 알기 어려웠으므로, 원고들이 중도금지급기일에 망 ○○○를 피공탁자로 하여 중도금의 변제공탁을 한 것은 민법 제487조 후단에 해당하여 유효하다(대판 1991.5.28. 91다3055).

3. 제3자가 피공탁자를 상대로 공탁물출급수령권확인판결을 받은 경우의 출급청구가부(소극)

공탁당사자가 아닌 "제3자"가 피공탁자를 상대로 하여 공탁물출급수령권확인의 소를 제기하여 확인판결을 받았다는 것만으로 바로 그 제3자에게 공탁당사자적격이 생기는 것이 아닐 뿐만 아니라, 그 확인판결은 공탁규칙 제30조 제2호 소정의 "출급청구권을 갖는 것을 증명하는 서면"에도 해당하지 아니하므로, 그 확인판결을 받은 제3자는 직접 공탁물출급청구를 할 수는 없다(대법원 1993.12.15, 93마1470 결정).

(2) 보증공탁의 당사자(담보제공의무자)

(가) 공탁자(담보제공명령을 받은 자)

보증공탁에 있어서는 법령상(예: 민사집행법 제280조, 제288조 1항, 제307조, 제286조 3항, 제500조 1항 등) 채무의 변제를 담보할 의무가 있는 자가 공탁자로서 당사자적격을 가진다. 재판상담보공탁은 담보제공명령을 받은 자가 공탁자가 되는 것이 원칙이다. 민사소송법에는 담보제공을 당사자에 한하여 할 수 있다는 규정이나 제3자가 이를 하는 것을 금하는 규정이 없으므로, 담보제공의무자를 위하여 제3자가 그 소유의 금전 또는 유가증권을 자기 명의로 공탁할 수 있다.

(나) 피공탁자

담보공탁의 피공탁자는 공탁물에 대하여 법정담보권을 취득할 자이다.

재판상 담보공탁은 피공탁자의 손해배상채권을 담보하기 위한 공탁으로서 공탁신청 당시에 담보권리자가 될 자가 특정되어 있으므로 공탁서에 그 담보권리자를 피공탁자로 기재한다.

납세담보공탁의 피공탁자는 국가·지방자치단체 등 관세관청이 될 것이다.

영업보증공탁은 공탁신청 당시에는 누가 영업거래 등으로 인한 손해배상 채권자(담보권리자가) 될지 알 수 없으므로 피공탁자가 미확정이며, 따라서 다른 공탁의 경우와 달리 영업보증공탁의 공탁서에는 피공탁자란을 두지 않는다.

(3) 집행공탁의 당사자

(가) 공탁자 : 집행기관, 집행채무자, 제3채무자

집행공탁에 있어서는 집행절차의 집행기관 또는 집행채무자 혹은 채권압류의 경우에 있어서의 제3채무자 등이 공탁자로서 적격을 가지고 있으므로 성질상 제3자에 의한 공탁은 허용되지 않는다. 민사집행법 제248조에 의한 집행공탁의 공탁자는 제3 채무자이며, 동법 제282조에 의한 가압류해방공탁의 공탁자는 가압류 채무자이다.

(나) 피공탁자

집행공탁에 있어서는 압류가 동일성을 유지하면서 공탁물로 옮겨 가는 것이므로 피공탁자는 해당 집행절차의 집행채권자라 할 것이다. 그러나 "집행공탁의 피공탁자"는 공탁 당시에는 확정되지 않고, 또한 집행채권자만이 그 출급청구권을 가지는 것이 아니라 집행결과 배당에 참여하는 모든 채권자가 법원의 배당절차에 따라 지급위탁에 의하여 지급받게 되므로, 집행채권자를 피공탁자로 지정한다고 해도 이는 '강제집행이 경합하지 않을 경우에 한하여 유일한 피공탁자'라는 의미밖에 없다.

판례

집행공탁의 경우에는 배당절차에서 배당이 완결되어야 피공탁자가 비로소 확정되고, 공탁 당시에는 피공탁자의 개념이 관념적으로만 존재할 뿐이므로, 공탁 당시에 피공탁자를 지정하지 아니하였더라도 공탁이 무효라고 볼 수 없다(대판 2005.5.26. 2003다12311)

(다) 피공탁자의 확정시기

1) 집행공탁에 있어서는 피공탁자는 배당절차에서 각 채권이 확정되어 지급위탁서를 발급할 단계에 가서야 피공탁자로 확정된다. 따라서 공탁 당시에는 피공탁자의 개념이 관념적으로만 존재할 뿐이므로 이를 기재할 필요가 없다. 집행공탁의 경우에는 피공탁자란에는 피공탁자를 기재하지 않는 대신 공탁원인사실란에 각 압류·가압류·배당요구채권자를 기재하는 것이 바람직하다.

2) 민사집행법 제248조 제1항에 의하여 금전채권의 일부에 대한 압류를 원인으로 제3채무자가 압류에 관련된 금전채권액 전액을 권리공탁하는 경우에는 피공탁자란에 압류채무자를, 민사집행법 제291조 및 제248조 제1항에 의하여 가압류를 원인으로 제3채무자가 권리공탁하는 경우에는 피공탁자란에 가압류채무자를 기재하고 공탁통지서도 발송하도록 하였는바(행정예규 제528호), 이는 변제공탁적 측면도 있기 때문이다.

3) 민사집행법 제282조에 의한 가압류해방공탁에서 가압류채권자의 권리실행방법에 대하여 판례 및 실무 입장인 공탁금회수청구권에 대한 집행설을 따르면 피공탁자는 원시적으로 있을 수 없으므로 공탁신청시에 피공탁자를 기재할 수는 없다(법원행정처 발행 : 공탁실무편람 41면 (2.)

🔍**판례**

집행공탁의 피공탁자기재의 효력 여부(소극) :

　　토지수용법상의 보상금청구권에 대하여 압류의 경합이 있는 때에는 기업자는 보상금을 공탁함으로써 면책될 수 있는바, 그 경우에 기업자가 하는 공탁의 성격은 변제공탁이 아니라 집행공탁이고, 집행공탁에 있어서는 배당절차에서 배당이 완결되어야 피공탁자가 비로소 확정되고, 공탁 당시에는 피공탁자의 개념이 관념적으로만 존재할 뿐이므로 공탁 당시에 기업자가 특정채권자를 피공탁자에 포함시켜 공탁하였다 하더라도 그 피공탁자의 기재는 법원을 구속하는 효력이 없다(대판 1999.5.14. 98다62688).

(4) 보관공탁의 당사자

　　보관공탁은 주로 무기명식채권 소지인의 권리행사요건으로 행하여지는 공탁이므로 공탁자는 근거법령에 규정된 무기명식채권 소지인 등이다.

　　보관공탁은 단순히 보관목적물을 보관·관리하는 공탁이므로 피공탁자가 존재하지 아니한다.

(5) 몰취공탁의 당사자

　　몰취공탁에 있어서는 소송당사자 또는 법정대리인(민사소송법 제299조 2항), 상호의 가등기를 신청한 회사 또는 발기인(상업등기처리규칙 제62조의 5) 등이 공탁자로 되고, 국가가 피공탁자로 된다.

Ⅷ. 이해관계인

이해관계인이라 함은 일정한 사실행위나 법률행위 등에 있어서 직접 당사자는 아니나 그것에 의해서 자기의 권리 또는 이익에 영향을 받게 되는 자를 말한다(예: 민법 제22조, 제27조, 제44조, 제63조; 민사집행법 제90조, 제179조).

> 선례---
>
> **건물수용보상금공탁시 이해관계인을 기재한 경우 :**
>
> 한국토지개발공사가 도시재개발사업의 시행지구 내에 있는 건물을 지장물로서 수용하고 그 수용재결상의 보상금을 공탁하면서, 공탁서상의 공탁원인사실 기재를 함에 있어 별지를 인용하면서 그 별지에 수용대상물 및 보상금과 소유자를 표시하는 외에 이해관계인으로서 위 건물의 가압류권자 및 전세권자를 기재하여 놓았다 하더라도 그러한 기재만으로서는 위 공탁이 이해관계인들의 동의하에서만 공탁금출급을 허용하는 것이라고 볼 수는 없다(1991.8.19, 법정 제1303호).

1. 공탁규칙 제33조 제1호 나목의 이해관계인

변제공탁물의 출급청구시 첨부서류 중 하나인 공탁통지서를 첨부하지 못하는 때에는 그 대신 이해관계인의 승낙서를 첨부할 수 있다(규칙 제33조1호나목). 여기서 이해관계인은 피공탁자의 출급청구에 대하여 직접 이해관계를 갖는 공탁자를 의미한다.

2. 공탁규칙 제34조 제1호 나목의 이해관계인

공탁물의 회수청구시 첨부서류 중 하나인 공탁서를 첨부하지 못하는 때에도 그대신 이해관계인의 승낙서를 첨부할 수 있다(규칙 제34조 1호나목). 여기서 이해관계인은 공탁자의 회수청구에 대하여 직접 이해관계를 갖는 피공탁자를 의미한다.

해방공탁의 공탁자인 가압류채무자가 가압류의 효력상실(해제, 취하, 취소 등)을 이유로 해방공탁금을 회수하려 함에 있어 공탁서를 첨부하지 못하여 가압류채권자의 승낙서를 첨부하여 해방공탁금을 회수청구 할 수 있는지 여부에 대하여 관련규정은 없으나, 실무에서 종종 문제가 되고 있다.

공탁금 회수청구권에는 가압류채권자가 독점적, 우선적인 권리를 갖는 것이 아니어서 이해관계인에게 포함시킬 수 없다는 주장도 있으나, 회수청구권에 대한 가압류, 압류채권자 등 이해관계인이 없다면 가압류채권자를 이해관계인으로 취급하여 그가 발행한 승낙서를 첨부하여 공탁금의 회수청구를 인정하는 실무례도 있다(공탁실무편람: 40면 (나).).

3. 공탁규칙 제59조 제1항의 이해관계인

당사자 및 이해관계인은 공탁관에게 공탁관계 서류의 열람 및 사실증명을 청구할 수 있다(규칙 제59조 제1항). 공탁관계서류의 열람이나 사실증명의 교부청구를 할 수 있는 공탁당사자 이외의 이해관계를 가진 자는 법률상 이해관계인에 한하므로 해당 공탁기록에 나타난 압류채권자, 양수인 등의 특정승계인, 상속인 등의 일반승계인을 의미하고 공탁물 지급청구권에 대하여 가압류나 압류하려고 하는 자는 이해관계인이 아니다.

Ⅸ. 날인에 갈음하는 서명·무인

공탁관에게 제출하는 서면에 날인하여야 할 경우에는 서명으로 갈음할 수 있고, 날인이나 서명을 할 수 없을 때에는 무인으로 할 수 있다(공탁규칙 제11조 1항).

공탁규칙 제11조 제1항은 제출하는 서면에 인감을 날인하고 인감증명서를 첨부하여야 하는 경우에는 적용하지 아니한다(공탁규칙 제11조 2항).

Ⅹ. 기재문자의 정정, 서류의 간인

1. 기재문자의 정정

(1) 공탁에 관한 서면의 문자의 자획

공탁서, 공탁물 출급·회수청구서 그 밖에 공탁에 관한 서면에 적는 문자는 자획을 명확히 하여야 한다(공탁규칙 제12조 1항).

(2) 금전에 관한 숫자의 정정, 추가, 삭제의 불가

공탁서, 공탁물 출급·회수청구서, 지급위탁서·증명서에 적은 금전에 관한 숫자는 정정, 추가나 삭제하지 못한다. 그러나 공탁서의 공탁원인사실과 청구서의 청구사유에 적은 금전에 관한 숫자는 그러하지 아니하다(공탁규칙 제12조 2항).

(3) 문자의 정정, 추가, 삭제의 방법

정정, 추가나 삭제를 할 때에는 한 줄을 긋고 그 위쪽이나 아래쪽에 바르게 적거나 추가하고, 그 글자 수를 난외에 적은 다음 도장을 찍어야 하며, 정정하거나 삭제한 문자는 읽을 수 있도록 남겨두어야 한다(공탁규칙 제12조 3항).

(4) 공탁서, 공탁물출급 및 회수청구서의 정정, 추가, 삭제

공탁규칙 제12조 제3항에 따라 정정 등을 한 서류가 공탁서이거나 공탁물 출급·회수청구서인 때에는 공탁관은 작성자가 도장을 찍은 곳 옆에 인감(공탁규칙 제55조 2항의 인감을 말한다) 도장을 찍어 확인하여야 한다(공탁규칙 제12조 4항).

2. 서류의 간인

공탁관에게 제출하는 서류가 두 장 이상인 때에는 작성자가 매 장마다 간인을 하여야 하며, 이 경우에 해당 서류의 작성자가 다수일 때는 그 중 한 사람이 간인을 하면 된다(공탁규칙 제14조 1항·2항).

공탁규칙 제14조 1항 및 2항의 서류가 공탁서이거나 공탁물 출급·회수청구서인 때에는 공탁관이 인감도장으로 간인을 하여 확인하여야 한다(공탁규칙 제14조 3항).

XI. 원본인 첨부서면의 반환

공탁서, 공탁물 출급·회수청구서 등에 첨부한 서면에 관하여 원본반환을 청구할 수 있는 내용을 신설하였다.

공탁서, 공탁서 정정신청서, 대공탁·부속공탁청구서, 공탁물출급·회수청구서 등에 첨부한 원본인 서면의 반환을 청구하는 경우에 청구인은 그 원본과 같다는 뜻을 적은 사본을 제출하여야 한다.

공탁관이 서류의 원본을 반환할 때에는 그 사본에 원본을 반환한 뜻을 적고 도장을 찍어야 한다(공탁규칙 제15조 1항·2항).

XII. 자격증명서 등의 유효기간

공탁관에게 제출하는 다음 서면은 발급일로부터 3월 이내의 것이어야 한다(공탁규칙 제16조).

1. 대표자나 관리인의 자격 또는 대리인의 권한을 증명하는 것으로서 관공서에서 발급받은 서면
2. 제21조 제3항의 주소를 소명하는 서면으로서 관공서에서 발급받은 서면
3. 인감증명서

XⅢ. 공탁에 관한 서류와 장부

1. 공탁관계장부와 문서의 양식

(1) 공탁관은 다음 각 호의 장부(장부)를 전산정보처리조직을 이용하여 기록·관리하여야 한다(공탁규칙 제3조 1항).

1. 공탁물의 종류에 따른 원장(원장)
2. 공탁물의 종류에 따른 출납부
3. 공탁물의 종류에 따른 사건부
4. 불수리사건 관리부
5. 문서건명부

(2) 이 규칙의 시행에 필요한 문서의 양식은 대법원 예규로 정한다(공탁규칙 제3조 2항).

(3) 공탁사무의 업무통일과 사무처리의 효율화를 위하여 공탁사무 문서의 양식은 대법원행정예규 제742호(2008.2.15)에 규정되어 있다.

2. 장부의 보존기간

공탁관은 공탁에 관한 서류와 장부를 다음 구별에 의하여 보존하여야 한다. 그러나 관계서류를 합철하였을 경우에는 그 서류 중 보존기간이 가장 긴 서류에 따라 보존하여야 하며, 서류 또는 장부는 보존기간의 만료 후에도 보존하여야 할 특별한 사유가 있는 때는 그 사유가 존재하는 동안 보존하여야 한다(공탁규칙 제17조 1항·2항).

1. 제3조 제1항 각호의 장부   사건별 완결연도의 다음해부터 10년
2. 공탁기록   완결연도의 다음해부터 5년
3. 일계표철, 월계대사표철, 우편발송부, 기타 문서철

　　　　　　　　　　　　　　　각 해당 연도의 다음해부터 2년

3. 서류·장부의 폐기절차

공탁관이 보존기간이 만료한 서류 또는 장부를 폐기하려고 할 때는 그 목록을 작성하여 소속지방법원장 또는 지원장의 인가를 받아야 한다(공탁규칙 제18조).

4. 완료되지 않은 서류의 반출금지

공탁에 관한 서류로서 지급이 완료되지 않은 것은 천재지변(天災地變)의 경우를 제외하고는 사무실 외로 반출하지 못한다(공탁규칙 제19조).

5. 공탁관계장부의 종류

(1) 원 장

공탁관은 원장(각 공탁사건에 관한 주요사항을 전산 등록한 기본장부를 말한다. 이하 같다)을 사건별로 작성하여야 한다(공탁규칙 제4조 1항).

공탁관은 공탁을 수리하거나 공탁물의 출급·회수를 인가한 때에는 이를 원장에 등록하여야 한다(공탁규칙 제4조 2항).

공탁자가 공탁관이 지정한 납입기일까지 공탁물을 납입하지 않아 공탁수리결정의 효력이 상실된 때에는 원장에 그 취지를 등록하여야 하며(공탁규칙 제26조 3항·4항), 공탁서정정신청을 수리한 때에는 원장의 내용을 정정하여야 하고(공탁규칙 제30조 4항), 공탁금의 출급·회수청구권에 대한 압류의 경합 등으로 관할집행법원에 사유신고를 한 때에는 공탁관은 원장에 사유신고한 취지와 그 연월일을 등록하여야 한다(공탁규칙 제58조 2항).

[제1호 양식] 공탁사건별 원장(생략)

(2) 일 계 표

공탁관은 납입 및 지급된 공탁사건에 관하여 매일 일계표를 전산정보처리조직으로 출력하여 법원장(지방법원 지원에서는 지원장, 시·군법원에서는 시·군법원 판사)의 결재를 받아야 한다(공탁규칙 제9조).

일계표에는 당일 접수된 사건을 등재하는 것이므로 출납부와 달라서 공탁금이 은행에 납입된 여부나 은행에서 지급된 여부와는 무관하다. 일계표는 현실적 출납과는 관계 없이 공탁관이 그날 그날 취급한 건수와 금액이 공탁신청 및 지급청구별로 얼마나 되는가를 알기 위한 것이 주목적이고, 월간 접수한 사건 중에서 실제로 미납·미지출된 것이 얼마나 되는가를 알기 위한 것은 부수적 목적이다.

[제6호 양식] 공탁사건일계표(생략)

(3) 공탁출납부 · 월계대사표

출납부는 공탁물의 종류(공탁금 · 공탁유가증권 · 공탁물품)에 따라 연도별로 작성하며, 공탁관은 공탁물보관자의 공탁물의 납입 및 지급결과에 관한 내용을 일자 순으로 등록하여야 한다(공탁규칙 제5조 1항 · 2항). 위의 등록을 한 경우에는 원장에도 등록하여야 한다(공탁규칙 제5조 3항).

공탁관은 출납부를 공탁물보관자 장부와 대조하기 위하여 전월분 월계대사표를 매달 초에 공탁물보관자에게 보내고 공탁물보관자는 이를 확인한 후 공탁관에게 보내야 한다. 그러나 물품공탁의 경우에는 전년분에 관하여 매년 초에 이를 할 수 있다(공탁규칙 제50조 1항) 공탁관이 위의 확인을 마친 때에는 지체 없이 증빙서류와의 대조를 하여야 한다(공탁규칙 제50조 2항). 공탁관은 규칙 제50조 2항의 대조결과를 매달초 소속지방법원장에게 보고(제8호 양식)하여야 한다(공탁규칙 제50조 3항)

(4) 사건부

사건부는 공탁물의 종류에 따라 연도별로 작성한다(공탁규칙 제6조 1항).

사건부에는 공탁신청사건의 접수사실을 등록하고, 공탁물의 지급 등으로 공탁사건이 완결된 때에는 완결일자를 등록하여야 한다(공탁규칙 제6조 2항).

사건부에 등록할 공탁번호는 연도, 부호문자와 진행번호에 따라 부여한다. 부호문자는 금전공탁은 "금"으로, 유가증권(주식 · 사채 등의 전자등록에 관한 법률 제63조 제1항에 따라 발행된 전자등록증명서를 포함한다.)공탁은 "증"으로, 물품공탁은 "물"로 하고, 진행번호는 접수순서에 따르며 매년 그 번호를 새로 부여한다(공탁규칙 제6조 3항).

[제3호 양식] 공탁사건별 사건부(생략)

(5) 불수리사건관리부

공탁관은 불수리사건 관리부에 다음 각 호의 사항을 등록하여야 한다(공탁규칙 제7조).

1. 제48조의 불수리 결정을 한 경우 결정연월일과 고지연월일
2. 불수리 결정에 대한 이의신청이 있는 경우 이의신청일 및 결과

공탁관이 공탁신청 또는 출급·회수의 청구를 불수리할 경우에는 이유를 적은 결정으로 하여야 한다(공탁규칙 제48조).

[제4-1호 양식] 불수리사건관리부(생략)

(6) 문서건명부

문서건명부에는 공탁신청과 불수리결정의 고지 이외의 공탁관련 모든 문서의 접수 및 발송사실을 등록한다(공탁규칙 제8조 1항). 문서건명부의 진행번호는 접수문서와 발송문서를 구분하지 않고 등록순서에 따르며, 매년 그 번호를 새로 부여한다(공탁규칙 제8조 제2항).

[제5호 양식] 문서건명부(생략)

(7) 공탁기록 및 서류철

공탁사건을 접수한 공탁관은 매 사건마다 공탁기록을 만들고, 공탁에 관한 서류를 접수순서에 따라 해당 공탁기록에 편철한다(공탁규칙 제10조 1항). 공탁관은 공탁기록에 합철되는 서류 이외의 서류를 아래와 같이 구분하여 편철한다(공탁규칙 제10조 2항).

① 일계표철
② 월계대사표철
③ 우편발송부
④ 기타 문서철

(8) 열람 및 증명청구

① 공탁당사자 및 이해관계인은 공탁관에게 공탁관계 서류의 열람 및 사실증명을 청구할 수 있다(공탁규칙 제59조 1항).

② 위임에 따른 대리인이 제1항의 청구를 하는 경우에는 대리인의 권한을 증명하는 서면에 인감도장을 찍고 인감증명서를 첨부하여야 한다(공탁규칙 제59조 2항).

③ 제2항은 자격자대리인 본인이 직접 열람 및 사실증명을 청구하는 경우에는 적용

하지 아니한다(공탁규칙 제59조 3항).

④ 제1항의 청구를 하는 사람은 열람신청서나 사실증명청구서를 제출하여야 한다. 사실증명을 청구하는 때에는 증명을 받고자 하는 수에 1통을 더한 사실증명청구서를 제출하여야 한다(공탁규칙 제59조 4항).

⑤ (삭제. 2012.10.30.)

⑥ 공탁관은 제1항의 열람신청이나 사실증명청구에 대하여 전산정보처리조직을 이용하여 열람하게 하거나 증명서를 발급해 줄 수 있다(공탁규칙 제59조 6항).

(9) 공탁서 기타 부속서류의 사본교부

공탁서 기타 부속서류에 관하여 법령의 근거가 없으므로 그 등(초)본이나 인증된 사본을 교부할 수는 없으나, 이해관계 있는 자의 사본교부청구가 있으면 이를 공탁규칙 제52조의2의 열람청구의 연장으로 보아 공탁관의 인증이 없는 단순한 사본은 교부할 수 있다(1994.12.17. 행정예규 제230호; 등기예규 제680호·제491호).

제2절 공탁의 종류

공탁은 공탁원인·공탁물·시간적 단계·목적·공탁소 등에 의하여 여러 가지로 분류된다. 공탁은 공탁자가 자기의 책임과 판단 아래 하는 것으로서, 공탁자는 자신의 의사에 좇아 변제공탁이나 집행공탁 또는 혼합공탁을 선택하여 할 수 있다. 그리고 공탁자가 그 중 어떠한 종류의 공탁을 하였는지는 피공탁자의 지정 여부, 공탁의 근거가 되는 법령조항, 공탁원인사실 등을 종합적·합리적으로 고려하여 판단되어야 한다(대판 2012.1.12, 2011다84076).

제1관 공탁원인에 의한 공탁의 분류

1. 공탁원인에 따른 공탁의 분류

공탁원인이라 함은 유효·적법하게 공탁을 할 수 있는 요건을 말한다. 공탁은 공탁원인에 따라 변제공탁(민법 제487조 내지 제491조), 재판상 담보공탁(민소법 제117조 제1항, 제213조, 민집법 제280조, 제301조 등), 집행공탁(민집법 제282조 등), 보관공탁(상법 제491조 제4항, 제492조 제2항 등), 몰취공탁(민소법 제299조 제2항, 제300조 등), 혼합공탁으로 분류될 수 있다.

2. 공탁의 종류에 관한 판단방법

공탁은 공탁자가 자기의 책임과 판단 아래 하는 것으로서, 공탁자는 자신의 의사에 좇아 변제공탁이나 집행공탁 또는 혼합공탁을 선택하여 할 수 있다. 그리고 공탁자가 그 중 어떠한 종류의 공탁을 하였는지는 피공탁자의 지정 여부, 공탁의 근거가 되는 법령조항, 공탁원인사실 등을 종합적·합리적으로 고려하여 판단되어야 한다(대판 2012.1.12, 2011다84076).

Ⅰ. 변제공탁

"변제공탁(辨濟供託)"은 변제자가 변제의 목적물을 채무의 이행에 갈음하여 공탁소에 임치하여 채무를 면하는 제도이다. 변제공탁은 연혁상 최초로 시작된 공탁으로서 변제대용((辨濟代用)으로 행해지는 공탁이므로 공탁에 의하여 채무자의 채무는 소멸하고 채권자는 공탁물 출급청구권을 갖게 된다.

1. 변제공탁의 의의

변제공탁이라 함은 채무자가 변제를 하려고 하여도 채권자가 변제를 받지 아니하거나 변제를 받을 수 없는 경우 또는 과실 없이 채권자가 누구인지 알 수 없는 경우에 채무자가 채무이행에 갈음하여 채무의 목적물(금전·유가증권, 기타의 물건)을 공탁소에 맡김으로써(임치계약) 그 채무를 면할 수 있는 제도(민법 제487조)이며, 채권자의 협조 없이도 채무자가 채무를 청산하고 채무자의 지위에서 가지게 되는 여러 가지 부담(이자를 물어야 하는 점, 근저당권을 소멸시키지 못하는 점 등)에서 벗어나게 함으로써 채무자를 보호하고자 하는 제도로서 최초로 시작된 공탁이다.

민법상의 변제공탁은 채무를 변제할 의사와 능력이 있는 채무자로 하여금 채권자의 사정으로 채무관계에서 벗어나지 못하는 경우를 대비할 수 있도록 마련된 제도로서 민법 제487조 소정의 변제공탁의 요건인 "채권자가 변제를 받을 수 없는 때"의 변제라 함은 채무자로 하여금 종국적으로 채무를 면하게 하는 효과를 가져다 주는 변제를 의미한다.

변제공탁의 일반적 근거 법규는 민법 제487조이나, 민법의 다른 조문이나 다른 법률에서 규정하고 있는 특별한 변제공탁도 있다.

(1) 변제제공 후의 공탁
채무자 기타 이해관계인이 민법 제487조에 의하여 변제의 목적물을 공탁하여 그 채무를 면하려고 하면 먼저 채권자에게 채무의 내용에 따른 변제제공을 한 후 채권자가 수령을 거절하거나 수령이 불능한 경우, 또는 변제자의 과실 없이 채권자를 확지할 수 없는 경우에 한하여 공탁하여 채무를 면할 수 있다.

(2) 민법 제487조의 성질

변제공탁에 관한 민법 제487조는 사법관계뿐 아니라 공법관계에 있어서도 유추적
용되는 일반법적인 성질을 갖는다. 사업시행자가 토지수용에 따른 보상금지급의무의
이행을 위한 공탁의 공탁근거법규는 공익사업을위한토지등의취득및보상에관한법률 제
40조 제2항이지만, 토지수용보상금공탁도 민법상 변제공탁과 그 성질이 다를 바 없
다.

(3) 장래의 채무의 공탁 가부(소극)

주위토지통행권자가 통행지소유자에게 매월 정기적으로 지급하기로 판결이 확정된
손해보상금에 관해서 통행지소유자가 수령을 거부하는 경우에는 과거 수개월분의 손
해보상금을 모아서 공탁할 수는 있으나 장래(장래의 채무)의 손해보상금 수개월분까지
일괄공탁할 수는 없다(1993.4.27, 법정 제823호).

2. 변제공탁제도의 의의

민법 제487조 이하에서 규정하는 공탁은 변제자가 변제의 목적물을 채무의 이행에
갈음하여 공탁소에 임치하고 채무를 면하는 제도이다. 변제를 위하여 채권자의 수령
을 요하는 경우에 변제자가 변제의 제공을 하였음에도 불구하고 채권자가 수령을 거
절하거나 또는 수령할 수 없는 때에는 변제자는 채무불이행에 의한 모든 책임을 면하
고, 또한 채권자는 수령지체에 빠지게 된다(민법 제461조, 제400조).

변제의 제공에 의하여 변제자의 책임은 경감된다고 하더라도 채무 자체는 소멸하지
않으며, 담보 기타 위약금의 효력도 소멸하지 않는다. 이와 같이 채권자의 불수령으
로 채무자가 언제까지나 채무에 의하여 구속당한다는 것은 공평하지가 않으므로 그
대책으로서 마련된 제도가 바로 공탁제도이며, 변제자는 목적물을 공탁함으로써 그
채무를 면할 수 있다(민법 제487조). 이와 같이 채무의 이행에 채권자의 협력을 요하
는 경우에는 그러한 채권자의 협력 없이 채무를 면할 수 있는 점에서 변제공탁은 그
의의가 있는 것이다.

3. 변제공탁의 법률적 성질

(1) 변제

변제(辨濟)라 함은 채무의 내용인 급부(給付)를 실현시키는 채무자 내지 기타의 자의 행위로서, 변제에 의해 채권자는 목적을 달성하게 되어 채권은 소멸된다. 변제를 채무의 이행(履行)이라고도 한다. 채권의 대내적(對內的) 효력으로서 볼 때에는 이행(履行)이라 하고, 채권의 소멸의 원인으로서 볼 때에는 변제(辨濟)라고 한다.

변제는 채무내용(債務內容)에 좇은 현실제공으로 하여야 하며(민법 제460조 전단), 채무자가 채권자의 승낙을 얻어 본래의 채무이행에 갈음하여 다른 급여를 한 때에는 변제와 같은 효력이 있다(민법 제466조). 채무의 변제는 제3자도 할 수 있다(민법 제469조 제1항 전단).

(2) 변제공탁의 법률적 성질

민법 제487조 이하의 공탁은 변제공탁으로서, 변제자가 변제의 목적물을 채무의 이행에 갈음하여 공탁소에 임치(任置)하고 채무를 면하는 제도이다. 변제공탁제도는 채무의 이행에 채권자의 협력을 필요로 하는 경우에 채권자의 협력 없이 채무를 면할 수 있다는 점에서 큰 의미를 가진다. 공탁이 법률적 성질에 대해서는 아래와 같이 학설이 대립하고 있다.

(가) 사법관계설(私法關係說 : 제3자를 위한 임치계약)

공탁은 공탁자(供託者)와 공탁소(供託所)가 채권자로 하여금 계약상의 권리를 취득하게 하기 위하여 체결하는 임치계약(任置契約)이며, 특히 변제공탁은 제3자(피공탁자)를 위한 임치계약이라는 견해로서 다수설(多數說)이다. 이 설에 의하면 공탁물의 지급청구가 공탁공무원(현행법상의 공탁관)에 의하여 거부된 때에는 국가를 상대로 민사소송을 제기할 수 있으며, 공탁물 지급청구권은 민법상의 소멸시효에 걸리게 된다.

(나) 공법관계설(公法關係說)

공탁은 공탁공무원(공탁관)의 수탁처분(受託處分)으로 성립하는 것이며, 이 수탁처분은 공탁자의 신청에 기하여 행하여지는 것이기는 하지만 하나의 일방적인 행정처분(行政處分)이므로, 공탁을 공탁자와 공탁소(공탁관)와의 사법상의 계약으로 볼 수는 없다고 한다. 공법관계설은 공탁은 행정관청의 일방적 행정처분이라는 것이 소수설(少數說)의 견해다. 이 견해에 의하면 공탁에 관한 쟁송은 행정소송이어야 한다는 것이 될 것이다. 이와 같은 소수설은 독일의 다수설로 특히 Larenz의 견해에 따른 것이다.

(다) 병존설(竝存說, 折衷說)

공탁은 공법적인 면과 사법적인 면의 양면이 있어 전자를 규율하는 것은 공법이고, 후자를 규율하는 것은 민법이라는 견해이다.

(라) 판례

판례는 '변제공탁은 공탁공무원의 수탁처분(受託處分)과 공탁물보관자의 공탁물수령으로 그 효력이 발생하여 채무소멸의 효과를 가져 오는 것이고, 채권자에 대한 공탁통지나 채권자의 수익(受益)의 의사표시가 있는 때에 공탁의 효력이 생기는 것이 아니다(대법원 1972.5.15. 72마401)'라고 함으로써 공탁의 법률적 성질을 공법관계(公法關係)로 보고 있다.

금전 공탁서(변제 등) (반대급부)

공 탁 번 호		제	년 금 호	년 월 일 신청		법령 조항	
공탁 자	성 명 (상호, 명칭)			피 공 탁 자	성 명 (상호, 명칭)		
	주민등록번호 (법인등록번호)				주민등록번호 (법인등록번호)		
	주 소 (본점, 주사무소)				주 소 (본점, 주사무소)		
	전화번호				전화번호		
공 탁 금 액	한글		보관은행			은행 지점	
	숫자						
공 탁 원 인 사 실							
비고(첨부서류등)		☐ 계좌납입신청					
1. 공탁으로 인하여 소멸하는 질 권, 전세권 또는 저당권 ②. 반대급부 내용		공탁원인사실에 기재된 부동산의 소유권이전등기절차이행에 필 요한 일체 서류의 교부					

위와 같이 신청합니다.   대리인 주소
                                                        전화번호
        공탁자 성명   인 (서명)   성명   인(서명)

위 공탁을 수리합니다.

공탁금을   년   월   일까지 위 보관은행 공탁관 계좌에 납입하시기 바랍니다.

위 납입기일까지 공탁금을 납입하지 않을 때는 이 공탁 수리결정의 효력이 상실됩니다.

                           년   월   일
                 법원   지원 공탁관   (인)

(영수증) 위 공탁금이 납입되었음을 증명합니다.

                           년   월   일
                 공탁금 보관은행(공탁관)   (인)

※ 1. 도장을 날인하거나 서명을 하되, 대리인이 공탁할 때에는 대리인의 주소, 성명을 기재하고 대리인의 도장을
     날인(서명)하여야 합니다.
  2. 공탁당사자가 국가 또는 지방자치단체인 경우에는 법인등록번호란에 '사업자등록번호'를 기재하시기 바랍니다.
  3. 공탁금 회수청구권은 소멸시효완성으로 국고에 귀속될 수 있으며, 공탁서는 재발급 되지 않으므로 잘 보관하시기 바랍니다.

금전 공탁서(변제 등)

공 탁 번 호	2012년 금 제 호	2012년 1월 31일 신청	법령조항	민법 제487호

공 탁 자	성 명 (상호, 명칭)	박 영 례	피 공 탁 자	성 명 (상호, 명칭)	별지와 같음
	주민등록번호 (법인등록번호)	650210-2649123		주민등록번호 (법인등록번호)	
	주 소 (본점, 주사무소)	서울 금천구 시흥대로 16길16. 11동 103호(시흥동 미도연립)		주 소 (본점, 주사무소)	
	전화번호	010-4804-4529		전화번호	

공 탁 금 액	한글 : 일천사백만원	보관은행	은행 지점
	숫자 : 14,000,000원		

공 탁 원 인 사 실	피공탁자들이 공탁자를 상대로 한 서울남부지방법원 2010가단55693 소유권이전등기절차이행사건의 확정된 화해권고결정에 따라 공탁자가 피공탁자 박정애에게 금 팔백만원, 박춘심, 박영님, 박희용에게 각 금 이백만원 합계 일천사백만원을 제공하였으나 그 수령을 거절하므로 공탁함

비고(첨부서류 등)	1. 화해권고결정. 2. 주민등록등초본 5통 3. 위임장 1통 □ 계좌납입신청

1. 공탁으로 인하여 소멸하는 질권, 전세권 또는 저당권 ②. 반대급부 내용	해당사항 없음

위와 같이 신청합니다.   대리인 주소 서울 양천구 신정4동 1009-6 남부빌딩 411호
서울 금천구 시흥대로 16길 16. 11동 103호(시흥동. 미도연립)
　　　　　　전화번호 2696-3456
　　　공탁자 성명　박영례 인 (서명)　　　　성명　법무사 최돈호 인(서명)

위 공탁을 수리합니다.
공탁금을　　년　　월　　일까지 위 보관은행 공탁관 계좌에 납입하시기 바랍니다.
위 납입기일까지 공탁금을 납입하지 않을 때는 이 공탁 수리결정의 효력이 상실됩니다.
　　　　　　　　　　년　　　　월　　　　일
　　　　　　　법원　　　　　　지원 공탁관　　　　　　　　(인)

(영수증) 위 공탁금이 납입되었음을 증명합니다.
　　　　　　　　　　년　　　　월　　　　일
　　　　　　　　공탁금 보관은행(공탁관)　　　　　　　　(인)

별지

피공탁자의 표시

성 명	주 소	주민등록번호	공 탁 금
박○○	서울 영등포구 선유로 33길 23. 101동 1304호	550708-2649111	800만원
박○○	대전시 서구 도산로 341번길 25. 202호(용문동. 새롬빌라)	591110-2649125	200만원
박○○	서울 양천구 목동로 15길 11-1 (신정동)	621222-2649135	200만원
박○○	서울 영등포구 선유서로 40. 102동 507호(문래동6가. 베어스타운아파트)	571225-1649111	200만원

금전 공탁통지서

공 탁 번 호	2012년 금제 호	2012년 1월 31일 신청	법령조항	민법 제487호

공 탁 자	성 명 (상호, 명칭)	박영례 650210-2649123	피 공 탁 자	성 명 (상호, 명칭)	별지와 같음(생략)
				주 소 (본점, 주사무소)	
	주 소 (본점, 주사무소)	서울 금천구 시흥대로 16길16, 11동 103호(시흥동 미도연립)		주민등록번호 (법인등록번호)	

공 탁 금 액	한글 : 일천사백만원	보관은행	은행 지점
	숫자 : 14,000,000원		

공 탁 원 인 사 실	피공탁자들이 공탁자를 상대로 한 서울남부지방법원 2010가단55693 소유권 이전등기절차이행사건의 확정된 화해권고결정에 따라 공탁자가 피공탁자 박 ○○에게 금 팔백만원, 박○○, 박○○, 박○○에게 각 금 이백만원 합계 일 천사백만원을 제공하였으나 그 수령을 거절하므로 공탁함

1. 공탁으로 인하여 소멸하는 질권, 전세권 또는 저당권 2. 반대급부 내용	해당사항 없음

위와 같이 신청합니다.   대리인 주소 서울 양천구 신정4동 1009-6 남부빌딩 411호
서울 금천구 시흥대로 16길 16. 11동 103호(시흥동. 미도연립)
　　　　　　　　전화번호 2696-3456
　　　공탁자 성명　박영례 인 (서명)   성명　법무사 최돈호 인(서명)

1. 위 공탁금이　　년　　월　　일 납입되었으므로 [별지] 안내문의 구비서류 등을 지
   참하시고, 우리 법원 공탁소에 출석하여 공탁금 출급청구를 할 수 있습니다.

   귀하가 공탁금 출급청구를 하거나, 공탁을 수락한다는 내용을 기재한 서면을 우리
   공탁소에 제출하기 전에는 공탁자가 공탁금을 회수할 수 있습니다.

2. 공탁금 출급청구시 구비서류 등

   ※ [별지] 안내문을 참조하시기 바랍니다.

3. 공탁금은 그 출급청구권을 행사할 수 있는 때로부터 10년 내에 출급청구를 하지
   않을 때에는 특별한 사유(소멸시효 중단 등)가 없는 한 소멸시효가 완성되어 국고
   로 귀속되게 됩니다.

4. 공탁금에 대하여 이의가 있는 경우에는 공탁금 출급청구를 할 때에 청구서에 이의
   유보 사유(예컨대 "손해배상금 중의 일부로 수령함" 등)를 표시하고 공탁금을 지급
   받을 수 있으며, 이 경우에는 후에 다른 민사소송 등의 방법으로 권리를 주장할
   수 있습니다.

5. 공탁통지서는 재발급 되지 않으므로 잘 보관하시기 바랍니다.

　　　　　　　　　　　년　　　　월　　　　일 발송

　　　　　서울남부지방법원　공탁관 김 유 환　　　　　(인)
　　　　　　　　　　(문의전화 : 2192-1281)

4. 변제공탁의 기본원리(피공탁자 지정의무)

변제공탁제도는 채무자가 채무의 목적물을 공탁소에 공탁함으로써 채무를 면하게 하는 변제자를 위한 제도로서 그 공탁이 국가의 후견적 관여 하에 이루어진다고 하더라도 본질적으로는 사인간의 법률관계를 조정하기 위한 것이므로, 우리 공탁제도는 채무자(공탁자)가 공탁을 함에 있어서 채권자(피공탁자)를 지정할 의무를 지며(공탁규칙 제20조 2항 5호, 제21조 3항), 공탁관은 형식적 심사권만을 갖고 채무자가 지정해 준 채권자에게만 공탁금을 출급하는 등의 업무를 처리하는 것을 그 기본원리로 삼고 있다(대판 1997.10.16, 96다11747 전원합의체).

5. 변제공탁의 요건(공탁원인의 존재)

채무자 기타 이해관계인이 변제의 목적물을 공탁하여 그 채무를 면하려고 하면 먼저 채권자에게 채무위 본지에 따른 변제제공을 한 후 채권자가 수령을 거절하거나 수령이 불능한 경우 또는 변제자의 과실 없이 채권자를 확지할 수 없는 경우에 한하여 공탁하여 채무를 면할 수 있다.

채무자가 변제의 목적물을 공탁하여 그 채무를 면하기 위하여는 (1) 채권자가 변제를 받지 아니하거나 (2) 채권자가 변제를 받을 수 없거나 (3) 과실없이 채권자를 알 수 없거나의 3요건 중의 1에 해당함이 필요하며 위의 3요건 중에 전연 해당되지 아니하는 경우에는 채무자가 목적물을 공탁하였다 하더라도 채무자는 그 채무를 면치 못하는 것이다(대법원 1962.4.12, 4294민상1138).

공탁에 의하여 채무를 면하려면 다음과 같은 두 원인(공탁원인) 가운데의 어느 하나가 있어야 한다(민법 제487조).

채권자가 변제를 받지 아니하거나 받을 수 없는 때, 즉 민법 제487조 전단의 "채권자가 변제를 받지 아니하거나 받을 수 없는 때"라는 표현은 채권자지체에 관한 민법 제400조와 같고, 또한 변제제공의 방법에 관한 민법 제460조 단서에서와 같이 '미리'라는 말이 없기 때문에 종래의 판례는 원칙적으로 채권자지체가 있는 경우를 의미하는 것으로 해석하고 있었다. 따라서 채권자가 미리 변제의 수령을 거절한 때에도 채무자는 다시 적법한 제공을 한 후에 공탁하지 않으면 채무를 면하지 못한다고 판시하였다. 그러나 이 종래의 판례에 대하여 학설은 반대하는 데에 일치되어 있다. 즉 채권자가 미리 수령을 거절한 경우에는 채무자는 구두의 제공을 하지 않고서 곧 공탁을 할 수 있다. 따라서 채권자가 미리 수령을 거절한 경우에는 채무자는 구두의 제공을 하여 채권자를 지체에 빠지게 하든가, 또는 공탁을 해서 채무를 면하든가 둘 가운데의 어느 하나를 선택할 수 있다.

　채권자에게 변제제공을 하거나 채권자로부터 수령을 거절당한 사실이 없으면서 수령을 거절한다 하여 변제공탁함은 그 요건을 갖추지 못한 부적법한 것이어서 변제의 효력이 생기지 않는다. 채권자의 태도로 보아 채무자가 설사 채무의 이행제공을 하였더라도 그 수령을 거절하였을 것이 명백한 경우에는 채무자는 이행의 제공을 하지 않고 바로 변제공탁할 수 있다(대판 1981.9.8, 80다2851; 대판 1994.8.26, 93다42276).
　채권자로부터 미리 수령을 거절할 의사가 표명된 경우에는 채무자는 변제의 제공을 하지 않고 곧 유효하게 공탁을 할 수 있다고 할 것이다(대판 1995.7.14, 4288민상124).

🔍 판례

변제공탁의 요건

　채무자 기타 이해관계인이 구 민법 제494조에 의하여 변제의 목적물을 공탁하여 그 채무를 면하려고 하면 먼저 채권자에게 채무의 본지에 따른 변제제공을 한 후 채권자가 수령을 거절하거나 수령이 불능한 경우, 또는 변제자의 과실 없이 채권자를 확지할 수 없는 경우에 한하여 공탁하여 채무를 면할 수 있다(대판 1959.5.28, 4291민상122, 카5659).

(1) 채권자가 변제를 받지 아니하는 경우(수령거절)

(가) 변제의 제공

　채무자 기타 이해관계인이 민법 제487조에 의하여 변제의 목적물을 공탁하여 그 채무를 면하려고 하면 채무의 내용에 따른 변제제공(민법 제460조 전단)을 한 후 채권자가 수령을 거절하거나 수령이 불능한 경우 또는 변제자의 과실 없이 채권자를 알 수 없는 경우에 한하여 공탁하여 채무를 면할 수 있다.

변제자가 채무의 본지(本旨)(채무의 내용)에 따른 변제의 제공을 하였는 데도 채권자가 그것을 수령하지 않을 때에는 채권자의 귀책사유의 유무에 불구하고 변제자는 변제의 목적물을 공탁하여 채무를 면할 수 있다. 수령거절을 원인으로 변제공탁을 하려면, 그 전제가 된 변제의 제공이 적법하여야 한다. "채무의 본지(채무의 내용)에 따른 변제"라 함은 당사자 간에 약정한 내용에 따른 변제를 의미한다. 채권자로부터 미리 수령을 거절할 의사가 표명된 경우, 또는 채무자가 변제를 제공하더라도 채권자가 그 수령을 거절할 것이 명백할 때에는 채무자는 변제의 제공을 하지 아니하고 곧 유효하게 변제공탁을 할 수 있다(대판 1981.9.8. 80다2851).

변제의 제공이란 채권자의 협력을 필요로 하는 채무에 있어서 채무자가 급부의 실현에 필요한 모든 준비를 다해서 채권자의 협력을 요구하는 것으로서, 채무의 내용에 좇은 변제의 제공이 있으면 채무자는 그 때부터 모든 채무불이행의 책임을 면하게 된다(민법 제461조).

변제제공 없이 공탁을 한 위법이 있다 하더라도 채무자가 공탁금을 수령하여 갔으면 그 수령자는 공탁의 취지에 의하여 수령한 것으로 보아야 한다(대판 1974.7.29. 73마712).

(나) 변제제공의 방법

민법이 정하고 있는 변제제공의 방법에는 '현실의 제공'(사실상의 제공)과 '구두의 제공'(언어상의 제공)의 두 가지 방법이 있는데(민법 제460조), 민법은 전자를 제공의 원칙으로 하고 있다(민법 제460조 본문). 현실의 제공에서는 사실상 제공을 하는 것만으로 충분하며, 그 밖에 사전 또는 사후에 채권자에게 수령 또는 협력할 것을 최고할 필요는 없다.

1) 채무변제를 위한 어음발행

기존채무의 변제를 위하여 약속어음을 발행한 경우에 당사자 간의 특별한 의사표시가 없으면 기존채무의 변제를 확보하기 위하여 또는 그 지급방법으로 이를 발행한 것으로 추정하여야 하므로 상품대금에 대하여 약속어음을 발행하였다고 하여 현금수수와 같은 효과가 있는 것은 아니다(대판 1970.6.30. 70다517).

매매대금지급의 방법으로 약속어음을 교부한 경우에는 당사자 간에 특별한 약정이 없으면 그 어음이 만기일에 제시되어 지급되었을 때 지급이 있었다고 보아야 한다(대판 1966.11.22. 96누7250). 채무자가 채권자에게 기존 채무의 이행에 관하여 어음이나 수표를 교부하는 경우 당사자 사이에 특약이 없는 한 '지급을 위하여' 또는 '지급확보를 위하여' 교부하는 것으로 추정할 것이고, 따라서 특별한 사정이 없는 한 원인채무는 소멸하지 아니하고 어음, 수표상의 채무와 병존한다(대판 1996.12.20. 96다41588).

채무자가 채권자에게 기존채무의 이행에 관하여 수표를 교부하는 경우 다른 특별할 사정이 없는 한 이는 '지급을 위하여' 교부된 것으로 추정할 것이고, 따라서 기존의 원인채무는 소멸하지 아니하고 수표상의 채무와 병존한다고 보아야 한다(대판 2003. 5.30. 2003다13512).

2) 가집행선고로 인한 변제의 효력

가집행으로 인한 변제의 효력은 확정적인 것이 아니고 어디까지나 상소심에서 그 가집행의 선고 또는 본안판결이 취소되는 것을 해제조건으로 하여 발생하는 것에 지나지 않으므로, 제1심 가집행선고부판결에 의하여 그 가집행선고금액을 지급받았다 하더라도 항소심법원으로서는 이를 참작함이 없이 당해 청구의 당부를 판단하여야 한다(대판 2000.7.6. 2000다560).

3) 부동산 매도인의 등기의무 이행제공의 정도

부동산 매도인의 등기절차의무의 이행에는 상대방의 행위를 요하는 것이므로 이의 제공이 있었다고 하려면 반드시 등기서류를 상대방에게 현실로 제공할 것 까지는 요하지 않는다 할지라도 언제든지 현실의 제공을 할 수 있는 정도로 등기절차에 필요한 일체의 서류준비를 완료하고 그 뜻을 통지하여 그 수령을 최고하여야만 되는 것이고 등기이전을 하여 줄 수 있는 준비 또는 태세를 갖추고 있었다는 사정만으로는 이행제공으로 볼 수 없다고 할 것이다(대판 1975.6.24. 74다1455).

(다) 채권자가 미리 수령거절의 의사표시를 한 경우(변제의 제공여부)

채권자로부터 미리 수령을 거절할 의사가 표명된 경우에는 채무자는 변제의 제공을 하지 않고 곧 유효하게 공탁을 할 수 있으며(대판 1975.7.19. 75마163), 채권자의 태도로 보아 채무자가 설사 채무의 이행제공을 하였더라도 그 수령을 거절하였을 것이 명백한 경우에는 채무자는 이행의 제공을 하지 않고 바로 변제공탁할 수 있다.

(라) 채무자가 변제의 제공을 하거나 채권자로부터 수령을 거절당한 사실이 없는 경우, 수령거절을 이유로 변제공탁을 한 경우

채권자에게 변제제공을 하거나 채권자로부터 수령을 거절당한 사실이 없으면서 수령을 거절한다 하여 변제공탁함은 그 요건을 갖추지 못한 부적법한 것이어서 변제의 효력이 생기지 않는다(대판 1965.7.22. 65마571).

(마) 채권자의 수령거절이 명백한 경우(변제제공 없이 공탁)

채권자로부터 미리 수령을 거절할 의사가 표명된 경우에는 채무자는 변제의 제공을 하지 않고 곧 변제공탁을 할 수 있다고 할 것이다.(75.7.19. 75마163).

원고의 금원지급과 상환으로 피고가 강제경매를 취하하기로 하는 화해계약이 체결되었으나 피고가 원고의 금원지급채무가 피고의 강제경매취하와 동시이행관계에 있음을 부인하고 또 위 화해계약이 해제되었음을 주장하고 있는 경우에는 원고가 피고의 반대급부를 상환으로 화해금지급의 이행을 제공한다 하여도 피고가 반대급부의 이행을 제공하고 원고의 채무변제시행제공을 수령하지 아니할 것이 명백하다 할 것이므로 이와 같은 경우에는 이행제공없이 공탁할 수 있다고 할 것이다(대판 1968.5.28. 68다291).

채무자가 채무변제기일에 변제제공을 하였으나 채권자가 이를 받지 않은 이상 특별한 사정이 없으면 그 후의 변제기일에 변제제공을 하여도 받지 아니할 것이 명백하다고 해석하여야 할 것이므로 채무자는 그 후의 변제제공에 현실 또는 구두제공을 하지 않고 직접 변제공탁하였다 해도 위법이 아니다(대판 1968.11.19. 68다1570).

본건 건물의 매수인인 피고가 이행기일에 잔대금을 준비하여 이행장소에서 기다렸으나 원고(매도인)가 나타나지 않은 경우, 피고는 이행의 제공을 하였으나 원고가 이를 수령치 않았다고 해석할 수밖에 없으므로 피고가 그 후에 한 공탁은 위법하다(1947.10.28. 4280민상99).

(바) 수령을 거절할 것이 명백하다고 단정할 수 없는 경우

채무자가 변제를 제공하더라도 채권자가 그 수령을 거절할 것이 명백한 때에는 변제의 제공없이 이를 공탁하여 채무를 면할 수 있다고 할 것이나 본건에 있어서와 같이 목적물의 매수인이 매도인에 대하여 잔대금을 현실로 제공하였거나 또는 변제준비를 끝낸 사실을 통지하여 그 수령을 독촉하였다는 사실을 인정할 증거가 없는 경우에는 매수인이 매도인에게 여러 번 그 목적물에 관한 소유권이전등기에 필요한 서류를 구비할 것을 독촉 하였으나 매도인이 이에 응하지 않았다는 사실이 인정된다 하더라도 그러한 사실만으로써 매도인이 잔대금을 제공하더라도 수령을 거절할 것이라고 단정할 수 없으므로 이러한 경우에 잔대금을 변제공탁함은 공탁의 전제요건이 구비되지 않으므로써 채무변제의 효력이 없다고 할 것이다(대판 1964.8.31. 63다834).

판례

1. 부적법한 공탁이 유효로 되는 사례

변제의 제공이 없었고 또 부당한 조건을 붙여서 한 변제공탁이라 할지라도 수령거절의 의사가 명백하고 또 그 조건이 이미 성취되어 공탁물수령에 아무런 지장이 없으면 그 공탁은 채무변제의 효과를 생한다고 할 것이다(대판 1969.2.18. 66다1244).

2. 수령거절할 것임이 명백한 경우 이행제공의 요부

채권자의 태도로 보아 채무자가 설사 채무의 이행제공을 하였더라도 그 수령을 거절하였을 것이 명백한 경우에는 채무자는 이행의 제공을 하지 않고 바로 변제공탁할 수 있다(대판 1981.9.8. 80다2851)

3. 수령거절 1년 후에 한 공탁의 효력

잔대금수령을 거절한 즉시로 변제공탁을 하지 않고 약 1년 후에 변제공탁을 하였다 하더라도 그 사실만을 가지고서는 그 공탁이 변제의 효력이 없는 것이라고는 할 수 없다(대판 1965.5.25. 65다522).

선례

체납처분에 의한 압류 후 강제집행에 의한 채권압류 및 추심이 있는 경우, 체납처분에 의한 압류권자는 피압류채권을 직접 추심할 수 있고 제3채무자는 강제집행에 의한 (가)압류 등이 있다는 이유로 이를 거절할 수 없으므로, 제3채무자는 압류채무자를 피공탁자로 한 변제공탁을 할 수 없을 것이다(2005.11.7. 공탁법인과-609).

(라) 변제제공의 시기

변제의 제공은 계약에서 정한 기일에 하여야 한다. 따라서 채무자가 변제기 전 또는 변제기가 지나서 변제를 하고자 하였으나, 채권자가 수령을 거절한 경우에는 변제기까지의 이자 또는 지연이자를 붙여서 공탁할 수 있다.

(마) 변제제공의 장소

변제의 제공은 약정한 장소에서 하여야 한다. 금전채무는 변제의 장소에 관한 특별한 약정이 없으면 채권자의 현주소에서 변제를 하여야 하므로(지참채무의 원칙)(민법 제467조 2항) 그 외의 장소에서 하는 변제의 제공은 적법한 변제의 제공이 될 수 없다.

🔍판례

1. 매도인이 이행기일에 이행장소에 나타나지 않는 경우(수령거절) :

건물의 매수인이 이행기일에 잔대금을 준비하여 이행장소에서 기다렸으나 매도인이 나타나지 않은 경우, 매수인은 '이행의 제공'을 하였으나 매도인이 이를 '수령치 않았다'고 해석할 수밖에 없으므로 매수인이 그 후에 한 공탁은 적법하다(대판 1947.10.28, 4280민상99).

2. 위법한 절차에 의한 공탁금 수령의 효과

변제제공 없이 공탁을 한 위법이 있다 하더라도 채권자가 공탁금을 수령하여 갔으면 그 수령자는 공탁의 취지에 의하여 수령한 것으로 보아야 한다(대법원 1974.7.29. 73마712)

(바) 일부의 변제제공의 효력

변제의 제공은 채무의 전부에 대하여 하여야 한다. 일부의 변제제공은 분할지급의 특약 등 일부의 제공이 유효한 것이라고 인정될 수 있는 특별한 근거가 없으면 부적법한 변제의 제공이 되나, 다만 그 부족분이 근소한 경우 신의칙상 이는 유효한 변제의 제공이 된다(대판 1988.3.22, 86다카909).

채무일부의 공탁은 특별한 사정이 있는 경우를 제외하고는 채권자가 이를 수락하지 않는 한 그에 상응하는 효력을 발생할 수 없다(대판 1977.9.13. 76다1866).

(사) 변제제공의 상대방

변제의 제공은 원칙적으로 채권자 본인에게 하여야 한다. 채권자가 미성년자 등 행위능력이 없는 자(민법 제5조)이면 친권자 등 그 법정대리인에게 변제의 제공을 하여야 하고, 채권자가 사망한 때에는 그 상속인에게 변제의 제공을 하여야 한다. 채권자 이외에 변제수령을 할 수 있는 권한이 주어진 자에 대한 변제제공도 유효한 변제제공이 된다.

채권자로부터 변제수령의 권한을 부여받은 자의 예로는 추심위임을 받은 수임인, 임의대리인, 부재자가 정한 부재자의 재산관리인 등을 들 수 있고, 법률의 규정 또는 법원의 선임에 의하여 변제수령의 권한이 주어진 자의 예로는 무능력자의 법정대리인, 대항요건을 갖춘 채권질권자(민법 353조), 파산관재인(채회파 312조), 압류 및 추심명령을 얻은 압류 채권자(민집 229조 2항·3항), 법원이 선임한 부재자의 재산관리인(민법 25조), 채권자대위권을 행사하는 자(민법 404조)등을 들 수 있다.

(아) 조건부변제제공의 효력
변제의 제공은 특별한 경우가 아니면 무조건으로 하여야 한다. 채무자가 변제를 함과 동시에 채권자가 반대급부를 하여야 할 특별한 경우가 아님에도 불구하고 채무자가 조건을 붙일 경우에는 그 변제의 제공은 무효이다(대판 1984.4.10. 84다77).

변제공탁에 있어서 채권자에게 반대급부 기타 조건의 이행의무가 없음에도 불구하고 채무자가 이를 조건으로 공탁한 때에는 채권자가 이를 수락하지 않는 한 그 변제공탁은 무효이다(대판 2002.12.6. 2001다2846).

(자) 변제제공이나 수령거절사실 없이 한 공탁의 효력
채권자에게 변제제공을 하거나 채권자로부터 수령을 거절당한 사실이 없으면서 그 수령을 거절한다 하여 변제공탁함은 그 요건을 갖추지 못한 부적법한 것이어서 그 변제의 효력이 생기지 않는다(대법원 1965.7.22. 65마571 결정).

🔍 판례
① 채권자가 수령을 거절하였을 것이 명백한 경우
원고의 금원지급과 상환으로 피고가 강제경매를 취하하기로 하는 화해계약이 체결되었으나 피고가 원고의 금원지급채무가 피고의 강제경매취하와 동시이행관계에 있음을 부인하고 또 위 화해계약이 해제되었음을 주장하고 있는 경우에는 원고가 피고의 반대급부를 상환으로 화해금지급의 이행을 제공한다 하여도 피고가 반대급부의 이행을 제공하고 원고의 채무변제제공을 수령하지 아니할 것이 명백하다 할 것이므로 이와

같은 경우에는 이행제공없이 바로 공탁할 수 있다고 할 것이다(68.5.28. 68다291).

채권자의 태도로 보아 채무자가 설사 채무의 이행제공을 하였더라도 그 수령을 거절하였을 것이 명백한 경우에는 채무자는 이행의 제공을 하지 않고 바로 변제공탁할 수 있다(대판 1968.5.28. 68다291 ; 대판 1981.9.8. 80다2851; 대판 1994.8.26., 93다42276).

기업자가 수용의 시기까지 관할 토지수용위원회가 재결한 보상금을 지급 또는 공탁하지 아니하였을 때는 해당 토지수용위원회의 재결은 그 효력을 상실하므로, 보상금을 수령할 자가 그 보상금의 수령을 거절하거나 거절할 것이 명백하다고 인정되는 경우 기업자는 현실제공을 하지 않고 바로 보상금을 공탁할 수 있다(대판 1968.5.28. 68다291; 1995.6.13. 94누9085).

② 수령을 거절할 것이 명백하다고 단정할 수 없는 사례

채무자가 변제를 제공하더라도 채권자가 그 수령을 거절할 것이 명백한 때에는 변제의 제공없이 이를 공탁하여 채무를 면할 수 있다고 할 것이나 본건에 있어서와 같이 목적물의 매수인이 매도인에 대하여 잔대금을 현실로 제공하였거나 또는 변제준비를 끝낸 사실을 통지하여 그 수령을 독촉하였다는 사실을 인정할 증거가 없는 경우에는 매수인이 매도인에게 여러 번 그 목적물에 관한 소유권이전등기에 필요한 서류를 구비할 것을 독촉하였으나 매도인이 이에 응하지 않았다는 사실이 인정된다 하더라도 그러한 사실만으로써 매도인이 잔대금을 제공하더라도 수령을 거절할 것이라고 단정할 수 없으므로 이러한 경우에 잔대금을 변제공탁함은 공탁의 전제요건이 구비되지 않으므로써 채무변제의 효력이 없다고 할 것이다(대판 1964.8.31. 63다834).

③ 채권자의 수령거절과 변제공탁

채무자가 채무변제기일에 변제제공을 하였으나 채권자가 이를 받지 않은 이상 특별한 사정이 없으면 그 후의 변제기일에 변제제공을 하여도 받지 아니할 것이 명백하다고 해석하여야 할 것이므로 채무자는 그 후의 변제기일에 현실 또는 구두제공을 하지 않고 직접 변제공탁하였다 해도 위법이 아니다(대판 1968.11.19. 68다1570).

④ 채권자의 수령거절의 의사표시가 있는 경우

채권자로부터 미리 수령을 거절할 의사가 표명된 경우에는 채무자는 변제의 제공을 하지 않고 곧 유효하게 공탁을 할 수 있다고 할 것이다(대판 1995.7.14. 4288민상124).

⑤ 판결확정 후 그 판결내용을 변경하는 내용의 새로운 약정을 한 경우

갑과 을 사이에 동시이행부 소유권이전등기판결이 확정된 이후 그 판결내용을 변경

하는 내용의 새로운 약정이 있었던 것이라면 그 새로운 약정에 따른 채권^채무만 남고 그 확정판결에 따른 채권·채무관계는 소멸되었다고 할 것이므로, 갑과 을 사이에 확정판결과 같은 내용의 계약을 다시 하지 않는 한 갑이 일방적으로 확정판결과 같은 내용에 따른 잔대금의 지급 등 채무이행을 할 수 없다 할 것이고, 나아가 을이 그러한 잔대금의 수령을 거절하였다 하여 갑이 그 확정판결의 내용에 따른 채무이행으로서의 잔대금을 변제공탁할 수도 없다고 할 것이며, 갑과 을 사이의 새로운 약정은 을이 그 약정에 따른 잔대금의 수령을 거절하였다고 하더라도 갑이 그를 이유로 그 약정을 해제하였거나 갑과 을이 그 약정을 해제하기로 합의하지 아니한 이상 여전히 유효하게 존속하고 있음이 명백하고, 그러한 상태에서 갑이 종전의 확정판결에 따른 잔대금의 수령거절을 공탁원인으로 하여 잔대금을 변제공탁하고 을이 아무런 이의유보를 하지 아니하고 수령하였다면, 을은 그 약정에 따른 잔금을 수령한다는 의사로 그 공탁금을 수령하였다고 봄이 상당하고, 갑과의 사이의 약정을 파기하고 다시 종전의 확정판결과 같은 내용의 계약을 묵시적으로 체결한다는 의사로 그 공탁금을 수령한 것이라고 볼 수는 없다 할 것이다(대판 1994.10.25, 94다15776).

⑥ 채권자 겸 경락인의 상계신청서제출과 수령거절 여부

　　본건 임의경매에 있어서 채권자 겸 경락인이 경락대금 납부기일 전에 경매법원에 본건 경매의 기본이 되는 피담보채권에서 경락대금납부의무와 대등한 금액으로 상계신청서를 제출하였다고 하여서 채권자가 변제의 수령을 거절하였다고 볼 수 없으니 채무자가 변제의 제공을 하지 아니하고 즉시 공탁하는 것은 변제의 효과를 발생할 수 없다(대법원 1965.4.22, 65마73).

▪▪▪ 예규

1. 회수청구권에 대한 전부채권자의 회수청구(지정수령인의 수령거절의사표시 후)

　　변제공탁 후 지정수령인의 수령거절의 의사표시가 있어 공탁자에게 공탁금회수청구권이 발생한 경우, 공탁자의 제3채권자가 위 회수청구권에 대한 채권압류 및 전부명령을 받아 적법절차에 의한 공탁금회수청구를 하였을 때에는 공탁관은 전부채권자의 공탁금회수청구에 응하여야 할 것이다(1972.3.20, 행정예규 제27호 위 예규는 행정예규 제 828호 2009.8.11.로 폐지됨).

2. 피공탁자의 일괄표시

　　부동산소유권이전등기절차의 이행을 명하는 판결에서 피고 6 인에 대한 금원의 지급이 상환조건으로 붙여진 경우에 피고들이 동 금원의 수령을 거부하고 피고 각인의 몫을 산정하기 곤란하다면, 그러한 취지를 기재하고 피고 6 인을 피공탁자로 일괄표시하여 공탁할 수 있다(1990.11.12. 법정 제1786호).

(2) 채권자가 변제를 받을 수 없는 경우(수령불능)

수령불능이란 채무자가 채무의 이행을 하려고 하여도 채권자 측의 사정으로 채권자가 수령할 수 없는 경우를 말한다.

채권자의 수령불능은 사실상 불능이든 법률상 불능이든 불문하며, 수령지체의 객관적 요건(변제제공)을 구비할 필요가 없고 채권자의 귀책사유를 필요로 하지 않는다. 채권가압류와 국세체납처분에 의한 압류가 있는 경우에는 집행공탁의 요건인 압류의 경합에 해당하지 않고, 민법 제487조 전단의 채권자가 변제를 받을 수 없는 때에 해당하므로, 제3채무자는 채무자(체납자)를 피공탁자로, 공탁원인을 수령불능으로 하는 변제공탁을 함으로써 채무를 면할 수 있고, 만일 체납처분자의 지급청구가 있으면 가압류의 선후를 불문하고 그에게 지급하고, 잔액만을 공탁할 수도 있는 것이다(2002. 1.11. 법정 제3302 - 9호).

채무자가 채무를 변제하고자 하나 그 채권이 제3자에 의하여 가압류된 경우에, 채무자는 채권자를 알 수 없다는 이유로 채권자 또는 제3자를 피공탁자로 하는 채권자 불확지공탁을 할 수는 없으나 채권자가 변제를 받을 수 없는 때에 해당한다고 보아 변제공탁을 할 수는 있는 것이며, 위 공탁시에 가압류가 해소되었음을 증명하는 서면의 제출을 반대급부내용으로 한 경우에는 그 공탁의 효력과는 관계없이 형식적 심사권밖에 없는 공탁관으로서는 이를 수리하여야 할 것이다(1992. 3.23. 법정 제518호).

(가) 사실상의 수령불능

교통이 두절되어 채권자가 이행장소에 나타나지 않은 경우, 지참채무에 있어서 채권자의 주소가 불명한 경우, 채무자가 변제하고자 하는 시기에 채권자 기타의 변제수령권자가 변제의 장소인 채권자의 주소에 부재중이어서 변제할 수 없는 경우 등이 사실상의 수령불능에 해당된다.

(나) 법률상의 수령불능

채권자가 무능력자로서 법정대리인이 없거나 채권이 가압류 또는 압류된 경우는 법률상의 수령불능에 해당한다. 채권압류명령 또는 가압류명령 등이 제3채무자에게 송달된 경우에는 제3채무자(본래의 채무자)는 채권자수령불능을 원인으로 변제공탁을 할 수 있다.

채권이 가압류된 경우와 같이 형식적으로는 채권자가 변제를 받을 수 있다고 하더라도 채무자에게 여전히 이중변제의 위험부담이 남는 경우에는 "채권자가 변제를 받을 수 없는 때"에 해당한다고 보아 제3채무자는 가압류를 이유로 변제공탁을 함으로써 이중변제의 위험에서 벗어나고 이행지체의 책임도 면할 수 있다.

🐚선례 --

① 사용자의 근로자에 대한 임금·퇴직금의 변제공탁

사용자가 근로자에 대하여 임금 및 퇴직금 지급채무와 손해배상채권을 아울러 가지고 있는 경우, 위 채권·채무를 상계할 수 없어 손해배상채권을 피보전권리로 하여 근로자의 임금 및 퇴직금 채권을 가압류하고, 그에 기하여 수령불능을 공탁사유로 하여 위 채무를 변제공탁을 할 수 있는바, 사용자는 민사소송법 제579조의 규정에 의한 압류금지범위 외의 임금 및 퇴직금 및 퇴직금지급채무에 대하여는 손해배상채권을 피보전권리로 하여 가압류할 수 있다. 또한 가압류를 원인으로 하는 수령불능 사유로 변제공탁을 할 수 있을 것이며, 그 공탁의 관할공탁소는 근로자와의 임금지급장소에 대한 특별한 약정 등이 없는 한 근로자의 주소지를 관할하는 공탁소에 하여야 할 것이다(2001.3.15, 법정 제3302 – 115호)

② 채권가압류와 국세체납처분에 의한 압류 :

채권가압류와 국세체납처분에 의한 압류가 있는 경우에는 집행공탁의 요건인 압류의 경합에 해당하지 않고, 민법 제487조 전단의 채권자가 변제를 받을 수 없는 때에 해당하므로, 제3채무자는 채무자(체납자)를 피공탁자로, 공탁원인을 수령불능으로 하는 변제공탁을 함으로써 채무를 면할 수 있고, 만일 체납처분자의 지급청구가 있으면 가압류의 선후를 불문하고 그에게 지급하고, 잔액만을 공탁할 수도 있는 것이다(2002.1.11, 법정 제3302 – 9호).

🔍판례

채권가압류는 제3채무자에 대하여 채무자에게 지급하는 것을 금지하는 데 그칠 뿐 채무 그 자체를 면하게 되는 것이 아니므로 지체의 책임을 면할 수 없고, 형식적으로는 채권자가 변제를 받을 수 있다고 하더라도 채무자에게 여전히 이중변제의 위험부담이 남아 채무자로 하여금 종국적으로 채무를 면하게 하는 효과를 가져다 주지 아니하므로 "채권자가 변제를 받을 수 없는 때"에 해당한다고 보아야 한다(대판 1994.12.13. 93다951).

(다) 가집행선고부 판결에 대한 상소를 제기한 피고의 변제공탁

채권자와 채무자 사이에 손해배상채무액에 대해 다툼이 있어 소송이 진행되는 경우, 그 판결이 확정되기 전이라도 채무자가 가집행선고부 판결의 주문에 표시된 금액을 이행 제공하고 이에 대해 채권자의 수령거부, 수령불능 등의 변제공탁사유가 있으면 공탁할 수 있다. 다만, 이때의 공탁은 채무를 확정적으로 소멸시키는 것이 아니라 가집행선고로 인한 지급으로서의 성질을 갖는다는 점이 원래의 변제공탁과는 다르다 할 것이다(2002.3.7. 법정 제3302-81호).

(3) 변제자가 과실 없이 채권자를 알 수 없는 경우(채권자불확지)

민법 제487조 후단의 변제공탁의 요건으로서 변제자의 과실 없이 채권자를 알 수 없는 경우(채권자불확지)라 함은 객관적으로 채권자 또는 변제수령권자가 존재하고 있으나 채무자가 선량한 관리자의 주의를 다해도 채권자가 누구인지 알 수 없는 경우를 말하며(대판 1996.4.26. 96다2583. 2000.12.20. 2000다55904. 2004.11.11. 2004다37737), 이와 같이 채권자를 확지할 수 없는 데 관해서 변제자의 과실이 없음을 요한다.

여기서 "채권자불확지"란 변제자가 상당한 주의를 다하여도 채권자가 누구인지 알 수 없는 경우로서 채권자가 사망하여 상속이 개시되었으나 그 상속인이 누구인지 모를 때, 하나의 채권에 대해서 채권자라고 칭하는 자가 수명인 경우, 채권의 귀속에 관하여 법률상 다툼이 있어 소송이 진행중인 경우, 국가나 공공단체가 토지수용을 하고 그 보상금을 지급하고자 하였으나 그 대상토지가 미등기이어서 토지소유자를 알 수 없는 경우 등이 그 예이다.

확정일자 있는 채권양도 통지와 채권가압류명령이 제3채무자에게 동시에 도달된 경우에도 제3채무자는 송달의 선후가 불명한 경우에 준하여 채권자를 알 수 없다는 이유로 변제공탁을 할 수 있다(대판 2004.9.3. 2003다22561).

변제자의 과실 없이 채권자를 확지할 수 없을 경우 공탁물 수령자를 정하지 않은 공탁이라 할지라도 공탁관은 형식적 심사권밖에 없어 실체면에 관계되는 사항에 대하여는 관여할 바 아니므로 공탁의 수리를 거부할 수는 없을 것이다(1971.10.21, 행정예규 제24호).

🔍 판례

① 채권자를 알지 못한 것에 과실이 있는 사례

국가는 자기가 제정한 법률은 잘 알고 있는 것이라 할 것이므로 채권압류 및 전부명령이 경합한 경우에 어느 것이 우선하는가를 알지 못하였다면 이는 과실이라 아니할 수 없고 따라서 우선 지급받을 채권자를 확지할 수 없다는 사유로 변제공탁한 것은 위법한 것으로 공탁의 효력이 없다 할 것이다(63.2.7. 62다790).

② 변제자가 과실 없이 채권자를 알 수 없는 경우에 해당되는 사례

채권압류가 있기 이전에 이미 그 채권이 타에 양도되었고 채무자가 이를 승낙하였다 하더라도 그 승낙이 확정일자 있는 증서에 의하지 아니하여 채권자로서는 위의 압류채권자와 그 채권의 양수인 중 어느 한 쪽에 변제할지 불분명한 관계로 채권변제를 받을 수 있는 자격을 확인할 수 있는 자에게 대한 변제공탁은 유효하다(71.1.26. 70다2626).

③ 변제자가 과실 없이 채권자를 알 수 없는 경우 :

변제자가 과실 없이 채권자를 알 수 없는 경우는 객관적으로 채권자 또는 변제수령자가 존재하고 있으나, 채무자가 "선량한 관리자의 주의"를 다하여도 채권자가 누구인지를 알 수 없는 경우를 말한다.

따라서 채권양도와 전부명령이 경합되고 그 채권양도통지 자체를 확정일자 있는 증서로 하지 아니하고 단지 양도통지서에 공증인가 합동사무소의 확정일자를 받아 이를 등기우편으로 발송한 경우라면, 과연 그 통지가 제3자인 전부채권자에 대항할 수 있는 통지에 해당하는가 하는 점에 대하여 법률상 의문이 제기될 여지가 있는 것이므로, 채무자로서도 누가 위 채권의 진정한 권리자인지를 과실 없이 알 수 없는 경우에 해당한다고 봄이 상당하다(대판 1988.12.20, 87다카3118).

④ 매도인이 사망한 경우 :

매매계약의 중도금 지급기일을 앞두고 사망한 망 ○○○에게 상속인들이 여러명 있고 그 중에는 출가한 딸들도 있을 뿐만 아니라 출가하였다가 자식만 남기고 사망한

딸도 있는 등 매수인인 원고들로서는 매도인인 망 ○○○의 공동상속인들이나 그 상속인들의 상속지분을 구체적으로 알기 어려웠으므로, 원고들이 중도금지급기일에 망 ○○○를 피공탁자로 하여 중도금의 변제공탁을 한 것은 민법 제487조 후단에 해당하여 유효하다(대판 1991.5.28, 91다3055).

⑤ 채권의 양도

채권압류가 있기 이전에 이미 그 채권이 타에 양도되었고 채무자가 이를 승낙하였다 하더라도 그 승낙이 확정일자 있는 증서에 의하지 아니하여 채무자로서는 위의 압류채권자와 그 채권의 양수인 중 어느 한쪽에 변제할지 불분명한 관계로 그 채권 변제를 받을 수 있는 자격을 확인할 수 있는 자에게 대한 변제공탁은 유효하다(대판 1971.1.26. 70다2626).

⑥ 양도금지 특약이 붙은 채권이 양도된 경우에 채무자가 민법 제487조 후단의 채권자 불확지를 원인으로 하여 변제공탁을 할 수 있는지 여부(적극)

채권양도금지특약에 반하여 채권양도가 이루어진 경우, 그 양수인이 양도금지특약이 있음을 알았거나 중대한 과실로 알지 못하였던 경우에는 채권양도는 효력이 없게 되고, 반대로 양수인이 중대한 과실 없이 양도금지특약의 존재를 알지 못하였다면 채권양도는 유효하게 되어 채무자로서는 양수인에게 양도금지특약을 가지고 그 채무 이행을 거절할 수 없게 되어 양수인의 선의, 악의 등에 따라 양수채권의 채권자가 결정되는바, 이와 같이 양도금지의 특약이 붙은 채권이 양도된 경우에 양수인의 악의 또는 중과실에 관한 입증책임은 채무자가 부담하지만, 그러한 경우에도 채무자로서는 양수인의 선의 등의 여부를 알 수 없어 과연 채권이 적법하게 양도된 것인지에 관하여 의문이 제기될 여지가 충분히 있으므로 특별한 사정이 없는 한 민법 제487조 후단의 채권자 불확지를 원인으로 하여 변제공탁을 할 수 있다(2000.12.22. 2000다55904).

⑦ 예금계약을 체결한 금융기관이 민법 제487조 후단의 채권자 불확지를 원인으로 변제공탁을 할 수 있는 경우

⑴ 예금계약의 출연자와 예금명의자가 서로 다르고 양자 모두 예금채권에 관한 권리를 적극 주장하고 있는 경우로서 금융기관이 그 예금의 지급시는 물론 예금계약 성립시의 사정까지 모두 고려하여 선량한 관리자로서의 주의의무를 다하여도 어느 쪽이 진정한 예금주인지에 관하여 사실상 혹은 법률상 의문이 제기될 여지가 충분히 있다고 인정되는 때에는 채무자인 금융기관으로서는 민법 제487조 후단의 채권자 불확지를 원인으로 하여 변제공탁을 할 수 있다고 보아야 한다.

(2) 예금계약을 체결한 금융기관이 과실 없이 예금주를 알 수 없다는 이유로 예금을 변제공탁함으로써 예금반환채무를 면하게 되었다고 한 사례(대판 2004.11.11. 2004다37737. 예금)

🔖 선례---

보석보증금의 납부인이 불명확한 경우 채권자불확지변제공탁의 가부

채권자불확지에 의한 공탁이 인정되기 위해서는 채권자를 확지할 수 없는 데 관하여 변제자가 과실이 없음을 요하므로 변제자가 상당한 주의를 하면 알 수 있는 경우에는 채권자불확지를 이유로 변제공탁할 수 없는바, 보석청구자와 피고인 중 누가 실제로 보석보증금을 부담하였는지에 대하여 다툼이 있는 경우에는 채권자불확지를 이유로 변제공탁을 할 수 없다 할 것이다(2000.10.25. 법정 제3302 – 427호).

(가) 상대적 불확지공탁

우리 공탁제도상 채권자가 특정되거나 적어도 채권자가 상대적으로나마 특정되는 "상대적 불확지"의 공탁만이 허용될 수 있는 것이고, 채권자가 누구인지 전혀 알 수 없는 "절대적 불확지"의 공탁은 허용되지 아니하는 것이 원칙이다.

1) 변제자가 과실 없이 채권자를 알 수 없는 경우

변제자가 과실 없이 채권자를 알 수 없는 경우라 함은 개관적으로 채권자 또는 변제수령권자가 존재하고 있으나 채무자가 선량한 관리자의 주의를 다하여도 채권자가 누구인지를 알 수 없는 경우를 말한다.

🔍 **판례**
----

① 확정일자 있는 증서에 의하지 아니한 채권양도

가. 채권압류가 있기 이전에 이미 그 채권이 타에 양도되었고 채무자가 이를 승낙하였다 하더라도 그 승낙이 확정일자 있는 증서에 의하지 아니하여 채무자로서는 위의 압류채권자와 그 채권의 양수인 중 어느 한쪽에 변제할지 불분명한 관계로 그 채권변제를 받을 수 있는 자격을 확인할 수 있는 자에게 대한 변제공탁은 유효하다(대판 1971.1.26. 70다2626).

나. 동일한 채권에 관하여 채권양도와 전부명령이 경합되고 그 채권양도행위 자체를 확정일자 있는 증서로 하지 아니하고, 단지 양도통지서에 공증인가 합동법률사무소의

확정일자를 받아 이를 등기우편으로 발송한 경우라면 과연 그 통지가 제3자인 전부채권자에 대항할 수 있는 통지에 해당하는가 하는 점에 대하여 법률상 의문이 제기될 여지가 있는 것이므로, 채무자로서도 누가 위 채권의 진정한 권리자인지를 과실 없이 알 수 없는 경우에 해당한다고 봄이 상당하다(대판 1988.12.20. 87다카 3118).

② 양도금지특약에 위반한 채권양도의 효력(무효)

채권양도금지특약에 반하여 채권양도가 이루어진 경우 그 양수인이 양도금지특약이 있음을 알았거나 중대한 과실로 알지 못하였던 경우에는 채권양도는 효력이 없게 되고, 반대로 양수인이 중대한 과실 없이 양도금지특약의 존재를 알지 못하였다면 채권양도는 유효하게 되어 채무자로서는 양수인에게 양도금지특약을 가지고 그 채무 이행을 거절할 수 없게 되어 양수인의 선의·악의 등에 따라 양수채권의 채권자가 결정되는바, 이와 같이 양도금지의 특약이 붙은 채권이 양도된 경우에 양수인의 악의 또는 중과실에 관한 입증책임은 채무자가 부담하지만, 그러한 경우에도 채무자로서는 양수인의 선의 등의 여부를 알 수 없어 과연 채권이 적법하게 양도된 것인지에 관하여 의문이 제기될 여지가 충분히 있으므로 특별한 사정이 없는 한 민법 제487조 후단의 채권자불확지를 원인으로 하여 변제공탁을 할 수 있다(대판 2000.12.22., 2000다55904).

🖢 **선례**---

① 채무자가 채권자 '갑'에게 지급할 물품대금 전부에 대하여 '을'이 채권가압류를 하였고, 그 후에 위 물품대금전액에 대하여 '병'에게 채권양도(확정일자부 통지)되었고, 이어서 '정'의 채권가압류, '무'의 채권압류 및 추심명령이 있는 경우 채무자의 공탁방법 등

채권자 '갑'의 '병'에 대한 채권양도는 채권양도에 앞서 가압류한 '을'에게는 대항할 수 없으나, 채권양도 이후에 이루어진 '정'의 채권가압류나 '무'의 채권압류 및 추심 명령에는 우선하므로, 만약 선행 '을'의 채권가압류가 취소되는 등 그 효력이 상실 하는 경우에는 채무자는 양수인인 '병'에게 위 물품대금채권을 지급해야 할 것이며, 반면에 '을'의 가압류가 후에 본압류로 전이하는 압류 및 추심(또는 전부)명령으로 되는 경우에는 추심채권자(또는 전부채권자) '을'에게 변제하여야 할 것이다. 그리고 채권이 가압류된 경우 채무자는 민법 제487조 규정에 의하여 "채권자가 변제를 받을 수 없는 때"를 원인으로 하여 변제공탁을 할 수 있다.

따라서 이 건과 같이 가압류중인 현 상태에서는 채무자로서는 채권자가 '을'이 될지 '병'이 될지 모른다 할 것이므로, 채무자가 공탁을 하고자 한다면 채무자는 피공탁

자를 채권자 '갑' 또는 채권양수인 '병'으로 하는 채권자 상대적 불확지공탁을 할 수 있을 것이다.

② 채무자가 채권자 '갑'에게 지급할 채무금 전액에 대하여 '을'이 채권가압류하였고 그 후에 위 채무금 전액에 대하여 '병'에게 채권양도(확정일자부 통지)가 되었으며, 이어서 갑을 집행채무자로 하는 '정'의 채권가압류 및 '무'의 채권압류 및 추심명령이 순차적으로 있는 경우 채무자의 공탁방법 등 :

채권자가 '갑'과 '병' 사이의 채권양도는 그에 앞서 가압류한 '을'에게는 대항할 수 없으나, 채권양도 이후에 이루어진 '정'의 채권가압류나 '무'의 채권압류 및 추심명령에는 우선하므로, 만약 '을'의 선행 채권가압류가 취소되는 등 그 효력이 상실되는 경우에는 채무자는 채권양수인 '병'에게 위 채무금을 지급하여야 할 것이며, 나중에 '을'이 가압류를 본압류로 전이하는 압류 및 추심(또는 전부)명령을 얻을 경우에는 '을'에게 변제하여야 할 것이다. 그런데 가압류중인 상태에서는 채무자로서는 장차 가압류의 효력이 어떻게 될지 알 수 없으므로, 피공탁자를 "채권자 갑 또는 채권양수인 병"으로 하는 상대적 불확지 변제공탁을 함으로써 채무를 면할 수 있을 것이다(2002.1.17, 법정 제3302-16호).

③ 채무자가 채권자 '갑'에게 지급할 채무금 1억에 대해 '을'의 채권가압류(3,000만원)가 있고, 이후 '병'의 압류 및 추심명령(5,000만원)과 이어서 '정'에게 채권양도(9,000만원 : 확정일자부 통지)가 순차적으로 이루어진 경우 채무자의 채무변제를 위한 공탁 방법 등 :

'을'의 채권가압류와 '병'의 압류 및 추심명령은 '정'의 채권양수에 우선하며, 채무자는 총 채무1억원 중에서 '병'에게 5,000만원을 지급하고, 3,000만원에 대해서는 가압류로 인해 채권자 '갑'에게 지급할 수 없고 가압류가 장차 본압류로 전이될지 여부가 불명하므로 피공탁자를 "갑 또는 정"으로 하여 상대적 불확지변제공탁을 하며, 나머지 2,000만원에 대해서는 채권양수인 '정'에게 지급함으로써 채무를 면할 수 있을 것이다(2002.1.17, 법정 제3302-16호).

④ 전부명령이 확정된 전부채권자의 공탁금출급청구

토지수용보상금에 대하여 압류 및 전부명령이 제3채무자인 기업자에게 송달되었으나 기업자가 보상금의 지급시기까지 그 전부명령의 확정 여부를 과실 없이 알 수 없어 피공탁자를 "토지소유자 또는 전부채권자"로 하여 상대적 불확지공탁을 하였는바, 그 후에 전부명령이 확정되었다면 전부채권자는 전부명령이 확정된 사실을 증명하여 공탁금의 출급청구를 할 수 있을 것이며, 이 때에는 상대방인 토지소유자의 동의서나 승낙서를 첨부할 필요는 없을 것이다(1998.2.19, 법정 제3302-62호).

2) 상대적 불확지공탁의 피공탁자의 표시방법(갑 또는 을)

상대적 불확지공탁의 경우 공탁자는 피공탁자를 "토지소유자 또는 전부채권자," "채권자 또는 채권양수인," "갑 또는 을," "갑 또는 을 또는 병" 등으로 표시한다.

피공탁자를 "갑 또는 을"로 하여 상대적 불확지의 공탁을 한 경우에는 피공탁자로 지정되어 있는 다른 사람의 승낙서면(인감증명서 첨부)이나 그를 상대로 한 권리관계를 증명하는 확인판결(화해조서·조정조서 등) 정본을 첨부하여야 출급청구권을 행사할 수 있다(1992.9.4, 법정 제1529호). 즉 "피공탁자" 사이의 권리귀속에 관하여 "분쟁이 없는 경우"에는 다른 피공탁자의 승낙서(인감증명서 첨부) 또는 협의성립서를 첨부하면 되고, 피공탁자 사이에 권리의 귀속에 관하여 "분쟁이 있는 경우"에는 피공탁자 사이에 어느 일방에게 출급청구권이 있음을 증명하는 내용의 판결(조정조서·화해조서 포함)을 첨부하여야 한다. 그러나 피공탁자 전원이 공동으로 출급청구하는 경우에는 출급청구서기재에 의하여 상호 승낙이 있는 것것으로 볼 수 있으므로 별도의 출급청구권증명서면을 제출하지 않아도 된다. 다만, "공탁자"의 승낙서나 "공탁자" 또는 국가를 상대로 한 판결 등은 출급청구권이 있음을 증명하는 서면으로 볼 수 없다(1990.12.19, 대법원행정예규 제149호).

3) 출급청구권의 귀속주체를 판단하는 기준

채무자가 상대적 불확지 변제공탁을 하여 피공탁자 중 1인이 다른 피공탁자들을 상대로 자기에게 공탁금출급청구권이 있다는 확인을 구한 경우, 공탁금출급청구권의 귀속주체를 판단하는 기준이 되는 법률관계는 본래 채권의 성립근거인 법률관계에 따라 정해진다.

판례

채무자가 과실 없이 채권자를 알 수 없는 경우에는 변제의 목적물을 공탁하면 채무를 면하고(민법 제487조 후단), 채권자는 공탁소에 대하여 공탁금출급청구권을 가지게 된다. 이때 피공탁자가 된 채권자가 가지는 공탁금출급청구권은 채무자에 대한 본래의 채권을 갈음하는 권리이므로, 그 귀속 주체와 권리 범위는 본래의 채권이 성립한 법률관계에 따라 정해진다. 따라서 채무자가 누가 진정한 채권자인지를 알 수 없어 상대적 불확지의 변제공탁을 하여 피공탁자 중 1인이 다른 피공탁자들을 상대로 자기에게 공탁금출급청구권이 있다는 확인을 구한 경우에, 피공탁자들 사이에서 누가 진정한 채권자로서 공탁금출급청구권을 가지는지는 피공탁자들과 공탁자인 채무자 사이의 법률관계에서 누가 본래의 채권을 행사할 수 있는 진정한 채권자인지를 기준으로 판단하여야 한다(대판 2017.5.17. 2016다270049 공탁금출급청구권확인의 소).

(나) 절대적 불확지공탁

절대적 불확지공탁이란 변제공탁에서 공탁물수령자인 피공탁자가 누구인가를 공탁자가 전혀 알 수 없는 경우에 하는 공탁을 말한다.

우리 공탁제도상 채권자가 특정되거나 적어도 채권자가 상대적으로나마 특정되는 상대적 불확지의 공탁만이 허용될 수 있는 것이고 채권자가 누구인지 전혀 알 수 없는 절대적 불확지의 공탁은 허용되지 아니하는 것이 원칙이다. 다만, 공익사업토지보상법 제40조 2항 2호는 토지수용의 주체인 사업시행자가 과실 없이 보상금을 받을 자를 알 수 없을 때에는 절대적 불확지의 공탁이 허용됨을 규정하여 사업시행자는 그 공탁에 의하여 보상금지급의무를 면하고 그 토지에 대한 소유권을 취득하도록 하고 있다.

1) 절대적 불확지공탁의 허용(토지수용보상금의 공탁)

채권자불확지는 수인의 채권자 중 공탁자가 진정한 채권자가 누구인지 모른다는 상대적 불확지에 한하고, 채권자가 처음부터 누구인지를 전혀 알 수 없는 절대적 불확지는 허용되지 않는다. 다만, 국가나 공공단체 등의 사업시행자가 개인의 토지 등을 수용하고 그 보상금을 지급하는 경우와 같이 "계약이 전제되지 않는 경우"에는 과실 없이 그 보상금을 받을 자를 전혀 알 수 없는 경우가 있으므로 절대적 불확지공탁이 예외적으로 인정된다.

즉 사업시행자는 "과실 없이 보상금을 받을 자를 알 수 없을 때"에는 수용 또는 사용의 시기까지 수용 또는 사용하고자 하는 토지소재지의 공탁소에 보상금을 공탁할 수 있다(공익사업을위한토지등의취득및보상에관한법률 제40조 2항 2호).

등기부와 토지대장 등 지적공부가 6·25사변으로 모두 멸실되고 그 후 토지대장이 새로 복구되었으나 소유권 난은 복구되지 않은 채 미등기로 남아 있어 피수용자를 불확지로 하는 수용재결이 있었다면, 택지개발사업시행자로서는 과실 없이 보상금을 받을 자를 알 수 없었다고 봄이 상당하므로 토지수용법 제61조 제2항 제2호에 의하여 그 보상금을 공탁할 수 있다(대판 1995.6.30. 95다13159).

2) 공익사업을위한토지등의취득및보상에관한법률(이하 "공익사업법"이라 약칭함) 제40조 제2항 제2호(절대적 불확지공탁)의 규정취지

공익사업법 제40조 제2항 제2호는 토지수용의 주체인 기업자가 과실 없이 보상금을 받을 자를 알 수 없을 때에는 절대적 불확지의 공탁이 허용됨을 규정하여 사업시행자는 그 공탁에 의하여 보상금지급의무를 면하고 그 토지에 대한 소유권을 취득하도록 하고 있는바, 이와 같이 절대적 불확지의 공탁을 예외적으로 허용하는 것은 공익을 위하여 신속한 수용 등이 불가피함에도 기업자가 당시로서는 과실 없이 채권자를 알 수 없다는 부득이한 사정으로 인한 임시적 조치로서 편의상 방편일 뿐이므로, 기업자는 공탁으로 수용보상금지급의무는 면하게 되지만 이로써 공탁제도상 요구되는 "채권자지정의무"를 다하였다거나 면제된 것은 아니다(대판 1997.10.16. 96다11747 전원합의체).

3) 절대적 불확지공탁의 피공탁자의 표시방법(망 ○○○의 상속인)

절대적 불확지공탁의 경우에 피공탁자(토지수용보상금공탁시의 토지소유자)가 사망하여 그 상속인에게 보상금을 지급하고자 하나 기업자로서는 상속인의 범위 또는 상속지분을 구체적으로 알 수 없는 경우에는 피공탁자불확지공탁을 할 수 있으며, 이 경우 피공탁자의 성명·주소란에는 "망 ○○○(주소 병기)의 상속인"이라고 기재하면 된다(1992.10.21. 법정 제1826호 선례).

피공탁자를 "망 ○○○의 상속인"으로 하여 불확지공탁을 한 경우에는 상속을 증명하는 서면(호적·제적등본)을 첨부하여 ① 상속인들 전원이 공동으로 출급청구하거나, ② 상속인 각자가 자기의 지분에 해당하는 공탁금만을 출급청구할 수 있으며, ③ 협의분할에 의할 경우에는 협의분할을 증명하는 서면(상속인 전원의 인감증명서가 첨부된 상속재산분할협의서)을 첨부하여 출급청구할 수 있다(1997. 4.29. 법정 제3302-138호 선례).

4) 절대적 불확지공탁을 할 수 있는 사례

토지수용법 등에 의한 토지수용의 경우 기업자가 과실 없이 진정한 토지소유자를 알지 못하여 등기부상 소유명의자를 토지소유자로 보고 그를 피수용자로 하여 수용절차를 마쳤다면 그 수용의 효과를 부인할 수 없으며, 수용목적물의 소유자가 누구임을 막론하고 이미 가지고 있던 소유권은 소멸함과 동시에 기업자가 그 권리를 원시취득한다(대판 1991.5.10, 91다8654 : 공 1991, 1615).

① 미등기토지의 수용과 보상금의 공탁

등기부와 토지대장 등 지적공부가 6·25 사변으로 모두 멸실되고 그 후 토지대장이 새로 복구되었으나 소유권란은 복구되지 않은 채 미등기로 남아 있어 피수용자를 불확지로 하는 수용재결이 있었다면, 택지개발사업시행자로서는 과실 없이 보상금을 받을 자를 알 수 없었다고 봄이 상당하므로 토지수용법 제61조 제2항 제2호에 의하여 그 보상금을 공탁할 수 있다.

토지수용재결서 정본이 피수용자에게 적법하게 송달되기 이전에 기업자가 한 보상금의 공탁도 그것이 수용시기 이전에 이루어진 것이라면 그 효력이 있다(대판 1995. 6.30, 95다13159 : 공 1995, 2573).

② 공동인명부가 멸실된 토지의 수용보상금 공탁절차

등기부의 일부인 공동인명부와 토지대장상의 공유자연명부가 멸실된 토지에 대하여 기업자가 토지소유자를 알 수 없어 협의를 할 수 없음을 이유로 관할 토지수용위원회에 재결을 신청하고, 그에 따라 피수용자를 불확지로 한 수용재결을 얻은 경우에는 기업자는 과실 없이 보상금을 받을지를 알 수 없는 것이므로 재결한 보상금을 토지수용법 제61조 제2항 제2호의 규정에 의하여 공탁할 수 있으며, 이 경우 공탁서상의 공탁물을 수령할 자의 성명과 주소란에는 불확지(절대적 불확지)로 기재하면 될 것이다 (1993.3.27, 등기 제725호).

6. 변제공탁의 공탁물

공탁의 목적물은 변제의 목적물이다. 동산이든 부동산이든 이를 묻지 않는다. 이에 대하여 공탁의 목적물은 동산에 한하여야 한다는 소수설이 있다.

현행법상 부동산의 공탁을 배제하는 규정은 없으나 독일민법 제372조는 부동산을 공탁의 목적물에서 제외하고 있다.

(1) 공탁물

(가) 공탁물의 분류

공탁은 공탁물의 종류에 따라 금전공탁 · 유가증권공탁 · 물품공탁으로 분류할 수 있으며, 공탁규칙 부록 제1호 및 제2호에서는 공탁관계문서양식(공탁서, 공탁통지서, 공탁물납입서, 공탁물출급 · 회수청구서, 공탁물납입통지서)과 장부관계문서양식(공탁물원장 · 공탁접수부 · 공탁물출납부 · 월계대사표)을 공탁물의 종류인 금전 · 유가증권 · 물품에 따라 구분하여 정하고 있다.

(나) 변제공탁의 공탁물

변제공탁의 공탁물은 채무의 내용에 따라서 정해진다. 민법은 변제공탁의 목적물에 아무런 규정이 없으므로 금전, 유가증권 기타의 물품이 공탁물이 될 수 있다.

변제공탁의 목적인 채무의 발생원인에는 제한이 없으므로, 조세채무(2002.8.20, 법정 제3302-282)나 국민연금법에 의한 연금보험료의 경우에도 변제공탁의 일반적인 요건을 갖추었다면 공탁할 수 있다(2003.8.13, 공탁법인 제3302-196호 질의회답).

1) 부동산

기타의 물품 중 부동산을 공탁할 수 있는가에 관하여는 견해가 나누어지나 다수설은 이를 인정하고 있다. 공탁의 목적물은 동산에 한하여야 한다는 소수설이 있다. 다수설에 의하게 되면 부동산을 공탁하려면 민법 제488조 제2항의 규정에 의하여 법원으로부터 공탁물보관자의 선임을 받아서 공탁하는 방법에 의하여야 할 것이다. 다만, 변제의 목적물이 공탁에 적당하지 아니하거나 멸실 또는 훼손될 염려가 있거나 공탁에 과다한 비용을 요하는 경우에는 법원의 허가를 얻어 그 물건을 경매하거나 시가로 방매하여 대금을 공탁할 수 있으므로(민법 제490조) 부동산을 공탁물로 인정할 사회경제적 필요가 없을 뿐만 아니라 법기술상 부동산자체의 공탁이 곤란하므로 부동산은 공탁할 수 없는 것으로 보는 것이 타당하다고 본다.

부동산에 관한 소유권이전등기에 필요한 서류(예: 등기권리증. 인감증명서 등)의 공탁을 부동산의 공탁으로 해석하는 견해가 있으나 이것은 부동산 자체의 공탁이 아니라 소유권이전등기에 필요한 서류의 물품공탁으로 보아야한다.

1. 금전공탁의 목적물인 금전은 법률에 의하여 강제통용력이 부여된 우리나라의 통화만 해당되며, 외국의 통화는 물품공탁의 목적물이 된다.
2. 유가증권은 사법상의 재산권을 표창하는 증권으로 증권상에 기재된 권리의 행사·이전 등 이용에 있어서 증권의 소지 또는 교부를 필요로 하며, 또 국내에서 유통이 가능하여야 한다. 따라서 우표·수입인지·증거증권(차용증서 등) 면책증권(은행예금증서 등)은 이에 해당되지 아니한다.
3. 기타의 물품에는 보관하기에 적합한 것이면 그 종류를 불문하고 공탁할 수 있다. 예컨대 주문받은 기계, 의류, 가축, 곡물 등도 공탁의 목적물이 될 수 있다.
4. 다만, 농산물 등 쉽게 변질될 수 있는 것은 그 자체를 공탁하기에 부적당하므로 변제자는 법원의 허가를 얻어 이를 경매하거나 시가로 팔아 그 대금을 공탁할 수 있다(민법 제490조).

2) 변제의 목적물이 공탁에 적당하지 아니한 경우(자조매각금의 공탁)

변제의 목적물이 공탁에 적당하지 아니하거나 멸실 또는 훼손될 우려가 있거나 공탁에 과다한 비용을 요하는 경우에는, 변제자(공탁을 하려는 자)는 민법 제490조, 비송사건절차법 제55조·제53조의 규정에 의하여 채무이행지를 관할하는 지방법원의 허가를 얻어 그 물건을 경매하거나 시가로 방매하여 그 대금을 공탁할 수 있다(1984. 11.9, 법정 제317호). 이것을 변제자의 자조매각권이라 하며 그 절차는 미송사건절차법 제 55조에 규정되어 있다.

민법 제490조는 변제의 목적물이 보관을 하는 데 있어서 공탁에 적당치 않을 때, 야채나 생선과 같이 목적물이 곧 없어지거나 못쓰게 될 염려가 있을 때 혹은 우마와 같이 목적물을 보존하는 데 비용이 너무 들 때에는 법원의 허가를 얻어서 물건을 경매하거나 시가로 방매해서 대금을 공탁할 수 있다는 것을 규정한 것이다.

민법에서는 「시가로 방매」라고 하는 경우를 새로 삽입하였는데 이것은 부패하기 쉬운 물건을, 번잡하고 시간을 요하는 경매의 방법에 의하는 것을 피하기 위하여 서서(瑞西) 채무법의 입법례에 따라 이 방법을 규정한 것이다.

변제목적물의 경매허가신청

주   소 ○○시 ○○구 ○○동 ○○번지
신 청 인 ○ ○ ○
주   소 ○○시 ○○구 ○○동 ○○번지
　　피신청인 ○ ○ ○

신 청 취 지

　신청인 ○○○이 피신청인 ○○○에게 인도하여야 할 별지목록기재의 물건에 대한 경매를 허가한다.
라는 재판을 구함

신 청 원 인

1. 신청인 ○○○은 ○○년 ○월 ○일 별지목록기재의 물건을 대금 ○○만원으로 피신청인 ○○○에게 매도하였습니다.
2. 신청인은 그 이행일인 ○○년 ○월 ○일 위 물건을 인도하고자 하였으나 피신청인은 특별한 이유없이 수령을 거부하였습니다.
3. 이에 신청인은 위 물건을 공탁하고 채무불이행의 책임을 면하고자 하는데 공탁물의 보관에 상당한 비용이 소요되므로 이것을 경매하여 그 대금을 공탁하고자 본 신청을 하는 바입니다.

첨 부 서 류

1. 매매계약서 등본　　　　　○통
2. 수령거절을 증명하는 서면　　○통

년   월   일

위 신청인 ○ ○ ○　　(인)

○○지방법원 귀중

물 건 목 록

○○기계 ○○대

– 이상 –

- ■ 자조매각대금공탁의 공탁원인사실 기재례

공탁자는 피공탁자에게 소고기 50근을 매매하고 그 대금을 수령하였으나 피공탁자는 약정한 수령기일에 정당한 이유없이 그 수령을 계속 거절하고 있으므로 공탁자는 공탁물이 부패하여 품질이 훼손될 염려가 있으므로 이를 시가로 방매한 대금 750,000원을 공탁함.

공탁서(금전)(자조매각대금의 공탁)

공 탁 번 호		년 금 제 호		년 월 일 신청		법령 조항	민법 제490조
공 탁 자	성 명 (상호, 명칭)	김 ○○		피 공 탁 자	성 명 (상호, 명칭)		박 ○○
	주민등록번호 (법인등록번호)				주민등록번호 (법인등록번호)		
	주 소 (본점, 주사무소)				주 소 (본점, 주사무소)		
	전화번호				전화번호		
공 탁 금 액	한글		보관은행			은행 지점	
	숫자						
공 탁 원 인 사 실		공탁자는 피공탁자의 위임에 의거 제주산 귤 10상자를 피공탁자를 위하여 매수한 후 이를 피공탁자에게 인도코자 제공하였으나 이의 수령을 거부하고 있어 금반 서울남부지방법원의 허가를 얻어 이를 경매한 매득금 ○○○만원을 공탁함					
비고(첨부서류등)		1. 주민등록표등본, 2.공탁통지서 □ 계좌납입신청					
1. 공탁으로 인하여 소멸하는 질권, 전세권 또는 저당권 2. 반대급부 내용							

위와 같이 신청합니다.   대리인 주소

　　　　공탁자 성명   인 (서명)   성명   인(서명)

위 공탁을 수리합니다.

공탁금을   년   월   일까지 위 보관은행 공탁관 계좌에 납입하시기 바랍니다.

위 납입기일까지 공탁금을 납입하지 않을 때는 이 공탁 수리결정의 효력이 상실됩니다.

　　　　　　　　　　　　　　년   월   일

　　　　　　　　　　법원   지원 공탁관   (인)

(영수증) 위 공탁금이 납입되었음을 증명합니다.

　　　　　　　　　　　　　　년   월   일

　　　　　　　　　　공탁금 보관은행(공탁관)   (인)

[제2-1호 양식]

금전 공탁통지서(자조매각대금의 공탁)

공 탁 번 호	년금 제 호		년 월 일 신청	법령조항	민법 제490조
공 탁 자	성 명 (상호 명칭)	김 ○○	피 공 탁 자	성 명 (상호 명칭)	박 ○ ○
	주 소 (본점,주사무소)			주 소 (본점,주사무소)	
				주민등록번호 (법인등록번호)	
공 탁 금 액	한글		보관은행		은행 지점
	숫자				
공탁원인사실		공탁자는 피공탁자의 위임에 의거 제주산 귤 10상자를 피공탁자를 위하여 매수한 후 이를 피공탁자에게 인도코자 제공하였으나 이의 수령을 거부하고 있어 금반 서울남부지 방법원의 허가를 얻어 이를 경매한 매득금 ○○○만원을 공탁함			
1. 공탁에 의하여 소멸할 질권, 전세권, 저당권 등 2. 반대급부 내용					

위와 같이 통지합니다.   대리인 주소
     공탁자 성명   인(서명)   성명   인(서명)

1. 위 공탁금이   년   월   일 납입되었으므로 [별지] 안내문의 구비서류 등을 지참하시고, 우리 법원 공탁소에 출석하여 공탁금 출급청구를 할 수 있습니다.
   귀하가 공탁금 출급청구를 하거나, 공탁을 수락한다는 내용을 기재한 서면을 우리 공탁소에 제출하기 전에는 공탁자가 공탁금을 회수할 수 있습니다.
2. 공탁금 출급청구시 구비서류 등
   ※ [별지] 안내문을 참조하시기 바랍니다.
3. 공탁금은 그 출급청구권을 행사할 수 있는 때로부터 10년 내에 출급청구를 하지 않을 때에는 특별한 사유(소멸시효 중단 등)가 없는 한 소멸시효가 완성되어 국고로 귀속되게 됩니다.
4. 공탁금에 대하여 이의가 있는 경우에는 공탁금 출급청구를 할 때에 청구서에 이의유보 사유(예컨대 "손해배상금 중의 일부로 수령함" 등)를 표시하고 공탁금을 지급받을 수 있으며, 이 경우에는 후에 다른 민사소송 등의 방법으로 권리를 주장할 수 있습니다.
5. 공탁통지서는 재발급 되지 않으므로 잘 보관하시기 바랍니다.

년   월   일 발송

법원   지원 공탁관   (인)
(문의전화 :   )

3) 토지수용보상금공탁의 공탁물(금전 또는 채권)

채무자가 채무변제를 위하여 공탁을 하는 경우, 즉 변제공탁에 있어서의 공탁물은 당연히 채무의 내용에 따른 목적물이어야 하므로, 기업자가 토지수용법 또는 공공용지의취득및손실보상에관한특례법이 규정하고 있는 절차에 따라 공공용지를 수용 또는 취득하고 그에 따른 손실보상금을 피수용자에게 지급하는 것에 갈음하여 공탁을 함(변제공탁의 일종임)에 있어서의 공탁물은 해당 법령에 규정되어 있는대로 금전 또는 채권으로 할 수 있을 것이나, 그 경우에 있어서도 현금으로 보상금을 지급하도록 되어 있을 때에는 현금으로 지급하거나 공탁을 하여야지 현금 대신 채권으로 지급하거나 공탁을 할 수는 없는 것이다(1992.10.24, 법정 제1862호).

📎 선례 --

압류 및 가압류가 있는 수용보상금을 사업시행자가 채권(債券)과 현금으로 지급하고자 할 경우 공탁 방법

1. 압류나 가압류가 있는 수용보상금을 사업시행자가 채권(債券)과 현금으로 지급하고자 할 경우에는 압류나 가압류의 피압류채권이 금전채권인 수용보상금채권이라면 현금으로 지급하는 수용보상금 부분은 「공익사업을 위한 토지 등의 취득 및 보상에 관한 법률」 제40조 제2항 제4호 및 「민사집행법」 제248조 제1항에 의하여 집행공탁할 수 있다.

2. 그러나 채권(債券)으로 지급하는 수용보상금 부분은 「공익사업을 위한 토지 등의 취득 및 보상에 관한 법률」 제40조 제2항 제4호 및 「민사집행법」 제248조 제1항에 의한 집행공탁으로 할 수 없고, 「공익사업을 위한 토지 등의 취득 및 보상에 관한 법률」 제40조 제2항 각호의 공탁사유가 있다면 유가증권공탁의 공탁물적격이 인정되므로 유가증권공탁의 절차에 따라 공탁할 수 있다. (2010.4.15. 사법등기심의관 880 질의회답)

참조조문 : 「공익사업을 위한 토지 등의 취득 및 보상에 관한 법률」 제40조 제2항
참조판례 : 대법원 2004.8.20 선고 2004다24168 판결

4) 유가증권인도청구권이 가압류된 경우

집행공탁의 목적물은 금전에 한하므로(민사집행법 제248조 제1항 참조) 유가증권인도청구권이 가압류된 경우에도 제3채무자가 가압류를 이유로 집행공탁을 할 수는 없으

며, 제3채무자로서는 민법 제487조에 따라 채무자를 피공탁자로 하는 변제공탁을 함으로써 이중변제의 위험에서 벗어나고 이행지체의 책임도 면할 수 있다(대법원 1994.12.13. 선고 93다951 전원합의체 판결 참조). (2012.11.27.사법등기심의관-3635).

(2) 변제공탁의 목적인 채무

(가) 현존하는 확정채무

변제공탁의 목적인 채무는 현존하고 확정된 것이어야 한다. 따라서 장래에 발생할 채무나 확정되지 아니한 채무는 변제공탁할 수 없다. 그러므로 조건이 붙어 있는 채무나 기한을 정한 채무는 그 조건이 성취되거나 기한이 도래하여 채무가 현실적으로 발생하여야만 공탁할 수 있다. 그러나 변제기를 정해 놓고 금전을 차용한 경우, 비록 약정된 변제기가 도래하지는 않았지만 채무자가 원할 경우에는 공탁을 하고 채무를 면할 수 있다.

(나) 채무자에 대한 각 채권자의 채권이 동일한 채권이어야 하는지 여부(소극)

변제공탁의 목적인 채무는 현존하는 확정채무여야 하지만, 그 의미는 장래의 채무나 불확정채무는 원칙적으로 변제공탁의 목적이 되지 못한다는 것일 뿐, 채무자에 대한 각 채권자의 채권이 동일한 채권이어야 한다는 의미는 아니다(대판 2014.12.24., 2014다207245, 207252).

판례

위탁자와 수탁자 사이에 신탁계약이 해지 또는 종료되었을 때 수탁자가 최종 계산을 거쳐 수익자에게 신탁재산을 교부한 후 잔여재산이 있는 경우 이를 위탁자에게 반환하기로 약정하였다면, 수탁자는 그 절차에 따라 수익자에게 신탁재산을 교부하고 남은 재산이 있으면 이를 위탁자에게 반환하면 된다. 그러나 신탁재산을 수령할 권한이 있는 수익자인지에 관한 다툼이 있다면, 수탁자는 그 사람이 정당한 수익자인지 여부에 따라 신탁재산을 수익자 또는 위탁자 중 누구에게 지급하여야 하는지가 결정된다. 만일 수탁자가 선량한 관리자의 주의를 다하여도 수익자라고 주장하는 자와 위탁자 중 누구에게 신탁재산을 지급하여야 하는지 알 수 없다면 '과실 없이 채권자를 알 수 없는 경우'에 해당하므로, 수탁자는 민법 제487조 후단의 채권자 불확지를 원인으로 하여 신탁재산을 변제공탁할 수 있다(대판 2014.12.24., 2014다207245, 207252).

7. 변제공탁의 당사자

공탁의 법률적 성질에 관한 사법관계설, 즉 공탁은 공탁자의 신청과 공탁관의 수리로 성립하는 사법상의 임치계약(특히 변제공탁은 제3자인 피공탁자를 위한 임치계약이라 한다)으로 보는 설에 따를 경우, 공탁의 당사자는 공탁자와 공탁소로 본다. 따라서 채권자는 공탁의 당사자가 아니며, 다만 제3자약관에 의한 효과의 당사자일 뿐이라고 한다(학설·판례주석민법(하권), 227면).

공탁당사자가 국가인 경우 소관청을 기재하여야 하며{예 : 대한민국(소관청 : ○○ ○○○)}, 공탁당사자가 국가 또는 지방자치단체인 경우에는 법인등록번호란에 '고유번호'를 기재하여야 한다.

(1) 공탁자

변제공탁에 있어서는 채무자가 공탁자가 되는 것이 원칙이나, 채무의 성질 또는 당사자의 의사표시로 제3자의 변제를 허용한 때에는(민법 제469조) 제3자도 공탁자로서 적격을 가진다. 다만, 변제의 제공자와 공탁자는 동일인임을 요한다.

공탁서에는 공탁자의 성명(상호, 명칭)·주소(본점, 주사무소)·주민등록번호(법인등록번호) 등 규칙 제20조 제2항 각 호의 사항을 기재하고 공탁자가 기명날인하여야 한다(규칙 제20조 제2항 제1호).

(2) 피공탁자

변제공탁의 피공탁자는 수령거부 또는 수령불능으로 공탁할 때에는 채권자, 채권자 불확지로 공탁할 때에는 후에 확지될 채권자가 피공탁자이다.

변제공탁의 공탁자와 피공탁자는 구체적 공탁절차에서 공탁신청시에 공탁서에 기재됨으로써 형식적으로 결정되나, 변제공탁이 유효하기 위하여서는 공탁당사자적격이 있는 자를 공탁자 및 피공탁자로 하여야 한다.

공탁서에 공탁물의 수령인(이하 "피공탁자"라 한다)을 지정해야 할 때에는 피공탁자의 성명(상호, 명칭)·주소(본점, 주사무소)·주민등록번호(법인등록번호)를 기재하여야 한다(규칙 제20조 제2항 제5호).

공탁당사자가 아닌 "제3자"가 피공탁자를 상대로 하여 공탁물출급수령권확인의 소를 제기하여 확인판결을 받았다는 것만으로 바로 그 제3자에게 공탁당사자적격이 생기는 것이 아닐 뿐만 아니라, 그 확인판결은 공탁규칙 제30조 제2호 소정의 "출급청구권을 갖는 것을 증명하는 서면"에도 해당하지 아니하므로, 그 확인판결을 받은 제3자는 직접 공탁물출급청구를 할 수는 없다(대법원 1993.12.15, 93마1470 결정).

판례

변제공탁의 상대방을 그르친 경우 변제공탁의 효력

매매잔대금을 사망한 매도인의 상속인인 채권자들에게 제공하여 보지도 않은 채 매도인의 대리인이었던 자에게 제공하였다가 받지 아니하자 채권자들에 대하여 변제공탁을 한 것은 무효이다(대판 1968.11.26, 68다1163).

선례

상법 제520조의2 제1항의 규정에 의하여 해산간주된 회사를 피공탁자로 하여 변제공탁할 수 있는지 여부 :

1. 상법 제520조의2 제1항의 규정에 의하여 해산간주된 회사는 법인격이 소멸된 것이 아니므로 변제공탁의 피공탁자가 될 수 있다.
2. 위와 같이 해산간주된 회사의 법인등기부상 대표자가 없다고 하더라도, 피공탁자가 법인인 경우 그 대표자의 성명, 주소는 공탁서상의 기재사항이 아닐 뿐만 아니라 대표권이 있음을 증명하는 서면도 공탁신청시 첨부서면이 아니므로, 피공탁자인 법인의 명칭과 주 사무소만 기재하여 공탁할 수 있다(2003.8.5, 공탁법인 제3302-189호 질의회답).

참조조문 : 상법 제520조의2, 공탁규칙 제19조 제2항
참조판례 : 대판 1985.6.25, 84다카1954; 대법원 1991.4.30, 90마672 결정; 대판 1994.5.27., 94다7607.

(3) 피공탁자의 특정 여부

(가) 공탁자의 피공탁자 지정의무

변제공탁제도는 채무자가 채무의 목적물을 공탁소에 공탁함으로써 채무를 면하게 하는 변제자를 위한 제도로서 그 공탁이 국가의 후견적 관여 하에 이루어진다고 하더라도 본질적으로는 "사인간의 법률관계"를 조정하기 위한 것이므로 우리 공탁제도는 채무자(공탁자)가 공탁을 함에 있어서 채권자(피공탁자)를 지정할 의무를 지며(공탁규칙 제20조 2항 5호, 제21조 3항), 공탁관은 형식적 심사권만을 갖고 채무자가 지정해 준 채권자에게만 공탁금을 출급하는 등의 업무를 처리하는 것을 그 기본원리로 삼고 있다.

우리 공탁제도상 채권자가 특정되거나 적어도 채권자가 상대적으로나마 특정되는 상대적 불확지의 공탁만이 허용될 수 있는 것이고, 채권자가 누구인지 전혀 알 수 없는 절대적 불확지의 공탁은 허용되지 아니하는 것이 원칙이다.

공탁제도는 공탁관의 형식적 심사권, 공탁사무의 기계적·형식적인 처리를 전제로 하여 운영되는 것이어서 피공탁자가 특정되어야 함이 원칙이고, 또한 피공탁자가 특정되었다고 하려면 피공탁자의 동일성에 대하여 공탁관의 판단이 개입할 여지가 없고 그 공탁통지서의 송달에 지장이 없는 정도에 이르러야 한다.
(대판 1997.10.16. 96다11747)

(나) 피공탁자의 특정

공탁제도는 공탁공무원의 형식적 심사권, 공탁 사무의 기계적, 형식적인 처리를 전제로 하여 운영되는 것이어서 피공탁자가 특정되어야 함이 원칙이고, 또한 피공탁자가 특정되었다고 하려면 피공탁자의 동일성에 대하여 공탁공무원의 판단이 개입할 여지가 없고 그 공탁통지서의 송달에 지장이 없는 정도에 이르러야 한다(대판 1997.10.16, 96다11747).

(다) 절대적 불확지공탁과 채권자(피공탁자) 지정의무의 면제가부(소극)

토지수용법 제61조 제2항 제2호는 토지수용의 주체인 기업자가 과실 없이 보상금을 받을 자를 알 수 없을 때에는 절대적 불확지의 공탁이 허용됨을 규정하여 기업자는 그 공탁에 의하여 보상금지급의무를 면하고 그 토지에 대한 소유권을 취득하도록 하고 있는바, 이와 같이 절대적 불확지의 공탁을 예외적으로 허용하는 것은 공익을 위하여 신속한 수용 등이 불가피함에도 기업자가 당시로서는 과실 없이 채권자를 알 수 없다는 부득이한 사정으로 인한 임시적 조치로서 편의상 방편일 뿐이므로 기업자는 공탁으로 수용보상금지급의무는 면하게 되지만, 이로써 공탁제도상 요구되는 "채권자지정의무"를 다하였다거나 면제된 것은 아니다.

따라서 기업자(공탁자)가 후에 진정한 보상금수령권자를 알게 된 때에는 그를 피공탁자로 지정하는 "공탁서정정신청"을 하여야 할 것이다. 만약 기업자가 이러한 공탁서정정신청을 하지 않는 경우에는 진정한 보상금수령권자인 수용토지의 원소유자는 기업자를 상대로 절대적 불확지의 공탁이 된 공탁금에 대한 출급청구권이 자신에게 귀속되었다는 "확인판결"을 받아 직접 공탁금출급청구를 할 수 있다(대판 1997.10.16, 96다11747 전원합의체).

(4) 채권자가 수인인 경우

(가) 가분채권인 경우(채권자별로 공탁)

1) 채권자가 수인인 경우에는 "가분채권"인 한 각 채권자별로 그 채무이행지공탁소에 각 공탁함이 원칙이다. 당사자 · 공탁원인 · 공탁소가 각 동일하면1건의 공탁으로 해도 위법은 아니며, 이 경우에는 각 채권자별 공탁금액은 비고란에 명시하고 공탁원인사실란에 이를 설명하면 될 것이다.

2) 국방 군사에 관한 사업으로 편입된 민유지를 매수한 사업시행자가 공공용지의 취득및손실보상에관한특례법 제6조 제2항에 따른 변제공탁을 하고자 할 때에 채권자 (피공탁자)가 다수이고 각 채권자의 주소에 따라 공탁소를 달리하는 경우에 토지수용보상금 채권이 가분채권인 한 공탁은 각 채권자별로 각 해당 공탁소에 행하여야 하며, 그 중 채권자의 주소가 미수복지구내인 경우에는 재산의 소재지 또는 대법원 소재지를 관할하는 공탁소에 공탁을 하여야 한다(1983. 11.15, 행정예규 제90호).

(나) 불가분채권인 경우(채권자전원을 피공탁자로 표시)

"불가분채권"인 경우에는 당연히 채권자전원을 피공탁자로 하여 1건의 공탁으로 하여야 할 것이다. 예를 들면 조합재산이 토지수용법에 의하여 수용된 경우, 그 보상금은 합유자의 소유에 속한다고 할 것이므로 합유자전원을 피공탁자로 하여 공탁하여야 할 것이다.

(다) 복수의 채권자를 피공탁자로 일괄표시하는 경우(피공탁자의 일괄표시)

부동산소유권이전등기절차의 이행을 명하는 판결에서 피고 6인에 대한 금원의 지급이 상환조건으로 붙여진 경우에 피고들이 동 금원의 수령을 거부하고 피고 각인의 몫을 산정하기 곤란하다면, 그러한 취지를 기재하고 피고 6인을 피공탁자로 일괄표시하여 공탁할 수 있다(1990.11.12. 법정 제1786호).

(5) 피공탁자가 사망한 경우

(가) 매도인이 사망한 경우

매매계약의 중도금 지급기일을 앞두고 사망한 매도인에게 상속인들이 여러 명이 있고 그 중에는 출가한 딸들도 있을 뿐아니라 출가하였다가 자식만 남기고 사망한 딸도 있는 등 매수인으로서는 매도인의 공동상속인들이나 그 상속인들의 상속지분을 구체적으로 알기 어렵다면 중도금 지급기일에 사망한 매도인을 피공탁자로 하여 중도금의 변제공탁을 한 것은 민법 제487조 후단에 해당하여 유효하다.
(대판 1991.5.28. 91다3055 1993.6.10. 법정 제1108호).

(나) 토지소유자의 사망

토지수용재결 후 보상금을 지급하기 전에 토지소유자가 사망하여 그 상속인에게 보상금을 지급하고자 하나 기업자로서는 상속인의 범위 또는 상속지분을 구체적으로 알 수 없는 경우에는 피공탁자불확지공탁을 할 수 있으며, 이 경우 피공탁자의 성명·주소란에는 "망 ○○○(주소 병기)의 상속인"이라고 기재하면 될 것이다(1992.10.21. 법정 제1826호 선례).

(6) 토지수용보상금공탁의 피공탁자

채무자가 변제공탁을 하는 경우에는 채권자(피공탁자)를 지정할 의무를 지는 것이므로 변제공탁에 있어서는 채권자가 특정되거나 적어도 상대적으로나마 특정되어야 하는 것이고, 채권자가 누구인지 전혀 알 수 없는 절대적 불확지공탁은 허용되지 아니함이 원칙이나 공익사업을 위한 토지등의 취득 및 보상에 관한 법률(이하 "공익사업법"이라 약칭함) 제40조 제2항 제2호는 사업시행자가 과실 없이 보상금수령인을 알 수 없는 때에는 절대적 불확지공탁이 허용됨을 규정하였다.

(가) 수용의 시기에 있어서의 토지소유자

토지수용에 의하여 수용의 시기에 수용목적물에 관한 종전소유자의 소유권 및 소유권 이외의 일체의 권리가 소멸함과 동시에 사업시행자가 소유권을 원시취득하게 된다(공익사업법 제45조). 토지수용보상금은 이러한 수용에 따른 토지소유자 및 관계인(피수용토지에 관한 소유권 이외의 권리를 가진 자)의 손실을 보상하는 것이므로, 수용보상금은 실체법상으로 사업시행자가 소유권을 원시취득하는 시점인 '수용의 시기에 있어서의 토지소유자'가 이를 취득하여야 한다.

(나) 소유권의 변동이 있는 경우(소유권의 승계)

사업인정의 고시가 있은 후 소유권 등의 변동이 있는 경우에는 그 소유권 등을 승계한 자에게 손실보상을 하여야 한다. 공익사업법 제40조 제2항의 규정에 의하여 공탁하는 경우에도 또한 같으며, 이 경우에는 소유권 등을 승계한 자가 공탁금을 수령한다(공익사업법 제61조). 수용토지의 소유권을 승계한 수용 당시의 소유자가 토지수용에 의한 손실보상금이나 또는 사업시행자가 이를 공탁하는 경우, 그 공탁금의 수령권자가 된다(대판 1986.3.25. 84다카2431).

따라서 토지수용보상금을 공탁하는 경우 '수용의 시기에 있어서의 토지소유자'를 피공탁자로 하여야 하나 사업시행자가 수용의 시기까지 재결에 의한 보상금을 지급하거나 공탁하지 않으면 재결이 실효되므로(공익사업법 제42조), 수용의 시기 이전에는 '공탁 당시의 토지소유자'를 피공탁자로 하여 공탁할 수밖에 없다. 공탁 후 수용의 시기 사이에 소유자가 변경되는 경우에는 그 변경된 소유자가 공탁금을 출급하여야 할 것이다.

재결에 의하여 재결 당시의 토지소유자를 피수용자로 하여 그 후의 보상금 지급(공탁)절차가 진행되므로 "소유권의 변동이 없는" 경우에는 재결서상의 피수용자를 피공탁자로 하고, 재결 이후에 "소유권의 변동이 있는" 경우에는 수용토지의 소유권을 승계한 공탁 당시의 소유자를 피공탁자로 하며, 재결 이후에 소유권의 변동 없이 "보상금청구권의 주체가 변경"된 경우, 즉 수용보상금청구채권이 양도되거나 압류·전부된 경우에는 그 승계인을 피공탁자로 하여 공탁하여야 한다.

(다) 소유권의 귀속에 관하여 분쟁이 있는 경우

토지수용에 따른 손실보상금의 수령권자는 '수용의 시기에 있어서의 토지소유자'이므로, 만약 소유권이전등기 말소등기청구소송이 계속중이거나 기타 소유권의 귀속에 관하여 "분쟁"이 있는 경우에는 사업시행자는 과실 없이 보상금을 받을 자를 알 수 없는 경우에 해당하므로 채권자상대적 불확지의 공탁을 하여야 한다.

(라) 수용대상토지에 대한 처분금지가처분등기, 예고등기가 경료된 경우 및 공유지분합계가 1을 초과하거나 미달된 경우

수용대상토지에 대하여 소유권등기말소청구권을 피보전권리로 하는 처분금지가처분등기가 경료되어 있는 경우에는 "토지소유자 또는 가처분채권자"를 피공탁자로, 수용대상토지에 예고등기가 경료되어 있는 경우에는 "토지소유자 또는 소제기자"를 피공탁자로, 수용대상토지에 대한 등기부가 2개 개설되어 있고 그 소유명의인이 각각 다른 경우에는 "소유명의인 갑 또는 을"을 피공탁자로, 등기부상 공동소유자들의 공유지분합계가 1을 초과하거나 미달되어 피수용자들의 정당한 공유지분을 알 수 없는 경우에는 "공시된 공동소유자 전부"를 피공탁자로 하는 상대적 불확지공탁을 하여야 한다.

🔍 판례

수용대상토지에 대한 처분금지가처분(피보전권리가 소유권등기말소청구권, 소유권이전등기청구권인 경우)과 상대적 불확지공탁의 가부

수용대상토지에 대하여 처분금지가처분의 등기가 경료되어 있는 경우에 그 사유만으로는 피보상자를 알 수 없다는 이유로 공탁할 수 없고, 다만 소유권등기말소청구권을 피보전권리로 하는 처분금지가처분등기가 경료되어 있는 등 수용대상토지에 대한 "소유권의 귀속에 관하여 다툼이 있는 경우"에는 기업자가 피보상자를 알 수 없다는 이유로 공탁을 할 수 있으나, 그 피보전권리가 소유권이전등기청구권인 때에는 피공탁자의 상대적 불확지를 이유로 하는 공탁을 할 수는 없다. 한편 토지수용법 제69조는 "담보물권의 목적물이 수용 또는 사용되었을 경우에는 해당 담보물권은 그 목적물의 수용 또는 사용으로 인하여 채무자가 받을 보상금에 대하여 행사할 수 있다. 다만, 그 지불 전에 이를 압류하여야 한다"고 규정하고 있으므로 지불 전에 압류가 없는 한 보상금에 대하여 담보물권을 행사할 수 없고, 이 경우에도 보상금 채권의 압류가 없는 한 토지소유자에게 보상금지급이 금지되는 것이 아니므로 수용대상토지에 근저당권설정등기가 경료되어 있다는 사유를 들어 피보상자를 알 수 없다는 이유로 공탁할 수는 없다(대판 1996.3.22. 95누5509).

(마) 토지소유자(피공탁자)가 사망한 경우

토지수용의 경우 기업자가 과실 없이 진정한 토지소유자를 알지 못하여 등기부상 소유명의인을 토지소유자로 보고 그를 피수용자로 하여 수용절차를 마쳤다면 그 수용 재결의 상대방인 토지소유자가 사망자라 하더라도 그 수용재결의 효력에는 영향이 없는 것이며, 또한 사망한 등기부상 소유명의인을 피공탁자로 하여 보상금을 공탁하였다면 그 공탁은 상속인들에 대한 공탁으로서 유효하다고 할 것이다. 따라서 피공탁자의 상속인들은 상속을 증명하는 서면(호적·제적등본)을 첨부하여 공탁금을 출급청구할 수 있다(1993.6.10, 법정 제1108호).

(7) 청산인

(가) 청산회사의 청산인

농업기반공사가 농지전용허가취소에 따른 농지조성비환급금 및 가산금을 청산종결 등기가 경료된 청산회사에 지급하고자 하는 경우, 피공탁자를 누구로 지정하여 변제 공탁해야 하는지 여부에 관하여 주식회사가 해산되고 그 청산종결등기가 경료된 회사라도 어떤 권리관계가 남아 있어 현실적으로 정리할 필요가 있는 때에는 그 범위 내에서는 아직 완전히 소멸하지 아니하므로, 농업기반공사는 청산회사의 청산인에게 변제의 제공을 하고 그에게 수령거절 등의 공탁사유가 생기면 그것을 원인으로 하여 공탁할 수 있다고 한다(2001.1.17, 법정 제3302-10호).

(나) 마을금고의 청산인

마을금고의 청산인을 공탁물수령자로 지정하여 마을금고에 대한 손해배상금을 변제 공탁한 경우 청산인은 마을금고를 대표하여 채권을 추심할 권한이 있다 할 것이어서 그를 공탁물수령자로 지정하여서 한 위 변제공탁은 마을금고에 대하여 효력이 생긴다(대판 1992.7.28, 91다13380).

(8) 국가를 피공탁자로 하는 경우

국가를 피공탁자로 하는 변제공탁서에는 피공탁자란에 "대한민국(소관청 : ○○○)" 과 같이 소관청을 첨기하고, 공탁통지서는 소관청의 장에게 발송한다(2013.7.10, 행정예규 제972호).

8. 변제공탁의 토지관할(채무이행지의 공탁소)

변제공탁은 채무이행지의 공탁소에 하여야 한다(민법 제488조 1항). 채무이행지의 공탁소라 함은 채무이행의 장소인 최소의 행정구역 내에 존재하는 공탁소를 말한다(조고판 대 14(1925).3.3).

채무의 성질이 추심채무(채권자가 채무자의 주소에 와서 목적물을 추심하여 이행을 받는 채무)이면 채무자의 주소지, 지참채무(급부의 목적물을 채무자가 채권자의 주소에 지참하여 이행하여야 하는 채무)(민법 제467조 2항)이면 채권자의 주소지가 채무이행지이며, 기타 장소에서 채무이행을 해야 할 특약이 있으면 그 정하여진 장소 등이 채무이행지이다. 채무의 성질 또는 당사자의 의사표시로 변제장소를 정하지 아니한 때에는 특정물의 인도는 채권성립 당시에 그 물건이 있던 장소에서 하여야 한다(민법 제467조 1항). 특정물인도 이외의 채무변제는 채권자의 현 주소에서 하여야 한다. 그러나 영업에 관한 채무의 변제는 채권자의 현 영업소에서 하여야 한다(민법 제467조 2항). 농어촌정비법에 의한 농업기반정비사업의 시행에 따른 환지청산금공탁은 민법 제487조의 규정에 의하여 공탁할 수 있고, 이 경우 농어촌정비법에 관할공탁소에 관한 별도의 규정이 없으므로 민법 제488조 제1항 및 제467조 제2항의 규정에 따라 청산금수령권자의 주소지관할공탁소에 공탁할 수 있다(1999.11.29, 법정 제3302-425호).

(1) 원칙(채무이행지의 공탁소 : 채권자의 현주소지)

공탁사무는 지방법원과 지방법원지원(법원서기관 또는 법원사무관) 및 시·군법원(법원주사 또는 주사보)의 공탁관이 처리하며(공탁법 제2조) 각급법원의설치와관할구역에관한법률에 의하여 그 관할구역이 정하여져 있으므로, 채무이행지의 공탁소라 함은 채무이행지를 관할하는 각급법원의 공탁소(공탁관)로 보아야 할 것이다. 변제공탁은 채무이행지(채권자의 현주소)의 공탁소에 하여야 한다(민법 제488조 제1항, 제467조 제2항).

(가) 채권자가 다수인 경우

채권자가 여러 명인 경우 해당 채권이 "가분채권"이면 각 채권자별로 그 채무이행지의 공탁소에 각 공탁하여야 하나, "불가분채권"이면 여러 명의 채권자 중 1인의 채무이행지의 공탁소에 공탁할 수밖에 없다.

(나) 상대적 불확지공탁의 경우

상대적 불확지공탁의 경우 채권자들의 주소가 달라 채무이행지가 달라지는 경우에는 그들 중1인의 주소지공탁소에 공탁하여도 무방하다.

(2) 예외

(가) 토지수용보상금의 관할공탁소(토지소재지의 공탁소)

공익사업을위한토지등의취득및보상에관한법률(이하 공익사업법이라 약칭함)상의 보상금은 수용 또는 사용하고자 하는 토지소재지의 공탁소에 공탁할 수 있다는 특별규정이 있다(공익사업법 제40조 2항, 행정예규 제975호 1.25).

(나) 외국인 · 재외국민의 변제공탁의 관할

1) 외국인 · 재외국민의 개념

공탁규칙 제6장에서 외국인과 재외국민은 다음 각 호의 사람을 말한다(공탁규칙 제65조).

　1. 외국인

　　가. 대한민국의 국적을 가지지 않은 사람

　　나. 외국법에 따라 설립된 법인 또는 이에 준하는 단체

　2. 재외국민

　　대한민국의 국민으로서 외국의 영주권을 취득한 자 또는 영주할 목적으로 외국에 거주하고 있는 자

2) 대법원소재지의 공탁소

국내에 주소나 거소가 없는 외국인이나 재외국민을 위한 변제공탁은 대법원소재지의 공탁소에 할 수 있다(공탁법 제5조 제1항).

3) 관할의 특례(서울중앙지방법원의 공탁관)

국내에 주소나 거소가 없는 외국인이나 재외국민을 위한 변제공탁은 지참채무의 경우에 다른 법령의 규정이나 당사자의 특약이 없는 한 서울중앙지방법원의 공탁관에게 할 수 있다(공탁규칙 제66조).

(다) 금전변제공탁의 특례 (공탁자의 주소지 관할 공탁소)

1) 금전변제공탁에 있어서 공탁자의 생활근거지가 관할공탁소와 멀리 떨어져 있는 경우 관할공탁소에 가서 공탁업무를 처리하는 데에 따른 불편을 덜어주기 위해, 관할공탁소 이외의 특정 공탁소(접수공탁소)에 공탁서를 제출할 수 있는 특칙이 대법원 행정예규 제887호 "관할공탁소 이외의 공탁소에서의 금전변제공탁사건처리"가 마련되어 있다.

2) 채무자 등 공탁자가 변제공탁을 하고자 하는 경우에는 공탁자의 주소지를 관할하는 공탁소에 이 예규에 따른 공탁신청을 할 수 있다. 다만, 형사사건과 관련하여 공탁하고자 하는 경우에는 형사사건이 계류되어 있는 경찰서·검찰청(지청)·법원(지원) 소재지를 관할하는 공탁소에서도 이 지침에 따른 공탁신청을 할 수 있다.

3) 공탁자는 공탁서 제출시 공탁서 및 첨부서류 원본을 관할공탁소에 등기속달 우편으로 송부하기 위한 우표를 붙인 봉투를 제출하여야 한다(2005.7.4. 행정예규 제592호).

(3) 관할위반의 공탁

채무이행지의 공탁소가 아닌 다른 공탁소에 공탁신청이 있는 경우에 공탁서의 기재사항으로 보아 채무이행지의 공탁소와 다름이 일견 명백하면, 공탁관은 그 신청을 부적법한 것으로 불수리할 수 있을 것이다.

관할위반의 공탁소에 한 공탁은 비록 수리가 되었다 하더라도 원칙적으로 무효인 공탁이므로 공탁자는 착오공탁을 이유로 공탁물을 회수할 수 있다. 변제공탁은 변제의 대용이므로 그 공탁도 채무의 본지에 따른 것이어야 하기 때문이다. 변제공탁의 토지관할은 피공탁자(채권자)의 이익을 고려하여 정해진 것이므로 관할위반의 공탁이 절대적으로 무효인 것은 아니고, 피공탁자가 공탁을 수락하거나 출급청구를 한 때에는 하자가 치유되어 당초부터 유효한 공탁이 된다.

9. 공탁소의 지정 및 공탁물보관인의 선임

변제자는 채권자를 위하여 변제의 목적물을 공탁하여 채무를 면할 수 있으나(민법 제487조) 공탁은 채무이행지의 공탁소, 즉 법원에서 이를 하여야 하며(민법 제488조 1항) 공탁소에 관하여 법률에 특별한 규정이 없으면 법원은 변제자의 청구에 의하여 공탁소를 지정하고 공탁물보관자를 선임하여야 한다(민법 제488조 2항).

(1) 관할법원

공탁소의 지정과 공탁물보관인의 선임은 의무이행지의 지방법원을 관할법원으로 한다(비송사건절차법 제53조 1항). 여기서 의무이행지라 함은 민법 제488조 제1항의 채무이행지를 말한다.

(2) 공탁소의 지정 및 공탁물보관자의 선임 신청 절차

1) 공탁소의 지정 및 공탁물보관자의 선임은 변제자의 청구에 의하여 이를 하며(민법 제488조 2항) 그 신청 방식은 일반 원칙에 의한다(비송사건절차법 제53조 1항). 즉 신청인 및 피신청인의 성명, 주소, 신청의 취지 및 원인, 연월일, 법원의 표시를 하여야 한다.

2) 물품공탁의 경우에 지정된 공탁물보관창고업자의 창고가 공탁하고자 하는 물품의 보관에 적당하지 아니하는 경우에는 민법 제488조 제2항, 비송사건절차법 제53조의 규정이 정하는 바에 따라 공탁물보관자를 선임받은 후에 처리하도록 한다(1986.5.29, 행정예규 제106호).

(3) 심리재판

법원은 공탁소의 지정 및 공탁물보관자 선임의 재판을 하기 전에 채권자와 변제자를 심문하여야 하며(비송사건절차법 제53조 2항), 법원이 공탁소의 지정 및 공탁물보관자의 선임을 한 경우에는 그 선임의 비용은 채권자의 부담으로 한다(동법 제53조 3항).

비송사건절차법 제53조 제3항에서 공탁소의 지정 및 공탁물보관인 선임을 한 경우에 그 절차비용을 채권자의 부담으로 한다고 규정한 것은 입법상의 과오를 보아야 할 것이다. 왜냐하면 공탁소의 지정 및 공탁물보관자의 선임은 채권자가 아닌 변제자(채무자)의 청구에 의하게 되어 있는데 그 지정 및 선임을 한 경우에 그 절차비용을 청구인이 아닌 채권자에게 부담하게 한다는 것은 모순이기 때문이다.

(4) 불복신청의 금지

공탁소의 지정 및 공탁물보관인의 선임을 하거나 허가한 재판에 대하여는 불복의 신청을 할 수 없다(동법 제59조).

공탁소의 지정 및 공탁물 보관인의 선임 신청서[1]

주소 시 구 동 번지

신 청 인 A 모[2]

주소   시 구 동 번지

피신청인 A 모[3]

신청의 취지[4]

신청인으로부터 피신청인에게 변제하여야 할 별지 목록기재의 토지에 대하여 공탁소의 지정 및 공탁물 보관자의 선임을 구합니다.

신청의 이유[5]

1. 별지 목록기재의 토지는 피신청인의 소유입니다.

2. 신청인은 19 년 ○월 ○일 피신청인으로부터 위 토지에 대하여 조건부로 임차하였습니다.

목 적 보통건물소유

임 료 1개월 금 원(매월말 지급)

기 간 만 ○년

3. 신청인은 임차기간이 만료하였음으로 위 토지를 피신청인에게 반환하려고 하였지만 피신청인은 수령을 거절하였습니다. 신청인으로서는 이를 공탁하고 그 채무를 면하고자 합니다.

4. 그러므로 변제목적물인 위 토지에 대하여 공탁소의 지정 및 공탁물보관자를 선임하여 주시옵기 이에 신청합니다.

소명서류[6]

임대차계약증서, 내용증명우편으로 신청 이유를 소명합니다.

첨부서류[7]

1. 임대차계약서   1통

1. 내용증명우편   1통

19 년 월 일

위 신청인   A   모(인)[8]

○○지방법원 귀중○○

[별 지]

```
                        물 건 목 록


        ○○시 구 동 번지
          전 1500m²
        이  상
```

주[1] (1) 채권자가 변제를 받지 아니하거나 받을 수 없는 때에는 그대로 방치하면 채무불이행의 책임을
        면할 수 없다. 이러한 경우에 채무자는 채권자를 위하여 변제의 목적물을 공탁하여 그 채무를 면할
        수 있다(민법 제487조). 금전이나 유가증권은 법원 공탁관에게 할 수 있지만 변제의 목적물이
        부동산일 경우에는 그렇게 할 수 없으므로 법원에 대하여 공탁소의 지정과 공탁물의 보관자의
        선임을 구하여 공탁할 수 있다(민법 제488조 2항). 그 절차는 비송사건절차법 제53조에 규정되어
        있다. 이 신청을 허가한 재판에 대하여서는 불복신청을 할 수 없다(비송사건절차법 제59조).
        (2) 신청서의 기재사항에 관해서는 특별한 정함이 없으므로 일반원칙에 따라 기재하여야 한다. 즉
        (가) 신청인 및 피신청인의 주소 · 성명, (나) 신청의 취지 및 원인사항, (다) 연월일, (라) 법원의
        표시 등이다.
주[2] 신청인의 표시이다. 주소 · 성명으로서 특정한다. 신청을 할 수 있는 자는 채무자이다(민법
        제487조 · 488조).
주[3] 피신청인의 표시로서 신청인과 같이 주소 · 성명으로 특정한다. 이 결정을 하기 전에 법원에서
        채권자를 심문하므로 정확하게 기재하지 아니하면 아니된다.
주[4] 이 신청의 결론부분이다. 어떠한 물건에 대하여 어떠한 결정을 바라는가를 분명히 하여 기재하여야
        한다(비송사건절차법 제9조 1항 3호).
주[5] 신청이유의 기재이다. 여기서는 신청인과 피신청인간의 법률관계, 변제의 목적물을 공탁하는
        이유(공탁원인과 공탁물의 기재), 공탁소의 지정 및 공탁물보관자의 선임을 구하는 의사표시 등으로
        구성한다(비송사건절차법 제9조 1항 3호).
주[6] 신청이유를 뒷받침하는 증거를 기재하면 된다. 이 경우에는 「무엇으로 무엇을 소명한다」라는 식으로
        기재하면 된다(비송사건절차법 제9조 2항).
주[7] 이 신청서에는 어떠한 소명자료를 첨부하였는지를 기재한다.
주[8] 신청인의 기명날인은 필수적 기재사항이다(비송사건절차법 제9조 1항).
주[9] 이 신청에 대하여 재판할 수 있는 법원의 명칭의 기재로써 그 법원은 채무이행지의
        지방법원이다(비송사건절차법 제53조 1항).

10. 반대급부조건부 변제공탁

채무자(공탁자)가 채권자(피공탁자)에 대하여 선이행 또는 동시이행의 항변권을 가지는 경우에만 채권자의 반대급부의 이행을 공탁물 수령의 조건으로 하여 공탁을 할 수 있다(대판 1970.9.22, 70다1061). 공탁을 함에 있어 채권담보를 위한 가등기 및 본등기의 말소등기 절차에 필요한 구비서류 일체를 공탁자에게 주었다는 영수증을 공탁공무원에게 제출하고 공탁금을 수령하라는 내용의 조건 내지는 반대급부를 붙인 변제공탁은 유효한 공탁이라 할 수 없다(대판 79.1.23, 78다2085). 변제공탁의 경우 채권자가 반대급부 또는 기타 조건의 이행을 할 의무가 없음에도 불구하고 채무자가 이를 조건으로 공탁을 한 때에는 채권자가 이를 수락하지 않는 한 그 변제공탁은 효력이 없으며 이는 토지수용법상 보상금 지급과 동일시되는 보상금의 공탁에 있어서도 마찬가지이다(대판 1979.10.30. 78누378).

변제공탁은 경매절차취소를 반대급부로 한 경우에 변제의 효력이 없다(62.5.24. 4294민재항455). 원리금총액을 변제공탁하였더라도 공탁물수령이 조건부로 되어 있으면 변제공탁으로서의 효력이 없다(63.1.10. 62다714).

채권자의 본래의 청구권에 선이행 또는 동시이행의 항변권이 붙어 있지 않는 경우에 채무자가 채권자의 어떤 행위의 이행을 조건으로 공탁하였다면 그 공탁은 채권자의 승낙이 없는 한 무효이다(70.9.22. 70다1061).

변제공탁이 채무의 본지에 따른 것이라 하여도 채권자가 반대급부 기타 조건의 이행을 할 의무가 없음에도 여기에 조건을 부가하여 공탁한 때에는 채권자가 승낙하지 않는 한 공탁의 효력이 없다(1974.2.12. 73다1607).

변제공탁에 있어서 채권자에게 반대급부 기타 조건의 이행의무가 없음에도 불구하고 채권자가 이를 조건으로 공탁한 때에는 채권자가 이를 승낙하지 않는 한 그 변제공탁은 무효이다(대판 1984.4.10. 84다77).

(1) 반대급부의 의의

반대급부라 함은 쌍무계약에 있어 일방이 타방에 대하여 하는 급부에 대하여 타방이 하는 급부를 말한다. 매매에 있어서의 매도인의 재산권이전의무와 매수인의 대금 지급의무와의 관계와 같다(민법 제568조 2항). 쌍무계약에 있어 쌍방 당사자의 채무가 서로 의존관계에 있게 되므로 쌍무계약에 있어서의 채무 상호간의 의존관계를 법률상 채무의 관련성 또는 연대관계라 한다. 이러한 양 채무의 견련성은 채무의 성립의 면에서, 채무의 이행에 관하여, 채무의 존속에 관하여 나타난다.

채무자의 채무변제와 채권자의 상대의무이행이 서로 동시이행관계(민법 제536조)에 있는 경우에는 채권자가 그 반대의무이행을 하지 아니하면 공탁물을 수령하지 못한다(민법 제491조). 따라서 채무자의 채무변제와 채권자의 상대의무이행이 서로 동시이행의 관계에 있는 경우에는 채무자는 공탁서에 "반대급부의 내용"을 기재하여야 하며(공탁규칙 제20조 2항 7호), 공탁물을 수령할 자가 반대급부를 하여야 하는 경우에는 공탁자의 서면이나 또는 재판·공정증서 기타 공정서면에 의하여 그 반대급부가 있었음을 증명하지 아니하면 공탁물을 수령하지 못한다(공탁법 제10조). 반대급부를 하여야 할 때에는 채권자는 공탁법 제10조의 규정에 의한 증명서류(반대급부이행증명서)를 공탁물출급청구서에 첨부하여야 공탁물을 출급할 수 있다(공탁규칙 제33조 3호).

(2) 공탁서에 반대급부내용의 기재

공탁물을 수령할 자가 반대급부를 하여야 할 경우에는 공탁자는 공탁서에 그 반대급부의 내용을 기재하여야 하며, 공탁물을 출급하려고 하는 사람은 공탁물출급청구서에 그 반대급부가 있었음을 증명하는 서류를 첨부하여야 한다(공탁규칙 제20조 2항 7호, 제33조 3호). 동시이행의 관계에 있는 반대급부를 조건으로 하는 변제공탁은 유효하다(대판 1992.12.22, 92다8712).

반대급부내용의 기재례

1. 공탁원인이 부동산의 매매계약인 경우
   공탁원인사실에 기재된 부동산의 소유권이전등기 절차 이행에 필요한 일체의 서류의 교부
2. 공탁원인사실에 기재된 물품의 인도
3. 공탁서에 기재된 약속어음의 반환

(3) 채권자가 조건의 이행을 할 의무가 없음에도 불구하고 이를 조건으로 변제공탁을 한 경우

변제공탁의 경우 채권자가 반대급부 또는 기타 조건의 이행을 할 의무가 없음에도 불구하고 채무자가 이를 조건으로 공탁을 한 때에는 채권자가 이를 수락하지 않는 한 그 변제공탁은 효력이 없으며 이는 토지수용법상 보상금 지급과 동일시되는 보상금의 공탁에 있어서도 마찬가지이다(대판 1979.10.30, 78누378).

(가) 반대급부이행의무 없는 채권자에 대한 조건부 변제공탁의 효력(무효)

변제공탁에 있어서 채권자에게 반대급부 기타조건의 이행의무가 없음에도 불구하고 채무자가 이를 조건으로 공탁한 때에는 채권자가 이를 수락하지 않는 한 그 변제공탁은 무효이다(대판 1984.4.10. 84다77).

변제공탁이 채무의 본지에 따른 것이라 하여도 채권자가 반대급부 또는 기타의 이행을 할 의무가 없음에도 불구하고 채무자가 변제공탁을 함에 있어서 채권자로 하여금 어떠한 조건을 이행하지 않는 한 그 공탁물을 수령할 수 없다는 취지로 공탁을 한 때에는 채권자가 이를 수락하지 않는 한 그 변제공탁은 효력이 없다(대판 1966.2.15. 65다2431).

변제공탁의 경우 채권자가 반대급부 또는 기타 조건의 이행을 할 의무가 없음에도 불구하고 채무자가 이를 조건으로 공탁한 때에는 채권자가 이를 수락하지 않는 한 그 변제공탁은 효력이 없으며, 그 뒤 채무자의 공탁에 붙인 조건의 철회정정청구에 따라 공탁관으로부터 위 정정청구의 인가결정이 있었다 하더라도 그 변제공탁은 인가결정시부터 반대급부조건이 없는 변제공탁으로서의 효력을 갖는 것으로서 그 효력이 당초의 변제공탁시로 소급하는 것은 아니다(대판 1988.4.10. 84다77, 1986.8.19. 85누280).

🔍 판례

반대급부이행의무없는 채권자에 대한 조건부 변제공탁의 효력

가. 변제공탁에 있어서 채권자에게 반대급부 기타 조건의 이행의무가 없음에도 불구하고 채무자가 이를 조건으로 공탁한 때에는 채권자가 이를 수락하지 않는 한 그 변제공탁은 무효이다(대판 1984.4.10. 84다77).

나. 공탁사무처리규칙에 의하여 공탁물수령자는 공탁물출급청구시에 인감증명등 서류를 첨부제출케 되어 있다고 하더라도 이 사건 변제공탁의 반대급부내용은 공탁금 출급청구에 필요한 위 서류의 요구가 아니라 공탁자에게 인감증명과 등기부등본을 별도로 교부하라는 요구임이 명백하므로, 이 내용이 당연한 것의 기재에 불과하다고 할 수 없고, 피고가 위 변제공탁시 원래의 보상금 지급채무의 내용에 없던 조건을 붙인 것으로서 본래의 채무내용에 좇은 변제라 볼 수 없고, 위와 같은 조건이 신의칙상 용인될 만한 것도 아니므로, 그 같은 변제공탁은 변제의 효력이 없다(대판 1984.4.10. 84다77).

(나) 공탁서에 채권자가 이행할 의무의 협조사항을 기재한 경우

공탁서의 기재 내용으로 보아 채권자가 공탁물을 수령함에 있어 반대급부로서 이행할 조건을 기재한 것이 아니라, 단지 채권자가 공탁물을 수령한 후 변제자에게 이행하여야 할 의무의 내용을 미리 환기시키면서 그 협조를 구하는 내용에 불과하므로, 조건부 변제공탁이 아니라고 본 사례가 있다(대판 2002.12.6. 2001다2846).

(다) 채권자가 조건을 이행할 의무가 없음에도 불구하고 채무자가 조건으로 공탁한 후 조건의 철회정정청구에 따라 공탁관이 정정청구인가결정을 한 경우

변제공탁의 경우 채권자가 반대급부 또는 기타 조건의 이행을 할 의무가 없음에도 불구하고 채무자가 이를 조건으로 공탁한 때에는 채권자가 이를 수락하지 않는 한 그 변제공탁은 효력이 없으며 그 뒤 채무자의 공탁에 붙인 조건의 철회정정청구에 따라 공탁공무원으로부터 위 정정청구의 인가결정이 있었다 하더라도 그 변제공탁은 인가결정시부터 반대급부조건이 없는 변제공탁으로서의 효력을 갖는 것으로서 그 효력이 당초의 변제공탁시로 소급하는 것은 아니다(대판 1986.8.19. 85누280).

(4) 피공탁자의 반대급부이행의 제공을 공탁자가 수령거절한 경우(반대급부의 물품공탁)

공탁물을 수령하려고 하는 사람이 공탁자에게 공탁서에 기재된 반대급부의 이행을 제공하였으나 공탁자가 그 수령을 거절하는 때에는 그 반대급부를 변제공탁(물품공탁)하고, 공탁관으로부터 교부받은 공탁서를 공탁법 제9조 소정의 반대급부가 있었음을 증명하는 공정서면으로 첨부하여 공탁물출급청구를 할 수 있고, 이 경우에 반대급부이행채무는 반대급부의 공탁시에 즉시 소멸하고 반대급부를 공탁한 자가 공탁물을 회수한 경우에 한하여 채무소멸의 효과가 소급하여 없어지는 것이므로, 반대급부의 공탁자가 공탁물을 회수하였다는 소명이 없는 한 공탁관은 위 공탁물출급청구에 응하여 공탁물의 출급을 하여야 한다(대법원 1990.3.31. 89마546 결정: 공탁관의 불수리처분).

(5) 부적법한 조건표시를 정정한 경우

변제공탁이 반대급부를 붙인 조건부공탁으로서 부적법한 것이라 할지라도 공탁자가 위 조건표시의 정정신청을 하고, 공탁관이 이를 인가하여 공탁물수령자가 이와 같은 사실을 알았다면 적법한 공탁이라 할 것이다(대판 1974.5.14. 74다166).

선행의무 있는 자가 반대급부를 조건으로 하여 변제공탁을 하였다 하더라도 그 후에 반대급부 내용이 없는 것으로 정정하여 달라는 취지의 공탁서정정신청을 하고 공탁관이 이를 허가하였다면, 위의 변제공탁은 다른 유효 요건을 갖추고 있는 한 그때부터 반대급부 조건이 없는 변제공탁으로서의 효력을 갖게 된 것이라고 봄이 상당하다(대판 1971.6.30, 71다874).

(6) 반대급부조건부변제공탁이 유효한 경우(동시이행의 항변권)

동시이행의 항변권이라 함은 공평의 관념과 신의칙에 입각하여 각 당사자가 부담하는 채무가 서로 대가적 의미를 가지고 관련되어 있을 때 그 이행에 있어서 견련관계를 인정하여 당사자 일방은 상대방이 채무를 이행하거나 이행의 제공을 하지 아니한 채 당사자 일방의 채무의 이행을 청구할 때에는 자기의 채무 이행을 거절할 수 있도록 하는 제도를 말한다. 따라서 채권자의 본래의 청구권에 선이행 또는 동시이행의 항변권이 붙어 있지 않는 경우에 채무자가 채권자의 어떤 행위의 이행을 조건으로 공탁하였다면 그 공탁은 채권자의 승낙이 없는 한 무효이다(대판 1970.9.22. 70다1061).

반대급부 조건부 공탁이 유효한 경우로는 ① 매매(민법 568②), 교환(민법 597) 등 동시이행관계에 있는 쌍무계약상의 채무, ② 특약 등에 의하여 동시이행관계를 설정한 채무(피담보채무의 변제와 저당권설정등기말소는 동시이행관계는 아니나 특약에 의하여 동시이행관계를 설정할 수 있음), ③ 법률이 특히 동시이행관계를 규정한 채무(민법 제317조의 전세금반환과 전세목적물의 인도 및 전세권설정등기의 말소등기에 필요한 서류의 교부 등), ④ 판례가 동시이행관계를 인정한 채무 등을 들 수 있다. 반대급부 조건부변제공탁이 유효한 사례는 다음과 같다.

판례

[1] 동시이행의 항변권은 공평의 관념과 신의칙에 입각하여 각 당사자가 부담하는 채무가 서로 대가적 의미를 가지고 관련되어 있을 때 그 이행에 있어서 견련관계를 인정하여 당사자 일방은 상대방이 채무를 이행하거나 이행의 제공을 하지 아니한 채 당사자 일방의 채무의 이행을 청구할 때에는 자기의 채무 이행을 거절할 수 있도록 하는 제도인바, 이러한 제도의 취지에서 볼 때 당사자가 부담하는 각 채무가 쌍무계약에 있어 고유의 대가관계가 있는 채무가 아니라고 하

더라도 구체적인 계약관계에서 각 당사자가 부담하는 채무에 관한 약정 내용에 따라 그것이 대가적 의미가 있어 이행상의 견련관계를 인정하여야 할 사정이 있는 경우에는 동시이행의 항변권을 인정할 수 있는 것이다.

[2] 부동산 매매계약에 있어 매수인이 부가가치세를 부담하기로 약정한 경우, 부가가치세를 매매대금과 별도로 지급하기로 했다는 등의 특별한 사정이 없는 한 부가가치세를 포함한 매매대금 전부와 부동산의 소유권이전등기의무가 동시이행의 관계에 있다고 봄이 상당하다(대판 2006.2.24., 2005다58656,58663).

(가) 매매대금지급의무와 소유권이전등기이행의무

매매계약은 당사자 일방이 재산권을 상대방에게 이전할 것을 약정하고 상대방이 그 대금을 지급할 것을 약정함으로써 성립하고 그 효력이 생기는 것인데(민법 제563조), 그 효력은 당사자 쌍방의 권리·의무를 실현할 것을 그 내용으로 한다. 매도인은 매매의 목적이 된 권리를 매수인에게 이전해야 하며, 매수인은 그 대금을 매도인에게 지급해야 되며, 또 당사자의 이러한 쌍방의무는 동시이행관계에 있는 것(민법 제568조 2항)이 보통인 것이다.

매매잔대금 지급의무와 소유권이전등기 이행의무가 동시이행관계에 있는 경우에는 잔대금 변제공탁에 반대급부를 조건으로 하였다고 하여 위 변제공탁의 효력을 부정할 수 없다(대판 1972.2.22, 71다2596).

(나) 반대급부이행의 상대방

매수인이 수령권한을 가진 매도인의 대리인을 피공탁자로 하여 공탁함에 있어서 반대급부로서 '소유권이전등기절차에 필요한 서류 등의 교부'를 요구하였다고 하더라도 위 반대급부의 이행을 요구받은 상대방은 '매도인'이라 할 것이며, 위 반대급부조건을 붙여서 한 공탁은 유효하다(대판 1981.9.22, 81다236).

(다) 반대급부의 이행으로 볼 수 없는 경우

공탁자가 공탁물수령자로부터 공탁자 앞으로의 소유권이전등기에 필요한 서류인 등기권리증·매도증서·인감증명·위임장·주민등록등본 등의 서류를 공탁자에게 교부하라는 반대급부조건을 붙여 변제공탁한 후 이와는 별도로 같은 부동산에 관한 소유권이전등기절차이행의 소를 제기하여 승소확정판결을 받은 경우, 비록 위 판결에 기하여 앞서 반대급부조건으로 요구한 위 각 서류 없이 강제집행의 방법으로 그 부동산에 관한 공탁자명의의 소유권이전등기를 필할 수 있게 되었다 하더라도 "그와 같은 사유"만으로써 위 공탁의 반대급부가 이행된 것으로 볼 수는 없다(대법원 1985.12.28. 85마12 결정).

(라) 채무의 이행과 약속어음의 반환

채무의 이행확보를 위하여 약속어음을 발행한 경우 그 채무의 이행과 어음의 반환은 동시이행의 관계에 있으며, 동시이행의 관계에 있는 반대급부를 조건으로 하는 변제공탁은 유효하다 할 것이므로 위 약속어음의 반환을 조건으로 한 변제공탁은 유효하다(대판 1970.10.23. 70다2042, 1992.12.22. 92다8712 : 공 1993, 555).

(마) 매매대금지급의무와 매도인의 소유권이전등기 및 기타권리의 말소의무

계약금과 중도금까지 이행된 후 잔대금지급기일 전에 목적부동산 위에 근저당권설정등기 및 압류등기가 이루어진 경우에 특약이 없는 한 매수인의 잔대금지급의무와 매도인의 소유권이전등기 및 기타권리의 말소의무와는 동시이행의 관계가 있으므로 (민법 제568조 2항), 매수인이 잔대금채무를 변제공탁함에 있어 소유권이전등기에 필요한 일체의 서류를 교부할 것과 소유권 이외의 권리 일체를 말소할 것을 반대급부의 내용으로 한 경우(1990.8.28, 법정 제1342호).

(바) 전세금의 공탁과 전세권말소

전세권이 소멸한 때에는 그 전세권설정자는 전세권자로부터 그 목적물의 인도 및 전세권설정등기의 말소등기에 필요한 서류의 교부를 받는 동시에 전세금을 반환하여야 한다(민법 제317조). 민법 제317조는 전세권소멸시에 있어서 부동산의 반환과 전세금의 반환은 동시이행의 관계에 있다는 것을 규정한다.

「전세권이 소멸한 때」에는 전세권자는 전세부동산을 전세권설정자에게 반환하여야 하고, 전세권설정자는 전세금을 전세권자에게 반환하여야 한다. 따라서 부동산과 전세금의 상호반환은 전세권이 소멸한 후에 할 수 있는 것이 원칙이다.

부동산의 반환 및 등기서류의 교부와 전세금의 반환은 동시이행의 관계에 있다.

(사) 동시이행관계를 인정한 판결

갑의 지상건물철거 및 대지인도의무와 을의 잔대금지급의무를 상환하여 이행하기로 약정하였는데 갑의 대지인도의무와 을의 잔대금지급의무가 동시에 이행되어야 할 것으로 판결이 확정된 경우, 갑의 철거의무는 실체법상 존재하는 의무이어서 철거의무의 대지인도의무의 이행을 출급의 조건으로 삼은 변제공탁은 적법하다(대판 1992.12. 24, 92다38911 : 소유권이전등기).

(아) 가등기가 경료된 토지의 토지수용보상금의 공탁과 소유권이전등기에 필요한 일체의 서류를 반대급부로 한 경우

가등기가 경료되어 있는 토지를 수용한 대한주택공사가 소유자를 피공탁자로 하여 반대급부로서 "소유권이전등기에 필요한 일체의 서류"를 기재하고 토지수용보상금을 공탁한 후 동 수용을 원인으로 한 대한주택공사명의의 소유권이전등기를 경료한 경우, 가등기가 경료되어 있는 것은 피공탁자의 공탁금출급청구를 제한하는 사유가 될 수 없으므로 피공탁자가 위 공탁금을 수령하려면 등기부등본을 반대조건이 이행되었음을 증명하는 서면으로 첨부하여 공탁금출급청구를 하면 될 것이다(1991.12.26, 법정 제1854호).

(자) 임차인의 목적물 반환의무와 임대인의 보증금반환의무와 관계

임대차계약의 기간이 만료된 경우에 임차인이 임차목적물을 명도할 의무와 임대인이 보증금 중 연체차임 등 당해 임대차에 관하여 명도시까지 생긴 모든 채무를 청산한 나머지를 반환할 의무는 동시이행의 관계가 있다(대판 1977.9.28, 77다1241, 전원합의체 판결).

(차) 근저당권설정등기가 되어 있는 부동산의 매매에 있어 매도인의 근저당권말소 및 소유권이전등기의무와 매수인의 잔대금지급의무

근저당권설정등기가 되어 있는 부동산을 매매하는 경우 매수인이 근저당권의 피담보채무를 인수하여 그 채무금 상당을 매매잔대금에서 공제하기로 하는 특약을 하는 등 특별한 사정이 없는 한 매도인의 근저당권말소 및 소유권이전등기의무와 매수인의 잔대금지급의무는 동시이행의 관계에 있는 것이다(대판 1991.11.26, 91다23103).

(카) 반대급부내용을 물품변제공탁한 공탁서(반대급부의 이행을 증명하는 서면)의 제출

부동산매수인이 매매잔대금을 변제공탁하면서 반대급부의 내용에 해당되는 서류의 종류를 구체적으로 명기하지 아니하고 "매매목적물의 소유권이전등기에 필요한 일체 서류의 교부"를 반대급부의 내용으로 한 경우에는 매도인이 부동산소유권이전등기신청에 필요한 통상의 서류(등기권리증 · 주민등록표등본 · 인감증명서 · 위임장 · 등기원인 증서)를 물품변제공탁한 공탁서는 반대급부의 이행을 증명하는 서면에 해당된다고 할 것이다(1990.3.7, 법정 제397호).

(7) 반대급부조건부변제공탁이 무효인 경우

변제공탁의 경우 채권자가 반대급부 또는 기타 조건의 이행을 할 의무가 없음에도 불구하고 채무자가 이를 조건으로 공탁한 때에는 채권자가 이를 수락하지 않는 한 그 변제공탁은 효력이 없으며(대판 1975.12.23, 75다1134), 변제공탁이 유효하려면 공탁 행위의 결과로서 당연히 생기는 것 외에는 채권자의 공탁물교부청구권과 본래 채권자가 채무자에게 대하여 가지고 있는 지급청구권과 그 권리의 범위에 있어서 같아야 하므로, 변제공탁 목적물이 채무본지에 따른 것이라 하여도 채권자에게 이행할 의무가 없는 조건을 이행하지 않는 한 그 공탁물을 수령할 수 없다는 취지로서 공탁을 한 때에는 채권자가 이를 수락하지 않는 한 그 변제공탁은 효력이 없다(대판 1966.2.15. 65다2431).

반대급부 조건부 변제공탁이 무효가 되는 사례는 다음과 같다.

(가) 경매절차취소를 반대급부로 한 경우

변제공탁은 경매절차취소를 반대급부로 한 경우에 변제의 효력이 없다(대판 1962.5.24, 4294민재항455).

(나) 등기부등본 및 인감증명제출을 조건으로 한 경우

기업자가 토지수용에 따른 보상금을 공탁함에 있어서 반대급부로써 수용토지에 관하여 공탁물수령자명의로 소유권이전등기가 경료된 등기부등본 1통과 공탁물수령자의 인감증명서 1통을 제출하라는 조건을 붙인 경우(대판 1984.4.10, 84다77)

(다) 건물명도확인서를 반대급부로 한 경우

건물명도와 동시이행의 관계에 있는 임차보증금의 변제공탁을 하면서 건물을 명도하였다는 확인서를 첨부할 것을 반대급부조건으로 붙였다면, 위 변제공탁은 명도의 선이행을 조건으로 한 것이라고 볼 수밖에 없으므로 변제의 효력이 없다 할 것이다(대판 1991.12.10. 91다27594).

(라) 채무담보를 위한 근저당권·가등기말소에 필요한 일체의 서류교부를 반대급부로 공탁한 경우

근저당권으로 담보된 채권의 채무자 겸 소유자가 그 채권을 변제공탁함에 있어 근저당권설정등기의 말소에 소요될 서류일체의 교부를 반대급부로 한 경우에는 특약이 없는 한 위 공탁은 변제의 효력이 없다(대판 1966.4.29. 65마210).

근저당권으로 담보된 채권의 채무자 겸 소유자가 그 채권의 변제를 함에 있어서는 특약이 없는 한 피담보채권의 변제와 교환적으로 그 근저당권설정등기의 말소등기에 소요될 서류의 교부를 구할 수 없으므로 위와 같은 서류일체의 교부를 반대급부로 한 변제공탁은 변제의 효력이 없다(대판 1966.8.31. 66마576).

근저당권설정자가 그 말소등기의 청구를 할 때는 특약이 없는 한 현재 근저당권에 의하여 담보되는 모든 채무를 변제 기타의 방법으로 소멸시킨 후라야 할 것이므로, 저당채무와 경매비용 등을 변제공탁함에 있어 그 공탁금 수령의 조건으로 근저당권설정등기의 말소등기절차 소요서류의 제공을 요구하는 경우에는, 근저당권자에게 특별한 사정의 주장입증이 없는 한 그 공탁은 변제의 효력이 없다(75.12.23. 75다1134).

공탁을 함에 있어 채권담보를 위한 가등기 및 본등기의 말소등기절차에 필요한 구비서류 일체를 공탁자에게 주었다는 영수증을 공탁공무원에게 제출하고 공탁금을 수령하라는 내용의 조건 내지는 반대급부를 붙인 변제공탁은 유효한 공탁이라 할 수 없다(79.1.23. 78다2085).

채무담보를 위하여 근저당권설정등기·가등기 등이 경료되어 있는 경우 그 채무의 변제의무는 그 등기의 말소의무보다 선행되는 것이며, 채무의 변제와 그 등기말소절차의 이행을 교환적으로 구할 수 없으므로 그 등기의 각 말소등기절차이행에 소요되는 일체의 서류를 교부할 것을 반대급부로 하여 한 변제공탁은 채무의 본지에 따른 것이라 할 수 없다(대판 1991.4.12. 90다9872).

(마) 토지수용보상금공탁시 소유권이외의 권리 일체의 말소를 반대급부로 한 경우

사업시행자가 공익사업토지보상법 제40조 제2항에 의하여 수용보상금의 공탁을 하면서 매매계약서, 등기필증, 인감증명서, 주민등록표초본, 부동산등기부등본(소유권이 사업시행자 앞으로 이전되고 소유권 이외의 권리 일체가 말소된 것)을 반대급부 조건으로 한 경우 그 공탁은 무효이다(대판 1979.10.30, 78누378 참조).

(바) 근저당권설정등기말소 서류의 제공을 반대급부로 한 경우

근저당권설정자가 그 말소등기의 청구를 할 때에는 특약이 없는 한 현재 근저당권에 의하여 담보되는 모든 채무를 변제 기타의 방법으로 소멸시킨 후라야 할 것이므로, 저당채무와 경매비용 등을 변제공탁함에 있어 그 공탁금수령의 조건으로 근저당권설정등기의 말소등기절차 소요서류의 제공을 요구하는 경우에는 근저당권자에게 특별한 사정의 주장·입증이 없는 한 그 공탁은 변제의 효력이 없다(대법원 1966.4.29, 65마210 ; 1966.8.31, 66마576, 1967.6.13, 67마359).

저당채무와 경매비용을 변제공탁함에 있어 근저당권설정등기 말소등기에 필요한 서류 등의 반대급부와 동시이행을 조건으로 한 경우에는 당사자 사이에 이에 관한 특약이 없는 한 그 공탁은 변제의 효력이 생기지 않는다(대법원 1967.6.13, 67마359).

(사) 토지수용보상금공탁과 소유권이전등기서류의 교부를 반대급부로 한 경우

토지수용보상금의 지급과 수용으로 인한 소유권이전등기는 동시이행관계에 있는 것이 아니므로, 토지수용보상금의 공탁서에 소유권이전등기서류의 교부를 반대급부로 기재한 경우에는 이를 수리할 수 없다. 수용대상토지에 대하여 제한물권이나 처분제한의 등기가 있는 경우에 그 등기의 말소를 반대급부로 기재한 때에도 같다(1990.12.19, 행정예규 제149호).

(아) 근저당채무의 변제공탁시 경매취하 및 근저당권말소의 선이행을 반대급부로 한 경우

채무자가 근저당권의 피담보채무의 변제공탁을 하면서 경매신청 취하와 근저당권설정등기 말소의 선이행을 반대급부 조건으로 한 경우 그 공탁은 무효이다(대판 1970.9.22, 70다1061).

(자) 채무담보를 위한 가등기 및 본등기의 말소를 반대급부로 한 경우

채무의 담보를 위하여 가등기 및 그 가등기에 기한 본등기가 경료된 경우에 채권자는 그 채무변제를 받기 전 또는 받음과 교환으로 그 담보로 된 가등기 및 이에 기한 본등기를 말소하여야 할 의무는 없다 할 것이므로, 채권자가 선급부 또는 동시이행의 의무가 없는 데도 채무의 대위변제자가 변제공탁을 함에 있어서 채권자명의의 가등기 및 본등기의 말소를 반대급부의 내용으로 하였음은 채무의 본지에 따른 것이라 할 수 없고, 채권자가 이를 수락하지 않는 한 그 변제공탁은 채무변제의 효력이 없다 할 것이다(대판 1979.1.23, 78다2085; 1982.12.14, 82다카1321(본소)·1322(반소)).

(차) 임차보증금의 변제공탁과 임차권등기의 말소를 반대급부로 한 경우

임대인의 임대차보증금 반환의무와 임차인의 주택임대차보호법 제3조의3에 의한 임차권등기 말소의무가 동시이행관계에 있는 것은 아니므로(대판 2005.6.9, 2005다4529), 임차보증금을 변제공탁하면서 주택임대차보호법 제3조의3에 의한 임차권등기 말소를 반대급부 조건으로 공탁할 수 없다.

(카) 기업자의 보상금공탁시 소유권이전등기가 경료된 등기부등본·인감증명 등의 제출을 조건으로 한 공탁

변제공탁에 있어서 채권자에게 반대급부 기타 조건의 이행을 할 의무가 없음에도 불구하고 채무자가 이를 조건으로 공탁을 한 때에는 채권자가 이를 수락하지 않는 한 그 변제공탁은 효력이 없다 할 것이므로, 기업자가 토지수용에 따른 보상금을 공탁함에 있어서 반대급부로써 공탁물수령자명의로 소유권이전등기가 경료된 등기부등본 1통과 공탁수령자의 인감증명 1통을 제출하라는 조건을 붙였다면, 비록 "공탁규칙"에 의하여 인감증명 등 서류를 어차피 첨부제출하게 되어 있다고 하여도 당연한 것을 기재한 데에 불과하다고 볼 수 없으므로 공탁금수령자가 위 반대급부의 내용을 수락한 바 없는 이상 위 변제공탁은 효력이 없다(대판 1975.12.23, 75다1134).

(타) 선이행 또는 동시이행의 항변권이 붙어 있지 않는 경우

채권자의 본래의 청구권에 선이행 또는 동시이행의 항변권이 붙어 있지 않는 경우에 채무자가 채권자의 어떤 행위의 이행을 조건으로 공탁하였다면 그 공탁은 채권자의 승낙이 없는 한 무효이다(대판 1970.9.22, 70다1061).

(파) 채무자의 변제공탁시 영수증의 반환을 반대급부로 한 경우

채무자가 채권전부를 변제한 때에는 채권자에게 채권증서의 반환을 청구할 수 있으나(민법 475조), 영수증 교부와는 달리 변제와 동시이행의 관계에 있는 것이 아니므로(대판 2005.8.19, 2003다22042), 채권증서의 반환을 반대급부 조건으로 공탁할 수는 없다.

(8) 반대급부의 이행

(가) 공탁관에게 직접이행의 가부(소극)

공탁물을 수령할 자가 반대급부(反對給付)를 하여야 하는 경우에는 공탁자의 서면 또는 판결문, 공정증서(公正證書), 그 밖의 관공서에서 작성한 공문서 등에 의하여 그 반대급부가 있었음을 증명하지 아니하면 공탁물을 수령하지 못한다(공탁법 제10조).

공탁물출급청구서에는 공탁법 제10조에 명시되어 있는 바와 같이 반대급부를 이행하였다는 공탁자의 서면이나 재판, 공정증서 기타의 공정서면에 의하여 반대급부가 있었음을 증명하는 서면을 첨부하도록 되어 있으므로, 반대급부의 목적물을 공탁관에게 직접 이행하는 것은 불가하다(행정예규 제24호.2).

(나) 반대급부 조건부 변제공탁 후 부동산에 관한 소유권이전등기절차이행 판결을 받은 경우

공탁자가 공탁물 수령자로부터 공탁자 앞으로의 소유권이전등기에 필요한 등기권리증, 매도증서, 인감증명 등 서류를 공탁자에게 교부하라는 반대급부조건을 붙여 변제공탁한 후 이와는 별도로 같은 부동산에 관한 소유권이전등기절차이행의 소를 제기하여 승소확정판결을 받은 경우 비록 위 판결에 기하여 앞서 반대급부조건으로 요구한 위 각 서류 없이 강제집행의 방법으로 그 부동산에 관한 공탁자명의의 소유권이전등기를 필할 수 있게 되었다 하더라도 그와 같은 사유만으로써 위 공탁의 반대급부가 이행된 것으로 볼 수는 없다(대판 1985.12.28. 85마712).

(다) 공탁자의 반대급부 수령거절시 공탁물수령자의 반대급부의 변제공탁과 공탁관의 공탁물출급인가

공탁물을 수령하려고 하는 사람이 공탁자에게 공탁서에 기재된 반대급부의 이행을 제공하였으나 공탁자가 그 수령을 거절하는 때에는 그 반대급부를 변제공탁하고 공탁공무원으로부터 교부받은 공탁서를 공탁법 제9조 소정의 반대급부가 있었음을 증명하는 공정서면으로 첨부하여 공탁물출급청구를 할 수 있고, 이 경우에 반대급부이행채무는 반대급부의 공탁시에 즉시 소멸하고 반대급부를 공탁한 자가 공탁물을 회수한 경우에 한하여 채무소멸의 효과가 소급하여 없어지는 것이므로, 반대급부의 공탁자가 공탁물을 회수하였다는 소명이 없는 한 공탁공무원은 위 공탁물출급청구에 응하여 공탁물의 출급을 하여야 한다(대판 1990.3.31. 89마546).

🔖 선례--

1. **반대급부수령의 상대방(공탁자)**

   공탁서에 반대급부조건이 있는 때에는 반드시 공탁법 제9조의 증명서면을 첨부하게 하여야 할 것이고, 공탁관이 반대급부의 목적물(등기부등본)을 직접 받고 출급하여서는 아니 된다(1976.10.4. 행정예규 제48호).

2. 반대급부의 이행을 조건으로 한 변제공탁에 있어서 공탁금출급청구를 함에 있어서는 공탁자의 서면이나 또는 재판, 공정증서 기타의 공정서면에 의하여 그 반대급부가 있었음을 증명하는 서면을 첨부하여야 하므로 반대급부의 목적물인 약속어음을 공탁관에게 직접 교부하여 공탁금출급청구를 할 수는 없으며(공탁법 제9조 참조), 다만 공탁자가 이를 수령하지 아니할 때에는 물품공탁을 한 후 출급청구할 수 있을 것이다(1984.7.25. 법정 제226호).

🔍 **판례**

반대급부이행의 상대방 :

매수인이 매도인을 대리하여 매매잔대금을 수령할 권한을 가지고 있는 병(丙)에게 잔대금의 수령을 최고하고, 병(丙)을 공탁물수령자로 지정하여 한 잔대금변제공탁은 매도인에 대한 잔대금지급의 효력이 있고, 또 매수인이 위 공탁을 함에 있어서 반대급부로서 소유권이전등기절차에 필요한 서류 등의 교부를 요구하였다고 하더라도 위 반대급부의 이행을 요구받은 상대방은 매도인이라 할 것이며, 위 반대급부조건을 붙여서 한 공탁은 유효하다(대판 1981.9.22. 81다236).

(9) 반대급부조건부변제공탁을 조건 없는 변제공탁으로 정정한 경우의 효력

선행의무 있는 자가 반대급부를 조건으로 하여 변제공탁을 하였다 하더라도 그 후에 반대급부내용이 없는 것으로 정정하여 달라는 취지의 공탁정정신청을 하고 공탁관이 이를 허가하였다면, 위의 변제공탁은 다른 유효요건을 갖추고 있는 한 그 때부터 '반대급부조건이 없는 변제공탁'으로서의 효력을 갖게 된 것이라고 봄이 상당하다(대판 1971.6.30. 71다874).

변제공탁의 경우 채권자가 반대급부 또는 기타 조건의 이행을 할 의무가 없음에도 불구하고 채무자가 이를 조건으로 공탁한 때에는 채권자가 이를 수락하지 않는 한 그 변제공탁은 효력이 없으며 그 뒤 채무자의 공탁에 붙인 조건의 철회정정청구에 따라 공탁공무원으로부터 위 정정청구의 인가결정이 있었다 하더라도 그 변제공탁은 인가 결정시부터 반대급부조건이 없는 변제공탁으로서의 효력을 갖는 것으로서 그 효력이 당초의 변제공탁시로 소급하는 것은 아니다(대판 1986.8.19, 85누280).

11. 공탁통지

변제공탁의 경우 피공탁자에게 변제공탁사실을 알려 공탁물출급청구권을 행사하도록 하기 위하여 변제공탁자는 공탁후 지체없이 피공탁자에게 공탁통지를 하도록 하고 있다(민법 제488조 3항).

실무상으로는 공탁통지를 보다 확실하게 할 수 있도록 하기 위하여 공탁신청시에 공탁자로 하여금 공탁통지서를 공탁소에 제출하게 하고, 공탁물이 납입된 후에 공탁관이 공탁자 대신 피공탁자에게 공탁통지서를 발송하도록 하고 있다(공탁규칙 제29조 1항).

변제공탁의 경우 공탁자는 지체 없이 채권자에게 공탁통지를 하여야 하므로(민법 제488조 3항) 피공탁자의 수에 따라 공탁통지서를 제출하여야 한다(공탁규칙 제23조 제1항).

피공탁자가 전혀 누구인지 모르는 절대적 불확지공탁(공익사업을위한토지등의취득 및보상에관한법률 제40조 2항 2호)의 경우 또는 피공탁자가 어디에 살고 있는지를 모를 경우(주소불명), 공탁 당시에는 공탁통지서를 제출할 필요가 없지만 공탁 후에 피공탁자가 누구인지 알게 되었다거나 피공탁자의 주소를 알게 되었을 때에는 공탁서 정정신청(공탁규칙 제30조 2항)을 하면서 동시에 공탁통지서를 제출하여야 한다. 공탁통지는 공탁의 유효요건이 아니어서 공탁자가 공탁통지를 하지 아니한 경우에도 채무는 소멸된다.

제3채무자가 금전채권에 대한 가압류를 원인으로 공탁을 하거나 금전채권의 일부에 대한 압류를 원인으로 압류에 관련된 금전채권액 전액을 공탁하는 경우에도 피공탁자에게 공탁사실을 알려줄 필요가 있으므로 공탁통지서를 제출하도록 하고 있다(행정예규 528호).

(1) 공탁통지의 의의

공탁통지는 공탁자가 채권자(피공탁자)에게 공탁관계가 성립된 사실을 통지하는 관념의 통지이다. 변제공탁의 경우에는 공탁통지를 하도록(민법 제488조 3항) 되어 있으나 보증공탁·보관공탁에 있어서는 공탁자에게 공탁통지의 의무를 과하지 않고 있다. 공탁통지는 공탁자가 피공탁자에 대하여 공탁관계상의 수익권(출급청구권)의 발생을 알림으로써 피공탁자가 이 공탁통지서를 출급청구서에 첨부하여 출급청구권의 행사에 편리를 도모한 것이므로, 공탁통지는 공탁의 유효요건은 아니다.

공탁통지는 수령거부의 경우뿐 아니라 수령불능 또는 채권자불확지의 경우에도 하여야 함이 원칙이다. 그러나 채권자의 소재불명을 소명하고, 그로 인한 수령불능을 이유로 하는 공탁의 경우에는 공탁통지를 요하지 아니한다.

절대적 불확지(수용대상토지가 미등기이고, 기타 공부에 의해서도 소유자불확지의 경우 등)에 의한 공탁의 경우에도 공탁통지를 요하지 아니한다.

"공탁통지를 요하지 아니한다"함은 공탁 당시에 공탁통지를 요하지 아니한다는 것뿐 피공탁자를 확지하게 되었다거나 또는 주소가 판명된 경우에는 공탁통지를 위하여 피공탁자지정 또는 주소보완을 위한 공탁서정정신청을 할 의무가 있다 할 것이므로, 그 때까지 통지의무가 유예된다고 본다.

(2) 공탁통지의 절차

(가) 공탁자의 공탁통지서의 제출

공탁자가 피공탁자에게 공탁통지를 하여야 할 경우에는 피공탁자의 수만큼 공탁통지서를 첨부하여야 한다(공탁규칙 제23조 제1항).

제1항의 경우 「우편법 시행규칙」 제25조 제1항 제4호 다목에 따른 배달증명을 할 수 있는 우편료(피공탁자 수×1회 발송)를 납입하여야 한다(공탁규칙 제23조 제2항).

공탁관은 제1항의 공탁통지서를 발송하기 위한 봉투 발신인란에 공탁소의 명칭과 그 소재지 및 공탁관의 성명을 적어야 한다(공탁규칙 제23조 제3항).

(나) 공탁관의 공탁통지서의 발송

공탁관은 공탁규칙 제27조의 전송이나 공탁물품납입통지서를 받은 때에는 제23조의 공탁통지서를 피공탁자에게 발송하여야 한다(공탁규칙 제29조 제1항).

제1항의 통지서에는 공탁번호, 발송연월일과 공탁관의 성명을 적고 직인을 찍어야 한다(공탁규칙 제29조 제2항).

공탁통지서를 발송한 경우 그 송달정보는 전산정보처리조직에 의하여 관리하여야 한다(공탁규칙 제29조 제3항).

(다) 공탁통지서가 반송된 경우

공탁통지서가 반송된 경우에는 이를 공탁기록에 편철하여야 한다(공탁규칙 제29조 제4항).

(라) 국가를 피공탁자로 하는 변제공탁의 피공탁자

국가를 피공탁자로 하는 변제공탁서에는 피공탁자란에 "대한민국(소관청 : ○○○)"과 같이 소관청을 기재하고, 공탁통지서는 소관청의 장에게 발송한다(2013.7.10. 행정예규 제972호).

(마) 외국인이나 재외국민을 위한 변제공탁과 공탁통지 절차

① 공탁자가 피공탁자의 외국주소로 공탁통지를 하여야 할 경우에는 수신인란에 로마문자(영문)와 아라비아 숫자로 피공탁자의 성명과 주소를 적은 국제특급우편 봉투와 우편요금을 첨부하여야 한다(공탁규칙 제67조 1항).

② 제1항의 우편요금은 「국제우편규정」 제12조 제1항 제3호에 의한 배달통지가 가능한 외국에 공탁통지를 할 경우는 배달통지로 할 수 있는 금액이어야 한다(공탁규칙 제67조 2항).

③ 공탁관은 제1항의 봉투 발신인란과 배달통지서의 반송인란에 로마문자(영문)와 아라비아 숫자로 공탁소의 명칭과 그 소재지 및 공탁관의 성명을 적어야 한다(공탁규칙 제67조 3항).

(3) 공탁통지의 기능

공탁통지서는 변제공탁의 피공탁자가 공탁물 출급청구시 원칙적으로 첨부하여야 하는 서면의 하나이다(공탁규칙 제33조 제1호). 공탁통지에는 그 효과로서 공탁통지에 의하여 출급청구권행사의 가부를 결정하게 되며, 출급청구를 하는 경우에는 청구권의 정당한 귀속자인 것을 증명하는 것이므로 그 내용은 특정되어야 한다.

공탁통지에는 공탁의 요건인 근거법령을 포함한 공탁원인의 내용 및 공탁에 의하여서 채권자인 피공탁자가 취득하는 채권과 원인채권과의 내용의 동일성을 명확하게 하지 않으면 안 된다.

(4) 공탁통지를 하지 아니한 경우 공탁의 효력

채무자가 변제공탁을 하였을 때에는 지체 없이 채권자에게 공탁통지를 하여야 하나, 그 공탁통지는 공탁의 유효요건이 아니어서 공탁자가 공탁통지를 하지 않았어도 채무는 소멸되는 것이라고 할 것이다(대판 1976.3.9, 75다1200).

(5) 변제공탁의 효력발생시기(공탁을 한 때)

변제공탁이 적법한 경우에는 채권자가 공탁물 출급청구를 하였는지의 여부와는 관계없이 그 공탁을 한 때에 변제의 효력이 발생한다(대판 2002.12.6. 2001다2846).

변제공탁은 공탁관의 수탁처분과 공탁물보관자의 공탁물수령으로 그 효력이 발생하여 채무소멸의 효과를 가져오는 것이고, 채권자에 대한 공탁통지나 채권자의 수익의 의사표시가 있는 때에 공탁의 효력이 생기는 것이 아니다(대법원 1972.5.15, 72마401 결정).

(6) 피공탁자가 공탁통지를 받은 경우

변제공탁의 경우 피공탁자가 법원으로부터 공탁이 되었다는 통지를 받은 경우 그 공탁이 이유 있다고 인정되는 경우에는 공탁을 수락하고 공탁금을 출급할 수 있으며, 공탁이 이유가 없거나 부당하다고 인정되는 경우에는 이를 불수락하되 이 경우에는 법원에 대하여 특별한 행위를 할 필요 없이 출급절차를 밟지 않으면 된다.

다만, 공탁의 내용이 부당하다고 인정되는 경우에도 공탁물출급청구서 해당란에 이의유보사유를 기재하고(예컨대 그 공탁이 손해배상금이나 토지수용보상금인 경우, 손해배상금의 일부라거나 토지수용결정에 이의가 있다는 것을 표시함) 공탁금을 출급할 수 있으며, 이 경우에는 다른 민사소송 등의 방법으로 권리주장을 할 수 있다.

(7) 공탁통지서가 반송된 경우

(가) 전화에 의한 반송 사실의 안내

공탁관은 공탁통지서가 반송된 경우 공탁서에 피공탁자의 전화번호가 기재되어 있는 때에는 피공탁자에게 공탁통지서가 반송된 사실을 전화로 안내해 주어야 한다. 이 경우 통화를 한 때에는 통화의 상대방 이름, 피공탁자와의 관계, 통화일·시·분을, 통화를 하지 못한 때에는 전화한 일·시·분과 "통화불능" 사실을 전산시스템(사건메모란 등)에 입력하여야 한다(대법원 행정예규 제978호.2).

(나) 반송된 공탁통지서 교부 절차

공탁통지서가 반송된 경우 피공탁자 또는 그 대리인이 법원에 출석하여 직접 교부청구를 하는 경우에는 다음의 절차에 따라 이를 교부한다(위 예규 3).

1) 피공탁자 본인이 교부청구를 한 경우
① 공탁관은 신분에 관한 증명서(주민등록증·여권·운전면허증 등을 말한다. 이하 "신분증"이라 한다)에 의하여 피공탁자의 신분을 확인한 다음 피공탁자로부터 공탁통지서 수령사실 및 수령일시가 기재된 영수증을 제출받고 공탁통지서를 교부한다.
② 이 때 공탁관은 피공탁자의 신분증을 복사하여 위 영수증과 함께 해당 공탁기록에 철한다.

2) 대리인이 교부청구를 한 경우
① 대리인이 교부청구를 하는 경우에는 피공탁자 본인의 인감도장이 찍힌 위임장과 그 인감증명서를 공탁관에게 제출하여야 한다.
② 공탁관은 신분증에 의하여 대리인의 신분을 확인한 다음 대리인으로부터 공탁통지서 수령사실 및 수령일시가 기재된 영수증을 제출받고 공탁통지서를 교부한다.
③ 이 때 공탁관은 대리인의 신분증을 복사하여 위 영수증, 위임장, 인감증명서와 함께 해당 공탁기록에 철한다.

3) "가"항 및 "나"항은 공탁통지서를 발송하기 전에 피공탁자 또는 그 대리인이 법원에 출석하여 직접 교부청구를 한 경우에도 준용한다.

4) "1) ②" 및 "2) ②"의 경우 본인 또는 그 대리인이 제출하는 신분에 관한 증명서가 이동통신단말장치에 암호화된 형태로 설치되는 등 사본화가 적합하지 않은 경우에는 신분확인서(「공탁사무 문서양식에 관한 예규」 별지 제20호 양식)를 해당 공탁기록에 철한다.

12. 공탁금회수제한신고서

회수제한신고는 불법행위로 인한 손해배상의 채무자가 변제공탁제도를 악용하는 사례를 방지하기 위하여 마련된 제도로서 신고서의 제출이 강제된 것이 아니고, 그 내용 또한 임의적일 수밖에 없으므로 대법원행정예규의 예문이 예규개정으로 바뀌었다 하더라도 공탁자는 회수제한신고서에 기재된 대로의 회수청구의 조건이 구비되었음을 증명하여 회수청구할 수 있다(2000.12.29. 법정 제3302-518호).

(1) 회수제한신고서의 제출

변제공탁자는 공탁신청과 동시에 또는 공탁을 한 후에 "피공탁자의 동의가 없으면 특정형사사건의 종결시까지 회수청구권을 행사하지 않겠다는 취지"를 기재한 서면([별지 예문] 참조)을 2부 제출할 수 있다. 이 경우에 그 서면에 찍힌 인영이 공탁서에 찍힌 인영과 다를 때에는 공탁자의 인감증명서를 첨부하여야 한다(공탁사무 문서양식에 관한 예규 일부 개정 예규(행정예규 제895호. 2011.5.30.)의 시행으로 별지로 제출하던 회수제한신고서 대신 회수제한신고취지를 공탁서에 기재하도록 하였다.).

(2) 피공탁자가 공탁통지서를 수령하지 못한 경우의 회수절차

피공탁자에게 공탁금출급청구권을 행사할 기회를 부여하기 위하여 관련형사사건에 대한 불기소결정이 있거나 무죄판결이 확정될 때까지는 피공탁자의 동의가 없는 한 회수청구권을 행사하지 않겠다는 공탁금회수제한의 뜻의 조건을 붙여 공탁을 한 후 그 공탁서를 형사재판에 이용하여 집행유예의 선고를 받았다 하더라도 피공탁자의 주소불명으로 공탁통지가 이루어지지 않는 관계로 피공탁자가 위 공탁금에 대한 공탁금출급청구권을 행사하지 아니한 경우에는 위와 같은 판결이 확정되었다는 사정만으로는 곧바로 공탁금회수청구권을 행사할 수 없으며, 공탁자는 피공탁자의 주소를 보정하여 공탁통지의 재송달을 신청하여야 할 것이고 피공탁자가 이에 따라 공탁통지를 받고서도 상당한 기간이 경과하도록 공탁수락의 의사표시 또는 공탁금출급청구를 하지 아니하면 피공탁자의 동의가 없더라도 공탁금의 회수를 청구할 수 있는 것이다(1991.5.29. 법정 제926호).

(3) 형사사건용 공탁서 및 공탁통지서 양식의 신설

형사사건으로 인해 변제공탁을 할 경우 공탁서에 형사사건의 표시부분을 두고, 별지로 제출하면 회수제한신고 취지를 공탁서에 기재할 수 있도록 함으로써, 공탁서 작성의 편의를 돕기 위해 형사사건용 공탁서 양식과 형사사건용 공탁통지서 양식을 각 신설하였다(제1-9호 양식, 제2-4호 양식) (대법원 행정예규 제895호).

형사사건용 금전공탁의 경우에는 공탁자가 공탁금납입 후 은행으로부터 받은(규칙 제7장 전자공탁시스템을 이용하여 전자신청으로 공탁하는 경우에는 전산시스템으로 출력한) 공탁서 원본을 형사사건이 최종계류 중인 경찰서나 검찰청 또는 법원에 제출하여야 한다.

금전 공탁서(형사사건용)

공 탁 번 호		년금 제 호		년 월 일 신청		법령 조항	민법487호
공 탁 자	성 명 (상호 명칭)		피 공 탁 자	성 명 (상호 명칭)			
	주민등록번호 (법인등록번호)			주민등록번호 (법인등록번호)			
	주 소 (본점, 주사무소)			주 소 (본점, 주사무소)			
	전화번호			전화번호			
공 탁 금 액	한글		보관은행			은행 지점	
	숫자						

형 사 사 건	사 건 번 호	경찰서 년제 호 지방검찰청 지청 년 형제 호 지방법원 지원 년 고단(합)제 호
	사 건 명	
공탁원인사실		

비고(첨부서류 등)	☐ 계좌납입신청

1. 공탁으로 인하여 소멸하는 질권, 전세권 또는 저당권
2. 반대급부 내용

위와 같이 신청합니다.　　　　　　　　　　대리인 주소
　　　　　　　　　　　　　　　　　　　　　　전화번호
　　　　　　　　　　　　　　　　　　　　　　성명　　　　　　　인(서명)
　　　　　공탁자 성명　　　　　인(서명)

회수제한 신고	공탁자는 피공탁자의 동의가 없으면 위 형사사건에 대하여 불기소결정(단, 기소유예는 제외)이 있거나 무죄판결이 확정될 때까지 공탁금에 대한 회수청구권을 행사하지 않겠습니다. 공탁자 성명　　　　　인(서명)　　　대리인 성명　　　　　인(서명) (※회수신고란에 서명하지 않을 경우 "금전공탁서(변제 등)"양식을 사용하시기 바랍니다.

위 공탁을 수리합니다.
공탁금을　　년　월　일까지 위 보관은행의 공탁관 계좌에 납입하시기 바랍니다.
위 납입기일까지 공탁금을 납입하지 않을 때는 이 공탁 수리결정의 효력이 상실됩니다.
　　　　　　　　　　　　　　　　　년　　　　월　　　　일
　　　　　　　　　　　　법원　　　　지원 공탁관　　　　　　　　(인)

(영수증) 위 공탁금이 납입되었음을 증명합니다.
　　　　　　　　　　　　　　　　　년　　　　월　　　　일
　　　　　　　　　　　　공탁금 보관은행(공탁관)　　　　　　(인)

※ 1. 서명 또는 날인을 하되, 대리인이 공탁할 때에는 대리인의 성명, 주소(자격자대리인은 사무소)를 기재하고 대리인이 서명 또는 날인하여야 합니다. 전자공탁시스템을 이용하여 공탁하는 경우에는 날인 또는 서명은 공인인증서에 의한 전자서명 방식으로 합니다.
　2. 공탁금 납입 후 은행으로부터 받은(전자공탁시스템을 이용하여 공탁하는 경우에는 전산시스템으로 출력한) 공탁서 원본을 형사사건이 최종 계류 중인 경찰서나 검찰청 또는 법원에 제출하시기 바랍니다.
　3. 공탁통지서를 발송하여야 하는 경우, 공탁금을 납입할 때 우편료(피공탁자 수 × 1회 발송)도 납부하여야 합니다(공탁신청이 수리된 후 해당 공탁사건번호로 납부하여야 하며, 미리 예납할 수 없습니다).
　4. 공탁금 회수청구권은 소멸시효 완성으로 국고에 귀속될 수 있습니다.
　5. 공탁서는 재발급 되지 않으므로 잘 보관하시기 바랍니다.

금전 공탁통지서(형사사건용)

공 탁 번 호		년 금 제　　　　호	년 월 일 신청	법령조항	
공탁자	성　명 (상호, 명칭)		피공탁자	성　명 (상호, 명칭)	
	주　소 (본점, 주사무소)			주　소 (본점, 주사무소)	
공 탁 금 액		한글 숫자	보 관 은 행		은행　　　지점
형사사건	사건번호	경찰서　　　　　　년제　　　　　호 지방검찰청　　　지청　　　년 형제　　　　호 지방법원　　　　지원　　　년 고단(합) 제　　　호			
	사건명				
공 탁 원 인 사　　　실					
반대급부 내용 등					

위와 같이 통지합니다.　　　　　　　　　　대리인 주소
공탁자 성명　　　　　　　　인(서명)　　　　성명　　　　　　　　　　　　인(서명)

1. 위 공탁금이　　　년　　월　　일 납입되었으므로 [별지] 안내문의 구비서류 등을 지참하시고 우리 법원 공탁소에 출석하여 공탁금 출급청구를 할 수 있습니다.
2. 공탁금액이 5천만원 이하인 경우에는 법원 전자공탁홈페이지(http://ekt.scourt.go.kr)를 이용하여 인터넷으로 공탁금 출급청구를 할 수 있습니다. 이 경우 인감증명서(또는 본인서 명사실확인서)는 첨부하지 아니합니다.
3. **공탁자가 회수제한신고를 한 경우에는 공탁자는 귀하의 동의가 없으면 위 형사사건에 대하여 불기소결정(단, 기소유예는 제외)이 있거나 무죄판결이 확정될 때까지 공탁금에 대한 회수청구권을 행사할 수 없습니다.**
그러나, 공탁자가 회수제한신고를 하지 않은 경우에는 귀하가 공탁금 출급청구를 하거나, 공탁을 수락한다는 내용을 기재한 서면을 우리 공탁소에 제출하기 전에는 공탁자가 공탁금을 회수할 수 있습니다.
4. 공탁금은 그 출급청구권을 행사할 수 있는 때로부터 10년 내에 출급청구를 하지 않을 때에는 특별한 사유(소멸시효 중단 등)가 없는 한 소멸시효가 완성되어 국고로 귀속되게 됩니다.
5. 공탁금에 대하여 이의가 있는 경우에는 공탁금 출급청구를 할 때에 청구서에 이의유보 사유(예컨대 "손해배상금 중의 일부로 수령함" 등)를 표시하고 공탁금을 지급받을 수 있으며, 이 경우에는 후에 다른 민사소송 등의 방법으로 권리를 주장할 수 있습니다.
6. 공탁통지서는 재발급 되지 않으므로 잘 보관하시기 바랍니다.
7. 사건 내용은 법원 전자공탁홈페이지에서 조회할 수 있으며, 통지서 하단에 발급확인번호가 기재되어 있는 경우에는 전자문서로 신청된 사건이므로 전자공탁홈페이지에서 공탁관련 문서를 열람할 수 있습니다.

년　　　월　　　일 발송
법원　　　　지원 공탁관　　　　　　　　(인)
(문의전화 :　　　　　　　　　　)

13. 변제공탁의 효력

(1) 채무의 소멸

채권자가 변제를 받지 아니하거나 받을 수 없는 때에는 변제자는 채권자를 위하여 변제의 목적물을 공탁하여 그 채무를 면할 수 있다(민법 제487조). 공탁의 효과로서 변제가 있었던 것과 같이 채무는 소멸되며(민법 제487조) 그 이자의 발생도 정지된다.

변제공탁이 적법한 경우에는 채권자가 공탁물출급청구를 하였는지 여부와는 관계없이 그 공탁을 한 때에 변제의 효력이 발생하며(대판 2002.12.6. 2001다2846), 매매계약해제를 위하여 계약금의 배액을 변제공탁하고 그 공탁금을 수령한 이상 그 공탁서에 기재된 대로의 공탁원인으로 채무소멸의 효과가 발생한다(대판 1973.11.13. 72다1777).

변제공탁이 유효하려면 채무전부에 대한 변제의 제공 및 채무 전액에 대한 공탁이 있어야 하고, 채무 전액이 아닌 일부에 대한 공탁은 그 부족액이 아주 근소하다는 등의 특별한 사정이 있는 경우를 제외하고는 채권자가 이를 수락하지 않는 한 그 공탁 부분에 관하여서도 채무소멸의 효과가 발생하지 않는다(대판 1998.10.13. 98다17046).

그러나 공탁이 효과로 채무가 소멸된다는 점에 관하여는 다음과 같은 문제가 있다. 즉, 일단 공탁이 된 후에도 변제자는 공탁물을 회수할 수 있기 때문에(민법 제489조) 공탁자의 회수권이 존속하는 동안은 공탁이 효력은 불확정(不確定)하다. 여기서 공탁으로 인한 채무소멸의 효력발생시기를 언제로 볼 것인지에 관하여 학설이 대립되고 있다.

(가) 해제조건설(解除條件設)

해제조건설은 변제공탁에 의하여 채권은 소멸하지만 공탁자가 공탁물을 회수하면 공탁시에 소급하여 채무소멸의 효과가 발생하지 않는 것으로 본다. 우리민법의 해석론으로서는 해제조건설만이 주장되고 있다{한국사법행정학회 발행 : 학설판례 주석민법 하권 228면 (3) (가)}.

현행 민법의 해석론으로는 통설과 같이 해제조건설에 의해도 무방할 것이다. 즉, 공탁에 의하여 채무는 소멸하고(민법 제487조), 공탁자가 공탁물을 회수하는 때에는 공탁하지 않은 것으로 간주하는 것이다(민법 제489조 제1항 후단). 따라서 공탁자가 공탁물을 회수한 때에는 채무는 소멸하지 않았던 것으로 의제된다.

(나) 정지조건설(停止條件設)

정지조건설은 변제공탁에 의한 채무의 소멸은 공탁물 회수청구권의 소멸을 정지조건으로 하지만 채무소멸의 효과는 공탁을 한 때에 소급한다고 보고 있다. 문리해석(文理解釋)으로서는 정지조건설이 타당하다는 견해도 있다.

(다) 통설 및 판례

'변제자는 채권자를 위하여 변제의 목적물을 공탁하여 그 채무를 면할 수 있다'는 민법 제487조의 규정과 '채권자가 공탁을 승인하거나 공탁소에 대하여 공탁물을 받기를 통고하거나 공탁 유효의 판결이 확정되기 까지는 변제자는 공탁물을 회수할 수 있다. 이 경우에는 공탁하지 아니한 것으로 본다'는 민법 제489조 제1항의 규정에 비추어 볼 때 해제조건설이 타당하며, 이 해제조건설이 통설이며, 판례의 입장이다(대판 1967.11.28. 67다2120, 대결 1972.5.15. 72마401, 대판 1981.2.10. 80다77).

(2) 채무소멸의 시기(공탁수리 및 공탁물의 납입시)

채권자가 변제를 받지 아니하거나 받을 수 없는 때에는 변제자는 채권자를 위하여 변제의 목적물을 공탁하여 그 채무를 면할 수 있다(민법 제487조). 변제공탁이 적법한 경우에는 채권자가 공탁물 출급청구를 하였는지의 여부와는 관계없이 그 공탁을 한 때에 변제의 효력이 발생한다(대판 2002.12.6. 2001다2846).

변제공탁에 의하여 채무는 소멸되고(민법 제487조) 그 이자의 발생도 정지된다. 변제공탁에 의한 채무소멸의 효과는 공탁관이 공탁을 수리하고 공탁자가 공탁물보관자에게 공탁물을 납입한 때에 발생하는 것이지 피공탁자에 대한 공탁통지가 피공탁자의 수익의 의사표시가 있는 때에 공탁의 효력이 생기는 것이 아니다(대결 1972.5.15. 72마401).

🔍 판례

강제경매 경낙허가결정 확정 후의 변제공탁의 효력

강제경매에 있어서는 경매절차가 완료할 때까지는 채무자는 피담보채무를 적법하게 변제할 수 있는 것이므로 경락허가결정이 확정되었다고 하여 강제경매의 청구금과 이자 및 경매비용을 변제공탁한 것을 무효라고는 볼 수 없다(대판 1968.4.23. 66다2638).

(3) 채권자가 공탁물을 수령한 경우(공탁금수령의 효과 : 채무소멸)

공탁금을 수령하였으면 그 수령자는 공탁취지에 의하여 수령한 것으로 보아야 하며 (대판 1962.12.27. 62다719), 채권자가 채무자의 변제공탁금을 수령한 이상 그 공탁의 취지에 따라 이를 수령한 것이 되어 그에 대한 법률적 효과가 발생한다(대판 1972.6.27. 72다596). 매매계약 해제를 위하여 계약금의 배액인 금원을 변제공탁하고 그 공탁금을 수령한 이상 그 공탁서에 기재된 대로의 공탁원인으로 채무소멸의 효과가 발생한다(대판 1973.11.13. 72다1777).

피신청인이 매매계약해제의 통지를 한 후 공탁한 금원을 신청인이 아무런 이의 없이 수령한 것이라면, 공탁서에 기재된 대로의 공탁원인사실인 계약해제를 승락하는 셈이 된다(대판 1979.10.30. 79다1455). 공탁물수령자로서 공탁통지서를 받은 자가 그 공탁금을 수령하였다면 그 공탁취지에 의하여 수령한 것으로 보아야 하고, 그 후 이에 저촉되는 의사표시를 하였다 하더라도 아무런 법률효과가 발생하지 아니한다(대판 1979.11.13. 79다1336).

공탁물 수령자가 아무 이의 없이 공탁물을 수령하면 공탁서에 기재된 공탁원인사실을 승낙하는 효과가 발생한다(대판 1980.8.26. 80다629). 토지소유자가 아무런 이의를 유보함이 없이 공탁금을 수령하였다면 토지소유자는 토지수용위원회의 재결에 승복하여 그 공탁의 취지에 따라 이를 수령하였다고 보아야 할 것이다(대판 1983.6.14. 81누254).

채무금액에 다툼이 있는 채권에 관하여 채무자가 채무전액의 변제임을 공탁원인 중에 밝히고 공탁한 경우 채권자가 그 공탁금을 수령할 때 '채권의 일부로서 수령한다'는 등 별단의 유보의사표시(留保意思表示)를 하지 않은 이상 그 수령이 채권의 전액에 대한 변제공탁의 효력을 인정한 것으로 해석함이 상당하다(대판 1983.6.28. 83다카88,89).

공탁금수령자로서 공탁통지서를 받은 자가 그 공탁금을 이의 없이 수령하였다면 그 공탁의 취지에 의하여 수령한 것이 되어 그에 대한 법률효과만이 발생하는 것이고 그 후 다시 이에 저촉되는 의사표시를 하였다 하더라도 이에 의하여 아무런 법률효과도 발생하는 것이 아니다(대판 1984.11.13. 84다카465). 채무자가 변제공탁에 앞서 채권자에게 변제제공을 한 바 없다고 하여도 채권자가 그 공탁금을 수령한 이상 위와 같은 공탁요건의 흠결을 이유로 변제공탁의 효력을 다툴 수는 없는 것이다(대판 1989.11.28. 88다카34148).

공탁자가 공탁원인으로 들고 있는 사유가 법률상 효력이 없는 것이어서 공탁이 부적법하다고 하더라도, 그 공탁서에서 공탁물을 수령할 자로 지정된 피공탁자가 그 공탁물을 수령하면서 아무런 이의를 유보하지 않았다면, 특별한 사정이 없는 한 공탁자가 주장한 공탁원인을 수락한 것으로 보아 공탁자가 공탁원인으로 주장한 대로 법률효과가 발생한다(대판 1992.5.12. 91다44698).

(4) 변제의 효력이 발생하는 시점(공탁금수령시)

부동산 경매절차에서 배당기일에 출석한 채권자는 자기의 이해에 관계되는 범위 안에서는 다른 채권자를 상대로 그의 채권 또는 그 채권의 순위에 대하여 이의할 수 있고(민사집행법 제151조 제3항), 이 경우 이의한 채권자는 배당이의의 소를 제기하여야 한다(민사집행법 제154조 제1항). 배당표에 대한 이의가 있는 채권에 관하여 적법한 배당이의의 소가 제기된 때에는 그에 대한 배당액을 공탁하여야 하고(민사집행법 제160조 제1항 제5호), 이의된 부분에 대해서는 배당표가 확정되지 않는다(민사집행법 제152조 제3항).

위와 같이 배당액이 공탁된 뒤 배당이의의 소에서 이의된 채권에 관한 전부 또는 일부 승소의 판결이 확정되면 이의된 부분에 대한 배당표가 확정된다. 이때 공탁의 사유가 소멸하게 되므로, 그러한 승소 확정판결을 받은 채권자가 집행법원에 그 사실 등을 증명하여 배당금의 지급을 신청하면, 집행법원은 판결의 내용에 따라 종전의 배당표를 경정하고 공탁금에 관하여 다시 배당을 실시하여야 한다(민사집행법 제161조 제1항).

이 경우 집행법원의 법원사무관 등은 지급할 배당금액을 적은 지급위탁서를 공탁관에게 송부하고, 지급받을 자에게는 배당액 지급증을 교부하여야 한다(민사집행법 제159조 제2항, 제3항, 민자집행규칙 제82조 제1항, 공탁규칙 제43조 제1항). 이때 공탁관은 집행법원의 보조자로서 공탁금 출급사유 등을 심리함이 없이 집행법원의 공탁금 지급위탁서에 따라 채권자에게 출급하게 된다.

위와 같은 절차에 비추어 보면, 배당표가 확정되어야 비로소 채권자가 공탁된 배당금의 지급을 신청할 수 있으므로, 배당표 확정 이전에 채권자가 배당금을 수령하지 않았는데도 채권에 대해 변제의 효력이 발생한다고 볼 수는 없다. 한편 배당표가 일단 확정되면 채권자는 공탁금을 즉시 지급받아 수령할 수 있는 지위에 있는데, 배당표 확정 이후의 어느 시점(가령 배당액 지급증 교부 시 또는 공탁금 출급 시)을 기준으로 변제의 효력이 발생한다고 보게 되면, 채권자의 의사에 따라 채무의 소멸 시점이 늦추어질 수 있고, 그때까지 채무자는 지연손해금을 추가로 부담하게 되어 불합리하다.

따라서 채무자가 공탁금 출급을 곤란하게 하는 장애요인을 스스로 형성·유지하는 등의 특별한 사정이 없는 한 배당액에 대한 이의가 있었던 채권은 공탁된 배당액으로 충당되는 범위에서 배당표의 확정 시에 소멸한다고 보아야 한다. 다만 위와 같은 배당표의 확정 전에 어떤 경위로든 채권자가 공탁된 배당금을 지급받아 수령하고 그 후 같은 내용으로 배당표가 확정된 경우에는, 채권자가 현실적으로 채권의 만족을 얻은 시점인 공탁금 수령 시에 변제의 효력이 발생한다고 봄이 타당하다.

이러한 법리는 근저당권자의 피담보채권에 대하여 다른 채권자가 이의함으로써 해당 배당액이 공탁되었다가 배당이의소송을 거쳐 배당표가 확정됨에 따라 공탁된 배당금이 지급되는 경우에도 마찬가지로 적용된다(대판 2018.3.27. 2015다70822).

(5) 채권자(피공탁자)의 공탁물출급청구권의 발생

변제공탁에 의하여 채권자는 공탁소에 대하여 공탁물출급청구권을 취득하는 것으로 본다. 채권자의 공탁물출급청구권에 관하여 법률은 특별히 규정하고 있지 않으나, 공탁이 변제에 준하여 채무소멸원인이 되어 있는 것은 바로 채권자가 이 권리를 취득하기 때문인 것으로 해석되어 있다. 그러나 공탁은 채권자가 변제를 수령하지 않는 경우에 채권자의 수령에 갈음해서 행하여지는 것이기 때문에 그의 수익의 의사표시는 필요로 하지 않은 것이라 해석되고 있다.

채권자의 공탁물인도청구권은 본래의 급여청구권에 갈음하는 것이므로 그 권리의 성질·범위는 본래의 급여청구권과 동일하여야 한다. 따라서 본래의 급여청구권에 선이행 또는 동시이행의 항변권이 붙어 있는 경우와 같이 채무자 가채권자의 급여에 대하여 변제하여야 할 경우(민법 제317조, 제568조 2항 등)에 있어서는 채권자는 자기의 급여를 하지 않고서는 공탁물을 수령하지 못한다(민법 제491조; 공탁법 제9조 참조).

적법한 변제공탁이 있으면 피공탁자의 공탁금출급청구권이 발생하고, 이러한 공탁금출급청구권은 피공탁자가 공탁물수락의 의사표시를 하더라도 그 존부에는 영향을 미친다고 볼 수 없으므로, 피공탁자의 채권자가 피공탁자의 공탁금출급청구권에 대하여 강제집행을 함에 있어 아무런 지장이 없다(1990.6.8. 법정 제870호).

공탁물출급청구권은 공탁자에게 귀속하는 일종의 지명채권(채권자가 특정되어 있는 채권으로서 증권적 채권에 속하지 않는 보통의 채권을 말한다)의 성질을 가지며, 일신전속권이 아니므로 상속의 대상이 되고, 양도·질권설정 등의 임의처분은 물론 압류·가압류·가처분, 전부·추심명령 등 집행의 대상이 될 수 있음은 물론이고 채권자대위의 목적도 될 수 있다.

(6) 채무자(공탁자)의 공탁물회수청구권의 발생

공탁자는 공탁성립 후에도 일정한 조건 하에 공탁물을 회수할 권리가 있다(민법 제489조; 공탁법 제9조 2항 2호·3호). 그리고 피공탁자는 위 회수권저지를 위해 출급 전이라도 우선 수락의 의사표시를 할 수 있다(민법 제489조 1항 전단; 공탁규칙 제49조).

(7) 담보권의 소멸

변제공탁으로 소멸되는 채무에 수반된 물적·인적 담보는 소멸된다(민법 제369조). 그러므로 질권이나 저당권 등의 담보권은 소멸하고 공동채무자나 보증인의 채무도 소멸한다. 채무자는 담보물의 반환, 저당권설정등기의 말소를 청구할 수 있다. 변제공탁으로 인하여 질권·저당권이 소멸한 때에는 공탁자는 공탁물회수청구를 할 수 없다(민법 제489조 제2항).

(8) 변제공탁의 효력 발생 시기(공탁을 한 때)

변제공탁이 적법한 경우에는 채권자가 공탁물 출급청구를 하였는지와 관계없이 공탁을 한 때에 변제의 효력이 발생하고, 그 후 공탁물 출급청구권에 대하여 가압류 집행이 되더라도 변제의 효력에 영향을 미치지 아니한다(대판 2002.12.6. 2001다2846, 2011.12.13. 2011다11580).

변제공탁은 공탁공무원의 수탁처분과 공탁물보관자의 공탁물수령으로 그 효력이 발생하여 채무소멸의 효과를 가져오는 것이고 채권자에 대한 공탁통지나 채권자의 수익의 의사표시가 있는 때에 공탁의 효력이 생기는 것이 아니다(대법원 1972.5.15. 72마401).

(9) 채무액 일부의 변제공탁의 효력

변제가 유효하기 위하여는 그 채무의 이행이 채무의 내용에 따른 것(민법 제460조)이어야 한다. 따라서 변제공탁이 유효하려면 변제의 목적물 '전부'를 공탁하여야 한다. '일부'를 공탁하더라도 그 부분에 상당하는 채무를 면하게 할 수 없다.

채무자가 공탁원인이 있어서 공탁에 의하여 채무를 면하려면 채무액 전부를 공탁하여야 하고, 일부 공탁은 채무를 변제하면서 일부 제공이 유효한 제공이라고 시인될 수 있는 특별한 사정이 있는 경우를 제외하고는, 채권자가 이를 수락하지 아니하는 한 그에 상응하는 효력을 발생할 수 없다(대판 2011.12.13. 2011다11580).

채무일부의 공탁은 특별한 사정이 있는 경우를 제외하고는 채권자가 이를 수락하지 아니하는 한 그에 상응하는 효력을 발생할 수 없다(대판 1977.9.13. 76다1866). 채무일부의 변제공탁은 채무본지에 따른 이행제공이라고는 볼 수 없어 변제의 효력을 발생할 수도 없다(대판 78.10.10, 78다1401).

채무의 일부 변제제공은 채무의 본지에 따른 이행의 제공이라 할 수 없고 이행제공의 효력이 발생할 수 없는 것이어서 그 채무의 일부를 공탁했다 하더라도 변제의 효력이 발생할 수 없다(대판 1984.9.11. 84다카781).

채무의 일부 변제공탁은 특별한 사정이 없는 한 유효한 제공이라 볼 수 없을 터이니 그 일부 변제공탁을 채권자가 수령하였거나 수령을 승인한 바 없는 이 사건에 있어서는 그 공탁으로서는 변제의 효력이 발생할 수 없어 공탁한 부분에 상응하는 채무를 변제하였다고 볼 수 없다(대판 77.11.22, 77다1395)

채무자가 공탁에 의하여 그 채무를 면하려면 채무액 전부를 공탁하여야 하고 일부의 공탁은 그 채무를 변제함에 있어 일부의 제공이 유효한 제공이라고 시인될 수 있는 특별한 사정이 있는 경우를 제외하고는 채권자가 이를 수락하지 않은 한 그에 상응하는 효력을 발생할 수 없는 것이다(대판 1983.11.22., 83다카161, 2011.12.13. 2011다11580).

채무의 일부변제공탁은 그 채무를 변제함에 있어서 일부의 제공이 유효한 제공이라고 시인될 수 있는 특별한 사정이 있는 경우를 제외하고는 채권자가 이를 수락하지 아니하는 한 유효한 변제공탁이 될 수 없다(대판 1988.1.19. 85다카1792).

채무 전액이 아닌 일부에 대한 공탁은 그 부족액이 아주 근소하다는 등의 특별한 사정이 있는 경우를 제외하고는 채권자가 이를 수락하지 않는 한 그 공탁부분에 관하여서도 채무소멸의 효과가 발생하지 않는다(대판 1998.10.13, 98다17046). 그러나 채권자에 대한 변제자의 공탁금액이 채무의 총액에 비추어 아주 근소하게 부족한 경우에는 해당 변제공탁은 신의칙상 유효한 공탁이라고 보아야 한다(대판 1988.3.22, 86다카909). 채권자에 대한 변제자의 공탁금액이 채무의 총액에 비하여 아주 근소하게 부족한 경우에는 당해 변제공탁은 신의칙상 유효한 것이라고 보아야 한다(대판 2002. 5.10. 2002다12871, 12888). 채권자가 공탁금을 채권의 일부에 충당한다는 유보의 의사표시를 하고 이를 수령한 때에는 그 공탁금은 채권의 일부의 변제에 충당한다.

판례

1. 공탁금이 근소하게 부족한 경우(계산의 착오)

   가. 채권자에 대한 변제자의 공탁금액이 채무의 총액에 비추어 아주 근소하게 부족한 경우에는 해당 변제공탁은 신의칙상 유효한 것이라고 보아야 할 것이므로 채무총액이 금 49,050,000원인데, 변제공탁금액이 금 48,986,300원으로서 금 63,700원이 부족하나 그 부족금액은 지급하여야 할 채무금액에 비하여 12/10,000에 해당하는 적은 금액이고, 그렇게 된 것이 원고의 계산방식의 착오에 의한 것인만큼 위 공탁은 유효하다고 봄이 상당하다(대판 1988.3.22, 86다카909).

   나. 채권자에 대한 변제자의 공탁금액이 채무의 총액에 비추어 아주 근소하게 부족한 경우에는 해당 변제공탁은 신의칙상 유효한 것이라고 보아야 한다(대판 2002.5. 10. 2000다12871·12888).

2. 채무액 일부의 변제공탁의 효력

   변제공탁이 유효하려면 채무 전부에 대한 변제의 제공 및 채무전액에 대한 공탁이 있어야 하고, 채무전액이 아닌 일부에 대한 공탁은 그 부족액이 아주 근소하다는 등의 특별한 사정이 있는 경우를 제외하고는 채권자가 이를 수락하지 않는 한 그 공탁 부분에 관하여서도 채무소멸의 효과가 발생하지 않는바, 근저당권의 피담보채무에 관하여 전액이 아닌 일부에 대하여 공탁한 이상 그 피담보채무가 계속적인 금전거래에서 발생하는 다수의 채무의 집합체라고 하더라도 공탁금액에 상응하는 범위에서 채무소멸의 효과가 발생하는 것은 아니다(대판 1998.10.13, 98다17046).

   채무의 일부변제공탁은 그 채무를 변제함에 있어서 일부의 제공이 유효한 제공이라고 시인할 수 있는 특별한 사정이 있는 경우를 제외하고는 채권자가 이를 수락하지 아니하는 한 유효한 변제공탁이라고 할 수 없다(대판 1992.7.28, 91다13380).

🍃 선례---

1. 기업자가 중앙토지수용위원회에서 결정된 재결금을 공탁함에 있어서 피수용토지소유자의 상속인들을 대신하여 납부하게 될 상속등기 등록세액을 공제한 잔액을 공탁하여도 유효한 공탁이 되는지 여부 :

   토지수용법상 수용의 효과를 발생시키는 보상금의 공탁은 재결에서 정해진 보상금 전액의 공탁을 의미하므로, 피수용토지에 대한 상속등기를 대위신청할 때 소요될 등록세액 기타 비용을 공제한 나머지 금액만을 공탁한다면 이는 유효한 공탁이 될 수 없다. 따라서 기업자가 대신 지출한 상속등기비용은 별도로 수용보상금채권자들에게 구상하여야 할 것이다(2002.5.29, 법정 제3302-197호).

2. 망 갑의 채권자가 갑의 상속인 '을'(갑의 처, 상속지분 3/7)이 단독소유하는 토지와 '병', '정'(갑의 자, 상속지분 각 2/7)이 공유하는 토지에 대하여 청구채권을1억원으로 하는 부동산 가압류집행을 한 경우, '을'이 가압류 해방공탁금의 분담을 거절하여 '병'과 '정'만이 가압류해방공탁을 하고자 할 때, 자신들의 상속 채무액(1 억원 × 4/7)만 공탁하고 공유 토지에 대하여 가압류집행의 일부취소를 구할 수 있는지 여부 :

   가압류채무자가 가압류의 집행취소신청을 하기 위해서는 가압류명령에서 정한 금액 전부를 공탁하여야 하며, 가압류명령에서 정한 금액의 일부만을 공탁하고 가압류집행의 일부취소를 구하는 것은 허용되지 않는다. 이 사안의 경우 가압류결정에서 가압류채무자 '을' '병' 및 '정'을 공동채무자로 하여 청구금액 1억원을 공탁하고 가압류의 집행취소를 신청할 수 있도록 정하였으므로, '병' 및 '정'은 상속채무액만큼만 공탁하여 자신들이 공유하는 부동산에 대한 가압류의 집행취소를 구할 수는 없다(2002.10.11, 법정 제3302-342호).

(가) 채무액의 일부변제공탁 후 부족분을 추가공탁한 경우(추가공탁)

채무자가 채무액의 일부만을 변제공탁하였으나 그 후 부족분을 추가로 공탁하였다면 그 때부터는 전 채무액에 대하여 유효한 공탁이 이루어진 것으로 볼 수 있는 것이고, 이 경우 채권자가 공탁물수령의 의사표시를 하기 전이라면 추가공탁을 하면서 제 1차 공탁시에 지정된 공탁의 목적인 채무의 내용을 변경하는 것도 허용될 수 있다 할 것이다(대판 1991.12.27, 91다35670).

(나) 채무액의 일부변제공탁을 피공탁자가 출급한 경우

변제공탁이 유효하려면 채무 전부에 대한 변제의 제공 및 채무전액에 대한 공탁이 있음을 요하고 채무전액이 아닌 일부에 대한 공탁은 그 부분에 관하여서도 효력이 생기지 않으나, 채권자가 공탁금을 채권의 일부에 충당한다는 유보의 의사표시를 하고 이를 수령한 때에는 그 공탁금은 채권의 일부의 변제에 충당된다(대판 1996.7.26. 96다14616, 2009.10.29. 2008다51359).

채무자가 공탁에 의하여 그 채무를 면하려면 '채무액 전부'를 공탁하여야 하고, 일부의 공탁은 그 채무를 변제함에 있어 일부의 제공이 유효한 제공이라고 시인할 수 있는 특별한 사정이 있는 경우를 제외하고는 채권자가 이를 수락하지 않는 한 그에 상응하는 효력이 발생할 수 없는 것이다(대판 1977.9.13. 76다1866; 대판 1983.11.22. 83다카161).

채무의 일부 변제공탁에 대하여 피공탁자가 이의를 유보하지 아니하고 공탁금을 출급하였다면, 이는 그 공탁의 취지에 의하여 수령한 것이 되어 그에 따른 법률효과가 발생하고 그 후 다시 이에 저촉되는 의사표시를 하였다 하더라도 이에 아무런 법률적 효과도 발생하지 않는다(1991.7.5. 법정 제1075호).

(다) 채무금액에 다툼이 있는 채권

채무금액에 다툼이 있는 채권에 관하여 채무자가 채무전액의 변제임을 공탁원인 중에 밝히고 공탁한 경우 채권자가 그 공탁금을 수령할 때 채권의 일부로서 수령한다는 등 별단의 유보의사표시를 하지 않은 이상 그 수령이 채권의 전액에 대한 변제공탁의 효력이 인정된다(대법원 1983.6.28. 83다카88, 89).

(라) 제3채무자가 가압류된 나머지 금원만을 공탁한 경우

채권의 가압류는 제3채무자에 대하여 채무자에 대한 지급을 금지하는 데 그칠 뿐 그 채무를 면하게 하는 것이 아니고 가압류가 있다 하여 반드시 그 지체책임을 면하는 것도 아니므로, 제3채무자가 가압류를 이유로 가압류된 나머지 금원만을 공탁함은 채무의 본지에 따른 것이라 할 수 없다(대판 1981.9.22. 81다253).

(마) 기업자가 수용보상금을 변제공탁함에 있어서 피수용자를 대신하여 납부한 수도요금 · 전기요금 등을 공제한 잔액을 공탁할 수 있는지 여부(대납한 전기요금 등을 공제한 잔액의 공탁)(소극)

수용의 효과를 발생시키는 보상금의 공탁은 특별한 사정(기업자가 토지수용위원회가 재결한 보상액에 불복하여 자기의 예정금액을 지급하고 재결에서 정한 보상액과의 차액만을 공탁하는 경우)이 없는 한 보상금전액을 공탁하여야 하므로 기업자가 피수용자의 전기요금 등을 대납하였다 하더라도 그만큼을 공제한 차액만을 공탁할 수는 없는 것이다(2001.11.19, 법정 제3302－458호).

🔍 판례

[가] 임대인의 보증금 반환시 피담보채무의 공제

임대차계약에 있어 임대차보증금은 임대차계약 종료 후 목적물을 임대인에게 명도할 때까지 발생하는, 임대차에 따른 임차인의 모든 채무를 담보하는 것으로서, 그 피담보채무 상당액은 임대차관계의 종료 후 목적물이 반환될 때에, 특별한 사정이 없는 한, 별도의 의사표시 없이 보증금에서 당연히 공제되는 것이므로, 임대인은 임대차보증금에서 그 피담보채무를 공제한 나머지만을 임차인에게 반환할 의무가 있다.

[나] 보증금에서 공제될 차임채권의 발생원인에 관한 주장·증명책임의 소재(임대인) 및 그 채권의 소멸에 관한 주장 및 증명책임의 소재(임차인)

임대차계약의 경우 임대차보증금에서 그 피담보채무 등을 공제하려면 임대인으로서는 그 피담보채무인 연체차임, 연체관리비 등을 임대차보증금에서 공제하여야 한다는 주장을 하여야 하고 나아가 그 임대차보증금에서 공제될 차임채권, 관리비채권 등의 발생원인에 관하여 주장·입증을 하여야 하는 것이며, 다만 그 발생한 채권이 변제 등의 이유로 소멸하였는지에 관하여는 임차인이 주장·입증 책임을 부담한다(대판 2005. 9.28, 2005다8323, 8330).

(바) 소득세액을 공제한 잔액의 공탁가부(적극)

도시철도법에 의하여 도시철도건설자(기업자)가 건설구간 내에 편입된 타인 토지의 지하부분 사용(구분지상권 설정)에 따른 관할 토지수용위원회가 재결한 보상금을 공탁하고자 하는 경우, 도시철도건설자는 토지소유자에게 지급할 보상금에서 소득세법 제21조, 제127조, 제145조의 규정에 의거 소득세의 원천징수세액을 공제한 나머지 금액을 공탁할 수 있을 것이다(1998.6.9, 법정 제3302－200호).

(10) 조건부 변제공탁의 효력

변제공탁이 유효하려면 공탁행위의 결과로서 당연히 생기는 것 외에는 채권자의 공탁물교부청구권과 본래 채권자가 채무자에 대하여 가지고 있는 지급청구권과 그 권리의 범위에 있어서 같아야 하므로, 변제공탁 목적물이 채무본지(債務本旨)에 따른 것이라 하여도 채권자에게 이행할 의무가 없는 조건을 이행하지 않는 한 그 공탁물을 수령할 수 없다는 취지로서 공탁을 한 때에는 채권자가 이를 수락(受諾)하지 않는 한 그 변제공탁은 효력이 없다(대판 1966.2.15. 선고, 65다2431).

변제공탁이 채무의 본지에 따른 것이라 하여도 채권자가 반대급부 또는 기타 조건의 이행을 할 의무가 없음에도 불구하고 채무자가 변제제공을 함에 있어서 채권자로 하여금 어떠한 조건을 이행하지 않는 한 그 공탁물을 수령할 수 없다는 취지로 공탁을 한 때에는 채권자가 이를 수락하지 않는 한 그 변제공탁은 효력이 없다(대판 1969.5.27. 69다298,299).

채권자의 본래의 청구권에 선이행 또는 동시이행의 항변권이 붙어 있지 않는 경우에 채무자가 채권자의 어떤 행위의 이행을 조건으로 공탁하였다면 그 공탁은 채권자의 승낙이 없는 한 무효이다(대판 1970.9.22. 70다1061).

선행의무(先行義務) 있는 자가 반대급부를 조건으로 하여 변제공탁을 하였다 하더라도 그 후에 반대급부의 내용이 없는 것으로 하여 달라는 취지의 공탁서 정정신청을 하고 공탁관이 이를 인가하였다면 위의 변제공탁은 다른 유효요건을 갖추고 있는 한 그때부터 반대급부조건이 없는 변제공탁으로서의 효력을 갖게 된 것이라고 봄이 상당하다(대판 1971.6.30. 71다874).

변제공탁이 채무의 본지에 따른 것이라 하여도 채권자가 반대급부 기타 조건의 이행을 할 의무가 없음에도 여기에 조건을 부가하여 공탁한 때에는 채권자가 승낙하지 않는 한 공탁의 효력이 없다(대판 1974.2.12. 73다1607, 1979.10.30. 78누378). 매매 지급의무와 소유권이전등기 이행의무가 동시이행관계에 있는 경우에는 잔대금변제공탁에 반대급부를 조건으로 하였다고 하여도 위 변제공탁의 효력을 부정할 수 없다(대판 1972.2.22. 71다2596).

변제공탁이 반대급부를 붙인 조건부의 공탁으로서 부적법한 것이라 할지라도 공탁자가 위 조건표시의 정정신청을 하고 공탁공무원이 이를 인가하여 공탁물수령자가 이와 같은 사실을 알았다면 적법한 공탁이라 할 수 있다(대판 1974.5.14. 74다166).

변제공탁에 있어서 채권자에게 반대급부 기타 조건의 이행의무가 없음에도 불구하고 채무자가 이를 조건으로 공탁한 때에는 채권자가 이를 수락하지 않는 한 그 변제공탁은 무효이다(대판 1984.4.10. 84다77, 2002.12.6. 2001다2846).

공탁물을 수령하려고 하는 사람이 공탁자에게 공탁서에 기재된 반대급부의 이행을 제공하였으나 공탁자가 그 수령을 거절하는 때에는 그 반대급부를 변제공탁하고 공탁공무원으로부터 교부받은 공탁서를 공탁법 제9조 소정의 반대급부가 있었음을 증명하는 공정서면으로 첨부하여 공탁물출급청구를 할 수 있고, 이 경우에 반대급부이행채무는 반대급부의 공탁시에 즉시 소멸하고 반대급부를 공탁한 자가 공탁물을 회수한 경우에 한하여 채무소멸의 효과가 소급하여 없어지는 것이므로, 반대급부의 공탁자가 공탁물을 회수하였다는 소명이 없는 한 공탁공무원은 위 공탁물출급청구에 응하여 공탁물의 출급을 하여야 한다(대판 1990.3.31. 89마546).

14. 변제공탁물의 지급(공탁물 지급청구권)

공탁에 의하여 공탁자에게는 회수청구권(공탁법 제8조 2항, 공탁규칙 제32조)이, 피공탁자에게는 출급청구권(공탁법 제8조 1항, 공탁규칙 제30조)이 각각 독립하여 공탁과 동시에 발생하는 바, 이양 권리를 합하여 공탁물 지급청구권이라 한다.

공탁물지급청구권은 공탁자 또는 피공탁자에게 귀속하는 일종의 "지명채권"의 성질을 가지며 일신전속권이 아니므로 상속의 대상이 되고, 양도·질권설정 등의 임의처분은 물론 압류·가압류·가처분·전부·추심·명령·체납처분 등 집행의 대상이 될 수 있으며, 채권자대위권의 목적이 될 수 있다.

공탁물출급청구권과 공탁물회수청구권은 하나의 동일한 공탁에 의하여 발생된 두 개의 권리인 점에서 그 중 어느 일방의 권리가 행사되면 타방의 권리도 소멸되나, 그 전까지는 양 권리는 서로 독립한 별개의 청구권이므로 원칙적으로 어느 일방에 대한 양도, 압류 등은 타방에 대하여 아무런 영향을 미치지 않는다.

(1) 변제공탁물의 출급청구권

(가) 출급청구권자(피공탁자)

공탁물의 출급청구권이라 함은 출급청구권자인 피공탁자 등의 청구에 의하여 공탁의 본래 목적에 따라 피공탁자 등에게 공탁물을 지급(공탁법 제9조 1항, 공탁규칙 제32조 이하)하는 것을 의미한다. 변제공탁의 공탁물출급청구권자는 피공탁자 또는 그 승계인이다.

피공탁자의 공탁물출급청구권이 승계된 경우에는 그 승계인이 공탁물출급청구권을 행사할 수 있다. 즉, 피공탁자로부터 출급청구권을 상속, 채권양도, 전부명령 기타 원인으로 승계받은 자는 그 사실을 증명하는 서면을 첨부하여 피공탁자의 승계인으로서 공탁물출급청구권을 행사할 수 있다.

출급청구권자가 공탁물을 출급하기 위해서는 출급청구권 증명서면을 첨부(공탁규칙 제33조)하여야 하지만, 공탁서의 기재에 의하여 출급청구권이 있는 사실이 명백한 경우에는 출급청구권 증명서면의 제출이 면제된다(공탁규칙 제30조2호).

공탁물의 출급으로 공탁절차는 본래의 목적을 달성하고 종료하며, 피공탁자의 출급청구권은 물론 공탁자의 회수청구권도 소멸한다.

(나) 공탁금 수령의 효과

공탁물 수령자로서 공탁통지서를 받은 자가 그 공탁금을 수령하였다면 그 공탁취지에 의하여 수령한 것이 되어 그에 대한 법률적 효과가 발생하는 것이고 그 후에 이에 저촉되는 의사표시를 하여도 아무런 법률효과가 발생하지 아니한다(대판 1979.11.13. 79다1336).

공탁물 수령자가 아무 이의없이 공탁물을 수령하면 공탁서에 기재된 공탁원인 사실을 승낙하는 효과가 발생한다(대판 1980.8.26. 80다629).

공탁자가 공탁원인으로 들고 있는 사유가 법률상 효력이 없는 것이어서 공탁이 부적법하다고 하더라도, 그 공탁서에서 공탁물을 수령할 자로 지정된 피공탁자가 그 공탁물을 수령하면서 아무런 이의도 유보하지 아니하였다면, 특별한 사정이 없는 한 공탁자가 주장한 공탁원인을 수락한 것으로 보아 공탁자가 공탁원인으로 주장한 대로 법률효과가 발생한다(대판 1992.5.12. 91다44698).

매도인이 매매계약을 해제하면서 그가 받은 중도금을 변제공탁하였고 매수인이 이를 아무 이의없이 수령하였다면 이는 공탁의 취지에 따라 수령한 것이 되어 공탁사유에 따른 법률효과가 발생한다(대판 1980.7.22. 80다1124).

(다) 공탁금 수령후의 이에 저촉되는 의사표시의 효과

매매계약 해제를 위하여 계약금의 배액을 변제공탁하고 그 공탁금을 수령한 이상 그 공탁서에 기재된 대로의 공탁원인으로 채무소멸의 효과가 발생한다(대판 1973.11.13. 72다1777).

매도인이 매매계약을 해제하면서 그가 받은 중도금을 변제공탁하였고 매수인이 이를 아무 이의없이 수령하였다면 이는 공탁의 취지에 따라 수령한 것이 되어 공탁사유에 따른 법률효과가 발생한다(대판 1980.7.22. 80다1124).

(라) 일부 변제공탁의 효력

변제공탁이 유효하려면 채무 전부에 대한 변제의 제공 및 채무전액에 대한 공탁이 있음을 요하고 채무 전액이 아닌 일부에 대한 공탁은 그 부분에 관하여서도 효력이 생기지 않으나, 채권자가 공탁금을 채권의 일부에 충당한다는 유보의 의사표시를 하고 이를 수령한 때에는 그 공탁금은 채권의 일부의 변제에 충당된다(대판 1996.7.26. 96다14616). (이 책 제2장 "제9절 공탁물의 출급" 참조)

(2) 변제공탁물의 회수청구권

(가) 공탁물회수의 요건

공탁자는 채권자가 공탁을 승인하거나 공탁소에 대하여 공탁물을 받기를 통고하거나 공탁유효의 판결이 확정되기까지(민법 제489조 1항) 또는 착오로 공탁을 한 경우, 공탁원인이 소멸한 경우에는 공탁물을 회수할 수 있다(공탁법 제9조 제2항).

공탁물 회수사유는 위와 같이 3가지가 있는바 민법 제489조 제1항에 의한 회수는 변제공탁의 특유한 회수사유이고, 착오나 공탁원인소멸을 원인으로 한 회수는 공탁법상의 회수사유(공탁법 제9조 제2항)로서 제한규정이 없는 한 원칙적으로 모든 공탁의 회수사유에 해당된다.

공탁물지급청구권은 공탁자에게 귀속하는 일종의 지명채권의 성질을 가지며 일신전

속권이 아니므로 상속의 대상이 되고, 양도·질권설정 등의 임의처분은 물론 압류·
가압류·가처분·전부·추심명령 등 집행의 대상이 될 수 있음은 물론이고, 채권자대
위의 목적이 될 수 있다.

(나) 공탁물 회수청구권의 소멸

공탁물의 회수청구권은 1. 피공탁자가 공탁수락의 의사표시(피공탁자의 공탁물출급청
구권을 행사할 의사표시)를 한 경우, 2. 공탁소에 대하여 공탁물을 받기를 통고한 경
우, 3. 공탁유효의 판결이 확정된 경우(민법 제489조 1항), 4. 공탁으로 인하여 질권·
저당권이 소멸한 경우(민법 제489조 2항)에는 소멸된다(민법 제489조). (이 책 제2장
"제10절 공탁물의 회수" 참조)

Ⅱ. 보증공탁(재판상 담보공탁)

"담보공탁(擔保供託)"은 기존 채권 또는 장래 피공탁자에게 손해가 발생할 가능성이
있을 때에 그 손해배상을 담보하기 위한 공탁으로서 기능상 재판상 담보공탁, 영업보
증공탁, 납세담보공탁으로 나누어진다. 재판상 담보공탁은 당사자의 소송행위나 재판
상의 처분으로 인하여 상대방이 받게 될 손해를 담보하기 위한 공탁이다. 영업보증공
탁은 영업거래 등으로 발생할 피해자의 손해배상채권 등을 담보하기 위한 공탁이며,
납세담보공탁은 국세, 지방세 등의 징수유예 등을 담보하기 위한 공탁이다.

재판상 담보공탁의 피공탁자(담보권리자)는 소송비용 또는 담보되는 손해에 관하여
담보물(공탁금 회수청구권)에 대하여 질권자와 동일한 권리를 가진다.

1. 보증공탁의 의의

(1) 보증공탁

보증공탁이란 특정의 상대방이 앞으로 받을 수 있는 손해를 담보하기 위한 공탁으
로서, 손해담보공탁이라고도 한다. 보증(담보)공탁도 법령에서 공탁에 의하여 담보를
제공하게 하는 명문의 규정이 있는 경우에 한하여 할 수 있다(공탁법 제1조; 공탁규
칙 제20조 2항 4호).

(2) 재판상 담보공탁

재판상 담보공탁이란 당사자의 소송행위(소송비용의 담보)나 법원의 처분(가압류, 가처분, 강제집행의 정지, 실시, 취소 등)으로 인하여 담보권리자가 받게 될 손해를 담보하기 위한 금전공탁을 말한다(2003.7.25, 행정예규 제517호).

(가) 담보권의 내용

담보공탁에는 재판상 담보공탁(공탁규칙 제2조2호), 영업보증공탁(여신전문금융업법 제25조 1항, 신탁업법 제16조 1항 등), 납세담보공탁(국세징수법 제18조, 국세기본법 제31조 1항, 지방세법 제42조 등) 등이 있다.

재판상 담보공탁은 당사자의 소송비용의 담보나 가압류·가처분, 강제집행의 정지·실시·취소 등 법원의 처분으로 인하여 담보권리자가 받게 될 손해를 담보하기 위한 공탁이며, 영업보증공탁은 영업거래 등으로 발생할 피해자의 손해배상채권 등을 담보하기 위한 공탁이며, 납세담보공탁은 국세, 지방세 등의 징수유예나 상속세나 증여세의 연부 연납 허가시 그 세금의 납부나 징수를 담보하기 위한 공탁이다.

담보공탁은 공탁물에 대하여 피공탁자 등 일정한 상대방에게 일종의 우선변제권을 부여함으로써 담보제공의 기능을 하게 된다.

집행권원상 채무자가 집행권원에 대한 강제집행정지를 위하여 공탁한 담보가 강제집행정지의 대상인 집행권원에 기한 기본채권 자체를 담보하지 않는다. 피공탁자가 위 담보공탁금에 대한 출급청구를 한 경우, 공탁관은 피공탁자의 공탁금출급청구권에 기한 청구인지 공탁자의 공탁금회수청구권에 대한 압류 및 추심명령 등에 기한 청구인지 확인하여 각각의 경우에 요구되는 서면이 제출되었는지를 확인하여야 하며, 서면이 확인되지 않은 경우, 공탁관은 보정을 명하거나 불수리결정을 하여야 한다.

판례

집행권원상의 채무자가 집행권원에 대한 강제집행정지를 위하여 공탁(이하 '재판상 담보공탁'이라고 한다)한 담보는 강제집행정지로 인하여 채권자(피공탁자)에게 생길 손해를 담보하기 위한 것이므로, 강제집행정지의 대상인 집행권원에 기한 기본채권 자체를 담보하지 않는다.

따라서 피공탁자로부터 재판상 담보공탁금에 대하여 출급청구를 받은 공탁관은 피공탁자가 자신의 공탁금출급청구권에 기하여 청구한 것인지, 아니면 공탁자의 공탁금회수청구권에 대한 압류 및 추심명령이나 확정된 전부명령을 받아 청구한 것인지를 먼저 확인한 다음, 전자에 해당할 경우에는 공탁원인 사실에 기재된 피담보채권이 발생하였음을 증명하는 서면, 즉 피담보채권인 '강제집행정지로 인한 손해배상채권'에 관한 확정판결, 이에 준하는 서면(화해조서, 조정조서, 공정증서 등) 또는 공탁자의 동의서가 제출되었는지를 확인하여야 하고, 후자에 해당할 경우에는 재판상 담보공탁의 피공탁자가 피담보채권에 기초하여 공탁자의 공탁금회수청구권에 대하여 받은 압류명령 정본, 추심명령 또는 전부명령 정본, 위 명령의 송달증명, 전부명령의 경우에는 전부명령에 관한 확정증명이 제출되었는지를 확인하여야 하며, 각 위와 같은 서면이 확인된 경우에만 공탁금을 지급하여야 하고 확인되지 않은 경우에는 보정을 명하거나 불수리결정을 하여야 한다. (대판 2017.4.28. 2016다277798).

(나) 재판상 담보공탁과 집행공탁의 구별

재판상 담보공탁은 담보권리자가 받게 될 손해(민소213. 민집280.301)를 담보한다는 점에서 민사집행법상 채무자(민집282)나 제3채무자(민집248)또는 집행기관(집행법원 또는 집행관)이 상대방에 대한 손해담보를 위해서가 아니라 이행의 강제를 면하기 위하여 또는 손해를 피하기 위하여 또는 절차를 완결짓기 위한 이행으로써 집행의 목적물이나 이를 갈음하는 금전을 공탁(민집222.258⑥.222①.296④ 등)하는 집행공탁과 구별된다.

(다) 재판상 담보공탁의 관할

재판상 담보공탁의 관할에 대하여는 법률에 규정이 없으나, 담보제공 명령을 한 법원의 소재지를 관할하는 지방법원(지원) 공탁소에서 공탁을 수리함이 바람직하다(2003.7.25. 행정예규 제517호).

민사소송법 제502조 제1항, 민사집행법 제19조 제1항은 "이 법의 규정에 의한 공탁은 원고나 피고 또는 채권자나 채무자의 보통재판적이 있는 곳의 지방법원 또는 집행법원에 할 수 있다"고 규정하고 있으나, 이 규정은 공탁소의 토지관할을 정한 것이 아니라 공탁을 한 후 그 공탁서를 제출할 법원을 정한 것으로 해석하는 것이 통설이다.

(라) 재판상 보증공탁의 공탁양식 일부 개정

공탁사무문서양식에 관한 예규(대법원 행정예규 제895호. 2011.5.30) 일부를 개정하여 재판상보증공탁의 공탁서양식(제1-2호양식) 중 불필요한 부분인 "1. 공탁으로 인하여 소멸하는 질권, 전세권, 또는 저당권, 2. 반대급부내용" 부분을 삭제하였다.

2. 보증공탁의 공탁물 및 공탁당사자의 표시

(1) 보증공탁의 공탁물 (공탁목적물)

재판상 담보공탁의 목적물은 금전 또는 법원이 인정하는 유가증권이지만(민소 122조), 담보는 현금화할 수 있어야 하므로 공탁하는 유가증권은 환가가 용이하지 않거나 시세의 변동이 심하여 안정성이 없는 것은 적당하지 않다(대결 2000.5.31. 2000그22).

보증공탁에 있어서의 공탁물은 금전 또는 유가증권으로서 각종 공탁근거법규 또는 감독관청이나 법원의 명령에 의하여 정하여진다.

(2) 공탁당사자

(가) 공탁자

1) 담보제공의무자

담보공탁에서 공탁자로 될 자는 원칙적으로 법령상 담보제공의 의무를 지는 자이나 민사소송법과 민사집행법에는 담보제공을 당사자에 한하여 알 수 있다는 규정이나 제3자(물상보증인)가 담보제공을 하는 것을 금하는 규정이 없으므로 담보제공 의무자를 위하여 제3자가 자신 소유의 금전 또는 유가증권을 자기 명의로 공탁할 수 있다.

2) 수인의 공탁자가 하나의 공탁금액을 기재하여 담보공탁한 경우 분담금액

수인의 공탁자가 공동으로 하나의 공탁금액을 기재하여 공탁한 경우, 균등한 비율로 공탁한 것으로 보아야 하고 공탁자들 내부의 실질적인 분담금액이 다르더라도 공탁자들 내부에서 해결 할 문제이며, 강제집행정지의 담보를 위하여 공동 명의로 공탁하였는데 제3자가 다른 공동공탁자의 공탁금회수청구권에 대하여 압류 및 추심명령을 한 경우, 담보공탁금을 전액 출연한 공탁자가 압류채권자에 대하여 자금 부담의 실질관계를 이유로 대항할 수 없다(대판 2015.9.10. 2014다29971).

🔍 판례

공탁자가 공탁한 내용은 공탁의 기재에 의하여 형식적으로 결정되므로 수인의 공탁자가 공탁하면서 각자의 공탁금액을 나누어 기재하지 않고 공동으로 하나의 공탁금액을 기재한 경우에 공탁자들은 균등한 비율로 공탁한 것으로 보아야 하고, 공탁자들 내부의 실질적인 분담금액이 다르다고 하더라도 이는 공탁자들 내부 사이에 별도로 해결하여야 할 문제이다. 이러한 법리는 강제집행정지의 담보를 위하여 공동 명의로 공탁한 경우 담보취소에 따른 공탁금회수청구권의 귀속과 비율에 관하여도 마찬가지로 적용된다. 따라서 제3자가 다른 공동공탁자의 공탁금회수청구권에 대하여 압류 및 추심명령을 한 경우에 압류 및 추심명령은 공탁자 간 균등한 비율에 의한 공탁금액의 한도 내에서 효력이 있고, 공동공탁자들 중 실제로 담보공탁금을 전액 출연한 공탁자가 있다 하더라도 이는 공동공탁자들 사이의 내부관계에서만 주장할 수 있는 사유에 불과하여 담보공탁금을 전액 출연한 공탁자는 압류채권자에 대하여 자금 부담의 실질관계를 이유로 대항할 수 없다(대판 2015.9.10. 2014다29971).

(나) 피공탁자

담보공탁에 있어서 피공탁자로 될 자는 공탁물에 대하여 법정의 담보권 또는 우선변제권을 취득할 자이다. 재판상 보증공탁 기타의 손해담보공탁으로서 공탁 당시에 손해담보권자가 특정될 수 있는 경우에는 공탁서에 손해담보권자를 피공탁자로 기재하여야 한다(규칙 제20조 제2항 제5호, 1989.11.21. 행정예규 제129호).

공탁당사자가 국가 또는 지방자치단체인 경우에는 법인등록번호란에 '고유번호'를 기재하여야 하며, 국가인 경우에는 소관청을 기재{예 : 대한민국(소관청 : ○○○○)}하여야 한다.

3. 보증공탁의 종류

(1) 민사소송법상의 담보공탁

(가) 민사소송법상 담보의 의의

민사소송법상의 담보라 함은 당사자의 소송행위 또는 법원이 한 처분에 의하여 상대방에게 생길지 모를 손해의 배상을 미리 확보하기 위한 소송상의 수단이다. 민사소송법은 총칙편에 소송비용의 담보에 관하여 규정하면서(민사소송법 제117조 내지 제127조), 그 외의 민사소송법상의 담보에 관하여도 위 규정을 준용하고 있다.

민사집행법의 규정에 의한 담보의 제공이나 공탁은 채권자나 채무자의 보통재판적이 있는 곳의 지방법원 또는 집행법원에 할 수 있다.

당사자가 담보를 제공하거나 공탁을 한 때에는, 법원은 그의 신청에 따라 증명서를 주어야 한다. 민사집행법에 규정된 담보에는 특별한 규정이 있는 경우를 제외하고는 민사소송법 제122조·제123조·제125조 및 제126조의 규정을 준용한다(민사집행법 제19조).

(나) 민사소송법상의 담보의 종류

민사소송법상의 담보에는 ① 소송비용의 담보, ② 가집행의 담보, ③ 집행절차상의 담보를 들 수 있다.

1) 소송비용의 담보

가) 담보제공의무

소송비용의 담보란 대한민국에 주소, 사무소와 영업소를 두지 아니한 원고가 소를 제기하는 경우, 그 패소시에 피고의 소송비용액 상환청구권의 이행(履行)을 확보하기 위하여 피고의 신청에 의해 법원이 제공을 명하는 담보이다(민사소송법 제117조). 담보액은 피고가 각심(各審)에서 지출할 비용의 총액을 표준으로 하며(민사소송법 제120조 2항), 원고가 기간 내에 담보를 제공하지 아니하는 때에는 법원은 변론 없이 판결로 소를 각하할 수 있다(민사소송법 제124조 1항).

나) 담보물에 대한 피고의 권리

① 피고는 소송비용에 관하여 민사소송법 제122조의 규정(담보제공방식)에 따른 담보물(금전 또는 법원이 인정하는 유가증권, 지급보증위탁계약을 문서)에 대하여 질권자(민법 제329조)와 동일한 권리를 가진다(민사소송법 제123조)

② 담보권리자가 공탁금회수청구를 하는 경우

재판상 담보공탁(민사소송법 제117조, 제120조, 제122조)에 있어 담보권리자가 공탁금회수청구권을 압류하고 추심명령이나 전부명령을 받은 후 담보취소결정을 받아 공탁금회수청구를 하는 경우에도 질권자와 동일한 권리가 인정된다.

🔍 판례

구 민사소송법(2002.1.26. 법률 제6626호로 전문 개정되기 전의 것) 제113조(현행 민사소송법 제123조)에 의하면, 재판상 담보공탁에 있어 담보권리자(피공탁자)는 담보물에 대하여 질권자와 동일한 권리가 있는바, 담보권리자가 공탁금회수청구권을 압류하고 추심명령이나 확정된 전부명령을 받은 후 담보취소결정을 받아 공탁금회수청구를 하는 경우에도 그 담보공탁금의 피담보채권을 집행채권으로 하는 것인 이상,

담보권리자의 위와 같은 담보취소신청은 어디까지나 담보권을 포기하고 일반 채권자로서 강제집행을 하는 것이 아니라 오히려 적극적인 담보권실행에 의하여 그 공탁물회수청구권을 행사하기 위한 방법에 불과하다고 보는 것이 합리적이므로 이는 담보권의 실행방법으로 인정되고, 따라서 이 경우에도 질권자와 동일한 권리가 있다고 할 것이므로 그에 선행하는 일반 채권자의 압류 및 추심명령이나 전부명령으로 이에 대항할 수 없다(대판 2004. 11.26. 2003다19183).

2) 가집행선고의 담보

가집행선고의 담보는 가집행선고 있는 판결의 집행이 실시되는 경우, 후일 가집행선고가 취소 또는 변경되는 것을 예상하여 채무자가 입게 되는 손해를 담보하는 것이고(민사소송법 제213조 1항), 가집행면제의 선고시 담보는 가집행을 하지 못함으로 인하여 승소채권자가 입게 되는 일체의 손해의 담보로서 채권 전액이 담보액으로 된다(민사소송법 제213조 2항).

가집행선고부 판결에 대한 강제집행정지를 위하여 공탁한 담보는 강제집행정지로 인하여 채권자에게 생길 손해를 담보하기 위한 것이고 정지의 대상인 기본채권 자체를 담보하는 것은 아니므로, 채권자는 그 손해배상청구권에 한하여서만 질권자와 동일한 권리가 있을 뿐 기본채권에까지 담보적 효력이 미치는 것은 아니다(대판 2000. 1.14. 98다24914).

3) 상소제기 등에 의한 집행정지와 담보의 제공

가집행의 선고가 붙은 판결에 대하여 상소를 한 경우 또는 정기금의 지급을 명한 확정판결에 대하여 민사소송법 제252조 제1항의 규정에 따른 소를 제기한 경우에는 불복하는 이유로 내세운 사유가 법률상 정당한 이유가 있다고 인정되고, 사실에 대한 소명이 있는 때에는 법원은 당사자의 신청에 따라 담보를 제공하게 하거나 담보를 제공하지 아니하게 하고 강제집행을 일시정지 하도록 명할 수 있으며, 담보를 제공하게 하고 강제집행을 실시하도록 명하거나 실시한 강제처분을 취소하도록 명할 수 있다(민사소송법 제501조 1항, 제500조 1항).

4) 재심 또는 상소 추후보완신청에 의한 집행정지와 담보의 제공

재심 또는 민사소송법 제173조에 따른 상소의 추후보완신청이 있는 경우에 불복하는 이유로 내세운 사유가 법률상 정당한 이유가 있다고 인정되고, 사실에 대한 소명이 있는 때에는 법원은 당사자의 신청에 따라 담보를 제공하게 하거나 담보를 제공하지 아니하게 하고 강제집행을 일시정지하도록 명할 수 있으며, 담보를 제공하게 하고 강제집행을 실시하도록 명하거나 실시한 강제처분을 취소하도록 명할 수 있다(민사소송법 제500조 1항).

5) 공탁제공에 관한 특례(국가의 불공탁)

국가는 국가를 당사자로 하는 소송 및 행정소송 절차에서 「민사소송 등 인지법」에 따른 인지를 붙이지 아니한다(인지 첩부·첨부 및 공탁 제공에 관한 특례법 제3조).

(2) 민사집행법상의 담보공탁

집행법상의 담보라 함은 당사자 또는 제3자가 집행을 실시하고 또는 집행을 정지하거나 취소함으로 인하여 상대방에게 주는 손해를 담보하기 위하여 제공되는 것으로 채무자가 제공하는 담보, 채권자가 제공하는 담보, 제3자가 제공하는 담보로 구분된다.

집행에 관한 담보도 소송비용의 담보 등과 함께 소송상의 담보에 속하므로 민사집행법에 특별한 규정이 있는 경우를 제외하고는 소송비용의 담보에 관한 민사소송법 제122조, 제123조, 제125조 및 제126조의 규정이 준용된다(민사집행법 제19조 3항).

집행법상의 공탁이라 함은 채무자, 제3채무자 또는 집행관이 상대방에 대한 손해담보를 위하여서가 아니라 이행의 강제를 면하기 위하여 혹은 손해를 피하기 위하여 혹은 절차의 완결을 짓기 위하여 이행으로써 또는 집행의 목적물이나 이에 갈음하는 금전을 공탁하는 것을 말한다.

(가) 민사집행법상의 담보제공의 성질(손해배상청구권의 담보)

민사집행법상의 담보제공은 강제집행을 실시하거나 정지 또는 취소함으로써 상대방에게 주는 손해의 배상청구권을 담보하기 위한 것이다. 강제집행의 정지, 취소 또는 속행의 경우, 가압류·가처분의 경우 및 가압류·가처분취소의 경우에 담보제공이 명하여진다.

강제집행정지를 위하여 법원의 명령으로 제공된 공탁금은 채권자가 강제집행정지 자체로 인하여 입은 손해배상금채권을 담보하는 것이고, 본안사건에 관한 소송비용은 이에 포함되지 않는다고 할 것이다(대법원 1963.8.21, 63라7 결정).

판례

[1] 강제집행정지를 위하여 법원의 명령으로 제공된 공탁금은 채권자가 강제집행정지 자체로 인하여 입은 손해배상금채권을 담보하는 것이나, 그 손해의 범위는 민법 제393조에 의하여 정해져야 할 것인바, 담보제공자의 권리행사최고에 따라 담보 권리자가 권리행사를 위하여 제기한 소송의 소송비용은 강제집행정지로 인하여 입은 통상손해에 해당한다고 할 것이므로 위 소송비용은 강제집행정지를 위하여 법원의 명령으로 제공된 담보공탁금의 피담보채권이 된다고 할 것이다.

[2] 담보권자가 강제집행정지로 인한 손해배상을 구하는 소를 제기하였다고 주장하면서 소송비용의 상대방 부담을 명할 것을 구하는 취지의 소장 사본이나 소송비용의 상대방 부담을 명하는 취지의 판결문을 제출하였다면 그 소송비용에 대하여도 소명자료를 제출한 것으로 보아야 할 것이므로, 이러한 경우 담보취소결정신청사건을 심판하는 법원으로서는 소장 사본이나 판결문을 바탕으로 경험칙을 통하여 재량으로 소송비용을 포함하여 강제집행정지로 인하여 담보권자가 입은 손해를 산정하여 담보취소의 범위를 정하여야 할 것이다(대법원 2004.7.5, 2004마177 결정. 권리행사최고및담보취소).

(나) 재판상 보증공탁의 종류

재판상 보증공탁의 종류는 공탁근거법령에 따라 여러 가지가 있으나 그 대표적인 것은 다음과 같다

① 「민사소송법」 제117조 제1항에 따른 소송비용의 담보와 관련된 공탁
② 「민사소송법」 제213조에 따른 가집행선고와 관련된 공탁
③ 「민사소송법」 제500조 제1항에 따른 재심이나 상소의 추후보완신청으로 말미암은 집행정지와 관련된 공탁
④ 「민사소송법」 제501조, 제500조 제1항에 따른 상소제기나 변경의 소제기로 말미암은 집행정지와 관련된 공탁
⑤ 「민사집행법」 제34조 제2항, 제16조 제2항에 따른 집행문부여 등에 관한 이의신청과 관련된 공탁
⑥ 「민사집행법」 제46조 제2항, 제44조에 따른 청구에 관한 이의의 소의 잠정처분

과 관련된 공탁

⑦ 「민사집행법」 제46조 제2항, 제45조에 따른 집행문부여에 대한 이의의 소의 잠정처분과 관련된 공탁

⑧ 「민사집행법」 제280조, 제301조에 따른 가압류ㆍ가처분명령과 관련된 공탁

⑨ 「민사집행법」 제286조 제5항, 제301조에 따른 가압류ㆍ가처분 이의에 대한 재판과 관련된 공탁

⑩ 「민사집행법」 제288조 제1항, 제307조에 따른 가압류ㆍ가처분 취소와 관련된 공탁

(다) 재판상보증공탁의 종류에 따른 법령조항, 공탁 원인사실, 첨부서류 등

재판상보증공탁의 종류는 공탁근거법령에 따라 여러 가지가 있는 바, 해당 공탁서 작성의 편의를 위하여 보증공탁의 종류에 따른 법령조항, 공탁원인, 첨부서류 등을 예시하면 아래와 같다.

보증공탁의 종류	법령조항	공탁원인사실	첨부서류		
가압류	민사집행법 제19조 3항 민사소송법122 제280조	가압류 보증	1. 담보제공명령등본 2. 위임장 3. 기타		
가처분	민사집행법 19③ 301, 280 민사소송법 122	가처분보증	1. 담보제공명령등본 2. 위임장 3. 기타		
가압류취소	민사집행법 19③ 288①	가압류취소보증	1. 〃	2. 〃	3. 〃
가처분취소	민사집행법 19③ 307	가처분취소보증	1. 〃	2. 〃	3. 〃
강제집행정지(제3자 이의 의 소 제기)	민사집행법 19. 46②. 48③. 기타	강제집행정지보증	1. 〃	2. 〃	3. 〃
강제집행정지(청구 이의 의 소 제기)	민사집행법 제46조3항. 제19조	강제집행정지보증	〃	〃	
강제집행정지(집행문부여 에 대한 이의의 소 제기)	〃	〃	〃	〃	
상소제기로 인한 집행정 지	민사집행법 19③ 민사소송법 501	〃	1. 〃	2. 〃	3. 〃
청구이의의소 제기와 집 행정지	민사집행법 44 46②. 19	〃	1. 〃	2. 〃	3. 〃
강제집행취소	〃	〃	1. 〃	2. 〃	3. 〃
가압류에 대한 이의	민사집행법 19. 286⑤	〃	1. 〃	2. 〃	3. 〃
가처분에 대한 이의	민사집행법 301 309	〃	1. 〃	2. 〃	3. 〃
제3자 이의의 소	민사집행법 48③ 46②. 19	〃	1. 〃	2. 〃	3. 〃
가집행	민사소송법 213① 214	〃	1. 〃	2. 〃	3. 〃
가집행면제	민사소송법 213② 214	〃	1. 〃	2. 〃	3. 〃
재심이나 상소의 추후보 완신청과 집행정지	민사소송법 500①, 501 민사집행법 19	〃	1. 〃	2. 〃	3. 〃
집행문부여에대한이의의 소 제기와 집행정지	민사집행법 19, 34②, 45, 46②	〃	1. 〃	2. 〃	3. 〃
집행문부여에 대한 이의 의 소 제기와 집행정지	민사집행법 19, 45, 46	〃	1. 〃	2. 〃	3. 〃
변경의 소 제기로 인한 집행정지	민사집행법 19 민사소송법 501, 252①	〃	1. 〃	2. 〃	3. 〃
소송비용	민사소송법 117①, 122	소송비용의 담보	1. 〃	2. 〃	3. 〃

[제1-2호 양식]

금전 공탁서(재판상의 보증) (개정양식: 행정예규 제895호. 2011.5.30)

공 탁 번 호		년금제 호		년 월 일 신청	법령조항	
공 탁 자	성 명 (상호, 명칭)		피 공 탁 자	성 명 (상호, 명칭)		
	주민등록번호 (법인등록번호)			주민등록번호 (법인등록번호)		
	주 소 (본점, 주사무소)			주 소 (본점, 주사무소)		
	전화번호			전화번호		
공 탁 금 액	한글		보관은행		은행	지점
	숫자					

법원의명칭과 사 건		법원		사건		
	당사자	원고 신청인 채권자		피고 피신청인 채무자		

공탁 원인 사실	1. 가압류 보증 2. 가처분 보증 3. 가압류 취소보증 4. 가처분 취소보증 5. 강제집행 정지의 보증	6. 강제집행 취소의 보증 7. 강제집행 속행의 보증 8. 소송비용 담보 9. 가집행 담보 10. 가집행을 면하기 위한 담보	11. 기타(　　　　)

비고(첨부서류등)		□ 계좌납입신청

위와 같이 신청합니다.　　　　　　대리인 주소
　　　　　　　　　　　　　　　　전화번호
　　　공탁자 성명　　　　인 (서명)　　　성명　　　　　　인(서명)

위 공탁을 수리합니다.
공탁금을 　년　 월　 일까지 위 보관은행 공탁관 계좌에 납입하시기 바랍니다.
위 납입기일까지 공탁금을 납입하지 않을 때는 이 공탁 수리결정의 효력이 상실됩니다.
　　　　　　　　　　년　　　　월　　　　일
　　　　　　　　법원　　　　지원 공탁관　　　　　　(인)

(영수증) 위 공탁금이 납입되었음을 증명합니다.
　　　　　　　　　　년　　　　월　　　　일
　　　　　　　　공탁금 보관은행(공탁관)　　　　　　(인)

※ 1. 도장을 날인하거나 서명을 하되, 대리인이 공탁할 때에는 대리인의 주소, 성명을 기재하고 대리인의 도장을
　　 날인(서명)하여야 합니다. 전자공탁시스템을 이용하여 공탁하는 경우에는 날인 또는 서명은 공인인증서에 의한
　　 전자서명 방식으로 합니다.
　 2. 공탁당사자가 국가 또는 지방자치단체인 경우에는 법인등록번호란에 '사업자등록번호'를 기재하시기 바랍니다.
　 3. 공탁금 회수청구권은 소멸시효완성으로 국고에 귀속될 수 있습니다.
　 4. 공탁서는 재발급 되지 않으므로 잘 보관하시기 바랍니다.

[제1-2호 양식]

금전 공탁서(재판상의보증)

공 탁 번 호		년 금 제 호		년 월 일 신청	법령조항	민집법 280,19③
						민소법 122
공 탁 자	성 명 (상호, 명칭)		피 공 탁 자	성 명 (상호, 명칭)		
	주민등록번호 (법인등록번호)			주민등록번호 (법인등록번호)		
	주 소 (본점, 주사무소)			주 소 (본점, 주사무소)		
	전화번호			전화번호		
공 탁 금 액		한글	보관은행		은행 지점	
		숫자				

법원의명칭과 사 건		법원		사건	
	당사자	채 권 자		채 무 자	

공탁 원인 사실	1. 가압류 보증 2. 가처분 보증 ③. 가압류 취소보증 4. 가처분 취소보증 5. 강제집행 정지의 보증	6. 강제집행 취소의 보증 7. 강제집행 속행의 보증 8. 소송비용 담보 9. 가집행 담보 10. 가집행을 면하기 위한 담보	11. 기타( )

비고(첨부서류등)	1. 담보제공명령등본 2. 위임장 □ 계좌납입신청

위와 같이 신청합니다.   대리인 주소
                                                전화번호
        공탁자 성명   인 (서명)   성명   인(서명)

위 공탁을 수리합니다.
공탁금을   년   월   일까지 위 보관은행 공탁관 계좌에 납입하시기 바랍니다.
위 납입기일까지 공탁금을 납입하지 않을 때는 이 공탁 수리결정의 효력이 상실됩니다.
                              년   월   일
                  법원   지원 공탁관   (인)

(영수증) 위 공탁금이 납입되었음을 증명합니다.
                              년   월   일
                      공탁금 보관은행(공탁관)   (인)

※ (생략)

금전 공탁서(재판상의 보증)

(청구이의 소 제기)

공 탁 번 호		2012 년 금 제 호		2012년 3월 일 신청	법령조항	민집법 19, 46②
공 탁 자	성 명 (상호, 명칭)	신 명 자	피 공 탁 자	성 명 (상호, 명칭)	조 상 필	
	주민등록번호 (법인등록번호)	511121-2056211		주민등록번호 (법인등록번호)	460326-1056210	
	주 소 (본점, 주사무소)	서울 양천구 신정3동 1258 신목동아파트 203동807호		주 소 (본점, 주사무소)	서울 양천구 신월6동 591-1 신안약수아파트 5동807호	
	전화번호			전화번호	010-8734-9900	

공 탁 금 액	한글 삼천만원	보관은행	은행 지점
	숫자 30,000,000 원		

법원의명칭과 사 건		서울남부지방 법원 2012카기397강제집행정지사건			
	당사자	원고 신청인 채권자	신 명 자	피고 피신청자 채무자	조 상 필

공탁원인사실

1. 가압류 보증
2. 가처분 보증
3. 가압류 취소보증
4. 가처분 취소보증
⑤. 강제집행 정지의 보증

6. 강제집행 취소의 보증
7. 강제집행 속행의 보증
8. 소송비용 담보
9. 가집행 담보
10. 가집행을 면하기 위한 담보

11. 기타(   )

비고(첨부서류등)	1. 담보제공명령등본1부	☐ 계좌납입신청

위와 같이 신청합니다.   대리인 주소
서울 양천구 신정3동 1258번지 신목동아파트 203동807호   전화번호
　공탁자 성명 신 명 자 인 (서명)   성명   인(서명)

위 공탁을 수리합니다.
공탁금을   년   월   일까지 위 보관은행 공탁관 계좌에 납입하시기 바랍니다.
위 납입기일까지 공탁금을 납입하지 않을 때는 이 공탁 수리결정의 효력이 상실됩니다.
　　　　　　　　　　　　　　　년　　　　월　　　　일
　　　　　　　　　　　　법원　　　지원 공탁관　　○○○　　(인)

(영수증) 위 공탁금이 납입되었음을 증명합니다.
　　　　　　　　　　　　　　　년　　　　월　　　　일
　　　　　　　　　　　공탁금 보관은행(공탁관)　　　　　　(인)

금전 공탁서(재판상의 보증)

공 탁 번 호	2010 년 금제 호	2010년 3월 25일 신청	법령조항	민사집행법 제280조 19③, 민소법22
공 탁 자	성 명 (상호, 명칭)	김 태 석	피 공 탁 자	성 명 (상호, 명칭)	한라웰스텍 주식회사

공 탁 자	성 명 (상호, 명칭)	김 태 석	피 공 탁 자	성 명 (상호, 명칭)	한라웰스텍 주식회사
	주민등록번호 (법인등록번호)	631127-1644227		주민등록번호 (법인등록번호)	110111-3202522
	주 소 (본점, 주사무소)	서울 영등포구 당산동 171-15 청도빌딩지하		주 소 (본점, 주사무소)	서울 서초구 양재동 67-6 제이브이엠빌딩4층
	전화번호	011-9071-4702		전화번호	

공 탁 금 액	한글 일천만원 숫자 10,000,000 원	보관은행	신한 은행 남부법원 지점

법원의명칭과 사 건	서울남부지방 법원 2010 카단(합) 70289 채권가압류 사건			
	당사자	원고 신청인 (채권자)	김태석	피고 피신청자 (채무자)	한라웰스텍 주식회사

공탁 원인 사실	①. 가압류 보증 2. 가처분 보증 3. 가압류 취소보증 4. 가처분 취소보증 5. 강제집행 정지의 보증	6. 강제집행 취소의 보증 7. 강제집행 속행의 보증 8. 소송비용 담보 9. 가집행 담보 10. 가집행을 면하기 위한 담보	11. 기타( )

비고(첨부서류등)	1. 담보제공명령 2. 위임장 3.법인등기부등본 □ 계좌납입신청

위와 같이 신청합니다.   대리인 주소 서울특별시 양천구 신정4동 1019-14
서울 영등포구 당산동 171-15 청도빌딩지하   전화번호   2696-3456
 공탁자 성명   김 태 석 인 (서명)   성명   법무사 최 돈 호   인(서명)

위 공탁을 수리합니다.
공탁금을   년   월   일까지 위 보관은행 공탁관 계좌에 납입하시기 바랍니다.
위 납입기일까지 공탁금을 납입하지 않을 때는 이 공탁 수리결정의 효력이 상실됩니다.
                              년   월   일
                    서울남부지방법원 법원   공탁관   이 광 수   (인)

(영수증) 위 공탁금이 납입되었음을 증명합니다.
                              년   월   일
                    공탁금 보관은행(공탁관)   (인)

(라) 채무자가 제공하는 담보

채무자가 제공하는 담보는 다음과 같다.

1) 즉시항고에 의한 집행정지와 담보의 제공

민사집행절차에 있어서 즉시항고는 집행정지의 효력을 가지지 않는다(민사집행법 제15조 6항 본문). 다만 항고법원(재판기록이 원심법원에 남아 있는 때에는 원심법원)은 즉시항고에 대한 결정이 있을 때까지 담보를 제공하게 하거나 담보를 제공하게 하지 아니하고 원심재판의 집행을 정지하거나 집행절차의 전부 또는 일부를 정지하도록 명할 수 있고, 담보를 제공하게 하고 그 집행을 계속하도록 명할 수 있다(민사집행법 제15조 6항 단서).

즉시항고에 집행정지의 효력이 있는 경우라도 즉시항고의 제기 전에 집행문이 부여되어 집행이 개시된 경우에는 즉시항고의 제기에 의하여 당연히 집행이 정지되는 것은 아니고 채무자는 민사소송법 제448조의 재판정본을 집행기관에 제출하여서 집행을 정지시킬 수 있을 뿐이다.

2) 집행에 관한 이의신청과 담보의 제공

집행법원의 집행절차에 관한 재판으로서 즉시항고를 할 수 없는 것과, 집행관의 집행처분, 그 밖에 집행관이 지킬 집행절차에 대하여서는 법원에 이의를 신청할 수 있다(민사집행법 제16조 1항).

민사집행은 이의신청에 의하여 정지되지 아니하지만 법원은 그 재판에 앞서 채무자에게 담보를 제공하게 하거나 무담보로 집행을 일시정지하도록 명할 수 있고, 채권자에게 담보를 제공하게 하고, 그 집행을 계속하도록 명하는 등 잠정처분을 할 수 있다(민사집행법 제16조 2항).

이 잠정처분은 집행법원이 직권으로 하는 것이고, 이의신청인과 상대방에게 고지하여야 한다(민사집행규칙 제7조 1항 4호). 이 잠정처분은 집행법원이 직권으로 하는 것이고, 이의신청인에게 잠정처분을 구할 신청권이 인정되지 않는다.

3) 집행문 부여에 대한 이의신청과 담보의 제공

집행문을 내어 달라는 신청에 관한 법원사무관 등의 처분에 대하여 이의신청이 있는 경우에는 그 법원사무관 등이 속한 법원이 결정으로 재판한다(민사집행법 제34조 1항).

집행문 부여에 대한 이의신청이 있는 경우에는 법원은 이의신청에 대한 재판에 앞서, 채무자에게 담보를 제공하게 하거나 제공하게 하지 아니하고 집행을 일시정지하도록 명하거나, 채권자에게 담보를 제공하게 하고 그 집행을 계속하도록 명하는 등 잠정처분을 할 수 있다(민사집행법 제34조 2항, 제16조 2항).

4) 청구에 관한 이의 및 집행문 부여에 대한 이의의 소와 담보의 제공

청구에 관한 이의 및 집행문 부여에 대한 이의의 소는 강제집행을 계속하여 진행하는 데에는 영향을 미치지 아니하므로 청구에 관한 이의 및 집행문 부여에 대한 이의를 주장한 사유가 법률상 정당한 이유가 있다고 인정되고, 사실에 대한 소명이 있을 때에는 수소법원은 당사자의 신청에 따라 판결이 있을 때까지 담보를 제공하게 하거나 담보를 제공하게 하지 아니하고 강제집행을 정지하도록 명할 수 있으며, 담보를 제공하게 하고 그 집행을 계속하도록 명하거나 실시한 집행처분을 취소하도록 명할 수 있다(민사집행법 제46조 1항 · 2항).

5) 압류금지물의 확장 또는 압류금지물에 대한 압류명령의 취소 · 변경에 의한 집행정지와 담보의 제공

법원은 압류금지물건을 정하는 재판 또는 그 취소나 변경의 재판을 할 경우에 민사집행법 제16조 제2항에 준하는 잠정처분을 할 수 있다(민사집행법 제196조 3항). 즉, 채무자에게 담보를 제공하게 하거나 제공하게 하지 아니하고 강제집행을 일시정지하도록 명하거나, 채권자에게 담보를 제공하게 하고 그 집행을 계속하도록 명하는 등 잠정처분을 할 수 있다. 이러한 잠정처분은 법원이 직권으로 할 수 있고 당사자에게는 그 신청권이 없으며 신청하더라도 다만 직권발동을 촉구하는 의미가 있을 뿐이다.

6) 매각허가결정에 대한 항고인의 보증금의 공탁

매각허가결정에 대한 항고는 민사집행법에 규정한 매각허가에 대한 이의신청사유가 있다거나, 그 결정절차에 중대한 잘못이 있다는 것을 이유로 드는 때에만 할 수 있다(민사집행법 제130조 1항).

매각허가결정에 대하여 항고를 하고자 하는 사람은 보증으로 매각대금의 10분의 1에 해당하는 금전 또는 법원이 인정한 유가증권을 공탁하여야 한다(민사집행법 제130조 3항).

무익한 항고를 제기하여 절차를 지연시키는 것을 방지하기 위하여 매각허가결정에 불복하는 모든 항고인에 대하여 보증금을 공탁하도록 하고 있다.

위 규정은 매각허가결정에 대한 항고시에 적용되는 것이므로, 매각불허가결정에 대하여는 보증의 제공을 요하지 않는다.

여기서 「법원이 인정한 유가증권」이라 함은 항고하고자 하는 자가 미리 법원에 유가증권의 지정신청을 하여 법원으로부터 지정을 받은 유가증권을 말한다. 그러나 지급보증위탁계약체결문서의 제출에 의한 보증의 제공은 허용되지 아니한다(송민 90-3). 법원은 위 지정신청이 있으면 항고인이 보증으로 공탁할 수 있는 유가증권의 종류, 수량을 지정할 수 있다.

🔍 판례

매각허가결정에 대하여 즉시항고를 제기하는 항고인이 2인 이상인 경우, 항고인별로 민사집행법 제130조 제3항에 정한 '매매대금의 10분의 1에 해당하는 금전 또는 유가증권'을 공탁하여야 하는지 여부(한정 적극)

민사집행법 제130조 제3항은 "매각허가결정에 대하여 항고를 하고자 하는 사람은 보증으로 매각대금의 10분의 1에 해당하는 금전 또는 법원이 인정한 유가증권을 공탁하여야 한다"고 규정하고 있는바, 위 규정의 입법 취지는 매각허가결정에 불복하는 모든 항고인에 대하여 보증금을 공탁할 의무를 지움으로써 무익한 항고를 제기하여 절차를 지연시키는 것을 방지하고자 하는 데 있는 점, 매각허가결정에 대한 항고는 이해관계인이 매각허가에 대한 이의신청사유가 있는 경우 등에만 할 수 있는데, 그 이의에 대하여 민사집행법 제122조는 다른 이해관계인의 권리에 관한 이유로 이의를 신청하지 못한다고 규정하고 있는 점, 민사집행법 제90조에서 경매절차의 이해관계인이 될 수 있는 사람을 제한적으로 열거하고 있는 점, 복수의 항고인이 매각허가결정에 대하여 항고를 제기하는 경우 항고장을 함께 제출하는지 별도로 제출하는지라는 우연한 사정에 따라 제공할 보증의 액이 달라지는 것은 불합리한 점 등을 종합하여 보면, 매각허가결정에 대하여 즉시항고를 제기하는 항고인이 2인 이상인 경우에는, 그들이 경매절차에서의 이해관계의 기초가 되는 권리관계를 공유하는 등의 특별한 사정이 없는 한, 항고인별로 각각 매각대금의 10분의 1에 해당하는 금전 또는 유가증권을 공탁하여야 한다고 봄이 상당하다(대판 2006.11.23, 2006마513 결정).

7) 가압류, 가처분에 대한 이의신청과 담보의 제공

가압류이의신청이 있는 때에는 법원은 변론기일을 정하고 당사자에게 이를 통지하여야 하며, 법원은 종국판결로 가압류의 전부나 일부의 인가 · 변경 또는 취소를 선고할 수 있다. 위의 경우에 법원은 적당한 담보를 제공하도록 명할 수 있다(민사집행법 제286조 3항 · 제301조).

8) 사정변경에 따른 가압류취소와 담보의 제공

채무자는 가압류이유가 소멸되거나 그 밖에 사정이 바뀌거나 법원이 정한 담보를 제공한 때에는 가압류가 인가된 뒤에도 그 취소를 신청할 수 있다(민사집행법 제288조 1항).

가압류는 금전채권의 집행보전을 목적으로 채무자의 일반재산을 확보하는 제도이므로 채무자가 적당한 담보를 제공한다면 구태여 일반재산을 가압류할 필요가 없게 된다. 채무자는 가압류결정상의 해방금액을 공탁하고 가압류집행의 취소 · 정지를 구할 수도 있으나(민사집행법 제282조), 법원이 자유재량에 의하여 명한 담보를 제공하고서 그 가압류 자체의 취소를 구할 수도 있다(민사집행법 제288조1 항 후단). 이 규정은 금전채권의 보전을 목적으로 하지 않는 가처분의 경우에는 성질상 준용되지 않으며(대판 1956.5.10. 4289민상26), 가처분에 대하여는 같은 취지에서 특별사정에 의한 취소의 절차가 따로 마련되어 있다.

담보제공으로 인한 가압류의 취소는 가압류의 피보전채권을 위하여 적당한 담보가 제공되었음을 이유로 하는 것이므로 사정변경으로 인한 취소의 일종이지만 그 사정의 변경이 법원의 명령에 의한 담보제공으로 이루어졌다는 점에서 다른 경우와 구별된다.

9) 가처분의 집행정지와 담보의 제공

소송물인 권리 또는 법률관계가 이행되는 것과 같은 내용의 가처분을 명한 재판에 대하여 이의신청 또는 상소가 있는 경우에, 이의신청 또는 상소의 이유로 주장한 사유가 법률상 정당한 이유가 있다고 인정되고 주장사실에 대한 소명이 있으며, 그 집행에 의하여 회복할 수 없는 손해가 생길 위험이 있다는 사정에 대한 소명이 있는 때에는, 법원은 당사자의 신청에 따라 담보를 제공하게 하거나 담보를 제공하게 하지 아니하고 가처분의 집행을 정지하도록 명할 수 있고, 담보를 제공하게 하고 집행한 처분을 취소하도록 명할 수 있다(민사집행법 제309조 1항).

10) 특별사정에 의한 가처분의 취소와 담보의 제공

민사집행법은 가압류에서 담보를 제공하고 가압류를 취소할 수 있는 것과 궤를 같이 하여 특수한 사정이 있는 가처분에 있어서도 채무자로 하여금 담보를 제공하게 하고 가처분을 취소할 수 있도록 하는 제도를 마련하였다(민사집행법 제307조). 이 취소제도는 다툼의 대상(계쟁물)에 관한 가처분과 임시의 지위를 정하기 위한 가처분에 모두 적용된다.

민사집행법 제307조는 같은 법 제286조에 대한 특별규정이므로 가처분명령에 대하여 이의신청이 있는 경우 법원이 특별사정을 인정할 수 있는 때에는 채무자가 담보를 제공하는 것을 조건으로 가처분명령의 취소 변경을 할 수 있다.

11) 재심의 소 제기에 따른 집행정지

가) 재심의 소 제기의 경우에 불복하는 이유로 내세운 사유가 법률상 정당한 이유가 있다고 인정되고, 사실에 대한 소명이 있는 때에는 법원은 당사자의 신청에 따라 담보를 제공하게 하거나 담보를 제공하지 아니하게 하고 강제집행을 일시정지 하도록 명할 수 있으며, 담보를 제공하게 하고 강제집행을 실시하도록 명하거나 실시한 강제처분을 취소하도록 명할 수 있다(민사소송법 제500조 1항).

나) 담보 없이 하는 강제집행의 정지는 그 집행으로 말미암아 보상할 수 없는 손해가 생기는 것을 소명한 때에만 한다(민사소송법 제500조 2항).

다) 위 제1항 및 제2항의 재판은 변론 없이 할 수 있으며, 이 재판에 대하여는 불복할 수 없다(민사소송법 제500조 3항).

라) 담보를 공탁할 법원

민사소송법 제500조의 규정에 의한 담보의 제공이나 공탁은 원고나 피고의 보통재판적이 있는 곳의 지방법원 또는 집행법원에 할 수 있다. 담보를 제공하거나 공탁을 한 때에는 법원은 당사자의 신청에 따라서 증명서를 주어야 한다.

이 편에 규정된 담보에는 달리 규정이 있는 경우를 제외하고는 제122조(담보제공방식)·제123조(담보물에 대한 피고의 권리)·제125조(담보의 취소) 및 제126조(담보물의 변경)의 규정을 준용한다(민사소송법 제502조 1~3항).

12) 상소의 추후보완신청에 의한 집행정지

가) 소송행위의 추후보완

당사자가 책임질 수 없는 사유로 말미암아 불변기간을 지킬 수 없었던 경우에는 그 사유가 없어진 날부터 2주 이내에 게을리 한 소송행위를 보완할 수 있다. 다만, 그 사유가 없어질 당시 외국에 있던 당사자에 대하여는 이 기간을 30일로 한다(민사소송법 제173조 1항).

판례

① '당사자가 그 책임을 질 수 없는 사유'라고 함은 당사자가 그 소송행위를 하기 위하여 일반적으로 하여야 할 주의를 다하였음에도 불구하고 그 기간을 준수할 수 없었던 사유를 가리키므로, 소송의 진행 도중 소송서류의 송달이 불능하게 된 결과 부득이 공시송달의 방법에 의하게 된 경우에는 처음부터 공시송달의 방법에 의한 경우와는 달라서 당사자에게 소송의 진행 상황을 조사할 의무가 있는 것이므로, 당사자가 법원에 소송의 진행 상황을 알아보지 않았다면 과실이 없다고 할 수 없으며, 또한 이러한 의무는 당사자가 변론기일에서 출석하여 변론을 하였는지 여부, 출석한 변론기일에서 다음 변론기일의 고지를 받았는지 여부나, 소송대리인을 선임한 바 있는지 여부를 불문하고 부담하는 것이다(대판 1998.12.2. 97다50152).

② 통상의 경우에는 피고가 해당 사건기록을 열람하거나 또는 새로이 판결정본을 영수한 때에 비로소 그 판결이 공시송달의 방법으로 송달된 사실을 알게 되었다고 보아야 할 것이나, 피고가 해당 판결이 있었던 사실을 알았고 사회통념상 그 경위에 대하여 당연히 알아볼 만한 특별한 사정이 있었다고 인정되는 경우에는 그 경위에 대하여 알아보는 데 통상 소요되는 시간이 경과한 때에 그 판결이 공시송달의 방법으로 송달된 사실을 알게 된 것으로 추인하여 그 책임질 수 없는 사유가 소멸하였다고 봄이 상당하다(대판 1999.2.9. 98다43533).

③ 정상적으로 소송을 수행하여 오던 당사자가 원래 예정된 선고기일 직후의 재판 진행상황을 그 즉시 알아보지 아니함으로써 불변기간을 준수하지 못하게 되었다 할지라도 그 책임을 당사자에게 돌릴 수 없다고 보아 추완항소를 허용할 수 있다(대판 2001.2.23. 2000다19069).

나) 상소의 추후보완 신청에 의한 집행정지

① 민사소송법 제173조에 따른 상소의 추후보완신청이 있는 경우에 불복하는 이유로 내세운 사유가 법률상 정당한 이유가 있다고 인정되고, 사실에 대한 소명이 있는 때에는 법원은 당사자의 신청에 따라 담보를 제공하게 하거나 담보를 제공하지 아니하게 하고 강제집행을 일시정지 하도록 명할 수 있으며, 담보를 제공하게 하고 강제집행을 실시하도록 명하거나 실시한 강제처분을 취소하도록 명할 수 있다(민사소송법 제500조 1항).

② 담보 없이 하는 강제집행의 정지는 그 집행으로 말미암아 보상할 수 없는 손해가 생기는 것을 소명한 때에만 한다(민사소송법 제500조 2항).

③ 위 제1항 및 제2항의 재판은 변론 없이 할 수 있으며, 이 재판에 대하여는 불복할 수 없다(민사소송법 제500조 3항).

④ 상소의 추후보완신청의 경우에 소송기록이 원심법원에 있으면 그 법원이 민사소송법 제500조 제1항 및 제2항의 재판을 한다(민사소송법 제500조 4항).

다) 담보를 공탁할 법원

민사소송법 제500조의 규정에 의한 담보의 제공이나 공탁은 원고나 피고의 보통재판적이 있는 곳의 지방법원 또는 집행법원에 할 수 있다. 담보를 제공하거나 공탁을 한 때에는 법원은 당사자의 신청에 따라서 증명서를 주어야 한다.

이 편에 규정된 담보에는 달리 규정이 있는 경우를 제외하고는 민사소송법 제122조(담보제공방식)·제123조(담보물에 대한 피고의 권리)·제125조(담보의 취소) 및 제126조(담보물의 변경)의 규정을 준용한다(민사소송법 제502조 1~3항).

13) 상소제기로 인한 집행정지

가집행선고가 붙은 판결에 대하여 상소를 제기한 경우에는 민사소송법 제500조의 규정을 준용한다(민사소송법 제501조)

즉, 위 (파) 상소의 추후보완신청에 의한 집행정지절차에 따른다.

14) 정기금판결과 변경의 소 제기로 인한 집행정지

가) 정기금판결과 변경의 소

정기금의 지급을 명한 판결이 확정된 뒤에 그 액수산정의 기초가 된 사정이 현저하게 바뀜으로써 당사자 사이의 형평을 크게 침해할 특별한 사정이 생긴 때에는 그 판결의 당사자는 장차 지급할 정기금 액수를 바꾸어 달라는 소를 제기할 수 있다.

위 제1항의 소는 제1심 판결법원의 전속관할로 한다(민사소송법 제252조 1~2항).

나) 정기금판결과 변경의 소제기로 인한 집행정지

정기금의 지급을 명한 확정판결에 대하여 민사소송법 제252조 제1항의 규정에 따른 소를 제기한 경우에는 민사소송법 제500조의 규정(위 (타) (파) 참조)을 준용한다(민사소송법 제501조).

(마) 채권자가 제공하는 담보

1) 재심 또는 상소의 추후보완 신청에 의한 집행정지

① 재심 또는 민사소송법 제173조(소송행위의 추후보완)에 따른 상소의 추후보완신청이 있는 경우에 불복하는 이유로 내세운 사유가 법률상 정당한 이유가 있다고 인정되고, 사실에 대한 소명이 있는 때에는 법원은 당사자의 신청에 따라 담보를 제공하게 하거나 담보를 제공하지 아니하게 하고 강제집행을 일시정지하도록 명할 수 있으며, 담보를 제공하게 하고 강제집행을 실시하도록 명하거나 실시한 강제처분을 취소하도록 명할 수 있다.

② 담보 없이 하는 강제집행의 정지는 그 집행으로 말미암아 보상할 수 없는 손해가 생기는 것을 소명한 때에만 한다.

③ 위의 재판은 변론 없이 할 수 있으며, 이 재판에 대하여는 불복할 수 없다.

④ 상소의 추후보완신청의 경우에 소송기록이 원심법원에 있으면 그 법원이 민사소송법 제500조 제1항 및 제2항의 재판을 한다(민사소송법 제500조 1~4항).

2) 상소제기 또는 변경의 소 제기로 인한 집행정지

가집행의 선고가 있는 판결에 대하여 상소를 한 경우 또는 정기금의 지급을 명한 확정판결에 대하여 민사소송법 제252조 제1항의 규정에 따른 소를 제기한 경우에는 민사소송법 제500조의 규정을 준용한다(민사소송법 제501조).

3) 즉시항고에 있어서 상대방이 하는 집행의 속행

집행절차에 관한 집행법원의 재판에 대하여는 특별한 규정이 있어야만 즉시항고를 할 수 있다(민사집행법 제15조 1항).

민사집행법 제15조 제1항의 즉시항고는 집행정지의 효력을 가지지 아니한다. 다만, 항고법원(재판기록이 원심법원에 남아 있는 때에는 원심법원)은 즉시항고에 대한 결정이 있을 때까지 담보를 제공하게 하거나 담보를 제공하게 하지 아니하고 원심재판의 집행을 정지하거나 집행절차의 전부 또는 일부를 정지하도록 명할 수 있고, 담보를 제공하게 하고 그 집행을 계속하도록 명할 수 있다(민사집행법 제15조 6항).

4) 집행에 관한 이의신청시 채권자가 하는 집행의 속행

집행법원의 집행절차에 관한 재판으로서 즉시항고를 할 수 없는 것과, 집행관의 집행처분, 그 밖에 집행관이 지킬 집행절차에 대하여서는 법원에 이의를 신청할 수 있다(민사집행법 제16조 1항).

법원은 민사집행법 제16조 제1항의 이의신청에 대한 재판에 앞서, 채무자에게 담보를 제공하게 하거나 제공하게 하지 아니하고 집행을 일시정지하도록 명하거나, 채권자에게 담보를 제공하게 하고 그 집행을 계속하도록 명하는 등 잠정처분을 할 수 있다(민사집행법 제16조 2항).

5) 집행문부여 등에 관한 이의신청에 있어서 상대방이 하는 집행의 속행

집행문을 내어 달라는 신청에 관한 법원사무관등의 처분에 대하여 이의신청이 있는 경우에는 그 법원사무관등이 속한 법원이 결정으로 재판한다.

집행문부여에 대한 이의신청이 있는 경우에는 법원은 민사집행법 제16조 제2항의 처분에 준하는 결정을 할 수 있다(민사집행법 제34조 1항·2항). 즉, 법원은 이의신청에 대한 재판에 앞서, 채권자에게 담보를 제공하게 하고 그 집행을 계속하도록 명하는 등 잠정처분을 할 수 있다(민사집행법 제16조 2항).

6) 청구에 관한 이의의 소, 집행문부여에 대한 이의의 소에서 집행정지에 대하여 피고가 하는 집행의 속행

청구에 관한 이의의 소(민사집행법 제44조) 및 집행문부여에 대한 이의의 소(민사집행법 제45조)는 강제집행을 계속하여 진행하는 데에는 영향을 미치지 아니한다(민사집행법 제46조 1항). 청구에 관한 이의 및 집행문 부여에 대한 이의를 주장한 사유가 법률상 정당한 이유가 있다고 인정되고, 사실에 대한 소명이 있을 때에는 수소법원은 당사자의 신청에 따라 판결이 있을 때까지 담보를 제공하게 하거나 담보를 제공하게 하지 아니하고 강제집행을 정지하도록 명할 수 있으며, 담보를 제공하게 하고 그 집행을 계속하도록 명하거나 실시한 집행처분을 취소하도록 명할 수 있다(민사집행법 제46조 2항).

판례

집행문부여에 대한 이의의 재판은 민사소송법 제484조 제1항에서 집행문을 부여한 법원사무관 등의 소속법원이 재판한다고 규정하고 있고, 그 소속법원은 판결법원 또는 그 상급법원이므로 집행문부여 결정은 집행이의 대상으로 규정한 집행법원의 재판이 아닐 뿐더러, 본안법원의 재판을 집행법원이 그 재판의 대상으로 삼는다는 것도 성질상 허용하기 어렵다고 보여지므로 집행이의절차도 알맞은 불복방법이라고 할 수 없는바, 그렇게 되면 결국 불복절차가 없기 때문에 같은 법 제420조에 의한 특별항고만이 가능하다(대법원 1995.5.13, 94마2132).

7) 제3자 이의의 소의 피고가 하는 집행의 속행

① 제3자가 강제집행의 목적물에 대하여 소유권이 있다고 주장하거나 목적물의 양도나 인도를 막을 수 있는 권리가 있다고 주장하는 때에는 채권자를 상대로 그 강제집행에 대한 이의의 소를 제기할 수 있다. 다만, 채무자가 그 이의를 다투는 때에는 채무자를 공동피고로 할 수 있다.

② 제3자 이의의 소는 집행법원이 관할한다. 다만, 소송물이 단독판사의 관할에 속하지 아니할 때에는 집행법원이 있는 곳을 관할하는 지방법원의 합의부가 이를 관할한다.

③ 강제집행의 정지와 이미 실시한 집행처분의 취소에 대하여는 제46조(이의의소와 잠정처분) 및 제47조(이의의 재판과 잠정처분)의 규정을 준용한다. 다만, 집행처분을 취소할 때에는 담보를 제공하게 하지 아니할 수 있다(민사집행법 제48조1~3항).

판례

제3자이의의 소는 이미 개시된 집행의 목적물에 대하여 소유권 기타 목적물의 양도나 인도를 저지하는 권리를 주장함으로써 그에 대한 배제를 구하는 것이니 만큼 그 소의 원인이 되는 권리는 집행채권자에게 대항할 수 있는 것이어야 하고, 그 대항 여부는 그 권리의 취득과 집행의 선후에 의하여 결정되는 것이 보통이므로 그 권리가 집행 당시에 이미 존재하여야 하는 것이 일반적이라고 할 것이지만 집행 후에 취득한 권리라고 하더라도 특별히 권리자가 이로써 집행채권자에게 대항할 수 있는 경우라면 그 권리자는 그 집행의 배제를 구하기 위하여 제3자이의의 소를 제기할 수 있다(대판 1997.8.29. 96다14470).

8) 채권자의 신청에 의한 부동산관리명령으로서의 인도명령

① 부동산의 인도명령

법원은 매수인이 대금을 낸 뒤 6월 이내에 신청하면 채무자·소유자 또는 부동산 점유자에 대하여 부동산을 매수인에게 인도하도록 명할 수 있다. 다만, 점유자가 매수인에게 대항할 수 있는 권원에 의하여 점유하고 있는 것으로 인정되는 경우에는 그러하지 아니하다(민사집행법 제136조 1항).

② 채권자의 신청에 의한 부동산관리명령과 담보의 제공

법원은 매수인 또는 채권자가 신청하면 매각허가가 결정된 뒤 인도할 때까지 관리인에게 부동산을 관리하게 할 것을 명할 수 있다.

부동산의 관리를 위하여 필요하면 법원은 매수인 또는 채권자의 신청에 따라 담보를 제공하게 하거나 제공하게 하지 아니하고 민사집행법 제136조 제1항의 규정에 준하는 명령을 할 수 있다(민사집행법 제136조2,3항)

9) 압류금지물에 대한 압류명령 또는 압류금지물의 확장 신청에 있어서 상대방이 하는 집행의 속행

① 법원은 당사자가 신청하면 채권자와 채무자의 생활형편, 그 밖의 사정을 고려하여 유체동산의 전부 또는 일부에 대한 압류를 취소하도록 명하거나 제195조(압류가 금지되는 물건)의 유체동산을 압류하도록 명할 수 있다(민사집행법 제186조 1항).

② 제1항의 결정이 있은 뒤에 그 이유가 소멸되거나 사정이 바뀐 때에는 법원은 직권으로 또는 당사자의 신청에 따라 그 결정을 취소하거나 바꿀 수 있다.

③ 민사집행법 제196조 제1항 및 제2항의 경우에 법원은 민사집행법 제16조 제2항(집행이의신청에 대해 재판전 잠정처분가능)에 준하는 결정을 할 수 있다(민사집행법 제196조 2항, 3항).

10) 가압류·가처분 신청과 담보의 제공

민사집행법 제280조 제2항, 제3항은 가압류에 관하여 청구채권이나 가압류의 이유가 소명되지 아니한 때에도 법원은 보전처분이 필요하다고 판단되면 채무자의 손해에 대한 담보를 제공하게 하고 가압류를 명할 수 있으며, 소명이 있는 때에도 법원은 필요에 따라 담보를 제공하게 하고 가압류를 명할 수 있다고 규정하고, 위 규정은 민사집행법 제301조에 의하여 가처분에 그대로 준용되고 있다(민사집행법 제280조 2·3항, 제301조).

11) 가압류·가처분에 대한 이의의 인가 또는 변경판결과 담보의 제공

가압류·가처분에 대한 이의신청이 있는 때에는 법원은 변론기일을 정하고 당사자에게 이를 통지하여야 한다.

법원은 종국판결로 가압류의 전부나 일부의 인가·변경 또는 취소를 선고할 수 있다.

위의 경우에 법원은 적당한 담보를 제공하도록 명할 수 있다(민사집행법 제286조, 제301조).

12) 가압류취소재판의 효력정지와 담보의 제공

가집행선고가 붙은 보전처분취소 판결에 대하여 상소가 제기된 경우에, 불복의 이유로 주장한 사유가 법률상 정당한 이유가 있다고 인정되고 사실에 대한 소명이 있으며, 그 가집행에 의하여 채권자에게 회복할 수 없는 손해가 생길 위험이 있다는 사정에 대한 소명이 있는 때에는, 법원은 당사자의 신청에 따라 가집행의 효력을 정지시킬 수 있다(민사집행법 제289조 1항, 제301조). 이 경우 담보제공 여부는 법원의 재량사항으로서 법원은 담보를 제공하게 하거나 담보를 제공하지 아니하게 하고 가집행선고의 효력을 정지시킬 수 있다.

가집행에 의하여 회복할 수 없는 손해가 생길 위험이 있다는 점에 대한 소명과, 불복의 이유로 주장한 사실에 대한 소명에 관하여는 보증금의 공탁이나 선서로서 대신할 수 없다(민사집행법 제289조 2항).

(바) 제3자가 제공하는 담보

제3자가 제공하는 담보는 다음과 같다.

1) 제3자 이의의 소에 의한 집행의 정지·취소

가) 제3자 이의의 소

제3자 이의의 소란 집행의 목적물에 대하여 제3자가 소유권을 가지거나 목적물의 양도나 인도를 막을 수 있는 권리를 가진 때 그 제3자가 채권자를 상대로 자신의 권리를 침해하는 강제집행에 대하여 이의를 주장하고 집행의 배제를 구하는 소이다(민사집행법 제48조).

본래 강제집행은 채무자에 속하는 책임재산만을 대상으로 하여야 할 것이나 집행절차에 있어 집행기관은 목적물이 채무자의 책임재산에 속하는가 어떤가 하는 실질적 심사를 할 수가 없다. 민사집행법은 외관적 징표를 기준으로 집행을 할 수 있는바(외관주의) 이는 집행의 신속이 강하게 요청되기 때문이나 이렇게 되어서는 채무자의 책임재산에 속하지 아니하는 재산이나 채무자 이외의 제3자의 재산상 권리에 대하여 집행이 되고 이를 침해할 경우가 생긴다.

제3자 이의의 소는 모든 재산권을 대상으로 하는 집행에 대하여 적용된다. 강제집행에 의하여 실현되는 청구권의 종류는 묻지 아니한다.

집행기관이 집행관이건 집행법원이건 묻지 아니한다. 강제집행의 방법이 적법한 경우에는 물론 그 집행이 다른 이유로 집행절차상 위법이기 때문에 집행에 관한 이의를 신청할 수 있거나 항소를 제기할 수 있는 경우에도 제3자 이의의 소를 제기할 수 있다. 담보권의 실행을 위한 경매절차에서도 제3자 이의의 소를 제기할 수 있으며, 강제관리를 저지하는 권리를 주장하는 경우에도 준용된다(민사집행법 제168조).

제3자이의의 소는 강제집행을 전제로 하므로 강제집행 개시 후 종료 전에 한하여 제3자이의의 소를 제기할 수 있다(대판 1968.9.3. 68다1111, 대판 1996.11.22, 96다37176). 그러므로 강제집행 개시 전 또는 종료 후의 제3자이의의 소는 부적법한 것으로 각하된다.

나) 강제집행의 정지 및 집행처분의 취소

제3자이의의 소가 제기되어도 이미 개시된 강제집행은 당연히 정지되지는 않는다(민사집행법 제48조 3항, 제46조 1항). 다만, 민사집행법 제46조, 제7조의 규정을 준용하여 청구에 관한 이의의 소에서와 마찬가지로 강제집행의 정지와 이미 실시한 집행처분의 취소를 할 수 있도록 하고 있다(민사집행법 제48조 제3항).

2) 매수인의 신청에 의한 부동산관리명령으로서의 인도명령과 담보제공

강제경매에 있어서 매수인은 매각대금을 지급한 후가 아니면 그 부동산의 인도를 청구하지 못한다(민사집행법 제136조 1항). 매수인이 매각허가결정을 받은 후 대금을 지급하고 그 부동산의 인도를 받을 때까지 사이에 채무자인 그 부동산의 소유자의 법률상의 처분행위 또는 사실상의 행위에 의하여 그 부동산의 가치가 감소되어 매수인이나 채권자의 이익을 해할 염려가 있으므로, 매각허가결정이 있은 후 인도할 때까지 매수인이나 채권자의 신청이 있으면 법원이 관리인을 선임하여 그 관리인으로 하여금 그 부동산을 관리하게 하는 관리명령을 발할 수 있다(민사집행법 제136조 2항).

채무자가 관리인에게 매각부동산을 임의로 인도하지 아니하는 경우에는 관리인은 관리명령만 가지고서는 그 인도를 강제할 권한을 가지지 아니하므로 관리에 착수할 수 없다. 따라서 관리명령을 한 경우 부동산의 관리를 위하여 필요하면 법원은 매수인 또는 채권자의 신청에 따라 담보를 제공하게 하거나 제공하게 하지 아니하고 민사집행법 제136조 제1항의 규정에 준하는 명령(인도명령)을 할 수 있다(민사집행법 제136조 3항).

(3) 영업보증공탁

(가) 영업보증공탁의 의의

영업보증공탁은 거래의 상대방이 불특정다수인이고 거래가 광범하고 번잡하게 행해지므로 영업자의 신용이 사회일반에 대하여 보장되지 않으면 안 되는 영업이나, 기업의 규모의 내용이 주위의 토지·건물 등에 손해를 끼치는 것이 불가피한 산업에 관하여 그 영업거래상 채권을 취득하는 거래의 상대방이나 그 기업활동에 의하여 손해를 입을 피해자를 보호하기 위하여 특별히 인정되는 담보공탁제도(예 : 여신전문금융업법 제25조 제1항 ; 신탁업법 제16조 제1항 ; 부동산중개업법 제19조 제3항 ; 원자력손해배상법 제5조 제2항 ; 방문판매등에관한법률 제37조 등)이다.

(나) 영업보증공탁의 신청절차

1) 관할공탁소

영업보증공탁의 근거법령 등에 공탁소의 관할에 관한 규정이 있으면 그 공탁소에, 관할에 관한 규정이 없으면 그 공탁관계법령의 취지에 비추어 상당한 공탁소 또는 공탁을 명한 관공서 소재지 공탁소 중 공탁자가 임의로 정하여 공탁하면 된다.

여신전문금융업법상의 보증공탁은 선불카드를 발행한 신용카드업자의 본점 또는 주된 사무소 소재지의 공탁소(여신전문금융업법 제25조 제2항), 원자력손해배상법상의 보증공탁은 원자력사업자의 주사무소를 관할하는 공탁소(원자력손해배상법 제11조)에 공탁하여야 한다.

2) 공탁의 신청

영업보증공탁을 하려고 하는 사람은 2통의 공탁서(별지 제1-4호 양식)에 공탁규칙 제20조 제2항 각호의 사항을 기재하고 공탁자 기명·날인하여야 한다. 위 공탁서에는 공탁규칙 제21조의 규정에 의한 서면을 첨부하여야 한다.

영업보증공탁에 있어서 피공탁자는 영업자와의 거래에 의하여 채권을 취득한 자 또는 영업자의 사업활동에 의하여 손해를 입은 피해자이나, 이는 피담보채권이 구체적으로 발생한 때에 비로소 확정되는 것이므로 그때까지는 관념적 존재에 불과하므로, 공탁서의 피공탁자란은 두지 않는다.

3) 영업보증공탁의 공탁물

영업보증공탁의 공탁물은 각 영업보증공탁의 근거법령에서 정하여진다. 여신전문금융업법에 의한 공탁목적물은 현금, 한국증권거래소에 상장된 국채·공채, 사채, 한국증권거래소에서 상장된 후 3개월이 경과한 주권 또는 출자지분이다(동법 시행규칙 8조). 원자력 손해배상법에 의한 공탁목적물은 금전 또는 대통령령이 정하는 유가증권이다(동법 11조).

중개업자는 중개행위를 하면서 거래 당사자에게 손해배상책임을 부담하게 될 경우 그 책임의 보증으로 보증보험 또는 공제에 가입하거나 공탁을 하도록 규정되어 있으나(공인중개사의 업무 및 부동산 거래신고에 관한 법률 30조 3항), 공탁물의 종류에는 명확한 규정이 없다.

[제1-4호 양식]

금전공탁서(영업보증)

공탁번호	년금 제 호	년 월 일 신청	법령 조항	상법 377, 민소법 127, 122
공 탁 금 액	한글 오천만원	보관은행		은행 지점
	숫자 50,000,000원			

공 탁 자	성 명 (상호 명칭)	○○건설(주) 주주 김○○
	주민등록번호 (법인등록번호)	
	주 소 (본점,주사무소)	
	전 화 번 호	
공 탁 원 인 사 실		공탁자회사의 주주총회 결의에 대하여 동회사의 주주 김○○가 그 결의취소의 소를 제기함에 따라 동 회사의 청구에 의하여 법원이 명하는 위 금원을 공탁함.
관공서의 명칭과 건명(허가번호 등)		서울 ○○지방법원 2008카○○호 담보제공청구사건
비고(첨부서류 등)		□ 계좌납입신청

위와 같이 신청합니다.   ○○ 건설(주)   주소

주주 김○○○   전화번호

공탁자 성명   (인)   대리인 성명   (인)

위 공탁을 수리합니다.

공탁금을   년 월 일까지 위 보관은행의 공탁관 계좌에 납입하시기 바랍니다.

위 납입기일까지 공탁금을 납입하지 않을 때는 이 공탁 수리결정의 효력이 상실됩니다.

년   월   일

법원   지원 공탁관   (인)

(영수증) 위 공탁금이 납입되었음을 증명합니다.

년   월   일

공탁금 보관은행(공탁관)   (인)

1. 서명 또는 날인을 하되, 대리인이 공탁할 때에는 대리인의 성명, 주소(자격자대리인은 사무소)를 기재하고 대리인이 서명 또는 날인하여야 합니다. 전자공탁시스템을 이용하여 공탁하는 경우에는 날인 또는 서명은 공인인증서에 의한 전자서명 방식으로 합니다.
2. 공탁금 회수청구권은 소멸시효 완성으로 국고에 귀속될 수 있습니다.
3. 공탁서는 재발급 되지 않으므로 잘 보관하시기 바랍니다.

금전공탁서(영업보증)

공 탁 번 호	년금 제 호	년 월 일 신청	법령 조항	상법 176③ 민소법 127, 122
공 탁 금 액	한글 오천만원 숫자 50,0000,000원	보관은행	은행 지점	

공 탁 자	성 명 (상호 명칭)	○○○○(주) 대표이사○○○
	주민등록번호 (법인등록번호)	
	주 소 (본점,주사무소)	
	전 화 번 호	

공 탁 원 인 사 실	공탁자회사의 이해관계인 김○○로부터 공탁자 회사에 대한 회사 해산명령의 청구가 있으므로 동 회사의 청구에 의하여 법원이 명 하는 위 금원을 담보로 공탁함.
관공서의 명칭과 건명(허가번호 등)	서울중앙지방법원 2008카○○호 담보제공청구사건
비고(첨부서류 등)	1. 법인등기부등분 2. 담보제공명령서. 3. 위임장

위와 같이 신청합니다.   주소
      ○○○(주) 대표이사○○○   전화번호
    공탁자 성명   (인)   대리인 성명   (인)

위 공탁을 수리합니다.

공탁금을   년 월 일까지 위 보관은행의 공탁관 계좌에 납입하시기 바랍니다.

위 납입기일까지 공탁금을 납입하지 않을 때는 이 공탁 수리결정의 효력이 상실됩니다.

           년   월   일
          법원   지원 공탁관   (인)

(영수증) 위 공탁금이 납입되었음을 증명합니다.

           년   월   일
          공탁금 보관은행(공탁관)   (인)

(다) 영업보증공탁물의 출급

영업보증공탁물을 출급하려고 하는 사람은 2통의 공탁물출급청구서에 공탁규칙 제32조 제2항 각호의 사항을 기재하여 청구자가 기명·날인하여 이에 출급청구권을 갖는 서면을 첨부하여 제출하여야 한다.

영업보증 공탁시에는 아직 피공탁자(출급권자)가 확정되지 아니하므로, 해당 영업거래 등에 의하여 손해를 입었다고 하여 공탁물의 출급을 청구하려면 출급권자의 확정을 위하여 스스로가 자기에게 그 출급청구권이 있다는 것을 증명하여야 한다(공탁규칙 제33조 제2호)

출급청구권이 이미 발생했다는 것과 그 범위의 확정, 즉 공탁물에 대한 실체적 청구권의 확정을 위해서는 당해 영업자와의 영업상의 거래에 의하여 생긴 채권이라는 것을 청구권자가 증명하여야 한다.

여신전문금융업법에 의한 공탁은 금융감독위원회의 배당 등의 절차에 따른다(동법 제26조).

(라) 영업보증공탁물의 회수

영업보증공탁은 착오공탁(공탁법 제9조 2항 2호)이 아닌 한, 공탁의 원인이 소멸(공탁법 제9조 2항 3호)되어야 회수할 수 있다.

영업보증 공탁의 근거법령에 공탁물회수절차 등에 관한 규정이 없는 경우에는 영업자의 사업폐지 등을 원인으로 한 감독관청의 승인서 등을 공탁원인소멸을 증명하는 서면으로 첨부하여 공탁물을 회수청구하면 되고, 영업자가 사업을 폐지한 경우에는 감독관청의 승인 등으로 공탁원인소멸을 입증하고 공탁물을 회수청구하면 된다.

여신전문금융업법에 따라 공탁을 한 신용카드업자는 금융위원회의 승인을 받아 공탁물을 반환받을 수 있다(동법 제25조 4항).

신탁업법 제16조에 의한 영업보증공탁후 대공탁 및 부속공탁이 된 경우 신탁업법에 회수절차에 관하여 별도의 규정은 없으나 공탁법 제8조 및 공탁규칙 제32조에 의하면 공탁서 외에 공탁원인소멸에 관한 증명 내지 회수청구권을 갖는 것을 증명하는 서면을 첨부하여야 하므로 감독관청(금융감독위원회)의 승인서를 회수청구시 첨부하여야 할 것이다.

또한 대공탁금의 회수청구권자는 감독관청의 승인은 있으나 공탁서 원본이 없다면 보증지급 또는 최고지급의 방법으로 영업보증공탁의 변형물인 대공탁금을 회수할 수 있을 것이며, 부속공탁금은 공탁원인소멸과 무관하므로 감독관청의 승인서의 첨부를 요건으로 하지는 않고 기본공탁의 법정과실이므로 원칙적으로 영업보증공탁의 회수청구권자가 청구권을 가진다고 볼 것이다(2005.10.13. 공탁법인과-534 질의회답).

신탁업자가 「자본시장과 금융투자업에 관한 법률(2009.2.3. 법률 제9407호로 개정되기 전)」 제107조 제1항에 따라 영업보증공탁을 한 후 신탁업자의 자기자본 규제와 영업보증공탁이 중복되는 측면이 있다고 하여 위 규정이 삭제되어 공탁의무가 폐지된 경우, 신탁업자인 공탁자가 공탁물을 회수하고자 할 때 공탁원인소멸을 증명하는 서면으로 감독관청의 승인서를 첨부할 필요가 없다(2009.5.26. 사법등기심의관-1236).

(4) 납세담보공탁

납세담보공탁이라 함은 국세(국세징수법 제18조)나 지방세(지방세기본법 제87조)의 납세의 고지를 유예하거나 결정한 세액을 분할하여 고지하거나 그 징수를 유예할 때에 그 납부나 징수를 확보하기 위하여 납세자에게 일정한 담보를 제공하게 한 경우에 그 담보제공의 방법으로 금전이나 유가증권을 공탁하는 것을 말한다.

(가) 납세담보 · 납세담보공탁의 의의

납세담보라 함은 조세채권에 대하여 그 징수를 확보하기 위하여 납세자 등으로부터 제공받은 담보로서 납세자가 자금결핍 등으로 납세의무를 납부기한까지 이행하기가 곤란한 경우에 그 납세의무이행을 완화시켜 주기 위하여 또는 납세자가 납부기한까지 납세의무를 이행할 것을 기다릴 경우에는 종국적인 조세징수가 곤란하게 될 염려가 있을 때 등 조세징수확보를 위한 필요성에 의하여 인정된다(국세기본법 제29조).

납세담보공탁이란 국세나 지방세 등의 징수유예나 상속세 및 증여세의 연부연납 허가시 그 세금의 징수나 납부를 담보하기 위한 공탁을 말한다.

납세담보공탁은 각종 세법의 규정에 의하여 국세나 지방세의 납세의 고지를 유예하거나 결정한 세액을 분할하여 고지하거나 그 징수를 유예할 때에 그 납부나 징수를 확보하기 위하여 납세자에게 일정의 담보를 제공하게 한 경우에 그 담보제공의 방법으로 금전이나 유가증권을 담보로 제공하여 공탁하는 것이다. 이러한 납세담보공탁은 다음과 같은 것이 있다.

① 징수유예된 국세의 납세담보공탁(국세징수법 제18조, 국세기본법 제31조 1항)
② 징수유예된 지방세의 납세담보공탁(지방세기본법 제87조)
③ 상속세 또는 증여세의 연부연납 허가시 납세담보공탁(상속세 및 증여세법 제71조 1항).
④ 주세의 납세담보공탁(주세법 36조)
⑤ 특별소비세의 납세담보공탁(특별소지세법 제10조 5항)
⑥ 관세법에 의한 납세담보공탁(관세법 제24조) 등

(나) 납세담보의 종류

세법에 따라 제공하는 담보(이하 "납세담보"라 한다)는 다음 각 호의 어느 하나에 해당하는 것이어야 한다(국세기본법 제29조).

1. 금전
2. 「자본시장과 금융투자업에 관한 법률」 제4조 제3항에 따른 국채증권 등 대통령령으로 정하는 유가증권(이하 이 절에서 "유가증권"이라 한다)
3. 삭제 〈2011.12.31.〉
4. 납세보증보험증권
5. 「은행법」에 따른 은행 등 대통령령으로 정하는 자의 납세보증서
6. 토지
7. 보험에 든 등기·등록된 건물, 공장재단, 광업재단, 선박, 항공기 또는 건설기계

(다) 납세담보가액의 평가

납세담보의 가액은 다음 각 호의 구분에 따른다(국세기본법 제30조).

1. 유가증권: 대통령령으로 정하는 바에 따라 시가(時價)를 고려하여 결정한 가액
2. 삭제 〈2011.12.31.〉
3. 납세보증보험증권: 보험금액
4. 납세보증서: 보증금액
5. 토지·건물·공장재단·광업재단·선박·항공기·건설기계: 대통령령으로 정하는 가액

(라) 납세담보의 제공방법

1) 공탁 및 공탁영수증의 제출

금전이나 유가증권을 납세담보로 제공하려는 자는 이를 공탁(供託)하고 그 공탁수령증을 세무서장(세법에 따라 국세에 관한 사무를 세관장이 관장하는 경우에는 세관장을 말한다. 이하 같다)에게 제출하여야 한다. 다만, 등록된 유가증권의 경우에는 담보 제공의 뜻을 등록하고 그 등록확인증을 제출하여야 한다.

납세보증보험증권 또는 납세보증서를 납세담보로 제공하고자 하는 자는 그 보험증권 또는 보증서를 세무서장에게 제출하여야 한다(국세기본법 제31조 1항·2항).

2) 담보의 제공

세법에 의하여 납세담보를 제공하는 자는 별지 제10호 서식의 납세담보제공서를 제출하여야 하며, 동법 제31조 제2항에 규정하는 납세보증서는 별지 제11호 양식에 의한다(동규칙 제9조 1항·2항)

납세담보제공서

			처리기간
			7일

제공인	①성　　　명		②주민등록번호		③사 업 자 등록번호	
	④주소 또는 　영 업 소					
	⑤상　　　호				⑥전화번호	
납세자	⑦명칭(성명)		⑧주민등록번호		⑨사 업 자 등록번호	
	⑩주소 또는 　영 업 소				⑪전화번호	

담보제공에 관련된 국세내용

⑫세목	⑬연도기분	⑭국세	⑮가산금	⑯체납처분비	⑰계

⑱담보제공사유	
⑲담보의 명세	

국세기본법 제31조의 규정에 의하여　　　　　　　　　원에 대한 납세담보로 제공합니다.

　　　　　　　　　　　년　　　　　　월　　　　　일

　　　　　　　　　　　　　　제공인　　　　　　(서명 또는 인)

　　세무서장 귀하

구비서류 : 납세담보제공에 필요한 서류	수수료
이 용지는 무료로 배부합니다.	없음

납 세 보 증 서

납 세 보 증 인	①성 명		②주민등록번호		③생년월일	
	④주 소				⑤전화번호	
	⑥본 적					
납 세 자	⑦ 성 명		⑧주민등록번호		⑨사 업 자 등록번호	
	⑩주소 또는 영 업 소				⑪전화번호	
⑫보증한 총금액						

납세보증에 관련된 국세의 내용					
⑬세목	⑭연도기분	⑮국 세	⑯가산금	⑰체납처분비	⑱계

위 납세자가   년   월   일까지 위 국세 등을 완납하지 아니할 때에는 본인 책임하에 납부할 것을 보증합니다.

년   월   일

납세보증인   (서명 또는 인)

세무서장 귀하

구비서류 : 납세보증인의 인감증명서 ※비 고 1. 이 보증서는 국세기본법 제31조 제2항의 규정에 의한 것임. 2. 이 용지는 무료로 배부합니다. 이 용지는 무료로 배부합니다.	수수료
	없음

(마) 납세담보의 변경

납세담보를 제공한 자는 세무서장의 승인을 얻어 그 담보를 변경할 수 있다(국세기본법 제32조 1항).

세무서장은 국세기본법 제32조 제1항의 규정에 의하여 납세자가 이미 제공한 납세담보를 변경하고자 하는 경우에 다음 각호의 1에 해당하는 때에는 이를 승인하여야 한다(국세기본동법시행령 제15조 1항).

① 보증인의 납세보증서에 갈음하여 다른 담보재산을 제공한 때

② 제공한 납세담보의 가액이 변동으로 과다하게 된 때

③ 납세담보로서 제공한 유가증권 중 상환기간이 정하여진 것이 그 상환기에 이른 경우

(바) 납세담보의 보충(담보물의 추가제공, 보증인의 변경)

세무서장은 납세담보물의 가액 또는 보증인의 자력의 감소 기타의 사유로 그 납세담보를 국세·가산금과 체납처분비의 납부를 담보할 수 없다고 인정하는 때에는 담보를 제공한 자에 대하여 담보물의 추가제공 또는 보증인의 변경을 요구할 수 있다(동법 제32조 2항).

납세담보의 변경승인신청 또는 납세담보물의 추가제공이나 보증인의 변경요구는 문서로 하여야 한다(동법시행령 제15조 2항).

(사) 납세담보공탁물의 회수(납세담보의 해제)

세무서장은 납세담보의 제공을 받은 국세·가산금과 체납처분비가 납부된 때에는 납세담보된 공탁물에 관하여 지체없이 담보해제의 절차를 밟아야 한다(국세기본법 제34조). 납세담보의 해제는 그 뜻을 기재한 문서로 이를 제공한 자에게 통지하게 되어 있으므로(동법 시행령 제17조 1항), 공탁자는 이러한 서면을 첨부하여 담보원인이 소멸되었다는 것을 입증(공탁규칙 제32조2호)한 후 공탁된 금전 또는 유가증권 등을 회수청구한다.

유가증권 공탁서(변제 등)

공 탁 번 호		년증제 호		년 월 일 신청	법령조항	상속세및증여세법 71①③ 동령67④. 국세기본법29, 31①
공탁자	성 명 (상호 명칭)		피공탁자	성 명 (상호 명칭)		
	주민등록번호 (법인등록번호)			주민등록번호 (법인등록번호)		
	주 소 (본점,주사무소)			주 소 (본점,주사무소)		
	전화번호			전화번호		

공 탁 유 가 증 권					공탁원인사실	공탁자는 증여세로 부과된 금 5천만원을 납부하게 되었는 바 그 중 3천만원에 대하여는 ○○세무서장에게 연부연납의 신청을 하고자 그 담보로서 동액상당의 유가증권을 공탁함.
명 칭	국민주택채권			계		
장 수	○○매				1. 공탁으로 인하여 소멸할 질권, 전세권 또는 저당권 2. 반대급부 내용	
총 액 면 금	5천만원			5천만원		
액면금기호번호	10만원권 ○○회가1~50					
부 속 이 표					보관은행	○○은행 ○○지점
최 종 상 환 기					비 고	

위와 같이 신청합니다.　　　　대리인 주소　　　　　　　전화번호 :
　　공탁자 성명　　　　　㊞　　　　성명　　　　　　　㊞

위 공탁을 수리합니다.

공탁유가증권을　년 월 일까지 위 보관은행의 공탁관 계좌에 납입하시기 바랍니다.

위 납입기일까지 공탁유가증권을 납입하지 않을 때는 이 공탁의 수리결정의 효력이 상실됩니다.

　　　　　　　　　　　　　　년　　　월　　　일
　　　　　　　　　　법원　　　지원 공탁관　　　　　　㊞

(영수증) 위 공탁유가증권이 납입되었음을 증명합니다.

　　　　　　　　　　　　　　년　　　월　　　일
　　　　　　　　　공탁금 보관은행(공탁관)　　　　　㊞

4. 담보제공결정

소송비용의 담보에 있어서 피고의 담보제공신청이 있으면(민사소송법 제117조), 법원은 결정으로 담보액과 담보제공의 기간을 정하여 담보의 제공을 명한다(민사소송법 제120조 1항).

민사집행법 제280조 제2항, 제3항은 가압류에 관하여 청구채권이나 가압류의 이유가 소명되지 아니한 때에도 법원은 보전처분이 필요하다고 판단되면 채무자의 손해에 대한 담보를 제공하게 하고 가압류를 명할 수 있으며, 소명이 있는 때에도 법원은 필요에 따라 담보를 제공하게 하고 가압류를 명할 수 있다고 규정하고, 위 규정은 민사집행법 제301조에 의하여 가처분에 준용되고 있다.

가집행의 담보나 가집행을 면제받기 위한 담보의 경우에는 반드시 판결주문에 담보액이 표시되며, 담보의 제공이 정지조건으로 되는 것이므로 담보제공의 기간을 정할 필요가 없다.

담보로서 유가증권의 공탁을 인정하는 때에는 그 종류와 수량을 명시함이 바람직하나 실제에 있어서 공탁을 명하는 법원은 가압류·가처분 등을 신청하는 채권자가 어떤 종류의 유가증권을 보유하고 있는지를 알 수가 없으므로, 실무상으로는 채권자가 가압류·가처분을 신청하면서 그 신청서의 말미에 "공탁금을 다음과 같은 유가증권으로 공탁하고자 하오니 허가하여 주시기 바랍니다"라고 기재하고, 그 유가증권을 특정한 별지목록, 그 사본 및 증권거래소의 시세표를 첨부하는 것이 보통이다.

5. 담보제공의 방법

담보의 제공은 금전 또는 법원이 인정하는 유가증권을 공탁(供託)하거나, 대법원규칙이 정하는 바에 따라 지급을 보증하겠다는 위탁계약을 맺은 문서를 제출하는 방법으로 한다. 다만, 당사자들 사이에 특별한 약정이 있으면 그에 따른다(민소법 제122조).

🔍 판례

담보제공자 발행의 당좌수표로 변환하는 것이 허용되는지 여부(소극)

본래의 현금공탁에 대신하여 공탁담보물의 변환을 구하는 담보제공자 발행의 당좌수표는 금융기관 발행의 수표와는 달리 그 지급 여부가 개인의 신용에 의존하는 것으로서 환가가 확실하다고 볼 수 없으므로 공탁할 유가증권이 되기에 적절하지 못하다(대결 2000.5.31., 2000그22).

(1) 현금공탁에 의한 담보제공

담보를 제공할 의무는 법원의 담보제공을 명하는 재판에 의하여 구체화되므로 이러한 담보제공명령이 있어야만 공탁을 할 수 있다. 담보제공명령은 법원의 직권으로 하며 담보액과 담보제공의 기간을 정하여야 한다. 담보제공명령은 집행정지결정, 가압류, 가처분결정 등 재판이 있기 전에 미리 독립한 결정으로 하는 방법(담보제공명령 또는 공탁명령), 가집행의 선고가 있는 판결이나 집행정지결정, 가압류, 가처분결정 등의 재판에 포함시켜 하는 방법이 있다.

전자의 경우에는 『신청인은 담보로 이 명령을 고지받은 날로부터 ○일 이내에 ○○원을 공탁할 것을 명한다』라고 하고 후자의 경우에는 『신청인이 담보로 ○○원을 공탁할 것을 조건으로(또는 …공탁한 때에는)…』라고 하는 것이 통례이다.

당사자가 복수인 경우에는 피담보채권이 가분인가 불가분인가를 고려하여 각별로 또는 공동으로 담보를 제공할 것을 명한다. 예컨대, 『신청인 갑은 ○○원, 같은 을은 ○○원 …』, 『피신청인 갑을 위하여 ○○○원, 같은 을을 위하여 ○○○원 …』, 『신청인들은 공동으로 ○○○원 …』라고 함과 같다. 각별 또는 공동의 명시가 없는 때에는 담보권리자가 복수인 경우에는 준공유와 마찬가지의 관계가 생기고 담보제공자가 복수인 경우에는 균등한 비율에 의하여 각별로 제공하도록 한 것으로 보아야 할 것이다(법원실무제요 : 민사집행 I 권, pp. 127~128).

(2) 유가증권 공탁에 의한 담보제공

담보로서 유가증권의 공탁을 인정하는 때에는 그 종류와 수량을 명시한다. 예컨대, 장기신용채권 제 ○ 호 액면 ○○○원권 ○○장 등과 같다.

담보제공명령에 구체적으로 유가증권의 종류, 수량 등이 지정되어 있지 아니하면 담보제공자는 민사소송법 제126조의 담보물변경 절차를 유추하여 공탁 전에 담보제공명령을 한 법원 또는 공탁서를 제출할 법원에 신고하여 그 종류 수량의 지정을 받아 공탁하여야 한다. 실무상으로는 국채나 공채가 주로 지정되고 있으나 반드시 이에 한하는 것은 아니다. 그러나 시세의 변동이 심한 주권과 같은 것은 피하는 것이 좋다. 그 가액은 액면가가 아니라 시장가격을 기준으로 하여 공탁할 수량을 정한다(위 민사집행1권, p. 129).

(3) 지급보증위탁계약체결문서의 제출에 의한 담보제공

민사소송법 제122조의 규정에 따라 지급보증위탁계약을 맺은 문서를 제출하는 방법으로 담보를 제공하려면 미리 법원의 허가를 받아야 한다(민소규 제22조 제1항).

민사소송규칙 제22조 제1항의 규정에 따른 지급보증위탁계약은 담보제공명령을 받은 사람이 은행법의 규정에 따른 금융기관이나 보험회사(다음부터 이 모두를 "은행등"이라 한다)와 맺은 것으로서 다음 각호의 요건을 갖춘 것이어야 한다(민소규 제22조 제2항).

1. 은행등이 담보제공명령을 받은 사람을 위하여, 법원이 정한 금액 범위 안에서, 담보에 관계된 소송비용상환청구권에 관한 집행권원 또는 그 소송비용상환청구권의 존재를 확인하는 것으로서 확정판결과 같은 효력이 있는 것에 표시된 금액을 담보권리자에게 지급한다는 것
2. 담보취소의 결정이 확정될 때까지 계약의 효력이 존속된다는 것
3. 계약을 변경 또는 해제할 수 없다는 것
4. 담보권리자가 신청한 때에는 은행등은 지급보증위탁계약을 맺은 사실을 증명하는 서면을 담보권리자에게 교부한다는 것

보증서의 제출에 의한 담보제공명령은 담보제공의무자가 사건신청(예 : 가압류신청)의 서면에 또는 사건신청 후 별개의 신청서로 법원에 보증서의 제출에 의한 담보제공의 허가신청을 한 때에 이를 할 수 있다(민사소송규칙 제22조 1항 ; 송민 90 – 3).

(4) 담보제공 또는 공탁증명서의 제출

담보의 제공은 금전 또는 법원이 인정하는 유가증권을 공탁하거나 대법원규칙이 정하는 바에 따라 지급보증위탁계약을 맺은 문서를 제출하는 방법에 의한다(민집 제19조 2항, 민소 제122조).

지급보증위탁계약을 맺은 문서를 제출하는 방법으로 담보를 제공하려면 미리 법원의 허가를 받아야 한다(민소규 제22조 제1항). 다만, 부동산·자동차 또는 채권에 대한 가압류신청을 하는 때에는 미리 은행 등과 지급보증위탁계약을 맺은 문서를 제추하고 이에 대하여 법원의 허가를 받는 방법으로 할 수 있다(민집규 제204조).

공탁관이 공탁신청을 수리하면 공탁자는 공탁관으로부터 공탁서 1통을 교부받은 다음 공탁물을 첨부하여 공탁물보관자에게 제출하며, 공탁물보관자로부터 공탁물을 납

입받았다는 취지가 기재된 공탁서를 수령하여 담보제공을 명한 법원에 제출한다.

6. 재판상 담보공탁금의 지급청구절차

(1) 담보권리자의 담보권실행방법

(가) 직접 출급 청구

1) 공탁공무원은 재판상 담보공탁의 피공탁자(담보권리자)가 공탁원인 사실에 기재된 피담보채권이 발생하였음을 증명하는 서면을 제출하여 공탁금을 출급청구(청구서에 회수청구라고 기재한 때에도 출급청구한 것으로 본다)한 경우에는 공탁금을 피공탁자에게 교부한다. 그러나, 담보취소결정정본 및 확정증명이 이미 제출된 경우에는 그러하지 아니한다.

2) 피담보채권에 관한 확정판결(이행판결과 확인판결을 모두 포함), 이에 준하는 서면(화해조서, 조정조서, 공정증서 등) 또는 공탁자의 동의서(인감증명서 첨부)는 특별한 사정이 없는 한 피담보채권이 발생하였음을 증명하는 서면으로 본다.

3) 금전 및 이에 대한 완제일까지의 지연손해금의 지급을 명한 판결이나 건물명도 및 그 명도시까지의 차임 상당액의 지급을 명한 가집행선고부 판결에 대한 강제집행정지를 위하여 담보공탁을 한 경우, 그 가집행이 지연됨으로 인한 손해에는 반대의 사정이 없는 한 집행의 정지 효력이 있는 기간 내에 발생된 지연손해금이나 차임 상당의 손해가 포함되므로, 이에 관한 지급을 명한 확정판결 부분은 강제집행정지를 위한 담보공탁의 피담보채권이 발생하였음을 입증하는 서면이 된다(대법원 2000.1.14. 선고 98다24914 판결 참조).

4) 공탁공무원은 피공탁자가 제출한 서면이 담보공탁의 피담보채권이 발생하였음을 증명하는 서면에 해당하는지 여부를 신중히 판단하여야 하며, 피공탁자가 출급청구한 금액 중 일부에 관하여 피담보채권이 발생된 것으로 인정되는 경우에는 그 범위 내에서 출급청구를 수리하되, 피담보채권이 발생하였는지 여부가 명확하지 아니한 경우에는 출급청구를 수리하지 아니한다.

(나) 질권실행을 위한 압류 등

공탁공무원은 담보공탁의 피공탁자가 피담보채권에 터잡아 「민사집행법」 제273조에서 정한 채권에 대한 강제집행절차에 따라 공탁자의 공탁금회수청구권을 압류하고 추심명령이나 확정된 전부명령을 얻어 공탁금 출급청구(청구서의 표시를 회수청구라고 기재한 때에도 같다)한 경우에도 공탁물을 피공탁자에게 교부한다.

이 경우에, 피공탁자는 공탁금출급청구서와 함께 질권(담보권) 실행을 위한 압류명령 정본, 추심명령 또는 전부명령 정본, 위 명령의 송달증명, 전부명령에 관한 확정증명을 제출하여야 한다(담보권실행의 신청을 할 때 담보권의 존재를 증명하는 서류를 제출하므로 따로 담보취소결정을 받을 필요는 없음).

(2) 담보취소에 기초한 공탁금 회수청구

담보권리자가 공탁자에 대한 집행권원(피담보채권 자체를 집행권원으로 한 경우도 포함)에 기초하여 일반 강제집행절차에 따라 공탁자의 공탁금회수청구권을 압류하고 추심명령 또는 전부명령을 얻어 공탁금 회수청구를 하는 경우에는, 공탁금회수청구서와 함께 담보취소 결정정본 및 확정증명, 질권(담보권) 실행이 아닌 일반 강제집행절차에 의한 압류명령 정본, 추심명령 또는 전부명령 정본, 위 명령의 송달증명, 전부명령에 관한 확정증명을 제출하여야 한다.

재판상 담보공탁의 담보권리자가 공탁금회수청구권을 압류하고 추심명령이나 확정된 전부명령을 받은 후 담보취소결정을 받아 공탁금회수청구를 하는 경우, 그 담보공탁금의 피담보채권을 집행채권으로 하는 것인 이상, 담보권리자의 위와 같은 담보취소신청은 어디까지나 담보권을 포기하고 일반 채권자로서 강제집행을 하는 것이 아니라 오히려 적극적인 담보권실행에 의하여 그 공탁물회수청구권을 행사하기 위한 방법으로 보는 것이 타당하다. 따라서 이는 담보권의 실행방법으로 인정되고, 이 경우 그에 선행하는 일반 채권자의 압류 및 추심명령이나 전부명령으로 이에 대항할 수 없다. 한편 가집행선고부 판결에 대한 강제집행정지를 위하여 공탁한 담보는 강제집행정지로 인하여 채권자에게 생길 손해를 담보하기 위한 것이고 정지의 대상인 기본채권 자체를 담보하는 것은 아니므로, 채권자는 그 손해배상청구권에 한하여서만 담보권을 가질 뿐 기본채권에까지 담보적 효력이 미치는 것은 아니다(대판 2021.11.11. 2018다250087, 배당이의].

(3) 압류의 경합 및 사유신고 등

가) 공탁공무원은 공탁자의 채권자 등이 공탁자의 공탁금회수청구권에 대하여 일반 강제집행절차에 따라 한 압류가 경합된 경우(「공탁공무원의 사유신고에 관한 업무처리지침」 1. 가. 참조. 이하 같다), 공탁원인의 소멸을 증명하는 서면(담보취소결정정본 및 확정증명)이 제출된 때에 먼저 송달된 압류명령의 집행법원에 사유신고를 한다.

나) 공탁자의 채권자가 공탁자의 공탁금회수청구권에 대하여 일반 강제집행 절차에 따라 (가)압류하였거나, 공탁자의 공탁금회수청구권이 제3자에게 양도된 경우에도, 피공탁자가 제4항의 절차에 따라 담보권을 실행하면 피공탁자에게 공탁금을 지급한다. 그러나, 담보취소결정정본 및 확정증명이 이미 제출된 경우에는 그러하지 아니하다.

다) 피공탁자가 담보권을 실행함으로써 가지게 되는 공탁금출급청구권에 대하여 피공탁자의 채권자가 (가)압류한 때에는{(가)압류 채권목록의 기재를 피공탁자가 담보권을 실행함으로써 갖는 공탁금회수청구권으로 한 경우도 같다}, 피공탁자가 제4항의 절차에 따라 공탁금 출급청구(청구서의 표시를 회수청구라고 한 때에도 같다)를 하더라도 피공탁자에게 공탁금을 지급하지 아니한다.

라) 공탁공무원은 위 다.항의 공탁금출급청구권에 대하여 압류가 경합된 경우에는 제4항에 의한 담보권 실행 요건을 갖춘 때(즉, 출급청구권 입증서면이 제출되거나 질권실행을 위한 압류 및 현금화명령이 효력을 발생한 경우)에 먼저 송달된 압류명령의 집행법원에 사유신고를 한다.

7. 담보취소

(1) 담보취소의 의의

담보취소란 담보권의 실행의 경우에 대응하는 것으로서 담보제공자(공탁자)가 담보의 필요(사유)가 소멸된 경우 제공한 담보를 반환받는 절차를 말한다. 민사소송법은 담보제공자가 담보의 사유가 소멸된 것을 증명한 때, 또는 담보권리자의 동의가 있음을 증명한 때에는 법원은 신청에 의하여 담보취소의 결정을 하여야 한다고 규정하여(민사소송법 제125조 1항·2항) 반드시 법원의 결정을 거치도록 하고 있다. 이 규정은 강제집행절차상의 담보에 있어서도 준용되고(민사집행법 제19조 3항), 실제상에 있어서도 소송비용의 담보취소에 있어서보다 집행절차상의 담보(이른바 보증공탁(保證

供託))의 경우에 준용된다.

(2) 담보취소신청

채권자가 제공한 담보는 채권자가 법원으로부터 담보취소결정을 받아 다시 찾을 수 있다(민소 법 제125조). 담보제공자의 담보물회수청구권에 대한 양수인이나 추심 또는 전부채권자와 같은 특정승계인에게도 담보취소신청권이 있고, 담보제공자의 일반 채권자가 채권자대위권의 요건을 갖춘 경우 담보취소신청을 할 수 있다.

(가) 신청인

담보취소신청을 할 수 있는 자는 담보를 제공한 자 또는 그 승계인이다. 승계인은 포괄승계인은 물론 담보물반환청구권(즉 공탁물회수청구권)의 양수인 및 압류·전부·추심명령을 받은 자와 같은 특정승계인을 포함한다. 승계인 또는 대리인이 신청하는 경우에는 신청권 있음을 증명하기 위하여 호적등본, 등기부등본 또는 초본, 담보물반환청구권의 양도증이나 양도통지서, 압류·전부명령의 등본 및 송달보고서, 위임장 등을 제출하여야 한다.

담보취소신청사건은 담보제공을 명한 법원의 전속관할에 속한다(민사소송규칙 제23조 1항 ; 대법원 1967.5.29, 67마317 결정). 신청에는 1,000원 정액의 인지를 첨부하고(민사소송인지법 제9조 4항 ; 송민 91－1), 송달료(2인) 12,080원을 납부하며 신청사건(카담)으로 처리하여 신청사건부에 등재한다.

(나) 전부채권자의 대위담보취소신청

가압류의 보증공탁물에 대한 회수청구권에 대하여 채권압류 및 전부명령을 받았다고 하더라도 민사소송법 제125조 제1항, 제115조의 규정에 의한 담보취소결정을 받아야만 그 담보인 공탁물에 대하여 회수청구할 수 있는 것이며, 담보취소의 여부는 담보취소신청사건을 심리하는 해당 법원이 담보취소의 법정요건에 관하여 심리한 뒤 결정할 문제이다(1988.3.21, 법정 제313호; 1988.12.30, 법정 제1676호).

(다) 대위담보취소신청시 채무자의 동의서, 인감증명, 항고권포기서의 첨부 여부

현행 실무는 담보취소신청인의 자격과 담보권리자의 자격을 별개로 보아 담보권리자인 채무자의 동의서, 항고권포기서는 이를 징구하고 다만 인감증명은 굳이 이를 징구할 필요가 없다 하여 이를 징구하지 아니하고 있으나, 동일인이 단지 담보취소신청인과 피신청인의 지위를 겸유할 뿐이므로 담보취소신청행위 자체에 담보권리자로서의

동의가 포함되어 있는 것으로 보아 별도의 동의서나 항고권포기서는 징구하지 않기로
한다(보전처분의 실무, 상권 206면, 윤경저).

(라) 담보취소신청사건의 관할법원

구 민사소송법 제475조 제3항, 제115조(현행법 125조)에 의한 담보취소신청사건은
담보제공을 명한 법원의 전속관할에 속하므로 전속관할법원 아닌 법원에 위 사건이
접수된 때에는 전속관할법원에 이를 이송하여야 한다(대법원 1967.5.27. 67마317, 19
81.10.7. 80카54).

민사소송법 제125조의 규정에 따른 담보취소신청사건과 법 제126조의 규정에 따른
담보물변경신청사건은 담보제공결정을 한 법원 또는 그 기록을 보관하고 있는 법원이
관할한다(민사소송규칙 제23조 제1항).

(3) 담보취소의 요건

채권자가 제공한 담보는 채권자가 법원으로부터 담보취소결정을 받아 이를 회수할
수 있다(민사소송법 제502조, 제125조). 담보취소의 요건으로는 ① 담보사유의 소멸
(민사소송법 제125조 1항), ② 담보권리자의 동의(동조 2항) 및 ③ 권리행사최고 기간
의 만료(동조 3항)를 들 수 있다.

(가) 담보사유의 소멸(채권자의 본안승소판결의 확정)

1) 담보의 사유가 소멸되었다 함은 담보를 제공함으로써 잠정적으로 허용되었던 담
보제공자의 행위가 이후의 절차에서 그에게 유리하게 확정되었기 때문에 담보제공의
필요성이 없게 되는 것을 말한다.

담보를 제공할 원인이 부존재하거나 장래 손해발생의 가능성이 없는 경우로서 채권
자가 본안의 승소판결을 얻은 때가 이에 해당한다.

2) 법원이 가처분채무자의 이의신청에 의하여 민사소송법 제715조와 제704조 제3
항에 따라 종국판결로 가처분의 취소를 선고하면서 적당한 담보를 제공할 것을 명한
경우에, 그 제공된 담보가 가처분의 취소 자체로 인하여 가처분채권자가 입을 손해를
담보하기 위한 것이고 가처분을 취소하는 재판이 부당한 것으로 판명되는 경우에 한
하여 그로 인하여 가처분채권자가 입게 될 손해만을 담보하는 것이 아닌 때에는 가처
분을 취소하는 판결이 확정되었다는 이유만으로 담보의 사유가 소멸된 것으로 보아

담보취소의 결정을 할 수는 없다(대법원 1992.12.22, 92마782 결정).

3) 가처분명령 후 집행기간의 도과(대법원 1967.12.29, 67마1009 결정), 가처분집행불능 후 가처분신청의 취하(대법원 1981.12.22, 81마290 결정)만으로는 담보사유가 소멸되지 아니한다.

4) 소액사건심판법 제5조의7 제1항에서는 확정된 이행권고결정도 확정판결과 같은 효력을 가진다고 규정하고 있으므로, 이행권고결정이 확정된 경우에도 본안승소의 확정판결을 받은 것과 같이 담보사유가 소멸되었다고 해석함이 상당하다(대법원 2006. 6.30, 2006마257 결정).

🔍 판례

민사집행법 제23조에 의하여 가압류를 위한 담보에도 준용되는 민사소송법 제125조 제1항에서 담보의 취소사유로 규정하고 있는 담보사유가 소멸된 것이란 그 담보를 제공할 원인이 부존재인 경우는 물론이고 그 후 담보의 존속을 계속시킬 원인이 부존재하게 된 경우 또는 장래에 있어서 손해발생의 가능성이 없게 된 경우 등을 의미하는 것으로서, 가압류 채권자가 본안소송에서 승소의 확정판결을 얻은 것과 같이 이미 집행된 가압류 등 보전처분의 정당성이 인용됨으로써 손해가 발생되지 아니할 것이 확실하게 된 경우도 이에 해당한다고 할 것인바, 소액사건심판법 제5조의7 제1항에서는 확정된 이행권고결정도 확정판결과 같은 효력을 가진다고 규정하고 있으므로, 이행권고결정이 확정된 경우에도 본안승소의 확정판결을 받은 것과 같이 담보사유가 소멸되었다고 해석함이 상당하다(대법원 2006.6.30, 2006마257 결정).

(나) 담보권리자(채무자)의 동의

담보취소에 대한 채무자의 동의는 담보권의 포기를 뜻하므로 담보취소사유로 하였다. 담보제공자는 담보취소에 관한 담보권리자의 동의를 얻은 것을 증명하여 담보취소의 신청을 할 수 있다(민사소송법 제125조 2항). 동의의 증명은 서면에 의하는 것이 실무상의 취급예이다(본안에서 재판상 화해가 성립되고 화해조항으로서 담보취소에 동의하고 담보취소결정에 대한 항고권을 포기한다는 기재가 있으면 그 화해조서가 증명으로 인정된다).

담보권리자의 동의는 공탁물에 대한 권리의 포기라고 인정되므로 동의가 있는 이상법원은 본안사건종료 전이라 하더라도 담보취소결정을 할 수 있다. 담보취소의 동의는 담보의 전부에 관하여 함이 보통이겠지만 담보의 일부에 관한 동의도 허용되므로, 이 경우에는 담보의 일부 취소결정을 할 수 있다.

채무자가 채권자의 공탁금회수청구권을 압류 및 추심 또는 전부받아 담보취소를 대위신청하는 경우에는 담보권리자와 담보취소신청인이 동일인이므로 별도의 동의서나 항고권포기서를 제출할 필요는 없다.

(다) 권리행사최고기간의 만료

민사소송법 제115조에 의하여 담보제공자가 담보의 사유가 소멸된 것을 증명하거나 담보권리자의 동의 있음을 증명한 때에는 법원은 신청에 의하여 담보취소의 결정을 하여야 하고, 소송완결 후 담보제공자의 신청이 있는 때에는 법원은 담보권리자에 대하여 일정한 기간 내에 그 권리를 행사할 것을 최고하고, 담보권리자의 동의가 있는 것으로 간주하는 것인바, 이 경우 담보권리자의 권리행사는 담보의무자에 대하여 소송의 방법으로 하여야 하는 것이다(대법원 1978.10.26. 78마263 결정). 소송완결 후 담보제공자의 신청이 있는 때에는 법원은 담보권리자에 대하여 일정한 기간 내에 그 권리를 행사할 것을 최고하고, 담보권리자가 그 행사를 하지 아니하는 때에는 담보취소에 대한 담보권리자의 동의가 있는 것으로 간주한다(민사소송법 제125조 3항).

1) 소송의 완결

'소송의 완결'이라 함은 담보권의 객체인 피담보채권(소송비용상환청구권 또는 손해배상청구권)이 확정되고, 그 액의 산정에 장애가 없어진 상태를 말한다. 소송비용의 담보에 있어서는 소송절차가 종결되어 소송비용부담의 재판이 내려진 경우에 소송이 완결된다. 소송의 완결은 보전소송절차가 완결되어 더 이상 손해액이 증가할 염려가 없는 것을 말하며, 본안의 소가 제기된 때에는 그 본안소송도 완결되어야 한다(대결 1969.12.12. 69마967, 대결(전) 2010.5.20. 2009마10731).

2) 권리행사의 최고

권리행사최고는 신청에 의하여 법원이 담보권리자에게 한다. 권리행사최고 신청에는 1,000원의 인지를 첨부하여야 하며, 최고서를 송달할 비용을 예납하여야 하고, 법원은 이를 담보취소신청 사건과는 별개의 신청사건(카담)으로 접수한다. 법원은 사건이 완결되었는가의 여부를 조사하고, 완결되었다고 인정되는 경우에는 다음 양식의 최고서(재문양 2-153)를 작성하여 송달하고, 그 사본을 기록에 편철하여 놓는다. 권리행사기간은 1주일 내지 2주일 정도가 보통이다. 담보권리자의 주소불명 등 공시송달의 요건이 있는 때에는 신청에 의해 공시송달할 수 있다.

○ ○ ○ ○ **법 원**

최 고 서

사   건   2001카담○○   권리행사최고
신 청 인   ○   ○   ○
피신청인   ○   ○   ○

　피신청인은 위 당사자 사이의 이 법원   ②2001카○○ 사건에 관하여 신청인이 그 담보로 공탁한 금 ○○○원에 대하여 이 최고서를 송달받은 날로부터 ○일 안에 담보권리자로서의 권리를 행사하시기 바랍니다.

　그 권리를 행사하였으면, 그 뜻을 이 법원에 제출하시기 바랍니다.

2001.   .   .

판사 ○ ○ ○ (인)

주 : 피신청인은 위 기간 내에 그 권리에 관하여 소제기, 지급명령신청 또는 화해신청 등
　　권리를 행사한 경우에는 그 증명서를 이 법원에 제출하여야 하며, 그렇지 않으면 위
　　담보취소에 동의한 것으로 간주처리됩니다.

주 : ① 이는 권리행사최고신청 사건의 사건번호이다.
　　② 이는 담보를 명한 사건의 사건번호이다.

3) 담보권리자의 권리불행사

　권리행사는 피담보채권 자체에 대한 재판상의 청구이어야 한다. 피담보채권에 대한 소의 제기, 지급명령, 제소전화해신청 등이 이에 해당한다. 소송비용의 담보의 경우에는 소송비용액확정 신청이 권리행사가 될 것이다. 권리행사기간 내에 일단 담보권리자에 의한 소의 제기가 있었으나, 그 후 그 소가 취하되거나 취하간주되어 그 기간이 경과하면 담보권리자가 담보취소에 동의한 것으로 간주함이 상당하다(이와는 반대로 소의 취하 후에 담보제공자가 다시 권리행사를 최고하여야 한다는 견해도 있음). 최

고에서 정한 권리행사기간 내에 권리를 행사하지 않았더라도 담보취소결정을 하기 전에 권리행사를 한 사실을 증명하면 담보취소결정을 할 수 없다.

담보취소신청(신청인의 본안승소판결의 확정)

신 청 인 ○ ○ ○
        주소
피신청인 ○ ○ ○
        주소

위 당사자간 귀원 2008카1234호 ○○○가압류(가처분) 신청사건에 관하여 신청인은 동 가압류(가처분)를 위한 보증으로 귀원 공탁관에게 ○년 금 제775호로 금 ○○원을 공탁하였으나 신청인이 제기한 이건에 관련한 ○○청구의 본안소송사건은 귀원(혹은, ○○법원) 2008가단1016호로써 2008. ○. ○ 판결선고되어 이미 확정되어 공탁사유가 소멸하였으므로 담보취소결정을 신청합니다.

첨 부 서 류

1. 판결등본
1. 판결확정증명

2008. . .

위 신청인 ○ ○ ○ (인)

○○법원 귀중

담보취소신청(피신청인의 동의)

신 청 인 ○ ○ ○
          주소
피신청인 ○ ○ ○
          주소

　위 당사자간 귀원 2008카1234호 ○○○가압류(가처분) 신청사건에 관하여 신청인은 동 가압류(가처분)를 위한 보증으로 귀원 공탁관에게 2008년 금 제○○○호로 금 ○○원을 공탁한바 있었으나 담보권리자인 피신청인으로부터 담보취소의 동의를 받았기에 이의 취소결정을 신청합니다.

첨 부 서 류

1. 동의서
1. 항고권포기서

2008.   .   .

위 신청인 ○ ○ ○ (인)

○○법원 귀중

동 의 서

신 청 인   ○ ○ ○
피신청인   ○ ○ ○

　위 당사자간 귀원 2008카1234호 ○○○가압류(가처분) 신청사건에 관하여 신청인이 2008.　.　. 귀원 공탁관에게 2008년금 제○○○호 금 ○○원을 공탁한 담보취소신청에 피신청인은 동의합니다.

첨 부 서 류

1. 피신청인의 인감증명서

20　　.　.　.

위 피신청인　○　○　○ (인)(인감)

○○법원　귀중

항 고 권 포 기

신 청 인   ○ ○ ○
피신청인   ○ ○ ○

　위 당사자간 귀원　　카담○○호 담보취소신청사건에 관하여 귀원이 결정한 담보취소결정에 대한 즉시 항고권을 포기합니다.

20　　.　.　.

피신청인　○　○　○ (인)(인감)

○○법원　귀중

담보취소신청(권리행사기간도과)

신 청 인   ○   ○   ○
          주소
피신청인   ○   ○   ○
          주소

  위 당사자간 귀원 2008카1000호 ○○○가압류(가처분) 신청사건에 관하여 신청인은 동 가압류(혹은, 가처분)를 위한 보증으로 귀원 공탁관에게 2008년금 제○○○호로 금 ○○원을 공탁하였으나 위 가압류(혹은, 가처분) 본안사건 귀원 2008가단1234호 ○○청구사건은 신청인의 패소판결로 확정되었는 바 신청인의 권리행사최고 신청에 의하여 귀원 2008카3210호로 피신청인에게 권리행사를 최고하였음에도 소정기한 2008.   .   .까지 권리행사를 하지 않고 있으므로 이건 담보사유는 소멸되어 담보취소 신청합니다.

첨 부 서 류

 1. 권리행사최고서등본

20   .   .   .

위 신청인   ○   ○   ○ (인)

○○법원 귀중

담 보 취 소 신 청(가압류취하)

신 청 인 ○ ○ ○
           주소
피신청인 ○ ○ ○
           주소

  위 당사자간 귀원 2008카1234호 ○○○가압류(가처분) 신청 사건에 관하여 신청인은 동 가압류(가처분)를 위한 보증으로 귀원 공탁관에게 ○년금 제4567호로 금○○원을 공탁하고 가압류(가처분) 결정을 받아 집행에 임하였던 바 피신청인에게는 집행할 만한 ○○○이 없어서 (혹은, ……으로 인하여) 집행불능되어 이를 취소하였으므로 담보취소결정을 하여 주시기 바랍니다.

첨 부 서 류

1. 집행불능조서
1. 취하접수증명원

20 . . .

피신청인 ○ ○ ○ (인)

○○법원 귀중

담 보 취 소 신 청(전부채권자)

신 청 인 ○ ○ ○
　　　　　주소
위 승계인 ○ ○ ○
　　　　　주소
피신청인 ○ ○ ○
　　　　　주소

　위 당사자간 귀원 2008카4567호 ○○○가압류(가처분) 신청 사건에 관하여 신청인이 동 가압류(가처분)를 위한 보증으로 귀원 공탁관에게 ○년금제123호로 금 500,000원을 공탁중인 바, 승계인은 이건 공탁물반환청구권을 압류하고 전부명령을 받아 신청인의 지위를 승계하였습니다.

　그런데 이 가압류(가처분) 사건의 본안소송 귀원 2008가합567호 ○○청구의 소는 신청인의 승소판결이 선고되고 동 판결은 이미 확정되어 공탁사유가 소멸하였으므로 담보취소결정하여 주시기 바랍니다.

첨 부 서 류

1. 채권압류 및 전부명령등본
1. 판결등본
1. 판결확정증명

20   .   .   .

위 신청인 ○ ○ ○ (인)
승계인 ○ ○ ○ (인)

○○법원 귀중

(라) 담보취소신청에 대한 재판

법원은 신청이 적법하고 담보취소의 요건이 구비되어 있다고 인정되는 때에는 결정으로써 담보취소결정을 한다(민사소송법 제125조). 이 결정은 당사자 쌍방에게 정본을 송달하여 고지한다. 담보취소를 인용한 결정에 대하여는 즉시항고(민사소송법 제125조 4항)가, 각하한 결정에 대하여는 보통항고가 가능하다.

(마) 공탁금의 회수

담보취소결정이 확정되면 담보제공자는 담보취소결정의 정본 및 확정증명서와 함께 공탁서를 공탁소에 제출하여 공탁물의 회수를 청구할 수 있다. 지급보증위탁계약에 의하여 제공된 담보에 대하여는 담보취소결정이 확정되면 담보제공자가 그 계약서원본의 반환을 요구하는 경우, 이를 반환하고 영수증을 받아 사건기록에 편철한다(송민 90-3).

💬 선례 --

제3자의 강제집행보증공탁 및 출급·회수절차

1. 재판상 보증공탁은 담보제공명령을 받은 당사자가 공탁자가 되는 것이 원칙이지만, 제3자도 담보제공명령을 받은 자를 대신하여 공탁할 수 있다. 이 경우 공탁자(제3자)는 공탁서의 공탁자란에 자신의 성명 및 주소를, 비고란에는 제3자로서 공탁한다는 취지를 기재하면 되며 상대방(피공탁자)의 동의는 요하지 않는다.

2. 위 공탁은 강제집행정지로 인하여 손해가 발생할 경우에 그 손해배상의 확보를 위한 것이고 강제집행의 기본채권을 위한 것이 아니므로, 피공탁자는 강제집행의 정지로 인하여 발생한 손해배상채권에 대해 별도의 확정판결 기타 채무명의를 얻어 공탁자가 갖는 공탁금회수청구권에 대해 집행할 수 있는 것이다. 그 집행방법으로서는 채무명의에 기해 공탁자의 공탁물회수청구권에 대해 압류 및 전부 또는 추심명령을 받은 후 공탁자를 대위하여 담보취소결정을 받아 공탁금출급청구를 할 수 있을 것이다.

3. 제3자가 공탁한 재판상 보증공탁금의 회수청구권자는 공탁자인 제3자이며, 공탁자는 담보취소결정 또는 담보권자의 동의를 얻어 공탁금을 회수할 수 있다(2001.11.26. 법정 제3302-470호).

4. 가집행선고부 판결에 기한 강제집행의 정지를 구하면서 그 보증으로 공탁한 공탁금은 강제집행정지로 인한 손해의 배상을 담보하는 것이지 채무명의상의 채무이행을 담보하는 것이 아니므로, 정지의 대상이 된 가집행선고부 판결이 그대로 확정되었

다고 하더라도 그 판결에 기하여 막바로 공탁금의 출급청구를 할 수는 없고 또 담보취소결정이 없으면 공탁자도 회수청구할 수 없다(1989.5.18, 법정 제749호).

8. 담보권의 실행

(1) 담보권 실행의 의미

담보권의 실행이라 함은 담보권을 행사할 수 있는 사유가 발생한 때, 즉 소송비용의 담보에 있어서는 원고가 패소하여 원고가 소송비용의 부담의 재판을 받은 때, 또는 강제집행절차에 있어서 담보제공으로써 보전할 손해가 담보권리자에게 발생한 때에 담보권리자가 제공된 담보로부터 소송비용 또는 손해를 변상받는 절차를 말한다. 민사소송법은 이에 관하여 담보권리자는 소송비용 또는 그 받은 손해에 관하여 제공된 담보물에 대하여 질권자와 동일한 권리가 있다고 규정한다(민사소송법 제123조 ; 민사집행법 제19조).

담보권의 실행방법에 관하여는 담보권리자가 담보권을 행사할 수 있는 사유가 발생하였음을 확정판결에 의하여 증명하거나 공탁자의 동의를 얻어 공탁물의 출급을 청구하는 방법이 이론적으로는 타당하다고 할 것이나, 실제로 이 방법을 택하여 담보권을 실행하는 예는 거의 없고, 담보권리자는 담보제공자(공탁자)가 공탁소에 대해 가지는 공탁물회수청구권상에 채권질을 가지는 것이라는 전제 아래 그 담보권행사의 사유가 발생하면 담보권리자가 담보제공자의 공탁물회수청구권을 압류하고 전부 또는 추심명령을 얻어(민사집행법 제223조, 제227조, 제229조 ; 민법 제354조) 스스로 담보취소결정을 구한 후(대법원 1969.11.26, 69 마1062 결정), 공탁물을 교부받는 방법이 관행되고 있다.

이 경우 담보권리자는 그 담보권행사의 요건을 증명하기 위하여 피담보권리에 관한 확정판결의 정본 또는 법원의 명령서를 제출하여 피담보채권에 집행력이 있음을 증명하여야 하나, 채권(공탁물회수청구권)의 압류 등 신청에 있어서는 반드시 채무명의가 있어야 하는 것도 아니고 집행문을 부여받을 필요도 없다.

(2) 담보권리자의 담보권실행방법

(가) 담보권리자(피공탁자)의 직접출급청구

1) 공탁관은 재판상 담보공탁의 피공탁자(담보권리자)가 공탁원인 사실에 기재된

피담보채권이 발생하였음을 증명하는 서면을 제출하여 공탁금을 출급청구(청구서에 회수청구라고 기재한 때에도 출급청구한 것으로 본다)한 경우에는 공탁금을 피공탁자에게 교부한다. 그러나, 담보취소결정정본 및 확정증명이 이미 제출된 경우에는 그러하지 아니한다.

2) 피담보채권에 관한 확정판결(이행판결과 확인판결을 모두 포함), 이에 준하는 서면(화해조서, 조정조서, 공정증서 등) 또는 공탁자의 동의서(인감증명서 첨부)는 특별한 사정이 없는 한 피담보채권이 발생하였음을 증명하는 서면으로 본다.

3) 금전 및 이에 대한 완제일까지의 지연손해금의 지급을 명한 판결이나 건물명도 및 그 명도시까지의 차임 상당액의 지급을 명한 가집행선고부 판결에 대한 강제집행정지를 위하여 담보공탁을 한 경우, 그 가집행이 지연됨으로 인한 손해에는 반대의 사정이 없는 한 집행의 정지 효력이 있는 기간 내에 발생된 지연손해금이나 차임 상당의 손해가 포함되므로, 이에 관한 지급을 명한 확정판결 부분은 강제집행정지를 위한 담보공탁의 피담보채권이 발생하였음을 입증하는 서면이 된다(대법원 2000.1.14, 98다24914 판결 참조).

4) 공탁관은 피공탁자가 제출한 서면이 담보공탁의 피담보채권이 발생하였음을 증명하는 서면에 해당하는지 여부를 신중히 판단하여야 하며, 피공탁자가 출급청구한 금액 중 일부에 관하여 피담보채권이 발생된 것으로 인정되는 경우에는 그 범위 내에서 출급청구를 수리하되, 피담보채권이 발생하였는지 여부가 명확하지 아니한 경우에는 출급청구를 수리하지 아니한다(2003.7.25, 행정예규 제517호.4.가).

5) 공동명의로 강제집행정지신청을 하고 담보제공명령을 받아 공동명의로 담보공탁하였다 하더라도 그 공탁금회수청구권의 귀속과 비율은 내부관계에서는 그 자금을 부담한 실질관계에 따라 정해져야 할 것이므로 실제로 담보공탁금을 전액 출연한 공탁자는 다른 공탁자를 상대로 담보공탁금의 회수청구권이 자신에게 있음을 확인하고 회수청구권의 행사에 대한 승낙의 의사표시를 하라는 취지의 판결을 받아 회수청구권을 행사할 수 있을 것이다.

담보공탁에 있어서 법원이 공탁자 2인에게 공동으로 공탁하도록 한 명령에 따라 그들이 공탁한 부분은 특별한 사정이 없는 한 공탁자들이 동등한 비율로 분담하여 공탁한 것이라 추정될 수 있으나, 공탁관은 공탁자들간에 내부관계에서 자금의 부담 비율 등을 알 수 없으므로 공탁자 2인이 공동으로 회수청구하지 않는 이상 공탁자 중 1인이 공탁금 중 1/2만의 회수는 응할 수 없다(2005.12.13. 공탁법인과-691).

(나) 질권실행을 위한 압류 등

공탁관은 담보공탁의 피공탁자가 피담보채권에 터잡아 민사집행법 제273조에서 정한 채권에 대한 강제집행절차에 따라 공탁자의 공탁금회수청구권을 압류하고 추심명령이나 확정된 전부명령을 얻어 공탁금 출급청구(청구서의 표시를 회수청구라고 기재한 때에도 같다)한 경우에도 공탁물을 피공탁자에게 교부한다.

이 경우에, 피공탁자는 공탁금출급청구서와 함께 질권(담보권) 실행을 위한 압류명령 정본, 추심명령 또는 전부명령 정본, 위 명령의 송달증명, 전부명령에 관한 확정증명을 제출하여야 한다(담보권실행의 신청을 할 때 담보권의 존재를 증명하는 서류를 제출하므로 따로 담보취소결정을 받을 필요는 없음)(행정예규 제517호 4.나.).

(다) 담보취소에 기초한 공탁금 회수청구

담보취소결정이 확정되면 담보제공자는 담보취소결정의 정본이나 등본 및 확정증명서와 함께 공탁금 회수청구에 필요한 일반적인 절차를 밟아 공탁소로부터 공탁물을 회수할 수 있다.

담보권리자가 공탁자에 대한 집행권원(피담보채권 자체를 집행권원으로 한 경우도 포함)에 기초하여 일반 강제집행절차에 따라 공탁자의 공탁금회수청구권을 압류하고 추심명령 또는 전부명령을 얻어 공탁금 회수청구를 하는 경우에는, 공탁금회수청구서와 함께 담보취소 결정정본 및 확정증명, 질권(담보권) 실행이 아닌 일반 강제집행절차에 의한 압류명령 정본, 추심명령 또는 전부명령 정본, 위 명령의 송달증명, 전부명령에 관한 확정증명을 제출하여야 한다(행정예규 제517호 5.).

(3) 압류의 경합 및 사유신고

(가) 공탁관은 공탁자의 채권자 등이 공탁자의 공탁금회수청구권에 대하여 일반 강제집행절차에 따라 한 압류가 경합된 경우(대법원 행정예규 제387호 1. 가.항 참조, 이하 같음), 공탁원인의 소멸을 증명하는 서면(담보취소결정정본 및 확정증명)이 제출된 때에 먼저 송달된 압류명령의 집행법원에 사유신고를 한다.

(나) 공탁자의 채권자가 공탁자의 공탁금회수청구권에 대하여 일반 강제집행 절차에 따라 (가)압류하였거나, 공탁자의 공탁금회수청구권이 제3자에게 양도된 경우에도, 피공탁자가 제4항의 절차에 따라 담보권을 실행하면 피공탁자에게 공탁금을 지급한다. 그러나, 담보취소결정정본 및 확정증명이 이미 제출된 경우에는 그러하지 아니하다.

(다) 피공탁자가 담보권을 실행함으로써 가지게 되는 공탁금출급청구권에 대하여 피공탁자의 채권자가 (가)압류한 때에는{(가)압류 채권목록의 기재를 피공탁자가 담보권을 실행함으로써 갖는 공탁금회수청구권으로 한 경우도 같다}, 피공탁자가 위(2)항의 절차에 따라 공탁금 출급청구(청구서의 표시를 회수청구라고 한 때에도 같다)를 하더라도 피공탁자에게 공탁금을 지급하지 아니한다.

(라) 공탁관은 위 (다)항의 공탁금출급청구권에 대하여 압류가 경합된 경우에는 위 (2)항에 의한 담보권 실행 요건을 갖춘 때(즉, 출급청구권 입증서면이 제출되거나 질권실행을 위한 압류 및 현금화명령이 효력을 발생한 경우)에 먼저 송달된 압류명령의 집행법원에 사유신고를 한다(행정예규 제517호. 6.).

9. 담보물의 변경

(1) 담보물의 변경의 의의

담보물의 변경이란 담보의 목적으로 금전 또는 유가증권을 공탁한 자가 어떠한 필요에 의하여 법원의 승인을 받아 종전의 공탁을 그대로 둔 채 새로 별개의 공탁을 한 후 종전공탁은 공탁원인소멸을 이유로 회수하여 공탁물을 변경하는 것을 말한다(민사소송법 제126조). 종전공탁과 비교하여 새로운 공탁은 공탁원인은 동일하나 공탁 그 자체의 동일성은 없다는 점에서 대공탁과 구별된다.

담보물의 변경에 관하여 재판상 보증공탁의 경우에는 민사소송법 제126조에, 납세담보공탁의 경우에는 국세기본법 제32조 제1항에 규정을 두고 있다.
법원은 담보제공자의 신청에 따라 결정으로 공탁한 담보물을 바꾸도록 명할 수 있다. 당사자가 계약에 의하여 공탁한 담보물을 다른 담보로 바꾸겠다고 신청한 때에는 그에 따른다(민사소송법 제126조).

담보를 제공한 자가 공탁 후 담보물을 회수하여 이용한다든지 또는 처분하고자 할 경우가 있다. 공탁한 유가증권을 환가한다든지 타인에게 인도할 필요가 생긴 때, 또는 공탁한 금전 대신 유가증권을 공탁하여 금전을 이용하고자 할 때 등이다. 이와 같은 경우 담보권리자의 이익을 해하지 아니하도록 배려하면서 담보제공자의 사정을 고려하는 것이 적당하므로 담보를 제공한 자에게 서면 또는 구술로 공탁한 담보물의 변경을 신청할 수 있도록 한 것이다.

(2) 담보물변경신청

(가) 담보물변경의 신청

담보제공명령을 한 법원은 담보제공자의 신청에 따라 결정으로 공탁한 담보물을 바꾸도록 명할 수 있다. 다만, 당사자가 계약에 의하여 공탁한 담보물을 다른 담보로 바꾸겠다고 신청한 때에는 그에 따른다(민소법 제126조).

담보물변경의 신청이 있으면 법원은 결정으로 재판하여야 한다. 신청을 기각하는 결정에 대하여는 통상항고를 인정하는 견해와 민사소송법 제121조를 준용하여 즉시항고를 할 수 있다는 견해, 담보물을 어떻게 변경하는가는 법원의 자유재량에 맡겨져 있으므로 이에 대하여 불복신청을 허용할 수 없다는 견해로 나누어지며, 담보물변경결정에 대하여도 마찬가지로 불복신청에 대한 견해가 갈리나 후자에 대하여서는 불복을 신청할 수 없다는 것이 판례(대법원 1961.7.20, 4294민재항 159 결정)의 태도이다.

담보제공자는 담보물변경결정의 정본을 받아 새로운 담보물을 공탁하고, 그와 동시에 구 공탁물의 회수를 청구할 수 있다. 당사자는 공탁한 담보를 계약에 의하여 다른 담보로 변경할 수가 있다. 재판에 의하여 담보제공을 명받아 공탁한 경우에도 가능하다.

담보물변경결정에 의하여 새로운 공탁을 할 때에는 공탁서의 공탁원인사실란에는 "○년 ○월 ○일 ○○법원 담보물변경결정에 의하여 공탁번호 ○○년 증(또는 금) 제○○호 공탁물과 변경"이라고 기재하면 될 것이다.

종전공탁물을 회수할 때에는 공탁물회수청구서의 청구사유란에는 '공탁원인소멸'이라고 기재하고, 담보물변경결정 및 그 결정에 의한 새로운 담보제공사실을 입증하는 서면을 첨부하면 된다.

담보물변경결정신청

신 청 인(담보제공자) ○ ○ ○
　　　　　○시 ○구 ○동 ○번지
피신청인(담 보 권 자) ○ ○ ○
　　　　　○시 ○구 ○동 ○번지

1000

　위 당사자간 귀원 2001 가합 ○○호 약속어음금청구사건에 관하여 신청인은 ○○
○○. ○. ○. 소송비용 담보제공의 결정에 의하여 ○○○○. ○. ○. ○○법원 공탁
관에게, ○○공채 ○○○○원권 ○○○매(공탁번호 2001 중 ○○○)를 공탁하였으나,
위 공채는 별지 소명서류와 같이 이번에 상환받기로 되었으므로, 현금 ○○○○만원
으로 변경하고자 담보물의 변경을 신청합니다.

200　.　○. ○○.

위 신청인　　　　(인)

○○법원 귀중

(나) 담보물의 변경과 법원의 재량

　법원은 담보제공자의 신청에 의하여 상당하다고 인정할 때에는 공탁한 담보물의 변
경을 명할 수가 있고 이 때에는 물론 담보권리자의 이익을 해하여서는 안될 것이나,
본래의 공탁물에 갈음하여 유가증권이나 채권을 공탁하게 할 때에 신구담보물의 액면
가액이 절대적으로 동일하거나 그 이상이어야 하는 것은 아니며, 신담보물을 어떠한
종류와 수량의 유가증권이나 채권으로 할 것인가는 법원의 재량에 의하여 정하여진다
(대법원 1988.8.11, 88그25 결정).

　공탁한 담보물이 금전인 경우에 유가증권으로 담보물을 변경하는 것은 법원의 재량
에 속한다(대법원 1977.12.15, 77그27 결정). 담보물변경은 담보제공명령을 한 법원

의 관할에 속한다(민사소송규칙 제23조).

담보물변경결정의 양식은 다음과 같다.

○ ○ 법 원
결　　　정

사　　　건　　○○카담 ○○○ 담보물변경
신 청 인　　○ ○ ○
피신청인　　○ ○ ○

이 법원의 ○○카 ○○○호 부동산가압류 신청사건에 관하여 신청인의 담보물변경
신청은 그 이유 있다고 인정하여 주문과 같이 결정한다.

주　　문　위 사건에 관한 20○○. ○. ○. 이 법원의 공탁명령 중 담보물 "중소기업
　　　　　금융채권 제4회 차2호 액면 금 일백만원권 2장"을 "장기신용채권 제 7 - 4
　　　　　비5호 액면 금 일백만원권 2장"으로 변경결정한다.

200　　．○．○．

재판장　판사 ○ ○ ○　(인)
　　　　판사 ○ ○ ○　(인)
　　　　판사 ○ ○ ○　(인)

---

1. 법원은 담보제공자의 신청에 의하여 상당하다고 인정할 때에는 공탁한 담보물의 변경을 명할 수가 있는 것이고 신 담보물을 어떠한 종류와 수량의 유가증권으로 할 것인가는 법원의 재량에 의하여 정하여지는 것이라 할 것이나, 법원은 이로 인하여 담보권리자의 이익이나 권리가 침해되지 않도록 원래의 공탁물에 상당한 합리적인 범위 내에서 결정하여야 할 것인바, 공탁할 유가증권은 담보로 하여야 할 성질상 환가가 용이하지 아니하거나 시세의 변동이 심하여 안정성이 없는 것은 부적당하다고 할 것이다.

2. 본래의 현금공탁에 대신하여 공탁담보물의 변경을 구하는 담보제공자발행의 당좌수표는 금융기관발행의 수표와는 달리 그 지급 여부가 개인의 신용에 의존하는 것으로서 환가가 확실하다고 볼 수 없으므로 공탁할 유가증권이 되기에 적절하지 못하다(대법원 2000.5.31, 2000그22 결정).

Ⅲ. 집행공탁(배당공탁)

"집행공탁(執行供託)"은 강제집행 또는 보전처분절차에서 일정한 경우에 집행기관이나 집행당사자 또는 제3채무자가 민사집행법상의 권리·의무로서 집행목적물을 공탁하여 그 목적물의 관리와 집행법원의 지급위탁에 의한 집행당사자에의 교부를 공탁절차에 따라 행하게 하는 제도이다. 집행공탁은 다른 공탁과는 달리 집행절차의 일환으로서 집행절차를 보조하여 원활하게 하는 기능을 한다.

1. 집행공탁의 개념

집행공탁이란, 민사집행법상의 강제집행(민집법 : 160, 198④, 222①, 236②, 248)이나 보전집행절차(민집법 : 282, 294, 296④⑤, 297)의 어느 단계에서 집행기관이나 집행당사자 또는 제3채무자가 강제집행상의 권리·의무로써 집행의 목적물을 공탁소에 맡겨 그 목적물의 관리와 집행당사자에의 교부를 공탁절차에 따라 행하도록 하기 위한 공탁을 말한다. 이에 "권리공탁"(민집 제248조 제1항)과 "의무공탁"(민집 제248조 제2항, 제3항)이 있다.

민사집행법은 권리공탁의 요건을 완화하여 채권자가 경합하는 경우에 한정하지 않고 압류채권자가 한 사람인 경우 또는 가압류가 집행된 경우에도 압류에 관련된 금전채권의 면책을 위하여 그 전액에 상당하는 금전을 공탁하는 것을 권리로서 인정하고 있다(민접 제248조 제1항, 제297조).

금전채권에 관하여 배당요구서를 송달받은 제3채무자는 배당에 참가한 채권자의 청구가 있으면 압류된 부분에 해당하는 금액을 공탁하여야 한다(민집 제248조 제2항). 배당에 참가한 채권자라 함은 집행력 있는 정본에 의한 채권자이든 우선변제청구권 있는 채권자이든 묻지 않으며 배당 요구채권자 이외에 배당요구와 동일한 효력을 가지는 중복압류채권자나 교부청구채권자를 포함한다. 금전채권 중 압류되지 아니한 부분을 초과하여 거듭 압류명령 또는 가압류명령이 내려져 그 명령을 송달받은 경우에 압류채권자나 가압류채권자의 청구가 있으면 그 채권의 전액에 해당하는 금액을 공탁하여야 한다(민집 제248조 제3항).

채권자가 경합하는 경우에도 채권자가 경합하는 것만으로 공탁의무가 생기는 것은 아니고, 위와 같은 배당을 받을 채권자의 청구가 있는 때에만 공탁의무가 생긴다. 집행법원에서 배당재단을 확보하고 적당한 배당절차를 진행할 필요가 있기 때문이다.

공탁할 의무가 있다는 것은 공탁의 방법에 의하지 아니하고는 면책을 받을 수 없다는 것이므로 한 사람의 채권자에게 변제한 경우에는 이중지급의 위험을 부담하게 된다(대판 2012.2.9. 2009다88129). 그러나 압류가 중복한 경우에도 경합한 집행채권의 합계액보다도 피압류채권의 총액이 많은 경우에는 공탁의 의무가 없다.

공탁으로 변제의 효과가 발생하므로, 공탁한 금액은 확정적으로 공탁자인 제3채무자의 재산으로부터 분리되고, 제3채무자는 이를 회수할 수 없다. 제3채무자가 자신의 채무액보다 많이 공탁한 경우에는 배당에 참가한 채권자에게 부당이득반환청구권을 갖는다.

집행공탁에 의하여 집행채무자와 관계에서 채무의 변제로서 효과가 생기고 또한 그 효과를 압류채권자 등에게 대항할 수 있다. 즉, 공탁으로 인하여 채무를 면한다. 위 공탁금은 배당재단을 형성한다.

제3채무자가 채무액을 공탁한 때에는 그 사유를 법원에 신고하여야 한다(민집법 제

248조 제4항). 사유신고는 서면으로 하되 사건을 표시하고 채권자, 채무자, 제3채무자의 이름, 공탁사유와 공탁한 금액을 적고, 공탁서를 붙여야 한다(민집규 제172조 제1~2항).

(1) 집행법상의 공탁

집행법상의 공탁이라 함은 채무자, 제3채무자 또는 집행관이 상대방에 대한 손해담보를 위하여서가 아니라 이행의 강제를 면하기 위하여 혹은 손해를 피하기 위하여 혹은 절차의 완결을 짓기 위하여 이행으로써 또는 집행의 목적물이나 이에 갈음하는 금전을 공탁하는 것을 말한다.

이는 집행절차의 일분야를 분담하여 이를 보조하기 위한 것으로서 '집행 목적물의 공탁'이라고 할 수 있고 집행절차를 원활히 하는 기능을 하는 것이다. 채권집행과 관련되어 중요한 집행공탁은 바로 민사집행법 제248조가 규정하는 제3채무자의 공탁이라고 할 수 있다. 집행목적물의 공탁을 말하는 집행공탁은 변제공탁과 달리, 공탁에 있어서 피공탁자가 정해지지 않는 것이 원칙이고(나중에 배당 등 집행절차에 의해 확정되게 된다), 공탁금에 대한 관리를 공탁소가 아닌 집행법원이 행하며, 또한 그 지급절차에 있어서도 집행법원의 지급위탁에 의해서만 공탁금을 지급하게 되어 있다.

(2) 집행공탁의 회수청구가부

집행공탁에 있어서는 원칙적으로 공탁자의 공탁금회수청구권이 인정되지 않는다(예외는 있음)는 등의 특징이 있기는 하지만, 그 기본적인 성질 속에는 그 공탁으로 인해 채무를 면책받는 변제공탁의 성격을 포함하고 있는 것이다.

이에 해당하는 것으로서는 보전집행의 정지·취소를 위하여 채무자가 목적물에 갈음하는 금전을 공탁하는 경우(민사집행법 제282조, 제299조), 압류채권의 제3채무자가 채무를 면하기 위하여 채무액을 공탁하는 경우(민사집행법 제248조 1항) 배당협의가 불성립된 때 또는 여러 채권자를 위하여 동시에 금전을 압류한 경우에 집행관이 매각대금을 공탁하는 경우(민사집행법 제222조 1항·2항), 채무자가 강제집행의 목적물이 아닌 동산의 수취를 게을리 한 때 집행관이 법원의 허가를 받아 그 동산을 매각하고 매각대금을 공탁하는 경우(민사집행법 제258조 6항), 집행관이 가압류한 금전을 공탁하거나 가압류물을 매각하여 매각대금을 공탁하는 경우(민사집행법 제296조 4항·5항)

등이 있다. 채권추심의 신고 전에 다른 압류·가압류 또는 배당요구가 있는 때에 채권자가 추심한 금전을 공탁하는 경우(민사집행법 제236조 2항)도 이에 해당된다.

2. 집행공탁절차(공탁신청 및 출급청구)

집행공탁은 민사집행절차 중에서 집행의 목적물(금전 또는 금전 이외의 것이 있는 경우에는 환가대금)을 집행기관 또는 집행당사자가 공탁소에 공탁하고, 공탁소에 의해 그 목적물의 관리와 집행당사자에게의 교부를 행하는 것으로서 일명 배당공탁이라고도 한다. 위 공탁에 따라 집행법원에 의한 목적물의 보관과 아울러 배당절차가 개시되고, 배당표가 작성되며, 집행법원으로부터 공탁소에 지급 위탁이 행하여짐과 동시에 각 채권자는 집행법원으로부터 배당액 지급증명서를 교부받아 이를 첨부하여 공탁소에 대하여 공탁금의 출급청구를 하게 된다.

3. 집행공탁의 목적물

(1) 금전·유가증권·지급보증위탁계약을 체결한 문서

집행공탁의 공탁물은 금전 또는 법원이 인정하는 유가증권을 공탁하거나 대법원규칙이 정하는 바에 따라 지급보증위탁계약을 맺은 문서를 제출하는 방법에 의한다(민사집행법 제19조 3항 ; 민사소송법 제122조). 여기서 담보를 제공한다는 말은 현실적으로 금전 또는 유가증권을 법원에 제공하는 것을 뜻하는 것이 아니라 담보제공자가 실제로 공탁법의 절차에 따라 공탁관에게 공탁을 하고 이로부터 공탁을 수리한다는 취지의 기재가 있는 공탁서(은행의 납입증명이 있는 것)를 받아 이를 법원에 제출하거나 대법원규칙이 정하는 바에 따라 지급보증위탁계약을 맺은 문서(이하 보증서라고 한다) 원본을 법원에 제출하는 것을 가리키며 이로써 비로소 담보를 제공한 것으로 된다.

담보의 제공은 금전 또는 유가증권을 공탁하거나 보증서를 제출하는 방법에 의함이 원칙이나 당사자의 특별한 약정이 있으면 그 약정에 의한다(민사집행법 제19조 3항 ; 민사소송법 제122조).

(2) 가압류해방공탁의 공탁물(금전)

가압류해방공탁의 경우 가압류해방금액은, 채무자가 입을 수 있는 손해를 담보하는 취지의 이른바 소송상의 담보와는 달리 가압류의 목적물에 갈음하는 것으로서, 금전에 의한 공탁만이 허용되고, 유가증권에 의한 공탁은 그 유가증권이 실질적 통용가치가 있는 것이라고 하더라도 허용되지 않는다(대결(전) 1996.10.1, 96마162).

🔍판례

가압류해방공탁의 목적물(금전에 한함) :

민사소송법 제702조의 가압류해방금액은 채무자가 입을 수 있는 손해를 담보하는 취지의 이른바 소송상의 담보와는 달리 가압류의 목적물에 갈음하는 것으로서 금전에 의한 공탁만이 허용되고, 유가증권에 의한 공탁은 그 유가증권이 실질적 통용가치가 있는 것이라고 하더라도 허용되지 않는다(대법원 1996.10.1, 96마162 결정).

(3) 국세체납처분에 의한 압류를 원인으로 한 집행공탁의 가부(소극) :

현행 법체계상 체납처분절차는 민사집행절차와 별개의 절차이므로 토지수용보상금에 대하여 세무서의 압류가 있는 경우에는 민사집행법 제248조 제1항이나 공익사업을 위한 토지 등의 취득 및 보상에 관한 법률 제40조 제2항에 의한 집행공탁을 할 수 없다(2005.4.14, 공탁법인과-45).

🔍판례

국세징수법 제41조, 같은 법 시행령 제44조 제1항 제4호, 같은 법 시행규칙 제25조 제1항 및 민사집행법 제227조, 제229조에 의하면, 국세징수법상의 금전채권의 압류와 민사집행법상의 금전채권의 압류는 그 효력을 달리 규정하고 있고, 국세징수법 제56조, 제14조 제1항 및 민사집행법 제235조에 의하면 복수의 압류가 있는 경우의 효력에 관하여도 달리 규정하고 있다. 이와 같은 차이는 강제집행절차가 경합하는 일반채권에 대한 할당 변제에 의한 사법적 해결을 그 본지로 함에 비하여, 체납처분절차는 행정기관에 의한 조세채권의 신속한 만족을 위한 절차라는 점에서 비롯된 것이다. 이와 같은 국세징수법상의 압류와 민사집행법상의 압류의 효력의 차이 및 체납처분절차와 강제집행절차의 차이 등에 비추어 볼 때, 민사집행법 제248조 제1항 및 공익사업을 위한 토지 등의 취득 및 보상에 관한 법률 제40조 제2항 제4호 소정의 공탁의 전제가 되는 '압류'에는 국세징수법에 의한 채권의 압류는 포함되지 않는다고 보아야 한다. 따라서 국세징수법상의 체납처분에 의한 압류만을 이유로 집행공탁이 이루어진 경우에는 사업시행자가 민사집행법 제248조 제4항에 따라 법원에 공탁사유를 신고하였다고 하더라도 민사집행법 제247조 제1항에 의한 배당요구 종기가 도래한다고 할 수는 없다(대판 2007.4.12, 2004다20326).

4. 집행공탁의 관할

(1) 집행공탁의 관할

민사집행법의 규정에 의한 담보의 제공이나 공탁은 채권자나 채무자의 보통재판적이 있는 곳의 지방법원 또는 집행법원에 할 수 있다(민사집행법 제19조 1항).

민사소송법 제502조 제1항, 민사집행법 제19조 제1항은 이 법의 규정에 의한 공탁은 원고나 피고 또는 채권자나 채무자의 보통재판적이 있는 곳의 지방법원 또는 집행법원에 할 수 있다고 규정하고 있으나, 이 규정은 공탁소의 토지관할을 정한 것이 아니라 공탁을 한 후 그 공탁서를 제출할 법원을 정한 것으로 해석하는 것이 통설이다. 따라서 집행공탁은 어느 공탁소에 공탁하여도 무방하다(1999.5.6, 법정3302-140).

가압류해방공탁의 경우 공탁서를 첨부하여 가압류집행 취소를 신청하는 것과 관련하여 볼 때 집행법원에 공탁하는 것이 편리할 것이고(2001.11.7, 법정 제3302- 448호), 민사집행법 제248조에 의한 공탁도 공탁 이후 사유신고는 먼저 송달된 압류명령을 발령한 법원에 사유신고를 하여야 하므로(민집규 제172조 3항), 사유신고와 관련하여 볼 때 먼저 송달된 압류명령을 발령한 집행법원의 소재지 공탁소에 공탁하는 것이 편리하다(2001.11.30, 법정 제3302-476호)

(2) 집행법원의 의의

민사집행법에서 규정한 집행행위에 관한 법원의 처분이나 그 행위에 관한 법원의 협력사항을 관할하는 집행법원은 법률에 특별히 지정되어 있지 아니하면 집행절차를 실시할 곳이나 실시한 곳을 관할하는 지방법원이 된다(민사집행법 제3조 1항).

(3) 집행공탁을 하게 된 관계 법령의 조항(공탁근거법령) : 민법 제487 후단 및 민사집행법 제248조 제1항 또는 제2항

(가) 특정 채권에 대하여 채권양도의 통지가 있었으나 그 후 통지가 철회되는 등으로 채권이 적법하게 양도되었는지 여부에 관하여 의문이 있어 민법 제487조 후단의 채권자불확지를 원인으로 하는 변제공탁 사유가 생기고, 그 채권양도 통지 후에 그 채권에 관하여 다수의 채권가압류 또는 채권압류 결정이 동시 또는 순차로 내려짐으

로써 그 채권양도의 효력이 발생하지 아니한다면 압류경합으로 인하여 민사소송법 제581조 제1항 소정의 집행공탁의 사유가 생긴 경우에, 채무자는 민법 제487조 후단 및 민사소송법 제581조 제1항(현행 민사집행법 제248조)을 근거로 하여 채권자불확지를 원인으로 하는 변제공탁과 압류경합 등을 이유로 하는 집행공탁을 아울러 할 수 있다(대판 1996.4.26, 96다2583. 양수금).

(나) 따라서 제3채무자가 민사집행법 제248조의 규정에 의하여 집행공탁(혼합공탁)을 하는 경우에는 "공탁을 하게 된 관계법령의 조항"에는 "민법 제487조 후단 및 민사집행법 제248조 제1항 또는 제2항"을 명확히 기재하여야 한다(대판 1996.4.26, 96다2583, 2001.2.9, 2000다10079).

5. 집행공탁의 당사자

(1) 공탁자
집행공탁의 공탁자는 해당 집행절차의 집행기관 또는 집행채무자 혹은 채권압류의 경우에 있어서의 제3채무자 등이며, 제3자에 의한 공탁은 허용되지 않는다.

(2) 피공탁자
집행공탁에서 피공탁자로 될 자는 원칙적으로 해당 집행절차의 집행채권자이다.

(가) "공탁원인 사실"란에 가압류, 압류, 배당요구채권자를 기재
집행공탁에서 피공탁자로 될 자는 원칙적으로 해당 집행절차의 집행채권자이다.

집행공탁에 있어서는 압류가 동일성을 유지하면서 공탁물을 옮겨 가는 것이므로 "피공탁자"는 집행절차의 집행채권자이나 집행공탁의 피공탁자는 공탁 당시에 확정되는 것이 아니라 집행결과 배당에 참여하는 모든 채권자가 법원의 배당절차에 따라 지급위탁에 의하여 지급받게 되므로, 집행채권자를 피공탁자로 지정한다고 해도 이는 '강제집행이 경합하지 않을 경우에 한하여 유일한 피공탁자'라는 의미밖에 없다. 따라서 집행공탁에 있어서의 피공탁자는 배당절차에서 각 채권이 확정되어 지급위탁서를 발급할 단계에 가서야 비로소 피공탁자로 확정된다. 따라서 공탁 당시에는 피공탁자의 개념이 관념적으로만 존재할 뿐이므로 이를 기재할 필요가 없다(대판 2005.5.26, 2003다12311). 결국 집행공탁의 경우에는 "피공탁자란"에는 피공탁자를 기재하지 않는 대신 공탁원인사실란에 각 압류·가압류·배당요구채권자를 기재하는 것이 바람직하다.

(나) 가압류, 압류를 원인으로 권리공탁을 하는 경우

민사집행법 제248조 제1항에 의하여 금전채권의 일부에 대한 압류를 원인으로 제3채무자가 압류에 관련된 금전채권액 전액을 권리공탁하는 경우에는 피공탁자란에 압류채무자를, 민사집행법 제291조 및 제248조 제1항에 의하여 가압류를 원인으로 제3채무자가 권리공탁하는 경우에는 피공탁자란에 가압류채무자를 기재하고 공탁통지서도 발송하도록 하였다(행정예규 528호) 이는 변제공탁적 측면도 있기 때문이다.

금전채권에 대하여 가압류를 원인으로 공탁하는 경우에는 그 형식은 집행공탁이나 실질은 변제공탁의 성질을 가지므로 가압류채무자를 피공탁자로 기재하여야 한다(행정예규 528호).

(다) 채권양도의 경우

1) 채권양도 후에 압류가 있는 경우

채권이 양도되었으나 채권양도의 효력 유무에 대하여 의문이 있고 양도 이후에 압류가 있는 경우에는 전형적인 혼합공탁에 해당한다. 채권양도의 효력에 의문이 있고 그 효력 여하가 후행하는 압류에 영향을 미치고 있으므로 제3채무자는 채권자 불확지 변제공탁과 집행공탁을 합한 혼합공탁을 할 수 있게 된다.

이와 같은 사유로 혼합공탁을 하게 될 경우에 공탁서상의 피공탁자는 양도인 또는 양수인이 되고, 공탁근거 법령조항은 민법 제487조 후단, 민사집행법 제248조 제1항이 된다.(공탁실무편람:435면가.(1).(2).)

2) 채권양도 후에 가압류가 있는 경우

선행의 채권양도의 효력에 의문이 있고 그것이 가압류의 효력에 영향을 미칠 경우 현행 민사집행법이 가압류에 대하여도 집행공탁을 인정하고 있으므로(민집 291조,248조), 제3채무자는 채권자 불확지 변제공탁과 집행공탁을 합한 혼합공탁을 할 수 있다.

공탁서상의 피공탁자는 양도인(가압류채무자) 또는 양수인으로 기재하고, 공탁근거 법령조항은 민법 제487조 후단, 민사집행법 제291조, 제248조 제1항으로 기재하며, 공탁원인사실란에 가압류명령이 있는 사실을 구체적으로 기재한다.

가압류채권자에게도 공탁사실을 알려 줄 필요가 있으므로 대법원 행정예규 제528호, 소정양식의 공탁사실통지서 발송에 필요한 우표도 함께 납부하여야 한다.

공탁한 때에는 공탁서를 붙여 그 내용을 서면으로 가압류발령 법원에 신고하여야 한다. 그러나 압류와 달리 가압류의 경우에는 집행공탁을 하더라도 배당가입의 차단효가 발생하지 않는다.(공탁실무편람:436면 나.(1))

🔍 판례

1. 토지수용보상금청구권에 대한 압류의 경합과 기업자의 집행공탁 :

   토지수용법상의 보상금청구권에 대하여 압류의 경합이 있는 때에는 기업자는 보상금을 공탁함으로써 면책될 수 있는바, 그 경우에 기업자가 하는 공탁의 성격은 변제공탁이 아니라 집행공탁이고, 집행공탁에 있어서는 배당절차에서 배당이 완결되어야 피공탁자가 비로소 확정되고, 공탁 당시에는 피공탁자의 개념이 관념적으로만 존재할 뿐이므로 공탁 당시에 기업자가 특정채권자를 피공탁자에 포함시켜 공탁하였다 하더라도 그 피공탁자의 기재는 법원을 구속하는 효력이 없다(대판 1999.5.14, 98다62688).

2. 집행공탁의 경우에는 배당절차에서 배당이 완결되어야 피공탁자가 비로소 확정되고, 공탁 당시에는 피공탁자의 개념이 관념적으로만 존재할 뿐이므로, 공탁 당시에 피공탁자를 지정하지 아니하였더라도 공탁이 무효라고 볼 수 없으나, 변제공탁은 집행법원의 집행절차를 거치지 아니하고 피공탁자의 동일성에 관한 공탁관의 형식적 심사에 의하여 공탁금이 출급되므로 피공탁자가 반드시 지정되어야 하며, 또한 변제공탁이나 집행공탁은 공탁근거조문이나 공탁사유, 나아가 공탁사유신고의 유무에 있어서도 차이가 있으므로, "제3채무자가 채권양도 등과 압류경합 등을 이유로 공탁한 경우"에 제3채무자가 변제공탁을 한 것인지, 집행공탁을 한 것인지, 아니면 혼합공탁을 한 것인지는 피공탁자의 지정 여부, 공탁의 근거조문, 공탁사유, 공탁사유신고 등을 종합적·합리적으로 고려하여 판단하는 수밖에 없다(대판 2005.5.26, 2003다12311).

6. 변제공탁과 집행공탁의 차이

(1) 집행공탁도 그 공탁의 목적물이 궁극적으로는 채무의 변제로서 채권자에게 돌아가고, 집행공탁에 대하여 변제의 효력을 인정하고 있으므로 집행공탁도 큰 의미에서의

변제공탁의 범주에 속한다고 할 것이다. 그러나 양자는 공탁요건, 공탁절차, 공탁물의 출급절차에 있어 큰 차이가 있으므로, 집행공탁의 사유가 있음에도 불구하고 변제공탁을 하거나, 그 역의 경우에 그 공탁을 부적법한 것으로 보아 수리를 하지 말아야 할 것이고, 만약 수리를 하였다 하더라도 그 공탁 자체가 부적법한 공탁으로서 무효인 이상 변제의 효력(민법 제461조)이 발생하지 않는다 할 것이다.

(2) 민법 제487조 후단의 '변제자가 과실 없이 채권자를 알 수 없는 경우'라 함은 객관적으로 채권자 또는 변제수령권자가 존재하고 있으나 채무자가 선량한 관리자의 주의를 다하여도 채권자가 누구인지 알 수 없는 경우를 말하므로, 채권이 양도되었다는 등의 사유로 제3채무자가 종전의 채권자와 새로운 채권자 중 누구에게 변제하여야 하는지 과실 없이 알 수 없는 경우 제3채무자로서는 민법 제487조 후단의 채권자 불확지를 원인으로 한 변제공탁사유가 생긴다고 할 것이고, 또한 종전의 채권자를 가압류채무자 또는 집행채무자로 한 다수의 채권가압류 또는 압류결정이 순차 내려짐으로써 그 채권이 종전 채권자에게 변제되어야 한다면 압류경합으로 인하여 구 민사소송법(2002.1.26. 법률 제6626호로 전문 개정되기 전의 것) 제581조 제1항 소정의 집행공탁의 사유가 생기는 경우에, 채무자는 민법 제487조 후단 및 구 민사소송법 제581조 제1항을 근거로 채권자 불확지를 원인으로 하는 변제공탁과 압류경합 등을 이유로 하는 집행공탁을 하는 이른바 혼합공탁을 할 수 있고, 이러한 공탁은 변제공탁에 관련된 새로운 채권자에 대하여는 변제공탁으로서의 효력이 있고 집행공탁에 관련된 압류채권자 등에 대하여는 집행공탁으로서의 효력이 있다고 할 것이나, 채권양도 등과 종전 채권자에 대한 압류가 경합되었다고 하여 항상 채권이 누구에게 변제되어야 하는지 과실 없이 알 수 없는 경우에 해당하는 것은 아니고, 설령 그렇게 볼 사정이 있다고 하더라도 공탁은 공탁자가 자기의 책임과 판단하에 하는 것으로서, 채권양도 등과 압류가 경합된 경우에 공탁자는 나름대로 누구에게 변제를 하여야 할 것인지를 판단하여 그에 따라 변제공탁이나 집행공탁 또는 혼합공탁을 선택하여 할 수 있다(대판 2005.5.26, 2003다12311).

🔍**판례**

1. 제3채무자가 집행공탁을 하여야 할 것을 착오로 변제공탁을 한 경우, 압류채권금을 변제받아 집행채권자에게 반환을 거부한 집행채무자에게 횡령죄가 성립하

는지 여부(소극) :

집행채무자가 제3채무자에 대하여 가지는 금전채권에 관하여 압류 및 추심명령이 행하여져서 제3채무자는 집행채무자에게 그 채권금을 지급하는 것이, 집행채무자는 이를 수령하는 것이 각 금지된다고 하더라도(민사집행법 제227조 제1항 참조), 제3채무자가 위와 같은 금지에도 불구하고 피압류채무를 스스로 변제하였거나 또는 그에 관하여 민법 제487조에 기한 변제공탁을 하였다면, 집행채무자가 그로써 수령한 금전은 자기 채권에 관한 원래의 이행으로 또는 변제공탁 등과 같이 변제에 갈음하는 방법을 통하여 취득한 것으로서 역시 그의 소유에 속한다고 할 것이고, 그가 단지 집행채권자 또는 제3채무자의 금전을 '보관'하는 관계에 있다고 할 수 없다. 따라서 집행채무자가 그 금전을 집행채권자에게 반환하는 것을 거부하였다고 하여 그에게 횡령의 죄책을 물을 수는 없다. 이는 제3채무자가 원래 민사집행법 제248조에서 정하는 집행공탁을 하여야 할 것을 착오로 변제공탁을 하였다고 해서 달리 볼 수 없다(대판 2012.1.12. 2011도12604).

2. 피고인이 자신의 공유 토지가 다목적댐사업의 사업구역에 편입됨으로써 한국수자원공사에 대하여 가지게 된 토지보상금채권에 관하여 피고인의 채권자 甲 주식회사가 압류 및 추심명령을 받아 그 명령이 피고인에게 송달되었는데, 그 후 한국수자원공사가 업무착오로 토지보상금을 집행공탁이 아니라 피고인을 피공탁자로 변제공탁한 것을 기화로 피고인이 이를 수령하여 보관하며 한국수자원공사의 반환요구를 여러 차례에 걸쳐 거절함으로써 횡령하였다는 내용으로 기소된 사안에서, 피고인이 한국수자원공사의 공탁 취지에 좇아 수령한 토지보상금은 피고인의 소유이고 달리 위 금전이 한국수자원공사의 소유라는 점을 인정할 증거가 없다고 보아 무죄를 인정한 원심판단을 수긍한 사례(대판 2012.1.12. 2011도12604 횡령).

(1) 공탁요건상의 차이

(가) "변제공탁"은 채권자가 변제를 받지 아니하거나 받을 수 없는 때 및 변제자가 과실 없이 채권자를 알 수 없는 경우에 변제자가 채권자를 위하여 변제의 목적물을 공탁하여 그 채무를 면하는 제도이다(민법 제487조).

제3채무자가 채권양도 및 압류경합을 공탁사유로 공탁을 하면서 피공탁자 내지 채권자 불확지의 취지를 기재하지 않고 공탁근거조문으로 구 민사소송법(2002.1. 26.

법률 제6626호로 전문 개정되기 전의 것) 제581조 제1항만을 기재한 경우, 위 공탁은 변제공탁으로서의 효과는 없다(대판 2005.5.26. 2003다12311).

(나) 민사집행법 제248조의 "집행공탁"은 제3채무자가 압류에 관련된 금전채권의 전액 및 금전채권에 관하여 배당요구서를 송달받은 제3채무자가 배당에 참가한 채권자의 청구가 있는 경우에 그 압류된 부분에 해당하는 금액 또는 금전채권 중 압류되지 아니한 부분을 초과하여 거듭 압류명령이나 가압류명령이 내려진 경우에 그 명령을 송달받은 제3채무자가 압류(가압류)채권자의 청구가 있는 경우에 그 채권의 전액에 해당하는 금액을 공탁하는 것으로 제3채무자에게 공탁에 의한 면책을 인정하는 제도이다(민사집행법 제248조 1항~3항).

(2) 공탁절차상의 차이

변제공탁이나 집행공탁 모두 공탁서의 공탁을 하게 된 관계법령과 공탁원인사실란에는 각 해당 사항을 기재(공탁규칙 제29조 2항)하면 되지만, 변제공탁은 공탁물의 수령자(피공탁자)란에 채권자를 기재(공탁규칙 제20조 2항 5호)하여야 하나, 집행공탁은 집행법원의 배당표에 따른 지급위탁(공탁규칙 제43조)에 의하여 출급청구권자가 정하여지기 때문에 피공탁자를 기재하지 아니하고, 공탁원인사실란에 집행공탁 사유를 구체적으로 기재할 뿐이다.

변제공탁의 경우에는 공탁자가 피공탁자들에게 공탁통지(공탁규칙 제23조)를 하여야 하나, 집행공탁의 경우에는 공탁자가 집행법원에 공탁사유를 신고(공탁규칙 제58조, 민사집행법 제222조 3항·제236조 2항)하여야 하고, 그 신고의 효과로서 배당요구(민사집행법 제247조)의 종기를 가져오게 되며, 집행법원은 바로 직권으로 배당절차(민사집행법 제252조내지 제256조)를 개시하게 된다. 그리고 법원이 위 신고를 접수하여 본 결과 배당절차에 의할 것이 아니라고 판단될 때에는 그 신고서를 기각하는 결정을 하여야 한다.

(가) 피공탁자의 특정 여부

1) 변제공탁과 피공탁자의 특정여부

변제공탁에 있어서는 공탁자는 지체 없이 채권자에게 공탁통지를 하여야 하므로(민법 제488조 3항) 피공탁자가 특정되어야 하는 것이 원칙이다. 판례도 우리 공탁제도는 채무자가 공탁을 함에 있어서 채권자(피공탁자)를 지정할 의무를 지며 공탁관은 채무자가 지정해 준 채권자에게만 공탁금을 출급하는 등의 업무를 처리하는 것을 기본원리로 삼고 있으며, 우리 공탁제도상 채권자가 특정되거나 적어도 채권자가 생대적으로나마 특정되는 상대적 불확지공탁만이 허용될 수 있는 것이고 채권자가 누구인지 전혀 알 수 없는 절대적 불확지공탁은 허용되지 아니하는 것이 원칙이라고 하였다 (대판 1997.10.16, 96다11747). 따라서 변제공탁의 공탁서에는 피공탁자의 성명, 주민등록번호, 주소를 기재하는 것이 원칙이다(공탁규칙 제20조 2항 5호).

2) 집행공탁과 피공탁자의 특정여부

집행공탁에 있어서는 배당절차에서 배당이 완결되어야 피공탁자가 비로소 확정되고, 공탁 당시에는 피공탁자의 개념이 관념적으로만 존재할 뿐이므로 공탁 당시에 기업자가 특정채권자를 피공탁자에 포함시켜 공탁하였다 하더라도 그 피공탁자의 기재는 법원을 구속하는 효력이 없다(대판 1999.5.14, 98다62688). 따라서 집행공탁에 있어서는 배당절차에서 배당이 완결되어야 비로소 피공탁자가 확정되므로 집행공탁의 공탁서에는 피공탁자를 기재할 필요가 없다.

(나) 공탁통지와 공탁사유신고

1) 변제공탁과 공탁통지

변제공탁에 있어서는 공탁자는 지체 없이 채권자(피공탁자)에게 공탁통지를 하여야 하며(민법 제488조 3항) 공탁관은 공탁물보관자로부터 공탁물 납입통지서의 송부를 받았을 때에는 공탁통지서를 피공탁자에게 발송하여야 하는데 공탁통지서의 발신인란에는 공탁소의 명칭과 그 소재지 및 공탁관의 성명을 기재한다(공탁규칙 제23조 3항).

적법한 변제공탁이 있으면 피공탁자의 공탁물 출급청구권(공탁규칙 제32조, 제33조)이 발생하고, 공탁자는 일정한 조건하에 공탁물 회수청구권(민법 제489조 1항 ; 공탁법 제8조 2항 2호·3호 공탁규칙 제32조, 제34조)이 발생한다.

2) 집행공탁과 공탁사유신고

변제공탁의 경우에는 공탁자는 피공탁자에게 공탁통지를 하여야 하나(민법 제488조 3항), 집행공탁의 경우에는 공탁자가 집행법원에 공탁사유를 신고하여야 하며(민사집행법 제248조 4항) 공탁자의 위 공탁사유신고에 의하여 집행법원은 배당절차를 개시 (민사집행법 제252조 내지 제256조)하게 된다.

(3) 공탁물 지급절차상의 차이

변제공탁과 집행공탁의 구체적 차이는 아래와 같다.

(가) 변제공탁과 공탁물의 회수

변제공탁의 경우에는 공탁자가 민법 제489조 제1항에 의하여 '채권자가 공탁을 승인하거나 공탁소에 대하여 공탁물을 받기를 통고하거나 공탁유효의 판결이 확정될 때'까지 또는 착오로 공탁을 한 때, 공탁의 원인이 소멸한 때(공탁법 제9조 제2항)에는 이를 회수 할 수 있다. 다만, 변제공탁으로 볼 수 있는 토지수용보상금에 대한 공탁의 경우에는 그 수용재결이 당연무효이거나 소송 등에 의하여 취소되지 않는 한 기업자는 민법에 의한 변제공탁과는 달리 그 공탁금에 대한 회수청구를 할 수 없다(대판 1998.9.22, 98다2812 판결 참조).

(나) 집행공탁과 공탁물의 회수가부

집행공탁의 경우는 공탁자의 회수청구권이 부정되며, 다만, 학설과 실무는 집행공탁의 경우에도 공탁법 제8조 제2항 제2호에 의한 사유, 즉 착오로 공탁을 한 경우에는 공탁물을 회수할 수 있다고 해석하고 있으며 대법원도 1999.1.8.자 98마363 결정을 통하여 집행공탁의 경우에도 집행법원이 집행공탁금의 배당을 실시하기 전에 공탁자가 집행공탁의 원인이 없음에도 착오로 집행공탁을 한 것임을 이유로 공탁사유신고를 철회한 경우, 그 집행공탁이 원인이 없는 것으로서 무효임이 명백하다면, 집행법원으로서는 공탁사유신고를 불수리하는 결정을 할 수 있고, 공탁자는 공탁관에게 집행법원의 위 결정을 제출하여 공탁법 제8조 제2항 제2호에 따라 공탁금을 회수할 수 있다고 판시하였다.

(다) 공탁물의 출급절차상의 차이

공탁금출급과 관련하여 변제공탁은 공탁관이 그 출급당사자가 되나, 집행공탁의 경우에는 배당법원의 지급위탁서와 지급증명서를 통하여야만 공탁금 출급이 가능하다는 점에 차이가 있다.

1) 변제공탁의 공탁물의 출급·회수절차

변제공탁의 경우 공탁물을 출급·회수하려는 사람은 공탁물 출급·회수청구서에 공탁통지서·공탁서나 이해관계인의 승낙서(승낙지급이라 함, 공탁규칙 제32조 1호) 또는 공탁관이 인정하는 보증서와 재상증명서(보증지급이라 함. 동 규칙 제38조 1항)를 첨부하여 출급 · 회수하게 된다.

2) 집행공탁의 공탁물의 출급 · 회수절차

집행공탁의 경우 공탁물을 출급 · 회수하려는 사람은 공탁물 출급 · 회수청구서에 공탁통지서나 공탁서를 첨부하는 것이 아니라, 공탁자의 공탁사유신고(민사집행법 제248조 제4항)에 의하여 집행법원의 배당절차(민사집행법 제252조 내지 제256조)가 개시되며 이에 따라 집행법원의 배당표가 확정(민사집행법 제256조)되어 공탁물의 지급을 하는 경우 집행법원은 공탁관에게는 지급위탁서(규칙 제43조 제1항, 제11호 양식)를 송부하고 지급을 받을 자에게는 그 자격에 관한 증명서(규칙 제43조 제1항, 제12호 양식)를 교부하여야 한다(동 규칙 제43조 1항). 이 경우에 공탁물의 지급을 받고자 하는 자는 그 자격에 관한 증명서(제12호 양식)를 첨부하여 공탁규칙 제32조에 따라 출급 · 회수청구를 하게 된다(동 규칙 제43조 2항).

7. 집행공탁의 종류

민사집행법의 규정에 의한 담보의 제공이나 공탁은 채권자나 채무자의 보통재판적(普通裁判籍)이 있는 곳의 지방법원 또는 집행법원에 할 수 있다(민사집행법 제19조 제1항). 당사자가 담보를 제공하거나 공탁을 한 때에는, 법원은 그의 신청에 따라 증명서를 주어야 한다(제2항).

집행공탁은 민사집행법상의 강제집행이나 보전집행절차의 어느 단계에서 집행기관이나 집행당사자 또는 제3채무자가 민사집행법상의 권리 · 의무로서 집행의 목적물을 공탁소에 맡겨 그 목적물의 관리와 집행당사자에의 교부를 공탁절차에 따라 이행하도록 하기 위한 공탁으로서 민사집행법상의 공탁의 종류는 다음과 같다.

(1) 채무자의 가압류해방공탁

(가) 가압류해방금액의 의의

가압류해방금액이란 가압류의 집행정지나 집행한 가압류를 취소하기 위하여 채무자로부터 공탁하여야 할 금액으로서 가압류명령 중에 기재되는 금액(민사집행법 제282조)을 말한다. 가압류해방금액은 가압류목적물을 대신하는 것이므로, 그 공탁은 금전에 의한 공탁만이 허용되며, 유가증권에 의한 공탁은 그 유가증권이 실질적 통용가치가 있는 것이라 하더라도 허용되지 않는다(대법원 1996.10.1, 95마162 결정).

가압류는 금전적 청구권을 보전하기 위한 수단이므로 집행목적재산 대신 상당한 금전을 공탁하면 구태여 가압류집행을 할 필요 없이 채권보전의 목적을 달할 수 있게 되므로 채무자로 하여금 불필요한 집행을 당하지 않도록 마련한 제도이다. 따라서 가압류명령을 발할 때에는 해방금액을 기재하여야 하고, 그 전액을 공탁하였을 때에는 반드시 집행한 가압류를 취소하여야 한다(대법원 1962.5.31, 62마5 결정).

(나) 가압류해방공탁

1) 가압류해방공탁의 의의

가압류명령에는 가압류의 집행을 정지시키거나 집행한 가압류를 취소시키기 위하여 채무자가 공탁할 금액을 적어야 한다(민집 제282조). 이를 해방금 또는 해방공탁금이라고 부른다. 가압류해방금은 가압류목적물에 갈음하는 것이므로 금전에 의한 공탁만이 허용되고, 유가증권에 의한 공탁은 그 유가증권이 실질적 통용 가치가 있는 것이라고 하더라도 허용되지 않는다[대결(전) 1996.10.1. 96마162].

해방공탁금은 가압류의 집행정지나 취소로 인한 채권자의 손해를 담보하는 것이 아니고 가압류의 목적재산에 갈음하는 것이므로[대결(전) 1996.10.1. 96마162], 소송비용의 담보에 관한 규정이 준용되지 않고, 채권자는 여기에 대하여 우선변제권이 없다. 가압류집행의 목적물에 갈음하여 가압류해방금이 공탁된 경우에 그 가압류의 효력은 공탁금 자체가 아니라 공탁자인 채무자의 공탁금회수청구권에 대하여 미치는 것이므로 채무자의 다른 채권자가 해방공탁금회수청구권에 대하여 압류(가압류) 명령을 받은 경우에는 가압류채권자의 가압류와 다른 채권자의 압류(가압류)는 그 집행대상이 같아 서로 경합하게 된다(대결 1966.10.17. 66마614, 대결 1996.11.11. 95마252).

가압류해방금의 공탁금회수청구권에 관하여 압류명령 등이 송달된 때에는 공탁공무원은 지체 없이 집행법원에 그 사유를 신고하여야 하고, 해방공탁금의 회수청구권에 대하여 압류·추심명령을 받은 채권자에게 공탁금을 지급하여서는 아니 된다(대판 2002.8.27. 2001다73107).

(채무자가) 가압류명령에 정한 금액(전액)을 공탁한 때에는 법원은 결정으로 집행한 가압류를 취소하여야 한다(민집 제299조 제1항). 가압류채무자가 가압류명령에 정한

금액을 공탁하는 것이 "가압류해방공탁"이다(민사집행법 제282조).

2) 가압류해방공탁의 당사자

① 공탁자(가압류채무자)

가압류해방공탁을 할 수 있는 자는 가압류채무자이다. 상속·합병 등으로 가압류채무자에 대한 권리·의무를 포괄적으로 승계한 자는 해방공탁을 할 수 있다.

② 제3자의 해방공탁 가부(소극)

채무자 아닌 제3자가 해방공탁금을 공탁할 수 있느냐에 관하여는 나중에 채권자가 채무자에 대한 채무명의(판결 등)를 받아도 그 해방금액에 대한 집행을 할 근거가 없게 되므로 부정하여야 한다.

따라서 채권자 '갑'이 채무자 '을' 소유의 부동산을 가압류한 후에 제3자인 '병'이 가압류된 그 재산을 취득한 경우에 있어서 '갑'의 채무자는 '을'이고, 제3취득자인 '병'은 '갑'의 채무자 아니므로 가압류집행취소를 위한 해방공탁을 할 수는 없다.

다만, '병'은 가압류목적물에 대한 이해관계인으로서 채무자를 대위하여 그 피보전채권을 변제할 수는 있을 것이며, 이 때에는 그에 따른 권리구제절차를 취할 수는 있을 것이다(1998.9.8., 법정 제3302-321호).

③ 피공탁자의 기재 여부(소극 : 피공탁자란 삭제)

민사집행법 제282조의 가압류해방공탁의 경우에는 가압류채권자의 권리실행방법에 대하여 판례 및 실무의 입장인 공탁금회수청구권에 대한 "집행설"에 따르면 피공탁자는 원시적으로 있을 수 없으므로 피공탁자란에 아무런 기재도 하지 말아야 한다. 착오로 가압류채권자를 피공탁자로 기재한 가압류해방공탁의 신청이 수리된 피공탁자란에 기재된 가압류채권자를 집행채무자로 한 다른 채권자의 압류 및 추심·전부명령이 있는 경우에는 공탁자(가압류채무자)의 회수청구권에 대한 강제집행이 아니므로 공탁금이 지급될 수 없음에도 공탁서상의 외관만 믿고 출급청구권에 대한 추심·전부 명령이 유효한 것으로 잘못 생각하여 추심 또는 전부채권자에게 공탁금이 잘못 지급될 수 있으므로, 공탁관은 가압류해방공탁의 신청시 피공탁자란에 아무런 기재가 되지 않도록 주의하여야 한다(법원행정처발행 : 공탁실무편람 385면).

2008.2.15. 공탁사무 문서양식에 관한 예규(행정예규 742호)를 제정하면서 착오발

생을 미연에 방지하고자 '금전 공탁서(가압류 해방)' 양식(별지 : 제1~3호 양식 참조)을 새로 만들어 피공탁자란을 삭제하였다.

(다) 가압류해방공탁금의 법적성질

가압류집행의 목적물에 갈음하여 가압류해방금이 공탁된 경우에 그 가압류의 효력은 공탁금 자체가 아니라 공탁자인 채무자의 공탁금 회수청구권에 대하여 미치는 것이므로 채무자의 다른 채권자가 가압류해방공탁금 회수청구권에 대하여 압류명령을 받은 경우에는 가압류채권자의 가압류와 다른 채권자의 압류는 그 집행대상이 같아 서로 경합하게 된다(대결 1996.11.11, 95마252).

가압류해방공탁금은 가압류목적물에 갈음하는 것으로서, 가압류해방공탁이 된 경우에 가압류명령 그 자체의 효력은 소멸되는 것이 아니라 공탁자인 가압류채무자의 공탁금회수청구권에 미치게 되는 것이다. 가압류해방금액을 공탁하게 하는 목적은 가압류의 집행과 마찬가지로 피보전채권의 강제집행을 보전하는 데 있으므로, 가압류해방공탁은 채무변제를 위한 공탁이 아니며, 따라서 가압류채무자는 가압류해방공탁에 의하여 채무의 소멸을 주장할 수 없다.

(라) 가압류해방금을 공탁할 공탁소의 관할 (집행법원)

가압류명령에는 가압류의 집행정지나 집행한 가압류를 취소하기 위해 채무자가 공탁할 금액을 기재하여야 하는데, 이에 따라 가압류해방금을 공탁할 경우 채무자는 민사집행법 제19조 제1항에 따라 원고(가압류채권자)나 피고(가압류채무자)의 보통재판적소재지의 지방법원 또는 집행법원(가압류발령법원)에 해당 해방금을 공탁할 수 있다.

민사소송법 제502조 제1항, 민사집행법 제19조 제1항은 이 법의 규정에 의한 공탁은 원고나 피고 또는 채권자나 채무자의 보통재판적이 있는 곳의 지방법원 또는 집행법원에 할 수 있다고 규정하고 있으나, 이 규정은 공탁소의 토지관할을 정한 것이 아니라 공탁을 한 후 그 공탁서를 제출할 법원을 정한 것으로 해석하는 것이 통설이다. 다만, 공탁한 후 공탁서를 첨부하여 가압류집행취소를 신청하는 것과 관련하여 볼 때 집행법원에 공탁하는 것이 편리할 것으로 생각된다(2001.11.7. 법정 제3302 – 448호).

(마) 채무자의 가압류해방공탁과 가압류집행의 취소

① 공탁한 채무자의 가압류집행취소신청

채무자가 가압류명령에 정한 금액을 공탁한 때(해방공탁)에는 법원은 반드시 결정으로 집행한 가압류를 취소하여야한다(민사집행법 제299조 제1항 대결 1962.5.31. 62마5). 채무자 아닌 제3자는 해방공탁을 할 수 없다. 왜냐하면 가압류 후에 채권자가 채무자에 대한 집행권원을 받아도 그 해방금에 대한 집행을 할 근거가 없게 되기 때문이다. 해방금액의 '일부'만을 공탁하고 가압류집행의 일부만을 취소신청 하는 것도 허용되지 않는다.

② 가압류법원의 집행취소결정

해방금액(전액)을 공탁한 채무자는 그 공탁서를 첨부하여 집행법원 또는 가압류명령을 발한 법원에 '가압류집행의 취소'를 신청하여야 한다. 이 신청이 있으면 가압류법원은 집행취소결정을 한다. 집행취소결정은 확정되지 아니하여도 고지와 동시에 효력이 생기며, 이 결정에 대하여 채권자는 즉시항고 할 수 있다(동조 제3항). 결정양식은 다음과 같다.

○○지방법원

결 정

사 건   20   카기   가압류집행취소

채 권 자

채 무 자

주 문

이 법원의 20   .   .   .자 20   카단   가압류 결정 정본에 의하여

20   .

.   . 별지 기재   에 대하여 실시한 가압류의 집행을 취소한다.

이 유

이 법원 20   카단   가압류사건에 관하여 채무자가 가압류명령에서 정한   원을 공탁(○○법원 20○○년 금제○○○호)하고 한 가압류 집행취소신청은 이유 있으므로 주문과 같이 결정한다.

20   .   .   .

판사   ㉑

이와 같이 가압류집행이 취소되더라도 가압류명령 자체의 효력은 소멸되는 것이 아니다. 가압류집행이 취소되면 해방공탁금은 앞으로 가압류채권자가 본안청구에 관하여 승소확정판결을 받거나 가집행선고부승소판결을 받은 때에 집행의 목적물이 된다.

③ 등기를 요하는 집행의 취소방법

부동산의 가압류, 처분금지가처분 등과 같이 등기를 함으로써 보전처분을 집행한 경우에는 집행법원의 법원사무관등이 보전처분기입등기의 말소를 촉탁함으로써 취소

한다(민집 293조 제3항 참조). 그 등기촉탁서의 문례는 다음과 같다.

[문례] 등기촉탁서(집행취소)

○○**법원**

등기촉탁서

등기관　귀하

사　　　건　　20　카단　　부동산가압류

부동산의 표시

등기권리자

등기의무자

등기원인과 그 연월일　　20　.　　.　　. 가압류 집행취소신청

등기목적　　　　20　.　　.　.자 가압루기입등기의 말소등기

과세표준　　　　1건

등록면허세　　　6,000원

지방교육세　　　1,200원

등기신청수수료　3,000원

첨　　　　부　　가압류 집행해제신청서 부본 1통

위 등기를 촉탁합니다.

20　.　　.　　.

법원사무관　　　　　　㊞

접수	.　.　.	처리인	등기관 확인	각종 통지
	제　　호			

금전공탁서(가압류해방)

공탁번호	년금 제 호	년 월 일 신청	법령조항	민사집행법 제282조

공탁자(가압류채무자)	성 명 (상호 명칭)			
	주민등록번호 (법인등록번호)			
	주 소 (본점, 주사무소)			
	전 화 번 호			

공 탁 금 액	한글 오천만원	보관은행	은행 지점
	숫자 (50,0000,000원)		

법원의 명칭과 사건	법원 사건			
	당 사 자	채 권 자		채 무 자

공탁원인사실	위 사건의 가압류 집행 취소를 위한 해방공탁

비고(첨부서류 등)	1. 가압류 결정문 사본 2. □ 계좌납입신청

위와 같이 신청합니다.   대리인 주소
                                   전화번호
     공탁자 성명   (인)   성명   (인)

위 공탁을 수리합니다.

공탁금을   년 월 일까지 위 보관은행의 공탁관 계좌에 납입하시기 바랍니다.

위 납입기일까지 공탁금을 납입하지 않을 때는 이 공탁 수리결정의 효력이 상실됩니다.

                      년   월   일
                  법원   지원 공탁관   (인)

(영수증) 위 공탁금이 납입되었음을 증명합니다.

                      년   월   일
              공탁금 보관은행(공탁관)   (인)

(2) 제3채무자의 채무액의 공탁

공탁은 공탁자가 자기의 책임과 판단하에 하는 것으로서 공탁자는 나름대로 누구에게 변제하여야 할 것인지를 판단하여 그에 따라 변제공탁이나 집행공탁 또는 혼합공탁을 선택하여 할 수 있고, 제3채무자가 변제공탁을 한 것인지, 집행공탁을 한 것인지 아니면 혼합공탁을 한 것인지는 피공탁자의 지정 여부, 공탁의 근거조문, 공탁사유, 공탁사유신고 등을 종합적·합리적으로 고려하여 판단하는 수밖에 없다(대판 2008.5.15. 2006다74693).

(가) 제3채무자의 채무액의 공탁(권리공탁)

1) 민사집행법의 제3채무자의 권리공탁요건의 완화

민사집행법 제248조 제1항은 "제3채무자는 압류에 관련된 금전채권의 전액을 공탁할 수 있다"라고 규정하여, 제3채무자로 하여금 채권자의 공탁청구, 추심청구, 경합여부 등을 따질 필요 없이 해당 압류에 관련된 채권전액을 공탁할 수 있도록 '권리공탁'을 인정하고 있다. 민사집행법은 채권이 압류되면 채권자의 경합이 없더라도 제3채무자는 그의 선택에 따라 압류채권상당액 또는 채권전액을 공탁하여 채무를 벗어날 수 있도록 규정함으로써 당사자의 이해관계를 잘 조정하여 이 문제에 관한 입법적 해결을 도모하였다(제248조 제1항). 법원은 제248조의 규정에 따라 제3채무자가 공탁한 때에는 배당절차를 개시한다(제252조 제2호).

공탁원인사실

공탁자는 2012년 10월 7일 공탁자 소유인 충북 음성군 소이면 대장리 316-11 철근콘크리트조 스라브 지붕 4층 단독주택 중 2층 212.08 평방미터 중 일부 2층(원룸2)에 대하여 임차권자 정해숙에게 임차보증금 10,000,000원으로 임대하였는바, 공탁자는,

(1) 위 임차보증금에 대한 청주지방법원 충주지원 2015타채 3193 채권압류 및 전부명령(채권자 : 한○○, 채무자 : 정○○, 제3채무자 : 주식회사 부림축은행, 청구 금액 : 8,786,862원)의 정본을 2015년 12월 29일 송달받고 동 전부명령은 이미 확정되어 공탁자는 과실 없이 피공탁자를 확지할 수 없으므로 위 보증금 10,000,000원 중 금8,786,862원을 민법 제487조 및 민사집행법 제 248조 제1항에 의하여 공탁하며,

(2) 위 임차보증금 10,000,000원 중 압류채권 금8,786,862원을 공제한 잔액 금 1,213,138원을 피공탁자(임차권자) 정○○에게 제공하였으나 그 수령을 거절하므로 민법 제487조에 의하여 공탁함.

2) 제3채무자에게 공탁할 권리를 인정한 취지

민사집행법 제248조 제1항(구 민사소송법 제581조 1항)에서 제3채무자에게 채무액을 공탁할 수 있는 권리를 인정한 이유는 채권에 대한 강제집행절차에서 피압류채권에 대하여 권리를 주장하는 자가 다수 있고, 위 채권액이 모든 자에게 만족을 줄 수 없는 경우에 제3채무자에게 배당요구 또는 중복압류의 유무 및 각 압류의 적부를 심사하게 하고, 그 진실한 권리자 또는 우선권자에게 적정한 배당을 하게 하는 것은 제3채무자에게 극히 무거운 부담을 주고 또 강제집행절차의 적정도 해할 우려가 있기 때문에 그 피해를 제거하려고 하는 데 있다(대판 2000.6.23. 98다31899).

3) 금전채권의 일부만이 압류되었음에도 제3채무자가 그 채권전액을 공탁한 경우

민사집행법 제248조 제1항은 "제3채무자는 압류에 관련된 금전채권의 전액을 공탁할 수 있다"고 규정하여 채권자의 공탁청구, 추심청구, 경합 여부 등을 따질 필요 없

이 당해 압류에 관련된 채권 전액을 공탁할 수 있도록 규정하고 있는바, 이에 따라 금전채권의 일부만이 압류되었음에도 그 채권 전액을 공탁한 경우에는 그 공탁금 중 압류의 효력이 미치는 금전채권액은 그 성질상 당연히 집행공탁으로 보아야 하나, 압류금액을 초과하는 부분은 압류의 효력이 미치지 않으므로 집행공탁이 아니라 변제공탁으로 보아야 한다(대판 2008.5.15. 2006다74693 배당이의).

4) 토지수용보상금이 지급되기 전에 체납처분에 의한 압류 후 담보권자의 물상대위에 의한 압류가 있는 경우

토지수용보상금이 지급되기 전에 우선권 있는 저당권자가 물상대위에 의하여 토지수용보상금채권을 압류한 경우, 그 압류를 전후하여 토지수용보상금채권에 대한 체납처분에 의한 압류가 있었다고 하더라도 민사집행법 재248조 제1항에 의한 집행공탁을 할 수 있다.

(2012. 10. 19. 사법등기심의관 – 3260 질의회답)

참조조문 : 민법 제342조, 제370조, 민사집행법 제273조

참조판례 : 대법원 2008.11.13. 2007다33842 판결, 대법원 2008.12.24. 2008다65396 판결, 대법원 2010.10.28. 2010다46756 판결

5) 금전채권에 대하여 민사집행법에 따른 압류와 체납처분에 의한 압류가 경합하는 경우 제3채무자가 공탁을 할 수 있는지 여부(적극)

가) 공탁선례

금전채권에 대하여 민사집행법에 따른 압류와 체납처분에 의한 압류가 있는 경우 (선후 불문) 제3채무자는 압류채무자를 피공탁자로 한 변제공탁은 할 수 없으나, 「민사집행법」 제248조 제1항에 따라 압류와 관련된 금전채권액 전액을 공탁할 수 있다.

(2015.12.31. 사법등기심의관－4774 직권선례)

참조조문 : 「민사집행법」 제248조

참조판례 : 대법원 2015.7.9. 2013다60982 판결, 대법원 2015.8.27. 2013다203833 판결

참조예규 : 대법원 행정예규 제1060호, 대법원 행정예규 제1061호, 대법원 행정예규 제1062호

주) 이 선례에 의하여 공탁선례 제2-287호는 폐지됨

나) 체납처분에 의한 압류와 민사집행절차에 의한 압류가 경합하는 경우 제3채무자의 집행공탁(권리공탁)

제3채무자가 체납처분에 따른 압류채권자와 민사집행절차에서 압류 및 추심명령을 받은 채권자 중 어느 한쪽에게 채무를 변제하고 변제 부분에 대한 채무의 소멸을 주장하거나, 민사집행법 제248조 제1항에 따른 집행공탁을 하여 면책될 수 있으며, 민사집행절차에서 압류 및 추심명령을 받은 채권자가 제3채무자에게서 압류채권을 추심한 경우, 민사집행법 제236조 제2항에 따라 추심한 금액을 공탁하고 사유를 신고하여야 한다.

판례

[1] 현행법상 체납처분절차와 민사집행절차는 별개의 절차이고 두 절차 상호 간의 관계를 조정하는 법률의 규정이 없으므로, 한쪽의 절차가 다른 쪽의 절차에 간섭할 수 없는 반면, 쌍방 절차에서 각 채권자는 서로 다른 절차에 정한 방법으로 다른 절차에 참여하게 된다.

따라서 체납처분에 따라 압류된 채권에 대하여도 민사집행법에 따라 압류 및 추심명령을 할 수 있고, 민사집행절차에서 압류 및 추심명령을 받은 채권자는 제3채무자를 상대로 추심의 소를 제기할 수 있다. 제3채무자는 압류 및 추심명령에 선행하는 체납처분에 의한 압류가 있어 서로 경합된다는 사정만을 내세워 민사집행절차에서 압류 및 추심명령을 받은 채권자의 추심청구를 거절할 수 없고, 또한 민사집행절차에 따른 압류가 근로기준법에 따라 우선변제권을 가지는 임금 등 채권에 기한 것이라는 등의 사정을 내세워 체납처분에 의한 압류채권자의 추심청구를 거절할 수도 없다.

[2] 제3채무자는 체납처분에 따른 압류채권자와 민사집행절차에서 압류 및 추심명령을 받은 채권자 중 어느 한쪽의 청구에 응하여 그에게 채무를 변제하고 변제 부분에 대한 채무의 소멸을 주장할 수 있으며, 또한 민사집행법 제248조 제1항에 따른 집행공탁을 하여 면책될 수도 있다. 그리고 체납처분에 의한 압류채권자가 제3채무자에게서 압류채권을 추심하면 국세징수법에 따른 배분절차를 진행하는 것과 마찬가지로, 민사집행절차에서 압류 및 추심명령을 받은 채권자가 제3채무자에게서 압류채권을 추심한 경우에는 민사집행법 제236조 제2항에 따라 추심한 금액을 바로 공탁하고 사유를 신고하여야 한다(대판 2015.7.9. 2013다60982).

6) 공탁절차(피공탁자, 공탁근거 법령조항, 공탁원인사실 등의 기재 방법)

민사집행법 제248조 제1항에 의하여 금전채권의 일부에 대한 압류를 원인으로 제3채무자가 압류에 관련된 금전채권액 전액을 권리공탁하는 경우에는 피공탁자란에 압류채무자를, 민사집행법 제291조 및 제248조 제1항에 의하여 가압류를 원인으로 제3채무자가 권리공탁하는 경우에는 피공탁자란에 가압류채무자를 기재하고 공탁통지서도 발송하도록 하였다(행정예규 528호). 이는 변제공탁적 측면도 있기 때문이다.

민사집행법 제248조 제1항에 따라 제3채무자가 금전채권액의 일부에 대한 압류를 원인으로 압류에 관련된 금전채권액 전액을 공탁한 경우에는 공탁금 중에서 압류의 효력이 미치지 않는 부분은 변제공탁의 성질을 가지므로, 공탁신청시 압류채무자를 피공탁자로 기재하여야 하며 공탁자는 피공탁자에게 발송할 공탁통지서를 첨부하여야 한다(행정예규528호)

민사집행법 제291조 및 제248조 제1항에 따라 제3채무자가 금전채권에 대한 가압류를 원인으로 하는 공탁은 형식은 집행공탁이지만 실질은 채권자인 가압류채무자를 피공탁자로 하는 일종의 변제공탁이라 할 수 있으므로, 공탁신청시 가압류채무자를 피공탁자로 기재하여야 하며 공탁자는 피공탁자에게 발송할 공탁통지서를 첨부하여야 한다(행정예규 528호).

채권양도 후에 가압류가 있는 경우 민사집행법이 가압류에 대하여도 집행공탁을 인정하고 있으므로(민사집행법 제291조, 제248조 제3항) 제 3채무자는 채권자 불확지변제공탁(민법 제487조 후단)과 집행공탁(민사집행법 제248조)을 합한 혼합공탁을 할 수 있다.

이 경우 공탁서상의 "피공탁자"는 양도인(가압류 채무자) 또는 양수인으로 기재하고, "공탁근거 법령조항"은 민법 제487조 후단, 민사집행법 제291조, 제248조 제1항으로 기재하며, "공탁원인사실 란"에는 가압류명령이 있는 사실을 구체적으로 기재하여야 한다.

가압류 채권자에게는 공탁사실을 알려줄 필요가 있으므로 공탁사실통지서발송에 필요한 우표도 함께 납부하여야한다(공탁규칙 제23조, 행정예규 제528호).
채권양도와 채권압류의 경합을 원인으로 한 "혼합공탁의 공탁근거 법령조항"은 민법

제487조 후단 및 민사집행법 제248조 제1항을 기재한다.

7) 집행공탁의 토지관할

민사소송법 제502조 제1항, 민사집행법 제19조 제1항은 이법의 규정에 의한 공탁은 원고나 피고 또는 채권자나 채무자의 보통재판적이 있는 곳의 지방법원에 할 수 있다고 규정하고 있으나, 이 규정은 공탁소의 토지관할을 정한 것이 아니라 공탁을 한 후, 그 공탁서를 제출할 법원을 정한 것으로 해석하는 것이 통설이다. (공탁실무편람 : 34면)

재판상 담보공탁이나 집행공탁의 관할에 관하여는 법률에 특별한 제한규정이 없다. 민사집행법 제248조에 의한 공탁도 공탁 이후 사유신고는 먼저 송달된 압류명령을 발령한 법원에 하여야 하므로(민집규 172조 3항), 사유신고와 관련하여 볼 때 먼저 송달된 압류명령을 발령한 집행법원의 소재지 공탁소에 공탁하는 것이 편리하다(2001. 11. 30. 법정 3302-476 참조). 따라서 실무에서는 위 해당 공탁소에 공탁하도록 권유하고 있다.

8) 공탁관의 공탁통지서 및 공탁사실통지서 발송

제3채무자가 민사집행법 제248조 제1항의 규정에 의한 집행공탁(권리공탁) 신청서를 제출할 때에는 그 공탁을 수리한 공탁관이 집행공탁의 피공탁자인 가압류채무자에게 송달할 공탁통지서(공탁규칙 제2-1호 서식)와 가압류채권자에게 송달할 공탁사실통지서(2003. 12. 17. 행정예규 제528호. 별지서식)를 작성하여 이를 배달증명우편으로 발송할 우표(3,020원)를 첨부한 봉투를 함께 제출한다(행정예규 제528호 4.(3) (4).).

9) 제3채무자의 가압류집행된 금전채권액의 공탁

제3채무자가 가압류 집행된 금전채권액을 공탁한 경우에는 그 가압류의 효력은 그 청구채권액에 해당하는 공탁금액에 대한 채무자의 출급청구권에 대하여 존속한다(민사집행법 제297조).

민사집행법에서는 권리공탁의 요건을 완화하여 채권자가 경합하는 경우에 한정하지 않고 압류채권자가 한 사람인 경우 또는 가압류가 집행된 경우에도 압류에 관련된 금전채권의 면책을 위하여 그 전액에 상당하는 금액을 공탁(권리공탁)하는 것을 인정하고 있다(민집 제248조 제1항, 제297조).

채권가압류를 원인으로 하는 공탁은 원래의 채권자인 가압류채무자를 피공탁자로 하는 일종의 변제공탁이고 가압류의 효력은 그 청구채권액에 해당하는 공탁금액에 대한 가압류채무자의 공탁금 출급청구권에 존속하는 것으로 보아야 하므로(민집 제297조), 채권압류를 원인으로 하는 민사집행법 제248조 제1항에 의한 공탁과는 성질이 다르다.

가압류를 원인으로 집행공탁을 하더라도 배당가입이 차단되지 않고 배당절차를 진행할 수도 없으며, 단지 채무자가 가지는 공탁금 출급청구권 위에 가압류의 효력이 존속하는 것에 불과할 따름이다(민집법 제297조).

따라서 혼합공탁 이후에 가압류가 본압류 이전되면 중간의 채권양도 그자체는 유효하더라도 가압류채권자와의 관계에서는 대항할 수 없으므로, 공탁 이후에 가압류채권자의 가압류에서 본압류로 이전하는 채권압류 및 추심명령이나 전부명령이 송달되어지면 공탁관이 집행법원에 사유 신고 후 집행법원의 지급위탁절차에 의하여 공탁금이 지급될 것이다.

🔍 판례

1. 제3채무자에게 공탁할 수 있는 권리를 인정한 이유

민사소송법 제581조 제1항에서 제3채무자에게 채무액을 공탁할 수 있는 권리를 인정한 이유는 채권에 대한 강제집행절차에서 피압류채권에 대하여 권리를 주장하는 자가 다수 있고, 위 채권액이 모든 자에게 만족을 줄 수 없는 경우에 제3채무자에게 배당요구 또는 중복압류의 유무 및 각 압류의 적부를 심사하게 하고, 그 진실한 권리자 또는 우선권자에게 적정한 배당을 하게 하는 것은 제3채무자에게 극히 무거운 부담을 주고 또 강제집행절차의 적정도 해할 우려가 있기 때문에 그 피해를 제거하려고 하는 데 있다(대판 1989.1.31. 88다카42).

2. 제3채무자가 압류의 경합 여부에 대한 판단이 곤란한 경우

민사소송법 제581조 제1항의 입법취지에 비추어 동일한 채권에 대하여 복수의 압류명령이 있는 경우, 각 압류의 법률적 성질상 압류액의 총액이 피압류채권액을 초과하지 아니하여 본래적 의미에서는 압류의 경합으로 볼 수 없는 경우라도 제3채무자의 입장에서 보아 그 우선순위의 판단에 문제가 있는 등 압류의 경합이 있는지 여부에 대한 판단이 곤란하다고 보이는 객관적 사정이 있는 경우에는 이 규정을 유추적용하여 제3채무자에게 공탁에 의한 면책을 인정하는 것이 상당하다(대판 1998.1

0.20, 98다31905).

3. 제3채무자가 하는 공탁의 성질(혼합공탁)

동일한 채권에 대하여 복수의 압류명령 등이 있는 경우 그 압류의 법률적 성질상 압류액의 총액이 피압류채권액을 초과하지 아니하여 본래의 의미에서의 압류의 경합으로 볼 수 없는 경우라도 제3채무자의 입장에서 보아 그 우선순위에 대하여 문제가 있는 등 압류의 경합이 있는지 여부에 대한 판단이 곤란하다고 보이는 객관적 사정이 있는 경우에는 민사소송법 제581조 제1항의 규정을 유추적용하여 제3채무자에게 채무액을 공탁할 수 있는 권리를 인정하는 것이 상당하다 할 것인바, 이 경우 제3채무자가 하는 공탁은 형식적으로는 집행공탁이지만 채무자에 대한 관계에서는 실질적으로 변제공탁의 성질을 가지는 것이므로 그 공탁에 의하여 채무변제의 효과가 생겨 그에 의하여 제3채무자는 면책된다(대판 1999.11.26, 99다35256).

(나) 제3채무자의 채무액의 공탁(의무공탁, 배당에 참가한 채권자의 청구가 있는 때)

1) 배당에 참가한 채권자의 공탁청구(부분공탁)

금전채권에 관하여 '배당요구서를 송달받은 제3채무자'는 배당에 참가한 채권자의 청구가 있으면 압류된 부분에 해당하는 금액을 공탁하여야 하고(제248조 제2항), 금전채권 중 압류되지 아니한 부분을 초과하여 거듭 압류명령 또는 가압류명령이 내려진 경우에 그 명령을 송달 받은 제3채무자는 압류 또는 가압류 채권자의 청구가 있으면 그 채권의 전액에 해당하는 금액을 공탁하여야 한다(제3항). 이것을 제3채무자의 '의무공탁'이라고 한다. 여기서 배당에 참가한 채권자라 함은 집행력 있는 정본에 의한 채권자이든 우선변제청구권 있는 채권자이든 묻지 않으며 배당요구채권자 이외에 배당요구와 동일한 효력을 가지는 중복압류채권자나 교부청구채권자를 포함한다.

여기서 "공탁하여야 한다"라는 것은 공탁의 방법에 의하지 않고서는 면책받을 수 없다는 것이므로 공탁을 하지 않고 그 중 1인의 채권자에게 변제한 경우에는 제3채무자는 이중지급의 위험을 부담한다. 따라서 공탁의무가 있는데도 불구하고 제3채무자가 추심채권자에게 변제한 경우에는 다른 채권자에 대한 관계에서는 채무의 소멸을 주장할 수 없다.

이러한 공탁의무는 민사집행제도의 목적에서 생기는 제3채무자의 절차협력의무이고, 제3채무자의 실체법상 지위를 변경하는 것이 아니므로 제3채무자가 채무자에 대하여 기한 미도래, 동시이행, 선이행의 항변 등 지급거절사유를 갖는 때에는 집행의 경합이 있더라도 공탁의무를 부담하지 아니한다. 또한, 어음·수표금채권에 대하여는 그 제시가 없는 한 공탁의무가 없다.

2) 압류채권자·가압류채권자의 공탁청구(전액공탁)

금전채권 중 압류되지 아니한 부분을 초과하여 거듭 압류명령 또는 가압류명령이 내려져 그 명령을 송달받은 경우에 압류채권자나 가압류채권자의 청구가 있으면 그 채권의 전액에 해당하는 금액을 공탁하여야 한다(민사집행법 제248조 3항). 즉 채권자가 경합하는 경우에도 채권자가 경합하는 것만으로 공탁의무가 생기는 것은 아니고, 위와 같은 배당을 받을 채권자의 청구가 있는 때에만 공탁의무가 생긴다. 집행법원에서 배당재단을 확보하고 적정한 배당절차를 진행할 필요가 있기 때문이다. 공탁할 의무가 있다는 것은 공탁의 방법에 의하지 아니하고는 면책을 받을 수 없다는 것이므로 한 사람의 채권자에게 변제한 경우에는 이중지급의 위험을 부담하게 된다.

3) 제3채무자에게 공탁의무가 없는 경우

압류가 중복한 경우에도 경합한 집행채권의 합계액보다도 피압류채권의 총액이 많은 경우에는 공탁의 의무가 없다. 이 공탁의무는 민사집행제도의 목적에서 생기는 제3채무자의 절차협력의무이고, 제3채무자의 실체법상의 지위를 변경하는 것이 아니므로 제3채무자가 채무자에 대하여 지급거절사유를 갖는 때(예컨대, 기한미도래, 동시이행, 선이행의 항변 등)에는 집행의 경합이 있더라도 공탁의무를 부담하지 아니한다. 또 어음, 수표채권에 대하여는 그 제시가 없는 한 공탁의무가 없다.

4) 압류경합의 경우

배당요구의 경우에는 압류의 경합의 경우와 달리 압류의 확장효가 없으므로 공탁의무의 대상이 되는 것은 당초 압류된 부분에 해당하는 금전이지만, 압류가 경합한 경우에는 각각의 압류의 효력이 채권전액에 확장되므로(민사집행법 제235조) 그 채권의 전액을 공탁하여야 한다.

이 경우 압류의 효력은 압류명령이 송달된 뒤에 발생하는 이자, 손해금에도 미치므로 압류채권에 대한 압류명령 송달 뒤의 이자 또는 손해금을 포함하여 공탁하여야 한다.

5) 제3채무자가 공탁의무를 이행하지 아니하는 경우(추심소송)

제3채무자가 공탁의무를 부담(민사집행법 제248조 제2항.제3항)하는데도 불구하고 이를 이행하지 아니하는 경우에도 특별한 제재는 없다. 공탁의무가 있는데도 불구하고 제3채무자가 추심채권자에게 변제한 경우는 다른 채권자에 대한 관계에서는 채무의 소멸을 주장할 수 없다. 추심소송에서 추심채권자에게 채무액을 직접 지급하라는 판결이 있은 뒤 중복압류나 배당요구를 한 다른 채권자도 채무액의 공탁을 청구할 수 있다. 제3채무자가 공탁의무를 이행하지 아니할 때에는 추심채권자는 공탁을 명하는 취지의 추심소송을 제기하여(대판 1979.7.24, 79다1023) 그 판결에 기초한 강제집행으로 공탁을 강제할 수 있고, 그 공탁이 이루어져 사유신고가 있는 때에 배당요구의 종기(終期)에 이르게 된다(민사집행법 제247조 1항 2호). 공탁을 구하는 추심소송의 판결주문은 "피고는 원고에게 금 ○○원을 지급하라. 위 금원의 지급은 공탁의 방법으로 하여야 한다" 또는 "피고는 원고에게 금 ○○원을 공탁의 방법으로 지급하라."는 형식이 될 수 있을 것이다. 이 공탁판결에 기초하여 강제집행을 하여 집행기관이 배당 등을 받아 그것을 공탁하게 될 것이다.

6) 공탁의 효과

공탁으로 변제의 효과가 발생하므로, 공탁한 금액은 확정적으로 공탁자인 제3채무자의 재산으로부터 분리되고, 제3채무자는 이를 회수할 수 없다. 제3채무자가 자신의 채무액보다 많이 공탁한 경우에는 배당에 참가한 채권자에게 부당이득반환청구권을 갖는다(법원실무제요 : 민사집행Ⅲ. 361~363면).

🔍 판례

민사집행법 제248조 제3항의 공탁의무를 부담하는 제3채무자가 추심채권자 중 한 사람에게 임의로 변제하거나 일부 채권자가 강제집행절차 등에 의하여 추심한 경우, 제3채무자가 공탁청구한 채권자에게 채무소멸을 주장할 수 있는지 여부(소극) 및 이 경우 공탁청구한 채권자가 제3채무자에게 추심할 수 있는 금액의 범위 :

민사집행법 제248조 제3항은 "금전채권 중 압류되지 아니한 부분을 초과하여 거듭 압류명령 또는 가압류명령이 내려진 경우에 그 명령을 송달받은 제3채무자는 압류 또는 가압류채권자의 청구가 있으면 그 채권의 전액에 해당하는 금액을 공탁하여야 한다."고 규정하고 있다. 여기서 '공탁하여야 한다'란 공탁의 방법에 의하지 아니하고는 면책을 받을 수 없다는 의미이므로, 제3채무자가 추심채권자 중 한 사람에게 임의로 변제하거나 일부 채권자가 강제집행절차 등에 의하여 추심한 경우, 제3채무자는 이로써 공탁청구한 채권자에게 채무의 소멸을 주장할 수 없고 이중지급의 위험을 부담한다. 그런데 민사집행법 제248조 제3항에서 정한 공탁의무는 민사집행절차에서 발생하는 제3채무자의 절차협력의무로서 제3채무자의 실체법상 지위를 변경하는 것은 아니다. 또한 공탁의무를 부담하는 제3채무자가 추심채권자 중 한 사람에게 임의로 변제하거나 일부 채권자가 강제집행절차 등에 의하여 추심한 경우에도 제3채무자는 공탁청구한 채권자 외의 다른 채권자에게는 여전히 채무의 소멸을 주장할 수 있다고 보아야 한다. 그리고 비록 공탁청구를 한 채권자라고 하더라도, 공탁이 되었더라면 후속 배당절차에서 배당받을 수 있었던 금액을 초과하여 제3채무자에게 추심할 수 있다고 하면 공탁청구 당시 기대할 수 있었던 정당한 범위를 넘어서 추심권을 행사할 수 있도록 허용하는 것이 되어 부당하다. 이러한 여러 사정을 고려하면, 공탁청구한 채권자가 제3채무자를 상대로 추심할 수 있는 금액은, 제3채무자가 공탁청구에 따라 채권 전액에 해당하는 금액을 공탁하였더라면 공탁청구 채권자에게 배당될 수 있었던 금액 범위에 한정된다. 그리고 제3채무자가 채권 전액에 해당하는 금액을 공탁하였더라면 배당받을 수 있었던 금액은 공탁청구 시점까지 배당요구한 채권자 및 배당요구의 효력을 가진 채권자에게 배당할 경우를 전제로 산정할 수 있고, 이때 배당받을 채권자, 채권액, 우선순위에 대하여는 제3채무자가 주장·입증하여야 한다고 해석하는 것이 타당하다(대판 2012.2.9. 2009다88129).

(다) 민사집행법 제248조에서 정한 제3채무자의 공탁에 따른 변제의 효과

민사집행법 제248조가 정하는 제3채무자의 공탁은 채무자의 제3채무자에 대한 금전채권의 전부 또는 일부가 압류된 경우에 허용되므로, 그러한 공탁에 따른 변제의 효과 역시 압류의 대상에 포함된 채권에 대해서만 발생한다고 보아야 한다(대판 2018.5.30. 2015다51986).

금전 공탁서(변제 등)

공 탁 번 호	2008년 금 제2720호	년 월 일 신청	법령 조항	민법 제487조 후단 민사집행법 제248조 제1항. 제291조
공 탁 자 성 명	㈜ 프리데크인 대표이사 김○○	**피공탁자** 성 명		별지1과 같음
주민등록번호 (법인등록번호)	110111 – 2199879		주민등록번호	
주 소	서울 구로구 구로동 212-6 벽산디지털벨리 306호. 307호		주 소	
공 탁 금 액	금 이천사백구십오만이천삼뱁삼십사원 (₩ 24.952.334)			
금탁 원인 사실	별지2와 같음.			
비 고(첨부서류 등)	1. 채권가압류 결정정본 2. 채권양도 통지서 2부 □ 계좌납입 신청 3. 법원등기부등본 4부 4. 위임장 5. 공탁통지서 6. 공탁사유신고			
1. 공탁으로 이하여 소멸 하는 질권. 전세권 또 는 저당권 2. 반대급부 내용				

위와 같이 신청합니다.

공탁자 성명 : ㈜ 프리테크인   인   대리인 성명 : 법무사 최돈호   인
서울 구로구 구로동 212-16   주소 : 서울 양천구 신정동
1010-14
부산디지털벨리 306호. 307호   전화 : 2696-3456
대표이사 김○○

위 공탁금을 수리합니다.
공탁금을   년   월   일까지 보관은행 공탁관의 계좌에 납입하시기 바랍니다.
동일까지 납입하지 않을 때는 이 공탁의 수리는 효력을 상실합니다.
2008년 6월 12일
법원 공탁관   인

(영수증) 위 공탁금이 납입되었음을 증명합니다.
년   월   일
공탁금 보관은행 자(공탁관)   인

별 지

1. 피공탁자

   (1) 양도인 (가압류 채무자)

     에이씨티에스삼원 주식회사 (110111- 0720593)

     서울 금천구 가산동 60-11 스타밸리빌딩 13층

     대표이사 박 ○ ○　　또는

   (2) 채권 양수인

     홍원제지 주식회사 (110111 - 0239221)

     서울 서대문구 미근동 267번지 임광빌딩 14층 (우120 - 020)

     대표이사 홍 ○ ○　　또는

   (3) 채권 양수인

     한국제지 주식회사 (110111 - 0002818)

     서울 서초구 서초동 1358-6

     대표이사 전 ○ ○

2. 공탁원인사실

   공탁자는 에이씨디에스삼원 주식회사에 대하여 24,952,334원의 채무가 있는 바,

   위 금원에 대하여 아래와 같이 ① 채권가압류결정 ② 채권양도통지서 (양수인 : 홍원제지 주식회사) ③ 채권양도통지서(양수인 : 한국제지 주식회사)등이 공탁자에게 각 송달되어 제3채무자인 공탁자는 과실 없이 채권자(피공탁자)를 알 수 없으므로 민법 제487조 후단 및 민사집행법 제248조 제1항 및 제291조의 규정에 의하여 공탁함(양도통지의 효력은 알 수 없음).

(1) 서울남부지방법원 1007카단 17145 채권가압류

　　　채 권 자　무림페이퍼 주식회사 (191111 - 0000782)
　　　　　　　　진주시 상평동 281-1 (우 :660 - 903)
　　　　　　　　대표이사 김 ○ ○
　　　채 무 자　에이씨티에스삼원 주식회사 (110111 - 0720593)
　　　　　　　　서울 금천구 가산동 60 - 11 스타밸리빌딩 13층
　　　　　　　　대표이사 박 ○ ○
　　　제3채무자 주식회사 프리테크인 (110111 - 2199879)
　　　　　　　　서울 구로구 구로동 212-16 벽산디지털벨리 306호. 307호
　　　　　　　　대표이사 김 ○ ○

청구금액 : 10.000.000원
결정연월일 : 2007.10.30.
송달연월일 : 2007.11.5.

(2) 채권양도통지

　　　양도인 : 에이씨티에스삼원 주식회사 (110111 - 0720593)
　　　　　　　서울 금천구 가산동 60-11 스타밸리빌딩 13층
　　　　　　　대표이사 박 ○ ○
　　　양수인 : 홍원제지 주식회사 (110111 - 0239221)
　　　　　　　서울서대문구 미근동 267번지 (우120-020)
　　　　　　　대표이사 홍 ○ ○
　　　채무자 : 주식회사 프리태크인 (110111 - 2199879)
　　　　　　　서울 구로구 구로동 212-16 벽산디지털벨리 306호. 307호
　　　　　　　대표이사 김 ○ ○

양도금액 : 24.952.334원

송달연월일 : 2007.10.19.

(3) 채권양도통지

　　　양도인 : 에이씨티에스삼원 주식회사 (110111 - 0720593)

　　　　　　　서울 금천구 가산동 60-11 스타밸리빌딩 13층

　　　　　　　대표이사 박 ○ ○

　　　양수인 : 한국제지 주식회사 (110111 - 0002818)

　　　　　　　서울 서초구 서초동 1358-6

　　　　　　　대표이사 전 ○ ○

　　　채무자 : 주식회사 프리테크인 (110111 - 2199879)

　　　　　　　서울 구로구 구로동 212-16 벽산디지털벨리 306호. 307호

　　　　　　　대표이사 김 ○ ○

양도금액 : 24.952.334원

송달연월일 : 2007. 10. 27.

- 이　　　상 -

금전 공탁서(변제 등)

공 탁 번 호	2010년 금 제 호	2010년 3월 3일 신청	법령 조항	민법 487 후단 민사집행법 248①. 291

공 탁 자	성 명	임 ○ ○(제3채무자)	피 공 탁 자	성 명	
	주민등록번호 (법인등록번호)	621127 - 2552614		주민등록번호	
	주 소 (본점. 주사무소)	서울 동작구 대방동381-10 원동방좋은집 지층101호		주 소 (본점. 주사무소)	
	전화번호			전화번호	

공 탁 금 액	한글삼천이백구십사만사천구백삼 십원 숫자 32,944,930원	보 관 은 행	신한은행 남부법원지점

금탁 원인 사실	별지와 같음.

비 고(첨부서류 등)	1. 채권가압류 결정사본 2부 2. 채권압류및추심명령사본1부 �口 계좌납입 신청 3. 임대차계약서1부 4. 주민등록등본1부 5. 위임장

1. 공탁으로 이하여 소멸하는 질권. 전세권 또는 저당권 2. 반대급부 내용	없음

위와 같이 신청합니다.

　　　　서울 동작구대방동 381-10
　　　　원동방좋은집 지층101호
　　　　공탁자 성명 임 영 환 (서명)

　　　　　　　대리인 성명 : 법무사 최돈호　　 인
　　　　　　　주소 : 서울 양천구 신정동 1010-14
　　　　　　　전화 : 2696-3456

위 공탁금을 수리합니다.
공탁금을   년   월   일까지 보관은행 공탁관의 계좌에 납입하시기 바랍니다.
동일까지 납입하지 않을 때는 이 공탁의 수리는 효력을 상실합니다.
2008년 6월 12일
법원 공탁관　　　　　　　　　　　　인

(영수증) 위 공탁금이 납입되었음을 증명합니다.
년　　　　월　　　　일
공탁금 보관은행 자(공탁관)　　　　　　　　인

<h1>별 지</h1>

공탁원인 사실 : 공탁자는 2007.12.20. 공탁자의 소유의 서울 영등포구 신길4동 158
-63 제1층 102호를 피공탁자 백경옥에게 보증금 35,000,000원, 월세
250,000원(매월 20일 지급), 임대기간 2009.6.20로 임대한 후 임대기간 만료로 위
보증금을 반환코자 하였으나 이에 대하여 서울 중앙지방법원 2004카단 139778호 채
권가압류(2004.11.11.결정), 서울 남부지방법원 2005카단17267 채권가압류(2005.8.3
0결정), 서울 중앙지방법원 2010타채2477 가압류를 본압류로 이전하는 채권압류 및
추심명령 결정이 각 송달되어 공탁자는 과실 없이 피공탁자(채권자)를 알 수 없으므
로 위 보증금중 연체된 월세 1,750,000(7개월분), 수도세 26,210원, 전기세 136,820
원, 도시가스요금 142,040원, 합계 2,055,070원을 공제한 잔액 32,944,930을 민법
제487조 및 민사집행법 제248조 제1항 및 제291조의 규정에 의하여 공탁함.

(1) 서울 중앙지방법원 2004카단 139778 채권가압류
채권자 서울 신용보증재단

　　　서울 강남구 역삼동 679-5

　　　송달장소 : 서울 영등포구 문래3동가 54-66 에이스 하이테크 씨티

　　　　　　　4동 301호 서울신용보증재단 영등포지점 지점장 왕희원

　　　　　　　(우 : 150-834)

채무자　1. 윤 ○ ○

　　　　서울 영등포구 신길동 158-63 신원주택 102호 (우:150-840)

　　　　2. 백 ○ ○

　　　　서울 영등포구 신길동 158-63 신원주택 102호 (우:150-840)

제3채무자 박 ○ ○

　　　　서울 용산구 이태원동 729 남산대림아파트 114동 202호

청구금액 : 21,250,000원
결정일자 : 2004. 11. 11.
송달일자 : 2004. 11. 15

(2) 서울남부지방법원 2005카단 17267 채권가압류

채권자　백 ○ ○

　　　　서울 영등포구 신길동 211-13

송달장소 : 인천 남동구 구월1동 1183-15 수도빌라 1동 비01호 (우 :405-835)

채무자　백 ○ ○

　　　　서울 영등포구 신길동 158-63 신원주택 102로(우 : 150-840)

제3채무자 임 ○ ○

　　　　　서울 영등포구 대림동 785-1 현대아파트 101-1301

송달장소 : 서울 동작구 대방동 381-10 원동방 좋은 집 지층 101호

　　　　　(우 : 156-810)

청구금액 : 20,000,000원

결정일자 : 2005. 8. 30.

송달일자 : 2005. 8. 30.

(3) 서울 중앙지방법원 2010타채2477 가압류를 본압류로 이전하는 채권압류 및 추심
명령

채권자 서울신용보증재단

　　　서울 마포구 공덕동 168 서울신용보증재단빌딩

　　　송달장소 서울 영등포구 문래동 3가 54-66 에이스하이테크시티 4동 3층

　　　이사장 이해균, 대리인 왕희원(소관 영등포지점)

채무자 1. 윤○○(480312-10475130)

　　　서울 영등포구 신길동 158-63, 102

　　　2. 백○○(541103-2055610)

　　　서울 영등포구 신길동 158-63, 102

　　　3. 제3채무자 박○○의 승계인 임○○

　　　서울 영등포구 대림동 758-1 현대아파트 101-1301

공 탁 사 유 신 고

(민사집행법 제248조 제4항에 의한 제3채무자의 공탁사유신고)

(민사집행규칙 제172조 1항 2항)

1. 공탁번호 : 2010년 금제 950호
1. 채권자 · 채무자 · 제3채무자의 성명
1. 공탁금 : 32,944,930원
1. 공탁연월일 : 2010.3.3.
1. 공탁원인사실 : 별지기재와 같음

위와 같이 공탁하였으므로 민사집행법 제248조 제4항 및 민사집행규칙 제172조의 규
정에 의하여 공탁사유 신고합니다.

첨 부 서 류

1. 공탁서   1부

2010. 3. 3.

위 신고인 (제3채무자) 임○○

서울 동작구 대방동 381-10 원방동 좋은 집 지층 101호

서울 중앙지방법원 귀중

[제1-1호 양식]

금전공탁서(제3채무자의 권리공탁)

공 탁 번 호	년금 제 호	년 월 일 신청	법령조항	민사집행법248①, 291 민법 487 후단

공탁자	성 명 (상호 명칭)	기업은행(부평지점)	피공탁자	성 명 (상호 명칭)	씨엔티엔터프라이즈(주) 대표이사 ○○○
	주민등록번호 (법인등록번호)	110135-0000903		주민등록번호 (법인등록번호)	110111-1911266
	주 소 (본점, 주사무소)	서울중구을지로2가50		주 소 (본점, 주사무소)	인천계양구계산동 1071-2
	전 화 번 호				

공 탁 금 액	한글 칠백오십칠만삼천 구백이십이원	보관은행	은행 지점
	숫자 (7,573,922원)		

공탁원인사실	별지와 같음

비고(첨부서류 등)	1. 채권가압류결정 2. 채권압류및추심통지서 3. 채권압류통지서 4. 법인등기부등분 5. 예금잔고증명 6. 위임장

1. 공탁으로 인하여 소멸하는 질권, 전세권 또는 저당권 2. 반대급부 내용	해당사항 없음

위와 같이 신청합니다.   주소 서울 양천구 신정4동 1013-7
        기업은행(부평지점)   전화번호 2696-3456
    공탁자 성명 은행장 ○○○ (인) 대리인 성명 법무사 최돈호   (인)
        서울중구을지로2가 50. 지배인 ○○○

위 공탁을 수리합니다.
공탁금을   년 월 일까지 위 보관은행의 공탁관 계좌에 납입하시기 바랍니다.
위 납입기일까지 공탁금을 납입하지 않을 때는 이 공탁 수리결정의 효력이 상실됩니다.
                    년   월   일
                법원   지원 공탁관   (인)

(영수중) 위 공탁금이 납입되었음을 증명합니다.
                    년   월   일
                공탁금 보관은행(공탁관)   (인)

공탁원인 사실

　　제3채무자인 공탁자 기업은행 부평지점에 피공탁자(채무자)씨엔티엔터프라이즈(주)
명의로 2006.9.18. 현재 예금잔액 금 7,573,922원 남아 있는 바, 피공탁자(채무자)
의 위 예금에 대하여 아래와 같이 ① 채권 가압류, ② 채권압류 및 추심, ③ 채권압
류명령이 공탁자에게 각 송달되어 제3채무자인 공탁자는 과실없이 채권자를 알 수
없으므로 민사집행법 제248조 제1항의 규정에 의한 집행공탁함.

－ 아　　　래 －

1. 인천지방법원 2008카합1551 채권가압류
　　채권자(선정당사자) : 송○○, 서울 노원구 중계동 445 염광아파트 101-1304
　　채무자 : 씨엔티엔터프라이즈(주) 대표이사 이 근 행
　　　　　　　인천 계양구 계산동 10171-2
　　제3채무자 : 4. 중소기업은행(소관－부평지점)
　　　　　　　　서울 중구 을지로2가 50
　　청구금액 : 금 20,000,000원
　　결정연월일 : 2008. 7. 12.
　　송달연월일 : 2008. 7. 14.

2. 채권압류 추심통지(징수부－1255호)
　　채권자 : 국민건강보험관리공단 인천계약지사장
　　채무자(체납자) : 씨엔티엔터프라이즈(주)
　　제3채무자 : 중소기업은행(소관－부평지점)

　　체납액 : 금 13,780,419원
　　압류 및 추심일자;2006. 7. 5.
　　송달일자 : 2008. 7. 15

3. 채권압류(징세과. 18358)
　　채권자 : 송파세무서장
　　체납자 : 씨엔티엔터프라이즈(주)
　　제3채무자 : 중소기업은행(소관－부평지점)

　　체납액 : 금 52,033,750원
　　송달일자 : 2008. 10. 24
　　　　　　　　　　　　　　　　　　　－ 이상－

금전 공탁통지서(제3채무자의 권리공탁)

공 탁 번 호		년금제호		년 월 일 신청	법령 조항	민사집행법 248①, 291 민법 487 후단
공 탁 자	성 명 (상호 명칭)	기업은행(부평지점)	피 공 탁 자	성 명 (상호 명칭)		씨엔티엔터프라이즈(주) 대표이사 ○○○
	주 소 (본점,주사무소)	서울중구을지로2가50		주 소 (본점,주사무소)		인천계양구계산동 1071-2
				주민등록번호 (법인등록번호)		110111-1911266
공 탁 금 액		한글 칠백오십칠만삼천구백이십이원 숫자 (7,573,922원)	보관은행		은행 지점	
공탁원인사실		별지와 같음(공탁서 참조)				
1. 공탁에 의하여 소멸할 질권, 전세권, 저당권 등 2. 반대급부 내용				없음		

위와 같이 통지합니다. 기업은행(부평지점) 대리인 주소 서울양천구신정4동1013-3
    공탁자 성명 지배인 전○○ 인 (서명) 대리인 성명 법무사 최돈호 인(서명)
    서울 중구 을지로2가 50

1. 위 공탁금이 년 월 일 납입되었으므로 [별지] 안내문의 구비서류 등을 지참하시고, 우리 법원 공탁소에 출석하여 공탁금 출급청구를 할 수 있습니다.
   귀하가 공탁금 출급청구를 하거나, 공탁을 수락한다는 내용을 기재한 서면을 우리 공탁소에 제출하기 전에는 공탁자가 공탁금을 회수할 수 있습니다.
2. 공탁금 출급청구시 구비서류 등
   ※ [별지] 안내문을 참조하시기 바랍니다.
3. 공탁금액이 5천만원 이하인 경우에는 법원 전자공탁홈페이지(http://ekt.scourt.go.kr)를 이용하여 인터넷으로 공탁금 출급청구를 할 수 있습니다. 이 경우 인감증명서(또는 본인서명사실확인서)는 첨부하지 아니합니다.
4. 공탁금은 그 출급청구권을 행사할 수 있는 때로부터 10년 내에 출급청구를 하지 않을 때에는 특별한 사유(소멸시효 중단 등)가 없는 한 소멸시효가 완성되어 국고로 귀속되게 됩니다.
5. 공탁금에 대하여 이의가 있는 경우에는 공탁금 출급청구를 할 때에 청구서에 이의유보 사유(예컨대 "손해배상금 중의 일부로 수령함" 등)를 표시하고 공탁금을 지급받을 수 있으며, 이 경우에는 후에 다른 민사소송 등의 방법으로 권리를 주장할 수 있습니다.
6. 공탁통지서는 재발급 되지 않으므로 잘 보관하시기 바랍니다.
7. 사건 내용은 법원 전자공탁홈페이지에서 조회할 수 있으며, 통지서 하단에 발급확인번호가 기재되어 있는 경우에는 전자문서로 신청된 사건이므로 전자공탁홈페이지에서 공탁관련 문서를 열람할 수 있습니다.

        년   월   일 발송
                법원   지원 공탁관   (인)
                (문의전화 :   )

[별지]

공탁사유신고

1. 공탁번호 : 2006년 금제   호

1. 공탁금 : 금 7,573,922원

1. 공탁연월일 : 2006. 9.   .

1. 공탁원인사실 : 별지기재와 같음

   위와 같이 공탁하였으므로 민사집행법 제248조 제4항 및 민사집행규칙 제172조의 규정에 의하여 공탁사유 신고합니다.

첨　부　서　류

1. 공탁서   1부
1. 법인등기부등본(기업은행)   1부

200　년　월　일

위 신고인 (제3채무자) 중소기업은행(소관－부평지점)

서울 중구 을지로2가 50

은행장　강○○

지배인　정○○

인천지방법원　　　　　귀중

공탁사실통지

1. 가압류채권자(선정당사자)
   송○○ 귀하
   서울 노원구 중계동 445 염광아파트 101-1304
   (우)139-859
2. 채권압류 및 추심권자
   국민건강보험 관리공단 인천계양지사장 귀하
3. 압류채권자
   송파세무서장 귀하
   서울 송파구 풍납동 388-6 (우) 138-706

사건2008카합1551 채권가압류
채권자(선정당사자) : 송○○ 서울 노원구 중계동 445 염광아파트 101-1304
채무자 : 씨엔티엔터프라이즈(주) 대표이사 이○○
　　　　인천 곙탕구 계산동 1071-2
제3채무자 : 중소기업은행(소관-부평지점)
　　　　　서울 중구 을지로2가 50
　　　　　은행장 강○○

위 가압류 사건의 피압류채권이 아래와 같이 공탁되었음을 통지합니다.

아래

공탁사건번호 :
금액 : 금 7,573,922원
공탁자"제3채무자 중소기업은행(소관-부평지점)
피공탁자 : 씨엔티엔터프라이즈(주)
공탁일자 : 2006. 9.　.

200 　.　.　.

인천지방법원 공탁관　　　　　(인)

금전 공탁서(변제 등)

공 탁 번 호	2009년 금 제 호	2010년 3월 3일 신청	법령조항	민사집행법 제248조 제2항
공탁자 성 명	군포농업협동조합조합장 심재극, 대리인 상무이찬우	**피공탁자** 성 명		
주민등록번호 (법인등록번호)	134136-0000424	주민등록번호		
주 소 (본점. 주사무소)	군포시산본동 1099	주 소 (본점. 주사무소)		
전화번호	031-452-8041	전화번호		
공 탁 금 액	한글삼천이백팔십구만삼천 사백팔십삼원 숫자 32,893,483원	보 관 은 행		신한은행 남부법원지점
금탁 원인 사실	별지와 같음.			
비 고(첨부서류 등)	1.채권압류및추심명령사본1부 2. 배당요구신청서2부 3. 배당요구통지서 1부 4. 공탁사유신고서 5. 법인등기부등본3부 6. 위임장 □ 계좌납입 신청			
1. 공탁으로 이하여 소멸하는 질권 전세권 또는 저당권 2. 반대급부 내용				

위와 같이 신청합니다.

　　　　　　군포농업협동조합　　　　　　　　대리인 주소
　　　　　　조합장 심재극. 대리인 상무이찬우　　　전화번호
　공탁자 성명　　　　　　　인(서명)　　　성명　　　　　　　인(서명)

위 공탁금을 수리합니다.
공탁금을   년   월   일까지 보관은행 공탁관의 계좌에 납입하시기 바랍니다.
동일까지 납입하지 않을 때는 이 공탁의 수리는 효력을 상실합니다.
2008년 6월 12일
법원 공탁관　　　　　　　　　인

(영수증) 위 공탁금이 납입되었음을 증명합니다.
년　　　월　　　일
공탁금 보관은행 자(공탁관)　　　　　　인

공탁원인 사실 : 채권자 ㈜ 보원월드의 채무자 ㈜ 코리아 홈쇼핑에 대한 물품대금채 권 85.903.304원이 있는바, 위 채무자가 제3채무자들에 대하여 가지는 예금채권 중 공탁자인 제3채무자 군포농협에 예치된 예금 80,000,000원에 대하여 위 채권자로부 터 서울 남부지방법원 2009 타채 7159 채권압류 및 추심명령이 공탁자에게 송달된 후 이에 대하여 이근호(배당요구액 : 15,819,012원), 조병권(배당요구액 : 12,308,34 4원)의 배당요구신청에 따라 공탁자는 서울 남부지방법원으로부터 배당요구 통지를 송달 받았으므로 공탁일 현재 공탁자인 군포농협에 예치된 위 채무자의 예금잔액 금 32.893.483원을 민사집행법 제248조 제2항에 의하여 공탁함.

채권압류 및 추심명령 표시

사　건 2009 타채 7159　채권압류 및 추심명령
채 권 자　　주식회사 보원월드
　　　　　　　서울 동작구 사당동 73 - 22번지
　　　　　　　송달장소 : 고양시 일산동구 풍동 1286번지 숲속마을2단지
　　　　　　　　　　　209동 203호
　　　　　　　대표이사 : 최 광 림
채 무 자 : 주식회사 코리아홈쇼핑 (110111-1636822)
　　　　　　　서울 금천구 가산동 429-1번지 뉴티케슬 13
　　　　　　　대표이사 박 상 엽
제3채무자 1. 군포 농업협동조합
　　　　　　　군포시 산본동 1099번지
　　　　　　　조합장 심 재 극 (소관 : 본지점)
　　　　　2. 영등포 농업협동조합
　　　　　　　서울 영등포구 신길동 197-2
　　　　　　　조합장 이 정 택 (소관 : 본지점)
　　　　　3. 부평 농업협동조합
　　　　　　　인천 부평구 갈산동 396번지
　　　　　　　조합장 정 왕 섭 (소관 : 본 지점)

청구금액 : 85,903,304원
결정 연월일 : 2009.5.11.
송달 연월일 : 2009. . .

공 탁 사 유 신 고

1. 공탁번호 : 2009년 금 제   호
1. 공탁금액 : 31,980,537원
1. 공탁 연월일 : 2009. 6. .
1. 공탁원일 사실 : 별지와 같음.

위와 같이 공탁하였으므로 민사집행법 제248조 제4항의 규정에 의하여 공탁사유신고
함.

첨 부 서 류

1. 공탁서   1부
1. 법인등기부 등본(군포농협) 1부

2009. 6.

위 신고인 군포농업협동조합
            군포시 산본동 1099번지
            조합장   심 재 극
            대리인 상무 이 찬 우

서울남부지방법원   귀중

(라) 제3채무자의 권리공탁에 관한 업무처리절차(대법원 행정예규 제935호. 2012.12.12).

1. 목 적

   이 예규는 금전채권에 대하여 압류 또는 가압류가 이루어진 경우에 제3채무자가 민사집행법 제248조 및 제291조에 의하여 압류 또는 가압류에 관련된 금전채권을 공탁하고 그 공탁금을 출급하는 업무처리에 관한 절차를 규정함을 목적으로 한다.

2. 금전채권의 일부에 대하여 압류가 있는 경우

   가. 총 칙

   (1) 제3채무자는 압류된 채권액 또는 압류와 관련된 금전채권액 전액을 공탁할 수 있고, 공탁을 한 후 즉시 공탁서를 첨부하여 그 내용을 서면으로 집행법원에 사유 신고하여야 한다(이하 공탁사유신고서 참조). 이 경우 공탁근거 법령조항은 민사집행법 제248조 제1항으로 한다.

   민사집행법 제248조 제1항에 따라 금전채권의 일부만이 압류되었음에도 그 채권 전액을 공탁하는 경우 압류금액을 초과하는 부분은 압류의 효력이 미치지 않으므로 집행공탁으로 볼 수 없고 변제공탁으로 보아야 하기 때문에 피공탁자(압류채무자)의 주소 소명서면을 첨부하여야 한다.

   (2009. 3. 9. 사법등기심의관-569 질의회답)

   (2) 제3채무자는 공탁신청시 압류결정문 사본을 첨부하여야 한다.

   (3) 압류채권자는 집행법원의 지급위탁에 의하여 공탁금의 출급을 청구할 수 있다.

   나. 제3채무자가 압류된 채권액에 대하여만 공탁한 경우 공탁서의 피공탁자란은 기재하지 아니한다.

   다. 제3채무자가 압류와 관련된 금전채권액 전액을 공탁한 경우

   (1) 제3채무자는 공탁서의 피공탁자란에 압류명령의 채무자를 기재하고, 공탁규칙 제23조 제1항에서 정한 공탁통지서를 첨부하며, 같은 조 제2항에 따라 우편료를 납입하여야 한다.

   (2) 공탁관은 피공탁자(압류채무자)에게 위 (1)항의 공탁통지서를 송달하여야 한다.

   (3) 공탁금 중에서 압류의 효력이 미치는 부분에 대하여는, 집행법원의 지급위탁에 의하여 공탁금의 출급을 청구할 수 있다.

   (4) 공탁금 중에서 압류의 효력이 미치지 않는 부분에 대하여는, 변제공탁의 예에 따라 피공탁자(압류채무자)가 출급을 청구할 수 있으며, 공탁자도 회수청구할 수 있다.

(5) 제3채무자가 압류의 효력이 미치지 않는 부분에 대하여 회수청구를 할 경우에는, 집행법원으로부터 공탁서를 보관하고 있다는 사실을 증명하는 서면을 교부받아 이를 공탁금회수청구서에 첨부하여야 한다.

라. 둘 이상의 채권압류(가압류를 포함한다)가 있고 압류된 채권액의 합계액이 압류와 관련된 금전채권액보다 적은 경우

제3채무자는 압류·가압류된 채권액의 합계액 또는 압류·가압류와 관련된 금전채권 전액을 위 나. 및 다.항의 예에 따라 공탁할 수 있으며, 이 때에 사유신고는 먼저 송달된 압류명령의 발령법원에 하여야 한다.

3. 금전채권의 전부에 대하여 압류가 있거나 압류의 경합이 있는 경우

가. 제3채무자는 압류된 채권 전액에 대하여 공탁할 수 있다.

나. 공탁 및 공탁금의 출급에 관한 절차는 위 2.의 가. 및 나.항의 예에 따르되, 압류의 경합을 원인으로 한 공탁의 경우에는 먼저 송달된 압류명령의 발령법원에 사유신고 하여야 한다.

4. 금전채권의 일부 또는 전부에 대하여 가압류가 있는 경우

가. 총 칙

(1) 제3채무자는 가압류된 채권액 또는 가압류와 관련된 금전채권액 전액을 공탁할 수 있고, 공탁을 한 후 즉시 공탁서를 첨부하여 그 내용을 서면으로 가압류발령법원에 신고하여야 한다.

(2) 위의 경우 공탁서의 피공탁자란에는 가압류채무자를 기재하고, (가압류채무자에게 공탁통지서를 발송함) 공탁근거 법령조항은 민사집행법 제291조 및 제248조 제1항으로 한다.

(3) 제3채무자는 공탁신청시 가압류결정문 사본과 공탁규칙 제23조 제1항에서 정한 공탁통지서를 첨부하여야 하며, 위 공탁통지서의 발송과 아래 (4)항에서 정하는 공탁사실 통지를 위하여 같은 조 2항에 따른 우편료를 납입하여야 한다.

(4) 공탁을 수리한 공탁관은 전산시스템에 가압류 사실을 입력하고 공탁금출급청구권에 대한 가압류가 있는 경우에 준하여 처리하여야 하며(민사집행법 제297조), 피공탁자(가압류채무자)에게 공탁통지서를 발송하고, 가압류채권자에게는 [별지 양식]에 의하여 공탁사실을 통지하여야 한다.

(5) 가압류채권자가 가압류를 본압류로 이전하는 압류명령을 받은 경우에는, 집행법원의 지급위탁에 의하여 공탁금의 출급을 청구할 수 있다.

나. 제3채무자가 가압류된 채권액에 대하여만 공탁한 경우

피공탁자는 가압류가 실효되지 않는 한 공탁금의 출급을 청구할 수 없고, 가압류채권자는 가압류를 본압류로 이전하는 압류명령을 얻은 후 집행법원의 지급위탁에 의하여 공탁금의 출급을 청구할 수 있다.

다. 제3채무자가 가압류에 관련된 금전채권 전액을 공탁한 경우

(1) 공탁금 중에서 가압류의 효력이 미치는 부분에 대하여는, 가압류채권자가 가압류를 본압류로 이전하는 압류명령을 얻은 후 집행법원의 지급위탁에 의하여 공탁금의 출급을 청구할 수 있다.

(2) 공탁금 중에서 가압류의 효력이 미치지 않는 부분에 대하여는, 변제공탁의 예에 따라 피공탁자(가압류채무자)가 출급을 청구할 수 있으며, 공탁자도 회수청구할 수 있다.

(3) 제3채무자가 가압류의 효력이 미치지 않는 부분에 대하여 회수청구를 할 경우에는 위 2.의 다. (5)항의 예에 따른다.

라. 둘 이상의 가압류가 있는 경우

제3채무자는 가압류된 채권액의 합계액 또는 가압류와 관련된 금전채권액 전액을 위 나. 및 다.항의 예에 따라 공탁할 수 있으며 이 때에 "공탁자는 즉시 공탁서를 첨부하여 먼저 송달된 가압류명령의 발령법원에 그 내용을 서면으로 신고하여야 한다."

5. 제3채무자의 공탁 후 압류 또는 가압류가 실효된 경우

가. 압류가 실효된 경우

금전채권에 대한 압류를 이유로 제3채무자가 민사집행법 제248조 제1항에 의하여 공탁한 후에, 압류명령이 취소되거나 신청의 취하 등으로 인하여 압류가 실효된 경우, 채무자는 압류된 채권액에 대하여 집행법원의 지급위탁에 의하여 공탁금의 출급을 청구할 수 있다.

나. 가압류가 실효된 경우

금전채권에 대한 가압류를 이유로 제3채무자가 민사집행법 제291조 및 제248조 제1항에 의하여 공탁한 후에, 가압류명령이 취소되거나 신청의 취하 등으로 인하여 가압류가 실효된 경우, 가압류채무자(피공탁자)는 공탁통지서와 가압류가 실효되었음을 증명하는 서면을 첨부하여 공탁관에게 공탁금의 출급을 청구할 수 있다.

6. 공탁관이 제3채무자인 경우

가. 공탁물 출급·회수청구권에 대하여 압류 또는 가압류가 되었으나 압류의 경합이 성립하지 않는 경우, 공탁관은 민사집행법 제248조 제1항에 의한 공탁 및 사유신고를 하지 아니한다.

나. 금전채권에 대한 가압류를 원인으로 제3채무자가 민사집행법 제291조 및 제248조 제1항에 의하여 공탁한 후에, 피공탁자(가압류채무자)의 공탁금출급청구권에 대한 압류가 이루어져 압류의 경합이 성립하거나, 공탁사유인 가압류를 본압류로 이전하는 압류명령이 있는 경우에는, 공탁관은 즉시 먼저 송달된 압류명령의 발령법원에 그 사유를 신고하여야 한다.

7. 종전예규의 폐지

이 예규의 시행과 동시에 대법원 행정예규 제232호는 폐지한다.

부 칙

1. 이 예규는 2002. 7. 1.부터 시행한다.

2. 민사집행법 시행 이전에 제3채무자가 대법원 행정예규 제232호에 의하여 변제공탁을 한 경우에는 종전의 예에 의한다.

○ ○ 법 원
공 탁 사 실 통 지 서

(가)압류채권자   ○ ○ ○ 귀하

사   건
채 권 자
채 무 자
제3 채 무 자

위 (가)압류사건의 피(가)압류채권이 아래와 같이 공탁되었음을 통지합니다.

아   래

공탁사건번호
금   액
공 탁 자
피 공 탁 자
공 탁 일 자

20   년   월   일

공탁관   (인)

1. 채권가압류를 이유로 한 제3채무자의 공탁에 배당가입차단효가 있는지 여부(소극) 및 위 공탁금에 대한 배당절차의 실시요건

   채권가압류를 이유로 한 제3채무자의 공탁은 압류를 이유로 한 제3채무자의 공탁과 달리 그 공탁금으로부터 배당을 받을 수 있는 채권자의 범위를 확정하는 효력이 없고, 가압류의 제3채무자가 공탁을 하고 공탁사유를 법원에 신고하더라도 배당절차를 실시할 수 없으며, 공탁금에 대한 채무자의 출급청구권에 대하여 압류 및 공탁사유신고가 있을 때 비로소 배당절차를 실시할 수 있다(대판 2006.3.10. 2005다15765).

2. 민사행정법 제247조 제1항 제1호의 취지 및 혼합공탁의 경우 변제공탁에 해당하는 부분에 대해서도 제3채무자의 공탁사유신고에 의한 배당가입차단효가 발생하는지 여부(소극) :

   민사집행법 제247조 제1항 제1호가 압류채권자 이외의 채권자가 배당요구의 방법으로 채권에 대한 강제집행절차에 참가하여 압류채권자와 평등하게 자신의 채권의 변제를 받는 것을 허용하면서도, 다른 한편으로 그 배당요구의 종기를 제3채무자의 공탁사유 신고시까지로 제한하고 있는 이유는 제3채무자가 채무액을 공탁하고 그 사유 신고를 마치면 배당할 금액이 판명되어 배당절차를 개시할 수 있는 만큼 늦어도 그때까지는 배당요구가 마쳐져야 배당절차의 혼란과 지연을 막을 수 있다고 본 때문이다. 따라서 민사집행법 제247조 제1항에 의한 배당가입차단효는 배당을 전제로 한 집행공탁에 대하여만 발생하므로, 집행공탁과 변제공탁이 혼합된 소위 혼합공탁의 경우 변제공탁에 해당하는 부분에 대하여는 제3채무자의 공탁사유신고에 의한 배당가입차단효가 발생할 여지가 없다(대판 2008.5.15. 2006다74693. 배당이의).

3. 제3채무자의 집행공탁 전에 동일한 피압류채권에 대하여 다른 채권자의 신청에 따라 압류·가압류명령이 발령되었으나 집행공탁 후에 제3채무자에게 송달된 경우, 압류·가압류의 효력이 생기는지 여부(소극) :

   제3채무자가 압류나 가압류를 이유로 민사집행법 제248조 제1항이나 민사집행법 제291조, 제248조 제1항에 따라 집행공탁을 하면 제3채무자에 대한 피압류채권은 소멸하고, 한편 채권에 대한 압류·가압류명령은 그 명령이 제3채무자에게 송달됨으로써 효력이 생기므로(민사집행법 제227조 제3항, 제291조), 제3채

무자의 집행공탁 전에 동일한 피압류채권에 대하여 다른 채권자의 신청에 따라 압류·가압류명령이 발령되었더라도, 제3채무자의 집행공탁 후에야 그에게 송달된 경우, 압류·가압류명령은 집행공탁으로 이미 소멸한 피압류채권에 대한 것이어서 압류·가압류의 효력이 생기지 아니한다(대판 2015.7.23, 2014다87502 배당이의).

4. 다른 채권자의 신청으로 발령된 압류·가압류명령이 제3채무자의 집행공탁 후에 제3채무자에게 송달되었음에도 배당요구의 효력이 인정되는 경우 및 이러한 법리는 혼합공탁의 경우에도 그대로 적용되는지 여부(적극) :

다른 채권자의 신청에 의하여 발령된 압류·가압류명령이 제3채무자의 집행공탁 후에야 제3채무자에게 송달되었더라도, 공탁사유신고서에 이에 관한 내용까지 기재되는 등으로 집행법원이 배당요구의 종기인 공탁사유신고 시까지 이와 같은 사실을 알 수 있었고, 또한 그 채권자가 법률에 따라 우선변제청구권이 있거나 집행력 있는 정본을 가진 채권자인 경우라면 배당요구의 효력은 인정되나, 집행법원이 공탁사유신고 시까지 이와 같은 사실을 알 수 없었던 경우라면 설령 이러한 압류·가압류명령이 공탁사유신고 전에 제3채무자에게 송달되었다고 하더라도 배당요구의 효력도 인정될 수 없다. 나아가 이러한 법리는 민사집행법의 규정에 의한 집행공탁과 민법의 규정에 의한 변제공탁이 혼합되어 공탁된 이른바 혼합공탁의 경우에도 그대로 적용된다(대판 2015.7.23, 2014다87502 배당이의).

금전 공탁서(변제 등)

공 탁 번 호		2011년 금 제 476호	2011 년 1월 27일 신청	법령조항	민사집행법 제248조 제1항 민법 제487조
공 탁 자	성 명 (상호, 명칭)	(주) 국민은행 화곡역지점 지배인 김 현 성	피 공 탁 자	성 명 (상호, 명칭)	이○○
	주민등록번호 (법인등록번호)	110111-2365321		주민등록번호 (법인등록번호)	671011-2644414
	주 소 (본점, 주사무소)	서울 강서구 화곡동 1051-26		주 소 (본점, 주사무소)	서울 강서구 화곡동 1033-48 인창빌라 비01호(우157-922)
	전화번호	02-2065-9502		전화번호	
공 탁 금 액		금일백이십삼만팔천사백오십육원(₩1,238,456)			
공 탁 원 인 사 실		별지와 같음			
비고(첨부서류등)		1. 채권압류 및 추심명령 사본 2부 2. 거래내역서 1부 3. 공탁통지서 1부 4. 위임장　　　　　　　　　　　　　　□ 계좌납입신청			
1. 공탁으로 인하여 소멸하는 질권, 　 전세권 또는 저당권 2. 반대급부 내용					

위와 같이 신청합니다.　　　　　　　　대리인 성명　법무사 최돈호 (인)
　　　　　　　　　　　　　　　　　　　　주소　 서울 양천구 신청동 1010-14
　　　　　　　　　　　　　　　　　　　　전화번호 2696-3456
　　　　공탁자 성명　　(주) 국민은행 화곡역지점
　　　　　　　　　　　　서울 강서구 화곡동 1051-26
　　　　　　　　　　　　지배인 : 김현성

위 공탁을 수리합니다.
공탁금을　　년　 월　 일까지 위 보관은행 공탁관 계좌에 납입하시기 바랍니다.
위 납입기일까지 공탁금을 납입하지 않을 때는 이 공탁 수리결정의 효력이 상실됩니다.
　　　　　　　　　　　　　　　　년　　　　월　　　　일
　　　　　　　　　　　　　　법원　　　　지원 공탁관　　　　　　　　　　(인)

(영수증) 위 공탁금이 납입되었음을 증명합니다.
　　　　　　　　　　　　　　　　년　　　　월　　　　일
　　　　　　　　　　　　　　공탁금 보관은행(공탁관)　　　　　　　　(인)

별   지

공탁원인사실 : 공탁자 (주) 국민은행의 예금주 이○○의 예금 1,500,536원에 대하여 아래 와 같이,
 ① 서울 남부지방법원 2010 타채 6214 채권압류 및 추심명령
 ② 서울 남부지방법원 2011 타채 1578 채권압류 및 추심명령,
이 경합되어 공탁자는 피공탁자 이○○에 대한 예금 1,500,536원 중에서 집행공탁비용 262,080원을 공제한 잔액 1,238,456원을 변제하고자 하나 공탁자는 과실없이 채권자를 확지 할 수 없으므로 민법 제487조 후단 및 민사집행법 제248조 제1항의 규정에 의하여 금1,238,456원을 공탁함.

– 아   래 –

1. 서울 남부지방법원 2010 타채 6214 채권압류 및 추심명령
    채권자 (주) 소로몬 상호축은행
        서울 중구 태평로2가 340-6 대한일보빌딩 1001호(우 100-102)
                대표이사 장 정 우
    채무자 이○○(671011-2644414)
        서울 강서구 화곡동 1033-48 인창빌라 비01(우157-010)
    제3채무자 1. 농업협동조합중앙회
                서울 중구 충정로 1가 75
                신용대표이사 김태영

        2. 주식회사 하나은행
            서울 중구 을지로 1가101-1
                대표이사 김정태

        3. 주식회사 국민은행
            서울 중구남대문로 2가 9-1(우100-092)
                대표이사 강 정 원

4. 주식회사 신한은행

　　서울 중구 태평로 2가 120

　　　대표이사 이백순

5. 대한민국

　　서울 서초구 서초동 1724

　　위 법률상 대표자 법무부장관 이귀남

청구금액 : 8,682,850원

송달일　 : 2010.4.8

2. 서울 남부지방법원 2011 타채 1578채권 압류 및 추심명령

　　　채권자　윤 ○ ○

　　　　서울 양천구 신정동 207-19. 2층 (우 :158-070)

　　　채무자　이 ○ ○

　　서울 강서구 화곡동 1033-48. 인창빌라 비01(우:157-010)

　　　제3채무자 1. 주식회사 신한은행

　　　　　서울 중구 태평로 2가 120

　　　　　　대표이사 서 진 원

　　　　2. 주식회사 국민은행

　　　　서울 중구 남대문로2가 9-1(우:100-092)

　　　　　대표이사 민명덕

　　　　3. 주식회사 우리은행

　　　　서울 중구 회현동 1가 203대표이사 이종휘

청구금액 : 4,000,000(제3채무자 국민은행에 대한채권)

송달일자 : 2011.1.24

－ 이 　 상 －

금전공탁통지서 (금전)

[제2-1호 서식]

공 탁 번 호		년금 제 호	2011년 1월 27일신청	법령조항	민사집행법 제248조 제1항, 민법제487조
공 탁 자	성 명	(주) 국민은행 화곡역지점 지배인 김 현 성	피 공 탁 자	성 명	이미라
	주민등록번호 (법인등록번호)	110111-2365321		주민등록번호 (법인등록번호)	671011-2644412
	주 소	서울 강서구 화곡동 1051-26		주 소	서울 강서구 화곡동 1033-48 인 창빌라 비01호 (우 157-922)
공탁금액		금일백이십삼만팔천사백오십육원(₩1,238,456)			
공탁원인사실		별지와 같음(생략)			
1. 공탁으로 인하여 소멸하는 질 권, 전세권 또는 저당권 2. 반대급부 내용		해당없음			

위와 같이 신청합니다.   대리인   성명 법무사 최돈호 (인)

공탁자 (주) 국민은행 화곡역지점   주소 서울 양천구 신정동 1010-14

서울 강서구 화곡동 1051-26   전화 2696-3456

지배인 : 김 현 성

1. 위 공탁금이   년   월   일 납입되었으므로 [별지] 안내문의 구비서류 등을 지참하시고, 우리 법원 공탁소에 출석하여 공탁금 출급청구를 할 수 있습니다.

   귀하가 공탁금 출급청구를 하거나, 공탁을 수락한다는 내용을 기재한 서면을 우리 공탁소에 제출하기 전에는 공탁자가 공탁금을 회수할 수 있습니다.

2. 공탁금 출급청구시 구비서류 등

※ [별지] 안내문을 참조하시기 바랍니다.

3. 공탁금액이 5천만원 이하인 경우에는 법원 전자공탁홈페이지(http://ekt.scourt.go.kr)를 이용하여 인터넷으로 공탁금 출급청구를 할 수 있습니다. 이 경우 인감증명서(또는 본인서명사실확인서)는 첨부하지 아니합니다.

4. 공탁금은 그 출급청구권을 행사할 수 있는 때로부터 10년 내에 출급청구를 하지 않을 때에는 특별한 사유(소멸시효 중단 등)가 없는 한 소멸시효가 완성되어 국고로 귀속되게 됩니다.

5. 공탁금에 대하여 이의가 있는 경우에는 공탁금 출급청구를 할 때에 청구서에 이의유보 사유(예컨대 "손해배상금 중의 일부로 수령함" 등)를 표시하고 공탁금을 지급받을 수 있으며, 이 경우에는 후에 다른 민사소송 등의 방법으로 권리를 주장할 수 있습니다.

6. 공탁통지서는 재발급 되지 않으므로 잘 보관하시기 바랍니다.

7. 사건 내용은 법원 전자공탁홈페이지에서 조회할 수 있으며, 통지서 하단에 발급확인번호가 기재되어 있는 경우에는 전자문서로 신청된 사건이므로 전자공탁홈페이지에서 공탁관련 문서를 열람할 수 있습니다.

          년   월   일 발송

                      법원   지원 공탁관   (인)

                            (문의전화 :   )

공탁사유신고

1. 공탁번호 : 2011년 금제   호
1. 공탁금 : 일백이십삼만팔천사백오십육원 (₩1,238,456)
1. 공탁연월일 : 2011.1.
1. 공탁원인사실 : 별지기재와 같음.

위와 같이 공탁하였으므로 민사집행법 제248조 제4항, 민사집행규칙 제172조의 규정에 의하여 공탁사유신고 합니다.

첨 부 서 류

    1. 공탁서　　　　　　　　　　1부
    1. 위임장　　　　　　　　　　1부

2011년 1월　　일

위 신고인 (제3채무자) (주) 국민은행 화곡역지점
서울 강서구 화곡동 1051-26
지배인 : 김현성

서울남부지방법원 귀중

공 탁 사 실 통 지 서

(가) 압류채권자 (주) 솔로몬상호저축은행

　　　　　　　서울특별시 중구 태평로2가 340-6 대한일보빌딩 1001호

　　　　　　　(우100-102)

　　사　　　건 서울남부지방법원 2010 타채 6214 채권압류 및 추심명령

　　　　　　　채 권 자 (주) 솔로몬상호저축은행

　　　　　　　채 무 자 이 미 라

위 압류사건의 피압류채권이 아래와 같이 공탁되었음을 통지합니다.

＜ 아　　래 ＞

　　　공탁사건 : 서울남부지방법원 2011년 금 제 476호

　　　금　　액 : 1,238,456원

　　　공 탁 자 : (주) 국민은행 화곡역지점 지배인 김현성

　　　피공탁자 : 이 미 라

　　　공탁일자 : 2011. 1.

　　　　　　　　　　　2011. 1.

　　　　　　　　공탁자 (주) 국민은행 화곡역지점

　　　　　　　　　　서울 강서구 화곡동 1051-26

　　　　　　　　　　지배인 : 김 현 성

공 탁 사 실 통 지 서

압류채권자   윤 병 철
            서울특별시 양천구 신정동 207-19. 2층 (우158-070)

사   건   서울남부지방법원 2011 타채 1578 채권압류 및 추심명령
            채 권 자 윤 병 철
            채 무 자 이 미 라
            제3채무자 (주) 신한은행 외 2

위 압류사건의 피압류채건이 아래와 같이 공탁되었음을 통지합니다.

- 아 래 -

        공탁사건 : 서울남부지방법원 2011년 금 제 476호
        금   액 : 1,238,456원
        공 탁 자 : (주) 국민은행 화곡역지점 지배인 김현성
        피공탁자 : 이 미 라
        공탁일자 : 2011. 1.

2 0 1 1 . 1 .

            공탁자 (제3채무자) (주) 국민은행 화곡역지점
                   서울 강서구 화곡동 1051-26
                   지 배 인 : 김 현 성

공 탁 서 (제3채무자의 채무액의 공탁)

공 탁 번 호		2010 년 금 제4239 호	2010년8월20일신청		법령조항	민사집행법 제248조1항민법제487조 후단
공탁자	성 명(상호 명칭)	황 인 호(제3채무자)		피공탁자	성 명(상호 명칭)	별지1 피공탁자와 같음.
	주민등록번호(법인등록번호)	490516-1238818			주민등록번호(법인등록번호)	
	주 소(본점,주사무소)	서울 양천구 신정동 1183-25			주 소(본점,주사무소)	
	전화번호	011-9738-9799			전화번호	
공 탁 금 액		금 삼백팔십만이천구백이십원 (3,802,920원)				
공탁원인사실		별지2. 공탁원인사실과 같음				
비고(첨부서류 등)		1. 채권압류 및 추심명령 사본 1부2. 채권양도통지서 10부3. 위임장				
1. 공탁으로 인하여 소멸하는 질권, 전세권 또는 저당권2. 반대급부 내용						

위와 같이 신청합니다.

공탁자   성명 황 인 호   (인)
    서울 양천구 신청동 1183-25

대리인   성명   법무사 최돈호 (인)
        주소   서울 양천구 신정동 1010-14
        전화   2696-3456

위 공탁을 수리합니다.
공탁금을   년 월 일까지 위 보관은행의 공탁관 계좌에 납입하시기 바랍니다.
위 납입기일까지 공탁금을 납입하지 않을 때는 이 공탁 수리결정의 효력이 상실됩니다.
                 년   월   일
                 법원 공탁관   (인)

(영수증) 위 공탁금이 납입되었음을 증명합니다.
                 년   월   일
                공탁금 보관은행 자(공탁관)   (인)

별지1. 피공탁자

1. 심한서(740102-1167623)
   인천 계양구 작전동 871-103 명성에이스빌 8-402   또는
2. 석장식(650504-1031616)
   경기도 의정부시 의정부동 604-4 301호   또는
3. 김두환
   서울 영등포구 대림동 743-8   또는
4. 김성만
   경기도 시흥시 거모동 7169-1 동원아파트 1-807   또는
5. 강호섭
   서울 강서구 화곡동 404-1 탑건진선미아파트 101-705   또는
6. 문용진
   청원군 강외면 정중리 46-12   또는
7. 박종화
   인천 계양구 작전동 871-103 명성에이스빌 8-402   또는
8. 남진영
   서울 노원구 공릉동 737 삼익아파트 108-417   또는
9. 유호근
   서울 양천구 목동 318-13 302호   또는
10. 소병열
    서울 강서구 화곡동 933-32 201호   또는
11. 박학수
    서울 양천구 신정5동 939-13 3층

별지2. 공 탁 원 인 사 실

제3채무자인 공탁자(임대인)는 채무자(임차인) 심한섭에게 공탁자 소유의 건물(서울 강서구 화곡1동 938-16, 17 2층 전체)을 임대한 임대차보증금 5천만원의 반환채무가 있는 바, 위 채권에 대하여 아래와 같이 채권압류 및 추심명령과 채권양도통지서가 각 경합되었으므로 위 임대보증금 5천만원 중 임차인이 체납된 월세 44,250,000원 및 전기요금 1,947,080원 합계 46,197,680원을 공제한 잔액 3,802,920원에 대하여 공탁자는 과실 없이 채권자를 확지할 수 없으므로 민법 제487조 후단 및 민사집행법 제248조 제1항, 제291조의 규정에 의하여 3,802,920원을 공탁함.

- 아 래 -

1. 인천지방법원 2009 타채 4685 채권압류 및 추심명령

   채 권 자 배 복 진

   　　　　 서울 중랑구 중화동 450 한신아파트 109-2404 (우-131-120)

   채 무 자 심 한 섭

   　　　　 송달장소 : 인천 계양구 작전동 871-103 명성에이스빌 8-402

   　　　　 (우 158-864)

   제3채무자 황 인 호

   　　　　 송달장소 : 서울 양천구 신정3동 1183-25 (우-158-864)

   청구금액 : 28,000,000원

   송달일자 : 2009.3.20

2. 채권양도 통지서

   양도인 심 한 섭

   　　　　 인천 계양구 작전동 871-103 명성에이스빌 8-402 (우158-864)

   양수인 석 장 식 (650504-1031616)

   　　　　 경기도 의정부시 의정부동 604-4 301호

   양도금액 15,000,000원 (송달일자 2009.4.10)

3. 채권양도 통지서

　　양도인　심 한 섭

　　　　　　인천 계양구 작전동 871-103 명성에이스빌 8-402 (우158-864)

　　양수인　김 두 환

　　　　　　서울 영등포구 대림동 743-8 (우-150-070)

　　양도금액　24,000,000원 (송달일자 2009.2.2)

4. 채권양도통지서

　　양도인　심 한 섭

　　　　　　인천 계양구 작전동 871-103 명성에이스빌 8-402 (우158-864)

　　양수인　김 성 만

　　　　　　경기도 시흥시 거모동 7169-1 동원아파트 1-807(우429-400)

　　양도금액　50,000,000원 (송달일자 2009.2.2)

5. 채권양도통지서

　　양도인　심 한 섭

　　　　　　인천 계양구 작전동 871-103 명성에이스빌 8-402 (우158-864)

　　양수인　강 호 섭

　　　　　　서울 강서구 화곡8동 404-1 탑건진선미(아) 101-705(우157-010)

　　양도금액　24,000,000원 (송달일자 2009.3.2)

6. 채권양도통지서

　　양도인　심 한 섭

　　　　　　인천 계양구 작전동 871-103 명성에이스빌 8-402 (우158-864)

　　양수인　문 용 진

　　　　　　청원군 강외면 정중리 446-12

　　양도금액　50,000,000원 (송달일자 2009.3.4.)

7. 채권양도통지서

　　양도인　심 한 섭

　　　　　　인천 계양구 작전동 871-103 명성에이스빌 8-402 (우158-864)

　　양수인　박 종 화

인천 계양구 작전동 871-103 명성에이스빌 8-402 (우158-864)

양도금액 25,000,000원 (송달일자 2009.3.5)

8. 채권양도통지서

양도인 심 한 섭

인천 계양구 작전동 871-103 명성에이스빌 8-402 (우158-864)

양수인 남 진 영

서울 노원구 공릉동 737 삼익아파트 108-417 (우-139-240)

양도금액 6,000,000원 (송달일자 2009.4.6)

9. 채권양도통지서

양도인 심 한 섭

인천 계양구 작전동 871-103 명성에이스빌 8-402 (우158-864)

양수인 유 호 근

서울 양천구 목동 318-13 302호 (우-158-050)

양도금액 24,000,000원 (송달일자 2009.4.15)

10. 채권양도통지서

양도인 심 한 섭

인천 계양구 작전동 871-103 명성에이스빌 8-402 (우158-864)

양수인 소 병 열

서울 강서구 화곡동 933-32. 201호 (우 157-010)

양도금액 2,200,000원 (송달일자 2009.4.20)

11. 채권양도통지서

양도인 심 한 섭

인천 계양구 작전동 871-103 명성에이스빌 8-402 (우158-864)

양수인 박 학 수

서울 양천구 신정5동 939-13 3층 (우-158-070)

양도금액 6,000,000원 (송달일자 2009.5.6)

금 전 공 탁 통 지 서 (금전)

[제2-1호 서식]

공 탁 번 호		2010년금 제4239호	2010년 8월 20일 신청	법령조항	민사집행법 제248조1항 민법487조 후단
공 탁 자	성 명	황 인 호	피 공 탁 자	성 명	심 한 섭(압류채무자)
	주민등록번호 (법인등록번호)	490516-1238818		주민등록번호 (법인등록번호)	740102-1167623
	주 소	서울 양천구 신정동 1183-25		주 소	인천 계양구 작전동 871-103 명성에이스빌 8-402
공탁금액		금 삼백팔십만이천구백이십원 (3,802,920원)			
공탁원인사실		별지와 같음			
1. 공탁으로 인하여 소멸하는 질 권, 전세권 또는 저당권 2. 반대급부 내용		해당없음.			

위와 같이 신청합니다.　　　　　　대리인　성명　법무사 최돈호 (인)
　　공탁자 성명　황 인 호　　(인)　　　주소　서울 양천구 신정동 1010-14
　　　　　　서울 양천구 신정동 1183-25　　전화　2696-3456

1. 위 공탁금이　　년　월　　일 납입되었으므로 [별지] 안내문의 구비서류 등을 지참하시고, 우리 법원 공탁소
   에 출석하여 공탁금 출급청구를 할 수 있습니다.
   귀하가 공탁금 출급청구를 하거나, 공탁을 수락한다는 내용을 기재한 서면을 우리 공탁소에 제출하기 전에는
   공탁자가 공탁금을 회수할 수 있습니다.
2. 공탁금 출급청구시 구비서류 등
 ※ [별지] 안내문을 참조하시기 바랍니다.
3. 공탁금액이 5천만원 이하인 경우에는 법원 전자공탁홈페이지(http://ekt.scourt.go.kr)를 이용하여 인터넷으로
   공탁금 출급청구를 할 수 있습니다. 이 경우 인감증명서(또는 본인서명사실확인서)는 첨부하지 아니합니다.
4. 공탁금은 그 출급청구권을 행사할 수 있는 때로부터 10년 내에 출급청구를 하지 않을 때에는 특별한 사유(소멸
   시효 중단 등)가 없는 한 소멸시효가 완성되어 국고로 귀속되게 됩니다.
5. 공탁금에 대하여 이의가 있는 경우에는 공탁금 출급청구를 할 때에 청구서에 이의유보 사유(예컨대 "손해배상금
   중의 일부로 수령함" 등)를 표시하고 공탁금을 지급받을 수 있으며, 이 경우에는 후에 다른 민사소송 등의 방법
   으로 권리를 주장할 수 있습니다.
6. 공탁통지서는 재발급 되지 않으므로 잘 보관하시기 바랍니다.
7. 사건 내용은 법원 전자공탁홈페이지에서 조회할 수 있으며, 통지서 하단에 발급확인번호가 기재되어 있는 경우
   에는 전자문서로 신청된 사건이므로 전자공탁홈페이지에서 공탁관련 문서를 열람할 수 있습니다.

　　　　년　　　월　　　일 발송

　　　　　　　　　법원　　　지원 공탁관　　　　　(인)
　　　　　　　　　　　　　　　(문의전화 :　　　　　　　　)

금 전 공 탁 통 지 서 (금전)

(제2-1호 서식)

※채권양수인(피공탁자) 전원에게 공탁통지.

공 탁 번 호		2010년금 제4239호	2010년 8월 20일 신청	법령조항	민사집행법 제248조1항 민법487조 후단
공 탁 자	성 명	황 인 호	피 공 탁 자	성 명	석 장 식(양수인)
	주민등록번호 (법인등록번호)	490516-1238818		주민등록번호 (법인등록번호)	650504-1031616
	주 소	서울 양천구 신정동 1183-25		주 소	경기도 의정부시 의정부동 604-4 301호
공탁금액		금 삼백팔십이만이천구백이십원 (3,802,920원)			
공탁원인사실		별지와 같음			
1. 공탁으로 인하여 소멸하는 질권, 전세권 또는 저당권 2. 반대급부 내용		해당없음.			

위와 같이 신청합니다.　　　　　　　　대리인 성명　법무사 최돈호 (인)

　　공탁자 성명　　황 인 호　　(인)　　주소　서울 양천구 신정동 1010-14

　　　　　서울 양천구 신정동 1183-25　　　전화　2696-3456

1. 위 공탁금이 　　년 　월 　일 납입되었으므로 [별지] 안내문의 구비서류 등을 지참하시고, 우리 법원 공탁소에 출석하여 공탁금 출급청구를 할 수 있습니다.
   귀하가 공탁금 출급청구를 하거나, 공탁을 수락한다는 내용을 기재한 서면을 우리 공탁소에 제출하기 전에는 공탁자가 공탁금을 회수할 수 있습니다.
2. 공탁금 출급청구시 구비서류 등
   ※ [별지] 안내문을 참조하시기 바랍니다.
3. 공탁금액이 5천만원 이하인 경우에는 법원 전자공탁홈페이지(http://ekt.scourt.go.kr)를 이용하여 인터넷으로 공탁금 출급청구를 할 수 있습니다. 이 경우 인감증명서(또는 본인서명사실확인서)는 첨부하지 아니합니다.
4. 공탁금은 그 출급청구권을 행사할 수 있는 때로부터 10년 내에 출급청구를 하지 않을 때에는 특별한 사유(소멸시효 중단 등)가 없는 한 소멸시효가 완성되어 국고로 귀속되게 됩니다.
5. 공탁금에 대하여 이의가 있는 경우에는 공탁금 출급청구를 할 때에 청구서에 이의유보 사유(예컨대 "손해배상금 중의 일부로 수령함" 등)를 표시하고 공탁금을 지급받을 수 있으며, 이 경우에는 후에 다른 민사소송 등의 방법으로 권리를 주장할 수 있습니다.
6. 공탁통지서는 재발급 되지 않으므로 잘 보관하시기 바랍니다.
7. 사건 내용은 법원 전자공탁홈페이지에서 조회할 수 있으며, 통지서 하단에 발급확인번호가 기재되어 있는 경우에는 전자문서로 신청된 사건이므로 전자공탁홈페이지에서 공탁관련 문서를 열람할 수 있습니다.

　　　　　년 　　　월 　　　일 발송

　　　　　　　　　　　　법원　　　지원 공탁관　　　　　　(인)

　　　　　　　　　　　　　　　(문의전화 :　　　　　　　　　　　　　)

공 탁 사 실 통 지 서
(행정예규 제528호 2003.12.17.4.가.(4).)

압류채권자　배 복 진 귀하

　　　　　　서울 중랑구 중화동 450 한신아파트 109-2404 (우131-120)

사건 인천지방법원 2009 타채 4685 채권압류 및 추심명령

　　　　　채 권 자　배 복 진

　　　　　채 무 자　심 한 섭

　　　　　제3채무자 황 인 호

위 압류사건의 피압류채권이 아래와 같이 공탁되었음을 통지합니다.

－ 아　래 －

　　　공탁사건 : 서울남부지방법원 2010년 금 제 4239 호

　　　금　　　액 : 3,802,920원

　　　공 탁 자 : 황 인 호

　　　피공탁자 : 심 한 섭

　　　공탁일자 : 2010.8.20

2010. 8. 20

공탁자 : 황 인 호 (인)

서울 양천구 신정동 1183-25

공 탁 사 유 신 고 (민집법248④)

1. 공탁번호 : 2010년 금 제4239호
1. 채권자 · 채무자 · 제3채무자의 이름
1. 공탁금 : 삼백팔십만이천구백이십원(3,902,902원)
1. 공탁연월일 : 2010.8.20.
1. 공탁원인사실 : 별지기재와 같음(생략)

위와 같이 공탁하였으므로 민사집행법 제248조 제4항 및 민사집행규칙 제172조의 규정에 의하여 공탁사유 신고합니다

첨 부 서 류

1. 공탁서(원본)   1부

2010년   월   일

위 신고인 (제3채무자) 황 인 호
서울 양천구 신청 3동 1183-25

인천지방법원 귀중

공 탁 서 (금전)

<table>
<tr>
<td rowspan="4">공 탁 자</td>
<td colspan="2">공 탁 번 호</td>
<td>2010 년 금 제42
39호</td>
<td colspan="2">2010년8월20일신청</td>
<td>법령
조항</td>
<td colspan="2">민사집행법 제248조1항,
제291호 민법제487조 후
단</td>
</tr>
</table>

	공 탁 번 호	2010 년 금 제42 39호	2010년8월20일신청	법령 조항	민사집행법 제248조1항, 제291호 민법제487조 후단
공 탁 자 성 명 (상호 명칭)	(주) 신한은행 (신정동지점)	**피 공 탁 자** 성 명 (상호 명칭)	최 석 순		
주민등록번호 (법인등록번호)	110111-0012809	주민등록번호 (법인등록번호)	600529-1657025		
주 소 (본점, 주사무소)	서울 양천구 신정동 1190-4	주 소 (본점, 주사무소)	서울 양천구 신정동 1047-2 2 (우158-862)		
전화번호	02-2690-6961	전화번호			

공 탁 금 액	금 사십팔만일천칠백칠십삼원 (₩481,773)
공탁원인사실	별지와 같음
비고(첨부서류 등)	결정문 사본 2통, 법인등기부등본 3통, 위임장 1통
1. 공탁으로 인하여 소멸하는 질권, 전세권 또는 저당권 2. 반대급부 내용	

위와 같이 신청합니다.　　　　　　대리인 성명　법무사 최돈호 (인)
　　　　　　　　　　　　　　　　　주소　서울 양천구 신정동 1010-14
　공탁자 성명　주식회사 신한은행　(인)　　전화　2696-3456
　　　　　　서울 양천구 신정동 1190-4
　　　　　　지배인 : 김 진 현

위 공탁을 수리합니다.
공탁금을　　년　월　일까지 위 보관은행의 공탁관 계좌에 납입하시기 바랍니다.
위 납입기일까지 공탁금을 납입하지 않을 때는 이 공탁 수리결정의 효력이 상실됩니다.
　　　　　　　　　　　　　년　　　　월　　　　일
　　　　　　　　　　　　　　　　법원　공탁관　　　　　　　　　　(인)

(영수증) 위 공탁금이 납입되었음을 증명합니다.
　　　　　　　　　　　　　년　　　　월　　　　일
　　　　　　　　　　　　공탁금 보관은행 자(공탁관)　　　　　　(인)

공 탁 원 인 사 실

1. 공탁자 (주)신한은행은 서울남부지방법원 2008 타채 15217 채권압류 및 추심명령 사건의 채무자 최석순에 대한 예금 3,020,000원 및 동 법원 2009 타채 15877 채권 압류 및 추심명령사건의 채무자 최석순에 대한 예금 600,000원 합계 3,620,000원 중 2010.7.14 현재 채무자 최석순의 예금 잔액 722,433원에서 집행공탁비용 240,660원을 공제한 481,773원에 대하여 위와 같이 채권압류 및 추심명령이 경합되어 공탁자는 과실 없이 채권자를 확지할 수 없으므로 민법 487조 후단 및 민사집행법 제248조 1항, 제291조의 규정에 의하여 금 481,773원을 공탁함.

아   래

① 서울남부지방법원 2008타채 15217 채권압류 및 추심명령

      채권자   우리파이낸셜 주식회사
                     수원시 팔달구 인계동 1122-12
                     대표이사 이 병 재 (소관:서울지점)
      채무자   최 석 순 (600529-1657025)
                     서울 양천구 신정동 1043-10
      제3채무자   1. 주시회사 국민은행
                     서울 중구 남대문로2가 9-1
                     대표이사 강 정 원
               2. 주식회사 우리은행
                     서울 중구 회현동1가 203
                     대표이사 이 종 휘
               3. 농업협동조합중앙회
                     서울 중구 충정로1가 75
                     회장 최원병 신용대표이사 김태영
               4. 주식회사 신한은행

서울 중구 태평로2가 120

대표이사 신상훈

청구금액   금12,110,869원 중 3,020,000원

송 달 일   년   월   일

②   서울남부지방법원 2009타채 15877 채권압류 및 추심명령

채권자   대부헬로우크레디트 주식회사

               서울특별시 중구 충무로4가 306외 1필지

               남산센트럴자이 210, 211, 212호

               대표이사 정 명 웅

채무자   최 석 순 (600529-1657025)

               서울 양천구 신정동 1047-22

제3채무자   1. 주식회사 신한은행

                 서울 중구 태평로2가 120

                 대표이사 이백순(소관:본점)

             2. 주식회사 국민은행

                서울 중구 남대문로2가 9-1

                대표이사 강 정 원 (소관 : 본점)

             3. 주식회사 한국외환은행

                서울 중구 을지로2가 181

                대표이사 미합중국인 래리클레인(소관 : 본점)

             4. 주식회사 하나은행

                 서울 중구 을지로1가 101-1

                 대표이사 김정태 (소관 : 본점)

             5. 농업협동조합중앙회

서울 중구 충정로1가 75
신용대표이사 김태영(소관 : 본점)

청구금액 금 3,000,000원 중 600,000원
송 달 일   년 월 일

금 전 공 탁 통 지 서 (금전)

(제2-1호 서식)

공 탁 번 호		년 금 제 호		년 월 일신청		법령조항	민사집행법 제248조1항 민사집행법 제291조 민법 487조 후단
공탁자	성 명	(주) 신한은행 (신정동지점)	피공탁자	성 명		최 석 순	
	주민등록번호 (법인등록번호)	110111-0012809		주민등록번호 (법인등록번호)		600529-1657025	
	주 소	서울 양천구 신정동 1190-4		주 소		서울 양천구 신정동 1047-22 (우158-862)	
공탁금액		한글 사십팔만일천칠백칠십삼원		보관은행		은행	지점
		숫자 481,773원					
공탁원인사실		별지(생략)와 같음					

1. 공탁으로 인하여 소멸하는 질권, 전세권 또는 저당권 2. 반대급부 내용	해당없음

위와 같이 신청합니다. 　공탁자 성명 주식회사 신한은행 (인) 　　　　서울 양천구 신정동 1190-4 　　　　지배인 : 김 진 현	대리인 성명　법무사 최돈호 (인) 주소　서울 양천구 신정동 1010-14 전화　2696-3456

1. 위 공탁금이 　년　 월　 일 납입되었으므로 [별지] 안내문의 구비서류 등을 지참하시고, 우리 법원 공탁소에 출석하여 공탁금 출급청구를 할 수 있습니다.
   귀하가 공탁금 출급청구를 하거나, 공탁을 수락한다는 내용을 기재한 서면을 우리 공탁소에 제출하기 전에는 공탁자가 공탁금을 회수할 수 있습니다.
2. 공탁금 출급청구시 구비서류 등
　※ [별지] 안내문을 참조하시기 바랍니다.
3. 공탁금액이 5천만원 이하인 경우에는 법원 전자공탁홈페이지(http://ekt.scourt.go.kr)를 이용하여 인 터넷으로 공탁금 출급청구를 할 수 있습니다. 이 경우 인감증명서(또는 본인서명사실확인서)는 첨부하지 아니합니다.
4. 공탁금은 그 출급청구권을 행사할 수 있는 때로부터 10년 내에 출급청구를 하지 않을 때에는 특별한 사 유(소멸시효 중단 등)가 없는 한 소멸시효가 완성되어 국고로 귀속되게 됩니다.
5. 공탁금에 대하여 이의가 있는 경우에는 공탁금 출급청구를 할 때에 청구서에 이의유보 사유(예컨대 "손 해배상금 중의 일부로 수령함" 등)를 표시하고 공탁금을 지급받을 수 있으며, 이 경우에는 후에 다른 민 사소송 등의 방법으로 권리를 주장할 수 있습니다.
6. 공탁통지서는 재발급 되지 않으므로 잘 보관하시기 바랍니다.
7. 사건 내용은 법원 전자공탁홈페이지에서 조회할 수 있으며, 통지서 하단에 발급확인번호가 기재되어 있 는 경우에는 전자문서로 신청된 사건이므로 전자공탁홈페이지에서 공탁관련 문서를 열람할 수 있습니 다.

　　　　년　 월　 일 발송

　　　　　　　법원　 지원 공탁관　　　　　(인)
　　　　　　　　　　(문의전화 : 　　　　　　　)

공 탁 사 실 통 지 서

압류 채권자   우리파이낸셜 주식회사
　　　　　　　경기도 수원시 팔달구 인계동 1122-12
　　　　　　　송달장소 서울특별시 서초구 서초동 1337-20 대륭서초타워 10층
　　　　　　　(우 : 137-860)
　　　　　　　대표이사 이 병 재 귀하

사　　　　건 : 서울남부지방법원 2008 타채 15217 채권압류 및 추심명령
채　권　자 : 우리파이낸셜 (주)
채　무　자 : 최 석 순
제3채무자 : (주) 국민은행 외 3

위 (가) 압류사건의 피(가)압류채권이 아래와 같이 공탁되었음을 통지합니다.

- 아　래 -

공탁사건번호 : 서울남부지방법원 2010년　금　제　　　　　호
금　　　액 : 481,773원
공　탁　자 : 주식회사 신한은행
피 공 탁 자 : 최 석 순
공 탁 일 자 : 2010. 7.　.

2010년　7월　일

서울 남부지방법원
　　　공탁관　　　　　　　　　　(인)

공 탁 사 실 통 지 서

압류 채권자 대부헬로우크레디트 주식회사
　　　　　　서울특별시 중구 충무로4가 306외1
　　　　　　남산센트럴자이 210.211.212호
　　　　　　송달장소 대전광역시 서구 둔산동 1033
　　　　　　　　대우토피아1 오피스텔 202호 (우 : 302-829)
　　　　　　　　대표이사 정 명 웅 귀하

사　　　　건 : 서울남부지방법원 2009 타채 15877 채권압류 및 추심명령
채　권　자 : 대부헬로우크레디트 (주)
채　무　자 : 최 석 순
제3채무자 : (주) 신한은행 외 4

위 (가) 압류사건의 피(가)압류채권이 아래와 같이 공탁되었음을 통지합니다.

－ 아 　 래 －

공탁사건번호 : 서울남부지방법원 2010년 금 제　　　　　　호
금　　　　액 : 481,773원
공　탁　자 : 주식회사 신한은행
피 공 탁 자 : 최 석 순
공 탁 일 자 : 2010. 7. .

2010년 7월　일

서울 남부지방법원
　　공탁관　　　　　　　　　(인)

공 탁 사 유 신 고

1. 공탁번호 : 2010년 금제   호
1. 공탁금 : 금사십팔만일천칠백칠십삼원(₩481,773원)
1. 공탁연월일 : 2010. 7.
1. 공탁원인사실 : 별지(생략)기재와 같음.

위와 같이 공탁하였으므로 민사집행법 제248조 제4항 및 민사집행규칙 제172조의 규정에 의하여 공탁 사유 신고합니다.

첨 부 서 류
1. 공탁서(원본)   1부

2010년 7월 일

위 신고인 주식회사 (제3채무자) 신한은행
110111-0012809
지 배 인 : 김 진 현
취급지점 : 신정동지점
서울 양천구 신정동 1190-4

서울남부지방법원 귀중

금전 공탁서(제3채무자의 채무액의 공탁)

공 탁 번 호		년금 제 호	년 월 일 신청	법령 조항	민사집행법248①, 291 민법 487 후단
공 탁 자	성 명 (상호 명칭)	김 ○ ○	피 공 탁 자	성 명 (상호 명칭)	
	주민등록번호 (법인등록번호)			주민등록번호 (법인등록번호)	
	주 소 (본점, 주사무소)			주 소 (본점, 주사무소)	
	전화번호			전화번호	

공 탁 금 액	한글	보관은행	은행 지점
	숫자		

공탁원인사실	제3채무자인 공탁자는 채무자 A(서울 ○○구 ○○동 ○번지)에게 금1천만원의 대여금 채무가 있는 바, 위 채무자A의 제3채권자 등이 아래와 같이 채권가압류 및 압류명령이 각 송달되어 제3채무자(공탁자)는 민사집행법 제248조3항에 의하여 공탁함. 1. 서울지방법원 2003카단100호 채권가압류 : 채권자 갑, 채무자A, 제3채무자 홍길동 　가압류금액 : 금 ○천만원(송달일자: 　　　) 2. 서울지방법원 2003타기100호 채권압류 : 채권자을 채무자 A, 제3채무자 홍길동 　압류금액 : 금 ○천만원(송달일자: 　　　)

비고(첨부서류 등)	1. 채권자가압류결정 2. 채권압류결정 3. 공탁사유신고서 4. 위임장

1. 공탁으로 인하여 소멸하는 질권, 　전세권 또는 저당권 2. 반대급부 내용	

위와 같이 신청합니다.　　　　　　　　대리인　주소
　　　　　　　　　　　　　　　　　　　　　전화번호
　　　공탁자 성명　김 ○ ○　인(서명)　　성명　　　　　　인(서명)

위 공탁을 수리합니다.
공탁금을　년 월 일까지 위 보관은행의 공탁관 계좌에 납입하시기 바랍니다.
위 납입기일까지 공탁금을 납입하지 않을 때는 이 공탁 수리결정의 효력이 상실됩니다.
　　　　　　　　　　　　年　　　月　　　일
　　　　　　　　　법원　　　지원 공탁관　　　　　　　(인)

(영수증) 위 공탁금이 납입되었음을 증명합니다.
　　　　　　　　　　　　年　　　月　　　일
　　　　　　　　공탁금 보관은행(공탁관)　　　　　　　(인)

[별지] 〈행정예규 제528호 2003.12.17〉

○○법원
공탁사실 통지서

(가)압류채권자 ○ ○ ○ 귀하

사 건
채 권 자
채 무 자
체3채무자

위 (가)압류사건의 피(가)압류채권이 아래와 같이 공탁되었음을 통지합니다.

아 래

공탁사건번호
금 액
공 탁 자
피 공 탁 자
공 탁 일 자

20 년 월 일

○ ○ 법 원
공탁관 (인)

※ 공탁관은 가압류채권자에게는 위 양식에 의한 공탁사실을 통지하여야 하므로 집행공탁시
가압류채권자의 수에 따른 공탁사실통지서와 우표(배달증명우편료 3,330원)를 붙인
봉투(수신인 : 가압류채권자를 표시)를 제출한다(행정예규 제528호 4. 가.(4). 참조).

공 탁 사 유 신 고

1. 공탁번호 : 2002년금 ○○○○호

1. 채권자 · 채무자 · 제3채무자의 이름

1. 공탁금 : 금 ○○○○○○○원

1. 공탁연월일 : 2002년 10월 2일

1. 공탁원인사실 : 별지목록기재와 같음

  위와 같이 공탁하였으므로 민사집행법 제248조 제4항 규정 및 민사집행규칙 제172조에 의하여 공탁사유 신고합니다.

첨 부 서 류

   1. 공탁서(원본)   1통

   2. 주식회사등기부등본   1통

2002년   10월   일

위 신고인 (제3채무자)   ○○○○ 주식회사

서울 ○○○구 ○○○동 ○○

대표이사 ○○○

서울 ○○지방법원   귀중

공 탁 원 인 사 실

  공탁자는 채권자(압류채무자) 최○○에게 봉급, 직무상수당, 상여금, 퇴직금등에서 제세공과금을 공제한 잔액의2분지1인 금 7,860,017원을 지급하여야 할 임금지급채무금이 있는바 이에 대하여 위 최○○의 채권자등이 아래와 같이 가압류, 압류등이 경합되어 있으므로 민사집행법 제248조1항 규정에 의하여 공탁합니다.

아   래

1. 서울지방법원 2002카○○○○호 채권가압류사건
   채권자 ○○신용카드주식회사 대표이사 ○○○
      서울 ○구 ○○로○가 ○○○
   채무자 최○○
      서울 ○구 ○○○동 ○○○
   제3채무자 ○○○○주식회사 대표이사 ○○○
      서울 ○○○구 ○○○동 ○○
   청구금액 금 2,240,218원
   결정연월일 2002. ○. ○.
   송달연월일 2002. ○. ○.

2. 서울지방법원 2002카○○○○호 채권가압류사건
   채권자 ○○신용카드주식회사 대표이사 ○○○ 지배인○○○
      서울 ○구 ○동 ○○ (소관 : 채권정리부)
   채무자 최○○
      서울 ○구 ○○○동 ○○○
   제3채무자 ○○○○주식회사 대표이사 ○○○
      서울 ○○○구 ○○○동 ○○ (소관 : 부산수산사무소)
   청구금액 금 4,843,506원
   결정연월일 2002.5. 8.
   송달연월일 2002.5. .

3. 서울지방법원 2002타기○○○,○○○호 가압류에서 본압류로 전이하는 압류 및 추심명령사건
   채권자 ○○신용카드주식회사
      서울 ○구 ○동 ○○
   대표이사 ○○○ 지배인 ○○○ (소관 : 채권정리부)
   채무자 최○○
      서울 ○구 ○○○동 ○○○
   제3채무자 ○○○○주식회사
      서울 ○○○구 ○○○동 ○○
   대표이사 ○○○ 소관 : 부산수산사무소
   청구금액 금 5,037,202원
   결정연월일 2002. 6. 17.
   송달연월일 2002. 6. 20.

금전 공탁서(제3채무자의 채무액의 공탁)(권리공탁)

공 탁 번 호		년금 제 호		년 월 일 신청		법령 조항	민사집행법248①, 291 민법 487 후단
공 탁 자	성 명 (상호 명칭)	문 ○ ○		피 공 탁 자	성 명 (상호 명칭)		
	주민등록번호 (법인등록번호)				주민등록번호 (법인등록번호)		
	주 소 (본점, 주사무소)				주 소 (본점, 주사무소)		
	전화번호				전화번호		
공 탁 금 액		한글		보관은행		은행 지점	
		숫자					
공탁원인사실		별지 기재와 같음					
비고(첨부서류 등)		1. 채권압류 및 추심명령 2. 채권양도통지서 3. 채권가압류 4. 채권압류 및 추심명령결정 사본 5. 위임장 6. 사유신고서					
1. 공탁으로 인하여 소멸하는 질권, 전세권 또는 저당권 2. 반대급부 내용							

위와 같이 신청합니다.   대리인   주소
                                                전화번호
     공탁자 성명 문 ○ ○   인(서명)   성명   인(서명)

위 공탁을 수리합니다.
공탁금을   년 월 일까지 위 보관은행의 공탁관 계좌에 납입하시기 바랍니다.
위 납입기일까지 공탁금을 납입하지 않을 때는 이 공탁 수리결정의 효력이 상실됩니다.
                          년   월   일
                    법원   지원 공탁관   (인)

(영수증) 위 공탁금이 납입되었음을 증명합니다.
                          년   월   일
                    공탁금 보관은행(공탁관)   (인)

공탁원인사실

　　제3채무자인 공탁자는 채무자 한천일(서울 금천구 독산동 891-13)에게 임대차보증금 금 20,000,000원의 반환채무가 있는바, 위 채권에 대하여 아래와 같은 채권압류 및 추심명령 및 채권양도통지서가 각 경합되었으므로 위 금원 중 체납된 공과금 330,058원, 공탁수수료 금 100,000원을 공제한 금 19,569,942원을 민사집행법 제248조의 규정에 의하여 공탁함.

아　　래

1. 서울지방법원 남부지원 98타기 7255, 7256 채권압류 및 추심명령
　　채권자　현대자동차주식회사
　　　　　　서울 종로구 계동 140-2
　　　　　　대표이사 정　○　○
　　　　　　송달장소 서울 종로구 숭인동 1252-6 동보빌딩2층
　　채무자　한　○　○
　　　　　　서울 금천구 독산동 891-13
　　제3채무자　○　○　○
　　　　　　청구금액　금 5,000,000원　(송달일자 1998. 7. 8)
2. 채권양도통지서
　　양도인　한　○　○
　　　　　　서울 금천구 독산3동 891-13
　　양수인　이　○　○
　　　　　　경기도 남양주시 와부읍 덕소리 현대아파트 103동 106호
　　양도금액 금 9,575,620원정　(송달일자 1999. 8. 14)
3. 서울지방법원 99카단 171549호 채권가압류
　　채권자　서울보증보험 주식회사
　　　　　　서울 종로구 연지동 136-74(소관 : 광교지점)
　　　　　　대표이사 박　○　○
　　채무자　한　○　○
　　　　　　서울 금천구 독산3동 891-13
　　　　　　가압류금액 금 32,463,090원　(송달일자 1999. 12. 22)
　　　　　　제3채무자 문　○　○
　　　　　　서울 금천구 독산동 891-13
4. 서울지방법원 남부지원 2001타기 2054호 가압류로부터 본압류로 전이하는
　　채권압류 및 추심명령
　　채권자 서울보증보험 주식회사
　　　　　　서울 종로구 연지동 136-74(소관 : 광교지점)
　　　　　　대표이사 박　○　○
　　채무자　한　○　○
　　　　　　서울 금천구 독산3동 891-13
　　청구금액 금 35,155,443원　(송달일자 2001. 4. 24)
　　제3채무자 문　○　○
　　　　　　서울시 금천구 독산동 891-13

(라) 동일한 채권에 대한 (가)압류집행을 한 자와 양수인 간의 우열

동일한 채권에 대하여 (가)압류집행을 한 자와 양수인 사이의 우열은 가압류결정의 송달일자와 확정일자 있는 양도통지서의 송달일자의 선후에 의하여 결정된다.

따라서 확정일자부 양도통지서의 송달일자가 양도인을 가압류채무자로 하는 가압류결정의 송달일자보다 빠른 경우에는 제3채무자(채권양도의 경우에는 채무자)는 양수인에게 채무를 변제하여야 하고 이를 이유로 혼합공탁을 할 수 없다.

다만, 채권이 적법하게 양도되었는지 여부에 관하여 의문이 있거나 채권양도와 가압류의 선후관계에 의문이 있는 경우에는 「민법」 제487조 후단, 「민사집행법」 제248조 제1항에 의한 혼합공탁을 할 수 있다.

이와 같은 사유로 혼합공탁이 이루어진 경우 피공탁자인 양수인은 다른 피공탁자인 양도인의 승낙서(인감증명서 첨부)나 양도인에 대한 공탁금출급청구권 승소확정판결 이외에 가압류채권자 승낙서(인감증명서 첨부) 또는 그를 상대로 한 공탁금 출급청구권 승소확정판결을 출급청구권을 갖는 것을 증명하는 서면으로 첨부하여야만 공탁금을 출급할 수 있다.(2011.3.17. 사법등기심의관 – 614 질의회답)
(대판1996.4.26. 96다2583, 대판(전) 1994.4.26.93다24223.
대판 1981.9.22. 80누48, 대판 2000.12.22. 2000다55904
대판 2008.1.17. 2006다56015.)

(마) 채권양도 통지와 가압류결정정본을 동시에 송달받은 채무자의 변제공탁 가부(적극)

채권양도의 통지와 가압류 또는 압류명령이 제3채무자에게 동시에 송달되었다고 인정되어 채무자가 채권양수인 및 추심명령이나 전부명령을 얻은 가압류 또는 압류채권자 중 한 사람이 제기한 급부소송에서 전액 패소한 이후에도 다른 채권자가 그 송달의 선후에 관하여 다시 문제를 제기하는 경우 기판력의 이론상 제3채무자는 이중지급의 위험이 있을 수 있으므로, 동시에 송달된 경우에도 제3채무자는 송달의 선후가 불명한 경우에 준하여 채권자를 알 수 없다는 이유로 변제공탁을 함으로써 법률관계의 불안으로부터 벗어날 수 있다(대판 1994.4.26. 93다24223 전원합의체 판결).

(바) 제3채무자의 채무액의 공탁의 효과

1) 채무변제의 효과

제3채무자의 공탁제도는 제3채무자에게 채권자에 대한 변제를 시키는 것이 적당하지 않은 경우에 변제의 목적물을 확실하게 보관하기 위한 제도로서 공탁제도를 마련하고, 제3채무자에 대하여 변제에 대신하여 금전을 제공시키는 경우에 위 공탁제도를 이용하게 함으로써 제3채무자의 면책방법을 도모하고 있는 것이므로 제3채무자가 민사집행법 제248조에 따라 공탁을 하게 되면 기본적인 효과로서 채무자에 대한 채무를 면하게 된다.

2) 압류명령의 취하 또는 취소의 불가

채권자가 채무자의 제3채무자에 대한 채권을 압류한 상태에서 제3채무자가 민사집행법 제248조에 따라 공탁을 하게 되면 압류명령은 공탁에 의한 목적달성으로 인하여 소멸하게 된다. 즉, 압류명령으로 인한 집행이 종료된다. 따라서 위 공탁 이후에는 채권자는 위 압류명령을 취하할 수 없다.

민사집행법 제248조에 의한 공탁 이후에는 위 압류채권자의 지위가 배당 등을 받을 채권자로 전환되는 것이므로(민사집행법 제252조, 배당가입의 차단효 발생), 위 압류명령이 취소되더라도 그것 때문에 이미 발생한 위 압류명령의 효력이나 또는 공탁으로 인해 생긴 배당가입차단효가 소급적으로 소멸되는 것이 아니다(법원행정처발행 : 공탁실무편람 358면. 나.).

3) 배당가입차단효의 발생

배당가입의 차단효란 배당절차 등에 가입하는 것이 차단되는 효력을 말한다.

집행공탁이 된 금전에 대하여 배당가입의 차단효가 발생하지 않는다면 그 공탁금을 대상으로 한 배당 등 절차는 개시될 수 없고 또한 개시해서도 안된다(전게서 359면. 다).

4) 제3채무자의 공탁사유신고와 집행법원의 배당절차 개시

가) 제3채무자의 공탁사유신고

제3채무자가 민사집행법 제248조 제1항 내지 제3항의 규정에 의하여 채무액을 공탁한 때에는 그 사유를 법원에 신고하여야 한다. 다만, 상당한 기간 이내에 신고가 없는 때에는 압류채권자, 가압류채권자, 배당에 참가한 채권자, 채무자, 그 밖의 이해관계인이 그 사유를 법원에 신고할 수 있다(민사집행법 제248조 4항). 법원은 제248조의 규정에 따라 제3채무자가 공탁한 때에는 배당절차를 개시한다(제252조 제2호). 사유신고는 배당절차가 개시된 뒤에도 보완할 수 있다.

제3채무자가 공탁하였다 하더라도 그 사실을 집행법원에 사유신고하지 않는 한 집행법원이 이를 알 수 없으므로 공탁자의 사유신고에 의하여 집행법원이 배당절차를 개시할 수 있다. 이러한 신고를 제3채무자의 사유신고라 하며, 사유신고가 있을 때 비로소 배당요구의 종기에 이르게 된다(민사집행법 제247조 1항 1호).

가압류를 원인으로 제3채무자가 민사집행법 제291조 및 제248조 제1항에 의하여 공탁한 후에, 피공탁자(가압류채무자)의 공탁금출급청구권에 대한 압류가 이루어져 압류의 경합이 성립하거나, 공탁사유인 가압류를 본압류로 이전하는 압류명령이 있는 경우에는 공탁관이 사유신고를 하여야 한다(행정예규 542호).

🔍 판례

민사집행법 제247조 제1항 제1호의 취지 및 혼합공탁의 경우 변제공탁에 해당하는 부분에 대해서도 제3채무자의 공탁사유신고에 의한 배당가입차단효가 발생하는 여부(소극).

민사집행법 제247조 제1항 제1호가 압류채권자 이외의 채권자가 배당요구의 방법으로 채권에 대한 강제집행절차에 참가하여 압류채권자와 평등하게 자신의 채권의 변제를 받는 것을 허용하면서도, 다른 한편으로 그 배당요구의 종기를 제3채무자와 공탁사유 신고까지로 제한하고 있는 이유는 제3채무자가 채무액을 공탁하고 그 사유신고를 마치면 배당할 금액이 판명되어 배당절차를 개시할 수 있는 만큼 늦어도 그때까지는 배당요구가 마쳐져야 배당절차의 혼란과 지연을 막을 수 있다고 본 때문이다. 따라서 민사집행법 제247조 제1항에 의한 배당가입차단효는 배당을 전제로 한 집행공탁에 대하여만 발생하므로, 집행공탁과 변제공탁이 혼합된 소위 혼합공탁의 경우 변제공탁에 해당하는 부분에 대하여는 제3채무자의 공탁사유신고에 의한 배당가입차 단효가 발생할 여지가 없다(대판 2008.5.15. 2006다74693 배당이의).

나) 민사집행법 제248조 제4항의 규정에 의한 공탁사유신고의 방식

민사집행법 제248조 제4항의 규정에 따른 제3채무자의 공탁사유신고는 다음 각호의 사항을 적은 서면으로 하여야 한다(민사집행규칙 제172조 1항).

1. 사건의 표시
2. 채권자 · 채무자 및 제3채무자의 이름
3. 공탁사유와 공탁한 금액

제1항의 서면에는 공탁서(원본)를 붙여야 한다. 다만, 법 제248조 제4항 단서에 규정된 사람이 신고하는 때에는 그러하지 아니하다(민사집행규칙 제172조 2항).

다) 제3채무자가 상당한 기간 내에 공탁사유신고를 하지 않는 경우 이해관계인의 공탁사유신고

제3채무자가 상당한 기간 내에 공탁사유신고를 하지 않으면 압류채권자, 가압류채권자, 배당에 참가한 채권자, 채무자 그 밖의 이해관계인이 그 사유를 법원에 신고할 수 있다(민사집행법 제248조 4항). 이는 제3채무자가 공탁을 하였더라도 사유신고를 하지 않는 한 배당요구의 종기가 도래하지 아니하여 배당 등의 절차가 사실상 진행되지 못하는 등 절차의 신속한 진행에 지장이 있으므로 다른 이해관계인에게 사유신고할 수 있는 권리를 더불어 인정한 것이다(전게서 367면).

라) 사유신고를 할 법원

제3채무자는 압류된 채권액 또는 압류와 관련된 금전채권액 전액을 공탁할 수 있고, 공탁을 한 후 즉시 공탁서를 첨부하여 그 내용을 서면으로 집행법원에 공탁사유신고를 하여야 한다(민사집행법 제248조 제4항 행정예규 제528호. 2.가.(1).).

제3채무자는 압류 · 가압류된 채권액의 합계액 또는 압류 · 가압류와 관련된 금전채권 전액을 행정예규 제528호 나. 및 다.항의 예에 따라 공탁할 수 있으며, 이때에 사유신고(이하 공탁사유신고서 참조)는 먼저 송달된 압류명령의 발령법원에 하여야 한다(민사집행규칙 제172조 제3항 행정예규 제528호. 2.).

압류명령을 송달받은 제3채무자는 채권자가 경합되지 않는 경우라면 원칙적으로 해당 압류명령을 발령한 법원에 사유신고를 하여야 한다. 채권자가 경합된 경우라면 그것이 진정한 압류경합이 아닌 경우(압류명령의 집행채권의 총액이 피압류채권액을 넘지 않는 경우)이든, 진정한 압류의 경합이 있는 경우이든 구별하지 않고 먼저 송달된

압류명령을 발령한 법원에 사유신고를 하여야 한다(민사집행규칙 제172조 3항).

가압류와 본압류가 경합된 경우에는 본압류를 발령한 법원에 사유신고를 하여야 한다. 따라서 뒤에 송달된 압류명령 또는 가압류와 압류가 경합된 경우에 가압류발령법원에 사유신고서가 제출된 경우에는 먼저 송달된 법원 또는 본압류 발령법원으로 배당사건을 이송함이 상당하다(법원실무제요 민사집행Ⅲ 364면 참조).

가압류명령만을 송달받은 제3채무자는 공탁을 한 후 즉시 공탁서를 첨부하여 가압류발령법원에 신고하여야 하고, 둘 이상의 가압류가 있는 경우에는 먼저 송달된 가압류 발령법원에 신고해야 한다(행정예규 528호). 공탁신고 뒤에는 압류채권자는 압류명령신청을 취하할 수 없고, 취하하더라도 자신의 배단금수령권을 포기하는 효과가 있을 뿐, 배당절차의 진행에는 영향이 없다.

마) 사유신고 불수리결정
제3채무자로부터 사유신고서를 접수받은 집행법원은 배당절차에 의할 것이 아니라고 판단될 경우에는 그 신고서를 불수리하는 결정을 하게 된다.

바) 사유신고의 철회·취하
원칙적으로는 일단 제출되어진 사유신고는 철회 또는 취하할 수 없다. 다만, 제3채무자의 착오나 오류에 의해 무효인 집행공탁을 하고, 그것이 제3채무자에게나 집행법원에게나 무익한 것이라면, 사유신고의 철회와 집행공탁금의 회수를 인정할 필요가 있다.

공탁자가 공탁 원인이 없음에도 착오로 집행공탁을 한 후 이를 이유로 공탁사유신고를 철회한 경우, 집행법원이 공탁사유신고 불수리결정을 할 수 있고, 공탁자가 공탁관에게 위 불수리결정문을 제출하여 공탁금을 회수할 수 있다(대결 1999.1.8, 98마363). 불수리결정이 있는 경우에는 사유신고로 인해 새로운 권리자의 배당가입을 차단하는 이른바 배당가입차단효가 발생하지 않는다(대판 2005.5.13, 2005다1766).

사) 배당절차의 개시
사유신고가 적법하면 이를 수리하여 배당절차를 진행한다.

(3) 집행관의 공탁

(가) 집행관의 압류물의 매각대금의 공탁

집행관은 민사집행법 제198조 제3항의 규정에 따라 압류물을 매각하였을 때에는 그 대금을 공탁하여야 한다(동법 제198조 제4항). 매각대금으로 배당에 참가한 모든 채권자를 만족하게 할 수 없고 매각허가 된 날로부터 2주 이내에 채권자 사이에 배당협의가 이루어지지 아니 한 때에는 매각대금을 공탁하여야 한다(동법 제222조 제1항). 여러 채권자를 위하여 동시에 금전을 압류한 경우에도 제1항과 같다(제2항). 제1항 및 제2항의 경우에 집행관은 집행절차에 관한 서류를 붙여 그 사유를 법원에 신고하여야 한다(제3항). 제222조의 규정에 따라 집행관이 공탁한 때 법원은 배당절차를 개시한다(제252조 제1호).

위 공탁을 한 경우에 집행관은 집행절차에 관한 서류를 붙여 그 사유를 법원에 신고하여야 한다. 민사집행법 제222조 제1항의 규정에 따라 집행관이 공탁한 때에 법원은 배당절차를 개시하고(민집 252조) 배당절차를 거쳐 법원은 지급위탁서를 공탁관에게 송부하고 지급받을 자에게는 그 자격에 관한 증명서를 교부하여 공탁금이 배당채권자에게 지급된다.

채무자나 그 밖에 동산을 수취할 권한이 있는 자가 그 동산의 수취를 게을리 한 때에는 집행관은 집행법원의 허가를 받아 동산에 대한 강제집행의 매각절차에 관한 규정에 따라 그 동산을 매각하고 비용을 뺀뒤에 나머지 대금을 공탁하여야 한다(민사집행법 제258조 6항, 민사집행규칙 제142조 3항).

이 공탁은 일종의 변제공탁이고 공탁금의 지급은 피공탁자의 출급청구에 따라 이루어진다.

민사집행법 제258조 제6항 및 민사집행규칙 제142조 제3항에 의한 공탁은 그 내용이 피공탁자의 수령지체 등을 원인으로 하는 변제공탁이므로 이 규정에 의한 공탁을 할 때에는 공탁규칙 제22조의 규정에 따라 공탁통지서와 수신인란에 피공탁자의 주소와 성명을 기재하고 소정의 우표를 붙인 봉투를 첨부하여야 한다(2006.3.29. 공탁상업등기과-278)

(나) 집행관의 압류금전의 공탁

금전을 압류한 경우에는 현금화할 필요가 없으므로, 집행관은 압류한 금전을 채권자에게 인도하여 집행을 종료한다(민사집행법 제201조 1항). 그러나 이는 집행채권자가 한 사람인 경우 또는 집행채권자가 여러 사람이더라도 압류금전으로 각 채권자의 채권액을 만족시킬 수 있거나 그 사이에 배당협의가 성립된 경우에 한하며, 그렇지 아니한 경우에는 압류금전을 공탁하여 배당하여야 한다(민사집행법 제222조 1항·2항, 제252조 1호).

(다) 집행관의 가압류물의 공탁

1) 집행관의 가압류한 금전의 공탁

집행관이 금전을 가압류하였을 때에는 이를 바로 채권자에게 인도할 것이 아니고 공탁하여야 한다(민사집행법 제296조 4항). 집행관은 가압류집행이 된 어음 등에 관하여 채무자에 갈음하여 지급을 위한 제시 등 그 권리의 행사를 위하여 필요한 행위를 하여야 하는데(민사집행법 제212조 1항), 이 때 금전을 지급받게 된 경우에는 민사집행법 제296조 제4항을 유추하여 그것도 공탁하여야 할 것이다.

그 공탁에 관하여 공탁규칙은 따로 서식을 마련하고 있지 아니하므로 동 규칙 부록 제2호 제1-1호 서식에 의하여 공탁자를 집행관으로, 공탁원인을 가압류집행으로 각 기재하여 공탁할 것이다. 공탁서는 집행관이 보관하며 그 공탁물회수청구권에 관하여 가압류의 효력이 미치는 것으로 본다. 집행관은 뒤에 가압류취소 등이 있으면 공탁금을 회수하여 채무자에게 반환하고, 가압류가 본압류로 이전되면 공탁금을 회수하여 채권자에게 인도하여(민사집행법 제201조 1항) 채권을 만족시키게 된다(법원실무제요, 민사집행Ⅳ권, p. 200).

2) 집행관의 가압류물(유체동산)의 매각대금의 공탁

가압류물은 현금화하지 못한다. 다만, 가압류물을 즉시 매각하지 아니하면 값이 크게 떨어질 염려가 있거나 보관에 지나치게 많은 비용이 드는 경우에는 집행관은 그 물건을 매각하여 공탁하여야 한다(민집 296조 5항). 가압류한 유체동산은 원칙적으로 현금화할 수 없지만, 가압류물을 즉시 매각하지 아니하면 값이 크게 떨어질 염려가 있거나(생선, 채소와 같이 부패할 염려가 있는 경우 등) 보관에 지나치게 많은 비용이 드는 경우(동물의 사육료, 창고료가 많이 드는 경우 등)에는 집행관이 현금화할 수 있다.

가압류의 매각대금이 공탁된 후 가압류채권자가 본안소송에서 승소의 확정판결을 받아 집행관에게 집행의 신청을 하여도 곧바로 위 공탁금에 관하여 변제를 받은 것과 동일한 효력이 생기는 것이 아니고 집행관은 공탁금의 회수를 받아 배당저차를 행한다.

위 공탁은 민사집행법상의 의무로서 집행관이 공탁한다는 점에서 형식상 집행공탁이나 목적물의 보관만을 목적으로 하는 점에서 실질상 보관공탁적인 성격을 가진다. 따라서 출급청구권은 없고 회수청구권만이 있다. 집행관은 가압류 집행해제 신청서부본이나 가압류취소재판 등본 등을 첨부하여 또는 강제집행 위임장부본을 첨부하여 공탁금을 회수할 수 있다.

금전 공탁서(집행관의 가압류한 금전 공탁)

공 탁 번 호	년금 제 호		년 월 일 신청	법령 조항	민사집행법296④
공 탁 자	성 명 (상호 명칭)	○○지방법원 집행관 ○○○	**피 공 탁 자**	성 명 (상호 명칭)	
	주민등록번호 (법인등록번호)			주민등록번호 (법인등록번호)	
	주 소 (본점,주사무소)			주 소 (본점,주사무소)	
	전화번호			전화번호	

공 탁 금 액	한글 삼백만원	보 관 은 행	은행 지점
	숫자 3,000,000원		

공탁원인사실	채권자 서울 ○○구 ○○동 ○번지 A, 채무자 같은 곳 ○번지 B 사이에 서울 ○○지방법원 2003카단200호 유체동산가압류사건에 관하여 공탁자는 년 월 일 채무자 B의 현금 3백만원을 가압류 집행하였으므로 민사집행법 제296조4항의 규정에 의하여 공탁함.
비고(첨부서류 등)	□ 계좌납입신청
1. 공탁으로 인하여 소멸하는 질권, 전세권 또는 저당권 2. 반대급부 내용	

위와 같이 신청합니다.   대리인 주소
                              전화번호
      공탁자 성명   (인)(서명)   성명   (인)(서명)

위 공탁을 수리합니다.

공탁금을   년 월 일까지 위 보관은행의 공탁관 계좌에 납입하시기 바랍니다.

위 납입기일까지 공탁금을 납입하지 않을 때는 이 공탁 수리결정의 효력이 상실됩니다.

                      년   월   일
                      법원   지원 공탁관   (인)

(영수증) 위 공탁금이 납입되었음을 증명합니다.

                      년   월   일
                      공탁금 보관은행(공탁관)   (인)

(라) 집행관의 배당액의 공탁

1) 불확정채권인 경우

매각대금 등으로 각 채권자의 채권과 집행비용의 전부를 변제할 수 있거나 채권자 사이에 배당협의가 이루어졌더라도 배당 등을 받을 채권자의 채권의 일부 또는 전부가 불확정채권인 경우, 즉 ㉮ 정지조건 또는 불확정기한이 붙어 있는 채권, ㉯ 가압류채권, ㉰ 그 채권에 관한 우선변제권 또는 질권의 실행을 일시금지하는 재판의 정본이 제출되어 있는 때에는 그 채권에 대하여는 집행관이 직접 교부할 수 없고, 그 배당 등의 액에 상당하는 금액을 공탁하고 집행관계서류를 첨부하여 집행법원에 사유를 신고하여야 한다(민사집행규칙 제156조 1항, 제155조 1항·3항, 제157조 2항·3항).

위와 같이 불확정채권자도 배당협의에 참가할 수 있음을 전제로 압류금전이나 매각대금으로 각 채권자의 채권과 집행비용의 전부를 변제할 수 없는 경우에도 배당협의가 이루어지면 그 중 불확정채권에 대한 교부금에 한하여 공탁 및 사유신고를 하도록 한 것이다.

집행법원은 사유신고의 내용에 따라 민사집행법 제252조 이하의 규정에 따른 배당을 실시하거나 정지조건이 있는 채권에 대하여는 조건성취 여부에 따라 불확정기한이 있는 채권에 대하여는 그 기한의 도래에 가압류채권에 대하여는 본안소송의 결과에 따라 따라 각각 채권자 또는 채무자에게 지급하면 된다.

사유신고서

사　　　건 : 200　본　제　　　호

채　권　자 :

채　무　자 :

집행 권원 :

매각대금(압류금전) :　　　금　　　　　　　원

집　행　비　용 :　　　금　　　　　　　원

공탁금액(배당할 금액) :　　　금　　　　　　　원

아래와 같은 사유로 민사집행규칙 제156조 제1항의 규정에 의하여 위 금액을 공탁하
고 사건기록을 첨부하여 신고합니다.

- 공 탁 사 유 -

1. 채권에 정지조건 또는 불확정기한이 붙어 있음.
2. 가압류채권자의 채권임.
3. 담보권 실행을 일시 정지하도록 명한 재판의 정본이 제출됨.
4. 배당금을 수령할 채권자(채무자)가 출석하지 아니함.
5. 매각대금으로는 각 채권자들의 채권을 충족할 수 없고 배당협의기일에 배당협의
가 이루어지지 아니함.

첨부 : 1. 공탁서　　　　1부
　　　　 2. 집행기록　　　 책

200 .　　　 .　　　 .

집행관　　　　　　　　　(인)

2) 당사자가 불출석한 경우

집행관은 배당 등을 수령하기 위하여 출석하지 아니한 채권자 또는 채무자에 대한 배당 등의 액에 상당하는 금액을 공탁하여야 한다(민사집행규칙 제156조 2항). 집행관은 교부받을 채권자가 출석하지 아니한 경우에는 그 배당액을 지급할 수 없으므로 이를 공탁하여 배당을 완결한다.

집행관이 실시하는 공탁은 집행공탁의 절차를 따르고 있으므로, 채권자 또는 채무자가 위 배당금을 지급받기 위해서는 집행관으로부터 지급위탁서를 교부받아 공탁관에게 지급을 청구하게 된다. 이 경우에는 집행관이 집행법원에 사유서를 제출할 필요가 없다. 후일 그 채권자가 지급을 청구하면 집행관은 지급위탁서의 송부, 배당액지급증의 교부 등 공탁된 배당액지급방법에 준하여 처리한다. 채무자가 출석하지 아니한 경우도 채무자에게 지급할 금원이 있으면 이를 공탁하였다가 채무자가 그 지급을 청구하면 앞에서 본 배당액 지급방법에 의하여 처리할 것이다.

3) 집행정지서류가 제출된 경우

가) 집행관은 배당받을 채권자의 채권에 관하여 민사집행법 제49조 제2호 또는 유체동산을 목적으로 하는 담보권 실행을 위한 경매절차에서 민사집행법 제266조 제1항 제5호에 적은 문서(강제집행의 일시정지를 명한 취지를 적은 재판의 정본)가 제출되어 있는 때에는, 그 채권자에 대한 배당 등의 액에 상당하는 금액을 공탁하고 그 사유를 법원에 신고하여야 한다. 이 사유신고서에 적을 사항은 사건의 표시, 압류채권자와 채무자의 이름, 공탁의 사유와 공탁금액(민사집행규칙 제157조 2항)이고, 공탁서원본과 사건기록을 붙여 신고하여야 한다(민사집행규칙 제157조 3항).

나) 집행관의 매각대금영수 후에 민사집행법 제49조의 나머지 집행정지서류가 제출된 경우에도 집행절차를 취소할 것이 아니고, 그 서류가 제출된 해당 채권자에 대하여서만 배당금을 교부할 수 없다.

다) 제출된 서류가 민사집행법 제49조 제1호·제3호·제5호·제6호의 서류인 경우에는 그 채권자에 대한 배당금을 채무자에게 교부하여야 할 것이다. 만약 제출된 서류

가 민사집행법 제49조 제4호의 서류인 때에는 배당액을 해당채권자에게 그대로 지급하고 그로 말미암아 발생하는 이중변제의 문제는 당사자 사이의 부당이득문제로 해결하여야 할 것이다(법원실무제요, 민사집행 I 권, pp.273~275).

[제1-1호 양식]

금전 공탁서(변제 등)(집행관의 압류물의 매각대금의 공탁)

공 탁 번 호	년금 제 호		년 월 일 신청	법령조항	민사집행법198⑤
공 탁 자	성 명 (상호 명칭)	서울 ○○지방법원소속 집행관 ○○○	피 공 탁 자	성 명 (상호 명칭)	
	주민등록번호 (법인등록번호)			주민등록번호 (법인등록번호)	
	주 소 (본점,주사무소)			주 소 (본점,주사무소)	
	전화번호			전화번호	
공 탁 금 액	한글 일천만원		보 관 은 행	은행 지점	
	숫자 10,000,000원				
공탁원인사실	채권자 서울 ○○구 ○○동 ○번지 A, 채무자 같은 곳 ○번지 B 사이에 서울○○지방법원 20○○카합15호 유체동산가압류사건에 관하여 공탁자는 년 월 일 채무자 B의 소유 자동차 1대를 압류 집행하였으나 그 보관에 많은 비용이 소요되므로 집행법원의 명에 의하여 이를 매각하여 그 매득금 일천만원을 공탁함.				
비고(첨부서류 등)				□ 계좌납입신청	
1. 공탁으로 인하여 소멸하는 질권, 　전세권 또는 저당권 2. 반대급부 내용					

위와 같이 신청합니다. 　　　　　　　　대리인 주소
　　　　　　　　　　　　　　　　　　　　전화번호
　　공탁자 성명　　　(인)(서명)　　성명　　　　　　(인)(서명)

위 공탁을 수리합니다.

공탁금을 　년 월 일까지 위 보관은행의 공탁관 계좌에 납입하시기 바랍니다.

위 납입기일까지 공탁금을 납입하지 않을 때는 이 공탁 수리결정의 효력이 상실됩니다.

　　　　　　　　　　　　　년　　 월　　 일

　　　　　　　　　　법원　　　지원 공탁관　　　　(인)

(영수증) 위 공탁금이 납입되었음을 증명합니다.

　　　　　　　　　　　　　년　　 월　　 일

　　　　　　　　　공탁금 보관은행(공탁관)　　　(인)

(4) 관리인의 청구채권액의 공탁

(가) 가압류를 위한 강제관리

가압류를 위한 강제관리의 경우(민사집행법 제294조)에는 가압류의 성질상 변제(배당)의 단계까지 갈 수 없으므로 강제집행을 위한 강제관리에 있어서와 같이 관리인이 지급받은 수익에서 조세, 공과금을 뺀 나머지를 채권자에게 지급(배당)하는 것(민사집행법 제169조)이 아니라 가압류 청구채권액에 해당하는 금액을 지급받아 공탁하여야 한다(민사집행법 제294조).

공탁서는 법원에 제출하며 법원은 이를 민사보관물관리에 관한 예규(송민 79 – 7)에 규정된 보관요령에 따라 보관한다. 그와 같이 공탁한 총액이 가압류 청구채권액에 이르면 법원은 직권으로 강제관리의 취소결정을 하고, 그 결정이 확정된 경우 법원사무관 등은 가압류등기의 말소를 촉탁한다(민사집행법 제291조, 제171조). 가압류의 효력은 이 공탁금회수청구권에 미치게 된다.

(나) 관리인의 배당액 공탁 및 사유신고

1) 관리인은 민사집행규칙 제91조 제2항 또는 제4항 전문의 규정에 따라 교부 또는 배당(다음부터 "배당등"이라 한다)을 실시하는 경우에 배당등을 받을 채권자의 채권에 관하여 법 제160조 제1항에 적은 어느 사유가 있는 때에는 그 배당등의 액에 상당하는 금액을 공탁하고 그 사유를 법원에 신고하여야 한다(민사집행규칙 제92조 제1항).

2) 관리인은 배당등을 수령하기 위하여 출석하지 아니한 채권자 또는 채무자의 배당등의 액에 상당하는 금액을 공탁하고, 그 사유를 법원에 신고하여야 한다(민사집행규칙 제92조 제2항).

3) 민사집행규칙 제92조의 규정에 따른 사유신고는 다음 각호의 사항을 적은 서면으로 하고, 공탁서와 함께 배당계산서가 작성된 경우에는 배당계산서를 붙여야 한다(민사집행규칙 제93조 제1항).
   1. 사건의 표시
   2. 압류채권자와 채무자의 이름
   3. 공탁의 사유와 공탁금액

(다) 관리인의 배당에 충당될 금전의 공탁

부동산에 대한 강제관리 중 강제집행의 일시정지를 명한 취지를 적은 재판의 정본 또는 집행할 판결이 있은 뒤에 채권자가 변제를 받았거나 의무이행을 미루도록 승낙할 취지를 적은 증서가 제출되었으나 배당절차를 제외한 나머지 절차를 계속하여 진행하는 경우 관리인은 배당에 충당될 금전(부동산 수익에서 그 부동산이 부담하는 조세 그 밖의 공과금을 뺀 뒤에 관리비용을 변제한 나머지 금액)을 공탁하고 그 사유를 법원에 신고하여야 한다.

(5) 부동산의 강제경매절차에서의 배당금액의 공탁

배당기일에 출석한 채권자들이 제시된 배당표의 원안에 대한 배당이의를 하지 않으면 바로 배당표의 원안이 확정되고, 채권자에게 배당금을 교부하는 것이 원칙이다. 그러나 배당을 받아야 할 채권에 대하여 즉시 채권자에게 지급할 수 없거나 지급하는 것이 적당치 아니한 배당유보의 사유가 있으면 법원사무관등은 그에 대한 배당액을 직접 지급하지 않고 공탁하여야 한다.

(가) 법원사무관의 배당액의 공탁

법원사무관 등은 배당을 받아야 할 채권자의 채권에 대하여 다음 각호 가운데 어느 하나의 사유가 있으면 그에 대한 배당액을 공탁하여야 한다.

다음의 각 채권에 대한 배당액은 즉시 채권자에게 지급할 수 없거나 지급하는 것이 적당하지 아니하므로 법원사무관 등은 그 채권자에게 배당액을 직접 지급하지 않고 공탁한다(민사집행법 제160조 1항).

1) 채권에 정지조건 또는 불확정기한이 붙어 있는 때(민사집행법 제160조 1항 1호)

　가) 정지조건이 있거나 불확정기한이 있는 채권의 배당액은 공탁하고, 공탁의 원인이 소멸한 때, 즉 조건의 성부나 기한의 도래에 의하여 지급하거나 추가배당하여야 한다(민사집행법 제161조).

담보권의 피담보채권에 정지조건 또는 불확정기한이 붙어 있는 때에는 배당액을 공탁하여야 한다(민집 제160조 1항 1호).

배당을 받을 채권자의 채권이 정지조건이 붙어 있는 때에는 조건의 성취여부와 언제 성취하는지가 분명하지 않으므로 배당유보공탁을 하여야 한다. 불확정기한이 붙어 있는 채권도 기한이 도래하는 것은 확실하지만 언제 도래하는지가 분명하지 않으므로 배당유보공탁을 하여야 한다.

나) 정지조건이 있는 채권은 조건의 성취에 의하여, 불확정기한이 있는 채권은 기한의 도래에 의하여 채권이 확정되므로, 조건이 성취되었거나(조건이 성취된 것으로 간주되는 경우를 포함한다) 기한이 도래한 경우에 해당 채권자가 그 사실을 증명하여 원래의 배당표에 적힌 대로 배당액 지급청구를 하면, 법원은 배당기일을 열지 않고 배당액지급절차를 밟는다. 배당액지급절차도 법원사무관등이 담당하게 되는데, 다만 이 때의 법원사무관 등은 집행법원의 법원사무관 등이 아닌 공탁서 등 보관자이다(송민 92-2). 이 업무를 담당한 법원사무관 등은 해당 채권자에게 지급하여야 할 배당액에 상당하는 금액의 지급위탁서를 작성하여 공탁관에게 송부하는 한편, 해당 채권자에게는 배당액지급증 3통을 교부하여야 한다(민사집행법 제161조 1항, 제159조 2항·3항).

해당 채권자에게 배당액지급증(지급증명서)을 교부할 때에는 그 자로부터 집행력 있는 정본 또는 채권증서나 영수증을 받아야 한다.

지급위탁서

	법원　　　　지원　　　공탁관　　　귀하		
공 탁 번 호	년 금 제 　　　 호	공 탁 금 액	
공 탁 자	성　명 (상호, 명칭)		
	주　소 (본점, 주사무소)		
수 령 인	성　명 (상호, 명칭)		
	주　소 (본점, 주사무소)		
	주민등록번호 (사업자등록번호)		
지　　급　　액			
지　급　내　역			

공탁물을 위와 같이 지급 의뢰합니다.

년　　월　　일

법원　　지원　　　　　　　　　　(인)

증 명 서

공 탁 번 호	년 금 제 호	공 탁 금 액	
수령할 공탁금액			

	성 명 (상호, 명칭)	
수 령 인	주 소 (본점, 주사무소)	
	주민등록번호 (사업자등록번호)	

위 수령인이 위의 수령할 공탁금액에 대한 수령권자임을 증명합니다.

년   월   일

법원   지원   (인)

배당금수령채권자는 공탁관에게 공탁물출급청구서(3통)에 위 배당액지급증을 첨부 제출하여 공탁금의 출급을 받는다(공탁규칙 제39조 2항).

2) 가압류채권자의 미확정 채권에 대한 배당액의 공탁(민사집행법 제160조 1항 2호)
가) 가압류의 경우에 확정되지 아니한 채권은 공탁하여야 한다.
가압류는 본안소송에서 권리관계가 확정될 때까지 잠정적인 처분이므로 가압류채권 자의 채권에 대하여는 배당유보공탁을 하여야 한다.

본안소송에서 가압류채권자가 승소하여 집행력 있는 종국판결을 취득한 때, 혹은 그에 준하는 화해조서, 그 밖의 집행권원을 취득한 때 가압류채권자가 집행권원을 제 출하면 법원사무관 등은 그 채권자에게 배당액을 지급하여야 한다.

가압류의 피보전채권의 부존재가 본안의 확정판결에 의하여 확정되거나 가압류결정 의 취소 등에 의하여 가압류집행이 취소된 때에는 위 공탁된 배당액은 아직 만족하지 못한 다른 채권자가 있는 경우에는 추가배당 하여야 하고(민사집행법 제161조 2항 1 호). 그렇지 아니하면 채무자 등에게 지급한다. 어느 경우이든 법원사무관 등은 즉시 배당법원에 보고하여 추가배당 하여야 할 경우에는 배당법원이 추가배당절차를 밟도 록 하고, 채무자 등에게 지급하여야 할 경우에는 배당법원이 배당표를 경정하면 경정 된 배당표에 의하여 채무자 등에게 지급하도록 한다.

배당액을 채무자 등에게 지급하는 것은 지급위탁서의 송부, 지급명령서(공탁수령자 격증명서)의 교부 등의 방법에 의하여 행한다.

나) 가압류채권자의 채권이 확정되지 아니하여 가압류채권자의 배당금을 공탁한 후에 가압류채권자가 피보전채권의 존재가 본안의 확정판결 등에 의하여 확정되었다 고 주장하면서 확정판결 등을 제출하는 경우 가압류의 피보전권리와 본안의 소송물인 권리는 엄격히 일치함을 요하지 아니하며, 청구기초의 동일성이 인정되는 한 가압류 에 대한 관계에서 본안이라고 보아야 한다(대판 1997.2.28, 95다22788).

3) 민사집행법 제49조 제2호(강제집행의 일시정지를 명한 취지를 적은 재판의 정본) 및 제266조 제1항 제5호(담보권실행을 일시정지하도록 명한 재판의 정본)의 문서가 제출 되어 있는 때(민사집행법 제160조 1항 3호)
청구이의의 소(집행력 있는 정본을 가진 채권자에 대하여 채무자가 배당이의를 하고 제기하는 청구이의의 소를 포함) 등 집행관계소송의 제기와 함께 집행정지명령의 정본이 제출된 경우 그것이 채권자 전원에 대한 것이라면 배당절차 자체가 정지되므로 배당액의 공탁문제가 일어날 여지가 없으나, 일부의 채권자에 국한된 것으로서 다른 채권자가 강제집행을 하는데 지장이 없는 때에는 배당절차를 속행하고 집행정지의 사유가 있는 채권자에 대한 배당액만 공탁한다.

강제경매의 경우에 집행력 있는 정본을 가진 배당채권자 전원에 대하여 집행정지서면이 제출된 경우에는 배당절차는 정지되므로 배당액의 공탁문제가 일어날 여지가 없으나, 집행력 있는 정본을 가진 배당채권자의 일부에 대하여서만 집행정지서면이 제출되었거나 임의경매의 경우에는 법원은 배당절차를 속행하여야 하고, 다만 법원사무관 등은 그 채권자에 대한 배당액을 공탁하여야 한다.

4) 저당권설정의 가등기가 마쳐져 있는 때(민사집행법 제160조 1항 4호)

압류의 효력발생 전에 저당권설정의 가등기가 되어 있는 경우에 그 가등기권리자는 후일 본등기를 하면 우선변제를 받을 수 있는 지위에 있으므로, 가압류의 경우에 준하여 가등기권리자가 본등기를 하였다고 가정하고 그에게 배당할 금액을 정하여 이를 공탁할 것이다.

이러한 서류가 제출되면 법원사무관 등은 공탁 전이면 공탁을 하지 않고 그 배당액을 지급하고, 공탁 후라면 전술한 바와 같은 공탁된 배당액 지급절차에 의하여 배당액을 지급한다.

5) 배당이의의 소가 제기되어 있는 채권에 대한 배당액의 공탁(민사집행법 제160조 1항 5호)

배당이의를 한 채권자 및 집행력 있는 집행권원 없는 채권자에 대하여 배당이의를 한 채무자는 이의를 완결시키기 위해서 배당이의의 소를 제기하여야 한다. 배당기일로부터 1주 이내에 집행법원에 대하여 배당이의의 소를 제기한 것을 증명한 때에는 이의에 관련된 배당액에 대하여 배당유보 공탁을 하여야 한다. 공탁은 위 제소기간이 지난 것을 기다린 다음에 하여야 한다.

배당표에 대한 이의가 있는 채권에 관하여 적법한 배당이의의 소가 제기된 때에는 그 배당액을 공탁하여야 한다.

6) 저당권자가 저당권의 목적부동산이 아닌 다른 부동산에 관한 배당절차에서 배당을 받는 데 다른 채권자가 그 배당금의 공탁청구(민법 제340조 2항 및 같은 법 제370조)를 한 때(민사집행법 제160조 1항 6호)

질권자가 질물이 아닌 다른 채권 등에 관한 배당절차에서 배당을 받는데 다른 일반 채권자가 그 배당금의 공탁청구(민 제340조 제2항 본문)를 하면 배당법원은 질권자에 대한 배당액을 공탁하여야 한다. 질권자는 담보권을 가지고 있어도 일반채권자로서의 자격을 상실하는 것은 아니므로 집행권원을 가지는 한 질물 이외의 채무자의 다른 재산에 대하여도 강제집행을 할 수 있으나, 이 경우에 질권자는 질물에 의하여 먼저 변제를 받고 그 부족액에 한하여 채무자의 일반재산에서 변제를 받을 수 있다(민법 제340조 제1항).

그러나 질권자가 질권을 실행하기에 앞서 채무자의 다른 채권 등에 대하여 다른 채권자가 먼저 강제집행을 개시하여 배당이 실시되는 경우에까지 위와 같이 제한을 한다면 후에 질권이 실행되어 채권변제의 부족이 판명된 때에는 이미 다른 채권 등에 대한 집행이 종료되어 부족액의 변제를 받을 기회를 상실하게 되므로 이런 경우에는 질권자도 일반채권자와 동등한 자격으로 채권전액을 가지고 배당에 참가할 수 있는데(민법 제340조 제2항 본문), 다만 질물로부터 채무액을 변제받기에 충분한데도 불구하고 질권자가 미리 배당액을 수령한다면 결과적으로 민법 제340조 제1항의 취지에 어긋나고 다른 채권자의 이익을 해하게 되므로 다른 채권자는 배당에 참가하는 질권자에게 배당금의 공탁을 요구할 수 있고(민법 제340조 제2항 단서), 이러한 공탁청구가 있으면 배당법원은 그 질권자에 대한 배당액을 공탁하여야 한다.

7) 배당표에 대한 이의가 있는 채권에 관하여 적법한 배당이의의 소가 제기되어 배당액이 공탁되었다가 배당표가 확정됨에 따라 공탁된 배당금이 지급된 경우

부동산 경매절차에서 배당기일에 출석한 채권자는 자기의 이해에 관계되는 범위 안에서 다른 채권자를 상대로 그의 채권 또는 그 채권의 순위에 대하여 이의할 수 있고(민사집행법 제151조 제3항), 이 경우 이의한 채권자는 배당이의의 소를 제기하여야 한다(민사집행법 제154조 제1항). 배당표에 대한 이의가 있는 채권에 관하여 적법한 배당이의의 소가 제기된 때에는 그에 대한 배당액을 공탁하여야 하고(민사집행법 제160조 제1항 제5호), 이의된 부분에 대해서는 배당표가 확정되지 않는다(민사집행법 제152조 제3항).

위와 같이 배당액이 공탁된 뒤 배당이의의 소에서 이의된 채권에 관한 전부 또는 일부 승소의 판결이 확정되면 이의된 부분에 대한 배당표가 확정된다. 이때 공탁의 사유가 소멸하게 되므로, 그러한 승소 확정판결을 받은 채권자가 집행법원에 그 사실 등을 증명하여 배당금의 지급을 신청하면, 집행법원은 판결의 내용에 따라 종전의 배당표를 경정하고 공탁금에 관하여 다시 배당을 실시하여야 한다(민사집행법 제161조 제1항).

이 경우 집행법원의 법원사무관 등은 지급할 배당금액을 적은 지급위탁서를 공탁관에게 송부하고, 지급받을 자에게는 배당액 지급증을 교부하여야 한다(민사집행법 제159조 제2항, 제3항, 민사집행규칙 제82조 제1항, 공탁규칙 제43조 제1항). 이때 공탁관은 집행법원의 보조자로서 공탁금 출급사유 등을 심리함이 없이 집행법원의 공탁금 지급위탁서에 따라 채권자에게 공탁금을 출급하게 된다.

위와 같은 절차에 비추어 보면, 배당표가 확정되어야 비로소 채권자가 공탁된 배당금의 지급을 신청할 수 있으므로, 배당표 확정 이전에 채권자가 배당금을 수령하지 않았는데도 채권에 대해 변제의 효력이 발생한다고 볼 수는 없다. 한편 배당표가 일단 확정되면 채권자는 공탁금을 즉시 지급받아 수령할 수 있는 지위에 있는데, 배당표 확정 이후의 어느 시점(가령 배당액 지급증 교부 시 또는 공탁금 출급 시)을 기준으로 변제의 효력이 발생한다고 보게 되면, 채권자의 의사에 따라 채무의 소멸 시점이 늦추어질 수 있고, 그때까지 채무자는 지연손해금을 추가로 부담하게 되어 불합리하다.

따라서 채무자가 공탁금 출급을 곤란하게 하는 장애요인을 스스로 형성·유지하는 등의 특별한 사정이 없는 한 배당액에 대한 이의가 있었던 채권은 공탁된 배당액으로 충당되는 범위에서 배당표의 확정 시에 소멸한다고 보아야 한다. 다만 위와 같은 배당표의 확정 전에 어떤 경위로든 채권자가 공탁된 배당금을 지급받아 수령하고 그 후 같은 내용으로 배당표가 확정된 경우에는, 채권자가 현실적으로 채권의 만족을 얻은 시점인 공탁금 수령 시에 변제의 효력이 발생한다고 봄이 타당하다.

이러한 법리는 근저당권자의 피담보채권에 대하여 다른 채권자가 이의함으로써 해당 배당액이 공탁되었다가 배당이의소송을 거쳐 배당표가 확정됨에 따라 공탁된 배당금이 지급되는 경우에도 마찬가지로 적용된다(대판 2018.3.27. 2015다70822 청구이의).

8) 채권계산서를 제출한 근저당권자의 피담보채권에 대하여 다른 채권자가 이의함으로써 해당 배당액이 공탁되었다가 배당이의소송을 거쳐 배당표가 확정됨에 따라 공탁된 배당금이 지급되는 경우

채권계산서를 제출한 근저당권자의 피담보채권에 대하여 다른 채권자가 이의함으로써 해당 배당액이 공탁되었다가 배당이의소송을 거쳐 배당표가 확정됨에 따라 공탁된 배당금이 지급되는 경우에, 그 배당금은 특별한 사정이 없는 한 민법 제479조 제1항에 따라 배당표의 확정 시까지(배당표 확정 시보다 앞서는 공탁금 수령 시에 변제의 효력이 발생한다고 볼 수 있는 경우에는 공탁금 수령 시까지를 의미한다. 이하 같다) 발생한 이자나 지연손해금 채권에 먼저 충당된 다음 원금에 충당된다고 보아야 한다. 이유는 다음과 같다.

① 변제충당이란 채무자가 동일한 채권자에 대하여 동종의 목적을 갖는 수개의 채무를 부담하는 경우 또는 1개의 채무의 변제로 수개의 급부를 하여야 할 경우에 변제 제공된 것이 채무 전부를 소멸시키기에 부족한 때에, 변제제공된 것으로 어느 채무의 변제에 충당할 것인지를 결정하는 것을 뜻한다. 배당기일 이후 배당표 확정 시까지 해당 채권의 이자 또는 지연손해금이 발생하였는데도 이를 배제하고 배당기일까지 발생한 이자 또는 지연손해금의 변제에만 충당한다면, 이는 변제의 효력이 발생하는 시점과 변제충당의 기준시점을 달리 보는 것이 되어 변제충당의 본질에 어긋난다.

② 공탁된 배당금을 배당이의소송의 결과에 따라 지급하는 것은 그 범위에서 잠정적으로 보류되었던 배당절차를 마무리하는 것이므로, 배당기일에 확정된 배당금을 지급받은 다른 채권자들과의 형평을 고려해야 한다(배당재원은 한정되어 있으므로 어느 한 채권자에 대한 배당액이 늘어나면 다른 채권자에 대한 배당액은 줄어들 수밖에 없기 때문이다). 그러나 배당금의 수령으로 채무 소멸(변제)의 효력이 발생하는 시점에 실체법상 존재하는 채권 중 어느 채권의 변제에 충당할 것인지는 채무자와 해당 채권자 사이에서만 문제 되는 것으로서, 다른 채권자들의 배당액에 영향을 주지 않는다.

③ 채권계산서에 기재된 원금 또는 배당기일까지의 이자·지연손해금만이 '배당액'에 포함될 수 있다고 하여 '변제충당'도 그 원금 또는 이자·지연손해금에 대해서만

할 수 있다고 본다면, 이는 채권계산서를 제출한 근저당권자가 언제나 이자·지연손해금 중 배당기일까지의 부분만을 지정하여 충당할 수 있다고 보는 것과 마찬가지가 된다(대판 2018.3.27. 2015다70822 청구이의).

(나) 배당기일에 출석하지 아니한 채권자의 배당액(민사집행법 제160조 제2항)의 공탁

1) 법원사무관의 배당액의 공탁

배당받을 채권자가 배당기일에 출석하지 아니한 경우에는 그 배당액을 지급할 수 없으므로 이를 공탁하여 배당을 완결한다. 다만, 현금화한 대금이 법원보관금으로 보관되어 있는 경우 배당기일에 출석하지 아니한 채권자도 배당액의 계좌입금신청을 할 수 있으므로 이 경우에는 그 배당액을 신고된 계좌에 입금하여 지급하여야 한다(보관금규 15조 1항). 법원이 현금화한 대금을 보관하고 있는 경우에는 채권자가 배당기일에 출석하지 않았다고 하여 즉시 공탁을 할 것이 아니라 10일 동안 그 채권자의 지급청구 또는 계좌입금신청을 기다렸다가 끝내 그 채권자의 지급청구 등이 없으면 그때 공탁을 한다(재민 91-5 참조).

후일 그 채권자가 지급을 청구하면 법원사무관 등은 지급위탁서의 송부, 배당액지급증의 교부 등 전술한 공탁된 배당액지급방법에 의하여 처리한다.

2) 배당액의 공탁절차

가) 배당액을 공탁할 사유가 있는 경우에는 공탁서 2통을 작성하여 공탁관에게 제출하여야 한다(공탁규칙 제20조).

배당액의 공탁은 배당기일부터 10일 안에 하여야 한다(송민 91-5).

배당재단이 공탁금인 경우에는 그 배당액에 상당한 금액을 출급한 후 다시 공탁하는 등의 이중의 절차를 밟을 필요는 없고 그 부분에 대한 공탁을 그대로 유지하면 된다. 이 경우 종전의 공탁서 원본(지급위탁서에 이를 붙일 필요가 없으므로 그대로 편철되어 있게 된다)에 그 사실을 덧붙여 적어 공탁서 등 보관책임자에게 인계하면 된다(송민 92-2).

배당재단이 법원보관금인 경우에는 법원사무관등이2통의 공탁서를 작성하여 공탁관에게 제출하고, 공탁관은 공탁서1통에 공탁을 수리한다는 취지 등을 적은 다음 법원사무관 등에게 돌려주며, 법원사무관 등은 그 취지에 따라 공탁물보관자로 지정된 은행에 배당액을 공탁한다. 이때 배당금수령권자 명의로 출급하여 공탁하여야 하는데(송일 97 - 2), 실무에서는 법원사무관등이 2통의 공탁서를 작성하여 공탁계에 제출하면 그 중 1통은 공탁소가 보관하고, 나머지 한 통을 반환받아 출납공무원이 교부한 출급지시서와 함께 취급점에 제출하면 취급점에서는 보관금계정에 있는 배당액을 공탁금계정으로 대체시킨 후 공탁서를 법원사무관등에게 반환한다.

나) 공탁서의 기재사항(공탁규칙 제20조 2항)

법원사무관 등이 배당액을 공탁하는 경우의 공탁서의 기재사항은 다음과 같다.

① 공탁자의 주소, 이름

공탁자는 법원사무관등이므로 'ㅇㅇ지방법원 법원사무관 ㅇㅇㅇ'라고 적고, 주소는 적지 않는다.

② 법령조항

민사집행법 제160조에 의하여 공탁할 경우에는 민사집행법 제160조의 해당조항을 적고, 민사집행법 제248조 제1 · 2 · 3항이나 민법 제487조에 의하여 공탁할 경우에는 위 각 조문을 적으며, 두 가지 이상의 공탁원인이 있는 경우에는 모두 적는다.

③ 공탁물을 수령할 자의 주소, 이름

이의 있는 채권에 대한 배당액을 공탁하는 경우에는 공란으로 두며(다만 실무에서는 배당표원안에 배당받는 것으로 기재된 채권자를 기재하기도 한다), 정지조건부 채권에 대한 배당액, 가압류의 피보전채권에 대한 배당액 또는 기일에 출석하지 아니한 채권자의 배당액을 공탁하는 경우에는 그 채권자의 주소, 이름을 적는다. 주민등록번호를 알 수 있는 때에는 주민등록번호도 기재한다(행정예규 제231호 참조).

④ 공탁원인사실

'ㅇㅇ지방법원 20 타경 부동산강제경매사건에 관하여 채권자 갑으로부터 채권자 을의 채권에 대하여 이의가 있고 또 소정기간 내에 배당이의의 소제기의 증명이 있었으므로 이의 있는 채권액에 대한 배당액을 공탁함' 또는 'ㅇㅇ지방법원 20 타경 부동산강제경매사건에 관하여 채권자 갑은 ㅇㅇ지방법원 20 카단 부동산가압류명령에 의한 가압류채권자로서 위 가압류의 피보전채권이 확정되지 아니하였으므로 위 채권에 대한 배당액을 공탁함'이라고 적는다.

3) 공탁 후의 절차

법원사무관 등은 공탁을 하여 취급점으로부터 공탁서를 반환받은 때에는 즉시 그 공탁서 사본과 배당표 원본은 배당기록에 첨부하고 따로 배당표 등본이 첨부된 공탁서 원본과 함께 주무과장이 지정하는 보관책임자에게 인계한다. 공탁된 배당액 등의 출급에 관련된 절차에 관한 업무는 공탁서 등 보관책임자가 이를 담당한다. 보관책임자는 공탁서 등의 보관 및 인수인계에 철저를 기하여야 하며 배당액출 · 지급 등 장부정리와 보고에 만전을 기하여야 한다(송민 92 - 2).

(다) 법원사무관의 자동차매각대금의 공탁

법원은 압류채권자 또는 채무자의 신청이 있는 때에는 법원은 자동차를 매각하도록 결정할 수 있다(민사집행규칙 제126조 3항).

긴급매각결정은 신청인에 대하여는 당연히 고지되는데(민사집행규칙 제7조 2항), 그 상대방은 이 결정에 대하여 집행이의를 신청할 수 있으므로, 그 기회를 부여하기 위하여 긴급매각결정이 있는 때에는 법원사무관등은 그 신청을 하지 아니한 압류채권자 또는 채무자에게 그 사실을 통지하도록 하고 있다(민사집행규칙 제126조 4항).

긴급매각결정에 기초하여 자동차가 매각되어 그 대금이 집행법원에 납부된 때에는 법원사무관등은 매각대금을 공탁하여야 한다(민사집행규칙 제126조 5항).

민사집행법상의 의무로서 공탁한다는 점에서 형식상 집행공탁이나 압류된 자동차의 변형물인 매각대금의 보관만을 목적으로 하는 점에서 실질상 보관공탁적인 성질을 가진다. 이후 자동차집행이 속행되면 집행법원은 배당절차를 거쳐 지급위탁의 방법으로 공탁금을 지급하고 자동차집행신청이 취하되거나 절차가 취소되면 지급위탁의 방법으로 채무자에게 공탁금을 지급하게 된다.

금전 공탁서(집행법원의 배당금액의 공탁)

공 탁 번 호	년금 제 호		년 월 일 신청	법령조항	민사집행법160①1호
공탁자 성 명 (상호 명칭)	서울○○지방법원 판사 ○ ○ ○	**피공탁자**	성 명 (상호 명칭)		
주민등록번호 (법인등록번호)			주민등록번호 (법인등록번호)		
주 소 (본점, 주사무소)			주 소 (본점, 주사무소)		
전화번호			전화번호		

공 탁 금 액	한글 오십육만팔백칠십원	보 관 은 행	은행 지점
	숫자 560,870원		

공탁원인사실	당원92타경12811 부동산임의(강제)경매사건에 관하여 1992년 10월 30일 배당을 실시한 바 가압류채권자 (주)서울신탁은행에 대한 배당액은 미확정채권이므로 배당액을 공탁함.
비고(첨부서류 등)	□ 계좌납입신청
1. 공탁으로 인하여 소멸하는 질권, 전세권 또는 저당권 2. 반대급부 내용	

위와 같이 신청합니다.   대리인 주소
                                                  전화번호
     공탁자 성명   (인)(서명)   성명   (인)(서명)

위 공탁을 수리합니다.

공탁금을   년 월 일까지 위 보관은행의 공탁관 계좌에 납입하시기 바랍니다.

위 납입기일까지 공탁금을 납입하지 않을 때는 이 공탁 수리결정의 효력이 상실됩니다.

                            년   월   일
                    법원   지원 공탁관   (인)

(영수증) 위 공탁금이 납입되었음을 증명합니다.

                            년   월   일
                    공탁금 보관은행(공탁관)   (인)

금전 공탁서(집행법원의 배당금액의 공탁)

공 탁 번 호		년금 제 호		년 월 일 신청	법령 조항	민사집행법160①5호
공 탁 자	성 명 (상호 명칭)	서울○○지방법원 판사 ○ ○ ○	피 공 탁 자	성 명 (상호 명칭)		
	주민등록번호 (법인등록번호)			주민등록번호 (법인등록번호)		
	주 소 (본점, 주사무소)			주 소 (본점, 주사무소)		
	전화번호			전화번호		
공 탁 금 액		한글 삼백만원	보 관 은 행		은행 지점	
		숫자 3,000,000원				
공탁원인사실		채권자 A, 채무자 B 사이에 서울 ○○지방법원 2003타경100호 부동산강제 경매사건에 관하여 채권자 A는 년 월 일의 배당기일에 배당요구채 권자 C에 대한 채권에 이의를 신청하는 한편 동인을 상대로 서울지방법원에 배당 이의의 소를 제기하였으므로 위 C에 대한 배당금 3백만원을 민사집행 법 제160조1항5호의 규정에 의하여 공탁함.				
비고(첨부서류 등)					□ 계좌납입신청	
1. 공탁으로 인하여 소멸하는 질권, 전세권 또는 저당권 2. 반대급부 내용						

위와 같이 신청합니다.   대리인 주소

                                    전화번호

     공탁자 성명   (인)(서명)   성명   (인)(서명)

위 공탁을 수리합니다.

공탁금을   년 월 일까지 위 보관은행의 공탁관 계좌에 납입하시기 바랍니다.

위 납입기일까지 공탁금을 납입하지 않을 때는 이 공탁 수리결정의 효력이 상실됩니다.

                     년 월 일

              법원   지원 공탁관   (인)

(영수증) 위 공탁금이 납입되었음을 증명합니다.

                     년 월 일

             공탁금 보관은행(공탁관)   (인)

8. 집행공탁 절차

(1) 공탁서의 제출

공탁절차는 공탁법 및 공탁규칙에 의한다. 즉 공탁을 하려고 하는 사람은 위 규칙 소정의 부록2호의 1-2호 서식(금전인 경우) 또는 같은 부록2호의 1-5호 서식(유가증권인 경우)에 의한 공탁서2통을 작성하여 공탁관에게 제출한다(공탁법 제4조 ; 공탁규칙 제20조).

(2) 공탁관의 심사, 공탁자의 공탁물의 납입 및 집행법원에 공탁서의 제출

공탁관은 지체 없이 공탁서류에 관한 사항을 조사하여 공탁을 수리할 것으로 인정한 때에는 공탁서에 공탁을 수리한다는 취지와 공탁번호, 공탁물을 납입기일까지 지정된 공탁물보관자에게 납입하여야 한다는 취지, 그 기일까지 공탁물을 납입하지 않을 경우에는 수리결정의 효력이 상실된다는 취지를 기재하여 기명 날인하고 별표양식 3호와 4호 서식에 의하여 작성한 공탁금납입서 또는 공탁유가증권납입서 및 공탁서1통을 공탁자에게 교부하여 공탁물을 공탁물보관자에게 납입케 한다(공탁규칙 제27조). 공탁자는 위 서류에 공탁물을 첨부하여 이를 지정된 공탁물보관자에게 제출하고 공탁물보관자로부터 공탁서에 공탁물을 납입받았다는 취지를 기재하여 반환받는다(공탁규칙 제27조).

(3) 공탁사유신고

유체동산에 대한 금전집행에 있어서 배당협의가 성립되지 아니하여 집행관이 매각대금을 공탁한 경우(민사집행법 제222조 1항) 또는 압류채권의 제3채무자가 채무액을 공탁한 경우(민사집행법 제248조 1항)에는 집행관 또는 제3채무자는 그 사유를 법원에 신고하여야 한다(민사집행법 제222조 3항, 제248조 4항).

신고의 방법은 공탁의 사유(압류명령이나 배당요구 등의 사건번호, 당사자, 집행법원), 공탁금액 및 공탁을 한 공탁소 등 공탁의 사정을 기재한 서면(사유신고서)에 공탁서와 집행절차에 관한 서류(민사집행법 제222조 3항의 경우)를 첨부하여 집행법원에 제출하여야 한다.

(4) 착오에 의한 집행공탁 후 공탁사유신고의 철회 및 집행법원의 공탁사유신고 불수리결정과 공탁금의 회수

공탁자가 공탁 원인이 없음에도 착오로 집행공탁을 한 후 이를 이유로 공탁사유신고를 철회한 경우, 집행법원이 공탁사유신고 불수리결정을 할 수 있으며 공탁자가 공탁공무원에게 위 불수리결정을 제출하여 공탁금을 회수할 수 있다.

🔍판례

> 집행법원이 집행공탁금의 배당을 실시하기 전에 공탁자가 집행공탁의 원인이 없음에도 착오로 집행공탁을 한 것임을 이유로 공탁사유신고를 철회한 경우, 그 집행공탁이 원인이 없는 것으로서 무효임이 명백하다면, 집행법원으로서는 공탁사유신고를 불수리하는 결정을 할 수 있고, 공탁자는 공탁공무원에게 집행법원의 위 결정을 제출하여 공탁법 제8조 제2항 제2호에 따라 공탁금을 회수할 수 있다(대판 1999.1.8. 98마363).

9. 집행공탁물의 지급(출급·회수)절차

(1) 공탁자의 사유신고 및 집행법원의 배당절차개시와 배당표의 확정

집행공탁의 경우 공탁물을 출급·회수하려는 사람은 공탁물 출급·회수청구서에 공탁통지서나 공탁서를 첨부하는 것이 아니라(공탁규칙 제33조1호 후단, 제34조1호단), 공탁자의 공탁사유신고에 의하여 집행법원의 배당절차가 개시되며 이에 따라 집행법원의 배당표가 확정되어 공탁물의 지급을 하는 경우 집행법원은 공탁관에게는 지급위탁서(제11호 양식)를 송부하고 지급을 받을 자에게는 그 자격에 관한 증명서(제12호 양식)를 교부하여야 한다(동규칙 제43조 1항). 이 경우에 공탁물의 지급을 받고자 하는 자는 그 자격에 관한 증명서(제12호 서식)를 첨부하여 공탁규칙 제32조에 따라 출급·회수청구를 하게 된다(공탁규칙 제43조 2항).

(2) 집행공탁물의 출급. 회수 청구서의 기재사항 및 첨부서면

(가) 집행공탁물 출급·회수청구서의 기재사항

집행공탁의 경우 공탁물을 출급 또는 회수하리는 사람은 공탁물 출급·회수청구서 2통을 제출하여야 한다(공탁규칙 제32조 제1항). 공탁규칙 제32조 제1항의 청구서에는 다음 각 호의 사항을 적고 청구인이 기명날인하여야 한다. 다만, 대표자나 관리인 또는 대리인이 청구하는 때에는 그 사람의 주소를 적고 기명날인하여야 하며, 공무원이 직무상 청구할 때에는 소속관 서명과 그 직을 적고 기명날인 하여야 한다(규칙 제32조 제2항).

1. 공탁번호
2. 출급·회수하려는 공탁금액, 유가증권의 명칭·장수·총 액면금액·액면금(액면금이 없을 때는 그 뜻)·기호·번호, 공탁물품의 명칭·종류·수량
3. 출급·회수 청구사유
4. 이자의 지급을 동시에 받으려는 경우 그 뜻
5. 청구인의 성명(상호, 명칭)·주소(본점, 주사무소)·주민등록번호(사업자등록번호)
6. 청구인이 공탁자나 피공탁자의 권리승계인인 경우 그 뜻
7. 공탁규칙 제41조 제1항이나 제2항에 따라 출급. 회수청구의 경우 그 서류를 첨부한 뜻
8. 공탁법원의 표시
9. 출급·회수 청구연월일

(나) 집행공탁물 출급·회수 청구서의 첨부서면

집행공탁의 경우 공탁물을 출급·회수하려는 사람은 공탁물 출급·회수 청구서에 다음 각 호의 서류를 첨부하여야 한다(공탁규칙 제33조, 제34조, 제37조, 제38조, 제43조 제2항).

1. 자격에 관한 증명서(규칙 제43조 제2항)
2. 인감증명서(공탁금이 1천만원을 초과하는 경우(규칙 제37조 제1항 및 제3항 제1호) 3. 법인등기사항증명서(법인인 경우: 규칙 제38조, 제21조)
4. 자격증명서 등의 유효기간
   집행공탁의 출급 또는 회수청구서의 첨부서면 중 공탁관에게 제출하는 다음 각 호의 서 면은 발급일로부터 3월 이내의 것이어야 한다(규칙 제16조).
   (1) 대표자나 관리인의 자격 또는 대리인의 권한을 증명하는 것으로서 관공서에서 발급받은 서면
   (2) 규칙 제21조 제3항의 주소를 소명하는 서면으로서 관공서에서 발급받은 서면
   (3) 인감증면서
5. 신분증(공탁규칙상의 첨부서면은 아니나 본인확인을 위한 것임)

Ⅳ. 혼합공탁

"혼합공탁(混合供託)"이란 공탁원인사실 및 공탁근거법령이 다른 실질상 두 개 이상의 공탁을 공탁자의 이익보호를 위하여 하나의 공탁절차에 의하여 하는 공탁을 말한다. 혼합공탁은 주로 채권자불확지 변제공탁사유와 집행공탁사유가 함께 존재하여 하나의 공탁절차에 의하여 공탁이 이루어진다.

변제공탁과 집행공탁을 혼합할 경우 혼합공탁이란 변제공탁의 공탁근거법령과 집행공탁의 공탁근거법령 등 양자를 근거로 하는 공탁이며, 또한 변제공탁과 집행공탁의 성질을 함께 가지고 있는 공탁을 의미하는 것이다.

혼합공탁은 변제공탁에 관련된 채권자들에 대하여는 변제공탁으로서의 효력이 있고, 집행공탁에 관련된 집행채권자들에 대하여는 집행공탁으로서의 효력이 있다. 위의 경우 민사집행법 제248조 제1항의 집행공탁(제3채무자의 권리공탁)은 집행채무자가 공탁자(제3채무자)의 채권자일 것을 정지조건으로 하는 '조건부공탁'으로서의 성질을 갖게 된다.

혼합공탁은 채무자의 이익보호를 위한 필요성에 의하여 인정되고 있다. 예컨대, 특정채권에 대하여 채권양도의 통지가 있었으나 그 후 통지가 철회되거나 양도무효를 주장하는 소송이 제기되어 그 권리관계에 대한 다툼이 있는 등 특별한 사정이 발생하여 채무자의 입장에서 보아 채권이 적법하게 양도되었는지 여부에 관하여 의문이 있고, 또한 그 채권양도의 효력이 발생하지 아니한다면 가압류나, 압류, 압류경합으로 인하여 집행공탁의 사유가 생긴 경우에, 채무자는 민법 제487조 후단 및 민사집행법 제248조 제1항(가압류의 경우에는 민법 제487조 후단 및 민집 제291조, 제248조 제1항)을 근거로 하여 채권자불확지를 원인으로 하는 변제공탁과, 가압류, 압류나 압류경합 등을 원인으로 하는 집행공탁을 합한 하나의 절차에 의한 혼합공탁을 할 수 있다.

채권양도와 압류명령이 경합하는 경우에 제3채무자에게 이중지급의 위험을 부담시키지 않고 1회의 공탁에 의하면 면책의 효과를 주장할 수 있는 공탁이 공탁실무상 인정되는바 이와 같이 민법 제487조와 민사집행법 제248조의 쌍방을 공탁의 근거조문으로 하여 하는 공탁을 혼합공탁이라고 한다.

즉, 특정 채권에 대하여 채권양도의 통지가 있었으나 그 후 통지가 철회되는 등으로 채권이 적법하게 양도되었는지 여부에 관하여 의문이 있어 민법 제487조 후단의 채권자불확지를 원인으로 하는 변제공탁 사유가 생기고, 그 채권양도 통지 후에 그 채권에 대하여 채권가압류 또는 채권압류 결정이 내려짐으로써 민사집행법 제248조 제1항의 집행공탁의 사유가 생긴 때에, 제3채무자가 민법 제487조 후단 및 민사집행법 제148조 제1항을 근거로 하여 채권자불확지를 원인으로 하는 변제공탁과 압류 등을 이유로 하는 집행공탁을 아울러 하는 경우가 혼합공탁의 전형적인예다(대판 2001. 2.9. 2000다10079). 이러한 공탁은 변제공탁에 관련된 채권양수인에 대하여는 변제공탁으로서의 효력이 있고, 집행공탁에 관련된 압류채권자 등에 대하여는 집행공탁으로서의 효력이 있다(대파 2008.1.17. 2006다56015).

1. 혼합공탁제도를 인정한 취지

공탁신청은 원칙상 그 공탁원인사실이 수 개일 경우에는 공탁원인별로 따로 신청하여야 한다. 그러나 1개의 채무를 둘러싸고 법률관계가 얽힐 경우 그 채무에 대하여 법률상 근거를 달리하는 여러 개의 공탁원인이 발생하여 공탁자가 어느 공탁원인에 따라 공탁을 하여야 할 것인지를 판단하기 어려운 경우가 있는데, 그러한 경우에는 위 원칙에 따라 공탁원인별로 수 개의 공탁을 하도록 한다면 사실상 공탁자에게 이중의 공탁을 강요하는 것이 되고, 또 공탁자로 하여금 이중변제의 위험을 부담하도록 하는 것이 되어 부당한 결과가 된다.

이러한 문제를 해결하기 위하여 대법원은 1996.4.26. 96다2583 판결에서 하나의 채무에 대하여 변제공탁과 집행공탁의 사유가 동시에 발생한 경우에 위 두가지 공탁을 하나의 공탁절차에 의하여 공탁할 수 있고, 그 공탁은 변제공탁과 집행공탁의 효력을 같이 가지고 있다고 판시함으로써 소위 혼합공탁의 개념을 정면으로 인정하였다.

2. 혼합공탁의 의의

혼합공탁이라 함은 공탁원인 사실(공탁규칙 제20조 제2항 3호) 및 공탁근거법령(민법 제487조 ; 민사집행법 제248조)이 다른 두 개 이상의 공탁을 공탁자(변제자, 제3채무자)를 보호하기 위하여 하나의 공탁절차에 의하여 공탁하는 것을 말한다.

혼합공탁은 변제공탁(민법 487조)과 집행공탁(민사집행법 제248조)의 성질을 병유하는 것으로 민사집행법 제248조 제1항 소정의 집행공탁사유가 생긴 경우 채무자는 민법 제487조 후단(변제자가 과실 없이 채권자를 알 수 없는 경우) 및 민사집행법 제248조 제1항을 근거로 하여 채권자불확지를 원인으로 하는 변제공탁과 압류경합을 이유로 하는 집행공탁을 아울러 할 수 있는데, 이를 혼합공탁이라고 한다. 즉 변제공탁과 집행공탁의 성질을 병유하는 공탁을 "혼합공탁"이라고 한다.

혼합공탁은 공탁의 성질과 내용을 달리하는 민법상의 변제공탁과 민사집행법을 근거로 하는 집행공탁의 성질을 모두 가진 것이므로 공탁절차와 배당절차에서 특히 주의를 요한다. 따라서 혼합공탁으로 인한 경우에는 사건기록의 표지에 '혼합공탁'이라고 표시함이 상당하다(법원실무제요. 민사집행Ⅲ권 365면).

① "변제공탁"은 채권자가 변제를 받지 아니하거나(수령거절) 받을 수 없는 때(수령불능) 또는 채권자가 과실 없이 채무자를 알 수 없는 경우(피공탁자 불확지)에 변제자가 채권자를 위하여 변제의 목적물을 공탁하여 채무를 면하는 것이다(민법 제487조).

② "집행공탁"은 민사집행절차 중에서 집행목적물을 집행기관, 집행법원, 집행당사자 등이 공탁소에 공탁하고 공탁소에 의한 공탁물의 관리와 집행당사자에게 공탁물을 교부하는 절차로 배당공탁(민사집행법 제252조 1호 2호)이라고도 한다.

집행공탁에 따라 집행법원의 배당절차(민사집행법 제252조 내지 제256조)가 개시되며, 배당표의 작성, 집행법원으로부터 공탁관에게 지급위탁서(제11호 서식)의 송부와 동시에 채권자는 집행법원으로부터 증명서(제12호 서식)를 교부받아 공탁금의 출급 · 회수청구를 하게 된다(공탁규칙 제43조).

3. 혼합공탁의 요건

혼합공탁은 채권자불확지 변제공탁 사유와 집행공탁사유가 함께 존재하여야 한다.

채권자불확지란 객관적으로는 채권자가 존재하나 변제자가 선량한 관리자의 주의의무를 다하여도 채권자가 누구인지 알 수 없는 경우를 말한다(대판 1996.4.26. 96다2583). 채권자불확지로 인한 변제공탁 사유는 계약당사자의 확정, 제3자를 위한 계약, 채권양도의 효력 유무 등 다양한 형태로 발생할 수 있으나, 실무상 대부분은 채권양도와 관련하여 발생한다.

변제공탁과 집행공탁을 원인으로 혼합공탁을 하려면 채권자불확지 변제공탁사유와 (민법 제487조 후단)와 집행공탁사유(민법 제248조등)가 함께 존재하여야 한다. 혼합공탁은 채권양도의 효력자체에 대하여 다툼이 있는 등 채권자불확지 변제공탁을 할 만한 사정이 있어야 하므로, 단순히 채권양도와 가압류 또는 압류가 경합한다는 사정만으로는 혼합공탁을 할 수 없다.

혼합공탁을 하기 위한 요건으로 집행공탁사유가 존재하여야 한다. 민사집행법 시행으로 인하여 단일의 압류, 압류경합이 없는 복수의 압류, 단일 또는 복수의 가압류일 경우에도 집행공탁을 인정하고 있으므로(민집 248조, 291조) 현행 민사집행법에서는 혼합공탁을 하기 위한 요건으로 집행공탁사유는 반드시 압류경합이 있어야 하는 것은 아니다.

4. 혼합공탁과 일괄공탁과의 구별

"혼합공탁"이란 공탁원인사실 및 공탁근거법령이 다른, 두 개 이상의 공탁을 공탁자의 이익보호를 위하여 하나의 공탁절차에 의하여 하는 공탁을 말하며, "일괄공탁"이란 공탁은 1건마다 별도의 공탁서를 작성하여 제출함이 원칙이지만, 공탁당사자가 같고 공탁원인사실에 공통성이 있는 경우(예, 수개월분의 차임공탁) 또는 공탁당사자가 다르더라도 공탁원인사실에 공통성이 있고 공탁물의 출급·회수가 일괄하여 행해질 개연성이 높은 경우(예, 교통사고 피해자가 여러 명이고 주소지가 모두 같은 공탁소인 경우 손해배상금 공탁)에는 수건의 공탁을 1건의 공탁서로 작성 제출하는 것을 말한다.

5. 혼합공탁의 필요성

혼합공탁은 채권자불확지 변제공탁(민법 제487조 후단)과 집행공탁(민사집행법 제248조등)사이에서 주로 발생하며 변제공탁사유는 계약당사자의 확정, 제3자를 위한 계약(민법 제539조), 채권양도의 효력 내지 범위(민법 제449조, 제450조)와 관련하여 다양하게 이루어지는바, 민사집행법의 제정으로 제3채무자의 권리공탁사유(민사집행법 제248조 제1항)를 넓게 인정하게 되어 제3채무자는 자기와는 무관한 집행채무자와 집행채권자사이의 집행관계로부터 이탈하여 법률관계를 불안에서 벗어날 수 있으나 채권양도통지의 효력 및 범위가 문제되거나 채권양도와 압류 등의 우열이 문제되는 경우에는 제3채무자가 채권양도의 효력 및 채권양도와 압류의 우열을 판단하는 것이 쉽지 아니하므로 혼합공탁을 할 필요성이 있다.

6. 혼합공탁의 유형

채권이 양도되었다는 등의 사유로 제3채무자가 종전의 채권자와 새로운 채권자 중 누구에게 변제하여야 하는지 과실 없이 알 수 없는 경우 제3채무자는 민법 제487조 후단의 채권자불확지를 원인으로 한 변제공탁사유가 생긴다. 종전의 채권자를 가압류 채무자 또는 집행채무자로 한 다수의 채권가압류 또는 압류결정이 순차 내려짐으로써 집행공탁의 사유가 생기는 경우에 혼합공탁을 할 수 있으나, 공탁은 공탁자의 책임과 판단하에 하는 것으로서 채권양도 등과 압류가 경합된 경우에 공탁자는 나름대로 누구에게 변제를 하여야 할 것인지를 판단하여 그에 따라 변제공탁이나 집행공탁 또는 혼합공탁을 선택하여 할 수 있다.

혼합공탁은 대부분이 채권양도와 관련하여 이루어지는바 그 유형은 아래와 같다.

(1) 채권양도와 관련된 혼합공탁

(가) 채권양도의 효력에 의문이 있고 채권양도 후에 압류가 있는 경우

채권이 양도되었으나 채권양도의 효력유무에 대하여 의문이 있고 양도 이후에 압류가 있는 경우에는 전형적인 혼합공탁사유에 해당한다. 채권양도의 효력에 의문이 있고 그 효력 여하가 후행하는 압류에 영향을 미치고 있으므로 제3채무자는 채권자불확지 변제공탁과 집행공탁을 합한 혼합공탁을 할 수 있게 된다. (2011.3.17. 사법등기심의관-614)

민사집행법 시행으로 압류의 경합뿐만 아니라 압류가 1개인 경우에도 집행공탁을 인정하는 현행 민사집행법하에서 위와 같이 채권양도의 효력에 의문이 있고, 그 효력 여하가 후행하는 채권압류에 영향을 미치고 있으므로, 제3채무자는 채권자불확지 변제공탁과 집행공탁을 합한 혼합공탁을 할 수 있게 된다.

이와 같은 사유로 혼합공탁을 하게 될 경우에 공탁서상의 피공탁자는 양도인 또는 양수인이 되고, 공탁근거 법령조합은 민법 제487조 후단, 민사집행법 제248조 제1항이 된다. 집행공탁에 있어서 피공탁자는 장래집행원이 행하는 배당절차 등에 의해 확정되므로 공탁서에는 이를 기재하지 않고, 다만 공탁원인사실에 압류사실을 구체적으로 기재한다.

제3채무자가 혼합공탁을 한 때에는 그 공탁이 피공탁자 중 집행채무자가 채권자인 것을 정지조건으로 하는 집행공탁의 성질을 가지는 점에서 공탁서를 붙여 그 내용을 서면으로 집행법원에 사유신고하여야 한다.

공탁 이후 채권양도가 유효하고 양수인이 공탁금출급청구권을 갖는 것으로 불확지가 해소되면 양수인이 공탁금을 지급받을 수 있을 것이나, 압류채권자가 채권양도가 무효여서 양도인(집행채무자)에게 공탁금출급청구권이 있다는 취지의 혼합해소문서를 제출하여 양도인(집행채무자)에게 권리가 있는 것으로 불확지가 해소된 경우에는 집행법원은 배당절차를 거쳐 압류채권자의 권리를 확정하게 된다.

(나) 확정일자 있는 양도통지가 이루어진 경우

동일채권에 대하여 (가)압류집행을 한 자와 양수인 사이의 우열은 (가)압류명령의 송달과 확정일자 있는 양도 통지의 선후에 의하여 결정하게 된다{대판(전) 1994.4.26. 93다24223 참조}.

따라서 확정일자 있는 채권양도의 통지가 이루어진 이후에 양도인을 (가)압류채무자로 하는 채권 (가)압류명령의 송달이 이루어진 경우에는 원칙적으로 채권양도가 우선하게 되므로 그 채권 (가)압류는 효력을 발생할 수 없고, 따라서 채무자(제3채무자)는 양수인에게 채무를 이행하면 되고 혼합공탁을 할 수는 없다(법원공무원교육원 : 공탁실무 267면 1. 가.).

(다) 확정일자 있는 증서에 의하지 아니한 채권양도

1) 채권압류가 있기 이전에 이미 그 채권이 타에 양도되었고 채무자가 이를 승낙하였다 하더라도 그 승낙이 확정일자 있는 증서에 의하지 아니하여 채무자로서는 위의 압류채권자와 그 채권의 양수인 중 어느 한쪽에 변제할지 불분명한 관계로 그 채권변제를 받을 수 있는 자격을 확인할 수 있는 자에게 대한 변제공탁은 유효하다(대판 1971.1.26. 70다2626).

2) 동일한 채권에 관하여 채권양도와 전부명령이 경합되고 그 채권양도행위 자체를 확정일자 있는 증서로 하지 아니하고, 단지 양도통지서에 공증인가 합동법률사무소의 확정일자를 받아 이를 등기우편으로 발송한 경우라면 과연 그 통지가 제3자인 전부채권자에 대항할 수 있는 통지에 해당하는가 하는 점에 대하여 법률상 의문이 제기될 여지가 있는 것이므로, 채무자로서도 누가 위 채권의 진정한 권리자인지를 과실 없이 알 수 없는 경우에 해당한다고 봄이 상당하다(대판 1988.12.20, 87다카3118).

(라) 양도금지특약에 위반한 채권양도의 효력(무효)

채권양도금지특약에 반하여 채권양도가 이루어진 경우 그 양수인이 양도금지특약이 있음을 알았거나 중대한 과실로 알지 못하였던 경우에는 채권양도는 효력이 없게 되고, 반대로 양수인이 중대한 과실 없이 양도금지특약의 존재를 알지 못하였다면 채권양도는 유효하게 되어 채무자로서는 양수인에게 양도금지특약을 가지고 그 채무이행을 거절할 수 없게 되어 양수인의 선의·악의 등에 따라 양수채권의 채권자가 결정되는바, 이와 같이 양도금지의 특약이 붙은 채권이 양도된 경우에 양수인의 악의 또는 중과실에 관한 입증책임은 채무자가 부담하지만, 그러한 경우에도 채무자로서는 양수인의 선의 등의 여부를 알 수 없어 과연 채권이 적법하게 양도된 것인지에 관하여 의문이 제기될 여지가 충분히 있으므로 특별한 사정이 없는 한 민법 제487조 후단의 채권자불확지를 원인으로 하여 변제공탁을 할 수 있다(대판 2000.12.22. 2000다55904).

(마) 채권일부에 대한 가압류 후 그 채권전부의 양도와 다른 채권자의 가압류가 있은 경우 채권양도의 효력

1) 채무자가 채권자 '갑'에게 채권을 변제하고자 하였으나 그 채권의 일부가 '을'에 의하여 가압류된 상태에서 그 채권 전부가 '병'에게 양도(확정일자부통지)되었고, 이어서 '정·무'등 다른 다수의 채권자가 가압류를 한 경우에 있어서 '갑'의 '병'에 대한 채권전액양도는 채권양도에 앞서 '을'이 가압류한 일부분에 대하여는 '을'에게 대항할 수 없으나 채권양도 이후에 이루어진 '정·무'등의 가압류에는 우선하므로 채권자로서는 일단 '을'이 가압류한 금액을 제외한 나머지 금액에 대하여는 양수인 '병'에게 변제하여야 할 것이다.

채권이 가압류된 경우 제3채무자는 민법 제487조 소정의 변제공탁의 요건인 "채권자가 변제를 받을 수 없는 때"를 원인으로 하여 변제공탁을 할 수 있다(1998.4.20. 법정 제33 02-122호, 참조조문 : 민법 제487조).

2) 채권양도 사실을 간과하고 집행공탁을 한 경우 착오를 이유로 공탁금을 회수한 후 다시 혼합공탁을 할 수 있는지 여부(적극)등

① 제3채무자에게 채권가압류결정이 송달된 이후 채권양도통지가 있었는데 제3채무자가 채권양도 사실을 간과한 채 채권가압류를 이유로 민사집행법 제248조 제1항 및 제291조에 의하여 집행공탁을 한 경우 착오를 증명하는 서면을 첨부하여 공탁금 회수 청구를 할 수 있다.

② 이 경우에 착오를 증명하는 서면으로 양도인으로부터 받은 채권양도통지서를 첨부할 수 있을 것이나, 구체적인 사안에서 착오를 증명하는 서면인지 여부는 당해 공탁관이 판단하여야 할 사항이다.

③ 채권가압류를 이유로 "갑(甲)"을 피공탁자로 하여 집행공탁을 한 후, 피공탁자를 "갑(甲)또는 을(乙)"로 하고, 공탁원인사실에 채권양도로 인한 변제공탁 사유를 추가하여 혼합공탁으로 하는 공탁서정정은 공탁의 동일성을 해하므로 허용될 수 없다. (2009.7.31. 사법등기심의관-1752 질의회답)

➲ 참조판례 : 대법원 2008.9.25. 선고 2008다34668 판결

(바) 채무자가 채권자 '갑'에게 지급할 물품대금 전부에 대하여 '을'이 채권가압류를 하였고, 그 후에 위 물품대전액에 대하여 '병'에게 채권양도(확정일자부 통지) 되었고, 이어서 '정'의 채권가압류, '무'의 채권압류 및 추심명령이 있는 경우 채무자의 공탁방법 등

채무자가 '갑'의 '병'에 대한 채권양도는 채권양도에 앞서 가압류한 '을'에게는 대항할 수 없으나, 채권양도 이후에 이루어진 '정'의 채권가압류나 '무'의 채권압류 및 추심명령에는 우선하므로, 만약 선행 '을'의 채권가압류가 취소되는 등 그 효력이 상실하는 경우에는 채무자는 양수인인 '병'에게 위 물품대금채권을 지급해야 할 것이며, 반면에 '을'의 가압류가 후에 본압류로 정이하는 압류 및 추심(또는 전부)명령으로 되는 경우에는 추심채권자(또는 전부채권자) '을'에게 변제하여야 할 것이다. 그리고 채권이 가압류된 경우 채무자는 민법 제487조 규정에 의하여 "채권자가 변제를 받을 수 없는 때"를 원인으로 하여 변제공탁을 할 수 있다.

따라서 이 건과 같이 가압류중인 현상태에서는 채무자로서는 채권자가 '을'이 될지 '병'이 될지 모른다 할 것이므로, 채무자가 공탁을 하고자 한다면 채무자는 피공탁자를 채권자 '갑' 또는 채권양수인 '병'으로 하는 채권자 상대적 불확지공락을 할 수 있을 것이다.

(사) 양도금지 특약부채권의 양도, 채권양도통지의 철회, 양도무효소의 제기의 경우 채무자의 공탁(혼합공탁)

양도금지의 특약이 붙은 채권의 양도가 있는 경우, 또는 채권양도통지가 있었으나 그 후 통지가 철회되거나 양도무효를 주장하는 소송이 제기되어 그 권리관계에 대한 다툼이 있는 등 특별한 사정이 발생하여 채무자의 입장에서 보아 채권이 적법하게 양도되었는지 여부에 관하여 의문이 있고, 또한 그 채권양도의 효력이 발생하지 아니한다면 압류경합으로 인하여 민사소송법 제581조 제1항 소정의 집행공탁의 사유가 생긴 경우에는 채무자는 민법 제487조 후단 및 민사소송법 제581조 제1항을 근거로 하여 채권자불확지를 원인으로 하는 변제공탁과 압류경합 등을 이유로 하는 집행공탁(이른바 혼합공탁)을 아울러 할 수 있다(1998.7.31. 법정 제3302-267호 : 민법 제487조 : 민사소송법 제581조).

🔍 판례

채권자불확지를 원인으로 하는 변제공탁과 압류경합을 이유로 하는 집행공탁을 아울러 할 수 있는지 여부(적극) 및 이에 대해 집행법원이 취할 조치

본조(민법 제487조) 후단의 '변제자가 과실 없이 채권자를 알 수 없는 경우'라 함은 객관적으로 채권자 또는 변제수령권자가 존재하고 있으나 채무자가 선량한 관리자의 주의를 다하여도 채권자가 누구인지 알 수 없는 경우를 말하므로, 양도금지 또는 제한의 특약이 있는 채권에 관하여 채권양도통지가 있었으나 그 후 양도통지의 철회 내지 무효의 주장이 있는 경우 제3채무자로서는 그 채권양도의 효력에 관하여 의문이 있어 민법 제487조 후단의 채권자불확지를 원인으로 한 변제공탁사유가 생긴다고 할 것이고, 그 채권양도 후에 그 채권에 관하여 다수의 채권가압류 또는 압류결정이 순차 내려짐으로써 그 채권양도의 대항력이 발생하지 아니한다면 압류경합으로 인하여 구민사소송법(2002.1.26. 법률 제6626호로 전문개정 전) 제581조 제1항 소정의 집행공탁의 사유가 생기는 경우에 채무자는 민법 제487조 후단 및 구민사소송법 제581조 제1항 소정의 집행공탁의 사유가 생기는 경우에 채무자는 본조 및 구민

사소송법 제581조 제1항을 근거로 채권자불확지를 원인으로 하는 변제공탁과 압류경합 등을 이유로 하는 집행공탁을 아울러 할 수 있고, 이러한 공탁은 변제공탁에 관련된 채권양수인에 대하여는 변제공탁으로서의 효력이 있고 집행공탁에 관련된 압류채권자 등에 대하여는 집행공탁으로서의 효력이 있다고 할 것인바, 이와 같은 경우에 채무자가 선행의 채권양도의 효력에 의문이 있고, 그 후 압류의 경합이 발생하였다는 것을 공탁원인사실로 하여 채무액을 공탁하면서 공탁서에 구민사소송법 제581조 제1항만을 근거법령으로 기재하였다 하더라도, 변제공탁으로서의 효력이 발생하지 않음이 확정되지 아니하는 이상 이로써 바로 구민사소송법 제581조 제1항에 의한 집행공탁으로서의 효력이 발생한다고 할 수 없으므로, 집행법원은 집행공탁으로서의 공탁사유신고를 각하하거나 채무자로 하여금 민법 제487조 후단을 근거법령으로 추가하도록 공탁서를 정정하게 하고, 채권양도인과 양수인 사이에 채권양도의 효력에 관한 다툼이 확정된 후 공탁금을 출급하도록 하거나 배당절차를 실시할 수 있을 뿐, 바로 배당절차를 실시할 수는 없다(대판 2001.2.9. 2000다10079).

(아) 채권의 이중양도와 양수인의 우열관계(우선권)

채권이 이중양도된 경우 각각의 양도계약이 유효하고 또 확정일자 있는 증서에 의해 채무자에게 통지되었다면, 채권양수인인 갑, 을, 병 상호간의 우열은 확정일자 있는 채권양도의 통지가 채무자에게 도달된 선후에 따라 결정될 것이다. 따라서 채무자가 과실 없이 채권자를 알 수 없는 경우가 아니므로 상대적 불확지 변제공탁을 할 수 없고, 채권양수인 갑, 을, 병간의 우열에 따라 우선권 있는 채권자에게 채무를 이행하여야 할 것이다(2002.3.29. 법정 제3302-112호).

(자) 채무자가 채권자 '갑'에게 지급할 채무금 전액에 대하여 '을'이 채권가압류하였고 그 후에 위 채무금 전액에 대하여 '병'에게 채권양도(확정일자부 통지)가 되었으며, 이어서 갑을 집행채무자로 하는 '정'의 채권가압류 및 '무'의 채권압류 및 추심명령이 순차적으로 있은 후에 '을'이 채무금 일부에 대해서만 가압류를 본압류로 전이하는 채권압류 및 추심명령을 얻은 경우 공탁이 가능한지 여부 및 가능하다면 공탁 방법 :

채권자 '갑'과 채권양수인 '병'사이의 채권양도가 대항요건을 갖추었다면(확정일자부 통지), 채무자는 가압류를 본압류로 전이하는 압류명령과 추심명령을 얻은 '을'에게 먼저 채무금을 지급하고, '을'에게 지급하고 남은 잔액은 채권양수인 '병'에게 지급하면 될 것이다(2002.1.17. 법정 제3302-16호).

(차) 동일 채권에 관하여 채권양도와 가압류 등이 경합된 경우 변제공탁의 가부 :

동일한 채권에 관하여 채권양도와 가압류, 국세징수법에 기한 압류 등이 경합되어 있고, 또한 그 우열에 관하여 다툼이 있어 소송이 진행중일 경우 채무자(압류, 가압류사건의 제3채무자)로서는 누가 위 채권의 진정한 권리자인지를 과실 없이 알 수 없는 경우에 해당(채권자 상대적 불확지)하므로, 이를 원인으로 하는 변제공탁을 할 수 있을 것이다(1995.5.27. 법정 제3302-258호).

(카) 동일채권에 대한 채권양도와 채권가압류시 제3채무자의 공탁방법

① 재건축조합이 제3채무자로부터 지급 받을 과오납환급금을 갑(甲)에게 양도하였으나 재건축조합 대표자의 대표권이 상실되었음을 이유로 지급받지 못하자 재건축조합과 갑(甲)이 과오납부환급금을 "재건축조합 또는 갑(甲)"에게 지급하라는 부당이득금반환청구의 소를 제기하였고, 환급금에 대하여 재건축조합을 채무자로 한 채권가압류가 있는 경우 제3채무자는 피공탁자를 "재건축조합 또는 갑(甲)"으로 한 채권자불확지 변제공탁과 채권가압류로 인한 집행공탁을 합한 혼합공탁을 할 수 있다.

② 환급금을 누구에게 지급할 지 알 수 없어 채권자불확지 변제공탁과 집행공탁을 합한 혼합공탁을 한 경우 피공탁자인 재건축조합이 공탁금을 출급청구하기 위해서는 비법인사단의 실체 및 대표자 자격을 증명하는 서면 외에 다른 피공탁자 및 가압류권자의 승낙서(인감증명서 첨부)나 그에 대한 승소확정판결을 출급청구권이 있음을 증명하는 서면으로 첨부하여야만 출급할 수 있다.
(2008.11.5. 공탁상업등기과-1192)

(타) 확정일자 있는 채권양도 통지와 채권가압류명령을 동시에 송달받은 제3채무자의 변제공탁 기부(적극)

확정일자 있는 채권양도 통지와 채권가압류명령이 제3채무자에게 동시에 도달된 경우에도 제3채무자는 송달의 선후가 불명한 경우에 준하여 채권자를 알 수 없다는 이유로 변제공탁을 할 수 있다(대판 2004.9.3. 2003라22561).

(파) 채권양도 후에 양도인을 가압류채무자로 하는 채권가압류가 있는 경우

1) 공탁절차

① 선행의 채권양도의 효력에 의문이 있고 그것이 가압류의 효력에 영향을 미치는 것이고, 현행 민사집행법이 가압류에 대하여도 집행공탁을 인정하고 있으므로(민집 제291조, 제248조), 제3채무자는 채권불확지 변제공탁과 집행 공탁을 합한 혼합공탁을 할 수 있다.

② 공탁서상의 피공탁자는 양도인 또는 양수인으로 기재하고, 공탁근거 법령조합은 민법 제487조 후단, 민사집행법 제291조, 제248조 제1항으로 기재하며, 공탁원인사실에 가압류명령이 있는 사실을 구체적으로 기재한다.

③ 공탁한 때에는 공탁서를 붙여 그 내용을 서면으로 가압류발령법원에 신고하여야 한다. 그러나 압류와 달리 가압류의 경우에는 집행공탁을 하더라도 배당가입의 차단효가 발생하지 않는다.

공탁 이후에 채권양도가 무효로 판명되면 양도인에 대한 채권가압류명령은 유효하기 때문에 양도인이 진정한 채권자로 확정되며, 가압류채권자가 가압류를 본압류로 이전하는 압류명령이 송달되면 공탁공무원의 사유신고에 의하여 가압류채권자는 집행법원의 배당절차에 의하여 지급위탁에 의한 공탁금의 출급을 청구할 수 있다.

④ 반대로, 채권양도가 유효로 판명되면 양도인에 대한 채권가압류명령은 무효로 되고 양수인이 진정한 채권자로 된다. 양수인이 공탁금을 지급받는 방법은 아래와 같다.

2) 채권 양수인이 공탁금을 지급받는 방법

민사집행법 시행 이전에는 채권양도통지 후 가압류집행이 있고 양도의 효력에 의문이 있는 경우 채무자는 민법 제487조 후단에 의하여 양도인 또는 양수인을 피공탁자로 하는 상대적 불확지 변제공탁을 하고 다만 공탁서의 공탁원인사실에 가압류사실을 기재하였을 뿐이므로 이는 혼합공탁이 아닌 변제공탁이다. 이러한 상대적 불확지 변제공탁이 이루어지면 양수인은 양도인만을 상대로 한 공탁금출급청구권 확인 승소확정판결로 공탁금을 출급할 수 있었고 가압류채권자의 승낙서나 그를 상대로 한 공탁출급청구권 확인승소판결은 필요가 없었다(대결 199.11.30. 99마4239 참조).

현행 민사집행법하에서는 단일의 압류나 가압류를 원인으로 한 집행공탁이 가능해 졌으므로 위와 동일한 경우에 채무자는 민법 제487조, 민사집행법 제248조 제1항 및 제291조에 의한 혼합공탁을 할 수 있고, 이 경우 양수인인은 양도인뿐만 아니라 집행채권자의 승낙서 또는 그를 상대로 한 공탁금출급청구권확인 승소확정판결까지 첨부하여야 공탁금출급청구를 할 수 있다고 보는 것이 타당할 것이다.

이와 같이 혼합공탁이 이루어진 경우 피공탁자인 양수인은 다른 피공탁자인 양도인의 승낙서(인감증명서 첨부)나 양도인에 대한 공탁금출급청구권확인 승소확정판결 이외에 가압류채권자들의 승낙서(인감증명서 첨부) 또는 그들에 대한 공탁금출급청구권확인 승소확정판결을 출급청구권을 갖는 것을 증명하는 서면으로 첨부하여야만 공탁금을 출급청구할 수 있다(2004.6.5. 공탁법인 3302-129).

(하) 채권가압류 이후 채권양도가 있는 경우

① 동일채권에 대하여 가압류집행을 한 자와 채권양수인 사이의 우열은 채권가압류명령의 송달과 확정일자 있는 채권양도의 통지의 선후에 의하여 결정하게 된다{대판(전) 1994.4.23. 93다24223}.

② 다만, 가압류 이후에 채권양도가 있는 경우 그 가압류는 이후에 취하 또는 취소되거나 혹은 본안소송의 패소로 인하여 그 효력을 상실할 수도 있으므로, 가압류중인 현 상태에서 제3채무자로서는 채권자가 양도인이 될지 양수인이 될지 알 수 없는 상태가 된다.

③ 채권가압류의 처분금지의 효력으로 인하여 가압류채권자가 본안소송에서 승소하는 등으로 집행권원을 취득하는 경우, 그 가압류에 의하여 권리가 제한된 상태의 채권을 양수받는 양수인에 대한 채권양도의 효력은 무효가 되고(대판 2002.4.26. 2001다59033), 반대로 가압류채권자가 본안소송에서 패소하거나 가압류신청이 취하되거나 가압류결정이 취소되면 채권양도는 완전히 유효하게 된다.

④ 이와 같은 경우에 있어서 민사집행법 시행 이전에는 장차 가압류의 효력이 어떻게 될지 알 수 없으므로 제3채무자는 양도인 또는 양수인을 피공탁자로 한 채권자 상대적 불확지 변제공탁을 할 수 있었다(2002.1.17. 법정 3302-16).

가압류에 대하여도 집행공탁이 인정되는 현행 민사집행법(민집 제291조, 제248조

제1항)에서는 이와 같은 경우 가압류의 효력이 아직 확정되지 아니하였고, 그것이 이 이후의 채권양도 등의 효력에 영향을 미치고 있으므로 제3채무자는 위 양도인 또는 양수인을 피공탁자로 하는 채권자불확지 변제공탁과 채권가압류가 있음을 이유로 한 집행공탁을 합한 혼합공탁을 할 수 있다.

⑤ 이와 같은 혼합공탁에 있어서는 가압류의 효력 여하에 따라 채권양도의 효력 유무가 결정되어지므로 채권양도자체의 효력 유무(양도금지특약이나 통지 후 철회통지 등)는 혼합공탁의 요건이 아니다.

⑥ 혼합공탁신청서의 피공탁자란에는 양도인 또는 양수인을 기재하고, 공탁근거 법령조항은 민법 제487조 후단, 민사집행법 제291조, 제248조 제1항으로, 공탁원인사실란에는 가압류 및 가압류 이후에 채권양도의 통지가 있다는 것을 구체적으로 기재하면 될 것이다.

⑦ 가압류를 원인으로 집행공탁을 하더라도 배당가입이 차단되지 않고, 배당절차를 진행할 수도 없으며 단지 채무자가 가지는 공탁금출급청구권 위에 가압류의 효력이 존속하는 것에 불과할 따름이다(민집 제297조).

혼합공탁 이후에 가압류명령의 본집행 이행이 증명되면, 중간의 채권양도는 유효해도 가압류채권자와의 관계에서는 그에 대항할 수 없으므로 무시되어지고 바로 배당 등의 절차를 개시할 수 있다. 공탁 이후에 가압류채권자가 가압류에서 본압류로 이전하는 채권압류 및 추심명령이나, 전부명령이 송달되어지면 공탁공무원은 집행법원에 사유신고하여야 하고, 집행법원의 배당절차를 거쳐 지급위탁에 의하여 공탁금이 지급될 것이다.

⑧ 선행의 가압류채권자가 공탁물출급청구권에 대한 현금화절차(추심 또는 전부명령)를 게을리 하여 공탁을 방치하거나 또는 그 피보전 권리나 보전의 필요성이 소멸된 경우에는 채권양수인으로서는 사정변경으로 인한 가압류취소(대판 1968.1.31. 66다842 참조), 또는 제소명령신청권이나 제소기간 도과에 의한 가압류취소신청권을 대위행사함으로써(대판 1993.12.27. 93마1655) 자신의 권리를 확보할 수 있을 것이다.

(거) 채권압류 이후 채권양도가 있는 경우

① 동일채권에 대하여 압류집행을 한 자와 채권양수인 사이의 우열은 채권압류명령

의 송달과 확정일자 있는 채권양도의 통지의 선후에 의하여 결정된다{대판(전) 1994.
4.26. 93다24223}.

② 확정일자 있는 채권양도의 통지의 도달 이전에 채권압류명령의 송달을 받은 경우에는 압류채권자만이 우선하여 배타적인 집행채권자로서의 지위에 서게 된다. 이후 압류채권자가 추심 또는 전부명령을 얻은 경우에 제3채무자는 추심 또는 전부명령을 얻은 압류채권자에게만 변제의무를 부담하므로, 혼합공탁은 문제되지 않는다.

(너) 가압류 또는 압류명령 송달과 확정일자 있는 채권양도통지가 동시에 도달된 경우

1) 가압류명령의 송달과 확정일자 있는 채권양도의 통지가 동시에 도달된 경우
① 동일한 채권에 관하여 확정일자 있는 증서에 의한 채권양도통지와 채권가압류결정정본이 제3채무자에게 동시에 도달한 경우에는 그들 상호간에 우열이 없어 채권양수인이나 가압류채권자는 모두 제3채무자에게 완전한 대항력을 갖추었다고 할 것이어서 그 전액에 대하여 채권양수금, 압류전부금 또는 추심금의 청구를 할 수 있고, 제3채무자로서는 그들 중 누구에게라도 그 채무전액을 변제하면 다른 채권자에 대한 관계에서 유효하게 면책된다.

② 채권양수인과 추심명령 또는 전부명령을 얻은 가압류채권자 중 한 사람이 제기한 급부소송에서 채권양도의 통지와 채권가압류결정정본이 동시에 송달되었다고 인정되어 채무자가 패소한 이후에 다시 다른 채권자가 그 송달의 선후에 관하여 문제를 제기하는 경우 기판력의 이론상 제3채무자에게 이중지급의 위험이 있을 수 있으므로 확정일자 있는 증서에 의한 채권양도통지와 채권가압류결정정본이 동시에 송달된 경우에도 제3채무자는 송달의 선후가 불명한 경우에 준하여 채권자를 알 수 없다는 이유로 민법 제487조 후단에 의하여 변제공탁을 할 수 있었다{대판(전) 1994.4.26. 93다24223}.

③ 민사집행법 시행 이후에는 가압류만을 원인으로도 집행공탁을 할 수 있으므로(민집 제291조, 제248조 제1항), 채권양도통지와 채권가압류결정정본이 동시에 송달된 경우에는 피공탁자를 양도인 또는 양수인으로, 공탁근거 법령조항은 민법 제487조 후단 및 민사집행법 제291조, 제248조 제1항으로, 공탁원인사실에 채권가압류결정정본과 채권양도통지가 동시에 송달되어 지급할 수 없다는 취지 및 가압류사실을 구체적으로 기재하여 채권자불확지 변제공탁과 집행공탁을 합한 혼합공탁을 하고, 공탁한

이후에 공탁서를 붙여 그 내용을 서면으로 가압류발령법원에 신고하여야 한다.

④ 혼합공탁한 이후에 채권양도통지 및 가압류결정정본 송달의 선후불명 또는 동시에 판명되면 채권양수인과 가압류채권자는 서로 대등한 법률상의 지위에 서게 되며 양수채권액과 가압류채권액의 합계가 제3채무자에 대한 채권을 초과하면 각 채권액에 안분하여 이를 내부적으로 정산할 의무가 있다고 할 것이므로 양수인과 가압류에서 이전하는 압류명령을 얻은 가압류채권자가 각각의 정산비율에 의한 공탁금 출급청구권의 분할취득을 입증한 때 집행법원의 배당절차에 의한 지급위탁에 의하여 공탁금의 출급을 청구할 수 있다고 할 것이다.

⑤ 그러나 채권가압류명령의 송달이 확정일자 있는 채권양도의 통지보다 선행인 것으로 판명되고 이후 가압류채권자가 가압류에서 이전하는 압류명령을 받은 경우 채권양도는 무효가 되고 양도인이 진정한 채권자로 되어 채권가압류명령은 유효하며 그때 혼합공탁에 있어서의 정지조건의 성취로 집행공탁의 효력이 확정적으로 생기게 되므로 가압류채권자가 가압류에서 본압류로 이전하는 압류 및 추심이나 전부명령이 송달되면 공탁공무원의 사유신고에 의하여 집행법원의 배당절차를 거쳐 지급위탁에 의한 방법으로 공탁금의 출급을 청구할 수 있다.

⑥ 반대로, 확정일자 있는 채권양도의 통지가 채권가압류명령의 송달보다 선행인 것으로 판명되면 채권양도가 유효하여 양수인이 진정한 채권자로 되고 양도인에 대한 채권가압류명령은 무효로 되며 양수인은 양도인에 대한 출급청구권이 있음을 증명하는 서면을 첨부하여 공탁금의 출급을 청구할 수 있다.

⑦ 확정일자 있는 채권양도통지와 채권가압류명령이 동시에 도달됨으로써 제3채무자가 변제공탁을 하고, 그 후에 다른 채권압류 또는 가압류가 이루어졌다 하더라도 채권양수인과 선행가압류채권자 사이에서만 채권액에 안분하여 배당하여야 한다(대판 2004.9.3. 2003다22561).

2) 압류명령의 송달과 확정일자 있는 채권양도의 통지가 동시에 도달된 경우
① 동일한 채권에 관하여 압류명령의 송달과 확정일자 있는 채권양도의 통지가 동시에 도달된 경우에 그 법률상의 효력은 위 (1)항에서 설명한 바와 같이 가압류결정정본과 채권양도통지가 동시에 도달된 경우와 같다.

② 따라서 앞서 위(1)항의 가압류에서 설명한 것처럼 민사집행법 시행 이전에는 확정일자 있는 채권양도의 통지와 양도인에 대한 채권압류명령의 송달이 채권양도에 있어서의 채무자겸 채권압류명령에 있어서의 제3채무자에게 동시에 이루어진 경우 또는 통지 및 송달의 선후가 불명인 경우 추심·전부명령을 얻은 압류채권자 또는 양수인 중 한 사람이 제기한 급부소송에서 전부 패소한 이후에도 다른 채권자가 그 송달 및 통지의 선후에 관하여 다시 문제를 제기하는 경우 기판력의 이론상 이중지급의 위험이 있을 수 있으므로 민법 제487조에 의한 채권자불확지 변제공탁이 가능하였다{대판 (전) 1994.4.26. 93다24223}.

③ 그러나 단일압류에 의거한 제3채무자의 집행공탁을 허용한 민사집행법의 제정 시행으로 제3채무자는 피공탁자를 양도인 또는 양수인으로, 공탁근거 법령조항을 민법 제487조 및 민사집행법 제248조 제1항으로 하여 채권자불확지 변제공탁과 집행공탁을 합한 혼합공탁을 할 수 있다.

④ 공탁을 한 때에는 공탁서를 붙여 그 내용을 서면으로 집행법원에 사유신고하여야 한다. 공탁 이후 채권양도통지서 도달 및 압류명령 송달의 선후가 불명하거나 동시인 것으로 판명되면 채권양수인과 압류채권자 상호간에는 법률상의 지위가 대등하므로 양수채권액과 압류채권액 합계가 제3채무자에 대한 채권액을 초과한 때 각 채권액에 안분하여 이를 내부적으로 다시 정산할 의무가 있다. 따라서 각각의 정산비율에 의한 공탁금출급청구권의 분할취득을 입증하면 집행법원의 배당절차가 개시되고 집행법원의 지급위탁에 의하여 공탁금의 출급을 청구할 수 있다.

⑤ 채권압류명령의 송달이 확정일자 있는 채권양도의 통지보다 선행인 것으로 판명되면 채권양도가 무효로 되어 양도인이 진정한 채권자가 되고 양도인에 대한 채권압류명령은 유효로 되어 혼합공탁에 있어서의 정지조건의 성취로 집행공탁의 효력이 확정적으로 생기게 된다. 따라서 압류채권자는 집행법원의 배당절차를 거쳐 지급위탁에 의하여 공탁금의 출급을 청구할 수 있다.

⑥ 확정일자 있는 채권양도의 통지가 채권압류명령의 송달보다 선행인 것으로 판단되면 채권양도가 유효로 되어 양수인이 진정한 채권자가 되고 양도인에 대한 채권압류명령은 무효로 되며 양수인은 양도인에 대한 출급청구권의 확정을 입증하여 공탁금

의 출급을 청구할 수 있다.

(더) 채권 일부 양도 후에 가압류나 압류가 있는 경우

채권양도가 이루어진 부분에 대하여는 채권양수인만이 배타적인 채권자가 되므로, 양수인에게 변제 제공을 하면 되고, 양도가 이루어지지 아니한 부분에 대하여는 가압류나 압류가 있으므로 집행공탁을 하면 된다.

선행의 채권 일부에 대한 양도의 효력에 문제가 있거나 채권양도와 가압류 또는 압류의 우열이 문제되는 경우에는, 양도가 이루어진 부분에 대하여는 채권자불확지 변제공탁과 그 양도가 무효일 경우 가압류 또는 압류를 원인으로 집행공탁을 합한 혼합공탁을 하고, 양도가 이루어지지 아니한 부분에 대하여는 민사집행법 제248조(가압류일 경우에는 민집 제291조, 제248조)에 의한 집행공탁이 가능하다.

이 경우 채권양도의 유·무효에 따라 영향을 받지 않는 양도금액을 제외한 부분에 대하여만 양도인·양수인 간의 채권 귀속의 확정을 기다리지 않고 배당절차를 실시할 수 있고, 양도금액에 대하여는 양도인·양수인 간의 채권 귀속 여부가 확정될 때까지 배당절차가 정지될 것이다.

(러) 전부가압류 이후 일부 채권양도, 압류(압류경합 불문)순으로된 경우

이 경우 양도되지 않는 채권에 대하여는 가압류와 양도 이후의 압류가 경합 되고 있으므로 제3채무자는 민사집행법 제248조 제1항을 근거로 집행공탁을 한 후 집행법원에 사유신고하게 되면 집행법원은 곧바로 배당절차를 진행할 수 있다.

양도된 부분에 대하여는 위와 같은 채권자불확지 변제공탁과 집행공탁을 합한 혼합공탁을 할 수 있으나, 앞서 본바와 같이 가압류가 취하 또는 취소되거나 혹은 본안소송의 패소로 인하여 그 효력을 상실할 수도 있으므로 집행법원은 곧바로 배당절차를 진행할 수 없는 처지에 놓이게 된다.

(머) 일부가압류 이후 전부 채권양도, 압류(압류경합 불문)순으로된 경우

가압류된 부분에 대하여는 양도인 또는 양수인을 피공탁자로 하는 혼합공탁을 할 수 있다. 가압류부분을 제외한 나머지에 대하여는 양도의 효력에 다툼이 없는 경우라면 양수인에게 지급하던가, 수령거부 등을 원인으로 변제공탁을 하면 된다. 다만, 양도의 효력에 의문이 있는 경우에는 양도인 또는 양수인을 피공탁자로 하는 혼합공탁을 하면 될 것이다(재판자료 제109집 민사집행법실무연구 15. 채권집행에서의 혼합공탁).

(2) 압류경합의 경우(채권양도후의 채권가압류 또는 압류)

민법 제487조 후단의 '변제자가 과실 없이 채권자를 알 수 없는 경우'라 함은 객관적으로 채권자 또는 변제수령권자가 존재하고 있으나 채무자가 선량한 관리자의 주의를 다하여도 채권자가 누구인지 알 수 없는 경우를 말하므로, 채권이 양도되었다는 등의 사유로 제3채무자가 종전의 채권자와 새로운 채권자 중 누구에게 변제하여야 하는지 과실 없이 알 수 없는 경우 제3채무자로서는 민법 제487조 후단의 채권자 불확지를 원인으로 한 변제공탁사유가 생긴다고 할 것이고, 또한 종전의 채권자를 가압류채무자 또는 집행채무자로 한 다수의 채권가압류 또는 압류결정이 순차 내려짐으로써 그 채권이 종전 채권자에게 변제되어야 한다면 압류경합으로 인하여 구 민사소송법(2002.1.26. 법률 제6626호로 전문 개정되기 전의 것) 제581조 제1항 소정의 집행공탁의 사유가 생기는 경우에, 채무자는 민법 제487조 후단 및 구 민사소송법 제581조 제1항을 근거로 채권자 불확지를 원인으로 하는 변제공탁과 압류경합 등을 이유로 하는 집행공탁을 하는 이른바 혼합공탁을 할 수 있고, 이러한 공탁은 변제공탁에 관련된 새로운 채권자에 대하여는 변제공탁으로서의 효력이 있고 집행공탁에 관련된 압류채권자 등에 대하여는 집행공탁으로서의 효력이 있다고 할 것이나, 채권양도 등과 종전 채권자에 대한 압류가 경합되었다고 하여 항상 채권이 누구에게 변제되어야 하는지 과실 없이 알 수 없는 경우에 해당하는 것은 아니고, 설령 그렇게 볼 사정이 있다고 하더라도 공탁은 공탁자가 자기의 책임과 판단하에 하는 것으로서, 채권양도 등과 압류가 경합된 경우에 공탁자는 나름대로 누구에게 변제를 하여야 할 것인지를 판단하여 그에 따라 변제공탁이나 집행공탁 또는 혼합공탁을 선택하여 할 수 있다(대판 2005.5.26, 2003다12311).

(3) 동일채권에 대한 복수의 압류명령이 있는 경우

동일 채권에 대한 복수의 압류명령이 본래적 의미에서 압류의 경합으로 볼 수 없으나 제3채무자가 압류의 경합 여부를 판단하기에 곤란한 객관적 사정이 있는 경우, 제3채무자는 공탁에 의하여 면책된다.

동일한 채권에 대하여 복수의 압류명령이 있는 경우, 그 압류의 법률적인 성질상 압류액의 총액이 피압류채권액을 초과하지 아니하여 본래적 의미에서는 압류의 경합으로 볼 수 없는 경우라도 제3채무자의 입장에서 보아 압류의 경합이 있는지 여부에 대한 판단이 곤란하다고 보이는 객관적 사정이 있는 경우에는, 민사소송법 제581조 제1항의 규정을 유추적용하여 제3채무자에게 채무액을 공탁할 수 있는 권리를 인정하는 것이 상당하다 할 것인바, 이 경우 제3채무자가 하는 공탁은 형식적으로는 집행공탁이지만 채무자에 대한 관계에서는 실질적으로 변제공탁의 성질을 가지는 것이므로 그 공탁에 의하여 채무 변제의 효과가 생겨 그에 의하여 제3채무자는 면책된다(대판 1999.11.26. 99다35256).

동일한 채권에 대하여 복수의 압류명령이 있는 경우, 그 압류의 법률적인 성질상 압류액의 총액이 피압류채권액을 초과하지 아니하여 본래적 의미에서는 압류의 경합으로 볼 수 없는 경우라도 제3채무자의 입장에서 보아 압류의 경합이 있는지 여부에 대한 판단이 곤란하다고 보이는 객관적 사정이 있는 경우에는, 구민사소송법 제581조 제1항의 규정을 유추적용하여 제3채무자에게 채무액을 공탁할 수 있는 권리를 인정하는 것이 상당하다 할 것인바, 이 경우 제3채무자가 하는 공탁은 형식적으로는 집행공탁이지만 채무자에 대한 관계에서는 실질적으로 변제공탁의 성질을 가지는 것이므로 그 공탁에 의하여 채무 변제의 효과가 생겨 그에 의하여 제3채무자는 면책된다(대판 2005.5.26. 2003다12311).

(4) 근저당권부 채권에 대하여 압류가 경합된 경우 담보부동산의 제3취득자의 공탁과 공탁근거법령

1. 근저당권부채권에 대하여 압류 등이 경합된 부동산의 제3취득자는 근저당권을 소멸시키기 위하여 변제공탁과 집행공탁이 결합된 혼합공탁을 하여야 하고, 공탁서에 피공탁자를 채무자(근저당권자)로 기재하여야 한다.

2. 공탁근거법령으로는, 제3취득자가 근저당권을 소멸시키기 위한 변제공탁과 근저당권채권에 대한 압류경합으로 인한 제3채무자를 대위한 집행공탁이 결합된 혼합공탁으로 민법 제364조, 제487조 및 민사집행법 제248조 제1항을 기재하여야 한다. (20

08.4.21. 공탁상업등기과-450)

(5) 금전채권의 일부만이 압류되었음에도 그 채권 전액을 공탁한 경우, 그 공탁의 성격(압류의 효력이 미치는 부분: 집행공탁, 압류금액을 초과하는 부분 : 변제공탁)

민사집행법 제248조 제1항은 "제3채무자는 압류에 관련된 금전채권의 전액을 공탁할 수 있다"고 규정하여 채권자의 공탁청구, 추심청구, 경합 여부 들을 따질 필요없이 당해 압류에 관련된 채권 전액을 공탁할 수 있도록 규정하고 있는바, 이에 따라 금전채권의 일부만이 압류되었음에도 그 채권 전액을 공탁한 경우에는 그 공탁금 중 압류의 효력이 미치는 금전채권액은 그 성질상 당연히 집행공탁으로 보아야 하나, 압류금액을 초과하는 부분은 압류의 효력이 미치지 않으므로 집행공탁이 아니라 변제공탁으로 보아야 한다(대판 2008.5.15. 2006다74693 배당이의)

(6) 채권자불확지변제공탁사유와 집행공탁사유가 함께 발생한 경우

특정 채권에 대하여 채권양도의 통지가 있었으나 그 후 통지가 철회되는 등으로 채권이 적법하게 양도되었는지 여부에 관하여 의문이 있어 민법 제487조 후단의 채권자불확지를 원인으로 하는 변제공탁 사유가 생기고, 그 채권양도 통지 후에 그 채권에 관하여 다수의 채권가압류 또는 채권압류 결정이 동시 또는 순차로 내려짐으로써 그 채권양도의 효력이 발생하지 아니한다면 압류경합으로 인하여 민사소송법 제581조 제1항 소정의 집행공탁의 사유가 생긴 경우에, 채무자는 민법 제487조 후단 및 민사소송법 제581조 제1항을 근거로 하여 채권자불확지를 원인으로 하는 변제공탁과 압류경합 등을 이유로 하는 집행공탁을 아울러 할 수 있고, 이러한 공탁은 변제공탁에 관련된 채권양수인에 대하여는 변제공탁으로서의 효력이 있고 집행공탁에 관련된 압류채권자 등에 대하여는 집행공탁으로서의 효력이 있다(대판 1996.4.26. 96다2583).

특정채권에 대하여 채권양도의통지가 있었으나 그 후 통지가 철회되는 등으로 채권이 적법하게 양도되었는지 여부에 관하여 의문이 있어 민법 제487조 후단의 채권자불확지를 원인으로 하는 변제공탁사유가 생기고, 그 채권양도통지 후에 그 채권에 대하여 채권가압류 또는 채권압류 결정이 내려짐으로써 민사집행법 제248조 제1항의 집행공탁의 사유가 생긴 경우에, 채무자는 민법 제487조 후단 및 민사집행법 제248조 제1항을 근거로 하여 채권자불확지를 원인으로 하는 변제공탁과 압류 등을 이유로 하는 집행공탁을 아울러 할 수 있고, 이러한 공탁을 변제공탁에 관련된 채권양수인에 대하여는 변제공탁으로서의 효력이 있고, 집행공탁에 관련된 압류채권자 등에 대하여는 집행공탁으로서의 효력이 있다(대판 2008.1.17. 2006다56015).

(7) 제3채무자가 처분금지가처분을 이유로 집행공탁을 할 수 있는 여부(소극)

집행공탁은 공탁 이후 행해질 배당 등 절차의 전제로 한 것인데, 처분금지가처분은 그것이 설령 금전채권을 목적으로 하더라도 이러한 배당 등 절차와는 관계가 없으므로 제3채무자로서는 이를 이유로 집행공탁을 할 수는 없고, 다만 채권자불확지에 의한 변제공탁을 할 수 있다(대판 2008.5.15. 2006다74693 배당이의).

(8) 수용보상금채권에 대하여 압류 및 전부명령이 확정된 경우

수용보상금채권에 대하여 압류 및 전부명령이 송달되어 전부명령이 확정되었다면 전부채권자에게 지급하여야 하고, 전부명령이 확정되기 전이나 확정 여부를 알수 없는 경우에는 「공익사업을 위한 토지 등의 취득 및 보상에 관한 법률」 제40조 제2항 제4호 및 「민사집행법」 제248조 제1항에 의한 집행공탁을 할 수 있다.

수용보상금채권의 일부분만이 압류된 경우에 제3채무자의 선택에 따라 압류된 금전채권만을 공탁할 수도 있고, 압류에 관련된 금전채권 전액을 공탁할 수도 있으면, 압류와 관련된 전액을 공탁할 경우 압류의 효력이 미치는 금전채권액은 집행공탁이지만 압류의 효력이 미치지 않는 부분은 변제공탁의 성격이므로 피공탁자란에 압류채무자를 기재한다.

위의 경우 압류의 효력이 미치는 부분은 집행공탁이므로 제3채무자는 공탁 후 집행법원에 사유신고를 하여야 한다(2010.11.9. 사법등기심의관 - 2793 질의회답).

토지수용보상금채권의 일부에 대하여 압류 및 전부명령이 제3채무자인 기업자에게 송달되었으나 전부명령의 확정 여부를 알 수 없는 경우에는 제3채무자는 피공탁자를 압류채무자(토지 소유자)로 하고, 공탁근거법령을 「공익사업을 위한 토지 등의 취득 및 보상에 관한 법률」 제40조 제2항 제4호 및 「민사집행법」 제248조 제1항으로 하여 보상금 전액을 공탁할 수 있다.

압류된 보상금 부분은 공탁근거법령을 「공익사업을 위한 토지 등의 취득 및 보상에 관한 법률」 제40조 제2항 제4호 및 「민사집행법」 제248조 제1항으로 하고 피공탁자란은 기재하지 않는 집행공탁으로 하고, 압류되지 아니한 보상금 부분은 압류채무자(토지 소유자)에게 「공익사업을 위한 토지 등의 취득 및 보상에 관한 법률」 제40조 제2항 제1호 또는 제2호에 따른 공탁사유가 있는 경우에는 피공탁자를 압류채무자(토지 소유자)로 하여 변제공탁할 수도 있다.

제3채무자인 기업자는 위와 같이 집행공탁을 한 경우에는 압류명령을 발령한 법원에 공탁사유신고를 하여야 한다(2010.12.24. 사법등기심의관 - 3325 질의회답).
참조판례 : 대법원 2008.5.15 선고 2006다74693 판결

7. 혼합공탁의 신청절차

(1) 혼합공탁의 관할공탁소
변제공탁은 채무이행지의 공탁소에 하도록 되어 있고(민법 제488조 1항), 채무이행지는 지참채무가 원칙(민법 제467조 2항)이므로 변제공탁의 일면을 가지는 혼합공탁에 있어서도 채권자인 피공탁자들의 주소지 공탁소가 관할공탁소가 된다. 상대적 불확지 변제공탁의 경우 채권자들의 주소가 달라 채무이행지가 달라지는 경우에는 그들 중 1인의 주소지 관할공탁소에 공탁하여도 무방하므로(행정예규 제526호), 채권자들 중 어느 1인의 주소지 관할공탁소에 공탁하면 된다.

(2) 혼합공탁서의 제출(혼합공탁서의 기재사항)
혼합공탁을 하려고 하는 사람은 2통의 공탁서에 아래와 같은 공탁규칙 제20조 2항 각호의 사항을 기재하고 공탁자가 이에 기명·날인하여 제출하여야 한다(공탁규칙 제20조 제2항).
1. 공탁자의 성명(상호, 명칭)·주소(본점, 주사무소)·주민등록번호(법인등록번호)
2. 공탁금액, 공탁유가증권의 명칭·장수·총액면금(액면금이 없을 때에는 그 뜻)·기호·번호·부속이표·최종상환기, 공탁물품의 명칭·종류·수량
3. 공탁원인사실
   공탁원인사실란에는 가압류나, 압류, 압류경합 등의 사실을 구체적으로 기재하여

야 한다.

4. 공탁을 하게 된 관계법령의 조항

채권양도와 채권가압류의 경합을 원인으로 한 혼합공탁의 공탁근거 법령조항란
에는 민법 제487조 후단 및 민사집행법 제291조, 제248조 제1항을, 채권양도와
채권압류의 경합을 원인으로 한 혼합공탁의 공탁근거 법령조항란에는 민법 제48
7조 후단 및 민사집행법 제248조 제1항을 기재한다.

5. 공탁물의 수령인(이하 "피공탁자"라 한다)을 지정해야 할 때에는 피공탁자의 성명(상
호, 명칭)·주소(본점, 주사무소)·주민등록번호(법인등록번호), 공탁서상의 피공탁
자란에는 양도인(집행채무자) 또는 양수인을 피공탁자로 기재하고, 집행채권자(가압
류나 압류채권자)들은 공탁서에 피공탁자로 기재하지 않는다.

6. 공탁으로 인하여 질권, 전세권, 저당권이 소멸하는 때는 그 질권, 전세권, 저당
권의 표시

7. 반대급부를 받아야 할 경우에는 그 반대급부의 내용

8. 공탁물의 출급·회수에 관하여 관공서의 승인, 확인 또는 증명 등을 필요로 하
는 경우에는 해당 관공서의 명칭

9. 재판상의 절차에 따른 공탁의 경우에는 해당 법원의 명칭과 사건명

10. 공탁법원의 표시

11. 공탁신청 연월일

(3) 공탁통지, 공탁사실통지

혼합공탁은 변제공탁에 관련된 채권자들 대하여는 변제공탁으로서의 효력이 있고,
집행공탁에 관련된 집행채권자들에 대하여는 집행공탁으로서의 효력이 있다(대판 199
6.4.26, 96다2583). 따라서 공탁자는 변제공탁의 피공탁자에 대하여는 변제공탁인
점에서 공탁통지를 하여야 한다. 따라서 공탁할 때에 피공탁자 수만큼의 공탁통지서
와 우편법시행규칙 제25조 제1항 제4호 다목의 배달증명으로 할 수 있는 가액의 우
표를 붙이고 수신인란에는 피공탁자의 성명·주소를 기재한 봉투를 첨부하여야 하며,
봉투 발신인란에는 공탁관이 공탁소의 명칭과 그 소재지 및 공탁관의 성명을 기재하
여야 한다(공탁규칙 제23조).

채권양도와 채권가압류의 경합을 원인으로 한 혼합공탁의 경우에는 가압류 채권자

에게 대법원 행정예규 제528호에서 정한 공탁사실을 통지하여야 하므로, 공탁사실 통지를 위하여 필요한 우표도 함께 납부하여야 한다.

(4) 제3채무자의 집행법원에 대한 공탁사유 신고

혼합공탁도 집행공탁의 일면을 가지므로 공탁자는 공탁후 즉시 집행법원에 사유신고를 하여야 한다. 제3채무자가 채무액을 공탁한 때에는 집행공탁에 대하여는 그 사유를 법원에 신고하여야 한다. 다만, 상당한 기간 이내에 신고가 없는 때에는 압류채권자, 가압류채권자, 배당에 참가한 채권자, 채무자, 그 밖의 이해관계인이 그 사유를 법원에 신고할 수 있다(민사집행법 제248조 4항).

제3채무자가 민사집행법 제248조 제4항에 따라 집행법원에 공탁사유신고를 하면 일반적인 집행공탁의 경우와 같이 이를 심사하고 문제가 없으면 집행사건의 배당절차 사건으로 수리하게 된다.

혼합공탁을 전제로 하는 사유신고를 받은 집행법원은 채권양도의 유효, 무효가 확정되지 않는 이상 그 후의 절차를 진행할 수 없으므로(대판 2001.2.9, 2000다10079), 그 유무효가 확정될 때까지는 사실상 절차를 정지하여야 한다. 집행법원이 배당절차를 진행하기 위해서는 압류의 대상이 된 채권이 압류채무자에게 귀속하는 것을 증명하는 문서(혼합해소문서)를 제출하여야 하고, 만일 압류채무자에게 피압류채권이 귀속되지 않는 것으로 확정된 경우에는 정지조건의 불성취가 확정되었으므로 사유신고를 불수리하여야 할 것이다.

채권양도와 가압류를 원인으로 하는 혼합공탁의 경우 공탁사실을 가압류발령법원에 신고하여야 하지만(행정예규 526호 4. 가. (4) 준용), 압류와는 달리 가압류를 원인으로 한 경우에는 집행공탁을 하더라도 배당가입의 차단효가 발생하지 않고 단지 가압류채무자가 가지는 공탁금출급청구권 위에 가압류의 효력이 존속하는 것으로만 되어 있기 때문에(민집 제297조) 배당절차를 개시하는 사유가 되지 않고, 나중에 가압류에서 본압류로 이전하는 채권압류가 있으면 공탁공무원이 집행법원에 사유신고하고 그때 배당절차를 진행하기 위한 요건의 충족 여부를 판단하여야 할 것이다.

(5) 채무자가 채권양도, 압류경합을 공탁원인사실로 공탁하면서 공탁근거법령으로 구 민사소송법 제581조 제1항(현행민사집행법 제248조 1항)만을 기재할 경우 집행법원이 취할 조치(혼합공탁시 공탁근거법령으로 민사집행법 제248조 1항만을 기재한 경우)

민법 제487조 후단의 '변제자가 과실 없이 채권자를 알 수 없는 경우'라 함은 객관적으로 채권자 또는 변제수령권자가 존재하고 있으나 채무자가 선량한 관리자의 주의를 다하여도 채권자가 누구인지 알 수 없는 경우를 말하므로, 양도금지 또는 제한의 특약이 있는 채권에 관하여 채권양도통지가 있었으나 그 후 양도통지의 철회 내지 무효의 주장이 있는 경우 제3채무자로서는 그 채권양도의 효력에 관하여 의문이 있어 민법 제487조 후단의 채권자 불확지를 원인으로 한 변제공탁사유가 생긴다고 할 것이고, 그 채권양도 후에 그 채권에 관하여 다수의 채권가압류 또는 압류결정이 순차 내려짐으로써 그 채권양도의 대항력이 발생하지 아니한다면 압류경합으로 인하여 민사소송법 제581조 제1항 소정의 집행공탁의 사유가 생기는 경우에 채무자는 민법 제487조 후단 및 민사소송법 제581조 제1항을 근거로 채권자 불확지를 원인으로 하는 변제공탁과 압류경합 등을 이유로 하는 집행공탁을 아울러 할 수 있고, 이러한 공탁은 변제공탁에 관련된 채권양수인에 대하여는 변제공탁으로서의 효력이 있고 집행공탁에 관련된 압류채권자 등에 대하여는 집행공탁으로서의 효력이 있다고 할 것인바, 이와 같은 경우에 채무자가 선행의 채권양도의 효력에 의문이 있고, 그 후 압류의 경합이 발생하였다는 것을 공탁원인사실로 하여 채무액을 공탁하면서 공탁서에 민사소송법 제581조 제1항만을 근거법령으로 기재하였다 하더라도, 변제공탁으로서의 효력이 발생하지 않음이 확정되지 아니하는 이상 이로써 바로 민사소송법 제581조 제1항에 의한 집행공탁으로서의 효력이 발생한다고 할 수 없으므로, 집행법원은 집행공탁으로서의 공탁사유신고를 각하하거나 채무자로 하여금 민법 제487조 후단을 근거법령으로 추가하도록 공탁서를 정정하게 하고, 채권양도인과 양수인 사이에 채권양도의 효력에 관한 다툼이 확정된 후 공탁금을 출급하도록 하거나 배당절차를 실시할 수 있을 뿐, 바로 배당절차를 실시할 수는 없다(대판 2001.2.9, 2000다10079).

금전 공탁서(혼합공탁)(제3채무자의 권리공탁)

공 탁 번 호		년금 제 호	년 월 일 신청	법령조항	민법 487 후단, 민집법 248①. 291.
공탁자	성 명 (상호 명칭)	별지 1과 같음	피공탁자	성 명 (상호 명칭)	별지 2와 같음
	주민등록번호 (법인등록번호)			주민등록번호 (법인등록번호)	
	주 소 (본점, 주사무소)			주 소 (본점, 주사무소)	
	전화번호			전화번호	
공 탁 금 액	한글		보관은행		은행 지점
	숫자				
공탁원인사실	별지 3과 같음				
비고(첨부서류 등)	별지 4와 같음		□ 계좌납입신청		
1. 공탁으로 인하여 소멸하는 질권, 전세권 또는 저당권 2. 반대급부 내용					

위와 같이 신청합니다.   대리인   주소

                                              전화번호

     공탁자 성명   문 ○ ○   인(서명)   성명   인(서명)

위 공탁을 수리합니다.

공탁금을   년 월 일까지 위 보관은행의 공탁관 계좌에 납입하시기 바랍니다.

위 납입기일까지 공탁금을 납입하지 않을 때는 이 공탁 수리결정의 효력이 상실됩니다.

                              년   월   일

                     법원   지원 공탁관   (인)

(영수증) 위 공탁금이 납입되었음을 증명합니다.

                              년   월   일

                     공탁금 보관은행(공탁관)   (인)

[별지]

---

1. 공탁자의 표시

  1) 김○○ (440502-0000000)

    서울 종로구 숭인동 741번지 바인빌

  1) 김○○ (560731-0000000)

    서울 종로구 숭인동 741번지 바인빌

2. 피공탁자의 표시

  한○○(540910-0000000. 광명시 하안동 764 주공아파트 154동207호) 및 정○
○(541126-0000000. 서울 구로구 구로2동 413-1) 또는 정○○

3. 공탁원인 사실

  가. 공탁자들은 서울 남부지방법원 2004가합16748호 공사대금청구사건에 관한 2005.11.17자 화해권고결정(첨부서류 : 1. 화해권고결정)에 따라 동 결정사항 중 "제2항 가항"의 100,000,000원은 공탁자들(피고 1.2)이 2006.1.4. 원고 및 소외 정○○에게 지급(2. 영수증)하였으며,

  나. 동 결정사항 중 "2의 나항"항의 38,500,000원 중 근로복지공단서울지역본부장의 채권압류 및 추심명령(첨부서류 3. 산재 및 고용보험료 체납처분에 의한 채권압류 및 추심명령서)에 의한 체납 산재 및 고용보험료 12,581,530원을 변제한 잔액 25,918,470원에 대하여 아래와 같이 채권가압류 4건(첨부서류 4.5.6.7.8. 채권가압류결정)과 채권양도통지(첨부서류 7. 채권양도통지서)가 각 경합되어 공탁자는 공탁자의 과실없이 채권자를 확지 할 수 없으므로 민법 제487조 후단 및 민사집행법 제248조 제1항, 제291조의 규정에 의하여 금 25,918,470원을 공탁함.

아   래

사건번호	채권자	채무자	제3채무자	청구금액	송달일자	비고
서울중앙지법 2006카단41001	양○○	한○○	1.김○○ 2.김○○	29,440,194	2006.3.13	채권가압류
서울남부지법 2006카단5360	임○○	정○○	〃	3,535,000	2006.3.20	〃
채권양도	양도인 한○○	양수인 정○○	〃	양도금액 38,500,000	2006.3.29	채권양도
서울남부지법 2006카단8102	송○○	정○○	〃	3,500,000	2006.4.21	채권가압류
서울남부지법 2006카단6539	정○○	한○○	〃	38,500,000	2006.4.25	〃

4. 첨부서류

1. 화해권고결정 및 동 확정증명   각 1부
2. 영수증   1부
3. 보험료체납에 의한 채권압류 및 추심명령서 사본   1부
4. 채권가압류 결정(2006카단41004) 사본   1부
5. 채권가압류 결정(2006카단5360) 사본   1부
6. 채권가압류 결정(2006카단6539) 사본   1부
7. 채권양도통지서 사본   1부
8. 채권가압류결정(2006카단8102)사본   1부
9. 기타서류
   가. 공탁통지서(발신인 : 공탁관, 수신인 : 피공탁자인 가압류채무자
          발신용봉투 및 배달증명우표 3,330원 첨부)
   나. 공탁사실통지서(발신인 : 공탁관, 수신인 : 가압류채권자)

－ 이상 －

금전 공탁통지서(제3채무자의 권리공탁)

공탁번호	년금 제 호	년 월 일 신청	법령조항	민법487조 후단 민사집행법 248①, 291

공 탁 자	성 명 (상호 명칭)	별지 1과 같음 (공탁서 참조)	피 공 탁 자	성 명 (상호 명칭)	별지 2와 같음 (공탁서 참조)
	주 소 (본점,주사무소)			주 소 (본점,주사무소)	
				주민등록번호 (법인등록번호)	

공 탁 금 액	한글 숫자		보관은행	은행 지점

공탁원인사실	별지 3과 같음(공탁서 참조)

1. 공탁에 의하여 소멸하는 질권, 전세권, 저당권 등 2. 반대급부 내용	

위와 같이 통지합니다.   대리인 주소
      공탁자 성명   (인)   성명   (인)

1. 위 공탁금이   년   월   일 납입되었으므로 [별지] 안내문의 구비서류 등을 지참하시고, 우리 법원 공탁소에 출석하여 공탁금 출급청구를 할 수 있습니다.
   귀하가 공탁금 출급청구를 하거나, 공탁을 수락한다는 내용을 기재한 서면을 우리 공탁소에 제출하기 전에는 공탁자가 공탁금을 회수할 수 있습니다.
2. 공탁금 출급청구시 구비서류 등
 ※ [별지] 안내문을 참조하시기 바랍니다.
3. 공탁금액이 5천만원 이하인 경우에는 법원 전자공탁홈페이지(http://ekt.scourt.go.kr)를 이용하여 인터넷으로 공탁금 출급청구를 할 수 있습니다. 이 경우 인감증명서(또는 본인서명사실확인서)는 첨부하지 아니합니다.
4. 공탁금은 그 출급청구권을 행사할 수 있는 때로부터 10년 내에 출급청구를 하지 않을 때에는 특별한 사유(소멸시효 중단 등)가 없는 한 소멸시효가 완성되어 국고로 귀속되게 됩니다.
5. 공탁금에 대하여 이의가 있는 경우에는 공탁금 출급청구를 할 때에 청구서에 이의유보 사유(예컨대 "손해배상금 중의 일부로 수령함" 등)를 표시하고 공탁금을 지급받을 수 있으며, 이 경우에는 후에 다른 민사소송 등의 방법으로 권리를 주장할 수 있습니다.
6. 공탁통지서는 재발급 되지 않으므로 잘 보관하시기 바랍니다.
7. 사건 내용은 법원 전자공탁홈페이지에서 조회할 수 있으며, 통지서 하단에 발급확인번호가 기재되어 있는 경우에는 전자문서로 신청된 사건이므로 전자공탁홈페이지에서 공탁관련 문서를 열람할 수 있습니다.

      년   월   일 발송
                    법원   지원 공탁관   (인)
                    (문의전화 :   )

8. 혼합공탁의 효력

혼합공탁은 변제공탁의 공탁근거법령과 집행공탁의 공탁근거법령 쌍방을 공탁근거 법령으로 한 공탁이며, 변제공탁과 집행공탁의 성질을 함께 갖는 공탁이다.

변제공탁사유와 집행공탁사유가 함께 발생한 경우 채무자는 혼합공탁을 할 수 있다. 혼합공탁은 변제공탁에 관련된 새로운 채권자에 대해서는 변제공탁으로서 효력이 있고 집행공탁에 관련된 압류채권자 등에 대해서는 집행공탁으로서 효력이 있으며, 이 경우에도 적법한 공탁으로 채무자의 채무는 소멸한다(대판 2018.10.12. 2017다221501).

혼합공탁은 변제공탁과 집행공탁이 하나의 공탁절차에서 행하여지는 것에 불과하므로 적법한 혼합공탁이 이루어질 경우 그 공탁의 효력은 각별로 발생한다. 따라서 변제공탁에 관련된 채권양수인에 대하여는 변제공탁으로서의 효력이 있고, 집행공탁에 관련된 압류채권자 등에 대하여는 집행공탁으로서의 효력이 있게 된다(대판 1996.4.26. 96다2583).

혼합공탁을 하였을 때에 그 공탁이 변제공탁과 집행공탁 중 어느 한 공탁의 절차 내지 요건이 갖추어지지 아니하여 효력을 인정할 수 없는 경우, 나머지 하나의 공탁으로서는 공탁의 절차 및 요건이 갖추고 있다하여 그 공탁으로서만 효력을 인정한다면 채무자로서는 채무불이행 책임 또는 이중지급의 위험 중 어느 한가지 위험을 피할수가 없게 되고, 이는 채무자가 혼합공탁을 한 본래의 뜻에 반하는 결과가 발생하게되어 부당하다. 따라서 혼합공탁이 공탁의 절차 내지 요건의 미비로 변제공탁이나 집행공탁 중 어느 하나라도 효력이 없다면 혼합공탁 전체로서 효력이 없다고 보는 것이 타당하고 일부 무효의 법리에도 합치하며 이와 같이 해석하는 것이 공탁자의 의사에도 맞게 된다.

혼합공탁이 공탁의 절차 내지 요건의 미비로 변제공탁이나 집중공탁 중 어느 하나라도 효력이 없다면 혼합공탁 전체로서 효력이 없다고 보는 것이 타당하다.

🔍 판례

(가) 변제공탁사유와 집행공탁사유가 함께 발생한 경우, 채무자의 혼합공탁의 효력 및 채무자의 판단에 따라 공탁사유를 선택할 수 있는지 여부(적극)

민법 제487조 후단의 '변제자가 과실 없이 채권자를 알 수 없는 경우'라 함은 객관적으로 채권자 또는 변제수령권자가 존재하고 있으나 채무자가 선량한 관리자의 주의를 다하여도 채권자가 누구인지 알 수 없는 경우를 말하므로, 채권이 양도되었다는 등의 사유로 제3채무자가 종전의 채권자와 새로운 채권자 중 누구에게 변제하여야 하는지 과실 없이 알 수 없는 경우 제3채무자로서는 민법 제487조 후단의 채권자 불확지를 원인으로 한 변제공탁사유가 생긴다고 할 것이고, 또한 종전의 채권자를 가압류채무자 또는 집행채무자로 한 다수의 채권가압류 또는 압류결정이 순차 내려짐으로써 그 채권이 종전 채권자에게 변제되어야 한다면 압류경합으로 인하여 구 민사소송법(2002.1.26. 법률 제6626호로 전문 개정되기 전의 것) 제581조 제1항 소정의 집행공탁의 사유가 생기는 경우에, 채무자는 민법 제487조 후단 및 구 민사소송법 제581조 제1항을 근거로 채권자 불확지를 원인으로 하는 변제공탁과 압류경합 등을 이유로 하는 집행공탁을 하는 이른바 혼합공탁을 할 수 있고, 이러한 공탁은 변제공탁에 관련된 새로운 채권자에 대하여는 변제공탁으로서의 효력이 있고 집행공탁에 관련된 압류채권자 등에 대하여는 집행공탁으로서의 효력이 있다고 할 것이나, 채권양도 등과 종전 채권자에 대한 압류가 경합되었다고 하여 항상 채권이 누구에게 변제되어야 하는지 과실 없이 알 수 없는 경우에 해당하는 것은 아니고, 설령 그렇게 볼 사정이 있다고 하더라도 공탁은 공탁자가 자기의 책임과 판단하에 하는 것으로서, 채권양도 등과 압류가 경합된 경우에 공탁자는 나름대로 누구에게 변제를 하여야 할 것인지를 판단하여 그에 따라 변제공탁이나 집행공탁 또는 혼합공탁을 선택하여 할 수 있다(대판 2005.5.26. 2003다12311).

(나) 제3채무자가 채권양도 등과 압류경합 등을 이유로 공탁한 경우, 위 공탁이 변제공탁인지, 집행공탁인지 또는 혼합공탁인지 여부의 판단 기준

집행공탁의 경우에는 배당절차에서 배당이 완결되어야 피공탁자가 비로소 확정되고, 공탁 당시에는 피공탁자의 개념이 관념적으로만 존재할 뿐이므로, 공탁 당시에 피공탁자를 지정하지 아니하였더라도 공탁이 무효라고 볼 수 없으나, 변제공탁은 집행법원의 집행절차를 거치지 아니하고 피공탁자의 동일성에 관한 공탁공무원의 형식적 심사에 의하여 공탁금이 출급되므로 피공탁자가 반드시 지정되어야 하며, 또한 변제공탁이나 집행공탁은 공탁근거조문이나 공탁사유, 나아가 공탁사유신고의 유무에 있어서도 차이가 있으므로, 제3채무자가 채권양도 등과 압류경합 등을 이유로 공탁한 경우에 제3채무자가 변제공탁을 한 것인지, 집행공탁을 한 것인지, 아니면 혼합공탁을 한 것인지는 피공탁자의 지정 여부, 공탁의 근거조문, 공탁사유, 공탁사유신고 등을 종합적 · 합리

적으로 고려하여 판단하는 수밖에 없다(대판 2005.5.26. 2003다12311).

(다) 제3채무자가 채권양도 및 압류경합을 공탁사유로 공탁을 하면서 피공탁자 내지 채권자 불확지의 취지를 기재하지 않고 공탁근거조문으로 구 민사소송법(2002.1.26. 법률 제6626호로 전문 개정되기 전의 것) 제581조 제1항만을 기재한 경우, 위 공탁은 변제공탁으로서의 효과는 없다고 한 사례(대판 2005.5.26. 2003다12311).

9. 혼합공탁의 요건을 갖추지 못한 혼합공탁금의 회수

확정일자 있는 채권양도 통지를 받은 후 양도인을 가압류채무자로 하는 채권가압류(3건)가 있는데 선행 채권양도에 대한 다툼이 없고, 채권불확지 변제공탁을 할 만한 사정이 없는데도 제3채무자가 피공탁자를 "양도인 또는 양수인"으로 지정하고, 공탁근거법령으로 민법 제487조, 민사집행법 제248조 제1항 및 제291조에 의한 혼합공탁을 한 경우, 이는 혼합공탁의 요건을 갖추지 못해 유효한 공탁으로 볼 수 없으므로 공탁자(제3채무자)는 착오로 인한 공탁금회수 청구를 할 수 있다.
(2008.6.9. 공탁상업등기과-597)

10. 혼합공탁물의 출급·회수

혼합공탁에 있어서 그 집행공탁의 측면에서 보면 공탁자는 피공탁자들에 대하여는 물론이고 가압류채권자를 포함하여 그 집행채권자에 대하여서도 채무로부터의 해방을 인정받고자 공탁하는 것이다. 이러한 취지에 비추어, 피공탁자가 공탁물의 출급을 청구함에 있어서 다른 피공탁자에 대한 관계에서만 공탁물출급청구권이 있음을 증명하는 서면을 갖추는 것으로는 부족하고, 위와 같은 집행채권자에 대한 관계에서도 공탁물출급청구권이 있음을 증명하는 서면을 구비·제출하여야 할 것이다(대판 2012.1.12 2011다84076 공탁금 출급 청구권 확인).

(1) 공탁자의 공탁통지 및 공탁사유신고

혼합공탁은 변제공탁과 집행공탁이 하나의 공탁절차에 진행될 뿐 두 가지 공탁의 성질을 그대로 가지고 있으므로, 특별한 사정이 없는 한 두 공탁에 필요한 절차는 모두 갖추어야 하므로 공탁자는 변제공탁의 피공탁자들에 대하여는 공탁의 통지를 하고, 집행공탁에 대하여는 법원에 공탁사유신고를 하게 된다. 따라서 불확지 변제공탁의 피공탁자는 이해관계인의 승낙서 또는 출급청구권을 갖는 것을 증명하는 서면을 제출하여 공탁금을 출급할 수 있고, 집행공탁에 대하여는 법원의 배당절차에 따라 공탁금을 출급 또는 회수하게 된다.

(2) 집행채권자가 공탁금에서 채권액을 배당받기 위하여 법원에 제출할 문서

민법 제487조 후단의 채권자불확지 변제공탁 사유와 민사집행법 제248조 제1항의 집행공탁 사유가 함께 발생하여 채무자가 혼합공탁을 한 경우, 집행법원으로서는 채권자불확지의 변제공탁 사유, 예컨대 채권양도의 유·무효 등의 확정을 통하여 공탁된 금액을 수령할 본래의 채권자가 확정되지 않는 이상 배당절차를 진행할 수 없어 그때까지는 사실상 절차를 정지하여야 하므로, 집행채권자가 위 공탁금에서 그 채권액을 배당받기 위하여는 압류의 대상이 된 채권이 집행채무자에게 귀속하는 것을 증명하는 문서, 예컨대 채무자에게 공탁금출급청구권이 있다는 것을 증명하는 확인판결의 정본과 그 판결의 확정증명서나 그와 동일한 내용의 화해조서등본, 양수인의 인감증명서를 붙인 동의서 들을 집행법원에 제출하여야 한다(대판 2008.1.17. 2006다56015 전부금).

집행채권자가 혼합공탁된 공탁금으로부터 전부금채권 상당액을 배당받기 위하여는 공탁금이 채무자에게 귀속하는 것을 증명하는 문서를 집행법원에 제출하여야 하는데, 집행채권자가 압류전부명령에 기한 전부금채권을 가지고 있다는 것의 확인을 구하는 것은 그 확인판결의 제출로 집행법원이 공탁금의 배당절차를 개시할 수 없으므로 분쟁을 근본적으로 해결하는 가장 유효, 적절한 수단이라고 볼 수 없어 확인의 이익이 없다(대판 2008.1.17. 2006다56015).

(3) 채권일부에 대한 가압류 후 채권양도통지(3건)가 있어 제3채무자가 혼합공탁을 한 경우 채권양수인의 공탁급 출급방법

임대인의 임차인에 대한 임대보증금반환채무금 중 일부에 대하여 민사집행법 시행(2002. 7. 1.)이전에 가압류가 있고, 이어 채권양도통지(3건)가 있어서 임대인은 공탁서의 피공탁자 란에 "채권자를 알 수 없음", 공탁법령조항은 민법 제487조, 공탁원인사실은 채권가압류 및 채권양도통지가 있어 채권자를 알 수 없다는 내용을 기재하여 변제공탁을 한 경우 채권양수인들 간의 합의가 이루어진 상태라면, 공탁금 전액을 출급청구하기 위해서는 채권가압류가 실효되었음을 증명하는 서면과 합의서(인감증명서 첨부)를 첨부하여 합의에 따라 출급청구하면 되고, 채권가압류된 부분을 제외한 나머지 공탁금에 대해서는 양수인들 간의 합의서(인감증명서 첨부)를 첨부하여 변제공탁의 피공탁자로서 출급청구할 수 있다(2008.7.17. 공탁상업등기과 -735 질의회답).

판례

물품대금채권의 2중양도 및 가압류·압류의 경합

甲 주식회사가 乙 주식회사에 대한 물품대금채권 중 일부를 丙 주식회사에 양도하였는데, 그 후 乙 회사가 위 채권과 관련하여 丁 주식회사에 나머지 부분을 양도하는 내용의 양도통지를 수령하였고, 또한 신용보증기금이 위 채권을 가압류하는 결정을, 국가가 위 채권을 압류하는 결정을 각 송달받았고, 乙 회사가 위 채권에 관하여 위와 같이 채권양도의 통지와 채권가압류 및 압류결정의 송달이 경합하자 피공탁자를 甲 회사, 丙 회사, 丁 회사로 하여 물품대금을 공탁하였는데, 丙 회사가 甲 회사, 丁 회사, 신용보증기금, 국가를 상대로 공탁금출급청구권확인의 소를 제기하여 법원이 공탁금 중 丙 회사가 양도받은 부분에 대한 공탁금출급청구권이 丙 회사에 있음을 확인한다는 내용의 화해권고결정을 하였고, 이에 대하여 국가만이 이의를 신청한 사안에서, 위 공탁은 근거로 적시된 법령조항, 공탁원인사실의 기재, 공탁에 이른 경위 등을 종합적으로 고려할 때 변제공탁뿐만 아니라 집행공탁의 성질을 아울러 가지는 혼합공탁에 해당하고, 丙 회사가 피공탁자인 甲 회사, 丁 회사 등에 대하여 가지는 화해권고결정만으로는 공탁물 출급을 청구하기에 부족하여, 丙 회사는 압류채권자로서 丙 회사의 권리를 다투는 국가를 상대로 하여 공탁물출급청구권의 확인을 구할 법률상 이익이 있다고 보아야 함에도, 위 화해권고결정만으로 공탁물 출급을 청구할 수 있다고 보아 확인의 이익을 부정한 원심판결을 파기한 사례(대판 2012.1.12, 2011다84076 공탁금출급청구권확인).

(4) 가처분과 채권가압류를 이유로 혼합공탁을 한 경우 토지소유자의 출급청구

공탁자가 피공탁자를 "가처분권자 갑(甲) 또는 가처분권자 을(乙) 또는 토지 소유자"로 한 상대적 불확지 변제공탁과 채권가압류로 인한 집행공탁을 합한 혼합공탁을 한 경우, 가처분권자들이 토지소유자를 상대로 제기한 본안소송에서 패소판결을 받아 확정된 때에는 토지소유자는 공탁금 출급청구권이 자신에게 있음을 증명하는 서면으

로 그 확정판결과 채권가압류가 실효되었음을 증명하는 서면 등을 첨부하여 위 공탁
금에 대한 출급청구를 할 수 있다(2008.11.5. 공탁상업등기과-1193).

선례--

1. 혼합공탁의 경우 공탁원인소멸을 이유로 한 공탁금 회수청구 시 첨부서면

　1. 갑(甲)이 을(乙)에 대하여 가지고 있는 물품대금채권을 병(丙)에게 양도하고 확정
일자 있는 증서에 의한 채권양도통지를 하여 을(乙)이 송달받은 후 갑(甲)의 채권자
정(丁)이 위 양도대상 채권에 대하여 채권압류 및 추심명령을 하여 을(乙)에게 송달
되었는데, 을(乙)이 채권양도의 효력에 의문이 있다고 하여 혼합공탁을 하였고, 병
(丙)이 을(乙)을 상대로 제기한 양수금청구소송에서 얻은 화해권고결정을 집행권원
으로 을(乙)의 다른 책임재산에 대한 강제집행에 의하여 채권만족을 얻은 경우에는
공탁자인 을(乙)은 공탁원인소멸을 증명하는 서면을 첨부하여 공탁금 회수청구를 할
수 있다.

　2. 이 경우에 공탁원인소멸을 증명하는 서면으로 양도인 갑(甲) 및 압류채권자 정
(丁)의 승낙서와 양수인 병(丙)의 변제확인서(각 인감증명서 첨부)나 양수금 전액을
지급받았음을 증명하는 서면을 첨부하면 될 것이나, 정(丁)이 공탁자인 을(乙)을 상
대로 한 사해행위취소소송에서 정(丁)이 패소한 판결정본은 정(丁)의 승낙서에 갈음
할 수 없고, 정(丁)의 승낙서에 갈음하여 정(丁)을 상대로 하여 정(丁)의 채권압류
및 추심명령 송달 당시 이미 압류대상채권이 양도되어 부존재한다는 확인판결을 받
아 공탁원인소멸을 증명하여야 할 것이다.

(2010.4.28. 사법등기심의관 - 964 질의회답)

참조판례 : 대법원 2008.9.25. 선고 2008다34668 판결

참조선례 : 2007.8.2. 공탁상업등기과 - 889호 질의회답

2. 착오에 의한 혼합공탁이 이루어진 경우 양수인의 공탁금 출급청구 시 첨부서면

　1. 을(乙)은 갑(甲)에 대하여 가지고 있는 물품대금채권 중 일부를 병(丙)에게 양도
(확정일자부 통지) 후 다시 전액을 정(丁)에게 양도(확정일자부 통지)하였고, 그 후
정(丁)의 위 물품대금채권에 대하여 채권가압류가 이루어져 제3채무자 갑(甲)은 "물
품대금채무 전액이 채권양도 및 가압류 금액에 현저히 미달하고 채권양도통지와 가
압류 등으로 인하여 누가 정당한 채권자인지 알 수 없다"라는 이유로 피공탁자를
을(乙), 병(丙), 정(丁)으로 하여 혼합공탁하였고, 을(乙)의 공탁금 출급청구권에 대하
여 체납처분에 의한 압류가 송달된 후 제1양수인과 제2양수인 겸 채권가압류권자가

공탁금 출급에 합의가 이루어진 경우, 제1양수인이 공탁금을 출급받기 위하여는 제 2양수인 겸 가압류채권자의 승낙서(인감증명서 첨부) 및 피공탁자 을(乙)의 지정이 착오임을 증명하는 서면(채권양도의 효력에 다툼이나 의문이 없음에도 을(乙)을 피 공탁자로 지정한 것은 착오로 볼 수 있음)을 첨부하여 공탁금 출급청구할 수 있다.

2. 이 사안에서 착오를 증명하는 서면으로 확정일자 있는 채권양도통지서를 첨부할 수 있을 것이나, 구체적인 사안에서 착오를 증명하는 서면인지 여부는 해당 공탁관 이 판단하여야 할 것이다(2010.5.18. 사법등기심의관 – 1108 질의회답).

참조판례 : 대법원 2008.4.10. 선고 2008다60557 판결, 2008.9.25. 선고 2008 다34668 판결

참조선례 : 2004.6.5. 공탁법인 제3302-129호 질의회답, 2008.6.9. 공탁상업등 기과-597호 질의회답

(5) 혼합공탁된 공탁금의 배당 후 채권자의 배당이의 소제기와 배당표의 결정

이른바 혼합공탁된 공탁금이 배당된 경우, 공탁금에서 적법하게 변제받을 지위에 있는 채권자가 배당이의의 소로써 집행채권자들에 대한 배당액 중 변제공탁에 해당하 는 부분으로 배당재단이 될 수 없는 부분을 경정하여 자신에게 배당할 것을 청구할 수 있으며 이 경우 배당표 경정이 허용된다.

🔍판례

집행공탁과 민법의 규정에 의한 변제공탁이 혼합되어 공탁된 이른바 혼합공탁의 경 우에 어떠한 사유로 배당이 실시되었고 배당표상의 지급 또는 변제받을 채권자와 금액에 관하여 다툼이 있으면 이를 배당이의의 소라는 단일한 절차에 의하여 한꺼 번에 분쟁을 해결함이 타당하므로, 공탁금에서 지급 또는 변제받을 권리가 있음에도 불구하고 지급 또는 변제받지 못하였음을 주장하는 자는 배당표에 배당받는 것으로 기재된 다른 채권자들을 상대로 배당이의의 소를 제기할 수 있다.

따라서 공탁금에서 적법하게 변제받을 지위에 있는 채권자는 배당이의의 소를 통하 여 집행채권자들에 대한 배당액 중 변제공탁에 해당하는 부분으로서 배당재단이 될 수 없는 부분을 경정하여 이를 자신에게 배당할 것을 청구할 수 있다.

다만 이 경우에 집행공탁에 의한 정당한 배당재단 부분에 대하여는 다른 배당이의 의 사유가 없는 한 종전의 배당표에서 정한 집행배당순위에 영향이 없으므로, 집행

채권자의 채권이 배당표상의 다른 집행채권자의 채권보다 앞서거나 또는 적어도 동순위이기 때문에 배당이 잘못되지 않았더라도 여전히 배당을 받을 수 있었던 범위에서는 배당액이 유지되어야 하며, 결국 그 배당액을 넘는 범위에 한하여 배당표의 경정이 허용된다(대판 2014.11.13. 2012다117461 배당이의).

Ⅴ. 보관공탁

"보관공탁(保管供託)"은 목적물 그 자체의 보관을 목적으로 하는 공탁이다. 변제공탁, 담보공탁, 집행공탁은 궁극적으로 청구권의 만족을 위한 제도이나 보관공탁은 그와 같은 목적이 전혀 없고 단순히 목적물 자체의 보관·관리를 위한 공탁이다. 보관공탁은 피공탁자가 원시적으로 존재하지 아니하므로 공탁물 출급청구권도 없다.

보관공탁이라 함은 타인의 물건을 즉시 처분할 수 없는 경우에 공탁으로서 일시보관하는 공탁을 말한다.

변제공탁·보증공탁·집행공탁은 청구권의 만족을 기도함을 목적으로 하는 공탁절차이다. 보관공탁은 보관목적물을 단순히 보관·관리하기 위하여 하는 공탁이다(상법 제491조 4항). 따라서 보관공탁에는 피공탁자가 존재하지 아니한다. 그러므로 보관공탁에 있어서는 공탁물출급청구권은 없으며, 공탁자의 공탁물회수 청구권만이 있다.

보관공탁에는 다음과 같은 것이 있다.

1. 무기명식 채권의 보관공탁

(1) 무기명식 채권을 가진 자가 사채권자집회를 소집하거나 소집을 청구할 때 그 채권을 공탁하는 경우이며(상법 제491조 4항), 이 보관공탁은 사채권자집회의 소집청구권자 또는 소집권자임을 확인함과 동시에 소집권남용의 방지를 위한 공탁이다.

(2) 무기명식 채권을 가진 자가 사채권자집회에서 의결권을 행사하기 위하여 회일(會日)로부터 1주간 전에 채권을 공탁하는 경우이며(상법 제492조 2항), 이 공탁은 사채권자집회에서의 의결권자임을 확인하는 동시에 의결권의 개수를 입증하는 공탁이다.

(3) 사채총액의 10분의1이상에 해당하는 사채권자로서 무기명식 채권을 가진 자가 신탁업자의 담보물보관 상태를 검사하기 위하여 그 채권을 공탁하는 경우이며(담보부

사채신탁법 제84조 2항), 이 공탁은 신탁업자의 담보물보관상태 검사자임을 확인하기 위한 공탁이다.

2. 사채권자의 채권의 보관공탁

담보부사채신탁법에 의한 사채권자가 사채권자집회소집의 절차 또는 그 결의방법이나 신탁계약의 조항에 위반하여 그 결의의 무효를 법원에 청구하는 때에 그 채권을 공탁하는 경우이며(담보부사채신탁법 제50조 3항), 이 공탁은 사채권자집회의 결의무효청구권 남용방지를 위한 공탁이다.

3. 보관공탁의 신청

(1) 공탁신청서의 작성
보관공탁의 공탁물이 금전인 경우에는 공탁규칙 부록 제2호 문서양식(사건관계) 제1-1호 서식을, 유가증권인 경우에는 제1-4호 서식을 이용하여 공탁신청서를 작성하며, 피공탁자는 존재하지 아니하므로 기재하지 않는다.

(2) 공탁물
상법상의 공탁은 "무기명식 사채권", 담보부사채신탁법상의 공탁은 "사채권", 신탁법상의 공탁은 "재산"으로 법정되어 있다.

(3) 관할공탁소
상법 제492조 제2항에 따라 무기명식 사채권을 공탁하고자 하는 사람은 시·군법원 공탁소를 제외한 모든 공탁소에서 공탁할 수 있다. 다만, 상법부칙 제7조에 의하여 상법 제491조 제4항, 제492조 제2항 또는 그 준용규정에 의하여야 할 공탁을 공탁관에게 하지 아니하는 경우에는 대법원장이 정하는 은행 또는 신탁회사에 하여야 하므로 대법원장에게 공탁기관의 지정을 구하여 그 지정된 은행 또는 신탁회사에 공탁할 수도 있다(2002.9.5, 법정 제3302-305).

상법 제491조 제4항, 제492조 제2항에 의한 공탁은 공탁관에게 공탁을 하든지 아니면 대법원장이 정하는 은행 또는 신탁회사에 하든지 공탁자가 임의로 공탁할 공탁소를 정할 수 있다. 담보부사채신탁법 제84조 제2항에 의하여 사채총액의 10분의 1 이상에 해당하는 사채권자 중 무기명식 채권을 가진 자는 그 채권을 신탁업자에게 공탁하여야만 신탁업자의 담보물 보관상태를 검사할 수 있으므로(동법 제84조 2항), 이 규정에 의한 공탁은 법원의 공탁소에 공탁하지 아니하고 신탁업자에게 하여야 한다.

4. 보관공탁물의 회수

피공탁자가 원시적으로 존재하지 아니하므로 사채권자 등 공탁자가 회수하면 된다.

Ⅵ. 몰취공탁

"몰취공탁(沒取供託)"은 일정한 사유가 발생했을 때 공탁물을 몰취(沒取)함으로써 소명을 갈음하는 선서 등의 진실성 또는 상호가등기제도의 적절한 운용 등을 간접적으로 담보하는 기능을 수행하는 제도이다.

1. 몰취공탁의 의의

몰취공탁이란 일정한 사유가 발생하였을 때에는 공탁물을 몰취할 수 있도록 하기 위하여 인정된 공탁을 말하며, 국가에 대하여 자기의 주장이 허위인 때에는 공탁물을 몰취당하여도 이를 감수한다는 취지의 공탁을 말한다.

소명에 갈음하여 보증금을 공탁하고 고의 또는 중과실로 허위의 진술을 한 때에는 법원은 결정으로 보증금을 몰취하도록 한 공탁이다. 따라서 피공탁자는 국가기관이다 (민사소송법 제299조 2항, 제300조).

민사소송법 제299조 제2항에 의하면 법원은 당사자 또는 법정대리인으로 하여금 보증금을 공탁하게 하고 소명에 갈음할 수 있도록 하였으며, 보증금을 공탁한 당사자 또는 법정대리인이 허위진술을 할 경우에는 법원이 위 보증금을 몰취할 수 있도록 한 것(민사소송법 제300조)이 그 예이다.

2. 몰취공탁의 종류

(1) 소명에 갈음한 보증금의 공탁

법원이 당사자 또는 법정대리인으로 하여금 소명에 갈음하여 보증금을 공탁하게 하고, 이들 당사자 또는 법정대리인이 허위의 진술을 한 때에는 법원은 결정으로 보증금을 몰취하도록 한 공탁이다(민사소송법 제300조).

(2) 상호의 가등기를 위한 공탁(상업등기법 제41조)

(가) 상호의 가등기

상호의 가등기라 함은 상호의 본등기를 할 요건이 갖추어지기 전에 장래에 등기하고자 하는 상호의 보전을 위하여 미리 하여 두는 등기를 말한다. 타인이 등기한 상호는 동일한 특별시, 광역시, 시·군에서 동종영업의 상호로 등기하지 못한다(상법 제22조). 상호의 가등기는 설립과정에 상당한 시일이 소요되는 주식회사 유한회사의 설립의 경우나 정관변경절차 등에 상당한 시일이 소요되는 회사의 본점이전, 회사의 상호나 목적의 변경의 경우에 그 필요성이 크다. 그리하여 1995년 개정상법은 상호권의 보전을 위하여 회사에 한하여 상호의 가등기제도를 신설하였다(상법 제22조의2).

(나) 상호의 가등기를 할 수 있는 경우

1) 회사를 설립하고자 할 때의 상호의 가등기

주식회사 또는 유한 회사를 설립하고자 할 때에는 설립등기를 하기전에 상호의 가등기를 할 수 있다. 이경우에는 본점의 소재지를 관할할 등기소에 상호의 가증기를 신청한다(상법 제22조의2제1항).

2) 상호나 목적 또는 상호와 목적을 변경하고자 할 때의 상호의 가등기

회사가 성립후에 상호나 목적 또는 상호와 목적을 변경하고자 할 때에 상호의 가등기를 할 수 있다. 이 경우에 현본점의 소재지를 관할하는 등기소에 상호의 가등기를 신청한다(상법 제22조의2제2항).

3) 본점을 이전하고자 할 때의 상호의 가등기

회사가 본점을 이전하고자 할 때에 상호의 가등기를 할 수 있다. 이 경우에는 이전할 곳을 관할하는 등기소에 상호의 가등기를 신청할 수 있다(상법 제22조의2제3항).

4) 본등기를 할 때까지의 기간(예정기간)

본등기를 할 때까지의 기간(예정기간)은 회사를 설립하고자 할 때의 상호의 가등기 및 본점을 이전하고자 할 때의 상호의 가등기의 경우에는 2년을, 상호나 목적 또는 상호와 목적을 변경하고자 할 때의 상호의 가등기의 경우에는 1년을 각 초과 할 수 없다(상업등기법 제38조 제3항, 제39조 제2항).

(다) 상호가등기의 효력

상호의 가등기는 상법 제22조의 적용에 있어서는 상호의 등기로 본다(상법 제22조 의2제4항, 상업등기법 제46조). 따라서 상호의 가등기는 본등기와 동일한 등기배척력 이 있다.

(라) 상호의 가등기를 위한 공탁

1) 가등기제도의 남용을 방지하기 위하여 상호의 가등기 및 예정기간연장의 등기를 신 청할 때에는 1천만원 범위안에서 대법원규칙으로 정하는 금액인 상업등기규칙 [별표1]의 공탁금액상당의 금전을 공탁하여야 한다(상업등기법 제41조, 상업등기규칙 제77조). 공탁금액은 가등기의 종류와 예정기간에 따라 다음과 같이 정해져 있다.

상업 등기규칙 제77조 별표 1 상호 가등기의 공탁금액

공탁금액 상호의 가등기의 종류	상호의 가등기 신청시		예정기간 연장의 등기 신청시
	예정기간이 6개월이하인 경우	예정기간이 6월을 초과하는 경우	
상법 제22조의 2 제1항의 규정에 의한 상호의 가등기	200만원	200만원에다가 초과되는 예정기간 6월(6월 미만의 기간의 6월로 봄)마다 100만원을 추가한 금액	연장기간 6월 (6월 미만의 기간은 6월로 봄) 마다 100만원을 추가한 금액
상법 제22조의 2 제2항 및 제3항의 규정에 의한 상호가등기	150만원	150만원에다가 초과되는 예정기간 6월(6월 미만의 기간은 6월로 봄)마다, 70만원을 추가한 금액	연장기간 6월(6월 미만의 기간은 6월로 봄)마다 70만원

2) 공탁은 등기신청인이 금전으로써 하여야 하고 유가증권으로써 할 수 없으며, 관할 공탁소에 대하여 특별히 규정한 바 없으므로, 어느 공탁소에 공탁하여도 무방하다. 이 공탁은 상호가등기제도를 남용하는 것을 방지하기 위한 것으로서, 상호의 가등기가 말소된 때에는 회사 또는 발기인 등이 공탁금을 회수할 수 있는 경우를 제외하고는 공탁금을 국고에 귀속하도록 하는 몰취공탁이다. 몰취공탁의 피공탁자는 국가이고, 몰취공탁은 국가에 대하여 자기의 주장이 허위인 때 또는 약정기한내 등기절차의 불이행을 한 때에는 몰취의 제재를 당하여도 감수한다는 취지의 것이므로, 그 성질상 제3자에 의한 공탁이 허용되지 않는다.

(마) 공탁금의 회수

예정기간 내에 본등기를 하였을 때에는 회사 또는 발기인 등은 공탁금을 회수할 수 있다. 다만, 제42조 제1항 제1호 또는 제2호에 해당하는 경우에는 그러하지 아니하다(상업등기법 제45조 제1항).

상호의 가등기가 말소되면 공탁금은 국고에 귀속된다. 다만, 제1항에 따라 회사 또는 발기인등이 공탁금을 회수할 수 있는 경우에는 그러하지 아니하다(상업등기법 제45조 제2항).

공탁금이 국고에 귀속한 때에는 등기관은 공탁의 연월일, 공탁번호, 공탁금액, 공탁자 및 공탁금이 국고에 귀속된 취지와 그 연월일을 해당 공탁법원의 공탁관에게 「상업등기사무의 양식에 관한 예규」 별지 16호 양식에 의하여 이를 통지하여야 한다(상업등기규칙 제80조).

(바) 공탁금의 회수절차

1) 공탁원인의 소멸

회사 또는 발기인 등이 상업등기법 제45조 제1항에 의하여 공탁금을 회수할 수 있는 경우에는 등기관은 회사 또는 발기인 등의 청구에 따라 공탁의 원인이 소멸하였음을 증명하는 서면을 교부하여야 한다(상업등기규칙 제79조 제1항).

제1항의 청구를 할 때에는 다음 각 호의 사항을 기재하고 청구인이 기명날인을 한 청구서 2통을 등기소에 제출하여야 한다(상업등기규칙 제79조 제2항).

1. 상호

2. 공탁법원, 공탁의 연월일, 공탁번호, 공탁금액

3. 공탁의 원인이 소멸한 연월일

4. 증명을 청구하는 취지와 청구연월일

등기관은 제2항의 청구서 중 1통에 「위와 같이 증명합니다」라는 증명문을 부기하고, 증명의 연월일, 등기소, 등기관의 표시 및 그 성명을 적은 후 직인을 날인하여 청구인에게 교부하여야 한다(상업등기규칙 제79조 제3항).

2) 공탁원인소멸의 증명

상업등기규칙 제82조에 따라 공탁의 원인이 소멸하였음을 증명하는 서면의 교부를 청구하기 위하여 회사 또는 발기인 등이 제출하는 청구서 및 등기관이 할 증명의 예시는 별지 제1호 양식과 같다(등기예규 제1504호 제4조, 제1557호).

공탁원인 소멸 증명서

상   호 :

공탁법원 :

공탁의 연월일 :

공탁번호 :

공탁금액 :

공탁의 원인이 소멸한 연월일 :

　　회사(또는 발기인)는 본점이전을 위한 (○○의 변경을 위한) 상호의 가등기를 하기 위하여 위와 같이 공탁을 하였는데, 예정기간 내인　년　월　일 그 본등기를 완료함에 따라 공탁원인이 소멸하였으므로 이를 증명하여 주시기 바랍니다.

년　　월　　일

청구인　　　　　　(인)

　지방법원　　　등기소　귀중

위와 같이 증명합니다

년　월　일

지방법원　　등기소　　등기관　○　○　○　(직인)

(사) 공탁금의 국고귀속

1) 상호의 가등기가 말소된 때

상호의 가등기가 말소된 때에는 제1항에 따라 회사 또는 발기인등이 공탁금을 회수할 수 있는 경우를 제외하고는 공탁금은 국고에 귀속된다(상업등기법 제45조 제2항).

2) 등기관의 공탁관에게 공탁금의 국고귀속의 통지

상업등기법 제45조 제2항에 따라 공탁금이 국고에 귀속되는 때에는 등기관은 공탁연월일, 공탁번호, 공탁금액, 공탁자 및 공탁금이 국고에 귀속되는 취지와 그 연월일을 해당 공탁법원의 공탁관에게 통지하여야 한다.

공탁금을 국고에 귀속하기 위하여 등기관이 규칙 제83조에 따라 해당 공탁법원의 공탁관에게 통지할 때에는 별지 제2호 양식에 따라 통지하여야 한다(등기예규 제1504호 제5조).

3) 상호의 가등기에 대한 공탁금 등 관리대장의 비치

등기소에는 상호의 가등기 또는 예정기간의 연장등기를 위하여 한 공탁과 관련한 업무처리를 위하여 별지 제3호 양식의 "상호의 가등기에 대한 공탁금 등 관리대장"(이하 "관리대장"이라 한다)을 비치하여야 한다.

관리대장은 매년 갱신하여 작성하여야 하며 갱신 후 4년간 이를 보존하여야 한다. 다만, 사건이 적은 등기소에서는 이를 여러 해에 걸쳐 계속 사용할 수 있으며, 매년 갱신하여 작성하는 경우에도 이기할 사항이 많은 경우 다음 해까지 계속 기재한 후 그 해가 종료한 때에 이기할 수 있다.

등기소에는 "공탁원인 소멸 증명서 및 국고귀속 통지서철"을 비치하고 규칙 제79조에 따라 공탁원인 소멸 증명을 신청·교부한 경우에는 그 청구서 1통을, 규칙 제80조에 따라 공탁금 국고귀속 통지를 한 경우에는 그 통지서 사본을 각 편철한 다음 이를 1년간 보존하여야 한다(등기예규 제1504호 제6조1~3항).

4) 상호의 가등기에 있어 변경등기 및 말소등기

상호의 가등기에 있어 법 제40조에 따른 변경등기 및 법 제42조에 따른 말소등기가 가능한지 여부에 관한 예시는 별지 제4호와 같다(등기예규 제1504호 제7조).

공탁금 국고귀속 통지

○○ 제   호

지방법원   공탁관   귀하

　　아래의 공탁금은 상업등기법 제44조 제2항에 따라 국고에 귀속하여야 하므로 상업등기규칙 제83조에 따라 통지합니다.

아   래

공탁의 연월일 :

공 탁 번 호 :

공 탁 금 액 :

공 탁 자 :

년   월   일

지방법원   등기소   등기관   ○ ○ ○ (직인)

〔별지 제3호 양식〕

상호의 가등기에 대한 공탁금 등 관리대장

등기 번호	상 호	가등기의 종류	가등기 연월일 연장등기 연월일	예정기간 연장기간	공탁금액	말소 연월일 및 원인	공탁원인 소멸증명 교부일	확인	공탁금 국고귀속 통지 연월일	확인
				까지	원			㉑		㉑
				까지	원			㉑		㉑
				까지	원			㉑		㉑
				까지	원			㉑		㉑
				까지	원			㉑		㉑
				까지	원			㉑		㉑
				까지	원			㉑		㉑
				까지	원			㉑		㉑
				까지	원			㉑		㉑
				까지	원			㉑		㉑

※ 공탁원인 소멸 증명서를 발행한 경우 및 공탁금 국고귀속 통지를 하였을 경우 등기관은 확인란의
   윗부분에 등기소장은 아랫부분에 각 날인한다.

〔별지 제4호〕

상호의 가등기에 대한 변경등기 · 말소등기 가능여부

가등기의 종류	등 기 사 항	등기사항에 변경이 생긴 경우	
		변경등기의 가부	말소등기의 가부
설립에 관한 상호의 가등기	① 상 호	×	○
	② 목 적	○	×
	③ 본점이 소재할 지	×	○
	④ 발기인 또는 사원 전원의 성명·주민등록번호 및 주소	○	×
	⑤ 예정기간	○	×
상호의 변경에 관한 상호의 가등기	① 상 호	○	×
	② 목 적	○	×
	③ 본점의 소재지	○ (×다른 관할구역으로 이전한 경우)	× (○다른 관할구역으로 이전한 경우)
	④ 변경에 의하여 정하여질 상호	×	○
	⑤ 예정기간	○	×
목적의 변경에 관한 상호의 가등기	① 상 호	×	○
	② 본점의 소재지	○ (×다른 관할 구역으로 이전한 경우)	× (○다른관할 구역으로 이전한 경우)
	③ 변경에 의하여 정하여질 목적	×	○
	④ 예정기간	○	×
상호 및 목적의 변경에 관한 상호의 가등기	① 상 호	○	×
	② 본점의 소재지	○ (×다른 관할 구역으로 이전한 경우)	× (○다른 관할 구역으로 이전한 경우)
	③ 변경에 의하여 정하여질 상호 또는 목적	×	○
	④ 예정기간	○	×
본점이전에 관한 상호의 가등기	① 상 호	×	○
	② 목 적	○	×
	③ 본점의 소재지	○ (○다른 관할구역으로 이전한 경우)	× (×다른 관할구역으로 이전한 경우)
	④ 본점을 이전할 본점의 소재지	×	○
	⑤ 예정기간	○	×

※ ○ 표는 변경등기가 가능한 경우 또는 말소등기를 요하는 것임
　　× 표는 변경등기를 할 수 없는 경우 또는 말소등기를 요하지 않는 것임

(아) 상호의 가등기신청 절차

1) 신청인

주식회사 또는 유한회사를 설립하고자 할 때에의 상호의 가등기는 그 발기인 또는 사원이 이를 신청한다(상업등기법 제38조). 이 때 발기인 또는 사원은 전원이 아니라 그 중 1인이 신청하면 되나, 가등기의 법적효과는 발기인 또는 사원 전원에게 미친다.

상호나 목적 또는 상호와 목적을 변경하고자 할 때의 상호의 가등기와 본점을 이전하고자 할 때의 상호의 가등기는 회사의 대표자가 이를 신청한다(상업등기법 제17조 제4항).

2) 첨부서면

회사를 설립하고자 할 때의 상호의 가등기 및 본점을 이전하고자 할 때의 상호의 가등기에 있어서는 설립등기시와는 달리 상업등기법 제24조 제1항 및 제2항의 규정에 의한 신청인의 인감을 제출할 필요가 없다(상업등기법 제43조 제4항).

상호나 목적 또는 상호와 목적을 변경하고자 할 때의 상호의 가등기는 회사대표자의 인감이 이미 제출되어 있는 본점소재지 관할 등기소에 신청하는 것이므로, 신청인의 인감을 다시 제출할 필요가 없다. 상호가등기의 첨부서면은 다음과 같다.

가) 공탁서의 사본 및 공탁서 원본과의 대조

상호의 가등기의 신청서에는 상업등기법 제45조 및 상업등기규칙 제77조의 규정에 의하여 공탁한 공탁서의 사본은 첨부하여야 한다(상업등기법 제43조 제1항).

등기관은 상업등기법 제43조 제1항에 따라 첨부된 공탁서 사본에 관하여 그 원본의 제출을 요구하여 첨부된 사본이 원본과 같음을 확인하고, 사본에 원본을 확인한 뜻을 적고 기명날인하여야 한다(상업등기규칙 제78조).

상호의 가등기 또는 예정기간의 연장등기 신청에 대하여 등기관이 법 제43조 및 규칙 제78조에 따라 신청서에 첨부된 공탁서 사본이 원본과 같은지를 확인할 때에는 공탁금이 지정된 공탁금 보관은행에 납입되었는지 여부를 유의하여 확인하여야 한다(등기예규 제1504호 제2조).

나) 인감증명과 정관

회사를 설립하고 할 때의 상호의 가등기의 신청서에는 그 신청서 또는 위임에 의한 대리인의 권한을 증명하는 서면에 날인된 인감에 관하여 인감증명법에 의하여 발급된 인감증명 및 설립하고자 하는 회사의 정관을 첨부한다(상업등기법 제43조 제2항).

첨부하여야 할 정관은 회사 본점소재지를 관할하는 지방검찰청소속 공증인의 인증을 받은 것이어야 한다(상법 제292조, 543조 제3항, 공증인법 제63조).

다) 대리인의 권한을 증명하는 서면

대리인에 의하여 등기를 신청할 때에는 신청서에 그 권한을 증명하는 서면을 첨부하여야 한다(상업등기법 제21조).

(자) 상호의 가등기의 말소

상호의 가등기의 말소에는 신청에 의한 말소와 등기관의 직권에 의한 말소의 두 가지가 있다.

1) 말소신청

가) 말소신청을 하는 경우

회사 또는 발기인 등은 다음 각호에 해당하는 때에는 상호의 가등기 말소를 신청하여야 한다(상업등기법 제42조).

① 상호를 변경한 때

회사를 설립하고자 할 때의 상호의 가등기와 본점을 이전하고자 할 때 상호의 가등기 및 목적을 변경하고자 할 때의 상호의 가등기의 경우에 상호를 변경할 때

② 본점을 다른 관할구역으로 이전한 때

상호나 목적 또는 상호와 목적을 변경하고자 할 때의 상호의 가등기의 경우 본점을 다른 특별시·광역시 시 또는 군에 이전한 때

2) 직권말소

등기관은 다음 각 호의 경우에는 상호의 가등기를 직권으로 말소하여야 한다(상업등기법 제44조).

① 예정기간 내에 본등기를 한 때

이때는 상호의 가등기는 그 목적을 달성하게 되므로 그 가등기를 직권으로 말소하게 되는 것이다.

② 본등기를 하지 아니하고 예정기간을 경과한 때

이때는 상호의 가등기는 그 효력이 소멸되는 것이므로, 그 가등기를 직권으로 말소하게 되는 것이다.

본점이전에 관계된 상호의 가등기를 한 후 예정기간 내에 회사가 본점이전의 등기를 하지 아니하여 등기관이 법 제44조에 따라 상호의 가등기를 직권으로 말소할 경우 등기관은 말소등기에 앞서 본점소재지를 관할하는 등기소에 본점이전등기신청서가 접수되었는지 여부를 전산시스템으로 조회하여야 한다(등기예규 제1504호 제3조) (상호등기의 말소절차에 관하여는 등기예규 제1505호 참조.

3. 몰취공탁의 신청

(1) 공탁서의 작성

몰취공탁의 서식을 특별히 정하지 아니하였으므로, 공탁규칙 제2부록 제1-1호 양식을 이용하여 신청서를 작성한다.

(2) 공탁의 목적물

소명에 갈음하는 몰취공탁(민소 제2992항)의 공탁물은 금전이다.

상호가등기 몰취공탁(상업등기법 제41조)도 금전만이 허용될 뿐 지급보증위탁계약체결문서(보증보험증권)를 제출할 수는 없다(재민 2003-5).

(3) 관 할

민사소송법 제299조 제2항의 몰취공탁은 수소법원의 소재지를 관할하는 공탁소에, 상업등기법 제38조에 의한 주식회사 또는 유한회사의 설립에 관계되는 상호의 가등기는 발기인 또는 사원이 본점의 소재지를 관할하는 등기소에 신청한다(상업등기법 제38조).

(4) 당사자

몰취공탁에서의 공탁자는 소송당사자나 법정대리인(민사소송법 제299조 2항) 또는 등기신청인(상업등기법 제38조 1항) 등으로 법정되어 있으며, 몰취공탁에서의 피공탁자는 국가이므로 공탁서상의 피공탁자란에는 '대한민국' 또는 '국'이라고 기재한다.

4. 몰취공탁물의 지급

(1) 출급(몰취로 인한 국고귀속)

(가) 보증금을 공탁한 당사자 또는 법정대리인이 거짓 진술을 한 때 법원은 결정으로 보증금을 몰취한다(민사소송법 제300조). 공탁금 몰취절차를 정한 규정은 없으나 국고 귀속되는 공탁금에 관한 규정인 공탁규칙 제55조 제3항을 준용한다(전게서 : 436면 3.가.(1).).

(나) 회사 또는 발기인 등은 상업등기법 제42조 제1항 각호의 하나에 해당하는 때에는 상호의 가등기의 말소를 신청하여야 하며 상호의 가등기가 말소된 때에는 회사 또는 발기인 등이 공탁금을 회수할 수 있는 경우를 제외하고는 공탁금은 국고에 귀속된다(상업등기법 제45조).

(2) 회수

(가) 보증금을 몰취할 것이 아닌 때에는 사건완결 후 공탁을 명한 법원은 공탁금환부결정을 하고, 공탁자는 공탁금환부결정정본 및 공탁서를 첨부하여 공탁금을 회수하게 된다.

(나) 예정기간 내에 본등기를 한 때에는 등기관은 상호의 가등기를 직권으로 말소하여야 하고(상업등기법 제44조), 회사 또는 발기인 등은 등기관으로부터 교부받은 공탁원인소멸증명서를 첨부하여 공탁금을 회수할 수 있다(상업등기법 제45조).

금전 공탁서(상호의 가등기)

공 탁 번 호	2008년금 제 4556호	년 월 일 신청	법령조항	상법제22조의2제1항 상업등기법제38조 제41조 상법등기규칙제77조

공 탁 자	성명(상호 명칭)	○○○○(주) 발기인 대표 김○○	피 공 탁 자	성명(상호 명칭)	대한민국 또는 국
	주민등록번호 (법인등록번호)			주민등록번호 (법인등록번호)	
	주 소 (본점,주사무소)			주 소 (본점,주사무소)	
	전화번호			전화번호	

공탁금액	한글 이백만원	보관은행	은행 지점
	숫자 2,000,000원		

공탁원인사실	공탁자는 서울중앙지방법원 상업등기소에서 아래 기재한 주식회사의 설립에 관한 상호의 가등기의 신청을 하기 위하여 소정의 금전을 공탁함. 아 래 설립시에 사용할 회사의 상호 ○○○○주식회사 본점이 소재할 장소 서울 ○○구 ○○동 ○번지 맨하탄빌딩 1230호 본등기를 할 때까지의 예정기간 200 년 월 일

비고(첨부서류 등)	□ 계좌납입신청
1. 공탁으로 인하여 소멸하는 질권, 전세권 또는 저당권 2. 반대급부 내용	

위와 같이 신청합니다. 　　　　　　대리인 주소
　　　　　　　　　　　　　　　　　　전화번호
　　공탁자 성명　　　(인)(서명)　성명　　　　　(인)(서명)

위 공탁을 수리합니다.
공탁금을 　년 월 일까지 위 보관은행의 공탁관 계좌에 납입하시기 바랍니다.
위 납입기일까지 공탁금을 납입하지 않을 때는 이 공탁 수리결정의 효력이 상실됩니다.
　　　　　　　　　　　　년　　　월　　　일
　　　　　　　　　법원　　　지원 공탁관　　　　　(인)

(영수증) 위 공탁금이 납입되었음을 증명합니다.
　　　　　　　　　　　　년　　　월　　　일
　　　　　　　　공탁금 보관은행(공탁관)　　　　　(인)

공탁금 회수청구서(상호의 가등기)

공 탁 번 호	2008년 금 제4556호		공 탁 금 액	한글 이백만원
				숫자 2,000,000원

공탁자	성 명 (상호, 명칭)	○○○○(주) 발기인 대표 김○○	피공탁자	성 명 (상호, 명칭)	김 ○ ○
	주민등록번호 (법인등록번호)			주민등록번호 (법인등록번호)	

청구내역	청구금액		이자의 청구기간	이자 금액	합계금액	비 고
	한글					
	숫자					

보 관 은 행	출급청구시	회수청구시
청구 및 이의유보사유 ※ 해당란에 ☑ 하시거나 기타란에 간단히 기재하시기 바랍니다.	※ 출급청구시 이의가 있으면 이의유보란에, 이의가 없으면 공탁수락란에 하시기 바랍니다. □ 공탁을 수락하고 출급함 □ 이의를 유보하고 출급함 □ 담보권 실행 □ 배당에 의함 □ 채권양수에 의함 □ 기타( )	□ 민법 제489조에 의하여 회수 □ 착오공탁(착오증명서면 첨부 필요) ☑ 공탁원인소멸(담보취소, 본압류이전, 가압류취하·취소·해제 등)
비고 (첨부서류 등)	□ 공탁서 또는 공탁통지서 □ 신분증 사본 □ 위임장 □ 인감증명서 □ 주민등록초본 □ 법인등기부등본 □ 담보취소결정 정본 및 확정증명 □ 가압류에서 이전되는 압류추심·전부명령 및 송달·확정증명 □ 가압류 취하·해제증명 등 □ 동의서·승낙서·보증서 □ 채권양도 원인서면 □ 착오증명서면 □ 기타( )	

위와 같이 청구합니다.

년 월 일

청구인	대리인
주소 : 주민등록번호: (사업자등록번호) 성명: 인(서 명) (전화번호:)	주소 : 성명 : 인(서 명) (전화번호:)

위 청구를 인가합니다.

년 월 일

법원 지원 공탁관 (인)

위 공탁금과 공탁금 이자(공탁금 출급·회수청구서 1층)를 수령하였습니다.

년 월 일

수령인(청구인 또는 대리인) 성명 (인)

제2관 시간적 단계에 의한 공탁의 분류

공탁은 시간적 단계에 의하여 기본공탁, 대공탁, 부속공탁으로 분류할 수 있다.

Ⅰ. 기본공탁

기본공탁이란 본래의 의미의 공탁으로서 최초에 하는 공탁을 말한다.

Ⅱ. 대 공 탁

1. 대공탁의 의의

대공탁(代供託)은 공탁유가증권의 상환기가 도래하였을 때 공탁자 또는 피공탁자의 청구에 기하여 공탁기관이 공탁유가증권의 상환금을 받아 종전 공탁유가증권에 대신하여 그 상환금을 공탁함으로써 종전 공탁의 효력을 지속하게 하는 공탁이므로 대공탁을 하게 되면 공탁의 목적물은 유가증권에서 금전으로 변경되나 공탁의 동일성은 유지된다.

(1) 대공탁이란 기본공탁의 동일성을 유지하면서 단지 공탁유가증권을 공탁금으로 공탁물을 변환시키기 위하여 하는 공탁으로서 공탁유가증권의 상환기가 도래한 경우에 공탁당사자의 청구에 의하여 공탁소가 공탁유가증권의 상환금을 수령하여 이를 종전의 공탁물에 대신하여 보관함으로써 종전공탁의 효력을 지속케 하는 공탁을 말한다(공탁규칙 제31조 1항). 이와 같은 대공탁(금전공탁)에 대하여 원공탁인 유가증권공탁을 "기본공탁"이라고 한다.

(2) 대공탁을 하게 되면 공탁의 목적물은 유가증권에서 금전으로 변경되나 공탁의 동일성은 유지되므로, 대공탁은 유가증권의 상환금청구권의 시효소멸을 방지함으로써

종전공탁의 효력을 지속시키는 데 그 목적이 있다.

(3) 대공탁에 있어서는 당사자가 공탁물을 출급 또는 회수하는 절차와는 달리 그 첨부서류도 공탁물을 납입한 증서인 공탁서 원본은 첨부할 필요가 없다(1973. 3.15. 행정예규 제35호).

🔍판례

공탁유가증권 인도청구권에 대한 압류 및 배당요구의 효력이 공탁기관이 그 유가증권을 환가하여 현금화한 원금과 이자에 대한 대공탁과 부속공탁에 미치는지 여부(적극)

대공탁(代供託)은 공탁유가증권의 상환기가 도래하였을 때 공탁자 또는 피공탁자의 청구에 기하여 공탁기관이 공탁유가증권의 상환금을 받아 종전 공탁유가증권에 대신하여 그 상환금을 공탁함으로써 종전 공탁의 효력을 지속하게 하는 공탁이므로 대공탁을 하게 되면 공탁의 목적물은 유가증권에서 금전으로 변경되나 공탁의 동일성은 유지된다 할 것이고, 부속공탁은 공탁유가증권의 이자 또는 배당금의 지급기가 도래하였을 때 공탁기관이 그 이자 또는 배당금을 수령하여 공탁유가증권에 부속시켜 공탁함으로써 기본공탁의 효력을 그 이자 또는 배당금에 의한 금전공탁에도 일체로서 미치게 하는 것이므로, 당초 공탁된 유가증권 인도청구권에 대한 압류 및 배당요구의 효력은 공탁기관이 그 유가증권을 환가하여 현금화한 원금과 이자에 대한 대공탁과 부속공탁에 미친다(대판 2005.5.13. 2005다1766).

2. 담보물의 변경과의 차이

공탁물의 변경이라는 점만을 볼 때 표면적으로 대공탁과 유사한 것에 담보물의 변경(민사소송법 제126조)이 있다. 이 제도는 담보의 목적으로 금전 또는 유가증권을 공탁한 자가 어떠한 필요에 의하여 법원의 승인을 받아 종전의 공탁을 그대로 둔 채 새로 별개의 공탁을 한 후 종전공탁은 공탁원인 소멸을 이유로 회수하여 공탁물을 변경하는 것으로, 새로운 공탁은 종전공탁과 비교하여 공탁원인은 동일하나 공탁 그 자체의 동일성은 없다는 점에서 대공탁과 다르다.

법원은 담보제공자의 신청에 의하여 상당하다고 인정할 때에는 공탁한 담보물의 변경을 명할 수가 있고, 이 때에는 담보권리자의 이익을 해하여서는 안 될 것이나, 본래의 공탁물에 갈음하여 유가증권이나 채권을 공탁하게 할 때에 신구담보물의 액면가액이 절대적으로 동일하거나 그 이상이어야 하는 것은 아니며, 신담보물을 어떠한 종류와 수량의 유가증권이나 채권으로 할 것인가는 법원의 재량에 의하여 정하여진다(대법원 1988.8.11, 88그25 결정 : 공 1988, 1233).

3. 대공탁 청구시 공탁유가증권의 상환기가 도래하였음을 소명하는 방법

대공탁 또는 부속공탁의 청구에 있어서는 그 청구자는 공탁유가증권이 상환기가 도래하였음을 소명하여야 하는데, 징발보상증권인 경우에는 그 소명방법에 있어서 당첨을 공고한 관보 호수와 날짜 등을 대공탁 또는 부속공탁청구서(상환금이자 배당금의 구별 기타 지급기일란)에 기재하여 상환할 수 있는 증권이라는 소명을 하여도 좋을 것이다(1973.10.16, 행정예규 제37호).

대공탁 · 부속공탁을 위한 유가증권 · 이표 출급의뢰서

		공탁금 보관은행		귀중
원 공 탁 번 호	년증제 호	년 월 일 신청	청구종별	대 공 탁 부속공탁
대 공 탁 번 호	년증제 호	대 공 탁 금액		
부속공탁 번호	년증제 호	부속공탁 금액		

추심을 의 뢰 하 는 목적물	공 탁 유 가 증 권				상환금이자 배당금의 구별 기타 지급기일
	명 칭	장 수	총액면금액	액면금기호, 번호	

비 고

위 증권·이표의 출급을 의뢰하오니 추심하여 공탁금 계좌에 납입하여 주시기 바랍니다.
 	
첨부서류 :
 	
                                 년   월   일
 	
                         법원   지원 공탁관   (인)

※ 첨부서류 : 공탁유가증권이 기명식인 때에는 공탁유가증권보관자 앞으로 작성한 상환금(이자·배당금)
   추심위임장을 첨부함.

4. 대공탁의 청구

대공탁을 청구할 수 있는 자는 "공탁물을 수령할 자"이며, 이는 앞으로 공탁물에 대하여 출급청구권 또는 회수청구권을 행사하여 공탁물을 지급받을 수 있는 권리를 갖는 자를 말한다. 따라서 공탁자와 피공탁자 외에 그 공탁물지급청구권의 추심·전부채권자와 양수인은 물론 상속인 등 일반승계인도 포함된다.

변제공탁의 공탁자는 채권자(피공탁자)의 공탁수락이나 공탁유효의 확정판결이 있기 전 등 회수청구권이 있는 동안에만 대공탁청구권을 갖는다(법원행정처발행 공탁실무편람 72면.나.(1).).

(1) 공탁유가증권의 상환금의 대공탁을 청구하는 경우에는 2통의 대공탁청구서([별지 제6호 서식])를 제출하여야 하며(공탁규칙 제31조 1항), 공탁유가증권이 기명식인 때에는 청구자는 대공탁청구서에 공탁물보관자 앞으로 작성한 위임장을 첨부하여야 한다(공탁규칙 제31조 5항). 동일한 유가증권공탁에 관하여 대공탁과 부속공탁을 동시에 청구하는 경우에는 하나의 청구서로 청구할 수 있다(공탁규칙 제31조 2항).

(2) 대공탁 또는 부속공탁에 있어서는 당사자가 공탁물을 출급 또는 회수하는 절차와는 달리 그 첨부서류도 공탁물을 납입한 증서인 공탁서원본은 첨부할 필요가 없다(1973.3.15, 행정예규 제35호). 이 경우 공탁관은 대공탁과 부속공탁을 별건으로 접수등록 하되 1개의 기록을 만든다(공탁규칙 제31조 2항).

(3) 공탁중인 징발보상증권의 원리금 상환이 개시된 후에도 수령권자로부터 출급청구가 없는 경우에는 공탁유가증권의 원금에 대하여는 대공탁을, 그 이자에 대하여는 따로 부속공탁을 하여야 하며, 이러한 대공탁 또는 부속공탁의 청구시에는 공탁물보관은행이 직접 공탁유가증권의 원리금을 상환받아 이를 대공탁 또는 부속공탁의 대금으로 대체납입하는 것이 옳다(1972.7.28, 행정예규 제30호).

5. 대공탁을 기본공탁에 포함시켜 1건으로 일괄 출급 또는 회수청구

징발보상증권을 변제공탁한 후 공탁한 증권의 일부를 대공탁을 한 경우, 이를 출급 또는 회수함에 있어서는 공탁규칙 제33조에 의하여 공탁종류(유가증권 또는 금전별)에 따라 각각1건의 청구서로서 청구할 수 있다(1974.6.11, 행정예규 제39호).

6. 대공탁의 수리

공탁관이 대공탁이나 부속공탁의 청구를 수리할 때에는 대공탁·부속공탁청구서에 그 청구를 수리한다는 취지와 공탁번호를 기재하여 기명·날인하고, 그 중 1통을 유가증권·이표출급의뢰서와 같이 청구인에게 교부한다(공탁규칙 제31조 3항).

공탁유가증권이 기명식인 때에는 청구자는 대공탁청구서에 "공탁물보관자에게 해당 상환금 추심을 위임한다"라는 취지의 위임장을 작성하여 첨부하여야 한다(공탁규칙 제31조 5항).

7. 대공탁의 비용·접수

대공탁 및 부속공탁 청구절차의 추심비용은 청구자의 부담으로 하며, 대공탁과 부속공탁은 금전공탁사건으로 접수하고, 대공탁을 수리하는 경우에는 동시에 유가증권 공탁접수부와 원장에 유가증권의 출급사항을 등록하여야 한다(공탁규칙 제31조 제6항, 제7항).

8. 공탁유가증권 인도청구권에 대한 압류 및 배당요구의 효력

당초 공탁된 유가증권 인도청구권에 대한 압류 및 배당요구의 효력은 공탁기관이 그 유가증권을 환가하여 현금화한 원금과 이자에 대한 대공탁과 부속공탁에 미친다(대판 2005.5.13, 2005다1766 배당이의).

대공탁 청구서

원 공 탁 번 호	년증제 호	년 월 일 신청	청구종별	대 공 탁 부속공탁
대 공 탁 번 호	년증제 호	대 공 탁 금액		

추심을 의 뢰 하 는 목적물	공 탁 유 가 증 권				상환금 · 이자 · 배당금의 구별 기타 지급기일
	명 칭	장 수	총 액면금액	액면금기호, 번호	

보 관 은 행	
비고(첨부서류 등)	

위와 같이 청구합니다.   대리인 주소

　　　청구자 성명   (인)   대리인 성명   (인)

위 청구를 수리합니다.

　　　　　　　　　　　년   월   일

　　　　　　　　　　　법원   지원 공탁관   (인)

(영수증)

　위 공탁금을 납입하기 위하여 필요한 출급의뢰서등 일체의 서류를 영수하였음을
증명합니다.

　　　　　　　　　　　년   월   일

　　　　　　　　　　　공탁물 보관은행   (인)

III. 부속공탁

1. 부속공탁의 의의

(1) 부속공탁이란 공탁유가증권의 이자 또는 배당금의 지급기가 도래하였을 때 공탁당사자의 청구에 의하여 '공탁소'가 그 이자 또는 배당금을 수령하여 종전의 공탁유가증권에 부속시켜 공탁함으로써 기본공탁의 효력을 그 이자 또는 배당금에 의한 금전공탁에도 일체로서 미치도록 하는 공탁이다(공탁법 제7조 ; 공탁규칙 제31조 1항).

보증금에 대신하여 유가증권을 공탁한 경우에는 공탁자는 그 이자나 배당금을 청구할 수 있으나, 그 이외의 경우에는 공탁유가증권의 지급 전에 공탁당사자가 그 이자 또한 배당금만의 지급청구를 할 수 없기 때문에(공탁법 제7조 단서) 이로 인한 이자 또는 배당금청구권의 시효소멸을 방지하기 위한 것이다.

(2) 부속공탁에 있어서는 당사자가 공탁물을 출급 또는 회수하는 절차와는 달리 그 첨부 서류도 공탁물을 납입한 증서인 공탁서 원본은 첨부할 필요가 없다(1973.3.15, 행정예규 제35호).

2. 부속공탁 청구시 공탁유가증권의 상환기가 도래하였음을 소명하는 방법

부속공탁의 청구에 있어서는 그 청구자는 공탁유가증권이 상환기가 도래하였음을 소망하여야 하는데, 징발보상증권인 경우에는 그 소명방법에 있어서 당첨을 공고한 관보 호수와 날짜 등을 대공탁 또는 부속공탁청구서(상환금이자 배당금의 구별 기타 지급기일란)에 기재하여 상환할 수 있는 증권이라는 소명을 하여도 좋을 것이다(1973.10.16, 행정예규 제37호).

3. 부속공탁의 청구

(1) 부속공탁청구서의 제출

부속공탁을 청구하려는 사람은 2통의 부속공탁청구서([별지 제6호 서식])를 제출하여야 하며(공탁규칙 제31조 1항), 이 경우에는 공탁규칙 제21조 제1항 및 제2항과 제

22조의 규정을 준용한다. 즉 부속공탁을 청구하는 자가 법인인 경우에는 대표자 또는 관리인의 자격을 증명하는 서면, 법인 아닌 사단 또는 재단일 경우에는 정관 기타 규약과 대표자 또는 관리인의 자격을 증명하는 서면을 부속공탁청구서에 첨부하여야 하며, 대리인에 의하여 부속공탁을 하는 경우에는 대리인의 자격을 증명하는 서면을 첨부하여야 한다(공탁규칙 제31조 4항).

(2) 부속공탁청구서의 첨부서면

부속공탁은 공탁유가증권의 이자 또는 배당금을 기본된 공탁에 부속시켜 공탁하는 절차이므로, 부속공탁에 있어서는 당사자가 공탁물을 출급 또는 회수하는 절차와는 달리 그 첨부서류로 공탁물을 납입한 증서인 공탁서 원본은 첨부할 필요가 없다(1973.3.15, 행정예규 제35호).

부속공탁의 청구에 있어서는 그 청구자는 공탁유가증권이 상환기가 도래하였음을 소명하여야 하며, 징발보상증권인 경우에는 그 소명방법에 있어서 당첨을 공고한 관보호수와 날짜 등을 부속 공탁청구서(상환금이자 배당금의 구별 기타 지급기일란)에 기재하여 상환할 수 있는 증권이라는 소명을 하여도 된다(1973.10.16, 행정예규 제37호).

(3) 첨부서면의 원용

공탁유가증권이 기명식인 때에는 청구인은 부속공탁의 청구서에 공탁물보관자 앞으로 작성한 상환금추심위임장을 첨부하여야 한다(공탁규칙 제31조 5항). 부속공탁을 청구하는 경우에는 공탁규칙 제21조 제1항 및 제2항과 제22조의 규정을 준용한다(공탁규칙 제31조 4항). 즉 동일 공탁법원에 대하여 동일인이 동일에 수건의 부속공탁을 청구하는 경우에 첨부서면의 내용이 동일한 것이 있는 때에는1건의 부속공탁서에 1통만을 첨부하면 되며, 이 경우에 다른 부속공탁서에는 그 뜻을 기재하여야 한다. 동일한 유가증권공탁에 관하여 대공탁과 부속공탁을 동시에 청구하는 경우에는 하나의 청구서로 청구할 수 있으며, 이 경우 공탁관은 대공탁과 부속공탁을 별건으로 접수등록하되 1개의 기록을 만든다(공탁규칙 제31조 2항).

4. 부속공탁을 기본공탁에 포함시켜 1건으로 일괄출급 또는 회수청구

징발보상증권을 변제공탁한 후 공탁한 증권의 일부를 부속공탁을 한 경우, 이를 출급 또는 회수함에 있어서는 공탁규칙 제33조에 의하여 공탁종류(유가증권 또는 금전별)에 따라 각각1건의 청구서로 일괄 청구할 수 있다(1974.6.11, 행정예규 제39호).

5. 부속공탁의 수리 · 비용 · 접수

공탁관이 부속공탁청구를 수리할 때에는 부속공탁청구서에 그 청구를 수리한다는 취지와 공탁번호를 기재하여 기명 · 날인하고, 그 중1통을 공탁납입서와 유가증권 · 이표출급의뢰서와 같이 청구자에게 교부한다(공탁규칙 제31조 3항). 부속공탁청구절차의 추심비용은 청구자의 부담으로 한다(공탁규칙 제31조 6항).

6. 공탁유가증권의 인도청구권에 대한 압류 및 배당요구의 효력

공탁유가증권 인도청구권에 대한 압류 및 배당요구의 효력이 공탁기관이 그 유가증권을 환가하여 현금화한 원금과 이자에 대한 대공탁과 부속공탁에 미친다.

부속공탁 청구서

원 공 탁 번 호	년증제 호	년 월 일 신청	청구종별	대 공 탁 부속공탁
부속 공탁 번호	년증제 호	부속공탁 금액		

추심을 의 뢰 하 는 목적물	공 탁 유 가 증 권				상환금이자 배당금의 구별 기타 지급기일
	명 칭	장 수	총액면금액	액면금기호, 번호	

보 관 은 행	은행 지점
비고(첨부서류 등)	

위와 같이 청구합니다.   대리인 주소

    청구자 성명   (인)   대리인 성명   (인)

위 청구를 수리합니다.

                년   월   일

                법원   지원 공탁관   (인)

(영수증)

    위 공탁금을 납입하기 위하여 필요한 출급의뢰서등 일체의 서류를 영수하였음을

    증명합니다.

                년   월   일

                공탁물 보관은행   (인)

대공탁 · 부속공탁을 위한 유가증권 · 이표 출급의뢰서

		공탁금 보관은행		귀중
원 공 탁 번 호	년증제 호	년 월 일 신청	청구종별	대 공 탁 부속공탁
대 공 탁 번 호	년증제 호	대 공 탁 금액		
부속공탁 번호	년증제 호	부속공탁 금액		

추심을 의 뢰 하 는 목적물	공 탁 유 가 증 권				상환금 · 이자 · 배당금의 구별 기타 지급기일
	명 칭	장 수	총액면금액	액면금기호, 번호	

비 고

위 증권 · 이표의 출급을 의뢰하오니 추심하여 공탁금 계좌에 납입하여 주시기 바랍니다.

첨부서류 :

년   월   일

법원   지원 공탁관   (인)

※ 첨부서류 : 공탁유가증권이 기명식인 때에는 공탁유가증권 보관자 앞으로 작성한 상환금(이자 · 배당금)
추심 위임장을 첨부함

제3관   공탁물에 의한 공탁의 분류

공탁물이라 함은 법령의 규정에 의하여 공탁하는 금전, 유가증권 또는 기타의 물품을 말한다. 대법원장은 공탁물을 보관할 은행 또는 창고업자를 지정하며, 지정된 은행이나 창고업자는 그가 경영하는 영업의 부류에 속하는 것으로서 보관할 수 있는 수량에 한하여 이를 보관할 의무를 부담한다. 공탁물을 수령할 자의 청구가 있는 경우에는 지정된 은행 또는 창고업자는 공탁의 목적인 유가증권의 상환금, 이자 또는 배당금을 수령하여 이를 보관한다. 다만, 보증금에 대신하여 유가증권을 공탁한 경우에는 공탁자는 그 이자나 배당금을 청구할 수 있다.

공탁물을 보관하는 은행 또는 창고업자는 그 공탁물을 수령하는 자에 대하여 일반적으로 동종의 물건에 관하여 청구하는 보관료를 청구할 수 있다. 공탁물을 수령하고자 하는 자는 대법원규칙이 정하는 바에 의하여 그 권리를 증명하여야 한다.

공탁법 제3조 제1항은 "대법원장은 법령의 규정에 의하여 공탁하는 금전, 유가증권 또는 기타의 물품을 보관할 은행 또는 창고업자를 지정한다"고 규정하여 금전·유가증권·물품이 공탁물임을 명시하고 있다.

Ⅰ. 금전공탁

금전이란 재화의 교환의 매개물로서 국가가 정한 물건을 말하는바, 국가에 의하여 강제통용력을 가지는 화폐는 물론 거래상 화폐로 통용되는 자유통화까지 포함시키기도 한다. 금전에 대한 선의취득규정의 적용 여부에 관하여 우리 민법 제250조 단서는 "도품이나 유실물이 금전인 때에는 그러하지 아니하다"고 하여 금전에 대하여는 도품·유실물의 특칙을 인정하지 않으면서 선의취득규정을 적용한다. 그러면 금전이 도품이나 유실물이 아닌 경우에 그 선의취득에 관하여 민법 제249조를 적용할 것이냐, 민법 제514조 또는 수표법 제21조를 적용할 것이냐가 문제된다. 이론상으로는 후자가 타당하나, 이 경우 유가증권의 선의취득에 있어서는 민법 제250조 본문과 제251조가 정하는 것과 같은 도품·유실물에 대한 특칙은 적용되지 않으므로 민법 제250조 단서는 유명무실해진다.

[제1-1호 양식]

금전 공탁서(수령거절)

공 탁 번 호	년금 제 호		년 월 일 신청	법령조항	민법 제487조
공 탁 자	성 명 (상호 명칭)	김 ○ ○	피 공 탁 자	성 명 (상호 명칭)	박 ○ ○
	주민등록번호 (법인등록번호)			주민등록번호 (법인등록번호)	
	주 소 (본점, 주사무소)			주 소 (본점, 주사무소)	
	전화번호			전화번호	

공탁금액	한글 일백오십만원	보관은행	은행 지점
	숫자 1,500,000원		

공탁원인사실	공탁자는 2003.11.26. 03:50 서울시 ○○구 ○○동 ○번지 노상에서 운전중 이 ○○ 소유의 경기00구0000호 차량우측 앞 휀다부분을 출동하여 그 충격으 로 튕겨져 나가면서 반대방향에서 진행중이던 피공탁자 소유 차량좌측 측면을 충돌케 하였는 바, 공탁자는 그 손해배상금으로 금 1,500,000원을 피공탁자에 게 제공하였으나 그 수령을 거절하므로 공탁함.
비고(첨부서류 등)	1. 주민등록표등본 2. 공탁통지서 3. 공탁금회수제한신고서 □ 계좌납입신청
1. 공탁으로 인하여 소멸하는 질권, 전세권 또는 저당권 2. 반대급부 내용	

위와 같이 신청합니다.   대리인 주소
                                                    전화번호
        공탁자 성명 김 ○ ○ 인(서명)   성명   인(서명)

위 공탁을 수리합니다.

공탁금을   년 월 일까지 위 보관은행의 공탁관 계좌에 납입하시기 바랍니다.

위 납입기일까지 공탁금을 납입하지 않을 때는 이 공탁 수리결정의 효력이 상실됩니다.

                            년   월   일
                    법원   지원 공탁관   (인)

(영수증) 위 공탁금이 납입되었음을 증명합니다.

                            년   월   일
                    공탁금 보관은행(공탁관)   (인)

금전 공탁서(변제 등)

공 탁 번 호	2009년금 제 호	2009년 9월 17일신청	법령 조항	민법 제487조

공 탁 자	성 명	서 ○ ○	피 공 탁 자	성 명	김 ○ ○
	주민등록번호			주민등록번호	
	주 소			주 소	
	전화번호			전화번호	

공탁금액	금오백이십구만사천이백일십구원 (₩ 5,294,219원)

공탁원인사실	별지와 같음

비고(첨부서류 등)	1. 판결사본 2. 주민등록표등본 3. 공탁통지서 4. 위임장

1. 공탁으로 인하여 소멸하는 질권, 　 전세권 또는 저당권 2. 반대급부 내용	해당없음

위와 같이 신청합니다.　　　　　　　　대리인　성명 법무사 ○ ○ ○ 인

　　공탁자 성명 서 ○　○　　(인)　　　　　주소

　　　　　　서울 마포구 합정동 348-78. 3층　　　전화

위 공탁을 수리합니다.

공탁금을　　년　월　일까지 위 보관은행의 공탁관 계좌에 납입하시기 바랍니다.

위 납입기일까지 공탁금을 납입하지 않을 때는 이 공탁 수리결정의 효력이 상실됩니다.

　　　　　　　　　　　　년　　　월　　　일

　　　　　　　　　　법원　　　　지원 공탁관　　　　(인)

(영수증) 위 공탁금이 납입되었음을 증명합니다.

　　　　　　　　　　　　년　　　월　　　일

　　　　　　　　　공탁금 보관은행(공탁관)　　　(인)

공 탁 원 인 사 실

공탁자는 피공탁자에게 서울 서부지방법원 2008 가단 92773(본소), 2009가단 11832 (반소) 건물명도 사건의 판결주문 2항에 따른 5,100,00원고 이에 대하여 2009.3.11 부터 2009.8.19일까지 (162일) 연5%의 비율에 의한 금113,178원(내역 : 5,100,000 × 5/100 × 162/365=113,178원), 그 다음날부터 갚는 날(2009.8.20~2009.9.17 : 29일)까지 연20%의 비율에 의한 금81,041원(내역 : 5,100,000 × 20/100×29/365 =81,041원) 합계 5,294,219원을 피공탁자에게 제공하였으나 그 수령을 거절하므로 공탁함.

금 전 공 탁 통 지 서(금전)

(제2-1호 서식)

공 탁 번 호	2009년금 제 호	2009년 9월 17일신청	법령조항	민법 제487조 전단
공 탁 자	성 명	서 ○ ○	피 공 탁 자	성 명	김 ○ ○
	주민등록번호 (법인등록번호)			주민등록번호 (법인등록번호)	
	주 소			주 소	

공탁금액	금오백이십구만사천이백일십구원 (₩ 5,294,219원)
공탁원인사실	별지와 같음
1. 공탁으로 인하여 소멸하는 질 　권, 전세권 또는 저당권 2. 반대급부 내용	해당없음

위와 같이 신청합니다.　　　　　　　대리인　성명　법무사 ○ ○ ○ 인

공탁자 성명 서 ○ ○　　　(인)　　　　주소

서울 마포구 합정동 348-78. 3층　　전화

1. 위 공탁금이 　년　월　일 납입되었으므로 [별지] 안내문의 구비서류 등을 지참하시고, 우리 법원 공탁소에 출석하여 공탁금 출급청구를 할 수 있습니다.
   귀하가 공탁금 출급청구를 하거나, 공탁을 수락한다는 내용을 기재한 서면을 우리 공탁소에 제출하기 전에는 공탁자가 공탁금을 회수할 수 있습니다.
2. 공탁금 출급청구시 구비서류 등
 ※ [별지] 안내문을 참조하시기 바랍니다.
3. 공탁금액이 5천만원 이하인 경우에는 법원 전자공탁홈페이지(http://ekt.scourt.go.kr)를 이용하여 인터넷으로 공탁금 출급청구를 할 수 있습니다. 이 경우 인감증명서(또는 본인서명사실확인서)는 첨부하지 아니합니다.
4. 공탁금은 그 출급청구권을 행사할 수 있는 때로부터 10년 내에 출급청구를 하지 않을 때에는 특별한 사유(소멸시효 중단 등)가 없는 한 소멸시효가 완성되어 국고로 귀속되게 됩니다.
5. 공탁금에 대하여 이의가 있는 경우에는 공탁금 출급청구를 할 때에 청구서에 이의유보 사유(예컨대 "손해배상금 중의 일부로 수령함" 등)를 표시하고 공탁금을 지급받을 수 있으며, 이 경우에는 후에 다른 민사소송 등의 방법으로 권리를 주장할 수 있습니다.
6. 공탁통지서는 재발급 되지 않으므로 잘 보관하시기 바랍니다.
7. 사건 내용은 법원 전자공탁홈페이지에서 조회할 수 있으며, 통지서 하단에 발급확인번호가 기재되어 있는 경우에는 전자문서로 신청된 사건이므로 전자공탁홈페이지에서 공탁관련 문서를 열람할 수 있습니다.

　　　年　　　月　　　日 발송

　　　　　　　　법원　　　지원 공탁관　　　　　　(인)

　　　　　　　　(문의전화 :　　　　　　　　　)

Ⅱ. 유가증권공탁

1. 유가증권의 의의

유가증권이라 함은 사법상 재산권이 화체되어 있는 증권으로서 그 권리의 행사가 증권에 의해서만 가능한 것을 말한다. 화물상환증, 창고증권, 주권, 사채권, 선하증권 등이 그것이다. 형법상 유가증권위조죄의 객체가 되는 유가증권은 증권에 표창되는 재산상의 권리의 행사에 관하여 그 점유를 필요로 하는 것을 이른다.

2. 예탁유가증권(주권)의 공탁

예탁유가증권 반환청구권에 대해 가압류 및 체납처분에 의한 압류가 있는 경우에도 제3채무자는 체납처분자(세무서장)의 청구에 따라 해당 유가증권을 인도하거나, 또는 체납자를 피공탁자로 공탁원인을 수령불능으로 하는 유가증권공탁을 함으로써 채무를 면할 수 있을 것이다(2002.1.11, 법정 제3302-9호).

유가증권공탁서(수령거절)

공 탁 번 호	년증제 호		년 월 일 신청	법령조항	징발법 제22조의4

공탁자	성 명 (상호 명칭)	한국은행 총재 ○○○	피공탁자	성 명 (상호 명칭)	박 ○ ○
	주민등록번호 (법인등록번호)			주민등록번호 (법인등록번호)	
	주 소 (본점,주사무소)			주 소 (본점,주사무소)	
	전화번호			전화번호	

공 탁 유 가 증 권					공탁원인 사 실	공탁자는 국방부장관이 군작전진지용으로 징발한 피공탁자 소유 ○○도 ○○군 ○○면 ○○리 ○○번지 전 350평에 대하여 국방부장관이 결정한 보상금 일천만원을 지급(징발보상증권 권면액 일천만원)코자 통지하였으나 위 증권의 수령을 거부하므로 공탁함.
명 칭	2003년1차발행분 징발보상증권증서			계		
장 수	100매			100매		
총 액 면 금	한글 일천만원 숫자 10,000,000원			일천만원		
액면금기호번호	일십만원권 가01255~가01355				1. 공탁으로 인하여 소멸할 질권, 전세권 또는 저당권 2. 반대급부 내용	
부 속 이 표						
최 종 상 환 기					비 고	1. 증권증서100매 2.공탁통지서 3. 위임장

위와 같이 신청합니다.   한국은행총재 ○○○ 대리인   주소
전화번호
　　　　공탁자 성명   인(서명)   성명   인(서명)

위 공탁을 수리합니다.
공탁유가증권을   년 월 일까지 ○○은행 공탁관의 계좌에 납입하시기 바랍니다.
동일까지 납입하지 않을 때는 이 공탁의 수리는 효력이 상실됩니다.
　　　　　　　　　　　　년   월   일
　　　　　　　　　　　법원   지원 공탁관   (인)

(영수증) 위 공탁유가증권이 납입되었음을 증명합니다.
　　　　　　　　　　　　년   월   일
　　　　　　　　　　공탁금 보관은행(공탁관)   (인)

Ⅲ. 물품공탁

1. 민법상 물건의 의의

민법상 물건이라 함은 유체물 및 전기 기타 관리할 수 있는 자연력으로서(민법 제98조) 권리 특히 물권의 객체가 된다. 민법에서는 물건을 동산·부동산·주물·종물·원물·과실 등으로 분류하고 있고, 학자들은 그 밖에도 사법상 거래의 객체가 될 수 있느냐에 따라 융통물·불융통물(예 : 공용물·공공용물·금제물)로 나누고, 가분물·불가분물, 대체물·불대체물, 특정물·불특정물, 소비물·비소비물 등으로 나누고 있다.

2. 물품공탁의 대상

(1) 물품 또는 대금

물품에는 보관하기에 적합한 것이면 그 종류를 불문하고 공탁할 수 있다(예 : 기계, 의류, 가축, 곡물 등). 물품 중 쉽게 변질될 수 있는 것은 물품자체를 공탁하기에 부적당하므로 변제자(공탁자)는 법원의 허가를 얻어 경매하거나 시가로 팔아 그 대금을 공탁할 수 있다(민법 제490조).

(2) 공탁물품의 처리

물품공탁의 경우에 지정된 공탁물보관창고업자의 창고가 공탁하고자 하는 물품의 보관에 적당하지 아니하는 경우에는 민법 제488조 제2항, 비송사건절차법 제53조의 규정이 정하는 바에 따라 공탁물보관자를 선임받은 후에 처리하도록 한다(1986.5.29, 행정예규 제106호 제6항).

(3) 등기의무자 아닌 제3자의 소유권이전등기에 필요한 서류일체의 물품공탁

등기의무자 아닌 제3자라도 소유권이전등기에 필요한 서류일체를 제3자의 변제로서 물품공탁할 수 있고, 이때의 서류는 피공탁자가 단독으로 소유권이전등기를 신청하는 데 지장이 없는 통상의 서류(등기권리증, 주민등록표등본, 인감증명서, 위임장, 등기원인증서 등)를 공탁하여야 채무의 내용에 따른 것으로 유효한 변제공탁이 될 수 있을 것이다.

따라서 소유권이전등기에 필요한 서류일체를 물품공탁하는 경우 유효기간이 지난 인감증명서는 공탁할 수 없다 할 것이다(2005.12.21. 공탁법인과-715).

3. 공탁물품의 매각 또는 폐기

공탁물보관자는 공탁된 물품이 장기간의 보관으로 인하여 물품 본래의 기능을 다하지 못하게 되는 등의 특별한 사정이 있는 때에는 공탁당사자에게 상당한 기간을 정하여 수령을 최고하고 그 기간 내에 수령하지 아니하면 대법원규칙으로 정하는 바에 따라 공탁된 물품을 매각하여 그 대금을 공탁하거나 폐기할 수 있다(공탁법 제11조).

공탁물품이 장기간 보관으로 인하여 물품본래의 기능을 다하지 못하는 등 특별한 사정이 있는 경우 공탁물보관자의 신청으로 법원의 허가를 얻어 이를 매각하여 공탁하거나 폐기할 수 있도록 하였다(공탁규칙 제47조 제1항).

「공탁법」 제11조에 따라 보관중인 공탁물품을 매각하거나 폐기하고자 할 경우에는 공탁물보관자의 신청으로 해당 공탁사건의 공탁소 소재지나 공탁물품의 소재지를 관할하는 법원의 허가를 받아야 한다(공탁규칙 제47조 제1항).
법원은 직권 또는 공탁물보관자의 신청으로 제1항의 허가재판을 변경할 수 있다(공탁규칙 제47조 2항).

공탁물품의 매각은 「민사집행법」에 따른다. 다만, 공탁물보관자는 법원의 허가를 받아 임의매각 등 다른 방법으로 환가할 수 있다(공탁규칙 제47조 제3항).
법원은 제1항부터 제3항까지의 허가나 변경재판을 하기 전에 공탁물보관자, 공탁자 또는 피공탁자를 심문할 수 있다. 그 밖에 재판절차는 「비송사건절차법」에 따른다(공탁규칙 제47조 4항).
제1항부터 제3항까지의 허가나 변경한 재판에 대하여는 불복 신청을 할 수 없다(공탁규칙 제47조 제5항).
공탁물보관자가 법원의 허가를 받아 공탁물품을 폐기할 때에는 개인정보가 유출되지 않도록 하여야 한다(공탁규칙 제47조 제6항).

「공탁법」 및 기타 법령에 따라 공탁물보관자로 지정·선임된 은행 또는 창고업자 등이 보관하고 있는 공탁물품 가운데 장기간 보관으로 인하여 물품 본래의 기능을 다하지 못하게 되는 등 특별한 사유가 있어 「공탁법」 제11조 및 「공탁규칙」 제47조에 따라 이를 매각 또는 폐기하는 절차를 정함을 목적으로 한다.

(1) 공탁물품의 정의

공탁물품이란 공탁물보관자가 보관하고 있는 공탁물 중 금전, 유가증권을 제외한 물품을 말한다(행정예규 제701호.제2조).

(2) 최고절차

공탁물보관자는 공탁물품을 수령할 자에게 30일 이상의 기간을 정하여 이를 수령할 것과 이에 응하지 아니하는 경우에는 법원의 허가를 얻어 그 공탁물품을 매각 또는 폐기한다는 내용의 최고서(별지서식 제1호)를 등기우편으로 발송하여야 한다(위 예규 제3조).

[서식 제1호]

최   고   서

○○○ 귀하

　○○법원 공탁물품 보관자인 ○○○는 귀하에게 아래 공탁물품에 대하여 20 . . .까지 수령(회수)할 것을 최고합니다. 만약 위 기일까지 공탁물품을 수령(회수)하지 않을 경우에 공탁물품 보관자는 부득이 「공탁법」 제11조에 따라 법원의 허가를 얻어 공탁물품을 매각(폐기)할 예정임을 알려드립니다.

－ 아   래 －

법원	공탁번호				공탁연월일	공탁자	피공탁자	비고
		명칭	종류	수량				

200   .   .   .

○○지방법원 공탁물 보관자 ○   ○   ○

(3) 공탁물 보관자의 매각 또는 폐기허가 신청

공탁물을 수령할 자가 제3조의 최고에 응하지 아니한 때에는 공탁물보관자는 관할 법원에 매각 또는 폐기 허가신청을 할 수 있다. 다만, 공탁물보관자가 제3조의 최고를 할 수 없거나 공탁물품이 멸실 또는 훼손될 염려가 있는 때에는 최고 없이 허가신청을 할 수 있다.

공탁물 매각 또는 폐기허가신청을 하는 때에는 그 사유를 소명하여야 한다(위 예규 제4조).

(4) 경매신청

공탁물보관자가 법원허가를 얻어 공탁물품을 경매로 매각하려 할 때에는 민사집행법 제274조에 따른다(위 예규 제5조).

(5) 공탁물 보관자의 공탁관에 대한 통지

1) 공탁물보관자는 매각·폐기신청에 대한 허가 또는 그 변경결정이 있는 때에는 그 재판서 사본을 첨부하여 공탁관에게 통지하여야 한다.

2) 위의 통지를 받은 공탁관은 이를 해당 물품공탁사건 기록에 가철하고, 원장에 그 사실을 등록하여야 한다.

3) 공탁물보관자는 매각 또는 폐기절차가 완료된 때에는 지체 없이 별지 서식 제2호에 의하여 공탁관에게 그 사실을 통지하여야 한다.

4) 위의 통지를 받은 공탁관은 이를 해당 물품공탁사건 기록에 가철하고, 원장 및 관련 장부에 공탁물품의 매각 또는 폐기사실을 등록한 후 그 물품공탁사건을 완결 처리한다(위 예규 제6조).

공탁물품 매각(폐기) 완료 통지서

○○법원 공탁관 귀하

사건표기 20   물제   호
공 탁 자
피공탁자

　위 공탁사건의 공탁물품에 대하여 공탁법 제11조에 따른 매각(폐기) 절차를 아래와 같이 완료하였음을 알려 드립니다.

－ 아　래 －

1. 매각(폐기) 공탁물품의 표시

명칭	종류	수량

2. 매각(폐기)일자 :
3. 매각방법 :
4. 매각대금 :
5. 공제비용내역 :

20 . . .

○○지방법원 공탁물 보관자 ○ ○ ○

(6) 공탁물보관자의 공탁물품의 매각대금의 공탁

(가) 공탁물보관자는 공탁물품의 매각대금 중에서 매각허가 신청비용, 매각비용 및 공탁물 보관비용을 공제한 잔액을 물품공탁 법원에 공탁하여야 한다.

(나) 위의 공탁을 할 때에는 공탁서에 다음과 같이 기재하고, 공탁물보관자가 기명날인 또는 서명하여야 한다.
1. 공탁자와 피공탁자 : 물품공탁사건의 공탁자와 피공탁자로 기재
2. 법령조항 : 「공탁법」제11조
3. 공탁원인사실 : 물품공탁 사건번호, 「공탁법」제11조에 따라 법원의 허가를 얻어 공탁물을 매각하고 비용을 공제한 잔액을 공탁한다는 취지
4. 그 밖에 필요한 사항

(다) 공탁물보관자는 제1항의 공탁서에 공탁통지서와 수신인 란에 피공탁자의 성명과 주소를 기재하여 우표를 붙인 봉투를 첨부하여야 한다. 우표는 「우편법 시행규칙」제25조 제1항 제4호 다목에 의한 배달증명으로 할 수 있는 가액의 것이어야 한다.

(라) 공탁관이 위의 공탁을 수리한 때에는 그 공탁사건 기록에 해당 물품공탁사건 기록을 첨철한다. 그 물품공탁기록은 매각대금 공탁기록의 보존기간에 따라 보존한다.

(7) 출급 · 회수청구에 따른 공탁관의 심사방법

공탁금에 대한 출급 · 회수청구를 받은 공탁관은 종전 물품공탁사건의 출급 · 회수 인가요건도 참작하여 인가 여부를 결정한다(위 예규 제8조).

(8) 공탁물보관자의 공탁물 수령할 자에 대한 통지

공탁물보관자는 공탁물품에 대한 매각 또는 폐기절차가 완료된 때에는 10일 이내에 공탁물을 수령할 자에게 별지서식 제3호에 의하여 통지하여야 한다(위 예규 제9조).

공탁물품 매각(폐기) 통지서

○○○　귀하

　　○○법원 공탁보관자인 당사가 보관중인 아래 공탁물품을 「공탁법」 제11조에 따라 법원의 허가를 얻어 아래와 같이 매각 (폐기) 하였음을 알려 드립니다.

－ 아　　래 －

1. 물품공탁 사건표시 ○○지방법원 20　　물제　호
2. 매각 (폐기) 공탁물품의 표시

명칭	종류	수량

3. 매각(폐기)일자 :
4. 매각방법 :
5. 매각대금 :
6. 공제비용내역 :
7. 매각잔액 공탁법원 및 사건번호 :

20　　.　　.　　.

○○지방법원 공탁물 보관자　○　○　○

물품 공탁서(매도인의 매매물품의 공탁)

공 탁 번 호		년물 제 호		년 월 일 신청	법령조항	민법 제487조
공 탁 자	성 명 (상호 명칭)	박 ○ ○	피 공 탁 자	성 명 (상호 명칭)		김 ○ ○
	주민등록번호 (법인등록번호)			주민등록번호 (법인등록번호)		
	주 소 (본점,주사무소)			주 소 (본점,주사무소)		
	전화번호			전화번호		

공 탁 물 품			공탁 원인 사실	공탁자는 피공탁자에게 쌀1가마를 매매하고 그 대금을 수령하였으나 피공탁자는 약정한 수령기일에 정당한 이유없이 수령을 거부하므로 이를 공탁함.	
명 칭	종 류	수 량			

백미	쌀	1가마	1. 공탁으로 인하여
			   소멸하는 질권 또는
			   저당권
			2. 반대급부 내용	

			보관자	
			비 고	1. 주민등록표등본 2. 공탁통지서 3.위임장

위와 같이 신청합니다.   대리인   주소

                                              전화번호

    공탁자 성명   박 ○ ○   인(서명)   성명   인(서명)

위 공탁을 수리합니다.

공탁물품을   년 월 일까지 위 보관자에게 납입하시기 바랍니다.

위 납입기일까지 공탁물품을 납입하지 않을 때는 이 공탁 수리결정의 효력이 상실됩니다.

                          년   월   일

                      법원   지원   공탁관   (인)

(영수증) 위 공탁물품이 납입되었음을 증명합니다.

                          년   월   일

                      공탁물보관자   (인)

물품 공탁서(운송인의 운송물의 공탁)

공 탁 번 호		년물 제 호		년 월 일 신청		법령조항	상법142①
공 탁 자	성 명 (상호 명칭)	○○화물운송(주) 대표이사○○○		피 공 탁 자	성 명 (상호 명칭)		김 ○ ○
	주민등록번호 (법인등록번호)				주민등록번호 (법인등록번호)		
	주 소 (본점,주사무소)				주 소 (본점,주사무소)		
	전화번호				전화번호		

공 탁 물 품			공탁 원인 사실	공탁자는 화물운송업자로 제주시 ○○구 ○○동 ○번지 박○○가 탁송한 제주산감귤 100상자를 수하인(피공탁자) 김○○에게 운송하고자 하나 공탁자는 수하인을 알 수 없어 이를 공탁함.
명 칭	종 류	수 량		
제주산 감귤	감귤	100상자		
			1. 공탁으로 인하여 소멸하는 질권 또는 저당권 2. 반대급부 내용	
			보관자	
			비 고	1. 주민등록표등본 2. 공탁통지서 3.위임장

위와 같이 신청합니다.　　　　　　　　　　대리인　주소
　　　　　　　　　　　　　　　　　　　　　　　　전화번호
　　　공탁자 성명　박 ○ ○　　인(서명)　　　성명　　　　　　인(서명)

위 공탁을 수리합니다.

공탁물품을　　년 월 일까지 위 보관자에게 납입하시기 바랍니다.

위 납입기일까지 공탁물품을 납입하지 않을 때는 이 공탁 수리결정의 효력이 상실됩니다.

　　　　　　　　　　　　　　년　　월　　일
　　　　　　　　　　　법원　　지원　공탁관　　　　　(인)

(영수증) 위 공탁물품이 납입되었음을 증명합니다.
　　　　　　　　　　　　　　년　　월　　일
　　　　　　　　　　　공탁물보관자　　　　　　　(인)

[제1-8호 양식]

물품 공탁서(반대급부)

공 탁 번 호		년물 제 호		년 월 일 신청	법령 조항	민법487, 568②
공 탁 자	성 명 (상호 명칭)	김 ○ ○		피 공 탁 자	성 명 (상호 명칭)	박 ○ ○
	주민등록번호 (법인등록번호)				주민등록번호 (법인등록번호)	
	주 소 (본점, 주사무소)				주 소 (본점, 주사무소)	
	전화번호				전화번호	

공 탁 물 품			공탁 원인 사실	공탁자는 공탁자 소유인 서울 서초구 서초동 10. 대지 200평을 피공탁자에게 매매하였으나 피공탁자는 계약금, 중도금만 지급하고 잔금 20억원의 지급을 정당한 이유없이 지체하고 있으므로 공탁자는 피공탁자명의로 매매를 원인으로 한 소유권이전등기절차에 필요한 서류 일체를 공탁함.	
명 칭	종 류	수 량			
소유권이전등기에필요 한 서류일체	1. 등기권리증	1			

	2. 인감증명서
	(매매용)
		1	1. 공탁으로 인하여
			   소멸하는 질권 또는
			   저당권
			② 반대급부 내용
				부동산 매매잔대금 20억원의 지급	

	3. 주민등록초본	1			
	4. 인감도장	1			
			보관자		
			비 고	1. 주민등록표등본 2. 공탁통지서 3.위임장	

위와 같이 신청합니다.   대리인   주소
                                       전화번호
      공탁자 성명   박 ○ ○   인(서명)   성명   인(서명)

위 공탁을 수리합니다.
공탁물품을   년 월 일까지 위 보관자에게 납입하시기 바랍니다.
위 납입기일까지 공탁물품을 납입하지 않을 때는 이 공탁 수리결정의 효력이 상실됩니다.
                            년   월   일
                        법원   지원 공탁관   (인)

(영수증) 위 공탁물품이 납입되었음을 증명합니다.
                            년   월   일
                  공탁물보관자   (인)

제2장 각 론

제1절　공탁절차

　공탁절차라 함은 공탁자가 공탁규칙 제20조 제2항 각호의 사항을 기재하여 공탁자가 기명날인한 공탁서(2통 제출)에 공탁규칙 제21조 및 제23조의 서면을 첨부하여 관할공탁법원에 제출하여 공탁관의 인가(수리처분)를 받은 후 이를 공탁물에 첨부하여 공탁물 보관자인 지정은행 또는 창고업자에게 납입하는 일련의 절차(민법 제487조, 제488조, 공탁법 제4조, 공탁규칙 제20조 내지 제27조 등)를 말한다.

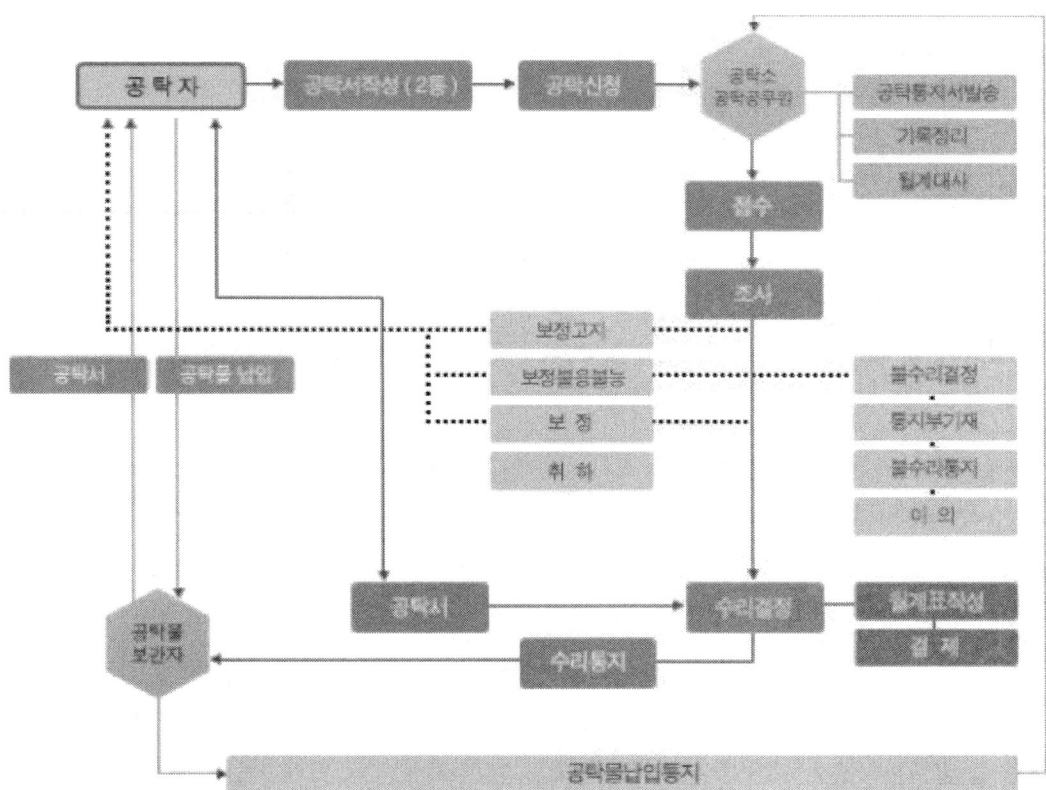

Ⅰ. 공탁서의 제출

1. 공탁서 2통의 제출

공탁을 하고자 하는 자는 공탁규칙 제20조 제2항 각 호의 사항을 기재하고, 공탁자가 기명·날인한 공탁서 2통에 동 규칙 제21조·제23조·제24조 규정의 서면을 첨부하여 공탁법 제2조에 따라 공탁사무를 처리하는 공탁관에게 제출한 후 공탁물을 지정된 은행 또는 창고업자에게 납입하여야 한다(공탁법 제4조).

2. 외국인, 재외국민을 위한 공탁의 특례

국내에 주소나 거소가 없는 외국인이나 재외국민(이하 "외국인등"이라 한다)을 위한 변제공탁은 대법원 소재지의 공탁소에 할 수 있다.

외국인등이 공탁하거나 외국인등을 위하여 공탁하는 절차, 그 밖에 필요한 사항은 대법원규칙으로 정할 수 있다(공탁법 제5조).

3. 일괄공탁

공탁은 공탁당사자별로 1건의 공탁서를 작성하여 제출하는 것이 원칙이지만, 공탁당사자가 다르더라도 공탁원인사실과 관할공탁소가 동일하고 공탁종류가 동일한 때에는 일괄하여 1건의 공탁서로 작성·제출할 수 있다(2005.7.12. 공탁법인과-297 행정예규 제450호, 제508호, 부동산등기법 제25조 후단 참조).

일괄공탁이라 함은 공탁은 1건마다 별도의 공탁서를 작성하여 제출함이 원칙이지만, 공탁당사자가 같고 공탁원인사실에 공통성이 있는 경우(예, 수개월분의 차임공탁) 또는 공탁당사자가 다르더라도 공탁원인사실에 공통성이 있고 공탁물의 출급·회수가 일괄하여 행해질 개연성이 높은 경우(예, 교통사고 피해자가 여러 명이고 주소지가 모두 같은 공탁소인 경우 손해배상금 공탁)에는 수건의 공탁을 1건의 공탁서로 작성 제출하는 것을 말한다. 이러한 일괄공탁은 공탁규칙에서는 아무런 규정을 두고 있지 않으나 공탁절차상 당사자에게도 편리함과 동시에 전체적인 합리성을 유지할 수 있는 경우에 실무상 인정되고 있다.

(공탁물출급의 일괄청구에 대하여는 이 책 제2장 제9절 Ⅷ공탁물의 일괄청구, 공탁물

회수의 일괄청구에 대하여는 제10절 ⅪⅤ공탁물회수의 일괄청구 각 참조).

4. 우편에 의한 공탁신청의 가부(소극)

공탁사무는 다른 민원관계의 사무와는 달리 어떤 법률효과의 전제로서 신속·정확을 요구하고 있으며, 만약 공탁신청 또는 공탁서정정신청이나 공탁금출급(회수)청구 등이 수리 또는 인가된 경우 이들 서류를 우편으로도 송달할 수 있다고 한다면 도중 분실이나 업무처리가 지연될 염려가 있으므로, 공탁규칙 제27조, 제30조 제4항, 제39조 제2항은 공탁서·공탁서정정신청서·공탁물출급(회수)청구서를 공탁자 또는 신청인이나 청구자에게 직접 교부하도록 규정하고 있는 것이다. 특히 공탁금회수청구의 경우에 동 청구서를 우편으로 제출 또는 송달하게 한다면, 도중분실의 경우 제 3 자가 공탁금을 회수하여 갈 위험성이 있게 된다. 따라서 공탁신청·공탁서정정신청·공탁금출급(회수)청구는 우편으로 할 수 없다고 할 것이다(1979.8.23. 법정 제234호).

Ⅱ. 공탁서의 기재사항

공탁서에는 다음 각 호의 사항을 기재하고, 공탁자가 기명·날인을 하여야 한다.
그러나 대표자나 관리인 또는 대리인에 의하여 공탁하는 때에는 그 사람의 주소를 쓰고 기명·날인하여야 하며, 공무원이 그 직무상 공탁하는 경우에는 그 직·소속관서명과 그 직을 적고 기명·날인하여야 한다(공탁규칙 제20조 2항).

1. 공탁자의 표시

공탁의 종류에 따른 각종 공탁서의 "공탁자"란에는 공탁자의 성명(상호, 명칭)·주소(본점, 주사무소), 주민등록번호(법인등록번호) 기재하여야 한다(공탁규칙 제20조 2항 1호).

(1) 공탁자란의 기재사항

(가) 내국인의 경우

공탁자란에는 공탁자의 성명·주민등록번호(법인등록번호)·주소(본점, 주사무소)·명칭(법인·비법인, 사단·재단)·주사무소(법인 등) 등을 기재하여야 하며(공탁규칙 제20조 2항 1호), 국가가 공탁하는 경우에는 대한민국 법률상 대표자 법무부장관 및 소송수행자의 소속 관서명·직위·성명을 기재하여야 한다(국가를당사자로하는소송에관한법률 제2조, 제8조, 제9조).

공탁서 성명란의 주민등록번호는 공탁당사자가 외국인일 경우 여권번호, 외국인등록번호, 국내거소신고번호로, 재외국민일 경우 여권번호로 대신할 수 있다(대법원 행정예규 제1083호 2016.6.16. 제2조).

(나) 외국인의 경우

외국인의 경우는 본국 관공서의 주소증명 또는 거주사실증명, 주소증명을 발급하는 기관이 없는 경우에는 주소를 공증한 공정증서를, 재외국민의 경우는 주민등록표등·초본 또는 재외국민등록부등본(다만, 주재국에 대한민국 재외공관이 없는 경우에는 주소를 공증한 서면)을 주소소명서면으로 본다(대법원 행정예규 제1083호 2016.6.16. 제3조 제1항).

공탁관은 대법원행정예규 제1083호 제3조 제1항 및 제2항에 따라 제출된 문서가 외국 공무원이 발행하였거나 외국 공증인이 공증한 문서인 경우 그 문서에 찍힌 도장 또는 서명의 진위 여부와 그 공무원이나 공증인의 직위를 확인하기 위하여 「재외공관 공증법」 제30조 제1항 본문에 따른 영사관의 확인 또는 「외국공문서에 대한 인증의 요구를 폐지하는 협약」에서 정한 아포스티유(Apostille) 확인을 받아 제출하게 할 수 있다(동예규 제3조 제3항).

(2) 사업자등록번호의 기재

사업자등록번호는 공탁규칙 제20조 제2항의 규정에 의한 공탁서의 기재사항은 아니나 공탁물보관자인 금융기관에서 공탁자가 사업자인 경우에는 공탁서에 사업자등록번호의 기재를 요구하고 있으므로 이를 기재함이 바람직하다.

2. 공탁물의 표시

공탁물 이라함은 공탁의 목적물을 의미하는 것으로 공탁물은 종류에 따라 금전공탁, 유가증권공탁, 물품공탁으로 분류할 수 있으며, 공탁관계 문서양식(공탁서, 공탁통지서, 공탁납입서, 공탁물출금·회수청구서, 공탁물납입통지서)과 장부관계 문서양식(공탁물원표, 공탁접수부, 공탁물출납부, 월계대사표 등)을 공탁물의 종류인 금전·유가증권·물품에 따라 구분하여 정하고 있다.

(1) 공탁물의 표시방법

공탁서에는 공탁의 종류에 따라 공탁물의 표시를 하여야 한다. 공탁금액, 공탁유가증권의 명칭·장수·총 액면금(액면금이 없을 때에는 그 뜻)·기호·번호·부속이표·최종상환기, 공탁물품의 명칭·종류·수량을 기재하여야 한다(공탁규칙 제20조 2항 2호).

(2) 공탁금액의 기재방법(한글과 아라비아숫자의 병기)

공탁의 목적물이 금전일 경우에는 당사자 사이에 다툼이 있을지라도 그 액수를 특정하여 기재하여야 하며, 공탁금액은 한글과 아라비아숫자로 병기하여야 한다(예 : 금오백만원, 5,000,000원)(1986.5.29, 행정예규 제106호 7항). 공탁서에 기재한 금전에 관한 숫자는 정정·가입·삭제를 하지 못한다. 그러나 공탁서의 공탁원인사실의 기재의 경우에는 예외로 한다(공탁규칙 제12조 2항).

🔍 판례

임대인의 임대차보증금의 공탁(피담보채무를 공제한 잔액의 공탁)

임대차계약에 있어 임대차보증금은 임대차계약 종료 후 목적물을 임대인에게 명도할 때까지 발생하는, 임대차에 따른 임차인의 모든 채무를 담보하는 것으로서, 그 피담보채무 상당액은 임대차관계의 종료 후 목적물이 반환될 때에, 특별한 사정이 없는 한, 별도의 의사표시 없이 보증금에서 당연히 공제되는 것이므로, 임대인은 임대차보증금에서 그 피담보채무를 공제한 나머지만을 임차인에게 반환할 의무가 있다(대판 2005.9. 28, 2005다8323, 8330).

3. 공탁원인사실

(1) 공탁원인

'공탁원인'이라 함은 유효·적법하게 공탁을 할 수 있는 요건을 말한다. 변제공탁에 의하여 채무를 면하려면, 다음과 같은 두 원인(공탁원인) 가운데의 어느 하나가 있어야 한다. 즉 채권자가 변제를 받지 아니하거나 받을 수 없는 때와 변제자의 과실 없이 채권자를 알 수 없는 경우이다. 예컨대 상속 또는 채권양도의 유무·효력 등에 관하여 법률상 또는 사실상의 의문이 있는 경우나, 채권자라고 칭하는 자가 다수인 경우 등이다(민법 제487조).

(2) 공탁원인사실

(가) 공탁원인사실의 정정, 가입, 삭제

'공탁원인사실'이란 공탁을 하게 된 이유를 뜻하는 것으로서 공탁의 요건사실(민법 제487조)로서 공탁원인에 맞도록 정확히 기재하여야 한다(공탁규칙 제20조 2항 3호).

각종 공탁서의 '공탁원인사실'란에는 공탁을 하게 된 근거법령의 공탁요건사실을 구체적으로 기재하여야 하나, 재판상 보증공탁의 공탁원인사실은 서식에 정형화되어 있다. 공탁서의 공탁원인사실의 기재는 금전에 관한 숫자와는 달리 정정, 가입 또는 삭제할 수 있다(공탁규칙 제12조 2항 후단).

공탁자가 공탁원인으로 들고 있는 사유가 법률상 효력이 없는 것이어서 공탁이 부적법하다고 하더라도, 그 공탁서에서 공탁물을 수령할 자로 지정된 피공탁자가 그 공탁물을 수령하면서 아무런 이의도 유보하지 아니하였다면, 특별한 사정이 없는 한 공탁자가 주장한 공탁원인을 수락한 것으로 보아 공탁자가 공탁원인으로 주장하는 대로 법률효과가 발생한다고 볼 것이다(대판 1992.5.12, 91다44698).

🔖 선례--

1. 매매대금반환청구권을 목적으로 하는 채권가압류와 소유권이전등기청구권을 목적으로 하는 가압류는 그 피압류채권을 달리하고 소유권이전등기청구권 가압류명령은 매도인의 토지매매계약해제로 인하여 보전집행목적이 존재하지 않게 되었다

할 것이므로, 매도인은 매수인의 중도금반환채권을 피압류채권으로 한 3의 채권가압류명령만을 공탁원인사실로 기재할 수 있다 할 것이다(2000.8.26, 법정 제3302-346호).

2. 공유수면 매립공사로 준공된 산업단지에 대하여 행정구역이 확정되지 아니한 상태에서 인접한 A시와 B시가 각각 종합토지세 등의 지방세 부과처분을 한 경우 납세자가 공유수면 매립지 부분에 해당하는 세액을 변제공탁함으로써 조세채무를 면할 수 있는지 여부 : 변제공탁의 목적인 채무의 발생원인에 대해서는 제한이 없으며 공법상의 채무라도 변제공탁의 대상이 될 수 있으므로, 사안의 경우 납세자는 "A시 또는 B시"를 피공탁자로 하고, 과실 없이 진정한 채권자(징수권리자)를 알 수 없다는 것을 공탁원인으로 하는 상대적 불확지 변제공탁을 함으로써 조세채무를 면할 수 있을 것이다(2002. 8.20, 법정 제3302-282호).

3. 압류에 의하여 토지수용보상금의 지불이 금지되었음을 이유로 공탁하는 경우에, 공탁원인사실에는 보상금채권 압류사실을 기재하여야 하지만, 압류채권자를 피공탁자로 기재하는 것은 아니다(1997.9.12. 법정 제3302-290호)

4. 수용대상토지에 담보물권·가압류 등의 등기가 경료된 경우의 피공탁자의 표시
수용대상토지에 대하여 담보물권·가압류·경매개시 등의 등기가 되어 있다고 하더라도 그것만으로는 토지소유자가 피보상자임에 변동이 없으므로, 보상금을 공탁하는 경우의 피공탁자는 토지소유자가 되고 담보물권자·가압류채권자·경매신청인 등은 공탁서상의 어느 란에도 기재할 필요가 없다. 그러나 기업자가 보상금을 지불하기 전에 담보물권자가 이를 압류하였다면 압류에 의하여 보상금의 지불이 금지되었음을 이유로 공탁할 수 있으며, 이 경우 공탁원인사실에는 담보물권자의 보상금채권압류 사실을 기재하여야 하지만 그러한 경우에도 피공탁자는 토지소유자인 것이다(1992.10.21, 법정 제1826호).

(나) 공탁자의 공탁원인 사실의 선택 및 판단기준

공탁은 공탁자가 자기의 책임과 판단하에 하는 것으로서 공탁자는 누구에게 변제하여야 할 것인지를 판단하여 그에 따라 변제공탁이나 집행공탁 또는 혼합공탁을 선택하여 할 수 있을 뿐만 아니라, 변제공탁을 함에 있어서도 민법 제487조 전단과 후단 중 어느 사유를 공탁원인사실로 할 것인지를 선택하여 할 수 있는바, 변제공탁이 민법 제487조 전단의 '수령불능을 원인으로 한 변제공탁'인지, 같은 조 후단의 '상대적

불확지 변제공탁'인지 아니면 두 가지 성격을 모두 가지고 있는지 여부는 공탁서의 '법령조항'란의 기재와 '공탁원인사실'란의 기재 등에 비추어 객관적으로 판단해야 한다(대판 2008.10.23. 2007다35596).

(다) 토지수용보상금의 공탁(피보상자 불확지 사유의 명시)

피보상자 불확지를 사유로 토지수용보상금을 공탁하는 경우에는 그 불확지 사유를 공탁원인사실에 구체적으로 명시하여야 한다(행정예규 제526호. 2. 다. (1).).

공탁의 내용에 따른 '공탁원인사실'의 기재례는 아래와 같다.

공탁서의 '공탁원인사실' 기재례(금전변제공탁)

법률관계	공탁사유	공탁원인사실(금전변제공탁)
임 대 차	수령거절	(치료비 및 위자료) 1. 공탁자는 1992. 6. 19. 00:30경 연천군 청산면 장탄2리 산 3 소재 청산농장 사무실에서 피공탁자 ○○○과 술을 마시다 시비, 상피고인 ○○○과 공동하여 주먹과 발로 피공탁자의 얼굴과 옆구리 등을 수 회 때려 전치4주의 좌측 제7, 8, 9, 10번 늑골골절 등의 상해를 가한 것으로 공탁자는 피공탁자에게 사과하고 치료비 및 위자료 등으로 금 2,000,000원을 현실제공하였으나, 피공탁자는 수령을 거절하므로 이에 공탁함. 2. 공탁자는 ○○년 ○월 ○일 차량을 운전하다가 ○○시 ○○구 ○○로 ○가 ○번지 앞 도로에서 보행자인 피공탁자를 충격하여 피공탁자에게 요추염좌 등으로 전치 ○주간의 상해를 입히게 되었는 바, 공탁자는 피공탁자에 대한 손해 배상의 합의로 동년 ○월 ○일에 피공탁자에게 상당하다고 생각되는 손해배상금 0,000,000원을 현실 제공하였으나 그 수령을 거부하므로 공탁함.
		(수개월분의 임료) 공탁자는 피공탁자로부터 서울 서초구 서초동 ○○번지의 점포1동을 임차료 100만 원, 지급기일 매월 말일, 지급장소 피공탁자의 주소지로 정하고 임차하였던바, 2000년4월부터 동년 6월분까지의 3개월분 임차료를 각 지급일에 현실제공하였으나 수령을 거부하므로 공탁함.
		(임료의 증액청구에 대하여 하는 상당임료의 공탁) 공탁자는 피공탁자로부터 서울 강남구 논현동 ○○번지의 점포1동 50평방미터를 월임차료 100만 원, 지급기일 매월 말일, 지급장소 피공탁자의 주소지로 정하고 임차하였던바, 피공탁자는 종전의 임료에 20만 원을 증액청구하므로 공탁자는 상당하다고 생각되는 임료의 증액분 10만 원을 임료에 가산하여 2000년 3월분을 현실제공하였으나 수령거부되어 공탁함.
	수령하지 않을 것이 명백한 경우	(임대차종료를 이유로 하는 경우) 공탁자는 피공탁자로부터 부산 중구 광복동 ○○○번지의 점포1동을 월임차료 50만 원, 지급기일 매월 말일, 지급장소 피공탁자의 주소지로 정하고 임차하였는바, 공탁자는 2000년 5월분의 임료를 현실제공하려 하였으나 기간만료에 대한 법정갱신을 거절하고 갱신조건으로 다액의 임대료증액을 요구하므로 공탁자의 현실제공을 수령하지 않을 것이 명백하므로 공탁함.
	수령불능	(임대인이 소재불명인 경우)

		공탁자는 피공탁자의 인천 계양구 계산동 ○○번지의 사무실 50평을 월임차료 120만 원, 지급기일 매월 25일, 지급장소 피공탁자의 주소지로 정하고 임차하였는바, 공탁자는 2000년 5월분 임료 120만 원을 지급기일에 지급장소에서 현실제공하려 하였으나 피공탁자의 현주소불명으로 인하여 수령불능이므로 공탁함.
	채권자 불확지	공탁자는 피공탁자(피상속인) 소유의 서울 ○○구 ○○동 ○○○번지의 점포1동을 월 임차료 ○○○만원, 지급기일 매월 말일, 지급장소 피상속인의 주소지로 정하고 임차하였는바, 공탁자는 ○○○○년 ○월분 임료 ○○만원을 현실제공하려 하였으나, 공탁자의 과실없이 피상속인의 상속인을 정확히 알 수 없어 민법 제487조 후단에 의하여 공탁함.
	채권자 불확지	공탁자는 피공탁자 소유의 서울 ○○구 ○○동 ○○번지의 건물1동을 월 임차료 ○○만원, 지급기일 매월 말일, 지급장소 피공탁자의 주소지로 정하고 임차하였는바, 공탁자가 ○○○○년 ○월분 임료 ○○만원을 현실제공하려 하였으나, 피공탁자의 소유권분쟁으로 인하여 이를 서울지방법원에 소송계속중이므로 공탁자의 과실없이 진정한 임대인을 알 수 없어 민법 제487조 후단에 의하여 이를 공탁함.
매 매	수령거절	(매도인이 매매대금수령을 거부하는 경우) 공탁자는 피공탁자와 2000년 5월 1일 대구 남구 대명동 ○○번지 대 100평을 대금 2억7천만 원, 지급기일 2000년 6월 1일 지급장소 피공탁자의 주소지로 정하여 매매계약을 체결하였는바, 공탁자는 계약에 따라 지급기일에 채무이행지인 피공탁자의 주소지에서 매매대금 2억7천만 원을 현실제공하였으나 그 수령을 거부하므로 공탁함.
		(매매계약취소로 인한 매매대금반환의 경우) 공탁자는 피공탁자와 2000년 5월1일 공탁자주소지 소재 대지 300평방미터를 매매대금 1억5천만 원으로 정하여 동일계약금으로 5천만 원을 수령하였는바, 동 매매계약은 피공탁자의 사기로 인한 것이었으므로 공탁자는 동월 15일 동 매매의사표시를 취소한다는 뜻의 내용증명우편을 발송하여 동월 16일 피공탁자에게 도달되었다. 그래서 동월 17일 수령한 계약금 5천만 원을 피공탁자주소지에서 반환하기 위하여 현실제공하였으나 수령을 거부하므로 공탁함.
		(계약금의 배액을 상환하고 계약을 해제하는 경우) 공탁자는 피공탁자와 2000년2월1일 대전광역시 동구 가양동 ○○번지 목조 기와지붕 평가건 주택1동 건평 25평에 대하여 매매계약을 체결하고 동일 계약금2천만 원을 수령하였으나, 사정에 의하여 그 이

		행을 할 수 없어 공탁자는 2000년4월1일 계약금의 배액인 금4천만 원을 상환하기 위하여 피공탁자의 주소지에서 피공탁자에게 현실제공하고 위 매매계약 해제의 뜻을 통고하였으나 그 수령을 거부하므로 공탁함.
		(매수인의 매매잔대금수령거절) 공탁자는 2009.1.10. 피공탁자와 ········ 소재 피공탁자 소유의 대지 3,000㎡ 를 금 000원에 매수하는 계약을 체결하고, 2009.2.10 잔대금 00원을 이건 부동산 소유권이전등기 소요서류 일체와 상환하기로 약정한바 있어 공탁자는 잔대금 지급기일 2009.2.10에 금 00원을 피공탁자에게 현실 제공하였으나 그 수령을 거부하므로 공탁합니다(반대급부내용기재)
		(매매계약해제에 따른 매도인의 계약금배액의 수령거절) 공탁자는 2009. 피공탁자와 공탁자의 소유인 ········주택 건평 000평을 매도하는 매매계약을 체결하고 같은 날 계약금 200만원을 수령한 바 있었으나 공탁자의 사정에 의하여 이 계약을 이행할 수 없어 계약금의 배액인 금 400만원을 2009. . .피공탁자에게 현실 제공하고 매매계약 해제의 뜻을 최고하였으나 수령거절하므로 공탁합니다.
고　용	수령거절	**(급 여)** 공탁자는 2000년4월 30일 공탁자사무소에서 공탁자의 피용자인 피공탁자에 대하여 2000년4월분 급여 금 150만 원의 지급을 위하여 현실제공하였으나, 피공탁자는 승급액에 불복하며 그 수령을 거부하므로 공탁함.
		(퇴직금) 피공탁자는 2000년 5월 20일 공탁자 ○○통신주식회사를 퇴직하였으므로 공탁자는 같은 날 지급장소인 공탁자사무소에서 피공탁자에게 퇴직금 1,500만 원을 지급하기 위하여 현실제공하였으나 그 수령을 거부하므로 공탁함.
		(해고수당) 공탁자는 피공탁자를 해고하고자 근로기준법 소정의 해고 예고 수당 30일분인 000만원을 2009. . .피공탁자엑 현실 제공하였으나 그 수령을 거부하므로 공탁함.
도　급	수령거절	**(수급인이 공사대금의 수령을 거부하는 경우)** 공탁자는 피공탁자와 2000년 2월 20일 공탁자 회사 제3공장 건설의 도급계약을 체결하고 공사대금을 1억5천만 원으로 정하여 계약체결 당시 5,000만 원을 지급하고 잔금을 2000년 8월 30일 지급하기로 약정하였던바, 공탁자는

		약지에 따라 2000년 8월 30일 금1억원을 지급장소인 피공탁자사무소에서 변제를 위하여 현실제공하였으나 그 수령을 거부하므로 공탁함.
	채권자 불확지	**(양도금지특약이 있고 도급보수금채권이 양도된 경우)** 피공탁자 환경건설(주)는 공탁자에 대하여 금 5,000만 원의 공사대금채권이 있는바, 해당 채권에 관하여 공탁자에게 2000년 7 월 10일 아래와 같은 채권양도통지서가 송달되었음. 그러나 위의 채권은 양도금지특약부채권이므로 양수인인 피공탁자 박○○은 해당 특약에 있어 선의·악의가 불명하여 공탁자의 과실없이 채권자를 확지할 수 없으므로 도급대금 5,000만 원을 공탁함. 〈아　래〉 양도금 5,000만 원, 양도인 피공탁자 환경건설(주), 양수인 피공탁자 박○○
예치금	채권자 상대적 불확지	위 공탁금액은 예금주 박○○의 예치금으로서 예금주의 청구에 의하여 지불할 금액이나(　　　구좌통장, 번호 4176480호) 예금주가 ○○년 ○월 ○일 사망으로 서로 공탁금 수령자를 자칭하며 통장과 도장을 각기 소지하고 서로 합의가 이루어지지 않고 분쟁이 계속되고 또 통장소지인인 김○○의 예금지급정지요청서가 있어 공탁금 수령자 불확지로 인하여 공탁함.
금전소비 대　　차	수령거절	**(대주가 대여금수령을 거부하는 경우)** -공탁자는 1998년1월 10일 피공탁자로부터 아래의 약정으로 금 1,000만 원을 차용하였다. ① 변제방법-1999년1월 10일에 800만 원 이후 매년1월 10일에 100만 원씩 지급함. ② 이자 및 지급기-이자는 연1할, 각 원금지급기에 그 때까지 분을 지급함. ③ 지급장소-피공탁자의 주소지 -공탁자는 1999년1월 10일 원금 100만 원과 그 때까지의 이자를 지급하고 2000년1월 10일 잔금 100만 원과 이에 대한 약정이자 10만 원을 피공탁자의 주소지에서 현실 제공하였으나 그 수령을 거부하므로 위 채무액 금 110만 원을 공탁함.
		(채권자의 약정이율인상요구에 따른 원리금의 수령거절) 공탁자는 2009. . 피공탁자로부터 금 00만원을 월3푼의 이자지급약정으로 차용한 바 있어 0년 0월 0일부터 매월 약정이자인 금 0원을 지급하여 오던 중 피공탁자는 위 차용금에 대한 이자 월5푼의 이율 인상을 요구하여 공탁자는 2009. . . 원금 000원과 당초 약정이자인 금 0원을 합하여 금 000만원을 피공탁자에게 현실 제공하였으나 그 수령을 거절하므로 공탁합니다.

		(근저당권설정 차용금 수령 거절) 별첨 차용금증서 기재와 같이 2011. 10. 25. 채권자 강희창이 채무자 삼원포장㈜ 대표이사 가장현에게 금 일억오천만원을 차용(변제기 : 2011. 12. 25)함에 있어 공탁자는 연대보증인으로 입보 한 후 공탁자 소유의 서울 마포구 서교동 446-46 대지 및 건물에 대하여 을구 순위번호 제11번으로 2011. 10. 25. 제48088호로 근저당권설정등기(채권최고액 : 225,000,000원. 채무자 : 삼원포장㈜, 근저당권자 : 강희창)를 경료하였는바, 연대보증인 겸 담보제공자인 공탁자가 위 근저당권설정등기를 말소하기 위하여 피공탁자에게 차용금 일억오천만원(약정이자는 2012. 3. 25.까지 전액 선지급함)을 현실 제공하였으나 그 수령을 거절하므로 공탁자는 대법원 행정예규 제592호(금전변제공탁의 경우 관할공탁소이외의 공탁소에서의 공탁사건처리)에 의하여 공탁자의 주소지법원에 이를 공탁함.
	채 권 자 불 확 지	**(대여금채권의 양도에 관하여 다툼이 있는 경우)** 공탁자는 1999년 4월 1일 피공탁자 ○○주식회사로부터 금1천만 원을 변제기 2000년 3월 31일로 정하여 차용하였는바, 1999년 1월 15일 동 주식회사로부터 동 대여금채권을 피공탁자 김○○에게 채권양도하였다는 뜻의 통지를 받았다. 그러나 위 양도에 관하여 다툼이 있다 하여 2000년 2월 10일 ○○주식회사는 김○○를 상대로 서울지방법원에 대여금채권존재확인청구의 소를 제기하여 현재 계속 중에 있으므로 공탁자의 과실없이 채권자를 확지할 수 없어 민법 제487조 후단에 의하여 원금1 천만 원과 이에 대한 상사법정이율 연 6푼의 이자 60만 원을 공탁함.
		(물품대금채권양도에 관하여 다툼이 있는 경우) 공탁자는 피공탁자 ○ ○ ○에게 지급할 지급기일 2009. . .인 금 000만원의 물품대금 채무가 있는데 2009. . . 피공탁자 ○ ○ ○ 로부터 피공탁자 x x x에게 위 채권을 양도하였다고 통지를 받은바 있었으나 동 피공탁자들 사이에 위 채권 양도에 관하여 쟁송중에 있으므로 공탁자는 과실없이 채권자를 확실하게 알 수 없어 이를 공탁합니다.
불법행위	수령거절	**(불법행위로 인한 치료비 등)** 1. 공탁자는 2000년 5월 10일 택시운전을 하다가 서울특별시 종로구 종로2가 ○○백화점 앞 노상에서 도로를 횡단중인 피공탁자를 들이받아 우측발목에 전치 3주일을 요하는 상해를 입혔는바, 그 후 공탁자와 피공탁자는 손해배상액에 대하여 합의를 보려고 하였으나 합의가 이루어지지 않았으므로 공탁자는 2000년

6월 10일 공탁자가 상당하리라고 생각되는 손해배상금 360만 원 및 사고일부터 같은 날까지 년 5푼에 의한 지연손해금 15,000원, 합계금 3,615,000원을 현실 제공하였으나 수령을 거부하므로 공탁함.

2. 공탁자는 2003년 10월 15일 경남30구0000호 스펙트라 승용차에 피해자 ○○○(여 : 22세)를 조수석에 탑승시키고 경부고속도로 서울에서 부산방면

으로 운전중 같은 날 23시 50분경 경남울산시 울주군 언양읍 남부리 소재 경부고속도로 하행선 40.2킬로미터 지점에 이르렀을 때 서울에서 부산방면 편도2차로의 2차로로 진행중 진행방향 우측 가드레일과 콘크리트 다리 난간을 피의차량 조수석 앞 범퍼 부분으로 들이받아 동차량이 사고지점 도로상에 좌전도 되면서 그 충격으로 동차량의 조수석 탑승인 피해자 ○○○이 사망한 것으로 피해자 측은 공탁자의 보험회사인 ○○○○보험으로부터 합의금을 수령하였으나 공탁자는 생계유지가 곤란할 정도로 가정형편이 어려워 피공탁자에게 형사합의금 및 위로금조로 위 공탁금을 현실 제공하였으나 피공탁자는 그 수령을 거절하므로 공탁함.

3. 공탁자는 1992.6.19. 00:30경 연천군 청산면 장탄2리 산 3 소재 ○○농장 사무실에서 피공탁자 ○○○과 술을 마시다 시비, 상피고인 ○○○과 공동하여 주먹과 발로 피공탁자의 얼굴과 옆구리 등을 수 회 때려 전치 4주의 좌측 제7, 8, 9, 10번 늑골골절 등의 상해를 가한 것으로 공탁자는 피공탁자에게 사과하고 치료비 및 위자료 등으로 금 2,000,000원을 현실제공하였으나, 피공탁자는 수령을 거절하므로 이에 공탁함.

(피해자의 부당한 합의금 과다요구)
공탁자는 2009. . . 서울 1러 0000호 000 승용차를 운행중 ………에서 피공탁자와 충돌하여 피공탁자에게 전치 2주간을 요하는 상해를 입계한 사실이 있었는데 피공탁자는 치료비 및 손해배상액에 관한 합의과정에서 과다한 손해 배상금을 요구하는 바 공탁자가 2009…상당하다고 생각하는 금 0000만원을 손해배상금으로 현실제공하였으나 그 수령을 거절하므로 공탁함

4. 공탁근거법령의 조항

(1) 공탁근거법령

공탁은 법령의 규정에 의하여(공탁법 제1조) 그 목적달성에 기여하는 제도이므로 공탁서에는 공탁을 하게 된 근거법령의 조항을 반드시 기재하여야 한다(공탁규칙 제20조 2항 4호). 공탁근거법령이란 공탁할 권리나 의무를 규정한 공탁실체법규정을 말한다. 근거법령의 대표적인 것이 민법 제487조이나, 그 밖에도 변제공탁할 수 있는 법령상의 근거조항을 기재하면 된다.

수개의 법조항이 하나의 공탁근거법령을 이루고 있는 경우에는 이를 모두 기재하여야 한다. 예컨대, 가압류보증공탁의 경우에는 민사집행법 제280조(기본규정 또는 담보규정) 이외에 민사소송법 제122조를 준용한다는 민사집행법 제19조 제3항(연결규정)과 그 담보는 금전 또는 유가증권으로 공탁할 수 있다는 민사소송법 제122조(공탁규정)를 모두 기재하여야 한다.

강제집행은 민사집행법 제49조 각호의 어느 하나에 해당하는 서류를 제출한 경우에 정지하거나 제한하여야 한다. 법원이 가집행의 선고를 하면서 채무자에 대하여 채권전액을 담보로 제공하고 가집행을 면제 받을 수 있다는 것을 선고한 경우(민사소송법 제213조 제2항) 채무자가 강제집행을 정지하기 위하여 민사집행법 제19조 제1항의 규정에 의하여 지방법원 또는 집행법원에 담보의 제공이나 공탁(이 경우 '공탁근거법령'은 '민사집행법 제19조, 제49조 제3호 및 민사소송법 제122조'로 기재한다)한 후 '집행을 면하기 위하여 담보를 제공한 증명서류'(민사집행법 제49조 제3호)를 제출하면 집행법원은 강제집행을 정지하여야 한다(민사집행법 제49조 제3호).

그러나 공탁근거법령의 기재가 사실에 합치되지 아니한 경우에도 바로 그 공탁을 무효로 볼 것은 아니고, 이러한 경우라도 객관적으로 진정한 공탁원인이 존재하면 그 공탁을 유효한 것으로 해석하고 있다(대판(전) 1997.10.16, 96다11747 참조).

(2) 공탁근거법령을 기재하는 이유

공탁근거법령의 조항을 기재하는 이유는 변제공탁할 수 있는 법적 근거의 명시, 공탁원인사실의 근거법령에의 합당 여부, 출급청구는 어떻게 할 것인지 등의 방향을 제시한다는 취지에서이다.

기업자가 피공탁자의 주소를 미수복지구인 '개풍군 중면 대용리'로 기재하고 공탁 관계 법령을 토지수용법 제61조 제2항 제1호로 기재한 경우, 피공탁자의 주소 표시가 제대로 되지 아니하고 공탁통지서도 송달할 수 없으므로 피공탁자가 특정되지 않았다고 할 것이어서 '공탁을 하게 된 관계 법령'의 기재가 사실에 합치되지 아니하지만 그렇다고 위 공탁이 바로 무효로 되는 것은 아니고, 이러한 경우라도 객관적으로 진정한 공탁 원인이 존재하면 그 공탁을 유효로 해석하여야 하므로 그 공탁을 토지수용법 제61조 제2항 제2호에서 정한 '기업자가 과실 없이 보상금을 받을 자를 알 수 없는 때'에 허용되는 절대적 불확지의 공탁으로 볼 수밖에 없다(대판 1997.10.16. 96다11747전원합의체).

(3) 토지수용보상금의 공탁과 공탁근거법령의 표시

(가) 공익사업을 위한 토지 등의 취득 및 보상에 관한 법률 제40조 제2항 각호

사업시행자는 다음 각호의 1에 해당하는 때에는 수용 또는 사용의 개시일까지 수용 또는 사용하고자 하는 토지등의 소재지의 공탁소에 보상금을 공탁할 수 있다(동법 제40조 2항).

1. 보상금을 받을 자가 그 수령을 거부하거나 보상금을 수령할 수 없는 때
2. 사업시행자의 과실없이 보상금을 받을 자를 알 수 없는 때
3. 관할 토지수용위원회가 재결한 보상금에 대하여 사업시행자의 불복이 있는 때
4. 압류 또는 가압류에 의하여 보상금의 지급이 금지된 때

(나) 보상금청구권에 대하여 압류 또는 가압류가 있는 경우

보상금지급청구권에 대하여 압류 또는 가압류가 있는 경우의 공탁절차는 대법원 행정예규 제481호(제3채무자의 권리공탁에 관한 업무처리절차)에서 정한 절차에 준하여 처리한다.

이 경우에, 보상금지급청구권에 대하여 압류 또는 압류경합이 있는 때에는 「공익사업을위한토지 등의 취득및보상에관한법률 제40조 제2항 제4호 및 민사집행법 제248조 제1항」을, 보상금지급청구권에 대하여 가압류가 있는 때에는 「공익사업을위한토지등의 취득및보상에관한법률 제40조 제2항 제4호, 민사집행법 제291조 및 제248조 제1항」을 각 공탁근거법령으로 한다(행정예규 제526조. 4. 나.)

(다) 동법 제84조 제2항

토지수용위원회의 재결에 대한 이의신청에 의하여(동법 제83조) 재결이 위법 또는 부당하다고 인정하여 재결의 보상액을 변경할 수 있다(동법 제84조 2항). 이에 따라 보상금이 증액된 경우 사업시행자는 변경의 재결서 정본을 받은 날부터 30일 이내에 보상금을 받을 자에게 증액된 보상금을 지급하거나 동법 제40조 제2항 제1호, 제2호, 제4호에 해당하는 때에는 이를 공탁할 수 있다.

이 경우 증액된 보상금을 공탁하는 경우 공탁서에 기재할 공탁근거법령의 조항으로 는 동법 제84조 제2항을 기재하면 된다.

(4) 혼합공탁의 경우 공탁근거법령의 표시(민법 제487조 후단 및 민사집행법 제248 조 1항 또는 2항)

(가) 혼합공탁의 공탁근거법령의 표시

특정 채권에 대하여 채권양도의 통지가 있었으나 그 후 통지가 철회되는 등으로 채권 이 적법하게 양도되었는지 여부에 관하여 의문이 있어 민법 제487조 후단의 채권자불확 지를 원인으로 하는 변제공탁사유가 생기고, 그 채권양도 통지 후에 그 채권에 관하여 다수의 채권가압류 또는 채권압류결정이 동시 또는 순차로 내려짐으로써 그 채권양도의 효력이 발생하지 아니한다면 압류경합으로 인하여 민사소송법 제581조 제1항(민사집행법 제248조 1항) 소정의 집행공탁의 사유가 생긴 경우에, 채무자는 민법 제487조 후단 및 민사소송법 제581조 제1항(민사집행법 제248조 1항)을 근거로 하여 채권자불확지를 원인 으로 하는 변제공탁과 압류경합 등을 이유로 하는 집행공탁(이른바 "혼합공탁")을 아울 러 할 수 있다(대판 1996.4.26, 96다2583 양수금, 2001.2.9, 2000다10079, 2005.5.2 6, 2003다12311).

(나) 채권자불확지공탁의 법령의 표시

따라서 민법 제487조 후단의 "변제자가 과실없이 채권자를 알 수 없는 경우"(압류 경합 등의 경우)에 민사집행법 제248조 제1항 또는 제2항의 규정에 의하여 혼합공탁 을 하는 경우에는 공탁근거법령으로 "민법 제487조 후단 및 민사집행법 제248조 제1 항 또는 제2항"을 기재하여야 하며, 민사집행법 제248조 제1항만을 기재한 경우 그 공탁은 변제공탁으로서의 효과는 없다고 한다(대판 2005.5.26, 2003다12311).

(다) 채권양도 후의 가압류

채권양도 후에 가압류가 있는 경우에는 혼합공탁서의 공탁근거법령조항은 민법 제4
87조 후단, 민사집행법 제291조, 제248조 제1항으로 기재하여야 한다.

🔍**판례**

1. 기업자가 피공탁자의 주소를 미수복지구인 '개풍군 중면 대용리'로 기재하고 공탁
   관계 법령을 토지수용법 제61조 제2항 제1호로 기재한 경우, 피공탁자의 주소
   표시가 제대로 되지 아니하고 공탁통지서도 송달할 수 없으므로 피공탁자가 특
   정되지 않았다고 할 것이어서 '공탁을 하게 된 관계 법령'의 기재가 사실에 합치
   되지 아니하지만 그렇다고 위 공탁이 바로 무효로 되는 것은 아니고, 이러한 경
   우라도 객관적으로 진정한 공탁원인이 존재하면 그 공탁을 유효로 해석하여야
   하므로 그 공탁을 토지수용법 제61조 제2항 제2호에서 정한 '기업자가 과실 없
   이 보상금을 받을 자를 알 수 없는 때'에 허용되는 절대적 불확지의 공탁으로 볼
   수밖에 없다(대판 1997.10.16, 96다11747).
2. 제3채무자가 채권양도 및 압류경합을 공탁사유로 공탁을 하면서 피공탁자 내지
   채권자 불확지의 취지를 기재하지 않고 공탁근거조문으로 구 민사소송법(2002.
   1.26. 법률 제6626호로 전문 개정되기 전의 것) 제581조 제1항만을 기재한 경
   우, 위 공탁은 변제공탁으로서의 효과는 없다고 한 사례(대판 2005.5.26, 200
   3다12311).

(5) 금전공탁의 채권자가 공탁약정에 기하여 채무자에게 공탁을 청구할 수 있는지 여부(소극)

금전채권의 채권자가 공탁약정에 기하여 채무자에게 공탁할 것을 청구할 수 없으
며, 이는 채무자에게 민사집행법상 집행공탁의 요건이 갖추어져 있는 경우에도 마찬
가지이다.

🔍**판례**

공탁은 반드시 법령에 근거하여야 하고 당사자가 임의로 할 수 없는 것이므로, 금
전채권의 채무자가 공탁의 방법에 의한 채무의 지급을 약속하더라도 채권자가 채무
자에게 이러한 약정에 기하여 공탁할 것을 청구하는 것은 허용되지 않는다. 그리고

이러한 법리는 채무자에게 민사집행법 제248조에서 정한 집행공탁의 요건이 갖추어져 있는 경우라도 다르지 않다(대판 2014.11.13. 2012다52526 임대차보증금).

5. 공탁물의 수령자(피공탁자)의 표시

공탁물의 수령인(이하 "피공탁자"라 한다)의 지정을 요할 때에는 공탁서의 "피공탁자"란에 피공탁자의 성명·주소(주민등록번호, 법인등록번호), 그 자가 법인 또는 법인 아닌 사단 또는 재단인 때에는 그 명칭과 주사무소를 기재하여야 한다(공탁규칙 제20조 2항 5호).

위에서 "공탁물의 수령자(피공탁)의 지정을 요할 때"라고 함은 변제공탁의 경우에는 채권자의 수령거절 또는 수령불능을 원인으로 하여 공탁하는 경우를 말하는 것으로 보아야 할 것이다. 왜냐하면 변제자가 과실 없이 채권자를 알 수 없는 경우(불확지공탁의 경우)에는 공탁자가 공탁 당시에 공탁물의 수령자(피공탁자)를 지정할 수 없기 때문이다(민법 제487조).

우리 공탁제도상 채권자가 특정되거나 적어도 채권자가 상대적으로나마 특정되는 상대적 불확지의 공탁만이 허용될 수 있는 것이고 채권자가 누구인지 전혀 알 수 없는 절대적 불확지의 공탁은 허용되지 아니하는 것이 원칙이지만, 토지수용법 제61조 제2항 제2호(공익사업을위한토지등의취득및 보상에관한법률 제40조 제2항 2호)는 토지수용의 주체인 기업자가 과실없이 보상금을 받을 자를 알 수 없을 때에는 절대적 불확지의 공탁이 허용됨을 규정하였다(대판 1997.10.16. 96다11747 전원합의체)

(1) 피공탁자의 표시방법(채권자의 성명·주민등록번호·주소)

공탁물의 수령자의 표시라 함은 변제의 상대방, 즉 채권자의 주소, 성명, 주민등록번호(주민등록번호를 확인할 수 있는 경우)를 기재하는 것을 말하며, 채권자가 법인 또는 법인 아닌 사단 또는 재단인 때에는 그 명칭과 주사무소를 기재하여야 한다(공탁규칙 제20조 제2항 5호).
피공탁자의 주소를 기재하는 경우에는 피공탁자의 주소를 소명하는 서면을 첨부하여야 한다.

(가) 피공탁자불확지로 공탁후 피공탁자가 확지된 경우(공탁서 정정)

피공탁자(재산소유자)를 불명 또는 미지정 등으로 한 경우에 피공탁자를 알게 된때(공탁금 출급청구를 하는 때)에는 먼저 공탁물을 수령할 자를 지정하여 공탁서를 정정하게 한 후 출급하여야 한다(1976.10.4, 행정예규 제48호).

(나) 피공탁자를 창씨명으로 표시한 경우

피공탁자의 성명을 일정시의 창씨명으로 표시한 것인 때에는 반드시 「가족관계의 등록 등에 관한 법률」 제15조 제1항 제2호의 기본증명서 또는 제적등·초본에 의하여 복구된 성명을 확인할 수 있는 경우가 아니면 판결 또는 공탁자의 공탁물수령자의 표시를 복구된 성명으로 정정하게 한 후 출급할 것이다(1976.10.4, 행정예규 제48호).

(다) 공탁서에 피공탁자의 기재를 요하지 아니하는 경우

1) 영업보증공탁

영업보증공탁에 있어서 피공탁자는 영업자와의 거래에 의하여 채권을 취득한 자 또는 영업자의 사업활동에 의하여 손해를 입은 피해자이나, 이는 피담보채권이 구체적으로 발생한 때에 비로소 확정되는 것이므로 그때까지는 관념적 존재에 불과하므로, 공탁서의 피공탁자란은 두지 않는다.

2) 보관공탁

보관공탁은 단순히 목적물 자체의 보관·관리를 위한 공탁이므로 피공탁자가 원시적으로 존재하지 아니하므로 공탁물출급청구권도 없는 공탁이다.

3) 집행공탁

집행공탁에 있어서의 피공탁자는 배당절차에서 각 채권이 확정되어 지급위탁서를 발급할 단계에 가서야 비로소 피공탁자로 확정된다. 따라서 공탁당시에는 피공탁자의 개념이 관념적으로만 존재할 뿐이므로 이를 기재할 필요가 없다. 결국 집행공탁의 경우에는 "피공탁자란"에는 피공탁자를 기재하지 않는 대신 공탁원인사실란에 각 압류·가압류·배당요구채권자를 기재하는 것이 바람직하다.

4) 가압류해방공탁

민사집행법 제282조의 가압류해방공탁의 경우에는 가압류채권자의 권리실행방법에 대하여 판례 및 실무의 입장인 공탁금회수청구권에 대한 집행설에 따르면 피공탁자는 원시적으로 있을 수 없으므로 피공탁자란에 아무런 기재도 하지 말아야 한다. 만약에 착오로 가압류채권자를 피공탁자로 기재한 가압류해방공탁의 신청이 수리된 후 피공탁자란에 기재된 가압류채권자를 집행채무자로 한 다른 채권자의 압류 및 추심ㆍ전부명령이 있는 경우에는 공탁자(가압류채무자)의 회수청구권에 대한 강제집행이 아니므로 공탁금이 지급될 수 없음에도 공탁서상의 외관만 믿고, 출급청구권에 대한 추심ㆍ전부명령이 유효한 것으로 잘못 생각하여 추심 또는 전부채권자에게 공탁금이 잘못 지급될 수 있으므로, 공탁관은 가압류해방공탁의 신청시 피공탁자란에 아무런 기재가 되지 않도록 주의하여야 한다(법원행정처발행 : 공탁실무편람 50면).

(라) 토지수용보상금 공탁의 피공탁자(토지소유자)

1) 담보물권자, 가압류채권자 등의 기재여부(소극)

수용대상토지에 대하여 담보물권, 가압류, 경매개시 등의 등기가 되어 있는 때에도 피공탁자는 토지소유자이므로 피공탁자란에는 토지소유자만 기재하면 되고 담보물권자, 가압류채권자, 경매신청인 등은 기재할 필요가 없다(1992.10.21, 법정 제1826호). 피공탁자가 아닌 관계인(공익사업을위한토지등의취득및보상에관한법률 제2조 제5호) 명의로 수용대상토지에 등기된 지상권, 전세권, 저당권, 지역권, 임차권 등은 "공탁으로 인하여 소멸되는 질권, 전세권, 저당권란"에 기재할 사항이 아니며, 그 권리자도 "피공탁자란"에 기재하여서는 안 된다(행정예규 제526호. 2. 다. (2).).

수용대상토지에 소유권말소 예고등기가 경료되어 있어 공탁할 경우에는 피보상자의 상대적 불확지를 이유로 공탁하여야 하며, 이 때 피공탁자란에는 토지소유자와 소유권등기말소의 소를 제기한 원고를 기재한다(1994.10.10, 법정 제3302-378호) (토지소유자 A 또는 원고 B). 수용대상 토지에 소유권말소등기청구권을 피보전권리로 하는 처분금지가처분등기가 경료되어 있는 경우에는 피공탁자를 "토지소유자 또는 가처분채권자"로 하여 공탁한다(행정예규 제526호).

2) 상대적 불확지공탁의 피공탁자의 표시방법

피공탁자가 상대적으로나마 특정되는 상대적 불확지 변제공탁의 경우에는 "갑 또는 을", "갑 또는 을 또는 병" 등으로 기재한다(이하 (5) 불확지공탁의 피공탁자의 표시 참조).

3) 절대적 불확지공탁의 피공탁자의 표시방법

예규는 수용보상금 공탁에 있어 보상금을 받을 자를 전혀 알 수 없어 절대적 불확지 변제공탁을 하는 때에는 「피수용자 불명」으로, 피수용자가 사망하였으나 그 상속인 전부를 알 수 없는 때에는 「망 ○○○(주소병기)의 상속인」, 상속인 일부를 알 수 없는 때에는 「망 ○○○의 상속인 주소 ○○의 ○○○외 상속인」이라고 기재하면 된다(행정예규 526호)고 하고 있는 바, 「망 ○○○의 상속인」 또는 「망 ○○○의 상속인 ○○○외 상속인」으로 표시하는 경우는 피공탁자가 상대적으로나마 특정되므로 이 경우는 상대적 불확지공탁으로 보아야 할 것이다.

4) 피공탁자의 등기부상 주소의 표시

보상금을 수령할 자의 등기부상 주소만 나타나 있고 그 등기부상 주소와 실제 주소가 일치하지 않는다고 볼만한 자료가 없거나 또는 실제 주소를 확인하는 것이 용이하지 않다고 인정되는 경우 기업자는 피공탁자의 등기부상 주소를 표시하여 유효한 공탁을 할 수 있다(대판 1994.4.15, 93누18594).

(마) 제3채무자가 권리공탁을 하는 경우의 피공탁자의 표시

금전채권에 대한 압류 또는 가압류를 원인으로 제3채무자가 민사집행법 제248조 제1항에 의하여 권리공탁을 하는 경우 피공탁자의 기재방법은 아래와 같다(행정예규 제528호).

1) 금전채권의 일부에 대한 압류와 압류된 채권액만의 공탁과 금전채권의 전부에 대한 압류 등 :

금전채권의 일부에 대하여 압류가 있어 압류된 채권액에 대해서만 공탁하는 경우 또는 금전채권액 전부에 대하여 압류가 있거나 압류의 경합이 있어 공탁하는 경우에는 피공탁자란은 기재하지 않는다.

2) 금전채권의 일부에 대한 압류시 압류에 관련된 채권전액의 공탁 :

금전채권의 일부에 대하여 압류가 있고 압류에 관련된 금전채권액 전액을 공탁한 경우에는 압류되지 아니한 부분은 변제공탁적 성질을 가지고 있는 점을 감안하여 압류명령의 채무자를 피공탁자로 기재하여야 한다.

3) 금전채권에 대한 가압류를 원인으로 한 공탁 :

금전채권에 대하여 가압류를 원인으로 공탁하는 경우에도 그 형식은 집행공탁이나 실질은 변제공탁의 성질을 가지므로 가압류채무자를 피공탁자로 기재하여야 한다.

(바) 피공탁자가 국가인 경우

피공탁자가를 국가로 하는 변제공탁서에는 피공탁자란에 "대한민국(소관청 :○○○)"과 같이 소관청을 첨기하고, 공탁통지서는 소관청의 장에게 발송한다(1989. 11.21, 행정예규 130호).

(사) 피공탁자가 미성년자인 경우

피공탁자가 미성년자인 경우 법정대리인을 기재할 필요가 없으나, 실무상 법정대리인의 성명, 주소까지 기재하여 공탁하는 경우가 많고 이를 기재하였다 하더라도 공탁의 효력유무에는 상관이 없다.

🔍 판례

마을금고의 청산인을 공탁물수령자로 지정하여 한 마을금고에 대한 손해배상금 변제공탁의 효력
마을금고의 청산인을 공탁물수령자로 지정하여 마을금고에 대한 손해배상금을 변제공탁한 경우 청산인은 마을금고를 대표하여 채권을 추심할 권한이 있다 할 것이어서 그를 공탁물수령자로 지정하여서 한 위 변제공탁은 마을금고에 대하여 효력이 생긴다(대판 1992.7.28, 91다13380).

(2) 공탁자의 피공탁자 지정의무

변제공탁제도는 채무자가 채무의 목적물을 공탁소에 공탁함으로써 채무를 면하게 하는 변제자를 위한 제도로서 그 공탁이 국가의 후견적 관여하에 이루어진다고 하더라도 본질적으로는 사인 간의 법률관계를 조정하기 위한 것이므로, 우리 공탁제도는 채무자(공탁자)가 공탁을 함에 있어서 채권자(피공탁자)를 지정할 의무를 지며(공탁규칙 제20조 2항 5호, 제23조) 공탁관은 형식적 심사권만을 갖고 채무자가 지정해 준 채권자에게만 공탁금을 출급하는 등의 업무를 처리하는 것(같은 규칙 제32조)을 그 기본원리로 삼고 있다.

(3) 절대적 불확지공탁의 허용과 피공탁자의 지정의무

우리 공탁제도상 채권자가 특정되거나 적어도 채권자가 상대적으로나마 특정되는 상대적 불확지의 공탁만이 허용될 수 있는 것이고 채권자가 누구인지 전혀 알 수 없는 절대적 불확지의 공탁은 허용되지 아니하는 것이 원칙이지만, 토지수용법 제61조 제2항 제2호(공익사업을 위한 토지등의 취득 및 보상에 관한 법률 제40조 2항 2호) 는 토지수용의 주체인 기업자가 과실 없이 보상금을 받을 자를 알 수 없을 때에는 절대적 불확지의 공탁이 허용됨을 규정하여, 기업자는 그 공탁에 의하여 보상금 지급의무를 면하고 그 토지에 대한 소유권을 취득하도록 하고 있는바, 이와 같이 절대적 불확지의 공탁을 예외적으로 허용하는 것은 공익을 위하여 신속한 수용이 불가피함에도 기업자가 당시로서는 과실 없이 채권자를 알 수 없다는 부득이한 사정으로 인한 임시적 조치로서 편의상 방편일 뿐이므로, 기업자는 공탁으로 수용보상금 지급의무는 면하게 되지만, 이로써 위에 본 공탁제도상 요구되는 채권자 지정의무를 다하였다거나 그 의무가 면제된 것은 아니다(대판 1997.10.16, 96다11747).

(4) 피공탁자의 주소상이

가) 피보상자의 주소 상이(주민등록과 등기부상 주소의 상이)

피보상자에게 지급할 보상금을 공탁하고자 하나 피보상자의 주민등록상의 현주소와 등기부상 주소가 다른 경우에는 피공탁자의 주소란에는 주민등록상의 현주소를 기재하여야 할 것이고, 만약 피보상자의 주민등록상의 현주소를 알 수 없다면 피보상자의 수령불능을 사유로 공탁할 수 있으며 이 경우 피공탁자의 주소란에는 등기부상의 주소를 기재해야 할 것이다(1992.10.21, 법정 제1826호).

나) 미등기토지의 수용(토지대장 소유자의 주소가 누락된 경우)

미등기인 수용대상 토지가 토지대장상에 주소는 기재됨이 없이 소유자의 성명만 기재되어 있는 경우에는 기업자가 토지소유자, 즉 피보상자를 과실 없이 알 수 없는 경우에 해당하므로 피보상자 불확지공탁을 할 수 있으며, 이 경우 공탁서상의 피공탁자 성명란에는 불명이라고 기재하여야 할 것이다(1992.10.21, 법정 제1826호).

다) 토지수용보상금 지급 전의 토지소유자의 사망

토지수용재결 후 보상금을 지급하기 전에 토지소유자가 사망하여 그 상속인에게 보상금을 지급하고자 하나 기업자로서는 상속인의 범위 또는 상속지분을 구체적으로 알 수 없는 경우에는 피공탁자 불확지공탁을 할 수 있으며, 이 경우 피공탁자의 성명, 주소란에는 "망 ○○○(주소병기)의 상속인"이라고 기재하면 될 것이다(1992.10.21, 법정 제1826호).

(5) 불확지공탁의 피공탁자의 표시

민법 제487조 후단의 "변제자가 과실 없이 채권자를 알 수 없는 경우"(예 : 상속, 채권양도의 효력에 관하여 의문이 있는 때, 채권자라고 칭하는 자가 다수인 경우 등)를 이유로 하여 변제자가 불확지공탁을 하는 경우의 공탁물의 수령자(피공탁자)의 표시는 다음과 같이 하면 된다.

(가) 상대적 불확지공탁의 피공탁자표시방법

변제자의 과실 없이 채권자가 갑 또는 을, 갑 또는 을 또는 병 중 누구인지 알 수 없는 때(민법 제487조 후단), 즉 공탁물의 수령자(피공탁자)가 상대적으로 특정되는 상대적 불확지변제공탁의 경우(민법 제487조 후단)에는 공탁서의 피공탁자의 표시를 "갑 또는 을," "갑 또는 을 또는 병"이나 "망 ○○○의 상속인" 등으로 표시한다. 건물 소유자가 전세권자에게 지급할 전세보증금에 대하여 전세권자를 가처분채무자로 한 채권추심 및 처분금지 가처분결정을 송달 받은 경우 건물 소유자는 피공탁자를 "가처분채무자(전세권자) 또는 가처분채권자"로 하는 상대적 불확지공탁을 할 수 있다 (2008.9.10. 공탁상업등기과-898 질의회답).

피공탁자의 표시(상대적 불확지공탁):

피공탁자　박 ○ ○

　　　서울특별시　○○구　○○동　○○-○　○○○아파트　○동　○○호

　　　고 ○ ○

　　　　　위 같은 곳

　　　또는 김 ○ ○

　　　　서울특별시　○○구　○○동　○○○-○○

공탁사유

위 공탁금액은 예금주 박○○의 예치금으로서 예금주의 청구에 의하여 지불할 금액이나 (　구좌통장, 번호 4176480호) 예금주가 ○○○○년 ○월 ○○일 사망으로 서로 공탁금 수령자를 자칭하며 통장과 도장을 각기 소지하고 서로 합의가 이루어지지 않고 분쟁이 계속되고 또 통장소지인인 김○○의 예금지급정지요청서가 있어 공탁금 수령자 불확지로 인하여 본 공탁을 합니다.

판례

① 중도금지급기일 전에 매도인이 사망한 경우 매수인의 중도금변제공탁과 피공탁자의 표시

매매계약의 중도금지급기일을 앞두고 사망한 망 ○○○에게 상속인들이 여러 명 있고 그 중에는 출가한 딸들도 있을 뿐만 아니라 출가하였다가 자식만 남기고 사망한 딸도 있는 등 매수인인 원고들로서는 매도인인 망 ○○○의 공동상속인들이나 그 상속인들의 상속지분을 구체적으로 알기 어려웠으므로, 원고들이 중도금지급기일에 망 ○○○를 피공탁자로 하여 중도금의 변제공탁을 한 것은 민법 제487조 후단에 해당하여 유효하다(대판 1991.5.28, 91다3055 : 공 1991, 1752).

② 피공탁자를 "갑 또는 을"로 할 것을 "갑과 을"로 한 경우의 공탁의 효력(무효)

가. 수용대상토지인 부천시 작동 43 전 830평방미터에 관하여 갑명의로 소유권이

전등기가 되어 있었고 한편 다른 등기부에 위 토지와 지번 지목이 같고 지적만이 다른 부천시 작동 43 전 430평에 관하여 을명의의 소유권이전등기가 되어 있었다는 것인바, 이러한 경우 그 사실을 알게 된 기업자가 과실 없이 진정한 토지소유자를 알 수 없는 때에 수용재결에서 정한 보상금을 적법하게 공탁하려면 공탁원인을 그와 같은 취지로 기재하고 공탁물을 수령할 자는 "갑 또는 을"로 표시하여야 할 것이다.

나. 그런데 기업자인 한국토지개발공사는 수용재결에서 정한 보상금을 공탁하면서 공탁물을 수령할 자를 "갑과 을"2인으로 하고 공탁원인사실을 피공탁자들에게 손실보상금을 현실제공코자 하였으나 수령을 거절하므로 공탁한다고 기재하였다는 것인바, 그렇다면 이는 갑과 을을 공동수령자로 하여 공탁한 것에 지나지 아니하여 위와 같은 의미의 적법한 공탁이라고 할 수 없고, 그 후 갑이 위 공탁금 중2분지1을 이의를 남기지 않고 수령하였다고 하여도 위 공탁은 공탁금 중 갑에 대한 몫인2분의1의 범위 안에서 그 효력이 있는 것이지 전액을 적법하게 공탁한 것이라고 할 수 없는 것이다.

다. 따라서 위 토지에 대한 수용재결을 갑이 수령하지 못한 나머지2분의1부분에 대하여는 수용의 시기까지 보상금의 지급 또는 공탁이 없었다고 보아 그 효력이 상실되었고, 그와 같이 실효된 수용재결을 유효한 재결로 보고서 한 이의재결 또한 위법하여 무효이다(대판 1992.10.13, 92누3212 : 공 1992, 3161).

◈ 선례···

① 수용대상토지의 등기부가 2개로 개설되어 있는 경우의 피공탁자의 표시

수용대상토지에 대한 토지등기부가2개 개설되어 각 등기부상의 토지소유자가 '갑'과 '을'로 공시되어 있는 경우, 기업자로서는 보상금을 받을 자인 진정한 토지소유자가 '갑' 또는 '을' 중 누구인지 모르는 때에는 피보상자 상대적 불확지공탁을 할 수 있으며, 이 경우 피공탁자는 "갑 또는 을"이 될 것이다(1992.10.21, 법정 제1826호).

② 등기부상 토지의 공유자의 지분합계가 1을 초과하거나 미달되는 경우의 피공탁자의 표시

토지등기부상 공동소유자들의 공유지분 합계가1을 초과하거나 미달되어 기업자로서는 보상금을 받을 자인 공동소유자들의 정당한 공유지분을 알 수 없어 개인별 보상금액을 구체적으로 산정할 수 없다면 피보상자불확지를 사유로 공탁할 수 있으며,

그 경우 피공탁자는 공동소유자 전부를 기재하고 공탁원인사실에 위 공탁사유를 구체적으로 기재하면 될 것이다(1992.10.21, 법정 제1826호).

③ 토지수용보상금지급 전의 매도인사망과 피공탁자의 표시

토지수용재결 후 보상금을 지급하기 전에 토지소유자가 사망하여 그 상속인에게 보상금을 지급하고자 하나 기업자로서는 상속인의 범위 또는 상속지분을 구체적으로 알 수 없는 경우에는 공탁자불확지공탁을 할 수 있으며, 이 경우 피공탁자의 성명·주소란에는 "망 ○○○(주소병기)의 상속인"이라고 기재하면 될 것이다(1992.10.21, 법정 제1826호).

④ 토지수용보상금에 대하여 압류 및 전부명령이 있을 경우의 피공탁자

압류 및 전부명령이 제3채무자인 기업자에게 송달되었으나 보상금의 지급시기(수용시기)까지 그 전부명령의 확정 여부, 즉 전부명령의 유효 여부를 기업자가 과실 없이 알 수 없는 경우에는 압류에 의하여 보상금의 지불이 금지되었을 뿐만 아니라(토지수용법 제61조 2항 4호) 또한 보상금을 받을 자가 전부채권자인지 또는 토지소유자인지 과실 없이 알 수 없는 때(토지수용법 제61조 2항 2호)에 해당하므로 기업자는 위 두 가지 공탁사유로 보상금을 공탁할 수 있으며, 이 경우 피공탁자는 "토지소유자 또는 전부채권자"가 될 것이다. 만약 기업자가 전부명령이 확정되었음을 아는 경우에는 전부채권자를 피공탁자로 하여 보상금을 공탁할 수 있으나, 그 경우 전부채권자에 대한 관계에서 별도의 변제공탁사유가 있어야 할 것이다(1992.10.21, 법정 제1826호).

〈주 : 전부명령의 효력〉

전부명령의 기본적인 효력은 피전부채권의 전부채권자에게의 이전(권리이전효과)과 그로 인한 집행채권의 소멸(변제효)이다. 이러한 효력은 전부명령이 확정시, 즉 즉시항고가 제기되지 않은 경우에는 1주일의 즉시항고기간이 경과한 때, 즉시항고가 제기된 경우에는 그 기각 또는 각하결정이 확정된 때에 발생하지만(민사집행법 제229조 7항) 그 확정에 의하여 발생하는 효력은 전부명령이 제3채무자에게 송달된 때로 소급한다. 즉 전부명령이 제3채무자에게 송달된 때에 채무자는 채무를 변제한 것으로 볼 뿐만 아니라(민사집행법 제231조), 전부명령이 제3채무자에게 송달될 때까지 그 금전채권에 관하여 압류 등이 경합되면 전부명령은 무효이지만 압류의 경합이 전부명령 송달 뒤에 발생하였다면 비록 그 전부명령이 확정되기 전이었다 하더라도 이는 전부명령의 효력에 영향을 미치지 않는다(민사집행법 제229조 5항).

⑤ 수용대상토지에 소유권등기말소의 예고등기가 경료되어 있는 경우의 피공탁자의 표시

수용대상토지에 소유권등기말소 예고등기가 경료되어 있어 공탁할 경우에는 피보상자의 상대적 불확지를 이유로 공탁하여야 하는바, 피공탁자란에는 토지소유자와 소유권등기말소의 소를 제기한 원고를 기재한다. 즉 토지소유자를 "갑" 소유권등기말소의 소를 제기한 원고를 "을"이라고 한다면, "갑 또는 을"로 기재하여야 할 것이다(1994.10. 10. 법정 제3302 - 378호).

⑥ 제3채무자의 채권자불확지변제공탁

채권의 성질상 또는 법률의 규정에 의하여 양도를 허용하지 아니하거나 당사자가 양도금지 의사표시를 하지 아니한 채권이라면 양도인인 채권자의 채무자에 대한 확정일자 있는 증서에 의한 양도통지에 의하여 채권양수인은 채무자 기타 제3자에게 대항할 수 있다 할 것이므로 이러한 확정일자 있는 증서에 의한 채권 전부 또는 채권액을 초과하는 양도 이후에 국세압류가 있다 하더라도 그 압류는 압류의 목적물이 이미 존재하지 아니하며 효력이 없는 것이다. 따라서 제3채무자인 질의자는 채무자(제3채무자의 채권자)에게 부담하고 있는 채무의 범위 내에서, 확정일자 있는 증서에 의한 양도통지서의 도달 선후에 따른 각 채권양수인들의 양수금에 대하여 이를 변제할 의무를 진다 할 것이며 그들에 대하여 변제제공 후 수령거절 등 공탁할 사유가 생기면 그를 이유로 공탁하여 면책될 수 있을 것이다. 다만, 확정일자 있는 증서에 의한 양도통지가 동시에 이루어졌거나 도달 선후가 불명이라면, 제3채무자는 이중변제의 위험이 있을 수 있으므로, 채권자 불확지를 이유로 변제공탁을 함으로써 면책될 수 있다(2000.1.6. 법정 제3302 - 2호).

⑦ 공공용지의취득및손실보상에관한특례법시행규칙 제29조에 의한 실농보상을 함에 있어서 실제 경작자와 해당 농경지의 소유자 사이에 협의가 성립되지 않는 경우의 보상금 지급방법

공공용지의취득및손실보상에관한특례법시행규칙 제29조에는 "자경농지가 아닌 농경지에 대한 영농손실액은 실제의 경작자에게 지급하되 해당 농경지의 소유자가 해당지역에 거주하는 농민인 경우에는 소유자와 실제의 경작자가 협의하는 바에 따라 그 소유자 또는 경작자에게 보상한다"라고만 규정되어 있을 뿐 양자 사이에 협의가

성립하지 않는 경우에 관해서는 규정되어 있지 않은바, 이와 같은 경우 사업시행자는 피공탁자를 "경작자 또는 소유자"로 하는 상대적 불확지공탁을 함으로써 보상금 지급채무를 면할 수 있다(2002.10.15. 법정 제3302 - 344호).

⑧ 채권자인 예금주가 사망한 후 그 상속지분에 대하여 상속인들 간의 다툼이 있는 경우 채권자 불확지 변제공탁 가능 여부(적극)

채권자인 예금주가 사망한 후 상속인 중의 일부가 은행을 상대로 자신의 상속지분에 상당하는 돈의 지급을 구하는 소를 제기한데 대하여 다른 상속인이 '자신에게 기여분이 있고 망인이 상속인 중 망인의 처와 자신에게 대부분의 재산을 상속시킨다는 취지의 유언공정증서를 남겼다'는 등의 이유로 위 돈의 지급을 하지 말 것을 은행에 요구하고 있는 경우, 채무자인 은행은 상속인들을 피공탁자로 지정하고 그 상속지분을 알 수 없는 이유를 공탁원인사실에 구체적으로 기재하여 채권자 불확지 변제공탁을 할 수 있다(2009.4.17. 사법등기심의관-936).

(나) 절대적 불확지공탁의 피공탁자의 표시방법

1) 토지수용의 경우

미등기인 수용대상 토지의 토지대장상에 주소는 기재됨이 없이 토지소유자의 성명만 기재되어 있는 경우 또는 기업자가 토지수용법 제61조 제2항 제2호에 의하여 "과실 없이 보상금을 받을 자를 알 수 없을 때"에 해당하여 절대적 불확지의 변제공탁을 하는 경우에는 공탁서의 "피공탁자란"에는 "불명(피수용자불명)"이라고 기재한다.

2) 절대적 불확지공탁 후 피공탁자를 알게 된 경우

절대적 불확지공탁의 경우에는 공탁자(기업자)가 후에 피공탁자를 알게 되었을 때에는 먼저 그를 피공탁자로 지정하는 공탁서정정을 한 후 그로 하여금 공탁금을 출급청구하게 할 수 있고, 반면에 공탁자가 공탁서정정을 하지 않을 때에는 정당한 권리자가 공탁자를 상대로 하여 공탁금출급청구권의 확인판결(화해조서, 조정조서포함)을 받아 공탁금 출급청구를 할 수 있다.

3) 절대적 불확지공탁의 피공탁자 표시방법(불명)

토지수용의 경우 사업시행자가 공익사업을위한토지등의취득및보상에관한법률(이하 "공익사업법"으로 약칭함) 제40조 제2항 제2호에 의하여 "과실 없이 보상금을 받을 자를 알 수 없을 때"에 해당하여 절대적 불확지의 변제공탁을 하는 경우에는 공탁서의 피공탁자의 성명·주소란에는 "불명"(피수용자불명)이라고 기재한다.

(6) 손해담보공탁의 피공탁자

재판상 보증공탁 기타의 손해담보공탁으로서 공탁 당시에 손해담보권자가 특정될 수 있는 경우에는 공탁서에 손해담보권자를 피공탁자로 기재하여야 한다(1989. 11. 21. 행정예규 제129호).

(7) 집행공탁·영업보증공탁·보관공탁의 피공탁자

가) 집행공탁의 피공탁자

집행공탁에 있어서의 피공탁자는 배당절차에서 채권이 확정되어 지급위탁서를 발급할 단계에 가서야 비로소 피공탁자가 확정되므로 공탁시에는 피공탁자가 관념적으로만 존재하므로 피공탁자란을 기재하지 않는 대신 공탁원인사실란에 압류·가압류·배당요구채권자 등을 기재하는 것이 바람직하다.

나) 영업보증공탁 및 보관공탁의 피공탁자

영업보증공탁은 피공탁자의 지정이 불가능하며, 보관공탁에는 피공탁자가 원시적으로 존재하지 아니하므로 이 경우에는 피공탁자를 기재하지 아니한다.

🔖 선례 --

집행공탁의 경우 피공탁자가 특정된 것으로 보는 경우

토지수용으로 인한 소유권이전등기신청의 첨부서류 중 보상금지급증명서면으로 제출되는 공탁서가 집행공탁서라면 공탁원인사실기재 압류명령 등의 집행채무자와 수용보상금수령권자가 일치하는 경우, 위 공탁의 변제공탁적 측면(제3채무자가 공탁자로서 면책되는 입장)에서는 피공탁자가 특정되었다 할 것이다(2000.9.23, 법정 제3302-375호).

6. 공탁으로 인하여 질권, 전세권, 저당권이 소멸하는 때에는 그 질권, 전세권, 저당권의 표시

공탁으로 인하여 질권, 전세권, 저당권이 소멸하는 경우에는 그 질권, 전세권, 또는 저당권을 공탁서의 "공탁으로 인하여 소멸하는 질권, 전세권 또는 저당권"란에 기재하여야 한다(공탁규칙 제20조 2항 6호).

공탁사무문서양식에 관한 예규(대법원 행정예규 제895호. 2011.5.30.) 일부를 개정하여 재판상보증공탁의 공탁서양식(제1-2호양식) 중 불필요한 부분인 "1. 공탁으로 인하여 소멸하는 질권, 전세권, 또는 저당권, 2. 반대급부내용" 부분을 삭제하였다.

(1) 채무자소유의 부동산에 대한 담보물권의 설정

채무자소유의 부동산에 질권·전세권·저당권·근저당권 등의 담보물권을 설정하고 금전을 차용한 후 변제공탁의 사유가 있어 공탁을 하게 되면 변제의 효과가 발생하여 채무가 소멸하게 되므로, 위 근저당권 등은 그 존재목적을 상실하여 함께 소멸(민법 제369조 : 담보물권의피담보채권에의 부종성)하는 것이 원칙이다.

(2) 채무자의 공탁과 담보물권의 소멸

채무자의 공탁으로 인하여 채권자의 담보권이 소멸되었음에도 불구하고 채무자가 위 공탁물을 회수한다면 이는 공평하지 못하므로 민법 제489조 제2항은 이를 명문으로 금지하고 있으며, 공탁서에도 공탁으로 인하여 질권, 전세권 또는 저당권이 소멸하는 때에는 이를 표시하도록 하였다.

(3) 공탁으로 인한 담보물권의 소멸과 공탁자의 회수청구권의 소멸

변제공탁으로 인하여 질권이나 저당권이 소멸한 경우에는 채무자(공탁자)는 공탁물 회수청구권을 행사할 수 없게 된다(민법 제489조 2항). 그러므로 채무자가 공탁물을 회수청구하려면 저당권 등이 소멸하지 않았음을 입증하여야 한다. 따라서 변제공탁자는 공탁으로 인하여 질권·전세권·저당권이 소멸하는 때에는 그 질권, 전세권 또는 저당권의 표시를 하도록 하였다(공탁규칙 제20조 2항 6호).

(4) 공탁으로 인하여 소멸하는 담보물권의 표시

공탁으로 인하여 소멸하는 저당권 등의 표시는 공탁서(대법원 행정예규 제742호 제1-1호 양식)의 해당란의 "1"에 ○을 표시하고, 우측 여백란에 "공탁원인사실에 기재된 부동산에 관한 ○○등기소, 2001.4.10. 접수 제5000호 순위 제1번의 저당권"과 같이 소멸되는 권리를 특정하여야 한다.

채무자가 소유 부동산을 채권자에게 담보제공한 경우에 그 금전 원금과 이자금을 전부변제 제공하여도 채권자가 수령을 거부하면 채무자는 이를 변제공탁할 수 있다. 반대급부내용은 그 저당권의 말소등기에 필요한 일체의 서류의 교부이다.

채무자가 공탁을 하였음에도 불구하고 채권자가 저당권 설정등기를 말소하지 않을 경우에는 공탁자(채무자)는 저당권자를 상대로 저당권 설정등기의 말소등기 청구 소송을 제기하면 된다. 변제공탁금 출급청구권의 압류 및 전부권자가 공탁금을 출급청구함에 있어서는 공탁서에 표시된 공탁으로 인하여 소멸되는 질권, 전세권, 또는 저당권의 말소는 반대급부사항이 되지 아니하므로, 이를 증명하는 서면을 첨부할 필요가 없다(1986.4.18, 법정 제480호).

사업시행자가 수용보상금을 공탁하는 경우에 수용대상토지에 설정된 전세권, 저당권 등의 각종 권리는 수용보상금채권을 담보하는 권리가 아닐 뿐만 아니라 위 토지를 원시취득함에 따라 당연히 소멸되는 것이므로, 수용대상토지에 등기된 지상권, 전세권, 저당권, 지역권, 임차권 등은 공탁서의 "공탁으로 인하여 소멸하는 질권, 전세권 또는 저당권"란에 기재할 사항이 아니다(1992.4.16, 행정예규 526호, 법정 686).

🐟 예규 --

수용대상토지상에 등기된 지상권·저당권 등과 공탁으로 소멸하는 권리의 표시 및 피공탁자의 표시방법

기업자가 토지수용보상금을 공탁하는 경우에 수용대상토지에 대한 전세권·저당권 등의 각종의 권리는 수용보상금채권을 담보하는 권리가 아니고 또한 위 토지를 원시취득함에 따라 당연히 소멸되는 것이므로 "피공탁자가 아닌 관계인(토지수용법 제4조 3항) 명의로 수용대상토지에 등기된 지상권·전세권·저당권·지역권·임차권 등은 '공탁으로 인하여 소멸하는 질권, 전세권 또는 저당권'란에 기재할 사항은 아니며, 그 권리자도 '피공탁자'란에 기재하여서는 안 된다"(1990.12.19, 대법원행정예규 제149호 2. 다.(3)).

금전 공탁서(변제 등)(공탁으로 근저당권이 소멸하는 경우)

공 탁 번 호		년 금 제 호	년 월 일 신청	법령조항	민법 제487조
공 탁 자	성 명 (상호, 명칭)		피 공 탁 자	성 명 (상호, 명칭)	
	주민등록번호 (법인등록번호)			주민등록번호 (법인등록번호)	
	주 소 (본점, 주사무소)			주 소 (본점, 주사무소)	
	전화번호			전화번호	
공 탁 금 액	한글		보관은행	은행	지점
	숫자				
공 탁 원 인 사 실	공탁자는 0000년 00월 00일 피공탁자로부터 금 00,000,000원을 변제기일 0000년 00월 00일로 하고 매월 00일에 이자 2.5부 지급 조건으로 차용하면서 위 채권에 대한 담보로 공탁자 소유의 ○○시 ○○구 ○○동 대 ○○㎡에 대하여 ○○등기소 0000년 00월 00일자 접수 제00호로 근저당권설정등기를 경료하였던 것인 바, 이번 공탁자가 피공탁자에게 위 차용금 원금 00,000,000원 및 이에 대한 0000년 00월 00일자 지급분 이자 금 0,000,000원을 동일 피공탁자에게 현실 제공하였으나 피공탁자가 그 수령을 거부하므로 이에 공탁함.				
비고(첨부서류등)	1. 주민등록표등본 2. 등기부등본 3. 공탁통지서 □ 계좌납입신청 4. 위임장				
① 공탁으로 인하여 소멸하는 질권, 전세권 또는 저당권 ② 반대급부 내용	① 위공탁원인사실란에 기재된 근저당권(00년 0월 0일 제○○호로 경료된 근저당권설정등기) ② 위 근저당권말소등기에 필요한 일체의 서류의 교부				

위와 같이 신청합니다.   대리인 주소
                                                        전화번호
        공탁자 성명 김 ○ ○ 인 (서명)   성명   인(서명)

위 공탁을 수리합니다.
공탁금을   년   월   일까지 위 보관은행 공탁관 계좌에 납입하시기 바랍니다.
위 납입기일까지 공탁금을 납입하지 않을 때는 이 공탁 수리결정의 효력이 상실됩니다.
                            년   월   일
                            법원   지원 공탁관   (인)

(영수증) 위 공탁금이 납입되었음을 증명합니다.
                            년   월   일
                        공탁금 보관은행(공탁관)   (인)

7. 반대급부를 받아야 할 경우에는 그 반대급부의 내용

(1) 반대급부의 의의

반대급부란 쌍무계약에 있어서 일방이 하는 급부에 대하여 타방이 하는 급부를 서로 반대급부라고 한다. 매매에 있어서의 매도인의 목적물의 급부와 매수인의 대금급부와의 관계와 같다(민법 제568호).

채무자와 채권자 사이에 서로 상대방이 그 채무이행을 제공할 때까지 자기의 채무이행을 거절할 수 있는 "동시이행의 관계"에 있는 경우에는 공탁자는 공탁서의 "반대급부의 내용"란에 피공탁자가 이행하여야 할 반대급부의 내용을 기재하고 변제공탁할 수 있다. 반대급부를 받아야 할 경우에는 공탁서에 그 반대급부의 내용을 기재하여야 한다(공탁규칙 제20조 2항 7호).

변제공탁에 있어서 반대급부란 변제공탁의 목적인 공탁자의 급부가 피공탁자의 급부와 동시이행의 관계에 있는 경우(민법 제317조, 제568조 2항 참조)에 그 변제공탁에 대하여 피공탁자가 반대로 이행하여야 할 채무를 말하는 것으로서, 공탁서에 반대급부를 기재하게 되면 피공탁자는 이를 이행하여야만 공탁물을 수령할 수 있다. 반대급부가 있을 때에는 '공탁원인사실에 기재한 부동산의 소유권이전등기에 필요한 일체의 서류' 또는 '공탁원인사실에 기재한 물품의 인도' 등의 예에 따라 기재하면 된다.

(2) 동시이행의 관계에 있는 반대급부를 조건으로 한 변제공탁

동시이행의 항변권은 공평의 관념과 신의칙에 입각하여 각 당사자가 부담하는 채무가 서로 대가적 의미를 가지고 관련되어 있을 때 그 이행에 있어서 견련관계를 인정하여 당사자 일방은 상대방이 채무를 이행하거나 이행의 제공을 하지 아니한 채 당사자 일방의 채무의 이행을 청구할 때에는 자기의 채무이행을 거절할 수 있도록 하는 제도이다(대판 1999.4.23, 98다53899).

동시이행의 관계에 있는 반대급부를 조건으로 하는 변제공탁은 유효하다(대판 1992.12.22, 92다8712).

(가) 채권자가 반대급부의 조건을 이행할 의무가 없는 경우

변제공탁이 유효하려면 공탁행위의 결과로서 당연히 생기는 것 외에는 채권자의 공탁물교부청구권과 본래 채권자가 채무자에게 대하여 가지고 있는 지급청구권이 그 권리의 범위에 있어서 같아야 하므로, 변제공탁 목적물이 채무본지에 따른 것이라 하여도 채권자에게 이행할 의무가 없는 조건을 이행하지 않는 한 그 공탁물을 수령할 수 없다는 취지로서 공탁을 한 때에는 채권자가 이를 수락하지 않는 한 그 변제공탁은 효력이 없다(대판 1966.2.15. 65다2431).

변제공탁의 경우 채권자가 반대급부 또는 기타 조건의 이행을 할 의무가 없음에도 불구하고 채무자가 이를 조건으로 공탁한 때에는 채권자가 이를 수락하지 않는 한 그 변제공탁은 효력이 없으며, 이는 토지수용법상 보상금지급과 동일시되는 보상금의 공탁에 있어서도 마찬가지이다(대판 1979.10.30. 78누378).

(나) 채권자가 반대급부를 하여야 할 의무가 있는 경우
공탁물을 수령할 자가 반대급부를 하여야 하는 경우에는 공탁자의 서면이나 또는 재판, 공정증서 기타의 공정서면에 의하여 그 반대급부가 있었음을 증명하지 아니하면 공탁물을 수령하지 못한다(공탁법 제10조)

(3) 반대급부내용의 표시방법
(가) 반대급부내용의 표시는 공탁서(대법원 행정예규 제742호 제1-1호 양식)의 해당란의 "2"에 ㅇ을 표시하고, 우측 여백란에 "공탁원인사실에 기재한 부동산의 소유권이전등기에 필요한 일체의 서류의 교부," "공탁원인사실에 기재한 물품의 인도," "공탁서에 기재된 약속어음의 반환" 등으로 반대급부사유를 기재한다.

(나) 공탁사무문서양식에 관한 예규(대법원 행정예규 제895호. 2011.5.30.) 일부를 개정하여 재판상보증공탁의 공탁서양식(제1-2호양식) 중 불필요한 부분인 "1. 공탁으로 인하여 소멸하는 질권, 전세권, 또는 저당권, 2. 반대급부내용" 부분을 삭제하였다.

(4) 반대급부를 조건으로 변제공탁을 할 수 있는 경우
반대급부를 조건으로 변제공탁을 할 수 있는 경우는 아래와 같다.
① 부동산의 매매에 있어 매도인의 근저당권설정등기말소의무와 매수인의 잔대금지급의무(대판 1962.6.21. 62다200)
㉮ 매수인의 잔대금지급의무와 매도인의 소유권이전등기의무는 특약이나 다른 특단의 사정이 없는 한 동시이행관계에 있다(민법 제568조 제2항. 대판 1967.2.21. 66다2

443 · 2444, 1970.4.14. 69다1223,1224).

㉯ 부동산매도인이 그 매수인에게 제공하여야 할 소유권이전등기신청에 필요한 일체의 서류라 함은 등기권리증, 위임장 및 부동산매도용 인감증명서 등 등기신청 행위에 필요한 모든 구비서류를 말한다(대판 1987.9.8, 86다카1379).

㉰ 매매잔대금 지급의무와 소유권이전등기 이행의무가 동시이행관계에 있는 경우에는 잔대금 변제공탁에 반대급부를 조건으로 하였다고 하여 위 변제공탁의 효력을 부정할 수 없다(대판 1972.2.22, 71다2596).

㉱ 근저당권이 설정된 부동산의 매매에 있어 소유권이전등기소요서류와 아울러 근저당권말소등기절차소요서류의 교부와 매매대금의 지급(대판 1973.6.5, 68다2342)

㉲ 부동산매매에 있어 매매부동산의 인도 및 명도의무와 잔대금지급의무(대판 1980.7.8, 80다725)

㉳ 부동산분양계약이 해제된 경우 매수인 명의의 가등기말소의무와 매도인의 계약금반환의무(대판 1990.2.27, 89다카19412)

㉴ 근저당권설정등기가 되어 있는 부동산을 매매하는 경우 매수인이 근저당권의 피담보채무를 인수하여 그 채무금 상당을 매매잔대금에서 공제하기로 하는 특약을 하는 등 특별한 사정이 없는 한 매도인의 근저당권말소 및 소유권이전 등기의무와 매수인의 잔대금지급의무는 동시이행의 관계에 있는 것이다(대판 1991.11.26, 91다23103).

㉵ 부동산매매대금 중 잔대금을 변제공탁하는 경우 소유권이전등기에 필요한 일체의 서류를 교부할 것과 소유권 이외의 권리 일체를 말소할 것을 반대급부의 내용으로 할 수 있는지 여부:소유권 이외의 권리관계가 없는 부동산에 대하여 매매계약을 체결하고 계약금과 중도금까지 이행된 후 잔대금 지급기일 전에 목적부동산 위에 근저당권설정등기 및 압류등기가 이루어진 경우에는 특약이 없는 한 매수인의 잔대금 지급의무와 매도인의 소유권이전등기 및 기타 권리등기의 말소의무와는 동시이행관계에 있다고 할 것이므로, 매수인이 잔대금 채무를 변제공탁함에 있어 소유권이전등기에 필요한 일체의 서류를 교부할 것과 소유권 이외의 권리 일체를 말소할 것을 반대급부의 내용으로 할 수 있다(1990.8.28, 법정 제1342호)(민법 제568조).

② 공유수면점용권매수대금지급과 그 명의변경과는 동시이행관계에 있다(대판 1968. 3.21, 67다2444 전원합의체).

③ 수표의 반환과 원인채무의 이행(대판 1969.4.22, 69다144) 약속어음의 반환과 기본채무의 이행(대판 1969.12.30, 69다1934, 1970.10.23. 70다2042).

④ 채무의 이행 확보를 위하여 약속어음을 발행한 경우 그 채무의 이행과 어음의 반환은 동시이행의 관계에 있으며, 동시이행의 관계에 있는 반대급부를 조건으로 하는 변제공탁은 유효하다 할 것이므로 위 약속어음의 반환을 조건으로 한 변제공탁은 유효하다(대판 1992.12.22. 92다8712).

⑤ 지입차량의 매매에 있어 위탁명의변경절차와 대금지급채무(대판 1973.6.26. 73다123)

⑥ 임차인의 목적물반환채무와 임대인의 보증금반환채무(대판 1977.9.28. 77다1241 · 1242, 1989.10.27. 89다카4298).

⑦ 도급계약에 있어서 완성된 목적물에 하자가 있는 때에는 도급인은 수급인에 대하여 하자의 보수를 청구할 수 있고, 그 하자의 보수에 갈음하여 또는 보수와 함께 손해배상을 청구할 수 있는바, 이들 청구권은 특별한 사정이 없는 한 수급인의 보수지급청구권과 동시이행의 관계에 있다(대판 1991.12.10. 91다33056).

⑧ 전세권자의 전세목적물 인도의무 및 전세권설정등기말소 이행의무와 전세권설정자의 전세금 반환의무는 서로 동시이행의 관계에 있기 때문에, 전세권설정자가 전세금을 공탁하면서 반대급부 내용란에 "전세권말소"라고 기재한 것은 반대급부의 내용이 유효조건이므로 적법한 공탁이라고 할 수 있다(대법원 1977.4.13. 77마90 결정).

⑨ 농지매도인의 소재지관서증명의 제공과 매수인의 대금지급(1954.5.22. 4286민상130)

⑩ 전대인(임대인)의 전세금반환의무와 전세인(임차인)의 전세물명도의무(1955.3.17. 4287민상275)

⑪ 교환이행을 명한 판결(1956.4.12. 4288민상458. 459)

⑫ 상환이행판결과 이행지체(1964.5.26. 63다934)

⑬ 근저당권이 설정된 부동산의 매매에 있어 그 설정등기말소의무와 대금지급의무(1973.6.5. 68다2342)

⑭ 계약이 무효인 경우의 원상회복의무(1976.4.27. 75다1241. 1993.5.14. 92다45025)

⑮ 미등기건물매매에 있어 소유권이전등기의무와 잔금지급의무(1981.7.7. 80다2388)

⑯ 도급인의 하자보수청구권과 수급인의 공사대금채권(1989.12.12. 88다카18788)

⑰ 민법 제571조에 의한 계약해제의 효과로서 발생하는 매도인의 손해배상의무와 매수인의 대지인도의무(1993.4.9. 92다25946)

⑱ 매수인이 양도소득세를 부담하기로 하는 약정이 있는 경우 매도인의 소유권이전등기의무와 매수인의 양도소득세제공의무(1993.8.24. 92다56490)

⑲ 경매절차가 무효로 된 경우 각 당사자의 반환의무(1995.9.15. 94다55071)

⑳ 도급인의 하자보수청구권 또는 손해배상청구권과 수급인의 보수지급청구권

㉑ 계약해제로 인한 원상회복의무와 손해배상의무(1996.7.26. 95다25138. 25145)

㉒ 가압류등기 된 부동산의 매매계약에 있어 매도인의 소유권이전등기의무와 아울러 가압류등기의 말소의무와 매수인의 대금지급의무(2000.11.28. 2000다8533. 2001.3.27. 2000다43819)

㉓ 매매계약의 취소에 따른 원상회복의무(2001.7.10. 2001다3764)

㉔ 부동산매매계약과 함께 이행인수계약이 이루어진 경우, 매수인의 인수채무불이행 또는 매도인의 임의변제로 인한 매수인의 손해배상채무 또는 구상채무와 매도인의 소유권이전등기의무(2004.7.9. 2004다13083)

㉕ 하자확대손해로 인한 수급인의 손해배상채무와 도급인의 공사대금채무(2005.11.10. 2004다37676)

㉖ 부진정 연대채무자 중 1인으로서 피해자에 대한 손해배상의무를 실제로 이행한 도급인이 사용자책임을 부담하는 수급인에 대하여 취득하게 되는 구상권과 수급인의 공사대금채권(2005.11.10. 2004다37676)

(5) 반대급부를 조건으로 변제공탁을 할 수 없는 경우

변제공탁이 채무의 본지에 따른 것이라 하여도 채권자가 반대급부 기타 조건의 이행을 할 의무가 없음에도 여기에 조건을 부가하여 공탁한 때에는 채권자가 승낙하지 않는 한 공탁의 효력이 없다(대판 1974.2.12. 73다1607).

① 채무변제와 저당권설정등기말소는 동시이행이 될 수 없다(대법원 1967.10.27. 66마1209 대법원 1967.10.27. 66마1209 결정결정)

② 근저당권말소등기서류의 교부를 반대급부로 한 변제공탁의 효력　근저당권설정자가 그 말소등기의 청구를 할 때에는 특약이 없는 한 현재 근저당권에 의하여 담보되는 모든 채무를 변제 기타의 방법으로 소멸시킨 후라야 할 것이므로, 저당채무와 경매비용 등을 변제공탁함에 있어 그 공탁금 수령의 조건으로 근저당권설정등기의 말소등기절차 소요서류의 제공을 요구하는 경우에는, 근저당권자에게 특별한 사정의 주장 입증이 없는 한 그 공탁은 변제의 효력이 없다(대판 1975.12.23. 75다1134. 1966.4.29. 65마210).

③ 채무의 담보를 위한 가등기 및 이에 기한 본등기의 말소를 반대급부 내용으로 한 변제공탁의 효력

채무의 담보를 위하여 가등기 및 그 가등기에 기한 본등기가 경료된 경우에 채권자는 그 채무변제를 받기 전 또는 받음과 교환으로 그 담보로 된 가등기 및

이에 기한 본등기를 말소하여야 할 의무는 없다 할 것이므로, 채권자가 선급부 또는 동시이행의 의무가 없는 데도 채무의 대위 변제자가 변제공탁을 함에 있어서 채권자 명의의 가등기 및 본등기의 말소를 반대급부의 내용으로 하였음은 채무의 본지에 따른 것이라 할 수 없고, 채권자가 이를 수락하지 않는 한 그 변제공탁은 채무변제의 효력이 없다 할 것이다(대판 1982.12.14, 82다카1321 (본소)·1322(반소)).

④ 반대급부로서 수용토지의 등기부등본과 공탁물수령자의 인감증명서의 제출을 조건으로 붙인 토지수용보상금 공탁의 효력(무효) (1984.4.10. 84다77)

⑤ 건물을 명도하였다는 확인서를 첨부할 것을 반대급부의 조건으로 붙인 임차보증금 변제공탁의 효력

건물명도와 동시이행관계에 있는 임차보증금의 변제공탁을 함에 있어서 건물을 명도하였다는 확인서를 첨부할 것을 반대급부 조건으로 붙였다면, 위 변제공탁은 명도의 선이행을 조건으로 한 것이라고 볼 수밖에 없으므로 변제의 효력이 없다고 보아야 한다(대판 1991.12.10, 91다27594 : 공 1992, 632).

⑥ 소유권이전등기의 말소 등을 반대급부로 한 토지수용보상금의 공탁의 가부

토지수용보상금의 지급과 수용으로 인한 소유권이전등기는 동시이행관계에 있는 것이 아니므로, 토지수용보상금의 공탁서에 소유권이전등기서류의 교부를 반대급부로 기재한 경우에는 이를 수리할 수 없다. 수용대상 토지에 대하여 제한물권이나 처분제한의 등기가 있는 경우에 그 등기의 말소를 반대급부로 기재한 때에도 같다(1990.12.19, 행정예규 제149호).

⑦ 공정거래위원회가 하도급거래공정화에관한법률 제25조에 의하여 원사업자의 하도급대금 미지급 행위에 대하여 시정명령을 내린 경우 원사업자는 위 법 제25조의2의 규정에 의하여 수급사업자가 변제를 받지 아니하거나 받을 수 없는 때 또는 과실 없이 수급사업자를 알 수 없는 때에 한하여 공탁을 할 수 있으며, 이 경우 원사업자가 수급사업자에 대하여 민법 제667조에 의하여 완성된 목적물에 대하여 하자보수 또는 손해배상을 청구할 수 있다 하더라도 위 하자이행청구권이나 손해배상청구권은 그 청구권을 확정하여 그 하도급대금 지급채무와 상계한 경우에는 잔액만을 공탁하면 될 것이나 이 청구권을 행사하지 않은 상태에서 이 채권이 확정될 경우 상계처리 한다는 조건은 하도급대금 지급채무에 대한 반대급부의 내용이 될 수 없으므로 위와 같은 조건을 붙여 변제공탁할 수는 없을 것이다(1997.9.26, 법정 제3302-305호).

⑨ 채권담보의 목적으로 소유권이전등기가 경료 된 경우에 그 채무의 변제와 담보 부동산에 관한 소유권이전등기말소(1972.7.25. 71다1988)

⑩ 채권담보로 경료 된 가등기의 말소와 피담보채무의 변제(1984.9.11. 84다카892) 피담보채무의 변제와 그 채무담보의 목적으로 경료 된 소유권이전등기의 말소(1989.10.13. 88다카29351)

⑪ 채무담보를 위하여 경료 된 근저당권설정등기, 가등기의 말소등기절차이행 소요 서류의 교부를 반대급부로 한 변제공탁의 효력(무효).(1991.4.12. 90다9872)

⑫ 건물명도와 동시이행관계에 있는 임차보증금의 변제공탁을 함에 있어 건물명도 확인서의 첨부를 반대급부조건으로 한 경우 변제로서의 효력(무효)(1991.12.10. 91다27594)

⑬ 임대인의 임대차보증금반환의무와 임차인의 주택임대차보호법 제3조의3에 의한 임차권등기말소의무(2005.6.9. 2005다4529)

⑭ 채무의 변제와 채권증서의 반환(2005.8.19. 2003다22042)

8. 관공서의 명칭

공탁물의 출급 또는 회수에 관하여 관공서의 승인, 확인 또는 증명 등을 필요로 하는 경우에는 해당 관공서의 명칭을 기재하는 것(공탁규칙 제20조 2항 8호)은 주로 영업보증공탁에 있어서 당사자가 공탁물회수청구 등을 할 때에 이들 관청의 증명서 혹은 승인서 등의 제출을 요할 경우에 기재하는 것이다.

예컨대, 강제집행정지를 위한 담보공탁의 경우에는 '○○법원 200 카단○○호 강제집행정지 신청사건' 등으로 기재한다.

9. 법원의 명칭과 사건명

재판상의 절차에 관한 공탁(재판상의 보증공탁)에 있어서는 공탁서(공탁규칙 부록 제2호 문서양식 〈사건관례〉 제1-2호 서식)의 "법원의 명칭과 사건명"란에 해당 법원의 명칭과 사건명, 당사자(원피고, 신청인·피신청인, 채권자·채무자) 및 사건번호를 기재하여야 한다(공탁규칙 제20조 2항 9호)(예 : ○○법원 ○○지원 2001카단 부동산 가압류 등). "금전변제공탁의 관할공탁소 이외의 공탁소에서의 공탁사건처리지침(행정예규 592호)"에 의하는 경우 특정 공탁소(접수공탁소)에 공탁서를 제출하더라도 공탁법원의 표시는 특정 공탁소(접수공탁소)가 아닌 관할공탁소를 표시하여야 한다.

10. 공탁법원의 표시

공탁서의 ○○법원 ○○지원란에는 공탁서를 현실로 제출하는 해당 공탁사건을 관할하는 지방법원 또는 그 지원의 명칭을 기재한다(공탁규칙 제20조 2항 10호). "금전변제공탁의 경우 관할 공탁소 이외의 공탁소에서의 공탁사건처리지침(행정예규 778호)"에 의하는 경우 특정 공탁소(접수공탁소)에 공탁서를 제출하더라도 공탁법원의 표시는 특정 공탁소(접수공탁소)가 아닌 관할 공탁소를 표시하여야 한다.

11. 공탁신청 연월일

공탁서의 공탁신청연월일란에는 공탁자가 현실로 공탁서를 공탁소에 제출하는 연월일을 기재한다(공탁규칙 제20조 2항 11호).

Ⅲ. 공탁서 작성시의 주의사항

1. 기재문자의 정정, 추가, 삭제

(1) 문자기재방법
공탁서, 공탁물 출급·회수청구서 그 밖에 공탁에 관한 서면에 적는 문자는 자획을 명확히 하여야 한다(공탁규칙 제12조 1항).

(2) 금전에 관한 숫자의 정정 가부
공탁서, 공탁물 출급·회수청구서, 지급위탁서·증명서에 적은 "금전에 관한 숫자"는 정정, 추가나 삭제하지 못한다. 그러나 공탁서의 공탁원인사실과 청구서의 청구사유에 적은 금전에 관한 숫자는 그러하지 아니하다(공탁규칙 제12조 2항).

(3) 정정·추가·삭제 방법

정정, 추가나 삭제를 할 때에는 한 줄을 긋고 그 위쪽이나 아래쪽에 바르게 적거나 추가하고, 그 글자 수를 난외에 적은 다음 도장을 찍어야 하며, 정정하거나 삭제한 문자는 읽을 수 있도록 남겨두어야 한다(공탁규칙 제12조 3항).

규칙 제12조 제3항에 따라 정정 등을 한 서류가 공탁서이거나 공탁물 출급·회수 청구서인 때에는 공탁관은 작성자가 도장을 찍은 곳 옆에 인감(공탁규칙 제55조 제2 항의 인감을 말한다. 이하 같다)도장을 찍어 확인하여야 한다(공탁규칙 제12조 4항).

2. 계속기재

공탁관에게 제출하는 서류에 관하여 양식과 용지의 크기가 정하여져 있는 경우에 한 장에다 기재사항의 전부를 기재할 수 없는 때에는 해당 용지와 같은 크기의 용지 로서 적당한 양식으로 계속기재할 수 있다(공탁규칙 제13조 1항).

공탁서에 기재사항의 전부를 기재할 수 없을 때(당사자가 여러 명인 경우, 공탁원 인사실란에 기재할 내용이 많은 경우)에는 공탁서와 같은 크기의 계속용지를 사용할 수 있으며, 이 때에는 해당란에 "별지와 같음"이라고 표시하여 계속용지가 있다는 취 지를 명백히 하여야 한다(공탁규칙 제13조 2항).

3. 서류의 간인

공탁관에게 제출하는 서류가 두 장 이상인 때에는 작성자는 매 장마다 간인을 하여 야 하며, 이 경우에 해당 서류의 작성자가 다수일 때는 그 중 한 사람이 간인을 하면 된다(공탁규칙 제14조 1항, 2항).

위 서류가 공탁서이거나 공탁물 출급·회수청구서인 때에는 이를 제출받은 공탁관 이 인감도장으로 간인을 하여 확인하여야 한다(공탁규칙 제14조 3항).

금전 공탁서(변제 등)

공 탁 번 호		년금제 호	년 월 일 신청	법령조항	
공탁자	성 명 (상호, 명칭)		피공탁자	성 명 (상호, 명칭)	
	주민등록번호 (법인등록번호)			주민등록번호 (법인등록번호)	
	주 소 (본점, 주사무소)			주 소 (본점, 주사무소)	
	전화번호			전화번호	
공 탁 금 액	한글		보관은행	은행 지점	
	숫자				
공 탁 원 인 사 실					
비고(첨부서류등)				□ 계좌납입신청	
① 공탁으로 인하여 소멸하는 질권, 전세권 또는 저당권 ② 반대급부 내용					

위와 같이 신청합니다.　　　　　　　　대리인　주소
　　　　　　　　　　　　　　　　　　　　　　전화번호
　　공탁자 성명　　　　　　인 (서명)　　　성명　　　　　　인(서명)

위 공탁을 수리합니다.
공탁금을　　년　월　　일까지 위 보관은행 공탁관 계좌에 납입하시기 바랍니다.
위 납입기일까지 공탁금을 납입하지 않을 때는 이 공탁 수리결정의 효력이 상실됩니다.
　　　　　　　　　　　　　　년　　　　월　　　　일
　　　　　　　　　　　　　　법원　　　　지원 공탁관　　　　　　(인)

(영수증) 위 공탁금이 납입되었음을 증명합니다.
　　　　　　　　　　　　　　년　　　　월　　　　일
　　　　　　　　　　　　공탁금 보관은행(공탁관)　　　　　　　(인)

금전 공탁서(형사사건용)

공 탁 번 호			년금 제 호		년 월 일 신청	법령 조항	
공 탁 자	성 명 (상호 명칭)			피 공 탁 자	성 명 (상호 명칭)		
	주민등록번호 (법인등록번호)				주민등록번호 (법인등록번호)		
	주 소 (본점,주사무소)				주 소 (본점,주사무소)		
	전화번호				전화번호		
공 탁 금 액		한글		보관은행		은행 지점	
		숫자					
형사사건	사 건 번 호	경찰서 지방검찰청 지방법원		년제 지청 지원	호 년 형제 호 년 고단(합)제 호		
	사 건 명						
공탁원인사실							
비고(첨부서류 등)						▢ 계좌납입신청 ▢ 공탁통지우편료 원	
반대급부 내용 등							

위와 같이 신청합니다.   대리인   주소
                                        전화번호
                                        성명   인(서 명)
       공탁자 성명   인(서 명)

회수제한 신고	공탁자는 피공탁자의 동의가 없으면 위 형사사건에 대하여 불기소결정(단, 기소유예는 제외) 이 있거나 무죄판결이 확정될 때까지 공탁금에 대한 회수청구권을 행사하지 않겠습니다. 공탁자 성명 인(서명) 대리인 성명 인(서명)

위 공탁을 수리합니다.
공탁금을   년 월 일까지 위 보관은행의 공탁관 계좌에 납입하시기 바랍니다.
위 납입기일까지 공탁금을 납입하지 않을 때는 이 공탁 수리결정의 효력이 상실됩니다.
                              년   월   일
                              법원   지원 공탁관   (인)

(영수증) 위 공탁금이 납입되었음을 증명합니다.
                              년   월   일
                         공탁금 보관은행(공탁관)   (인)

Ⅳ. 공탁서의 첨부서면

공탁서에는 다음 각 호의 서면을 첨부하여야 한다(공탁규칙 제21조).

1. 자격증명서

(1) 공탁자가 법인인 경우

공탁자가 법인인 경우에는 대표자 또는 관리인의 자격을 증명하는 서면을 공탁서에 첨부하여야 한다(공탁규칙 제21조 1항).

공탁자가 대한민국 내 영업소설치의 등기가 되어 있지 아니한 외국회사이므로 회사의 등기부등본에 의하여 그 대표자의 자격을 증명할 수 없는 경우에는, 외국회사 본국의 관할관청 또는 대한민국에 있는 그 외국의 영사의 인증을 받은 "대표자의 자격을 증명하는 서면" 및 그 번역문을 그에 갈음하여 제출하면 되고, 날인제도가 없는 외국인은 서명만으로 날인에 대신할 수 있으므로 인감증명서의 첨부를 요하는 공탁금 출급·회수청구서(대표자의 직접 청구의 경우) 또는 위임장(대리인에 의한 청구의 경우)의 서명이 본인의 것임을 증명하는 외국회사 본국의 관할관청의 증명이나 공증인의 공증서면 및 그 번역문을 첨부함으로써 인감증명서의 제출에 갈음할 수 있다(1992.8.19. 법정 제1396호).

(2) 공탁자가 비법인 사단·재단인 경우

공탁자가 법인 아닌 사단 또는 재단인 경우에는 공탁서에 정관이나 규약과 대표자 또는 관리인의 자격을 증명하는 서면을 첨부하여야 한다(공탁규칙 제21조 1항). 대표자나 관리인의 자격을 증명하는 서면으로서 관공서에서 발급받은 서면(예: 법인등기부등본·가족관계증명서 등)은 발급일로부터 3월 이내의 것이어야 한다(공탁규칙 제16조).

(3) 대리인에 의하여 공탁하는 경우

임의대리인이 공탁하는 경우에는 위임장, 법정대리인인 경우에는 가족관계증명서, 가정법원의 재판서 등을 첨부하여야 한다(공탁규칙 제21조 2항).

대리인에 의하여 공탁하는 경우에는 대리인의 권한을 증명하는 서면을 공탁서에 첨부하여야 한다(공탁규칙 제21조 2항). 대리인의 권한을 증명하는 서면으로서 관공서에서 작성하는 증명서는 발행일로부터 3월 이내의 것이어야 한다(공탁규칙 제16조).

법무사 등 임의대리인에 의하여 공탁하는 경우에는 그 권한의 위임이 되어 있음을 증명하는 위임장을 첨부하여야 한다. 친권자나 후견인 등 법정대리인은 호적등본이나 가정법원 후견인선임심판서등본 등을 첨부하며, 회사의 지배인 등 등기되어 있는 대리인에 의하여 공탁하는 경우에는 법인등기부등·초본 등을 첨부하여야 한다.

2. 변제공탁과 피공탁자의 주소소명서면

(1) 피공탁자의 주소를 표시하는 때

(가) 피공탁자의 주소 소명 서면(변제공탁의 직접원인이 되는 서면에 주소가 기재된 경우)
변제공탁을 하는 경우에 피공탁자의 주소를 표시하는 때에는 그 주소를 소명하는 서면을 첨부하여야 한다(공탁규칙 제21조 3항). 주소증명서면은 발급일로부터 3월 이내의 것이여야 한다(공탁규칙 제16조2호). 주소를 증명하는 서면은 원칙적으로 피공탁자의 주민등록표등·초본이다.

국내에 주소가 없거나 주소불명 등의 사유로 주민등록표등·초본을 첨부할 수 없는 경우에 "변제공탁의 직접 원인이 되는 서면(재판서, 재결서, 계약서 등)"에 피공탁자의 주소가 기재되어 있는 때에는 그 서면도 해당 변제공탁에 있어서는 주소를 소명하는 서면으로 볼 수 있을 것이다. 다만 변제공탁의 직접 원인이 되는 서면에 기재된 피공탁자의 주소가 진정하지 않을 경우에는 변제공탁의 효과가 발생하지 않을 수도 있다(1990.7.5, 법정 제1014호).

공탁서에는 원칙적으로 피공탁자의 주민등록번호(법인등록번호)를 기재하여야 하나 주민등록번호를 확인할 수 있는 서면을 첨부하여야 하는 것은 아니다. 다만, 변제공탁을 하는 경우에 공탁서에 피공탁자의 주소를 소명하는 서면으로 주민등록표등·초본을 첨부할 때는 주민등록표등·초본에 의하여 주민등록번호를 확인할 수 있다(2009.3.9. 사법등기심의관 −569).

(나) 피공탁자의 주소를 소명하는 서면에 해당 여부(재결서·판결문)
피공탁자의 주소를 소명하는 서면은 원칙적으로 피공탁자의 주민등록표등·초본이어야 한다. 피공탁자의 주민등록등·초본을 첨부케 하는 이유는 수시로 변경될 수 있는 피공탁자의 주소를 변경 전의 주소로 기재하거나 허위 또는 불명확하게 기재하는 폐단을 방지하여 공탁금을 수령할 자를 보호하기 위한 것이다(1994. 8.31. 법정 제3302-337호). 따라서 재결서나 판결문에 피공탁자의 주소가 표시되어 있고, 표시된 주소가 주민등록표등·초본상의 주소와 일치된다 해도 위 재결서 등은 주소가 불명인 경우에 그 사유를 소명하는 서면으로 볼 수는 있어도 직접 주소를 소명하는 서면으로 볼 수는 없다(1994.3.29. 법정 제3302-146호 선례).

(다) 재외동포의 주소소명 서면

1) 재외동포의 개념
재외동포의출입국과법적지위에관한법률에서 "재외동포"라 함은 다음 각호의1에 해당하는 자를 말한다(동법 제2조).
1. 대한민국의 국민으로서 외국의 영주권을 취득한 자 또는 영주할 목적으로 외국에 거주하고 있는 자(이하 "재외국민"이라 한다)
2. 대한민국의 국적을 보유하였던 자 또는 그 직계비속으로서 외국국적을 취득한 자 중 대통령령이 정하는 자(이하 "외국국적동포"라 한다)

2) 재외동포의 주소소명 서면에 갈음할 수 있는 증명서(국내거소신고증·국내거소신고사실증명)
재외동포가 법령에 규정된 각종 절차와 거래관계 등에 있어서 주민등록증, 주민등록등·초본, 외국인등록증 또는 외국인등록사실증명을 요하는 경우에는 국내거소신고증(별지 제6호·7호 서식) 또는 국내거소신고사실증명(별지 제11호 서식)으로 이에 갈음할 수 있다(동법 제9조).

3) 피공탁자가 외국인이거나 재외국민으로 주소가 불명인 경우 공탁의 직접 원인이 되는 서면(계약서, 재판서, 재결서, 등기부등본, 토지대장, 말소된 주민등록표 등·초본 등)에 나타난 주소지를 최종주소지로 기재하고, 그 최종주소지에 피공탁자가 거주하지 않는다는 것을 소명하는 서면(발송된 우편물이 이사불명 등으로 반송되었다는 취지가 기재된 최근의 배달증명서 등)을 제출하여야 한다(행정예규 596호. 4조).

(라) 행정정보의 공동이용

1) 행정정보의 공동이용
공탁사무와 관련하여 공탁, 공탁금 출급·회수청구 등의 신청인(이하 "신청인"이라 한다)이 행정정보의 공동이용에 사전 동의하는 경우, 신청인에 대한 주민등록표 등본·초본 등 행정정보 공동이용을 통하여 확인할 수 있는 정보에 대하여는 이를 행정정보 공동이용을 통하여 공탁관이 확인하고 해당 서면의 제출을 면제할 수 있다. 다만, 해당 행정기관의 전산시스템 장애 등으로 공탁관이 그 행정정보를 당일 확인할 수 없는 경우에는 그러하지 아니하다(행정예규 제934호 제2조).

2) 사전 동의 방법

① 신청인이 행정정보 공동이용에 사전 동의하는 경우 제출하여야 하는 서면은 별지 서식과 같다.

② 전자공탁시스템을 이용하여 사전 동의서를 제출하는 경우 신청인은 전자공탁시스템에서 제공하는 방식으로 제1항의 서면을 작성하고 신청인의 전자서명을 하여야 하며, 자격자대리인(변호사, 법무사)이 이를 제출하는 때에는 신청인과 자격자대리인의 전자서명을 함께 제출하여야 한다(행정예규 제934호 제3조).

[별지 서식]

행정정보 공동이용 사전동의서

---

1. 민원사무의 명칭 :

2. 공동이용 행정정보(구비서류) :

3. 이용기관의 명칭 :   지방법원   지원   공탁소

  본인은 위 사무의 처리를 위하여 「전자정부법」제36조에 따른 행정정보의 공동이용을 통해 이용기관의 업무처리담당자가 전자적으로 본인의 구비서류를 확인하는 것에 동의합니다.

    년   월   일

            동의인 성   명 :   (서명 또는 인)
            주민등록번호 :
            전 화 번 호 :

※ 기재 예시
  1. 민원사무의 명칭 : 공탁금 출급청구, 공탁신청 등
  2. 공동이용 행정정보(구비서류) : 주민등록사항정보(주민등록표∨등본·초본)
  3. 이용기관의 명칭 : ㅇㅇ지방법원 ㅇㅇ지원 공탁소

(2) 피공탁자의 주소가 불명인 경우

(가) 주소불명사유를 소명하는 서면

변제공탁을 하는 경우에 피공탁자의 주소가 불명인 경우에는 그 사유를 소명하는 서면을 첨부하여야 한다(공탁규칙 제21조 3항).

변제공탁의 경우 피공탁자의 주소가 불명한 때에는 변제공탁제도의 악용을 방지하기 위하여 그 사유를 소명하는 서면을 첨부하도록 하는 규정을 마련하였다. 이는 이미 공탁예규로서 시행하고 있던 것을 규칙에 반영한 것이다.

그 사유를 소명하는 서면으로서 피공탁자의 최종주소를 소명하는 서면(변제공탁의 직접 원인이 되는 계약서 · 재판서 · 재결서 등과 등기부등본, 토지대장, 공탁서, 말소된 주민등록표등 · 초본 등)및 그 주소지에 피공탁자가 거주하지 않는다는 것을 소명하는 자료 등을 첨부하여야 한다(1994.3.29. 법정 3302-146 참조).

이와 같은 자료 제출의 필요성 및 소명 정도에 대한 구체적인 판단은 공탁관이 하여야 한다(1993.4.23. 법정-804. 1994.3.29. 법정 3302-146).

(나) 토지수용보상금 공탁의 경우

공익사업법 제40조 제2항 소정의 토지수용보상금을 공탁함에 있어 재결서에 피공탁자의 주소가 표시되어 있고, 표시된 주소가 피공탁자의 주민등록표등 · 초본상의 주소와 일치된다 해도 위 재결서 등은 주소가 불명한 경우에 그 사유를 소명하는 서면으로 볼 수는 있어도 직접 주소를 소명하는 서면으로 볼 수는 없을 것이다. 토지수용으로 인한 변제공탁시에 토지대장 · 등기부등본 등을 반드시 첨부해야 하는 것은 아니며, 위와 같이 주소불명의 경우에 그 사유를 소명하는 서면등의 일종으로 첨부하는 수가 있으나 그 필요성 여부에 대한 구체적인 판단은 공탁관에 의해서 이루어져야 할 것이다(1994.3.29, 법정 제3302-146호 ; 1994.4.22, 법정 제3302-171호).

(3) 상대적 불확지공탁과 피공탁자의 주소소명

채권자상대적 불확지의 공탁(피공탁자를 A 또는 B, 망 ○○○의 상속인 등으로 표시한 경우)을 하는 경우에는 피공탁자로 기재된 자 모두의 주소소명서면을 첨부해야 할 것이다.

3. 공탁통지서

공탁자는 지체 없이 채권자에게 공탁통지를 하여야 한다(민법 제488조 3항).

피공탁자에게 변제공탁의 내용과 공탁물출급청구권이 발생하였음을 알려주는 기능을 하는 공탁의 통지는 본래 공탁자가 하여야 하지만(민법 제488조 3항), 공탁규칙은 공탁통지를 확실하게 하기 위하여 공탁신청시 공탁자로 하여금 공탁통지서를 제출하도록 하고 공탁물이 납입된 후에 공탁관이 공탁자를 대신하여 피공탁자에게 공탁통지서를 발송하도록 하고 있다(공탁규칙 제29조).

변제공탁의 경우 공탁자는 지체없이 채권자에게 공탁사실을 알려야 하므로 공탁서에 피공탁자의 수만큼 공탁통지서를 첨부하여야 하며, 이 경우 우편법시행규칙 제25조 제1항 제4호 다목에 따른 배달증명을 할 수 있는 우편료를 납입하여야 한다(공탁규칙 제23조 제1항, 제2항). 공탁관은 제1항의 공탁통지서를 발송하기 위한 봉투 발신인란에 공탁소의 명칭과 그 소재지 및 공탁관의 성명을 적어야 한다(공탁규칙 제23조 제3항).

공탁자가 피공탁자의 외국주소로 공탁통지를 하여야 할 경우에는 수신인란에 로마문자(영문)와 아라비아 숫자로 피공탁자의 성명과 주소를 적은 국제특급우편 봉투와 우편요금을 피공탁자의 수에 따라 첨부하여야 한다(공탁규칙 제67조 제1항).

제1항의 우편요금은 「국제우편규정」 제12조 제1항 제3호 에 의한 배달통지가 가능한 외국에 공탁통지를 할 경우는 배달통지로 할 수 있는 금액이어야 한다(공탁규칙 제67조 제2항).

공탁관은 제1항의 봉투 발신인란과 배달통지서의 반송인란에 로마문자(영문)와 아라비아 숫자로 공탁소의 명칭과 그 소재지 및 공탁관의 성명을 적어야 한다(공탁규칙 제67조 제3항).

피공탁자가 전혀 누구인지 모르는 경우(절대적 불확지) 또는 피공탁자가 어디에 살고 있는지를 모를 경우(주소불명), 공탁 당시에는 공탁 통지서를 제출할 필요가 없지만 후에 피공탁자가 누구인지 알게 되었다거나 주소를 알게 되었을 때에는 공탁서정정신청을 하면서 동시에 공탁통지서를 제출하여야 한다.

민사집행법 제248조 제1항에 따라 제3채무자가 금전채권액의 일부에 대한 압류를 원인으로 압류에 관련된 근전채권액 전액을 공탁한 경우에는 공탁금 중에서 압류의 효력이 미치지 않는 부분은 변제공탁의 성질을 가지므로, 공탁신청시 압류채무자를 피공탁자로 기재하여야 하며 공탁자는 피공탁자에게 발송할 공탁통지서를 첨부하여야 한다(행정예규 528호).

(1) 공탁통지의 공탁의 유효요건 여부(소극)

(가) 공탁통지는 공탁의 유효요건이 아니다

채무자가 변제공탁을 하였을 때에는 지체없이 채권자에게 공탁통지를 하여야 하나 (민법 제488조 3항), 그 공탁통지는 공탁의 유효요건이 아니어서 공탁자가 공탁통지를 하지 않았어도 채무는 소멸된다(대판 1976.3.9. 75다1200).

변제공탁은 공탁관의 수탁처분과 공탁물보관자의 공탁물수령으로 그 효력이 발생하여 채무소멸의 효과를 가져오는 것이고, 채권자에 대한 공탁통지나 채권자의 수익의 의사표시가 있는 때에 공탁의 효력이 생기는 것은 아니다(대법원 1972.5. 15. 72마401 결정).

(나) 공탁서 정정신청과 공탁통지

민법 제487조의 규정에 의한 변제공탁뿐만 아니라 기타의 법령에 의한 변제공탁의 경우에도 공탁통지서를 첨부하여야 한다. 변제공탁의 원인이 피공탁자의 주소불명에 의한 수령불능이거나 채권자절대적 불확지인 경우에는 공탁통지서를 첨부할 필요가 없으나, 후일 판명된 주소로 피공탁자의 주소를 정정하거나 또는 후일 확지하게 된 채권자를 피공탁자로 지정하는 공탁서정정신청을 하는 경우에는 공탁규칙 제23조 소정의 공탁통지서를 첨부하여야 할 것이다(공탁규칙 제30조 제6항).

(2) 공탁통지서의 발송절차

(가) 공탁자의 절차

공탁자가 피공탁자에게 공탁통지를 하여야 할 경우에는 피공탁자의 수만큼 공탁통지서를 첨부하여야 한다(공탁규칙 제23조 제1항).

위의 봉투에는 「우편법 시행규칙」 제25조 제1항 제4호다목에 따른 배달증명을 할 수 있는 우편료를 납입하여야 한다(공탁규칙 제23조 제2항).

공탁관은 공탁통지서를 발송하기 위한 봉투 발신인란에 공탁소의 명칭과 그 소재지 및 공탁관의 성명을 적어야 한다(공탁규칙 제23조 제3항).

(나) 공탁관의 절차(공탁통지서의 발송)

공탁관은 공탁규칙 제27조의 전송이나 공탁물품납입통지서를 받은 때에는 공탁규칙 제23조의 공탁통지서를 피공탁자에게 발송하여야 한다(공탁규칙 제29조 제1항).

위의 통지서에는 공탁번호, 발송연월일과 공탁관의 성명을 적고 직인을 찍어야 한다(공탁규칙 제29조 제2항). 공탁통지서를 발송한 경우 그 송달정보는 전산정보처리 조직에 의하여 관리하여야 한다(공탁규칙 제29조 제3항). 공탁통지서가 반송된 경우에는 이를 공탁기록에 편철하여야 한다(공탁규칙 제29조 제4항).

(다) 국가를 피공탁자로 하는 변제공탁

국가를 피공탁자로 하는 변제공탁서에는 피공탁자란에 "대한민국"(소관청 : ○○○)과 같이 소관청을 첨기하고, 공탁통지서는 소관청의 장에게 발송한다(2013.7.10. 행정예규 제972호).

(3) 공탁통지서의 재발송

공탁통지서가 피공탁자의 주소불명으로 공탁소에 반송된 경우에 공탁자는 피공탁자의 주소에 대한 공탁서의 정정을 신청할 수 있고, 이 경우에는 공탁통지서 등을 새로 첨부하도록 하여 피공탁자의 새로운 주소로 공탁통지서를 발송하여야 한다(공탁규칙 제30조 6항). 또한 폐문부재 등의 사유로 공탁통지서가 반송된 경우에도 공탁자는 우표를 붙인 봉투를 첨부하여 공탁통지서의 재발송을 신청할 수 있고, 이 경우 공탁관은 공탁통지서를 재발송할 수 있다.

(4) 공탁통지서가 피공탁자에게 송달되지 않은 경우의 효과

공탁통지는 공탁이 성립된 경우에 공탁자가 피공탁자에게 출급청구권이 발생하였음을 알려 주어 피공탁자가 출급청구권을 행사하는 데 편의를 제공하기 위한 것일 뿐 공탁의 유효요건은 아니므로 공탁통지가 되지 않은 변제공탁도 원칙적으로 그 효력에 영향이 없다(대판 1976.3.9, 75다1200). 따라서 공탁통지서를 피공탁자의 주소로 발송한 이상 그 통지서가 수취인부재로 반송된 경우라 하더라도 채무소멸이라는 변제공탁의 효력은 발생하는 것이며, 다만 공탁자의 과실로 공탁물을 수령할 자의 주소표시가 잘못되어 공탁통지가 이루어지지 않았다면 공탁자에게 그에 따른 손해배상책임이 발생할 수도 있다 (1991.5.10. 법정 제839호, 1992.3.27. 법정 제552호).

(5) 변제공탁의 경우 공탁통지서의 발송방법(배달증명우편)

공탁통지의 의무는 공탁자에게 있고 이 경우 공탁관의 역할은 공탁자가 제출한 공탁통지서를 공탁자를 위하여 발송하여 주는 것에 불과하며, 위와 같은 공탁통지서의 발송은 배달증명우편에 의할 것으로 규정되어 있으므로(공탁규칙 제23조 2항) 소송절차에서 법원이 직권으로 소송서류를 송달하는 경우에 적용되는 공시송달에 관한 규정 등을 적용할 수는 없다(1996.1.20. 법정 제3302 – 17호).

민법 제487조의 규정에 의한 변제공탁을 한 공탁자는 지체없이 채권자에게 공탁통지를 하여야 하는바(민법 제488조 3항), 이 경우에 있어서 공탁관은 공탁자가 제출한 공탁통지서를 공탁자를 위하여 발송하여 주는 것에 불과하므로(공탁규칙 제29조), 위와 같은 공탁통지서의 발송은 배달증명에 의한 우편발송의 방법에 의하여야 할 뿐(공탁규칙 제23조 2항) 법원이 직권으로 소송상의 서류를 소송당사자 기타 이해관계인에게 송달하는 경우에 적용되는 민사소송법상 송달에 관한 규정은 적용할 수 없을 것이며, 따라서 공탁통지서의 발송은 민사소송법 제175조 제1항에 규정되어 있는 휴일 또는 일출 전이나 일몰 후의 집행관 등에 의한 송달방법에 의할 수는 없다.

금전 공탁통지서(형사사건용)

공 탁 번 호		년금제 호		년 월 일 신청	법령조항	
공탁자	성 명 (상호, 명칭)		피공탁자	성 명 (상호, 명칭)		
	주 소 (본점, 주사무소)			주 소 (본점, 주사무소)		
공 탁 금 액	한글		보 관 은 행		은행 지점	
	숫자					
형사사건	사건번호	경찰서 년제 호 지방검찰청 지청 년 형제 호 지방법원 지원 년 고단(합) 제 호				
	사건명					
공 탁 원 인 사 실						
반대급부 내용 등						

위와 같이 통지합니다.   대리인 주소
         공탁자 성명   인(서명)   성명   인(서명)

1. 위 공탁금이   년   월   일 납입되었으므로 [별지] 안내문의 구비서류 등을 지참하시고 우리 법원 공탁소에 출석하여 공탁금 출급청구를 할 수 있습니다.

2. 공탁금액이 5천만원 이하인 경우에는 법원 전자공탁홈페이지(http://ekt.scourt.go.kr)를 이용하여 인터넷으로 공탁금 출급청구를 할 수 있습니다. 이 경우 인감증명서(또는 본인서명사실확인서)는 첨부하지 아니합니다.

3. **공탁자가 회수제한신고를 한 경우에는 공탁자는 귀하의 동의가 없으면 위 형사사건에 대하여 불기소결정(단, 기소유예는 제외)이 있거나 무죄판결이 확정될 때까지 공탁금에 대한 회수청구권을 행사할 수 없습니다.**

   그러나, 공탁자가 회수제한신고를 하지 않은 경우에는 귀하가 공탁금 출급청구를 하거나, 공탁을 수락한다는 내용을 기재한 서면을 우리 공탁소에 제출하기 전에는 공탁자가 공탁금을 회수할 수 있습니다.

4. 공탁금은 그 출급청구권을 행사할 수 있는 때로부터 10년 내에 출급청구를 하지 않을 때에는 특별한 사유(소멸시효 중단 등)가 없는 한 소멸시효가 완성되어 국고로 귀속되게 됩니다.

5. 공탁금에 대하여 이의가 있는 경우에는 공탁금 출급청구를 할 때에 청구서에 이의유보 사유(예컨대 "손해배상금 중의 일부로 수령함" 등)를 표시하고 공탁금을 지급받을 수 있으며, 이 경우에는 후에 다른 민사소송 등의 방법으로 권리를 주장할 수 있습니다.

6. 공탁통지서는 재발급 되지 않으므로 잘 보관하시기 바랍니다.

7. 사건 내용은 법원 전자공탁홈페이지에서 조회할 수 있으며, 통지서 하단에 발급확인번호가 기재되어 있는 경우에는 전자문서로 신청된 사건이므로 전자공탁홈페이지에서 공탁관련 문서를 열람할 수 있습니다.

                                                  년   월   일 발송
         법원   지원 공탁관   (인)
                   (문의전화 :   )

금전 공탁통지서(반대급부내용)

공탁번호	년금 제 호	년 월 일 신청	법령조항	민법 제487조

공탁자	성 명 (상호 명칭)	김 ○ ○	피공탁자	성 명 (상호 명칭)	박 ○ ○
	주 소 (본점,주사무소)			주 소 (본점,주사무소)	
				주민등록번호 (법인등록번호)	

공 탁 금 액	한글 오천만원 숫자 50,000,000원	보관은행	은행 지점

공탁원인사실	공탁자는 피공탁자로부터 2004.3.1. 서울 서초구서초동 10 대 150평방미터를 대금 1억원에 매수하는 매매계약을 체결하고 계약금 1,000만원, 2004.4.5. 중도금 4,000만원을 각 지급하였다. 잔대금 5,000만원은 2004.5.5. 위 부동산의 소유권이전등기절차 이행에 필요한 일체의 서류교부와 동시에 피공탁자의 주소지에서 지급하기로 하여 그 날 위 장소에서 위 금원을 현실제공하였으나 대금의 증액을 요구하며 수령을 거부하므로 공탁함.

1. 공탁에 의하여 소멸하는 질권, 전세권, 저당권 등 ② 반대급부 내용	공탁원인사실에 기재된 부동산의 소유권이전등기절차이행에 필요한 일체의 서류의 교부

위와 같이 통지합니다.　　　　　　　　　　　대리인 주소

　　공탁자 성명　김 ○ ○　(인)　　　　　　성명　　　　　　　　(인)

1. 위 공탁금이　년　월　일 납입되었으므로 아래와 같은 구비서류를 갖추어 우리 공탁소에 출급청구하실 수 있음을 알려드립니다.
   귀하가 공탁금출급청구를 하거나 공탁을 수락한다는 취지의 서면을 우리 공탁소에 제출하기 전에는 공탁자가 공탁금을 회수청구할 수 있음을 알려드립니다.
2. 공탁금출급청구의 구비서류 등
   ※ [별지] 안내문을 참조하시기 바랍니다.
3. 공탁금액이 5천만원 이하인 경우에는 법원 전자공탁홈페이지(http://ekt.scourt.go.kr)를 이용하여 인터넷으로 공탁금 출급청구를 할 수 있습니다. 이 경우 인감증명서(또는 본인서명사실확인서)는 첨부하지 아니합니다.
4. 공탁금은 그 출급청구권을 행사할 수 있는 때로부터 10년 내에 출급청구를 하지 않을 때에는 특별한 사유(소멸시효 중단 등)가 없는 한 소멸시효가 완성되어 국고로 귀속되게 됩니다.
5. 공탁금에 대하여 이의가 있는 경우에는 공탁금출급청구서 해당란에 이의유보사유(예컨대 "손해배상금 중의 일부로 수령함" 등)를 기재하고 공탁금을 지급받을 수 있으며, 이 경우에는 후에 다른 민사소송 등의 방법으로 권리주장을 할 수 있습니다.
6. 공탁통지서는 재발급되지 않으므로 잘 보관하시기 바랍니다.

　　　　　　　　　　　　　　년　　월　　일

　　　　　　법원　　　　지원　　　공탁관　　　　　　(인)
　　　　　　(문의전화 :　　　　　　　　)

물품 공탁통지서

공 탁 번 호		년물 제 호		년 월 일 신청	법령조항	
공 탁 자	성 명 (상호 명칭)	박 ○ ○	피 공 탁 자	성 명 (상호 명칭)	김 ○ ○	
	주 소 (본점,주사무소) 전화번호			주 소 (본점,주사무소)		
				주민등록번호 (법인등록번호)		

공 탁 물 품			공탁원인 사 실		
명 칭	종 류	수 량	1. 공탁으로 인하여 소멸하는 질권 또는 저당권 2. 반대급부 내용		
			비 고	1. 주민등록표등본 2. 공탁통지서 3. 위임장	

위와 같이 통지합니다.   대리인 주소

공탁자 성명 박 ○ ○ (인)   성명   (인)

1. 위 공탁금이   년   월   일 납입되었으므로 아래와 같은 구비서류를 갖추어 우리 공탁소에
   출급청구하실 수 있음을 알려드립니다.
   귀하가 공탁금출급청구를 하거나 공탁을 수락한다는 취지의 서면을 우리 공탁소에 제출하기 전
   에는 공탁자가 공탁금을 회수청구할 수 있음을 알려드립니다.
2. 공탁물품 출급청구시 구비서류 : ① 출급청구서 2통, ② 공탁통지서, ③ 인감증명서 1통
                                ④. 인감도장, ⑤ 신분증
   ※ 대리인이 올 경우에는 위 구비서류 ①, ②외에 위임장(본인의 인감도장이 찍힌 것), 본인의
      인감증명서, 대리인의 신분증을 지참하여야 합니다.
3. 공탁물품에 대하여 이의가 있는 경우에는 공탁물품 출급청구를 할 때에 청구서에 이의유보사
   유(예컨대 "손해배상금 중의 일부로 수령함" 등)를 적고 공탁물품을 지급받을 수 있으며, 이 경
   우에는 후에 다른 민사소송 등의 방법으로 권리를 주장할 수 있습니다.
4. 공탁통지서는 재발급 되지 않으므로 잘 보관하시기 바랍니다.

                 년   월   일   제   호 발송

                 법원   지원 공탁관   (인)

                 (문의전화 :   )

※ 인감을 날인하고 인감증명서를 첨부하여야 하는 경우, 이를 갈음하여 서명을 하고
   본인서명사실확인서를 제출할 수 있습니다.

유가증권 공탁통지서

공 탁 번 호		년 물 제 호		년 월 일 신청	법령조항	
공 탁 자	성 명 (상호 명칭)	박 ○ ○	피 공 탁 자	성 명 (상호 명칭)	김 ○ ○	
	주 소 (본점,주사무소) 전화번호			주 소 (본점,주사무소)		
				주민등록번호 (법인등록번호)		

공 탁 유 가 증 권				공탁 원인 사실	
명 칭			계		

장 수				1. 공탁으로 인하여
				   소멸하는 질권, 전세권
				   또는 저당권
				2. 반대급부 내용	

총 액 면 금	한글 숫자				
액면금기호번호					
부 속 이 표				비 고	
최 종 상 환 기					

위와 같이 통지합니다.   대리인 주소
        공탁자 성명   박 ○ ○   (인)   성명   (인)

1. 위 공탁유가증권이   년   월   일 납입되었으므로 [별지] 안내문의 구비서류 등을 지참하
   시고, 우리 법원 공탁소에 출석하여 공탁유가증권 출급청구를 할 수 있습니다.
   귀하가 공탁유가증권 출급청구를 하거나 공탁을 수락한다는 취지의 서면을 우리 공탁소에
   제출하기 전에는 공탁자가 공탁유가증권을 회수할 수 있음을 알려드립니다.
2. 공탁유가증권 출급청구시 구비서류 등
   ※ [별지] 안내문을 참조하시기 바랍니다.
3. 공탁유가증권에 대하여 이의가 있는 경우에는 공탁유가증권 출급청구를 할 때에 청구서에
   이의유보사유(예컨대 "손해배상금 중의 일부로 수령함" 등)를 적고 공탁유가증권을 지급받을
   수 있으며, 이 경우에는 후에 다른 민사소송 등의 방법으로 권리를 주장할 수 있습니다.
4. 공탁통지서는 재발급 되지 않으므로 잘 보관하시기 바랍니다.

              년   월   일   제   호 발송
                    법원   지원 공탁관   (인)
                    (문의전화 :   )

4. 채권압류 또는 가압류결정문 사본 등

제3채무자가 민사집행법 제248조에 따라 공탁하는 경우에는 공탁신청시 가압류·압류결정문 사본을 첨부하여야 한다(행정예규 528호). 재판상 담보공탁의 경우 담보제공증명서 사본을 첨부하여야 하며, 가압류해방공탁의 경우에도 가압류결정사본을 첨부하여야 한다.

5. 기명식 유가증권의 공탁신청과 첨부서면

공탁자가 기명식(記名式) 유가증권을 공탁하려고 하는 때는 공탁물을 수령하는 자가 즉시로 권리를 취득할 수 있도록 유가증권에 배서(背書)를 하거나 또는 양도증서(讓渡證書)를 첨부하여야 한다(공탁규칙 제24조).

6. 첨부서면의 생략

같은 사람이 동시에 같은 공탁법원에 여러 건의 공탁을 하는 경우에 첨부서면의 내용이 같을 때에는 1건의 공탁서에 1통만을 첨부하면 된다. 이 경우 다른 공탁서에는 그 뜻을 적어야 한다(공탁규칙 제22조). 예컨대 다른 공탁서의 비고란에 "법인등기부등본은 공탁번호 2008년 금 제1000호 공탁서에 첨부한 것을 원용함"이라고 기재한다.

수건의 공탁 중 1건의 공탁서에 1통만 첨부하면 되는 첨부서면을 자격증명과 피공탁자의 주소소명서면에 한하지 않고 모든 첨부서면에 적용하는 것으로 첨부서면의 생략범위를 확대하였다.

V. 대법원예규에의 위임

공탁절차와 관련하여 필요한 사항 중 이 규칙에서 정하고 있지 아니한 사항은 대법원예규로 정할 수 있다(규칙 제64조의2).

제2절 공탁관의 심사(공탁신청서류의 조사)

I. 형식적 심사주의

공탁관은 공탁당사자의 공탁신청이나 공탁물의 출급·회수청구에 대하여 그것이 절차상·실체상 일체의 법률적 요건을 구비하고 있는가의 여부를 심사하며, 그 심사방법은 공탁사무의 신속을 도모하기 위하여 공탁법규가 정하는 공탁서 또는 출급·회수청구서, 공탁기록 등 첨부서면만에 의하여 심사하는 형식적 심사주의(서면심사주의)에 의하며, 그 한계를 넘어 실질적 심사를 할 수 없다.

공탁관이 공탁신청이나 공탁물 출급·회수청구서를 심사한 결과 공탁신청사유가 존재하지 않는 것이 분명한 경우 또는 공탁물 출급·회수청구자에게 실체상 지급청구권이 없음이 명백한 경우에는 공탁신청이나 공탁물 출급·회수청구를 불수리(不受理)할 수 있다. 공탁관이 불수리할 경우에는 이유를 적은 결정으로 하여야 한다.

공탁관의 처분(수리, 인가, 불수리)에 대하여 불복하는 자는 관할 지방법원에 이의신청을 할 수 있다. 관할 지방법원은 이의신청에 대하여 이유를 붙인 결정(決定)으로써 하며, 이 경우 이의가 이유 있다고 인정하면 공탁관에게 상당한 처분을 할 것을 명하여야 한다.

공탁관의 '수리처분(受理處分)'에 대하여도 이의신청이 가능하다는 견해가 있으나 '불수리처분(受理處分)'에 대하여만 의의를 할 수 있고 수리처분에 대하여는 이의를 할 수 없다는 견해(서울지방법원 1999.6.14. 99파168, 대결2001.6.5. 2000마2605)가 있다. 일본의 공탁실무도 공탁신청 또는 공탁물지급청구가 인용된 경우에는 공탁절차 구조로 보아서 이의신청에 대한 심사청구의 대상이 아니라고 하고 있다.

1. 공탁관의 조사(형식적 심사주의)

공탁관이 공탁신청서류를 접수한 때에는 상당한 이유가 없는 한 지체 없이 이에 관한 모든 사항을 조사하여 신속히 처리하여야 한다(공탁규칙 제25조). 즉 공탁관은 공탁서류를 조사할 수 있는 심사권을 가지고 있다.

공탁관의 심사권은 제출된 공탁서류에 대한 형식적 심사에 미치며, 그 한계를 넘어 실질적 심사를 할 수 없다. 따라서 공탁관은 신청의 기초가 되는 실체적 법률관계의 존부나 제출된 서류에 대한 내용의 진부를 심사할 수 없으며, 이를 위한 증인신문·검증 등 증거조사를 할 수 없음은 물론 새로운 자료의 제출도 요구할 수 없다.

2. 공탁관의 공탁수리의 거부여부(소극)

변제자의 과실 없이 채권자를 확지할 수 없을 경우 공탁물 수령자를 정하지 않은 공탁이라 할지라도 공탁관은 형식적 심사권밖에 없어 실체면에 관계되는 사항에 대하여는 관여할 바 아니므로 공탁의 수리를 거부할 수는 없을 것이다(1971. 10.21. 행정예규 제24호).

징발재산정리에 관한 특별조치법에 의거 국가가 매수한 징발재산중에는 미등기 재산도 포함되어 있으며, 이에 따라 이와 같은 재산에 대한 미교부징발보상증권을 공탁할 때에 해당 공탁물의 수취인을 지정하지 않고 공탁을 하게 되는바 이 경우 공탁관이 위의 미등기 재산에 대한 공탁은 민법 제487조에 규정된 변제공탁의 요건을 충족시키지 못한다는 이유를 들어 이의 공탁수리를 거부할 수 없으며, 이 경우 변제자의 과실없이 채권자를 확지할 수 없을 경우 공탁물 수령자를 정하지 않은 공탁이라 할지라도 공탁관은 형식적 심사권밖에 없어 실체면에 관계되는 사항에 대하여서는 관여할 바 아니므로 공탁의 수리를 거부할 수는 없다(행정예규 제24호.3.)

Ⅱ. 심사대상

1. 심사대상

공탁관의 심사대상에 관하여 특별한 제한규정이 없고, 공탁을 하려는 사람은 소정의 공탁서 및 첨부서면을 제출하여야 하며, 공탁서에는 공탁규칙 제20조 제 2항 각호의 사항을 기재하고, 동 규칙 제21조 내지 제23조의 규정에 의한 서면을 첨부하여야 한다.

공탁관은 공탁의 절차적 요건뿐만 아니라 해당 공탁이 실체법상 유효한가 아닌가 하는 실체적 요건에 관해서도 공탁서 및 첨부서면만에 의하여 심사를 할 수 있다. 계약의 효력유무에 대해서는 원칙적으로 심사권이 없으나 인장위조 등이 외견상 명백하여 계약이 무효라거나 공탁서기재 자체로 보아 해당 계약이 무효이고, 따라서 공탁에 의하여 면책을 얻고자 하는 채무의 부존재가 일견 명백한 경우에는 예외적으로 심사할 수 있다.

공탁관은 제출된 공탁서와 그 첨부서류에 의하여 다음 사항을 심사하게 된다.

① 공탁자나 피공탁자의 주소라든가 공탁원인사실의 기재로 보아 해당 공탁소에 관할권이 있는가.
② 법정서식에 적합하며 공탁규칙 제20조 제2항 소정의 기재사항이 정확히 기재되어 있는가.
③ 공탁자가 당사자능력·행위능력, 특히 공탁당사자적격이 있는가, 대리인에 의한 공탁일 경우에는 대리권이 있는가.
④ 피공탁자를 표시하여야 하는 경우에 이를 기재하였는가(민법 제488조 3항 ; 공탁규칙 제20조 2항 5호).
⑤ 공탁물기재방식이 적절하며, 공탁물로서의 적격을 가진 것인가.
⑥ 기재되어 있는 공탁법령조항이 공탁원인사실의 기재로 보아 적합한 것인가(공탁규칙 제20조 2항 4호).
⑦ 공탁원인사실의 기재는 공탁법령조항에 비추어 적합하며, 실체상 요건을 구비한 유효한 것인가(공탁규칙 제20조 2항 3호).
⑧ 반대급부가 기재되어 있는 경우에는 적법한 조건인가(공탁법 제10조 ; 공탁규칙 제20조 2항 7호).
⑨ 첨부서류는 첨부되어 있는가(공탁규칙 제21조, 제22조, 제23조).

2. 공탁관의 취하의 권유

공탁관은 조사단계에서 서류에 불비한 점이 있거나 공탁사유 또는 지급사유가 없으면 보정이나 취하를 권유할 수는 있을 것이다.

그러나 신청인이 이에 응하지 않을 경우에는 공탁서 또는 청구서에 불수리취지를 기재하여 날인하고 그 중 한 통과 첨부서류를 공탁자 또는 청구자에게 반환하여야 하

고, 서면으로써 그 취지를 통지하여야 하며 접수자체를 거절할 수는 없을 것이다(200
5.10.24. 공탁법인과-566)

Ⅲ. 심사결과(수리 또는 불수리처분)

공탁관이 공탁서 및 그 첨부서면을 심사한 결과 부적법한 점이 있으면 공탁자 또는
그 대리인에게 보정을 명한 후 공탁자 등의 보정에 의하여 적법한 공탁신청으로 인정
되면 공탁신청에 대한 수리처분을 한다. 공탁관은 공탁자 또는 대리인이 보정을 할
수 없거나 보정명령에 불응하는 경우에는 공탁신청을 취하하게 하거나 불수리처분을
하게 된다.

1. 공탁의 수리

공탁관이 공탁서 및 그 첨부서면에 대한 심사결과 적법한 공탁신청으로 인정하여
공탁을 수리할 것으로 인정한 때에는 공탁서에 공탁을 수리한다는 뜻, 공탁번호, 공
탁물을 납입기일까지 납입하지 않을 경우에는 수리결정의 효력이 상실된다는 뜻을 기
재하여 기명 · 날인한 후, 공탁서 1통을 공탁자에게 교부하여 공탁물을 공탁물보관자
에게 납입하게 하여야 한다(공탁규칙 제26조 1항).

공탁관이 공탁규칙 제26조 제1항에 따라 공탁신청을 수리한 때에는 주요사항을 전
산등록하고, 공탁물보관자에게 그 내용을 전송하여야 한다. 다만, 물품공탁의 경우에
는 공탁물보관자에게 전송하는 대신 공탁자에게 공탁물품납입서 1통을 주어야 한다
(공탁규칙 제26조 2항).

공탁자가 지정된 납입기일까지 공탁물을 납입하지 않을 때는 그 수리결정은 효력을
상실하며, 이 경우에는 원장에 그 뜻을 등록하여야 한다(공탁규칙 제26조 3항 · 4항).

공탁의 수리요건과 효력요건은 구별되므로 공탁이 수리되었다 하더라도 반드시 그
공탁이 유효로 되는 것은 아니다. 따라서 채권자에게 변제의 제공을 하거나 채권자로
부터 수령을 거절당한 사실이 없음에도 변제의 제공을 하였으나 그 수령을 거절한다

는 사유로 변제공탁한 경우에는, 비록 그 공탁이 수리된다 하더라도 변제공탁의 요건을 갖추지 못한 부적법한 것이어서 변제의 효력이 발생하지 않는다(대결 1965.7.22. 65마571).

판례

공탁금의 출급을 인가한 공탁관에게 중과실을 인정한 사례

공탁자가 갑, 을 중 누가 진정한 채권자인지를 확인할 수 있는 확정판결의 교부를 하는 자를 공탁금의 출납청구권자로 한다는 취지의 반대급부의 조건을 붙여 공탁을 하였음에도 공탁관이 본조, 공탁규칙 제33조 등의 규정에 위배하여 위와 같은 확정판결에 해당되지 않는 가집행선고부 갑 승소의 판결을 첨부하였음에 불과한 갑에 대하여 공탁금의 출급인가를 하였다면 그에게 직무상의 중과실이 있다 할 것이다(대판 1968.7.23. 68다1139).

2. 공탁의 불수리

(1) 공탁관의 불수리결정

공탁관이 공탁서 및 그 첨부서면을 심사한 결과 그 공탁신청이 부적법한 것으로 인정하여 불수리할 경우에는 이유를 기재한 결정으로 하여야 하며(공탁규칙 제48조 1항). 불수리결정에 관하여 필요한 사항은 대법원예규로 정한다(공탁규칙 제48조 2항, 행정예규 제743호 참조).

공탁관이 공탁신청을 불수리한 경우 공탁관은 불수리사건 관리부에 다음 각 호의 사항을 등록하여야 한다(공탁규칙 제7조).
1. 공탁규칙 제48조의 불수리 결정을 한 경우 결정연월일과 고지연월일
2. 불수리 결정에 대한 이의신청이 있는 경우 이의신청일 및 결과

(2) 불수리처분에 대한 이의신청

공탁관의 불수리처분에 대하여 불복하는 자는 관할법원에 이의신청을 할 수 있으며, 이 경우의 이의신청은 공탁소에 이의신청서를 제출하여 이를 하여야 한다(공탁법 제12조, 제2장 제15절 공탁관의 불수리처분에 대한 이의 참조).

제3절 공탁물의 납입

Ⅰ. 공탁물의 납입절차

1. 공탁자의 공탁물의 납입

공탁관이 공탁신청서를 접수하여 심사한 후 적법한 공탁으로 인정하여 공탁을 수리한 때에는 공탁자는 공탁관이 지정한 납입기일까지 공탁물보관자(은행 등)에게 공탁물을 납입하여야 하며, 이로써 공탁절차는 종료된다. 따라서 지정된 납입기일 안에 공탁물을 납입하지 않으면 공탁수리결정은 그 효력이 당연히 상실된다(공탁규칙 제26조 3항).

공탁자는 공탁소로부터 공탁물납입서 및 공탁서를 교부받아 공탁서에 기재된 공탁물보관자에게 납입기일까지 공탁물을 납입하여야 한다.

2. 공탁물보관자의 절차

공탁물보관자가 공탁물을 납입받은 때에는 공탁서에 공탁물을 납입받았다는 취지를 기재하여 공탁자에게 교부하고, 그 납입사실을 공탁관에게 전송하여야 한다. 다만, 물품을 납입받은 경우에는 공탁물품납입통지서를 보내야 한다(공탁규칙 제27조). 공탁물보관자로부터 교부받은 공탁서는 후일 공탁물의 회수 등을 위하여 필요할 뿐만 아니라 공탁을 증명하는 서면으로서 재판절차 등에 자료로 활용할 수 있다.

Ⅱ. 계좌입금에 의한 공탁금의 납입

1. 공탁관은 금전공탁에서 공탁자가 자기의 비용으로 계좌납입을 신청한 경우 공탁금보관자에게 가상계좌번호를 요청하여 그 계좌로 공탁금을 납입하게 하여야 한다(공탁규칙 제28조 1항).

2. 제1항의 방법으로 공탁금이 납입된 경우 공탁금보관자는 공탁관에게 공탁금이 납입된 사실을 전송하여야 한다(공탁규칙 제28조 2항).

3. 제2항의 전송을 받은 공탁관은 공탁서에 공탁금이 납입되었다는 뜻을 적어 공탁자에게 내주거나 배달증명 우편으로 보내야 한다(공탁규칙 제28조 3항).

제4절 공탁통지서의 발송

변제공탁의 피공탁자에게 공탁사실을 알려주기 위하여 변제공탁자는 지체없이 피공탁자(채권자)에게 공탁통지를 하도록 하고 있으나(민법 제488조 3항). 공탁사무의 편의와 확실한 공탁통지를 위하여 공탁신청시에 공탁자로 하여금 공탁통지서를 공탁소에 제출하게 하고 공탁관이 공탁물보관자로부터 공탁물납입통지서를 송부받은 후에 공탁자를 대신하여 공탁통지서를 피공탁자에게 발송하도록 하고 있다.

① 공탁관은 공탁규칙 제27조의 전송이나 공탁물품납입통지서를 받은 때에는 공탁규칙 제23조의 공탁통지서를 피공탁자에게 발송하여야 한다(공탁규칙 제29조 1항).

② 제1항의 통지서에는 공탁번호, 발송연월일과 공탁관의 성명을 적고 직인을 찍어야 한다(공탁규칙 제29조 2항).

③ 공탁통지서를 발송한 경우 그 송달정보는 전산정보처리조직에 의하여 관리하여야 한다(공탁규칙 제29조 3항).

④ 공탁통지서가 반송된 경우에는 이를 공탁기록에 편철하여야 한다(공탁규칙 제29조 4항).

제5절 각종 법령의 규정에 따른 공탁의 종류

공탁이란 법령의 규정에 따른 원인에 기하여 금전, 유가증권 기타의 물건을 공탁소에 임치하는 것이므로 공탁은 반드시 법령에 근거하여야 하며(공탁법 제1조, 제2조), 당사자가 임의로 할 수는 없다. 이와 같이 공탁을 할 수 있는 법령을 공탁근거법령이라고 하며, 공탁서에는 '공탁을 하게 된 관계법령의 조항'을 반드시 기재하게 되어 있다(공탁규칙 제20조 2항 4호). 각종의 공탁근거 법령에 의한 공탁 중 중요한 것을 법령별로 설명하면 아래와 같다.

Ⅰ. 민법의 규정에 의한 공탁

1. 질권자의 배당금액의 공탁

질권자는 질물에 의하여 변제를 받지 못한 부분의 채권에 한하여 채무자의 다른 재산으로부터 변제를 받을 수 있다(민법 제340조 1항). 위의 규정은 질물보다 먼저 다른 재산에 관한 배당을 실시하는 경우에는 적용하지 아니한다. 그러나 다른 채권자는 질권자에게 그 배당금액의 공탁을 청구할 수 있다(민법 제340조 2항).

다른 채권자의 청구가 있을 때에는 질권자에 대한 배당액은 이것을 공탁하여야 하며, 질권자는 위의 제한에 따라서 받을 액을 계산하여 이것을 공탁금으로부터 받을 수 있음에 불과하다(민법 제340조 2항). 질권자가 배당청구를 하고 있음에도 불구하고 경매대금을 타채권자에게 배당해 버린 경우에는 질권자는 배당을 받은 채권자에 대하여 부당이득반환의 청구를 할 수 있다.

2. 질권자의 제3채무자에 대한 변제금액의 공탁청구

(1) 질권의 목적이 된 채권의 실행방법
질권자는 질권의 목적이 된 채권을 직접 청구할 수 있다(민법 제353조 1항).

위에서 '직접 청구할 수 있다'는 의미는 제3채무자에 대하여 채무명의, 법원에 의한 청구권의 부여, 질권설정자의 추심위임 등을 요하지 않으며 질권자가 자기의 이름으로 청구하는 것을 의미한다.

채권의 목적물이 금전인 때에는 질권자는 자기채권의 한도에서 직접 청구할 수 있으며, 그 채권의 변제기가 질권자의 채권의 변제기보다 먼저 도래한 때에는 질권자는 제3채무자에 대하여 그 변제금액의 공탁을 청구할 수 있다. 이 경우에 질권은 그 공탁금에 존재한다(민법 제353조 2항·3항).

즉 입질채권의 변제기가 피담보채권의 변제기 이전에 도래한 때에는, 질권자는 제3채무자로 하여금 그 변제금액을 공탁시킬 수 있다. 공탁한 때에는 질권은 그 공탁금(정확하게 말하면 입질채권자가 가지는 공탁금청구권) 위에 존속한다.

(2) 질권의 제3채무자에 대한 구속력

질권설정자로부터 질권설정의 뜻을 통지받거나 입질을 승낙한 제3채무자는 질권설정자에 대하여 입질채권의 변제를 할 수 없다는 구속을 받게 되고(질권의 제3채무자에 대한 구속력), 또한 공탁에 의해서도 채무를 면할 수 없다. 제3채무자의 변제는 질권의 입질채권에 대한 배타적인 지배권능을 해하므로 이를 할 수 없다고 보는 것이고, 또한 질권자가 해당 채권을 직접 청구하거나(민법 제353조 1항), 또는 채권을 압류한 후 이에 대해 추심 및 전부명령을 얻어 우선변제를 받을 수 있기 때문에 질권자의 승낙이 없는 한 공탁할 수 없게 하는 것이다. 다만, 제3채무자가 질권설정에도 불구하고 질권설정자에게 변제하였다면 이는 절대무효는 아니고, 그 효과를 가지고 질권자에게는 대항할 수 없을 뿐이다(제3채무자와 질권설정자 사이에는 효력이 있음). 따라서, 질권자로서는 입질채권이 아직 존재하는 것으로 보아 제3채무자에 대하여 그 변제를 다시 청구할 수 있게 된다.

(3) 질권자의 제3채무자에 대한 공탁청구에 의한 공탁시 공탁근거법령 및 피공탁자의 표시방법

질권자가 그 추심권(민법 제353조 1항)을 행사할 수 있으려면, 자기의 질권설정자에 대한 채권(피담보채권) 및 입질채권의 변제기가 도래되어 있을 필요가 있다. 따라서 피담보채권의 변제기가 도래하기 전에 입질채권의 변제기가 먼저 도래한 경우라면 질권자로서는 제3채무자에게 직접적으로 추심하지 못하고 그렇다고 하여 제3채무자가 질권설정자에게 변제하는 것이 가능하다고 하여 그로 인해서 질권자를 해할 염려가 있다. 이러한 경우를 대비하여 민법은 질권자로 하여금 제3채무자에게 변제금액의 공탁을 청구할 수 있는 것으로 규정하였다(민법 제353조 제3항 전단). 이러한 질권자의 공탁청구를 받은 제3채무자는 당연히 채무액을 공탁하여야 한다. 이 공탁은 그 실질이 변제공탁이므로 채무이행지 공탁소에 공탁하여야 하고(민법 제488조 제1항), 공탁근거조문은 '민법 제353조 제3항'이며, 피공탁자로는 '질권설정자(甲)'를 기재해야 한다.

(4) 질권자의 공탁금의 출급청구

이와 같이 하여 채무액이 공탁되면 질권은 그 공탁금 위에 존재하는 것으로 되어 있다(민법 제353조 제3항 후단). 그러므로 피담보채권의 변제기가 도래한 후에 자신이 질권자임을 공탁소에 증명하고 추심권을 행사함으로써 공탁금의 출급을 받아 피담보채권의 변제에 충당할 수 있다(재판자료 제109집, 585면 손진홍, 집행채권에서의 혼합공탁).

[제1-1호 양식]

금전 공탁서(제3채무자의 변제금액의 공탁)

공 탁 번 호		년 금 제 호		년 월 일 신청		법령 조항	민법 제353조3항
공탁 자	성 명 (상호, 명칭)	김 ○ ○	피 공 탁 자	성 명 (상호, 명칭)		박 ○ ○	
	주민등록번호 (법인등록번호)			주민등록번호 (법인등록번호)			
	주 소 (본점, 주사무소)			주 소 (본점, 주사무소)			
	전화번호			전화번호			
공 탁 금 액		한글	보관은행			은행 지점	
		숫자					
공 탁 원 인 사 실		피공탁자는 공탁자에게 금 1천만원의 대여금 채권이 있는 바, 피공탁자의 채권자 서울시 ○○구 ○○동 ○번지 박○○으로부터 위 채권에 대하여 박○○이 피공탁자에 대하여 가지고 있는 금 이천만원의 매매대금 담보로서 이에 질권의 설정을 한 뜻의 통지를 받았는 바, 위 대여금채권의 변제기는 2003.1.20.이고 질권피담보채권의 변제기는 2003.4.20.이므로 공탁자는 2003.1.30.질권자 박○○으로부터 위 금액에 대하여 민법 제353조 제3항의 규정에 의한 공탁청구를 받았으므로 금 1천만원의 변제를 위하여 공탁함.					
비고(첨부서류등)		☐ 계좌납입신청					
1. 공탁으로 인하여 소멸하는 질 권, 전세권 또는 저당권 2. 반대급부 내용							

위와 같이 신청합니다.   대리인 주소
                                          전화번호
        공탁자 성명 김 ○ ○ 인(서명)   성명   인(서명)

위 공탁을 수리합니다.

공탁금을   년   월   일까지 위 보관은행 공탁관 계좌에 납입하시기 바랍니다.

위 납입기일까지 공탁금을 납입하지 않을 때는 이 공탁 수리결정의 효력이 상실됩니다.

                        년   월   일

                법원   지원 공탁관   (인)

(영수증) 위 공탁금이 납입되었음을 증명합니다.

                        년   월   일

                공탁금 보관은행(공탁관)   (인)

3. 주채무자의 배상금액의 공탁

주채무자의 부탁으로 보증인이 된 자(수탁보증인)가 민법 제442조 제1항 각호의 경우에 주채무자에 대하여 사전구상을 청구한 경우에 주채무자는 이에 응하는 대신에 배상할 금액을 공탁하거나 담보를 제공하거나 보증인을 면책하게 함으로써 그 배상의무를 면할 수 있다(민법 제443조).

4. 변제자의 자조매각금의 공탁

변제의 목적물이 공탁에 적당하지 아니하거나 멸실 또는 훼손될 염려가 있거나 공탁에 과다한 비용을 요하는 경우에는 변제자는 법원의 허가를 얻어 그 물건을 경매하거나 시가로 방매하여 대금을 공탁할 수 있다(민법 제490조).

민법 제490조는 변제의 목적물이 보관을 하는 데 있어서 공탁에 적당치 않을 때, 야채나 생선과 같이 목적물이 곧 없어지거나 못쓰게 될 염려가 있을 때 혹은 우마와 같이 목적물을 보존하는 데 비용이 너무 들 때에는 법원의 허가를 얻어서 물건을 경매하거나 시가로 방매해서 대금을 공탁할 수 있다는 것을 규정한 것이다.

민법에서는 「시가로 방매」라고 하는 경우를 새로 삽입하였는데 이것은 부패하기 쉬운 물건을, 번잡하고 시간을 요하는 경매의 방법에 의하는 것을 피하기 위하여 이 방법을 규정한 것이다.

5. 공시최고에 의한 공탁

공시최고의 신청이 있는 때에는 채무자로 하여금 채무의 목적물을 공탁하게 할 수 있고 소지인이 상당한 담보를 제공하면 변제하게 할 수 있다(민법 제522조). 지시채권증서의 멸실 또는 소지인으로부터 점유가 이탈된 것을 이유로 하여 공시최고의 신청이 있을 때에는 법원은 채무자로 하여금 채무의 목적물을 공탁하게 할 수도 있고 또는 상당한 담보를 제공하여 그 증서의 취지에 따라 변제를 하게 할 수도 있다.

6. 매수인의 대금의 공탁

매매의 목적물에 대하여 권리를 주장하는 자가 있는 경우에 매수인이 매수한 권리의 전부나 일부를 잃을 염려가 있는 때에는 매수인은 그 위험의 한도에서 대금의 전부나 일부의 지급을 거절할 수 있다. 그러나 매도인이 상당한 담보를 제공한 때에는 그러하지 아니하다(민법 제588조).

위의 경우에 매도인은 매수인에 대하여 대금의 공탁을 청구할 수 있다(민법 제589조). 민법 제589조는 매수인의 대금지급거절권과 매도인의 공탁청구권의 관계에 관한 규정이다. 민법 제588조의 규정은 매수인을 보호할 것을 목적으로 하는 것이다. 그리고 그 규정은 단서에서 동시에 매도인을 보호하기 위한 규정도 두었지마는, 민법은 다시 그 부족한 것을 보충하기 위해서 그 경우에, 매도인은 매수인에 대하여, 대금의 공탁을 청구할 수 있다는 것을 규정한 것이다. 매수인이 대금지급을 거절하고 있는 동안에 무자력으로 되고 그로 인하여 매도인에 손해를 입힐 염려가 있기 때문이다.

매수인의 거절권의 행사로써, 매도인의 대금청구권은 부인되는 것은 아니다. 따라서 매도인은 매수인에 대하여 대금의 공탁을 할 것을 청구할 수 있는 것이며, 만일 매도인의 공탁청구가 있는 데도 불구하고, 매수인이 공탁을 하지 아니할 때에는, 매수인은 대금지급거절권을 행사할 수 없다고 해야 할 것이다. 그리고 매도인은 매수인이 권리를 잃을 염려가 없어 질 때까지는 공탁금을 수령할 수 없는 것이다.

🔍 판례

본조에 의한 공탁을 명하는 판결에 지연손해금의 공탁을 아울러 명할 수 있는지 여부

본조에 의하여 매매대금의 공탁을 명하는 판결은 금전채무 그 자체의 이행을 명하는 판결이 아니어서 그 불이행으로 인하여 당연히 그리고 공탁수령조건의 성취여부와 관계없이 지연손해금이 발생하는 것은 아니므로 소송촉진등에관한특례법 소정의 지연손해금의 공탁을 아울러 명할 수 없다(대판 1989.4.11, 87다카1853).

금전 공탁서(매수인의 매매대금의 공탁)

공 탁 번 호		년 금 제 호	년 월 일 신청		법령 조항	민법 제589조
공 탁 자	성 명 (상호, 명칭)		피 공 탁 자	성 명 (상호, 명칭)		
	주민등록번호 (법인등록번호)			주민등록번호 (법인등록번호)		
	주 소 (본점, 주사무소)			주 소 (본점, 주사무소)		
	전화번호			전화번호		
공 탁 금 액	한글		보관은행		은행 지점	
	숫자					
공 탁 원 인 사 실	공탁자는 2003.5.20. 피공탁자 소유의 토지 100평을 4억원에 매수하고, 대금 지급기일을 2003.6.30.로 정하였으나 동 토지의 인근에 거주하는 김○○이 위 토지의 소유권을 주장하며 서울지방법원에 소유권확인청구소송을 제기하였으므로 공탁자는 민법 제588조에 의하여 대금전액의 지급을 거부하였던 바, 피공탁자는 공탁자에 대하여 동 대금의 공탁을 청구 하였으므로 위 매매대금 4억원을 공탁함.					
비고(첨부서류등)	☐ 계좌납입신청 ☐ 공탁통지우편료 원					
1. 공탁으로 인하여 소멸하는 질권, 전세권 또는 저당권 2. 반대급부 내용						

위와 같이 신청합니다.　　　　　　　　대리인　　주소

　　　　　　　　　　　　　　　　　　　　　전화번호

　　공탁자 성명　　　　인(서명)　　　성명　　　　　　　인(서명)

위 공탁을 수리합니다.

공탁금을　　년　　월　　일까지 위 보관은행 공탁관 계좌에 납입하시기 바랍니다.

위 납입기일까지 공탁금을 납입하지 않을 때는 이 공탁 수리결정의 효력이 상실됩니다.

　　　　　　　　　　　　　　년　　　월　　　일

　　　　　　　　　　　법원　　　　지원 공탁관　　　　　　　(인)

(영수증) 위 공탁금이 납입되었음을 증명합니다.

　　　　　　　　　　　　　년　　　월　　　일

　　　　　　　　　공탁금 보관은행(공탁관)　　　　　　　(인)

Ⅱ. 토지수용보상금의 공탁

　토지수용이란 특정한 공익사업(공익사업을 위한 토지등의 취득 및 보상에 관한 법률 제4조 각호의 1에 해당하는 사업)을 위하여 법률이 정하는 바에 따라 강제적으로 토지소유권 등을 취득하는 것을 말한다.

도로법(제49조의2), 광업법(제71조, 제73조)등과 같이 각 법률에 특별한 규정이 있는 경우를 제외하고는 공익사업을 위한 토지등의 취득 및 보상에 관한 법률(이하에서 "공익사업법"이라 약정함)에 의한다.

1. 토지수용보상금의 지급

(1) 사업시행자의 토지수용보상금의 지급 또는 공탁

　사업시행자는 천재·지변 또는 시급을 요하는 토지의 사용의 경우를 제외하고는 수용 또는 사용의 개시일(토지수용위원회가 재결로서 결정한 수용 또는 사용을 개시하는 날을 말한다)까지 관할 토지수용위원회가 재결한 보상금을 토지소유자에게 지급하여야 한다(공익사업법 제40조 1항).

　사업시행자는 다음 각 호의 어느 하나에 해당할 때에는 수용 또는 사용의 개시일까지 수용하거나 사용하려는 토지 등의 소재지의 공탁소에 보상금을 공탁(供託)할 수 있다(공익사업법 제40조 2항).

1. 보상금을 받을 자가 그 수령을 거부하거나 보상금을 수령할 수 없을 때
2. 사업시행자의 과실 없이 보상금을 받을 자를 알 수 없을 때
3. 관할 토지수용위원회가 재결한 보상금에 대하여 사업시행자가 불복할 때
4. 압류나 가압류에 의하여 보상금의 지급이 금지되었을 때

(2) 토지수용위원회의 재결에 대한 이의신청

　중앙토지수용위원회의 재결에 대하여 이의가 있는 자는 재결서의 정본을 받은 날부터 30일이내에 중앙토지수용위원회에 이의를 신청할 수 있다(동법 제83조 제1항, 제3항).

　중앙토지수용위원회는 이의신청이 있는 경우 재결이 위법 또는 부당하다고 인정하는 때에는 그 재결의 전부 또는 일부를 취소하거나 보상액을 변경할 수 있다(동법 제84조 제1항).

보상금이 증액된 경우 사업시행자는 재결의 취소 또는 변경의 재결서 정본을 받은 날부터 30일 이내에 보상금을 받을 자에게 그 증액된 보상금을 지급하여야 한다. 다만, 제30조 제2항 제1호·제2호 또는 제4호에 해당하는 때에는 이를 공탁할 수 있다(동법 제84조 제2항).

토지수용위원회의 재결에 따라 기업자가 공탁한 토지수용보상금을 이의를 유보함이 없이 수령한 토지소유자는 비록 그 재결에 대하여는 이의를 신청한바 있다 하여도 그 재결에 승복하고 그 공탁의 취지에 따라 이를 수령한 것으로 보아야 한다(대판 1982. 5. 25. 81누277).

이 의 신 청 서			처 리 기 간
			120일
신청인	성명 또는 명칭		
	주 소		
상대방	성명 또는 명칭		
	주 소		
이의신청대상 토지 및 물건			
이의신청의 요지			
이의신청의 이유			
재 결 일			
재결서 수령일			
공익사업을위한토지등의취득및보상에관한법률 제83조 및 동법시행령 제45조 제1항의 규정에 의하여 토지수용위원회의 재결에 대하여 위와 같이 이의를 신청합니다. 년 월 일 신청인 (인) 중앙토지수용위원회위원장 귀하			
구비서류	재결서 정본의 사본 1부		수수료
			없음

이 의 신 청 서

신청인   김 ○ ○ (   )
          주   소 :
          송달주소 :
                    (우   )
상대방 : 춘천시장 (시행청 : 건설과)

1. 이의신청대상 토지 및 물건 : 별지 1과 같음

2. 이의신청의 요지 : 춘천시 건설과 20638(2008. 9. 11.)호 손실보상협의 요청서에 기재된 신청인 소유인 별지 1기재 부동산에 대하여 귀 시에서 손실보상협의 요청한 보상금액에 대하여 전부 불복이므로 이의 신청을 함.

3. 이의신청의 이유 :
헌법 제23조 제3항의 규정에 의하면 [공공필요에 의한 재산권의 수용에 대한 보상은 법률로서 하되 정당한 보상을 지급하여야 한다]고 규정하고 있는 바 귀 시에서 협의 요청한 이의신청대상인 별지기재 1표시 토지에 대한 보상금액은 별지2 인근 토지가격에 비하여 너무나 저렴한 가액으로 평가되어 위 헌법 규정에서 보장한 신청인의 재산권을 침해하는 내용으로 산정된 금액임으로 신청인은 이에 불복하여 공익사업을 위한 토지등의 취득 및 보상에 관한 법률 제83조 및 동법시행령 제45조 제1항의 규정에 의하여 토지수용위원회의 재결에 대하여 위와 같이 이의를 신청합니다.

4. 재결일 :

5. 재결서 수령일 :

2008년 10월   일

이의 신청인   김   ○ ○

(3) 행정소송의 제기 및 증액된 보상금의 공탁

사업시행자·토지소유자 또는 관계인은 재결에 대하여 불복이 있는 때에는 재결서를 받은 날부터 60일 이내에, 이의신청을 거친 때에는 이의신청에 대한 재결서를 받은 날부터 30일 이내에 각각 행정소송을 제기할 수 있다. 이 경우 사업시행자는 행정소송을 제기하기 전에 제84조의 규정에 따라 증액된 보상금을 공탁하여야 하며, 보상금을 받을 자는 공탁된 보상금을 소송종결시까지 수령할 수 없다.

🔍 판례

사업시행자가 재결에 불복하여 이의신청을 거쳐 행정소송을 제기하는 경우 이의재결에서 증액된 보상금을 공탁하여야 할 시기(時期) :

> 공익사업을 위한 토지 등의 취득 및 보상에 관한 법률 제85조 제1항의 규정 및 관련 규정들의 내용, 사업시행자가 행정소송 제기시 증액된 보상금을 공탁하도록 한 위 제85조 제1항 단서 규정의 입법 취지, 그 규정에 의해 보호되는 보상금을 받을 자의 이익과 그로 인해 제한받게 되는 사업시행자의 재판청구권과의 균형 등을 종합적으로 고려하여 보면, 사업시행자가 재결에 불복하여 이의신청을 거쳐 행정소송을 제기하는 경우에는 원칙적으로 행정소송 제기 전에 이의재결에서 증액된 보상금을 공탁하여야 하지만, 제소 당시 그와 같은 요건을 구비하지 못하였다 하여도 사실심 변론종결 당시까지 그 요건을 갖추었다면 그 흠결의 하자는 치유되었다고 본다(대판 2008.2.15. 2006두9832).

2. 토지수용보상금공탁의 특징

사업시행자가 공익사업을 위한 토지 등의 취득 및 보상에 관한 법률 제40조 제2항 제1호·제2호에 따라서 토지수용위원회가 재결한 토지수용보상금을 공탁하는 경우, 그 공탁금은 사업시행자가 토지의 수용에 따라 토지소유자에 대하여 부담하게 되는 보상금의 지급의무를 이행하기 위한 것으로서 민법 제487조에 의한 변제공탁과 다를 바 없다.

공익사업을 위한 토지등의 취득 및 손실보상에 관한 법률 제40조 제2항 제1호(수령거부 또는 수령불능) 제2호(과실없이 보상금을 받을 자를 알 수 없는 때)의 공탁원인은 민법 제487조의 공탁원인과 동일하기 때문에 토지수용보상금의 공탁도 변제공탁의 일종으로 보나 민법 제487조의 변제공탁과 다른 다음과 같은 특징을 가지고 있다.

(1) 절대적 불확지공탁의 인정

(가) 절대적 불확지공탁의 개념

절대적불확지공탁이란 변제공탁에 있어서 공탁물 수령자인 피공탁자(수용대상토지의 소유자)가 누구인지를 공탁자(사업시행자)가 전혀 알 수 없는 경우에 하는 공탁을 말한다. 채권자 불확지는 수인의 채권자 중 공탁자가 진정한 채권자가 누구인지 모른다는 '상대적 불확지'에 한하고, 채권자가 처음부터 누구인지를 전혀 알 수 없는 '절대적 불확지'는 허용되지 않는다. 다만, 국가나 공공단체 등의 사업시행자가 개인의 토지 등을 수용하고 그 보상금을 지급하는 경우와 같이 "계약이 전제되지 않는 경우"에는 과실 없이 그 보상금을 받을 자를 전혀 알 수 없는 경우가 있으므로 절대적 불확지공탁이 예외적으로 인정된다.

즉 사업시행자는 "과실없이 보상금을 받을 자를 알 수 없을 때"에는 수용 또는 사용의 개시일까지 수용 또는 사용하고자 하는 토지등의 소재지의 공탁소에 보상금을 공탁할 수 있다(공익사업법 제40조 2항 2호).

우리 공탁제도상 채권자가 특정되거나 적어도 채권자가 상대적으로나마 특정되는 상대적 불확지의 공탁만이 허용될 수 있는 것이고 채권자가 누구인지 전혀 알 수 없는 절대적 불확지의 공탁은 허용되지 아니하는 것이 원칙이지만, 공틱사업을 위한 토지등의 취득 및 보상에 관한 법률 제40조 제2항 2호는 토지수용의 주체인 사업시행자가 과실 없이 보상금을 받을 자를 알 수 없을 때에는 절대적 불확지의 공탁이 허용됨을 규정하여, 기업자는 그 공탁에 의하여 보상금 지급의무를 면하고 그 토지에 대한 소유권을 취득하도록 하고 있는 바, 이와 같이 절대적 불확지의 공탁을 예외적으로 허용하는 것은 공익을 위하여 신속한 수용이 불가피함에도 기업자가 당시로서는 과실 없이 채권자를 알 수 없다는 부득이한 사정으로 인한 임시적 조치로서 편의상 방편일 뿐이므로, 기업자는 공탁으로 수용보상금 지급의무는 면하게 되지만, 이로써 위에 본 공탁제도상 요구되는 "채권자 지정의무"를 다하였다거나 그 의무가 면제된 것은 아니다(대판 1997.10.16. 96다11747).

(나) 절대적불확지공탁이 인정되는 사례 (행정예규 제526호. 2. 가. (1).)

사업시행자는 다음과 같은 경우에는 "사업시행자의 과실 없이 보상금을 받을 자를 알 수 없을 때"에 해당함을 이유로 수용하거나 사용하려는 토지 등의 소재지의 공탁소에 토지수용보상금을 공탁할 수 있다(공익사업법 제40조 제2항 2호).

"사업시행자의 과실 없이 보상금을 받을 자를 알 수 없을 때"라 함은 객관적으로 수용 대상 토지 등의 소유자가 존재하고 있으나 사업시행자가 선량한 관리자의 주의를 다해도 토지 등의 소유자가 누구인지를 알 수 없는 경우를 말하며, 소유자를 확지 할 수 없는데 관해서 사업시행자의 과실이 없어야한다.

　　1) 수용대상토지가 미등기이고 대장상 소유자란이 공란으로 되어 있어 소유자를 확정할 수 없는 경우 및 대장상 성명은 기재되어 있으나 주소의 기재(동, 리의 기재만 있고 번지의 기재가 없는 경우도 해당됨)가 없는 경우, 또는 주소는 기재되어 있으나 성명의 기재가 없는 경우(피공탁자 : 피수용자불명).

　　2) 수용대상토지가 등기는 되어 있으나 등기부상 소유자를 특정할 수 없는 경우(피공탁자 : 피수용자불명)

　　3) 피수용자가 사망하였으나 그 상속인 전부 또는 일부를 알 수 없는 경우(피공탁자 : 망○○○〈주소병기〉, 망○○○의 상속인 주소ㅁㅁ의 ◇◇◇ 의 상속인)

　　4) 등기부와 토지대장 등 지적공부가 6·25사변으로 모두 멸실되고 그 후 토지대장이 새로 복구되었으나 소유권 난은 복구되지 않은 채 미등기로 남아있어 피수용자를 불확지로 하는 수용재결이 있었다면, 택지개발사업 시행자로서는 과실 없이 보상금을 받을 자를 알 수 없었다고 봄이 상당하므로 토지수용법 제61조 제2항 제2호에 의하여 그 보상금을 공탁할 수 있다(대판 1995.6.30, 95다13159).

(2) 토지수용보상공탁금의 회수 불가

(가) 원칙(회수불가)

1) 토지수용재결 후의 보상금의 공탁

　토지수용법 제61조 제2항(공익사업을 위한 토지등의 취득 및 손실보상에 관한 법률 제40조 2항)에 의한 수용보상금의 공탁에 있어서는 기업자가 공탁물을 회수하면 공탁이 없었던 것이 되어 재결이 효력을 상실하므로, 기업자가 토지수용의 재결이 있은 후 토지보상금을 공탁하였다면 그 수용재결이 당연 무효이거나 소송 등에 의하여 취소되지 않는 한 기업자는 민법에 의한 공탁과는 달리 그 공탁금에 대한 회수청구를 할 수 없다(대판 1998.9.22. 98다12812).

2) 손실보상금공탁의 강제성

사업시행자의 공익사업을 위한 토지등의 취득 및 보상에 관한 법률 제40조 제2항에 의한 손실보상금의 공탁은 같은 법 제42조 제1항에 의하여 간접적으로 강제되는 것인 바, 이와 같이 그 "공탁이 자발적이 아닌 경우"에는 민법 제489조의 적용은 배제되어 피공탁자가 공탁자에게 공탁금을 수령하지 아니한다는 의사를 표시하였다 할지라도 기업자는 그 공탁금을 회수할 수 없으므로 공탁관은 기업자 자신의 공탁금회수청구 및 위 공탁금회수청구채권에 대하여 전부명령을 받은 자의 공탁금회수청구에 대하여도 그 공탁금을 출급할 수는 없다(대법원 1988.4.8. 88마201).

따라서 피공탁자가 공탁자에게 공탁금을 수령하지 아니한다는 의사를 표시하였다 할지라도 기업자는 그 공탁금을 회수할 수 없으므로 기업자가 피공탁자가 공탁금 수령을 거절한다는 이유로 그 공탁금을 회수한 것은 부적법하다.

기업자가 토지수용법의 규정에 따라 적법하게 보상금을 공탁하는 등의 수용절차를 마친 이상 수용 목적물의 소유권을 원시적으로 적법하게 취득하므로 그 후에 부적법하게 공탁금이 회수된 사정만으로 종전의 공탁의 효력이 무효로 되는 것은 아니다(대판 1997.9.26. 97다24290).

3) 공탁금회수청구권에 대하여 전부명령을 받은 자의 출급가부(소극)

기업자의 토지수용법 제61조 제2항에 의한 손실보상금의 공탁은 같은 법 제65조에 의하여 간접적으로 강제되는 것인바 이와 같이 그 공탁이 자발적이 아닌 경우에는 민법 제489조의 적용은 배제되어 피공탁자가 공탁자에게 공탁금을 수령하지 아니한다는 의사를 표시하였다 할지라도 기업자는 그 공탁금을 회수할 수 없으므로 공탁공무원은 기업자 자신의 공탁금회수청구 및 위 공탁금회수청구채권에 대하여 전부명령을 받은 자의 공탁금회수청구에 대하여도 그 공탁금을 출급할 수는 없다(대판 1988.4.8. 88마201).

(나) 예외(착오공탁 또는 공탁사유소멸에 따른 회수청구)

토지수용재결후에 토지수용보상금을 공탁하였으나 그 공탁에 대하여 착오공탁과 공탁사유의 소멸(예컨대 수용재결이 당연무효이거나 취소된 경우 등)을 원인으로 한 경우에는 공탁금회수청구는 인정된다(행정예규 제526호. 3. 가. (2).).

사업시행자 갑(甲)이 재결을 받아 2필지에 대한 수용보상금을 1건으로 공탁한 후 수용을 원인으로 하여 소유권이전등기를 마쳤으나, 위 수용된 토지 중 1필지의 토지는 갑(甲)이 수용하기 몇 년전에 이미 사업시행자 을(乙)이 수용하고 등기를 미루다가 뒤늦게 수용을 원인으로 소유권이전등기를 하여 위 갑(甲) 명의의 소유권이전등기가 말소된 경우 갑(甲)은 위 토지의 등기부등본을 착오를 증명하는 서면으로 첨부하여 위 1필지에 대한 공탁금을 회수할 수 있다(2009.9.18. 사법등기심의관-2104 질의회답).

공탁자가 착오로 공탁한 때 또는 공탁의 원인이 소멸한 때에는 공탁자가 공탁물을 회수할 수 있을 뿐 피공탁자의 공탁물 출급청구권은 존재하지 않으므로, 이러한 경우 공탁자가 공탁물을 회수하기 전에 위 공탁물 출급청구권에 대한 전부명령을 받아 공탁물을 수령한 자는 법률상 원인 없이 공탁물을 수령한 것이 되어 공탁자에 대하여 부당이득반환의무를 부담한다(대판 2008.9.25. 2008다34668).

(3) 반대급부의 불인정

(가) 동시이행관계 여부
수용보상금 공탁의 경우 수용보상금의 지급과 수용으로 인한 소유권 이전등기는 동시이행관계에 있는 것이 아니므로, 수용보상금의 공탁서에 소유권이전등기 서류의 교부를 반대급부로 기재할 수 없고, 또한 수용대상토지에 대하여 제한물권이나 처분제한의 등기가 잇는 경우에도 그러한 등기의 말소를 반대급부로 기재할 수는 없다(행정예규 526호).

(나) 토지수용보상금의 지급과 수용으로 인한 소유권이전등기의무(동시이행관계불성립)
토지수용보상금의 지급과 수용으로 인한 소유권이전등기는 동시이행관계에 있는 것이 아니므로, 토지수용보상금의 공탁서에 소유권이전등기 서류의 교부를 반대급부로 기재한 공탁은 이를 수리할 수 없다. 수용대상토지에 대하여 제한물권이나 처분제한의 등기가 있는 경우, 그러한 등기의 말소를 반대급부로 기재한 공탁도 이를 수리할 수 없다.

판례는 "토지수용에 있어서 기업자가 지방토지수용위원회의 원 재결에 정한 토지수용보상금을 공탁함에 있어 토지소유권이전에 필요한 일체의 서류를 반대급부로 제공할 것을 조건으로 하였고 원 재결수용시기 이후에야 반대급부 없는 공탁으로 정정인가결정이 있었다면 토지수용에 있어서 토지소유자가 위 서류를 반대급부로 제공할 의무가 없고 그 정정인가의 효력이 당초의 공탁시나 원 재결 수용시기에 소급되는 것이 아니므로 위 공탁은 원 재결대로의 보상금지급의 효력이 없으며 따라서 원 재결은 토지수용법 제65조에 의한 기업자가 수용시기까지 재결보상금을 지급 또는 공탁하지 아니한 때에 해당하여 그 효력을 상실하였다 할 것이고 실효된 원 재결을 유효한 재결로 보고서 한 중앙토지수용위원회의 이의재결도 또한 위법하여 무효라고 할 것이다(대판 1986.8.19, 85누280)"라고 하였다.

(4) 시 · 군법원 공탁관의 직무범위에서의 제외

종전에는 시 · 군법원 공탁관의 직무범위에 제한이 없어 수용보상금공탁도 시 · 군법원에서 이루어졌으나, 2002.7.1. 공탁규칙 개정으로 수용보상금 공탁은 시 · 군법원 공탁관의 직무범위에서 제외되었다(공탁규칙 제2조 제1호).

3. 토지수용보상금의 공탁절차

(1) 관할공탁소

(가) 토지등의 소재지의 공탁소

변제공탁은 채무이행지의 공탁소에 하여야 한다(민법 제488조 1항). 채무이행지의 공탁소라 함은 채무이행의 장소인 최소의 행정구역 내에 존재하는 공탁소를 말한다(조고판 대 14(1925). 3.3.). 그러나 토지수용보상금의 경우 사업시행자는 공익사업을 위한 토지등의 취득 및 보상에 관한 법률 제40조 제2항 각호의 1에 해당하는 때에는 수용 또는 사용의 개시일까지 수용 또는 사용하고자 하는 "토지소재지의 공탁소"에 보상금을 공탁할 수 있다(동법 제40조 2항. 행정예규 제975호 1. 나).

(나) 피보상자(피공탁자)의 주소지의 공탁소

토지수용보상금 공탁은 기본적으로 변제공탁의 성질을 가지므로 토지수용 대상 토지 관할공탁소 이외에 손실보상금의 채무이행지 소재 공탁소에 공탁할 수 있으므로(민법 제488조 1항), 원칙적으로 지참채무의 원칙에 따라 피보상자가 특정된 경우에는 그의 주소지 관할공탁소에, 피보상자가 특정되지 아니한 상대적 불확지공탁의 경우에는 그 중 1인의 주소지 관할 공탁소에 공탁할 수 있다(행정예규 제975호. 1. 가. 나). 채권자가 누구인지 전혀 알 수 없는 경우의 절대적 불확지공탁의 경우에는 성질상 피보상자의 주소지에 공탁할 수 없으므로 수용 또는 사용하고자 하는 토지 등의 소재지 공탁소에 공탁하여야 할 것이다.

(다) 관할공탁소 이외의 공탁사건처리특칙(공탁신청 및 공탁금지급청구)의 배제

행정예규 제868호 "관할공탁소 이외의 공탁소에서의 공탁사건처리"는 공탁당사자가 관할 공탁소와 멀리 떨어져 있어 관할공탁소에 가서 공탁업무를 처리하는 데 따를 불편을 덜어주기 위해 관할공탁소 이외의 공탁소(접수공탁소)에 금전변제공탁신청 및 공탁금지급청구에 관련된 공탁업무를 처리함에 필요한 특칙을 규정한 것이나, 수용보상금 공탁에 대하여는 위 행정예규가 적용되지 아니한다(행정예규 868호 3. 다. 시행일 : 2010.11.1.).

(2) 토지수용보상금 공탁의 공탁원인 및 공탁시기(공탁신청 연월일)

(가) 공탁원인

사업시행자는 다음 각호의 1에 해당하는 때에는 수용 또는 사용의 개시 일까지 수용 또는 사용하고자 하는 토지의 등의 소재지의 공탁소에 보상금을 공탁할 수 있다(공탁사업법 제40조 2항).

① 보상금을 받을 자가 그 수령을 거부(수령거절)하거나 보상금을 수령할 수 없는 때 (수령불능)

채권자의 "수령거절"이란 채무자인 사업시행자가 채무의 내용에 따른 변제의 제공을 하였음에도 불구하고 채권자가 수령을 거절하는 경우를 말한다. 보상금을 받을 자가 보상금의 수령을 거절할 것이 명백하다고 인정되는 경우에는 보상금을 현실제공하지 않고 바로 보상금을 공탁할 수 있다(대판 1998.10.20. 98다30537).
채권자의 "수령불능"이란 변제자가 채무이행을 하려고 해도 채권자 측의 사유로 채권자가 수령할 수 없는 경우를 말한다.

피보상자에게 지급할 보상금을 공탁하고자 하나 피보상자의 주민등록상 현주소화 등기부상 주소가 다른 경우에는 피공탁자의 주소란에는 주민등록상 현주소를 기재하여야 한다. 피보상자의 주민등록상 현주소를 알 수 없다면 피보상자의 수령불능을 사유로 공탁할 수 있으며, 이 경우 피공탁자의 주소란에는 등기부상의 주소를 기재하여야 할 것이다(1992.10.21. 법정-1826).

토지소유자가 수용재결이 있기 전에 등기부상 주소를 실제 거주지로 변경등기를 하였음에도 불구하고 사업시행자가 토지소유자의 주소가 불명하다 하여 수용채결에서

정한 수용보상금을 토지소유자 앞으로 공탁한 경우, 그 공탁은 요건이 흠결된 것이어서 무효이고 토지소유자의 변경등기 전 주소로 수용절차가 진행되어 왔다고 하여도 마찬가지이다(대판 1996.9.20. 95다17373).

② 사업시행자의 과실 없이 보상금을 받을 자를 알 수 없는 때

사업시행자의 과실 없이 보상금을 받을 자를 알 수 없는 때라 함은 객관적으로 채권자가 존재하나 변제자가 선량한 관리자의 주의를 다하여도 채권자가 누구인지 알 수 없는 것을 말한다(대판 1996.4.26. 96다2583등 다수).

채권자불확지의 원인은 사실살의 이유(채권자가 사망하였으나 그 상속인을 알 수 없는 경우 등)나 법률상의 이유(채권양도의 효력에 대해 양도인과 양수인이 다투는 경우 등) 모두를 포함한다.

특히 사업시행자가 과실 없이 여러 사람 중 누가 보상금을 수령할 진정한 권리자인지 알 수 없는 상대적 불확지공탁 이외에도 보상금을 받을 자가 누구인지 전혀 알 수 없는 절대적 불확지공탁도 예외적으로 허용된다.

㉮ 상대적 불확지공탁

수용보상금 공탁의 피공탁자는 수용 당시 수용대상토지의 소유자이나 수용대상토지의 소유권에 대하여 다툼이 있어 누가 진정한 토지소유자인지 모르는 경우에는 상대적 불확지공탁을 할 수 있다.

수용 당시 토지소유자의 소유권에 대하여 물권적 분쟁이 있을 때만 보상금 채권자가 누구인지 모른다 할 수 있으므로 상대적 불확지공탁을 할 수 있고, 단지 채권적 분쟁이 있을 때는 토지소유권에 대하여는 변동이 없으므로 토지소유자를 피공탁자로 하는 확지공탁을 하는 것이 타당하다.

㉯ 절대적 불확지공탁

절대적 불확지공탁이란 변제공탁에서 공탁물수령자인 피공탁자가 누구인가를 공탁자가 전혀 알 수 없는 경우에 하는 공탁을 말한다.

절대적 불확지의 공탁을 예외적으로 허용하는 것은 공익을 위하여 신속한 수용이 불가피함에도 사업시행자가 과실 없이 채권자를 알 수 없다는 부득이한 사정으로 인한 임시적 조치로서 편의상 방편일 뿐, 사업시행자는 공탁으로 수용보상금지급의무는

면하게 되지만 이로써 위에 본 공탁제도상 요구되는 채권자 지정 의무를 다하였거나 그 의무가 면제되는 것은 아니다(대판(전) 1997.10.16. 96다11747).

수용 보상금 공탁에 있어 절대적 불확지공탁을 인정하는 경우는 다음과 같다.
(1) 수용대상토지가 미등기이고 대장상 소유자란이 공란으로 되어 있어 소유자를 확정할 수 없는 경우(대판 1995.6.30. 95다13159).
(2) 대장상 성명은 기재되어 있으나 주소의 기재(동·리의 기재만 있고 번지의 기재가 없는 경우도 해당됨)가 없는 경우(1992.10.21. 법정1826)
(3) 대장상 주소는 기재되어 있으나 성명의 기재가 없는 경우
(4) 수용대상토지가 등기는 되어 있으나 등기부상 소유자를 특정할 수 없는 경우(1993.3.17. 법정528).
(5) 등기부의 일부인 공동인명부와 토지대장상의 공유자연명부가 멸실한 경우(1993.3.27. 등기725).
(6) 피수용자가 사망하였으나 그 상속인 전부 또는 일부를 알 수 없는 경우(1992.10.21. 법정1826)
(7) 피수용자의 등기부상 주소지가 미수복지구인 경우(대판 1997.10.16. 96다11747)
(8) 사업시행자가 과실 없이 영업손실보상금을 받을 자를 알 수 없는 경우(2006.10.17. 공탁사업등기과-1150).

③ 관할 토지수용위원회가 재결한 보상금에 대하여 사업시행자의 불복이 있는 때

④ 압류 또는 가압류에 의하여 보상금의 지급이 금지된 때(피공탁자 : 토지소유자)
토지수용법 제61조 제2항 제4호(현행 공익사업법 제40조 제2항 4호)의 규정에 따라 압류 또는 가압류에 의하여 보상금의 지급이 금지되었음을 이유로 공탁하는 경우에는 공탁원인 사실에 압류 또는 가압류의 내용을 구체적으로 명시하여야 하고, 이 경우 공탁을 수리한 공탁공무원은 원표에 공탁금출급청구권에 대한 압류·가압류사실을 기재하고 공탁금출급청구권에 대한 압류·가압류가 있는 경우에 준하여 처리하여야 하며, 보상금지급청구권에 대한 중복압류(가압류를 포함한다)에 의하여 채권자가 경합된 경우에는 토지수용법 제61조 제2항 제4호 및 민사소송법 제581조에 의하여 기업자는 그 보상금을 집행공탁을 함으로써 면책될 수 있다(대판 1998.9.22. 98다12812).

압류 또는 가압류에 의하여 보상금 지급이 금지된 때에는 공탁할 수 있다.
일반채권에 기한 압류 외에 담보권리자의 물상대위권 행사에 의한 압류도 포함된다.
그러나 체납처분압류가 있는 경우에는 이 공탁사유에 해당하지 않는다(2005.4.14. 공탁법인과-45).

토지수용 보상금채권에 대하여 압류경합은 물론 단일의 압류, 압류의 경합이 없는 복수의 압류, 단일 또는 복수의 가압류의 경우에도 공익사업토지보상법 제40조 제2항 제4호 및 민사집행법 제248조 제1항에 의하여(가압류는 민사집행법 제291조 및 제248조 제1항) 집행공탁을 할 수 있게 되었다(행정예규 526호, 528호).

보상금지급청구권에 대하여 압류 또는 가압류가 있는 경우의 공탁절차는 아래와 같다(행정예규 제 526호. 4.).

1. 공탁사유

(1) 일반채권에 기한 압류 또는 가압류, 담보권자의 물상대위권에 의한 압류, 처분금지 가처분이 있는 경우는 이 공탁사유에 해당한다.

(2) 국세체납처분에 의한 압류가 있는 경우는 이 공탁사유에 해당하지 않는다.

2. 공탁절차

보상금지급청구권에 대하여 압류 또는 가압류가 있는 경우의 공탁절차는 대법원 행정예규 제481호(제3채무자의 권리공탁에 관한 업무처리절차)에서 정한 절차에 준하여 처리한다.

3. 공탁근거법령

보상금지급청구권에 대하여 압류 또는 압류경합이 있는 때에는 「공익사업을위한토지등의취득및보상에관한법률 제40조 제2항 제4호 및 민사집행법 제248조 제1항」을, 보상금지급청구권에 대하여 가압류가 있는 때에는 「공익사업을위한토지등의취득및보상에관한법률 제40조 제2항 제4호 및 민사집행법 제291조. 제248조 제1항」을 각 공탁근거법령으로 한다.

사업시행자가 공익사업을 위한 토지등의 취득 및 보상에 관한 법률 제40조 제2항 제1호에 따라서 토지수용위원회가 재결한 토지수용보상금을 공탁하는 경우, 그 공탁금은 사업시행자가 토지의 수용에 따라 토지소유자에 대하여 부담하게 되는 보상금의 지급의무를 이행하기 위한 것으로서 민법 제487조에 의한 변제공탁과 다를 바 없다.

사업시행자가 수용 또는 사용의 개시일까지 관할 토지수용위원회가 재결한 보상금을 지급 또는 공탁하지 아니한 때에는 해당 토지수용위원회의 재결은 그 효력을 상실됨으로 인하여 토지소유자 또는 관계인이 입은 손실을 보상하여야 한다(동법 제42조 1항·2항).

(나) 토지수용보상금의 공탁시기(공탁신청 연월일)

사업시행자가 수용 또는 사용의 개시일까지 관할 토지수용위원회가 재결한 보상금을 공탁하지 아니한 때에는 당해 토지수용위원회의 재결은 그 효력을 상실하며, 사업시행자는 재결의 효력이 상실됨으로 인하여 토지소유자 또는 관계인이 입은 손실을 보상하여야 한다(공익사업법 제42조 1~2항).

따라서 사업시행자가 공익사업법 제40조 제1항 각호의 1에 해당하는 보상금을 공탁할 때에는 재결서에 명시된 "수용 또는 사용의 개시일까지" 공탁하여야 하며 공탁서에 기재된 "공탁신청 연월일"은 반드시 "수용 또는 사용의 개시일 또는 그 이전일자"이어야 공탁의 효력이 있다고 본다.

(다) 사업시행인가효력정지 가처분결정과 공탁가부(적극)

사업시행자가 「도시 및 주거환경정비법」에 의하여 도시환경정비사업의 사업시행인가를 받고 이어 수용재결을 얻었으나 수용개시일 전에 사업시행인가의 효력을 정지하는 가처분결정이 있는 경우에도 사업시행자는 수용재결에 따른 공탁을 할 수 있다(2009.3.11. 사법등기심의관-594 질의회답).

(라) 수용재결에 따른 보상금공탁의 유효여부를 결정하는 기준

토지수용법에 의한 수용재결에 따른 수용보상금의 공탁이 유효한 것인지 여부는 같은 법 제61조 제2항 및 공탁법이 정한 요건을 갖추었는지 여부에 의하여 결정되고, 공탁의 전제가 되는 수용재결이 유효하다 하여 그에 따른 공탁도 당연히 유효한 것이라고 할 수는 없다{대판 1996.9.20. 95다17373}.

🔍판례

토지 소유자가 그 토지에 대한 수용재결이 있기 전에 등기부상 주소를 실제 거주지로 변경등기하였음에도 불구하고 기업자가 토지소유자의 주소가 불명하다 하여 수용재결에서 정한 수용보상금을 토지소유자 앞으로 공탁한 경우, 그 공탁은 요건이 흠결된 것이어서 무효이고 토지소유자의 변경등기 전 주소로 수용절차가 진행되어 왔다고 하여 결론을 달리할 것은 아니라고 한 사례{대판 1996.9.20. 95다17373}.

(3) 토지수용보상금 공탁의 공탁당사자

토지수용보상금공탁의 공탁자는 사업시행자이며, 피공탁자는 수용대상토지의 소유자로서 재결서에 기재된 수용대상토지의 소유자가 원칙적으로 토지수용 보상금 공탁의 피공탁자가 된다.

(가) 공탁자(사업시행자)

토지수용보상금 공탁의 공탁자는 사업시행자이다(동법 제2조3호 참조). 사업시행자는 공익사업을 위한 토지등의 취득 및 보상에 관한 법률 제40조 제2항 각호의 1에 해당하는 사유가 있을 때에는 수용 또는 사용의 개시 일까지 수용 또는 사용하고자 하는 토지소재지의 공탁소에 보상금을 공탁할 수 있다(동법 제40조 2항). 공익사업을 위한 토지등의 취득 및 보상에 관한 법률상의 사업시행자는 토지수용을 할 수 있는 공익사업의 시행자로서 동법 제20조에 의한 건설교통부장관의 사업인정을 받은 자를 의미하며, 국가·지방자치단체·사인 등 모두가 사업시행자로 될 수 있다.

사업시행자는 자기 책임하의 보상금을 받을 자를 특정하여 피공탁자로 기재하여야 한다{대판(전) 1997.10.16. 96다11747}.

(나) 피공탁자

수용보상금 공탁의 피공탁자는 원칙적으로 토지수용으로 인한 손실보상금의 채권자, 즉 수용 또는 사용할 토지 등의 소유자이다. 사업시행자는 자기 책임 하에 보상금을 받을 자를 특정하여 피공탁자로 기재하여야 한다(대판 1997.10.16. 96다11747).

수용대상토지에 대하여 관계인의 지상권·전세권·저당권·가등기·압류·가압류 등의 등기가 경료되어 있다고 하더라도 피공탁자는 여전히 토지소유자로 하여야 한다. 이는 사업시행자가 보상금을 지급(또는 공탁)하면 수용개시일에 소유권을 원시취득하게 되고 그 토지에 관한 권리는 토지수용위원회의 재결로써 인정한 권리 외에는 모두 소멸되기 때문이다(공익사업토지보상법 45조 1항·3항). 따라서 공탁서의 피공탁자란에는 토지소유자만 기재하고 토지등기부상의 담보물권자·압류·가압류채권자 등은 공탁서의 어느 난에도 기재하지 않는다.

1) 토지소유자(재결서에 기재된 수용의 시기 당시의 토지소유자)

토지수용보상금 공탁의 피공탁자는 토지수용으로 인한 손실보상금 채권자인 수용대상토지의 소유자이나, 사업인정고시 후 수용의 시기까지 사이에는 상당한 시간이 소요되므로 그 사이에 수용대상토지의 소유권에 변동이 생기면 사업인정고시, 재결, 수용의 시기 중 어느 시점을 기준으로 하여 토지수용보상금 공탁의 피공탁자를 결정한 것인지가 문제된다. 재결서에 기재된 수용대상토지의 소유권에 변동이 생긴 경우에는 재결서에 기재된 수용의 시기 당시의 토지소유권자가 "진정한 보상금 수령권자"로서 공탁된 보상금의 수령권자로 보아야 할 것이다.
(이 책 제1장제2절제1관 I . 6. (6). (나). "소유권의 변동이 있는 경우" 참조).

2) 토지가 압류된 경우

수용대상토지가 지방자치단체에 의하여 압류되어 있다고 하더라도 그 토지의 수용에 따른 보상금청구권이 압류되어 있지 아니한 이상 보상금을 받을 자는 여전히 토지소유자라 할 것이고, 기업자가 수용대상토지가 지방자치단체에 의하여 압류되어 있어 보상금을 수령할 자를 알 수 없다는 이유로 공탁을 하였다면 이는 토지수용법 제61조 제2항 소정의 "기업자가 과실 없이 보상금을 받을 자를 알 수 없는 때"나 "압류 또는 가압류에 의하여 보상금의 지불이 금지되었을 때" 기타 적법한 공탁사유에 해당한다고 할 수 없다(대판 1993.8.24, 92두9548).

3) 보상금의 압류에 의한 지급금지와 피공탁자의 표시

기업자가 수용토지보상금을 지불하기 전에 담보물권자(또는 제3자)가 이를 압류하였다면 압류에 의하여 보상금의 지불이 금지되었음을 이유(토지수용법 제61조 제2항 제4호. 현행 공익사업법 제40조 제2항 4호)로 공탁할 수 있으며, 이 경우 공탁원인사실에는 담보물권자의 보상금채권 압류사실을 기재하여야 하지만 그러한 경우에도 피공탁자는 토지소유자이다(1998.4.20. 법정 제3302-121호).

4) 소유권 다툼이 있는 미등기건물의 수용보상금 공탁방법

기업자인 공탁자가 미등기건물의 수용보상금을 공탁하고자 하는데 그 소유권에 대한 다툼이 있어 과실없이 누가 진정한 수용대상 건물의 소유자인지 알지 못하는 경우에는 피공탁자를 "건축물대장상 소유자 또는 실제 소유자라고 주장하는 자"로 하여 상대적 불확지공탁을 할 수 있다(2008.6.9. 공탁상업등기과-595).

5) 피공탁자인 등기부상소유명의인이 실명이 아닌 예명인 경우

등기부상 소유자를 피공탁자로 하여 토지수용보상금을 공탁한 경우, 그 등기부상 소유명의인이 실명이 아닌 예명인 경우에는 수용대상 토지의 실제소유자가 공탁금을 출급하기 위해서는 공탁자를 상대로 공탁금 출급청구권이 자신에게 있다는 확정판결

(조정, 화해조서 포함)을 받아 첨부하여야 한다(대법원 2007.2.9. 2006다68650, 686 67 판결. 2008.11.5. 공탁상업등기과-1194 질의회답).

6) 미등기 토지대장상의 명의인을 피공탁자로 하여 수용보상금을 공탁할 경우 피공탁자의 성명 기재 방식

① 수용보상금 공탁의 피공탁자는 원칙적으로 토지수용으로 인한 손실보상금의 채권자로 수용할 토지의 소유자이며, 공탁자인 사업시행자가 자기 책임 하에 보상금을 받을 자를 특정하여 피공탁자로 기재하여야 한다.

② 미등기토지에 대한 대장상 명의인의 성명 및 주소가 구체적으로 번지까지 기재되어 있고, 사업시행자(공탁자)가 보상금 수령권자를 대장상 명의인으로 하여 확지공탁을 하는 경우 피공탁자 성명의 기재 방식을 '○○○(토지대장상 소유자)' 또는 '(토지대장상소유자)○○○'으로 기재할 것이 아니라 '○○○'으로 기재하여야 한다(2010.12.27. 사법등기심의관 - 3334 질의회답).

참조판례 : 1997.10.16.선고96다11747 전원합의체판결

(다) 피공탁자의 표시방법

대법원은 「우리 공탁제도상 채권자가 특정되거나 적어도 채권자가 상대적으로나마 특정되는 상대적 불확지의 공탁만이 허용될 수 있는 것이고 채권자가 누구인지 전혀 알 수 없는 절대적 불확지의 공탁은 허용되지 아니하는 것이 원칙이지만, 토지수용법 제61조 제2항 제2호(공익사업을 위한 토지등의 취득 및 보상에 관한 법률 제40조 2항 2호)는 토지수용의 주체인 기업자가 과실 없이 보상금을 받을 자를 알 수 없을 때에는 절대적 불확지의 공탁이 허용됨을 규정하여, 기업자는 그 공탁에 의하여 보상금 지급의무를 면하고 그 토지에 대한 소유권을 취득하도록 하고 있는바, 이와 같이 절대적 불확지의 공탁을 예외적으로 허용하는 것은 공익을 위하여 신속한 수용이 불가피함에도 기업자가 당시로서는 과실 없이 채권자를 알 수 없다는 부득이한 사정으로 인한 임시적 조치로서 편의상 방편일 뿐이므로, 기업자는 공탁으로 수용보상금 지급의무는 면하게 되지만, 이로써 위에 본 공탁제도상 요구되는 채권자 지정의무를 다하였다거나 그 의무가 면제된 것은 아니다(대판 1997.10.16, 96다11747)」라고 판시하여 절대적 불확지공탁에 의하여 사업시행자는 토지수용보상금의 공탁에 의하여 보상금지급의무는 면제되나 그 공탁에 따라 공탁제도상 요구되는 "채권자(피공탁자) 지정 의

무"까지 면제되는 것은 아니라고 하였다.

1) 상대적 불확지공탁의 피공탁자의 표시

상대적 불확지공탁이라 함은 변제공탁에 있어서 공탁물의 수령자인 피공탁자가 특정되지 아니하고 상대적으로 특정되는 경우에 하는 공탁을 말한다. 즉, 사업시행자(변제자)가 과실없이 피공탁자가 "갑 또는 을", "갑 또는 을 또는 병" 중 누구인지 알 수 없는 경우 및 사업시행자가 토지수용보상금 수령자(수용대상토지의 소유자가)가 사망하여 그 상속인이 누구인지 알지 못하는 경우 등을 말한다. 이와 같은 상대적 불확지공탁의 경우에 있어서 공탁서상의 피공탁자는 "갑 또는 을" "갑 또는 을 또는 병", "망○○(주소기재)의 상속인"으로 표시한다. 수용대상토지가 2중등기로서 소유자가 서로 다른 경우에는 기업자가 과실 없이 진정한 토지소유자를 알 수 없는 경우로서 토지수용보상금을 피공탁자를 "갑 또는 을"로 하는 상대적 불확지로 공탁할 것이고, 피공탁자를 "갑과 을"로 하는 공동수령자로 공탁할 것이 아니다. 이 경우 '갑이 이의를 유보하지 않고 2분의 1을 수령한 때에도 적법한 공탁이라 할 수 없어 토지수용의 효과도 없다(대판 1997.10.16, 96다11747).

피공탁자의 표시(상대적 불확지공탁) :

피공탁자 박 ○ ○
        서울특별시 ○○구 ○○동 ○○-○ ○○○아파트 ○동 ○○호
        최 ○ ○
        위와 같은 곳
   또는 김 ○ ○
        서울특별시 ○○구 ○○동 ○○-○ ○○○아파트 ○동 ○○호

공탁사유

위 공탁금액은 예금주 박○○의 예치금으로서 예금주의 청구에 의하여 지불할 금액이나(구좌통장, 번호 4176480호) 예금주가 ○○○○년 ○월 ○○일 사망으로 서로 공탁금 수령자를 자칭하며 통장과 도장을 각기 소지하고 서로 합의가 이루어지지 않고 분쟁이 계속되고 또 통장소지인인 김○○의 예금지급정지요청서가 있어 공탁금 수령자 불확지로 인하여 본 공탁을 합니다.

가) 상대적 불확지공탁이 인정되는 경우 (행정예규 제526호. 2. 가. (3).).

1. 수용대상토지에 대하여 소유권등기말소청구권을 피보전권리로 하는 처분금지가처분등기가 경료되어 있는 경우(피공탁자 : 토지소유자 또는 가처분채권자)

2. 수용대상토지에 대하여 예고등기가 경료되어 있는 경우(피공탁자 : 토지 소유자 또는 소 제기자)

3. 수용대상자토지에 대한 등기부가 2개 개설되어 있고 그 소유명의인이 각각 다른 경우(피공탁자 : 소유명의인 갑 또는 을, 대법원 1992.10.13. 선고 92누3212 판결)

4. 등기부상 공유지분의 합계가 1을 초과하거나 미달되어 피수용자들의 정당한 공유지분을 알 수 없는 경우(피공탁자 : 공시된 공유자 전부)

나) 상대적 불확지공탁을 할 수 없는 경우(행정예규 제526호 2. 가. (4).).

1. 수용대상토지에 대하여 담보물권·소유권이전등기청구권 보전을 위한 가처분등기 또는 가등기가 경료되어 있는 경우

2. 수용대상토지에 대하여 가압류, 압류, 경매개시 등의 기입등기가 경료되어 있는 경우

2) 절대적 불확지공탁의 피공탁자의 표시

가) 피공탁자의 표시(피수용자 불명)

절대적 불확지공탁이라 함은 변제공탁에 있어서 공탁물 수령인인 피공탁자가 누구인지를 공탁자(사업시행자)가 전혀 알 수 없는 경우에 하는 공탁을 말한다.

수용대상토지가 미등기로서 토지대장상에는 주소가 누락되고 소유자의 성명만 기재되어 있는 경우 또는 토지대장상에는 지번의 기재가 누락되고 소유자의 성명만 기재되어 있는 경우와 같이 수용대상토지의 소유자가 누구인지를 전혀 알 수 없는 경우이다.

피공탁자(수용대상토지의 소유자)가 누구인지 전혀 알 수 없는 경우에 사업시행자가 공익사업을 위한 토지등의 취득 및 보상에 관한 법률 제40조 2항 2호의 "사업시행자의 과실없이 보상금을 받을 자를 알 수 없는 때"에 해당하여 절대적 불확지의 변제공탁을 하는 경우에는 공탁서의 "피공탁란"에는 "불명(피수용자 불명)"이라고 기재한다.

시행자는 「도시개발법」 제28조 이하 환지 방식에 의한 공사완료 후 환지처분 등에 의한 청산금을 산정하고, 같은 법 제46조 제1항에 따른 청산금을 토지소유자에게 징

수하거나 교부하여야 하나, 같은 법 제46조 제4항에 따라 청산금을 받을 자가 주소불분명 등의 이유로 청산금을 받을 수 없거나 받기를 거부하면 그 청산금을 공탁할 수 있다.

「도시개발법」상 "토지 등의 수용 또는 사용에 관하여 이 법에 특별한 규정이 있는 경우 외에는 「공익사업을 위한 토지 등의 취득 및 보상에 관한 법률」을 준용한다"라고 규정하고 있다(제22조 제2항). 따라서, 토지대장상 주소의 기재 없이 소유자의 성명만 기재되어 있는 미등기 토지의 경우에는 과실 없이 청산금을 받을 자를 알 수 없는 경우에 해당되므로 「공익사업을 위한 토지 등의 취득 및 보상에 관한 법률」 제40조 제2항 제2호의 규정을 준용하여 절대적 불확지공탁을 할 수 있으며, 이 경우 피공탁란에는 "피수용자 불명"이라고 기재하여 공탁할 수 있다(2011.5.2. 사법등기심의관 −994 질의회답).

나) 불확지공탁 후에 피공탁자가 확지된 경우의 공탁서의 정정

공익사업을 위한 토지등의 취득 및 손실보상에 관한 법률 제40조 제2항 제2호의 규정에 의하여 사업시행자가 피공탁자를 절대적 불확지로 하여 보상금을 공탁하였으나 후에 토지소유자가 확인되어 피공탁자를 알게 된 때에는 공탁자가 피공탁자를 지정하여 공탁서를 정정한 후 공탁금출급청구를 할 수 있고, 반면에 공탁자가 공탁서정정을 하지 않을 때에는 정당한 권리자가 공탁자를 상대로 하여 공탁금출급청구권의 확인판결(화해조서·조정조서 포함)을 받아 공탁금출급청구를 할 수 있다.

3) 수용보상금채권에 대한 처분금지가처분결정이 제3채무자인 사업시행자에게 송달된 경우 공탁 방법(피공탁자,공탁근거법령의기재)

수용보상금채권에 대한 처분금지가처분결정이 제3채무자인 사업시행자에게 송달된 경우, 가처분권자가 수용보상금채권에 대하여 권리의 귀속을 다투는 경우에는 공탁근거 법령을 「공익사업을 위한 토지 등의 취득 및 보상에 관한 법률」 제40조 제2항 제2호로 하고, 피공탁자는 '가처분채무자(부동산소유자) 또는 가처분채권자'로 하는 상대적 불확지 변제공탁을 할 수 있다.

만약, 가처분권자가 수용보상금채권에 대하여 권리의 귀속을 다투는 것이 아닌 경우에는 공탁근거 법령을 「공익사업을 위한 토지 등의 취득 및 보상에 관한 법률」 제

40조 제2항 제1호로 하고, 피공탁자는 '부동산 소유자(가처분채무자)'로 하는 확지공탁을 하되, 위 가처분에 관한 사항을 공탁원인사실에 기재하여야 할 것이며, 이때 가처분의 효력은 가처분채무자의 공탁금 출급청구권에 대하여 존속한다(2011.1.7. 사법등기심의관 - 39 질의회답).
(대법원 2009.11.12.선고2007다53785 판결, 대법원 1994.12.13. 93다951 판결)

4) 등기부상 소유권이 변동된 경우(공탁당시의 토지소유자)

사업인정고시 후 재결 이전에 당시 소유자는 '갑(甲)'이었으나, 수용재결 이전에 등기부상 소유자가 '을(乙)'로 변동 되었고 토지수용위원회가 소유권 변동사실을 알지 못한 채 사업인정고시 당시의 소유명의자를 상대로 재결이 이루어진 경우에 사업시행자가 보상금을 공탁하는 경우에는 공탁 당시 토지소유자가 채권자이므로 '을(乙)'을 피공탁자로 공탁하여야 할 것이다(2011.3.17. 사법등기심의관-613 질의회답, 대판 1986. 3.25. 84다카2421).

(4) 토지수용보상금공탁서의 기재사항

(가) 공탁원인사실의 기재

토지수용보상금공탁서의 공탁원인사실은 다음 각 호의 1에 따라 구분하여 기재한다.

사업시행자는 다음 각 호의 1에 해당하는 때에는 수용 또는 사용의 개시일까지 수용 또는 사용하고자 하는 토지 등의 소재지의 공탁소에 보상금을 공탁할 수 있다(공익사업법 제40조 제2항).

1. 보상금을 받을 자가 그 수령을 거부하거나 보상금을 수령할 수 없을 때

채권자의 수령거절이란 채무자인 사업시행자가 채무의 내용에 따른 변제의 제공을 하였음에도 불구하고 채권자가 그 수령을 거절하는 경우를 말하며 채무의 내용에 따른 변제제공이라 함은 채무자가 채권자에게 본래 채무의 목적물을 변제기에 변제장소에서 제공하는 것을 말한다.

채권자의 수령불능이란 변제자가 채무이행을 하려고 해도 채권자측의 사유로 채권자가 수령할 수 없는 경우를 말하며, 채권자가 부재중이거나 채권자의 주소가 불명인 사실상의 수령불능과 채권자가 무능력자로서 그에게 법정대리인이 없거나 보상금채권에 대하여 압류나 가압류가 있는 법률상의 수령불능이 있다.

2. 사업시행자의 과실없이 보상금을 받을 자를 알 수 없는 때

'채권자 불확지'라 함은 객관적으로 채권자 또는 손실보상금 수령권자가 존재하고 있으나채무자가 선량한 관리자의 주의를 다하여도 채권자 등이 누구인지를 알 수 없는 경우를 말한다(대판 1996.4.26. 96다258).

'채권자 불확지'의 원인은사실상의 이유(채권자가 사망하였으나 그 상속인을 알 수 없는 경우 등)나 법률상의 이유(채권양도의 효력에 대해양도인과 양수인이 다투는 경우 등) 모두 포함한다.

3. 관할 토지수용위원회가 재결한 보상금에 대하여 사업시행자의 불복이 있는 때

4. 압류 또는 가압류에 의하여 보상금의 지급이 금지된 때

압류 또는 가압류에 의하여 보상금의 지급이 금지된 경우를 민법상의 변제공탁 사유인 수행불능에 해당된다고 볼 수 있으므로 이 공탁도 기본적으로는 민법상 변제공탁과 동일한 성질을 갖는다고 볼 수 있다.

보상금지급청구권에 대한 압류 또는 가압류 등을 사유로 공탁하는 경우에는 공탁원신사실에 그 압류 또는 가압류의 내용을 구체적으로 명시하여야 한다.

실무상 압류법원, 사건번호, 채권자, 채무자, 제3채무자, 압류금액, 송달일자를 기재하는 방법으로 압류 또는 가압류의 내용을 특정하고 있다.

수용대상토지에 대하여 담보물권, 가압류, 경매개시 등의 등기가 되어 있다고 하더라도 그것만으로는 토지소유자가 피보상자임에 변동이 없으므로, 보상금을 공탁하는 경우의 피공탁자는 토지소유자가 되고, 담보물권자, 가압류채권자, 경매신청인 등은 공탁서상의 어느 난에도 기재할 필요가 없다(공탁실무편람 : 247면).

(나) 공탁을 하게 된 관계법령 조항(공탁근거법령)의 기재

1) 공익사업법 제40조 제2항 O호의 기재

사업시행자가 수용보상금을 공탁하는 경우에는 공익사업을 위한 토지 등의 취득 및 보상에 관한 법률에 근거조항이 있으므로 변제공탁의 성질을 갖는 공탁의 경우에도 민법 제487조를 별도로 기재하지 않으나, 공익사업토지보상법 제40조 제2항 각호의 사유별로 공탁원인사실 및 출급청구권 입증서면 등이 다르므로, 공익사업법 제40조 제2항 몇 호까지 구체적으로 특정하여 기재하여야 한다.

2) 보상금 지급청구권에 대한 압류 또는 압류경합의 경우

보상금지급청구권에 대하여 압류 또는 압류경합이 있는 때에는 「공익사업을위한토지등의취득및보상에관한법률 제40조 제2항 제4호 및 민사집행법 제291조. 제248조 제1항」으로 공탁근거법령을 기재한다(법원행정처발행: 2009 공탁실무편람. 248면 나).

3) 보상금지급청구권에 대한 가압류의 경우

보상금지급청구권에 대하여 가압류가 있는 때에는 「공익사업을위한토지등의취득및보상에관한법률 제40조 제2항 제4호 및 민사집행법 제291조. 제248조 제1항」으로 기재한다(행정예규 526호. 4. 나. (2).). (전게서 248면 나).

(다) 공탁으로 인하여 소멸하는 저당권 등의 표시 여부(소극)

일반 변제공탁의 경우 공탁으로 인하여 질권, 전세권, 저당권이 소멸하는 경우에는 그 질권, 전세권, 저당권을 표시하여야 하나(공탁규칙 제20조 2항 6호) 수용보상금 공탁의 경우에는 공탁으로 인하여 소멸하는 권리를 기재해야 할 경우는 없다. 수용보상금 공탁으로 인하여 수용대상토지에 설정된 저당권 등이 소멸된다 하더라도 이는 수용의 효과, 즉 원시취득으로 인하여 소멸하는 것이지 피담보채무의 변제로 인한 소멸이 아니기 때문이다.

(라) 반대급부의 기재 여부(소극)

수용보상금 공탁의 경우 수용보상금의 지급과 수용으로 인한 소유권이전등기는 동시이행관계에 있는 것이 아니므로, 수용보상금의 공탁서에 소유권이전등기 서류의 교부를 반대급부로 기재할 수 없고, 또한 수용대상토지에 대하여 제한물권이나 처분제한의 등기가 있는 경우에도 그러한 등기의 말소를 반대급부로 기재할 수는 없다(행정예규 526호).

(5) 토지수용보상금공탁서의 첨부서면

(가) 대표자의 자격증명서 등

공탁자인 사업시행자가 법인인 경우에는 대표자 또는 관리인의 자격을 증명하는 서면, 법인 아닌 사단이나 재단일 경우에는 정관 기타 규약과 대표자 또는 관리인의 자격을 증명하는 서면을 공탁서에 첨부하여야 하며, 대리인에 의하여 공탁하는 경우에도 이에 준한다(공탁규칙 제21조 1항·2항).

(나) 피공탁자의 주소를 증명하는 서면

1) 피공탁자의 주소를 표시하는 경우

피공탁자의 주소를 소명하는 서면은 원칙적으로 피공탁자의 주민등록표 등·초본이어야 한다. 피공탁자의 '주민등록등·초본을 첨부케 하는 이유는 수시로 변경될 수 있는 피공탁자의 주소를 변경 전의 주소로 기재하거나 허위 또는 불명확하게 기재하는 폐단을 방지하여 공탁금을 수령할 자를 보호하기 위한 것이다.

2) 피공탁자의 주소가 불명인 경우

변제공탁을 하는 경우에 피공탁자의 주소가 불명인 경우에는 그 사유를 소명하는 서면을 첨부하여야 한다(공탁규칙 제21조 3항).

변제공탁의 경우 피공탁자의 주소가 불명한 때에는 변제공탁제도의 악용을 방지하기 위하여 그 사유를 소명하는 서면을 첨부하도록 하였다.

(다) 재결서

재결서에는 피수용자인 토지소유자에게 지급할 보상금액이 명시되므로 토지수용보상금의 공탁서에는 사업시행자인 공탁자가 재결서에 기재된 보상금액 전액을 공탁하는지 여부를 공탁관이 심사할 수 있도록 하기 위하여 반드시 재결서를 첨부하여야 한다.

(라) 토지대장·등기부등본

토지수용으로 인한 변제공탁시에 토지대장, 등기부등본 등을 반드시 첨부해야 하는 것은 아니며 위와 같이 주소불명의 경우에 그 사유를 소명하는 서면 등의 일종으로 첨부하는 수가 있으나 그 필요성 여부에 대한 구체적인 판단은 공탁관에 의해서 이루어져야 할 것이다(1994.3.29, 법정 제3302-146호, 1994.4.22, 법정 제3302-171호).

(마) 공탁통지서

공탁자는 지체 없이 채권자(피공탁자)에게 공탁통지를 하여야 한다(민법 제488조 3항).

피공탁자가 전혀 누구인지 모르는 경우(절대적 불확지) 또는 피공탁자가 어디에 살고 있는지를 모를 경우(주소불명), 공탁 당시에는 공탁통지서를 제출할 필요가 없지만 후에 피공탁자가 누구인지 알게 되었다거나 주소를 알게 되었을 때에는 공탁서정정신청을 하면서 동시에 공탁통지서를 제출하여야 한다.

4. 토지수용보상공탁금의 출급청구절차

토지수용보상공탁금의 출급청구절차에 관하여는 제2장 제9절 IV. "7. 토지수용공탁금의 출급청구절차(p.710)" 참조.

5. 토지수용의 효과

(1) 사업시행자의 토지등의 소유권 취득(원시취득)

사업시행자는 수용의 개시일에 토지나 물건의 소유권을 취득하며, 그 토지나 물건에 관한 다른 권리는 이와 동시에 소멸한다(공익사업 45①).

토지수용에 의한 소유권취득은 원시취득(민법187. 부동산등기법115. 대판 1995.12.22. 94다 40765)이므로 당해 토지의 등기용지에 존재하는 저당권·질권·전세권 등은 기업자에게 승계되지 아니하며, 그러한 등기 등은 수용으로 인한 소유권이전등기를 할 때에 등기관이 직권으로 말소하게 된다(부동산등기법 174).

(2) 사업시행자의 토지등의 사용권 취득

사업시행자는 사용의 개시일에 토지나 물건의 사용권을 취득하며, 그 토지나 물건에 관한 다른 권리는 사용의 기간중에는 이를 행사하지 못한다(공익사업 45②).

(3) 재결로 인정된 권리

토지수용위원회의 재결로 인정된 권리는 공익사업법 제45조 제1항 및 제2항의 규정에 불구하고 소멸되거나 그 행사가 정지되지 아니한다(공익사업 45③).

판례

공익사업을 위한 토지 등의 취득 및 보상에 관한 법률에 의하여 토지가 수용됨에 따라 기존의 가압류의 효력이 소멸한 경우, 가압류 집행 후 토지의 소유권을 취득한 제3취득자가 보상금을 전액 수령하는 것이 부당이득에 해당하는지 여부(소극) :

공익사업을 위한 토지 등의 취득 및 보상에 관한 법률 제45조 제1항에 의하면, 토지 수용의 경우 사업시행자는 수용의 개시일에 토지의 소유권을 취득하고 그 토지에 관한 다른 권리는 소멸하는 것인바, 수용되는 토지에 대하여 가압류가 집행되어 있더라도 토지 수용으로 사업시행자가 그 소유권을 원시취득하게 됨에 따라 그 토지 가압류의 효력은 절대적으로 소멸하는 것이고, 이 경우 법률에 특별한 규정이 없는 이상 토지에 대한 가압류가 그 수용보상금채권에 당연히 전이되어 효력이 미치게 된다거나 수용보상금채권에 대하여도 토지가압류의 처분금지적 효력이 미친다고 볼 수는 없으며, 또 가압류는 담보물권과 달리 목적물의 교환가치를 지배하는 권리가 아니고, 담보물권의 경우에 인정되는 물상대위의 법리가 여기에 적용된다고 볼 수도 없다. 그러므로 토지에 대하여 가압류가 집행된 후에 제3자가 그 토지의 소유권을 취득함으로써 가압류의 처분금지 효력을 받고 있던 중 그 토지가 공익사업법에 따라 수용됨으로 인하여 기존 가압류의 효력이 소멸되는 한편 제3취득자인 토지소유자는 위 가압류의 부담에서 벗어나 토지수용보상금을 온전히 지급받게 되었다고 하더라도, 이는 위 법에 따른 토지 수용의 효과일 뿐이지 이를 두고 법률상 원인 없는 부당이득이라고 할 것은 아니다(대판 2009.9.10. 2006다61536, 61543).

(4) 토지등소유자의 공탁금 출급청구권의 취득

보상금의 공탁으로 사업시행자에 대한 손실보상금 채권은 소멸하고 토지소유자는 공탁소에 대한 공탁금 출급청구권을 취득한다. 양 권리는 형식상 별개이나 실질상 공탁금 출급청구권은 보상금지급청구권을 갈음하는 것이므로 양 권리의 성질과 범위는 같다.

금전 공탁서(변제 등)(토지수용보상금의 공탁)

공 탁 번 호		년금제 호		년 월 일 신청		법령 조항	공익사업법 제40조2항1호
공 탁 자	성 명 (상호, 명칭)	주식회사 ○○○○ 대표이사 ○○○	피 공 탁 자	성 명 (상호, 명칭)		박 ○ ○	
	주민등록번호 (법인등록번호)			주민등록번호 (법인등록번호)			
	주 소 (본점, 주사무소)			주 소 (본점, 주사무소)			
	전화번호			전화번호			
공 탁 금 액		한글 오억원		보관은행		은행 지점	
		숫자 (500,000,000원)					
공 탁 원 인 사 실		공탁자는 인천광역시 제물포시장 재개발사업의 시행자로서 피공탁자 소유의 별지목록 7기재 부동산에 관하여 인천광역시 지방토지수용위원회의 재결에 의한 보상금을 피공탁자에게 제공하였으나 그 수령을 거부하므로 이를 공탁함.					
비고(첨부서류등)		1. 재결서 2. 주민등록초본, 3. 등기부등본 4. 공탁통지서 5. 법인등기부등본					
1. 공탁으로 인하여 소멸하는 질권, 전세권 또는 저당권 2. 반대급부 내용		해당사항 없음					
위와 같이 신청합니다. (주) ○○○ ○ 대리인 주소 　　　　　　　　　　　　대표이사 ○○○ 전화번호 　　　　　　공탁자 성명 인 (서명) 성명 인(서명)							
위 공탁을 수리합니다. 공탁금을 년 월 일까지 위 보관은행 공탁관 계좌에 납입하시기 바랍니다. 위 납입기일까지 공탁금을 납입하지 않을 때는 이 공탁 수리결정의 효력이 상실됩니다. 　　　　　　　　　　　　　　　년 월 일 　　　　　　　　　　법원 지원 공탁관 (인)							
(영수증) 위 공탁금이 납입되었음을 증명합니다. 　　　　　　　　　　　　　　　년 월 일 　　　　　　　　　공탁금 보관은행(공탁관) (인)							

[제1-1호 양식]

금전 공탁서(변제 등)(토지수용보상금의 채권자불확지공탁)

공 탁 번 호		년 금 제 호			년 월 일 신청	법령 조항	공익사업법 제40조2항2호
공탁자	성 명 (상호, 명칭)	서울특별시장 ○○○	피공탁자	성 명 (상호, 명칭)		박 ○ ○	
	주민등록번호 (법인등록번호)			주민등록번호 (법인등록번호)			
	주 소 (본점, 주사무소)			주 소 (본점, 주사무소)		1. 등기부상주소 : 2. 현재 : 주소불명	
	전화번호			전화번호			
공 탁 금 액		한글 오억원		보관은행		은행 지점	
		숫자 (500,000,000원)					
공 탁 원 인 사 실		공탁자는 공익사업법 제4조 제2호의 도로에 공하기 위하여 피공탁자 소유 서울 ○○구 ○○동 ○○번지 소재 대지 50평에 관하여 서울특별시 토지 수용위원회의 권리취득재결을 얻었으나 공탁자의 과실없이 피공탁자를 알 수 없으므로 위 재결에 따른 보상금 오억원을 공탁함.					
비고(첨부서류등)		1. 재결서사본 2. 등기부등본, 3. 공탁통지서 4. 주소불명사유 소명서면					
1. 공탁으로 인하여 소멸하는 질 권, 전세권 또는 저당권 2. 반대급부 내용		해당사항 없음					

위와 같이 신청합니다.   대리인   주소

　　　　　　서울특별시장 ○ ○ ○　　　　　　전화번호

　　　　　공탁자 성명　　　　인 (서명)　　　성명　　　　　　인(서명)

위 공탁을 수리합니다.

공탁금을   년   월   일까지 위 보관은행 공탁관 계좌에 납입하시기 바랍니다.

위 납입기일까지 공탁금을 납입하지 않을 때는 이 공탁 수리결정의 효력이 상실됩니다.

　　　　　　　　　　　　년　　　월　　　일

　　　　　　　　법원　　　　　지원 공탁관　　　　　　(인)

(영수증) 위 공탁금이 납입되었음을 증명합니다.

　　　　　　　　　　　　년　　　월　　　일

　　　　　　　　공탁금 보관은행(공탁관)　　　　　　(인)

금전 공탁서(변제 등)

(토지수용보상금에대한 사업시행자의 불복시의 보상금 공탁)				

공 탁 번 호	년 금 제 호	년 월 일 신청	법령 조항	공익사업법 제40조2항3호

공 탁 자	성 명 (상호, 명칭)	○○○○(주) 대표이사 김○○	피 공 탁 자	성 명 (상호, 명칭)	박 ○ ○
	주민등록번호 (법인등록번호)			주민등록번호 (법인등록번호)	
	주 소 (본점, 주사무소)			주 소 (본점, 주사무소)	
	전화번호			전화번호	

공 탁 금 액	한글 일억원	보관은행	은행 지점
	숫자 (100,000,000원)		

공 탁 원 인 사 실	공탁자는 공익사업법 제4조 제2호에 규정된 도로에 공하기 위하여 피공탁자 소유의 위 주소지 소재 대지 100평에 대하여 서울특별시 토지수용위원회의 권리취득 재결을 얻었으나 동 재결에 대하여 사업시행자로부터 보상금 1억원에 대하여 불복이 있으므로 위 금액을 공탁함.
비고(첨부서류등)	1. 재결서사본 2. 법인등기부등본, 3. 토지등기부등본 4. 불복신청서사본 5. 공탁통지서

1. 공탁으로 인하여 소멸하는 질 권, 전세권 또는 저당권 2. 반대급부 내용	해당사항 없음

위와 같이 신청합니다.   (주) ○○○○   대리인   주소

대표이사 ○○○   전화번호

공탁자 성명   인 (서명)   성명   인(서명)

위 공탁을 수리합니다.

공탁금을   년   월   일까지 위 보관은행 공탁관 계좌에 납입하시기 바랍니다.

위 납입기일까지 공탁금을 납입하지 않을 때는 이 공탁 수리결정의 효력이 상실됩니다.

년   월   일

법원   지원 공탁관   (인)

(영수증) 위 공탁금이 납입되었음을 증명합니다.

년   월   일

공탁금 보관은행(공탁관)   (인)

금전 공탁서(변제 등)

공 탁 번 호	년 금 제 호	년 월 일 신 청	법령조항	공익사업을한토지등의취득 및보상에관한법률제40조제2항제4호. 민사집행법제248조 1항
공탁자	성 명 (상호, 명칭)	서울특별시구로구 대표자 구청장 양대웅 위사업시행대행자 한국토지공사서울지역본부 영등포교정시설보상사업소장	피공탁자	성 명 (상호, 명칭)	광주노씨경평공파종중 대표자 노영현 서울시 강남구 도곡동 467 타워펠리스아파트 에이-2007

공탁자	성 명 (상호, 명칭)	서울특별시구로구 대표자 구청장 양대웅 위사업시행대행자 한국토지공사서울지역본부 영등포교정시설보상사업소장	피공탁자	성 명 (상호, 명칭)	광주노씨경평공파종중 대표자 노영현 서울시 강남구 도곡동 467 타워펠리스아파트 에이-2007
	주민등록번호 (법인등록번호)			주민등록번호 (법인등록번호)	1701220-03646022
	주 소 (본점, 주사무소)	서울시 구로구 구로본동 435번지		주 소 (본점, 주사무소)	서울 구로구 천왕동 210-1
	전화번호	02-857-6977		전화번호	

공 탁 금 액	금이억팔천사백일십만구천원정 숫자 금284,109,000원정	보관은행	은행 지점

공 탁 원 인 사 실	별지 기재와 같음

비고(첨부서류등)	1. 재결서 2.등기부등본, 3.채권압류및추심명령결정문. 4. 위임장 5. 공탁통지서(피공탁자 : 토지소유자) 6. 공탁사유신고(추심채권자)

1. 공탁으로 인하여 소멸하는 질권, 전세권 또는 저당권 2. 반대급부 내용	없슴.

위와 같이 신청합니다.
공탁자 서울특별시 구로구 구청장 양대웅
　　　위사업시행대행자
　　　한국토지공사서울지역본부영등포교정시설
　　　보관사업소장

대리인　주소 서울 ○○구 ○○동 ○○○
　　　전화번호
　　　성명　법무사 ○○○　　　　인(서명)

위 공탁을 수리합니다.
공탁금을 　년　 월　 일까지 위 보관은행 공탁관 계좌에 납입하시기 바랍니다.
위 납입기일까지 공탁금을 납입하지 않을 때는 이 공탁 수리결정의 효력이 상실됩니다.
　　　　　　　　　　　년　　　　월　　　　일
　　　　　　　법원　　　　지원 공탁관　　　　　　　　(인)

(영수증) 위 공탁금이 납입되었음을 증명합니다.
　　　　　　　　　　　년　　　　월　　　　일
　　　　　　　공탁금 보관은행(공탁관)　　　　　　　(인)

공 탁 원 인 사 실

공탁자는 공익사업을 위한 토지등의 취득 및 보상에 관한 법률 제4조의 규정에 의한 공익사업으로 영등포대체교정 신축사업을 시행하기 위하여 피공탁자 소유인 별지목록 기재 토지 및 건물(1~7)에 대하여 2008.12.19. 서울특별시 지방토지수용위원회의 권리취득 재결에 의한 보상금 5,900,264,500원을 피공탁자에게 지급하고자 하였으나, 위 보상금에 대하여 아래와 같이 서울남부지방법원 2008타채 12993호 채권압류 및 추심명령, 동 법원 2008타채 16689호 채권압류 및 추심명령 결정에 의하여 위 보상금의 지급이 금지 되었으므로 사업시행자의 대행자인 한국토지공사가 공익사업을 위한 토지 등의 취득 및 보상에 관한 법률 제40조 제2항 4호의 규정에 의하여 위 보상금을 공탁합니다.

– 아　　　　래 –

1. 서울남부지방법원 2008타채 12993. 채권압류 및 추심명령

채권자　　　　오류2동새마을금고
　　　　　　　서울시 구로구 오류2동 156-100
　　　　　　　이사장　　강 태 진

채무자　　　　광주노씨 경평공파종친회
　　　　　　　서울시 구로구 천왕동 210-1
　　　　　　　대표자　　노 영 현

제3채무자　　한국토지공사
　　　　　　　성남시 분당구 정자동 217번지
　　　　　　　사장　　　이 종 삼

[청구금액 : 금 3, 122, 272 원]

〈 송달일자 : 2008년 10월 18일 〉

2. 서울남부지방법원 2008타채 16689. 채권압류 및 추심명령

채권자   김 옥 철
              서울시 노원구 공릉동 645-15
              송달장소 : 서울 양천구 신정동 1009-1 (1층)

채무자   광주노씨경평공파종친회
              서울 구로구 천왕동 210-1
              송달장소 : 서울 송파구 방이동 89 올림픽선수기자촌아파트 328-404
              대표자 회장 : 노 승 덕

제3채무자   한국토지공사
              성남시 분당구 정자동 217
              사장   이 종 상

[청구금액 : 금 1, 288, 636 원]

〈 송달일자 : 2008년 11월 30일 〉

별 지 목 록 (수용부동산의 표시)

1. 서울시 구로구 천왕동 산39번지
   임야　13448 ㎡

2. 동　　　　　　소　209번지
   전 2453 ㎡

3. 서울시 구로구 천왕동 209번지
   위 지 상
   철근콘크리트조 기와지붕 단층 사당 (제실)
   88.20 ㎡

4. 동　　　　　　소 210번지
   대 1177 ㎡
   (공유자지분 1177 분의 482)

5. 동　　　　　　소 210-5
   임야 185 ㎡

6. 동　　　　　　소 210-11
   도로 58 ㎡

7. 동　　　　　　소 210-14
   도로 53 ㎡

－　이　　　상　－

Ⅲ. 상법의 규정에 의한 공탁

1. 공시최고절차에 의한 공탁

금전, 물건 또는 유가증권의 지급을 목적으로 하는 유가증권에는 민법 제508조 내지 제525조(지시채권·무기명채권)의 규정을 적용하는 외에 어음법 제12조 제1항·제2항(배서의 요건)의 규정을 준용한다(상법 제65조).

공시최고의 신청이 있는 때에는 채무자로 하여금 채무의 목적물을 공탁하게 할 수 있고 소지인이 상당한 담보를 제공하면 변제하게 할 수 있다(민법 제522조).

2. 매도인의 매매 목적물 또는 경매대금잔액의 공탁

상인간의 매매에 있어서 매수인이 목적물의 수령을 거부하거나 이를 수령할 수 없는 때에는 매도인은 그 물건을 공탁하거나 상당한 기간을 정하여 최고한 후 경매할 수 있다. 이 경우에는 지체 없이 매수인에 대하여 그 통지를 발송하여야 한다(상법 제67조 1항).

위의 경우에 매수인에 대하여 최고를 할 수 없거나 목적물이 멸실 또는 훼손될 염려가 있는 때에는 최고 없이 경매할 수 있으며, 매도인이 그 목적물을 경매한 때에는 그 대금에서 경매비용을 공제한 잔액을 공탁하여야 한다. 그러나 그 전부나 일부를 매매대금에 충당할 수 있다(상법 제67조 2항·3항).

[제1-1호 양식]
금전 공탁서(공시최고절차에 의한 공탁)

공 탁 번 호		년 금 제 호	년 월 일 신청		법령 조항	상법 제65조 민법 제522조
공 탁 자	성 명 (상호, 명칭)	주식회사 대표이사 ○○○	피 공 탁 자	성 명 (상호, 명칭)		박 ○
	주민등록번호 (법인등록번호)			주민등록번호 (법인등록번호)		
	주 소 (본점, 주사무소)			주 소 (본점, 주사무소)		
	전화번호			전화번호		
공 탁 금 액		한글	보관은행		은행 지점	
		숫자				
공 탁 원 인 사 실		공탁자는 피공탁자를 수취인으로 한 액면 금 삼천만원의 약속어음을 발행하여 이를 피공탁자에게 교부하였으나 피공탁자는 위 어음을 분실하여 ○○○○. ○. ○. 공시최고를 신청하여 사건계속 중 지급기일이 도래되어 위 어음금의 공탁할 뜻을 청구하여 왔으므로 공탁자는 위 약속어음금액을 공탁함.				
비고(첨부서류등)			□ 계좌납입신청 □ 공탁통지우편료 원			
1. 공탁으로 인하여 소멸하는 질 권, 전세권 또는 저당권 2. 반대급부 내용		해당사항 없음				

위와 같이 신청합니다.   (주) ○○○○   대리인   주소
              대표이사 ○○○   전화번호
        공탁자 성명 인 (서명) 성명 인(서명)						

위 공탁을 수리합니다.
공탁금을   년   월   일까지 위 보관은행 공탁관 계좌에 납입하시기 바랍니다.
위 납입기일까지 공탁금을 납입하지 않을 때는 이 공탁 수리결정의 효력이 상실됩니다.
                  년   월   일
              법원 지원 공탁관 (인)						

(영수증) 위 공탁금이 납입되었음을 증명합니다.
                  년   월   일
                  공탁금 보관은행(공탁관) (인)						

물품 공탁서(매도인의 매매목적물의 공탁)〈상법 제67조 1항〉

공 탁 번 호	년 물 제 호	년 월 일 신청	법령조항	상법 제67조1항

공 탁 자	성 명 (상호 명칭)	김 ○ ○	피 공 탁 자	성 명 (상호 명칭)	박 ○ ○
	주민등록번호 (법인등록번호)			주민등록번호 (법인등록번호)	
	주 소 (본점, 주사무소)			주 소 (본점, 주사무소)	
	전화번호			전화번호	

공 탁 물 품			공탁 원인 사실	공탁자는 피공탁자에게 2008.1.5. 경기도이천미 쌀 5가마를 매매하고 그 대금을 수령하였으나 피공탁자가 인수를 거절하므로 공탁함.
명 칭	종 류	수 량		

경기도이천미	백미	5가마	1. 공탁으로 인하여
			  소멸할 질권 또는
			  저당권
			2. 반대급부 내용
				없음

			보관자	
			비 고	1. 주민등록표등본 2. 공탁통지서

위와 같이 신청합니다.   주소
                                                          전화번호
        공탁자 성명 김 ○ ○ (인)   대리인 성명   (인)

위 공탁을 수리합니다.

공탁물품을   년 월 일까지 위 보관자에게 납입하시기 바랍니다.

위 납입기일까지 공탁물품을 납입하지 않을 때는 이 공탁 수리결정의 효력이 상실됩니다.

                        년   월   일
                        법원   지원   공탁관   (인)

(영수증) 위 공탁물품이 납입되었음을 증명합니다.

                        년   월   일
                        공탁물보관자   (인)

금전 공탁서(변제 등)(매도인의 경매대금잔액의 공탁)

공 탁 번 호		년 금 제 호		년 월 일 신청		법령 조항	상법 제67조3항
공 탁 자	성 명 (상호, 명칭)	김 ○ ○	피 공 탁 자	성 명 (상호, 명칭)		박 ○ ○	
	주민등록번호 (법인등록번호)			주민등록번호 (법인등록번호)			
	주 소 (본점, 주사무소)			주 소 (본점, 주사무소)			
	전화번호			전화번호			
공 탁 금 액	한글		보관은행			은행 지점	
	숫자						
공 탁 원 인 사 실	공탁자는 피공탁자와 사이에 ○○○○. ○. ○○. 제주산감귤 100상자에 대한 매매계약을 체결하고 그 대금의 일부로 금 ○○○만원을 수령하였으나 피공탁자는 약정인도기일이 도래하였음에도 이를 인도받지 아니한 채 행방불명이 되었으므로 관보에 공고하여 이의 수령을 최고하였으나 공고기일까지 이를 수령하지 아니하므로 공탁자는 이를 경매하여 그 대금 ○○○만원중 잔액 ○○○만원을 이에 충당하고 나머지 ○○○만원을 공탁함.						
비고(첨부서류등)	1. 관보						
1. 공탁으로 인하여 소멸하는 질권, 전세권 또는 저당권 2. 반대급부 내용							

위와 같이 신청합니다.　　　　　　　　　　　　　대리인 주소

　　　　　　　　　　　　　　　　　　　　　　　전화번호

　　　공탁자 성명　　　　　인 (서명)　　　성명　　　　　　　　인(서명)

위 공탁을 수리합니다.

공탁금을 　년　 월　 일까지 위 보관은행 공탁관 계좌에 납입하시기 바랍니다.

위 납입기일까지 공탁금을 납입하지 않을 때는 이 공탁 수리결정의 효력이 상실됩니다.

　　　　　　　　　　　　　년　　　월　　　일

　　　　　　　　　　법원　　　　　지원 공탁관　　　　　　(인)

(영수증) 위 공탁금이 납입되었음을 증명합니다.

　　　　　　　　　　　　　년　　　월　　　일

　　　　　　　　　　공탁금 보관은행(공탁관)　　　　　(인)

3. 매도인의 매매목적물의 대가의 공탁

(1) 매수인의 매매목적물의 검사와 하자통지

상인간의 매매에 있어서 매수인이 목적물을 수령한 때에는 지체 없이 이를 검사하여야 하며 하자 또는 수량의 부족을 발견한 경우에는 즉시 매도인에게 그 통지를 발송하지 아니하면 이로 인한 계약해제, 대금감액 또는 손해배상을 청구하지 못한다. 매매의 목적물에 즉시 발견할 수 없는 하자가 있는 경우에 매수인이 6월 내에 이를 발견한 때에도 같다(상법 제69조 1항).

(2) 매수인의 경매대가의 공탁

상법 제69조의 경우에 매수인이 계약을 해제한 때에도 매도인의 비용으로 매매의 목적물을 보관 또는 공탁하여야 한다. 그러나 그 목적물이 멸실 또는 훼손될 염려가 있는 때에는 법원의 허가를 얻어 경매하여 그 대가를 보관 또는 공탁하여야 한다(상법 제70조 1항).

매수인이 경매한 때에는 지체 없이 매도인에게 그 통지를 발송하여야 하며 위의 규정은 목적물의 인도장소가 매도인의 영업소 또는 주소와 동일한 특별시·광역시·시·군에 있는 때에는 이를 적용하지 아니한다(상법 제70조 2항·3항).

상법 제70조의 규정은 매도인으로부터 매수인에게 인도한 물건이 매매의 목적물과 상위하거나 수량이 초과한 경우에 그 상위 또는 초과한 부분에 대하여 준용한다(상법 제71조).

[제1-8호 양식]

물품 공탁서(매도인의 매매목적물의 공탁)

공 탁 번 호		년물 제 호		년 월 일 신청	법령조항	상법 제70조1항
공 탁 자	성 명 (상호 명칭)	박 ○ ○	피 공 탁 자	성 명 (상호 명칭)	김 ○ ○	
	주민등록번호 (법인등록번호)			주민등록번호 (법인등록번호)		
	주 소 (본점, 주사무소)			주 소 (본점, 주사무소)		
	전화번호			전화번호		

공 탁 물 품			공 탁 원 인 사 실	공탁자는 피공탁자로부터 제주산감귤 300상자를 매수하여 전량을 운송받았으나 계약내용과는 품질이 다른 부패물로서 상품가치가 없어 동 매매계약을 해제하는 뜻의 통고를 하고 위 수령물은 훼손의 염려가 있어 법원의 허가에 의거 이를 경매한 대금 ○○만원중 경매비용 ○○만원을 공제한 금 ○○만원을 공탁함.	
명 칭	종 류	수 량			

제수산감귤	감귤	300상자	1. 공탁으로 인하여
			   소멸할 질권 또는
			   저당권
			2. 반대급부 내용		

			보관자		
			비 고		

위와 같이 신청합니다.   주소
                                 전화번호
       공탁자 성명   박 ○ ○   (인)   대리인 성명   (인)

위 공탁을 수리합니다.
공탁물품을   년   월   일까지 위 보관자에게 납입하시기 바랍니다.
위 납입기일까지 공탁물품을 납입하지 않을 때는 이 공탁 수리결정의 효력이 상실됩니다.
                       년   월   일
                   법원   지원 공탁관   (인)

(영수증) 위 공탁물품이 납입되었음을 증명합니다.
                       년   월   일
                 공탁물보관자   (인)

4. 위탁매매인의 매수물의 공탁

상법 제67조(매도인의 목적물의 공탁, 경매권)의 규정은 위탁매매인이 매수의 위탁을 받은 경우에 위탁자가 매수한 물건의 수령을 거부하거나 이를 수령할 수 없는 때에 준용한다(상법 제109조).

매수의 위탁을 한 위탁자가 위탁매매인이 매수한 물건의 수령을 지체한 경우에 매수위탁을 받은 위탁매매인을 보호하기 위하여 상사매매에 있어서 매도인의 자조매각권(상법 제67조)과 같은 권리를 위탁매매인에게 부여하고 있다.

위탁매매인은 일정한 경우에는 상사매매의 매도인에 있어서와 같이 물건을 공탁하거나 경매할 수 있는 권리를 가진다. 즉 위탁자가 위탁매매인이 매수한 물건의 수령을 거부하거나 이를 수령할 수 없는 때에는 위탁매매인은 이를 공탁하거나 또는 경매할 수 있다.

공탁·경매에 관하여는 민법에 규정이 있다. 민법의 원칙에 의하면 위탁자가 위탁매매인이 매수한 물건을 수령하지 아니하거나 수령할 수 없는 때에는 위탁매매인은 위탁자를 위하여 그 물건을 공탁하고 채무를 면할 수 있으며(민법 제487조), 그 물건이 공탁에 적당하지 아니하거나 멸실 또는 훼손될 염려가 있거나 공탁에 과다한 비용을 요하는 때에 한하여 위탁매매인은 법원의 허가를 얻어 그 물건을 경매하거나 시가로 방매하여 대금을 공탁할 수 있다(민법 제490조). 그러나 공탁에 적당하지 아니한 물건 등에 대하여서만 경매를 인정하는 것이 적당하지 않을 뿐만 아니라, 경매를 하기 위하여는 일일이 법원의 허가를 얻어야 한다면 그로 인하여 매각의 시기를 잃거나 손실을 볼 염려가 있으므로 위탁매매인이나 위탁자에 대하여 불리하게 된다. 이러한 이유에서 상법은 상사매매에 관하여 상법 제67조를 두고 있으며, 이 규정을 본조에서 위탁매매인에 준용하고 있는 것이다. 이것은 민법의 공탁에 관한 규정 중 민법 제490조에 대한 특칙이며, 위탁매매인을 위하여 상거래를 민활하게 결제할 수 있게 하는 것을 목적으로 한 것이다.

상법 제109조의 요건을 구비하고 있는 이상 위탁매매인은 공탁권과 경매권중 어느 것이든지 자유로 행사할 수 있다. 또 그 중의 하나의 권리를 행사하는 절차를 개시한 후에 이를 변경하여 다른 권리를 행사하여도 무방하다. 예컨대 공탁을 한 후에도 이를 취소하여 경매할 수 있고, 또 경매를 위한 최고를 한 후에 이를 변경하여 공탁을 할 수도 있다. 이 공탁권과 경매권이 있다 하여 계약을 해제하고 손해배상을 청구할 수 있는 권리를 행사할 수 없는 것은 아니다(주석상법 상권, pp.378~379).

5. 운송인의 운송물의 공탁(상법 제142조)

수하인을 알 수 없는 때에는 운송인은 운송물을 공탁할 수 있으며, 이 경우에 운송인은 송하인에 대하여 상당한 기간을 정하여 운송물의 처분에 대한 지시를 최고하여도 그 기간 내에 지시를 하지 아니한 때에는 운송물을 경매할 수 있다.

운송인이 운송물의 공탁 또는 경매를 한 때에는 지체 없이 송하인에게 그 통지를 발송하여야 한다(상법 제142조 1항~3항).

운송인이 수하인을 알 수 없는 때에는 운송물을 공탁할 수 있다(상법 제142조 1항). 이에 해당하는 경우로서는 수하인이 불명한 때(예컨대 화물상환증의 소지인이 불명한 경우), 수하인의 소재가 명확하지 않는 때 등을 들 수 있다. 운송인이 비용과 상당한 시간을 소비하지 않고는 수하인을 발견할 수 없는 경우도 이에 해당한다 할 수 있다. 이 경우에 어느 정도의 조사를 하여야 할 것인가는 관습 또는 조리에 의하여 각 경우에 따라 결정하는 수밖에 없다. 해상운송의 경우는 공탁을 하여야 한다(상법 제803조 2항)고 한데 대하여 본조는 공탁할 수 있다 하고 있으므로 공탁을 하느냐 자신이 보관하느냐는 운송인의 자유이다. 공탁을 한 경우에는 운송인은 채무를 완전히 이행한 것이 되는 데 대하여 자신이 보관하는 경우는 보관하는 동안은 운송인은 여전히 주의의무를 면하지 못한다.

물품 공탁서(운송인의 운송물의 공탁)〈상법 제142조 제1항〉

공 탁 번 호	년물 제 호		년 월 일 신청	법령조항	상법 제142조1항
공 탁 자	성 명 (상호 명칭)	○○화물운송(주) 대표이사 ○○○	피 공 탁 자	성 명 (상호 명칭)	김 ○ ○
	주민등록번호 (법인등록번호)			주민등록번호 (법인등록번호)	
	주 소 (본점, 주사무소)			주 소 (본점, 주사무소)	
	전화번호			전화번호	

공 탁 물 품			공탁 원인 사실	공탁자는 화물운송업자로 제주시 ○○구 ○○동 ○○번지 박○○가 탁송한 제주산감귤 100상자를 수하인(피공탁자) 김○○에게 운송하고자 하나 공탁자는 수하인을 알 수 없어 이를 공탁함.
명 칭	종 류	수 량		
제주산감귤	감귤	100상자	1. 공탁으로 인하여 소멸하는 질권 또는 저당권 2. 반대급부 내용	
			보관자	
			비 고	

위와 같이 신청합니다.　　　　　　　　주소
　　　　　　　　　　　　　　　　　　전화번호
　　　공탁자 성명　박 ○ ○　(인)　대리인 성명　　　　　　(인)

위 공탁을 수리합니다.

공탁물품을　　년 월 일까지 위 보관자에게 납입하시기 바랍니다.

위 납입기일까지 공탁물품을 납입하지 않을 때는 이 공탁 수리결정의 효력이 상실됩니다.

　　　　　　　　　　년　　월　　일
　　　　　　　　법원　　지원 공탁관　　　　　　(인)

(영수증) 위 공탁물품이 납입되었음을 증명합니다.

　　　　　　　　　　년　　월　　일
　　　　　　　　공탁물보관자　　　　　　(인)

6. 운송인의 운송물의 공탁(상법 제143조)

상법 제142조의 규정은 수하인이 운송물의 수령을 거부하거나 수령할 수 없는 경우에 준용한다(상법 제143조 1항).

상법 제143조 제1항은 수하인이 운송물의 수령을 거부하거나 수령할 수 없는 경우에도 수하인을 알 수 없는 경우에 있어서와 같이 운송인에 공탁권을 주어 법률관계를 신속하게 결제하게 할 수 있게 함으로써 운송인으로 하여금 보관의무를 면하게 하였다. 여기에 수령할 수 없는 경우라 함은 수하인이 운송물의 상위, 수량부족, 성질의 상위 등을 이유로 수령을 거부한 경우 또는 수하인의 자격에 관하여 분쟁이 있는 경우를 말한다. 운송인은 공탁 후 지체 없이 송하인 또는 알고 있는 화물상환증 소지인에 대하여 그 통지를 발송하여야 하나, 본조의 경우에는 수하인에 대하여도 지체 없이 통지를 발송하여야 한다. 본조가 적용되는 경우는 수하인은 알려져 있으므로 수하인에게 통지하여야 하는 것은 당연하다 할 수 있다.

물품 공탁서(운송인의 운송물의 공탁)〈상법 제143조 제1항〉

공 탁 번 호		년물 제 호	년 월 일 신청	법령조항	상법 제143조1항
공 탁 자	성 명 (상호 명칭)	○○운송(주) 대표이사 ○○○	피 공 탁 자	성 명 (상호 명칭)	박 ○ ○
	주민등록번호 (법인등록번호)			주민등록번호 (법인등록번호)	
	주 소 (본점, 주사무소)			주 소 (본점, 주사무소)	
	전화번호			전화번호	

공 탁 물 품			공탁 원인 사실	공탁자는 화물운송업자로, 송하인 ○○시 ○○구 ○○동 ○○번지 박○○로부터 수하인 피공탁자로 된 제주산감귤 100상자를 운송보관중 수하인인 피공탁자에게 이의 수령을 최고한바, 수령을 거부하므로 이를 공탁함.
명 칭	종 류	수 량		

			1. 공탁으로 인하여
			   소멸하는 질권 또는
			   저당권
			2. 반대급부 내용	

			보관자	
			비 고	1. 최고서 2. 공탁통지서 3. 위임장

위와 같이 신청합니다.

대리인 주소

　　○○운송(주)

　　대표이사 ○○○　　　　　　　　　　전화번호

　　공탁자 성명　　　　　(인)　　　　성명　　　　　　　　(인)

위 공탁을 수리합니다.

공탁물품을 　년　월　일까지 위 보관자에게 납입하시기 바랍니다.

위 납입기일까지 공탁물품을 납입하지 않을 때는 이 공탁 수리결정의 효력이 상실됩니다.

　　　　　　　　　　　　　년　　　월　　　일

　　　　　　　　　　법원　　지원　공탁관　　　　　　　(인)

(영수증) 위 공탁물품이 납입되었음을 증명합니다.

　　　　　　　　　　　　　년　　　월　　　일

　　　　　　　　　　공탁물보관자　　　　　　　　　(인)

7. 운송인의 경매대금의 공탁

송하인, 화물상환증 소지인과 수하인을 알 수 없는 때에는 운송인은 권리자에 대하여 6월 이상의 기간을 정하여 그 기간 내에 권리를 주장할 것을 공고하여야 하며, 공고는 관보나 일간신문지에 2회 이상 하여야 한다.

운송인이 공고를 하여도 그 기간 내에 권리를 주장하는 자가 없는 때에는 운송물을 경매할 수 있다(상법 제144조).

상법 제67조 제3항의 규정은 상법 제144조의 경매에 준용한다(상법 제145조).

수하인을 알 수 없는 경우, 수하인이 운송물의 수령을 거부하거나 수령할 수 없는 경우, 송하인, 수하인, 화물상환증소지인 전부를 알 수 없는 경우에는 경매의 요건으로서 최고 또는 공고를 요구하고 있다. 상법 제145조는 상인간의 경매에 관한 규정을 위의 경우에 준용하여 운송물이 멸실 또는 훼손될 염려가 있는 때에는 최고 없이 경매할 수 있게 하고, 또 경매를 한 때에는 원칙으로 그 대가를 공탁하여야 하나 그 전부 또는 일부를 운임, 체당금 등에 충당할 수 있게 하였다(상법 제67조 3항).

[제1-1호 양식]

금전 공탁서(운송인의 경매대금의 공탁)
(상법 제144조, 제145조, 제67조 제3항)

공 탁 번 호	년 금 제 호		년 월 일 신청	법령 조항	상법 제 144조, 제145조 제67조3항
공 **탁** **자**	성 명 (상호, 명칭)	○○운송(주) 대표이사 ○○○	**피** **공** **탁** **자**	성 명 (상호, 명칭)	불확지
	주민등록번호 (법인등록번호)			주민등록번호 (법인등록번호)	
	주 소 (본점, 주사무소)			주 소 (본점, 주사무소)	
	전화번호			전화번호	
공 탁 금 액	한글 일천구백팔십만원		보관은행	은행 지점	
	숫자 (19,800,000원)				
공 탁 원 인 사 실	공탁자는 화물운송업자로 2003.5.1. 제주출장소로부터 제주산감귤 100상자가 운 송되어 보관중인 바, 운송물의 송·수하인 등을 알 수 없어 상법 제144조에 기한 권리신고를 최고하였으나 그 신고가 없어 이를 경매한 금 이천만원중 운임, 체당 금 및 경매비용 금 20만원을 공제한 금 1980만원을 공탁함.				
비고(첨부서류등)	1. 최고서 2. 공탁통지서 3. 위임장				
1. 공탁으로 인하여 소멸하는 질 권, 전세권 또는 저당권 2. 반대급부 내용	해당사항 없음				

위와 같이 신청합니다.　○○운송　　　　　　　대리인　주소
　　　　　　　　대표이사 ○○○　　　　　　　　　　전화번호
　　　　　　공탁자 성명　　　　　　인 (서명)　　　　성명　　　　　　　인(서명)

위 공탁을 수리합니다.
공탁금을　　　년　　월　　일까지 위 보관은행 공탁관 계좌에 납입하시기 바랍니다.
위 납입기일까지 공탁금을 납입하지 않을 때는 이 공탁 수리결정의 효력이 상실됩니다.
　　　　　　　　　　　　　　년　　　　월　　　　일
　　　　　　　　　　　법원　　　　　지원 공탁관　　　　　　　　　(인)

(영수증) 위 공탁금이 납입되었음을 증명합니다.
　　　　　　　　　　　　　　년　　　　월　　　　일
　　　　　　　　　　공탁금 보관은행(공탁관)　　　　　　　　　(인)

8. 여객운송인의 수하물의 공탁

수하물이 도착지에 도착한 날로부터 10일 내에 여객이 그 인도를 청구하지 아니한 때에는 상법 제67조(매도인의 목적물의 공탁, 경매권)의 규정을 준용한다. 그러나 주소 또는 거소를 알지 못하는 여객에 대하여는 최고와 통지를 요하지 아니한다(상법 제149조 2항).

여객운송인은 여객운송계약에 부수하는 별개의 채무로서 수하물의 운송을 인수한 것이므로 운송인에 대하여 물건운송인과 동일한 책임을 지게 한 것이다. 그리고 인도를 받은 수하물에 관하여 여객이 그 인도를 청구하지 않은 경우 상인의 자조매각의 경우에 준하여 공탁 또는 경매를 인정한 것이다.

인도를 받은 수하물에 대하여는 도착한 날로부터 10일 내에 여객이 그 인도를 청구하지 아니한 때에는 상사매매의 규정(상법 제67조)에 따라 공탁·경매를 할 수 있으나 주소 또는 거소를 알지 못하는 여객에 대하여는 최고와 통지를 요하지 아니한다. 손해배상의 범위에 관하여는 상법 제137조가 적용된다. 면책의 특약은 유효하다.

9. 창고업자의 임치물의 공탁

상법 제67조 제1항과 제2항의 규정은 임치인 또는 창고증권소지인이 임치물의 수령을 거부하거나 이를 수령할 수 없는 경우에 준용한다(상법 제165조).

임치인 또는 창고증권소지인이 임치물의 수령을 거부하거나 이를 수령할 수 없는 때에 언제까지나 창고업자의 보관의무를 인정한다면 창고업자를 보호할 수 없게 되기 때문에 상인간의 매매에 관한 규정을 준용하여 창고업자에 임치물의 공탁권과 경매권을 인정한 것이다.

임치계약에서 보관기간을 정한 경우에는 약정한 기간이 만료한 때, 보관기간을 약정하지 아니한 경우에는 임치물을 받은 날로부터 6월이 경과한 후에는 창고업자는 임치물을 반환할 수 있음을 원칙으로 한다(상법 제163조 1항). 창고업자가 이 규정에 의하여 임치물을 반환하고자 하여도 임치인 또는 창고증권소지인이 수령을 거부하거나 또 수령할 수 없는 때에는 상사매매에 있어서의 자조매각의 규정(상법 제67조)에 따라 창고업자는 임치물을 공탁하거나 또는 상당한 기간을 정하여 최고한 후 임치물을 경매하여 경매대금을 보관할 수 있다. 경매대금은 공탁할 필요는 없고(제67조 3항은 준용되고 있지 않다), 창고업자 자신이 보관할 수 있다. 위의 경우 임치인 또는 창고증권소지인에 대하여 최고할 수 없거나 임치물이 멸실 또는 훼손될 염려가 있는 때에는 예고 없이 경매할 수 있다(상법 제67조 2항). 창고업자는 임치물을 공탁하거나 경매를 할 수 있는 선택권이 있으나 어느 경우에 있어서나 임치인 또는 창고증권소지인에게 통지하여야 한다(상법 제67조 1항 후단).

10. 합병무효의 소를 제기한 채권자의 담보제공

상법 제176조 제3항과 제4항(회사의 해산명령)의 규정은 회사채권자가 합병무효의 소를 제기한 때에 준용한다(상법 제237조).

상법 제127조는 합병무효의 소를 제기한 채권자에 대한 회사의 담보제공청구에 관한 규정이다. 합병무효의 소는 합병을 승인하지 아니한 채권자도 이를 제기할 수 있다(제236조 1항). 이 경우 채권자는 이 소의 제기권을 남용하고 특히 이를 미끼로 금품을 사취하려는 폐해가 염려되므로 이를 방지하기 위하여 채권자가 합병무효의 소를 제기한 경우 법원은 회사의 청구에 의하여 상당한 담보를 제공할 것을 명할 수 있음을 규정하였다. 그러나 한편 채권자의 담보제공의무를 획일적으로 인정할 경우 충분한 자력을 갖지 못한 채권자는 실제 합병무효의 소를 제기할 수 없게 된다. 여기에서 회사가 담보제공을 청구함에는 채권자의 소제기가 악의임을 소명할 것을 요구하였다.

채권자가 합병무효의 소를 제기한 때에는 법원은 회사의 청구에 의하여 상당한 담보를 제공할 것을 명할 수 있다(상법 제176조 3항). 원고패소의 경우 손해배상책임(상법 제191조, 동법 제240조) 등에 대비하기 위해서이다. 법원은 회사의 청구가 있는 경우 그 재량에 의하여 담보제공을 명할 수 있고 명하지 않을 수도 있다.

금전 공탁서(재판상의 보증)(합병무효의 소제기의 보증공탁)
(상법 제237조, 제176조 제3항)

공탁번호		년 금 제 호		년 월 일 신청	법령조항	상법 제237조, 제176조3항
공탁자	성 명 (상호, 명칭)		피공탁자	성 명 (상호, 명칭)		
	주민등록번호 (법인등록번호)			주민등록번호 (법인등록번호)		
	주 소 (본점, 주사무소)			주 소 (본점, 주사무소)		
	전화번호			전화번호		

공 탁 금 액	한글	보관은행	은행 지점
	숫자		

법원의명칭과 사 건		법원		사건	
	당사자	원고, 신청인 채 권 자		피고, 피신청인 채 무 자	

공탁원인사실	1. 가압류 보증 2. 가처분 보증 3. 가압류 취소보증 4. 가처분 취소보증 5. 강제집행 정지의 보증	6. 강제집행 취소의 보증 7. 강제집행 속행의 보증 8. 소송비용 담보 9. 가집행 담보 10. 가집행을 면하기 위한 담보	⑪ 기타 (합병무효의소제기의 보증)

비고(첨부서류등)	☐ 계좌납입신청

위와 같이 신청합니다.　　　　　　대리인　주소
　　　　　　　　　　　　　　　　　　　전화번호
　공탁자 성명　　　　인 (서명)　　성명　　　　　　인(서명)

위 공탁을 수리합니다.
공탁금을　년　월　일까지 위 보관은행 공탁관 계좌에 납입하시기 바랍니다.
위 납입기일까지 공탁금을 납입하지 않을 때는 이 공탁 수리결정의 효력이 상실됩니다.
　　　　　　　　　　　년　　　월　　　일
　　　　　　법원　　　　　지원 공탁관　　　　　　　(인)

(영수증) 위 공탁금이 납입되었음을 증명합니다.
　　　　　　　　　　년　　　월　　　일
　　　　공탁금 보관은행 (공탁관)　　　　　　　　(인)

11. 제소주주의 담보제공

주주가 결의취소의 소를 제기한 때에는 법원은 회사의 청구에 의하여 상당한 담보를 제공할 것을 명할 수 있다. 그러나 그 주주가 이사 또는 감사인 때에는 그러하지 아니하다(상법 제377조 1항). 상법 제176조 제4항(회사의 해산명령)의 규정은 제1항의 청구에 준용한다(상법 제377조 2항).

상법 제377조는 주주가 총회결의취소의 소를 제기한 경우에 있어서 담보제공에 관하여 규정을 하여 주주의 권리남용으로 인한 손해를 방지하자는 데 그 취지가 있다.

판례

담보액의 결정기준 : 주주가 결의취소의 소를 제기한 경우에 제공하는 담보는 그 소송제기로 인하여 회사가 받고 또 장차 받게 될 모든 손해를 담보하는 것이 목적이므로 그 담보액은 회사가 받게 될 모든 불이익을 표준으로 하여 법원의 자유재량에 의하여 정할 수 있다(대법원 1963.2.28, 63마2).

(1) 담보제공의무

총회결의취소의 소에 있어서 원고가 패소한 경우 원고에 악의 또는 중대한 과실이 있는 때에는 회사에 대하여 연대하여 손해배상책임을 지는데(상법 제376조 2항, 제191조) 본조에 의한 담보제공의무는 이 규정에 의한 회사의 원고주주에 대한 손해배상청구권을 위하여 뿐만 아니라 기타 불법행위에 관한 민법의 규정에 의한 손해배상청구의 담보를 위하여 다시 또 취소의 소로 인하여 회사에 생길 불이익을 담보하기 위하여도 인정된다.

판례

1. 주주총회결의부존재확인소송과 담보제공의무
   주주총회결의부존재확인소송에 있어서는 본조를 준용할 근거가 없으므로 제소자에게 상당한 담보를 제공할 것을 명할 수 없다(1964.4.20, 63마33 전원합의체 결정. 대판 1982.9.14, 80다2425 전원합의체판결로 본결정폐기).
2. 주주총회결의부존재확인의 소에는 본조가 준용되지 아니하므로 제소자에게 담보제공의무가 없다

(대법원 1964.4.21, 63마31)(전원합의체결정)(92.9.14, 80다2425 전원합의체판결로 본결정 폐기).

(2) 담보제공의무자

담보제공의무자는 결의취소의 소를 제기한 주주이다. 원고주주가 이사 또는 감사인 때에는 이에 담보의 제공을 명할 수 없다(상법 제377조1 항 단서). 주주인 이사가 결의취소의 소를 제기한 경우에는 주주의 자격에서 한 것인가, 이사의 자격에서 한 것인가를 불문하고 담보제공의무는 없다고 보아야 한다. 이사도 결의취소의 소를 악의로 제기하는 일이 없다고는 할 수 없으나 이사와 회사 간에 일반적으로 존재하는 신뢰관계에서 담보제공의무까지 지게 할 필요는 없을 것이다. 원고주주가 이사이기 때문에 담보제공을 명하지 않았었으나 후에 이사를 그만 둔 경우에는 이에 담보제공을 명할 수 있다.

(3) 담보제공의 청구

법원은 피고회사의 청구에 의하여서만 담보의 제공을 명할 수 있다. 그리고 피고회사는 소송의 어떠한 상태에 있어서나, 소송의 어느 심급에 있어서나 담보의 제공을 청구할 수 있다.

피고회사가 담보의 제공을 청구함에는 주주가 결의취소의 소를 제기한 것이 악의에서 한 것임을 소명하여야 한다(상법 제377조 2항, 상법 제176조 4항). 여기에 악의라 함은 주주의 정당한 이익을 옹호할 목적을 갖지 않고 일부러 회사를 곤란하게 할 의도를 가진 경우를 말한다.

담보의 신청은 서면 또는 구술로 할 수 있다.

(4) 담보의 청구에 대한 재판

담보의 청구에 관한 재판은 결정으로 한다. 담보의 제공을 명하는 결정에 있어서는 법원은 담보액과 담보를 제공할 기간을 정하여야 한다(민사소송법 제120조 1항). 담보액은 결의취소의 소의 제기에 의하여 생길 모든 손해(소송비용도 포함)를 표준으로 하여 법원의 자유재량에 의하여 정할 수 있다.

(5) 담보제공의 방식

담보의 제공은 금전 또는 법원이 인정하는 유가증권을 공탁하거나, 대법원규칙이 정하는 바에 따라 지급을 보증하겠다는 위탁계약을 맺은 문서를 제출하는 방법으로 한다. 다만, 당사자들 사이에 특별한 약정이 있으면 그에 따른다(민사소송법 제122조).

12. 무기명식 채권을 가진 자의 채권의 공탁

사채권자집회는 사채를 발행한 회사 또는 사채모집의 위탁을 받은 회사가 소집한다(상법 제491조 1항).

사채총액의 10분의1에 해당하는 사채권자는 회의의 목적인 사항과 소집의 이유를 기재한 서면을 전항의 회사에 제출하여 사채권자집회의 소집을 청구할 수 있다(상법 제491조 2항).

무기명식의 채권을 가진 자는 그 채권을 공탁하지 아니하면 전2항의 권리를 행사하지 못한다(상법 제491조 4항).

무기명식의 사채권을 가진 자가 집회소집의 청구를 하거나 법원의 허가를 얻어 직접 소집을 하려면 그 채권을 공탁하여야 한다.

유가증권 공탁서(변제 등)(무기명식의 채권을 가진 자의 채권의 공탁)

(상법 제491조 제4항)

공 탁 번 호		년증 제 호	년 월 일 신청	법령조항	상법 제491조 제4항
공 탁 자	성 명 (상호 명칭)	김 ○ ○	피 공 탁 자	성 명 (상호 명칭)	박 ○ ○
	주민등록번호 (법인등록번호)			주민등록번호 (법인등록번호)	
	주 소 (본점,주사무소)			주 소 (본점,주사무소)	
	전화번호			전화번호	

공 탁 유 가 증 권					공탁원인 사 실	공탁자는 ○○건축(주)가 발행한 무기명식 채권을 가지고 있는 바, 위 회사에 대한 사채권자 집회소집요구를 위하여 공탁유가증권란 기재의 사채권을 공탁함.
명 칭	○○건축(주)제2회발 행사채권			계		
장 수	20			20		
총 액 면 금	한글 ○억원 숫자			○억원	1. 공탁으로 인하여 소멸할 질권, 전세권 또는 저당권	없음
액면금기호번호	○천만원 제2회1~10호					
부 속 이 표					2. 반대급부 내용	
최 종 상 환 기	0000년 0월 0일				비 고	1. 주민등록표등본 2. 공탁통지서 3. 위임장

위와 같이 신청합니다.   한극은행총재 ○○○   주소
    공탁자 성명   (인)   대리인 성명   (인)

위 공탁을 수리합니다.

공탁유가증권을   년   월   일까지 ○○은행 공탁관의 계좌에 납입하시기 바랍니다.

위 납입기일까지 공탁유가증권을 납입하지 않을 때는 이 공탁 수리결정의 효력이 상실됩니다.

                        년   월   일

                법원   지원 공탁관   (인)

(영수증) 위 공탁유가증권이 납입되었음을 증명합니다.

                        년   월   일

                공탁금 보관은행(공탁관)   (인)

13. 무기명식 채권을 가진 자의 채권의 공탁과 의결권의 행사

각 사채권자는 사채의 최저액마다1개의 의결권이 있다(상법 제492조 1항). 무기명 채권을 가진 자는 회일로부터1주간 전에 채권을 공탁하지 아니하면 그 의결권을 행사하지 못한다(상법 제492조 2항). 의결권의 대리행사의 허용과 방법(상법 제510조 1항, 제368조 3항).

기채회사소유의 자기사채의 의결권의 휴지(상법 제510조 1항, 제369조 2항), 특별이해관계인의 의결권의 제한(상법 제510조 1항, 제368조 4항), 정족수 및 의결권수의 계산(상법 제510조 1항, 제371조) 등은 주주총회의 경우와 같다.

14. 선장의 운송물의 공탁

수하인이 운송물의 수령을 해태한 때에는 선장은 이를 공탁하거나 세관 기타 법령이 정하는 관청의 허가를 받은 곳에 인도할 수 있다. 이 경우에는 지체없이 수하인에게 그 통지를 발송하여야 한다(상법 제803조 1항).

수하인을 확지할 수 없거나 수하인이 운송물의 수령을 거부한 때에는 선장은 이를 공탁하거나 세관 기타 관청의 허가를 받은 곳에 인도하고 지체 없이 용선자 또는 송하인 및 알고 있는 수하인에게 그 통지를 발송하여야 한다(상법 제803조 2항).

위의 규정에 의하여 운송물을 공탁하거나 세관 기타 관청의 허가를 받은 곳에 인도한 때에는 선하증권소지인 기타 수하인에게 운송물을 인도한 것으로 본다(상법 제803조 3항).

[제1-8호 양식]

물품 공탁서(선장의 운송물의 공탁)

(상법 제803조 제2항)

공 탁 번 호		년물 제 호	년 월 일 신청		법령조항	상법제803조2항
공 탁 자	성 명 (상호 명칭)	○○○호 선장 박○○	피 공 탁 자	성 명 (상호 명칭)	김 ○ ○	
	주민등록번호 (법인등록번호)			주민등록번호 (법인등록번호)		
	주 소 (본점,주사무소)			주 소 (본점,주사무소)		
	전화번호			전화번호		

공 탁 물 품			공탁 원인 사실	공탁자는 ○○호 선장으로 피공탁자가 수하인 으로 된 제주산감귤 100상자를 운송 입항 후 이를 수령할 것을 알렸으나 정당한 이유 없이 그 수령을 거부하므로 이를 공탁함	
명 칭	종 류	수 량			

제주산감귤	감귤	100상자	1. 공탁으로 인하여
			   소멸하는 질권 또는
			   저당권
			2. 반대급부 내용		

			보관자		
			비 고	1. 주민등록표등본 2.공탁통지서. 3. 위임장	

위와 같이 신청합니다.　　　　　　　　대리인 주소
　　　○○호 선장　　　　　　　　　　전화번호
　　공탁자 성명　박 ○ ○　 인(서명)　　성명　　　　　　　　　인(서명)

위 공탁을 수리합니다.

공탁물품을　년　월　일까지 위 보관자에게 납입하시기 바랍니다.

위 납입기일까지 공탁물품을 납입하지 않을 때는 이 공탁 수리결정의 효력이 상실됩니다.

　　　　　　　　　　　　　　년　　　월　　　일
　　　　　　　　　　　　법원　　　지원　공탁관　　　　　(인)

(영수증) 위 공탁물품이 납입되었음을 증명합니다.
　　　　　　　　　　　　　　년　　　월　　　일
　　　　　　　　　　　　공탁물보관자　　　　　　　(인)

Ⅳ. 부동산중개업자의 손해배상금의 공탁

중개업자가 중개행위를 함에 있어서 고의 또는 과실로 인하여 거래당사자에게 재산상의 손해를 발생하게 한 때에는 그 손해를 배상할 책임이 있다(중개사의 업무 및 부동산거래 신고에 관한 법률 제30조 1항).

중개업자는 자기의 중개사무소를 다른 사람의 중개행위의 장소로 제공함으로써 거래당사자에게 재산상의 손해를 발생하게 한 때에는 그 손해를 배상할 책임이 있다(동법 제2항).

중개업자는 업무를 개시하기 전에 손해배상책임을 보장하기 위하여 대통령령이 정하는 바에 따라 보증보험 또는 제42조의 규정에 의한 공제에 가입하거나 공탁을 하여야 한다(동법 제3항).

제3항의 규정에 의하여 공탁한 공탁금은 중개업자가 폐업 또는 사망한 날부터 3년 이내에는 이를 회수할 수 없다(동법 제4항).

금전 공탁서(재판상의 보증)(중개업자의 손해배상금의 공탁)
(공인중개사법 제30조 제3항)

공 탁 번 호		년 금 제 호	년 월 일 신청	법령조항	공인중개사법 30③
공 탁 자	성 명 (상호, 명칭)		피 공 탁 자	성 명 (상호, 명칭)	
	주민등록번호 (법인등록번호)			주민등록번호 (법인등록번호)	
	주 소 (본점, 주사무소)			주 소 (본점, 주사무소)	
	전화번호			전화번호	

공 탁 금 액	한글	보관은행	은행 지점
	숫자		

법원의명칭과 사 건		법원		사건	
	당사자	원고, 신청인 채 권 자		피고, 피신청인 채 무 자	

공탁 원인 사실	1. 가압류 보증 6. 강제집행 취소의 보증 ⑪ 기타 2. 가처분 보증 7. 강제집행 속행의 보증 (중개업자의 중개행위로 3. 가압류 취소보증 8. 소송비용 담보 인한 손해배상금의 보증) 4. 가처분 취소보증 9. 가집행 담보 5. 강제집행 정지의 보증 10. 가집행을 면하기 위한 담보

비고(첨부서류등)	□ 계좌납입신청

위와 같이 신청합니다.   대리인 주소
                              전화번호
        공탁자 성명   인 (서명)   성명   인(서명)

위 공탁을 수리합니다.
공탁금을   년   월   일까지 위 보관은행 공탁관 계좌에 납입하시기 바랍니다.
위 납입기일까지 공탁금을 납입하지 않을 때는 이 공탁 수리결정의 효력이 상실됩니다.
                     년   월   일
                 법원   지원 공탁관   (인)

(영수증) 위 공탁금이 납입되었음을 증명합니다.
                     년   월   일
            공탁금 보관은행(공탁관)   (인)

Ⅴ. 징발재산정리에 관한 특별조치법에 의한 공탁

1. 징발의 개념

징발이라 함은 전시·사변 또는 그에 준하는 비상사태 기타 군작전상 긴절한 필요가 있는 경우에 정상적인 수단으로써는 군의 경제적 수요를 충족할 수 없는 때에 보상을 지급하고 권력으로 개인에게 일정한 물적 군사부담을 과하는 것을 말한다.

2. 징발재산의 개념

징발법(1963.5.1. 법률 제1336호로 제정된 이 법은 전시·사변 또는 이에 준하는 비상사태하에서 군작전 수행을 위하여 필요로 하는 토지·물자와 시설 또는 권리의 징발과 그 보상에 관한 사항을 규정하고 있다.) 시행당시에 징발된 재산을 징발재산이라고 한다. 징발재산정리에 관한 특별조치법은 징발법 시행당시 징발된 "징발재산"을 1973. 12.31.까지 매수보상 및 징발해제를 하기 위하여 필요한 사항을 규정하고 있다.

3. 징발재산의 매수

국가는 징발재산 중 군사상 긴요하여 군이 계속 사용할 필요가 있는 사유재산은 이를 매수한다. 국가가 매수할 징발재산은 국방부 장관이 이를 정한다(징발재산정리에 관한 특별조치법 제2조 이하 특조법이라 함).

4. 매수대금 등의 지급

이 법에 의한 징발재산의 매수대금 또는 징발보상금은 이를 징발보상증권(이하 "증권"이라 한다)으로 지급한다. 다만, 피징발자가 받는 매수대금과 징발보상금 및 그 단수가, 10,000원 미만일 경우에는 현금으로 지급한다(위 특조법 제9조).

5. 지급되지 아니한 증권 또는 현금의 공탁

한국은행은 피징발자가 증권 또는 현금의 수령을 거부하거나 피징발자에게 증권 또는 현금의 지급을 할 수 없을 때에는 해당 증권 또는 현금을 법원공탁관에게 공탁하여야 한다(징발재산정리에관한특별조치법 제13조).

6. 국방부장관의 소유권이전등기촉탁

국방부장관은 한국은행으로부터 받은 교부대장 1부와 공탁을 증명하는 서류를 등기촉탁서에 첨부하여 해당징발재산의 관할등기소에 소유권이전등기를 촉탁하어야 한다.

등기관은 위 등기의 촉탁을 받은 때에는 촉탁서만으로 소유권이전등기를 행하여야 한다.

위 특조법 제5조 및 제6조 제1항의 규정에 의하여 국가가 매수한 재산의 소유권이전등기에 관하여는 부동산등기법 제36조 제1항의 규정에 불구하고 한국은행의 교부대장 또는 공탁을 증명하는 서류를 등기의무자의 승낙서로 본다(위 특조법 제14조).

🔍 판례

(가) 징발재산정리에관한특별조치법 소정의 징발재산매수결정이 있는 경우 같은 법 제6조 소정의 공탁에 대한 공탁물회수청구 가부

징발재산정리에관한특별조치법 소정의 국방부장관의 징발재산매수결정이 있으면 공탁은 같은 법 제6조에 의하여 간접적으로 강제되는 것이고 이와 같이 그 공탁이 자발적이 아닌 경우에는 본조의 적용은 배제되어 공탁자는 그 공탁물을 회수할 수 없고 따라서 공탁공무원은 공탁자의 공탁물회수청구에 대하여 공탁물을 출급할 수 없다.

(나) 국가가 위 특별조치법 소정의 징발재산 매수결정을 하고 6개월 내에 매수대금을 공탁하였다가 등기부상 소유자 명의의 변경에 따라 공탁금을 회수하고 재공탁한 경우 국가의 소유권 취득에 영향이 없다고 한 사례 (대판 1992.2.11. 91다18972. 공1992. 986)

유가증권 공탁서

(징발보상증권의 공탁·수령거절)

공 탁 번 호		년증 제 호	년 월 일 신청	법령조항	징발재산정리 제13조
공 탁 자	성 명 (상호 명칭)	한국은행총재 ○○○	피 공 탁 자	성 명 (상호 명칭)	○ ○ ○
	주민등록번호 (법인등록번호)			주민등록번호 (법인등록번호)	
	주 소 (본점,주사무소)			주 소 (본점,주사무소)	
	전화번호			전화번호	

공 탁 유 가 증 권					공탁 원인 사실	공탁자는 국방부에서 군작전상 필요한 피공탁 자 소유 강원도 화천군 ○○면 ○○리 임야 5,000평에 대한 매수대금 금 1천만원 상당의 징발보상증권증서로 지급코자 하였으나 이의 수령을 거절하므로 이를 공탁함
명 칭	2003년1차발행분 징발보상증권증서			계		
장 수	100매			100매		1. 공탁으로 인하여
총 액 면 금	한글 일천만원 숫자 10,000,000원			일천만원		소멸할 질권, 전세권 또는 저당권 2. 반대급부 내용
액면금기호번호	10만원권 가1~가100					
부 속 이 표					보 관 은 행	은행 지점
최 종 상 환 기					비 고	

위와 같이 신청합니다.　　　　　　　　　　대리인 주소
　　　　　　　　　　　　　　　　　　　　　　전화번호
　　　공탁자 성명　　　　　(인)　　　　　성명　　　　　　　　인(서명)

위 공탁을 수리합니다.
공탁유가증권을　년 월 일까지 ○○은행 공탁관의 계좌에 납입하시기 바랍니다.
동일까지 납입하지 않을 때는 이 공탁의 수리는 효력을 상실됩니다.
　　　　　　　　　　　　　　년　　　월　　　일
　　　　　　　　　　　법원　　　　지원 공탁관　　　　　　　(인)

(영수증) 위 공탁유가증권이 납입되었음을 증명합니다.
　　　　　　　　　　　　　　년　　　월　　　일
　　　　　　　　　　공탁금 보관은행(공탁관)　　　　　　　(인)

※ 1. 도장을 날인하거나 서명을 하되, 대리인이 공탁할 때에는 대리인의 주소, 성명을 기재하고 도장을
　　 날인(서명)하여야 한다.

Ⅵ. 징발법에 의한 공탁

1. 징발의 개념

징발이란 전시사변 또는 이에 준하는 비상사태하에서 군작전수행을 위하여 필요로 하는 토지, 물자와 시설 또는 권리에 대하여 보상을 지급하고 개인에게 일정한 물적 군사부담을 과하는 것을 말한다.

2. 보상금의 지급

징발재산에 대한 보상금은 현금으로 지급하되 국가의 재정형변상 부득이한 경우에는 국무회의의 심의를 거쳐 징발보상증권(이하 "증권"이라 한다)으로 지급할 수 있다. 다만, 보상금액 또는 그 단수가 증권의 액면가액 미만인 경우에는 현금으로 지급한다(징발법 제22조의2 1항).

3. 징발보상금의 공탁

징발대상자(징발목적물의 소유자, 점유자 또는 관리자)가 현금 또는 증권의 수령을 거부하거나 징발보상금지급통지서를 국방부장관 또는 한국은행에 제출하지 아니함으로 인하여 징발대상자에게 현금 또는 증권을 지급 또는 교부할 수 없을 때에는 해당 현금 또는 증권을 공탁관에게 공탁하여야 한다. 이 경우 현금보상인 때에는 국방부장관이, 증권보상인 때에는 한국은행이 공탁한다(징발법 제22조의4 1항).

유가증권 공탁서(변제 등)

(징발보상증권의 공탁·수령거절)

공 탁 번 호		년증 제 호	년 월 일 신청	법령조항	징발법 제22조의 4

공탁자	성 명 (상호 명칭)	한국은행총재 ○○○	피공탁자	성 명 (상호 명칭)	박 ○ ○
	주민등록번호 (법인등록번호)			주민등록번호 (법인등록번호)	
	주 소 (본점,주사무소)			주 소 (본점,주사무소)	
	전화번호			전화번호	

공 탁 유 가 증 권					공탁원인사실	공탁자는 국방부장관이 군작전수행을 위하여 징발한 피공탁자 소유 강원도 원주시 ○○동 ○번지 임야 000㎡에 대하여 국방부장관이 결정한 보상금 3천만원(징발보상증권 권면액 1천만원 및 현금 2천만원)을 지급코자 통지하였으나 현금 2천만원은 수령하고 위 증권의 수령은 거부하므로 공탁함.
명 칭	○○년○차발행분 징발보상증권증서			계		
장 수	100매			100매		1. 공탁으로 인하여 소멸하는 질권, 전세권 또는 저당권
총 액 면 금	한글 일천만원 숫자 10,000,000원			10,000,000원		
액면금기호번호	일십만원권 가1~가100					2. 반대급부 내용
부 속 이 표						보 관 은 행
최 종 상 환 기						비 고

위와 같이 신청합니다.　　　　　　　　대리인　주소
　　　　　　　　　　　　　　　　　　　　　전화번호
　　공탁자 성명　　　　인(서명)　　　　성명　　　　　　인(서명)

위 공탁을 수리합니다.
공탁유가증권을　년　월　일까지 ○○은행 공탁관의 계좌에 납입하시기 바랍니다.
동일까지 납입하지 않을 때는 이 공탁의 수리는 효력을 상실됩니다.
　　　　　　　　　　　　　년　　　월　　　일
　　　　　　　　　　　법원　　　지원 공탁관　　　　　　　(인)

(영수증) 위 공탁유가증권이 납입되었음을 증명합니다.
　　　　　　　　　　　　　년　　　월　　　일
　　　　　　　　　　공탁금 보관은행(공탁관)　　　　　　(인)

※ 1. 도장을 날인하거나 서명을 하되, 대리인이 공탁할 때에는 대리인의 주소, 성명을 기재하고 도장을 날인(서명)하여야 한다.

Ⅶ. 지방세법에 의한 공탁

이 지방세기본법 또는 지방세관계법과 그 법의 위임에 따라 제정된 조례에 의하여 채권자, 납세자, 그 밖의 자에게 교부할 금전은 「지방회계법」 제38조에 따라 지정된 금고에 예탁할 수 있다(지방세기본법 제72조 제1항).

세무공무원은 제1항에 따라 예탁하였을 때에는 그 채권자, 납세자, 그 밖의 자에게 알려야 한다(지방세기본법 제72조 제2항).

지방세기본법 제72조 제1항에 따른 금전의 공탁은 별지 제35호서식에 따른다.

법 제72조 제2항에 따른 금전 공탁의 통지는 별지 제36호서식에 따른다(지방세기본법시행규칙 제28조 제1~2항).

금전 공탁서(지방세 과오납금의 공탁)

공 탁 번 호		년 금 제 호	년 월 일 신 청		법령 조항	지방세기본법시행 규칙 제28조
공 탁 자	성 명 (상호, 명칭)	○○구청장 김○○	피 공 탁 자	성 명 (상호, 명칭)	박 ○ ○	
	주민등록번호 (법인등록번호)			주민등록번호 (법인등록번호)		
	주 소 (본점, 주사무소)			주 소 (본점, 주사무소)		
	전화번호			전화번호		
공 탁 금 액		한글 일십만원	보관은행		은행 지점	
		숫자 (100,000원)				
공 탁 원 인 사 실		공탁자는 피공탁자에게 ○○세로 2004.3.31. 금 300만원을 부과 징수한 바 동 징수금 중 100,000원이 과오 납부되었음을 발견하고 2004.4.10. 그 환부통지를 하고 수령을 촉구했으나 피공탁자가 다른 곳으로 전거하여 소재를 알 수 없어 이를 공탁함.				
비고(첨부서류등)		1. 최고서 2. 공탁통지서 3. 위임장				
1. 공탁으로 인하여 소멸하는 질권, 전세권 또는 저당권 2. 반대급부 내용		해당사항 없음				

위와 같이 신청합니다.   ○○운송(주)   대리인 주소

　　　　　　　　　　　　대표이사 ○○○   전화번호

　　　　공탁자 성명   인 (서명)   성명   인(서명)

위 공탁을 수리합니다.

공탁금을   년   월   일까지 위 보관은행 공탁관 계좌에 납입하시기 바랍니다.

위 납입기일까지 공탁금을 납입하지 않을 때는 이 공탁 수리결정의 효력이 상실됩니다.

　　　　　　　　　　　　　　　　년   월   일

　　　　　　　　　　　　법원   지원 공탁관   (인)

(영수증) 위 공탁금이 납입되었음을 증명합니다.

　　　　　　　　　　　　　　　　년   월   일

　　　　　　　　　　　　공탁금 보관은행(공탁관)   (인)

Ⅷ. 어음법에 의한 공탁

1. 어음채무자의 공탁

확정일출급, 발행일자 후 정기출급 또는 일람 후 정기출급의 환어음(또는 약속어음)의 소지인은 지급을 할 날 또는 이에 이은 2 거래일 내에 지급을 위한 제시를 하여야 한다(어음법 제38조 1항). 어음교환소에서의 환어음(또는 약속어음)의 제시는 지급을 위한 제시의 효력이 있다(어음법 제38조 2항). 어음법 제38조에 규정한 기간 내에 환어음의 지급을 위한 제시가 없는 때에는 각 어음채무자는 소지인의 비용과 위험부담으로 어음금액을 관할관서에 공탁할 수 있다(어음법 제42조).

주 : 지급에 관한 환어음에 대한 어음법 제42조의 규정은 약속어음의 성질에 반하지 아니하는 한도에서 이를 약속어음에 준용한다(어음법 제77조).

2. 피공탁자의 표시, 공탁금액

어음은 전전유통하므로, 그 최종소지인이 지급기일에 지급을 위한 제시를 하고 그 이행을 구할 것이므로 공탁자는 동 최종소지인을 알 수 없으므로 피공탁자를 불확지로 해도 무방하나 어음 최초의 소지인(발행시 발행자가 지급받을 자로 표시한 자)이 타에 양도 등을 하지 않고 그대로 소지하고 있는 가능성이 있으므로 그 발행당시의 최초 소지인의 주소, 성명을 기재하는 것이 좋다.

3. 반대급부내용

어음금의 지급은 제시 내지 상환채권이므로 반대급부조건을 예와 같이 기재하는 것이 이중부담을 면할 수 있으나 반대급부조건없이 공탁하여도 된다.

금전 공탁서(어음금액의 공탁)

공 탁 번 호		년 금 제 호	년 월 일 신청	법령조항	어음법 제42조
공 탁 자	성 명 (상호, 명칭)	김 ○ ○	피 공 탁 자	성 명 (상호, 명칭)	박 ○ ○
	주민등록번호 (법인등록번호)			주민등록번호 (법인등록번호)	
	주 소 (본점, 주사무소)			주 소 (본점, 주사무소)	
	전화번호			전화번호	
공 탁 금 액		한글 삼천만원	보관은행		은행 지점
		숫자 (30,000,000원)			
공 탁 원 인 사 실		공탁자는 2004.1.10. 액면 금 30,000,000원 지급지·지급장소·발행지 공히 서울시 ○○구 ○○동 ○번지, 지급기일 2004.4.3.로 된 어음을 피공탁자에게 발행하였으나 피공탁자가 그 지급기일 및 이에 이은 그 거래일내에 이의 지급을 위한 제시가 없어 동 금원을 공탁함.			
비고(첨부서류등)					
1. 공탁으로 인하여 소멸하는 질권, 전세권 또는 저당권 2. 반대급부 내용		② 위 약속어음의 반환			

위와 같이 신청합니다.   ○○운송 (주)   대리인 주소 　　　　　　　　　　대표이사 ○○○　　　　　　전화번호 　　　공탁자 성명　　　　　인 (서명)　　　성명　　　　　　　인(서명)
위 공탁을 수리합니다. 공탁금을   년   월   일까지 위 보관은행 공탁관 계좌에 납입하시기 바랍니다. 위 납입기일까지 공탁금을 납입하지 않을 때는 이 공탁 수리결정의 효력이 상실됩니다. 　　　　　　　　　　년　　　　월　　　　일 　　　　　　　　법원　　　　　　지원 공탁관　　　　　　　　(인)
(영수증) 위 공탁금이 납입되었음을 증명합니다. 　　　　　　　　　　년　　　　월　　　　일 　　　　　　　공탁금 보관은행(공탁관)　　　　　　　　　　(인)

Ⅸ. 사방사업법에 의한 공탁

1. 사방사업의 개념

 "사방사업"이라 함은 황폐지를 복구하거나 산지의 붕괴, 토석·나무 등의 유출 또는 모래의 날림 등을 방지 또는 예방하기 위하여 공작물을 설치하거나 식물을 파종·식재하는 사업 또는 이에 부수되는 경관의 조성이나 수원의 함양을 위한 사업을 말한다(사방사업법 제2조2호).

2. 손실보상

 시·도지사 또는 지방산림청장은 사방사업법 제9조 제1항 및 제3항의 규정에 의한 행위로 인하여 손실을 입은 자가 있는 경우에는 대통령령이 정하는 바에 따라 그 손실을 보상하여야 한다(사방사업법 제10조).

3. 손실보상금의 공탁

 시·도지사 또는 지방산림청장은 다음 각호의 1에 해당하는 경우에는 손실보상금을 공탁하여야 한다(사방사업법시행령 제9조).
 1. 보상을 받을 자가 손실보상금의 수령을 거부하거나 기피하는 때
 2. 손실보상을 받을 자의 주소 또는 거소가 불분명하거나 기타의 사유로 인하여 손실보상금을 지급할 수 없을 때

금전 공탁서(사방사업시행자의 손실보상금의 공탁)

공 탁 번 호		년 금 제 호	년 월 일 신청	법령조항	사방사업법시행령 제9조
공탁자	성 명 (상호, 명칭)	강원도지사 ○ ○ ○	피공탁자 성 명 (상호, 명칭)		박 ○ ○
	주민등록번호 (법인등록번호)		주민등록번호 (법인등록번호)		
	주 소 (본점, 주사무소)		주 소 (본점, 주사무소)		
	전화번호		전화번호		

공 탁 금 액	한글 일천만원	보관은행	은행 지점
	숫자 (10,000,000원)		

공 탁 원 인 사 실	공탁자는 사방사업시행을 위하여 그 사방지로 지정된 피공탁자 소유 강원도 철원군 동송원 상노리 산 30번지 소재 임야 2000평의 형상변경을 하기 위해 임목 700주를 벌채함으로 입힌 손실보상금으로 결정된 위의 금액을 제공하였으나 수령거부하므로 이를 공탁함.

비고(첨부서류등)	1. 주민등록표등본 2.공탁통지서 3. 위임장 □ 계좌납입신청

1. 공탁으로 인하여 소멸하는 질권, 전세권 또는 저당권 2. 반대급부 내용	

위와 같이 신청합니다.   대리인 주소
        강원도지사○○○   전화번호
   공탁자 성명   인 (서명)   성명   인(서명)

위 공탁을 수리합니다.

공탁금을   년   월   일까지 위 보관은행 공탁관 계좌에 납입하시기 바랍니다.

위 납입기일까지 공탁금을 납입하지 않을 때는 이 공탁 수리결정의 효력이 상실됩니다.

                  년   월   일

           법원   지원 공탁관   (인)

(영수증) 위 공탁금이 납입되었음을 증명합니다.

                  년   월   일

           공탁금 보관은행(공탁관)   (인)

X. 담보부사채신탁법에 의한 변제자금의 공탁

신탁업자(신탁업자라 함은 담보부사채에 관한 신탁업을 영위하는 자를 말한다)가 사채권자를 위하여 변제를 받은 금액은 지체없이 채권액에 따라 각 사채권자에게 지급하여야 한다(담보부사채신탁법 제77조 1항).

신탁업자가 전항의 금액을 자기를 위하여 소비하였을 경우에는 민법 제685조의 규정을 준용한다(동법 제77조 2항).

사채권자를 알 수 없을 때 또는 사채권자가 영수를 거부하거나 영수하기 불가능한 때에는 신탁업자는 그 사채권자를 위하여 전항의 금액을 공탁하여야 한다(동법 제77조 3항).

금전 공탁서(신탁업자의 변제금의 공탁)

공 탁 번 호		년 금 제 호	년 월 일 신청	법령 조항	담보부사채신탁법 제77조 3항
공 탁 자	성 명 (상호, 명칭)	○○신탁(주) 대표이사 ○○○	피 공 탁 자	성 명 (상호, 명칭)	김 ○ ○
	주민등록번호 (법인등록번호)			주민등록번호 (법인등록번호)	
	주 소 (본점, 주사무소)			주 소 (본점, 주사무소)	
	전화번호			전화번호	
공 탁 금 액		한글 일천오백만원 숫자 (15,000,000원)	보관은행		은행 지점
공 탁 원 인 사 실			공탁자는 담보부사채신탁업을 경영하는 자인 바, 2004.10.30. 위탁회사 ○○○주식회사로부터 사채권자를 위하여 변제받은 금 1억원을 채권액 비율로 각 사채권자에게 교부하였으나 그중 1인인 피공탁자가 수령을 거부하므로 그 지급을 위하여 공탁함.		
비고(첨부서류등)			1. 주민등록표등본 2.공탁통지서 3. 위임장 ▢ 계좌납입신청		
1. 공탁으로 인하여 소멸하는 질 권, 전세권 또는 저당권 2. 반대급부 내용					

위와 같이 신청합니다.   ○○신탁(주)   대리인   주소
                    대표이사○○○   전화번호
         공탁자 성명 인 (서명) 성명 인(서명)					

위 공탁을 수리합니다.
공탁금을   년   월   일까지 위 보관은행 공탁관 계좌에 납입하시기 바랍니다.
위 납입기일까지 공탁금을 납입하지 않을 때는 이 공탁 수리결정의 효력이 상실됩니다.
 	
                        년   월   일
                  법원 지원 공탁관 (인)					

(영수증) 위 공탁금이 납입되었음을 증명합니다.
                        년   월   일
                        공탁금 보관은행(공탁관) (인)					

XI. 저작권법에 의한 공탁

1. 저작물의 이용허락을 받을 수 없는 경우

누구든지 대통령령이 정하는 기준에 해당하는 상당한 노력을 기울였어도 공표된 저작물(외국인의 저작물을 제외한다)의 저작재산권자나 그의 거소를 알 수 없어 그 저작물의 이용허락을 받을 수 없는 경우에는 대통령령이 정하는 바에 따라 문화체육관광부장관의 승인을 얻은 후 문화체육관광부장관이 정하는 기준에 의한 보상금을 공탁하고 이를 이용할 수 있다(저작권법 제50조 1항).

2. 협의 불성립의 경우(방송업자)

공표된 저작물을 공익상 필요에 의하여 방송하고자 하는 방송사업자가 그 저작재산권자와 협의하였으나 협의가 성립되지 아니하는 경우에는 대통령령이 정하는 바에 따라 문화체육관광부장관의 승인을 얻은 후 문화체육관광부장관이 정하는 기준에 의한 보상금을 해당 저작재산권자에게 지급하거나 공탁하고 이를 방송할 수 있다(동법 제51조).

3. 협의 불성립의 경우(음반제작자)

판매용 음반이 우리나라에서 처음으로 판매되어 3년이 경과한 경우 그 음반에 녹음된 저작물을 녹음하여 다른 판매용 음반을 제작하고자 하는 자가 그 저작재산권자와 협의하였으나 협의가 성립되지 아니하는 때에는 대통령령이 정하는 바에 따라 문화체육관광부장관의 승인을 얻은 후 문화체육관광부장관이 정하는 기준에 의한 보상금을 해당 저작재산권자에게 지급하거나 공탁하고 다른 판매용 음반을 제작할 수 있다(동법 제52조).

4. 보상금의 공탁절차

(1) 보상금을 공탁할 수 있는 경우

저작권법 제50조부터 제52조까지의 규정에 따라 보상금을 공탁할 수 있는 경우는 다음 각 호와 같다(저장권법시행령 제23조 1항).

1. 저작재산권자나 그의 거소를 알 수 없는 경우
2. 저작재산권자가 보상금 수령을 거부하거나 수령할 수 없는 경우
3. 해당 저작재산권자의 권리를 목적으로 하는 질권이 설정되어 있는 경우(저작재산권자가 해당 질권을 가진 자의 승낙을 받은 경우는 제외한다)

(2) 관할공탁소

저작권법시행령 제23조 제1항에 따른 보상금의 공탁은 해당 저작재산권자의 주소가 대한민국 내에 있을 경우에는 해당 주소지의 관할 공탁소에, 그 밖의 경우에는 보상금을 공탁하는 자의 주소지의 관할 공탁소에 하여야 한다(동법시행령 제23조 2항).

(3) 공탁통지 및 공고

저작권법시행령 제23조 제1항 제2호 및 제3호에 따라 보상금을 공탁한 자는 그 사실을 공탁물을 수령할 자에게 알려야 한다.

위 절차에 따라 보상금을 공탁한 자는 그 사실을 문화관광부령으로 정하는 바에 따라 공고하여야 한다(동법시행령 제23조 3항·4항).

금전 공탁서(저작물보상금의 공탁)

공 탁 번 호		년 금 제 호	년 월 일 신청	법령 조항	저작권법제50조내지 제52조, 동령제23조
공 탁 자	성 명 (상호, 명칭)	박 ○ ○	피 공 탁 자	성 명 (상호, 명칭)	김 ○ ○
	주민등록번호 (법인등록번호)			주민등록번호 (법인등록번호)	
	주 소 (본점, 주사무소)			주 소 (본점, 주사무소)	거소불명
	전화번호			전화번호	
공 탁 금 액		한글 일천만원	보관은행		은행 지점
		숫자 (10,000,000원)			
공 탁 원 인 사 실		공탁자는 저작자 김○○으로 된 제호 「○○의 사랑」의 저작물을 발행하고자 문화부장관에게 그 승인절차를 밟고 있으나 저작권자의 거소불명으로 동 보상금을 지급할 수 없어 저작권심의조정위원회가 심의 결정한 보상금 1,000만원을 공탁함.			
비고(첨부서류등)		1.거소불명사유소명 2.공탁통지서 3. 위임장 □ 계좌납입신청			
1. 공탁으로 인하여 소멸하는 질권, 전세권 또는 저당권 2. 반대급부 내용					

위와 같이 신청합니다.   대리인 주소

　　　　　　　　　　　박 ○ ○   전화번호

　　　공탁자 성명　　　　인 (서명)　　　　　성명　　　　　　　　　　인(서명)

위 공탁을 수리합니다.

공탁금을　　년　　월　　일까지 위 보관은행 공탁관 계좌에 납입하시기 바랍니다.

위 납입기일까지 공탁금을 납입하지 않을 때는 이 공탁 수리결정의 효력이 상실됩니다.

　　　　　　　　　　　　　　　년　　　　월　　　　일

　　　　　　　　　　　　　　　법원　　　　　지원 공탁관　　　　　　　　(인)

(영수증) 위 공탁금이 납입되었음을 증명합니다.

　　　　　　　　　　　　　　　년　　　　월　　　　일

　　　　　　　　　　　　　　　공탁금 보관은행(공탁관)　　　　　　　(인)

XII. 관세법에 의한 공탁

1. 관세담보의 종류

관세법의 규정에 의하여 제공하는 담보의 종류는 다음과 같다(관세법 제24조 1항).
1. 금전
2. 국채 또는 지방채
3. 세관장이 인정하는 유가증권
4. 납세보증보험증권
5. 토지
6. 보험에 가입된 등기 또는 등록된 건물·공장재단·광업재단·선박·항공기 또는 건설기계
7. 세관장이 인정하는 보증인의 납세보증서

2. 납세의무자의 담보제공

납세의무자(관세의 납부를 보증한 자를 포함한다)는 관세법의 규정에 의하여 계속하여 담보를 제공하여야 하는 사유가 있는 때에는 관세청장이 정하는 바에 의하여 일정기간에 제공하여야 하는 담보를 포괄하여 미리 세관장에게 제공할 수 있다(관세법 제24조 4항).

3. 담보의 관세충당

세관장은 담보를 제공한 납세의무자가 그 납부기한내에 해당 관세를 납부하지 아니하는 때에는 재정경제부령이 정하는 바에 의하여 그 담보를 해당 관세에 충당할 수 있다. 이 경우 담보로 제공된 금전을 해당 관세에 충당하는 때에는 납부기한 경과후에 충당하더라도 관세법 제41조의 규정을 적용하지 아니한다(관세법 제25조 1항).

4. 세관장의 담보잔액의 공탁

　세관장은 관세법 제25조 제1항의 규정에 의하여 담보를 관세에 충당하고 잔액이 있는 때에는 이를 담보를 제공한 자에게 교부하여야 하며, 교부할 수 없는 때에는 이를 공탁할 수 있다(관세법 제25조 2항).

금전 공탁서(세관장의 관세 담보잔액의 공탁)

공 탁 번 호		년 금 제 호	년 월 일 신청	법령조항	관세법 제25조 2항
공 탁 자	성 명 (상호, 명칭)	○○세관장 ○○○	피 공 탁 자	성 명 (상호, 명칭)	박 ○ ○
	주민등록번호 (법인등록번호)			주민등록번호 (법인등록번호)	
	주 소 (본점, 주사무소)			주 소 (본점, 주사무소)	
	전화번호			전화번호	

공 탁 금 액	한글 일천오백만원	보관은행	은행 지점
	숫자 (15,000,000원)		

공 탁 원 인 사 실	공탁자는 수출입 무역업자인 서울 ○○구 ○○동 ○번지 ○○주식회사를 납세의무자로 하여 ○○수입물품에 관한 납세액으로 금 ○○○만원을 결정 납세 고지를 하였으나 소정기일내에 그 이행이 없어 동 회사가 담보로 제공한 ○○국채증권 10만원권 ○주 총액 금 ○○○만원 상당을 매각한 금원 중 매각비용 기타 제세 및 위 관세에 충당하고 잔금 ○○만원을 위 담보제공자에게 지급코자 하였으나 수령인의 부재로 교부할 수 없어 공탁함.

비고(첨부서류등)	1. 주민등록표등본 2. 공탁통지서 3. 위임장 □ 계좌납입신청

1. 공탁으로 인하여 소멸하는 질권, 전세권 또는 저당권 2. 반대급부 내용	

위와 같이 신청합니다.   ○○세관장   대리인 주소

　　　　　　　　　　　　　　　　○○○   전화번호

　　　　　공탁자 성명　　　　　　인 (서명)   성명   인(서명)

위 공탁을 수리합니다.

공탁금을   년   월   일까지 위 보관은행 공탁관 계좌에 납입하시기 바랍니다.

위 납입기일까지 공탁금을 납입하지 않을 때는 이 공탁 수리결정의 효력이 상실됩니다.

　　　　　　　　　　　　　　년   월   일

　　　　　　　　　　　법원   지원 공탁관   (인)

(영수증) 위 공탁금이 납입되었음을 증명합니다.

　　　　　　　　　　　　　　년   월   일

　　　　　　　　　　　공탁금 보관은행(공탁관)   (인)

XⅢ. 주택법에 의한 공탁

1. 매도청구대상의 대지 간주

주택법 제16조 제2항 제1호의 규정에 따라 사업계획승인을 받은 사업주체는 해당 주택건설대지 중 사용할 수 있는 권원을 확보하지 못한 대지의 소유자의 소재확인이 현저히 곤란한 경우에는 전국적으로 배포되는 2 이상의 일간신문에 2회 이상 공고하고, 그 공고한 날부터 30일 이상이 지난 때에는 주택법 제18조의2의 규정에 의한 매도청구대상의 대지로 본다(주택법 제18조의3 제1항).

2. 사업주체의 감정평가액의 공탁

사업주체는 주택법 제18조의3 제1항의 규정에 따른 매도청구대상 대지의 감정평가액에 해당하는 금액을 법원에 공탁하고 주택건설사업을 시행할 수 있다(주택법 제18조의3 제2항).

주택법 제18조의3 제2항의 규정에 따른 대지의 감정평가에 관하여는 시 · 도지사가 추천하는 「부동산 가격공시 및 감정평가에 관한 법률」에 따른 감정평가업자 2인 이상이 평가한 금액을 산술평균하여 산정한다(주택법 제18조의3 제3항).

XIV. 동산·채권 등의 담보에 관한 법률에 의한 공탁

1. 동산담보권자의 담보목적물의 매각대금의 공탁

　담보목적물의 매각대금 등이 압류되거나 가압류된 경우 또는 담보목적물의 매각대금 등에 관하여 권리를 주장하는 자가 있는 경우에 담보권자는 그 전부 또는 일부를 담보권설정자의 법인등기 또는 상호등기를 관할하는 법원에 공탁할 수 있다. 이 경우 담보권자는 공탁사실을 즉시 담보권자가 알고 있는 이해관계인과 담보목적물의 매각대금 등을 압류 또는 가압류하거나 그에 관하여 권리를 주장하는 자에게 통지하여야 한다.

　담보목적물의 매각대금 등에 대한 압류 또는 가압류가 있은 후에 법 제27조 제1항에 따라 담보목적물의 매각대금 등을 공탁한 경우에는 채무자 등의 공탁금출급청구권이 압류되거나 가압류된 것으로 본다.
　담보권자는 공탁금의 회수를 청구할 수 없다(동법 제27조 제1~3항).

2. 제3채무자의 변제금액의 공탁

　채권담보권의 목적이 된 채권이 피담보채권보다 먼저 변제기에 이른 경우에는 담보권자는 제3채무자에게 그 변제금액의 공탁을 청구할 수 있다. 이 경우 제3채무자가 변제금액을 공탁한 후에는 채권담보권은 그 공탁금에 존재한다(동법 제36조 제2항).

제6절 공탁사유신고

Ⅰ. 공탁사유신고

공탁사유신고라 함은 법령의 규정에 의하여 공탁을 한 집행기관(예 : 집행관), 채권자, 제3채무자(민사집행법 제222조 3항, 제236조 2항, 제248조 4항 등) 또는 공탁관(공탁규칙 제58조 1항) 등이 민사집행법 또는 공탁규칙 등의 규정에 따라 관할 집행법원에 공탁사실이나 공탁금의 출급, 회수청구권에 대한 압류의 경합 사실을 서면으로 알리는 것을 말한다. 이와 같은 공탁사유신고에 의하여 집행법원의 배당절차가 개시된다.

Ⅱ. 공탁사유신고를 하여야 하는 경우

민사집행법, 민사집행규칙, 공탁규칙 등의 규정에 의하여 공탁자가 공탁사유신고를 하여야하는 경우는 아래와 같으며, 공탁사유 신고서의 기재사항 및 첨부서면의 내용은 법령에 따른 공탁의 종류에 따라 상이하다(민사집행규칙 제157조, 제162조 제2항, 공탁문서양식 제5호 각 참조).

공탁자가 법령의 규정에 따른 공탁 후 공탁사유신고를 하여야하는 경우는 아래와 같다. 집행관이 배당금(민사집행법 제160조) 또는 매각대금(민사집행법 제222조, 민사집행규칙 제156조 제1항 제157조)을 공탁하는 경우, 채권자가 추심한 채권액을 법원에 신고 후 다른 압류, 가압류, 또는 배당요구가 있어 채권자가 추심금을 공탁하는 경우(민사집행법 제236조, 민사집행규칙 제162조 제2항), 제3채무자가 채무액을 공탁하는 경우(민사집행법 제248조, 민사 집행 규칙 제172조), 공탁관이 공탁금 출급, 회수청구권에 대한 압류의 경합(공탁규칙 제58조) 등으로 사유신고를 할 사정이 발생한 때 집행법원에 사유신고를 하는 경우 등이 있다.

1. 집행관의 매각대금 공탁과 사유신고

(1) 집행관의 유체동산 매각대금의 공탁과 공탁사유신고

집행관은 유체동산에 대한 강제집행절차에서 매각대금으로 배당에 참가한 모든 채권자를 만족하게 할 수 없고 매각허가된 날로부터2주 이내에 채권자 사이에 배당협의가 이루어지지 아니한 경우에는 매각대금을 공탁하여야 하며, 여러 채권자를 위하여 동시에 금전을 압류한 경우에 그 금전을 공탁하여야 한다(민사집행법 제222조 1항·2항).

집행관이 위와 같이 매각대금이나 압류한 금전을 공탁한 때에는 집행절차에 관한 서류를 붙여 그 사유를 법원에 신고하여야 한다(민사집행법 제222조 3항). 이와 같은 집행관의 공탁사유신고는 직무상의 의무로 보아야 한다. 다만, 배당협의기일까지 협의가 이루어지지 않았더라도 집행관이 매각대금을 집행법원에 공탁하기 전에 채권자 사이에 배당협의가 성립된 때에는 그 협의에 따라 배당을 실시하여야 한다. 집행관에 의한 배당이 실시되는 경우에는 민사집행법 제42조가 적용되므로 집행관은 그에 따른 영수증의 작성·교부 등의 조치를 하여야 한다.

민사집행규칙 제155조 제1항 또는 제3항의 규정에 따라 집행관이 채권액의 배당 등을 실시하는 경우 배당 등을 받을 채권자의 채권에 관하여 다음 각호 가운데 어느 하나의 사유가 있는 때에는 집행관은 그 배당 등의 액에 상당하는 금액을 공탁하고 그 사유를 법원에 신고하여야 한다(민사집행규칙 제156조 1항).
1. 채권에 정지조건 또는 불확정기한이 붙어 있는 때
2. 가압류채권자의 채권인 때
3. 민사집행법 제49조 제2호 또는 법 제272조에서 준용하는 법 제266조 제1항 제5호에 적은 문서가 제출되어 있는 때

집행관은 배당 등을 수령하기 위하여 출석하지 아니한 채권자 또는 채무자에 대한 배당 등의 액에 상당하는 금액을 공탁하여야 한다(민사집행규칙 제156조 2항).

(2) 사유신고의 방식(집행관의 매각대금공탁사유신고서의 기재사항)

민사집행법 제222조 제3항의 규정(집행관의 매각대금의 공탁)에 따른 사유신고는 다음 각호의 사항을 적은 서면으로 하여야 한다(민사집행규칙 제157조 1항).
1. 사건의 표시

2. 압류채권자와 채무자의 이름

  3. 매각대금 또는 압류금전의 액수

  4. 집행비용

  5. 배당협의가 이루어지지 아니한 취지와 그 사정의 요지

 민사집행규칙 제156조 제1항(집행관의 배당액의 공탁)의 규정에 따른 사유신고는 다음 각호의 사항을 적은 서면으로 하여야 한다(민사집행규칙 제157조 2항).

  1. 제1항 제1호 · 제2호에 적은 사항

  2. 공탁의 사유와 공탁금액

(3) 집행관의 공탁사유신고서의 첨부서면

 집행관의 매각대금의 공탁(민사집행법 제222조 1항 · 2항) 및 배당액의 공탁(민사집행규칙 제156조)에 따른 사유신고서(민사집행규칙 제157조 1항 · 2항)에는 공탁서와 사건기록을 붙여야 한다(민사집행규칙 제157조 3항).

2. 채권자의 추심금의 공탁 및 사유신고

 채권자는 추심한 채권액을 법원에 신고하여야 하며(민사집행법 제236조 1항), 그 신고 전에 다른 압류, 가압류 또는 배당요구가 있었을 때에는 채권자는 추심한 금액을 바로 공탁하고 그 사유를 집행법원(민사집행법 제3조, 제224조)에 신고하여야 한다(민사집행법 제236조 2항). 이 경우의 채권자의 공탁사유신고도 의무적 신고로 본다.

 추심명령을 얻은 채권자가 제3채무자로부터 압류한 채권을 추심하면 그 범위 내에서 압류된 채권은 소멸한다. 따라서 제3채무자는 채무자에 대하여도 채권자에 대한 변제로서 대항할 수 있고, 이는 채권압류나 가압류가 경합된 경우에도 공탁청구가 없는 이상 마찬가지이다.

(1) 추심채권자의 추심신고의무

 추심채권자가 채권을 추심한 때에는 추심한 채권액을 법원에 신고하여야 한다(민사집행법 제236조 1항). 추심신고는 사건의 표시, 채권자 · 채무자와 제3채무자의 표시, 제3채무자로부터 지급받은 금액과 날짜를 적은 서면으로 한다(민사집행규칙 제162조

1항). 신고서에는 인지를 붙일 필요가 없으며, 재판사무시스템의 문서건명부에 입력하고 집행기록에 가철한다(송민 91-1).

추심신고의무는 추심명령의 대상인 채권의 일부만이 추심된 경우에도 발생하며, 계속적 수입채권이 압류된 경우에는 매 추심시마다 신고를 하여야 한다.

(2) 추심채권자의 추심금액의 공탁 및 공탁사유신고 의무

채권자가 추심의 신고를 하기 전에 다른 압류, 가압류 또는 배당요구가 있었을 때에는 채권자는 추심한 금액을 바로 공탁하고 그 사유를 신고하여야 한다(민사집행법 제236조 2항).

(3) 추심채권자의 공탁사유신고서의 기재사항 및 첨부서면

사유신고는 사건과 당사자의 표시, 제3채무자로부터 지급받은 금액과 날짜와 공탁사유 및 공탁한 금액을 적은 서면에 공탁서를 붙여서 하여야 한다(민사집행규칙 제162조 2항). 배당요구가 있으면 법원은 그 사실을 채권자에게 통지하여야 하는데(민사집행규칙 제247조, 제291조), 이는 채권자에게 채권자의 경합이 있음을 알려주는 역할도 한다.

추심신고가 있는 경우에 그 전에 채권자가 경합되어 공탁하여야 하는 경우이면 집행법원은 적당한 방법으로 그 사실을 추심채권자에게 알려 주어 공탁 및 사유신고를 하도록 함이 상당하다. 채권자의 공탁사유신고서에는 인지를 붙일 필요가 없으며 이를 접수한 집행법원의 법원사무관 등은 사건번호를 붙이고 재판사무시스템에 전산입력하며 기록을 만든 다음 압류명령 등 사건기록과 끈으로 묶어 첨철한다(송민 91-1).

(4) 추심신고와 집행법원의 조치

추심의 신고가 있는 때에는 집행법원은, 집행채권 전액이 변제된 경우에는 집행력이 있는 정본을 채무자에게 교부하고, 일부 변제가 된 경우에는 그 취지를 집행력 있는 정본 등에 적은 다음 채권자에게 돌려주는 등의 조치를 취해야 한다. 추심한 금액 가운데 변제되고 남은 나머지가 있으면 집행채권자로 하여금 채무자에게 반환하도록 지시하여야 하며, 채권자가 그 반환지시에 따르지 않을 때에는 채무자는 잉여금의 반환을 구하는 부당이득반환청구의 소를 제기하여야 한다.

(5) 추심채권자의 공탁과 배당절차의 개시

민사 집행법 제236조 제2항의 규정에 따라 추심채권자가 공탁하거나 제246조의 규정에 따라 제3채무자가 공탁한 때에는 집행법원은 배당절차를 개시하여야 한다(민사집행법 제252조 제2호).

배당절차를 거쳐 법원은 지급위탁서를 공탁관에게 송부하고 지급을 받을 자에게는 그 자격에 관한 증명서를 교부하여 공탁금이 배당채권자에게 지급되게 한다.

판례

[1] 압류 등의 경합이 있는 경우, 추심명령을 얻은 추심채권자의 채권행사의 내용 :
추심명령을 얻은 추심채권자는 집행법원의 수권에 기하여 일종의 추심기관으로서 채무자를 대신하여 추심의 목적에 맞도록 채권을 행사하여야 하고, 특히 압류 등의 경합이 있는 경우에는 압류 또는 배당에 참가한 모든 채권자를 위하여 제3채무자로부터 채권을 추심하여야 한다.

[2] 구 민사소송법 제569조 제2항에 의하여 공탁 및 사유신고의 의무를 부담하는 추심채권자가 추심을 마쳤음에도 지체 없이 공탁 및 사유신고를 하지 않은 경우, 추심금 이외에 지연손해금도 추가 공탁하여야 하는지 여부(적극) :
추심채권자는 피압류채권의 행사에 제약을 받게 되는 채무자를 위하여 선량한 관리자의 주의의무를 가지고 채권을 행사하고, 나아가 제3채무자로부터 추심금을 지급받으면 지체 없이 공탁 및 사유신고를 함으로써 압류 또는 배당에 참가한 모든 채권자들이 배당절차에 의한 채권의 만족을 얻도록 하여야 할 의무를 부담한다 할 것인바, 이는 구 민사소송법(2002.1.26. 법률 제6626호로 전문 개정되기 전의 것) 제569조 제2항이 채권을 추심한 추심채권자가 그 사유를 법원에 신고하기 전에 다른 압류, 가압류 또는 배당요구가 있는 때에는 추심한 금액을 '지체 없이' 공탁하고 그 사유를 신고하여야 한다고 규정하고 있는 점에 비추어 당연하다고 할 것이므로, 만일 추심채권자가 추심을 마쳤음에도 지체 없이 공탁 및 사유신고를 하지 아니한 경우에는 그로 인한 손해배상으로서, 제3채무자로부터 추심금을 지급받은 후 공탁 및 사유신고에 필요한 상당한 기간을 경과한 때부터 실제 추심금을 공탁할 때까지의 기간 동안 금전채무의 이행을 지체한 경우에 관한 법정지연손해금 상당의 금원도 공탁하여야 할 의무가 있다(대판 2005.7.28. 2004다8753. 공탁이행).

3. 제3채무자, 압류채권자, 가압류채권자, 배당에 참가한 채권자, 채무자, 이해관계인의 공탁신고

제3채무자가 채무액을 공탁한 때에는 그 사유를 법원에 신고하여야 한다. 다만, 상당한 기간 이내에 제3채무자의 공탁신고가 없는 때에는 압류채권자, 가압류채권자, 배당에 참가한 채권자, 채무자, 그 밖에 이해관계인이 그 사유를 법원에 신고할 수 있다(민사집행법 제248조 제4항).

(1) 제3채무자의 공탁사유 신고

제3채무자가 채무액을 공탁(권리공탁 및 의무공탁, 압류채권자등의 청구에 의한 공탁)한 때에는 그 사유를 법원에 신고하여야 한다(민사집행법 제248조 제4항 전단).
압류채권자가 한 사람인 경우 제3채무자는 권리로서 공탁하는 것이므로 실질적으로는 변제공탁의 성질을 가지는 것으로 해석되고, 따라서 공탁에 의하여 집행채무자와 관계에서 채무의 변제로서 효과가 생기고 또한 그 효과를 압류채권자 등에게 대항할 수 있다. 즉 공탁으로 인하여 채무를 면한다. 그러나 위 공탁은 형식적으로는 집행절차상의 집행공탁이므로 배당재단을 형성하고, 압류금액에 상당하는 부분에 대하여는 제3채무자가 채무액을 공탁한 때에는 그 사유를 법원에 신고하여야 한다(민집 248조 4항).

🔍 판례

제3채무자의 집행공탁 전에 동일한 피압류채권에 대하여 다른 채권자의 신청에 따라 압류·가압류명령이 발령되었으나 집행공탁 후에 제3채무자에게 송달된 경우, 압류·가압류의 효력이 생기는지 여부(소극) / 다른 채권자의 신청으로 발령된 압류·가압류명령이 제3채무자의 집행공탁 및 공탁사유신고 후에 제3채무자에게 송달되었음에도 배당요구의 효력이 인정되는 경우 :
제3채무자가 압류나 가압류를 이유로 민사집행법 제248조 제1항이나 민사집행법 제291조, 제248조 제1항에 따라 집행공탁을 하면 그 제3채무자에 대한 피압류채권은 소멸한다. 채권에 대한 압류·가압류명령은 그 명령이 제3채무자에게 송달됨으로써 효력이 생기므로(민사집행법 제227조 제3항, 제291조), 제3채무자의 집행공탁 전에 동일한 피압류채권에 대하여 다른 채권자의 신청에 의하여 압류·가압류명령이 발령되었더라도, 제3채무자의 집행공탁 후에야 그에게 송달되었다면 그 압류·가압류명령은 집행공탁으로 인하여 이미 소멸한 피압류채권에 대한 것이어서 효력이 생기지 아니한다. 다만 다른 채권자의 신청에 의하여 발령된 압류·가압류명령이 제3채무자의 집행공탁 후에야 제3채무자에게 송달되었더라도 공탁사유신고서에 이에 관한 내용까지 기재되는 등으로 집행법원이 배당요구의 종기인 공탁사유신고 시까지 이와 같은 사실을 알 수 있었고, 또한 그 채권자가 법률에 의하여 우선변제청구권이 있거나 집행력 있는 정본을 가진 채권자인 경우라면 배당요구의 효력은 인정된다. 이러한 법리는 다른 채권자의 신청에 의하여 발령된 압류·가압류명령이 제3채무자의 공탁사유신고 이후에 제3채무자에게 송달되었다고 하더라도 마찬가지이다(2021.12.16. 2018다226428).

(2) 압류채권자·가압류채권자 등의 공탁 사유신고(제3채무자가 공탁사유 신고를 하지 않은 경우)

상당한 기간 이내에 제3채무자의 공탁사유신고가 없는 때에는 압류채권자, 가압류채권자, 배당에 참가한 채권자, 채무자, 그 밖의 이해관계인이 그 사유를 법원에 신고할 수 있다(민사집행법 제248조 제4항 후단).

제3채무자가 공탁을 하였더라도 사유신고를 하지 아니하는 한 배당요구의 종기(終期)가 도래하지 아니하여 배당절차가 사실상 진행되지 못하는 등 절차의 신속한 진행에 지장이 있으므로 다른 이해관계인에게 사유신고권을 인정한 것이다. 이 경우에는 공탁서를 제출할 필요가 없다(민집규 172조 2항 단서). 사유신고는 배당절차가 개시된 뒤에도 보완할 수 있다.

(3) 제3채무자, 압류채권자 등의 공탁신고의 방식

(가) 제3채무자의 공탁사유 신고서의 기재사항

민사집행법 제248조 제4항의 규정에 따른 제3채무자의 공탁사유 신고는 다음 각 호의 사항을 적은 서면으로 하여야 한다(민사집행규칙 제172조 제1항).

1. 사건의 표시
2. 채권자·채무자 및 제3채무자의 이름
3. 공탁사유와 공탁한 금액

(나) 제3채무자등의 공탁사유 신고서의 첨부서류

공탁신고 서면에는 공탁서를 붙여야 한다. 다만, 법 제 248조 제4항 단서에 규정된 사람(압류채권자, 가압류채권자, 배당에 참가한 채권자, 채무자. 이해관계인)이 신고하는 때에는 공탁사유 신고서에 공탁서를 첨부할 필요가 없다(민사집행규칙 제172조 제2항).

(4) 공탁사유신고를 할 법원

압류된 채권에 관하여 다시 압류명령 또는 가압류명령이 송달된 경우에 민사집행규칙 제172조 제1항의 신고는 먼저 송달된 압류명령을 발령한 법원에 하여야 한다(민사집행규칙 제172조 제3항).

다만 가압류와 본압류가 경합한 경우에는 본압류를 발령한 법원에서 사유신고를 하여야 한다. 따라서 뒤에 송달된 압류명령을 발령한 법원에 사유신고가 제출된 경우에는 먼저 송달된 압류명령을 발령한 법원에 배당사건을 이송함이 상당하다. 공탁신고 뒤에는 압류채권자는 압류명령신청을 취하할 수 없고, 취하하더라도 자신의 배당금수령권을 포기하는 효과가 있을 뿐, 배당절차의 진행에는 영향이 없다(민사집행 Ⅲ권. 364면).

(5) 공탁사유신고의 각하 결정(배당가입차단효력의 여부 : 소극)

채무액을 공탁한 제3채무자가 구 민사소송법(2002.1.26. 법률 제6626호로 전문 개정되기 전의 것) 제581조 제3항에 따라 그 사유를 법원에 신고하면 배당절차가 개시되는 것이 원칙이지만 법원이 사유신고서를 접수한 결과 배당절차에 의할 것이 아니라고 판단될 경우 그 신고서를 각하하는 결정을 할 수 있고, 이 경우에는 배당절차가 개시되는 것이 아니므로 그 사유신고에는 새로운 권리자의 배당가입을 차단하는 같은 법 제580조 제1항 제1호 소정의 효력이 없다(대판 2005.5.13. 2005다1766 배당이의).

(6) 공탁사유신고 불수리결정

공탁자가 공탁 원인(공탁규칙 제20조 제2항 3호)이 없음에도 불구하고 착오로 집행공탁(공탁자가 착오로 공탁을 한 경우에는 그 사실을 증명하여 공탁물을 회수할 수 있다. 공탁법 제9조 제2항 2호)을 한 후 이를 이유로 하여 공탁사유신고를 철회한 경우에는 집행법원이 공탁사유신고 불수리결정을 할 수 있고 공탁자가 공탁관에게 불수리결정을 제출하여 공탁금을 회수할 수 있다.

집행법원이 집행공탁금의 배당을 실시하기 전에 공탁자가 집행공탁의 원인이 없음에도 착오로 집행공탁을 한 것임을 이유로 공탁사유신고를 철회한 경우, 그 집행공탁이 원인이 없는 것으로서 무효임이 명백하다면, 집행법원으로서는 공탁사유신고를 불수리하는 결정을 할 수 있고, 공탁자는 공탁공무원에게 집행법원의 위 결정을 제출하여 공탁법 제8조 제2항 제2호에 따라 공탁금을 회수할 수 있다(대법원 1999.1.8, 98마363, 결정).

공탁사유신고 불수리결정이 있는 경우에는 공탁사유신고로 인하여 권리자의 배당가입을 차단하는 배당가입 차단효과가 발생하지 않는다(대판 2005.5.13, 2005다1766).

4. 공탁관의 공탁사유신고

(1) 사유신고의 요건
공탁금의 출급 또는 회수청구권에 대한 압류의 경합 등으로 사유신고를 할 사정이 발생한 때에는 공탁관은 지체없이 사유신고서 2통을 작성하여 그 1통을 관할집행법원에 송부하고 다른1통은 해당 공탁기록에 합철한다(공탁규칙 제58조 1항). 제1항에 따라 사유신고를 한 때에는 공탁관은 원장에 사유신고한 뜻과 연월일을 등록하여야 한다(동조 제2항).

(가) 일반적인 경우
공탁관의 사유신고는 공탁금지급청구권에 대하여 채권자 경합이 생기고 ① 압류명령을 송달받은 후 다른 채권자의 배당요구통지를 받은 때, ② 압류(또는 가압류) 명령을 송달받은 후 다른 채권자의 전부(추심)명령을 송달받은 때, ③ 압류명령을 송달받은 후 다른 채권자의 압류명령 또는 가압류명령을 송달받은 때 등 집행채권의 총액이 피압류채권(공탁금지급청구권)총액을 초과하여 재판상 배당을 필요로 하는 경우 공탁관은 사유신고를 하여야 한다.

다만 동일한 채권자가 서로 다른 채권에 기초하여 압류를 한 후 다시 압류(또는 가압류)를 한 경우에도 채권자 경합이 있는 것으로 본다(행정예규 제950호, 2013.3.13).

(나) 특별한 경우

(1) 금전채권에 대한 가압류를 원인으로 제3채무자가 「민사집행법」 제291조 및 제248조 제1항 에 의하여 공탁한 후에, 피공탁자(가압류채무자)의 공탁금출급청구권에 대한 압류가 이루어져 압류의 경합이 성립하거나, 공탁사유인 가압류를 본압류로 이전하는 압류명령이 있는 경우에는 공탁관은 사유신고를 하여야 한다.

(2) 공탁금지급청구권에 대하여 복수의 압류명령 등이 있더라도 각 압류의 법률적 성질상 압류액의 총액이 피압류채권액을 초과하지 아니하여 본래의 의미에서의 압류의 경합으로 볼 수 없는 경우에도, 공탁관의 입장에서 보아 그 우선순위에 대하여 문제가 있는 등 압류의 경합이 있는지 여부에 대한 판단이 곤란하다고 보이는 객관적 사정이 있는 경우에는 공탁관은 사유신고를 할 수 있다.

공탁금지급청구권에 대한 압류경합 등으로 사유신고 할 사정이 발생할 경우에는 일반 제3채무자와는 달리 공탁관은 공탁을 지속하면서 그 사실을 집행법원에 반드시 신고하여야 하고, 추심채권자 등의 공탁금 지급청구를 수리하여서는 안 된다(대판 2002.8.27. 2001다73017).

(3) 재판상 담보공탁의 경우 공탁자의 채권자 등이 공탁자의 공탁금 회수청구권에 대하여 일반 강제집행절차에 따라 한 압류가 경합된 경우, 공탁원인의 소멸을 증명하는 서면(담보취소결정정본 및 확정증명서)이 제출되면 먼저 송달된 압류명령의 집행법원에 사유신고하여야 하며, 출급청구권에 대하여 압류가 경합된 경우 담보권 실행요건을 갖춘 때(즉 출급청구권 입증서면이 제출되거나 질권실행을 위한 압류 및 현금화 명령이 효력을 발생한 경우)에 먼저 송달된 압류명령의 집행법원에 사유신고하여야 한다(행정예규 517호),

(2) 공탁관의 공탁사유신고의 법적 성격(직무상의 의무)

공탁규칙 제58조의 제1항의 규정은 공탁관이 사유신고를 하는 경우의 세부절차만을 규정한 것이 아니라 공탁금의 출급·회수청구권에 대한 압류 등의 경합 등의 사정이 있는 경우 공탁관으로서는 반드시 집행법원에 그 사유를 신고하여야 한다는 직무상의 의무를 정한 규정이라고 할 것이다(대판 2002. 8.27. 2001다73107).

판례

[1] 공탁사무처리규칙 제52조 제1항은 공탁금의 출급·회수청구권에 대한 압류 등의 경합 등의 사정이 있는 경우 공탁공무원에게 반드시 집행법원에 그 사유를 신고하여야 하는 직무상 의무를 규정한 것인지 여부(적극):

> 공탁사무처리규칙 제52조 제1항은 "공탁금의 출급·회수청구권에 대한 압류 등의 경합 등으로 사유신고를 할 사정이 발생한 때에는 공탁공무원은 지체 없이 사유신고서 2통을 작성하여 그 1통을 관할 집행법원에 송부하고 다른 1통은 당해 공탁기록에 합철한다."고 규정하고 있는바, 이 규정은 공탁공무원이 사유신고를 할 경우의 세부절차만을 정한 규정이 아니라 공탁금의 출급·회수청구권에 대한 압류 등의 경합 등의 사정이 있는 경우 공탁공무원으로서는 반드시 집행법원에 그 사유를 신고하여야 한다는 직무상의 의무를 정한 규정이라고 할 것이다(대판 2002.8.27. 2001다73107).

[2] 공탁공무원이 대법원 송무예규인 '가압류해방공탁금의 회수청구권에 대한 압류명령이 있는 경우의 사유신고시기 등'과 달리 공탁사무를 처리한 경우의 공탁공무원의 과실 유무(적극)

> 대법원예규 송민 84-6 '가압류해방공탁금의 회수청구권에 대한 압류명령이 있는 경우의 사유신고시기 등'(1984.5.23. 송무심의 제35호)은 "가압류해방금의 공탁금회수청구권에 관하여 압류명령이 송달된 때에는 공탁공무원은 지체 없이 집행법원에 그 사유를 신고하여야 한다."라고 규정하고 있는바, 이 예규는 대법원이 공탁제도의 취지에 비추어 공탁규칙 제52조(현행 제58조) 제1항과 구 민사소송법(2002.1.26. 법률 제6626호로 전문 개정 전) 제581조의 해석에 관한 견해를 밝힘으로써 그 해석을 둘러싸고 야기될 수 있는 실무상의 혼란을 제거하기 위한 것이므로 위 예규가 위와 같은 해석을 분명히 한 이상 공탁규칙 제52조(현행 제58조) 제1항 또는 구 민사소송법(2002.1.26. 법률 제6626호로 전문개정 전) 제581조의 해석을 둘러싸고 다른 해석이 가능하다는 사정을 들어 위 예규와 달리 공탁사무를 처리한 데에 공탁공무원에게 과실이 없었다고 할 수 없다(대판 2002.8.27. 2001다73107).

[3] 해방공탁금의 회수청구권에 대한 압류·추심명령이 경합한 경우, 공탁공무원은 공탁을 유지한 채 집행법원에 사유신고를 한 후 집행법원의 배당절차에 따라 공탁금을 각 채권자들에게 분할지급하거나, 사유신고를 하지 아니한 채 공탁금 출급을 신청한 압류·추심 채권자 1인에게 공탁금을 지급할 수 있으므로, 공탁공무원이 집행법원에 그 사유를 신고하지 아니 하고 채권자 중 1인으로서 공탁금출급청구를 한 채권자에게 공탁금 전액을 지급한 것이 적법한 사무처리였다고 판단한 원심판결에는 공탁공무원의 사무처리에 관한 법리를 오해한 위법이 있다고 한 사례(대판 2002.8.27. 2001다73107).

(3) 사유신고요건에 해당하지 않는 경우

다음과 같은 경우는 비록 복수의 압류가 있고 집행채권의 총액이 피압류채권(공탁지급청구권)총액을 초과하더라도 사유신고의 대상이 아니다(행정예규 제950호.1.다).

① 복수의 가압류만 있는 경우, ② 가압류와 체납처분에 의한 압류가 있는 경우(그 선후를 불문한다), ③ 체납처분에 의한 압류가 선행하고, 강제집행에 의한 압류가 후행한 경우(다만, 강제집해엥 의한 압류가 선행하고, 체납처분에 의한 압류나 참가압류 또는 교부청구가 후행한 경우에는 압류의 경합에 준하여 처리한다), ④ 공탁금지급청구권이 제3자에게 양도되어 대항요건을 갖춘 후에 압류, 가압류 등이 경합한 경우, ⑤ 선행의 압류(또는 가압류) 후에 목적채권인 공탁금지급청구권이 제3자에 양도되어 대항요건을 갖춘 후 압류, 가압류 등이 경합한 경우, ⑥ 금전공탁이 아닌 유가증권 또는 물품공탁의 지급청구권에 대하여 압류가 경합된 경우(공탁실무편람 : 482면3).

(4) 공탁관의 사유신고의 시기

공탁금 출급·회수청구권에 대한 압류의 경합 등으로 사유신고를 할 사정이 발생한 때에는 공탁관은 지체 없이 사유신고서 2통을 작성하여 그 1통을 집행법원에 보내고 다른 1통은 해당 공탁기록에 편철한다(규칙 제58조 제1항).

제1항에 따라 사유신고를 한 때에는 공탁관은 원장에 사유신고한 뜻과 연월일을 등록하여야 한다(동조 제2항).

가) 원칙

공탁지급청구권에 대한 압류의 경합 등으로 사유신고를 할 사정이 발생한 때(예컨대, 최후에 압류명령 등이 송달된 날)에는 공탁관은 그 익일부터 3일 이내에 집행법원에 사유신고를 하여야 한다(행정예규 제950호. 2.가).

나) 예외

다음의 경우에는 그 지급요건이 충족된 때에 사유신고를 하여야 한다.

① 재판상 담보공탁금의 회수청구권에 압류의 경합이 있는 경우

공탁원인의 소멸을 증명하는 서면(법원의 담보취소결정정본 및 확정증명서)이 제출된 때.

② 재판상 담보공탁금의 출급청구권에 압류의 경합이 있는 경우

담보권실행요건을 갖춘 때(출급청구원 입증서면이 제출되거나 질권실행을 위한 압류 및 현금화명령이 효력을 발생한 때).

③ 상대적 불확지공탁에 있어서 피공탁자 중 일방 공탁금출급청구권에 대하여 압류의 경합이 있는 경우

해당 피공탁자에게 공탁금출급청구권이 있음을 증명하는 서면이 제출된 때.

④ 다음 각 호의 사유가 있는 공탁금출급청구권에 대하여 압류의 경합이 있는 경우

㉮ 민사집행법 제160조 제1항 각 호

㉯ 민사집행법 제256조 에서 준용하는 같은 법 제160조 제1항 각 호

㉰ 민사집행법 제268조 에서 준용하는 같은 법 제160조 제1항 각 호

㉱ 민사집행규칙 제156조 제1항 각 호

집행법원으로부터 배당액에 대한 지급제한사유가 소멸되었다는 사실을 통지받은 때 (행정예규 제1094호. 2016.12.14). ※ 위 ④의 ㉮~㉱는 대법원행정예규 제1225호 (2020.5.27)로 전부삭제 되었다.

(5) 공탁관의 사유신고절차(사유신고서의 기재사항 및 첨부서면)

공탁관은 공탁금출급회수청구권에 대한 압류의 경합등으로 사유신고를 할 사정이 발생할 때에는 지체 없이 사유신고서 2통을 작성하여 그 1통을 관할 집행법원에 송부하고 다른 1통은 당해 공탁기록에 합철한다(공탁규칙 58조 1항). 공탁관은 사유신고서(별지 15양식)에 공탁서 사본과 경합된 압류, 가압류 또는 배당요구통지서 등의 사본을 첨부하여야 한다. 제3채무자가 국가이고 그 소관이 공탁관이기 때문에 재공탁을 하지 않고 공탁을 그대로 지속하면서 사유신고하기 때문에 일반의 제3채무자와는 달리 공탁서 원본을 첨부할 필요가 없다.

공탁관이 공탁규칙 제58조 제1항에 따라 사유신고를 한 때에는 공탁관은 원장에 사유신고한 뜻과 연월일을 등록하여야 한다(공탁규칙 제58조 제2항).

(6) 공탁관의 사유신고를 할 법원

경합된 압류명령이 서로 다른 법원에 의하여 발하여진 경우에는 공탁관은 먼저 송달된 압류명령을 발령한 법원에 사유신고를 하여야 한다(민사집행규칙 제172조 제3항). 가압류명령과 압류명령이 경합하는 경우에는 압류명령을 발령한 법원에 사유신

고를 하여야 한다(행정예규 952호).

(7) 공탁사유신고서에 첨부할 서면

공탁관은 사유신고서에 공탁서 사본과 경합된 압류, 가압류 또는 배당요구통지서 등의 사본을 첨부하여야 한다(행정예규 제950호, 4).

(8) 공탁관의 사유신고 이후의 절차(배당절차개시 및 배당가입차단효 발생)

배당절차는 사유신고가 있은 후에야 사실상 개시될 수 있고(단, 민사집행법 제252조 제2호에 의하면, 제3채무자의 공탁이 있을 때 배당절차가 개시된다고 규정됨), 사유신고에 의하여 배당요구의 종기가 확정된다.

(9) 사유신고 후에 가압류 등이 있는 경우

공탁금지급청구권에 대한 압류의 경합으로 공탁관이 집행법원에 사유신고를 한 이후에 다른 채권자로부터 압류나 가압류 등이 있더라도 추가로 사유신고를 할 필요는 없다. 다만, 사유신고 이후에는 배당요구의 종기가 되어 배당가입차단효가 생기므로 그 이후에는 배당에 참가할 수 없으나, 실무는 사유신고 이후에 압류명령 등이 송달되면 압류명령 사본을 집행법원에 송부하고 있다(공탁실무편람 : 487면 8).

(10) 공탁관이 배당금수령채권에 대한 압류명령서 등을 접수한 경우의 업무처리

(가) 공탁관의 압류명령서 등의 사본을 집행법원에 송부

공탁관이 「공탁규칙」 제58조 에 따른 공탁관의 공탁사유신고 또는 「민사집행법」제248조 에 의한 제3채무자의 집행공탁 및 공탁사유신고에 따라 개시된 집행법원의 배당절차에서 발생하는 배당금수령채권에 대한 압류명령서 등을 접수한 때에는 접수연월일, 시, 분을 기재하여 기명날인하고, 전산시스템에 압류명령서 등의 접수 연월일, 배당금수령채권이 압류된 사실 등을 입력한 후 압류명령서 등의 사본을 집행법원에 송부하여야 한다(행정예규 제951호, 제2조 1항).

공탁관이 「민사집행법」제160조 에 의하여 공탁한 배당금수령채권에 대하여 압류명령서 등을 접수한 경우에도 위 제1항과 같다(행정예규 제951호, 제2조 2항).

(나) 공탁관이 공탁사유신고 이후에 접수한 압류명령서 등의 처리(압류명령사본을 집행 법원에 송부)

공탁관이 공탁사유신고에 따른 배당요구종기가 도래된 이후에 공탁금출급·회수청 구권에 대한 압류명령서 등을 접수한 때에도 접수연월일, 시, 분을 기재하여 기명날 인하고, 전산시스템에 압류명령서 등의 접수연월일, 공탁금출급 또는 회수청구권이 압류된 사실 등을 입력한 후 압류명령서 등의 사본을 집행법원에 송부하여야 한다(행 정예규 제951호, 제3조).

5. 집행공탁의 공탁사유신고의 철회, 공탁사유신고의 불수리결정과 공탁금의 회수

집행법원이 집행공탁금의 배당을 실시하기 전제 공탁자가 집행공탁의 원인이 없음에 도 착오로 집행공탁을 한 것임을 이유로 공탁사유신고를 철회한 경우, 그 집행공탁이 원이 없는 것으로 무효임이 명백하다면 집행법원으로서는 공탁사유신고를 불수리하는 결정을 할 수 있고, 공탁자는 공탁관에 집행법원의 위 결정을 제출하여 공탁법 제9조 제2항 제2호에 따라 공탁금을 회수할 수 있다(대법원 1999.1.8. 98마363 결정).

사유신고서

		법원 지원		귀하
공 탁 번 호		**공 탁 금 액**	한글	
			숫자	
공 탁 자	성 명 (상호, 명칭)			
	주 소 (본점, 주사무소)			
	주민등록번호 (법인등록번호)			
피 공 탁 자	성 명 (상호, 명칭)			
	주 소 (본점, 주사무소)			
	주민등록번호 (사업자등록번호)			

위 공탁금의 회수(출급) 청구권에 대하여 아래와 같이 채권압류명령 등이 경합되었으므로 사유
신고 합니다.

- 아 래 -

1.

년   월   일

법원   지원 공탁관   (인)

※ 1. 아래란에는 가압류·압류 사건번호와 법원, 채권자 및 채무자의 성명과 주소, 청구금액 및
     압류명령서 등의 송달 연월일 등을 기재 합니다.
  2. 공탁당사자가 국가 또는 지방자치단체인 경우에는 법인등록번호란에 '사업자등록번호'를 기재하시기
     바랍니다.

제7절 공탁서의 정정

Ⅰ. 공탁서정정의 개념

공탁서 정정이란 공탁서에 공탁수리 전부터 존재하는 명백한 표현상의 착오가 있음을 공탁수리 후에 발견한 경우에 정정 전·후의 공탁의 동일성을 해하지 아니하는 범위 내에서 공탁자의 신청에 의하여 그 오류를 시정하는 것을 말한다(동탁규칙 제30조).

공탁서의 정정은 공탁신청이 수리된 후 공탁서의 착오 기재가 발견된 때에 공탁의 동일을 해하지 아니하는 범위 내에서만 허용되는 것이다.

1. 공탁의 동일성

(1) 공탁의 동일성

공탁서의 정정이란 공탁서에 공탁수리 전부터 존재하는 명백한 표현상의 오류가 있음을 공탁수리 후에 발견한 경우에 정정 전·후의 공탁의 동일성을 해하지 아니하는 한도 내에서 공탁자의 신청에 의하여 단순한 착오기재 등의 오류를 정정하는 것을 말하며, 공탁에 의하여 형성된 실체관계의 변경을 가져오는 경우에는 공탁의 동일성을 해하는 내용의 정정으로 이는 허용될 수 없다(대판 1995.12.12, 94다42693; 대법원 1996.10.2, 96마1369 결정 ; 공탁규칙 제30조 1항).

(2) 공탁의 동일성을 해치는 것으로 정정이 불가능한 경우

'갑 및 을' 2인으로 되어 있는 피공탁자 명의를 '갑'1인으로 정정하거나 또는 "갑"1인으로 되어 있는 피공탁자명의를 "갑 또는 을"로 정정하거나 공탁물수령자를 추가하는 경우 또는 기존의 확지공탁을 상대적 불확지공탁으로 정정하는 것은 단순한 착오기재의 정정에 그치지 아니하고 공탁에 의하여 형성된 실체관계의 변경을 가져오는 것으로서 공탁의 동일성을 해하는 내용의 정정이므로 허용될 수 없다(대판 1995.12.12, 94다42693 ; 대법원 1996.10.2, 96마1369 결정 ; 1998.9.22. 98다12812 ; 1982.4.17, 법정 제144호).

토지수용의 재결이 있은 후 보상금의 공탁 및 토지수용에 의한 등기를 경료한 토지에 대하여 해당 부동산에 관하여 토지수용보상금의 공탁 이전에 경료된 소유권이전등기말소의 예고등기를 발견한 경우라도, 피공탁자를 그 후에 불확지로 정정하는 것은 공탁의 동일성을 해치기 때문에 허용될 수 없다(1991.6.18, 법정 제987호).

(3) 공탁의 동일성을 해하지 아니한다고 본 사례

갑 → 을 → 병으로의 순차적인 소유권이전등기가 경료된 토지를 기업자가 수용하고 그 보상금을 피수용자인 병에게 지급하기 전에, 갑이 병의 토지수용보상금채권에 대한 처분금지가처분을 함과 동시에 "을" 및 "병"을 상대로 원인무효에 의한 소유권이전등기 말소청구소송을 제기하여 그에 따른 예고등기가 경료되었으나, 기업자는 위 채권처분금지가처분을 이유로 보상금을 공탁(피공탁자를 병으로 기재)하였으며 그 후 갑이 위 소송에서 승소하여 '을'과 '병' 명의의 소유권이전등기가 원인무효임이 확정된 경우에는, 기업자가 토지수용보상금채권에 대한 처분금지가처분이 있음을 이유로 토지수용보상금을 공탁하는 경우에는 보상금수령권한의 귀속에 관한 다툼이 있는, 즉 '기업자의 과실 없이 보상금을 받을 자를 알 수 없는 때'(토지수용법 제61조 제2항 2호)에 해당하여 피공탁자를 상대적 불확지로 하여 '갑 또는 병'으로 기재하여야 하는데, 공탁 당시 기업자가 착오로 '병'으로 기재하였고 공탁관도 이를 간과한 채 공탁수리한 것이 공탁서 기재 자체로 보아 명백한 것이라면, 비록 피공탁자가 '병'으로 기재되어 있다고 하더라도 위 공탁은 피공탁자를 '갑 또는 병'으로 하는 상대적 불확지공탁으로 해석하여야 하므로, 공탁자가 착오기재를 이유로 피공탁자를 '병'에서 '갑 또는 병'으로 정정하는 공탁서정정신청을 한다면, 그러한 공탁서정정은 공탁의 실체에 합치되는 것으로서 공탁관은 이를 공탁의 동일성을 해하지 않는 것으로 보아 수리하여야 할 것이며, '갑'은 그와 같은 공탁서정정이 있은 후 위 승소확정판결문을 첨부하여 공탁금출급청구를 할 수 있다(1992.5.4, 법정 제783호).

2. 채권자가 공탁금을 출급한 경우

무효의 공탁인 경우라도 채권자가 채권의 일부로서 수령한다는 등 별단의 유보의 의사를 하지 않고, 또한 반대급부의 내용을 수락하여 반대급부를 하고 공탁금을 출급한다면 채권전액에 대한 변제공탁의 효력이 인정된다.

Ⅱ. 공탁서정정의 요건

공탁서의 기재사항이 객관적 사실과 다른 착오기재라 하여 함부로 정정을 허용하는 것은 공탁상의 이해관계인에게 중대한 영향을 미치기 때문에 다음과 같은 요건을 갖추어야 한다(공탁규칙 제30조).

1. 명백한 표현상의 착오

공탁서에 명백한 표현상의 착오가 있어야 한다.

공탁자가 공탁서에 표현한 기재와 본래 표현하고자 하였던 공탁자의 의사와 합치되지 아니하는 표현상의 착오가 있어야 하며, 그 착오가 공탁서기재의 전취지로 보아 명백하여야 한다.

2. 공탁수리 전의 착오

공탁수리 전의 착오가 공탁수리 후에 발견된 것이어야 한다.

공탁서의 정정은 공탁서의 기재와 공탁자의 의사와의 불일치를 시정하고자 하는 것이므로 기재의 착오가 공탁수리 전에 존재하였던 것이어야 한다. 따라서 공탁수리 후의 사정변경으로 공탁서의 기재와 객관적인 사실이 일치하지 않게 된 경우(공탁후 피공탁자가 개명을 한 경우)에는 공탁서정정의 문제가 아니며, 그 때에는 공탁물지급청구시 청구인이 그 변경사실을 증명하는 서면을 첨부하면 된다. 그 오류는 공탁수리 후에 발견된 것이어야 한다. 공탁수리 전에 공탁자가 그 오류를 발견했으면 임의로 정정을 하면 되고, 여기서 말하는 공탁서정정의 문제는 생기지 않는다.

3. 공탁의 동일성

본래 공탁에 의하여 형성된 실체관계(공탁의 동일성)에 변동이 생기지 아니하는 범위 내의 정정이어야 한다(공탁규칙 제30조 1항).

공탁서 정정은 공탁의 동일성을 해하지 아니하는 범위 내에서 종전 공탁에 의하여 형성된 실체관계에 변경을 가져오지 않는 경우에 한하여 허용된다.

피공탁자의 성명을 정정함으로 인하여 피공탁자 자체가 변경되는 경우에는 피공탁자의 동일성이 유지되지 아니하므로, 그러한 정정은 허용되지 아니하나 그 성명을 오기한 것이 명백한 경우(피공탁자의 변경이 없는 경우)에는 정당한 성명으로 정정할 수 있다.

4. 정정금지사항

공탁서의 정정이 허용되는 것은 정정금지사항(예 : 공탁금액 · 공탁자 · 피공탁자의 정정)(공탁규칙 제12조 2항)이 아니어야 한다.

🔍**판례**

공탁서의 정정은 공탁신청이 수리된 후 공탁서의 착오기재가 발견된 때에 공탁의 동일성을 해하지 아니하는 범위 내에서만 허용되는 것인데, "갑 및 을"2인으로 되어 있는 피공탁자명의를 "갑"1인으로 정정하거나, "갑"1인으로 되어 있는 피공탁자 명의를 "갑 또는 을"로 정정하는 것은 단순한 착오기재의 정정에 그치지 아니하고 공탁에 의하여 형성된 실체관계의 변경을 가져오는 것으로서 공탁의 동일성을 해하는 내용의 정정이므로 허용될 수 없다(대판 1995.12.12, 94다42693 ; 대법원1996. 10.2, 96마1369 결정).

Ⅲ. 공탁서의 정정범위

공탁서의 정정은 공탁신청이 수리된 후 공탁서의 착오 기재가 발견된 때에 공탁의 동일성을 해하지 아니하는 범위 내에서만 허용되는 것이다.

선행의무있는 자가 반대급부를 조건으로 하여 변제공탁을 하였다 하더라도 그 후에 반대급부내용이 없는 것으로 정정하여 달라는 취지의 공탁서 정정신청을 하고 공탁관이 이를 인가하였다면 위의 변제공탁은 다른 유효요건을 갖추고 있는 한 그때부터 반대급부조건이 없는 변제공탁으로서의 효력을 갖게 된 것이라고 봄이 상당하다(대판 1971.6.30, 71다874).

1. 공탁의 요건에 관한 사항의 정정 불가

(1) 공탁자, 공탁금액, 공탁물수령자에 관한 사항(정정불가)

(가) 공탁의 요건에 관한 사항의 정정 가부(소극)

공탁이 수리된 후 공탁서에 기재한 사항에 착오가 있음을 발견한 경우라 할지라도 공탁자·공탁금액·공탁물수령자에 관한 사항은 공탁의 요건에 관한 것이므로 정정이 불가능하며, 이러한 경우에는 착오를 증명하는 서면을 첨부하여 공탁물을 회수한 다음 다시 공탁할 수밖에 없다(1971.10.21, 행정예규 제24호1항). 따라서 공탁서정정은 공탁의 동일성을 해하지 아니하는 범위 내에서 종전 공탁에 의하여 형성된 실체관계의 변경을 가져오지 않는 경우에 한하여 허용될 수 있는 것이다.

(나) 공탁수리 후 공탁물수령자를 추가하는 공탁서 정정이 가능한지 여부(소극)

공탁이 수리된 후 공탁물수령자에 대한 사항에 착오가 있음이 발견된 경우라고 할지라도 그것이 표현상의 착오임이 명백하고 또한 공탁의 동일성에 영향을 미치지 아니하는 범위 내에서만 공탁서의 정정이 가능할 뿐이므로 공탁물수령자를 추가하는 공탁서 정정은 공탁의 동일성을 해하는 것으로서 허용될 수 없다(대판 1998.9.22, 98다12812).

(다) 유가증권공탁 후 동일한 금액으로 유가증권과 현금으로 공탁물의 변경 가부(소극)

수용보상금을 유가증권으로 공탁한 후 동일한 금액으로 유가증권과 현금으로 공탁물을 변경하는 것은 유가증권 일부를 회수하고 회수한 부분만큼 새로운 공탁을 하는 것이므로 공탁의 동일성이 유지되지 않아 허용될 수 없다(2009.2.25. 사법등기심의관 -476 질의회답).

(라) '갑'으로 되어 있는 피공탁자 명의를 '갑 또는 을'로 하는 공탁서 정정의 가부(소극)

공탁서의 정정은 공탁신청이 수리된 후 공탁서의 착오 기재가 발견된 때에 공탁의 동일을 해하지 아니하는 범위 내에서만 허용되는 것인데, '갑' 1인으로 되어 있는 피공탁자 명의를 '갑 또는 을'로 정정하는 것은 단순한 착오 기재의 정정에 그치지 아니하고 공탁에 의하여 실체관계의 변경을 가져오는 것으로서 공탁의 동일성을 해하는 내용의 정정이므로 허용될 수 없다(대법원 1996.10.2, 96마1369 공1996하, 3379)

(마) 공탁이 수리된 후 공탁물수령자를 추가하는 공탁서 정정이 가능한지 여부(소극)

공탁이 수리된 후 공탁물수령자에 대한 사항에 착오가 있음이 발견된 경우라고 할지라도 그것이 표현상의 착오임이 명백하고 또한 공탁의 동일성에 영향을 미치지 아니하는 범위 내에서만 공탁서의 정정이 가능할 뿐이므로 공탁물수령자를 추가하는 공탁서 정정은 공탁의 동일성을 해하는 것으로서 허용될 수 없다(대판 1998.9.22, 98다12812 공1998하, 2552).

(바) 공탁서 정정의 허용 범위 및 '갑 및 을'로 되어 있는 피공탁자 명의를 '갑' 1인으로 하는 공탁서 정정의 허부

공탁서의 정정은 공탁신청이 수리된 후 공탁서의 착오 기재가 발견된 때에 공탁의 동일성을 해하지 아니하는 범위 내에서만 허용되는 것인데, '갑 및 을' 2인으로 되어 있는 피공탁자 명의를 '갑' 1인으로 정정하는 것은 단순한 착오 기재의 정정에 그치지 아니하고 공탁에 의하여 형성된 실체관계의 변경을 가져오는 것으로서 공탁의 동일성을 해하는 내용의 정정이므로 허용될 수 없다(대판 1995.12.12. 94다42693).

(2) 공탁원인, 적용법조, 주소 등의 정정

공탁성립 후 공탁서의 기재에 착오가 있음을 발견한 경우에는 그것이 표현상의 착오임이 명백하고 또한 공탁의 동일성에 영향을 미치지 아니하는 범위 내에서는 그 정정이 가능한 것이므로, 공탁원인사실란에 기재되어 있는 적용법조(규칙 제20조 2항 4호)의 정정신청이나 반대급부의 내용(규칙 제20조 2항 7호)을 삭제하는 정정신청을 할 수 있다.

공탁물을 수령할 자가 동일인으로서 단지 그 "성명과 주소"의 표시를 착오기재한 것이라면, 동일인임을 증명하는 서면 등을 첨부하여 공탁서의 정정을 신청할 수 있다.

(3) 채무액의 일부만을 변제공탁한 후 채권자의 공탁물수령의사표시 전에 부족분을 추가공탁하면서 공탁의 목적인 채무의 내용을 변경함의 허부

채무자가 채무액의 일부만을 변제공탁 하였으나 그 후 부족분을 추가로 공탁하였다면 그 때부터는 전 채무액에 대하여 유효한 공탁이 이루어진 것으로 볼 수 있고, 이 경우 채권자가 공탁물수령의 의사표시를 하기 전이라면 추가공탁을 하면서 제1차 공탁시에 지정된 공탁의 목적인 채무의 내용을 변경하는 것도 허용될 수 있다 할 것이다(대판 1991.12.27, 91다35670).

(4) 조건부 변제공탁을 한 후 그 조건표시를 정정한 경우(반대급부조건의 삭제)

변제공탁이 담보물반환의 동시이행을 조건으로 한 부적법한 공탁이라 하더라도 공탁자가 동시이행의 조건표시를 정정한다는 신청을 하고 공탁관이 이를 인가하였으며 또 공탁물수령자가 이와 같은 사실을 알았다면 적법한 공탁이라 할 수 있다(대판 1968.11.19. 68다1570).

변제공탁에 부당한 반대급부 조건을 붙임으로써 부적법한 공탁이 된 경우에 그 반대급부 조건을 철회하는 정정신청이 허용된다(대판 1971.6.30. 71다874).

(5) 조건부 변제공탁의 조건표시의 정정신청을 공탁관이 인가하여 공탁물수령자가 그 사실을 안 경우

변제공탁이 반대급부를 붙인 조건부의 공탁으로서 부적법한 것이라 할지라도 공탁자가 위 조건표시의 정정신청을 하고 공탁공무원이 이를 인가하여 공탁물수령자가 이와 같은 사실을 알았다면 적법한 공탁이라 할 수 있다(대판 1974.5.14. 74다166).

2. 절대적 불확지공탁의 피공탁자의 정정

(1) 공탁 후 피공탁자가 확지된 경우(공탁서의 정정)

절대적 불확지공탁의 경우에는 공탁자(기업자)가 후에 피공탁자를 알게 되었을 때에는 먼저 그를 피공탁자로 지정하는 공탁서정정을 한 후 그로 하여금 공탁금을 출급청구하게 할 수 있고, 반면에 공탁자가 공탁서정정을 하지 않을 때에는 정당한 권리자가 공탁자를 상대로 하여 공탁금출급청구권의 확인판결(화해조서, 조정조서 포함)을 받아 공탁금 출급청구를 할 수 있다(1998.2.7, 법정 제3302 – 47호 1976.10.4, 행정예규 제48호).

공탁금을 수령할 자가 누구인지 전혀 몰라 피공탁자를 불명 또는 미지정 등으로 절대적 불확지공탁을 한 경우에, 공탁자가 후에 "피공탁자를 알게된 때"에 먼저 공탁물을 수령할 자를 지정하여 공탁서를 정정한 후에 피공탁자로 하여금 공탁금을 출급청구하게 할 수 있고, 또한 그 공탁서 정정이 적법하게 수리된 경우에 정정의 효력은 당초 공탁시로 소급하여 발생할 것이며, 따라서 수용재결이 있은 후 수용의 개시일까지 보상금을 공탁하였다면 그 수용재결이 당연무효이거나 소송등에 의하여 취소되지 아니하는 한 기업자는 수용한 날에 소유권을 취득한다(1995.6.14. 법정 제3302-290호).

(2) 미등기토지의 수용시 피공탁자 불확지공탁을 한 경우

토지대장상 망부(亡父)의 명의로 등록되어 있는 미등기토지를 한국토지개발공사가 수용하면서 토지수용법 제61조 제2항의 규정에 의하여 공탁물을 수령할 자(피공탁자)를 불확지로 하여 그 보상금을 공탁하였으나 나중에 토지의 소유자(망부)가 확인되어 피공탁자를 알게 된 때에는, 먼저 공탁자가 피공탁자를 지정하여 공탁서를 정정한 후에 그 상속인이 수용된 토지의 전소유자(정정된 피공탁자인 망부)의 상속인임을 증명하는 서면을 첨부하여 공탁금출급청구를 직접할 수 있다(1992.2.18, 법정 제333호).

(3) 등기부상 소유자의 주소가 누락된 경우

등기부상에 소유자가 주소 표시가 없는 경우(이러한 등기는 원래는 불가능함)에는 소유자를 특정할 수 없으므로 수용자인 국가가 피공탁자를 절대적 불확지로 하여 공탁한 것은 정당한 것이나, 그 후 피공탁자를 등기부상 소유자 표시와 같이 정정한 경우라 하더라도 소유자가 특정된 것으로 볼 수는 없어 정정의 효력은 없는 것이므로, 위 공탁은 여전히 피공탁자를 절대적 불확지로 한 공탁이라고 보아야 할 것이다(1993.3.17, 법정 제528호).

3. 피공탁자의 주소불일치와 공탁서의 정정

(1) 공탁서와 주민등록표상의 피공탁자의 주소 상이

공탁서상의 피공탁자의 주소가 주민등록표상의 주소와 일치하지 않고 서로 연결되지도 않는 경우, 피공탁자는 동일인임을 입증할 수 있는 주소소명자료(주민등록표등본, 호적등·초본, 소유권확인신청서 등)를 공탁자에게 제출하고 공탁자는 이를 근거로 공탁서정정신청서를 공탁관에게 제출하여 공탁서상의 주소를 정정한 다음 피공탁자가 직접 공탁금의 출급을 청구할 수 있으며 이때 공탁서를 분실하였다면 공탁규칙 제38조 소정의 보증서, 재산증명서(등기부등본), 인감증명서 등을 첨부하여 공탁금출급청구를 할 수 있다(1994.4.1, 법정 제3302-151호).

(2) 공탁서와 판결문상의 피공탁자의 주소 상이

공탁서상의 피공탁자의 주소와 공탁금출급청구권의 양도 판결문상의 피고 주소가 상이할 경우에 공탁금 양수인이 공탁금출급청구를 함에 있어서는 피공탁자와 피고가 서로 동일인임을 소명할 수 있는 서면(예컨대, 공탁서상의 주소로부터 판결문상의 주소로의 이전사실이 기재된 주민등록표등본 등)이나, 판결문상의 피고 주소를 공탁서상의 피공탁자 주소로 경정하는 결정을 첨부하여야 할 것이다(1994. 11.2, 법정 제3302-422호).

(3) 공탁자의 주소 상이

공탁자의 이름과 주민등록번호가 주민등록초본과 일치하나 주소가 다른 경우 사실상 동일인으로서 "주소"의 표시를 착오 기재한 것이라면 공탁자는 주민등록초본을 공탁서 정정신청의 소명 서면으로 첨부하여 공탁자의 주소를 정정할 수 있다(2008.3.7. 공탁상업-295).

Ⅳ. 공탁서의 정정절차

공탁신청이 수리된 후 공탁서의 착오 기재를 발견한 공탁자는 공탁의 동일성을 해하지 아니하는 범위 내에서 공탁서 정정신청을 할 수 있다(규칙 제30조 1항).

공탁서정정의 신청을 하려는 사람은 공탁서 정정신청서 2통과 정정사유를 소명하는 서면을 제출하여야 한다(규칙 제30조 2항).

공탁규칙 제21조 제1항 및 제2항, 제22조, 제59조 제2항은 공탁서 정정신청에 준용한다(규칙 제30조 3항).

공탁관이 공탁서 정정신청을 수리한 때에는 공탁서 정정신청서에 그 뜻을 적고 기명날인한 후 그 신청서 1통을 신청인에게 내준다. 이 경우 공탁관은 원장의 내용을 정정등록하여야 한다(규칙 제30조 4항).

수리의 뜻이 적힌 공탁서 정정신청서는 공탁서의 일부로 본다(규칙 제30조 5항).

피공탁자의 주소를 정정하는 경우에는 제23조를 준용한다(규칙 제30조 6항).

1. 공탁서의 정정신청

(1) 공탁서정정신청의 제출
공탁서의 정정을 신청하려고 하는 사람은 공탁서정정신청서 2통과 정정사유를 소명하는 서면을 제출하여야 한다(공탁규칙 제30조 2항). 공탁서정정신청서의 "정정할 사항"란에는 정정전사항과 정정후사항을 구분하여 기재하여야 한다.

(2) 공탁관의 확인
공탁서를 정정하는 경우에는 위조 또는 변조를 방지하기 위하여 공탁관이 작성자의 정정인 옆에 인감인을 찍어 확인하여야 한다(규칙 제12조 4항).

2. 우편에 의한 공탁서정정신청의 가부(소극)

공탁사무는 다른 민원관계의 사무와는 달리 어떤 법률효과의 전제로서 신속^정확을 요구하고 있으며, 만약 공탁신청 또는 공탁서정정신청이나 공탁금출급(회수)청구 등이 수리 또는 인가된 경우, 이들 서류를 우편으로도 송달할 수 있다고 한다면 도중분실이나 업무처리가 지연될 염려가 있으므로 공탁규칙 제25조 제1항, 동 제27조의2 제4항, 동 제37조 제1항은 공탁서·공탁서정정신청서·공탁물출급(회수)청구서를 공탁자 또는 신청인이나 청구자에게 직접 교부하도록 규정하고 있는 것이다. 특히 공탁금회수청구의 경우에 동 청구서를 우편으로 제출 또는 송달하게 한다면, 도중분실의 경우 제3자가 공탁금을 회수하여 갈 위험성이 있게 된다. 따라서 공탁신청·공탁서정정신청·공탁금출급(회수)청구는 우편으로 할 수 없다고 할 것이다(1979.8.23, 법정 제234호).

🦟 선례 --

등기관이 등기부를 이기하는 과정에서 등기부상 종전 소유자 "갑"을 "을"로 잘못 이기한 결과, 사업시행자가 피공탁자 성명을 "을"로 기재하여 공탁한 경우, 위 "갑"의 상속인은 공탁자인 사업시행자에게 피공탁자 표시를 정정하는 공탁서경정신청을 해 줄 것을 촉구할 수 있다. 만일, 사업시행자가 이를 이행하지 않을 경우 공탁자를 상대로 공탁금출급청구권 확인판결을 받아 공탁금출급청구를 할 수 있다(2006.12.19, 공탁상업등기과-1406).

3. 공탁서정정신청서의 첨부서면

(1) 자격증명서 등

공탁서의 정정신청인이 법인인 경우에는 대표자 또는 관리인의 자격을 증명하는 서면, 법인 아닌 사단 또는 재단일 경우에는 정관이나 규약과 대표자 또는 관리인의 자격을 증명하는 서면을 공탁서정정신청서에 첨부하여야 하며, 대리인에 의하여 공탁서의 정정을 신청하는 경우에도 위와 같다(공탁규칙 제30조 3항).

(2) 피공탁자의 주소를 정정하는 경우의 공탁통지

피공탁자의 주소를 정정하는 경우에는 공탁규칙 제23조의 규정을 준용하므로(공탁규칙 제30조의6항) 공탁서의 정정을 신청하는 사람은 피공탁자의 수만큼 공탁통지서를 첨부하여야 한다(공탁규칙 제23조 1항).

제1항의 봉투에는 「우편법 시행규칙」 제25조 제1항 제4호 다목에 따른 배달증명을 할 수 있는 우편료를 납입하여야 한다(공탁규칙 제23조 2항).

공탁관은 제1항의 봉투 발신인란에 공탁소의 명칭과 그 소재지 및 공탁관의 성명을 적어야 한다(공탁규칙 제23조 3항).

공탁서 정정신청서

공 탁 사 건	공 탁 번 호	2009년금제 5264호	공 탁 종 류	토지수용보상금공탁
	공 탁 자	대전광역시 유성 구청장 진동규	피 공 탁 자	망조충구의 상속인
	공탁 목적물	금전	공탁수리연월일	2009. 10. 27.
정 정 할 사 항		공탁서 기재사항 중 피공탁자 "망조충구의 상속인"을 "별지(정정후의 피공탁자의 표시)"로 정정		
비고(첨부서류 등)		1. 제적등본(망조충구) 2. 기본증명서. 가족관계증명서. 혼인관계증명서. 주민등록표등본 각1통(상속인전원) 3. 위임장. 4. 공탁통지서(상속인 전원)		

위와 같이 공탁서 정정신청을 합니다.

년   월   일

신청인 성명   인(서명)   대리인 주소

성명   인(서명)

위 정정신청을 수리합니다.

년   월   일

법원   지원 공탁관   (인)

※ 정정할 사항의 기재례 : 공탁서 기재사항 중 ○○○란 "△△△"을 "□□□"로 정정

별 지(정정후의 피공탁자의 표시)

	성 명	주민등록번호	주 소	상속지분(보상액)
피공탁자의 망조충구의 상속인				
1	김 ○○			응 (원)
2	조 ○○			응 (원)
3	조 ○○			응 (원)

4. 공탁서정정신청의 수리 · 불수리

(1) 공탁서 정정신청의 수리

공탁관이 공탁서정정신청을 수리한 때에는 공탁서정정신청서에 수리한다는 뜻을 기재하고 기명 · 날인한 후 그 신청서1통을 신청인에게 교부한다. 이 경우 공탁관은 원장의 내용을 정정 등록하여야 한다(공탁규칙 제30조 4항).

수리의 취지가 기재된 공탁서정정신청서는 공탁서의 일부로 보므로(공탁규칙 제30조 4항 · 5항). 공탁서 원본을 관공서 등에 제출하여야 하는 경우에는 수리된 공탁서정정신청서 원본도 함께 제출하여야 한다.

공탁관은 정정신청서부본을 보관중인 해당 공탁서기록에 합철하게 되며, 정정신청인은 그 신청서를 공탁서원본에 합철하여 두었다가 회수청구를 하는 경우에 공탁서로서 첨부하게 된다. 피공탁자의 주소를 정정하거나 피공탁자를 지정하는 공탁서정정신청을 수리한 경우에는 첨부된 공탁통지서를 정정된 주소 또는 지정된 피공탁자에게 발송하여야 한다(공탁규칙 제30조 6항).

(2) 공탁서 정정신청의 불수리

공탁서의 정정신청이 그 요건을 갖추지 못한 경우에는 공탁관이 불수리처분을 하게 된다.

5. 공탁서정정의 가부

공탁서의 정정은 공탁신청이 수리된 후 공탁의 단순한 표현상의 착오기재가 발견된 경우에 공탁의 동일성을 해하지 아니하는 범위 내에서만 허용되는 것이므로 공탁서에 기재된 사항에 착오가 있음을 발견한 경우라 할지라도 공탁금액, 공탁자, 공탁물수령자에 관한 사항은 공탁의 요건에 관한 것이므로, 그러한 사항에 대한 정정은 공탁에 의하여 형성된 실체관계의 변경을 가져오는 것으로서 공탁의 동일성을 해하는 내용의 정정이므로 허용될 수 없다.

(1) 공탁서의 정정을 요하지 아니하는 경우

(가) 수용토지의 소유자가 변경된 경우 피공탁자의 정정요부(要否)

1) 수용의 시기 전의 소유자변경과 피공탁자가 수용의 시기 전에 수용토지의 소유자가 변경되었음에도 불구하고 수용보상금이 승계 전의 소유자에게 공탁되어 있는 경우, 그 승계인(사업인정고시 전의 승계인이 자진하여 출급청구하는 경우를 포함한다)은 피공탁자의 정정 없이도 소유권의 승계사실을 증명하는 서면(등기부등본 또는 수용재결경정서)을 첨부하여 공탁금을 직접 출급청구할 수 있다(1991. 8.13, 법정 제1272호 ; 1993.1.8, 법정 제38호).

2) 수용의 시기 전·후에 소유권이전등기를 한 경우의 피공탁자 을이 수용시기 전에 소유권이전등기를 경료한 경우에는 토지수용보상금이 승계 전의 소유자(갑)에게 공탁되어 있는 경우에도 승계사실을 증명하는 서면(등기부등본)을 첨부하여 피공탁자의 정정 없이도 공탁금을 직접 출급청구할 수 있으나, 수용시기 이후에 을이 소유권이전등기를 경료하였다면 피공탁자(갑)를 상대로 하여 공탁금출급청구권을 양도받지 않는 한 직접 공탁금의 출급청구를 할 수는 없는 것이다(1993. 6.9, 법정 제1103호).

(나) 등기부상의 소유자가 아닌 종전소유자를 피공탁자로 한 수용재결의 효력

등기부상의 소유자가 아닌 종전소유자를 피수용자로 한 수용재결은 하자가 있는 재결이나 당연무효의 재결은 아니므로(대판 1974.12.24, 73다1645 참조), 이를 근본적으로 해결하는 방법은 다음과 같다.

현소유자는 사업인정고시 전의 승계인이므로 피공탁자의 정정 없이도 소유권의 승계사실을 증명하는 서면을 첨부하여 자진해서 신청하는 경우에는 위 공탁금을 출급받을 수 있고, 그렇게 되면 수용은 유효하게 종결될 것이다.

현소유자가 자진하여 출급신청을 하지 않는 경우 기업자의 입장에서 위 문제를 해결하는 방법은 위와 같은 경우 재결서의 피수용자정정이 허용되므로(위 대법원판례와 대판 1986.3.25, 84다카243; 토지수용법 제29조의2 참조) 재결서의 피수용자를 현소유자로 정정한 후 이를 근거로 잘못 공탁된 공탁금을 출급함과 동시에 진정한 소유자를 피공탁자로 하는 공탁을 하면 될 것이고, 재결서의 정정 없이 현상태에서 착오를 원인으로 공탁금을 회수할 수는 없다(1993.7.26, 법정 제1502호).

(다) 절대적 불확지공탁 후 피공탁자를 알게 된 경우의 공탁서정정과 공탁금출급청구

기업자가 토지수용에 따른 보상금을 수령할 자가 누구인지 전혀 알 수 없어 절대적 불확지공탁을 한 경우에는 공탁자(기업자)가 후에 피공탁자를 알게 되었을 때에는 먼저 그를 피공탁자로 지정하는 공탁서정정을 한 후 그로 하여금 공탁금을 출급청구하게 할 수 있지만, 공탁자(기업자)를 상대로 하여 공탁금출급청구권의 확인판결(화해조서 · 조정조서 포함)을 받은 자는 공탁자로 하여금 피공탁자를 지정하는 공탁서의 정정 없이도 그 판결정본 및 확정증명서를 출급청구권을 증명하는 서면으로 첨부하여 공탁금을 직접 청구할 수 있다. 그러나 절대적 불확지공탁에 있어서 위와 같은 공탁금출급절차에 의하지 않고 단지 수용된 미등기토지의 토지대장상 소유명의자의 상속인을 상대로 소유권이전등기절차이행의 소송을 제기하여 수용의 시기 이후에 승소확정판결을 받았다는 사실만으로는 그 판결에 의하여 직접 공탁금출급청구를 할 수는 없다(1993.4.7, 법정 제665호).

(라) 공탁자를 상대로 공탁금출급청구권의 확인판결을 받은 자의 공탁서정정 요부(소극)

기업자가 토지수용에 따른 보상금을 수령할 자를 알 수 없어 그 보상금을 공탁함에 있어 보상금을 수령할 자가 갑 또는 을 중 누구인지 알 수 없는 경우와 같이 상대적 불확지공탁을 한 경우에는 출급청구권을 증명하는 서면으로써 피공탁자로 지정되어 있는 다른 사람의 승낙서면(인감증명서 첨부)이나 그를 상대로 한 권리관계를 증명하는 확인판결(화해조서 · 조정조서 등) 정본을 첨부하여 공탁금을 출급받을 수 있을 것이나(이 경우 공탁자를 상대로 한 판결은 안 됨), 공탁금을 수령할 자가 누구인지 전혀 몰라 절대적 불확지공탁을 한 경우에는 공탁자가 후에 피공탁자를 알게 되었을 때에는 먼저 그를 지정하는 공탁서정정을 한 후 그로 하여금 공탁금을 출급청구하게 할 수 있지만, 공탁자를 상대로 하여 공탁금출급청구권의 확인판결(화해조서 · 조정조서 등)을 받은 자는 공탁자로 하여금 피공탁자를 지정하는 공탁서의 정정 없이도 그 판결정본 및 그 확정증명서를 출급청구권을 증명하는 서면으로 첨부하여 공탁금을 직접 청구할 수 있다(1992.9.4, 법정 제1529호).

(2) 공탁서의 정정이 가능한 경우

(가) 조건부변제공탁을 한 후 그 조건표시를 정정한 경우 공탁의 효력

선행의무 있는 자가 반대급부를 조건으로 하여 변제공탁을 하였다 하더라도 그 후에 반대급부내용이 없는 것으로 정정하여 달라는 취지의 공탁서정정신청을 하고 공탁관이 이를 허가하였다면, 위의 변제공탁은 다른 유효요건을 갖추고 있는 한 그 때부터 반대급부조건이 없는 변제공탁으로서의 효력을 갖게 된 것이라고 봄이 상당하다 (대판 1971.6.30. 71다874).

변제공탁이 담보물 반환의 동시이행을 조건으로 한 부적법한 공탁이라 하더라도 공탁자가 동시이행의 조건표시를 정정한다는 신청을 하고 공탁공무원이 이를 인가하였으며 또 공탁물수령자가 이와 같은 사실을 알았다면 적법한 공탁이라 할 수 있다(대판 1968.11.19, 68다1570).

(나) 절대적 불확지공탁 후 피공탁자가 확인된 경우의 공탁서정정과 출급청구

토지수용법 제61조 제2항 제2호의 규정에 의하여 기업자가 피공탁자를 절대적 불확지로 하여 보상금을 공탁하였으나 후에 토지소유자가 확인되어 피공탁자를 알게 된 때에는 공탁자가 피공탁자를 지정하여 공탁서를 정정한 후 공탁금출급청구를 할 수 있다.

1) 불확지공탁 후 피공탁자가 확인된 경우

토지대장상 망부(亡父)의 명의로 등록되어 있는 미등기토지를 한국토지개발공사가 수용하면서 토지수용법 제61조 제2항의 규정에 의하여 공탁물을 수령할 자(피공탁자)를 불확지로 하여 그 보상금을 공탁하였으나 나중에 토지의 소유자(망부)가 확인되어 피공탁자를 알게 된 때에는 먼저 공탁자가 피공탁자를 지정하여 공탁서를 정정한 후에 그 상속인이 수용된 토지의 전소유자(정정된 피공탁자인 망부)의 상속인임을 증명하는 서면을 첨부하여 공탁금출급청구를 직접 할 수 있다(1992.2.18, 법정 제333호, 1994.5.11, 법정 제3302-195호).

2) 등기부상 소유자의 주소표시가 없는 경우

등기부상에 소유자의 주소표시가 없는 경우(이러한 등기는 원래는 불가능함)에는 소유자를 특정할 수 없으므로 수용자인 국가가 피공탁자를 절대적 불확지로 하여 공탁한 것은 정당한 것이나, 그 후 피공탁자를 등기부상 소유자표시와 같이 정정한 경우라 하더라도 소유자가 특정된 것으로 볼 수는 없어 정정의 효력은 없는 것이므로, 위 공탁은 여전히 피공탁자를 절대적 불확지로 한 공탁이라고 보아야 할 것이다. 따라서 위 공탁금출급청구권에 대한 소멸시효는 진행될 수 없으므로 소멸시효완성 여부의 문제는 없다. 그러므로 이 경우 질의인 등은 등기부상의 소유명의인인 최종락이 질의인 등의 피상속인임을 입증하여 공탁자인 국가로 하여금 피공탁자를 질의인 등으로 정정하게 한 후 위 공탁금을 출급하거나, 이를 거부당할 경우에는 공탁자인 국가를 상대로 질의인 등이 위 공탁금의 출급청구권자임을 확인하는 판결을 받아 이를 공탁금출급청구권을 증명하는 서면으로 하여 공탁금을 출급청구할 수 있다(1993.3.17. 법정 제528호, 1994. 5.11. 법정 제3302-195호).

3) 공탁서에 피공탁자의 주소가 누락된 경우

공탁서에 피공탁자의 주소를 기재함이 없이 이름만을 기재하여 공탁을 한 경우에는 피공탁자를 특정할 수 없는 것이므로, 이는 피공탁자를 절대적 불확지로 한 공탁으로밖에 볼 수 없다. 따라서 그러한 경우에 피수용토지의 진정한 소유자(상속인들)는 자신들이 피수용토지의 진정한 소유자임을 입증하는 소명자료(다만, 수용시기 이후라 하더라도 미등기토지에 대하여 국가를 상대로 하여 소유권확인판결을 받은 자는 그 판결문을 피수용토지의 진정한 소유자임을 증명하는 서면의 하나로 제출할 수 있을 것임)를 첨부하여 공탁자인 기업자로 하여금 피공탁자를 진정한 소유자(상속인들)로 정정하게 한 후 위 공탁금을 출급청구하거나, 이를 거부당한 경우에는 공탁자인 기업자를 상대로 상속인들이 위 공탁금의 출급청구권자임을 확인하는 판결을 받아 이를 공탁금출급청구권을 증명하는 서면으로 제출하여 공탁금을 출급청구할 수 있을 것이다(1993.7.26. 법정 제1480호).

4) 절대적 불확지공탁

가) 절대적 불확지공탁 후 피공탁자를 알게 된 경우

기업자가 토지수용법에 따른 보상금을 수령할 자가 누구인지 전혀 알 수 없어 절대적 불확지공탁을 한 경우에는 기업자(공탁자)가 후에 피공탁자를 알게 되었을 때에 먼저 그를 피공탁자로 지정하는 공탁서정정을 한 후 그로 하여금 공탁금을 출급청구하게 할 수 있지만 기업자가 임의로 공탁서정정신청을 하지 않은 경우, 공탁금을 수령할 자가 기업자(공탁자)를 상대로 하여 공탁금출급청구권의 확인판결(화해·조정조서 등)을 받아 그 판결정본 및 확정증명서를 출급청구권을 증명하는 서면으로 첨부하여 공탁금을 직접 출급청구하게 할 수 있을 것이다(1995. 1.19, 법정 제24호, 1997.4.18, 법정 제3301-131호).

나) 피공탁자를 지정하는 공탁서정정신청

토지를 수용하고 보상금을 받을 자를 전혀 알 수 없어 절대적 불확지공탁을 한 경우에는 공탁자(사업시행자)가 후에 피공탁자를 알게 된 때에 그를 피공탁자로 지정하는 공탁서 정정을 신청할 수 있다{대판(전) 1997.10.16. 96다11747}.

(다) 공탁원인사실을 추가하는 공탁서정정신청

공탁서의 정정은 공탁신청이 수리된 후 공탁서의 착오 기재가 발견된 때에 공탁의 동일성을 해하지 아니하는 범위 내에서 허용되어야 하는바, 제3채무자가 압류경합을 사유로 하여 집행공탁을 하였으나 이미 제3채무자가 집행공탁을 하기 이전에 이루어진 채권압류 및 추심명령 또는 채권가압류결정 송달 사실을 공탁원인사실에 착오로 누락하였다는 이유로 이를 추가하는 공탁서 정정신청서를 제출한 경우, 공탁관은 이를 공탁의 동일성을 해하지 않는 것으로 보아 수리할 수 있고 제3채무자는 사유신고 법원에 공탁관이 기명날인하여 교부한 공탁서 정정신청서를 제출하여야 할 것이다(2003.8.30, 공탁법인 제3302-208호 질의회답).

(3) 공탁서정정이 불가능한 경우(공탁자, 공탁금액, 피공탁자에 관한 사항)

공탁법시행규칙 제12조(기재문자)는 공탁서 등 공탁에 관한 서면이 수리되기 전의 기재문자에 대한 규정이며, 일단 공탁이 수리된 후에는 공탁서에 기재된 사항에 착오가 있음을 발견한 경우라 할지라도 공탁자, 공탁금액, 공탁물수령자에 대한 사항은 공탁의 요건에 관한 것이므로, 그러한 사항에 대한 정정은 불가능하다.

(가) 피공탁자를 변경하는 정정

피공탁자를 변경하는 공탁서 정정은 원칙적으로 공탁의 동일성을 해하므로 허용 될 수 없다(2010.1.22.사법등기심의관-216)

임의경매절차의 경락인은 경락대금납부시에 경락부동산의 소유권을 취득하는 것이므로, 경매부동산이 경락대금납부 전에 수용완료되었다면 경락인이 수용완료 후에 경락대금을 납부하였다고 하더라도 경매부동산의 소유권을 취득할 수 없고, 따라서 경매부동산에 대한 수용보상금인 공탁금에 대하여도 직접적인 권리행사는 할 수 없다. 또한 수용완료 당시의 소유자를 피공탁자로 하여 수용보상금이 공탁된 이상 그 피공탁자명의를 정정할 수는 없을 것이며, 경락대금을 납부한 경락인으로서는 경락의 하자에 따르는 청구권에 기하여 권리를 확보할 수밖에 없을 것이다(1990.12.10, 법정 제1942호).

1) 피공탁자를 불확지로 하는 공탁서의 정정

토지수용의 재결이 있은 후 보상금의 공탁 및 토지수용에 의한 등기를 경료한 토지에 대하여 해당 부동산에 관하여 토지수용보상금의 공탁 이전에 경료된 소유권이전등기말소의 예고등기를 발견한 경우라도 피공탁자를 그 후에 불확지로 정정하는 것은 공탁의 동일성을 해치기 때문에 허용될 수 없는 것이며, 기업자가 토지수용의 재결이 있은 후 토지보상금을 공탁하였다면 그 수용재결이 당연무효이거나 소송 등에 의하여 취소되지 않는 한 기업자의 공탁금회수청구권은 소멸되는 것이므로, 피수용자가 기업자로부터 수용토지를 환매하고 그의 소유권등기를 회복한 경우라도 기업자가 그 환매계약서나 해당 부동산에 관한 등기부등본을 첨부하여 위 공탁금을 회수청구할 수는 없는 것이다(1991.6.18, 법정 제987호).

2) 기존의 확지공탁을 상대적 불확지공탁으로의 공탁서정정

기업자인 한국토지개발공사가 토지를 수용하고 그 보상금을 공탁함에 있어서 그 수용대상토지에 가처분등기가 경료되어 있는 경우에는 그 가처분의 피보전권리가 소유권말소등기청구권인지 아니면 소유권이전등기청구권인지가 등기부상 공시되어 있지 아니하므로 일단은 그 토지의 소유권귀속에 관하여 다툼이 있는 것으로 보아 피공탁자의 상대적 불확지를 이유로 공탁을 할 수 있을 것이나(법정행예 제73호 "2"의 '나' 참조), 그 가처분의 피보전권리가 소유권이전등기청구권임이 확인(가처분결정문 첨부)된 때에는 피공탁자의 상대적 불확지를 이유로 하는 공탁을 할 수는 없고 다른 공탁사유가 있는 경우에 한하여 등기부상 소유명의인을 피공탁자로 하는 확지공탁을 하여야 하는 것이므로, 그러한 경우에는 기존의 확지공탁을 상대적 불확지공탁으로 바꾸는 공탁서정정을 할 수는 없는 것이다(1993. 5.22, 법정 제973호).

3) 확인서를 발급받은 경우

공공용지의취득및손실보상에관한특례법 제5조에 따라 확인서를 발급받은 사실상의 정당한 소유자가 그 보상금의 지급을 신청하는 경우, 사업시행자는 그 신청인에게 보상금을 지급해야 할 것이나 위 절차에 따른 보상금신청이 있기 이전에 이미 사업시행자가 동법 제6조의 규정에 의하여 토지대장상의 소유자를 피공탁자로 한 보상금의 공탁을 적법하게 마쳤다면, 위 확인서를 발급받은 정당한 권리자라 하더라도 그 확인서를 첨부하여 직접 공탁금의 출급을 청구할 수 없으며, 공탁서정정절차를 밟아 공탁금의 출급청구를 할 수도 없다.

이 경우 피공탁자(그가 사망하였다면 그의 상속인)로부터 공탁금출급청구권을 양도받은후 그 증명서면을 제출하여 공탁금을 수령할 수 있다(1996.2.17, 법정 제3302－53호).

4) "갑 및 을" 2인으로 된 피공탁자를 "갑" 1인으로 정정

공탁서의 정정은 공탁신청이 수리된 후 공탁서의 착오기재가 발견된 때에 공탁의 동일성을 해하지 아니하는 범위 내에서만 허용되는 것인데, '갑 및 을' 2인으로 되어 있는 피공탁자명의를 '갑'1인으로 정정하는 것은 단순한 착오기재의 정정에 그치지 아니하고 공탁에 의하여 형성된 실체관계의 변경을 가져오는 것으로서 공탁의 동일성을 해하는 내용의 정정이므로 허용될 수 없다(대판 1995.12.12, 94다42693).

5) "갑" 1인으로 된 피공탁자를" 갑 또는 을" 2인으로 정정

공탁서의 정정은 공탁신청이 수리된 후 공탁서의 착오기재가 발견된 때에 공탁의 동일성을 해하지 아니하는 범위 내에서만 허용되는 것인데, '갑' 1인으로 되어 있는 피공탁자명의를 '갑 또는 을'로 정정하는 것은 단순한 착오기재의 정정에 그치지 아니하고 공탁에 의하여 실체관계의 변경을 가져오는 것으로서 공탁의 동일성을 해하는 내용의 정정이므로 허용될 수 없다(대법원 1996.10.2, 96마1369 결정 : 공 1996 상, 3379, 참조조문 : 공탁규칙 제30조).

(나) 공탁물수령자를 추가하는 공탁서의 정정

공탁이 수리된 후 공탁물수령자에 대한 사항에 착오가 있음이 발견된 경우라고 할지라도 그것이 표현상의 착오임이 명백하고 또한 공탁의 동일성에 영향을 미치지 아니하는 범위 내에서만 공탁서의 정정이 가능할 뿐이므로 공탁물수령자를 추가하는 공탁서 정정은 공탁의 동일성을 해하는 것으로서 허용될 수 없다(대판 1998.9.22, 98다12812).

(다) 상대적 불확지공탁을 확지공탁으로의 정정

수용대상 토지에 등기부상 가처분등기가 경료되어 있으나 그 가처분의 피보전권리가 공시되어 있지 않아 사업시행자가 "토지소유자 또는 가처분권리자"를 피공탁자로 하는 상대적 불확지공탁을 한 이후에, 그 가처분의 피보전권리가 소유권이전등기청구권임이 확인된 경우라 하더라도 기존의 불확지공탁에서 토지소유자를 피공탁자로 하는 확지공탁으로 바꾸는 공탁서 정정은 공탁의 동일성을 해하므로 허용될 수 없을 것이다(2003.12.26. 공탁법인 3302-313).

공탁서의 정정은 공탁신청이 수리된 후 공탁서의 착오 기재가 발견된 때에 공탁의 동일을 해하지 아니하는 범위 내에서만 허용되는 것인데, '갑' 1인으로 되어 있는 피공탁자 명의를 '갑 또는 을'로 정정하는 것은 단순한 착오 기재의 정정에 그치지 아니하고 공탁에 의하여 실체관계의 변경을 가져오는 것으로서 공탁의 동일성을 해하는 내용의 정정이므로 허용될 수 없다(대판 1996.10.2. 자, 96마1369 결정 참조, 2012. 11.27. 사법등기심의관-3635)

(라) 공탁원인사실을 추가하는 경우

공탁서의 정정은 공탁신청이 수리된 후 공탁서의 착오 기재가 발견된 때에 공탁의 동일성을 해하지 않는 범위 내에서만 허용되는 것이므로, 민법 제487조 후단 소정의 '과실 없이 채권자를 알 수 없는 경우'라고 하여 변제공탁을 하였다가 공탁원인사실에 같은 조 전단 소정의 '채권자의 수령불능'을 추가하는 것은 단순한 착오 기재의 정정에 그치지 않고 공탁의 동일성을 해하는 내용의 정정이므로 허용될 수 없다(대판 2008.10.23. 2007다35596) (제2장 제7절 IV. 5. (2). (다) 공탁원인사실을 추가하는 공탁서정정신청 참조).

(마) 집행공탁을 혼합공탁으로 정정가부(소극)

공탁서의 정정은 공탁신청이 수리된 후 공탁서의 착오 기재가 발견된 때에 공탁의 동일성을 해하지 않는 범위 내에서만 허용되는 것인데, 집행공탁을 혼합공탁으로 정정하는 것은 단순한 착오 기재의 정정에 그치지 아니하고 공탁의 동일성을 해하는 내용의 정정이므로 허용될 수 없다(대법원 2008.10.23, 2007다35596, 판결 참조). (2012.11.29. 사법등기심의관-3685 질의회답)

참조조문 : 공탁규칙 제30조 제1항

참조판례 : 대법원 2008.10.23. 선고 2007다35596 판결

V. 공탁서정정의 효력

1. 공탁서 정정의 효력발생시점(당초공탁시로 소급)

공탁금을 수령할 자(재산소유자)가 누구인지 전혀 몰라 피공탁자를 불명 또는 미지정 등으로 공탁(절대적 불확지공탁)을 한 경우에 공탁자가 후에 피공탁자를 알게 된 때에 먼저 공탁물을 수령할 자를 지정하여 공탁서를 정정한 후에 피공탁자로 하여금 공탁금을 출급청구하게 할 수 있고, 또한 그 공탁서정정이 적법하게 수리된 경우에 정정의 효력은 당초 공탁시로 소급하여 발생할 것이며, 따라서 수용재결이 있은 후 수용의 시기까지 보상금을 공탁하였다면 그 수용재결이 당연무효이거나 소송 등에 의하여 취소되지 아니하는 한 기업자는 수용한 날에 소유권을 취득한다(1995.6.14, 법정 제3302-290호).

2. 반대급부 조건부 변제공탁을 반대급부 없는 것으로 정정한 경우의 효력

선행의무 있는 자가 반대급부를 조건으로 하여 변제공탁을 하였다 하더라도 그 후에 반대급부 내용이 없는 것으로 정정하여 달라는 취지의 공탁서정정신청을 하고 공탁관이 이를 허가하였다면, 위의 변제공탁은 다른 유효 요건을 갖추고 있는 한 그때부터 반대급부 조건이 없는 변제공탁으로서의 효력을 갖게 된 것이라고 봄이 상당하

다(대판 1971.6.30. 71다874).

변제공탁의 경우 채권자가 반대급부 또는 기타 조건의 이행을 할 의무가 없음에도 불구하고 채무자가 이를 조건으로 공탁한 때에는 채권자가 이를 수락하지 않는 한 그 변제공탁은 효력이 없으며, 그 뒤 채무자의 공탁에 붙인 조건의 철회정정청구에 따라 공탁관으로부터 위 정정청구의 인가결정이 있었다 하더라도 그 변제공탁은 인가결정시부터 반대급부조건이 없는 변제공탁으로서의 효력을 갖는 것으로서 그 효력이 당초의 변제공탁시로 소급하는 것은 아니다(대판 1986.8.19. 85누280).

3. 조건부 변제공탁을 한 후 그 조건표시를 정정한 경우의 공탁의 효력

변제공탁이 담보물반환의 동시이행을 조건으로 한 부적법한 공탁이라 하더라도 공탁자가 동시이행의 조건표시를 정정한다는 신청을 하고 공탁공무원이 이를 인정하였으며 또 공탁물수령자가 이와 같은 사실을 알았다면 적법한 공탁이라 할 수 있다(대판 1968.11.19. 68다1570).

변제공탁이 반대급부를 붙인 조건부의 공탁으로서 부적법한 것이라 할지라도 공탁자가 위 조건표시의 정정신청을 하고 공탁공무원이 이를 인가하여 공탁물수령자가 이와 같은 사실을 알았다면 적법한 공탁이라 할 수 있다(대판 1974.5.14. 74다166).

변제공탁의 경우 채권자가 반대급부 또는 기타 조건의 이행을 할 의무가 없음에도 불구하고 채무자가 이를 조건으로 공탁한 때에는 채권자가 이를 수락하지 않는 한 그 변제공탁은 효력이 없으며 그 뒤 채무자의 공탁에 붙인 조건의 철회정정청구에 따라 공탁공무원으로부터 위 정정청구의 인가결정이 있었다 하더라도 그 변제공탁은 인가결정시부터 반대급부조건이 없는 변제공탁으로서의 효력을 갖는 것으로서 그 효력이 당초의 변제공탁시로 소급하는 것은 아니다(대판 1986.8.19. 85누280).

제8절 공탁물의 지급절차

Ⅰ. 공탁물의 지급 청구권

1. 공탁물 지급(출급 및 회수청구권)

공탁물 지급절차는 피공탁자가 공탁물을 찾아가는 출급절차(공탁법 제9조 제1항. 공탁규칙 제32조 , 제33조)와 공탁자가 공탁물을 다시 찾아가는 회수절차(공탁법 제9조 제2항. 공탁규칙 제32조, 제34조)로 구분된다.

공탁물의 출급 및 회수청구권을 공탁물지급청구권이라고 한다.

공탁물을 출급·회수하려는 사람은 공탁물 출급·회수청구서 2통을 작성하여 제출하여야 하고, 출급 또는 회수청구권을 갖는 것을 증명하는 서면을 첨부하여야 한다(공탁규칙 제32조·제33조, 제34조 등).

공탁지급절차

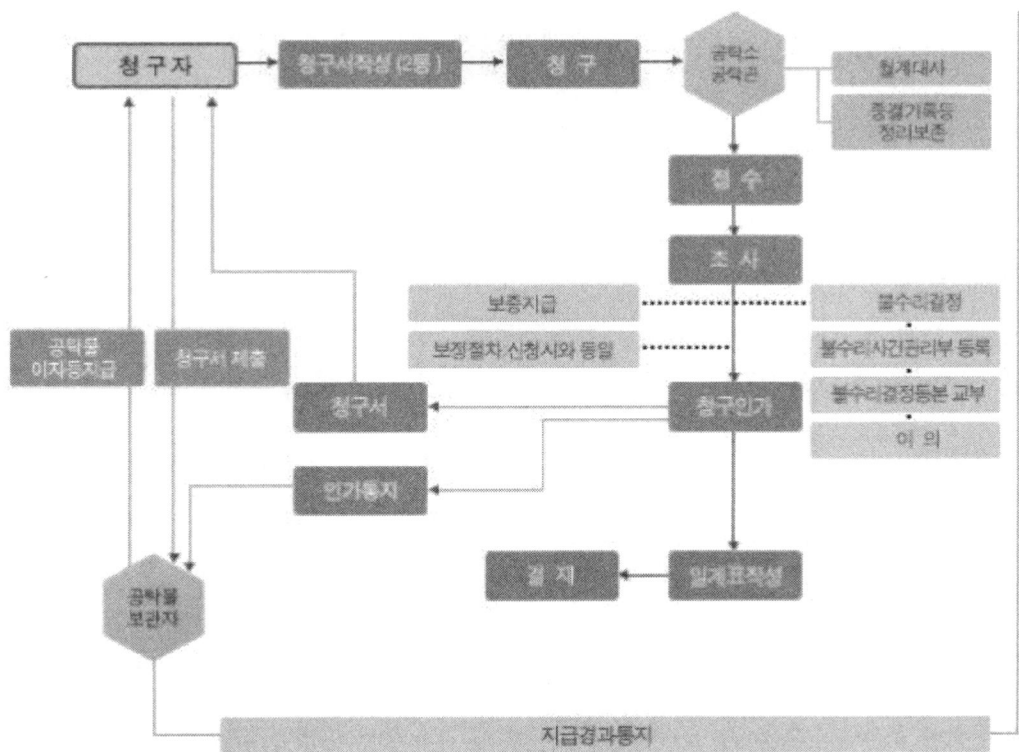

2. 민사소송에 의한 공탁금지급청구의 당부

공탁공무원의 처분에 대하여 불복이 있는 자는 공탁법 소정의 항고를 할 수 있고 공탁공무원에 대하여 법이 정한 절차에 의하여 공탁금지급청구를 하지 아니하고 직접 민사소송으로 국가를 상대로 공탁금지급청구를 함은 부당하다(대판 1967.2.21. 66다2153, 91.7.12. 91다 15447)

현행 공탁법상 공탁관의 처분에 불복하는 자는 관할 지방법원에 '이의신청'을 할 수 있다(법 제12조 제1항).

Ⅱ. 공탁물의 출급 · 회수

1. 공탁물의 출급의 의의

공탁물의 출급이란 공탁성립 후에 채무변제 · 손해담보 등과 같은 공탁 본래의 목적에 따라 채권자 · 담보권자 또는 그 승계인(일반승계인 · 특정승계인) 등 출급청구권을 가지는 자(규칙 제33조 제2호)에게 공탁물을 지급하는 것을 말한다(공탁규칙 제32조 제33조). 공탁에 의해 채권자는 공탁물인도청구권을 취득하는바, 그 성질 및 범위는 본래의 급부청구권(給付請求權)과 동일하여야 한다. 금전 기타 소비물인 공탁물의 소유권은 일단 공탁소에 귀속하고 채권자가 공탁소로부터 동종(同種), 동질(同質), 동량(同量)의 물건을 수령한 때에 채권자가 그 소유권을 취득한다.

2. 공탁물의 회수의 의의

공탁물의 회수(回收)란 민법 제489조 및 공탁법 제9조 제2항에 따라 공탁물에 대하여 회수권을 가지는 자(공탁규칙 제34조 제2호)의 청구에 의하여 공탁물을 되돌려 주는 것을 말한다.

공탁자는 채권자나 제3자에게 불이익을 주지 않는 한 원칙적으로 공탁물을 회수할 수 있다. 특히 공탁법에서는 (1) 민법 제489조에 따르는 경우(즉, 채권자가 공탁을 승인하거나 공탁소에 대하여 공탁물을 받기를 통고하거나 공탁유효의 판결이 확정되기까지는 변제자는 공탁물을 회수 할 수 있다), (2) 착오로 공탁을 한 경우, (3) 공탁의 원인이 소멸한 경우에는 공탁물의 회수가 허용되고 있다(공탁법 제9조 제2항).

공탁물을 출급·회수하려고 하는 사람은 공탁물 출급·회수청구서를 2통을 작성하여 제출하여야 하고(공탁법 제9조, 공탁규칙 제33조 내지 제35조), 출급 또는 회수청구권을 갖는 것을 증명하는 서면(공탁규칙 제33조 제2호 및 제34조 제2호)을 첨부하여야 한다.

3. 공탁물의 출급청구권·회수청구권의 성질

공탁물 출급·회수청구권은 피공탁자 또는 공탁자에게 귀속하는 일종의 지명채권의 성질을 가지며, 일신전속권이 아니므로 상속의 대상이 되고, 양도·질권설정 등의 임의처분은 물론 압류·가압류·가처분, 전부·추심명령 등 집행의 대상이 될 수 있음은 물론이고 채권자대위의 목적도 될 수 있다(제2장 제14절 공탁금지급청구권의 처분과 처분의 경합 참조).

4. 공탁물수령과 상대의무이행

채무자가 채권자의 상대의무이행(相對義務履行)과 동시에 변제할 경우에는 채권자는 그 의무이행을 하지 아니하면 공탁물을 수령하지 못한다(민법 제491조). 쌍무계약에서 당사자 일방은 상대방이 그 채무이행의 제공시까지 자기의 채무의 이행을 거절할 수 있는데(연기적 항변권), 이러한 당사자 일방의 권리를 동시이행의 항변권이라 한다(민법 제536조).

동시이행의 항변권을 주장하기 위해서는 상대방의 채무도 변제기에 있어야 하므로, 법률의 규정이나 당사자의 특약에 의해 선이행의(先履行義務)를 부담하는 자는 원칙적으로 이 항변권을 가지지 않는다.

매매잔대금지급의무와 소유권이전등기이행의무가 동시이행관계에 있는 경우에는 잔대금변제 공탁에 반대급부를 조건으로 하였다고 하여 위 변제공탁의 효력을 부정할 수 없다(대판 1972.2.22. 71다2596). 변제공탁이 채무의 본지(本旨)에 따른 것이라 하더라도 채권자가 반대급부 기타 조건의 이행을 할 의무가 없음에도 여기에 조건을 부가하여 공탁한 때에는 채권자가 승낙하지 않는 한 공탁의 효력이 없다(대판 1974. 2.12. 73다1607).

공탁물을 수령할 자가 반대급부를 하여야 하는 경우에는 공탁자의 서면 또는 판결문, 공정증서 그 밖의 관공서에서 작성한 공문서 등에 의하여 그 반대급부가 있었음을 증명하지 아니하면 공탁물을 수령하지 못한다(공탁법 제10조).

5. 공탁금의 대리수령과 표현대리의 인정 여부

공탁금의 대리수령에 있어서 공탁금수령권자인 본인이 대리인으로 칭하는 자에게 공탁금수령권한을 부여한 바 없다 하더라도 공탁수락과 출금의 권한을 부여한 것과 같은 외관을 발생시켜 민법 제126조 내지 제127조의 표현대리가 인정되는 경우에는 이러한 표현수령권자의 공탁금수령은 본인에게도 그 효과가 발생한다고 보아야 할 것인바, 갑이 공탁금 수령권자인 을에게 돈을 빌리는데 필요하다고 말하여 그로부터 받아둔 인감도장과 이 사건 공탁금 관계에 필요하다고 말하여 을이 직접 발급받아 건네어준 공탁금회수용 인감증명 1통을 가지고 공탁금의 출급신청을 하였고 공탁공무원이 정당한 수령권자인 외관을 갖는 갑에게 공탁금을 지급하였다면 을은 비록 그 공탁금을 현실로 수령하여 이득을 본바 없다하더라도 표현대리의 본인의 지위에서 그 공탁금을 수령한 셈이 된다 할 것이다(대판 1990.5.22. 89다카1121).

Ⅲ. 공탁물출급 또는 회수청구에 관하여 공탁관이 갖는 심사권의 내용과 범위

공탁관은 공탁물출급 또는 회수청구서와 그 첨부서류만으로 공탁당사자의 청구가 공탁관계 법령에서 규정하는 절차적, 실체적 요건을 갖추고 있는지를 심사하여야 하는 형식적 심사권만을 가지지만, 그러한 심사 결과 청구가 소정의 요건을 갖추지 못하였다고 볼만한 상당한 사정이 있는 경우에도 만연히 청구를 인가하여서는 안 된다(대판 2017.4.28. 2016다277798).

제9절 공탁물의 출급

공탁물의 출급이라 함은 공탁자의 상대방인 피공탁자 또는 피공탁자의 승계인(피공탁자의 상속인, 출급청구권의 양수인, 또는 전부채권자, 피공탁자의 채권자 등)이 공탁물을 수령하기 위하여 공탁규칙 제32조 제2항 각호의 사항을 기재하여 출급청구권자가 기명날인한 공탁물출급청구서(2통 제출)에 공탁통지서 또는 출급청구권을 갖는 것을 증명하는 서면, 반대급부이행증명서, 인감증명서 등을 첨부하여 이를 공탁관에게 제출하여 출급청구에 대한 수리결정(공탁관의 인가)을 받아 공탁물보관자로부터 공탁물을 수령하는 일련의 절차(공탁법 제9조 1항, 공탁규칙 제32조, 제33조, 제35조 등)를 말한다.

공탁금이 5천만원 이하인 사건(규칙 제69조)에 대하여는 법원의 전자공탁홈페이지에서 전자공탁시스템을 이용하여 공탁소를 방문하지 않고도 공탁금을 출급ㆍ회수할 수 있다. 이 경우 인감증명서를 첨부하지 아니하며(규칙 제79조 제1항), 서명은 공인인증서에 의한 전자서명방식으로 한다.

Ⅰ. 공탁물의 출급

공탁금은 그 출급청구권을 행사할 수 있는 때로부터 10년 내에 출급청구를 하지 않을 때에는 특별한 사유(소멸시효중단 등)가 없는 한 소멸시효가 완성되어 국고로 귀속된다(대법원 행정예규 제560호. 1993.7.6. 법정-1314).

피공탁자가 공탁금 출급청구를 하는 경우에 공탁금에 대하여 이의가 있는 경우에는 공탁금 출급청구를 할 때에 출급청구서에 이의유보(예 : "손해배상금 중의 일부로 수령함" 등)의 의사표시(대판 1982.11.9. 82누197, 1989.7.25. 88다카11053, 1992.2.22. 92누3229 등)를 하고 공탁금을 지급받을 수 있으며, 이 경우에는 후에 다른 민사소송 등의 방법으로 권리를 행사할 수 있다.

1. 공탁물 출급의 의의

공탁물의 출급이란 공탁성립 후에 채무변제·손해담보 등과 같은 공탁 본래의 목적에 따라 채권자·담보권자 또는 그 승계인(일반승계인·특정승계인)에게 공탁물을 지급하는 것을 말한다.

출급청구권은 피공탁자에게 귀속하는 일종의 지명채권의 성질을 가진 것으로서 출급청구권은 공탁의 성립과 동시에 피공탁자에게 취득되는 권리이나, 출급청구권의 행사는 ① 사실상의 공탁통지서의 수령일부터, ② 다툼이 있는 것은 해당 분쟁이 확정적으로 해결된 때로부터, ③ 반대급부가 있는 것은 그 이행시부터, ④ 보증공탁은 담보권이 확정적으로 발생한 때로부터, ⑤ 집행공탁은 법원으로부터 배당액지급증을 받은 때로부터 각 그 구체적인 권리행사가 가능해진다.

2. 공탁물출급청구권 행사의 요건

공탁물의 출급은 일반적으로 ① 피공탁자의 확정, ② 피공탁자의 공탁물에 대한 실체적 청구권의 확정, ③ 피공탁자의 공탁물에 대한 실체적 청구권행사의 조건성취 등의 요건을 구비하여야 한다. ④ 공탁물이 금전인 경우(공탁법 제7조에 따른 유가증권 상환금, 배당금과 제11조에 따른 물품을 매각하여 그 대금을 공탁한 경우를 포함한다) 그 원금 또는 이자의 수령(출급), 회수에 대한 권리는 그 권리를 행사할 수 있는 때부터 10년간 행사하지 아니할 때에는 시효로 인하여 소멸한다(법 제9조 제3항).

출급인가처분이 있고 그에 따라 공탁금이 출급되었다면 설사 이를 출급받은 자가 진정한 출급청구권자가 아니라 하더라도 이로써 공탁법상의 공탁절차는 종료되었다 할 것이고, 따라서 원래의 진정한 공탁금 출급청구권자라 하더라도 공탁사무를 관장하는 국가를 상대로 하여 민사소송으로 그 공탁금의 지급을 구할 수는 없다(대판 1993.7.13. 91다39429).

🔍판례

> ① 공탁공무원에 대한 출급청구절차 없이 국가상대로 한 민사소송에의 공탁금지급청구의 가부(소극)
>   가. 공탁공무원에게 소정절차에 따른 공탁금출급청구절차를 밟지 아니하고 직접 민사소송으로 국가를 상대로 청구하는 것은 부당하다(대판 1967.2.21. 66다2153).

나. 공탁공무원의 처분에 대하여 불복이 있는 자는 공탁법소정의 이의신청을 할 수 있고, 공탁공무원에 대하여 법이 정한 절차에 의하여 공탁금지급청구를 하지 아니하고 직접 민사소송으로 국가를 상대로 공탁금지급청구를 함은 부당하다(대판 1991.7.12,91 다15447).

② 채권자(피공탁자)를 불확지로 한 공탁의 경우 공탁금을 지급받기 위하여는 먼저 공탁법과 공탁사무처리규칙이 정하고 있는 절차에 따라 공탁공무원에게 공탁물출급청구를 하고 그에 대한 공탁공무원의 불수리처분 등에 관하여 불복이 있는 때에는 공탁법 소정의 항고 및 재항고절차를 통하여 다투어야 하며 이러한 절차를 거침이 없이 국가를 상대로 직접 민사소송으로서 공탁금지급청구를 함은 허용되지 아니한다(대판 1992.7.28, 선고, 92다13011).

③ 진정한 출급청구권자 아닌 자에게 공탁금이 출급된 경우 진정한 공탁금 출급청구권자가 민사소송으로 공탁금의 지급을 구할 수 있는지 여부

일단 공탁공무원의 공탁금 출급인가처분이 있고 그에 따라 공탁금이 출급되었다면 설사 이를 출급받은 자가 진정한 출급청구권자가 아니라 하더라도 이로써 공탁법상의 공탁절차는 종료되었다 할 것이고, 따라서 원래의 진정한 공탁금 출급청구권자라 하더라도 공탁사무를 관장하는 국가를 상대로 하여 민사소송으로 그 공탁금의 지급을 구할 수는 없다(대판 1993.7.13. 91다39429).

④ 피공탁자 아닌 자를 상대로 한 출급청구권의 확인청구의 가부

지장물건에 대하여 소유권분쟁이 있어 그 수용보상금이 공탁된 경우, 공탁서상 피공탁자로 기재된 자는 직접 공탁공무원에 대하여 공탁금의 출급청구권을 행사하여 이를 수령하면 되는 것이고, 구태여 피공탁자가 아닌 위 소유권분쟁당사자를 상대로 공탁금의 출급청구권이 자신에게 있다는 확인을 구할 필요는 없다(대판 2001.6.26, 2001다19776).

3. 공탁금 출급청구권에 대한 압류의 경합과 공탁관의 사유신고

(1) 공탁관의 사유신고

공탁금 출급·회수청구권에 대한 압류의 경합 등으로 사유신고를 할 사정이 발생한 때에는 공탁관은 지체 없이 사유신고서 2통을 작성하여 그 1통을 집행법원에 보내고 다른 1통은 해당 공탁기록에 편철한다(규칙 제58조 제1항).

제1항에 따라 사유신고를 한 때에는 공탁관은 원장에 사유신고한 뜻과 연월일을 등록하여야 한다(규칙 제58조 제2항).

(2) 공탁관의 직무상 의무

　공탁사무처리규칙 제58조 제1항은 공탁금의 출급·회수청구권에 대한 압류 등의 경합 등의 사정이 있는 경우 공탁공무원에게 반드시 집행법원에 그 사유를 신고하여야 하는 직무상 의무를 규정한 것이다.

판례

　[1] 공탁사무처리규칙 제52조(현행 규칙 제58조) 제1항은 "공탁금의 출급·회수청구권에 대한 압류 등의 경합 등으로 사유신고를 할 사정이 발생한 때에는 공탁공무원은 지체 없이 사유신고서 2통을 작성하여 그 1통을 관할 집행법원에 송부하고 다른 1통은 당해 공탁기록에 합철한다."고 규정하고 있는바, 이 규정은 공탁공무원이 사유신고를 할 경우의 세부절차만을 정한 규정이 아니라 공탁금의 출급·회수청구권에 대한 압류 등의 경합 등의 사정이 있는 경우 공탁공무원으로서는 반드시 집행법원에 그 사유를 신고하여야 한다는 직무상의 의무를 정한 규정이라고 할 것이다.

　[2] 대법원예규 송민 84-6 '가압류해방공탁금의 회수청구권에 대한 압류명령이 있는 경우의 사유신고시기 등'(1984.5.23. 송무심의 제35호)은 "가압류해방금의 공탁금회수청구권에 관하여 압류명령이 송달된 때에는 공탁공무원은 지체 없이 집행법원에 그 사유를 신고하여야 한다."라고 규정하고 있는바, 이 예규는 대법원이 공탁제도의 취지에 비추어 공탁사무처리규칙 제52조 제1항과 구 민사소송법(2002.1.26. 법률 제6626호로 전문 개정되기 전의 것) 제581조의 해석에 관한 견해를 밝힘으로써 그 해석을 둘러싸고 야기될 수 있는 실무상의 혼란을 제거하기 위한 것이므로 위 예규가 위와 같은 해석을 분명히 한 이상 공탁사무처리규칙 제52조 제1항 또는 구 민사소송법(2002.1.26. 법률 제6626호로 전문 개정되기 전의 것) 제581조의 해석을 둘러싸고 다른 해석이 가능하다는 사정을 들어 위 예규와 달리 공탁사무를 처리한 데에 공탁공무원에게 과실이 없었다고 할 수 없다.

　[3] 해방공탁금의 회수청구권에 대한 압류·추심명령이 경합한 경우, 공탁공무원은 공탁을 유지한 채 집행법원에 사유신고를 한 후 집행법원의 배당절차에 따라 공탁금을 각 채권자들에게 분할지급하거나, 사유신고를 하지 아니한 채 공탁금 출급을 신청한 압류·추심 채권자 1인에게 공탁금을 지급할 수 있으므로, 공탁공무원이 집행법원에 그 사유를 신고하지 아니 하고 채권자 중 1인으로서 공탁금출급청구를 한

채권자에게 공탁금 전액을 지급한 것이 적법한 사무처리였다고 판단한 원심판결에는 공탁공무원의 사무처리에 관한 법리를 오해한 위법이 있다고 한 사례(대판 2002.8. 27. 2001다73107).

Ⅱ. 출급청구권의 성질

공탁자의 공탁에 의하여 피공탁자는 공탁소에 대하여 공탁물의 지급을 신청할 수 있는 공탁물출급청구권을 가진다. 공탁물출급청구권은 피공탁자에게 귀속하는 일종의 지명채권(채권자가 특정되어 있는 채권으로서 증권적 채권에 속하지 않는 보통의 채권을 말한다)의 성질을 가지나, 일신전속권이 아니므로 상속·양도·질권설정 등 임의처분은 물론 압류·가압류·가처분, 전부·추심명령 등 집행의 대상이 될 수 있음은 물론 채권자대위의 목적도 될 수 있다.

Ⅲ. 출급청구권자

1. 변제공탁

(1) 피공탁자

피공탁자라 함은 공탁서에 공탁물의 수령자로 표시된 자를 말한다(공탁규칙 제20조 2항 5호).

변제공탁에 있어서 공탁물출급청구권자는 피공탁자와 그의 승계인이다. 이러한 피공탁자는 공탁서의 기재에 의하여 형식적으로 결정되므로 실체법상의 채권자라고 하더라도 피공탁자로 지정되지 않은 이상 공탁물출급청구권을 행사할 수는 없다(대판 2006.8.25. 2005다67476).

🔍 **판례**

공탁금지급청구의 소와 본조에 의한 출급청구

변제공탁금의 정당한 수령권자라고 다투는 사람이 원고와 독립당사자참가인으로서 이들이 모두 본소의 당사자로 되어 있어 법원이 본안에 들어가서 심리한 결과 이 사건 공탁금의 정당한 수령권자가 밝혀지면 구태여 그 판결을 가지고 별도로 다시 본조에 의한 공탁금출급청구를 하여야만 된다고 볼 이유는 없다 할 것이므로 이 사건에 병합하여 피고(國)에게 그 사람에 대한 공탁금의 지급을 명할 수도 있는 것이라 할 것이다(대판 75.2.25. 74다1531, 1532).

(2) 피공탁자의 승계인

공탁물출급청구권은 피공탁자에게 귀속된 일신전속권이 아니므로 공탁물출급청구권이 승계된 경우, 즉 피공탁자의 상속인, 출급청구권의 양수인이나 전부채권자 등의 승계인은 출급청구권을 행사하게 된다.

🔖 선례 --

임금채권의 출급청구권자

근로기준법 제42조 제1항에서 사용자가 임금을 직접 근로자에게 지급하도록 규정한 취지는 임금이 확실하게 근로자 본인의 수중에 들어가게 하여 근로자의 생활을 보호하고자 하는 취지에 있으므로, 사용자는 임금채권의 양수인이나 또는 근로자대리인이 임금의 지급을 청구한다고 하여도 이들에게 임금을 지급할 수는 없을 것이다. 사용자인 한국통신공사가 퇴직한 직원의 퇴직금을 민법 제487조의 규정에 의하여 근로자의 수령거부 또는 수령불능을 원인으로 변제공탁한 경우, 그 공탁금은 임금채권의 성질을 유지하고 있다고 보아야 하므로 원칙적으로 근로자 본인이 아닌 대리인에 의한 공탁금출급청구가 있는 경우 공탁관은 그 출급청구에 응할 수 없다 할 것이다. 다만, 근로자가 질병 · 해외이주 등의 부득이한 사정으로 직접 청구할 수 없는 사유가 있음을 소명하고 그 배우자나 자녀가 공탁금을 출급청구를 한 경우와 같이 사실상 본인이 청구한 것과 동일하게 볼 수 있는 때에는 예외적으로 공탁금을 출급할 수도 있다.

(3) 피공탁자가 미성년자인 경우

사업시행자가 공익사업의 수행을 위하여 공익사업을 위한 토지 등의 취득 및 보상에 관한 법률에 의하여 미성년자의 소유인 토지 또는 건물을 수용한 경우 미성년자는 그 판단능력의 불완전으로 행위능력을 제한 받는 무능력자이므로 부모는 미성년자인 피공탁자의 친권자로서, 양자의 경우에는 양부모가 친권자가 되어 공탁금출급청구권을 행사할 수 있다(민법 제909조 제1항).

친권은 부모가 혼인중인 때에는 부모가 공동으로 이를 행사한다. 그러나 부모의 의견이 일치하지 아니하는 경우에는 당사자의 청구에 의하여 가정법원이 이를 정한다. ③부모의 일방이 친권을 행사할 수 없을 때에는 다른 일방이 이를 행사한다(민법 제909조 제2~3항).

부모가 '공동으로 친권을 행사 한다'는 것은 친권의 행사가 부모공동의 의사에 기인함을 필요로 할 뿐이며, 행위자체가 부모쌍방의 명의로 되어야 한다는 것을 의미하는 것은 아니다. '일방이 친권을 행사할 수 없을 때'란 사실상 친권을 행사할 수 없는 것(예 : 사망, 실종선고, 중병, 장기부재, 심신상실 등)과 법률상 친권을 행사할 수 없는 것{예 : 친권상실선고(민법 제924조), 성년후견개시의 심판을 받은 자(민법 제9조) 등}을 포함 한다{김주수 저 : 주석 친족 . 상속법 387면 (다) (라)}.

미성년자의 친권자가 미성년자를 대리하여 공탁금출급청구를 할 때에는 공탁규칙 제32조 제2항 각 호의 사항을 기재한 공탁금출급청구서 2통을 작성한 후 공탁규칙 제33조 각호의 서류 및 친권자의 인감증명서(공탁금이 1,000원 이상인 경우), 친권자임을 증명하는 가족관계증명서(가족관계의 등록에 관한 법률 제15조 제1항 1호) 등을 첨부하여 공탁관에게 제출하여야 한다.

2. 보증공탁

재판상 보증공탁 기타의 손해담보공탁으로서 공탁 당시에 손해담보권자가 특정될 수 있는 경우에는 공탁서에 손해담보권자를 피공탁자로 기재하여야 하지만(1989.11.21, 대법원행정예규 제129호), 공탁 당시에 특정되지 않아 피공탁자로 기재되지 않았다고 하더라도 공탁물에 관해서 법정의 담보권 또는 우선권을 취득한 자는 보증공탁의 피공탁자로서 출급청구권자가 된다.

3. 집행공탁

집행공탁에 있어서는 배당절차에서 배당이 완결되어야 피공탁자가 비로소 확정되고, 공탁 당시에는 피공탁자의 개념이 관념적으로만 존재할 뿐이므로 공탁 당시에 기업자가 특정채권자를 피공탁자에 포함시켜 공탁하였다 하더라도 그 피공탁자의 기재는 법원을 구속하는 효력이 없다(대판 1999.5.14, 98다62688). 따라서 집행결과 배당절차에서 확정된 채권자가 집행공탁의 피공탁자로서 출급청구권자가 된다.

4. 몰취공탁

몰취공탁에 있어서는 국가가 피공탁자로서 출급청구권자가 된다.

5. 보관공탁

보관공탁이란 공탁물을 단순히 보관·관리하기 위하여 하는 공탁이므로, 보관공탁에는 피공탁자가 원시적으로 존재하지 아니하여 공탁물출급청구권은 없고 공탁자의 공탁물회수청구권만이 있게 된다.

Ⅳ. 공탁물출급청구서의 제출

1. 공탁물출급청구서의 기재사항 및 제출

공탁물을 출급하려고 하는 사람은 공탁관에게 다음 각 호의 사항을 기재하여 청구인이 기명·날인한 2통의 공탁물출급청구서를 제출하여야 한다. 그러나 대표자나 관리인또는 대리인에 의하여 청구하는 때에는 그 사람의 주소를 기재하고 기명·날인하여야하며, 공무원이 직무상 청구할 때에는 그 소속관서명과 그 직을 적고 기명·날인하여야한다(공탁규칙 제32조).
  1. 공탁번호
     출급하고자 하는 공탁사건의 공탁번호는 공탁서 또는 공탁통지서에 기재된 번호를기재한다.
  2. 출급하려고 하는 공탁금액, 유가증권의 명칭, 장수, 총액면금·액면금(액면금이 없을 때는 그 뜻)·기호·번호·장수, 공탁물품의 명칭·종류·수량
     피공탁자가 출급하려고 하는 공탁금액(청구금액)은 청구자가 현실적으로 찾고자(출

급)하는 금액으로 공탁금액과 같은 것이 보통이나 다를 수도 있다(이의유보부출급 등). 출급청구서에 기재한 금전에 관한 숫자는 정정·가입·삭제를 하지 못한다. 그러나 출급청구서의 청구사유에 기재하는 경우에는 예외로 한다(공탁규칙 제12조 2항).

3. 출급청구사유

공탁자의 변제공탁을 전부 수락하고 공탁물을 출급하는 경우에는 '공탁수락'이라고 기재하고, 이의를 유보하고 출급하는 경우에는 '채권액 금○○만원 중의 일부로서의 수락' 등으로 표시하면 된다.

공탁물출급청구권을 양수 또는 전부한 경우에는 그 취지를 기재하여야 하는 바 '공탁수락(출급청구권 양수)' 또는 '공탁수락(출급청구권 전부)'로 기재하면 된다. 담보공탁의 피공탁자가 담보권실행으로 출급하는 경우에는 "담보권실행"으로, 집행공탁에 있어서 채권자가 배당을 받아 출급하는 경우에는 "배당에 의함"으로, 몰취공탁에 있어서 국가가 몰취하는 경우에는 "몰취결정에 의함" 등으로 기재한다.

4. 이자의 지급을 동시에 받으려고 하는 때는 그 뜻

5. 청구인의 성명(상호, 명칭)·주소(본점, 주사무소)·주민등록번호(사업자등록번호)

6. 청구인이 공탁자나 피공탁자의 권리승계인인 경우 그 뜻

청구자가 공탁자 또는 피공탁자의 권리승계인인 때에는 그 취지를 기재한다. 예컨대, "공탁자 또는 피공탁자의 상속인, 양수인, 전부채권자" 등의 예에 따라 청구자의 주소·성명란에 기재한다.

7. 공탁물출급청구서에 공탁통지서를 제출할 수 없어 공탁관이 인정하는 2인 이상이 연대하여 그 사건에 관하여 손해가 생기는 때에는 이를 배상한다는 보증서와 그 재산증명서(등기부등본)·인감증명서를 첨부하는 때에는 그 취지(공탁규칙 제41조 1항)

8. 공탁법원의 표시

9. 출급청구연월일

10. 비 고(첨부서류 등)

공탁금출급청구서의 "비고"(첨부서류 등)란은 공탁금출급청구서의 첨부서류를 기재하는 란으로 변제공탁에 있어서 출급청구자가 공탁통지서를 출급청구서에 첨부할 수 없어 보증지급을 구하는 등의 경우(공탁규칙 제41조 1항)에는 그 취지를 본란에 기재한다.

[제8-1호 양식]

공탁금 출급·회수 청구서

※굵은 글씨 부분은 필히 기재하시기 바랍니다.

공 탁 번 호		년 금 제 호		공 탁 금 액		한글	
						숫자	
공 탁 자	성 명 (상호, 명칭)			피 공 탁 자	성 명 (상호, 명칭)		
	주민등록번호 (법인등록번호)				주민등록번호 (법인등록번호)		
청구 내역	청구금액		이자의 청구기간	이자 금액		합계금액	비 고
	한글			(은행)		(은행)	
	숫자			※ '이자 금액' 및 '합계금액' 란은 보관은행에서 기재함.			
보 관 은 행		은행		법원 지점			

청구 및 이의유보사유 ※ 해당란에 ✔하시거나 기타란에 간단히 기재하시기 바랍니다.	출급청구시	회수청구시
	※ 출급청구시 이의가 있으면 이의유보란에, 이의가 없으면 공탁수락란에 ✔하시기 바랍니다. □ 공탁을 수락하고 출급함 □ 이의를 유보하고 출급함 □ 담보권 실행　　　□ 배당에 의함 □ 채권양수에 의함 □ 기타(　　　　　　　　　)	□ 민법 제489조에 의하여 회수 □ 착오공탁(착오증명서면 첨부 필요) □ 공탁원인소멸(담보취소, 　본압류이전, 가압류취하·취소· 　해제 등)

비고 (첨부서류 등)	□ 공탁통지서 □ 공탁서 □ 신분증 사본 □ 위임장 □ 인감증명서 □ 주민등록등·초본 □ 법인등기사항증명서 □ 채권압류추심명령 정본 및 송달증명 □ 채권압류·전부명령 정본 및 확정증명 □ 동의서·승낙서·보증서 □ 채권양도 원인서면 □ 증명서 □ 착오증명서면 □ 담보취소결정 정본 및 확정증명 □ 가압류 취하해제증명 등 □ 기타 (　　　　　　　　　　　　　　　　　　　　　　　　　　　)
계좌입금	□ 포괄계좌입금(금융기관 :　　　　　계좌번호 :　　　　　) □ 계좌입금신청(금융기관 :　　　　　계좌번호 :　　　　　) : 　공탁금 계좌입금신청서 첨부

위와 같이 청구합니다.
년　　　　월　　　　일

청구인		대리인	
주소 : 주민등록(사업자등록)번호 : 성명 :　　　　　　　　　　인(서명) (전화번호 :　　　　　　　　)		주소 : 성명 :　　　　　　　　　　인(서명) (전화번호:　　　　　　　　)	

위 청구를 인가합니다.
년　　　　월　　　　일

법원　　　　지원　공탁관　　　　　　(인)

위 공탁금과 공탁금 이자(공탁금 출급·회수청구서 1통)를 수령하였습니다.
년　　　　월　　　　일
수령인(청구인 또는 대리인) 성명　　　　　　(인)

1. 이자청구 내역란 및 합계란은 공탁금 보관은행에서 적습니다.
  2. 본인이 신분증을 지참하고 1000만원 이하인 공탁금을 직접 청구할 때에는 날인 대신 서명할 수 있습니다.
  3. 대리인이 청구하는 경우에는 대리인의 주소와 성명을 적고 날인(서명)하여야 하며, 이 때에는 본인의
     인감도장을 날인한 위임장과 그 인감증명서를 첨부하여야 합니다.

2. 공탁물출급청구서 작성시의 주의사항

(1) 기재문자

공탁물출급청구서에 기재하는 문자는 자획(字劃)을 명확히 하여야 하며, 출급청구서에 기재한 금전에 관한 숫자는 정정, 추가 또는 삭제를 하지 못한다. 그러나 출급청구서의 청구사유에 기재하는 경우에는 예외로 한다. 금전에 관한 숫자 이외의 기재사항에 관하여 정정, 추가 또는 삭제를 한 경우에는 한 줄을 긋고, 그 상부 또는 하부에 바르게 적거나 추가하고, 그 자수(字數)를 난외에 기재하여 날인하며, 정정·삭제한 문자는 읽을 수 있도록 남겨 두어야 한다(규칙 제12조1~3항).

정정 등을 한 서류가 공탁물출급청구서인 때에는 공탁관은 작성자가 날인한 곳 옆에 인감(규칙 제55조 2항의 인감을 말한다) 찍어 확인하여야 한다(공탁규칙 제12조 4항).

(2) 계속기재

공탁관에게 제출하는 서류에 관하여 양식과 용지의 크기가 정하여져 있는 경우에 한 장에다 기재사항의 전부를 기재할 수 없는 때에는 해당 용지와 같은 크기의 용지로서 적당한 양식으로 계속 기재할 수 있다(공탁규칙 제13조 1항).

공탁물출급청구에 기재사항의 전부를 기재할 수 없을 때(당사자가 여러 명인 경우, 출급청구사유란에 기재할 내용이 많은 경우)에는 출급청구서와 같은 크기의 계속용지를 사용할 수 있으며, 이 때에는 해당란에 '별지와 같음'이라고 표시하여 계속용지임을 명확히 표시하여야 한다(공탁규칙 제13조 2항).

(3) 서류의 간인

공탁관에게 제출하는 공탁물출급청구 서류가 두 장 이상인 때에는 작성자는 간인을 하여야 하며, 해당 서류의 작성자가 다수일 때는 그 중 한 사람이 간인을 하면 된다

(규칙 제14조1 · 2항).

이 경우 공탁관이 인감도장으로 간인을 하여 확인하여야 한다(규칙 제14조 3항).

(4) 공탁금출급청구서 양식의 일부개정

공탁사무 문서양식에 관한 예규 일부개정예규(대법원 행정예규 제895호. 2011.5.30)에 의하여 공탁금출급청구서(제8-1호양식)의 "청구및이의유보사유란" 및 "비고(첨부서류등)란"에 예시를 적어 체크하도록 하여 민원인의 출급청구서 작성 편의를 위해 양식을 변경하였다.

3. 우편에 의한 공탁금출급청구의 가부(소극)

공탁사무는 다른 민원관계의 사무와는 달리 어떤 법률효과의 전제로서 신속^정확을 요구하고 있으며, 만약 공탁신청 또는 공탁서정정신청이나 공탁금출급(회수)청구 등이 수리 또는 인가된 경우, 이들 서류를 우편으로도 송달할 수 있다고 한다면 도중분실이나 업무처리가 지연될 염려가 있으므로, 공탁서 · 공탁서정정신청서 · 공탁물출급(회수)청구서를 공탁자 또는 신청인이나 청구자에게 직접 교부하도록 규정하고 있는 것이다. 특히 공탁금회수청구의 경우에 동 청구서를 우편으로 제출 또는 송달하게 한다면, 도중분실의 경우 제3자가 공탁금을 회수하여 갈 위험성이 있게 된다. 따라서 공탁신청 · 공탁서정정신청 · 공탁금출급(회수)청구는 우편으로 할 수 없다고 할 것이다(1979.8.23, 법정 제234호).

4. 공탁물출급청구서의 첨부서류

공탁물을 수령하고자 하는 자는 대법원규칙이 정하는 바에 의하여 그 권리를 증명하여야 한다(공탁법 제9조 1항).

공탁물을 출급하려고 하는 사람은 2통의 공탁물출급청구서([별지 제8-1호 내지 제8-3호 서식 각 참조])에 다음 각호의 서류(공탁통지서, 출급청구권을 갖는 것을 증명하는 서면, 반대급부를 하여야 할 때에는 반대급부가 있었음을 증명하는 서면, 인감증명서, 자격증명서 등)를 공탁관에게 제출하여야 한다(공탁규칙 제33조, 제37조 1항 · 2항).

공탁물을 출급하려는 사람(피공탁자 등)은 출급청구서에 다음 각 호의 서류를 첨부하여야 한다(공탁규칙 제33조, 제37조, 제38조).

(1) 공탁통지서 원본(공탁금이 5천만원을 초과하는 경우: 규칙 제33조 제1호)

(2) 인감증명서(공탁금이 1천만원을 초과하는 경우: 규칙 제37조 제1항 및 제3항 제1호)

(3) 법인등기사항증명서 또는 대표자나 관리인의 자격을 증명하는 서면(법인 또는 법인 아닌 사단이나 재단인 경우 : 규칙 제38조)

(4) 반대급부 이행증명서(규칙 제33조 제3호)

(5) 출급청구권이 있음을 증명하는 서면(불확지공탁의 경우 : 규칙 제33조 제2호)

(6) 주민등록표 초본(공탁서에 기재된 주소가 변동된 경우(규칙 제20조 제2항 제1호, 제21조 제3항)

(7) 자격에 관한 증명서(배당 기타 관공서의 결정에 따라 공탁물을 지급하는 경우 (규칙 제43조 제2항)

(8) 자격증명서 등의 유효기간

변제공탁의 출급청구서의 첨부서면 중 공탁관에게 제출하는 다음 각 호의 서면은 발급일로부터 3월 이내의 것이어야 한다(규칙 제16조).

(가) 대표자나 관리인의 자격 또는 대리인의 권한을 증명하는 것으로서 관공서에서 발급 받은 서면

(나) 규칙 제21조 제3항의 주소를 증명하는 서면으로서 관공서에서 발급받은 서면

(다) 인감증명서

(9) 신분증(공탁규칙상의 첨무서면은 아니나 본인확인을 위한 것임)

공탁물출급청구서의 첨부서류(규칙 제33조, 제37조, 제38조, 제43조)를 상술하면 아래와 같다.

공탁금(유가증권) 출급청구 구비서류

구분			공탁금 출급청구권자			
			개인	법인	법인 아닌 사단.재단	관공서
공탁금액	5천만원 초과	공탁통지서	○	○	○	○
		인감증명서와 인감도장	○	○	○	×
		신분증	○	○	○	○
	5천만원 이하 ~ 1천만원 초과	공탁통지서	×	×	○	○
		인감증명서와 인감도장	○	○	○	×
		신분증	○	○	○	○
	1천만원 이하	공탁통지서	×	×	×	×
		인감증명서와 인감도장	×	×	×	×
		신분증	○	○	○	○
※ 1천만원 이하의 금액을 본인이 직접 출급청구하는 경우와 법인의 대리인이 청구하는 경우에는 관할공탁소 뿐만 아니라 가까운 공탁소에서도 공탁금을 찾을 수 있습니다(대법원 행정예규 제887호 참조).						

(법원행정처발행: 2009 공탁실무편람 114면)

(1) 공탁통지서(공탁금이 5천만원 초과인 경우)

공탁제도는 공탁공무원의 형식적 심사권, 공탁 사무의 기계적, 형식적인 처리를 전제로 하여 운영되는 것이어서 피공탁자가 특정되어야 함이 원칙이고, 또한 피공탁자가 특정되었다고 하려면 피공탁자의 동일성에 대하여 공탁공무원의 판단이 개입할 여지가 없고 그 공탁통지서의 송달에 지장이 없는 정도에 이르러야 한다(대판 1997.10.16. 96다11747. 전원합의체 판결).

공탁물출급청구서에는 공탁관이 발송한 공탁통지서(민법 제488조 3항; 공탁규칙 제33조 1항)를 첨부하여야 하는 것이 원칙이다(공탁규칙 제33조 1호).

(가) 공탁통지서의 제출을 요하지 아니하는 경우

공탁물을 출급하려는 사람은 공탁물 출급청구서에 공탁규칙 제29조에 따라 공탁관이 발송한 공탁통지서를 첨부하여야 하나, 다음 중 어느 하나의 사유가 있는 경우에는 공탁통지서를 첨부할 필요가 없다(공탁규칙 제33조1호, 단서).

㉮ 출급청구하는 공탁금액이 5000만원 이하인 경우(유가증권의 총 액면금액이 5000만원 이하인 경우를 포함한다) 다만, 청구인이 관공서이거나 법인 아닌 사단이나 재단인 때에는 그 금액이 1000만원 이하인 경우(규칙 제33조1호가목)

㉯ 공탁서나 이해관계인의 승낙서(대법원 행정예규 제1153호. 2018.7.27. 별지 제18

호 양식)를 첨부한 경우(승낙지급)(규칙 제33조1호나목)

공탁물출급청구권자가 공탁자가 보관하고 있던 공탁서원본을 공탁자로부터 이를 넘겨받아 공탁물출급청구서에 첨부한 경우에는 공탁통지서의 제출을 요하지 아니한다.

공탁규칙 제33조 제1호 나.에서의 이해관계인이란 통상적으로 공탁자를 의미하며, 승낙서는 공탁통지서 없이 공탁물을 출급하는 데 공탁자의 동의를 표시하는 내용의 서면을 말한다. 승낙서에는 공탁자의 도장을 날인해야 하고, 이 때 승낙서에 찍은 도장과 공탁서에 찍은 도장은 서로 같아야 하며, 그렇지 않은 경우에는 승낙서에 공탁자의 인감증명서를 첨부하여야 한다. 인감을 날인하고 인감증명서를 첨부하여야 하는 경우(규칙 제37조), 이를 갈음하여 서명을 하고 본인서명 사실확인서 또는 전자본인서명확인서 발급증을 제출할 수 있다.

수용대상 부동산의 가등기권자는 「공익사업을 위한 토지 등의 취득 및 보상에 관한 법률」 제40조에 의하여 공탁된 보상금에 대하여 따로 그 권리를 주장하는 처분금지가처분 또는 가압류 등의 조치를 취하지 않는 이상 그 공탁금출급청구권에 관하여 권리를 주장할 수 있는 이해관계인이라 할 수 없다(2006.3.8., 공탁상업등기과-206).

㉰ 강제집행이나 체납처분에 따라 공탁물출급청구권을 하는 경우(규칙 제33조1호다목)

강제집행이나 체납처분에 의하는 경우에는 강제집행(압류·전부명령 등) 등을 당하는 피공탁자가 공탁통지서를 집행채권자 등에게 스스로 넘겨 주지 않을 것이 예상되므로 공탁통지서를 첨부하지 아니하고도 공탁물출급청구가 가능하도록 한 것이다. 출급청구권에 대하여 체납처분에 의한 압류를 한 세무서장이 출급청구하는 경우에는 공탁통지서를 첨부하지 않아도 된다.

㉱ 공탁통지서를 발송하지 않았음이 인정되는 경우(규칙 제33조1호라목)

공탁규칙 제33조 제1호 라.의 "공탁통지서를 발송하지 않았음이 인정되는 경우"라 함은 공탁관이 공탁통지서를 발송하였으나 반송되어 온 경우는 포함되지 않는다(2000.10.4, 법정 제3302-389호).

절대적 불확지공탁이나 사실상 수령불능사유 중 피공탁자 주소불명의 경우와 같이 공탁서의 기재내용에 비추어 볼 때 공탁통지서를 발송하지 않았음이 명백하게 인정되는 경우 공탁통지서를 첨부하지 않아도 된다.

채무자가 변제공탁을 하였을 때에는 공탁자는 지체없이 채권자에게 공탁통지를 하여야 하나 그 공탁통지는 공탁의 유효요건이 아니어서 공탁자가 공탁통지를 하지 않았어도 채무는 소멸되는 것이라고 할 것이니 본건 토지매매에 따른 매매대금채무는 피고의 변제공탁으로 인하여 소멸된 것이라고 할 것이다(대판 1976.3.9. 75다1200).

(나) 출급청구권자가 공탁통지서나 공탁서원본을 제출할 수 없는 경우(승낙지급 · 보증지급)

1) 승낙지급

가) 승낙지급의 의의

공탁자가 공탁한 공탁금을 피공탁자가 출급하려고 하는 때에는 공탁통지서를 첨부하여야 하는 것이 원칙이나(공탁규칙 제33조1호 본문) 공탁통지서를 분실한 경우 공탁규칙은 다음과 같은 절차에 따라 공탁금을 찾을 수 있도록 하고 있다.

즉, 출급청구인은 공탁자로부터 공탁서원본 또는 공탁자의 승낙서(공탁통지서의 첨부 없이 출급청구함을 승낙한다는 취지의 서면)를 받아 공탁금을 찾을 수 있다(공탁규칙 제33조 제1호 단서나목). 이와 같이 본래 첨부하여야 할 공탁통지서 대신 이해관계인의 승낙서를 첨부하여 출급하는 것을 "승낙지급"이라고 한다.

나) 승낙서의 첨부서면

승낙서에는 작성자인 이해관계인의 인감을 날인하고 인감증명서를 첨부하여야 한다.

2) 보증지급

가) 보증지급의 의의

공탁물 출급청구서에 공탁규칙 제33조 제1호에 규정한 서류(공탁통지서)를 첨부할 수 없는 때에는 공탁관이 인정하는 2명 이상이 연대하여 그 사건에 관하여 손해가 생기는 때에는 이를 배상한다는 보증에 의해 공탁물을 지급하는 것을 "보증지급"이라고 한다(공탁규칙 제41조 제1항).

보증지급은 공탁통지서를 제출할 수 없는 경우에 하는 것이므로 공탁서상의 피공탁자의 주소가 주소증명서면(또는 인감증명서)상의 주소와 불일치하는 경우 동일인임을 입증하는 데까지 확대하여 적용할 수는 없다(1995.3.31. 법정-168). 공탁출급청구권을 갖는 것을 증명하는 서면인 소유권 입증서류를 보증서로 갈음할 수도 없다(1997. 4.18. 법정 3302-131).

나) 보증지급청구인이 관공서 또는 자격자대리인인 경우

보증지급청구인이 관공서인 경우에는 청구하는 공무원의 공탁물 출급 용도의 재직증명서를 보증서 대신 제출할 수 있고, 자격자대리인이 대리하는 경우에는 보증서 대신 손해가 생기는 때에는 이를 배상한다는 자격자대리인 명의의 보증서를 작성하여 제출할 수 있다. 보증서에는 자격자대리인이 기명날인하여야 한다(공탁규칙 제41조 제2항, 제3항).

다) 보증인의 자격

보증인의 자격 여부에 대하여는 구체적인 공탁사건을 심사하는 해당 공탁관이 공탁규칙 제41조 소정의 취지를 참작하여 판단하여야 한다(1992.1.31. 법정-252). 실무상 보증인들에 대한 자격 심사는 보증인들 소유 부동산을 인터넷 등을 통해 확인한 시가에서 담보액을 공제한 금액이 공탁금을 초과하도록 하고 있다. 만약, 그 부동산의 시가(담보액 공제)가 공탁금에 미달하는 경우에는 여러 명의 보증인을 내세우게 하는 경우도 있다.

라) 보증지급절차에 의한 출급청구서의 기재사항

보증지급절차에 의하여 공탁물의 출급청구를 하는 경우에는 출급청구서에 보증서, 재산증명서, 신분증사본 등을 첨부한다는 뜻을 기재하여야 한다(공탁규칙 제32조 제2항 7호).

마) 보증지급절차에 의한 출급청구서의 첨부서면

1. 원칙

   보증지급절차에 의한 공탁물 출급청구서에는 공탁관이 인정하는 2명 이상이 연대하여 그 사건에 관하여 손해가 생기는 때에는 이를 배상한다는 자필서명한 보증서와 그 재산증명서(등기사항증명서 등) 및 신분증 사본을 제출하여야 한다(공탁규칙 제41조 1항).

2. 관공서가 청구인인 경우

   청구인이 관공서인 경우에는 청구하는 공무원의 공탁물 출급 용도의 재직증명서를 보증서 대신 제출할 수 있다(공탁규칙 제41조 2항).

3. 자격자대리인(변호사 · 법무사등)이 청구인인 경우

　출급청구를 자격자대리인이 대리하는 경우에는 공탁규칙 제41조 제1항의 보증서
대신 손해가 생기는 때에는 이를 배상한다는 자격자대리인 명의의 보증서를 작
성하여 제출할 수 있으며, 그 보증서에는 자격자대리인이 기명날인하여야 한다
(공탁규칙 제41조 3항). 이 때에는 재산증명서나 신분증사본은 첨부하지 않아도
된다(행정예규 제895호. 2011.5.30. 별지 제10호양식 주* 2항 참조).

보 증 서

공탁번호	년 금(증물) 제 호				
공탁금액					
공 탁 자	성 명 (상호, 명칭)		주민등록번호 (법인등록번호)		
	주 소 (본점, 주사무소)				
피공탁자	성 명 (상호, 명칭)		주민등록번호 (법인등록번호)		
	주 소 (본점, 주사무소)				

　아래 연대보증인들은 위 공탁사건에 대하여 피공탁자(공탁자)가 공탁통지서(공탁서)를 첨부하지 않고 공탁금을 출급(회수)함으로 인하여 손해가 발생한 때에는 수령인과 연대하여 그 손해를 배상할 것을 보증합니다.

년　　월　　　일

수 령 인 :　　　　　　　(서명)

연대보증인 :　　　　　　　(서명)

주민등록번호 :

주　　　　소 :

연대보증인 :　　　　　　　(서명)

주민등록번호 :

주　　　　소

※ 1. 첨부서류 : 보증인의 재산증명서(부동산등기부등본 등), 신분증사본
　 2. 출급회수청구를 자격자대리인(변호사, 법무사 등)이 대리하는 경우 그 대리인이 보증을 할 수
　　있고, 이 때에는 재산증명서나 신분증사본은 첨부하지 않아도 됩니다.

3) 최고지급 및 공고지급 절차의 폐지

개정공탁규칙 제41조는 공탁물 출급·회수청구서에 공탁통지서나 공탁서를 첨부할 수 없는 경우 보증서(2명 이상의 보증인) 외에 자격자대리인의 경우에는 그 명의에 보증서를 제출할 수 있도록 하고, 관공서인 경우에는 청구하는 공무원의 재직증명서를 제출하도록 하였으나 구 공탁사무처리규칙 제38조의2·제38조의3의 규정에 의한 최고지급 및 공고지급절차는 이를 폐지하였다.

동의서(승낙서)

공탁번호		년 금(증, 물) 제 호
공탁금액		
동의자	성 명 (상호, 명칭)	
	주민등록번호 (법인등록번호)	
	주 소 (본점, 주사무소)	
상대방 (동의받는 자)	성 명 (상호, 명칭)	
	주민등록번호 (법인등록번호)	
	주 소 (본점, 주사무소)	
첨부서류		1. **동의자의 인감증명서** 1부 2.

위 상대방(동의받는 자)에게 이 사건 공탁금을 지급하는데 대하여 동의합니다.

년   월   일

동의하는 자 성명(상호 등)   (인감)

지방법원   지원 공탁관 귀하

※ 동의자의 인감증명서를 첨부하여야 합니다(인감을 날인하고 인감증명서를 첨부하여야 하는 경우, 이를
  갈음하여 서명을 하고 본인서명사실확인서를 제출할 수 있습니다).

(2) 출급청구권이 있음을 증명하는 서면(불확지공탁의 경우)

(가) 변제공탁의 경우

공탁물을 출급하고자 하는 사람은 "출급청구권이 있음을 증명하는 서면"을 제출하여야 한다(공탁법 제9조 1항, 공탁규칙 제33조 2호). 그러나 변제공탁의 경우는 통상적으로 공탁서의 기재만으로도 출급청구권이 있음을 증명할 수 있는 사실이 명백한 경우에는 그러하지 아니하다(공탁규칙 제33조2호 단서).

일반적인 변제공탁의 경우에는 공탁서의 기재에 의하여 출급청구권자, 출급청구권의 발생원인 및 범위가 명백하게 드러나므로 피공탁자가 별도로 출급청구권을 증명하는 서면을 제출할 필요가 없으나 ① "상대적불확지공탁"의 경우 공탁금을 출급하려는 피공탁자 중의 1인은 다른 피공탁자의 인감증명서를 첨부한 승낙서면을 받거나 그를 상대로 한 권리관계를 증명하는 확인판결(화해조서, 조정조서 등)의 정본을 첨부하여야 공탁금을 출급받을 수 있고, ② "절대적불확지공탁"의 경우 공탁자가 후에 피공탁자를 알게 되었을 때 먼저 그를 지정하는 공탁서정정을 한 후 그로 하여금 공탁금을 출급하게 할 수 있지만, 위 정정서가 없어도 공탁금을 출급하려는 자는 공탁자를 상대로 한 공탁금출급청구권의 확인판결(화해조서, 조정조서 등)의 정본 및 확정증명서를 첨부하여 공탁물을 출급받을 수 있다(1992.9.4, 법정 제1529호).

(나) 공탁당사자가 아닌 제3자가 피공탁자를 상대로 확인판결을 받은 경우

공탁당사자가 아닌 "제3자"가 "피공탁자를 상대"로 하여 공탁물출급수령권 확인의 소를 제기하여 확인판결을 받았다는 것만으로 바로 그 제3자에게 공탁당사자 적격이 생기는 것이 아닐 뿐만 아니라, 그 확인판결은 공탁규칙 제30조 제2호 소정의 "출급청구권을 갖는 것을 증명하는 서면"에도 해당하지 아니하므로, 그 확인판결을 받은 제3자가 직접 공탁물출급청구를 할 수는 없다(대법원 1993.12. 15, 93마1470 결정).

(다) 혼합공탁의 경우

혼합공탁에 있어서 그 집행공탁의 측면에서 보면 공탁자는 피공탁자들에 대하여는 물론이고 가압류채권자를 포함하여 그 집행채권자에 대하여서도 채무로부터의 해방을 인정받고자 공탁하는 것이다. 이러한 취지에 비추어, 피공탁자가 공탁물의 출급을 청구함에 있어서 다른 피공탁자에 대한 관계에서만 공탁물출급청구권이 있음을 증명하는 서면을 갖추는 것으로는 부족하고, 위와 같은 집행채권자에 대한 관계에서도 공탁물출급청구권이 있음을 증명하는 서면을 구비·제출하여야 할 것이다(대판 2012.1.1 2. 2011다84076).

🔍 판례

① 채권양도인 또는 채권양수인을 피공탁자로 하는 이른바 채권자 상대적 불확지 변제공탁의 경우, 공탁원인 사실에 제3자의 가압류 사실이 기재되어 있거나 위 공탁 후 다른 제3자가 공탁금출급 청구권을 가압류한 경우에도, 채권양수인이 채권양도인을 상대로 받은 공탁금출급청구권확인 승소확정판결이 공탁사무처리규칙 제30조 제2호 소정의 '출급청구권을 갖는 것을 증명하는 서면' 에 해당하는지 여부(적극)

채무자가 채권양도인 또는 채권양수인을 피공탁자로 한 민법 제487조에 의한 이른 바 채권자 상대적 불확지 변제공탁을 한 경우, 공탁서의 공탁원인 사실에 제3자의 가압류 사실이 기재되어 있어도 그 제3자는 위 공탁의 피공탁자가 될 수 없으며, 채권양수인이 위 공탁의 유일한 다른 피공탁자인 채권양도인을 상대로 받은 공탁금 출급청구권확인 승소확정판결은 공탁법 제8조 제1항, 공탁사무처리규칙 제30조 제2 호 소정의 '출급청구권을 갖는 것을 증명하는 서면'에 해당하므로, 채권양수인이 위 판결을 첨부하여 공탁금의 출급청구를 한 이상 공탁공무원으로서는 이를 수리하여야 하고, 위 공탁 후에 또 다른 제3자가 채권양도인의 공탁금출급청구권을 가압류하였 다 하더라도 이에 장애가 되지 않는다(대판 1999.11.30. 99마4239).

② 공익사업을 위한 토지 등의 취득 및 보상에 관한 법률 제40조 제2항 제1호의 규정에 따라 사업 시행자가 보상금을 공탁한 경우, 정당한 공탁금수령권자이면서도 공탁으로부터 공탁금의 출급을 거부당한 자가 공탁자인 사업시행자를 상대방으로 하여 그 공탁금출급권의 확인을 구하는 소송 을 제기할 이익이 있는지 여부(적극)

보상금을 받을 자가 주소불명으로 인하여 그 보상금을 수령할 수 없는 때에 해당함 을 이유로 하여 공익사업을 위한 토지 등의 취득 및 보상에 관한 법률 제40조 제2 항 제1호의 규정에 따라 사업시행자가 보상금을 공탁한 경우에 있어서는, 변제공탁 제도가 본질적으로는 사인 간의 법률관계를 조정하기 위한 것이라는 점, 공탁관은 형식적 심사권을 가질 뿐이므로 피공탁자와 정당한 보상금수령권자라고 주장하는 자 사이의 동일성 등에 관하여 종국적인 판단을 할 수 없고, 이는 공탁관의 처분에 대 한 이의나 그에 대한 불복을 통해서도 해결될 수 없는 점, 누가 정당한 공탁금수령 권자인지는 공탁자가 가장 잘 알고 있는 것으로 볼 것인 점, 피공탁자 또는 정당한 공탁금수령권자라고 하더라도 직접 국가를 상대로 하여 민사소송으로써 그 공탁금의 지급을 구하는 것은 원칙적으로 허용되지 아니하는 점 등에 비추어 볼 때, 정당한 공탁금수령권자이면서도 공탁관으로부터 공탁금의 출급을 거부당한 자는 그 법률상 지위의 불안·위험을 제거하기 위하여 공탁자인 사업시행자를 상대방으로 하여 그 공탁금출급권의 확인을 구하는 소송을 제기할 이익이 있다(대판 2007.2.9. 2006다 68650,68667).

(라) 확지공탁의 경우

확지 변제공탁의 경우 공탁서나 공탁통지서 자체로 출급청구권자와 출급청구권의 발생 및 그 범위를 알 수 있으므로 별도로 출급청구권 증명서면을 첨부하지 않아도 된다.

(마) 상대적 불확지공탁의 경우

상대적 불확지 변제공탁의 경우(피공탁자를 "갑 또는 을 또는 병"으로 표시한 경우 등)에는 공탁서만으로는 피공탁자가 특정되지 않으므로, 출급청구를 하려는 자는 자기가 피공탁자임을 증명하는 서면을 첨부하여야 한다.

피공탁자 전원이 공동으로 출급청구하는 경우에는 출급청구서 기재에 의하여 상호 승낙이 있는 것으로 볼 수 있으므로 별도로 출급청구권 증명서면을 첨부하지 않아도 된다.

피공탁자 사이에 권리의 귀속에 관하여 분쟁이 없는 경우에는 다른 피공탁자의 승낙서 또는 협의성립서(모두 인감증명서 또는 본인서명사실확인서 첨부)를 첨부하면 되고, 피공탁자 사이에 권리의 귀속에 관하여 분쟁이 있는 경우에는 피공탁자 사이에 어느 일방에게 출급청구권이 있음을 증명하는 내용의 확정판결(조정조서·화해조서 포함)을 첨부하여야 한다(행정예규 제975호 3.나.(2).(가)①).

상대적 불확지 변제공탁의 피공탁자 중 1인을 채무자로 하여 그의 공탁물출급청구권에 대하여 채권압류 및 추심명령을 받은 추심채권자가 자기의 이름으로 다른 피공탁자를 상대로 공탁물출급청구권이 추심채권자의 채무자에게 있음을 확인한다는 확인의 소를 제기할 수 있다(대판 2011.11.10. 2011다55405).

[1] 민법 제487조 후단에 따른 채권자의 상대적 불확지를 원인으로 하는 변제공탁의 경우 피공탁자 중의 1인은 다른 피공탁자의 승낙서나 그를 상대로 받은 공탁물출급청구권확인 승소확정판결을 제출하여 공탁물출급청구를 할 수 있는데, 민사집행법 제229조 제2항에 의하면 채권압류 및 추심명령을 받은 추심채권자는 추심에 필요한 채무자의 권리를 대위절차 없이 자기 이름으로 재판상 또는 재판 외에서 행사할 수 있으므로, 상대적 불확지 변제공탁의 피공탁자 중 1인을 채무자로 하여 그의 공탁물출급청구권에 대하여 채권압류 및 추심명령을 받은 추심채권자는 공탁물을 출급하기 위하여 자기의 이름으로 다른 피공탁자를 상대로 공탁물출급청구권이 추심채권자의 채무자에게 있음을 확인한다는 확인의 소를 제기할 수 있다.

[2] 상대적 불확지 변제공탁의 피공탁자 乙, 丙 중 乙을 채무자로 하여 그의 공탁물출급청구권에 대하여 채권압류 및 추심명령을 받은 甲이 다른 피공탁자 丙을 상대로 제1심법원에 공탁물출급청구권 확인의 소를 제기하면서 소장의 당사자표시에 乙을 '원고'로, 자신을 '대위신청인'으로 기재하고, 청구취지를 '원고가 출급권자임을 확인한다'는 것으로 기재한 다음, 청구원인으로는 甲이 공탁물출급청구권에 대하여 채권압류 및 추심명령을 받았는데 乙과 丙이 공탁금에 대하여 아무런 조치를 취하지 않고 있어 채무자의 대위신청인으로서 공탁물출급청구권의 확인을 받아 채무변제를 받기 위해 소를 제기한다고 주장하였다가, 원심 변론기일에 소장의 당사자표시 중 '원고'는 자신(甲)이고, 청구취지는 '공탁물출급청구권이 원고(甲)에게 있음을 확인한다'는 것이라고 진술한 사안에서, 위 진술은 당사자 본인인 甲이 부주의나 법률적 지식의 부족으로 인하여, 채권압류 및 추심명령이 있더라도 채무자가 여전히 압류된 채권의 채권자 지위에 있는 것이고, 다만 채권압류 및 추심명령을 받은 추심채권자는 압류한 채권의 추심권을 취득함으로써 추심에 필요한 채무자의 권리를 대위절차 없이 자기의 이름으로 행사할 수 있다는 법리를 간과하였거나 제대로 이해하지 못한 데서 비롯한 것으로 보이므로, 원심으로서는 甲에게 청구원인과 법정에서 진술한 청구취지가 일치하지 않는 법률적 모순이 있음을 지적하고 다시 의견을 진술할 기회를 부여함으로써 甲의 진정한 의사를 확인하고 그로 하여금 청구원인에 합당하게 청구취지를 정정하도록 기회를 주었어야 함에도, 이러한 조치를 취하지 않은 채 甲이 위와 같은 진술을 하였다는 이유만으로 그가 공탁물출급청구권이 피공탁자가 아

닌 추심채권자에게 있음의 확인을 구하고 있어 확인의 이익이 없다고 본 원심판결에는 석명의무를 다하지 아니한 잘못이 있다고 한 사례(대판 2011.11.10, 2011다55405 공탁금출급청구권확인).

✱ 공탁금출급청구권확인청구소장의 청구취지 기재

확인청구는 원고가 피고와의 사이에 다툼이 있는 권리 또는 법률관계에 관하여 법원에 대하여 그 존재 또는 부존재의 확정 선언을 구하는 것이므로 청구취지를 선언적인 형태인 '확인한다'라고 기재하고 명령적인 형태인 '확인하라'라고 기재하지 않는다.

확인청구에 있어서는 확인의 대상이 된 권리 또는 법률관계가 특정될 수 있도록 그 종류, 범위, 발생원인 등을 명확히 하여야 하고, 목적물도 특정하여 표시하여야 한다.

공탁금 출급청구권 확인청구 소장의 청구취지는 다음과 같이 기재한다.

[소장의 청구취지의 기재례]

피고(공탁자를 피고로 한 경우)가 2003.2.4. 서울지방법원 2003금제3457호로 공탁한 금 50,000,000원에 대하여 원고가 공탁금출급청구권자임을 확인한다. 또는 소외 공탁자 ○○○가 년 월 일 ○○지방법원 ○년 금 제○호(피공탁자 ○○○ 또는 ○○○)로 공탁한 금 ○○원에 대하여 원고가 공탁금출급청구권자임을 확인한다(상대적 불확지공탁의 피공탁자 중 일방이 상대방을 피고로 한 경우)

🔍 판례

채권양도인 또는 채권양수인을 피공탁자로 하는 이른바 채권자 상대적 불확지 변제공탁의 경우, 공탁원인 사실에 제3자의 가압류 사실이 기재되어 있거나 위 공탁 후 다른 제3자가 공탁금출급청구권을 가압류한 경우에도, 채권양수인이 채권양도인을 상대로 받은 공탁금출급청구권확인 승소확정판결이 공탁규칙 제33조 제2호 소정의 '출급청구권을 갖는 것을 증명하는 서면'에 해당하는지 여부(적극)

채무자가 채권양도인 또는 채권양수인을 피공탁자로 한 민법 제487조에 의한 이른바 채권자 상대적 불확지 변제공탁을 한 경우, 공탁서의 공탁원인 사실에 제3자의 가압류 사실이 기재되어 있어도 그 제3자는 위 공탁의 피공탁자가 될 수 없으며, 채권양수인이 위 공탁의 유일한 다른 피공탁자인 채권양도인을 상대로 받은 공탁금 출급청구권확인 승소확정판결은 공탁법 제9조 제1항, 공탁규칙 제33조 제2호 소정의 '출급청구권을 갖는 것을 증명하는 서면'에 해당하므로, 채권양수인이 위 판결을 첨부하여 공탁금의 출급청구를 한 이상 공탁관으로서는 이를 수리하여야 하고, 위 공탁 후에 또 다른 제3자가 채권양도인의 공탁금출급청구권을 가압류하였다 하더라도 이에 장애가 되지 않는다(대판 1999.11.30, 99마4239 결정. 공탁관의 처분에 대한이의).

※ 위 경우는 공탁자를 피고로 할 것이 아니라 다른 피공탁를 피고로 하여야 한다(원고 : 채권양도인, 피고 : 채권양수인 또는 그 반대).

1) 피공탁자를 "갑 또는 을"로 표시하여 공탁한 경우

가) 공탁자의 승낙서

공탁서에 피공탁자의 표시를 "갑 또는 을"(상대적 불확지)로 한 경우, 어느 일방이 공탁물을 출급하고자 할 때에는 그 스스로 공탁물출급청구권이 있음을 증명해야 하는데, 이 경우에는 공탁자의 승낙서(인감증명서첨부)가 필요하며(규칙 제33조1호나목), 승낙서를 받을 수 없는 사정이 있으면 그를 상대로 한 권리관계를 증명하는 확인판결(공탁물출급청구권확인)의 정본 및 확정증명서나 이와 동등한 효력이 있는 화해조서 등을 첨부하여야 한다.

나) 상대방의 동의서(승낙서)양식의 신설

상대적 불확지공탁사건 등에 있어서 공탁금지급청구인이 상대방에게 동의서를 받고자 할 때 관련 서식이 없어 불편하였는바, 이에 동의서(승낙서) 양식을 신설하였다(제18호 양식).

동의서(승낙서)

공탁번호		년 금(증, 물) 제 호
공탁금액		
동의자	성 명 (상호, 명칭)	
	주민등록번호 (법인등록번호)	
	주 소 (본점, 주사무소)	
상대방 (동의받는 자)	성 명 (상호, 명칭)	
	주민등록번호 (법인등록번호)	
	주 소 (본점, 주사무소)	
첨부서류		1. **동의자의 인감증명서** 1부 2.

위 상대방(동의받는 자)에게 이 사건 공탁금을 지급하는데 대하여 동의합니다.

년   월   일

동의하는 자 성명(상호 등)   (인감)

지방법원   지원 공탁관 귀하

※ 동의자의 인감증명서를 첨부하여야 합니다(인감을 날인하고 인감증명서를 첨부하여야 하는 경우, 이를 갈음하여 서명을 하고 본인서명사실확인서를 제출할 수 있습니다).

2) 혼합공탁의 경우 출급청구권을 갖는 것을 증명하는 서면

변제공탁과 집행공탁의 성질을 병유하는 혼합공탁의 경우 상대적 불확지 변제공탁의 피공탁자 중 '을'이 공탁금의 출급을 받기 위해서는 다른 피공탁자 '갑'을 포함하여 공탁금출급청구권에 대한 가압류채권자 및 추심채권자 등 모든 이해관계인 들과의 관계에서 '을'에게 공탁금출급청구권이 귀속한다는 것을 증명하여야 한다. 따라서 '을'은 갑에 대한 공탁금출급청구권 확인판결 이외에 이해관계인인 가압류채권자 및 추심채권자의 승낙서(인감증명첨부) 또는 그들에 대한 출급청구권 확인 판결정본(화해조서, 조정조서정본)을 출급청구권을 갖는 것을 증명하는 서면으로 제출하여야만 공탁관에 대하여 공탁금의 출급을 청구할 수 있을 것이다(1999.11.29, 법정 제3302-423호).

예고등기를 이유로 "소 제기자 또는 토지소유자"를 피공탁자로 하는 상대적 불확지공탁이 이루어지고 그 후 예고등기의 원인이 된 소유권등기말소소송에서 토지소유자가 승소확정되었다면, 토지소유자는 그 판결을 공탁규칙 제33조 제2호의 "출급청구권을 갖는 것을 증명하는 서면"으로 하여 공탁금출급청구를 할 수 있고, 별도로 다른 피공탁자의 승낙서나 그에 대한 공탁금출급청구권확인판결을 얻을 필요는 없다(2002. 12.31, 법정 제3302-485호).

3) 합유자와 가처분권자를 피공탁자로 한 상대적 불확지공탁금에 대한 합유자의 출급절차

공탁자가 토지를 수용하면서 가처분권자가 있어서 그 토지의 합유자들과 위 가처분권자를 피공탁자로 한 상대적 불확지공탁을 한 경우에 합유자들이 공탁금을 출급하기 위하여는 공탁 이후에 가처분권자의 가처분취하로 인한 가처분취하증명원은 공탁금 출급청구권이 있음을 증명하는 서면이 될 수 없고, 가처분권자의 승낙서(인감증명서 첨부, 행정예규 제526호 참고)등이 필요하다(2008.3.26. 공탁상업-362)

4) 합유자 일부의 사망과 잔존합유자의 출급청구

공탁금의 소유형태를 합유로 하여 공탁한 이후에 그 합유자 중에 1인이 사망하면 특약이 없는 한 사망한 사람의 상속인들에게 공탁금 출급청구권이 승계되지 않으므로 잔존 합유자들은 합유자 간의 특약 유무에 대한 소명 없이 공탁금 출급청구를 할 수 있다(2008.3.26. 공탁상업등기과-362).

5) 상대적불확지공탁의 피공탁자가 아닌 제3자를 상대로 한 공탁금출급청구권의 확인여부(소극)

상대적불확지 변제공탁의 경우 피공탁자 중의 1인이 공탁물을 출급청구하기 위해서는 다른 피공탁자들이 승낙서나 그들을 상대로 받은 공탁물출급청구권확인 승소 확정판결이 있으면 되므로, 위와 같은 경우에 피공탁자가 아닌 제3자를 상대로 공탁물 출급청구권의 확인을 구하는 것은 확인의 이익이 없다(대판 2008.10.23. 2007다35596).

6) 출급청구권의 귀속주체를 판단하는 기준

채무자가 상대적 불확지 변제공탁을 하여 피공탁자 중 1인이 다른 피공탁자들을 상대로 자기에게 공탁금출급청구권이 있다는 확인을 구한 경우, 공탁금출급청구권의 귀속주체를 판단하는 기준이 되는 법률관계는 본래 채권의 성립 근거인 법률관계에 따라 정해진다.

🔍 **판례**

> 채무자가 과실 없이 채권자를 알 수 없는 경우에는 변제의 목적물을 공탁하면 채무를 면하고(민법 제487조 후단), 채권자는 공탁소에 대하여 공탁금출급청구권을 가지게 된다. 이때 피공탁자가 된 채권자가 가지는 공탁금출급청구권은 채무자에 대한 본래의 채권을 갈음하는 권리이므로, 그 귀속 주체와 권리 범위는 본래의 채권이 성립한 법률관계에 따라 정해진다. 따라서 채무자가 누가 진정한 채권자인지를 알 수 없어 상대적 불확지의 변제공탁을 하여 피공탁자 중 1인이 다른 피공탁자들을 상대로 자기에게 공탁금출급청구권이 있다는 확인을 구한 경우에, 피공탁자들 사이에서 누가 진정한 채권자로서 공탁금출급청구권을 가지는지는 피공탁자들과 공탁자인 채무자 사이의 법률관계에서 누가 본래의 채권을 행사할 수 있는 진정한 채권자인지를 기준으로 판단하여야 한다(대판 2017.5.17. 2016다270049. 공탁금출급청구권확인의 소).

(바) 절대적 불확지공탁의 경우

1) 절대적 불확지공탁의 피공탁자

채권자가 누구인지 전혀 알 수 없는 절대적 불확지공탁의 경우에는 공탁자를 상대로 자신이 공탁금출급청구권자임을 증명하는 판결을 받거나 공탁서에 피공탁자로 정정 기재된 자가 공탁금을 출급청구하여야 한다.

기업자가 수용보상금을 절대적 불확지공탁한 경우, 수용 토지의 소유자가 공탁금 출급을 위해 기업자를 상대로 공탁금 출급청구권이 자신에게 있다는 확인을 구하는 소송이 확인의 이익이 있는지 여부(적극) :

기업자가 보상금 수령권자의 절대적 불확지를 이유로 수용보상금을 공탁한 경우 자기가 진정한 보상금 수령권자라고 주장하는 자의 입장에서 보면 기업자가 적극적으로 그에게 공탁출급청구권이 없다고 '부인(否認)'하지는 아니하고 단순히 '부지(不知)'라고 주장하더라도 이는 보상금 수령권자의 지위를 다툰 것이고 언제 다른 사람이 진정한 권리자라고 주장함에 대하여 기업자가 이를 긍정할지 알 수 없는 것이므로 그 법률상의 지위에 불안·위험이 현존하는 것으로 보아야 할 것이고, 또한 공탁제도상으로도 수용 토지의 원소유자가 기업자를 상대로 절대적 불확지의 공탁이된 공탁금에 대한 출급청구권이 자신에게 귀속되었다는 확인판결을 받아 그 판결이 확정되면 그 확정판결 정본은 공탁규칙 제33조 제1호에 정한 '출급청구원이 있음을 증명하는 서면'에 해당하여 수용 토지의 원소유자는 위 판결 정본을 공탁금출급청구서에 첨부하여 공탁소에 제출함으로써 공탁금을 출급받을 수 있으므로, 수용토지의 원소유자가 기업자를 상대로 하는 공탁금출급청구권 확인의 소는 절대적 불확지공탁의 공탁금 출급을 둘러싼 법적 분쟁을 해결하는 유효적절한 수단이어서 그 확인의 이익이 있다(대판: 1997.10.16. 96다11747. 전원합의체. 공탁금출급청구권확인).

2) 공탁 후에 피공탁자를 알게 된 경우

절대적 불확지공탁을 한 경우에는 공탁자가 후에 피공탁자를 알게 되었을 때에 먼저 그를 피공탁자로 지정하는 공탁서정정을 한 후 그로 하여금 공탁물을 출급청구하게 할 수 있지만, 공탁자가 공탁서를 정정하는 절차를 취하지 않을 경우에는 공탁자(국가가 아님)를 상대로 하여 공탁금출급청구권이 자신에게 있다는 확인판결(화해, 조정조서 포함)을 받아 그 판결정본 및 확정증명서를 출급청구권을 증명하는 서면으로 하여 공탁금을 직접 청구할 수 있으나(1995.8.22, 법정 제392호), 사업시행자가 발행한 출급청구권을 갖는다는 확인증명서(또는 확인서)는 출급청구권 증명서면으로 볼 수 없다(1998.2.7, 법정 제3302-47호).

3) 사망자를 피공탁자로 하여 공탁한 경우

사망자를 피공탁자로 하여 수용보상금을 공탁해 놓은 경우에는 상속인을 증명하는 서면(호적·제적등본)을 첨부하여 ① 상속인들 전원이 공동으로 출급청구하거나, ② 상속인 각자가 자기의 지분에 해당하는 공탁금만을 출급청구할 수 있으며, ③ 협의분할에 의할 경우에는 협의분할을 증명하는 서면(상속인들 전원의 인감증명서가 첨부된 상속재산분할협의서)를 첨부하여 출급청구할 수 있다(1997. 4.29. 법정 제3302-138호).

(사) 혼합공탁의 경우 (혼합공탁의 일방의 피공탁자가 공탁금 출급청구하는 경우)

공탁자가 피공탁자를 '갑(甲)' 또는 '을(乙)'로 한 상대적 불확지 변제공탁과 '을(乙)'을 채무자로 하는 '병(丙)'의 채권가압류로 인한 집행공탁을 합한 혼합공탁의 경우, 피공탁자 '갑(甲)'이 '을(乙)'을 상대로 공탁금 출급청구권확인 소송을 제기하여 승소 판결이 확정되었고, '병(丙)'을 상대로 제3자이의 소송을 제기하여 강제집행을 불허한다는 판결을 받아 가압류결정의 집행이 모두 해제되었다면, '갑(甲)'은 가압류채권자인 '병(丙)'의 승낙서나 그에 대한 공탁금 출급청구권확인판결 없이도 공탁금 출급청구를 할 수 있다.

한편, 혼합공탁 이후에 '을(乙)'을 채무자로 하는 채권(가)압류 등을 한 채권자가 있는 경우에도, '갑(甲)'은 위 채권자들의 승낙서나 위 채권자들을 상대로 한 공탁금 출급청구권확인판결을 첨부하지 않고서도 출급청구 할 수 있다.

위 경우, 피공탁자 '갑(甲)'은 '을(乙)'을 상대로 한 공탁금 출급청구권 확인판결과 '병(丙)'의 채권가압류의 효력이 실효되었음을 증명하는 서면(가압류집행취소결정정본과 송달증명)을 첨부하여 공탁금을 출급청구할 수 있다.

(2011.2.10. 사법등기심의관-311 질의회답)
(대법원 2008.1.17. 선고 2006다56015 판결, 대법원 1999.11.30.자 1999마 4239 결정)

(아) 집행공탁의 경우(자격에 관한 증명서 첨부)

집행공탁의 경우 공탁물을 출급·회수하려는 사람은 공탁물 출급·회수청구서에 공탁통지서나 공탁서를 첨부하는 것이 아니라, 공탁자의 공탁사유신고에 의하여 집행법원의 배당절차(민사집행법 제252조 내지 제256조)가 개시되며 이에 따라 집행법원의 배당표가 확정(민사집행법 제256조)되어 공탁물의 지급을 하는 경우 집행법원은 공탁관에게는 지급위탁서(제11호 양식)를 송부하고 지급을 받을 자에게는 그 자격에 관한 증명서(제12호 양식)를 교부하여야 한다(동 규칙 제43조 제1항). 이 경우에 공탁물의 지급을 받고자 하는 자는 그 자격에 관한 증명서(제12호 양식)을 첨부하여 공탁규칙 제32조에 따라 출급·회수청구를 하게 된다(동 규칙 제43조 제2항).

(자) 공탁금출급청구권 확인의 소의 당사자 및 확인의 이익

확인의 소는 원고의 권리 또는 법률상의 지위에 현존하는 불안, 위험이 있고 확인 판결을 받는 것이 그 분쟁을 근본적으로 해결하는 가장 유효 적절한 수단일 때에 허용된다고 할 것이다.

그러므로 일반적으로 공탁의 당사자가 아닌 자는 공탁관에 대하여 공탁금의 출급을 청구할 수 없는 이상 그가 제기한 공탁금출급청구권 확인소송이나 공탁의 당사자가 아닌 자를 상대로 한 공탁금출급청구권 확인소송은 확인의 이익이 없다고 할 것이다 (대판 2008.10.23. 2007다35596).

① 상대적 불확지공탁의 경우 피공탁자만이 피고적격이 있다(대판 2008.10.23. 2007다35596)고 할 것이므로 공탁자를 상대로 하는 확인판결이나 국가를 상대로 하는 확인판결은 확인의 이익이 부정되어야 할 것이고, ② 절대적 불확지공탁의 경우 종래 확인의 이익이 있는 상대방이 누구이냐를 두고 소송불요설, 공탁자피고설(판례), 국가 피고설의 대립이 있었으나 대법원은 1997.10.16. 선고 96다11747 전원합의체판결을 통하여 공탁자피고설의 입장을 취하였다.

대법원은 2001.6.26. 선고 2001다19776 판결을 통하여 피공탁자가 수용된 물건이 자신의 소유임을 주장하는 자를 상대로 제기한 공탁금출급청구권 확인의 소에 관하여 판시하면서 "이 사건에서 이 사건 주택의 소유권 내지 이 사건 공탁금의 출급청구권의 귀속과 관련하여 피고가 다투고 있다고 하더라도, 원고로서는 직접 공탁관에 대하여 이 사건 공탁금의 출급청구권을 행사하여 이를 수령하면 되는 것이고, 구태여 피공탁자가 될 수 없는 피고를 상대로 이 사건 공탁금의 출급청구권이 원고에게 있다는 확인을 구할 필요는 없다고 할 것이므로, 원고의 이 사건 소는 그 권리보호의 이익이 없어 부적법하다."고 설시하여, 피공탁자가 아닌 자를 상대로 한 공탁금출급청구권 확인의 소의 확인의 이익을 부정하였다.

(차) 변제공탁의 피공탁자가 아닌 사람이 피공탁자를 상대로 공탁물출급청구권확인판결을 받아 출급청구를 할 수 있는지 여부(소극)

피공탁자 아닌 제3자가 피공탁자를 상대로 하여 공탁물출급청구권 확인판결을 받았더라도 그 확인판결을 받은 제3자가 직접 공탁물출급청구를 할 수는 없다(대판 2006.8.25. 2005다67476).

공탁당사자가 아닌 제3자가 피공탁자를 상대로 하여 공탁물출급수령권 확인의 소를 제기하여 확인판결을 받았다는 것만으로 바로 그 제3자에게 공탁당사자 적격이 생기는 것이 아닐 뿐만 아니라, 그 확인판결은 공탁사무처리규칙 제30조 제2호 소정의 "출급청구권을 갖는 것을 증명하는 서면"에도 해당하지 아니하므로, 그 확인판결을 받은 제3자가 직접 공탁물출급청구를 할 수는 없다(대판 1993.12.15. 93마1470).

🔍 판례

[1] 변제공탁에 있어서 피공탁자가 아닌 사람이 피공탁자를 상대로 공탁물출급청구권 확인판결을 받은 경우에 직접 공탁물출급청구를 할 수 있는지 여부(소극) 및 피공탁자들의 실질적인 지분비율이 공탁서상의 지분비율과 다른 경우, 공탁물출급청구권의 행사 범위

변제공탁의 공탁물출급청구권자는 피공탁자 또는 그 승계인이고 피공탁자는 공탁서의 기재에 의하여 형식적으로 결정되므로, 실체법상의 채권자라고 하더라도 피공탁자로 지정되어 있지 않으면 공탁물출급청구권을 행사할 수 없다. 따라서 피공탁자 아닌 제3자가 피공탁자를 상대로 하여 공탁물출급청구권 확인판결을 받았더라도 그 확인판결을 받은 제3자가 직접 공탁물출급청구를 할 수는 없고, 수인을 공탁금에 대하여 균등한 지분을 갖는 피공탁자로 하여 공탁한 경우 피공탁자 각자는 공탁서의 기재에 따른 지분에 해당하는 공탁금을 출급청구할 수 있을 뿐이며, 비록 피공탁자들 내부의 실질적인 지분비율이 공탁서상의 지분비율과 다르다고 하더라도 이는 피공탁자 내부간에 별도로 해결해야 할 문제이다(대판 2006.8.25. 2005다67476).

[2] 갑과 을을 피공탁자(지분 각 1/2)로 한 변제공탁에 대하여 갑이 을을 상대로 1/2 지분을 초과하는 지분에 대한 공탁금출급청구권의 확인을 청구할 수 있는지 여부(소극)

채무자가 확정판결에 따라 갑과 을을 피공탁자(지분 각 1/2)로 하여 판결에서 지급을 명한 금액을 변제공탁한 경우, 갑과 을은 각자 위 공탁금의 1/2 지분에 해당하는 공탁금을 출급청구할 수 있을 뿐이고, 각자의 지분을 초과하는 지분에 대하여는 갑과 을이 피공탁자로 지정되어 있지 않으므로 초과지분에 대하여 상대방을 상대로 공탁금출급청구권의 확인을 청구할 수 없다(대판 2006.8.25. 2005다67476).

(카) 불가분채권자 전원을 피공탁자로 변제공탁을 한 경우

실체법상 불가분채권자 1인이 모든 채권자를 위하여 단독으로 이행을 청구할 수 있더라도 채무자인 공탁자가 변제공탁을 하면서 공탁서에 불가분채권자 2인을 피공탁자

로 기재하였다면 비록 피공탁자 중 1인이 공탁자의 출급동의서를 첨부하였더라도 단독으로 공탁금 출급청구를 할 수 없고, 피공탁자 전원이 함께 청구하거나 피공탁자 1인이 나머지 피공탁자의 위임을 받아 청구하여야 한다(2008 .8. 21. 공탁상업등기과 -836 질의회답).

(타) "출급청구권을 갖는 것을 증명하는 서면"에 해당 여부

1) 제3자가 피공탁자를 상대로 하여 공탁물출급수령권확인판결을 받은 경우

공탁당사자가 아닌 제3자가 피공탁자를 상대로 하여 공탁물출급수령권확인의 소를 제기하여 확인판결을 받았다는 것만으로 바로 그 제3자에게 공탁당사자적격이 생기는 것이 아닐 뿐만 아니라, 그 확인판결은 공탁규칙 제30조 제2호 소정의 "출급청구권을 갖는 것을 증명하는 서면"에도 해당하지 아니하므로 그 확인판결을 받은 제3자가 직접 공탁물출급청구를 할 수는 없다(대법원 1993.12.15, 93마 1470 결정).

2) 공탁당사자가 아닌 "제3자"가 피공탁자를 상대로 확인판결을 받은 경우

금전변제공탁에 있어서 공탁당사자가 아닌 제3자가 피공탁자를 상대로 하여 공탁물수령권확인의 소를 제기하여 그 확인판결을 받았다 하더라도 위 제3자는 공탁당사자적격이 없을 뿐만 아니라 위 확인판결은 공탁규칙 제30조 제2호의 공탁물출급청구권을 증명하는 서면에 해당하지 아니하므로, 위 확인판결을 받은 제3자는 직접 공탁금출급청구를 할 수 없는 것이다(1991.5.10, 법정 제842호).

공탁자가 "갑 또는 을"을 피공탁자로 하는 이른바 상대적 불확지변제공탁을 한 경우, 공탁서의 공탁원인사실에 을에 대한 제3자의 가압류사실이 기재되어 있어도 그 제3자는 위 공탁의 피공탁자가 될 수 없고, 갑이 을을 상대로 받은 공탁금출급청구권확인승소확정판결은 공탁법 제8조 제1항, 공탁규칙 제30조 제2호 소정의 "출급청구권을 갖는 것을 증명하는 서면"에 해당하므로, 위 판결 및 확정증명을 첨부하여 갑은 공탁금출급청구를 할 수 있다(2001.11.1, 법정 제3302-442호).

3) 수용토지의 실제소유자의 공탁금출급청구

실제1인의 소유인 토지가 주택조합의 구성으로 조합원 50명의 소유명의로 등기가 경료되어 있어 기업자가 그 토지를 수용하면서 등기부상 소유명의인 50명을 공탁물을 받을 자로 지정하여 위 토지에 대한 손실보상금을 공탁하였다면, 위 공탁물을 수령할 자는 공탁자가 지정한 등기부상 소유명의인 50명 각자가 되는 것이다. 위 토지의 전부에 대한 실제 소유자가 다른 피공탁자들(공탁물을 수령할 자)을 상대로 하여 공탁금출급청구권 존재확인판결을 받는다 하더라도 그 판결은 공탁규칙 제30조 제2호의 공탁물출급청구권을 증명하는 서면으로 볼 수는 없으므로, 실제 소유자가 그러한 확인판결에 기하여 직접 공탁금출급청구를 할 수는 없다. 다만, 실제 소유자는 피공탁자인 다른 공유자들에 대하여 대상(代償)으로 취득한 공탁물출급청구권의 양도를 청구하여 양도받은 후(위 다른 공유자들이 자발적으로 양도하지 않으면 공탁금출급청구권의 양도의사를 표시하고 채무자인 국가에게 이를 통지하라는 내용의 판결을 구할 수 있다) 공탁금의 출급청구를 할 수 있다(1993.6.17, 법정 제1148호).

4) 공탁서에 피공탁자로 지정된 자가 아닌 제3자가 피공탁자를 상대로 승소판결을 받은 경우

토지수용에 따른 보상금을 공탁함에 있어 수용권자가 토지등기부상 소유명의인을 피공탁자로 공탁을 하였으나 피공탁자가 공탁금을 수령하기 전에 제3자가 등기부상 소유명의인(피공탁자)을 상대로 원인무효의 소송을 제기하여 승소판결을 받은 경우, 그 제3자는 비록 판결에 의하여 권리자로 확정되었다 할지라도 그 승소판결정본 및 확정증명서는 공탁규칙 제30조 제2호의 출급청구권을 갖는 것을 증명하는 서면으로 볼 수 없으므로, 공탁서에 피공탁자로 지정된 자가 아닌 제3자가 이의 판결정본 및 확정증명서를 첨부하여 공탁금출급청구를 한다 하여도 형식적 심사권을 가진 공탁관으로서는 이를 출급인가할 수는 없는 것이며, 또한 공탁자의 공탁물수령자에 대한 공탁서정정신청도 이는 공탁의 기본요건에 관한 사항이므로 불가능하다(1985.2.19, 법정 제213호).

5) 진정한 출급청구권자의 민사소송에 의한 공탁금의 지급청구 가부(소극)

일단 공탁관의 공탁금출급인가처분이 있고 그에 따라 공탁금이 출급되었다면 설사 이를 출급받은 자가 진정한 출급청구권자가 아니라 하더라도 이로써 공탁법상의 공탁절차는 종료되었다 할 것이고, 따라서 원래의 진정한 공탁금출급청구권자라 하더라도 공탁사무를 관장하는 국가를 상대로 하여 민사소송으로 그 공탁금의 지급을 구할 수는 없는 법리라 할 것이므로(대법원 1978.3.21, 78마30 결정), 민사소송에 의하여 위 공탁금의 지급을 구할 수는 없다. 다만, 이 경우 진정한 공탁금출급청구권자는 공무원의 과실이 있는 경우, 국가에 대하여 손해배상책임을 물을 수 있음은 별개의 문제이다(대판 1993.7.13. 91다39429).

6) 수용토지의 원소유자가 기업자를 상대로 출급청구권확인판결을 받은 경우

기업자가 보상금수령권자의 절대적 불확지를 이유로 수용보상금을 공탁한 경우 자기가 진정한 보상금수령권자라고 주장하는 자의 입장에서 보면 기업자가 적극적으로 그에게 공탁금출급청구권이 없다고 '부인'(否認)하지는 아니하고 단순히 '부지'(不知)라고 주장하더라도 이는 보상금수령권자의 지위를 다툰 것이고, 언제 다른 사람이 진정한 권리자라고 주장함에 대하여 기업자가 이를 긍정할지 알 수 없는 것이므로 그 법률상의 지위에 불안·위험이 현존하는 것으로 보아야 할 것이고, 또한 공탁제도상으로도 수용토지의 원소유자가 기업자를 상대로 절대적 불확지의 공탁이 된 공탁금에 대한 출급청구권이 자신에게 귀속되었다는 확인판결을 받아 그 판결이 확정되면 그 확정판결정본은 공탁규칙 제30조 제2호에 정한 "출급청구권을 갖는 것을 증명하는 서면"에 해당하여 수용토지의 원소유자는 위 판결정본을 공탁금출급청구서에 첨부하여 공탁소에 제출함으로써 공탁금을 출급받을 수 있으므로, 수용토지의 원소유자가 기업자를 상대로 하는 공탁금출급청구권확인의 소는 절대적 불확지공탁의 공탁금출급을 둘러싼 법적 분쟁을 해결하는 유효적절한 수단이어서 그 확인의 이익이 있다(대판 1997.10.16, 96다11747).

7) 시·읍·면장 발행의 소유권확인서

공공용지의취득및손실보상에관한특례법 제5조 제1항의 규정에 의한 시·읍·면장 발행의 소유권확인서는 위 특례법상의 협의취득에 의한 취득의 경우 그 보상금의 수령권한을 증명하는 서면에 불과하고, 토지수용법에 의한 수용의 경우 위 특례법이 적용되지 않으므로 위 소유권확인서는 공탁규칙 제30조 제2호 소정의 출급청구권을 갖는 것을 증명하는 서면으로 볼 수 없으므로, 위 확인서에 의하여는 공탁금을 출급받을 수 없으며 피공탁자 또는 그의 상속인들로부터 공탁금출급청구권을 양도받은 후 그 증명서면을 제출하여 공탁금을 출급청구할 수 있다(1998.4.2, 법정 제3302-106호).

공공용지의 취득 및 손실보상에 관한 특례법 제5조 제1항의 규정에 의한 시·읍·면장 발행의 소유권확인서는 위 특례법상의 협의취득의 경우 그 보상금의 수령권한을 증명하는 서면에 불과하고 토지수용에 의한 수용의 경우에는 위 특례법이 적용되지 아니하므로, 위 소유권확인서는 공탁규칙 제30조 제2호 소정의 출급청구권을 증명하는 서면으로 볼 수 없으므로 위 확인서에 의하여는 공탁금을 출급받을 수 없을 뿐더러 공탁서정정신청의 근거서면이 될 수도 없다. 피공탁자 고 성규찬을 곽규찬으로 정정하는 공탁서정정은 일제하의 창씨개명에 의한 것으로 공탁의 실체관계에 부합된다 할 것이므로 공탁의 동일성을 해하지 아니하여 가능할 것이나, 질의자 본인 곽태원으로의 정정은 공탁의 동일성이 없어 불가하다. 따라서 질의인은 위와 같이 공탁자에 의한 공탁서정정 후 조부인 망 곽규찬, 부(父)인 곽무현 등으로 이어진 공동상속인들 중의 한 사람으로서 법정상속분만을 출급청구할 수 있고, 다른 공동상속인들로부터 공탁금출급청구권을 양도받은 경우에는 그 증명서면을 제출하여 단독으로 공탁금을 출급청구할 수 있다(2001.3.29, 법정 제3302 - 133호).

8) 피공탁자의 상속인의 공탁금출급청구

가) 피공탁자를 "망 ○○의 상속인"으로 기재하여 공탁한 경우

공탁자가 공탁서의 피공탁자란에 "망 하모의 상속인"으로 기재하고 공탁하였을 경우, 후일 피공탁자의 상속인들이 공탁금출급청구를 하고자 할 때에는 공탁서의 피공탁자를 상속인으로 정정하지 아니한 채 상속인들이 상속을 증명하는 서면을 첨부하고, 그에 기한 각 상속인들의 상속지분을 표시하여 공탁금출급청구를 할 수 있다. 이 경우 상속을 증명하는 서면은 상속개시 당시의 신분관계를 증명하는 서면을 첨부하면 족하나, 그러한 서면은 공탁규칙 제15조의 규정이 적용되지 아니하므로 3월이 경과한 서면이라도 가능하지만 가능한 한 3월 이내의 서면을 첨부하는 것이 바람직할 것이다 (1991.2.7, 법정 제383호; 1991.5.23, 법정 제893호; 1991.5.29, 법정 제924호).

나) 수용대상토지의 소유자가 사망자인 경우

토지수용법 등에 의한 토지수용의 경우 기업자가 과실 없이 진정한 토지소유자를 알지 못하여 등기부상 소유명의인을 토지소유자로 보고 그를 피수용자로 하여 수용절차를 마쳤다면 그 수용재결의 상대방인 토지소유자가 사망자라 하더라도 그 수용재결의 효력에는 영향이 없는 것이며, 또한 사망한 등기부상 소유명의인을 피공탁자로 하여 보상금을 공탁하였다면 그 공탁은 상속인들에 대한 공탁으로서 유효하다.

따라서 피공탁자의 상속인들은 상속을 증명하는 서면(호적·제적등본)을 첨부하여 직접 공탁금을 출급청구할 수 있다. 그러나 이러한 경우에도 상속인들은 각자 자기의 지분에 해당하는 공탁금만을 출급청구할 수 있을 뿐이고, 공탁금수령의 권한을 위임하지 않는 한 상속인들 중 대표자로 하여금 공탁금 전부를 출급청구하게 할 수는 없는 것이다(1993.6.10, 법정 제1108호).

다) 미등기토지의 대장상 망부명의로 공탁한 경우

토지대장상 "망"부(父)의 명의로 되어 있는 미등기토지를 한국토지개발공사가 수용하면서 그 보상금을 토지수용법 제61조 제2항에 의거 망 부(父)의 명의로 공탁하였다면, 그 토지의 상속인은 그 상속을 증명하는 서면을 첨부하여 공탁금의 출급청구를 할 수 있다(1992.1.17, 법정 제111호 ; 1992.1.31, 법정 제254호).

라) 상속토지를 단독소유로 하기로 협의분할한 후 그 등기를 하기 전에 기업자가 그 토지를 수용하고 피공탁자를 "망인의 재산상속인"이라 기재하여 보상금을 공탁한 경우

공동상속인들이 상속토지를 공동상속인 중의1인의 단독소유로 하기로 상속재산을 협의분할한 후 상속등기를 하기 전에 기업자가 그 상속토지를 수용하고 보상금을 "망인의 재산상속인" 앞으로 공탁한 경우 위 협의분할에 의하여 상속토지는 상속이 개시된 때에 소급하여 위 공동상속인 중의1인의 단독소유로 되었다고 할 것이므로, 위 공동상속인 중의1인은 상속을 증명하는 서면(제적등본·호적등본)과 협의분할을 증명하는 서면(그 후 협의분할에 의한 상속등기가 경료된 경우에는 그 등기가 수용등기로 인하여 직권말소되었는가에 관계없이 등기부등본 및 등기필증, 협의분할에 의한 상속등기가 되지 아니한 경우에는 상속인전원의 인감증명서가 첨부된 상속재산분할협의서)을 첨부하여 단독으로 공탁금출급청구를 할 수 있을 것이다(1995.4.12, 법정 제1191호, 참조조문 : 토지수용법 제45조, 제61조; 민법 제187조, 제1005조; 부동산등기법 제174조).

마) 피상속인을 피공탁자로 한 토지수용보상금공탁

상속등기를 경료하지 아니한 상속토지를 한국토지개발공사에서 수용하면서 위 토지에 대한 보상금을 등기부상 소유명의인인 피상속인을 공탁물을 수령할 자로 공탁한 경우, 피공탁자의 공동상속인들간의 이해상충으로 합의가 이루어지지 않아서 위 보상공탁금을 일괄청구할 수 없는 경우에는 각 상속인들은 상속을 증명하는 서면을 첨부하여 해당 지분에 상당하는 금액에 대한 공탁금출급청구를 할 수 있으며, 공탁통지서를 첨부할 수 없어 보증지급을 청구하는 경우에 그 보증인의 자격 여부에 대하여는 구체적인 공탁사건을 심사하는 해당 공탁관이 공탁규칙 제38조 소정의 취지를 참작하여 판단하여야 할 사항이다(1992.1.31, 법정 제252호).

바) 외국국적취득자인 상속인들이 국내에 있는 내국인에게 위임하여 공탁금을 출급청구하는
   절차

   망인(피상속인)을 피공탁자로 하여 토지수용보상금을 공탁한 경우 그 상속인은 상
속을 증명하는 서면(호적·제적등본)을 첨부하여 공탁금의 출급청구를 할 수 있으며,
피공탁자의 상속인들이 미합중국 국적취득자로서 한국 내에 거주하는 사람에게 공탁
금출급을 위임할 경우에 위임장은 그 서명에 관하여 본인이 직접 작성하였다는 취지
의 본국관할관청의 증명이나 이에 관한 공증서면 및 그 번역문을 첨부하면 될 것이
며, 수임인은 본인(미합중국국적취득자)의 대리인임을 현명하고 대리인자격으로 공탁
금출급청구를 직접 할 수 있을 것이며, 이 때 수임인은 그의 인감증명서를 제출하여
야 할 것이다(1994.8.31, 법정 제3302-336호).

사) 공탁금출급청구권의 양수인의 출급청구요건

   토지수용보상공탁금의 출급청구권자는 토지수용 당시의 소유자 또는 그로부터 공탁
금출급청구권을 상속·양도 등으로 인하여 승계한 자이고, 사자(死者)를 피공탁자로
한 공탁은 상속인에 대한 공탁으로써 유효하므로 공탁금출급청구권자는 망인의 상속
인들 또는 그로부터 공탁금출급청구권을 승계한 자라고 할 것이다. 그리고 사자(死者)
를 피공탁자로 한 공탁에 있어서 그 상속인이 공탁금출급청구권자인 경우에는 공탁금
출급청구권을 갖는 것을 증명하는 서면으로써 상속을 증명하는 서면을 첨부하여 출급
청구를 할 수 있는데, 그 서면은 일반적으로는 호적 또는 제적등본이 될 것이나 상속
인이 국가를 상대로 하여 피수용토지의 상속인인 사실을 이유로 공탁금수령권한이 있
다는 내용의 확인판결을 받은 경우에는 그러한 판결도 공탁금출급청구권을 갖는 것을
증명하는 서면에 해당한다고 할 것이다. 그러나 상속인 중1인이 다른 상속인들 중 일
부로부터 출급청구권을 양도받아 공탁금출급청구권자가 된 경우에는 그 양도를 증명
하는 서면을 첨부하여야 하는 외에 양도인이 제3채무자인 국가에게 그 사실을 통지하
는 것이 필요하므로, 공탁금출급청구권을 양도받은 사실을 이유로 국가를 상대로 공
탁금수령권한이 있다는 확인판결을 받은 것만으로는 양도를 증명하는 서면은 갖추었
으나 양도인의 적법한 통지가 있다고 볼 수 없으므로 공탁금을 출급할 수 없다(1992.
9.22, 법정 제1634호).

아) 부재자재산관리인의 공탁금출급청구

임대인이 임차보증금을 사망한 임차인의 상속인에게 반환하고자 하였으나 상속인인 부모가 호적상 미수복지구거주자로 기재된 부재자이므로 피공탁자를 "망 임차인의 상속인"이라고 기재하여 임차보증금을 변제공탁한 경우에, 법원에 의하여 선임되어 임차보증금의 수령행위를 허가받은 위 부재자의 재산관리인은 위 부재자가 망 임차인의 상속인임을 증명하는 서면(호적·제적등본)과 부재자재산관리인의 자격 및 권한을 증명하는 서면(심판정본 및 그 확정증명)을 첨부하여 피공탁자의 재산관리인(법정대리인)의 자격으로 공탁된 임차보증금을 출급받을 수 있다(1993.6.25, 법정 제1213호, 참조조문 : 민법 제22조, 제24조, 제25조).

자) 공탁자가 상속인을 피공탁자로 하는 공탁서정정신청을 하지 아니하는 경우

상속인들이 수용당시에 피수용토지의 소유자임이 확인되었는데도 공탁자가 공탁서를 정정하는 절차를 취하여 주지 않을 경우에는 공탁자를 상대로 공탁금출급청구권의 확인판결(화해조서, 조정조서 등)을 받아 그 판결정본 및 확정증명서를 첨부하여 공탁금을 직접 청구할 수도 있다(1993.11.10, 법정 제2226호).

차) 피수용토지가 상속인의 소유임이 확인된 경우

토지대장상 소유자 미복구로 되어 있는 미등기 토지를 한국토지개발공사가 수용하면서 토지수용법 제61조 제2항 제2호의 규정에 의하여 피공탁자를 "불확지"로 하여 그 보상금을 공탁한 경우에, 수용된 토지는 원래 상속인들의 망 외조부의 소유였으나 그로부터 상속을 받아 수용당시에 상속인들의 소유임을 증명할 수 있을 때에는, 공탁자인 한국토지개발공사로 하여금 피공탁자를 망 외조부의 상속인들로 지정하는 공탁서정정을 하게 한 후 상속인별로 그 지분에 해당하는 공탁금을 출급청구할 수 있을 것이다.

9) 합유물인 토지를 토지수용법에 의하여 수용하고 토지수용보상금을 합유자전체명의로 공탁하면서 합유자의 지분을 특정한 경우

조합재산을 토지수용법에 의하여 수용하고 그 보상금을 합유자전체명의로 공탁하면서 합유자의 지분을 특정한 경우라 하더라도 그 보상금은 합유자의 소유에 속한다 할 것이므로, 위 공탁금을 출급청구함에 있어서는 합유자전원의 청구에 의하여야 할 것이다(19

91.7.19, 법정 제1158호, 참조조문 : 민법 제271조 1항, 제272조, 제273조, 제274조).

10) 수용시기 이후 소유권이전등기절차이행의 승소판결을 받은 자

토지를 수용할 당시에 그 토지가 갑의 소유로 등기되어 있어 수용의 시기에 갑에 대하여 보상금을 공탁하고 토지수용에 따른 소유권이전등기까지 마친 경우에는 을이 수용의 시기 이전에 그 토지에 대하여 처분금지가처분을 하고, 수용의 시기가 지난 후에 소유권이전등기청구소송의 승소확정판결을 얻었다고 하더라도 을은 위 판결을 집행하여 자기 명의로의 소유권이전등기를 경료할 수도 없고 수용보상공탁금의 수령 권리자로 될 수도 없다(1989.6.15, 법정 제862호).

11) 피공탁자가 미성년자인 경우 모가 단독으로 공탁금을 출급하기 위한 절차

미성년자에 대한 친권은 부·모가 공동으로 행사함이 원칙이고, 다만 부·모의 일방이 친권을 행사할 수 없을 때에는 그 사유를 소명하여 다른 일방이 단독으로 행사할 수 있는 것이므로, 피공탁자가 미성년자로 기재되어 있는 공탁금을 미성년자의 모가 단독으로 출급하려면 부가 행방불명으로 친권을 행사할 수 없음을 소명하여야 하며, 그 소명방법으로는 "직권말소된 주민등록표등본 또는 통·반장 작성의 확인서 등"으로써 공탁관이 인정하는 것이어야 한다(1990.9.26, 법정 제1527호, 참조조문 : 민법 제909조 2항·3항).

12) 피공탁자의 성명이 창씨명인 경우

기업자가 수용토지보상금을 공탁하면서 피공탁자의 성명을 일정시의 창씨명으로 표시한 것인 때에는 공탁금출급청구를 함에 있어서는 반드시 호적 또는 제적등·초본에 의하여 피공탁자의 복구된 성명을 확인할 수 있어야 할 것이고, 그렇지 않으면 공탁자를 상대로 판결을 받거나 또는 공탁자의 공탁물수령자의 표시를 복구된 성명으로 정정하게 한 후에 공탁금출급청구를 할 수 있을 것이며(1976.10. 4, 행정예규 제48호2항), 인우인의 보증에 의한 공탁금출급은 할 수 없다(1998.2. 18, 법정 제3302-58호).

피공탁자의 성명을 일정시의 창씨명으로 표시한 것인 때에는 반드시 호적 또는 제적등·초본에 의하여 복구된 성명을 확인할 수 있는 경우가 아니면 판결 또는 공탁자의 공탁물수령자의 표시를 복구된 성명으로 정정하게 한 후 출급할 것이다(1976.10. 4, 행정예규 제48호).

13) 피공탁자가 공유자인 경우

가) 공유자전원을 피공탁자로 한 경우(가분채권)

토지의 수용보상금을 그 토지의 공유자 전원을 공탁물을 수령할 자로 하여 공탁한 경우에는 이는 가분채권으로 보아 공유자 각자가 자기의 지분만을 출급청구할 수 있는 것이다(1986.6.24, 법정 제640호).

기업자가 토지의 일부를 수용하고 수용보상금을 그 토지의 공유자전원을 피공탁자로 하여 공탁한 경우에는 공유토지에 대한 수용보상공탁금을 가분채권으로 보아 공유자 각자가 자기의 등기부상 지분에 해당하는 공탁금을 출급청구할 수 있으며, 비록 수용된 토지부분에 대한 공유자내부의 실질적인 지분비율이 등기부상 지분비율과 다르다고 하더라도 이는 공유자 내부간에 별도로 해결하여야 할 문제이다(1993.6.1, 법정 제1048호).

나) 공유지분 합계가 1을 초과하는 경우

토지수용시 기업자가 토지등기부상 공유자들의 공유지분 합계가 1을 초과하여 각 공유자의 정당한 지분을 알 수 없어 개인별 보상금액을 산정할 수 없다는 사유로 보상금을 공탁하였다면 이는 일종의 불확지공탁이라고 볼 수 있고, 이러한 경우 공유자(피공탁자) 전원이 합의하기에 이르렀다면 전원의 합의에 의한 개인별 또는 전원의 공탁금출급청구가 가능하다 할 것이나, 공유자전원의 합의가 이루어지지 않는다면 재판에 의하여 각 공유자의 지분을 확정한 후 출급청구 하여야 할 것이고, 이 사안은 공유자들 전원의 정당한 지분을 알 수 없어 공탁한 것이므로 공유자 중 일부가 자기지분에서 일정부분 차감함으로써 공유지분합계를1로 하여 산정된 개인별 공탁금을 출급청구할 수는 없다(1997.4.18, 법정 제3302 - 131호).

14) 기업자가 수용토지보상금채권에 대한 압류 등의 원인으로 토지수용법 제61조 2항(현행 공익사업법 제40조 2항)에 근거하여 공탁하는 경우

토지수용법상의 채권(債券)은 무기명증권(공공용지의취득및손실보상에관한특례법시행령 제2조의6)이고, 공탁유가증권의 출급청구권은 유체물인도를 목적으로 하는 채권의 일종이므로 그에 대한 강제집행은 유체동산인도청구권에 대한 강제집행절차(민법 제575조, 제576조)에 따라야 하는바, 공탁자를 상대로 한 전부금소송에서 공탁유가증권을 직접 출급할 수 있다는 조정·결정을 받았다 하더라도 위 조정조서를 가지고는 공탁된 수용보상금 채권(債券)을 전부채권자가 직접 출급할 수는 없다 할 것이다(2000.5.15, 법정 제3302-171호).

15) 종중의 출급청구

가) 종중이 명의신탁한 토지에 대한 토지수용보상금의 출급청구

종중이 피수용토지에 대한 명의신탁을 해지하였다 하더라도 수용시기 전에 소유권 등기를 회복하지 못하였다면 토지수용보상금의 출급청구권은 수용 당시의 소유자인 종원이 취득하는 것이므로 종중이 종원을 피고로 하여 명의신탁해지를 원인으로 소유권이전등기절차 이행의 승소판결(인낙조서 포함)을 받았다 하더라도 종중은 위 판결을 공탁금출급청구권을 증명하는 서면으로 제출하여 직접 공탁금출급청구를 할 수는 없다. 다만, 종중은 위 종원을 대상으로 취득한 공탁금출급청구권의 양도를 청구하여 양도받거나, 종원이 자발적으로 양도하지 아니하는 경우에는 "공탁금출급청구양도의 의사표시를 하고 채무자인 국가에 이를 통지하라"는 내용의 승소판결을 받아 공탁금 출급청구를 할 수 있다(2001.1.30, 법정 제3302-26호).

나) 종중의 대표자의 자격을 증명하는 서면

공탁금수령자가 법인 아닌 사단이나 재단인 경우에 그 대표자가 공탁금출급청구를 함에 있어서는 정관 기타 규약과 그 대표자의 자격을 증명하는 서면을 첨부하여야 하므로(공탁규칙 제20조 1항), 피공탁자가 종중인 경우에도 그 종중의 대표자는 그 종중의 규약과 대표자의 자격을 증명하는 서면을 첨부하여 공탁금을 출급청구할 수 있으며, 그 대표자의 자격을 증명하는 서면으로써는 동 규약이 정하는 바에 따라 대표자를 선임한 회의록 등을 제출할 수 있을 것이나, 부동산등기용등록번호를 증명하는 서면인 종중등록증명서는 종중의 대표자의 자격을 증명하는 서면으로 볼 수 없다(1993.2.1, 법정 제227호).

다) 피공탁자의 상속인을 상대로 명의신탁해지를 원인으로 한 확인판결

종중이 피공탁자인 망 종원의 상속인을 상대로 받은 명의 신탁해지를 원인으로 한 공탁금수령권 확인판결은 토지수용보상 공탁금의 출급청구권을 증명하는 서면(피수용토지의 소유권 승계사실 증명서면)이 될 수 없다(1992.9.19, 법정 제1622호).

16) 집행채권을 양도한 경우 양수인의 공탁금출급청구

추심권자가 집행채권을 제3자에게 양도한 경우 해당 추심권자로서의 지위도 집행채권의 양도에 수반하여 양수인에게 이전된다고 할 것이므로 집행채권의 양수인은 다시 국가를 제3채무자로 하여 압류 및 추심명령을 받을 필요는 없다 할 것이며, 이 경우 집행채권의 양수인은 공탁금출급청구권의 증명서면으로 승계집행문부여사실증명 및 승계집행문부여통지서의 송달증명과 압류 및 추심명령정본을 첨부하여 공탁된 수용보상금을 출급청구할 수 있는 것이다(2001.11.19, 법정 제3302-459호).

17) 채권압류 및 전부명령(규칙 제33조1호다목)

가) 공탁서상의 피공탁자의 주소와 압류 및 전부명령상의 채무자의 주소가 상이한 경우의 전부채권자의 출급청구

토지수용재결서 및 공탁서상의 피공탁자의 주소와 채권압류 및 전부명령상에 나타나는 채무자의 주소가 상이한 경우에 전부채권자가 위 공탁금의 출급청구를 하고자 함에 있어서는, 피공탁자와 채무자가 서로 동일인임을 소명할 수 있는 서면(예컨대, 주소연결서면 : 공탁서상의 주소로부터 전부명령상의 주소로의 이전사실이 기재된 주민등록표본등본 등)이나, 전부명령상의 채무자의 주소를 공탁서상의 주소로 경정하는 결정을 첨부하여야 한다(1991.5.27, 법정 제906호).

나) 압류 및 전부명령상의 주소와 인감증명상의 주소가 상이한 경우

공탁금지급청구권에 대한 채권압류 및 전부명령에 의하여 공탁금지급청구를 함에 있어서 채권압류 및 전부명령상의 주소와 인감증명서상의 주소가 다를 경우에는 위 양 주소가 연결됨을 증명하는 서면이나 양 주소에 있는 자가 동일인임을 증명하는 서면 등을 소명자료로 첨부하여 공탁금지급청구를 할 수 있는 것이나, 만약 그것이 소명되지 않는다면 민사소송법 제210조 제1항, 제197조 제1항의 규정에 의하여 집행법원에 채권압류 및 전부명령경정결정신청을 하여 위 명령상의 주소를 인감증명서상의 주소와 일치하도록 경정한 후에 공탁금지급청구를 할 것이다(1992.2.18, 법정 제331호).

18) 상대적 불확지공탁

가) 전부명령의 확정

토지수용 보상금에 대하여 압류 및 전부명령이 제3채무자인 기업자에게 송달되었으나 기업자가 보상금의 지급시기까지 그 전부명령의 확정여부를 과실 없이 알 수 없어 피공탁자를 "토지소유자 또는 전부채권자"로 하여 상대적 불확지공탁을 하였는바, 그 후에 전부명령이 확정되었다면 전부채권자는 전부명령이 확정된 사실을 증명하여 공탁금의 출급청구를 할 수 있을 것이며, 이때에는 상대방인 토지소유자의 동의서나 승낙서를 첨부할 필요는 없을 것이다(1998.2.19, 법정 제3302 - 62호).

나) 채권양수인이 양도인을 상대로 출급청구권확인판결을 받은 경우

채무자가 채권양도인 또는 채권양수인을 피공탁자로 한 민법 제487조에 의한 이른바 채권자 상대적 불확지 변제공탁을 한 경우, 공탁서의 공탁원인 사실에 제3자의 가압류 사실이 기재되어 있어도 그 제3자는 위 공탁의 피공탁자가 될 수 없으며, 채권양수인이 위 공탁의 유일한 다른 피공탁자인 채권양도인을 상대로 받은 공탁금출급청구권확인 승소확정판결은 공탁법 제8조 제1항, 공탁사무처리규칙 제30조 제2호 소정의 '출급청구권을 갖는 것을 증명하는 서면'에 해당하므로, 채권양수인이 위 판결을 첨부하여 공탁금의 출급청구를 한 이상 공탁공무원으로서는 이를 수리하여야 하고, 위 공탁 후에 또 다른 제3자가 채권양도인의 공탁금출급청구권을 가압류하였다 하더라도 이에 장애가 되지 않는다(대법원 1999.11.30, 99마4239).

19) 연대보증인이 채무전액을 변제한 경우 채권자에게 배당된 공탁금을 출급청구하는 방법

가) 집행법원의 배당절차에서 가압류채권자에게 배당된 공탁금을 출급청구하기 위해서는 본안소송에서 가압류채권자가 승소하여 집행력 있는 종국판결 등을 받아 집행법원에 제출하면 법원사무관 등은 그 자격에 관한 증명서를 교부하는 지급위탁절차에 의하여 배당채권자에게 공탁금이 지급된다.

나) 연대보증인이 자신의 출재로 채무자를 대신하여 주채무를 전부 변제하고, 집행법원의 배당절차에서 채권자의 가압류채권으로 배당된 공탁금을 출급청구하기 위해서는, 변제자대위에 의하여 종래 채권자의 가압류의 피보전권리를 대위행사할 수 있는 지위에 있으므로 가압류채권에 대한 본안소송 양수금청구소송에

서 승소한 집행력 있는 종국판결을 취득하여 위 1항과 같은 절차에 따라 공탁금 출급청구를 할 수 있다.

다) 다만, 이때는 집행법원에서 연대보증인에게 교부하는 증명서 및 공탁관에게 송부하는 지급위탁서에 수령인의 표시를 '가압류채권자 ○○○의 승계인 ○○○'으로 기재하면 될 것이다(2011.1.7. 사법등기심의관 – 38 질의회답, 대판 1993.7.13. 92다33251).

🔍판례

[1] 피압류채권이 그 존부 및 범위가 불확실한 장래의 채권인 경우에도 전부명령이 확정되면 제3채무자에 대한 송달시에 소급하여 집행채권이 소멸하는지 여부(적극)

전부명령이 확정되면 피압류채권은 전부명령이 제3채무자에게 송달된 때에 소급하여 집행채권의 범위 안에서 당연히 전부채권자에게 이전하고 동시에 집행채권 소멸의 효력이 발생하는 것이며, 이 점은 피압류채권이 그 존부 및 범위를 불확실하게 하는 요소를 내포하고 있는 장래의 채권인 경우에도 마찬가지라고 할 것이다.

[2] 압류 및 전부명령이 확정된 장래의 채권에 관하여 다시 압류 및 전부명령이 발하여진 경우, 압류의 경합 여부(소극) 및 후행 전부채권자에게 이전되는 피압류채권의 범위

장래의 채권에 관하여 압류 및 전부명령이 확정되면 그 부분 피압류채권은 이미 전부채권자에게 이전된 것이므로 그 이후 동일한 장래의 채권에 관하여 다시 압류 및 전부명령이 발하여졌다고 하더라도 압류의 경합은 생기지 않고, 다만 장래의 채권 중 선행 전부채권자에게 이전된 부분을 제외한 나머지 중 해당 부분 피압류채권이 후행 전부채권자에게 이전된다(대판 2004.9.23. 2004다29354 판결 (추심금)).

20) 명의신탁자의 명의수탁자(등기부상 명의인) 앞으로 공탁된 토지수용보상 공탁금의 출급청구가부(소극)

명의신탁된 토지가 수용되어 그 보상금이 명의수탁자(등기부상 명의인) 앞으로 공탁된 경우에 명의신탁자는 명의수탁자(그가 사망한 경우에는 그 상속인)로부터 공탁금출급청구권을 양도받지 않는 한 직접 공탁금의 출급청구를 할 수는 없다. 이 점은 등기부상 소유명의인으로부터 위 토지를 사실상 양수한 자도 마찬가지이다(1989.10.5. 법정 제1549호; 1990.3.19. 법정 제487호).

21) 수용토지의 소유자가 변경된 경우 공탁금출급청구절차

수용의 시기 전에 수용토지의 소유자가 변경되었음에도 불구하고 수용보상금이 승계 전의 소유자에게 공탁되어 있는 경우 그 승계인(사업인정고시 전의 승개인이 자진하여 출급청구하는 경우를 포함한다)은 피공탁자의 정정 없이도 소유권의 승계사실을 증명하는 서면(등기부등본 또는 수용재결경정서)을 첨부하여 공탁금을 직접 출급청구할 수 있다(1991.8.13. 법정 제1272호; 1993.1.8. 법정 제38호).

22) 형사사건과 관련하여 보상금을 변제공탁한 후 피공탁자가 공탁금 회수동의서를 공탁소에 제출한 경우 피공탁자의 공탁금 출급청구 가능 여부(적극)

형사사건과 관련하여 보상금이 변제공탁된 후 피공탁자가 공탁금회수동의서를 공탁소에 제출한 경우에도 피공탁자의 공탁금 출급청구권에는 영향이 없으므로 공탁금이 회수되지 않은 상태라면 피공탁자는 출급청구할 수 있다(2010.10.18. 사법등기심의관 - 2576 질의회답).

(3) 반대급부를 하여야 할 때에는 반대급부가 있었음을 증명하는 서류(반대급부이행 증명서)

변제공탁에서 공탁물을 수령할 자(피공탁자)가 반대급부를 하여야 하는 경우에는 공탁자의 서면이나 판결문, 공정증서 그 밖의 관공서에서 작성한 공문서 등에 의하여 그 반대급부가 있었음을 증명하지 아니하면 공탁물을 수령하지 못한다(민법 제491조. 공탁법 제10조 ; 공탁규칙 제33조3호).

공탁자에게 공탁금을 지급하라는 내용의 가집행선고부이행판결이 아직 확정되지 아니하면 공탁규칙 제33조 제3호에 의하여 본조의 규정에 의한 증명서류에 해당되지 않는다(대법원 1965.3.27. 65마31).

쌍무계약에 있어서 채무의 내용이 동시이행의 관계(민법 제536조)에 있기 때문에 조건을 붙여서 공탁을 한 경우, 공탁물을 찾고자 하는 자는 그 반대급부가 있었음을 증명해야만 공탁물을 수령할 수 있으므로 공탁자의 서면이나 재판서, 공정증서 기타의 공정서면에 의하여 그 반대급부가 있었음을 증명해야만 한다.

반대급부가 있었음을 증명하는 서면은 반대급부가 이행되었다거나 또는 반대급부를

할 필요가 없게 되었음(반대급부 포기ㆍ면제)을 내용으로 하는 것으로서 공탁자의 서면이면 공탁서상 인장과 동일인장이 찍힌 사서증서로 족하다.

부당한 반대급부 조건을 붙인 변제공탁은 채권자가 이를 수락하지 않는 한 무효의 공탁이지만 피공탁자가 위 조건을 수락하여 공탁물의 출급을 받으려고 한다면 먼저 반대급부 조건을 이행하고 반대급부 조건을 이행하였음을 증명하는 서면을 첨부하여야 한다(대결 1986.12.12. 86마카26, 1992.9.23. 법정 1641).

반대급부이행의 상대방은 채무자(공탁자)이고 공탁물 출급청구서에 공탁법 제10조의 반대급부이행 증명서면을 첨부하도록 되어 있으므로 반대급부의 목적물을 직접 공탁관에게 이행할 수는 없다(행정예규 24호, 724호).

공탁서에 기재된 '공탁으로 인하여 소멸할 질권, 저당권, 전세권의 표시'는 반대급부 조건이 아니므로 그 등기의 말소를 증명하는 서면을 첨부할 필요는 없다(1986.4.18. 법정 480).

(가) 공탁자의 서면에 의하여 그 반대급부가 있었음을 증명하는 경우

공탁물을 수령할 자가 반대급부를 하여야 하는 경우에는 공탁자의 서면이나 재판 또는 공정증서 기타의 공정서면에 의하여 그 반대급부가 있었음을 증명하여야 하는바, 여기서 "공탁자의 서면"이라 함은 반대급부를 수령하였다는 공탁자의 영수증이 되겠지만, 그 외에도 동의서ㆍ반대급부채권포기서ㆍ반대급부면제서 등도 이러한 서면이 될 수 있다. 공탁자의 서면에는 공탁서상의 인장과 동일한 인장이 찍혀야 하며, 인장이 다를 경우에는 인감증명서를 별도로 첨부하여야 하며, 그 인감증명서의 유효기간은 발급일로부터 3개월 이내이다(규칙 제16조3호).

(나) 판결에 의하여 그 반대급부가 있었음을 증명하는 경우

판결문이란 반대급부 이행사실이나 반대급부채권 포기 또는 면제가 판결의 주문 또는 이유 중에 명백히 기재된 판결 등을 말한다. 확인판결, 이행판결, 형성판결을 불문하나 확정되었음을 요하므로 미확정의 가집행 선고부 판결은 해당되지 않는다.

공탁자에게 공탁금을 지급하라는 내용의 가집행선고부이행판결이 확정되지 아니하면 공탁사무처리규칙 제30조 제4호(현행규칙 제33조 제3호)에 의하여 본조의 규정에 의한 증명서류에 해당되지 않는다(65.3.27. 65마31 카7833).

공탁자가 공탁물수령자로부터 공탁자 앞으로의 소유권이전등기에 필요한 서류인 등기필증, 매매계약서, 인감증명서 등의 서류를 공탁자에게 교부하라는 반대급부 조건을 붙여 변제공탁한 후 이와는 별도로 같은 부동산에 관한 소유권이전등기절차이행의 소를 제기하여 승소확정판결을 받은 경우, 비록 위 판결에 기하여 앞서 반대급부 조건으로 요구한 각 서류없이 강제집행의 방법으로 그 부동산에 관한 공탁자 명의의 소유권이전등기를 필할 수 있게 되었다 하더라도 위 판결을 반대급부이행 증명서면으로 볼 수는 없다(대결 1985.12.28, 85마712). 그러나 공탁자가 위 판결에 기하여 그 부동산에 대하여 이미 소유권이전등기를 마친 경우에는 그 소유권이전등기가 경료된 부동산의 등기부등본은 반대급부 이행증명서면으로 볼 수 있을 것이다(법원행정처발행 : 공탁실무편람 120면).

(다) 공정증서 기타 공정서면에 의하여 그 반대급부가 있었음을 증명하는 경우

공정증서란 반대급부 이행사실이나 반대급부채권 포기 또는 면제 등이 기재된 공증인이나 공증인가 합동법률사무소 또는 법무법인에서 작성한 문서를 말한다.

기타 공정서면이란 공문서 또는 관공서가 사문서에 내용의 진정을 증명한 서면을 말한다. 반대급부 목적물을 내용증명 및 배달증명 우편으로 발송한 경우의 내용증명 및 배달증명(1991.3.19, 법정 498). 반대급부 목적물을 변제공탁한 경우의 물품공탁서(대결 1990.3.31, 89마546) 등이 이에 해당된다.

건물명도나 철거 등을 반대급부내용으로 하여 공탁한 경우 공탁자의 강제집행신청으로 건물명도나 철거 등의 사실이 기재된 집행관 작성의 부동산인도집행조서도 기타 공정서면에 해당된다(전게서 : 121면).

(라) 공탁자의 반대급부의 수령거부와 반대급부의 물품변제공탁과 출급청구

가) 공탁자가 반대급부를 수령거부하는 경우

공탁자가 반대급부를 이유 없이 수령거부하는 경우에는 이를 물품변제공탁을 하고, 그 공탁증명서를 반대급부이행증명서면으로 공탁금출급청구서에 첨부하면 된다.

부동산 매수인이 매매잔대금을 변제공탁하면서 반대급부의 내용에 해당되는 서류의 종류를 구체적으로 명기하지 아니하고 "매매목적물의 소유권이전등기에 필요한 일체 서류의 교부"를 반대급부의 내용으로 한 경우에는, 매도인이 부동산소유권이전등기신청에 필요한 통상의 서류(등기권리증, 주민등록표등본, 인감증명서, 위임장, 등기원인 증서)를 물품 변제공탁한 공탁서는 반대급부의 이행을 증명하는 서면에 해당된다고 할 것이다(대판 1987.9.8, 86다카1379 ; 1990.3.7, 법정 제397호).

나) 반대급부의 물품공탁통지서가 송달불능된 경우

변제공탁의 피공탁자가 위 공탁금을 출급하기 위하여 반대급부내용에 해당하는 서류를 물품공탁하고 그 공탁통지서를 공탁자(물품공탁의 피공탁자)에게 발송하였으나 송달불능으로 피공탁자(물품공탁의 공탁자)에게 반송된 경우에, 공탁자(물품공탁의 피공탁자)가 위 서류의 반환을 요구하면 피공탁자(물품공탁의 공탁자)는 즉시 이에 응하여야 한다(1991.7.5, 법정 제1075호).

다) 반대급부를 공탁한 자가 공탁물을 회수한 경우

공탁물을 수령하려고 하는 사람이 공탁자에게 공탁서에 기재된 반대급부의 이행을 제공하였으나 공탁자가 그 수령을 거절하는 때에는 그 반대급부를 변제공탁(물품공탁)하고 공탁관으로부터 교부받은 공탁서를 공탁법 제10조 소정의 반대급부가 있었음을 증명하는 공정서면으로 첨부하여 공탁물출급청구를 할 수 있는 것이고, 이 경우에 반대급부 이행채무는 반대급부의 공탁시에 즉시 소멸하고 반대급부를 공탁한 자가 공탁물을 회수한 경우에 한하여 채무소멸의 효과가 소급하여 없어지는 것이므로, 반대급부의 공탁자가 공탁물을 회수하였다는 소명이 없는 한 공탁관은 위 공탁물출급청구에 응하여 공탁물의 출급을 하여야 한다(대법원 1990. 3.31, 89마546 결정).

라) 반대급부가 무효인 공탁과 피공탁자의 출급청구 절차

① 부동산매매계약의 매수인이 매매대금을 변제공탁하면서 반대급부 조건으로 '검인 계약서'를 기재한 경우, 피공탁자(매도인)가 이행할 의무가 없는 반대급부라면 본래의 채무에 부착하고 있지 않은 조건을 붙여서 한 공탁으로 공탁자체가 무효로 된다.

② 무효의 공탁인 경우라도 피공탁자가 공탁금을 출급청구하기 위해서는 반대급부 조건을 공탁자에게 이행하여야 하며, 공탁자가 이를 수령하지 아니할 때에는 반대급부를 변제공탁할 수 있으나, 공탁관에게 직접 이행하고 공탁금 출급청구는 할 수 없으며, 반대급부의 이행은 공탁서에 기재된 내용대로 이행하여야지(공탁자에게 '검인계약서'를 교부 또는 공탁) 그 사본으로 대신할 수는 없다(2010.11.16. 사법등기심의관-2870질의회답).

마) 반대급부이행의 상대방(공탁자)

반대급부의 이행은 공탁자에게 하여야 하며, 공탁관에게 직접 이행하는 것은 불가능하다(1971.10.21, 행정예규 제24호, 제48호 1976.10.4).

공탁서에 반대급부 조건이 있는 때에는 반드시 공탁법 제10조의 증명서면을 첨부하게 하여야 할 것이고, 공탁관이 반대급부의 목적물(등기부등본)을 직접 받고 출급하여서는 아니된다(1976.10.4, 행정예규 제48호).

🖤 선례·--

부당조건부 변제공탁이라고 하더라도 피공탁자가 이를 수락하여 공탁금출급청구를 하려면 반대급부 이행의 증명서면을 제출하여야 한다

건물명도와 동시이행관계에 있는 임차보증금을 변제공탁을 함에 있어서 건물을 명도하였다는 확인서를 첨부할 것을 반대급부조건으로 붙였다면 위 변제공탁은 명도의 선이행을 조건으로 한 것이라고 볼 수 밖에 없어 채권자가 이를 수락하지 않는 한 변제의 효력이 없는 무효의 공탁이지만(대판 1991.12.10, 91다27594), 공탁물수령자가 공탁자가 붙인 조건을 그대로 수락하여(공탁금출급청구에 위 수락의 의사표시가 있는 것으로 본다) 공탁물의 출급을 받을려고 한다면 먼저 반대급부조건을 이행하여야 하므로 반대급부조건을 이행하였음을 증명하는 서면으로서 공탁자의 서면(반대급부영수증, 확인서, 반대급부면제서 등)이나 재판(판결, 결정, 명령, 화해, 인낙조서 등), 공정증서(공증인이나 합동법률사무소 작성의 공정증서), 기타의 공정서면(관공서작성문서, 관공서인증사문서 등)을 첨부하여야 공탁금을 수령할 수 있다(1992.9.23, 법정 제1641호).

(4) 인감증명서(공탁금액이 1천만원 초과인 경우)

(가) 인감증명서의 제출

1) 인감증명서의 제출을 요하는 경우

가) 공탁물 출급 · 회수청구의 경우

공탁물 출급 · 회수청구를 하는 사람은 공탁물 출급 · 회수청구서 또는 위임에 따른 대리인의 권한을 증명하는 서면에 찍힌 인감에 관하여 「인감증명법」 제12조와 「상업

등기법」 제11조에 따라 발행한 인감증명서를 제출하여야 한다(공탁규칙 제37조 1항).

법정대리인, 지배인, 그 밖의 등기된 대리인, 법인, 법인 아닌 사단이나 재단의 대표자 또는 관리인이 공탁물 출급·회수청구를 하는 경우에는 그 법정대리인, 지배인, 그 밖의 등기된 대리인, 대표자나 관리인의 인감증명서를 제출하여야 한다(규칙 제37조 제2항).

대리인이 청구할 경우에는 위임장(본인의 인감도장이 날인된 것), 본인의 인감증명서, 대리인의 신분증을 지참하여야 한다. 미성년자의 법정대리인이 출급 청구하는 경우에는 미성년자의 가족관계증명서 및 기본증명서를 첨부하여야 하고, 친권은 공동행사가 원칙(민법 제90조 제2항 전단)이므로 부모 중 한명이 청구하는 경우에는 다른 배우자의 위임장, 인감증명서 또는 배우자가 친권을 행사할 수 없다(민법 제909조 제3항)는 증명서를 추가로 제출하여야 한다.

피공탁자(규칙 제20조 제2항 제5호) 여러 명을 상대로 상대적 불확지공탁을 한 경우에는 다른 피공탁자의 동의서{또는 승낙서(규칙 제33조 제1호 나목) : 이 서류에는 다른 피공탁자 전원의 인감증명서를 첨부하여야 한다}나 확정판결서 등 출급청구권이 있음을 증명하는 서면(규칙 제33조 제2호)을 첨부하여야 한다.

법인 아닌 사단이나 재단(종중, 교회 등)의 대표자 또는 관리인이 공탁물 출급·회수청구를 하는 경우에는 규칙 제33조 및 제34조 각호의 첨부서류 외에 대표자 또는 관리인의 인감증명(규칙 제37조 제2항), 정관 또는 규약과 대표자임을 증명하는 서면을 첨부하여야 한다. 특히 대표자임을 증명하는 서면(대표자 선임결의서 등)에는 2인 이상의 성년의 사실과 같다는 뜻을 적고 자필 서명한 다음 각자의 신분증 사본을 첨부하여야 한다{공탁사무 문서양식에 관한 예규 일부개정예규(대법원 행정예규 제1153호 2018.7.27.) 별지양식 '공탁금(유가증권)출급청구 안내문 참조}.

인감증명서의 유효기간은 발급일로부터 3월 이내의 것이어야 한다(공탁규칙 16조3호). 공탁물 출급청구서에 첨부된 인감증명서상의 주소와 공탁서상의 주소가 서로 다른 때에는 주민등록표등 초본에 의하여 주소변경사실이 증명되어야 한다(행정예규 29호). 인감증명서를 갈음하여 위임장을 공증인이 인증하는 방법으로 공탁물을 출급청구할 수는 없다(2004.4.21. 공탁법인 3302-93).

일본국 행정청 명의로 위조된 공탁금출급청구인의 인감증명서 등을 믿고 공탁금출급을 인가한 공탁공무원의 직무집행상 과실을 인정한 사례(대판 2002.11.22. 2002다49200).

나) 본인서명사실 확인제도(인감증명에 갈음)

출급청구서에 인감을 날인하고 인감증명서를 첨부하여야 하는 경우(규칙 제37조 제1항 및 제2항). 이에 갈음하여 서명을 하고 본인서명사실 확인서 또는 전자본인서명확인서 발급증을 제출할 수 있다.

「본인서명사실 확인 등에 관한 법률」에 따라 발급된 본인서명사실확인서 또는 전자본인서명확인서의 발급증(이하 "발급증"이라 한다)을 첨부하여 공탁에 관한 청구를 할 경우 그 청구서나 첨부서면(이하 "청구서등"이라 한다)의 심사 및 전자본인서명확인서의 확인에 필요한 사항을 규정함을 목적으로 한다(행정예규 제1095호. 2016.12.16. 제1조).

① 인감증명서와의 관계

「공탁법」, 「공탁규칙」 그 밖의 법령 및 대법원예규에서 청구서등에 「인감증명법」에 따라 신고한 인감을 날인하고 인감증명서를 첨부하여야 한다고 정한 경우, 이를 갈음하여 청구서등에 서명을 하고 본인서명사실확인서 또는 발급증을 제출할 수 있다(위 예규 제2조).

② 서명 방법

본인서명사실확인서와 청구서등의 서명은 본인 고유의 필체로 자신의 성명을 기재하는 방법으로 하여야 하며, 공탁관이 알아볼 수 있도록 명확하여야 한다.

청구서등의 서명은 본인서명사실확인서의 서명이 한글로 기재되어 있으면 한글로, 한자로 기재되어 있으면 한자로, 영문으로 기재되어 있으면 영문으로 각각 기재하여야 한다.

본인서명사실확인서의 서명이 한글이 아닌 문자로 기재되어 있다 하더라도 청구서등의 성명은 반드시 한글로 기재하여야 한다(위 예규 제3조 제1~3항).

③ 청구를 불수리하는 서명 방법

본인서명사실확인서나 청구서등에 다음 각 호의 어느 하나에 해당하는 방법으로 서명된 경우에는 그 청구는 수리하지 아니한다(위 예규 제4조).

　1. 제3조 제2항에 위반하여 서명 문자가 서로 다른 경우

　2. 본인의 성명을 전부 기재하지 아니하거나 본인의 성명과 다른 경우

　3. 본인의 성명임을 인식할 수 없을 정도로 흘려 쓰거나 작게 쓰거나 겹쳐 쓴 경우

　4. 성명 외의 글자 또는 문양을 포함한 경우

　5. 그 밖에 공탁관이 알아볼 수 없도록 기재된 경우

④ 전자본인서명확인서의 확인

공탁관이 발급증을 제출받았을 때에는 전자본인서명확인서 발급시스템에 발급번호를 입력하고 전자본인서명확인서를 확인하여야 한다.

전자본인서명확인서 발급시스템 또는 공탁전산시스템의 장애 등으로 공탁관이 전자본인서명확인서를 확인할 수 없는 경우에는 청구인에게 인감증명서 또는 본인서명사실확인서를 제출할 것을 요구할 수 있다. 이 경우 청구인은 이미 제출된 청구서등을 인감증명서 또는 본인서명사실확인서에 맞게 보정하여야 한다.

공탁에 관한 청구를 받은 공탁소 외의 기관 · 법인 또는 단체가 전자본인서명확인서 발급시스템에서 전자본인서명확인서를 열람한 사실이 확인된 경우 공탁관은 해당 공탁에 관한 청구를 수리하여서는 아니된다(위 예규 제4조 제1항 내지 제3항).

⑤ 용도란의 기재

본인서명사실확인서 또는 전자본인서명확인서의 "그 외의 용도란"에는 법원의 명칭, 공탁번호, 해당 용도가 기재되어 있어야 한다(예 : ○○지방법원 ○○○○년 금 제○○○호 공탁금 출급 청구). "그 외의 용도란"에 기재된 사항과 청구서등에 기재된 사항이 일치하지 않는 공탁에 관한 청구는 수리하지 아니한다(위 예규 제5조 제1~2항).

⑥ 수임인란의 기재

대리인이 본인서명사실확인서 또는 발급증을 첨부하여 공탁에 관한 청구를 대리하는 경우에는 본인서명사실확인서 또는 전자본인서명확인서의 "위임받은 사람란"에 대리인의 성명과 주소가 기재되어 있어야 한다. 다만, 대리인이 변호사[법무법인 · 법무법인(유한) 및 법무조합을 포함한다]나 법무사[법무사법인 · 법무사법인(유한)을 포함한다]인 자격자대리인인 경우에는 자격자대리인의 자격명과 성명이 기재되어 있으면 자

격자대리인의 주소는 기재되어 있지 않아도 된다.

본인서명사실확인서 또는 전자본인서명확인서의 "위임받은 사람란"에 기재된 사람과 위임장의 수임인은 같은 사람이어야 하며, 용도란의 기재와 위임장의 위임취지는 서로 부합하여야 한다(위 예규 제6조 제1~2항).

⑦ 본인서명사실확인서의 유효기간

공탁에 관한 청구서에 첨부하는 본인서명사실확인서는 발행일부터 3개월 이내의 것이어야 한다(위 예규 제7조).

다) 법정대리인 등의 공탁물출급·회수청구와 인감증명서의 제출

공탁규칙 제37조 제1항은 법정대리인, 지배인, 그 밖의 등기된 대리인, 법인·법인 아닌 사단이나 재단의 대표자 또는 관리인이 공탁물 출급·회수청구를 하는 경우에는 그 법정대리인, 지배인, 그 밖의 등기된 대리인, 대표자나 관리인에 대하여 준용한다(공탁규칙 제37조 2항).

법인의 지배인(또는 이에 준하는 법률상 대리인)이 공탁물 출급·회수청구를 직접 또는 다른 사람에게 위임하여 청구할 경우 공탁물 출급·회수청구서나 위임장에 날인된 인감에 관하여는 상업등기법 제11조에 따라 발행한 지배인의 인감증명서를 첨부하여야 하므로 지배인을 선임한 법인대표자의 인감증명서와 지배인사용인감확인서를 첨부하여 공탁금 출급·회수를 할 수는 없다(2005.11.9. 공탁법인과-617).

법인의 대표자가 직접 또는 다른 사람에게 위임하여 공탁물을 출급·회수청구하는 경우에는 공탁물 출급·회수청구서 또는 위임장에는 법인대표자의 인감을 직접 날인하고 법인대표자의 인감증명서를 첨부하여야 하므로, 출급·회수청구 위임장에 사용인감을 날인하고 사용인감확인서 및 법인대표자의 인감증명서를 첨부하여 공탁금 출급·회수청구를 할 수는 없다(2006.5.23. 공탁상업등기과-442).

종중 등 법인 아닌 사단이나 재단의 경우에는 대표자나 관리인 개인의 인감증명서를 제출한다.

라) 공증받은 위임장의 인감증명서에 갈음여부(소극)

공탁당사자의 대리인이 공탁물을 출급하고자 할 경우에 첨부서면인 위임장에 날인

된 공탁당사자의 인감에 대하여는 공탁규칙 제37조에서 정한 바에 따라 인감증명서를 제출하여야 하므로, 인감증명서 제출에 갈음하여 위임장을 공증인이 인증하는 방법으로는 공탁금을 출급할 수 없다(2004.4.21. 공탁법인 3302-93).

인감증명제도가 있는 국가에 거주하는 재외국민이 국내에 거주하는 내국인에게 공탁금지급청구권 행사를 위임하면서 대한민국의 인감증명서 대신 거주국관공서가 발행한 인감증명서를 첨부하게 되는 경우 위임장에 거주국 한국 대사관이나 영사관의 공증(확인)을 받아야 하고 법률사무소의 공증으로 이에 갈음할 수는 없다(2005.7.22 공탁법인과-325 질의회답, 대판 2002.11.22, 2002다49200, 행정예규 제374호).

2) 인감증명서의 제출을 요하지 아니하는 경우

다음 각 호의 경우에는 공탁물출급청구에 청구인의 인감증명의 제출을 요하지 아니한다(공탁규칙 제37조 3항).

① 공탁금액이 1,000만원 이하인 경우(공탁관의 신분확인)

본인이나 공탁규칙 제37조 제2항에서 말하는 사람(법정대리인·지배인·그 밖의 등기된 대리인·법인 또는 비법인사단이나 재단의 대표자나 관리인)이 공탁금을 직접 출급·회수청구하는 경우로써, 그 금액이 1000만원 이하(유가증권의 총 액면금액이 1000만원 이하인 경우를 포함한다)이고, 공탁관이 신분에 관한 증명서(주민등록증·여권·운전면허증 등을 말한다. 이하 "신분증"이라 한다)로 본인이나 제2항에서 말하는 사람임을 확인할 수 있는 경우(규칙 제37조 3항 1호)

② 관공서가 공탁물의 출급·회수 청구를 하는 경우(규칙 제37조 3항 2호).

공탁물출급청구자가 관공서인 경우 그것만으로 출급청구서 등의 성립의 진정을 인정할 수 있으므로 인감증명서를 제출하지 않아도 된다(규칙 제37조 제3항 2호).

③ 공탁서와 공탁통지서를 첨부한 경우

공탁자로부터 공탁서를 넘겨받고 공탁소가 발송한 공탁통지서를 수령한 자는 정당한 지급청구권자일 개연성이 크므로 인감증명서를 제출하지 않아도 된다(공탁실무편람: 123면. (5). (나).)

④ 관공서의 지급위탁에 의한 출급청구

배당 기타 관공서의 지급위탁에 의하여 1,000만원 이하의 공탁금을 지급받을 사람 본인이 공탁규칙 제43조 제1항의 증명서(지급을 받을 자격에 관한 증명서)를 첨부하여 직접 공탁물의 출급청구를 하는 경우에도 인감증명서를 제출하지 않아도 되며, 대리인에 의하여 출급청구하는 경우는 해당되지 않는다(공탁실무편람 :124면 (라).)
공탁관이 규칙 제37조 제3항에 따라 공탁금 출급·회수청구를 인가한 때에는 청구인의 신분증 사본을 해당 공탁기록에 편철하여야 한다(규칙 제37조 4항).

⑤ 전자문서에 의한 공탁금 출급·회수 청구의 특례

금전공탁사건에 관한 신청 또는 청구는 공탁규칙에서 정하는 바에 따라 전자공탁시스템을 이용하여 전자문서로 할 수 있다. 다만, 5천만원을 초과하는 공탁금에 대한 출급 또는 회수청구의 경우에는 그러하지 아니하다(규칙 제69조).

따라서 공탁금이 '5천만원 이하'인 사건에 대하여는 법원 전자홈페이지에서 전자공탁시스템을 이용하여 공탁소를 방문하지 않고서도 출급·회수청구를 할 수 있으며, 이 경우 출급·회수청구인의 인감증명서를 첨부하지 아니하며(규칙 제79조 제1항), 서명은 공인인증서에 의한 전자서명방식으로 한다(대법원 행정예규 제1153호 2018.7. 27. 별지양식 "공탁금(유가증권) 출급청구 안내문").

신분확인에 의한 공탁금 출급·회수 업무처리지침

(행정예규 제744호 2008.2.15)

1. 목 적

이 예규는 「공탁규칙」(다음부터 "규칙"이라 한다) 제37조 제3항 제1호에 따라 인감증명서를 첨부하지 아니하고 신분에 관한 증명서(주민등록증·여권·운전면허증 등)에 의하여 출급·회수청구를 할 수 있는 공탁금액의 구체적인 기준 및 신분확인 시 유의사항 등을 정함을 목적으로 한다.

2. 공탁금액의 적용 기준

규칙 제37조 제3항 제1호가 적용되는 공탁금액의 범위는 다음 각 호의 기준에 의한다.

　가. 출급·회수청구하는 공탁금액(유가증권의 경우 총 액면금액을 말함)이 1,000만 원 이하라 함은 원칙적으로 "공탁서에 기재되어 있는 공탁금액"이 1,000만 원 이하인 경우를 말한다.

　나. 공탁서상의 공탁금액이 1000만 원 이하인 때에는 출급 또는 회수청구하는 금액이 이자를 포함하여 1000만 원을 초과한 경우에도 적용한다.

　다. 공탁서상의 공탁자 또는 피공탁자가 여러 사람인 때에는 공탁서상의 전체 공탁금액이 1,000만 원을 초과하더라도 해당 출급 또는 회수청구를 하는 공탁자 또는 피공탁자에 대한 공탁서상의 공탁금액이 1,000만 원 이하인 경우에도 적용한다.

　라. 배당 등에 따라 공탁금액을 여러 사람에게 나누어 지급하는 때에는 그 지급권자의 청구금액이 1,000만 원 이하인 경우에도 적용한다.

　마. 1,000만 원을 초과하는 공탁금액을 1,000만 원 이하로 임의로 분할하여 출급 또는 회수청구하는 경우에는 적용하지 아니한다.

　바. 공탁물이 액면금액의 표시가 없는 유가증권인 경우와 공탁물이 물품인 경우에는 적용하지 아니한다.

3. 공탁관의 신분확인 시 유의사항

공탁관이 규칙 제37조 제3항 제1호에 따라 공탁금의 출급·회수청구를 받은 때에는 신분에 관한 증명서의 사진, 주소, 주민등록번호 등으로 본인 또는 대리인임을 철저히 확인하여야 하고, 그 신분에 관한 증명서 사본을 해당 공탁기록에 철하여야 한다.

(나) 날인제도가 없는 외국인에 대한 공탁금지급절차

날인제도가 없는 외국인은 서명만으로 날인에 대신할 수 있으므로 공탁금출급·회수청구서(직접청구의 경우) 또는 위임장(대리인에 의한 청구의 경우)의 서명이 본인의 것임을 증명하는 외국인의 본국관공서의 증명이나 공증인의 공증서면 및 그 번역문을 첨부함으로써 인감증명서의 제출에 갈음할 수 있다(1990.11.16, 행정예규 제148호).

인감증명제도가 있는 나라(예컨대 일본)국민은 위임장에 날인한 인감과 동일한 인감에 관하여 그 관공서가 발행한 인감증명이 있어야 한다.

외국인도 출입국관리법에 따라 외국인등록을 하면 우리나라의 인감증명법에 의한 인감신고를 한 후 인감증명을 발급 받아 제출할 수 있다(인감증명법 제3조 제3항).

(다) 재외국민의 공탁금 지급청구

재외국민(대한민국에 현재하지 아니한 자로서 국외로 이주를 하여 주민등록이 말소되거나 처음부터 주민등록이 없는 자를 뜻하며, 단지 해외여행자는 이에 포함되지 않는다)이 귀국하여 직접 출급청구하는 때에는 국내 거주 내국인의 경우와 같으므로 우리나라의 인감증명서를 첨부하여야 한다.

재외국민이 귀국하지 않고 대리인에게 위임하는 경우 위임장에 찍힌 인영이 본인의 것임을 증명하기 위하여 본인의 인감증명서(우리나라의 인감증명)를 제출하여야 한다.
다만, 재외국민이 거주하는 나라(외국)가 우리나라와 같이 인감증명제도가 있는 나라(예컨대 일본)인 경우에는 그 나라 관공서가 발행한 인감증명서를 첨부할 수 있다. 이때에는 위임장에 거주국 주채 한국 대사관이나 영사관의 확인을 반드시 받아야 한다(행정예규 제603호).

판례는 재외국민의 위임장에 거주국 주재 대한민국 총영사관 총영사의 직인은 날인되어 있으나 재외공관공증법 제25조 제1항에서 정하는 공증담당영사의 인증문언 등이 기재되어 있지 않은 점 등을 이유로 하여 일본국 행정청 명의로 위조된 인감증명서와 위임장 등을 믿고 공탁금 출급청구를 인가한 공탁관에게 직무집행상 과실이 있다고 하였다(대판 2002.11.22. 2002다49200).

(라) 주소의 상이

인감증명서에 기재된 주소와 공탁서상의 주소가 다를 때에는 주민등록표의 등·초본에 의하여 주소변경사실이 증명되면 공탁물의 출급을 할 수 있다(1972.5.8, 행정예규 제29호).

(마) 공탁자가 외국회사인 경우

공탁자가 대한민국 내 영업소설치의 등기가 되어 있지 아니한 외국회사이므로 회사의 등기부등본에 의하여 그 대표자의 자격을 증명할 수 없는 경우에는 외국회사 본국의 관할관청 또는 대한민국에 있는 그 외국의 영사의 인증을 받은 "대표자의 자격을 증명하는 서면" 및 그 번역문을 그에 갈음하여 제출하면 되고, 날인제도가 없는 외국인은 서명만으로 날인에 대신할 수 있으므로 인감증명서의 첨부를 요하는 공탁금출급·회수청구서(대표자의 직접청구의 경우) 또는 위임장(대리인에 의한 청구의 경우)의 서명이 본인의 것임을 증명하는 외국회사 본국의 관할관청의 증명이나 공증인의 공증서면 및 그 번역문을 첨부함으로써 인감증명서의 제출에 갈음할 수 있다(1992.8. 19, 법정 제1396호).

(바) 표현대리가 인정된 사례

'갑'이 공탁금수령권자인 '을'에게 돈을 빌리는 데 필요하다고 말하여 그로부터 받아 둔 인감도장과 이 사건 공탁금관계에 필요하다고 말하여 '을'이 직접 발급받아 건네어 준 공탁금회수용 인감증명 1통을 가지고 공탁금의 출급신청을 하였고 공탁관이 정당한 수령권자인 외관을 갖춘 '갑'에게 공탁금을 지급하였다면, '을'은 비록 그 공탁금을 현실로 수령하여 이득을 본 바 없다 하더라도 "표현대리의 본인의 지위"에서 그 공탁금을 수령한 셈이 된다 할 것이다(대판 1990.5.22. 89다1121).

(사) 사용인감

법인의 대표자가 직접 또는 다른 사람에게 위임하여 공탁물을 출급·회수청구하는 경우 출급·회수청구서 또는 위임장에는 법인대표자의 인감을 직접 날인하고 법인대표자의 인감증명서를 첨부하여야 하므로, 출급·회수청구서, 위임장에 사용인감을 날인하고 사용인감확인서 및 법인대표자의 인감증명서를 첨부하여 공탁금출급·회수청구를 할 수는 없다(2006.5.23. 공탁상업등기과- 442 직권선례)

(5) 자격증명서

(가) 법인, 비법인 사단 또는 재단인 경우

1) 자격증명서. 정관(규약). 회의록 등

공탁물출급·회수청구권자가 법인인 경우에는 3개월 이내에 발행된(공탁규칙 제16조1호) 대표자 또는 관리인의 자격을 증명하는 서면(예: 법인등기부등·초본 등), 법인 아닌 사단 또는 재단인 경우에는 정관이나 규약과 대표자 또는 관리인의 자격을 증명하는 서면을 공탁물출급·회수청구서에 각각 첨부하여야 한다(공탁규칙 제38조 제1항).

🔖 선례--

종중의 공탁금출급절차

피공탁자가 종중인 경우에도 그 종중의 대표자는 그 종중의 규약과 대표자의 자격을 증명하는 서면을 첨부하여 공탁금을 출급청구할 수 있으며, 그 대표자의 자격을 증명하는 서면으로써는 동 규약이 정하는 바에 따라 대표자를 선임한 회의록 등을 제출할 수 있을 것이나, 부동산등기용등록번호를 증명하는 서면인 종중등록증명서는 종중의 대표자의 자격을 증명하는 서면으로 볼 수 없다(1993.2.1, 법정 제227호).

2) 자격증명서등의 유효기간

공탁관에게 제출하는 다음 서면은 발급일로부터 3월이내의 것이어야 한다(공탁규칙 제16조).

1. 대표자나 관리인의 자격 또는 대리인의 권한을 증명하는 것으로서 관공서에 발급받은 서면
2. 제21조 제3항의 주소를 소명하는 서면으로서 관공서에 발급받은 서면
3. 인감증명서

(나) 대리인에 의한 경우(위임장)

1) 대리인의 권한을 증명하는 서면(위임장)

대리인에 의하여 공탁금출급청구를 하는 경우에는 대리인의 권한을 증명하는 서면 (위임장·가족관계증명서 등)을 공탁금출급청구서에 첨부하여야 한다(공탁규칙 제38조 1항, 제21조 2항). 대리권이 있음을 증명하는 서면으로서 법정대리인인 경우 가족관계증명서(법원의 선임에 의한 경우에는 선임결정서), 임의대리인인 경우 위임장을 제출하여야 한다. 이때에는 본인의 인감도장을 날인한 위임장과 본인의 인감증명서를 첨부하여야 한다(대법원 행정예규 제 742호. 제8-1.2.3호양식 ※2 참조).

2) 공탁신청시 제출한 위임장에 '회수청구 및 그 수령의 권한'이란 문구가 명기된 경우에도 회수청구시 별도의 위임장 제출 여부(적극)

공탁신청 당시 제출한 위임장에 '회수청구 및 그 수령의 권한'이 명기되어 있는 경우에는 대리권의 효력이 공탁물회수청구권에도 미친다고 볼 수 있으나, 공탁신청 이후에 대리권이 소멸될 수도 있으므로 종전의 대리인이 공탁물 회수청구를 할 때에는 별도의 위임장을 제출하거나 종전에 위임한 대리권이 소멸되지 않았음을 증명하는 공탁자 본인 작성의 서면(인감증명 첨부 또는 공증)을 제출하여야만 한다(2015.10.6. 사법등기심의관-3536).

위임장의 양식(별지서식)은 다음과 같다.

위 임 장

본인은 금번 ○시 ○구 ○동 ○번지 하모를 대리인으로 정하고, 다음 권한을
위임한다.

다　　음

1. 공탁자 ○○○, 피공탁자 ○○○ 간 공탁번호 ○○년 금(증) 제○○호, 일금 ○○
   만 원의 공탁금 및 그 이자의 출급청구권
2. 전 항 공탁금 및 이자의 지정된 보관은행으로부터의 수령권

2001. ○. ○.

○시 ○구 ○동 ○번지

위임인(피공탁자) ○ ○ ○ (인)

(다) 출급청구인이 비법인 사단·재단인 경우

출급청구인이 법인 아닌 사단이나 재단인 경우에는 대표자 또는 관리인의 자격을
증명하는 서면에 그 사실을 확인하는데 상당하다고 인정되는 2명 이상의 성년인 사람
이 사실과 같다는 뜻과 성명을 적고 자필서명한 다음 신분증사본을 첨부하여야 한다
(공탁규칙 제38조 제2항).

(라) 변호사, 법무사가 대리인인 경우

변호사나 법무사[법무법인·법무법인(유한)·법무조합·법무사법인·법무사법인(유한)
을 포함한다. 이하 "자격자대리인"이라 한다]가 대리하여 청구하는 경우에는 자격자대
리인이 제2항의 서면에 사실과 같다는 뜻을 적고 기명날인하는 것으로 갈음할 수 있다
(공탁규칙 제38조 제3항).

5. 재외국민 및 외국인의 공탁금지급청구시 첨부서면

(대법원 행정예규 제1033호. 2014.12.24. 시행일 2015.1.22.)
재외국민 등의 공탁금출급청구시 첨부서면은 다음과 같다.

(1) 재외국민
대한민국의 국민으로서 외국의 영주권을 취득한 자 또는 영주할 목적으로 외국에 거주하고 있는 자.

(가) 대리인에게 위임하는 경우
재외국민이 공탁금지급청구권 행사를 대리인에게 위임하는 경우 청구서에 첨부할 서면(일반적으로 공탁금지급청구서에 필요한 서면은 제외한다)은 아래와 같다.

1) 위임장
① 위임장의 양식은 특별히 규정된 바 없으나 위임하는 공탁사건과 수임인이 구체적으로 특정되도록 기재하여야 한다.
② 위임하고자 하는 법률행위의 종류와 위임취지(공탁금 수령 등 일체의 권한을 수여한다는 등기)가 기재되어야 한다.
③ 재외국민이 거주국 관공서 발행의 인감증명을 첨부하는 경우((2)단서의 경우)에는 위임장에 거주국주재 한국 대사관이나 영사관의 확인을 반드시 받아야 한다.

2) 인감증명의 제출
위임장에 찍힌 인영이 본인의 것임을 증명하기 위하여 본인의 인감증명(우리 나라의 인감증명)을 제출하여야 한다. 다만, 재외국민이 거주하는 나라(외국)가 우리 나라와 같이 인감증명제도가 있는 나라(예컨대 일본)인 경우에는 그 나라 관공서가 발행한 인감증명을 첨부할 수 있다.

3) 주소소명이 필요한 경우
공탁금지급청구서에는 원칙적으로 주소를 소명하는 서면을 첨부할 필요가 없으나, 공탁서상의 피공탁자 등 권리자의 주소와 인감증명서상의 주소가 다르다는 등의 사유로 권리자와 지급청구자가 같은 사람임을 공탁관이 확인할 수 없는 경우에는 공탁관은 주소변동내용이 나타나는 서면 등 같은 사람임을 소명하는 서면을 제출하게 할 수 있다(주소변동을 확인하는 서면 : 시·군·구의 장 등이 발급한 주민등록표등·초본 또는 외국주재 대한민국 공관의 장 등이 발급한 재외국민등록부 등본, 출입국관리사무소장이나 시·군·구의 장 등이 발급한 국내거소신고 사실증명 등. 다만, 주재국에 대한민국 공관 등이 없어 이러한 증명을 발급받을 수 없을 때에는 거주국 공증인이 주소를 공증한 서면. 대법원행정예규 제1084호. 2016.6.16).

(나) 직접 청구하는 경우

재외국민이 귀국하여 직접 공탁금지급청구를 하는 때에는 국내 거주 내국인의 경우와 같다. 다만, 주소를 소명하는 서면으로는 주민등록표등·초본 또는 재외국민등록부 등본 또는 출입국관리사무소 등에서 발급한 국내거소신고 사실증명 등을 제출하게 할 수 있다 (행정예규 제1084호).

(다) 상속에 있어서 특례

재외국민의 상속재산 분할협의서에 첨부할 인감증명은 상속재산 협의분할서상의 서명 또는 이에 관한 공정증서(거주국 또는 대한민국 공증인)로 대신할 수 있다.

(라) 문서의 확인

공탁관은 제출된 문서가 외국 공무원이 발행하였거나 외국 공증인이 공증한 문서인 경우 그 문서에 찍힌 도장 또는 서명의 진위 여부와 그 공무원이나 공증인의 직위를 확인하기 위하여 「재외공관 공증법」 제30조 제1항 본문에 따른 영사관의 확인 또는 「외국공문서에 대한 인증의 요구를 폐지하는 협약」에서 정한 아포스티유(Apostille) 확인을 받아 제출하게 할 수 있다(행정예규 제1084호. 2016.6.16).

(2) 외국인

대한민국의 국적을 보유하고 있지 아니한 자를 말한다.

(가) 대리인에게 위임하는 경우

외국인이 공탁금지급청구권 행사를 대리인에게 위임하는 경우의 청구서에 첨부할 서면(일반적으로 공탁금지급청구서에 필요한 서면은 제외)

1) 위 임 장
① 위임장의 양식은 특별히 규정된 바 없으나 위임하는 공탁사건과 수임인이 구체적으로 특정되도록 기재하여야 한다.
② 위임하고자 하는 법률행위의 종류와 위임취지(공탁금 수령 등 일체의 권한을 수여

한다는 등)가 기재되어야 한다.

2) 인감증명

① 인감증명의 날인제도가 없는 외국국적 취득자는 위임장에 한 서명에 관하여 본인이 직접 작성하였다는 취지의 본국(국적취득국) 관공서의 증명이나 이에 관한 공증이 있어야 한다.

② 인감증명의 날인제도가 있는 외국(예컨대 일본)국적 취득자는 위임장에 날인한 인감과 동일한 인감에 관하여 그 관공서가 발행한 인감증명이 있어야 한다.

③ 외국국적 취득자도 우리 나라의 인감증명법에 의한 인감신고를 한 후 인감증명을 발급 받아 제출할 수 있다.

④ 인감증명서의 제출에 갈음할 수 있는 경우(날인제도가 없는 외국인)

날인제도가 없는 외국인은 서명만으로 날인에 대신할 수 있으므로 공탁금출급. 회수청구서(직접청구의 경우) 또는 위임장(대리인에 의한 청구의 경우)의 서명이 본인의 것임을 증명하는 외국인의 본국 관공서의 증명이나 공증인의 공증서면 및 그 번역문을 첨부함으로써 인감증명서의 제출에 갈음할 수 있다(1990.11.16. 행정예규 제148호).

3) 주소소명이 필요한 경우

공탁금지급청구서에는 원칙적으로 주소를 소명하는 서면을 첨부할 필요가 없으나, 공탁서상의 피공탁자 등 권리자의 주소와 인감증명서상의 주소가 다르다는 등의 사유로 권리자와 지급청구자가 같은 사람임을 공탁관이 확인할 수 없는 경우에는 공탁관은 주소변동내용이 나타나는 서면 등 같은 사람임을 소명하는 서면을 제출하게 할 수 있다(주소변동을 확인하는 서면 : 본국 관공서의 주소증명 또는 거주사실증명, 주소증명을 발급하는 기관이 없는 경우에는 주소를 본국 공증인이 공증한 공정증서, 외국인이 입국한 경우에는 출입국관리사무소장 등이 발급한 외국인등록 사실증명 또는 국내 거소신고 사실증명 등).

4) 외국국적 취득으로 성명이 변경된 경우

변경 전의 성명과 변경 후의 성명이 동일인이라는 본국 관공서의 증명 또는 공증(본국공증인)이 있어야 한다.

5) 번역문

공탁금지급청구서에 첨부된 서류가 외국어로 되어 있으면 모두 번역문을 첨부하여야 한다.

6) 문서의 확인

공탁관은 대법원행정예규 제1084호(2016.6.16) (2)·(3)·(4)에 따라 제출된 문서가 외국 공무원이 발행하였거나 외국 공증인이 공증한 문서인 경우 위 1.라.를 준용한다(행정예규 제1084호).

(나) 직접 청구하는 경우

외국국적 취득자가 입국하여 공탁금지급청구를 하는 경우 첨부서면은 위임장을 제외하고는 위 대리인의 경우와 같다. 다만, ① 주소소명은 외국인등록표등본으로도 가능하다. ② 날인제도가 없는 외국국적 취득자의 인감증명에 관하여는 청구서 또는 위임장 등에 한 서명이 본인의 것임을 증명하는 주한 본국 대사관이나 영사관의 확인서면으로도 가능하다.

6. 첨부서면의 생략

동일 공탁법원에 대하여 동일인이 동시에 수건의 공탁물출급청구를 하는 경우에 첨부서면의 내용이 동일한 것이 있는 때에는 1건의 출급청구서에 1통만을 첨부하면 되며, 이 경우에 다른 출급청구서에는 그 뜻을 기재하여야 한다(공탁규칙 제38조 1항, 제22조).

7. 토지수용보상 공탁금의 출급청구절차

토지수용보상공탁의 출급절차는 아래와 같다(행정예규 526호 3. 4. 5.).

(1) 피공탁자가 특정된 경우

(가) 피공탁자가 아닌 자로서 출급청구권을 갖는 경우와 그 증명서면

① 피공탁자로부터 출급청구권을 상속, 채권양도, 전부명령 기타 원인으로 승계 받

은자 - 그 사실을 증명하는 서면

② 수용시기 전에 수용대상토지의 소유권을 피공탁자로부터 승계받은 자 - 그 소유권승계사실을 증명하는 서면(등기부등본, 수용재결결정서, 형성판결문 등)

③ 수용대상토지에 대한 진정한 권리자(명의신탁자 포함)가 수용시기 전에 소유권등기를 회복한 경우 - 그 사실을 증명하는 서면

④ 사자(死者)를 피공탁자로 한 공탁의 경우 그 상속인 - 사자(死者)의 상속인임을 증명하는 서면

(나) 피공탁자가 아닌 자로서 출급청구권을 갖지 못하는 자

① 수용시기 이후 수용으로 인한 소유권이전등기를 하기 전에 소유권이전등기를 경료한 매수인

② 매매 또는 명의신탁해지 등을 원인으로 소유권이전등기절차이행의 승소확정판결을 받았으나 수용시기 전에 그 등기를 경료하지 못한 자(비록 공탁 이전에 가등기나 처분금지가처분등기를 경료한 경우에도 동일함)

③ 공익사업을위한토지등의취득및보상에관한법률 제18조의 규정에 의하여 시 · 구 · 읍 · 면의 장으로부터 소유자 확인서를 발급받은 자

④ 피공탁자를 상대로 공탁급출급청구권이 자기에게 있다는 확인판결을 받은 제3자

판례

1. 이의신청 중 이의를 유보하지 아니하고 한 토지수용보상금 공탁금의 수령의 효과

   기업자가 공탁한 토지수용위원회의 재결에 따른 토지수용보상금을 아무런 이의를 유보하지 아니하고 수령한 토지소유자는 비록 그 재결에 대한 이의를 신청하였다고 하더라도 그 재결에 승복하고 공탁의 취지에 따라 이를 수령한 것으로 보아야 한다(81.2.10. 80누492).

2. (가) 이의신청 및 소송계속중에 이의를 유보하지 아니하고 한 토지수용보상금 공탁금 수령의 효과

   기업자가 토지수용위원회의 재결에 따라 공탁한 토지수용보상금을 토지소유자가 아무런 이의를 유보함이 없이 수령하였다면 토지소유자는 토지수용위원회의 재결에 승복하여 그 공탁의 취지에 따라 보상금을 수령한 것이라고 봄이 상당하므로 이로써 기업자의 보상금 지급의무는 확정적으로 소멸하는 것이고, 토지소유자가 위 재결에 대하여 이의신청을 제기하거나 소송을 제기하고 있는 중이라고 하더라도 그러한 사정만으로는 공탁금수령에 관한 이의유보의 의사표시가 있는 것으로 볼 수는 없다.

(나) 공탁금 수령에 관한 이의유보의사표시의 상대방

　　공탁금 수령에 관한 이의유보의사표시의 상대방은 반드시 공탁공무원에 국한할 필요가 없고 보상금지급의무자인 기업자에 대하여 이의유보의 의사표시를 하는 것도 가하다(대판 1982.11.9. 82누197, 전원합의체판결).

3. 이의를 유보하지 아니하고 한 토지수용보상금 공탁금수령의 효과

　　도시계획사업의 시행자(토지수용법상의 기업자)가 토지수용법 제61조 제2항 제1호에 의하여 토지수용위원회가 재결한 토지수용보상금을 공탁한 경우에 그 공탁은 시행자가 토지소유자에 대하여 부담하는 토지수용에 따른 보상금지급의무의 이행을 위한 것으로서 민법상 변제공탁과 그 성질이 다를 바 없으므로, 토지소유자가 아무런 이의를 유보함이 없이 공탁금을 수령하였다면 토지소유자는 토지수용위원회의 재결에 승복하여 그 공탁의 취지에 따라 이를 수령하였다고 보아야 할 것이다(대판 1983. 6.14. 81누254).

　　🔖 선례···

토지수용보상공탁금의 양수인의 출급청구

　　1. 명의수탁자 '망 갑(甲)'을 피공탁자로 하여 수용보상금을 공탁한 경우 명의신탁자는 망 갑(甲)의 상속인들로부터 공탁금 출급청구권을 양도받고 공탁관에게 양도통지를 하도록 하거나, 상속인들을 상대로 '피고(상속인들)는 원고(명의신탁자)에게 공탁금 출급청구권 양도의 의사표시를 하고 소외 대한민국(소관: 공탁관)에게 위 공탁금 출급청구권 양도의 통지를 하라'는 내용의 집행권원(판결 등)을 얻어야 공탁금 출급청구를 할 수 있다(2010.1.22.사법등기심의관-216).

(2) 피공탁자가 특정되지 아니한 경우 - 채권자 불확지공탁의 경우

　　기업자가 토지수용법 제61조 제2항에 따라서 관할토지수용위원회가 재결한 토지수용보상금을 공탁한 경우, 그 공탁서에 공탁물을 수령할 자가 재결서에 수용대상토지의 소유자로 표시된 갑과 을의 2인으로 기재되어 있다면, 갑이 단독으로 공탁공무원에게 공탁금 출급 청구를 하면서 수용대상토지가 갑 한사람의 소유임을 증명하는 서류를 첨부하였더라도, 공탁공무원으로서는 공탁금출급청구를 불수리 할 수밖에 없는 것이다(대판 1989.12.1. 89마821)

(가) 상대적 불확지공탁인 경우의 출급청구

① 피공탁자 사이에 권리의 귀속에 관하여 분쟁이 없는 경우에는 다른 피공탁자의 승낙서(인감증명서 첨부) 또는 협의성립서를 첨부하여 출급청구할 수 있다.

② 피공탁자 사이에 권리의 귀속에 관하여 분쟁이 있는 경우에는 피공탁자 사이에 어느 일방에게 출급청구권이 있음을 증명하는 내용의 판결(조정조서, 화해조서 포함)을 첨부하여 출급청구할 수 있다.

공탁자가 피공탁자를 '갑(甲) 또는 을(乙) 또는 병(丙)'으로 한 상대적 불확지공탁을 한 수용보상금에 대하여, 일방의 피공탁자 '갑(甲)'이 다른 피공탁자 '을(乙)과 병(丙)'을 상대로 하여 "공탁금 출급청구권 확인판결"이 아닌 "소유권확인판결"을 받은 경우, 그 판결에 의하여 수용 당시의 진정한 소유자임이 확인되는 경우 그 판결은 공탁금 출급청구권 증명서면으로 볼 수 있다.

다만, "소유권확인판결"이 공탁서에 기재된 건물 및 지장물의 일부에 대한 판결인 경우, 판결결정에 의하여 공탁서 목록과 일치시키는 경우 공탁금 출급이 가능할 것이라고 생각되나, 구체적인 공탁금 출급여부는 이를 심사하는 공탁관이 판단하여 결정할 사항일 것이다(2011.3.17. 사법등기심의관 – 612 질의회답).

③ 피공탁자 전원이 공동으로 출급청구를 하는 경우에는 출급청구서 기재에 의하여 상호 승낙이 있는 것으로 볼 수 있으므로 별도의 서면을 제출하지 않아도 된다.

④ 공탁자의 승낙서나 공탁자 또는 국가를 상대로 한 판결 등은 출급청구권이 있음을 증명하는 서면으로 볼 수 없다.

(나) 절대적 불확지공탁인 경우의 출급청구

① 공탁자(사업시행자)가 후에 피공탁자를 알게 된 때에는 그를 피공탁자로 지정하는 공탁서정정신청을 하도록 하여 피공탁자가 직접 출급청구할 수 있다.

② 공탁자를 상대로 하여 공탁금에 대한 출급청구권이 자신에게 있다는 확인판결(조정, 화해조서 등)을 받은 경우에는 그 판결정본과 확정증명서를 첨부하여 직접 출급청구할 수 있다(대법원 1997.10.16. 선고 96다11747 전원합의체 판결).

(3) 합유자를 피공탁자로 하여 수용보상금을 공탁한 후 합유자 일부가 사망한 경우

합유로 등기되어 있는 토지를 기업자(공탁자)가 수용하고 수용보상금을 공탁하면서 수용되기 전에 사망한 5명을 포함한 16명의 합유자를 피공탁자로 하여 공탁한 이후 합유자 중 2명이 공탁된 이후에 사망한 경우에, 특약이 없는 한 사망한 사람의 상속인들에게는 공탁금 출급청구권이 승계되지 않으므로 잔존 합유자들은 사망자에 대한 사망사실을 입증하는 서면을 제출하고 잔존 합유자 전원의 청구에 의하여 공탁금 출급청구를 할 수 있다(2010.6.18. 사법등기심의관 – 1349 질의회답).

참조판례 : 대법원1994.2.25. 선고93다39225 판결

참조선례 : 1991.7.19. 법정 제1158호, 2008.3.26. 공탁사업등기과−362호 질의회답

(4) 공탁금 출급제한사유의 확인

(가) 사업시행자가 관할토지수용위원회가 재결한 보상금에 대하여 불복하면서 보상금을 받을 자에게 자기가 산정한 보상금을 지급하고, 그 금액과 관할토지수용위원회가 재결한 보상금과의 차액을 공탁한 경우에, 보상금을 수령할 자는 그 불복 절차가 종결될 때까지 공탁금의 지급을 청구할 수 없다(공익사업을위한토지등의취득및보상에관한법률 제40조 제4항).

(나) 중앙토지수용위원회가 관할토지수용위원회의 재결에 대한 이의신청절차에서 보상금을 증액하였으나 사업시행자가 이에 불복하여 행정소송을 제기하면서 증액된 보상금을 공탁한 경우에, 보상금을 수령할 자는 행정소송이 종결될 때까지 공탁금의 지급을 청구할 수 없다(공익사얼을위한토지등의취득및보상에관한법률 제84조 제1항, 제85조 제1항).

(5) 절대적 불확지공탁의 출급절차 특례(행정예규 제526호. 5.).

(가) 지방법원의 사전 확인절차를 거칠 것

토지수용보상금을 절대적 불확지공탁을 한 경우, 그 공탁의 공탁금이 금50,000,000원 이상이고 공탁일로부너 3년 이상이 경과한 이후에 공탁금 출급청구가 있는 때에는 공탁관은 그 신청의 수리 여부를 결정하기 전에 지방법원장(지원의 경우는 지원장, 시·군법원의 경우에는 시·군법원판사)의 확인절차를 밟아야 한다.

(나) 확인절차

위 "가"의 확인은 청구서접수 당일에 공탁금출급청구서 하단의 중앙 여백에 아래와 같은 확인란을 설치하여 확인 여부를 서명 또는 날인을 받는 방법으로 한다. 이 경우 확인란은 목각인을 사용할 수 있다.

공탁공무원	종합민원실장 (총무과장, 사무과장)	사 무 국 장 (국이 설치된 경우)	지방법원장 (지원인 경우 지원장, 시·군법원인 경우 시 ·군법원 판사)

Ⅴ. 공탁물출급의 절차

1. 공탁관의 조사

공탁관이 공탁물 출급·회수청구서류를 접수한 때에는 상당한 사유가 없는 한 지체 없이 모든 사항을 조사하여 신속하게 처리하여야 한다(공탁규칙 제39조 1항).

2. 출급청구의 인가

공탁관은 출급청구가 이유 있다고 인정할 때에는 청구서에 인가의 뜻을 적어 기명날인하고 전산등록을 한 다음 청구서 1통을 청구인에게 내주고, 공탁물보관자에게는 그 내용을 전송하여야 한다. 이 경우 공탁관은 청구인으로부터 청구서 수령인을 받아야 한다(공탁규칙 제39조 2항·3항).

3. 공탁물 출급청구의 불수리결정

공탁관이 공탁물출급청구를 불수리할 경우에는 이유를 적은 결정으로 하여야 한다. 불수리결정에 관하여 필요한 사항은 대법원예규로 정한다(규칙 제48조).

Ⅵ. 가압류채권자의 해방공탁금의 지급청구절차(채무자의 가압류해방 공탁금회수청구권에 대한 압류 및 전부명령)

1. 채권자의 본안승소판결의 확정

가압류채권자가 해방공탁금을 지급받기 위해서는 본안승소확정판결을 채무명의로 하여 채무자의 공탁금회수청구권에 대하여 가압류로부터 본압류로 전이하는 압류 및 추심 또는 전부명령을 받아 그 정본 및 확정증명을 공탁원인 소멸증명 겸 승계사실 증명서면으로 첨부하여 공탁소에 대하여 회수청구를 할 수 있는바, 위와 같은 채무명 의로는 위 확정판결뿐만 아니라 가집행선고부 종국판결도 포함된다(1996.1.20. 법정 제3302-16호 ; 1990.3.9. 법정 제419호).

🔖 선례--

① 민사집행법 제282조에 의한 가압류해방금액이 공탁된 경우 그 가압류의 효력은 공탁금 자체가 아닌 공탁자인 가압류채무자(乙)의 공탁금 회수청구권에 대하여 미치는 것이고 가압류채권자(甲)는 공탁금에 대하여 우선변제를 받을 권리가 없 으며, 가압류채권자(甲)가 해방공탁금을 지급받기 위하여는 본안승소확정판결 등 을 집행권원으로 하여 공탁금 회수청구권에 대한 별도의 현금화명령(추심명령 또는 전부명령 등)을 받아야 한다.

② 따라서, 가압류채권자(甲)의 채권자(丙)가 '가압류채권자(甲)의 가압류채무자(乙) 에 대한 본안판결 확정 후 제3채무자인 국가에 대하여 회수청구할 공탁금채권' 을 피압류채권으로 채권가압류를 받았다 하더라도, 가압류의 효력이 소멸되었을 경우에 공탁자가 가지는 공탁금회수청구권 행사에 아무 영향도 줄 수 없으므로, 공탁자인 가압류채무자(乙)가 일반적인 첨부서면 이외에 가압류해방공탁의 원인 이 된 그 가압류의 효력이 소멸되었음을 증명하는 서면을 첨부하여 공탁금 회수 청구를 하는 경우 공탁관은 그 회수청구를 인가하여야 할 것이다(2003.8.30. 공탁법인 제3302-209호 질의회답).

2. 채권의 동일성의 소명(해방공탁금회수청구권에 대한 채권압류 및 전부명령)

본안소송에서 승소확정판결을 받은 가압류채권자가 채무자의 해방공탁금회수청구권에 대한 채권압류 및 전부명령을 받아 지급청구권을 행사하는 경우에 그 채권압류가 가압류를 본압류로 전이하는 채권압류가 아닌 한 가압류의 피보전권리와 압류의 집행채권의 동일성을 소명해야 할 것이나, 다만 가압류취하증명을 첨부하는 경우에는 채권의 동일성을 소명하지 않아도 무방할 것이다(1990.3.9, 법정 제419호).

Ⅶ. 매각(경락) 허가결정에 대한 항고시 보증으로 공탁한 현금 등의 출급절차

이 예규는 「민사집행법」 제130조 제3항 에 따라 매각허가결정에 대한 항고를 할 때 보증으로 공탁한 현금이나 유가증권의 출급 또는 회수에 관한 공탁사무 처리절차를 규정함을 목적으로 한다(대법원 행정예규 제980호, 2013.9.9. 시행일 2013.10.1.)

1. 공탁금을 배당금의 일부로 출급하는 절차

금전을 공탁한 경우 집행법원은 보증으로 공탁된 금액을 포함하여 배당을 한 후 공탁금에 관하여 「공탁규칙」 제43조 제1항 에 따라 공탁관에게 지급위탁서를 보내고 배당받은 집행채권자에게는 공탁금 출급을 청구하는데 필요한 증명서 1통을 주어야 한다(제3조).

2. 공탁유가증권을 현금화하기 위하여 출급하는 절차

집행법원이 「민사집행규칙」 제80조 의 규정에 따라 항고보증으로 공탁한 유가증권을 현금화하고자 할 때에는 유가증권현금화명령을 첨부하여 공탁유가증권 출급청구를 하여야 하고, 그 청구를 받은 공탁관은 집행법원에게 공탁유가증권 출급을 인가하여야 한다(제4조).

Ⅷ. 공탁물출급의 일괄청구, 일부지급, 배당등에 의한 지급

1. 일괄청구

(1) 일괄청구의 의의

동일인이 수개의 공탁에 관하여 공탁물의 출급을 청구하려는 경우, 그 사유가 동일한 때에는 공탁종류에 따라 하나의 청구서로 할 수 있다(공탁규칙 제35조).

이것을 일괄청구라 한다. 일괄청구에 관한 구체적인 절차는 "공탁물출급·회수의일괄청구에관한업무처리지침"에 규정되어 있다.

(2) 일괄청구절차

일괄청구의 청구서는 출급·회수별, 공탁물별, 청구사유별(공탁수락, 담보실행, 배당, 몰취 등)로 작성한다. 청구서는 통상 쓰이는 양식인 공탁사무 문서양식에 관한 예규(행정예규 742호) 문서양식 중 제8-1호, 제8-2호, 제8-3호 양식을 사용한다. 공탁번호·공탁금액·공탁자·피공탁자란에는 "별지 일괄청구목록과 같음"으로 기재하고 그 내역을 예규에서 정한 별지 제1-1호 내지 제1-3호 양식에 기재한다. 청구내역란에는 "별지 청구내역목록과 같음"으로 기재하고 그 내역을 별지 제2-1호 내지 제2-3호 양식에 기재한다.

(3) 일괄청구 승인기준

공탁관은 일괄청구요건을 갖추고 있는지를 구체적으로 심사하여 인가여부를 결정한다. 일괄청구가 가능하기 위하여는 청구인이 동일인이어야 하고 출급 또는 회수청구 사유가 같아야 하며 공탁물이 같은 종류이어야 한다. 대공탁 및 부속공탁은 기본공탁에 포함시켜 1건으로 일괄출급 또는 회수할 수 있다(행정예규 39호, 1999.7.15. 법정 3302-222). 그러나 ① 일부지급 또는 분할지급을 요하는 것이 있는 때, ② 사안이 복잡하여 즉시 처리가 곤란한 것이 있는 때, ③ 청구이유가 없어 불수리처분을 할 것이 있는 때, ④ 기타 일괄청구에 적합하지 않다고 인정되는 것이 있는 때에는 일괄청구를 허용하지 아니한다.

(4) 청구서 및 공탁기록의 처리

공탁관이 일괄청구를 받은 때에는 청구서 좌측상단에 "일괄청구"라고 주서(朱書)한다. 공탁관이 일괄청구를 인가한 때에는 각 공탁사건 기록표지의 비고란에 "일괄지급"이라고 주서하고 그 아래에 해당 공탁번호를 기재한다. 청구서 및 첨부서류는 공탁번호가 가장 빠른 공탁기록에 가철하고, 각 공탁사건기록표지의 하단 종국사유란 등 해당란을 모두 기재한 다음 각 공탁번호순으로 공탁사건기록을 첨철하여 종결 처리한다.

✻ 공탁물출급의 일괄청구에 관한 업무처리지침(2013.3.13, 대법원행정예규 제954호)

1. 청구서작성안내

공탁관은 일괄청구를 원하는 공탁물수령권자에게 아래와 같이 공탁물출급청구서를 작성하도록 안내한다.

가. 일괄청구시 청구서의 작성구분

일괄청구란 수개의 공탁을 1장의 출급 또는 회수청구서에 일괄기재하여 청구하는 것이므로 일괄청구의 청구서는 출급·회수별, 공탁물별, 청구사유별(공탁수락, 담보권 실행, 배당, 몰취등)로 작성한다. 유가증권을 공탁한 후 증권의 일부를 대공탁 및 부속공탁하였을 때에는 이에 대한 출급 또는 회수청구서는 대공탁 및 부속공탁을 기본공탁에 포함시켜 공탁종류(유가증권 또는 금전별)에 따라 각각 1건의 청구서로 작성할 수 있다.

나. 청구서기재요령

청구서는 통상 쓰이는 서식인 공탁규칙 부록 제2호 7-1, 7-2, 7-3호 서식을 사용하되, 공탁번호·공탁금액·공탁자·피공탁자란에는 "별지 일괄청구목록과 같음"으로 기재하고 그 내역을 별지 1-1 내지 1-3 양식에 기재하며, 청구내역란에는 "별지 청구내역목록과 같음"으로 기재하고 그 내역을 별지 2-1 내지 2-3 양식에 기재한다.

2. 승인기준

공탁관은 일괄청구요건을 갖추고 있는지를 구체적으로 심사하여 인가 여부를 결정하되 다음의 경우에는 일괄청구를 허용하지 아니한다.

가. 일부지급 또는 분할지급을 요하는 것이 있는 때

나. 공탁규칙 제38조 제2항에 의한 통지 또는 공고를 요하는 것이 있는 때

다. 사안이 복잡하여 즉시 처리가 곤란한 것이 있는 때

라. 청구이유가 없어 불수리처분을 할 것이 있는 때

마. 기타 일괄청구에 적합하지 않다고 인정되는 것이 있는 때

3. 청구서 및 공탁기록의 처리

가. 청구서의 처리

공탁관이 일괄청구를 받은 때에는 공탁서 좌측 상단에 '일괄청구'라고 주서한다.

나. 공탁기록의 처리

공탁관이 일괄청구를 인가한 때에는 각 공탁사건기록표지의 비고란에 '일괄지급'이라고 주서하고, 그 아래에 해당 공탁사건번호를 기재하며, 청구서 및 첨부서류는 공탁번호가 가장 빠른 공탁기록에 가철하고, 각 공탁사건기록표지의 하단 종국사유란 등 해당란을 모두 기재한 다음 각 공탁번호순으로 공탁사건기록을 첨철하여 종결처리한다.

일괄청구목록(생략) 및 청구내역목록(생략)

2. 일부지급

(1) 일부지급의 의의

일부지급이란 1건의 공탁물 중 일부만 지급하는 것으로 다음과 같은 사례를 들 수 있다. ① 공탁물 일부에 대하여 공탁원인이 소멸하여 그 부분에 대하여 회수 청구하는 경우, ② 공탁물 일부에 대하여 착오사유가 있어 그 부분에 대하여 회수청구하는 경우, ③ 공탁물 일부를 담보물변경하기 위하여 그 부분에 대하여 회수청구하는 경우, ④ 공탁물 일부에 대하여 담보권실행으로서 그 부분에 대하여 출급청구하는 경우, ⑤ 공탁물 일부에 대하여 압류 및 전부명령이 있어 그 부분에 대하여 출급 또는 회수청구하는 경우, ⑥ 공탁물 일부에 대한 채권양도가 있어 그 부분에 대하여 양수인이 출급 또는 회수청구하는 경우, ⑦ 변제공탁금에 대한 채권자인 공유자 중의 1인이 지분에 기하여 출급청구하는 경우, ⑧ 공탁물 일부에 대하여 배당에 의한 지급위탁이 있어 그 부분에 대하여 출급 또는 회수청구하는 경우 등이다.

(2) 출급청구서의 기재사항 및 첨부서면

청구서는 통상의 공탁물 출급·회수청구서를 사용하되 "청구내역"란에는 실제로 청구하는 공탁물을 표시한다. 일부지급청구의 첨부서류도 통상의 경우와 같으나 공탁물의 일부에 대한 지급위탁에 의하여 일부지급을 청구하는 경우에는 공탁규칙 제43조에 따른다.

(3) 공탁관의 절차

공탁물의 일부를 지급하는 경우에는 공탁관은 청구인이 제출한 공탁통지서나 공탁서에 지급을 인가한 공탁물의 내용을 적고 기명날인한 후 청구인에게 반환하여야 한다. 위 경우에는 출급·회수청구서의 여백에 공탁통지서를 반환한 뜻을 적고 수령인을 받아야 한다(공탁규칙 제42조).

3. 배당 등에 의한 지급

(1) 배당 등에 의한 지급의 의의

배당이나 그 밖에 관공서 결정에 따라 공탁물을 지급하는 것을 배당 등에 의한 지급이라고 한다(공탁규칙 제43조).

(2) 배당 등에 의한 지급절차(지급위탁서의 송부, 증명서 및 공탁금출급청구서의 교부)

배당이나 그 밖에 관공서 결정에 따라 공탁물을 지급하는 경우 해당 관공서는 공탁관에게 지급위탁서를 보내고 지급을 받을 자에게는 그 자격에 관한 증명서를 주어야 한다(공탁규칙 제43조 제1항).

제1항의 경우에 공탁물의 지급을 받고자 하는 때에는 제1항의 증명서를 첨부하여 제32조에 따라 출급·회수청구를 하여야 한다(공탁규칙 제43조 제2항).

강제집행절차에서 공탁된 배당액에 대하여 배당채권자에게 공탁물수령권자임을 증명하는 증명서를 교부할 경우 집행법원은 공탁규칙 제32조에서 정하는 공탁물출급청구서 2통을 전산출력하여 함께 교부하여야 한다(재민 2001-4).

(3) 이의신청 방법

집행법원이 공탁관에게 지급위탁서를 송부하고 채권자에게 자격증명서를 교부하는 사무는 공탁관의 공탁사무가 아니라 집행법원이 공탁된 배당액의 출급을 위하여 집행 절차에 부수하여 행하는 사무로 보아야 하므로 그 사무에 관한 집행법원의 처분에 대하여 불복하려면 공탁법 제12조에서 정한 공탁관의 처분에 대한 이의신청을 할 것이 아니라 민사집행법 제16조가 정한 집행에 관한 이의신청을 하여야 한다(대결 1999.6. 18. 99마1348 참조).

(4) 출급청구서의 첨부서면

배당 등에 의한 공탁물의 지급을 받고자 하는 때에는 증명서를 첨부하여 공탁규칙 제32조에 따라 출급청구를 하여야 한다(공탁규칙 제43조 2항).

배당 등에 의한 지급을 청구하는 경우에 공탁규칙 제43조 제2항은 제33조, 제34조에 대한 특칙이므로 공탁서나 공탁통지서 또는 출급·회수청구권 증명서면은 첨부할 필요가 없다. 그러나 공탁규칙 제37조와 공탁규칙 제21조 제1항, 제2항 및 제22조를 준용하는 공탁규칙 제38조 제1항은 적용되므로 인감증명서와 자격증명서(법인 아닌 사단 또는 재단인 경우에는 정관 그 밖의 규약 포함)는 첨부하여야 한다. 다만, 배당이나 그 밖에 관공서의 지급위탁에 의하여 1,000만 원 이하의 공탁금을 지급받을 사람 본인이나 법정대리인 등 공탁규칙 제37조 제2항의 사람이 공탁규칙 제43조 제1항의 증명서를 첨부하여 직접 공탁물의 출급청구를 하는 경우에는 인감증명서를 제출하지 않아도 된다(공탁규칙 37조 3항 1호).

배당이의소송을 제기당한 채권자가 그 판결 확정 후 경정된 배당표에 따라 갖게 되는 공탁금 출급청구권에 대하여 압류·전부명령을 받은 자가 그 공탁금 출급청구권을 행사하는 경우에도 공탁사무처리규칙 제43조 소정의 절차에 따라야 한다(대결 2000. 3.2. 99마6289).

[제11호 양식]

지 급 위 탁 서

		법원　　　　지원 공탁관　　　　　　귀하	
공 탁 번 호		년 금 제　　　호 공 탁 금 액	
공탁자	성　명 (상호, 명칭)		
	주　소 (본점, 주사무소)		
수령인	성　명 (상호, 명칭)		
	주　소 (본점, 주사무소)		
	주민등록번호 (사업자등록번호)		
지 급 액			
지 급 내 역			

공탁금을 위와 같이 지급 의뢰합니다.

년　　　월　　　일

법원　　　지원　　　　　　　　(인)

증 명 서

공 탁 번 호	년 금 제 호	공 탁 금 액	
수령할 공탁금액			
수 령 인	성 명 (상호, 명칭)		
	주 소 (본점, 주사무소)		
	주민등록번호 (사업자등록번호)		
위 수령인이 위의 수령할 공탁금액에 대한 수령권자임을 증명합니다. 년 월 일 법원 지원 (인)			

집행법원이 배당액을 공탁한 경우의 공탁금 출급절차

공탁사무처리규칙 제39조는 공탁물의 지급이 배당 기타 관공서의 결정에 의하여 이루어지는 경우 그 공탁물의 출급절차에 관한 특별 규정이므로, 집행법원이 배당이의 소송을 제기당한 채권자에 대한 배당액을 민사소송법 제589조 제3항에 의하여 공탁한 경우, 위 배당이의소송에서 청구를 일부 인용하는 판결이 확정된 후 채권자가 그 공탁금 중 경정된 배당표에 따른 자신의 배당액을 출급받기 위해서는, 같은 규칙 제39조가 정하는 바에 따라 우선 집행법원에 배당이의소송의 판결이 확정된 사실 등을 증명하여 배당금의 교부를 신청하여야 하고, 그 신청을 접수한 집행법원은 공탁관에게 그 채권자에 대한 배당액에 상당한 금액의 지급위탁서를 송부하고 그 채권자에게는 그의 지급을 받을 자격에 관한 증명서를 교부하면, 그 채권자는 이 증명서를 첨부하여 공탁관에게 공탁금의 출급을 청구하여야 하고, 한편 채권의 압류ㆍ전부명령은 피압류채권의 귀속자에 대한 변경을 가져올 뿐 그 피압류채권의 행사절차에는 아무런 변경을 가져오지 아니하므로, 그 채권자가 갖게 되는 공탁금 출급청구권에 대하여 압류ㆍ전부명령을 받은 자가 전부받은 그 공탁금 출급청구권을 행사함에 있어서도 역시 같은 규칙 제39조가 정하는 절차에 따라야 할 것이다(대판 2000.3.2, 99마6289).

Ⅸ. 공탁물출급청구의 인가

1. 출급청구가 이유 있다고 인정하는 경우

공탁관이 공탁물 출급청구서의 기재사항·첨부서면 등을 심사한 결과 공탁물의 출급청구가 이유 있다고 인정할 때에는 청구서에 인가의 취지를 기재하여 기명·날인하고, 전산등록을 한 다음 청구서 1통을 청구인에게 내주고, 공탁물보관자에게는 그 내용을 전송하여야 한다(공탁규칙 제39조 2항).

이 경우 공탁관은 청구인으로부터 청구서수령인을 받아야 한다(공탁규칙 제39조 3항).

2. 공탁관의 절차

공탁관이 공탁물 지급청구에 대하여 인가를 하는 때에는 전산시스템의 업무 항목(메뉴)에 따른 화면을 선택하여 그 내용을 공탁원장파일 등에 등록하여야 한다(행정예규 제746호. 15조). 공탁물 지급청구에 대하여 인가를 전산등록한 때에는 공탁관은 업무의 항목에 따른 그 등록내용의 정확 여부를 등록확인 화면조회를 통하여 확인하여야 한다. 만약 등록내용에 오기가 있음을 발견한 때에는 즉시 법원행정처 공탁상업등기과장에게 별표3의 양식에 따라 등록오기정정 신청을 하여야 한다(행정예규 제746호. 16조 1항).

3. 공탁물의 지급절차

공탁물출급청구인이 공탁소로부터 교부받은 인가의 취지가 기재된 공탁물출급청구서를 공탁물보관자에게 제출하여 공탁물과 이자 등의 출급청구를 하면, 공탁물보관자는 공탁관이 송부한 청구서와 출급청구인이 제출한 출급청구서를 대조하여 틀림이 없음을 확인한 후 청구한 공탁물과 이자 등을 청구자에게 지급하고 그 청구서에 수령인을 받는다(공탁규칙 제45조).

공탁물보관자는 위와 같이 공탁물을 지급한 후에 지급사실을 공탁관에게 전송한다. 다만, 물품공탁의 경우 지급결과통지서에 지급한 내용을 적어 공탁관에게 보낸다(공탁규칙 제46조).

4. 공탁물지급의 효과

공탁물 지급으로 공탁관계는 종료된다. 따라서 일단 공탁관의 공탁금 출급인가처분이 있고 그에 따라 공탁금이 출급되었다면 설사 이를 출급 받은 자가 진정한 출급청구권자가 아니라 하더라도 공탁사무를 관장하는 국가를 상대로 하여 민사소송으로 그 공탁금의 지급을 구할 수는 없다(대판 1992.7.28. 92다13011, 1993.7.13. 91다39429 등 참조).

공탁물수령자로서 공탁통지서를 받은 자가 그 공탁금을 수령하였다면 그 공탁취지에 의하여 수령한 것이 되어 그에 대한 법률적 효과가 발생하는 것이고 그 후에 이에 저촉되는 의사표시를 하여도 아무런 법률효과가 발생하지 아니한다(대판 1979.11.13. 79다1336).

채권자가 채무자의 변제공탁금을 수령한 이상 그 공탁의 취지에 따라 이를 수령한 것이 되어 그에 대한 법률적 효과가 발생하며(대판 1972.6.27. 72다596). 공탁물수령자가 아무 이의 없이 공탁물을 수령하면 공탁서에 기재된 공탁원인 사실을 승낙하는 효과가 발생한다(대판 1980.8.26. 80다629).

판례

공탁물출급청구에 대한 보정서의 제출과 공탁관의 공탁수리처분시점

재항고인이 공탁물수령자로서 1973.2.12. 10:00 공탁관에게 공탁물의 출급청구를 하고 공탁관은 동 출급청구서에 공탁서 또는 공탁통지서의 첨부가 없다고 지적하자 재항고인은 같은 날 13:00 공탁통지서를 보정하여 제출하였다면, 위 같은 날 10:00에는 재항고인의 공탁금출급청구서의 제출이 있었으나 "서류미비"로 공탁관은 이를 아직 수리하지 아니하였다고 해석된다(대법원 1973.6.29. 73마532 결정).

선례

공탁금지급정지 청원이 접수된 경우

수용보상금에 대한 공탁이 적법하게 수리된 경우에는, 설사 명의신탁자가 명의수탁자인 해당 토지의 등기부상 소유명의인을 상대로 명의신탁해지를 원인으로 한 소유권이전등기절차이행의 소송이 현재 진행중에 있다 하더라도 수용의 시기에 해당 토지의 소유권은 기업자인 한국토지개발공사에 이전하게 되는 것이므로, 공탁금출급청구권에 대한 가처분 등과 같은 별도의 지급제한조치가 없는 한 단지 그러한 사유가 있다는 사실을 근거로 공탁금의 지급을 정지하여 달라는 가처분권리자의 청원이 공탁소에 접수되었다 하더라도, 피공탁자로부터 위 공탁금의 출급청구가 있다면 공탁관으로서는 이를 수리할 수밖에 없을 것이다(1993.5.22, 법정 제973호).

5. 공탁금 출급·회수 청구인의 신분증사본의 편철

공탁관이 공탁규칙 제37조 제3항에 따라 공탁물 출급·회수청구를 하는 사람의 인감증명서의 제출 없이 공탁금 출급·회수청구를 인가한 때에는 청구인의 신분증 사본을 해당 공탁기록에 편철하야 한다(규칙 제37조 제4항).

6. 인가받은 공탁물출급청구서를 분실한 경우(행정예규 제949호, 2013.3.13.)
개정[시행 2013.03.20]

이 예규는 공탁물 출급·회수청구에 대하여 공탁관의 인가를 받은 공탁물 출급·회수청구인(이하 "청구인"이라 한다)이 그 인가받은 공탁물출급·회수청구서(이하 "공탁물지급청구서"라 한다)를 공탁물보관자에게 제출하기 전에 분실한 경우 공탁물 지급에 관한 업무처리지침을 정함을 목적으로 한다.

(1) 사실증명 신청

인가받은 공탁물지급청구서를 분실한 청구인이 공탁물을 지급받고자 하는 경우 청구인은 「공탁사무 문서양식에 관한 예규」 별지 제16-2호 양식의 사실증명신청서 2통을 공탁관에게 제출하여야 한다(동예규 제2조 1항).

위의 사실증명신청서에는 공탁물 지급청구에 대하여 인가한 사실이 있는지 여부에 대한 증명을 청구한다는 취지를 명확히 기재하고 공탁물지급청구서 사본 및 청구인의 신분증 사본을 첨부하여야 하며, 「공탁규칙」 제14조 제1항, 제2항에 따라 청구인이 간인을 하여야 한다(동예규 제2조 2항).

(2) 공탁관의 처리

공탁관은 제2조의 신청이 이유 있다고 인정하는 경우에는 접수한 사실증명신청서의 아래에 그 신청사실을 증명하는 뜻을 적고 기명날인하며 첨부된 공탁물지급청구서 사본과의 사이에 간인을 하여야 한다(동예규 제3조 1항).

공탁관은 제1항에 따라 작성한 사실증명서 2통 중 1통은 청구인에게 내주고 나머지 1통은 공탁기록에 편철하여 보관하여야 한다(동예규 제3조 2항).

제2항에 따라 사실증명서를 내주는 때에는 청구인으로부터 영수증을 받아야 한다(동예규 제3조 3항).

(3) 공탁물보관자의 처리

청구인이 예규 제3조에 따라 발급받은 사실증명서를 제출하여 공탁물의 출급 또는 회수를 청구하는 경우 공탁물보관자는 분실한 공탁물지급청구서에 의하여 이미 공탁물을 지급한 때 등과 같은 특별한 사정이 없는 한 그 청구에 따라 공탁물을 지급하여야 한다(동예규 제4조).

X. 공탁물출급청구의 불수리

1. 출급청구가 이유 없는 경우

공탁관이 출급의 청구를 불수리할 것이라고 인정한 때에는 이유를 적은 결정으로 하여야 한다(공탁규칙 제48조 제1항).

공탁관은 조사단계에서 서류에 불비한 점이 있거나 출급청구사유가 없으면 보정이나 취하를 권유할 수 있다. 그러나 신청인이 이에 응하지 않을 경우에는 불수리처분을 하여야 하며, 접수자체를 거부할 수는 없다(2005.10.24. 공탁법인과 566 참조).

2. 첨부서류의 반환 등

공탁관이 불수리결정을 한 때에는 불수리결정원본과 공탁서, 그 밖에 첨부서류는 공탁기록에 철하여 보관한다. 다만, 첨부서류에 대하여 신청인 등이 반환을 청구한 경우에는 공탁관은 해당 첨부서류의 복사본과 신청인 등에게 받은 영수증을 공탁기록에 철하고 첨부서류 원본을 반환한다(행정예규 743호 5조).

3. 불수리결정에 대한 이의신청

공탁관의 불수리결정에 불복하는 자는 관할 지방법원에 이의신청을 할 수 있으며, 이 경우의 이의신청은 공탁소에 이의신청서를 제출함으로써 하여야 한다(공탁법 제12조)

판례

공익사업을 위한 토지 등의 취득 및 보상에 관한 법률 제40조 제2항 제1호의 규정에 따라 사업시행자가 보상금을 공탁한 경우, 정당한 공탁금수령권자이면서도 공탁관으로부터 공탁금의 출급을 거부당한 자가 공탁자인 사업시행자를 상대방으로 하여 그 공탁금출급권의 확인을 구하는 소송을 제기할 이익이 있는지 여부(적극)

보상금을 받을 자가 주소불명으로 인하여 그 보상금을 수령할 수 없는 때에 해당함을 이유로 하여 공익사업을 위한 토지 등의 취득 및 보상에 관한 법률 제40조 제2항 제1호의 규정에 따라 사업시행자가 보상금을 공탁한 경우에 있어서는, 변제공탁제도가 본질적으로는 사인 간의 법률관계를 조정하기 위한 것이라는 점, 공탁관은 형식적 심사권을 가질 뿐이므로 피공탁자와 정당한 보상금수령권자라고 주장하는 자 사이의 동일성 등에 관하여 종국적인 판단을 할 수 없고, 이는 공탁관의 처분에 대한 이의나 그에 대한 불복을 통해서도 해결될 수 없는 점, 누가 정당한 공탁금수령권자인지는 공탁자가 가장 잘 알고 있는 것으로 볼 것인 점, 피공탁자 또는 정당한 공탁금수령권자라고 하더라도 직접 국가를 상대로 하여 민사소송으로써 그 공탁금의 지급을 구하는 것은 원칙적으로 허용되지 아니하는 점 등에 비추어 볼 때, 정당한 공탁금수령권자이면서도 공탁관으로부터 공탁금의 출급을 거부당한 자는 그 법률상 지위의 불안·위험을 제거하기 위하여 공탁자인 사업시행자를 상대방으로 하여 그 공탁금출급권의 확인을 구하는 소송을 제기할 이익이 있다(대판 2007.2.9, 2006다68650,68667).

XI. 공탁물의 지급

출급청구인은 공탁소로부터 받은 인가부 출급청구서 원본을 공탁물보관자에게 제출하고 공탁물과 이자 등의 지급을 받는다. 채권자가 아무 이의없이 공탁금을 수령하였다면 그 수령자(채권자)는 공탁서에 기재된 공탁원인사실을 승락하고 공탁의 취지에 의하여 수령한 것으로 보아야 한다(대판 1980.8.26. 80다629).

1. 공탁금 수령의 효과

채권자가 채무자의 변제공탁금을 수령한 이상 그 공탁의 취지에 따라 이를 수령한 것이 되어 그에 대한 법률적 효과가 발생한다(72.6.27. 72다596).

공탁물수령자로서 공탁통지서를 받은 자가 그 공탁금을 수령하였다면 그 공탁취지에 의하여 수령한 것으로 보아야 하고 그 후 이에 저촉되는 의사표시를 하였다 하더라도 아무런 법률효과가 발생하지 아니한다(대판 1979.11.13. 79다1336, 1984.11.13. 84다카465).

매도인이 매매계약을 해제하면서 그가 받은 중도금을 변제공탁하였고 매수인이 이를 아무 이의없이 수령하였다면 이는 공탁의 취지에 따라 수령한 것이 되어 공탁사유에 따른 법률효과가 발생한다(1980.7.22. 80다1124).

공탁물 수령자가 아무 이의없이 공탁물을 수령하면 공탁서에 기재된 공탁원인 사실을 승낙하는 효과가 발생한다(1980.8.26. 80다629).

2. 공탁물보관자의 처리

공탁물보관자는 출급 청구가 있는 때에는 공탁관이 전송한 내용과 대조하여 청구한 공탁물과 그 이자 나 이표를 청구인에게 지급하고 그 청구서에 수령인을 받는다(공탁규칙 제45조).

공탁물보관자는 공탁규칙 제45조의 공탁물을 지급한 후에 지급 사실을 공탁관에게 전송한다. 다만, 물품공탁의 경우 지급결과통지서에 지급한 내용을 적어 공탁관에게 보낸다(공탁규칙 제46조).

3. 공탁금의 이자지급

공탁금의 이자에 관하여는 "공탁금의 이자에 관한 규칙"에 정하는 바에 의한다(공탁규칙 제51조). 공탁금의 이자는 원금과 함께 지급한다. 그러나 공탁금과 이자의 수령자가 다를 때는 원금을 지급한 후에 이자를 지급할 수 있다(공탁규칙 제52조). 공탁금의 이자는 공탁금출급청구서에 의하여 공탁금보관자가 계산지급하며, 이자를 별도로 청구하려고 하는 자는 공탁금이자청구서 2통을 공탁관에게 제출하여야 한다(공탁규칙 제53조).

XII. 예금계좌에의 입금신청

공탁금 출급청구자가 공탁금을 자기의 비용으로 자신의 예금계좌에 입금하여 줄 것을 공탁관에게 신청한 경우에는 공탁금을 신고된 예금계좌에 입금하여 지급하여야 한다(공탁규칙 제40조 1항).

1. 공탁금 계좌 입금신청서의 제출

(1) 공탁금 계좌 입금신청 절차

공탁금 계좌 입금신청을 하고자 하는 자는 공탁금계좌 입금신청서를 공탁관에게 제출하여야 한다(공탁규칙 제40조 2항 ; "계좌입금에 의한 공탁금출급·회수절차에 관한 업무처리지침" 행정예규 제477호 제2조 1항).

공탁금출급청구인이 예금계좌 입금신청을 한 경우에 공탁관은 그 계좌번호를 전산 등록한 후 공탁금 출급·회수 인가와 신청계좌로의 입금지시를 공탁물보관자에게 전송하여야 한다(공탁규칙 제40조 3항).

공탁관으로부터 계좌입금지시를 받은 공탁물보관자는 그 처리결과를 공탁관에게 즉시 전송하여야 한다(공탁규칙 제40조 4항).

(2) 원거리 신청용 공탁금계좌 입금신청서 양식 신설

원거리에서의 1,000만 원 이하 공탁금지급청구에 있어서 접수공탁소와 관할공탁소가 다르므로, 접수공탁소, 공탁금보관은행, 관할공탁소, 관할공탁소 공탁금보관은행의 기재란이 있는 원거리 신청용 공탁금 계좌 입금 신청서 양식을 신설하였다(제9-4호 양식)(대법원 행정예규 제895호. 2011.5.30.).

공탁금 계좌 입금 신청서

공 탁 번 호			청구금액	
입금계좌번호	은행 지점		계좌번호 : 예 금 주 : 신청인 본인	

출 급 (회 수) 인		첨부서류	– 신청인 명의 예금통장 사본 – 실명확인증표 사본 (사업자등록증, 주민등록증 등) – 대리신청 시 위임장, 인감증명서
성 명 (상호, 명칭)			
주민등록번호 (사업자등록번호)			

 신청인이 수령할 위 공탁금을 신청인의 비용부담으로 위 예금계좌에 입금하여 주시기 바랍니다.

년   월   일

    신청인 주소
      성명   (인) (전화번호   )

    대리인 주소
      주민등록번호
      성명   (인) (전화번호   )

  법원   지원 공탁관   귀하

> 고객정보 등록필 : ○○은행 ○○지점 (인)

[제9-4호 양식]

공탁금 계좌 입금 신청서(원거리 신청용)

접수공탁법원		접수공탁법원 공탁금 보관은행	
관할공탁법원		관할공탁법원 공탁금 보관은행	
관할공탁법원 공탁사건번호		청구금액	
입금계좌번호	은행	지점 계좌번호 : 예 금 주 : 신청인 본인	

출 급 (회 수) 인		첨부서류	– 신청인 명의
			  예금통장 사본
			– 실명확인증표 사본
			  (사업자등록증, 주민
			  등록증 등)
			– 대리신청 시 위임장,
			  인감증명서

성명 (상호, 명칭)			
주민등록번호 (사업자등록번호)			

신청인이 수령할 위 공탁금을 위 예금계좌에 입금하여 주시기 바랍니다.

년   월   일

　　　　신청인 주소
　　　　　　성명　　　　　　　　　(인)(전화번호　　　　　　　)
　　　　대리인 주소
　　　　　　주민등록번호
　　　　　　성명　　　　　　　　　(인)(전화번호　　　　　　　)

　　관할공탁법원:　　　　　　　　법원　　　　지원　　공탁관 귀하

　　　　　　　　고객정보 등록필: ○○은행 ○○지점 (인)

※ 1. 본 신청서를 접수한 은행은 접수 후 지체 없이 과세정보를 관할공탁소 공탁금보관은행에 송부하시기
　　　바랍니다.
　2. 인감을 날인하고 인감증명서를 첨부하여야 하는 경우, 이를 갈음하여 서명을 하고
　　　본인서명사실확인서를 제출할 수 있습니다.

2. 포괄계좌 입금신청

공탁금 지급청구자가 포괄계좌 입금신청을 하는 경우에는 공탁규칙 부록 제9-2호 양식의 공탁금 포괄계좌 입금신청서를 제출하여야 한다(행정예규 제477호 제3조 1항).

포괄계좌 입금신청을 받은 공탁관은 포괄계좌 입금대상을 별도 전산관리하여야 한다(행정예규 제477호 제3조 3항).

[제9-2호 양식]

공탁금 포괄계좌 입금 신청서

입 금 대 상 공 탁 금	향후 신청인이 출급·회수청구자가 되는 귀원의 공탁금 전부	
입금계좌번호	은행 지점 계좌번호 : 예 금 주 : 신청인 본인	
출 급 (회 수) 인		첨부서류
성 명 (상호, 명칭)		
주민등록번호 (사업자등록번호)		

첨부서류:
- 신청인 명의 예금통장 사본
- 실명확인증표 사본
  (사업자등록증, 주민등록증 등)
- 대리신청 시 위임장, 인감증명서

향후 신청인이 출급·회수청구자가 되는 모든 공탁사건에 대하여 동일계좌입금을 신청하오니, 수령할 공탁금을 신청인의 비용부담으로 위 예금계좌에 입금하여 주시기 바랍니다.

년   월   일

신청인 주소
    성명   (인) (전화번호   )

대리인 주소
    주민등록번호
    성명   (인) (전화번호   )

법원   지원 공탁관   귀하

```
고객정보 등록필 : ○○은행 ○○지점 (인)
```

3. 전국공통 포괄계좌 입금신청

1) 국가·지방자치단체가 전국공통 포괄계좌 입금신청을 하는 경우에는 「공탁사무 문서양식에 관한 예규」 제9-5호 양식의 전국공통 포괄계좌 입금 신청서(국가 · 지방자치단체용)를 제출하여야 한다.

2) 제1항의 전국공통 포괄계좌 입금신청을 해지하고자 하는 때에는 전국공통 포괄계좌 입금신청을 한 공탁소에 위 예규 제9-6호 양식의 해지 신청서(국가 · 지방자치단체용)를 제출하여야 한다.

3) 신청한 포괄계좌를 변경하고자 할 때에는 제2항의 해지 신청서와 제1항의 전국공통 포괄계좌 입금 신청서를 동시에 제출하여야 한다.

4) 공탁관은 전국공통 포괄계좌 입금신청 또는 해지신청이 있는 때에는 별지 제2호 양식의 전국공통 포괄계좌입금신청자 명부를 전산시스템으로 작성·관리하여야 하고, 신청서(첨부서면 포함)는 스캔하여 전산시스템에 등록한 다음 연도별로 접수 순서에 따라 편철하여 다음 해부터 5년간 보존하여야 한다. 별지 제2호 양식을 별지와 같이 한다(대법원 행정예규 제1045호, 2015.5.15.) 제3조의2. 1~4항].

공탁금 포괄계좌입금신청자 명부

연번	신 청 인			입금계좌			신청일자	해지일자
	성명 (상호)	주민등록번호 (사업자등록번호)	전화번호	금융기관명	계좌번호	예금주		
1								
2								
3								
4								
5								

4. 포괄계좌 입금신청의 해지

포괄계좌 입금신청을 해지하고자 하는 때에는 부록 제9-3호 서식의 해지신청서를 제출하여야 한다(행정예규 제477호 제2조 2항).

5. 포괄계좌 입금신청자명부의 작성관리

공탁관은 포괄계좌 입금신청 또는 해지신청이 있는 때에는 [별지 제1호 양식]의 공탁금 포괄계좌입금신청자 명부를 전산시스템으로 작성·관리하여야 하고, 신청서(첨부서면 포함)는 스캔하여 전산시스템에 등록한 다음 연도별로 접수순서에 따라 편철하여 다음 해부터 5년간 보존하여야 한다.(행정예규 제1045호 제3조 4항).

[별지 제1호 양식]

공탁금 포괄계좌 입금신청자 명부

2002. . .현재

관리 번호	신청인 일반정보			신청인계좌정보			신청(해지) 일 자
	성 명	주민등록 (사업자등록) 번 호	전화번호	금융기관명	계좌번호	예금주	
1							
2							
3							
4							
5							
6							
7							
8							
9							
10							
11							
12							
13							
14							

집행법원이 배당액을 공탁한 경우의 공탁금 출급절차

　　공탁사무처리규칙 제39조는 공탁물의 지급이 배당 기타 관공서의 결정에 의하여 이루어지는 경우 그 공탁물의 출급절차에 관한 특별 규정이므로, 집행법원이 배당이의 소송을 제기당한 채권자에 대한 배당액을 민사소송법 제589조 제3항에 의하여 공탁한 경우, 위 배당이의소송에서 청구를 일부 인용하는 판결이 확정된 후 채권자가 그 공탁금 중 경정된 배당표에 따른 자신의 배당액을 출급받기 위해서는, 같은 규칙 제39조가 정하는 바에 따라 우선 집행법원에 배당이의소송의 판결이 확정된 사실 등을 증명하여 배당금의 교부를 신청하여야 하고, 그 신청을 접수한 집행법원은 공탁관에게 그 채권자에 대한 배당액에 상당한 금액의 지급위탁서를 송부하고 그 채권자에게는 그의 지급을 받을 자격에 관한 증명서를 교부하면, 그 채권자는 이 증명서를 첨부하여 공탁관에게 공탁금의 출급을 청구하여야 하고, 한편 채권의 압류ㆍ전부명령은 피압류채권의 귀속자에 대한 변경을 가져올 뿐 그 피압류채권의 행사절차에는 아무런 변경을 가져오지 아니하므로, 그 채권자가 갖게 되는 공탁금 출급청구권에 대하여 압류ㆍ전부명령을 받은 자가 전부받은 그 공탁금 출급청구권을 행사함에 있어서도 역시 같은 규칙 제39조가 정하는 절차에 따라야 할 것이다(대판 2000.3.2, 99마6289).

XIII. 공탁관의 출납부와 공탁물보관자의 장부와의 대조

　1) 공탁관은 출납부를 공탁물보관자 장부와 대조하기 위하여 전월분 월계대사표를 매달 초에 공탁물보관자에게 보내고, 공탁물보관자는 이를 확인한 후 공탁관에게 보내야 한다. 그러나 물품공탁의 경우에는 전년분에 관하여 매년 초에 이를 할 수 있다(공탁규칙 제50조 1항).

　2) 공탁관이 위의 확인을 마친 때에는 지체 없이 증빙서류와 대조를 하여야 하며, 공탁관은 대조 결과를 매달 초 소속 지방법원장에게 보고하여야 한다(공탁규칙 제50조 2항ㆍ3항).

XIV. 이의유보부 출급

1. 이의유보 의사표시의 의의

채무자가 변제공탁을 한 경우에 피공탁자인 채권자가 공탁물출급청구를 함에 있어 공탁원인사실을 받아들이지 않는다는 의사표시를 이의유보라고 한다.

이의유보의 의사표시는 그 공탁원인에 승복하여 공탁금을 수령하는 것이 아님을 분명히 함으로써 공탁한 취지대로 채무소멸의 효과가 발생함을 방지하고자 하는 것이므로, 그 의사표시의 상대방은 반드시 공탁관에 국한할 필요가 없고 보상금지급의무자인 기업자에 대하여 이의유보의 의사표시를 하는 것도 가하다(대판 1982.11.9. 82누197 전원합의체).

2. 이의유보의 의사표시를 할 수 있는 자

이의유보의 의사표시를 할 수 있는 자는 원칙적으로 변제공탁의 피공탁자이나, 공탁물 출급청구권에 대한 양수인, 전부채권자, 추심채권자, 채권자대위권을 행사하는 일반 채권자도 이의유보의 의사표시를 할 수 있다.

채무자가 채무전액의 변제임을 공탁원인 중에 밝히고 공탁한 경우 채권자가 그 공탁금을 수령할 때 채권의 일부로써 수령한다는 이의를 유보하는 경우가 일반적이며, 이러한 이의유보부출급으로 채권자는 그 잔액에 대하여 다시 청구할 수 있다.

🔍 판례

① 이의신청 및 소송의 계속중에 이의를 유보하지 아니하고 한 토지수용보상금 공탁금의 수령의 효과

기업자가 토지수용위원회의 재결에 따라 공탁한 토지수용보상금을 토지소유자가 아무런 이의를 유보함이 없이 공탁금을 수령하였다면 토지소유자는 토지수용위원회의 재결에 승복하여 그 공탁의 취지에 따라 보상금을 수령한 것이라고 봄이 상당하므로 이로써 기업자의 보상금 지급의무가 확정적으로 소멸하는 것이고, 토지소유자가 위 재결에 대하여 이의신청을 제기하거나 소송을 제기하고 있는 중이라고 하더라도 그러한 사정만으로는 공탁금수령에 관한 이의유보의 의사표시가 있는 것으로 볼 수는 없다(대판 1982.11.9. 82누197 전원합의체 판결).

② 공탁금의 채권의 일부의 변제충당

㉮ 채권자가 채권의 일부에 충당한다는 이의유보 의사표시를 하고 공탁금을 수령한 경우 : 변제공탁이 유효하려면 채무 전부에 대한 변제의 제공 및 채무전액에 대한 공탁이 있음을 요하고 채무전액이 아닌 일부에 대한 공탁은 그 부분에 관하여서도 효력이 생기지 않으나, 채권자가 공탁금을 채권의 일부에 충당한다는 유보의 의사표시를 하고 이를 수령한 때에는 그 공탁금은 채권의 일부의 변제에 충당된다.

㉯ 채권자가 공탁원인에 대하여 이의를 유보한 때

채권자가 단지 채무액에 대해서만 이의를 유보한 것이 아니라 채무자의 공탁원인인 부당이득반환채무금과 다른 손해배상채무금으로서 공탁금을 수령한다는 이의를 유보한 때에는 그 공탁금수령으로 채무자의 공탁원인인 부당이득반환채무의 일부소멸의 효과가 발생하지 않음은 당연하고, 채권자가 공탁금을 수령함에 있어 유보한 취지대로 손해배상채무가 인정되지도 않는 이상 그 공탁의 하자가 치유되어 손해배상채무의 일부변제로서 유효하다고 할 수도 없다. 따라서 채권자의 위 공탁금수령은 법률상 원인 없는 것이 되고, 이로 인하여 채무자는 위 공탁금을 회수할 수 없게 됨으로써 동액상당의 손해를 입었다 할 것이므로 채권자는 채무자에게 위 출급한 공탁금을 반환하여야 한다 할 것이다(대판 1996.7.26. 96다14616).

3. 이의유보 의사표시의 방법 · 상대방

이의유보의사표시는 반드시 명시적으로 하여야 하는 것은 아니며(대판 1989.7.25. 88다카11053), 그 의사표시의 상대방은 반드시 공탁관에게 국한할 필요가 없으며 보상금의 지급의무자인 기업자(공탁자)에 대하여 이의유보의 의사표시를 하는 것도 가능하다(대판 1982.11.9. 82누197, 1993.9.14., 93누4618).

공탁관에게 이의유보 의사표시를 하려면 공탁금출급청구서의 "청구 및 이의유보 사유"란에 이의유보의 취지를 기재하면 되고, 공탁자에게 이의유보의 취지를 통지한 후 그 서면을 공탁물출급청구서에 첨부하면 된다(1991.7.10. 법정 1107).

판례는 토지수용의 경우에는 토지수용보상공탁금 수령 당시 이의신청이나 행정소송이 계속중이었다는 사실만으로는 묵시적 이의유보의 의사표시가 있는 것으로 볼 수 없다고 해석하고 있다(대판 1995.9.15. 93누20627 ; 대판 1990.1.25. 89누4109).

① 이의유보 의사표시의 방법

㉮ 공탁금수령시 채무자에 대한 이의유보의 의사표시는 반드시 "명시적"으로 해야 하는 것은 아니라고 해석되므로, 채권자가1심에서 금 13,523,461원의 손해를 입었다고 주장하여 그 중 금 9,697,704원을 인용하는 가집행선고부 일부 승소판결이 선고되었는데, 채무자의 불복항소로 사건이2심에 계속중 채무자가 공탁한 금 2,838,000원을 수령하였고, 그 수령에 앞서 변호사를 선임하여 채무자의 항소를 다투어 왔으며, 공탁금수령 즉시 제1심 판결에 기하여 금 9,697,704원을 청구금액으로 한 부동산강제경매신청을 한 사정 아래에서는 채권자는 위 공탁금을 수령함에 있어서 채권의 일부를 수령한다는 "묵시적"인 이의유보의 의사표시가 있었다고 보아야 할 것이다(대판 1989.7.25, 88다카11053).

㉯ 이의유보의 의사표시는 반드시 명시적으로 하여야 하는 것은 아니지만, 토지소유자가 공탁물을 수령할 당시 원재결에서 정한 보상금을 증액하기로 원재결을 변경한 이의신청의 재결에 대하여 토지소유자가 제기한 행정소송이 계속중이었다는 사실만으로는 "묵시적인 이의유보의 의사표시"가 있었다고 볼 수 없을 것이다(대판 1990.1.25, 88 누4109).

㉰ 채권자가 제기한 대여금청구소송에서 채무자와 채권자 간에 이자의 약정 여부에 관하여 다툼이 있던 중 채무자가 채권자를 공탁물수령자로 하여 원금과 법정이율에 의한 이자를 변제공탁하자 채권자가 그 공탁금을 원금과 약정이율에 따른 이자에 충당하는 방법으로 계산한 뒤 남은 금액을 청구금액으로 하여 청구취지를 감축하고 그 청구취지감축 및 원인변경신청서가 채무자에게 송달된 후에 공탁금을 수령한 경우, 위 공탁금수령시 "채권의 일부로 수령한다"는 채권자의 묵시적인 이의유보의사표시가 있었다고 볼 것이다(대판 1997.11.11, 97다37784).

② 이의유보 의사표시의 상대방

㉮ 공탁관·기업자 등에 대한 이의유보의 의사표시

공탁된 토지수용보상금의 수령에 관한 이의유보의 의사표시의 상대방은 '공탁관'에 한하지 않고 보상금지급의무자인 '기업자'에 대하여 하는 것도 가하나, 이 사건에서 국립원호병원 토지수용담당 주무과장이 원호처장을 위하여 의사표시를 수령할 권한이 있는 자라고 인정할 자료가 없으니 원고가 공탁금수령 전에 위 주무과장에게 '보상금의 일부수령'이라는 뜻을 밝힌 사실만으로는 기업자에 대한 이의유보의 의사표시가 있었던 것이라고 단정하기는 어렵다고 할 것이다(대판 1982.11.9, 82누197 전원합의체; 대판1993.9.14, 93누4618).

㉯ 토지수용보상금의 수령에 관한 이의유보 의사표시의 상대방

공탁된 토지수용보상금의 수령에 관한 의사표시를 함에 있어 그 의사표시의 상대방은 '공탁관'이나 '기업자'이나, 대한주택공사의 업무에 관한 재판상 또는 재판외의 모든 행위를 할 수 있는 권한을 가지는 '대리인'으로서 지사장은 위 공사를 위하여 공탁금 수령에 관한 의사표시를 수령할 권한이 있는 자이다(대판 1992.2.22, 92누3229).

4. 이의유보 의사표시를 한 공탁물수령의 효과 및 이의유보의사표시는 반드시 명시적이어야 하는지 여부(소극)

채무금액에 다툼이 있는 채권에 관하여 채무자가 채무전액의 변제임을 공탁원인 중에 밝히고 공탁한 경우 피공탁자가 그 공탁금을 수령할 때 채권의 일부로서 수령한다는 이의를 유보하고 공탁물을 출급 받는다면 이러한 이의유보부 출급으로 채권자는 그 나머지 잔액에 대하여도 다시 청구할 수 있으나, 피공탁자가 아무런 이의유보의 의사표시 없이 공탁물을 출급받은 때에는 공탁서에 기재된 공탁원인을 승낙하는 효과가 발생하여 채권전액에 대한 변제의 효과가 발생하게 된다(대판 1973.11.13, 72다1777, 1983.6.28, 83다카88, 89).

채무의 액수에 관하여 다툼이 있는 경우에 채무자가 채무 전액의 변제임을 공탁원인 중에 밝히고 공탁을 하였는데, 채권자가 그 공탁금을 수령하면서 공탁공무원이나 채무자에게 채권의 일부로 수령한다는 등 이의 유보 의사표시를 한 바 없다면, 채권자는 그 공탁 취지에 따라 이를 수령하였다고 보아야 하지만, 공탁금 수령시 채무자에 대한 이의 유보 의사표시는 반드시 명시적으로 하여야 하는 것은 아니다(대판 1997.11.11, 97다37784).

채권자가 제기한 대여금 청구소송에서 채무자와 채권자 간에 이자의 약정 여부에 관하여 다툼이 있던 중 채무자가 채권자를 공탁물수령자로 하여 원금과 법정이율에 의한 이자를 변제공탁하자 채권자가 그 공탁금을 원금과 약정이율에 따른 이자에 충당하는 방법으로 계산한 뒤 남은 금액을 청구금액으로 하여 청구취지를 감축하고 그 청구취지감축 및 원인변경 신청서가 채무자에게 송달된 후에 공탁금을 수령한 경우,

위 공탁금 수령시 채권의 일부로 수령한다는 채권자의 묵시적인 이의 유보의 의사표시가 있었다고 본 사례(대판 1997.11.11. 97다37784).

(1) 토지수용보상금에 대하여 일부의 수령이라는 이의유보 의사표시를 한 경우

토지소유자가 토지수용법 제61조 제2항 제1호 또는 제3항(현행 공익사업법 제40조 2항)의 규정에 의하여 기업자로부터 지급되거나 공탁된 보상금을 수령하였다 하더라도 그 수령시에 일부의 수령이라는 등 이의유보의 의사를 밝힌 이상 토지수용위원회의 재결에 승복할 것으로 볼 수는 없다(대판 1987.5.12. 86누498).

(2) 토지수용법 제75조의2 제1항(현행 공익사업법 제86조) 단서규정의 적용
(사업시행자가 이의재결에 불복하여 행정소송을 제기하는 경우에 적용)

토지소유자가 토지수용법 제61조 제2항 제1호 · 제3호의 규정에 의하여 기업자로부터 공탁된 수용토지의 보상금을 수령함에 있어 일부 수령이라는 등의 이의유보의 의사표시를 하였다면, 관할토지수용위원회의 재결에 승복하는 것이 되지 아니한다 할 것이고, 소송종결시까지 수령할 수 없다는 토지수용법 제75조의2 제1항 단서의 규정은 기업자가 이의재결에 불복하여 행정소송을 제기하는 경우에 적용되는 것이고 토지소유자가 행정소송을 제기하는 경우에는 적용될 수 없다(대판 1987.2.24. 86누759).

(3) 이의유보부 출급 후 미지급된 공탁금

변제공탁의 피공탁자가 공탁된 금원 중 일부금을 이의를 유보하고 출급한 경우, 미출급된 공탁금에 대해서는 공탁수락의 의사표시가 미치지 않는다고 보아 공탁자의 공탁금회수청구권은 소멸되지 않는다(2004.1.30. 공탁법인 제3302-27).

5. 이의유보 없는 공탁물수령의 효과

공탁금수령자로서 공탁통지서를 받은 자가 그 공탁금을 이의 없이 수령하였다면 그 공탁의 취지에 의하여 수령한 것이 되어 그에 대한 법률효과만이 발생하는 것이고, 그 후에 이에 저촉되는 의사표시를 하였다 하더라도 이에 의하여 아무런 법률효과도 발생하는 것은 아니다.

채권자가 아무런 이의 없이 공탁금을 수령하였다면 이는 공탁의 취지에 의하여 수령한 것이 되어 그에 따른 법률효과가 발생하는 것이므로, 채무자가 변제충당할 채무를 지정하여 공탁한 것을 채권자가 아무런 이의 없이 수령하였다면 그 공탁의 취지에 따라 변제충당 된다(대판 1983.6.14. 81누254, 1987.4.14. 85다카2313).

채무금액에 다툼이 있는 채권에 관하여 채무자가 채무전액의 변제임을 공탁원인 중에 밝히고 공탁한 경우 채권자가 그 공탁금을 수령할 때 채권의 일부로서 수령한다는 등 별단의 유보의사표시를 하지 않은 이상 그 수령이 채권의 전액에 대한 변제공탁의 효력을 인정한 것으로 해석함이 상당하다(대판 1983.6.28. 83다카88, 89).

공탁금수령자로서 공탁통지서를 받은 자가 그 공탁금을 이의없이 수령하였다면 그 공탁의 취지에 의하여 수령한 것이 되어 그에 대한 법률효과만이 발생하는 것이고 그 후 다시 이에 저촉되는 의사표시를 하였다 하더라도 이에 의하여 아무런 법률효과도 발생하는 것은 아니라고 할 것이다(대판 1984.11.13. 84다카465).

공탁자가 공탁원인으로 들고 있는 사유가 법률상 효력이 없는 것이어서 공탁이 부적법하다고 하더라도, 그 공탁서에서 공탁물을 수령할 자로 지정된 피공탁자가 그 공탁물을 수령하면서 아무런 이의도 유보하지 아니하였다면, 특별한 사정이 없는 한 공탁자가 주장한 공탁원인을 수락한 것으로 보아 공탁자가 공탁원인으로 주장한 대로 법률효과가 발생한다(대판 1992.5.12. 91다44698).

🔍 판례

토지수용위원회가 재결한 토지수용보상금 액수에 대하여 이의를 제기함에 따라 기업자가 공탁한 경우, 피수용자는 이의를 유보한 채 그 공탁금을 수령할 수 있는지 여부(적극)

채무액의 범위에 관하여 다툼이 있어 채무자가 수령을 거부함을 이유로 변제공탁을 하는 경우에 채무자는 채무액의 범위에 대하여 이의를 유보한 채 그 공탁금을 수령할 수 있는 것이고, 이러한 법리는 토지수용법 제61조 제2항 제1호에 의하여 토지수용위원회가 재결한 토지수용보상금 액수에 대하여 이의를 제기함에 따라 기업자가 공탁한 경우에도 전혀 다를 것이 없다(대판 2002.10.11. 2002다35461).

(1) 채권자가 공탁금수령시 이의유보 의사표시를 하지 아니하고 공탁금을 수령한 경우

(가) 채무금액에 다툼이 있는 채권

채무금액에 "다툼이 있는 채권"에 관하여 채무자가 채무전액의 변제임을 공탁 원인 중에 밝히고 공탁한 경우 채권자가 그 공탁금을 수령할 때 채권의 일부로써 수령한다 는 등 별단의 유보의사표시를 하지 않은 이상 그 수령이 채권의 전액에 대한 변제공 탁의 효력을 인정한 것으로 해석함이 상당하며(대판 1983.6.28. 83다카88, 89), 그 후에 이에 저촉되는 의사표시를 하였다 하더라도 이에 의하여 아무런 법률효과도 발 생하는 것은 아니라고 할 것이다.

(나) 이의재결에 승복한 것으로 보는 경우

토지소유자가 수용재결에서 정한 손실보상금을 수령할 당시 이의유보의 뜻을 표시 하였다 하더라도 이의재결에서 증액된 손실보상금을 수령하면서 이의유보의 뜻을 표 시하지 아니한 이상 이의재결의 결과에 승복하여 수령한 것으로 보아야 하고, 추가보 상금을 수령할 당시 이의재결을 다투는 행정소송이 계속중이라는 사실만으로는 추가 보상금의 수령에 관하여 이의유보의 의사표시가 있는 것과 같이 볼 수 없다(대판 199 5.9.15. 93누20627).

🔍 판례

① 이의신청 중 이의를 유보하지 아니하고 한 토지수용보상금 공탁금 수령의 효과

　기업자가 공탁한 토지수용위원회가 재결에 따른 토지수용보상금을 아무런 이의를 유 보하지 아니하고 수령한 토지소유자는 비록 그 재결에 대한 이의를 신청하였다고 하더라도 그 재결에 승복하고 공탁의 취지에 따라 이를 수령한 것으로 보아야 한다 (대판 1981.2.10. 80누492).

② 이의를 유보하지 아니하고 한 토지수용보상금 공탁금 수령의 효과

　도시계획사업의 시행자(토지수용법상의 기업자)가 토지수용법 제61조 제2항 제1호에 의하여 토지수용위원회가 재결한 토지수용보상금을 공탁한 경우에 그 공탁은 시행자 가 토지소유자에 대하여 부담하는 토지수용에 따른 보상금지급의무의 이행을 위한 것으로서 본법상 변제공탁과 그 성질이 다를 바 없으므로, 토지소유자가 아무런 이 의를 유보함이 없이 공탁금을 수령하였다면 토지소유자는 토지수용위원회의 재결에

승복하여 그 공탁의 취지에 따라 이를 수령하였다고 보아야 할 것이다(대판 1983. 6.14, 81누254).

(2) 피공탁자가 공탁금을 이의 없이 수령한 후에 "손해배상의 일부로 수령하는 진술"을 한 경우의 효력

공탁통지서를 받은 자가 그 공탁금을 이의 없이 수령하였다면 그 공탁의 취지에 의하여 수령한 것이 되어 그에 대한 법률효과만이 발생한 것이고, '그 후에' 이에 저촉되는 의사표시를 하였다 하더라도 이에 의하여 아무런 법률효과도 발생하는 것은 아니라고 할 것인바, 근로기준법상의 재해보상금임이 뚜렷하고 이의 없이 이를 수령하였다면 변제효과만이 발생한다 할 것이고, 이를 '손해배상의 일부로 수령하는 진술'이 있다 하여 위 공탁금의 취지가 변경되거나 이미 발생한 법률효과가 달라지는 것도 아니다.

따라서 위 재해보상금이 근로기준법상의 요양보상인지의 여부에 따라 손해배상액에서 공제 내지 상계처리할 수 있을 뿐이다(대판 1984.11.13, 84다카465).

(3) 공탁자가 변제충당할 채무를 지정하여 공탁한 것을 채권자가 이의 없이 수령한 경우

민법 제476조·제487조의 규정에 의하면 변제공탁이 유효한 이상 그 공탁을 한 때에 변제의 효력이 있고, 또한 그 변제충당의 법률상 효과도 공탁을 한 때에 생긴다. 그리고 채권자가 아무런 이의 없이 공탁금을 수령하였다면 이는 공탁의 취지에 의하여 수령한 것이 되어 그에 따른 법률효과가 발생하는 것이므로, 채무자가 변제충당할 채무를 지정하여 공탁한 것을 채권자가 아무런 이의 없이 수령하였다면 그 공탁의 취지에 따라 변제충당된다(대판 1987.4.14, 85다카2313).

(4) 이의신청 및 소송의 계속중에 이의를 유보하지 아니하고 한 토지수용보상공탁금 수령의 효과

기업자가 토지수용법 제61조 제2항 제1호(현행 공익사업법 제40조 2항)에 의하여 토지수용위원회가 재결한 토지수용보상금을 공탁한 경우에 그 공탁은 기업자가 토지소유자에 대하여 부담하는 토지수용에 따른 보상금지급의무의 이행을 위한 것으로서 민법상 변제공탁과 다를 바 없으므로, 토지소유자가 아무런 이의를 유보함이 없이 공탁금을 수령하였다면 토지소유자는 토지수용위원회의 재결에 승복하여 그 공탁의 취지에 따라 보상금을 수령한 것이라고 봄이 상당하므로 이로써 기업자의 보상금지급의무가 확정적으로 소멸하는 것이고, 토지소유자가 위 재결에 대하여 이의신청을 제기하거나 소송을 제기하고 있는 중이라고 할지라도 그 쟁송중에 보상금 일부의 수령이라는 등 유보의 의사표시를 함이 없이 공탁금을 수령한 이상 이는 종전의 수령거절의사를 철회하고 재결에 승복하여 공탁한 취지대로 보상금전액을 수령한 것이라고 볼 수밖에 없음은 마찬가지이며, 공탁금수령 당시 이의신청이나 소송이 계속중이라는 사실만으로 공탁금수령에 관한 이의유보의 의사표시가 있는 것과 같이 볼 수는 없다(대판 1982.11. 9, 82누197 전원합의체).

(5) 법률상 효력이 없는 부적법한 공탁원인으로 공탁하였으나 피공탁자가 이의 없이 공탁금을 수령한 경우

공탁자가 공탁원인으로 들고 있는 사유가 법률상 효력이 없는 것이어서 공탁이 '부적법'하다고 하더라도 그 공탁서에서 공탁물을 수령할 자로 지정된 피공탁자가 그 공탁물을 수령하면서 아무런 이의도 유보하지 아니하였다면, 특별한 사정이 없는 한 공탁자가 주장한 공탁원인을 수락한 것으로 보아 공탁자가 공탁원인으로 주장하는 대로 법률효과가 발생한다고 볼 것이다(대판 1992.5.12, 91다44698).

(6) 행정소송의 계속을 이의유보 의사표시로 볼 수 있는지 여부(소극)

손실보상금을 수령할 당시 이의유보의 뜻을 표시하였다 하더라도 이의재결에서 증액된 손실보상금을 수령하면서 이의유보의 뜻을 표시하지 아니한 이상 이의재결의 결과에 승복한 것으로 보아야 하고, 추가보상금을 수령할 당시 이의재결을 다투는 행정소송이 계속중이라는 사실만으로는 추가보상금의 수령에 관하여 이의유보의 의사표시가 있는 것과 같이 볼 수 없다(대판 1995.9.15. 93누20627).

(7) 공탁물을 이의없이 수령한 후 다시 이에 저촉되는 의사표시를 한 경우의 법률효과

공탁금수령자로서 공탁통지서를 받은자가 그 공탁금을 이의없이 수령하였다면 그 공탁의 취지에 의하여 수령한 것이 되어 그에 대한 법률효과만이 발생하는 것이고 그 후 다시 이에 저촉되는 의사표시를 하였다 하더라도 이에 의하여 아무런 법률효과도 발생하는 것은 아니라고 할 것이다(대판 1984.11.13, 84다카465).

(8) 토지소유자가 이의를 유보하지 아니한 채 토지수용보상금을 수령한 경우

기업자가 토지수용위원회가 재결한 토지수용보상금을 공탁한 경우에 토지소유자가 그 공탁에 대하여 아무런 이의를 유보하지 아니한 채 이를 수령한 때에는 종전의 수령거절의사를 철회하고 재결에 승복하여 공탁의 취지에 따라 보상금 전액을 수령한 것으로 볼 것이고 공탁금 수령당시 단순히 그 공탁의 취지에 반하는 소송이나 이의신청을 하고 있다는 사실만으로는 그 공탁물수령에 관한 이의를 유보한 것과 같이 볼 수 없다(대판 1990.10.23. 90누6125).

6. 채무액수에 관하여 다툼이 있는 경우

(1) 채무액수에 관하여 다툼이 있는 경우

채무의 액수에 관하여 다툼이 있는 경우에 채무자가 채무전액의 변제임을 공탁원인 중에 밝히고 공탁을 하였는데, 채권자가 그 공탁금을 수령하면서 공탁관이나 채무자에게 채권의 일부로 수령한다는 등 이의유보의사표시를 한 바 없다면 채권자는 그 공탁취지에 따라 이를 수령하였다고 보아야 하지만, 공탁금수령시 채무자에 대한 이의유보의사표시는 반드시 명시적으로 하여야 하는 것은 아니다.

(2) 이자의 약정에 관하여 다툼이 있는 경우

채권자가 제기한 대여금청구소송에서 채무자와 채권자 간에 이자의 약정 여부에 관하여 다툼이 있던 중 채무자가 채권자를 공탁물수령자로 하여 원금과 법정이율에 의한 이자를 변제공탁하자 채권자가 그 공탁금을 원금과 약정이율에 따른 이자에 충당하는 방법으로 계산한 뒤 남은 금액을 청구금액으로 하여 청구취지를 감축하고 그 청구취지감축 및 원인변경신청서가 채무자에게 송달된 후에 공탁금을 수령한 경우, 위 공탁금수령시 채권의 일부로 수령한다는 채권자의 묵시적인 이의유보의 의사표시가 있었다고 본다(대판 1997.11.11. 97다37784).

XV. 장기미제 공탁사건의 공탁금출급청구시의 유의사항

(행정예규 제971호, 2013.7.10. 제1154호 2018.7.27.)

(행정예규 제1310호, 2022.7.21.)

1. 목 적

이 예규는 장기미제 공탁사건, 고액공탁사건 및 이자만 남아 있는 공탁사건(이하 "장기미제 공탁사건 등"이라 한다)에 대하여 지급절차상 유의할 사항 등을 규정함으로써 공탁금의 부실 지급을 방지하고자 함에 있다(제1조).

2. 용어의 정의

이 예규에서 사용하는 용어의 정의는 다음과 같다.

1. "장기미제 공탁사건"이라 함은 공탁 후 5년이 지나도록 출급 또는 회수청구가 없는 공탁사건을 말한다.
2. "고액공탁사건"이라 함은 공탁금이 10억원 이상인 금전공탁사건을 말한다.
3. "이자만 남아있는 공탁사건"이라 함은 공탁금 이자의 귀속 주체가 달라지는 등의 원인으로 공탁 원금 전액이 지급된 채 이자만 남아있는 공탁사건을 말한다(제2조).

3. 적용범위

(1) 장기미제 공탁사건

(가) 직전 연도말 기준 만 5년 이전에 수리된 공탁사건

① 예를 들어 2005년에 출급 또는 회수가 있는 경우 1999.12.31. 이전에 수리된 공탁사건

② 분할지급이나 일부지급이 있더라도 남은 공탁금에 대한 출급 또는 회수 청구가 공탁 후 5년이 지난 경우

(나) 공탁물이 금전인 경우(유가증권 및 물품은 제외)

(2) 이자만 남아 있는 공탁사건

공탁 원금 전액이 지급된 채 이자만 남아 있는 공탁사건(공탁유가증권의 이표 제외, 제3조)

4. 공탁관의 확인 철저

공탁관이 "장기미제 공탁사건 등"에 대한 출급 또는 회수청구를 받은 때에는 공탁기록, 출급·회수청구서 또는 이자청구서, 본인 또는 대리인의 신분에 관한 증명서(주민등록증, 여권, 운전면허증 등)상의 사진, 주소, 주민등록번호 등에 의하여 정당한 본인 또는 대리인인지 여부를 철저히 확인하고, 그 증명서의 사본을 해당 공탁기록에 편철하여야 한다(제4조). 다만 본인 또는 대리인의 신분에 관한 증명서가 이동통신단말장치에 암호화된 형태로 설치되는 등 사본화가 적합하지 않은 경우에는 신분확인서(「공탁사무 문서양식에 관한 예규」별지 제20호 양식)를 당해 공탁기록에 철하여야 한다.〈신설〉

5. 인가 전 결재

(1) 인가 전 결재할 공탁사건 등

공탁관은 "장기미제 공탁사건 중 공탁 당시 공탁금이 10,000,000원 이상인 공탁사건(공탁규칙 제43조에 따라 지급하는 경우는 제외한다)" 또는 "고액공탁사건(지급청구금액이 10억원 이상인 경우에 한한다)"에 대하여 출급·회수청구서를 접수한 경우 이를 인가하기 전에 청구서의 여백에 별지 1과 같은 결재란을 만들어 소속과장(시·군법원의 경우 시·군법원 판사)의 결재를 받아야 한다. 소속과장의 부재시에는 사무국장의 결재를, 소속과장과 사무국장의 부재시에는 법원장 또는 지원장의 결재를 받아야 한다. 다만, 법원서기관이 공탁관 또는 대리공탁관으로 공탁사무를 처리하는 경우와 공탁법 제14조 제1항에 따라 지급하는 경우는 제외한다(대법원 행정예규 제875호 제5조 제1항).

(2) 민원인에의 안내

인가 전에 결재를 얻어야 하는 공탁사건을 접수한 경우에 공탁관은 청구인에게 그러한 사유를 설명하여야 한다.

6. 인가 후 결재

공탁관은 일계표 결재시 제5조에 따라 인가 전에 결재한 공탁사건을 포함한 "장기미제 공탁사건 등"에 대하여 별지 2에 의한 "장기미제 공탁사건 등 지급내역"을 공탁전산시스템으로 출력한 후, 출급·회수청구서 또는 이자청구서와 제출된 인감증명서, 위임장의 사본을 첨부하여 결재를 받고 이를 일계표와 함께 보관한다(제5조의2).

7. 열람 및 사실증명 청구시 유의사항

공탁관은 "장기미제 공탁사건 등"의 열람 및 사실증명의 청구가 있는 경우에는 해당 공탁에 관하여 직접 법률상 이해관계인에 해당하는지 여부를 본인 또는 대리인의 신분에 관한 증명서(주민등록증, 여권, 운전면허증 등)등에 의하여 철저히 확인하여야 한다(제7조).

8. 완결된 공탁기록의 보관·관리 철저

공탁관은 "장기미제 공탁사건 등"의 지급으로 인하여 완결된 공탁기록이 멸실되거나, 훼손, 일부서류의 누락 등이 없도록 공탁기록을 철저히 보관·관리하여야 한다.

9. 감독사무의 철저

지방법원장 또는 지원장은 "장기미제 공탁사건 등"에 대한 지급의 적정 여부와 공탁기록의 보관·관리에 관한 공탁공무원의 업무를 수시 또는 정기적으로 점검하는 등 철저한 감독을 실시하여야 한다.

10. 절대적 불확지공탁에의 적용

제4조, 제5조, 제6조 내지 제8조는 토지수용보상금을 절대적 불확지공탁한 경우, 그 공탁의 공탁 당시 공탁금이 10,000,000원 이상이고 공탁일로부터 만 3년이 경과한 공탁사건에 대하여도 적용한다(대법원 행정예규 제875호 제9조).

제10절 공탁물의 회수

공탁물의 회수라 함은 공탁자 또는 공탁자의 승계인(공탁자의 상속인, 회수청구권의 양수인이나 전부채권자, 공탁자의 채권자 등)이 회수요건의 발생에 따라 공탁물을 수령하기 위하여 공탁규칙 제32조 제2항 각호의 사항을 기재하여 회수청구권자가 기명날인한 공탁물회수청구서(2통 제출)에 공탁서 또는 회수청구권을 갖는 것을 증명하는 서면, 인감증명서 등을 첨부하여 이를 공탁관에게 제출한 후 그 회수청구권에 대한 공탁관의 수리결정(공탁관의 인가)을 받아 공탁물보관자로부터 공탁물을 되돌려 받는 일련의 절차(민법 제489조, 공탁법 제9조 2항, 공탁규칙 제32조, 제34조, 제35조, 제37조 등)를 말한다.

공탁물이 금전인 경우(공탁법 제7조에 따른 유가증권상환금, 배당금과 제11조에 따른 물품을 매각하여 그 대금을 공탁한 경우를 포함한다) 그 원금 또는 이자의 수령(출급), 회수에 대한 권리는 그 권리를 행사할 수 있는 때부터 10년간 행사하지 아니할 때에는 시효로 인하여 소멸한다(법 제9조 제3항).

Ⅰ. 공탁물의 회수

1. 공탁물 회수의 의의

공탁물의 회수라 함은 공탁물에 대한 회수요건(민법 제489조 1항, 공탁법 제9조 2항)의 존재로 회수권을 가지는 자(공탁자 또는 그 승계인)의 청구에 의하여 그에게 공탁물을 되돌려 주는 것을 말한다.

2. 공탁물의 회수를 인정하는 이유

변제자가 공탁을 할 수 있는 것은 채권자의 일신상의 사유에 기인하여 변제를 받을 수 없는 경우이다. 이와 같은 채권자로 하여금 바로 공탁소에 대하여 공탁자의 의사로부터 독립된 확정적인 권리를 취득케 할 이유가 없을 뿐만 아니라, 공탁 후 사정이 변경되었다든지 또는 채무의 성립에 의문이 생긴 경우에도 공탁자에게 아무런 구제방법을 강구하지 않는다는 것은 공탁자에게 불리하다.

공탁은 본래 변제자의 보호를 목적으로 하여 인정된 제도이므로 채권자나 제3자에게 불이익이 되지 않는 한 공탁자는 공탁물을 회수할 수 있도록 하는 것이 타당하다. 이러한 이유에서 볼 때 공탁자에게 공탁물의 회수를 인정하는 것은 타당한 조치라하겠으나 민법은 공탁에 의하여 채무는 소멸된다(민법 제487조)고 하였으므로, 공탁자가 공탁물을 회수하면 채무는 소급적으로 소멸되지 않은 것으로 된다는 결론을 얻게 될 것이다.

이 결과 공탁자가 공탁물을 회수하기까지는 공탁의 효력은 불확정하게 된다. 이리하여 채무소멸의 효과의 발생시기에 대하여 논의(論議)된다. 이에 관하여 해제조건설(解除條件設)과 정지조건설(停止條件設)로 나뉜다. 해제조건설이 타당하다고 본다. 왜냐하면 공탁에 의하여 채무는 일단 소멸(민법 제487조)되지만, 공탁자가 공탁물을 회수하면 공탁하지 않는 것)민법 제489조 제1항 후단)으로 보기 때문이다.

3. 공탁물의 회수를 인정하지 않는 경우

다음의 경우에는 공탁물의 회수를 인정하지 않는다.

(가) 채권자가 공탁을 승인하거나 공탁소에 대하여 공탁물을 받기를 통고하거나 공탁유효의 판결이 확정되었을 때(민법 제489조 제1항)

채권자가 공탁을 승인하거나 공탁소에 대하여 공탁물을 받기를 통고하거나 공탁유효의 판결이 확정된 경우에 공탁자의 공탁물회수권이 소멸되는 것은 입법례(立法例)도 일치하고 있다{독민(獨民) 제376조 제2항, 불민(佛民) 제1262조}. 이 같은 판결이 행해지는 것은 채권자가 채무자에게 이행을 청구하고 또는 채무자가 항변으로 주장한 공탁의 효력을 다투는 경우라든가 채무자가 공탁의 효력에 관하여 확인의 소를 제기하는 경우가 통례(通例)일 것이다.

(나) 공탁에 의하여 질권 또는 저당권이 소멸되었을 때(민법 제489조 제2항)

공탁에 의하여 질권 또는 저당권이 소멸된 경우 공탁자의 공탁물회수를 인정하지 않는 것은 공탁에 의하여 채무가 확정적으로 소멸된다는 입장에서 질권·저당권의 소멸 후 담보물의 제3취득자가 공탁물반환청구에 의하여 손해를 보는 것을 예방하기 위한 제도이다.

4. 공탁자가 공탁물을 회수청구 할 수 있는 경우

채권자(피공탁자)가 공탁을 승인하거나 공탁소에 대하여 공탁물을 받기를 통고하거나 공탁유효의 판결이 확정되기까지는 변제자(공탁자)는 공탁물을 회수할 수 있으며(민법 제489조 제1항. 법 제9조 제2항 제1호). 착오로 공탁을 한 경우 및 공탁의 원인이 소멸한 경우(법 제9조 제1항 제2~3호)공탁자는 그 사실을 증명하여 공탁물을 회수할 수 있다(법 제9조 제2항).

공탁자는 다음의 경우에는 공탁물을 회수청구 할 수 있다.

(가) 민법 제489조에 따르는 경우(공탁법 제9조 제2항 제1호)
채권자가 공탁을 승인하거나 공탁소에 대하여 공탁물을 받기를 통고하거나 공탁 유효의 판결이 확정되기까지는 변제자는 공탁물을 회수할 수 있다(민법 제489조 제1항).

(나) 착오로 공탁을 한 경우(공탁법 제9조 제2항 제2호)
가령 채무가 없음에도 불구하고 채무가 있다고 오신(誤信)하여 공탁을 하였을 때에는 공탁계약을 취소할 수 있으므로(민법 제109조)공탁물의 회수를 청구할 수 있다.

(다) 공탁의 원인이 소멸한 경우(공탁법 제9조 제2항 제3호)
공탁을 한 후에 공탁의 원인이 채권계약의 해제에 의하여 소급적으로 소멸하였을 때에는 공탁의 당시에 이미 채권이 없는 것으로 되기 때문에 공탁도 또한 효력이 상실되므로 공탁자는 공탁물회수청구권을 취득한다(공탁법 제9조 제2항 제3호).

(라) 공탁자가 공탁을 취소하였을 때
공탁자는 공탁으로 인하여 그 채권이 소멸되고 따라서 그 담보인 질권 또는 저당권이 소멸된 경우를 제외하고는 공탁을 취소하여 공탁물의 회수청구를 할 수 있다. 그러나 채권자가 공탁을 수락하거나 또는 공탁을 유효하다고 선고한 판결이 확정된 후에는 공탁물의 회수청구를 할 수 없다.

5. 공탁물 회수의 요건

공탁은 변제자(공탁자)의 보호를 목적으로 하는 제도이므로 채권자나 제3자에게 불이익을 주지 않는 한 공탁자가 공탁물을 회수하는 것을 허용하는 것이 타당하므로 민법(민법 제489조)과 공탁법(공탁법 제9조 2항)은 변제자(공탁자)의 공탁물회수를 인정하고 있다. 공탁물을 회수하면 채무는 소급적으로 소멸되지 않은 것으로 된다.

채권자가 ① 공탁을 승인하거나 ② 공탁소에 대하여 공탁물을 받기를 통고하거나 ③ 공탁유효의 판결이 확정되기까지, ④ 착오로 공탁을 한 때, ⑤ 공탁의 원인이 소멸한 때에는 변제자는 공탁물을 회수할 수 있고, 이 경우에는 공탁하지 아니한 것으로 되어(민법 제489조 1항, 공탁법 제9조 2항) 채무소멸의 효력은 소급하여 없어진다. ⑥ 공탁금에 대한 회수청구권의 시효(10년)로 소멸하지 않아야 한다(법 제9조 제3항).

6. 공탁물을 회수할 수 있는 시기 및 효과

채권자가 공탁을 승인하거나 공탁소에 대하여 공탁물을 받기를 통고하거나 공탁유효의 판결이 확정되기까지는 변제자는 공탁물을 회수할 수 있고 이 경우에는 공탁하지 아니한 것으로 되어 채무소멸의 효력은 소급하여 없어진다(대판 1967.11.28. 67다2120).

7. 공탁금이 출급된 경우

공탁공무원이 공탁금의 출급을 인가하여 공탁금이 출급된 이상 그것이 출급을 인가할 수 없는 경우에 해당한다할지라도 그 공탁공무원은 공탁금회수청구를 인가할 수 없다(대법원 78.3.21. 78마30).

8. 공탁금회수청구권에 대한 압류의 경합과 공탁관의 사유신고

(1) 공탁관의 사유신고
공탁금 출급·회수청구권에 대한 압류의 경합 등으로 사유신고를 할 사정이 발생한 때에는 공탁관은 지체 없이 사유신고서 2통을 작성하여 그 1통을 집행법원에 보내고 다른 1통은 해당 공탁기록에 편철한다(규칙 제58조 제1항).

제1항에 따라 사유신고를 한 때에는 공탁관은 원장에 사유신고한 뜻과 연월일을 등록하여야 한다(규칙 제58조 제2항).

(2) 공탁관의 직무상 의무(사유신고)

공탁사무처리규칙 제58조 제1항은 공탁금의 출급·회수청구권에 대한 압류 등의 경합 등의 사정이 있는 경우 공탁공무원에게 반드시 집행법원에 그 사유를 신고하여야 하는 직무상 의무를 규정한 것이다(대판 2002.8.27. 2001다73107).

🔍판례

공탁물회수의 시기 및 효과

채권자가 공탁을 승인하거나 공탁관에 대하여 공탁물을 받기를 통고하거나 공탁 유효의 판결이 확정되기 까지는 변제자는 공탁물을 회수할 수 있고 이 경우에는 공탁하지 아니한 것으로 보아 채무소멸의 효력은 소급하여 없어진다(대판 1977.10.31. 77다1695).

🔍판례

[1] 공탁사무처리규칙 제52조(현행규칙 제58조) 제1항은 "공탁금의 출급·회수청구권에 대한 압류 등의 경합 등으로 사유신고를 할 사정이 발생한 때에는 공탁공무원은 지체 없이 사유신고서 2통을 작성하여 그 1통을 관할 집행법원에 송부하고 다른 1통은 당해 공탁기록에 합철한다."고 규정하고 있는바, 이 규정은 공탁공무원이 사유신고를 할 경우의 세부절차만을 정한 규정이 아니라 공탁금의 출급·회수청구권에 대한 압류 등의 경합 등의 사정이 있는 경우 공탁공무원으로서는 반드시 집행법원에 그 사유를 신고하여야 한다는 직무상의 의무를 정한 규정이라고 할 것이다.

[2] 대법원예규 송민 84-6 '가압류해방공탁금의 회수청구권에 대한 압류명령이 있는 경우의 사유신고시기 등'(1984.5.23. 송무심의 제35호)은 "가압류해방금의 공탁금회수청구권에 관하여 압류명령이 송달된 때에는 공탁공무원은 지체 없이 집행법원에 그 사유를 신고하여야 한다."라고 규정하고 있는바, 이 예규는 대법원이 공탁제도의 취지에 비추어 공탁사무처리규칙 제52조 제1항과 구 민사소송법(2002.1.26. 법률 제6626호로 전문 개정되기 전의 것) 제581조의 해석에 관한 견해를 밝힘으로

써 그 해석을 둘러싸고 야기될 수 있는 실무상의 혼란을 제거하기 위한 것이므로 위 예규가 위와 같은 해석을 분명히 한 이상 공탁사무처리규칙 제52조 제1항 또는 구 민사소송법(2002.1.26. 법률 제6626호로 전문 개정되기 전의 것) 제581조의 해석을 둘러싸고 다른 해석이 가능하다는 사정을 들어 위 예규와 달리 공탁사무를 처리한 데에 공탁공무원에게 과실이 없었다고 할 수 없다.

[3] 해방공탁금의 회수청구권에 대한 압류·추심명령이 경합한 경우, 공탁공무원은 공탁을 유지한 채 집행법원에 사유신고를 한 후 집행법원의 배당절차에 따라 공탁금을 각 채권자들에게 분할지급하거나, 사유신고를 하지 아니한 채 공탁금 출급을 신청한 압류·추심 채권자 1인에게 공탁금을 지급할 수 있으므로, 공탁공무원이 집행법원에 그 사유를 신고하지 아니 하고 채권자 중 1인으로서 공탁금출급청구를 한 채권자에게 공탁금 전액을 지급한 것이 적법한 사무처리였다고 판단한 원심판결에는 공탁공무원의 사무처리에 관한 법리를 오해한 위법이 있다고 한 사례(대판 2002.8.27. 2001다73107).

Ⅱ. 회수청구권의 성질(지명채권)

공탁물에 대하여 회수요건(민법 제489조 1항 ; 공탁법 제9조 2항)의 존재로 회수권을 가지는 자(공탁자 또는 그 승계인)가 공탁소에 대하여 공탁물의 지급을 청구할 수 있는 권리를 공탁물회수청구권이라 한다.

공탁물회수청구권은 공탁자에게 귀속하는 일종의 지명채권의 성질을 가지며, 일신전속권이 아니므로 상속의 대상이 되고, 양도·질권설정 등의 임의처분은 물론 압류·가압류·가처분, 전부·추심명령 등 집행의 대상이 될 수 있음은 물론이고 채권자대위의 목적도 될 수 있다.

Ⅲ. 공탁물의 회수를 인정하는 이유

변제자가 공탁을 할 수 있는 것은 채권자의 일신상의 사유에 기인하여 변제를 받을 수 없는 경우다. 이와 같은 채권자로 하여금 바로 공탁소에 대하여 공탁자의 의사로부터 독립된 확정적인 권리를 취득케 할 이유가 없을 뿐만 아니라, 공탁 후 사정이 변경되었다든지 또는 채무의 성립에 의문이 생긴 경우에도 공탁자에게 아무런 구제방법을 강구하지 않는다는 것은 공탁자에게 불리하다. 공탁은 변제자의 보호를 목적으로 하여 인정된 제도이므로 채권자나 제3자에게 불이익이 되지 않는 한 공탁자는 공탁물을 회수할 수 있도록 하는 것이 타당하다.

이러한 이유에서 볼 때에 공탁물의 회수를 인정하는 것은 타당한 조치라 하겠으나 민법은 공탁에 의하여 채무는 소멸된다(민법 제487조)고 하였으므로, 공탁물을 회수하면 채무는 소급적으로 소멸되지 않은 것으로 된다는 결론을 얻게 될 것이다. 이 결과 공탁물을 회수하기까지는 공탁의 효력은 불확정한 것이라 하겠다. 이리하여 채무소멸의 효과의 발생시기에 대하여 논의된다. 이에 관하여 해제조건설(독일보통법·우리나라의 다수설)과 정지조건설로 나뉜다. 해제조건설이 옳다고 생각한다. 왜냐하면 공탁에 의하여 채무는 일단 소멸되지만(민법 제487조) 공탁물을 회수하면 공탁하지 않은 것으로(민법 제489조 1항 후단) 보기 때문이다.

Ⅳ. 회수청구권자

적법한 변제공탁으로써 공탁원인사실에 특정되어 있는 채권이 소멸되는 효과가 발생되는 것이기는 하나, 한편 공탁자가 공탁물 회수권의 행사에 의하여 공탁물을 회수한 경우에는 공탁하지 아니한 것으로 보아 채권소멸의 효력은 소급하여 없어진다고 할 것이고, 이와 같이 채권소멸의 효력을 소급적으로 소멸시키는 공탁물의 회수에는 공탁자에 의하여 이루어진 경우뿐만 아니라, 제3자는 물론 피공탁자가 공탁자에게 대하여 가지는 별도 채권의 채무명의로써 공탁자의 공탁물 회수청구권을 압류 및 전부받아 그 집행으로 공탁물을 회수한 경우도 이에 포함된다 할 것이다(대판 1981.2.10. 80다77).

공탁물이 금전인 경우(제7조에 따른 유가증권상환금, 배당금과 제11조에 따른 물품을 매각하여 그 대금을 공탁한 경우를 포함한다) 그 원금 또는 이자의 수령, 회수에 대한 권리는 그 권리를 행사할 수 있는 때부터 10년간 행사하지 아니할 때에는 시효로 인하여 소멸한다(법 제9조 제3항).

1. 공탁자 및 공탁자의 승계인

공탁물회수청구권자는 변제자(공탁자)와 그의 승계인(공탁자의 상속인, 회수청구권의 양수인이나 전부채권자 등)이다. 공탁자의 승계인이 공탁물의 회수를 청구하는 경우에는 회수청구권을 증명하는 서면(공탁법 제9조 1항, 공탁규칙 제34조, 제37조, 제38조, 제41조 등)과 승계사실을 증명하는 서면을 함께 첨부하여야 한다.

2. 회수청구권에 대한 압류 및 전부명령

공탁물회수청구권에 대한 압류 및 전부명령을 받은 자라도 원래의 공탁물회수청구권자의 지위를 넘어서 공탁물을 회수할 수 없는 것으로, 위 공탁물회수청구에는 회수청구권을 갖는 것을 증명하는 서면의 첨부가 있어야 한다(대법원 1973. 12.22. 73마360 결정).

🔍판례

재판상 담보공탁에 있어 담보권리자가 공탁금회수청구권을 압류하고 추심명령이나 전부명령을 받은 후 담보취소결정을 받아 공탁금회수청구를 하는 경우에도 질권자와 동일한 권리가 인정되는지 여부(적극)

구 민사소송법(2002.1.26. 법률 제6626호로 전문 개정되기 전의 것) 제113조에 의하면, 재판상 담보공탁에 있어 담보권리자(피공탁자)는 담보물에 대하여 질권자와 동일한 권리가 있는바, 담보권리자가 공탁금회수청구권을 압류하고 추심명령이나 확정된 전부명령을 받은 후 담보취소결정을 받아 공탁금회수청구를 하는 경우에도 그 담보공탁금의 피담보채권을 집행채권으로 하는 것인 이상, 담보권리자의 위와 같은 담보취소신청은 어디까지나 담보권을 포기하고 일반 채권자로서 강제집행을 하는 것이 아니라 오히려 적극적인 담보권실행에 의하여 그 공탁물회수청구권을 행사하기 위한 방법에 불과하다고 보는 것이 합리적이므로 이는 담보권의 실행방법으로 인정되고, 따라서 이 경우에도 질권자와 동일한 권리가 있다고 할 것이므로 그에 선행하는 일반 채권자의 압류 및 추심명령이나 전부명령으로 이에 대항할 수 없다(대판 2004.11.26. 2003다19183).

3. 파산종결된 회사의 청산인

(1) 법인에 대한 파산절차가 잔여재산 없이 종료되면 청산종결의 경우와 마찬가지로 법인격이 소멸한다고 할 것이나, 아직도 적극재산이 잔존하고 있다면 법인은 그 재산에 관한 청산목적의 범위 내에서는 존속한다고 볼 수 있다(대법원 1989.11.24. 89다카2483 참조).

(2) 주식회사가 주주총회 결의로 해산하면서 종전 대표이사를 청산인으로 선임하여 청산절차를 진행하는 중에 채무초과 사유로 파산신청을 하였으나 법원이 파산선고와 동시에 파산폐지의 결정을 하고 확정된 경우, 이와 같이 파산종결된 회사라도 미회수 공탁금이 존재한다면 공탁금 회수에 관한 일반적인 요건을 갖추어 공탁금을 회수할 수 있을 것이다.

(3) 이러한 경우 공탁금 회수절차는 파산종결된 회사를 대표하여 청산인이 하여야 하는데, 종전 청산인이 사망하였다면 이해관계인의 청구에 따라 법원이 청산인을 선임하여야 할 것이다(2004.1.17. 공탁법인 3302-18).

Ⅴ. 공탁물회수청구의 저지

1. 회수청구의 저지(공탁금회수청구권의 압류, 가압류등)

(1) 공탁자에 대하여 채권을 가지고 있는 채권자의 공탁금회수청구권의 압류 또는 가압류

공탁자는 착오로 공탁한 때(공탁법 제9조 2항 2호), 공탁의 원인이 소멸한 때(공탁법 제9조 2항 3호), 피공탁자(채권자)가 공탁을 승인하거나 공탁소에 대하여 공탁물

받기를 통고하거나 공탁유효의 판결이 확정되기까지는 그 공탁으로 인하여 질권 또는 저당권이 소멸한 것이 아닌 한 공탁금을 회수할 수 있는바(민법 제489조), 공탁자에 대하여 채권을 가지고 있는 피공탁자 기타 채권자는 위 공탁금회수청구권을 압류 또는 가압류하는 등의 방법으로 공탁자의 위 공탁금회수를 저지할 수 있다.

(2) 담보권리자가 공탁금회수청구권을 압류하고 추심명령이나 확정된 전부명령을 받은 후 담보취소결정을 받아 공탁금회수청구를 행사하는 경우

가압류를 위하여 법원의 명령으로 제공된 공탁금은 부당한 가압류로 인하여 채무자가 입은 손해를 담보하는 것이므로, 가압류의 취소에 관한 소송비용은 가압류로 인하여 제공된 공탁금이 담보하는 손해의 범위에 포함된다. 그리고 담보권리자가 공탁금회수청구권을 압류하고 추심명령이나 확정된 전부명령을 받은 후 담보취소결정을 받아 공탁금회수청구를 하는 경우에도 그 담보공탁금의 피담보채권을 집행채권으로 하는 것인 이상, 담보권리자의 위와 같은 담보취소신청은 어디까지나 담보권을 포기하고 일반 채권자로서 강제집행을 하는 것이 아니라 오히려 적극적인 담보권실행에 의하여 그 공탁물회수청구권을 행사하기 위한 방법에 불과하다고 보는 것이 합리적이므로, 이는 담보권의 실행방법으로 인정된다(대판 2019.12.12. 2019다256471. 배당이의).

(3) 피공탁자 또는 제3자가 공탁물회수청구권에 대한 압류 및 추심명령을 받아 회수한 경우의 채권소멸의 효력

변제공탁이 적법한 경우에는 채권자가 공탁물 출급청구를 하였는지 여부와는 관계없이 공탁을 한 때에 변제의 효력이 발생하나, 피공탁자를 포함한 제3자가 공탁자에 대하여 가지는 별도 채권의 집행권원으로써 공탁자의 공탁물 회수청구권에 대하여 압류 및 추심명령을 받아 그 집행으로 공탁물을 회수한 경우 채권소멸의 효력은 소급하여 없어진다.

나아가 부적법한 변제공탁으로 변제의 효력이 발생하지 않았다고 하더라도, 피공탁자는 이를 수락하여 공탁물 출급청구를 하는 대신 공탁자에 대한 다른 채권에 기하여 공탁자의 공탁물 회수청구권에 대하여 압류 및 추심명령을 받아 그 집행으로 공탁물을 회수할 수 있다.

한편 공탁물 출급청구권과 공탁물 회수청구권은 서로 독립한 별개의 청구권이므로 설령 공탁물 출급청구권에 대한 압류 등이 있었다고 하더라도 이는 공탁물 회수청구권에 대하여 아무런 영향을 미치지 않는다(대결 2020.5.22. 2018마5697).

2. 피공탁자의 공탁관에게 공탁수락서, 공탁유효의 확정판결의 제출

공탁소에 대한 민법 제489조 제1항의 승인이나 통고는 피공탁자가 공탁을 수락한다는 뜻을 적은 서면을 공탁관에게 제출하는 방법으로 하여야 한다(공탁규칙 제49조 1항).

공탁유효의 확정판결이 있는 경우 공탁자의 회수를 제한하기 위해서는 피공탁자는 그 판결등본을 공탁관에게 제출하여야 한다(공탁규칙 제49조 2항).

3. 변제공탁의 피공탁자의 강제처분

변제공탁은 손해담보를 위한 공탁이 아니므로, 공탁자는 공탁법 제9조 제2항 및 민법 제489조에 정한 회수요건을 갖춘 경우에는 피공탁자의 동의나 공탁통지서를 첨부할 필요 없이 일방적으로 회수할 수 있는 것이며, 따라서 피공탁자가 다른 손해담보를 위하여 공탁자의 공탁금회수청구권을 제한하려면 가압류 등 별도의 강제처분을 할 수밖에 없다.

4. 공탁자가 회수제한신고를 한 경우

공탁자가 회수제한신고를 한 경우에는 공탁자는 피공탁자의 동의가 없으면 공탁서나 공탁통지서에 기재된 형사사건에 대하여 불기소결정(단, 기소유예는 제외)이 있거나 무죄판결이 확정될 때까지 공탁금에 대한 회수청구를 할 수 없다. 그러나 공탁자가 회수제한신고를 하지 않은 경우에는 피공탁자가 공탁금 출급청구를 하거나, 공탁을 수락한다는 내용을 기재한 서면을 공탁소에 제출하기 전에는 공탁자가 공탁금을 회수할 수 있다.

Ⅵ. 토지수용공탁금의 회수 여부(소극)

1. 피공탁자가 공탁자에게 공탁금불수령의 의사표시를 한 경우

사업시행자의 공익사업을 위한 토지등의 취득 및 보상에 관한 법률 제40조 제2항에 의한 손실보상금의 공탁은 같은 법 제42조 제1항에 의하여 간접적으로 강제되는 것인바, 이와 같이 그 "공탁이 자발적이 아닌 경우"에는 민법 제489조의 적용은 배제되어 피공탁자가 공탁자에게 공탁금을 수령하지 아니한다는 의사를 표시하였다 할지라도 기업자는 그 공탁금을 회수할 수 없으므로 공탁공무원은 기업자 자신의 공탁금 회수청구 및 위 공탁금회수청구채권에 대하여 전부명령을 받은 자의 공탁금회수청구에 대하여도 그 공탁금을 출급할 수는 없다(대법원 1988.4.8, 88마201, 1997.9.26., 97다24290.)

2. 재결이 당연무효이거나 소송에 의하여 취소된 경우

토지수용법 제61조 제2항에 의한 수용보상금의 공탁에 있어서는 기업자가 공탁물을 회수하면 공탁이 없었던 것이 되어 재결이 효력을 상실하므로, 기업자가 토지수용의 재결이 있은 후 토지보상금을 공탁하였다면 그 수용재결이 당연무효이거나 소송 등에 의하여 취소되지 않는 한 기업자는 민법에 의한 공탁과는 달리 그 공탁금에 대한 회수청구를 할 수 없다(대판 1998.9.22, 98다12812).

Ⅶ. 공탁물회수의 요건

공탁물회수의 요건은 첫째 회수의 원인이 존재할 것(민법 제489조 및 공탁법 제9조 2항), 둘째 회수청구권이 있을 것(공탁법 제9조 2항, 공탁규칙 제34조 2호)이다. 공탁물의 회수청구권은 변제자(공탁자) 또는 그 승계인(상속인·양수인) 또는 전부 또는 추심 채권자 등에게 있다. 이 경우에는 회수청구권이 있음을 증명하는 서면 외에 그 승계사실을 증명하는 서면을 첨부하여야 한다(공탁규칙 제34조2호). 모든 공탁에 공통되는 회수요건(원인)은 다음과 같다.

1. 민법상의 회수요건(변제공탁의 민법상 회수요건)

민법은 변제자의 공탁물회수를 적극적으로 인정하지 않고, 소극적으로 회수를 인정하지 않는 경우를 다음과 같이 규정하고 있다.

(1) 채권자의 공탁승인 또는 공탁소에 대한 공탁물수령통고 전일 것

채권자가 변제자에 대한 의사표시로 공탁을 승인하거나, 또는 공탁소에 대하여 공탁물을 받기를 통고하기 전이어야 한다(민법 제489조 1항 전단)

즉 채권자(피공탁자)가 공탁수락을 하기 전이어야 한다. 채권자(피공탁자) 또는 그의 승계인이 공탁자에 대하여 공탁을 승인하거나 공탁소에 공탁을 수락한다는 취지를 기재한 서면(공탁수락서)을 제출하면 공탁자 등의 공탁물회수(청구)권이 소멸하므로, 이러한 사실이 있기 전이라야 공탁자(채무자)의 변제공탁물회수청구가 가능하다.

(2) 공탁유효의 확정판결 전일 것

공탁이 유효하다고 선고한 판결이 확정되기 전이어야 한다(민법 제489조 1항 후단)

공탁자의 변제공탁의 유효 여부가 문제되어 소송이 제기되었을 경우, 그 확정판결(확정판결과 같은 효력이 인정되는 화해조서 등 각종 조서도 포함)의 주문 또는 이유 중에 공탁의 유효함이 판단되어 있으면 공탁자의 공탁물회수청구권이 소멸되므로, 그러한 사실이 있기 전에 공탁자(채무자)는 회수권을 행사하여야 한다.

(3) 질권 또는 저당권이 공탁으로 인하여 소멸되지 아니할 것

공탁으로 질권 또는 저당권 등이 소멸하지 않아야 한다(민법 제489조 2항)

저당권 등 담보물권을 소멸시키기 위하여 변제공탁을 하고, 공탁서를 첨부하여 위 담보물권 등의 말소소송을 제기, 승소판결을 받아 담보물권을 말소하였다면 변제공탁물을 회수할 수 없으며, 담보물권을 소멸시키기 위하여 변제공탁을 한 것은 사실이지만 특별한 원인이 있어 담보물권을 소멸시키지 못하였다면 재판서 등에 의하여 확정적으로 담보물권이 소멸하지 않음을 증명하여 변제공탁물을 회수할 수 있다.

공탁으로 채무는 소멸하므로 그 채무에 수반하는 질권·저당권도 당연히 소멸한다. 그런데 공탁물의 회수가 있게 되면 채무는 처음부터 소멸하지 않았던 것으로 의제되므로, 이들 담보권도 역시 소멸하지 않았던 것이 된다. 그러나 이와 같이 담보권이 처음부터 소멸하지 않았던 것으로 한다면 제3자에게 예측하지 않은 손해를 줄 염려가 있다(예컨대 공탁 후 회수하기 전에 저당권을 설정한 자는 회수로 후순위저당권자가 된다). 그러므로 민법은 공탁으로 질권 또는 저당권이 소멸한 때에는 공탁자의 회수권이 없는 것으로 규정한다. 그러나 질권·저당권 이외의 담보권(예 : 유치권·양도담보권·가등기담보권)이 공탁에 의하여 소멸한 경우에는 민법 제489조 제2항이 적용되지 아니하므로 이들 담보권은 공탁물의 회수에 의하여 부활된다.

(4) 변제공탁으로 인하여 가등기담보권이나 양도담보권이 소멸하는 경우에 공탁물회수의 가부(적극)

민법 제489조의 규정은 공탁으로 인하여 질권 또는 저당권이 소멸한 경우를 제외하고, 채권자가 공탁을 승인하거나 공탁소에 대하여 공탁물을 받기를 통고하거나 공탁유효의 판결이 확정되기까지, 변제자는 공탁물을 회수할 수 있고 이 경우에는 공탁하지 아니한 것으로 본다고 규정하고 있을 뿐, 가등기 및 본등기에 의하여 담보된 채무의 변제공탁으로 인하여 가등기담보권이나 양도담보권이 소멸하는 경우에도 변제자가 공탁물을 회수할 수 없다는 취지를 포함하는 것은 아니므로, 변제자의 채권자는 공탁금회수청구권을 압류 전부받아 변제공탁금을 회수할 수 있다(대판 1982.7.27. 81다495).

(5) 피공탁자의 공탁수락서 · 공탁유효확정판결등본의 제출

피공탁자는 공탁자의 회수를 저지하기 위하여 공탁소에 공탁수락서(규칙 제49조 제1항) 또는 공탁유효의 확정판결등본을 제출할 수 있으며(공탁규칙 제49조 제2항), 공탁으로 인하여 질권 · 전세권 · 저당권이 소멸하는 때에는 그 소멸하는 권리를 공탁서에 기재하도록 되어 있으므로(공탁규칙 제20조 2항 6호) 민법 제489조의 회수요건충족 여부는 공탁기록에 의하여 판단할 수 있기 때문이다.

2. 공탁법상의 회수요건

공탁물은 민법 제489조의 규정에 의하여 회수하는 경우 이외에 ① 착오로 공탁한 때, ② 공탁의 원인이 소멸한 때에도 공탁물의 회수를 허용하고 있다(공탁법 제9조 2항 2호 · 3호).

(1) 착오로 공탁을 한 때

공탁자가 착오로 공탁을 한 때에는 공탁이 수리되고 공탁물이 납입되었다 하더라도 그 공탁은 무효이므로 피공탁자가 공탁물을 출급하기 전까지는 실체관계에 부응하지 않는 공탁관계를 바로잡을 필요가 있으므로, 공탁법은 착오공탁시에 그 착오사실 증명서면을 첨부하여 공탁을 회수할 수 있도록 한 것이다(공닥법 제9조 제2항 제2호. 공탁규칙 제34조).

(가) 착오로 공탁한 때의 의의

착오로 공탁을 한 때(공탁법 제9조 제2항 2호)라 함은 가령 채무가 없음에도 불구하고 채무가 있다고 오신하여 공탁한 경우, 공탁물수령자를 잘못 지정한 경우 등과 같이 공탁으로서 필요한 유효요건을 갖추고 있지 아니한 경우를 말하고, 공탁요건을 갖추고 있는지의 여부는 어디까지나 공탁서에 기재된 공탁원인사실을 기준으로 하여 객관적으로 판단하여야 한다.

차용금변제를 위한 변제공탁을 하였으나 애초부터 차용금채무가 없었다면, 그 공탁은 차용금변제로서의 효력이 생기지 아니하여 '착오로 공탁한 때'에 해당한다(대법원 1995.7.20, 95마190 결정).

공탁근거법령의 조항에 대한 위헌결정

공탁법 제9조 제2항 제2호의 '착오로 공탁한 때'라 함은 공탁으로서 필요한 유효요건을 갖추고 있지 아니한 경우를 말하고, 공탁요건을 갖추고 있는지의 여부는 어디까지나 공탁서에 기재된 공탁원인사실을 기준으로 하여 객관적으로 판단하여야 할 것인바, 구 공공용지의 취득 및 손실보상에 관한 특례법 제6조 제2항에 따라 사업시행자가 토지 등에 대한 보상금을 공탁한 후 헌법재판소가 위 법률조항을 위헌으로 결정한 경우, 위헌으로 결정된 법률조항은 그 결정이 있는 날로부터 효력을 상실하므로(헌법재판소법 제47조 제2항) 위헌결정 전에 이루어진 위 공탁을 착오공탁이라 볼 수는 없을 것이다(2004.3.19. 공탁법인 3302-68).

(나) 착오에 의한 집행공탁과 사유신고의 불수리 결정

집행법원이 집행공탁금의 배당을 실시하기 전에 공탁자가 집행공탁의 원인이 없음에도 착오로 공탁한 것임을 이유로 공탁사유신고를 철회한 경우, 그 집행공탁이 원인이 없는 것으로서 무효임이 명백하다면 집행법원으로서는 공탁사유신고를 불수리하는 결정을 할 수 있고, 공탁자는 공탁관에게 집행법원의 위 결정을 제출하여 공탁법 제9조 제2항 제2호에 따라 공탁금을 회수할 수 있다(대법원 1999.1.8, 98마363 결정).

변제공탁의 피공탁자가 될 수 없는 가압류권자를 피공탁자에 포함하여 '가압류채무자 또는 가압류권자'를 피공탁자로 하는 상대적 불확지공탁이 수리된 경우, 착오로 위와 같이 공탁을 하였다면 공탁법 제9조 제2항 제2호에 따라 회수청구를 할 수 있을 것이다. 다만, '착오로 공탁을 한 경우'라 함은 공탁으로서 필요한 유효요건을 갖추고 있지 아니한 경우를 말하고, 공탁요건을 갖추고 있는지의 여부는 어디까지나 공탁서에 기재된 공탁원인사실을 기준으로 하여 객관적으로 판단하여야 하므로(대법원 1995.7.20. 자95마190 결정 참조), 구체적인 사건에서 회수청구가 가능한지 여부는 공탁서를 기초로 공탁관이 판단할 사항이다(2012.11.27. 사법등기심의관 - 3635 질의회답).

1. 제3채무자인 공탁자가 선행된 적법·유효한 채권양도통지(1차통지)가 있었는데 이를 효력이 없는 것으로 판단하여 제외한 채 그 이후 채권양도통지(2차통지)와 채

권가압류결정이 동시에 도달되었음을 이유로 하여 혼합공탁을 한 다음 공탁금 출급청구권에 대한 압류결정 등이 송달되자 공탁관이 공탁사유신고를 하였으나, 집행법원으로부터 공탁사유신고에 대한 불수리결정이 있었고, 공탁자는 1차 양도통지가 유효한 것으로 밝혀져 양수인의 양수금청구소송에서 패소하여 양수금을 지급한 경우 착오공탁을 증명하는 서면으로 '선행된 유효한 채권양도통지(1차통지)가 있었다는 증명과 공탁사유 신고 불수리결정문'을 첨부하여 공탁금을 회수청구할 수 있다.

2. 위와 같이 착오공탁을 증명하는 서면을 첨부하여 공탁금을 회수청구할 때 공탁 이후 피공탁자를 상대로 한 압류권자 등의 동의서는 첨부할 필요가 없다.

(2010.1.8. 사법등기심의관 - 69 질의회답)

참조조문 : 「공탁법」 제9조

참조판례 : 대법원 2008.9.25. 선고 2008다34668 판결

(다) 손실보상금액을 초과한 공탁

기업자가 이의신청에 대한 중앙토지수용위원회의 재결에서 확정된 손실보상금액보다 초과하여 공탁한 부분에 관하여는 원인 없는 착오의 공탁으로 보아야 할 것이므로, 기업자는 착오를 이유로 하여 이의신청에 대한 재결에서 정한 공탁금액보다 초과 공탁한 손실보상금액을 공탁법상의 회수절차에 따라 회수할 수 있다(1992.9.8, 법정 제1565호).

착오로 공탁하여 회수하는 경우에는 회수청구권을 증명하는 서면으로서 착오사실을 증명하는 서면을 첨부하여야 하는바, 어떤 것이 이러한 서면에 해당하는가는 구체적으로 각 경우에 따라 결정할 수밖에 없다.

(라) 피공탁자지정의 착오공탁

채무자가 이미 양도된 채권에 대하여 착오로 채권양도인을 피공탁자로 하는 변제공탁을 한 경우, 공탁금회수청구권자인 공탁자의 특정승계인인 전부채권자(채권양수인)는 공탁자의 착오를 증명하여 공탁금회수청구를 할 수 있다(2001.3.19, 법정 제3302-118호).

1) 기업자가 일단 수용재결에 따른 보상금을 공탁하였다고 하더라도 그 공탁이 무효라면 토지수용법 제65조(현행 공익사 업법 제42조) 소정의 "기업자가 수용의 시기까지 보상금을 지불 또는 공탁하지 아니하였을 때"에 해당하여 그 수용재결은 효력을

상실한다 할 것이므로 기업자는 해당 토지의 소유권을 취득할 수 없다 할 것이고, 공탁자가 공탁물을 받을 권리를 갖지 않는 자를 피공탁자로 착오지정한 경우에는 그 공탁은 실질적 요건을 갖추지 아니한 무효인 공탁이므로 공탁자는 공탁법 제9조 제2항 제2호 소정의 착오공탁을 이유로 회수청구할 수 있으나, 이미 공탁물의 지급으로 공탁절차가 종료되었다면 회수청구권은 의미가 없다.

2) 공탁자는 실체적인 공탁금출급청구권이 없음에도 이를 행사하여 공탁금을 출급하여 간 피공탁자에 대하여 부당이득금반환을 청구할 수 있고, 그 반환청구권을 행사할 수 있는 자는 공탁관이 아니라 과실로 피공탁자를 잘못 지정한 기업자이다.

3) 수용보상금(공동운영 영업보상금 등) 수령권자가 3명임에도 불구하고 사업시행자가 착오로 그 중 1명만을 피수용자로 하여 재결을 받고 그 자를 피공탁자로 잘못 지정하여 공탁을 하였다면 공탁자는 공탁법 제9조 제2항 제2호에 따라 착오공탁을 이유로 공탁금 전부를 회수할 수 있다(2009.3.9. 사법등기심의관-571)

(마) 혼합공탁의 요건을 갖추지 못한 혼합공탁금의 회수

확정일자 있는 채권양도 통지를 받은 후 양도인을 가압류채무자로 하는 채권가압류(3건)가 있는데 선행 채권양도에 대한 다툼이 없고, 채권자불확지 변제공탁을 할 만한 사정이 없는데도 제3채무자가 피공탁자를 "양도인 또는 양수인"으로 지정하고, 공탁근거법령으로 민법 제487조, 민사집행법 제248조 제1항 및 제291조에 의한 혼합공탁을 한 경우, 이는 혼합공탁의 요건을 갖추지 못해 유효한 공탁으로 볼 수 없으므로 공탁자(제3채무자)는 착오로 인한 공탁금 회수 청구를 할 수 있다(2008.6.9. 공탁상업등기과-597)

(2) 공탁의 원인이 소멸한 때

(가) 공탁의 원인이 소멸한 때의 의의

"공탁의 원인이 소멸한 때"(공탁법 제9조 제2항 3호)라 함은 공탁을 한 후에 공탁의 원인인 채권계약의 해제에 의하여 공탁의 효력이 소급적으로 소멸한 경우와 같이 공탁 후에 공탁을 지속시킬 원인이 없어진 것을 말한다. 정지조건부채무의 변제공탁에 있어서의 조건의 불성취(채권의 불발생), 재판상 보증공탁의 담보권의 불발생 또는 소멸(담보취소결정), 집행공탁의 압류해제(취소·해방공탁) 등이 이에 해당된다.

공탁원인의 소멸을 이유로 공탁자가 회수청구하는 경우에도 그 공탁원인이 소멸되었음을 증명하는 서면이 필요하다. 어떤 것이 공탁원인 소멸 증명서면에 해당되는지는 구체적 사안에 따라 결정할 수밖에 없다. 예컨대, 변제공탁 후 채권자가 채권을 포기한 경우에는 그 채권포기를 증명하는 서면이 공탁원인의 소멸을 증명하는 서면이 된다(공탁법 제9조 제2항 3호. 공탁규칙 제34조2호).

🔍 판례

공탁법 제9조 제2항 제3호 소정의 공탁물회수사유인 공탁원인이 소멸한 경우에 해당되지 않는다고 한 사례

공유토지의 소유자인 매도인들이 매수인이 지급하는 중도금과 잔금의 수령을 거절하자 매수인이 그 매매대금을 공탁한 경우 그 매도인 중 1인의 소유지분이 제3자에게 소유권이전이 되었다면 그 부분에 대하여는 이행불능상태에 이르렀다고 할 것이지만 이를 들어 매매계약을 해제하였다는 등 매수인의 잔대금지급의무가 소멸하였다는 점에 관하여 아무런 주장, 입증이 없는 경우에는 그러한 사유만으로는 공탁법 제9조 제2항 제3호 소정의 공탁물회수사유인 공탁원인이 소멸한 경우에 해당되지 않는다 (대판 1987.6.30. 85마754).

(나) 공탁원인의 소멸과 부당이득반환

"착오로 공탁을 한 때"에 공탁물을 회수할 수 있는 것은 공탁의 취소를 원인으로 한 것이며, "공탁의 원인이 소멸한 때"에 공탁물의 회수를 허용하는 것은 부당이득(민법 제741조)을 이유로 한 것으로 민법상의 회수와는 그 성질이 다른 것이다.

공탁의 원인이 소멸하여 회수하는 경우에도 회수청구권을 증명하는 서면으로서 공탁원인의 소멸을 증명하는 서면을 첨부하여야 하는바(공탁규칙 제34조2호), 어떤 것이 이러한 서면에 해당하는가는 구체적으로 각 경우에 따라 결정할 수밖에 없다.

(다) 피고가 가집행선고부 1심 판결금원을 변제공탁한 후 항소심판결에서 감축된 경우

변제공탁의 피공탁자가 공탁소에 대하여 공탁수락서면을 제출한 경우에 공탁자의 민법 제489조에 의한 공탁물 회수청구권은 소멸하며, 착오로 공탁을 하였거나 공탁원인이 소멸한 경우에만 공탁물을 회수할 수 있다. 가집행선고부 판결에 기한 공탁은 채무를 확정적으로 소멸시키는 원래의 변제공탁이 아니고, 상소심에서 그 가집행의

선고 또는 본안판결이 취소되는 것을 해제조건으로 하는 것이므로, 가집행선고부 제1심판결의 채무액이 항소심 판결에서 일부 취소되었다면 그 차액에 대해서는 공탁원인이 소멸하였다 할 것이므로 공탁자가 회수할 수 있다고 판단된다(2002.3.22, 법정 제3302-101호).

(라) 출급청구권에 대한 전부채권자의 부당이득반환의무

공탁자가 착오로 공탁하거나 공탁의 원인이 소멸한 경우, 공탁자가 공탁물을 회수하기 전에 피공탁자의 공탁물출급청구권에 대한 전부명령을 받아 공탁물을 수령한 자가 공탁자에 대하여 부당이득반환의무를 부담한다(대판 2008.9.25. 2008다34668, 부당이득금반환).

판례

공탁자가 착오로 공탁한 때 또는 공탁의 원인이 소멸한 때에는 공탁자가 공탁물을 회수할 수 있을 뿐 피공탁자의 공탁물출급청구권은 존재하지 않으므로, 이러한 경우 공탁자가 공탁물을 회수하기 전에 위 공탁물출급청구권에 대한 전부명령을 받아 공탁물을 수령한 자는 법률상 원인 없이 공탁물을 수령한 것이 되어 공탁자에 대하여 부당이득반환의무를 부담한다(대판 2008.9.25. 2008다34668).

(3) 공탁자의 공탁 취소에 따른 공탁물의 회수

공탁자는 공탁으로 인하여 그 채권이 소멸되고 따라서 그 담보인 질권, 또는 저당권이 소멸된 경우를 제외하고는 공탁을 취소하여 공탁물의 회수청구를 할 수 있다. 그러나 채권자가 공탁을 수락하거나 또는 공탁을 유효하다고 선고한 판결이 확정된 후에는 공탁물의 회수청구를 할 수 없다(민법 제489조 1항).

3. 공탁물회수의 시기 및 효과

채권자가 공탁을 승인하거나 공탁공무원에 대하여 공탁물을 받기를 통고하거나 공탁 유효의 판결이 확정되기까지는 변제자는 공탁물을 회수할 수 있고 이 경우에는 공탁하지 아니한 것으로 보아 채무소멸의 효력은 소급하여 없어진다(대판 1977.10.31. 77다1695).

압류 및 전부에 의한 공탁물회수와 채권소멸의 효력

피공탁자가 공탁자에 대하여 가지고 있는 별도 채권의 채무명의에 기하여 공탁자의 공탁물 회수청구권을 압류 및 전부받아 그 집행으로 공탁물을 회수한 경우에는 공탁으로 인한 채권소멸의 효력은 소급하여 소멸된다(대판 1981.2.10. 80다77).

Ⅷ. 공탁물회수의 효과

공탁자는 착오로 공탁한 때, 공탁의 원인이 소멸한 때는 물론이고 피공탁자(채권자)가 공탁을 승인하거나 공탁소에 대하여 공탁물을 받기를 통고하거나 공탁유효의 판결이 확정되기까지는 그 공탁으로 인하여 질권 또는 저당권이 소멸한 것이 아닌 한 공탁금을 회수할 수 있다(민법 제489조 1항, 공탁법 제9조 2항).

1. 공탁의 소급적 실효

(1) 채권소멸의 효력은 소급하여 상실됨

(가) 공탁하지 않은 것으로 간주

변제자(공탁자)가 공탁물을 회수한 경우에는 공탁하지 않은 것으로 간주되므로(민법 제489조 1항 후단) 공탁물을 회수한 때에는 채무는 소멸하지 않았던 것으로 의제된다.

채권자가 공탁을 승인하거나 공탁공무원에 대하여 공탁물을 받기를 통고하거나 공탁 유효의 판결이 확정되기까지는 변제자는 공탁물을 회수할 수 있고 이 경우에는 공탁하지 아니한 것으로 보아 채권소멸의 효력은 소급하여 없어진다(대판 77.10.31. 77다1695).

적법한 변제공탁으로써 공탁원인사실에 특정되어 있는 채권이 소멸되는 효과가 발생되는 것이기는 하나, 한편 공탁자가 공탁물회수청구권의 행사에 의하여 공탁물을 회수한 경우에는 공탁하지 아니한 것으로 보아 채권소멸의 효력은 소급하여 없어진다 할 것이고, 이와 같이 채권소멸의 효력을 소급적으로 소멸시키는 공탁물의 회수에는 공탁자에 의하여 이루어진 경우뿐만 아니라 제3자는 물론 피공탁자가 공탁자에 대하여 가지는 별도채권의 채무명의로써 공탁자의 공탁물회수권을 압류 및 전부받아 그 집행으로 공탁물을 회수한 경우도 이에 포함된다 할 것이다(대판 1981.2.10. 80다77).

(나) 공탁금회수 즉시 공탁금을 채권자에게 반환하기로 약정한 경우 회수한 공탁금의 소유자

공탁금회수 즉시 반환하기로 하고 차용한 금원을 피고인명의로 공탁하였다가 공탁금회수 청구권에 의하여 법원으로부터 회수한 금원은 공탁자인 피고인의 소유이고 공탁금회수 즉시 채권자에게 반환하기로 하는 약정이 있었다 하더라도 그 결론에는 영향이 없다(대판 1985.3.26. 84도2293).

(2) 압류 및 전부에 의한 공탁물의 회수와 채권소멸의 효력

(가) 회수청구권에 대한 압류 및 전부

피공탁자가 공탁자에 대하여 가지고 있는 별도 채권의 채무명의에 기하여 공탁자의 공탁물 회수청구권을 압류 및 전부받아 그 집행으로 공탁물을 회수한 경우에는 공탁으로 인한 채권소멸의 효력은 소급하여 소멸된다(대판 1981.2.10. 80다77).

(나) 가등기 및 본등기에 의하여 담보된 채무의 변제공탁과 변제자의 채권자의 회수청구권에 대한 압류 및 전부에 의한 공탁금의 회수

민법 제489조의 규정은 공탁으로 인하여 질권 또는 저당권이 소멸한 경우를 제외하고, 채권자가 공탁을 승인하거나 공탁소에 대하여 공탁물을 받기를 통고하거나 공탁유효의 판결이 확정되기까지, 변제자는 공탁물을 회수할 수 있고 이 경우에는 공탁하지 아니한 것으로 본다고 규정하고 있을 뿐, 가등기 및 본등기에 의하여 담보된 채무의 변제공탁으로 인하여 가등기담보권이나 양도담보권이 소멸하는 경우에도 변제자가 공탁물을 회수할 수 없다는 취지를 포함하는 것은 아니므로, 변제자의 채권자는 공탁금회수청구권을 압류·전부받아 변제공탁금을 회수할 수 있다(대판 1982.7.27. 81다495).

변제공탁자가 공탁물 회수권을 행사하여 공탁물을 회수한 경우, 공탁에 따른 채권소멸의 효력이 소급하여 없어지는지 여부(적극) 및 그 공탁물의 회수에 제3자가 공탁자의 공탁물 회수청구권에 대한 압류 및 추심명령을 받아 그 집행으로 공탁물을 회수한 경우도 포함되는지 여부(적극):

> 변제공탁이 적법한 경우에는 채권자가 공탁물 출급청구를 하였는지 여부와는 관계없이 공탁을 한 때에 변제의 효력이 발생하나, 변제공탁자가 공탁물 회수권의 행사에 의하여 공탁물을 회수한 경우에는 공탁하지 아니한 것으로 보아 채권소멸의 효력은 소급하여 없어진다. 이와 같이 채권소멸의 효력을 소급적으로 소멸시키는 공탁물의 회수에는 공탁자에 의하여 이루어진 경우뿐만 아니라, 제3자가 공탁자에게 대하여 가지는 별도 채권의 집행권원으로써 공탁자의 공탁물 회수청구권에 대하여 압류 및 추심명령을 받아 그 집행으로 공탁물을 회수한 경우도 포함된다(대판 2014.5.29. 2013다212295).

2. 질권·저당권 이외의 담보권의 부활

(1) 질권 또는 저당권

공탁의 효과로서 변제가 있었던 것과 같이 채무는 소멸하므로(민법 제487조) 그 채무에 수반된 질권·저당권도 당연히 소멸한다. 일단 공탁이 된 후에도 변제자는 공탁물을 회수할 수 있기 때문에 공탁자의 회수권이 존속하는 동안은 공탁의 효력은 불확정하다. 공탁 후에 변제자가 공탁물을 회수하면 채무는 처음부터 소멸하지 않았던 것으로 의제되고, 이들 담보권 역시 소멸하지 않았던 것으로 되는 것이 마땅하다. 그러나 이와 같이 담보권이 소급적으로 소멸하지 않았던 것으로 한다면 제3자에게 불측의 손해를 줄 염려가 있으므로, 민법은 질권·저당권이 공탁으로 인하여 소멸한 때에는 공탁물회수청구권은 소멸하는 것으로 규정하였다(민법 제489조 2항).

(2) 질권·저당권 이외의 담보권

질권·저당권 이외의 담보권이 공탁에 의하여 소멸한 경우에도 민법 제489조 제2항이 유추적용되어 공탁물회수청구권이 소멸하는가, 아니면 이러한 담보권이 부활하는가에 관하여 유치권 등 법정담보권이나 양도담보권, 가등기담보권은 변제자의 공탁물의 회수에 의하여 부활한다고 본다.

⚖️판례

변제공탁으로 인하여 가등기담보권이나 양도담보권이 소멸하는 경우에 공탁물회수의 가부(적극)

민법 제489조의 규정은 다만 공탁으로 인하여 질권 또는 저당권이 소멸한 경우를 제외하고 채권자가 공탁을 승인하거나 공탁소에 대하여 공탁물을 받기를 통고하거나 공탁유효의 판결이 확정되기까지 변제자는 공탁물을 회수할 수 있고, 이 경우에는 공탁하지 아니한 것으로 본다고 규정하고 있을 뿐 공탁으로 인하여 가등기담보권이나 양도담보권이 소멸하는 경우에도 역시 변제자가 공탁물을 회수할 수 없다는 취지를 포함하고 있지 않으며, 또 위와 같은 경우까지 포함하는 규정이라고 해석하여야만 할 근거도 없으므로 원고주장의 공탁금은 그 공탁으로 인하여 가등기담보나 양도담보에 관한 피고의 권리가 소멸한 여부에 관계 없이 변제자인 원고가 민법 제489조 제1항에 의하여 회수할 수 있다(대판 1982.7.27, 81다495).

3. 이자의 부활

공탁으로 인하여 일단 그 발생이 정지되었던 이자는 공탁의 소급적 실효로 소급하여 발생한다. 따라서 공탁 당시부터 다시 이자를 계산·지급하여야 한다.

Ⅸ. 회수청구권의 소멸(채권자의 공탁수락서의 제출)

채권자가 공탁을 승인하거나 공탁소에 대하여 공탁물을 받기를 통고(공탁의 수락)하거나 공탁유효의 판결이 확정된 경우(민법 제489조 1항) 또는 질권·저당권이 공탁으로 인하여 소멸한 때(민법 제489조 2항)에는 변제자(공탁자) 또는 그 승계인의 공탁물회수청구권은 소멸한다.

1. 채권자의 공탁수락서의 제출

채권자가 공탁을 승인하거나 공탁소에 대하여 공탁물을 받기를 통고한 때(공탁수락서의 제출)에는 공탁자의 공탁물회수청구권은 소멸한다(민법 제489조 1항). 변제공탁의 채권자는 공탁관에게 공탁을 수락한다는 취지를 기재한 서면을 제출할 수 있다(공탁규칙 제49조).

(1) 공탁수락의 의의

공탁의 수락이라 함은 변제공탁의 채권자가 공탁을 승인하거나 공탁소에 대하여 공탁물을 받기를 통고하는 것(민법 제489조 1항 ; 공탁규칙 제49조 제1항)을 말한다.

변제공탁 중에는 피공탁자가 출급청구권을 행사하여 채권의 만족을 얻으려고 해도 공탁원인사실에 대하여 당사자간에 다툼이 있다든지, 또는 공탁물의 출급청구에 반대급부의 이행이 있어야 한다든지 등의 사유로 인하여 바로 출급청구를 할 수 없는 경우가 있는데, 이러한 경우에 공탁수락을 인정할 실익이 있게 된다.

(2) 공탁수락의 의사표시를 할 수 있는 자(양수인, 가압류채권자, 전부채권자 등)

공탁수락의 의사표시를 할 수 있는 자는 원칙적으로 채권자인 피공탁자이나 공탁물출급청구권은 피공탁자에게 귀속하는 일종의 지명채권의 성질을 가지며 일신전속권이 아니므로 상속의 대상이 되고, 양도·질권설정 등의 임의처분은 물론 압류·가압류·가처분, 전부·추심명령 등 집행의 대상이 될 수 있음은 물론이고 채권자대위의 목적도 될 수 있으므로, 이 경우에는 출급청구권의 양수인, 전부채권자, 추심채권자, 채권자대위권을 행사하는 일반채권자 등이 공탁수락의 의사표시를 할 수 있다.

(3) 공탁수락의 상대방(공탁관)

변제공탁의 채권자는 공탁관에게 공탁을 수락한다는 취지를 기재한 서면 또는 공탁의 유효를 선고한 확정판결의 등본을 제출할 수 있다(공탁규칙 제49조 제1항).

피공탁자가 공탁소에 공탁을 수락한다는 취지를 기재한 서면을 제출한 경우에는 문제가 없으나, 공탁자에게만 공탁수락의 의사표시를 한 경우에는 공탁소로서는 이를 알 수 없어 공탁관이 공탁물의 회수에 응하였다 하더라도 아무런 과실이 없는 결과가된다. 그 경우에는 공탁절차 밖에서 당사자간에 부당이득반환(민법 제741조) 해결할 수밖에 없다.

(4) 공탁수락의 방법

(가) 채권자(피공탁자)의 공탁수락서의 제출

공탁규칙 제49조는 "① 공탁소에 대한 민법 제489조 제1항의 승인이나 통고는 피공탁자가 공탁을 수락한다는 뜻을 적은 서면을 공탁관에게 제출하는 방법으로 하여야 한다. ② 공탁유효의 확정판결이 있는 경우 공탁자의 회수를 제한하기 위해서는 피공탁자는 그 판결등본을 공탁관에게 제출하여야 한다."고 규정하여 공탁관에 대한 채권자의 공탁수락의 의사표시는 서면으로 하여야 한다.

공탁물출급청구권이 양도된 경우에는 그 양도는 피공탁자의 자유의사에 기한 것이므로 특별한 사정이 없는 한 양도행위 자체에 공탁수락의 의사가 내포되어 있다고 해석하여도 무방할 것이다. 따라서 공탁소에 송부된 채권양도통지서에 공탁수락의 문언이 명시적으로 기재되어 있지 않더라도 적극적으로 공탁불수락의 취지가 기재되어 있지 않는 한 채권양도통지서의 송달과 동시에 공탁수락의 의사표시가 있었던 것으로 볼 수 있을 것이다.

(나) 공탁수락의 의사표시로 볼 수 있는지 여부

변제공탁의 경우 공탁관에게 도달된 공탁금출급청구권의 양도통지서에 공탁수락의 의사표시가 명시적으로 기재되어 있지 않더라도 적극적인 불수락의 의사표시가 기재되어 있지 않는 한 그 양도통지서의 도달과 동시에 공탁수락의 의사표시가 있는 것으로 보아 공탁자의 민법 제489조 제1항에 의한 회수청구권은 소멸된다(행정예규 제550호).

피공탁자의 공탁금출급청구권에 대한 채권압류 및 전부명령 중에는 공탁을 수락할 수 있는 권리가 포함되어 있다고 볼 수는 있으나 그 명령의 송달내용에 공탁수락의 의사표시까지 포함되어 있었다고 볼 수는 없다(서울지판 1989.5.22, 89 가합 2801).

(5) 공탁수락의 시기

공탁수락서는 공탁자가 적법한 공탁물회수청구서를 공탁소에 제출하여 수리될 때까지 제출하면 된다. 변제공탁물의 회수청구서가 제출되었으나 서류미비로 수리되기 전이라면 적법한 회수청구가 없는 것과 같으므로, 이 때에 공탁수락서가 제출되면 그 후에 회수청구서가 보완되더라도 이를 인가하여 지급할 수는 없다고 본다.

(6) 유보부 공탁의 수락(조건부공탁의 수락)

공탁수락은 변제공탁의 전부를 이의유보나 조건 없이 수락하는 것이지만, 그 중 일부만 수락할 수도 있고 또는 어떠한 내용을 유보하고 수락할 수 있을 것이다. 예를 들면 현재 소송중이어서 수령할 수 없으나 해결되는 대로 수령할 것이므로, 공탁자의 회수청구에는 응하지 말아달라는 취지의 조건부수락도 허용된다 할 것이다.

(7) 공탁수락의 철회

공탁수락의 의사표시는 공탁자 기타의 이해관계인의 권리에 미치는 영향이 크므로 원칙적으로 그 철회는 인정할 수 없고, 다만 착오·사기·강박을 이유로 하는 민법상의 취소(민법 제109조, 제110조)는 할 수 있다고 보아야 한다.

(8) 공탁수락의 효과

채권자의 공탁수락으로 인하여 공탁자는 민법 제489조에 의한 회수청구권이 소멸된다. 따라서 공탁수락서가 공탁관에게 제출된 후에는 공탁자는 착오로 공탁한 경우나 공탁원인이 소멸한 경우가 아닌 한 공탁물의 회수청구를 할 수 없게 된다.

(9) 공탁수락서의 처리

공탁관이 공탁수락서를 제출받은 때에는 그 공탁수락서에 접수연월일, 시, 분을 기재하여 기명날인하고 전산시스템상의 공탁원장파일의 원장에 그 취지를 등록하고, 공탁수락서를 접수순서에 따라 해당 공탁기록에 편철한다(공탁규칙 10조 1항).

2. 공탁유효의 판결이 확정된 때

채권자가 공탁유효의 확정판결을 받은 때에는 변제자(공탁자)의 공탁물회수 청구권은 소멸한다(민법 제489조 1항). 변제공탁의 채권자는 공탁관에게 공탁의 유효를 선고한 판결등본을 제출할 수 있다(공탁규칙 제49조 2항). 여기서 공탁유효의 판결은 공탁의 유효를 확인하는 확인판결 외에 이행판결도 포함되며, 조서(화해ㆍ인낙ㆍ포기 조서) 중에 피공탁자의 공탁의 유효를 인정한 사실이 있는 경우에는 그 조서를 판결에 준하여(민사소송법 제220조) 처리한다.

공탁유효판결이 확정되면 민법 제489조 제1항에 의하여 공탁물 회수청구권은 소멸되나, 그 판결등본이 공탁소에 제출되기 전에 공탁자가 공탁물 회수청구를 하면 공탁관은 공탁유효판결의 확정 여부를 알 수 없으므로 공탁물을 지급할 수밖에 없다. 이 경우 피공탁자는 공탁절차 외에서 공탁자를 상대로 부당이득박환청구 등을 하는 방법밖에는 없다. 그러므로 공탁유효의 확정판결이 있는 경우 공탁자의 회수를 제한하기 위해서는 피공탁자는 그 판결등본을 공탁관에게 제출하여야 한다(공탁규칙 49조 제2항).

3. 질권 또는 저당권이 공탁으로 인하여 소멸한 때의 회수청구권의 소멸

질권 또는 저당권이 공탁으로 인하여 소멸한 때에는 변제자(공탁자)의 공탁물회수청구권은 소멸한다(민법 제489조 2항). 이것은 공탁에 의하여 채무가 확정적으로 소멸된다는 입장에서 질권ㆍ저당권의 소멸 후 담보물의 제3취득자가 공탁물반환청구에 의하여 손해를 보는 것을 예방하기 위한 제도이다. 그러나 질권 또는 저당권이 공탁과 함께 당연히 소멸되는 경우에 채무자는 이와 함께 바로 질물의 반환 내지 등기의 말소를 청구할 수 있고 따라서 이 반환 내지 등기말소 전에 질권 내지 저당권의 목적물에 관하여 권리를 취득한 제3자는 질권 또는 저당권의 부담 있는 권리를 취득한 것이므로 공탁물반환청구에 의하여 해를 보는 일이 없을 것이고 또 이 반환 또는 말소등기 후 권리를 취득하여 인도 또는 등기를 한 자는 공탁물을 반환한다 하더라도 그 권리를 이

전의 질권자 또는 저당권자에게 대항할 수 있으므로 이 경우에도 역시 제3자의 권리가 부당하게 해를 보는 일이 없을 것이다. 민법이 질권·저당권의 소멸을 수반하는 공탁에 있어서는 공탁자에게 회수권이 없는 것으로 한 이유는 바로 여기에 있다.

민법 제489조 제2항은 공탁으로 인하여 "질권 또는 저당권"이 소멸한 경우에는 변제자는 공탁물을 회수할 수 없다고 규정한 것이므로 "질권·저당권 이외의 담보권"(유치권 등의 법정담보권·양도담보권·가등기담보권 등)이 공탁으로 인하여 소멸하는 경우에도 변제자가 공탁물을 회수할 수 없다는 취지를 포함하고 있지는 않으며, 또 위와 같은 경우까지 포함하는 규정이라고 해석할 근거도 없으므로 공탁으로 인하여 가등기담보나 양도담보에 관한 권리가 소멸한 여부에 관계 없이 변제자는 민법 제489조 제1항에 의하여 공탁금을 회수할 수 있다(대판 1982.7.27, 81다495).

4. 공탁금의 회수에 대한 소멸시효

공탁물이 금전인 경우(공탁법 제7조에 따른 유가증권상환금, 배당금과 제11조에 따른 물품을 매각하여 그 대금을 공탁한 경우를 포함한다) 그 원금 또는 이자의 수령(출급), 회수에 대한 권리는 그 권리를 행사할 수 있는 때부터 10년간 행사하지 아니할 때에는 시효로 인하여 소멸한다(법 제9조 제3항).

5. 사업시행자의 토지수용보상금공탁의 회수 가부(소극)

공익사업을 위한 토지등의 취득 및 보상에 관한 법률 제40조 제2항에 의한 토지수용보상금의 공탁에 있어서는 사업시행자가 공탁금을 회수하면 공탁이 없었던 것이 되어 재결이 효력을 상실하므로, 사업시행자가 토지수용의 재결이 있은 후 토지보상금을 공탁하였다면 그 수용재결이 ① 당연무효이거나 ② 소송 등에 의하여 취소되지 않는 한 사업시행자는 민법에 의한 공탁과는 달리 그 공탁금에 대한 회수청구를 할 수 없다.

판례

기업자의 토지수용법 제61조 제2항에 의한 손실보상금의 공탁은 같은 법 제65조에 의하여 간접적으로 강제되는 것인바, 이와 같이 그 공탁이 자발적이 아닌 경우에는 민법 제489조의 적용은 배제되어 피공탁자가 공탁자에게 공탁금을 수령하지 아니한다는 의사표시를 하였다 하더라도 기업자는 그 공탁금을 회수할 수 없으므로, 공탁관은 기업자 자신의 공탁금회수청구 및 위 공탁금회수청구채권에 대하여 전부명령을 받은 자의 공탁금회수청구에 대하여도 그 공탁금을 출급할 수는 없다(대법원 1988. 4.8, 88마201 결정 : 공 1988, 825).

징발재산정리에 관한 특별조치법 제2조 내지 제6조의 각 규정을 종합하면, 국방부장관의 징발재산매수 결정이 있으면 국가는 징발보상금에 관한 증권의 교부나 현금의 지급 또는 공탁이 없는 것을 해제조건으로 민법 제187조에 의하여 등기 없이 징발재산에 대한 소유권을 취득한다. 위의 경우 공탁은 특별조치법 제6조에 의하여 간접적으로 강제되는 것이고, 이와 같이 그 공탁이 자발적이 아닌 경우에는 민법 제489조의 적용은 배제되어 공탁자는 그 공탁물을 회수할 수 없고, 따라서 공탁관은 공탁자의 공탁물회수청구에 대하여 그 공탁물을 출급할 수 없다(대판 1992.2.11, 91다18972).

토지수용법 제61조 제2항에 의한 손실보상금의 공탁은 같은 법 제65조에 의하여 간접적으로 강제되는 것으로서 이와 같이 그 공탁이 자발적이 아닌 경우에는 민법 제489조의 적용은 배제되어 피공탁자가 공탁자에게 공탁금을 수령하지 아니한다는 의사를 표시하였다 할지라도 기업자는 그 공탁금을 회수할 수 없으므로 기업자가 피공탁자가 공탁금수령을 거절한다는 이유로 그 공탁금을 회수한 것은 부적법하다 (대판 1997.9.26, 97다24290).

6. 공탁물회수청구권에 대한 가압류결정과 공탁관의 회수청구에 대한 불수리 처분

공탁물회수청구권에 대한 가압류결정이 그 방식에 있어서 적법한 이상, 그 내용이 위법무효하더라도 그것이 발부되어 채무자와 제3채무자에게 송달되면 집행력을 가지는 것인 즉 형식적 심사권밖에 없는 공탁공무원으로서는 그 가압류결정의 유·무효를 심사할 수는 없는 것이므로 위 공탁물회수청구채권이 이미 가압류되었다는 이유로 위 공탁금회수청구를 불수리한 공탁공무원의 처분은 정당하다(대판 1986.5.1, 85마739).

X. 공탁물회수청구서의 제출

1. 공탁물회수청구서의 기재사항

공탁물을 수령(회수)하고자 하는 자는 대법원규칙이 정하는 바에 의하여 그 권리를 증명하여야 한다(공탁법 제9조, 공탁규칙 제34조2호).

공탁물을 회수하려고 하는 사람은 다음 각호의 사항을 기재하여 청구자가 기명·날인한 2통의 공탁물회수청구서를 제출하여야 한다(공탁규칙 제32조 제1항).

대표자나 관리인 또는 대리인에 의하여 청구하는 때에는 그 사람의 주소를 기재하고 기명·날인하여야 하며, 공무원이 직무상 청구할 때에는 소속관서명과 그 직을 적고 기명·날인하여야 한다(공탁규칙 제32조 2항).

1. 공탁번호
2. 회수하려고 하는 공탁금액, 유가증권의 명칭·장수·총액면금·액면금(액면금이 없을 때는 그 취지)·기호·번호·장수, 공탁물품의 명칭·종류·수량.
   회수청구서에 기재한 금전에 관한 숫자는 정정·가입·삭제를 하지 못한다. 그러나 회수청구서의 청구사유에 기재하는 경우에는 예외로 한다(공탁규칙 제12조 2항).
3. 회수청구사유
   ① 변제공탁의 회수 : 모든 경우에 '공탁불수락'이라고 기재
   ② 착오공탁을 원인으로 한 회수 : '착오공탁'으로 기재
   ③ 보증공탁 및 집행공탁물의 회수 : '공탁원인소멸'로 기재한다.
4. 이자의 지급을 동시에 받으려고 하는 때는 그 취지
5. 청구인의 성명(상호, 명칭), 주소(본점, 주사무소), 주민등록번호(사업자등록번호)
   2인이 공동명의로 강제집행정지신청을 하고 담보제공명령을 받아 담보공탁을 하면서 각자의 공탁금액을 나누어 기재하지 않고 공동으로 하나의 공탁금액을 기재한 경우 공탁의 내용은 공탁서의 기재에 의하여 형식적으로 결정되므로 공탁자들은 균등한 비율로 공탁한 것으로 보아야 한다. 따라서 담보취소결정 등으로 공탁원인이 소멸한 경우 공탁자 중 1인은 공탁금 중 1/2의 회수를 청구할 수 있고, 공탁자들 내부의 실질적인 분담금액이 다르다고 하더라도 이는 공탁자들 내부 사이에 별도로 해결할 문제이다. 한편, 제3자가 위와 같은 2인의 공동공탁자 중 어느 1인의 공탁금회수청구권에 대하여 압류 및 추심명령을 한 경우에는 그 공탁자

가 실제로 담보공탁금을 출연하였는지 여부와 관계없이 그 압류 및 추심명령은 공탁금 중 1/2의 한도 내에서 효력이 있다.(2015.10.6. 사법등기심의관-3536)

* 이 선례에 의하여 공탁선례 제2-59호 및 제2-261호는 폐지됨

6. 청구인이 공탁자의 권리승계인인 때에는 그 취지

"공탁자 또는 피공탁자의 상속인, 양수인, 전부채권자" 등의 예에 따라 청구자의 주소·성명란에 기재한다.

7. 공탁물회수청구서에 공탁서를 제출할 수 없어 공탁관이 인정하는 두 사람 이상이 연대하여 그 사건에 관하여 손해가 생기는 때에는 이를 배상한다는 보증서와 그 재산증명서(등기부등본)·인감증명서를 첨부하는 때, 청구인이 관공서인 경우 청구하는 공무원의 공탁물회수 용도의 재직증명서를 첨부한 경우에는 그 취지

8. 공탁법원의 표시

9. 회수청구 연월일

2. 공탁물회수청구서 작성시의 주의사항

(1) 기재문자

공탁물회수청구서에 기재하는 문자는 자획(字劃)을 명확히 하여야 하며, 회수청구서에 기재한 금전에 관한 숫자는 정정, 추가 또는 삭제를 하지 못한다. 그러나 회수청구서의 청구사유에 기재하는 경우에는 예외로 한다.

금전에 관한 숫자 이외의 기재사항에 관하여 정정, 추가 또는 삭제를 한 경우에는 한 줄을 긋고, 그 상부 또는 하부에 정서(正書)를 하고, 그 자수(字數)를 난외에 기재하여 날인하며, 정정·삭제한 문자는 읽을 수 있도록 남겨 두어야 한다(규칙 제12조 1~3항).

정정 등을 한 서류가 공탁물회수청구서인 때에는 공탁관은 작성자가 도장을 찍은 곳 옆에 인감(공탁규칙 제55조 제2항의 인감을 말한다. 이하 같다) 도장을 찍어 확인하여야 한다.

(2) 계속기재

공탁관에게 제출하는 서류에 관하여 양식과 용지의 크기가 정하여져 있는 경우에 한 장에다 기재사항의 전부를 기재할 수 없는 때는 해당 용지와 같은 크기의 용지로서 적당한 양식으로 계속기재할 수 있다(공탁규칙 제13조 1항).

공탁물회수청구서에 기재사항의 전부를 기재할 수 없을 때(당사자가 여러 명인 경우, 회수청구사유란에 기재할 내용이 많은 경우)에는 공탁물회수청구서와 같은 크기의 계속용지를 사용할 수 있으며, 이 때에는 해당란에 '별지와 같음'이라고 표시하여 계속용지가 있다는 취지를 명백히 하여야 한다(공탁규칙 제13조 2항).

(3) 서류의 간인

공탁관에게 제출하는 서류가 두 장 이상인 때에는 작성자는 간인을 하여야 하며, 이 경우에 서류의 작성자가 다수일 때는 그 중 한 사람이 간인을 하면 된다.

위의 서류가 공탁물회수청구서인 때에는 공탁관은 인감도장으로 간인을 하여 확인하여야 한다(공탁규칙 제14조 3항).

3. 우편에 의한 공탁금회수청구의 가부(소극)

공탁사무는 다른 민원관계의 사무와는 달리 어떤 법률효과의 전제로서 신속^정확을 요구하고 있으며, 만약 공탁신청 또는 공탁서정정신청이나 공탁금출급(회수)청구 등이 수리 또는 인가된 경우 이들 서류를 우편으로도 송달할 수 있다고 한다면 도중분실이나 업무처리가 지연될 염려가 있으므로, 공탁서 · 공탁서정정신청서 · 공탁물출급(회수)청구서를 공탁자 또는 신청인이나 청구자에게 직접 교부하도록 규정하고 있는 것이다. 특히 공탁금회수청구의 경우에 동 청구서를 우편으로 제출 또는 송달하게 한다면, 도중분실의 경우 제3자가 공탁금을 회수하여 갈 위험성이 있게 된다. 따라서 공탁신청 · 공탁서정정신청 · 공탁금출급(회수)청구는 우편으로 할 수 없다고 할 것이다(1979.8.23, 법정 제234호).

4. 공탁물회수청구서의 첨부서류

공탁물을 수령하고자 하는 자는 공탁규칙이 정하는 바에 따라 그 권리를 증명하여야 한다(공탁법 제9조 1항, 공탁규칙 제34조 2항). 공탁물을 회수하려고 하는 사람은 2통의 공탁물회수청구서(공탁규칙 제32조 1항)에 다음 각호의 서류를 첨부하여 공탁관에게 제출하여야 한다(공탁규칙 제34조).

동일인이 수개의 공탁에 관하여 공탁물의 회수를 청구하려는 경우, 그 사유가 동일한 때에는 공탁종류에 따라 하나의 청구서로 할 수 있다(공탁규칙 제35조).

공탁물을 회수하려는 사람은 공탁물회수청구서에 다음 각 호의 서류를 첨부하여야 한다(공탁규칙 제34조, 제37조, 제38조 제38조, 제43조).

(1) 공탁서 원본(공탁금액이 5천만원 초과인 경우 : 규칙 제34조 제1호 전단)

(2) 회수청구권이 있음을 증명하는 서면(규칙 제34조 제2호 전단)

(3) 인감증명서(규칙 제37조 제1항 : 공탁금액이 1천만원을 초과하는 경우)

(4) 자격증명서(법인, 대리인, 법인 아닌 사단이나 재단인 경우 : 규칙 제38조)

(5) 자격에 관한 증명서(배당이나 그 밖에 관공서의 결정에 따라 공탁물을 지급하는 경우 : 규칙 제43조 제2항)

(6) 유효기간

공탁관에게 제출하는 다음 각 호의 서면은 발급일로부터 3월 이내의 것이어야 한다(규 칙 제16조).

 (1) 대표자나 관리인의 자격 또는 대리인의 권한을 증명하는 것으로서 관공서에서 발 급받은 서면

 (2) 규칙 제21조 제3항의 주소를 소명하는 서면으로서 관공서에서 발급받은 서면

 (3) 인감증명서

(7) 신분증(공탁규칙상의 첨부서면은 아니나 본인확인을 위한 것임)

공탁물 회수청구서의 첨부서면(규칙 제34조, 제37조, 제38조)을 상술하면 아래와 같다.

(1) 공탁서

(가) 공탁서 원본의 첨부

공탁물을 회수하고자 하는 사람은 원칙적으로 공탁 후 공탁소로부터 교부받은 공탁서원본을 첨부하여야 한다(공탁규칙 제34조1호 전단).

공탁서를 분실하는 등의 사정으로 공탁서를 제출할 수 없는 경우에는 이해관계인(피공탁자)의 승낙서(공탁자의 공탁물회수에 대한)를 첨부함으로써 이에 갈음할 수 있고, 또한 공탁물회수청구권에 대한 강제집행(추심명령·전부명령)이나 체납처분에 의하여 회수하는 경우에도 공탁서의 첨부를 요하지 아니한다(공탁규칙 제34조1호 후단).

(나) 공탁서의 첨부를 요하지 아니하는 경우

공탁물을 회수하려는 사람은 다음중 어느 하나의 사유가 있는 경우에는 회수청구서에 공탁서를 첨부할 필요가 없다(규칙 제34조 1호 단서).

1) 공탁금액이 5,000만원 또는 1000만원 이하인 경우

회수청구하는 공탁금액이 5000만원 이하인 경우(유가증권의 총 액면금액 5000만원 이하인 경우를 포함한다). 다만, 청구인이 관공서이거나 법인 아닌 사단이나 재단인 때에는 그 금액이 1000만원 이하인 경우(소액공탁금에 대한 특례 규정은 행정예규 제744호로 폐지됨)이다(규칙 제 34조 제1호 단서 가목).

2) 이해관계인의 승낙서를 첨부한 경우

공탁자가 이해관계인 피공탁자의 승낙서를 첨부한 경우 공탁서를 첨부하지 않아도 된다. 승낙서(대법원 행정예규 제 1153호 2018.7.27. 별지 제18호 양식)에는 공탁서의 첨부 없는 공탁자의 회수청구에 대한 승낙의 취지를 기재하고 피공탁자의 인감증명서를 첨부하여야 한다(승낙지급이라 한다). 이에 갈음하여 서명을 하고 본인서명사실확인서 또는 전자본인서명확인서 발급증을 제출할 수 있다(규칙 제34조 제1호 나목).

3) 강제집행에 의하는 경우

회수청구권에 대한 강제집행에 의하여 추심명령 또는 전부명령을 얻은 추심채권자 또는 전부채권자가 회수청구하는 경우에는 공탁서를 첨부할 필요가 없는 바, 이 경우에는 집행채무자인 공탁자로부터 공탁서를 교부받는 것을 기대하기 어렵기 때문이다(규칙 제34조 제1호 다목).

4) 체납처분에 의하는 경우

회수청구권에 대하여 체납처분에 의한 압류를 한 세무서장 등이 회수청구하는 경우에는 강제집행에 의하는 경우와 마찬가지로 공탁서를 첨부할 필요가 없다(규칙 제34조 제1호 다목).

5) 공탁서 보관사실 증명서면을 첨부한 경우

제3채무자가 압류 또는 가압류와 관련된 금전채권액 전액을 집행공탁한 경우 압류 또는 가압류의 효력이 미치지 않는 부분에 대하여는 회수 청구할 수 있다. 이 경우 이미 공탁신고시 공탁서가 압류명령을 발한 법원이나 가압류발령 법원에 제출되었으므로 공탁자인 제3채무자는 그 법원으로부터 공탁서를 보관하고 있다는 사실을 증명하는 서면을 교부받아 공탁금 회수청구서에 첨부하여야 한다(행정예규 528호).

(다) 회수청구권자가 공탁서를 제출할 수 없는 경우(승낙지급, 보증지급)

1) 승낙지급

가) 승낙지급의 의의

공탁물을 회수하려고 하는 사람이 공탁물회수청구서에 공탁서를 첨부할 수 없는 경우에는 공탁물회수청구에 대한 이해관계인(예 : 피공탁자, 공탁물회수청구권에 대한 강제집행이나 체납처분을 한 자 등)의 승낙서(별지 제18호 양식)를 첨부하여 공탁물을 회수할 수 있다(공탁규칙 제34조 1호 나목). 이를 "승낙지급"이라고 한다.

나) 승낙서의 첨부서면

공탁물회수청구에 대한 피공탁자 등의 승낙서를 첨부하는 경우에는 승낙서에 피공탁자 등의 인감을 날인하여야 하며, 그 승낙서에는 피공탁자 등 승낙자의 인감증명을 첨부하여야 한다.

상대적 불확지공탁사건 등에 있어서 공탁금지급청구인이 상대방에게 동의서를 받고자 할 때 관련 서식이 없어 불편하였는바, 이에 동의서(승낙서) 양식을 별지와 같이 신설하였다(제18호양식) (행정예규 제939호. 2012.12.12).

동의서(승낙서)

공탁번호		년 금(증, 물) 제 호
공탁금액		
동의자	성 명 (상호, 명칭)	
	주민등록번호 (법인등록번호)	
	주 소 (본점, 주사무 소)	
상대방 (동의받는 자)	성 명 (상호, 명칭)	
	주민등록번호 (법인등록번호)	
	주 소 (본점, 주사무 소)	
첨부서류		1. **동의자의 인감증명서** 1부 2.

위 상대방(동의받는 자)에게 이 사건 공탁금을 지급하는데 대하여 동의(승낙)합니다.

년   월   일

동의하는 자 성명(상호 등)   (인감)

지방법원   지원 공탁관 귀하

※ 동의자의 인감증명서를 첨부하여야 합니다(인감을 날인하고 인감증명서를 첨부하여야 하는 경우, 이를 갈음하여 서명을 하고 본인서명사실확인서를 제출할 수 있습니다).

2) 보증지급

가) 보증지급의 의의

회수청구자가 공탁서를 첨부(공탁규칙 제34조 1호)할 수 없음은 물론 이해관계인의 승낙서도 첨부(공탁규칙 제34조 1호 나) 할 수 없고, 강제집행이나 체납처분에 의하는 경우(공탁규칙 제34조 1호 다)도 아닐 때에는 공탁관이 인정하는 두 사람 이상이 연대하여 그 사건에 관하여 손해가 생기는 때에는 이를 배상한다는 자필서명한 보증서와 그의 재산증명서(등기부등본)·신분증 사본을 첨부하여 회수청구를 할 수 있는데, 이를 "보증지급"이라고 한다(공탁규칙 제41조 제1항). 공탁규칙의 개정(대법원 규칙 제2272호 2010.2.1.)으로 보증인의 인감증명서를 첨부할 필요가 없고 자필서명 및 신분증사본을 제출하도록 하였다.

나) 회수청구인이 관공서인 경우(재직증명서)

공탁물 회수청구인이 관공서인 경우에는 청구하는 공무원의 공탁물 회수 용도의 재직증명서를 보증서 대신 제출할 수 있다(공탁규칙 제41조 2항).

다) 자격자 대리인의 보증서

회수청구를 자격자대리인(변호사, 법무사 등)이 대리하는 경우에는 공탁규칙 제41조 제1항의 보증서 대신 손해가 생기는 때에는 이를 배상한다는 자격자대리인 명의의 보증서(별제 제10호양식)를 작성하여 제출할 수 있다. 보증서에는 자격자대리인이 서명하여야 하며(공탁규칙 제41조 3항), 이때에는 재산증명서(등기부등본)나 신분증사본은 첨부하지 아니한다(공탁사무문서양식에관한예규 제939호. 제10호양식의 ※2 참조).

라) 보증인의 자격

보증인의 자격 여부에 대하여는 구체적인 공탁사건을 심사하는 해당 공탁관이 공탁규칙 제41조의 소정의 취지를 참작하여 판단하여야 한다(1992.1.31. 법정-252). 실무상 보증인들에 대한 자격 심사는 보증인들 소유 부동산을 인터넷 등을 통해 확인한 시가에서 담보액을 공제한 금액이 공탁금을 초과하도록 하고 있다. 만약, 그 부동산의 시가(담보액 공제)가 공탁금에 미달하는 경우에는 여러 명의 보증인을 내세우게 하는 경우도 있다.

마) 회수청구서의 기재사항

보증지급절차에 의하여 공탁물의 회수청구를 하는 경우에는 회수청구서에 보증서, 재산증명서, 신분증사본 등을 첨부한다는 뜻을 기재하여야 한다(공탁규칙 제32조 제2항 7호).

바) 회수청구서의 첨부서면

① 원칙

보증지급절차에 의한 회수청구서에는 공탁관이 인정하는 2명 이상이 연대하여 그 사건에 관하여 손해가 생기는 때에는 이를 배상한다는 자필서명한 보증서와 그 재산증명서(등기사항증명서 등) 및 신분증 사본을 제출하여야 한다(공탁규칙 제41조 제1항).

② 관공서가 청구인인 경우

청구인이 관공서인 경우에는 청구하는 공무원의 회수 용도의 재직증명서를 보증서 대신 제출할 수 있다(공탁규칙 제41조 제2항).

③ 자격자대리인(변호사, 법무사 등)이 청구인인 경우

회수청구를 자격자대리인이 대리하는 경우에는 제1항의 보증서 대신 손해가 생기는 때에는 이를 배상한다는 자격자대리인 명의의 보증서를 작성하여 제출할 수 있다. 보증서에는 자격자대리인이 기명날인하여야 한다(공탁규칙 제41조 제3항). 이때에는 재산증명서나 신분증사본은 첨부하지 않아도 된다(행정예규 제895호. 2011.5.30. 별지 제10호양식 주*2항 참조).

보 증 서

공탁번호	년 금(증·물) 제 호				
공탁금액					
공 탁 자	성 명 (상호, 명칭)		주민등록번호 (법인등록번호)		
	주 소 (본점, 주사무소)				
피공탁자	성 명 (상호, 명칭)		주민등록번호 (법인등록번호)		
	주 소 (본점, 주사무소)				

　　아래 연대보증인들은 위 공탁사건에 대하여 피공탁자(공탁자)가 공탁통지서(공탁서)를 첨부하지 않고 공탁금을 출급(회수)함으로 인하여 손해가 발생한 때에는 수령인과 연대하여 그 손해를 배상할 것을 보증합니다.

년　　　월　　　일

　　　　수 령 인 :　　　　　　　　　(서명)

　　　　연 대 보 증 인 :　　　　　　　(서명)
　　　　주민등록번호 :
　　　　주　　　소 :

　　　　연 대 보 증 인 :　　　　　　　(서명)
　　　　주민등록번호 :
　　　　주　　　소

※ 1. 첨부서류 : 보증인의 재산증명서(부동산등기부등본 등), 신분증사본
　 2. 출급·회수청구를 자격자대리인(변호사, 법무사 등)이 대리하는 경우 그 대리인이 보증을 할 수 있고, 이 때에는 재산증명서나 신분증사본은 첨부하지 않아도 됩니다.

3) 최고(또는 공고)지급(폐지)

공탁물회수청구자가 승낙서 또는 보증서도 제출하지 못할 경우(승낙지급 또는 보증지급이 모두 불가능한 경우), 최종적인 방법으로 공탁관은 이해관계인에 대하여 공탁물의 회수청구에 관하여 이의가 있으면 그 이유를 기재한 이의신청서를 통지를 받은 날로부터 2주일 이내에 제출할 것을 통지하여야 하고, 이해관계인을 알 수 없거나 또는 통지할 수 없을 때에는 공고기간 만료일로부터 2주일 이내에 이의신청서를 제출할 것을 공고한 후 공탁물을 지급할 수 있으며, 이를 "최고지급" 또는 "공고지급"이라고 하는 바(구공탁사무처리규칙 제38조 2항), 개정 공탁규칙은 최고지급 및 공고지급 절차는 폐지하였다(공탁규칙 제41조 1항 참조).

(2) 회수청구권이 있음을 증명하는 서면

공탁물을 회수하려는 사람은 회수청구권이 있음을 증명하는 서면을 공탁물 회수청구서에 첨부하여야 한다(민법 제489조, 공탁법 제9조 제2항, 공탁규칙 제32조, 제34조2호). 그러나 공탁서의 내용으로 그 사실이 명백한 경우에는 그러하지 아니하다(공탁규칙 제34조2호).

공탁자의 회수청구권이 있음을 증명하는 서면(공탁법 제9조, 공탁규칙 제34조2호 전단)은 구체적인 사안에 따라 개별적으로 결정할 수밖에 없다.

공탁물회수청구권에 대한 압류 및 전부명령을 받은 자라도 원래의 공탁물회수청구권자의 지위를 넘어서 공탁물을 회수할 수 없는 것으로 위 공탁물회수청구에는 회수청구권을 갖는 것을 증명하는 서면의 첨부가 있어야 한다(대법원 1973.12.22, 73마360 결정).

구 공탁사무처리규칙(2005.9.21. 대법원규칙 제1957호로 개정되기 전의 것) 제 32조(현행 공탁규칙 제34조2호)는 공탁물을 회수하려고 하는 사람은 공탁물회수청구서에 공탁서뿐만 아니라 '회수청구권을 갖는 것을 증명하는 서면'을 첨부하도록 규정하고 있는바, 이는 공탁관으로 하여금 공탁금회수청구서 및 그 첨부서면의 확인을 통하여 공탁금회수청구의 절차법적 요건은 물론 실체법적 요건도 함께 심사할 의무를 부과한 것으로서 그러한 것을 방지하기 위한 것이다. 따라서 공탁관으로서는 공탁금회수청구권자에게 회수청구권이 있다는 것이 첨부서면에 의하여 증명되지 않는 한 그 회수청구를 불수리하여야 하고, 그와 같이 회수청구권이 서면에 의하여 증명되지 아니하였음에도 공탁금회수청구를 인가하는 경우에는 진정한 공탁금회수청구권자가 아닌 무권리자에게 공탁금이 귀속됨으로써 진정한 공탁금회수청구권자가 불측의 손해를 입게 될 개연성이 크다고 할 수 있다(대판2010.2.25. 2009다82831 손해배상)

(가) 변제공탁의 회수청구권을 갖는 것을 증명하는 서면

당사자 간의 협의로 채권자의 승낙에 의하여 회수하는 경우에는 채권자의 승낙서(인감증명서 첨부), 채권자가 채권을 포기한 경우에는 채권포기 증명서면(인감증명서 첨부)이 공탁원인 소멸 증명서면이 될 것이다.

수용보상금 공탁이 부적법하여 토지수용재결의 효력이 상실되었다는 판결이 확정된 경우 사업시행자는 위 확정판결을 첨부하여 공탁금 회수청구를 할 수 있다. 이 때 사업시행자 명의의 소유권이전등기가 말소된 수용대상토지의 등기부등본을 첨부할 필요는 없다(1999. 9. 14.법정 3302-313).

(나) 재판상 보증공탁의 회수청구권을 갖는 것을 증명하는 서면

재판상 보증공탁은 재판절차와 관련하여 피공탁자에게 발생할 손해를 담보하기 위한 공탁이므로, 공탁자가 담보로 제공한 공탁물을 회수하기 위하여는 회수청구권을 갖는 것을 증명하는 서면으로써 공탁원인의 소멸을 증명하는 서면인 법원의 담보취소결정 정본 및 확정증명을 첨부하여야 한다(공탁규칙 제9조 제2항 3호. 제34조 2호).

🔍판례

공탁물회수청구권에 대한 압류 및 전부명령을 받은 자

공탁물회수청구권에 대한 압류 및 전부명령을 받은 자라도 원래의 공탁물회수청구권자의 지위를 넘어서 공탁물을 회수할 수 없는 것으로 위 공탁물회수청구에는 회수청구권을 갖는 것을 증명하는 서면의 첨부가 있어야 한다(대법원 1973.12.22. 73마360 결정 : 공 481, 7694).

(다) 집행공탁의 경우 회수청구권을 갖는 것을 증명하는 서면

집행관이 공탁한 가압류금전 또는 가압류물매득금을 집행관이 회수하는 경우에는 가압류집행해제신청서 부본이나 가압류취소재판의 등본 또는 강제집행위임장 부본을 공탁원인소멸 증명서면으로 첨부한다.

민사집행법 제130조 제3항의 규정에 의하여 매각허가결정에 대한 항고시 보증으로 공탁한 현금 또는 유가증권을 공탁자가 공탁사유소멸을 이유로 회수하는 경우에는 공탁서와 항고인용의 재판이 확정되었음을 증명하는 서면 또는 해당 보증금이 배당할 금액에 포함될 필요가 없게 되었음을 증명하는 서면(집행 법원의 법원사무관등이 발급한 것에 한한다)을 첨부하여 공탁물 회수청구를 할 수 있다(행정예규 145호).

(라) 몰취공탁의 경우 회수청구권을 갖는 것을 증명하는 서면

민사소송법 제299조 제2항의 몰취공탁의 경우에는 공탁금반환결정본을, 상업등기법 제41조의 몰취공탁의 경우에는 상업등기규칙 제79조 제1항에 의하여 등기관이 교부한 공탁원인 소멸증명서를 첨부하여 공탁금 회수청구를 할 수 있다.

(마) 회생계획불인가결정에 대한 항고보증금의 회수

회생계획불인가결정에 대하여 항고인이 항고보증금으로 공탁한 공탁금을 항고인(공탁자)이 회수하기 위하여는 공탁서와 개인회생사건 담당 재판부의 법원사무관 등이 발급한 증명서(대법원 재판예규 제1218호)를 첨부하여 공탁금 회수청구를 하면 된다(2008.5.13. 공탁상업등기과-524).

(바) 공탁물회수청구권에 대한 압류 및 전부명령을 받은 자가 공탁물회수청구를 하는 경우 '회수청구권이 있음을 증명하는 서면'의 첨부 여부(적극)

공탁물회수청구권에 대한 압류 및 전부명령을 받은 자라도 원래의 공탁물회수청구권자의 지위를 넘어서 공탁물을 회수할 수 없는 것으로 위 공탁물회수청구에는 공탁사무처리규칙 제32조 제2호(현행 공탁규칙 제34조 제2호)의 회수청구권을 갖는 것을 증명하는 서면의 첨부가 있어야 한다(대법원 1973.12.22. 73마360).

(사) 회수청구권을 갖는 것을 증명하는 서면의 제출을 요하지 아니하는 경우

공탁서의 기재에 의하여 회수청구권을 갖는 사실이 명백한 경우에는 회수청구권을 증명하는 서면을 첨부할 필요가 없다(공탁규칙 제34조2호 후단).

민법 제489조에 의한 회수의 경우(① 채권자가 공탁을 승인하거나, ② 공탁소에 대하여 공탁물을 받기를 통고하거나, ③ 공탁유효의 판결이 확정되기까지)처럼 공탁서의 기재 그 자체에 의하여 청구인에게 회수청구권이 있음이 명백한 경우에는 별도로 회수권이 있음을 증명하는 서면을 첨부할 필요가 없다(공탁규칙 제34조2 호 후단).

따라서 이 경우에는 공탁소는 공탁서와 피공탁자의 공탁수락서제출 유무를 직권으로 조사하여 회수청구의 인가 여부를 결정한다.

◆ 선례---

공탁자의 강제집행정지의 보증공탁금의 회수청구권에 대하여 공탁자의 채권자가 이를 전액 압류 및 전부명령을 받은 후, 전부채권자의 체납으로 세무서가 전부채권액 중 일부를 국세 압류하고 이를 공탁관에게 통지한 후에 전부채권자가 세무서의 압류금액을 제외한 나머지를 회수하여 간 후 세무서장이 압류한 금액을 전부채권자를 대위하여 공탁금의 회수청구를 하는 경우에는, 이미 공탁사건기록상 전부채권자의 회수청구권이 확정적으로 발생한 사실이 명확하고 국가(세무서)의 채권에 대한 압류조서도 첨부되어 있으므로, 국가(세무서)의 회수청구시에 또 다시 회수청구권이 확정적으로 발생한 사실의 유무를 심사하기 위한 서면이나 압류채권의 내용을 확인하기 위한 서면을 첨부할 필요는 없다 할 것이고, 단지 채권자를 대위한 회수청구서만 제출하면 족하다(1985.9.17. 법정 제944호, 1991.7.10. 법정 제1106호).

(3) 인감증명서

(가) 인감증명서의 제출을 요하는 경우

1) 공탁물 회수청구인의 인감증명서의 제출

공탁물의 회수를 청구하는 사람은 공탁물회수청구서 또는 위임에 의한 대리인의 권한을 증명하는 서면에 날인된 인감에 관하여는 인감증명법 제12조와 상업등기법 제11조의 규정에 의하여 발행한 인감증명서를 제출하여야 한다(공탁규칙 제37조 제1항).

위의 규정은 법정대리인, 지배인, 그 밖의 등기된 대리인, 법인이나 법인 아닌 사단 또는 재단의 대표자나 관리인 공탁물의 회수를 청구할 경우에는 그 법정대리인, 지배인, 그 밖의 등기된 대리인, 대표자나 관리인에 대하여 이를 준용한다(공탁규칙 제37조 2항).

2) 공증한 위임장으로 인감증명서에 갈음여부(소극)

공탁당사자의 대리인이 공탁물을 회수하고자 할 경우에 첨부서면인 위임장에 날인된 공탁당사자의 인감에 대하여는 공탁규칙 제37조에서 정한 바에 따라 인감증명서를 제출하여야 하므로, 인감증명서 제출에 갈음하여 위임장을 공증인이 인증하는 방법으로는 공탁금을 회수할 수 없다. 다만, 구공탁사무처리규칙 제35조 제3항 나호에 따라 공탁자가 공탁서 또는 위임에 의한 대리인의 권한을 증명하는 서면에 날인한 인영과 공탁물 회수청구서 또는 위임에 의한 대리인의 권한을 증명하는 서면에 날인한 인영이 동일한 경우에는 인감증명서의 제출이 면제된다(2004.4.21. 공탁법인 제3302-93)

3) 인감증명서 대신 지배인사용인감확인서를 제출하여 회수청구를 할 수 있는지 여부(소극, 선례변경)

법인의 지배인(또는 이에 준하는 법률상 대리인)이 회수청구를 직접 또는 다른 사람에게 위임하여 청구할 경우 회수청구서나 위임장에 날인된 인감에 관하여는 상업등기처리규칙 제31조의 규정에 의하여 발행한 지배인 인감증명서를 첨부하여야 하고, 지배인을 선임한 법인 대표자의 인감증명서와 지배인사용인감확인서를 첨부하여 공탁금 회수를 할 수는 없다(2005.11.9. 공탁법인과-617)

4) 법인의 대표자의 사용인감의 날인 또는 사용인감확인서에 의한 회수가부(소극)

법인의 대표자가 직접 또는 다른 사람에게 위임하여 공탁물을 출급·회수청구하는 경우 출급·회수청구서 또는 위임장에는 법인대표자의 인감을 직접 날인하고 법인대표자의 인감증명서를 첨부하여야 하므로, 출급·회수청구서, 위임장에 사용인감을 날인하고 사용인감확인서 및 법인대표자의 인감증명서를 첨부하여 공탁금출급·회수청구를 할 수는 없다(2006.5.23. 공탁상업등기과-442 직권선례)

5) 본인서명사실 확인제도(인감증명서에 갈음)

「본인서명사실 확인 등에 관한 법률」(법률 제11245호, 2012.2.1. 제정, 2012.12.1. 시행)에 따라 「인감증명법」에 의한 인감증명을 갈음하여 사용할 수 있는 본인서명사실확인서와 본인서명사실확인서가 첨부된 공탁물 출급·회수청구서를 제출할 수 있다(대법원행정 예규 제931호). 「공탁법」, 「공탁규칙」 그 밖의 법령 및 대법원예규에서 청구서 등에 「인감증명법」에 따라 신고한 인감을 날인하고 인감증명서를 첨부하여야 한다고 정한 경우, 이를 갈음하여 청구서등에 서명을 하고 본인서명사실확인서를 제출할 수 있다(위 예규 제2조).

(나) 인감증명의 제출을 요하지 아니하는 경우

1) 다음의 각호 경우에는 공탁물회수청구서에 청구인의 인감증명서의 제출을 요하지 아니한다(공탁규칙 제37조 3항). (이 책 제2장 제9절 Ⅳ. 4. (6). (라) 인감증명의 제출을 요하지 아니하는 경우 참조).

가) 공탁금액이 1,000만원 이하인 경우(공탁관의 신분확인) :
본인이나 공탁규칙 제37조 제2항에서 말하는 사람, 법정대리인, 지배인, 그 밖의 등기된 대리인, 법인 또는 비법인사단이나 재단의 대표자나 관리인이 공탁금을 직접 회수청구하는 경우로써, 그 금액이 1000만원 이하(유가증권의 총 액면금액이 1000만원 이하인 경우를 포함한다)이고, 공탁관이 신분에 관한 증명서(주민등록증·여권·운전면허증 등을 말한다. 이하 "신분증"이라 한다)로 본인이나 공탁규칙 제37조 제2항에서 말하는 사람임을 확인할 수 있는 경우(규칙 제37조 제3항 1호)

나) 관공서가 공탁물의 출급·회수청구를 하는 경우
공탁물출급청구자가 관공서인 경우 그것만으로 출급청구서 등의 성립의 진정을 인정할 수 있으므로 인감증명서를 제출하지 않아도 된다(공탁규칙 제37조 제3항 2호).

다) 전자문서에 의한 공탁금 출급·회수청구의 특례
금전공탁사건에 관한 신청 또는 청구는 이 규칙에서 정하는 바에 따라 전자공탁시스템을 이용하여 전자문서로 할 수 있다. 다만, 5천만원을 초과하는 공탁금에 대한 출급 또는 회수 청구의 경우에는 그러하지 아니하다(규칙 제69조).

따라서 공탁금이 '5천만원 이하'인 사건에 대하여는 법원 전자홈페이지에서 전자공탁시스템을 이용하여 공탁소를 방문하지 않고서도 출급·회수청구를 할 수 있으며, 이 경우 출급·회수청구인의 인감증명서를 첨부하지 아니하며(규칙 제79조 제1항), 서명은 공인인증서에 의한 전자서명방식으로 한다(대법원 행정예규 제1153호 2018.2.27. 별지양식 "공탁금(유가증권) 출급청구 안내문").

(다) 인감증명서의 유효기간
공탁관에게 제출하는 인감증명은 발급일로부터 3월 이내의 것이어야 한다(공탁규칙 제16조3호).

(라) 날인제도가 없는 외국인

날인제도가 없는 외국인은 서명만으로 날인에 대신할 수 있으므로 공탁금회수청구서(직접청구의 경우) 또는 위임장(대리인에 의한 청구의 경우)의 서명이 본인의 것임을 증명하는 외국인의 본국 관공서의 증명이나 공증인의 공증서면 및 그 번역문을 첨부함으로써 인감증명서의 제출에 갈음할 수 있다(1990.11.16, 행정예규 제148호).

(4) 자격증명서 등의 첨부

공탁물회수청구서에는 다음서면을 첨부하여야 한다.

(가) 법인의 대표자의 자격을 증명하는 서면

공탁물회수청구인이 법인인 경우에는 대표자 또는 관리인의 자격을 증명하는 서면을 공탁물회수청구서에 첨부하여야 한다(공탁규칙 제38조 1항, 제21조 1항).

(나) 청구인이 비법인 사단·재단인 경우

1) 공탁물회수청구인이 법인 아닌 사단이나 재단일 경우에는 정관이나 규약과 대표자 또는 관리인의 자격을 증명하는 서면을 공탁물회수청구서에 첨부하여야 한다(공탁규칙 제38조 1항, 제21조 1항).

2) 출급·회수청구인이 법인 아닌 사단이나 재단인 경우에는 대표자 또는 관리인의 자격을 증명하는 서면에 그 사실을 확인하는데 상당하다고 인정되는 2명 이상의 성년인 사람이 사실과 같다는 뜻과 성명을 적고 자필서명한 다음 신분증사본을 첨부하여야 한다(공탁규칙 제38조 2항). 공탁규칙의 개정(대법원 규칙 제2272호. 2010.2.1.)으로 보증인의 인감증명서를 첨부할 필요가 없고 자필서명 및 신분증사본을 첨부하도록 하였다.

(다) 대리인의 권한을 증명하는 서면(위임장)

1) 위임장

대리인이 공탁물의 회수를 청구하는 경우에는 청구서에 대리이의 성명, 주소를 기재하고 날인 대신 서명할 수 있다(공탁규칙 제20조 2항 후다. 제38조 1항).

대리인에 의하여 공탁물 회수청구를 하는 경우에는 대리인의 권한을 증명하는 서면을 청구서에 첨부하여야 한다(공탁규칙 제38조 1항, 제21조 2항).

이때에는 본인의 인감도장을 날인한 위임장과 본인의 인감증명서를 첨부하여야 한다(공탁사무문서양식에관한예규 제742호 제8-1호. 2호. 3호 양식 주3 참조).

2) 공탁신청시 제출한 위임장에 '회수청구 및 그 수령의 권한'이란 문구가 명시된 경우 출급청구시 별도의 위임장 제출 여부(적극)

공탁신청 당시 제출한 위임장에 '회수청구 및 그 수령의 권한'이 명기되어 있는 경우에는 대리권의 효력이 공탁물회수청구권에도 미친다고 볼 수 있으나, 공탁신청 이후에 대리권이 소멸될 수도 있으므로 종전의 대리인이 공탁물 회수청구를 할 때에는 별도의 위임장을 제출하거나 종전에 위임한 대리권이 소멸되지 않았음을 증명하는 공탁자 본인 작성의 서면(인감증명 첨부 또는 공증)을 제출하여야만 한다(2015.10.6. 사법등기심의관-3536).

(라) 자격자 대리인의 보증서로 갈음

변호사나 법무사[법무법인 · 법무법인(유한) · 법무조합 · 법무사법인 · 법무사법인(유한)을 포함한다. 이하 "자격자대리인"이라 한다]가 대리하여 청구하는 경우에는 자격자대리인이 공탁규칙 제38조 제2항의 서면에 사실과 같다는 뜻을 적고 기명날인하는 것으로 보증서에 갈음할 수 있다(공탁규칙 제38조 3항).

(마) 공탁금수령의 표현대리가 인정되는 경우

공탁금의 대리수령에 있어서 공탁금수령권자인 본인이 대리인으로 칭하는 자에게 공탁금수령권한을 부여한 바 없다 하더라도 공탁수락과 출급의 권한을 부여한 것과 같은 외관을 발생시켜 민법 제126조 내지 제127조의 표현대리가 인정되는 경우에는 이러한 표현수령권자의 공탁금수령은 본인에게도 그 효과가 발생한다고 보아야 할 것인바, 갑이 공탁금수령권자인 을에게 돈을 빌리는 데 필요하다고 말하여 그로부터 받아 둔 인감도장과 이 사건 공탁금 관계에 필요하다고 말하여 을이 직접 발급받아 건네어 준 공탁금회수용 인감증명 1통을 가지고 공탁금의 출급신청을 하였고 공탁관이 정당한 수령권자인 외관을 갖는 갑에게 공탁금을 지급하였다면, 을은 비록 그 공탁금을 현실로 수령하여 이득을 본 바 없다 하더라도 표현대리의 본인의 지위에서 그 공탁금을 수령한 셈이 된다 할 것이다(대판 1990.5.22, 89다카1121).

(5) 증명서(집행공탁의 경우)

집행공탁의 경우 공탁물을 출급·회수하려는 사람은 공탁물 출급·회수청구서에 공탁통지서나 공탁서를 첨부하는 것이 아니라, 공탁자의 공탁사유신고에 의하여 집행법원의 배당절차(민사집행법 제252조 내지 제256조)가 개시되며 이에 따라 집행법원의 배당표가 확정(민사집행법 제252조)되어 공탁물의 지급을 하는 경우 집행법원은 공탁관에게는 지급위탁서(제11호 양식)를 송부하고 지급을 받을 자에게는 그 자격에 관한 증명서(제12호 양식)를 교부하여야 한다(동 규칙 제43조 1항). 이 경우에 공탁물의 지급을 받고자 하는 자는 그 자격에 관한 증명서(제12호 양식)를 첨부하여 공탁규칙 제32조에 따라 출급·회수청구를 하게 된다(동 규칙 제43조 2항).

5. 재외국민 및 외국국적 취득자의 공탁금지급청구시 첨부서면

(1999.3.18, 대법원 행정예규 제374호)

재외국민 등의 공탁금회수청구시 첨부서면은 다음과 같다.

(1) 재외국민

대한민국의 국민으로서 외국의 영주권을 취득한 자 또는 영주할 목적으로 외국에 거주하고 있는 자.

(가) 대리인에게 위임하는 경우

재외국민 또는 국외이주자가 귀국하지 않고 공탁금지급청구권 행사를 국내에 거주하는 내국인에게 위임하는 경우 청구서에 첨부할 서면(일반적으로 공탁금지급청구서에 필요한 서면은 제외한다)

1) 위임장
   ① 위임장의 양식은 특별히 규정된 바 없으나 위임하는 공탁사건과 수임인이 구체적으로 특정되도록 기재하여야 한다.
   ② 위임하고자 하는 법률행위의 종류와 위임취지(공탁금 수령 등 일체의 권한을 수여한다는 등)가 기재되어야 한다.
   ③ 재외국민이 거주국 관공서 발행의 인감증명을 첨부하는 경우((2)단서의 경우)에는 위임장에 외국주재 한국 대사관이나 영사관의 확인 또는 공증을 반드시 받아야 한다.

2) 인감증명의 제출

그 위임장에 찍힌 인영이 본인의 것임을 증명하기 위하여 본인의 인감증명(우리나라의 인감증명)을 제출하여야 한다. 다만, 재외국민이 거주하는 나라(외국)가 우리나라와 같이 인감증명제도가 있는 나라(예컨대 일본)인 경우에는 그 나라 관공서가 발행한 인감증명을 첨부할 수 있다.

3) 주소소명이 필요한 경우

공탁금지급청구서에는 원칙적으로 주소를 소명하는 서면을 첨부할 필요가 없으나, 공탁서상의 피공탁자 등 권리자의 주소가 인감증명서상의 주소와 상이한 경우에는 주소변동 등을 소명하는 서면을 첨부하여야 하는바, 이때 그 소명서면으로는 외국주재 본국 대사관이나 영사관에서 발행하는 재외국민 거주사실증명 또는 재외국민등록표등본 등을 들 수 있다. 다만, 주재국에 본국 대사관 등이 없어 그와 같은 증명을 발급받을 수 없을 때에는 주소를 공증한 서면으로 갈음할 수 있다.

(나) 직접 청구하는 경우

재외국민이 귀국하여 직접 공탁금지급청구를 하는 때에는 국내 거주 내국인의 경우와 같다. 다만, 주소를 소명하는 서면은 재외국민등록표등본이나 재외공관장 발행의 거주사실증명서 등으로 가능하다.

(다) 상속에 있어서의 특례

재외국민의 상속재산 분할협의서에 첨부할 인감증명은 상속재산 협의 분할서상의 서명 또는 날인이 본인의 것임을 증명하는 재외공관의 확인서 또는 이에 관한 공정증서로 대신할 수 있다.

(2) 외국국적 취득자

(가) 대리인에게 위임하는 경우

외국국적 취득자가 입국하지 않고 공탁금지급청구권 행사를 국내에 거주하는 내국인에게 위임하는 경우의 청구서에 첨부할 서면(일반적으로 공탁금지급청구서에 필요한 서면은 제외)

1) 위임장
  ① 위임장의 양식은 특별히 규정된 바 없으나 위임하는 공탁사건과 수임인이 구체적으로 특정되도록 기재하여야 한다.
  ② 위임하고자 하는 법률행위의 종류와 위임취지(공탁금 수령 등 일체의 권한을 수여한다는 등)가 기재되어야 한다.

2) 인감증명
  ① 인감증명의 날인제도가 없는 외국국적 취득자는 위임장에 한 서명에 관하여 본인이 직접 작성하였다는 취지의 본국(국적취득국) 관공서의 증명이나 이에 관한 공증이 있어야 한다.
  ② 인감증명의 날인제도가 있는 외국(예컨대 일본)국적 취득자는 위임장에 날인한 인감과 동일한 인감에 관하여 그 관공서가 발행한 인감증명이 있어야 한다.
  ③ 외국국적 취득자도 우리나라의 인감증명법에 의한 인감신고를 한 후 인감증명을 발급받아 제출할 수 있다.
  ④ 인감증명서의 제출에 갈음할 수 있는 경우(날인제도가 없는 외국인)
    날인제도가 없는 외국인은 서명만으로 날인에 대신할 수 있으므로 공탁금출급. 회수청구서(직접청구의 경우) 또는 위임장(대리인에 의한 청구의 경우)의 서명이 본인의 것임을 증명하는 외국인의 본국 관공서의 증명이나 공증인의 공증서면 및 그 번역문을 첨부함으로써 인감증명서의 제출에 갈음할 수 있다(1990.11.16, 행정예규 148호).

3) 주소소명이 필요한 경우
  공탁금지급청구서에는 원칙적으로 주소를 소명하는 서면을 첨부할 필요가 없으나, 공탁서상의 피공탁자 등 권리자의 주소가 인감증명서상과 상이한 경우에는 주소변동 등 그 사유를 소명하는 서면을 첨부하여야 하는바, 이에 해당하는 서면으로서는 본국 관공서의 주소증명 또는 거주사실증명이나 주소증명을 발급하는 기관이 없는 경우에는 주소를 공증한 공정증서를 들 수 있을 것이다.

4) 외국국적 취득으로 성명이 변경된 경우
  변경 전의 성명과 변경 후의 성명이 동일인이라는 본국 관공서의 증명 또는 공증이 있어야 한다.

5) 번역문

공탁금지급청구서에 첨부된 서류가 외국어로 되어 있으면 모두 번역문을 첨부하여야 한다.

(나) 직접 청구하는 경우

외국국적 취득자가 입국하여 공탁금지급청구를 하는 경우 첨부서면은 국내 거주 내국인의 경우와 같다. 다만,

1) 주소소명은 외국인등록표등본으로도 가능하다.
2) 날인제도가 없는 외국국적 취득자의 인감증명에 관하여는 청구서 또는 위임장 등에 한 서명이 본인의 것임을 증명하는 주한 본국 대사관이나 영사관의 확인 서면으로도 가능하다.

6. 첨부서면의 생략

동일 공탁법원에 대하여 동일인이 동일에 수건의 공탁물회수청구서를 제출하는 경우에 첨부서면의 내용이 동일한 것이 있는 때에는 1건의 회수청구서에 1통만을 첨부하면 된다. 이 경우에 다른 회수청구서에는 그 뜻을 기재하여야 한다(공탁규칙 제38조 1항, 제22조).

7. 공탁금 출급 · 회수청구인의 신분증사본 편철

공탁관이 공탁규칙 제37조 제3항에 따라 공탁금 출급 · 회수청구를 하는 사람의 인감증명서의 제출 없이 공탁금 출급 · 회수청구를 인가한 때에는 청구인의 신분증 사본을 해당 공탁기록에 편철하여야 한다(규칙 제37조 제4항).

8. OOOOOOOO인가 받은 공탁금회수청구서를 분실한 경우의 지급절차

공탁금회수청구에 대한 공탁관의 인가를 받은 후 은행에서 현금을 수령하기 전에 그 인가받은 회수청구서를 분실한 자는 회수청구에 대한 인가가 있었다는 취지의 공탁관의 증명서 및 회수청구인과 증인이 연서한 분실사유서를 은행에 제출하고 현금을 지급받도록 조치하되, 그 세부사항에 대하여는 다음과 같이 처리한다.

1. 회수청구인은 인가받은 회수청구서사본을 첨부계인한 증명신청서2통에 "연월일 별첨 공탁금회수청구서 사본의 기재와 같이 공탁금회수청구에 대한 인가가 있었음을 증명하여 주기 바란다"는 취지를 기재한 후 서명·날인하여 공탁관에게 제출한다(신청서에는 공탁규칙 제59조의 제항5의 규정에 의한 인지를 첨부하여야 한다). 이때 회수청구인은 신분증사본을 첨부하여야 한다.

2. 공탁관은 접수한 증명신청서1통에 위 사실을 증명한다는 취지와 증명 연월일을 기재한 후 서명·날인하여 증명서교부의 영수증을 받고 회수청구인에게 교부한다.

3. 증명서를 교부받은 회수청구인은 성년자인 증인과 연서한 분실사유서와 증명서를 은행에 제출한다(증인의 주민등록등·초본을 첨부한다).

4. 은행은 공탁금수령에 대한 영수증을 징구하고 현금을 지급한다(분실한 공탁금회수청구서서에 의하여 이미 현금이 지급된 경우 등 사고 있는 때에는 위와 같은 절차에 따른 청구가 있더라도 현금을 지급할 수 없음은 물론이다)(1977.4.27. 행정예규 제52호 2010.1.11. 행정예규 제846호).

공탁사무 문서양식에 관한 예규 일부개정예규(대법원 행정예규 제895호. 2011.5.30.)에 따라 형사사건으로 인해 변제공탁을 할 경우 공탁서에 형사사건의 표시부분을 두고, 별지로 제출하던 회수제한신고서 대신 회수제한신고서 취지를 공탁서에 기재할 수 있도록 함으로써, 공탁서 작성의 편의를 돕기 위해 형사사건용 공탁서 양식과 형사사건용 공탁통지서 양식을 각 신설하였다(제1-9호 양식. 제2-4호 양식).

[제8-1호 양식]

공탁금 출급 · 회수 청구서

※굵은 글씨 부분은 필히 기재하시기 바랍니다.

<table>
<tr><td colspan="2" style="text-align:center">공 탁 번 호</td><td colspan="2" style="text-align:center">년 금 제 호</td><td colspan="2" style="text-align:center">공 탁 금 액</td><td colspan="2">한글
숫자</td></tr>
<tr><td rowspan="2">공
탁
자</td><td>성 명
(상호, 명칭)</td><td colspan="2"></td><td rowspan="2">피
공
탁
자</td><td>성 명
(상호, 명칭)</td><td colspan="3"></td></tr>
<tr><td>주민등록번호
(법인등록번호)</td><td colspan="2"></td><td>주민등록번호
(법인등록번호)</td><td colspan="3"></td></tr>
<tr><td rowspan="2">청구
내역</td><td colspan="2" style="text-align:center">청구금액</td><td style="text-align:center">이자의 청구기간</td><td style="text-align:center">이자 금액</td><td style="text-align:center">합계금액</td><td colspan="2">비 고</td></tr>
<tr><td colspan="2">한글
숫자</td><td></td><td colspan="4">(은행)　　　(은행)
※ '이자 금액' 및 '합계금액' 란은 보관은행에
서 기재함.</td></tr>
<tr><td colspan="3" style="text-align:center">보 관 은 행</td><td colspan="2" style="text-align:center">은행</td><td colspan="3">법원 지점</td></tr>
<tr><td colspan="2" rowspan="2">청구 및
이의유보사유

※ 해당란에 ✓하
시거나 기타란에
간단히 기재하시기
바랍니다.</td><td colspan="3" style="text-align:center">출급청구시</td><td colspan="3" style="text-align:center">회수청구시</td></tr>
<tr><td colspan="3">※ 출급청구시 이의가 있으면 이의유보란에,
　이의가 없으면 공탁수락란에 ✓하시기 바랍니다.
□ 공탁을 수락하고 출급함
□ 이의를 유보하고 출급함
□ 담보권 실행　　　□ 배당에 의함
□ 채권양수에 의함
□ 기타(　　　　　　　　　)</td><td colspan="3">□ 민법 제489조에 의하여 회수

□ 착오공탁(착오증명서면 첨부 필요)

□ 공탁원인소멸(담보취소,
　본압류이전, 가압류취하 · 취소 ·
　해제 등)</td></tr>
<tr><td colspan="2" style="text-align:center">비고
(첨부서류 등)</td><td colspan="6">□ 공탁통지서 □ 공탁서 □ 신분증 사본 □ 위임장 □ 인감증명서 □ 주민등록등·초본
□ 법인등기사항증명서 □ 채권압류추심명령 정본 및 송달증명 □ 채권압류전부명령 정본 및
확정증명 □ 동의서·승낙서·보증서 □ 채권양도 원인서면 □ 증명서 □ 착오증명서면
□ 담보취소결정 정본 및 확정증명 □ 가압류 취하해제증명 등
□ 기타 (　　　　　　　　　　　　　　　　　　　　)</td></tr>
<tr><td colspan="2" style="text-align:center">계좌입금</td><td colspan="6">□ 포괄계좌입금(금융기관 :　　　　계좌번호 :　　　　)
□ 계좌입금신청(금융기관 :　　　　계좌번호 :　　　　) :
　공탁금 계좌입금신청서 첨부</td></tr>
</table>

위와 같이 청구합니다.
　　　　　　　　　　　　　년　　　월　　　일

<table>
<tr><td colspan="2" style="text-align:center">청구인</td><td colspan="2" style="text-align:center">대리인</td></tr>
<tr><td colspan="2">주소 :
주민등록(사업자등록)번호 :
성명 :　　　　　　　　　　인(서명)
(전화번호 :　　　　　　　　　)</td><td colspan="2">주소 :
성명 :　　　　　　　　　인(서명)
(전화번호:　　　　　　　　　)</td></tr>
<tr><td colspan="4">위 청구를 인가합니다.
　　　　　　　　　　　　年　　　月　　　日

　　　　　　　법원　　　　지원　공탁관　　　　　　(인)</td></tr>
<tr><td colspan="4">위 공탁금과 공탁금 이자(공탁금 출급·회수청구서 1통)를 수령하였습니다.
　　　　　　　　　　　　年　　　月　　　日
　　　　수령인(청구인 또는 대리인) 성명　　　　　　(인)</td></tr>
</table>

XI. 재판상 보증공탁물의 회수요건

1. 담보취소결정

재판상 보증공탁은 재판절차와 관련하여 피공탁자에게 발생할 손해를 담보하기 위한 공탁이므로, 공탁자가 담보로 제공한 공탁물을 회수하기 위하여는 회수청구권을 갖는 것을 증명하는 서면으로써 공탁원인의 소멸을 증명하는 서면인 법원의 담보취소 결정정본 및 확정증명을 첨부하여야 한다(공탁규칙 제34조2호). (제2절 Ⅱ.6."(2) 담보취소에 기초한 공탁금회수청구" 참조).

담보권리자가 공탁자에 대한 집행권원(피담보채권 자체를 집행권원으로 한 경우도 포함)에 기초하여 일반 강제집행절차에 따라 공탁자의 공탁금회수청구권을 압류하고 추심명령 또는 전부명령을 얻어 공탁금 회수청구를 하는 경우에는, 공탁금회수청구서와 함께 담보취소 결정정본 및 확정증명, 질권(담보권) 실행이 아닌 일반 강제집행절차에 의한 압류명령 정본, 추심명령 또는 전부명령 정본, 위 명령의 송달증명, 전부명령에 관한 확정증명을 제출하여야 한다(2003.07.25. 행정예규 제517호, 5).

2. 재판상 보증공탁물의 출급·회수 청구서의 기재사항 및 첨부서면

재판상 보증공탁물을 출급 또는 회수하려는 사람은 공탁물 출급. 회수청구서 2통을 제출하여야 한다(공탁규칙 제32조 제1항). 공탁규칙 제32조 제1항의 청구서에는 다음 각 호의 사항을 적고 청구인이 기명날인하여야 한다. 다만, 대표자나 관리인 또는 대리인이 청구하는 때에는 그 사람의 주소를 적고 기명날인하여야 하며, 공무원이 직무상 청구할 때에는 소속관서명과 그 직을 적고 기명날인 하여야 한다(규칙 제32조 제2항).

(1) 재판상 공탁물의 출급·회수청구서의 기재사항
1. 공탁번호
2. 출급·회수하려는 공탁금액, 유가증권의 명칭·장수·총 액면금액·액면금(액면금이 없을 때는 그 뜻). 기호·번호, 공탁물품의 명칭·종류·수량
3. 출급·회수 청구사유

4. 이자의 지급을 동시에 받으려는 경우 그 뜻

5. 청구인의 성명(상호, 명칭)·주소(본점, 주사무소)·주민등록번호(사업자등록번호)

6. 청구인이 공탁자나 피공탁자의 권리승계인인 경우 그 뜻

7. 공탁규칙 제41조 제1항이나 제2항에 따라 출급·회수청구의 경우 그 서류를 첨부한 뜻

8. 공탁법원의 표시

9. 출급·회수 청구연월일

(2) 재판상 공탁물의 출급·회수 청구서의 첨부서면

재판상 보증공탁물을 출급. 회수하려는 사람은 공탁물 출급. 회수 청구서에 다음 각 호의 서류를 첨부하여야 한다(공탁규칙 제33조, 제34조, 제37조, 제38조, 제43조 제2항).

1. 공탁서 원본(공탁금이 5천만원을 초과하는 경우: 규칙 제34조 제1호)

2. 담보취소결정 및 확정증명서(민사소송법 제125조)

3. 인감증명서(공탁금이 1천만원을 초과하는 경우(규칙 제37조 제1항 및 제3항 제1호)

4. 법인등기사항증명 또는 정관이나 규약과 대표자 또는 관리인의 자격을 증명하는 서면(법인 또는 법인 아닌 사단이나 재단인 경우: 규칙 제38조 제1항 및 제2항, 제21조)

5. 주민등록표 초본(공탁서에 기재된 주소가 변동된 경우(규칙 제20조 제2항 제1호)

6. 자격증명서 등의 유효기간

   재판상 보증공탁물의 출급 또는 회수청구서의 첨부서면 중 공탁관에게 제출하는 다음 각 호의 서면은 발급일로부터 3월 이내의 것이어야 한다(규칙 제16조).

   (1) 대표자나 관리인의 자격 또는 대리인의 권한을 증명하는 것으로서 관공서에서 발급 받은 서면

   (2) 규칙 제21조 제3항의 주소를 소명하는 서면으로서 관공서에서 발급받은 서면

   (3) 인감증면서

7. 신분증(공탁규칙상의 첨부서면은 아니나 본인확인을 위한 것임)

XII. 해방공탁금의 회수절차

가압류 해방금이 공탁된 경우 가압류의 효력은 공탁자인 가압류채무자의 가압류 해방공탁금 회수청구권에 대하여 미친다.

가압류해방공탁금(민집법 제282조)에 대하여는 가압류채권자의 공탁금출급청구권은 없고 가압류채무자의 공탁금회수청구권만 있다. 공탁자인 가압류채무자의 해방공탁금 회수청구권은 공탁원인의 소멸을 정지조건으로 하는 청구권이므로 그와 같은 조건이 성취되면 공탁자는 그것을 입증하고 해방공탁금을 회수할 수 있다.

가압류해방공탁에 있어서는 피공탁자가 없으므로, 가압류해방공탁으로 인하여 가압류채권자에게 공탁금출급청구권이 생기는 것은 아니다. 따라서 가압류채권자가 가압류해방공탁금을 지급받기 위해서는 본안승소 확정판결 등을 집행권원으로 하여 가압류해방공탁금 회수청구권에 대하여 가압류에서 이전되는 채권압류 및 현금화명령(추심명령 또는 전부명령)을 얻어 가압류해방공탁금을 회수할 수 있을 뿐이다.

위 경우에 집행권원으로는 확정판결뿐만 아니라 가집행선고부 종국판결도 포함된다.

1. 가압류채무자의 가압류해방공탁금의 회수절차

가압류해방공탁금에 대하여는 가압류채권자의 공탁금출급청구권은 없고, 가압류채무자의 공탁금회수청구권만 있다. 공탁자인 가압류채무자의 해방공탁금회수청구권은 공탁원인의 소멸을 정지조건으로 하는 청구권이므로 그와 같은 조건이 성취되면 공탁자는 그것을 입증하고 해방공탁금을 회수할 수 있다.

가압류해방공탁금을 채무자인 공탁자가 회수하기 위하여는 채무자가 해방공탁금 위에 미치고 있는 가압류의 효력을 이의신청 (민집법 제283조) 또는 사정변경에 의한 가압류결정취소신청((민집법 제288조. 별지서식) 등으로 깨뜨리거나 가압류채권자와 합의를 보아 해방공탁금에 대한 가압류를 풀어야 하며, 회수청구를 하는 경우의 첨부서면은 일반적인 첨부서면(규칙 제34조) 이외에 공탁원인 소멸을 증명하는 서면(규칙 제9조 2항 3호)으로써 가압류결정취소결정본 및 동 확정증명서나 가압류신청취하 또는 해제증명서 등을 첨부하여야 한다.

가압류채무자는 가압류의 효력이 소멸되었음을 증명하는 서면으로 ① 가압류를 취소하는 결정정본 및 송달증명(민사집행법 제286조 제6항의 효력유예선언이 있는 경우에는 효력발생기간 경과), ② 제소기간 도과로 인한 민사집행법 제287조 제3항의 가압류결정취소결정 및 송달증명, ③ 집행 후 3년간 본안의 소 부제기로 인한 민사집행법 제288조 제1항 제3호의 가압류취소결정 및 송달증명, ④ 가압류취하증명, ⑤ 해방공탁금에 대한 가압류집행해제증명 등을 들 수 있다.

🔍 판례

공탁관의 과실로 돌려받지 못한 가압류해방공탁금

가압류채권자의 채권자가 가압류해방공탁금의 지급을 구할 경우에는 가압류채권자의 회수청구권을 증명하는 서면을 제출해야 하는데 공탁관이 위와 같은 회수청구권을 증명할 수 있는 서면이 제출되지 않았음에도 공탁금을 지급한 잘못이 있으므로 피고(국가)는 소속공무원의 직무집행상 과실로 원고에게 가한 손해를 배상할 책임이 있다(서울고등법원 2005.3.25, 2003나86048).

🖊 선례

제소기간 도과로 인한 가압류취소 결정시, 채무자가 가압류해방공탁금을 회수하기 위하여 가압류취소결정의 확정증명을 요하는지 여부:

가압류채권자가 법원이 정한 제소기간 내에 제소증명서 등을 제출하지 않아, 가압류채무자가 제소기간 도과에 의한 가압류결정취소결정을 받은 경우(민사집행법 제287조 3항), 가압류채무자는 일반적인 첨부서면 이외에 공탁원인의 소멸을 증명하는 서면으로 가압류결정취소결정정본 및 송달증명을 첨부하여 가압류해방공탁금을 회수할 수 있으며, 이는 가압류가 집행된 후 가압류채권자가 5년간 본안의 소를 제기하지 않아 가압류채무자가 가압류결정취소결정을 받은 경우(민사집행법 제288조 4항)에도 마찬가지라고 할 것이다(2003.8.30, 공탁법인 제3302-207호 질의회답).

(1) 채무자의 가압류결정에 대한 이의신청(가압류결정취소판결)

채무자가 가압류해방공탁에 의한 가압류집행의 취소(별지서식1) 후 가압류결정에 대한 이의를 신청(별지서식2)하여 가집행선고부 가압류결정취소판결을 받은 경우에는 즉시 가압류취소의 집행력이 있으므로, 그 판결이 채권자의 항소로 확정되기 전이라도 채무자는 가압류결정취소판결정본 및 그 송달증명을 공탁원인의 소멸을 증명하는 서면으로 첨부하여 가압류해방공탁금을 회수할 수 있다(1992.12. 1, 법정 제2080호). 가압류채무자의 해방공탁이 이루어지고 난 후 가집행선고가 붙은 가압류취소판결이 선고된 경우에는, 별도의 집행정지결정이 없는 이상 가압류채권자의 항소여부와 관계없이 가압류채무자는 가압류결정취소판결정본 및 그 송달증명서를 첨부하여 해방공탁금을 회수할 수 있다(2005.2.22. 공탁법인 3302-52)

(2) 채무자의 본안승소판결의 확정(사정변경에 의한 가압류취소판결)

(가) 채무자가 본안에서 승소하여 그 판결이 확정되면 사정변경에 의한 가압류취소신청(별지서식 3)을 하여(민사집행법 제288조) 그 판결정본(별지서식7) 및 그 확정증명서를 공탁원인소멸증명서면으로 첨부하여 해방공탁금을 회수할 수 있다.

(나) 가압류채권자가 본안소송에서 패소하여 그 판결이 확정되면 채무자가 사정변경에 따른 가압류취소신청을 하여(민사집행법 제288조 제1항 제1조) 가압류취소결정을 받아 공탁금을 회수할 수 있다.

(3) 당사자간에 합의가 성립된 경우(취하서, 집행해제증서의 제출)

당사자 간에 합의가 성립되어 채권자가 가압류신청취하서 또는 가압류집행해제신청을 한 경우에는 그 취하(별지서식4) 또는 집행해제(별지서식5)를 증명하는 법원의 증명(별지서식 6)을 받아 해방공탁금을 회수할 수 있다.

(4) 가압류채권자의 본안의 제소명령위반과 채무자의 공탁금회수

가압류채권자가 법원이 정한 제소기간 내에 제소증명서 등을 제출하지 않아, 가압류채무자가 제소기간 도과에 의한 가압류결정취소결정을 받은 경우(민사집행법 제287조 제3항), 가압류채무자는 일반적인 첨부서면 이외에 공탁원인의 소멸을 증명하는 서면으로 가압류결정취소결정본 및 송달증명을 첨부하여 해방공탁금을 회수할 수 있으며, 가압류취소결정의 확정증명을 요하지 않는다. 이는 가압류가 집행된 후 가압류채권자가 3년간 본안의 소를 제기하지 않아 가압류채무자 또는 이해관계인이 가압류결정취소결정을 받은 경우(민사집행법 제288조 제4항)에도 마찬가지라고 할 것이다(2003.8.30. 공탁법인 3302-207).

(5) 가압류채무자의 회수청구서의 첨부서면

채무자가 해방공탁금의 회수청구를 하는 경우의 첨부서면은 일반적인 첨부서면(공탁규칙 제34조) 이외에 공탁원인소멸을 증명하는 서면으로써 가압류결정취소 판결정본(별지서식 : 7) 및 동 확정증명서나 가압류신청취하 또는 해제증명서 등을 첨부하여야 한다(1989.9.18, 법정 제1419호 ; 1990.3.9, 법정 제419호).

(6) 담보취소의 요부(소극)

가압류해방공탁은 가압류로 인한 손해담보공탁이 아니라 가압류의 목적물을 대신하는 것이므로 해방공탁금을 회수하기 위하여는 담보취소결정을 필요로 하지 않는다.

(7) 해방공탁금에 대한 이자의 귀속

가압류해방공탁금의 회수청구권에 대하여 가압류로부터 본압류로 전이하는 압류 및 전부명령이 확정된 때에는 그 명령이 제3채무자인 국가에 송달된 때에 채무자의 공탁금회수청구권은 지급에 갈음하여 전부명령상 권면액의 범위 내에서 채권자에게 이전하는 것이므로, 공탁일로부터 위 명령이 제3채무자인 국가에 송달되기 전일까지의 공탁금에 대한 이자는 공탁자(채무자)에게 지급되어야 할 것이고 그 이후의 공탁금에 대한 이자는 전부채권자에게 지급되어야 할 것이다(1992.11.10, 법정 제1959호).

가압류해당공탁금의 회수청구권에 대하여 가압류로부터 본압류로 이전하는 압류 · 전부명령과 함께 지연손해금채권으로 추가로 위 가압류해방공탁금의 회수청구권에 대하여 압류 · 전부명령을 한 경우라도, 그 명령에 공탁금의 이자채권에 대하여 언급이 없으면 공탁일로부터 압류 · 전부명령이 제3채무자인 국가에 송달되기 전일까지의 공탁금에 대한 이자를 전부채권자에게 지급할 수 없다(2009.4.27. 사법등기심의관－1012 질의회답).

(8) 가압류채무자의 강제경매개시결정취소신청의 기각과 해방공탁금의 회수가부

가압류등기 후 제3자 앞으로 소유권이전등기가 마쳐진 부동산에 대하여 가압류권자의 신청에 의한 강제경매절차가 진행되자, 가압류채무자(부동산의 전소유자)의 해방공탁 및 가압류 집행취소로 위 부동산에 대한 가압류등기를 말소한 후, 가압류채무자가 가압류등기 말소를 이유로 강제경매개시결정의 취소신청을 하였으나 위 신청이 기각된 경우, 가압류채무자는 말소된 가압류등기의 회복없이 착오에 의한 공탁을 이유로

해방공탁금을 회수할 수는 없다(2004.5.27. 공탁법인 3302-119)

2. 가압류채권자의 해방공탁금의 회수절차

(1) 본안승소판결에 의한 회수청구권의 압류 및 현금화명령(추심 또는 전부)

가압류 해방금이 공탁된 경우 가압류의 효력은 공탁자인 가압류채무자의 가압류 해방공탁금 회수청구권에 대하여 미친다. 가압류 해방공탁에 있어서는 피공탁자가 없으므로, 가압류 해방공탁으로 인하여 가압류채권자에게 공탁금출급청구권이 생기는 것은 아니다.

따라서 가압류채권자가 가압류 해방공탁금을 지급받기 위해서는 본안승소 확정판결 등을 집행권원으로 하여 가압류해방공탁금 회수청구권에 대하여 가압류에서 이전되는 채권압류 및 현금화명령(추심명령 또는 전부명령)을 얻어 가압류 해방공탁금을 회수할 수 있을 뿐이다.

위 경우에 집행권원으로는 확정판결뿐만 아니라 가집행선고부 종국판결도 포함되며, 전부명령의 경우에는 확정증명을 첨부하고, 추심명령의 경우에는 송달증명을 첨부하여야 한다.

(2) 압류의 경합과 공탁관의 공탁 사유신고

공탁자인 가압류채무자의 다른 채권자가 가압류해방공탁금 회수청구권에 대하여 압류명령을 받은 경우에는 가압류채권자의 가압류와 다른 채권자의 압류는 그 집행대상이 같아 서로 경합하게 되므로(대결 1996.11.11. 95마252), 이 경우 공탁관은 지체없이 집행법원에 그 사유를 신고하여야 하고, 압류 및 추심명령을 받은 채권자 등에게 공탁금을 지급하여서는 안 된다(대판 2002.8.27. 2001다73107 참조).

공탁관은 사유신고를 함에 있어 사유신고서에 민사집행규칙 제172조 제1항에 규정된 사항 이외에 해당 가압류사건의 표시 및 가압류채권자의 성명을 기재하고 공탁서 사본을 첨부하여야 한다(재민 84-6). 제3채무자인 공탁관이 사유신고를 하게 되면 배당요구의 종기가 도달하여 더 이상 다른 채권자가 배당요구 등을 할 수 없으므로, 공탁사유의 신고를 받은 집행법원은 바로 배당절차를 개시할 수 있게 된다(전게서 376면).

(3) 채권자의 추심금의 공탁 및 공탁사유신고

채권자는 추심한 채권액을 법원에 신고하여야 하며(민사집행법 제236조 제1항), 신고 전에 다른 압류·가압류 또는 배당요구가 있었을 때에는 채권자는 추심한 금액을 바로 공탁하고 그 사유를 신고하여야 한다(민사집행법 제236조 제2항).

사유신고는 사건과 당사자의 표시, 제3채무자로부터 지급받은 금액과 날짜와 공탁사유 및 공탁한 금액을 적은 서면에 공탁서를 붙여서 하여야 한다(민사집행규칙 제162조 제2항). 배당요구가 있으면 법원은 그 사실을 채권자에게 통지하여야 한다(민사집행법 제247조, 제219조).

(4) 추심채권자가 공탁을 하지 아니하는 경우

압류 등의 경합이 있음에도 불구하고 추심을 완료한 채권자가 공탁의무를 이행하지 않을 경우에 다른 경합채권자는 추심채권자를 상대로 추심한 금원을 법원에 공탁하고, 그 사유를 신고할 것을 구하는 소를 제기할 수 있다. 이를 인용하는 때의 주문의 방식 등에 관하여는 "피고는 원고에게 ○○지방법원 20 타채 채권압류 및 추심명령에 따른 추심금원을 공탁의 방법으로 지급하고, 그 사유를 신고하라"는 형식으로 함이 상당하고, 이 공탁판결에 기초하여 강제집행을 하여 집행기관이 배당 등을 받아 그것을 공탁하여야 한다는 견해와 "피고는 ○○지방법원 20 타채 채권압류 및 추심명령에 따른 추심금 원을 위 법원에 공탁하고 그 사유를 신고하라"는 형식이 되고, 이는 간접강제(민사집행법 제261조)의 방식으로 집행할 수 있다(민사집행법 제248조 제4항)는 견해가 대립되어 있다.

(5) 집행법원의 배당

제3채무자가 공탁하거나 추심채권자가 공탁을 한 때에는 집행법원은 배당절차를 개시하여야 한다.

해방공탁에 의한 부동산 가압류집행취소신청

신 청 인 성 명   (전화번호 :)
(채무자) 주 소

피신청인 성명
(채권자) 주소

수입인지
1,000원

신 청 취 지

위 당사자간 귀원 2002 카   호 부동산가압류신청 사건에 관하여 2002. . .
등기소 접수 제호로 한 부동산가압류집행은 이를 취소한다.
라는 재판을 구합니다.

신 청 원 인

피신청인은 신청인에 대하여 2002 카호 부동산가압류신청을 하여 별지목록 기재
부동산에 대하여등기소 2002. . .   접수 제호로 부동산가압류집행을 하였으나,
신청인은 서울지방법원 2002 금 제   호로 금 원정을 2002. . . 해방공탁하였으
므로 위 신청취지와 같은 가압류집행취소결정을 구하기 위하여 이건 신청에 이른 것
입니다.

첨 부 서 류 : 공 탁 서1부

2002년   월 일

위 신청인   ㉑

서울지방법원 귀중

가압류결정에 대한 이의신청

신 청 인(채무자) ○ ○ ○
피신청인(채권자) ○ ○ ○

신 청 취 지

　○○지방법원이 동 법원 ○년카○○○호 부동산 가압류명령신청사건에 관하여 ○○년 ○월 ○일에 한 가압류결정은 이를 취소한다.

채권자의 이 건 가압류신청을 기각한다.

소송비용은 채권자의 부담으로 한다.

신 청 이 유

1. 채권자의 부동산 가압류명령신청에 기하여 ○○년 ○월 ○일 신청취지와 같은 가압류명령이 발하여 졌다.
2. 채권자는 채무자에게 금 일천만원의 채권이 있다고 주장하지만 채무자가 채권자로부터 차용한 금액은 금 500만원에 불과하고 그것도 ○○년 ○월 ○일 전부 변제하였다. 따라서 채권자에게는 피보전권리가 없다.
3. 또 채무자가 재산을 은익할 우려가 있다고 주장하지만 그렇지 않고 채무자에게는 토지·건물 등의 부동산외에도 은행예금·주식 기타 상당한 재산을 가지고 있기 때문에 그 점에서도 가압류의 이유가 없다.
4. 위와 같이 이 건 가압류결정은 그 이유가 없으므로 이 신청에 이른 것이다.

소 명 방 법

　1. 부동산등기부등본
　2. 변제영수증
　3. 은행예금통장
　4. 기　타

2003. 12. 20.

위 신청인(채무자) ○○○

서울지방법원 귀중

사정변경에 의한 가압류취소신청

신 청 인(채무자) 김　ㅇ　ㅇ
　　　　ㅇㅇ시 ㅇㅇ구 ㅇㅇ동 ㅇ
피신청인(채권자) 김　ㅇ　ㅇ
　　　　ㅇㅇ시 ㅇㅇ구 ㅇㅇ동 ㅇ

신 청 취 지

위 당사자간 ㅇㅇ지방법원 ㅇㅇ카단103　부동산 가압류 신청사건에 관하여 같은 법원에서 ㅇㅇ년 ㅇ월 ㅇ일에 한 가압류 결정을 취소한다.
소송비용은 피신청인의 부담으로 한다.
라는 재판 및 가집행선고를 구합니다.

청 구 원 인

1. 피신청인은 신청인에 대한 대여금 ㅇㅇㅇㅇ원에 대한 집행보전을 위하여 귀원으로부터 신청취지 기재 가압류 결정을 얻어 신청인의 부동산을 가압류하였습니다.
2. 위 가압류 집행 후 신청인은 위 가압류 집행의 해제를 구하기 위하여 위 대여금 금 ㅇㅇㅇ원을 피신청인에게 지급하고자 하였는 바 피신청인은 가압류 집행후 주거지를 옮겨 그 신거주지를 알 수 없으므로 부득이 귀원에 이를 변제공탁하였습니다(공탁번호 ㅇㅇ금 제123호).
3. 따라서 피신청인의 신청인에 대한 위 가압류채권이 소멸함으로써 가압류 당시의 사정이 변경되었으므로 민사집행법 제288조 제1항에 따라 위 가압류의 취소신청을 합니다.

소 명 방 법

1. 부동산가압류결정정본   1통
1. 불거주증명   1통
1. 공탁서   1통

○○년 ○월 ○일

신청인(채무자) 김 ○ ○ ㊞

○○지방법원   귀중

[별지서식 4]

가압류취하신청

사 건   00카합000 부동산가압류
채권자 ○   ○   ○
채무자 ○   ○   ○

위 사건의 당사자에 관하여 채권자는 사정에 의하여 이 사건 신청을 전부 취하합니다.

○○년 ○월 ○일

위 채권자 ○   ○   ○   ㊞

○○지방법원 귀중

부동산가압류해제신청

사 　 　 건 　 00카합000 부동산가압류

채 권 자 　 ○　○　○

채 무 자 　 ○　○　○

　위 사건의 당사자에 관하여 채권자는 ○○년 ○월 ○일 부동산 가압류 결정을 얻어 채무자 소유의 별지목록 기재 부동산에 대한 가압류 기입등기 촉탁이 완료되었으나 그 후 당사자간에 화해가 원만히 성립되어 이 사건 가압류 신청을 취소하였으므로 동 집행을 해제하여 주시기 바랍니다.

첨 부 서 류

　1. 별지목록 　　　　　　　　　　　　　　　　1통

○○년 ○월 ○일

위 채권자 　○　○　○　　㉑

○○지방법원　귀중

접수증 (가압류취하서 또는 해제신청서 등)

다음과 같이 소송서류를 접수하였습니다.

1. 사건번호 　　20

2. 접수일시 　　20　　　　.　　　.

3. 서류의 명칭 및 통수

20　　.　　.　　.

접수인	법원사무관 　　　　㉑

(대법원 재판예규 제923호 2003.9.4. 제5조)

서 울 지 방 법 원
판   결

사   건   2002 카단 12982 가압류결정취소(사정변경에 의한 가압류결정취소)

신 청 인   김 ○ ○
　　　　　　서울 강남구 논현동 193 - 30
　　　　　　소송대리인 변호사   ○○○

피신청인   김 ○ ○
　　　　　　대구 동구 도동 20 - 6 에덴아파트 102동 303호

변론종결   2002. 10. 6.

주   문 1. 피신청인과 신청인 사이의 서울지방법원 2002 카 40916호 부동산가압류
　　　　　　　신청사건에 관하여 이 법원이 2002.5.28. 별지목록 기재 부동산에 대하
　　　　　　　여 한 가압류결정을 취소한다.
　　　　　　2. 소송비용은 피신청인의 부담으로 한다.
　　　　　　3. 제1항은 가집행할 수 있다.

신청취지 주문과 같다.

이   유   신청인은 이 사건 신청원인으로서, 피신청인이 신청인에 대한 금 7,000,000
　　　　　원의 대여금채권의 집행보전을 위하여 서울지방법원 2002카40916호로 한
　　　　　부동산가압류신청사건에 관하여 이 법원이 피신청인의 신청을 받아들여
　　　　　2002.5.28. 신청인 소유의 별지목록기재 부동산에 대한 가압류결정을 하였
　　　　　는데, 그 후 위 가압류상의 피보전권리는 피신청인이 신청인을 상대로 위
　　　　　가압류신청사건의 본안소송으로 제기한 같은 법원 2002 가단 29119 대여
　　　　　금 청구소송의 승소확정판결이 있은 후 신청인의 변제공탁으로 소멸되었다
　　　　　고 주장함에 대하여, 피신청인은 공시송달에 의하지 아니한 소환을 받고도
　　　　　변론기일에 출석하지 아니하고 답변서 등을 통하여 신청인의 위 주장사실
　　　　　을 다투지 아니하므로 이를 자백한 것으로 본다.
　　　　　　그렇다면, 위 가압류결정은 이를 유지할 필요성이 없는 사정변경이 생겼
　　　　　다고 할 것이어서, 이를 이유로 그 가압류결정의 취소를 구하는 신청인의
　　　　　이 사건 가압류취소신청은 정당하므로 이를 인용하기로 하여 주문과 같이
　　　　　판결한다.

2002.   .   .

판사   ○○○

(6) 해방공탁금회수청구권에 대한 압류, 추심명령이 경합한 경우 공탁관의 사유신고

해방공탁금의 회수청구권에 대한 압류·추심명령이 경합한 경우, 공탁관은 공탁을 유지한 채 집행법원에 사유신고를 한 후 집행법원의 배당절차에 따라 공탁금을 각 채권자들에게 분할지급하거나, 사유신고를 하지 아니한 채 공탁금출급을 신청한 압류·추심 채권자 1인에게 공탁금을 지급할 수 있으므로, 공탁관이 집행법원에 그 사유를 신고하지 아니하고 채권자 중 1인으로서 공탁금출급청구를 한 채권자에게 공탁금 잔액을 지급한 것이 적법한 사무처리였다고 판단한 원심판결에는 공탁관의 사무처리에 관한 법리를 오해한 위법이 있다(대판 2002.8.27, 2001다73107).

XⅢ. 매각(경락)허가결정에 대한 항고시 보증으로 공탁한 현금 또는 유가증권의 회수절차

이 예규는 「민사집행법」 제130조 제3항 에 따라 매각허가결정에 대한 항고를 할 때 보증으로 공탁한 현금이나 유가증권의 출급 또는 회수에 관한 공탁사무 처리절차를 규정함을 목적으로 한다(대법원 행정예규 제980호, 2013.9.9. 시행일 2013.10.1.).

공탁의 사유가 소멸된 경우에는 공탁자가 공탁서와 항고인용의 재판이 확정되었음을 증명하는 서면 또는 당해 보증이 배당할 금액에 포함될 필요가 없게 되었음을 증명하는 서면(집행법원의 법원사무관 등이 발급한 것에 한한다)을 첨부하여 공탁물 회수청구를 할 수 있다(제2조).

XⅣ. 신탁업법 제16조에 의한 영업보증공탁의 회수

1. 신탁업법 제16조에 의한 영업보증공탁의 경우 신탁업법에 회수절차에 관하여 별도의 규정은 없으나 구공탁법 제8조 및 구공탁사무처리규칙 제32조에 의하면 공탁서 외에 공탁원인소멸에 관한 증명 내지 회수청구권을 갖는 것을 증명하는 서면을 첨부하여야 하므로 감독관청(금융감독위원회)의 승인서를 회수청구시 첨부하여야 할 것이다.

2. 대공탁금의 회수청구권자는 감독관청의 승인은 있으나 공탁서 원본이 없다면 보

증지급 또는 최고지급의 방법으로 영업보증공탁의 변형물인 대공탁금을 회수할 수 있을 것이다.

3. 부속공탁금은 공탁원인소멸과 무관하므로 감독관청의 승인서의 첨부를 요건으로 하지는 않고 기본공탁의 법정과실이므로 원칙적으로 영업보증공탁의 회수청구권자가 청구권을 가진다고 볼 것이다(2005.10.13. 공탁법인과-534)

XV. 집행공탁의 공탁물의 회수(집행공탁이 무효임이 명백한 경우 및 착오공탁)

집행공탁에서는 변제공탁과 달리 원칙적으로 공탁자는 그 공탁금을 다시 회수할 권리를 갖지 않는다. 그러나 이것은 유효한 집행공탁이 되어지는 것을 전제로 하는 경우이고, 예컨대 공탁원인이 없는데도 공탁이 되어진 경우 등으로 공탁이 무효임이 명백한 경우에는 집행공탁이 있어서도 일정한 이유를 원인으로 하는 공탁금의 회수를 인정할 필요가 있다고 보아야 할 것이다(대법원 1999.1.8. 자98마363 결정 참조).

학설과 실무는 집행공탁의 경우에도 구공탁법 제8조 제2항 제2호에 의한 사유, 즉 착오로 공탁을 한 경우에는 공탁물을 회수할 수 있다고 해석하고 있으며 대법원도 1999.1.8.자 98마363 결정을 통하여 집행공탁의 경우에도 집행법원이 집행공탁금의 배당을 실시하기 전에 공탁자가 집행공탁의 원인이 없음에도 착오로 집행공탁을 한 것임을 이유로 공탁사유신고를 철회한 경우, 그 집행공탁이 원인이 없는 것으로서 무효임이 명백하다면, 집행법원으로서의 공탁사유신고를 불수리하는 결정을 할 수 있고, 공탁자는 공탁관에게 집행법원의 위 결정을 제출하여 구공탁법 제8조 제2항 제2호(현행공탁법 제9조 2항 2호)에 따라 공탁금을 회수할 수 있다고 판시하였다.

🔍 판례

집행법원이 집행공탁금의 배당을 실시하기 전에 공탁자가 집행공탁의 원인이 없음에도 착오로 집행공탁을 한 것임을 이유로 공탁사유신고를 철회한 경우, 그 집행공탁이 원인이 없는 것으로서 무효임이 명백하다면, 집행법원으로서는 공탁사유신고를 불수리하는 결정을 할 수 있고, 공탁자는 공탁공무원에게 집행법원의 위 결정을 제출하여 공탁법 제8조 제2항 제2호에 따라 공탁금을 회수할 수 있다(대판 1999.1. 8, 98마363 결정).

제3채무자가 착오를 이유로 하여 집행공탁금을 회수하기 위해서는 자신의 공탁이 착오로 인한 것임을 증명하는 서면을 집행법원에 제출하여야 한다. 이러한 서면에는 채권압류명령의 취하증명서 · 사유신고불수리증명서 · 사유신고 불수리결정정본 · 집행공탁을 무효로 선언하는 판결정본과 확정증명서 등이 있는데, 이 사안의 경우 이미 집행법원에 사유신고가 수리된 이후에 제3채무자가 착오를 주장하는 것이므로 집행법원에 의한 사유신고 불수리결정정본이 있으면 되리라 생각된다(사유신고는 집행법원에 대한 어떠한 신청행위가 아니므로 이에 대한 기각결정 또는 각하결정이란 용어는 이론상 적절하지 않다)(재판자료 제109집, 102면).

집행법원의 사유신고 불수리결정이 있으면 그 정본을 제3채무자에게 교부해야 하고, 이러한 불수리결정정본은 위에서 본 대로 공탁의 착오를 증명하는 서면에 해당되므로, 제3채무자는 이를 공탁소에 제출하여 공탁관으로부터 공탁금을 회수할 수 있게 된다.

XVI. 공탁물회수의 일괄청구 · 일부지급

1. 일괄청구

(1) 일괄청구의 의의
동일인이 수건의 공탁에 관하여 공탁물의 회수를 청구하려는 경우, 그 사유가 동일한 때에는 공탁종류에 따라 하나의 청구서로 할 수 있다(공탁규칙 제35조). 이를 일괄청구라 한다. 일괄청구에 대한 구체적인 절차는 "공탁물 출급 · 회수의 일괄청구에 관한 업무처리지침(행정예규 제954호)"

(2) 일괄청구절차

일괄청구의 청구서는 출급·회수별, 공탁물별, 청구사유별(공탁수락, 담보권실행, 배당, 몰취 등)로 작성한다. 청구서는 통상 쓰이는 양식인 공탁사무 문서양식에 관한 예규(행정예규 742호) 문서양식 중 제8-1호, 제8-2호, 제8-3호 양식을 사용한다. 공탁번호·공탁금액·공탁자·피공탁자란에는 "별지 일괄청구목록과 같음"으로 기재하고 그 내역을 예규에서 정한 별지 제1-1호 내지 제1-3호 양식에 기재한다. 청구내역란에는 "별지 청구내역목록과 같음"으로 기재하고 그 내역을 별지 제2-1호 내지 제2-3호 양식에 기재한다.

(3) 일괄청구 승인기준

공탁관은 일괄청구요건을 갖추고 있는지를 구체적으로 심사하여 인가여부를 결정한다. 일괄청구가 가능하기 위하여는 청구인이 동일인이어야 하고 출급 또는 회수청구사유가 같아야 하며 공탁물이 같은 종류이어야 한다. 대공탁 및 부속공탁은 기본공탁에 포함시켜 1건으로 일괄출급 또는 회수할 수 있다(행정예규 39호, 1999.7.15. 법정 3302-222). 그러나 ① 일부지급 또는 분할지급을 요하는 것이 있는 때, ② 사안이 복잡하여 즉시 처리가 곤란한 것이 있는 때, ③ 청구이유가 없어 불수리처분을 할 것이 있는 때, ④ 기타 일괄청구에 적합하지 않다고 인정되는 것이 있는 때에는 일괄청구를 허용하지 아니한다.

(4) 청구서 및 공탁기록의 처리

공탁관이 일괄청구를 받은 때에는 청구서 좌측상단에 "일괄청구"라고 주서(朱書)한다. 공탁관이 일괄청구를 인가한 때에는 각 공탁사건 기록표지의 비고란에 "일괄지급"이라고 주서하고 그 아래에 해당 공탁사건번호를 기재한다. 청구서 및 첨부서류는 공탁번호가 가장 빠른 공탁기록에 가철하고, 각 공탁사건기록표지의 하단 종국사유란 등 해당란을 모두 기재한 다음 각 공탁번호순으로 공탁사건기록을 첨철하여 종결 처리한다.

공탁물회수의 일괄청구에 관한 업무처리지침(2013.3.13. 대법원행정예규 제954호)

1. 청구서작성안내

공탁관은 일괄청구를 원하는 공탁물수령권자에게 아래와 같이 공탁물회수청구서를 작성하도록 안내한다.

가. 일괄청구시 청구서의 작성구분

일괄청구란 수개의 공탁을 1장의 회수청구서에 일괄기재하여 청구하는 것이므로 일괄청구의 청구서는 회수별·공탁물별·청구사유별(공탁수락·담보권실행^배당·몰취 등)로 작성한다. 유가증권을 공탁한 후 증권의 일부를 대공탁 및 부속공탁하였을 때에는 이에 대한 출급 또는 회수청구서는 대공탁 및 부속공탁을 기본공탁에 포함시켜 공탁종류(유가증권 또는 금전별)에 따라 각각 1건의 청구서로 작성할 수 있다.

나. 청구서기재요령

청구서는 통상 쓰이는 서식인 공탁사무문서양식 8-1 내지 8-3호 양식을 이용하되 공탁번호·공탁금액·공탁자·피공탁자란에는 "별지 일괄청구목록과 같음"으로 기재하고 그 내역을 별지 1-1 내지 1-3 양식에 기재하며, 청구내역란에는 "별지 청구내역목록과 같음"으로 기재하고 그 내역을 별지 2-1 내지 2-3 양식에 기재한다.

2. 승인기준

공탁관은 일괄청구요건을 갖추고 있는지를 구체적으로 심사하여 인가 여부를 결정하되 다음의 경우에는 일괄청구를 허용하지 아니한다.

가. 일부지급 또는 분할지급을 요하는 것이 있는 때

나. (삭제)

다. 사안이 복잡하여 즉시 처리가 곤란한 것이 있는 때

라. 청구이유가 없어 불수리처분을 할 것이 있는 때

마. 기타 일괄청구에 적합하지 않다고 인정되는 것이 있는 때

3. 청구서 및 공탁기록의 처리

가. 청구서의 처리

공탁관이 일괄청구를 받은 때에는 공탁서 좌측 상단에 '일괄청구'라고 주서한다.

나. 공탁기록의 처리

공탁관이 일괄청구를 인가한 때에는 각 공탁사건기록표지의 비고란에 '일괄지급'이

라고 주서하고, 그 아래에 해당 공탁사건번호를 기재하며, 청구서 및 첨부서류는 공탁번호가 가장 빠른 공탁기록에 가철하고, 각 공탁사건기록표지의 하단 종국사유란 등 해당란을 모두 기재한 다음 각 공탁번호순으로 공탁사건기록을 첨철하여 종결처리한다.

일괄청구목록(생략)

2. 일부지급

(1) 일부지급의 의의
공탁물의 일부지급이라 함은 1건의 공탁물 중 일부만을 지급하는 것을 말한다(공탁규칙 제42조).

(2) 일부지급할 수 있는 경우
1건의 공탁물중 일부만을 지급하는 경우는 다음과 같은 사례를 들 수 있다.
① 공탁물 일부에 대하여 공탁원인이 소멸하여 그 부분에 대하여 회수청구하는 경우
② 공탁물 일부에 대하여 착오사유가 있어 그 부분에 대하여 회수청구하는 경우
③ 공탁물 일부를 담보물변경하기 위하여 그 부분에 대하여 회수청구하는 경우
④ 공탁물 일부에 대하여 압류 및 전부명령이 있어 그 부분에 대하여 출급 또는 회수청구하는 경우
⑤ 공탁물 일부에 대한 채권양도가 있어 그 부분에 대하여 양수인이 출급 또는 회수청구하는 경우
⑥ 공탁물 일부에 대하여 배당에 의한 지급위탁이 있어 그 부분에 대하여 회수청구하는 경우 등이다.

(3) 회수청구서의 기재사항 및 첨부서면
청구서는 통상의 공탁물 회수청구서를 사용하되 "청구내역"란에는 실제로 청구하는 공탁물을 표시한다. 일부지급청구의 첨부서류도 통상의 경우와 같다.

공탁물의 일부를 지급하는 경우에는 공탁관은 청구인이 제출한 공탁통지서나 공탁서에 지급을 인가한 공탁물의 내용을 적고 기명날인한 후 청구인에게 반환하여야 한다. 위 경우에는 출급·회수청구서의 여백에 공탁통지서나 공탁서를 반환한 뜻을 적고 수령인을 받아야 한다(공탁규칙 제42조 1~2항).

XVII. 공탁물회수청구의 인가(공탁물회수의 절차)

공탁관이 공탁물 회수청구 서류를 접수한 때에는 상당한 사유가 없는 한 지체없이 모든 사항을 조사하여 신속하게 처리하여야 한다(공탁규칙 제39조 1항)

1. 회수청구의 인가

(1) 회수청구가 이유 있다고 인정할 때

공탁관은 공탁물의 회수청구가 이유 있다고 인정할 때에는 청구서에 인가취지를 기재하여 기명·날인하고, 전산등록을 한 다음 그 중 1통은 청구자에게 교부하고, 공탁물보관자에게는 그 내용을 전송한다(공탁규칙 제39조 2항).

위의 경우 공탁관은 청구인으로부터 청구서수령인을 받아야 한다(공탁규칙 제39조 3항).

(2) 인가 후의 절차

공탁관이 공탁물 지급청구에 대하여 인가를 하는 때에는 전산시스템의 업무 항목(메뉴)에 따른 화면을 선택하여 그 내용을 공탁원장파일 등에 등록하여야 한다(행정예규 제746호. 15조). 공탁물 지급청구에 대하여 인가를 전산등록한 때에는 공탁관은 업무의 항목에 따른 그 등록내용의 정확 여부를 등록확인 화면조회를 통하여 확인하여야 한다. 만약 등록내용에 오기가 있음을 발견한 때에는 즉시 법원행정처 공탁상업등기과장에게 별표3의 양식에 따라 등록오기정정 신청을 하여야 한다(행정예규 제746호. 16조 1항).

(3) 공탁금 출급·회수청구인의 신분증사본의 편철

공탁관이 공탁규칙 제37조 제3항에 따라 공탁물 출급·회수청구를 하는 사람의 인감증명서 제출 없이 공탁금 출급·회수청구를 인가한 때에는 청구인의 신분증 사본을 해당 공탁기록에 편철하여야 한다(공탁규칙 제37조 제4항).

2. 토지수용보상공탁금의 회수청구 가부(소극)

(1) 기업자 또는 기업자의 공탁금 회수청구권에 대한 전부채권자의 회수가부(소극)

토지수용보상금의 공탁은 토지수용법 제65조에 의하여 간접적으로 강제되는 것으로서 자발적으로 이루어지는 것이 아니므로, 민법 제489조의 규정은 배제되어 어느 경우이든 기업자인 공탁자의 공탁금회수청구는 인정되지 않는다(대판 1988.4.8, 88마201). 따라서 공탁관은 공탁자의 공탁물회수청구에 대하여 그 공탁물을 출급할 수 없을 뿐만 아니라 기업자 자신의 회수청구권에 대하여 전부명령을 받은 자의 공탁금회수청구에 대하여도 그 공탁물을 출급할 수 없으며(대법원 1988.4.8, 88마201 결정), 피공탁자가 공탁자에게 공탁금을 수령하지 아니한다는 의사표시를 한 경우에도 사업시행자는 그 공탁금을 회수할 수 없다(대판 1997.9.26, 97다24290). 기업자가 토지수용의 재결이 있은 후 토지보상금을 공탁하였다면 그 수용재결이 당연무효이거나 소송 등에 의하여 취소되지 않는 한 기업자는 민법에 의한 공탁과는 달리 그 공탁금에 대한 회수청구를 할 수 없다(대판 1998.9.22, 98다12812). 그러나 착오공탁과 공탁사유의 소멸(예: 토지수용재결의 당연무효 또는 취소 등)을 원인으로 한 경우에는 회수할 수 있다(행정예규 제526호. 3. 가. (2). 2009.9.18).

(2) 징발재산의 매수결정에 의한 공탁물의 회수가부(소극)

지방재산정리에관한특별조치법 소정의 국방부장관의 징발재산 매수결정이 있으면 공탁은 같은 법 제6조에 의하여 간접적으로 강제되는 것이고 이와 같이 그 공탁이 자발적이 아닌 경우에는 민법 제489조의 적용은 배제되어 공탁자는 그 공탁물을 회수할 수 없고 따라서 공탁공무원은 공탁자의 공탁물회수청구에 대하여 그 공탁물을 출급할 수 없다(대판 1992.2.11, 91다18972).

① 기업자의 회수청구권에 대하여 전부명령을 받은 자

㉮ 기업자의 토지수용법 제61조 제2항에 의한 손실보상금의 공탁은 같은 법 제65조에 의하여 간접적으로 강제되는 것인바, 이와 같이 그 공탁이 자발적이 아닌 경우에는 민법 제489조의 적용은 배제되어 피공탁자가 공탁자에게 공탁금을 수령하지 아니한다는 의사표시를 하였다 하더라도 기업자는 그 공탁금을 회수할 수 없으므로, 공탁관은 기업자 자신의 공탁금회수청구 및 위 공탁금회수청구채권에 대하여 전부명령을 받은 자의 공탁금회수청구에 대하여도 그 공탁금을 출급할 수는 없다(대법원 1988.4.8. 88마201 결정).

㉯ 공탁물 회수청구채권이 압류 및 전부된 경우 공탁관이 한 공탁물회수청구에 대한 불수리처분의 적부

형식적 심사권밖에 없는 공탁관으로서는 그 전부명령의 유·무효를 심사할 수는 없는 것이므로 공탁물 회수청구채권이 이미 압류 및 전부되었다는 이유로 이 사건 공탁금 회수청구를 불수리한 공탁관의 처분은 정당하고, 공탁물 회수청구채권에 대한 실질적 권리관계의 확정은 관계당사자간의 문제로서 별도로 해결되어야 할 것이다(대판 1983. 3.25. 82마733).

② 토지수용법 제61조 제2항에 의한 손실보상금의 공탁은 같은 법 제65조에 의하여 간접적으로 강제되는 것으로서 이와 같이 그 공탁이 자발적이 아닌 경우에는 민법 제489조의 적용은 배제되어 피공탁자가 공탁자에게 공탁금을 수령하지 아니한다는 의사를 표시하였다 할지라도 기업자는 그 공탁금을 회수할 수 없으므로 기업자가 피공탁자가 공탁금 수령을 거절한다는 이유로 그 공탁금을 회수한 것은 부적법하다.

기업자가 토지수용법의 규정에 따라 적법하게 보상금을 공탁하는 등의 수용절차를 마친 이상 수용 목적물의 소유권을 원시적으로 적법하게 취득하므로 그 후에 부적법하게 공탁금이 회수된 사정만으로 공탁의 효력이 무효로 되는 것은 아니다(대판 1997.9.26. 97다24290).

③ 기업자가 토지수용의 재결 후 공탁한 토지보상금에 대하여 회수청구권을 행사할 수 있는지 여부

토지수용법 제61조 제2항에 의한 수용보상금의 공탁에 있어서는 기업자가 공탁금을 회수하면 공탁이 없었던 것이 되어 재결이 효력을 상실하므로, 기업자가 토지수용의 재결이 있은 후 토지보상금을 공탁하였다면 그 수용재결이 당연무효이거나 소송 등에 의하여 취소되지 않는 한 기업자는 민법에 의한 공탁과는 달리 그 공탁금에 대

한 회수청구를 할 수 없다(대판 1998.9.22. 98다12812).

① 기업자가 토지수용위원회의 수용재결이 있은 후 토지수용법 제61조 제2항의 규정에 의하여 수용의 시기까지 보상금을 공탁하였다면 그 수용재결이 당연무효이거나 소송 등에 의하여 취소되지 아니하는 한 기업자는 수용한 날에 소유권을 취득함과 동시에 기업자의 공탁금회수청구권은 소멸되는 것이므로, 그 후 사업의 일부가 변경되어 해당 사업지구에서 제외된 토지가 있다 하더라도 그 사유로 인하여 그 제외된 토지에 대한 공탁금회수청구권이 부활하는 것이 아니다(1992. 1.29. 법정 제222호).

② 도시재개발사업 시행자가 관할 토지수용위원회의 수용재결을 받아 수용의 시기까지 보상금을 공탁하였다면 그 수용재결이 당연무효이거나 소송 등에 의하여 취소되지 않는 한 시행자는 수용한 날에 소유권을 취득함과 동시에 시행자의 공탁금회수청구권은 소멸되는 것이다(1997.8.18. 법정 제3302 - 256호).

3. 공탁금회수청구권에 대한 인가처분이 제3자의 부정출급에 의한 경우

공탁금회수청구에 대한 인가처분으로 공탁금이 이미 공탁금보관은행에서 지급된 경우에는 설령 그 인가처분이 제3자의 부정출급행위에 의한 것이라 하더라도 공탁관계는 이미 종료되어 해당 공탁관은 더 이상 어떤 처분을 할 수 없다(2005. 5.17. 공탁법인과-132. 대판 2001.6.5. 2000마2605 결정).

4. 인가받은 공탁물회수청구서를 분실한 경우(행정예규 제949호. 2013.3.13)

이 예규는 공탁물 회수청구에 대하여 공탁관의 인가를 받은 공탁물 회수청구인(이하 "청구인"이라 한다)이 그 인가받은 공탁물회수청구서(이하 "공탁물지급청구서"라 한다)를 공탁물보관자에게 제출하기 전에 분실한 경우 공탁물 지급에 관한 업무처리지침을 정함을 목적으로 한다.

(1) 사실증명 신청
인가받은 공탁물지급청구서를 분실한 청구인이 공탁물을 지급받고자 하는 경우 청구인은 「공탁사무 문서양식에 관한 예규」 별지 제16-2호 양식의 사실증명신청서 2통을 공탁관에게 제출하여야 한다(동예규 제949호. 제2조 1항).

사실증명신청서에는 공탁물 지급청구에 대하여 인가한 사실이 있는지 여부에 대한 증명을 청구한다는 취지를 명확히 기재하고 공탁물지급청구서 사본 및 청구인의 신분증 사본을 첨부하여야 하며, 「공탁규칙」 제14조 제1항·제2항에 따라 청구인이 간인을 하여야 한다(동예규 제949호. 제2조 2항).

(2) 공탁관의 처리

공탁관은 위 예규 제2조의 신청이 이유 있다고 인정하는 경우에는 접수한 사실증명신청서의 아래에 그 신청사실을 증명하는 뜻을 적고 기명날인하며 첨부된 공탁물지급청구서 사본과의 사이에 간인을 하여야 한다(동예규 제949호. 제3조 1항).

공탁관은 동예규 제3조 제1항에 따라 작성한 사실증명서 2통 중 1통은 청구인에게 내주고 나머지 1통은 공탁기록에 편철하여 보관하여야 한다(동예규 제949호. 제3조 2항).

사실증명서를 내주는 때에는 청구인으로부터 영수증을 받아야 한다(동예규 제949호. 제3조 3항).

(3) 공탁물보관자의 처리

청구인이 제3조에 따라 발급받은 사실증명서를 제출하여 공탁물의 출급 또는 회수를 청구하는 경우 공탁물보관자는 분실한 공탁물지급청구서에 의하여 이미 공탁물을 지급한 때 등과 같은 특별한 사정이 없는 한 그 청구에 따라 공탁물을 지급하여야 한다(동예규 제949호. 제4조).

XVIII. 공탁물회수청구의 불수리

공탁관이 공탁물 회수의 청구를 불수리할 경우에는 이유를 기재한 결정으로 하여야 한다(규칙 제48조 1항).

공탁관은 조사단계에서 서류에 불비한 점이 있거나 회수청구사유가 없으면 보정이나 취하를 권유할 수 있다. 그러나 신청인이 이에 응하지 않을 경우에는 불수리처분을 하여야 하며, 접수자체를 거절할 수는 없다(2005.10.24. 공탁법인과-566).

공탁관이 회수청구를 불수리할 경우에는 불수리사건관리부에 결정연월일과 고지연월일, 이의신청이 있는 경우에는 이의신청일 및 결과를 등록하여야 한다(공탁규칙 제7조, 제48조). 공탁관이 회수청구를 불수리하는 경우 그 업무처리절차를 규정하기 위하여 "공탁 신청 및 출급·회수에 대한 불수리결정 업무처리지침"이 마련되어 있다(행정예규 제743호).

공탁관이 불수리결정을 한 때에는 불수리결정원본과 공탁서, 그 밖에 첨부서류는 공탁기록에 철하여 보관한다. 다만, 첨부서류에 대하여 신청인 등이 반환을 청구한 경우에는 공탁관은 해당 첨부서류의 복사본과 신청인 등에게 받은 영수증을 공탁기록에 철하고 첨부서류 원본을 반환한다(행정예규 제743호 5조).

공탁관의 불수리처분에 대하여는 불복하는 자는 관할 지방법원에 이의신청을 할 수 있으며, 이 경우 이의신청은 공탁소에 이의신청서를 제출하는 방법으로 하여야 한다(공탁법 제12조).

🔍 판례

1. **공탁물 회수청구채권이 압류 및 전부된 경우 공탁공무원이 한 공탁물회수청구에 대한 불수리처분의 적부**

   형식적 심사권 밖에 없는 공탁공무원으로서는 그 전부명령의 유·무효를 심사할 수는 없는 것이므로 공탁물회수청구채권이 이미 압류 및 전부되었다는 이유로 이 사건 공탁금회수청구를 불수리한 공탁공무원의 처분은 정당하고, 공탁물회수청구채권에 대한 실질적 권리관계의 확정은 당사자간의 관계로서 별도로 해결되어야 할 것이다(대판 83.3.25. 82마733).

2. **공탁물회수청구권이 가압류 되었다는 이유로 공탁금회수청구를 불수리한 공탁공무원의 처분의 당부**

   공탁물회수청구권에 대한 가압류결정이 그 방식에 있어서 적법한 이상, 그 내용이 위법무효하더라도 그것이 발부되어 채무자와 제3채무자에게 송달되면 집행력을 가지는 것인 즉 형식적 심사권밖에 없는 공탁공무원으로서는 그 가압류결정의 유·무효를 심사할 수는 없는 것이므로 위 공탁물회수청구채권이 이미 가압류되었다는 이유로 위 공탁금회수청구를 불수리한 공탁공무원의 처분은 정당하다(대판 86.5.1. 85마739).

3. **공탁금회수청구권에 대한 압류·전부채권자의 공탁금 지급청구에 대하여 공탁공무원이 선행하는**

가압류가 존재한다는 이유로 이를 불수리하고 압류 경합을 이유로 사유신고를 한 경우, 공탁공무원의 처분에 대한 이의신청은 그 이익이 없어 부적법하다고 한 사례(2001.6.5. 2000마2605)

XIX. 공탁물의 지급

1. 공탁관의 회수청구의 인가

공탁관은 회수청구가 이유 있다고 인정할 때에는 청구서에 인가의 뜻을 적어 기명날인하고 전산등록을 한 다음 청구서 1통을 청구인에게 내주고, 공탁물보관자에게는 그 내용을 전송하여야 한다(공탁규칙 제39조 2항).

2. 공탁물보관자의 공탁물지급

공탁물보관자는 회수청구가 있는 때에는 공탁관이 전송한 내용과 대조하여 청구한 공탁물과 그 이자 또는 이표를 청구자에게 지급하고, 청구서에 수령인을 받는다(공탁규칙 제45조).

공탁물보관자는 공탁규칙 제45조의 공탁물을 지급한 후에 그 지급사실을 공탁관에게 전송한다. 다만, 물품공탁의 경우 지급결과통지서에 지급한 내용을 기재하여 공탁관에게 보낸다(공탁규칙 제46조).

3. 공탁물의 일부지급

공탁물의 일부를 지급하는 경우에는 공탁관은 청구인이 제출한 공탁통지서나 공탁서에 지급을 인가한 공탁물의 내용을 적고 기명날인한 후 청구인에게 반환하여야 한다(공탁규칙 제42조 1항). 위의 경우에는 출급·회수청구서의 여백에 공탁통지서나 공탁서를 반환한 뜻을 적고 수령인을 받아야 한다(공탁규칙 제42조 2항).

공탁물품 지급결과 통지서

법원   지원 공탁관   귀하

공탁번호 :

공탁자 성명(상호, 명칭) :

　　　　주소(본점, 주사무소) :

　　　　주민등록번호(법인등록번호) :

　수령인(청구인 또는 대리인) 성명(상호, 명칭) :

　　　　　　　주소(본점, 주사무소) :

　　　　　　　주민등록번호(사업자등록번호) :

공탁물품 :

위 공탁물품을 위 수령인에게 지급하였기에 그 결과를 통지합니다.

년   월   일

공탁물보관자   (인)

4. 배당등에 의한 공탁물의 지급

배당(민사집행법 제256조)이나 그 밖에 관공서의 결정에 따라 공탁물을 지급하는 경우 해당 관공서는 공탁관에게 지급위탁서를 보내고 지급을 받을 자에게는 그 자격에 관한 증명서를 주어야 한다(공탁규칙 제43조 1항). 이 경우에 공탁물의 지급을 받고자 하는 때에는 그 자격에 관한 증명서를 첨부하여 공탁규칙 제32조에 따라 회수청구를 하여야 한다(공탁규칙 제43조 2항).

배당 등에 의한 지급을 청구하는 경우에 공탁규칙 제43조 제2항은 제33조, 제34조에 대한 특칙이므로 공탁서나 공탁통지서 또는 출급·회수청구권 증명서면은 첨부할 필요가 없다. 그러나 공탁규칙 제37조와 공탁규칙 제21조 제1항, 제2항 및 제22조를 준용하는 공탁규칙 제38조 1항은 적용되므로 인감증명서와 자격증명서(법인 아닌 사단 또는 재단인 경우에는 정관 그 밖의 규약 포함)는 첨부하여야 한다. 다만, 배당이나 그 밖에 관공서의 지급위탁에 의하여 1,000만원 이하의 공탁금을 지급받을 사람 본인이나 법정대리인 등 공탁규칙 제37조 제2항의 사람이 공탁규칙 제43조 제1항의 증명서를 제출하지 않아도 된다(공탁규칙 37조 3항 1호).

배당이의 소송을 제기당한 채권자가 그 판결확정 후 경정된 배당표에 따라 갖게 되는 공탁금 출급청구권에 대하여 압류·전부명령을 받은 자가 전부받은 그 공탁금 출급청구권을 행사함에 있어서도 역시 공탁규칙 제43조가 정하는 절차에 따라야 한다(대결 2000.3.2. 99마6289).

🔍 판례

1. 반대급부조건부변제공탁과 공탁자의 회수청구

근저당권의 채무자가 근저당권채무를 변제공탁하면서 근저당권설정등기 말소에 필요한 일체의 서류를 동시이행으로 교부할 것을 반대급부로 한 경우, 위 근저당권채권자가 위 공탁금의 출급청구를 거절하고 공탁자를 상대로 약속어음청구의 소를 제기하여 가집행선고 있는 승소판결을 받아 위 공탁자의 공탁금회수청구권에 대한 압류 및 전부명령을 받고 그 확정에 기하여 공탁금회수청구를 하였다면, 변제공탁의 조건으로 한 반대급부는 피공탁자의 공탁금출급청구권 행사에 대한 사유가 될 뿐 공탁자가 공탁금을 회수하는 경우에는 공탁관의 지급제한사유는 될 수 없는 것이다(대법원 1973.12.22. 73마360 결정).

2. 배당이의소송을 제기당한 채권자가 그 판결 확정 후 민사소송법 제589조 제3항에 의한 공탁금 중 경정된 배당표에 따라 갖게 되는 공탁금 출급청구권에 대하여 압류·전부명령을 받은 자가 그 출급청구권을 행사하는 경우에도 공탁사무처리규칙 제39조 소정의 절차에 따라야 하는지 여부(적극)

공탁사무처리규칙 제39조(현행규칙 제43조)는 공탁물의 지급이 배당 기타 관공서의 결정에 의하여 이루어지는 경우 그 공탁물의 출급절차에 관한 특별 규정이므로, 집행법원이 배당이의 소송을 제기당한 채권자에 대한 배당액을 민사소송법 제589조 제3항에 의하여 공탁한 경우, 위 배당이의소송에서 청구를 일부 인용하는 판결이 확정된 후 채권자가 그 공탁금 중 경정된 배당표에 따른 자신의 배당액을 출급받기 위해서는, 공탁사무처리규칙 제39조(현행규칙 제43조)가 정하는 바에 따라 우선 집행법원에 배당이의소송의 판결이 확정된 사실 등을 증명하여 배당금의 교부를 신청하여야 하고, 그 신청을 접수한 집행법원은 공탁공무원에게 그 채권자에 대한 배당액에 상당한 금액의 지급위탁서를 송부하고 그 채권자에게는 그의 지급을 받을 자격에 관한 증명서를 교부하면, 그 채권자는 이 증명서를 첨부하여 공탁공무원에게 공탁금의 출급을 청구하여야 하고, 한편 채권의 압류·전부명령은 피압류채권의 귀속자에 대한 변경을 가져올 뿐 그 피압류채권의 행사절차에는 아무런 변경을 가져오지 아니하므로, 그 채권자가 갖게 되는 공탁금 출급청구권에 대하여 압류·전부명령을 받은 자가 전부받은 그 공탁금 출급청구권을 행사함에 있어서도 역시 공탁사무처리규칙 제39조(현행규칙 제43조)가 정하는 절차에 따라야 할 것이다(2000.3.2. 99마6289).

XX. 예금계좌에의 입금신청

　공탁금 회수청구인이 공탁금을 자기의 비용으로 자신의 예금계좌에 입금하여 줄 것을 공탁관에게 신청한 경우에는 공탁금을 신고된 예금계좌에 입금하여 지급하여야 한다(공탁규칙 제40조 1항).

1. 공탁금 계좌입금신청서의 제출

　공탁금계좌입금신청을 하고자 하는 사람은 공탁금계좌 입금신청서를 공탁관에게 제출하여야 한다(공탁규칙 제40조 2항 ; 행정예규 제477호 제2조 1항).

　공탁금회수청구인이 예금계좌입금 신청을 한 경우에 공탁관은 그 계좌번호를 전산등록한 후 공탁금 회수 인가와 신청계좌로의 입금지시를 공탁물보관자에게 전송하여야 한다(공탁규칙 제40조 3항).

　공탁관으로부터 계좌입금지시를 받은 공탁물보관자는 그 처리결과를 공탁관에게 즉시 전송하여야 한다(공탁규칙 제40조 4항).

　위 경우에 신청인은 먼저 공탁물 보관은행을 경유하여 이자소득세 원천징수에 필요한 사항을 등록하고 공탁금계좌 입금신청서 하단에 등록확인인을 받아야 하며, 입금계좌는 반드시 신청인 명의이어야 한다(행정예규 제477호 제2조 2항 · 3항).

공탁금 계좌 입금 신청서

공 탁 번 호		청구금액	

| 입금계좌번호 | 은행　　　지점　계좌번호 :
예 금 주 : 신청인 본인 |

출 급 (회 수) 인		첨부서류	– 신청인 명의 예금통장 사본 – 실명확인증표 사본 　(사업자등록증, 주민등록증 등) – 대리신청 시 위임장, 인감증명서
성 명 (상호, 명칭)			
주민등록번호 (사업자등록번호)			

신청인이 수령할 위 공탁금을 신청인의 비용부담으로 위 예금계좌에 입금하여 주시기 바랍니다.

년　　　월　　　일

신청인 주소
　　　성명　　　　　　　(인) (전화번호　　　　　　　)

대리인 주소
　　　주민등록번호
　　　성명　　　　　　　(인) (전화번호　　　　　　　)

법원　　　지원 공탁관　　　　　　　　귀하

> 고객정보 등록필 : ○○은행 ○○지점 (인)

* 인감을 날인하고 인감증명서를 첨부하여야 하는 경우 이에 갈음하여 서명을 하여 본인서명사실확인서를 제출할 수 있습니다.

2. 포괄계좌입금신청

가. 포괄계좌입금신청

공탁금 지급청구자가 포괄계좌입금신청을 하는 경우에는 공탁금 포괄계좌입금신청서를 제출하여야 한다(행정예규 제477호 제3조 1항).

나. 포괄계좌의 변경

신청한 포괄계좌를 변경하고자 할 때에는 제2항의 해지신청서와 제1항의 포괄계좌 입금신청서를 동시에 제출하여야 한다(행정예규 제970호, 2013.7.10. 제3조 3항).

공탁금 포괄계좌 입금 신청서

입 금 대 상 공 탁 금	향후 신청인이 출급·회수청구자가 되는 귀원의 공탁금 전부		
입금계좌번호	은행　　　지점　계좌번호 : 예 금 주 : 신청인 본인		
출 급 (회 수) 인		첨부서류	– 신청인 명의 예금통장 사본
성 명 (상호, 명칭)			– 실명확인증표 사본 　(사업자등록증, 주민등록증 등)
주민등록번호 (사업자등록번호)			– 대리신청 시 위임장, 인감증명서

　　향후 신청인이 출급·회수청구자가 되는 모든 공탁사건에 대하여 동일계좌입금을 신청하오니, 수령할 공탁금을 신청인의 비용부담하에 위 예금계좌에 입금하여 주시기 바랍니다.

　　　　　　　　　　　　　　　　년　　　　　월　　　　일

　　　　　　신청인 주소
　　　　　　　　성명　　　　　　　　(인) (전화번호　　　　　　　)
　　　　　　대리인 주소
　　　　　　　　주민등록번호
　　　　　　　　성명　　　　　　　　(인) (전화번호　　　　　　　)

　　　　법원　　　지원　공탁관　　　　　　　　귀하

　　　　　　　　　　　　┌──────────────────────────┐
　　　　　　　　　　　　│ 고객정보 등록필 : ○○은행 ○○지점 (인) │
　　　　　　　　　　　　└──────────────────────────┘

* 인감을 날인하고 인감증명서를 첨부하여야 하는 경우 이에 갈음하여 서명을 하여 본인서명사실확인서를 제출할 수 있습니다.

3. 전국공통 포괄계좌입금신청

국가 · 지방자치단체가 전국공통 포괄계좌 입금신청절차에 관하여는 이 책 제2장 제9절 XII. "3. 전국공통 포괄계좌 입금신청" 참조[계좌입금에 의한 공탁금출급 · 회수절차에 관한 업무처리지침 일부개정예규(행정예규 제1045호, 2015.05.15. 제3조의2)]

4. 포괄계좌입금신청의 해지

포괄계좌입금신청을 해지하고자 하는 때에는 별지 제9-3호 양식의 해지신청서를 제출하여야 한다(행정예규 제477호 제2조 2항).

원거리에서의 1,000만원 이하 공탁금지급청구에 있어서 접수공탁소와 관할공탁소가 다르므로, 접수공탁소, 접수공탁소 공탁금보관은행, 관할공탁소, 관할공탁소 공탁금보관은행의 기재란이 있는 원거리 신청용 공탁금 계좌 입금 신청서 양식을 신설하였다(제9-4호양식)(행정예규 제895호 2011.5.30.).

공탁관은 포괄계좌입금신청 또는 해지신청이 있는 때에는 별지 양식의 공탁금 포괄계좌입금신청자 명부를 전산시스템으로 작성 · 관리하여야 하고, 신청서(첨부서면 포함)는 스캔하여 전산시스템에 등록한 다음 연도별로 접수순서에 따라 편철하여 다음 해부터 5년간 보존하여야 한다(행정예규 제970호, 2013.07.10. 제3조 4항).

공탁금 포괄계좌입금 해지 신청서

예금계좌은행	은행	지점
예금계좌번호		
예 금 주		신청인 본인

　본인이 귀원에 신청한 위 계좌에 대한 공탁금 포괄계좌입금신청에 대하여 해지를 신청합니다.

년　　　월　　　일

신청인 주소

　　　　성명　　　　　　　　　(인) (전화번호　　　　　　　)

대리인 주소

　　　　주민등록번호

　　　　성명　　　　　　　　　(인) (전화번호　　　　　　　)

법원　　　지원 공탁관　　　　　　귀하

> 고객정보 등록필 : ○○은행 ○○지점 (인)

* 인감을 날인하고 인감증명서를 첨부하여야 하는 경우 이에 갈음하여 서명을 하여 본인서명사실확인서를 제출할 수 있습니다.

공탁금 계좌 입금 신청서(원거리 신청용)(행정예규 제895호 2011.5.30)

접수공탁법원		접수공탁법원 공탁금 보관은행	
관할공탁법원		관할공탁법원 공탁금 보관은행	
관할공탁법원 공탁사건번호		청구금액	
입금계좌번호	은행 지점	계좌번호 : 예 금 주 : 신청인 본인	
출 급 (회 수) 인			
성 명 (상호, 명칭)		첨부서류	– 신청인 명의 예금통장 사본 – 실명확인증표 사본 (사업자등록 증, 주민등록증 등) – 대리신청 시 위임장, 인감증명서
주민등록번호 (사업자등록번호)			

신청인이 수령할 위 공탁금을 위 예금계좌에 입금하여 주시기 바랍니다.

년   월   일

신청인   주소
　　　　성명　　　　　　　　　　(인)(전화번호　　　　　　)
대리인   주소
　　　　주민등록번호
　　　　성명　　　　　　　　　　(인)(전화번호　　　　　　)

　　관할공탁법원:　　　　　　　법원　　　　지원　　공탁관 귀하

고객정보 등록필: ○○은행 ○○지점 (인)

※ 1. 본 신청서를 접수한 은행은 접수 후 지체 없이 과세정보를 관할공탁소 공탁금보관은행에
　　　송부하시기 바랍니다.
　 2. 인감을 날인하고 인감증명서를 첨부하여야 하는 경우 이에 갈음하여 서명을 하여
　　　본인서명사실확인서를 제출할 수 있습니다.

공탁금 포괄계좌입금신청자 명부

연번	신 청 인			입금계좌			신청일자	해지일자
	성명 (상호)	주민등록번호 (사업자등록번호)	전화번호	금융기관명	계좌번호	예금주		
1								
2								
3								
4								
5								

5. 포괄계좌입금신청자명부의 작성관리

공탁관은 포괄계좌입금신청 또는 해지신청이 있는 때에는 [별지 제1호 양식](생략)의 포괄계좌입금신청자명부를 작성하고 신청서와 함께 관리하여야 한다(행정예규 제477호 제3조 4항).

6. 공탁관의 처리

(1) 계좌번호의 전산등록

공탁금계좌입금신청이 있는 경우에 공탁관은 그 계좌번호를 전산등록한 후 공탁금 회수인가와 신청계좌로의 입금지시를 공탁물보관자에게 전송하여야 한다(공탁규칙 제40조 3항).

공탁관은 공탁금 회수청구자가 계좌입금신청을 한 경우에는 공탁금 회수청구서를 1통만 제출하도록 한다(행정예규 제477호 제4조 1항).

계좌입금에 의해 공탁금의 회수청구하는 자는 청구서의 비고란에 계좌입금을 신청한다는 취지와 입금계좌번호 및 실명번호를 기재하고 실명번호의 확인을 위해 주민등록번호(개인)나 사업자등록번호(법인)를 소명할 수 있는 자료를 제출하여야 한다(동 예규 제477호 제4조 2항).

(2) 공탁금회수청구의 인가

공탁관이 공탁금의 회수청구를 인가한 경우에는 공탁물 보관자에게 회수인가의 취지와 계좌입금 지시를 전송하고, 청구자에게는 해당 청구서를 교부하지 아니한다(동 예규 제477호 제4조 3항).

(3) 계좌입금방식에 의한 공탁금의 지급

공탁관은 계좌입금신청인이 출급지시 전에 계좌입금신청을 철회하거나 포괄계좌입금신청을 해지하지 아니하는 한 계좌입금 방식으로 공탁금을 지급하여야 하고, 신청인이나 그 대리인에게 직접 지급하여서는 아니된다(동 예규 제477호 제4조 4항).

(4) 계좌입금처리결과의 확인

공탁관은 계좌입금 처리결과를 전산시스템으로 확인하여야 한다(행정예규 제970호, 제4조 제5항).

7. 공탁물보관자의 처리

공탁관으로부터 계좌입금지시를 받은 공탁물보관자는 그 처리결과를 공탁관에게 즉시 전송하여야 한다(공탁규칙 제40조 4항 ; 동 예규 제970호 제5조 1항).

계좌입금 결과는 정상처리와 처리불능으로 구분하여 통보하며, 처리불능의 경우에는 그 사유를 명시하여야 한다(동 예규 제970호 제5조 2항).

제11절 공탁금의 이자 및 공탁유가증권의 이표의 청구

1. 이자의 의의

민법상 이자라 함은 금전 기타의 대체물의 사용의 대가로서 원본액과 사용기간에 비례하여 지급되는 금전 기타의 대체물로서, 당사자 사이에 특약이 있거나(약정이자) 법률의 규정이 있는 때(법정이자)에만 발생한다. 이자는 일정한 이율에 의해 산정되는데, 이에는 법률이 규정하는 「법정이율」과 당사자의 법률행위로 정하여지는 「약정이율」이 있다.

판례

> 1. 이미 발생한 이자에 관하여 채무자가 이행을 지체한 경우에는 그 이자에 대한 지연손해금을 청구할 수 있다(대판 1996.9.20, 96다25302).
> 2. 상사법정이율은 상행위로 인한 채무나 이와 동일성을 가진 채무에 관하여 적용되는 것이고, 상행위가 아닌 불법행위로 인한 손해배상채무에는 적용되지 아니한다(대판 2004.3.26, 2003다34045).

2. 공탁금의 이자

(1) 공탁금의 이자

공탁금에는 대법원규칙이 정하는 이자를 붙일 수 있다(공탁법 제6조). 공탁금의 이자에 관하여는 「공탁금의이자에관한규칙」에서 정하는 바에 따른다(공탁규칙 제51조). 현재공탁금의 이율은 연1천분의 1이다(공탁금의 이자에 관한 규칙 제2조).

(2) 법정이율

민법상 이율에는 당사자의 법률행위로 정해지는 약정이율(約定利率)과 법률의 규정에 의하는 법정이율(法定利率)이 있다. 법정이율은 민사(民事)에 있어서는 '이자 있는 채권의 이율은 다른 법률의 규정이나 당사자의 약정이 없으면 연 5분(分)으로 한다 (민법 제379조)'하며, 상사(商事)에 있어서는 '상행위로 인한 채무의 법정이율은 연 6

분으로 한다(상법 제54조)'고 각 규정하고 있다.

소송촉진 등에 관한 특례법 제3조에 의한 법정이율은 '금전채무의 전부 또는 일부의 이행을 명하는 판결(심판을 포함한다)을 선고할 경우, 금정채무불이행으로 인한 손해배상액산정의 기준이 되는 법정이율은 그 금전채무의 이행을 구하는 소장 또는 이에 준하는 서면이 채무자에게 송달된 날의 다음날부터는 연 100분의 15로 한다'(동법 제3조 제1항, 소송촉진 등에 관한 특례법 제3조 제1항 본문의 법정이율에 관한 규정)고 규정하고 있다.

(3) 공탁금에 관한 법정이율

(가) 공탁금의 이자지급

공탁금의 이자는 원금과 함께 지급한다. 그러나 공탁금과 이자의 수령자가 다를 때에는 원금을 지급한 후에 이자를 지급할 수 있다(공탁규칙 제52조). 공탁금의 이자는 공탁금 출급·회수청구서에 의하여 공탁금보관자가 계산하여 지급한다. 이자를 별도로 청구하려는 사람은 공탁관에게 공탁금이자청구서 2통을 제출하여야 한다(공탁규칙 제53조 제1~2항).

(나) 공탁금에 관한 법정이율

공탁금에는 대법원규칙으로 정하는 이자를 붙일 수 있다(공탁법 제6조)는 규정에 따라 대법원규칙으로 '공탁금의 이자에 관한 규칙'(1970.9.25. 대법원규칙 제425호)이 제정되었다. 공탁금의 이자에 관한 규칙은 아래와 같이 현재까지 6회에 걸쳐 개정되는 과정에서 현재 공탁금의 이자는 '연 1천분의 1'로 부당하게 인하되어 사실상 공탁금의 이자제도는 유명무실하게 된 것으로 볼 수 있다.

공탁금의 이자에 관한 규칙의 개정내용은 아래와 같다.
1. 공탁금의 이자에 관한 규칙(1970.9.25. 대법원규칙 제425호)
   제2조(이자) 공탁금의 이자는 연 1.8푼으로 한다.
2. 공탁금의 이자에 관한 규칙(1984.2.22. 대법원규칙 제873호)
   제2조(이자) 공탁금의 이자는 금융통화위원회에서 정하는 별단예금의 최고 이자율로 한다.
3. 공탁금의 이자에 관한 규칙(2004.1.28. 대법원규칙 제1866호)
   제2조(이자) 공탁금의 이자는 연 2푼으로 한다.

4. 공탁금의 이자에 관한 규칙(2009.5.4. 대법원규칙 제2231호)

　제2조(이자) 공탁금의 이자는 연 1푼으로 한다.

5. 공탁금의 이자에 관한 규칙(2013.8.30. 대법원규칙 제2485호)

　제2조(이자) 공탁금의 이자는 연 1천분의 5로 한다.

6. 공탁금의 이자에 관한 규칙 일부개정규칙(2015.3.30. 대법원규칙 제2595호)

　제2조(이자) 공탁금의 이자는 연 1천분의 1로 한다.

7. 공탁금의 이자에 관한 규칙 일부개정규칙(2018.5.29. 대법원규칙 제2790호)

　제2조(이자) 공탁금의 이자는 연 1만분의 35로 한다.

8. 공탁금의 이자에 관한 규칙 일부개정규칙(2020.6.26. 대법원규칙 제2907호)

　제2조(이자) 공탁금의 이자는 "연 1천분의 1"로 한다.

9. 공탁금의 이자에 관한 규칙 일부개정규칙(2022.9.29. 대법원규칙 제3068호)

　제2조(이자) 공탁금의 이자는 "연 1만분의 35"로 한다.

3. 이자 등의 보관

　지정된 은행이나 창고업자는 공탁물을 수령할 자가 청구하는 경우에는 공탁의 목적인 유가증권의 상환금, 이자 또는 배당금을 수령하여 이를 보관한다. 다만, 보증공탁(保證供託)을 할 때에 보증금을 대신하여 유가증권을 공탁한 경우에는 공탁자가 그 이자나 배당금을 청구할 수 있다(공탁법 제7조).

4. 공탁금의 이자의 귀속주체

(1) 이자있는 금전채권의 이자의 공탁

　채무자가 1개 또는 수개의 채무의 비용 및 이자를 지급할 경우에 변제자가 그 전부를 소멸하게 하지 못한 급여를 한 때에는 비용, 이자 · 원본의 순서로 변제에 충당하여야 한다(민법 제479조 제1항). 변제는 채무내용에 좋은 현실제공으로 이를 하여야 한다(민법 제460조 전단). 따라서 금전변제공탁의 경우 채무자가 이자있는 금전채권의 채무액을 공탁할 때에는 원본액(元本額)과 이자를 함께 공탁하여야 한다. 공탁금보관자로 지정된 은행은 공탁물을 수령할 자가 청구할 이자를 수령하여 보관한다(법 제7조 전단).

(2) 공탁금의 이자의 지급절차

공탁금의 이자에 관하여는 "공탁금의 이자에 관한 규칙"에서 정하는 바에 따른다(규칙 제51조). 현재 공탁금의 이자는 '연 1만분의 35'로 한다(공탁금의 이자에 관한 규칙 제2조). 공탁금의 이자는 원금과 함께 지급하며(규칙 제52조 전단), 공탁금 출급·회수청구서에 의하여 공탁금보관자가 계산하여 지급한다(규칙 제53조 제1항). 공탁금의 이자를 별도로 청구하려는 사람은 공탁관에게 공탁금이자청구서 2통을 제출하여야 한다(규칙 제53조 제2항). 규칙 제53조 제2항의 공탁금이자청구에는 공탁규칙 제35조, 제37조부터 제39조까지, 제45조, 제46조를 준용한다(규칙 제53조 제3항).

(3) 공탁금의 이자의 귀속주체

공탁금을 출급·회수하려는 사람이 공탁금의 이자의 지급을 동시에 받으려는 경우에는 공탁금 출급·회수청구서에 그 뜻을 적고 기명날인하여야 한다(규칙 제32조 제2항 제4호). 변제공탁의 피공탁자가 공탁금을 출급할 때에는 그 이자는 피공탁자에게 귀속되며, 공탁자가 공탁금을 회수할 때에는 그 이자는 공탁자에게 귀속된다. 담보공탁의 경우에는 공탁금의 이자는 공탁자에게 귀속된다.

공탁당사자의 교체가 있는 경우(공탁금지급청구권에 대한 전부명령·양도 등)가 있는 경우에는 교체일자를 기준으로 하여, 그 전일까지의 이자는 교체 전 당사자(공탁자·피공탁자)에게 지급하며, 그 이후의 이자는 교체 후 당사자(전부채권 또는 양수인 등)에 지급하는 것이 원칙이므로, 공탁금지급청구권에 대하여 양도 또는 압류 및 추심이나 전부명령 등의 사유로 공탁금이 이자의 귀속주체가 변경된 경우에는 공탁금지급청구서에 '이자에 관한 지급청구기간'을 반드시 명시하여 공탁금보관은행이 공탁자의 이자까지 지급하는 경우가 발생하지 않도록 주의하여야 한다.

공탁금지급청구권에 대한 압류 및 추심명령이 있는 때에 그 명령에 이자에 관한 언급이 없을 때에는 추심채권자는 압류 전의 공탁금의 이자에 대한 추심권이 없다((1991.8.14. 법정 1277, 1991.8.19. 법정1302). 이 경우 추심채권자가 이자채권에 대하여 추심권을 행사하려면 별도의 압류 및 추심명령을 받아야 한다.

5. 공탁물의 이자 및 이표지급절차

(1) 공탁금의 이자지급

공탁금의 이자에 관하여는 "공탁금의 이자에 관한 법칙"에서 정하는 바에 따른다(규칙 제51조).

공탁금의 이자는 원금과 같이 지급한다. 그러나 공탁금과 이자의 수령자가 다를 때는 원금을 지급한 후에 이자를 지급할 수 있다(공탁규칙 제52조).

공탁금의 이자는 공탁금 출급·회수청구서에 의하여 공탁금보관자가 계산하여 지급한다(공탁규칙 제53조 제1항). 이자를 별도로 청구하려는 사람은 공탁관에게 공탁금이자청구서 2통을 제출하여야 한다(공탁규칙 제53조 제2항). 공탁금이자청구에는 제35조, 제37조부터 제39조까지, 제45조, 제46조를 준용한다(공탁규칙 제53조 제3항).

공탁물이 금전인 경우(제7조에 따른 유가증권상환금, 배당금과 제11조에 따른 물품을 매각하여 그 대금을 공탁한 경우를 포함한다) 그 원금 또는 이자의 수령(출급), 회수에 대한 권리는 그 권리를 행사할 수 있는 때부터 10년간 행사하지 아니할 때에는 시효로 인하여 소멸한다(법 제9조 제3항).

(2) 공탁금의 회수와 공탁금이자의 귀속

한국은행에서 징발재산정리에관한특별조치법 제13조의 규정에 따라 피징발자에게 지급을 위하여 공탁공무원에게 공탁한 공탁금에 관하여 피징발자가 수령하기 전에 일정한 사유의 발생으로 이를 회수하였을 경우에는 공탁을 하지 아니한 것으로 볼 것이므로 그 사유 여하에 불구하고 공탁금에 대한 이자는 공탁자에게 귀속된다(행정예규 제31호).

(3) 공탁유가증권 이표의 청구

공탁유가증권의 이표를 받으려는 사람은 공탁관에게 공탁유가증권이표청구서 2통을 공탁관에게 제출하여야 한다(공탁규칙 제54조 제1항).

이 경우에는 공탁규칙 제35조(일괄청구)와 제37조(인감증명서의 제출), 제38조(자격증명서 등의 첨부), 제39조(출급·회수의 절차), 제45조(공탁물보관자의 처리)를 준용한다(공탁규칙 제54조 제2항).

(4) 이자 등의 일괄청구

동일인이 수개의 공탁에 관하여 공탁물의 이자를 청구하려는 경우 그 사유가 동일한 때에는 일괄하여 공탁종류에 따라 청구할 수 있다(동 규칙 제53조 3항, 제35조).

(5) 공탁물의 이자 청구서의 첨부서류

(가) 인감증명서의 제출

1) 공탁물의 이자 또는 이표청구와 인감증명의 제출

공탁물의 이자 또는 공탁유가증권의 이표를 청구하는 사람은 공탁금이자청구서 또는 공탁유가증권이표청구서 또는 위임에 의한 대리인의 권한을 증명하는 서면에 날인된 인감에 관하여는 인감증명법 제12조와 상업등기법 제11조의 규정에 의하여 발행한 인감증명서를 제출하여야 한다(공탁규칙 제53조 3항, 제37조 1항).

위의 규정은 법정대리인, 지배인, 그 밖의 등기된 대리인, 법인이나 법인 아닌 사단 또는 재단의 대표자나 관리인에 의하여 공탁물의 이자 또는 이표를 청구할 경우에는 그 법정대리인, 지배인, 그 밖의 등기된 대리인, 대표자나 관리인에 대하여 이를 준용한다(동 규칙 제53조 3항, 제37조 2항).

2) 인감증명의 제출을 요하지 아니하는 경우

위의 규정은 다음의 경우에는 적용되지 아니한다(동 규칙 제53조 3항, 제37조 3항).

따라서 다음 각호의 경우에는 공탁물의 이자를 청구하는 사람의 인감증명서를 제출할 필요가 없다.

① 본인이나 공탁규칙 제37조 제2항에서 말하는 사람이 공탁금을 직접 출급·회수청구하는 경우로써, 그 금액이 1,000만원 이하(유가증권의 총 액면금액이 1000만원 이하인 경우를 포함한다)이고, 공탁관이 신분에 관한 증명서(주민등록증·여권·운전면허증 등을 말한다. 이하 "신분증"이라 한다)로 본인이나 공탁규칙 제37조 제2항에서 말하는 사람임을 확인할 수 있는 경우(공탁 규칙 제53조 3항, 제37조 3항 1호)
② 관공서가 공탁물의 출급·회수청구를 하는 경우(공탁규칙 제53조 3항, 제37조 3항 2호)
공탁관이 공탁규칙 제37조 제3항에 따라 공탁금 출급·회수청구인의 이자청구를 인가한 때에는 청구인의 신분증 사본을 해당 공탁기록에 편철하여야 한다(규칙 제37조 4항).

3) 본인서명사실확인서로 인감증명서에 갈음

「공탁법」, 「공탁규칙」 그 밖의 법령 및 대법원예규에서 청구서등에 「인감증명법」에 따라 신고한 인감을 날인하고 인감증명서를 첨부하여야 한다고 정한 경우, 이를 갈음 하여 청구서등에 서명을 하고 본인서명사실확인서를 제출할 수 있다(대법원 행정예규 제931호 제2조).

(나) 자격증명서 등의 첨부

공탁금의 이자 또는 이표를 청구하는 자가 법인인 경우에는 대표자 또는 관리인의 자 격을 증명하는 서면, 법인 아닌 사단 또는 재단일 경우에는 정관이나 규약과 대표자 또는 관리인의 자격을 증명하는 서면을 이자청구서에 첨부하여야 하며, 대리인에 의하여 청구 하는 경우에도 위 제1항에 준한다(동 규칙 제53조 3항, 제38조).

(다) 첨부서면의 생략

동일 공탁법원에 대하여 동일인이 동시에 수건의 공탁금의 이자 또는 공탁유가증권 의 이표를 청구하는 경우에 첨부서면의 내용이 동일한 것이 있는 때에는 1건의 청구 서에 1통만을 첨부하면 된다. 이 경우에 다른 청구서에는 그 뜻을 기재하여야 한다 (공탁규칙 제53조 3항, 제22조).

(라) 공탁관의 수리처분

공탁관은 공탁물의 이자 또는 이표청구가 이유 있다고 인정할 때에는 해당 청구서에 인가취지를 기재하여 기명날인하고 전산등록을 한 다음 청구서 1통은 청구인에게 교부하 고, 공탁물보관자에게는 그 내용을 전송하여야 하며 이 경우 공탁관은 청구인으로부터 청 구서수령인을 받아야 한다(공탁규칙 제39조 2항·3항, 제53조 3항).

(마) 공탁물보관자의 처리

공탁물보관자는 공탁금의 이자 또는 공탁유가증권의 이표의 청구가 있을 때에는 공 탁관이 전송한 내용과 대조하여 청구한 공탁물과 동 이자 또는 이표를 청구자에게 지 급하고 그 청구서 말미에 공탁물 수령인을 받는다(공탁규칙 제53조 3항, 제45조).

공탁물보관자는 공탁규칙 제45조의 공탁물을 지급한 후에 지급사실을 공탁관에게 전송한다(공탁규칙 제53조 3항, 제46조).

공탁금 이자 청구서

공탁번호	년 금 제 호	공탁금액	한글
			숫자

위 공탁금에 대한   년   월   일부터   년   월   일까지의 이자를 청구합니다.

년   월   일

청 구 인	대 리 인
주소 : 주민등록번호 : (사업자등록번호) 성명 : 인(서명) (전화번호 :)	주소 : 성명 : 인(서명) (전화번호 :)

위 청구를 인가합니다.

년   월   일

법원   지원 공탁관   (인)

위 공탁금이자(공탁금 이자청구서 1통)를 수령하였습니다.

년   월   일

수령인(청구인 또는 대리인) 성명   (인)

※ 1. 대리인이 청구하는 경우에는 대리인의 성명, 주소(자격자대리인은 사무소)를 적고 날인(서명)하여야
   하며, 본인의 인감을 날인한 위임장과 그 인감증명서를 첨부하여야 합니다.
2. 공탁금이 5,000만원 이하인 사건에 대하여 전자공탁시스템을 이용하여 출급회수 청구하는
   경우에는 인감증명서를 첨부하지 아니하며, 서명은 공인인증서에 의한 전자서명 방식으로 합니다.
3. 인감을 날인하고 인감증명서를 첨부하여야 하는 경우, 이를 갈음하여 서명을 하고
   본인서명사실확인서를 제출할 수 있습니다.

제12절 공탁관의 불수리처분(공탁신청, 공탁물의 출급·회수청구)

1. 불수리처분의 대상

공탁관이 공탁신청이나 공탁물 출급·회수청구를 불수리할 경우에는 이유를 적은 결정으로 하여야 한다(공탁규칙 제48조 1항).

불수리 결정에 관하여 필요한 사항은 대법원 예규로 정한다(공탁규칙 제48조 2항).

공탁관이 불수리할 수 있는 대상이 되는 것은 공탁신청이나 출급·회수 이외에도 대공탁·부속공탁신청, 공탁서 정정신청, 열람 및 사실증명신청 등 부수처분도 불수리의 대상이 된다.

공탁규칙 제48조 제2항의 규정에 의하여 공탁관이 공탁신청을 불수리하는 경우 그 업무처리절차를 규정하기 위하여 "공탁 신청 및 출급·회수에 대한 불수리결정 업무처리지침(행정예규 제743호)"이 마련되어 있다.

(1) 공탁신청의 불수리

공탁관이 공탁신청을 불수리할 경우에는 이유를 적은 결정(별지)으로 하여야 한다(공탁규칙 제48조 제1항). 이 경우 불수리사건 관리부에 결정연월일과 고지연월일, 이의신청이 있는 경우에는 이의신청일 및 결과를 등록하여야 한다(공탁규칙 제7조).

[별지 제4-2호 양식] 불수리 결정서

○○지방법원 ○○지원

결　정

결정의 고지	방 법	일 자	공탁관 인

신청인(청구인)　성 명(상호, 명칭)

　　　　　　　　주민등록번호(법인등록번호)

　　　　　　　　주 소(본점, 주사무소)

위 대리인　　　성 명

　　　　　　　　주 소

공탁번호

공탁자

피공탁자

　위 공탁 신청(공탁물 출급·회수청구)에 대하여 공탁규칙 제48조 제1항에 따라다음
과 같이 결정한다.

주　　문

신청인(청구인)의 이 법원에 대한 20　.　.　.자 공탁 신청(공탁물 출급·회수청구)
은 이를 불수리한다.

이　　유

20　.　.　.

공 탁 관　○　○　○ (인)

주의 : 신청인(청구인)은 이 불수리 결정에 대하여 공탁법 제12조에 따라 공탁관 소속의 법원(지원)에
　　　이의신청을 할 수 있습니다. 이의신청서는 불수리 결정을 한 공탁관에게 제출하면 됩니다.

(2) 공탁물 지급청구(출급 및 회수청구)의 불수리결정

공탁관이 출급·회수청구를 불수리할 경우에는 이유를 적은 결정으로 하여야 하고 (공탁규칙 제48조 1항), 불수리사건 관리부에 결정연월일과 고지연월일, 이의신청이 있는 경우에는 이의신청일 및 결과를 등록하여야 한다(공탁규칙 제7조).

(3) 불수리결정의 고지

(가) 불수리결정등본의 교부(송달)

불수리결정을 한 경우 공탁관은 신청인이나 청구인(다음부터 "신청인 등"이라 한다) 에게 불수리결정등본(다음부터 "결정등본"이라 한다)을 교부하거나 배달증명우편으로 송달한다.

불수리결정 등본을 교부 또는 송달을 한 경우 공탁관은 결정원본의 '결정의 고지'란 에 해당사항을 적고 날인하여야 한다. 신청인 등에게 결정등본을 직접 교부하는 경우 에는 영수증을 받아 해당 공탁기록에 철한다.

배달증명우편으로 송달을 받고자 하는 신청인 등은 「우편법 시행규칙」 제25조 제1 항 제4호다목에 따른 배달증명을 할 수 있는 가액의 우표를 미리 공탁관에게 납부하 여야 한다(행정예규 제743호. 제3조).

(나) 불수리 결정등본의 반송

배달증명서가 오거나 결정등본이 소재불명 등의 사유로 반송된 경우에는 이를 공탁 기록에 철하고, 공탁기록 표지 비고란에 그 뜻을 적는다(행정예규 제743호. 제4조).

(4) 신청서류의 보관 및 첨부서류의 원본의 반환

공탁관이 불수리결정을 한 때에는 불수리결정원본(다음부터 "결정원본"이라 한다)과 공탁서 또는 공탁물 출급·회수청구서(각 2부), 그 밖에 첨부서류는 공탁기록에 철하 여 보관한다.

공탁서 또는 공탁물출급·회수청구서의 첨부서류에 대하여 신청인 등이 반환을 청 구한 경우에는 공탁관은 해당 첨부서류의 복사본과 신청인 등에게 받은 영수증을 공 탁기록에 철하고 첨부서류 원본을 반환한다(행정예규 제743호. 제5조).

2. 불수리처분에 대한 이의신청

(1) 이의신청이 이유 있는 경우

공탁관의 불수리처분에 대하여 불복하는 자는 관할 지방법원에 이의신청을 할 수 있다. 이의신청은 공탁소에 이의신청서를 제출하는 방법으로 한다(공탁법 제12조).

공탁관에게 소송절차에 따른 공탁금출급청구절차를 밟지 아니하고 곧바로 국가를 상대로 민사소송으로 공탁금 지급청구를 함은 허용되지 않는다(대판 1697.2.21. 68다2153, 1992.7.28. 92다13011).

불수리결정에 대한 이의신청에 대하여 관할지방법원이 「공탁법」 제14조 제1항에 따라 결정문을 송부한 때에는 이를 해당 공탁기록에 철한다.

불수리결정에 대한 이의신청 결정문에서 이의가 이유 있다고 인정하여 공탁관에게 상당한 처분을 할 것을 명한 경우에는 공탁관은 제5조 제1항의 공탁기록에 의하여 관할법원의 명령에 따른 처분(수리, 인가)을 한다.

공탁신청서 등에 첨부된 서류 원본을 반환한 경우에는 이를 다시 제출받은 다음 위의 처분을 한다(행정예규 제743호. 제6조. 제2장 제16절 공탁관의 불수리처분에 대한 이의 참조).

(2) 이의신청의 기각, 각하, 취하

공탁신청이 불수리된 후 신청인 등이 이의신청을 하지 않은 때에는 해당 공탁기록은 불수리결정연도의 다음해부터 5년간 보존한다.

관할지방법원이 이의신청을 기각하거나 각하(이의신청 취하 포함)한 때에는 해당 공탁기록은 기각 또는 각하결정이 있는 다음해부터 5년간 보존한다(행정예규 제743호 제7조).

제13절 국민저축조합 저축미환급금잔액의 일괄공탁 및 출급청구

1. 미환급잔액의 일괄공탁

국민투자기금법폐지법률 부칙 제3조에 따른 국민투자기금의 청산일까지 환급되지 아니한 국민저축조합저축 잔액(이하 "미환급잔액"이라고 한다)의 일괄공탁과 관련된 업무처리절차는 아래와 같다(2013.3.13. 대법원행정예규 제953호).

2. 공탁자 및 관할

국민투자기금국민저축조합예탁사무취급대리점(이하 '사무취급대리점'이라 한다)은 해당 사무취급대리점의 본점 소재지 관할 공탁소(별지 1. 참조)에 미환급잔액을 변제공탁하여야 한다.

3. 일괄공탁의 특례

미환급잔액을 변제공탁을 함에 있어서 저축채권자를 특정할 수 없는 경우 공탁자는 저축채권자 명부를 붙여 미환급잔액 전부를 하나의 공탁사건으로 일괄 공탁할 수 있다.

4. 공탁신청절차

(1) 공탁서의 기재사항

(가) 미환급잔액의 일괄공탁시 공탁서의 법령조항란에는 국민투자기금법폐지법률 부칙 제3조를 기재하며, 피공탁자란에는 "국민저축조합저축채권자들(별지 저축채권자 명부 참조)"이라고 기재한다.

(나) 위 저축채권자 명부에는 일련번호순에 따라 각 채권자의 성명, 주소, 계좌번호 및 미환급잔액을 기재하고 사무취급대리점의 대표자가 기명 · 날인하여야 한다. 단,

채권자의 성명·주소나 계좌번호를 알 수 없는 경우에는 기재하지 않을 수 있다.

(2) 공탁서의 첨부서면의 생략

미환급잔액의 일괄공탁시에는 공탁규칙 제21조 제3항의 피공탁자의 주소를 소명하는 서면 또는 주소불명 사유를 소명하는 서면 및 같은 규칙 제23조의 공탁통지서의 첨부는 요하지 아니한다.

5. 공탁금회수청구의 금지

공탁자는 미환급잔액을 공탁한 후에는 민법 제489조 제1항에 따른 공탁금회수청구권을 행사할 수 없다.

6. 출급청구절차

(1) 저축채권자(상속인 등의 권리승계인 포함)는 사무취급대리점이 발급한 [별지 2. 양식]에 따른 저축채권자 확인서, 통장 기타 저축채권자임을 증명하는 자료의 사본을 첨부하여 공탁금의 출급을 청구할 수 있다.

(2) 위의 확인서에는 저축채권자 및 권리승계인(환급청구권이 승계된 경우)의 인적사항(성명·주소·주민등록번호), 환급금액 기타 저축채권자 명부에 기재된 사항을 기재하고 사무취급대리점의 대표자가 기명·날인하여야 한다.

(3) 위 확인서에 날인된 인감에 관하여는 상업등기처리규칙 제31조에 의하여 발행한 인감증명서를 제출하여야 한다.

(4) 사무취급대리점이 저축채권자 확인서를 발급한 때에는 즉시 관할 공탁소에 채권자 확인서 사본을 모사전송하여야 한다.

7. 국고귀속

국민투자기금법폐지법률 부칙 제3조에 기하여 공탁된 금전은 공탁된 날로부터 15년이 경과하면 편의적 국고귀속 처리한다.

8. 전산등록

(1) 미환급잔액의 일괄공탁시 피공탁자는 "국민저축조합저축채권자들"로 전산등록
한다.
(2) 미환급잔액이 일괄공탁된 후 공탁물출급청구서가 접수된 경우 공탁관은 저축채
권자 및 출급청구자의 성명, 주민등록번호를 전산등록하여 동일인의 중복출급
여부를 확인하여야 한다.

[별지 1]

국민저축조합저축 사무취급대리점 및 관할 공탁소

사무취급대리점	본 점 소 재 지	관할공탁소
농업협동조합중앙회	서울특별시 중구 충정로1가 75	서울지방법원
중소기업은행	서울특별시 중구 을지로2가 50	〃
(주)국민은행	서울특별시 중구 남대문로2가 9-1	〃
(주)한국외환은행	서울특별시 중구 을지로2가 181	〃
(주)조흥은행	서울특별시 중구 남대문로1가 14	〃
(주)우리은행	서울특별시 중구 회현동 203	〃
(주)제일은행	서울특별시 종로구 공평동 100	〃
(주)서울은행	서울특별시 중구 남대문로2가 10-1	〃
(주)한미은행	서울특별시 중구 다동 39	〃
(주)하나은행	서울특별시 중구 남대문로2가 10-1	〃
수산업협동조합중앙회	서울특별시 송파구 신천동 11-6	서울지방법원 동부지원
한국산업은행	서울특별시 영등포구 여의도동 16-3	서울지방법원 남부지원
(주)대구은행	대구광역시 수성구 수성동2가 118	대구지방법원
(주)부산은행	부산광역시 동구 범일동 830-38	부산지방법원
(주)경남은행	경상남도 마산시 석전동 246-1	창원지방법원
(주)전북은행	전라북도 전주시 덕진구 금암동 669-2	전주지방법원
(주)제주은행	제주도 제주시 이도1동 1349	제주지방법원

※ 위 사무취급대리점 및 관할공탁소는 「국민투자기금법」폐지 당시 기준임.

저축채권자 확인서

공 탁 번 호			채권자명부 일련 번호	
저축채권자	성 명		주민등록번호	
	주 소			
권리승계인(예급채권이 승계된 경우)	성 명		주민등록번호	
	주 소			
대 리 인	성 명		주민등록번호	
	주 소			
환급저축액	원			

위 사람은 국민저축조합 환급금의 정당한 권리자임을 확인합니다.

     사무취급대리점 :

     주　　소 :

     대 표 자 :　　　ㅇ

첨부 : 대표자 법인인감증명서, 예금통장 · 기타 증명서류 사본

               20 년 월 일

ㅇㅇ지방법원(지원)공탁관 귀하

           ※ 취급담당자 직위　성명

               연 락 처

제14절 전자신청

1. 용어의 정의

이 장에서 사용하는 용어의 뜻은 다음과 같다(규칙 제68조).

(1) "전자문서"란 전자서명법 제2조 제1호에 따른 정보처리능력을 가진 장치에 의하여 전자적인 형태로 작성되거나 변환되어 송신·수신 또는 저장되는 정보를 말한다.

(2) "전자서명"이란「전자서명법」제2조 제2호에 따른 전자서명(서명자의 실지명의를 확인할 수 있는 것으로서 법원행정처장이 지정하는 인증서를 말한다)을 말한다.

(3) "인증서"란「전자서명법」제2조 제6호에 따른 인증서(서명자의 실지명의를 확인할 수 있는 것으로서 법원행정처장이 지정하는 인증서를 말한다)를 말한다.

(4) "전자공탁시스템"이란 법원행정처가 법에 따른 공탁·출급·회수 등의 절차에 필요한 전자문서를 작성·제출·송달하거나 관리할 수 있도록 하드웨어·소프트웨어·데이터베이스·네트워크·보안요소 등을 결합시켜 구축·운영하는 전산정보처리조직을 말한다.

(5) "전자공탁홈페이지"란 이 규칙에서 정한 바에 따라 전자문서를 이용하여 공탁절차를 진행할 수 있도록 전자공탁시스템에 의하여 구축된 인터넷 활용공간을 말한다.

2. 전자신청에 의한 공탁신청 또는 출급, 회수 청구

(1) 금전공탁사건에 관한 신청 또는 청구는 이 규칙에서 정하는 바에 따라 전자공탁시스템을 이용하여 전자문서로 할 수 있다. 다만, 5천만원을 초과하는 공탁금에 대한 출급 또는 회수 청구의 경우에는 그러하지 아니하다(규칙 제69조).

(2) 규칙 제69조에 따라 공탁관이 전자공탁시스템을 이용하여 접수 및 처리하는 업무는 다음 각 호와 같다(행정예규 제933호. 제2조).
1. 금전공탁 신청사건
2. 공탁액이 금 5천만원 이하인 금전공탁사건에 대한 공탁금 출급·회수청구

3. 제1호 및 제2호에 따라 전자문서로 제출된 공탁관계서류에 대한 열람 청구

4. 전자공탁시스템으로 처리한 공탁사무에 대한 사실증명 청구

5. 전자신청에 대하여 한 공탁관의 처분에 대한 「공탁법」(이하 "법"이라 한다) 제12조 에 따른 이의신청

3. 공탁서, 공탁금 출급·회수청구서 등의 위·변조 방지를 위한 조치

(1) 전자공탁시스템을 이용하여 발급하는 공탁서, 공탁금 출급·회수청구서, 사실증 명서 등(이하 "공탁서 등"이라 한다)에는 그 진위 여부를 전자공탁시스템 또는 전자공 탁홈페이지에서 확인할 수 있도록 발급확인번호 16자리를 부여하여야 한다.

(2) 공탁서 등에는 공탁정보를 암호화하여 저장한 2차원 바코드가 인쇄되도록 하여 이를 스캐너 등으로 복원할 수 있도록 하여야 하고, 공탁서 등을 복사기 등을 이용하 여 복사하는 경우에 사본임을 인식할 수 있도록 매장마다 복사방지장치를 하여야 한 다(행정예규 제933호. 제4조).

4. 사용자등록신청

(1) 내국인의 사용자등록신청

(가) 전자공탁시스템을 이용하려는 자는 전자공탁시스템에 접속하여 다음 각 호의 회원 유형별로 전자공탁홈페이지에서 요구하는 정보를 해당란에 입력한 후 인증서를 사용하여 사용자등록을 신청하여야 한다. 이 경우 등록한 사용자 정보는 인증서의 내 용과 일치하여야 한다(규칙 제70조 제1항).

1. 개인회원
2. 법인회원
3. 변호사회원
4. 법무사회원

(나) 전자공탁시스템을 이용하려는 자가 규칙 제70조 제1항 에 따라 사용자등록을 신청할 때 입력하여야 하는 정보와 전자서명을 위한 인증서는 별표와 같다(행정예규 제933호. 제5조 1항).

(2) 외국인

규칙 제70조 제1항의 신청인(법인인 경우 법인의 대표자)이 외국인인 때에는 다음 각 호의 어느 하나에 해당하는 요건을 갖추어야 한다(규칙 제70조 제2항).

1. 「출입국관리법」 제31조에 따른 외국인등록

2. 「재외동포의 출입국과 법적 지위에 관한 법률」 제6조, 제7조에 따른 국내거소신고 사용자등록 신청인이 외국인(법인인 경우 법인의 대표자)일 경우 제출할 전자서명을 위한 인증서에는 가입자(「전자서명법」 제2조 제11호 의 가입자를 말한다)의 성명 정보가 한글로 표기되고 외국인등록번호나 국내거소신고번호를 담고 있어야 한다(위 예규 제5조 제6항).

(3) 법인회원

(가) 대법원예규로 정하는 법인회원은 공탁소에 출석하여 대법원예규로 정하는 사항을 적은 신청서를 제출하여야 하며, 그 신청서에는 「상업등기법」 제11조에 따라 신고한 인감을 날인하고 그 인감증명과 자격을 증명하는 서면을 첨부하여야 한다(규칙 제70조 제3항).

(나) 규칙 제70조 제3항 에 따라 공탁소에 출석하여야 하는 법인회원은 국가 또는 지방자치단체를 제외한 법인 중 「전자서명법」에 따른 공인인증서를 사용하여 사용자등록을 하는 법인을 말하고, 법인회원이 공탁소에 출석하여 제출하여야 하는 신청서의 서식은 별지 제1호와 같다(행정예규 제1028호. 제5조 제2항).

(다) 공탁관은 규칙 제70조 제3항 에 따른 신청이 정당하다고 인정되는 경우 별지 제2호 서식에 따라 전자공탁시스템에서의 사용자등록을 위한 접근번호를 부여하여야 한다(행정예규 제933호. 제5조 제3항).

(4) 변호사회원, 법무사회원

(가) 사용자등록을 신청하는 변호사회원 또는 법무사회원은 공탁소에 출석하여 그 자격을 증명하는 서면을 제출하여야 한다(규칙 제70조 제4항).

(나) 변호사회원 또는 법무사회원이 규칙 제70조 제4항 에 따라 사용자등록의 신청을 위하여 공탁소에 제출하는 신청서의 서식은 별지 제3호와 같다(위 예규 제5조 제4항).

공탁관은 제4항의 신청을 받은 경우 별지 제4호 서식에 따라 전자공탁시스템에서의 사용자등록을 위한 접근번호를 부여하여야 한다(위 예규 제5조 제5항).

5. 공탁사건 처리결과 등의 고지

사용자등록을 할 때에는 공탁관으로부터 공탁사건 처리결과 등을 고지받기 위해 필요한 다음 각 호 가운데 어느 하나의 방법을 지정하여야 한다(위 예규 제5조 제7항).
　　1. 전자우편주소로 받는 방법
　　2. 문자메시지로 받는 방법
　　3. 전자우편주소와 문자메시지로 받는 방법

6. 사용자등록의 변경·철회

규칙 제70조 제1항에 따라 사용자등록을 한 자는 전자공탁시스템에 접속하여 사용자등록의 변경 또는 철회의 취지를 입력함으로써 사용자등록을 변경하거나 철회할 수 있다. 다만, 이미 전자공탁시스템을 이용하여 이루어진 신청이 계속 중인 경우에는 그 신청에 대한 처리가 종료된 이후에만 사용자등록을 철회할 수 있다(규칙 제71조).

7. 사용자등록의 정지 및 말소

법원행정처장은 다음 각 호의 어느 하나에 해당하는 사유가 있는 경우에는 등록사용자의 사용을 정지하거나 사용자등록을 말소할 수 있다(규칙 제72조 제1항).
　　1. 등록사용자의 동일성이 인정되지 아니하는 경우
　　2. 사용자등록을 신청하거나 사용자정보를 변경할 때 거짓의 내용을 입력한 경우
　　3. 다른 등록사용자의 사용을 방해하거나 그 정보를 도용하는 등 전자공탁시스템을 이용한 공탁업무의 진행에 지장을 준 경우
　　4. 고의 또는 중대한 과실로 전자공탁시스템에 장애를 일으킨 경우
　　5. 그 밖에 위 각 호에 준하는 경우로서 대법원예규로 정하는 사유가 있는 경우

법원행정처장은 다음 각 호의 어느 하나에 해당하는 사유가 있는 경우에는 규칙 제

72조 제1항 에 따라 등록사용자의 사용을 정지하거나 사용자등록을 말소할 수 있다(위 예규 제6조).

   1. 사용자등록이 절차 지연 등 본래의 용도와 다른 목적으로 이용되는 경우
   2. 사용자등록을 한 자격자대리인이 자격을 상실하거나 자격이 정지된 경우
   3. 사용자등록을 한 법인의 등기기록이 폐쇄된 경우

8. 사용자등록의 일시적 사용정지

   (1) 법원행정처장은 규칙 제72조 제1항 각 호 가운데 어느 하나에 해당하는지 여부를 결정하기 위하여 필요하다고 인정하는 경우에는 당사자·이해관계인의 신청에 따라 또는 직권으로 해당 등록사용자의 사용을 일시적으로 정지할 수 있다. 이 경우 법원행정처장은 등록사용자에게 적당한 방법으로 그 사실을 통지하여야 한다(규칙 제72조 제2항).

   (2) 전자공탁시스템을 이용한 신청에 대한 처분결과의 고지 및 규칙 제72조 제2항에 따른 통지는 제5조 제7항에 따라 신청인이 지정한 방식으로 할 수 있다(행정예규 제933호. 제3조).

   (3) 법원행정처장은 제72조 제1항에 따라 사용자등록을 말소하기 전에 해당 등록사용자에게 미리 그 사유를 통지하고 소명할 기회를 부여하여야 한다(규칙 제72조 제3항).

9. 사용자등록의 효력 상실

   등록사용자가 전자공탁시스템을 마지막으로 이용한 날부터 5년이 지나면 사용자등록은 효력을 상실한다(규칙 제72조 제4항).

10. 사용자등록신청서의 관리

   공탁관은 사용자등록신청서철을 비치하고 사용자등록신청서 등 사용자등록에 관한 서류를 접수순서에 따라 편철하여야 한다.
   제1항의 사용자등록신청서철은 접수연도별로 구분하여 관리하고 5년간 보존한다(위 예규 제7조 제1~2항).

11. 전자문서의 작성·제출

(1) 전자문서의 제출

등록사용자의 전자문서 제출은 전자공탁시스템에서 요구하는 사항을 빈칸 채우기 방식으로 입력한 후 나머지 사항을 해당란에 직접 입력하거나 전자문서를 등재하는 방식으로 하여야 한다(규칙 제73조 제1항).

(2) 전자서명

등록사용자가 제출하는 전자문서에는 전자서명을 하여야 한다(규칙 제73조 제2항).

전자공탁시스템을 이용하여 전자문서를 제출하려는 자가 규칙 제73조 제2항 에 따라 전자문서에 하여야 하는 전자서명은 다음 각 호와 같다(위 예규 제8조).
  1. 국가, 지방자치단체 :「전자정부법」에 따른 행정전자서명
  2. 제1호를 제외한 법인회원 :「전자서명법」에 따른 공인전자서명 또는「상업등기법」에 따른 전자서명
  3. 개인회원, 변호사 회원, 법무사 회원 :「전자서명법」에 따른 공인전자서명

(3) 공동명의의 전자문서 제출

공동의 이해관계를 가진 여러 당사자나 대리인이 공동으로 공탁·출급·회수 등을 신청하는 경우에는 다음 각 호 가운데 어느 하나의 방법에 따라 공동명의로 된 하나의 전자문서를 제출할 수 있다(규칙 제73조 제3항).
  1. 해당 전자문서에 공동명의자 전원이 전자서명을 하여 제출하는 방법
  2. 해당 전자문서를 제출하는 등록사용자가 다른 공동명의자 전원의 서명 또는 날인이 이루어진 확인서를 전자문서로 변환하여 함께 제출하는 방법(공탁금을 출급 또는 회수하는 경우에는 제외한다)

규칙 제73조 제2항 및 제3항의 전자서명은 공탁에 적용되거나 준용되는 법령에서 정한 서명 또는 기명날인으로 본다(규칙 제73조 제4항).

규칙 제73조 제1항의 경우 제22조 및 제35조는 적용하지 아니한다(규칙 제73조 제5항).

규칙 제73조 제1항의 경우 제20조 제1항, 제30조 제2항, 제32조 제1항, 제53조 제2항, 제59조 제4항에도 불구하고 하나의 전자문서로 제출할 수 있다(규칙 제73조 제6항).

12. 전자문서의 파일 형식 및 공고

(1) 법원행정처장은 전자공탁시스템을 이용하여 제출할 수 있는 전자문서의 파일 형식, 구성 방식 그 밖의 사항을 지정하여야 한다(규칙 제74조 제1항).

(2) 규칙 제74조 제1항 에 따라 전자공탁시스템을 이용하여 제출할 수 있는 전자문서의 파일 형식과 용량은 다음 각 호와 같다(위 예규 제9조).
>   1. 문서의 파일 형식
>   PDF
>   단, 신청인이 작성한 문서가 HWP, DOC, DOCX, XLS, XLSX, TXT 파일인 경우에는 전자공탁시스템에서 PDF 파일로 변환할 수 있다.
>   2. 용량
>   가. 1파일 당 용량은 10MB를 초과하여서는 아니 되고, 이를 초과할 경우 10MB 이하 크기의 파일로 나누어서 제출하여야 한다.
>   나. 전자문서 1건에 첨부하여 제출하는 파일 전체의 용량 합계가 50MB를 초과하여서는 아니 된다.

규칙 제74조 제1항에 따라 지정된 파일 형식을 사용하지 아니한 전자문서는 부득이한 사정을 소명하지 아니하는 한 전자공탁시스템을 이용하여 제출할 수 없다(규칙 제74조 제2항).

전자문서는 전자공탁시스템에서 요구하는 방식에 따라 각 별도의 파일로 구분하여 제출하여야 하고, 이를 합하여 하나의 파일로 제출하여서는 아니 된다(규칙 제74조 제3항).

이 장(제7장)에서 법원행정처장이 지정하는 사항은 전자공탁홈페이지에 공고하여야 한다(규칙 제80조).

13. 전자신청의 접수시기

전자문서에 의한 신청은 그 신청정보가 전자공탁시스템에 저장된 때에 접수된 것으로 본다(규칙 제75조).

14. 정정신청, 보정

전자공탁시스템에 의한 공탁사건에 대한 정정신청 또는 보정은 전자공탁시스템을 이용하여 하여야 한다(규칙 제76조).

15. 공탁절차

(1) 공탁신청
전자공탁시스템을 이용하여 공탁서가 제출된 경우 공탁관은 그 공탁서가 규칙 제73조 제1항 에서 정한 방식으로 작성되고 신청인(자격자대리인이 제출하는 경우 대리인)의 전자서명이 이루어진 것인지를 심사하여야 한다(위 예규 제10조 제1항).

(2) 보정권고
심사 결과 공탁신청에 잘못이 있거나 전자문서에 판독이 어려운 부분이 있는 등 보완이 필요한 경우 공탁관은 상당한 기간을 정하여 이를 보정하도록 권고할 수 있다.

보정권고에 따른 보정은 인감증명서의 제출과 같이 전자공탁시스템을 이용하는 것이 불가능한 경우 등의 특별한 사정이 없는 한 전자공탁시스템을 이용하도록 하여야 한다(위 예규 제10조 제2~3항).

16. 전자신청사건의 수리, 인가

전자공탁시스템에 의한 공탁사건에 대하여 공탁관이 수리, 인가 등의 처분을 하는 경우, 그 전자문서에 수리, 인가 등의 뜻을 기재하고, 「법원 행정전자서명 인증업무에 관한 규칙」 제2조 제2항에 따라 설치된 법원 행정전자서명 인증관리센터에서 발급받은 행정전자서명 인증서에 의한 사법전자서명을 하여야 한다(규칙 제77조 제1항).

공탁관은 신청인에게 규칙 제77조 제1항의 처분결과를 대법원예규로 정하는 방법에 따라 고지하여야 한다(규칙 제77조 제2항).

17. 전자신청사건의 공탁금의 납입 절차

(1) 공탁금의 납입

전자공탁시스템을 이용하여 공탁을 하는 경우 공탁관은 공탁물보관자에게 가상계좌번호를 요청하여 그 계좌로 공탁금을 납입하게 하여야 한다(규칙 제78조 제1항).

공탁관은 공탁을 수리하는 경우 납입기한을 정하여 공탁자로 하여금 다음 각 호 가운데 어느 하나의 방법으로 공탁금(공탁통지를 하는 경우 우편료 포함)을 규칙 제78조 제1항 에 따라 지정된 가상계좌번호에 납입하도록 하여야 한다(위 예규 제11조 제1항).
  1. 전자자금이체(텔레뱅킹, 인터넷뱅킹, 모바일뱅킹 등)로 납입하는 방법
  2. 금융기관에서 직접 납입하는 방법(자동화기기 포함)

(2) 공탁금 납입사실의 전송

규칙 제78조 제1항의 공탁금이 납입된 경우 공탁물보관자는 공탁관에게 공탁금이 납입된 사실을 전송하여야 한다(규칙 제78조 제2항).
규칙 제78조 제2항의 전송을 받은 공탁관은 공탁서에 공탁금이 납입되었다는 뜻을 전자적으로 확인하여야 한다(규칙 제78조 제3항).

(3) 공탁서의 출력

공탁금을 납입한 공탁자는 전자공탁시스템에 접속하여 공탁서를 출력하여야 한다(규칙 제78조 제4항).

공탁금을 납입한 신청인이 전자공탁시스템의 장애 등 신청인의 책임없는 사유로 규칙 제78조 제4항 에 따라 공탁서를 정상 출력하지 못하였음을 소명하는 경우, 신청인이 공탁서를 다시 출력할 수 있도록 하여야 한다(위 예규 제11조 제2항).

(4) 공탁통지서의 발송

전자공탁시스템에 의하여 공탁이 이루어진 경우 공탁통지서의 발송은 전자공탁시스템으로 제출된 공탁통지서를 출력하여 한다(위 예규 제12조 제1항).

제1항에 따라 발송한 공탁통지서가 반송된 경우 공탁관은 이를 폐기할 수 있다. 이

경우 공탁자가 피공탁자에게 공탁통지서를 다시 발송하여 줄 것을 신청하면 제1항에 따라 다시 출력하여 발송한다(위 예규 제12조 제2항).

18. 공탁서의 정정

전자공탁시스템을 이용하여 이루어진 공탁사건에 대하여 공탁서 정정신청이 있는 경우 공탁관은 그 정정신청이 전자공탁시스템을 이용하여 규칙 제73조 제1항에서 정한 방식으로 이루어진 것인지와 신청인(자격자대리인이 제출하는 경우 대리인)이 제8조에서 정한 전자서명을 하였는지를 심사하여야 한다(위 예규 제13조 제1항).

공탁관은 공탁서 정정신청을 수리하는 경우 규칙 제77조 제1항 에 따른 조치를 하여야 한다. 공탁서 정정신청을 수리한 공탁관은 신청인이 전자공탁시스템에 접속하여 공탁서 정정신청서를 출력할 수 있도록 하여야 한다. 이 경우 제11조 제2항을 준용한다.

공탁서 중 피공탁자의 주소가 정정된 경우에는 행정예규 제933호 제12조를 준용한다(위 예규 제13조 제1~4항).

19. 전자문서에 의한 공탁금 출급·회수청구의 특례

(1) 인감증명서의 생략
전자문서에 의하여 공탁금의 출급 또는 회수를 청구하는 경우 규칙 제37조 제1항 및 제2항의 인감증명서는 첨부하지 아니한다(규칙 제79조 제1항).

(2) 전자서명의 제출
변호사회원 또는 법무사회원이 전자문서에 의하여 공탁금의 출급 또는 회수를 청구하는 경우에는 청구인의 전자서명도 함께 제출하여야 한다(규칙 제79조 제2항).

(3) 예금계좌에 의한 지급절차
전자문서에 의한 공탁금의 출급 또는 회수청구에 따라 공탁금을 예금계좌에 입금하여 지급하는 경우 그 예금계좌는 청구인 본인의 예금계좌이어야 한다(규칙 제79조 제3항).

(4) 공탁관의 공탁금 출급·회수청구의 심사 및 확인

전자공탁시스템을 이용하여 공탁금 출급 또는 회수청구서가 제출된 경우 공탁관은 그 청구서가 규칙 제73조 제1항 에서 정한 방식으로 작성되고 청구인의 전자서명이 이루어진 것인지를 심사하여야 한다(위 예규 제14조 제1항).

변호사회원 또는 법무사회원이 제1항의 청구서를 제출한 경우 공탁관은 변호사회원 또는 법무사회원의 전자서명과 청구인 본인의 전자서명이 함께 제출되었는지도 심사 하여야 한다(위 예규 제14조 제2항).

공탁관은 전자공탁시스템을 이용하여 제출된 공탁금 출급 또는 회수청구서에 공탁 금 지급방법으로 다음 각 호 가운데 어느 하나가 선택되어 있는지를 확인하여야 한다 (위 예규 제14조 제3항).
  1. 청구인 본인의 예금계좌로 지급받는 방법
     가. 미리 포괄계좌 입금신청을 하지 아니한 개인회원이 청구인 본인의 예금 계좌번호를 입력한 다음 금융기관으로부터 그 계좌가 청구인 본인의 계 좌임을 인증받아 지급받는 방법
     나. 미리 포괄계좌 입금신청을 한 개인회원과 법인회원(국가 및 지방자치단 체 포함)이 당해 포괄계좌로 지급받는 방법
  2. 공탁금 출급·회수청구서를 출력하여 공탁금 보관은행에 제출하는 방법

공탁금 출급 또는 회수청구서에 대한 공탁관의 심사에 대하여는 예규 제10조를 준 용한다(위 예규 제14조 제4항).

20. 공탁금의 지급

공탁금 출급 또는 회수청구를 인가하는 경우 공탁관은 다음 각 호 가운데 어느 하 나의 방법으로 공탁금을 지급하여야 한다(위 예규 제15조).
  1. 청구인이 제14조 제3항 제1호의 방법을 선택한 때에는 공탁금을 청구인이 지 정한 예금계좌에 입금한다.
  2. 청구인이 제14조 제3항 제2호의 방법을 선택한 때에는 청구인이 전자공탁시 스템에 접속하여 공탁금 출급·회수청구서를 출력한 다음 이를 해당 공탁금

보관은행(취급지점)에 제출하여 공탁금을 수령할 수 있도록 하여야 한다. 이 경우 제11조 제2항을 준용한다.

21. 전자문서의 열람 및 사실증명의 청구

공탁당사자 및 이해관계인(전산시스템에 성명, 주민등록번호 등 인적사항이 입력되어 있는 경우에 한한다)이 전자공탁시스템을 이용하여 제2조 제3호·제4호의 열람 또는 사실증명을 청구하는 경우에는 제10조를 준용한다(위 예규 제16조 제1항).

제1항의 열람을 승인하거나 사실증명서를 발급하는 경우 공탁관은 그 뜻을 전산시스템에 등록하여야 한다(위 예규 제16조 제2항).

전자공탁시스템을 이용한 전자기록의 열람은 공탁관이 열람을 승인한 날부터 1주 이내에 할 수 있다(위 예규 제16조 제3항).

전자공탁시스템을 이용하여 사실증명서를 발급하는 경우에는 제11조 제2항을 준용한다(위 예규 제16조 제4항).

제3항 및 제4항에 따라 공탁관계서류를 열람하게 하거나 사실증명서를 발급하는 경우 공탁관은 개인정보보호를 위하여 공탁자 또는 피공탁자의 주소 등 일부 인적사항을 제외하고 제공할 수 있다(위 예규 제16조 제5항).

22. 이의신청

전자공탁시스템을 이용하여 제2조 제5호의 이의신청을 하는 경우에는 제10조를 준용한다. 법 제13조 제2항 에 따라 이의신청서를 관할 지방법원에 송부하는 경우 공탁관은 전자문서로 제출된 이의신청서를 출력하여 송부하여야 한다.

전자공탁시스템으로 처리한 공탁사건에 대하여 서면으로 이의신청을 한 경우 공탁관은 이의신청이 제출된 사실을 전산시스템에 등록하여야 한다(위 예규 제17조 제1~3항).

23. 서류의 관리

전자공탁시스템을 이용하여 공탁이 이루어진 사건에 다음 각 호 중 어느 하나의 사유가 있는 경우, 공탁관은 공탁기록 표지를 출력한 후 제출된 서면을 접수순서에 따라 편철하여 별도의 공탁기록으로 관리·보존하고 전산시스템에 그 뜻을 입력하여야 한다(위 예규 제18조 제1항).

1. 규칙 제44조 제1항에서 정한 서면이 제출된 경우
2. 공탁금 출급·회수청구서가 서면으로 접수된 경우
3. 공탁관의 보정권고에 따라 첨부자료 등이 서면으로 접수된 경우
4. 공탁당사자로부터 열람을 청구하는 서면이 제출된 경우
5. 서면에 의한 이의신청에 대하여 공탁관이 법 제13조 제1항에 따른 처분을 한 경우
6. 법 제14조 제1항에 따라 관할 지방법원으로부터 이의신청에 대한 결정문을 송부받은 경우
7. 그 밖에 별도의 공탁기록으로 관리할 상당한 사유가 있는 서면이 있는 경우

전자공탁시스템을 이용하여 공탁이 이루어진 사건에 공탁당사자가 아닌 자(소멸시효 진행과 관련이 없는 자)의 열람 또는 사실증명 청구서, 공탁기록에 대한 문서송부촉탁서, 사실조회서 등 제1항 각 호에 규정되지 아니한 서면이 접수된 경우, 공탁관은 전산시스템에 그 뜻을 입력하고 접수된 서면을 기타 문서철에 편철하여 보관할 수 있다(위 예규 제18조 제2항).

[별표]

사용자등록 신청 시 입력할 사항 (제5조 제1항 관련)

구분		입력할 사항	공인인증서
개인회원		사용자 아이디, 성명, 주민등록번호(외국인 등의 경우 외국인등록번호 또는 국내거소신고번호), 주소, 전자우편주소, 공탁관으로부터 고지받는 방법	「전자서명법」에 따른 공인인증서
법인 회원	법인	사용자 아이디, 법인의 명칭(상호), 법인등록번호, 사업자등록번호, 대표자(신청인)의 성명 및 주민등록번호, 소재지, 전자우편주소, 접근번호, 공탁관으로부터 고지받는 방법	「전자서명법」에 따른 공인인증서 (법인용) 또는 「상업등기법」에 따른 전자증명서
	국가 지방 자치 단체	사용자 아이디, 사용자의 구분(국가, 지방자치단체), 기관명, 고유번호(또는 사업자등록번호), 사무소소재지, 부서명칭, 사용자의 성명 및 주민등록번호, 전자우편주소, 공탁관으로부터 고지받는 방법	「전자정부법」에 따른 행정전자서명
변호사 회원		사용자 아이디, 성명, 주민등록번호, 자격등록번호, 사무소소재지, 전자우편주소, 접근번호, 공탁관으로부터 고지받는 방법	「전자서명법」에 따른 공인인증서
법무사 회원		사용자 아이디, 성명, 주민등록번호, 자격등록번호, 사무소소재지, 전자우편주소, 접근번호, 공탁관으로부터 고지받는 방법	「전자서명법」에 따른 공인인증서

법인사용자등록신청서

신 청 인	법인명			
	법인등록번호		사업자등록번호	
	성　　명		주민등록번호	
	등기기록상 직위			
	연락처	(전화)	(FAX)	
첨부서면	1. 법인등기사항증명서　　1통　　2. 법인인감증명서　　1통 3. 사업자등록증 사본　　1통			

20　년　월　일

위 신청인　　　　　　　(인)

지방법원　　지원　공탁관　귀중

위　임　장

성　　　　명 :

주민등록번호 :

위 사람에게 사용자등록신청서 제출 등의 사무를 위임합니다.

20　년　월　일

신청인　　　　　　　(인)

※ 유의 사항
 1. 전국 공탁소 중　1곳에만 신청하시면 됩니다.
 2. 법인명, 사업자등록번호 등 사용자등록신청 정보와 공인인증서 정보는 서로 일치하여야 합니다.
 3. 법인등기기록상 대표권이 있는 사람(대표이사, 지배인, 대리인 등)만이 신청할 수 있으며, 반드시
　　법인인감증명서 상의 법인인감을 날인하시기 바랍니다.

법인사용자등록 접근번호확인서

신 청 인	법인명			
	법인등록번호		사업자등록번호	
	성 명		주민등록번호	
	등기기록상 직위			
접근번호				

20 년 월 일

지방법원   지원   공탁관   (직인)

※ 유의 사항

1. 사용자등록은 접근번호를 부여받은 날부터 10일 이내에 하여야 합니다.

2. 사용자등록 방법

---

① 전자공탁홈페이지(ekt.scourt.go.kr) 접속

② [회원/인증관리〉회원가입〉회원유형]에서 법인회원 선택

③ 약관동의, 실명확인, 회원정보 입력

④ 아이디로 로그인한 후에 [회원/인증관리〉법인등록]에서 접근번호 입력

⑤ [회원/인증관리〉인증센터]에서 공인인증서 등록

---

3. 법인명, 사업자등록번호 등 사용자등록신청 정보와 공인인증서 정보는 서로 일치하여야 합니다.

자격자대리인 사용자등록신청서

신 청 인	성 명		주민등록번호	
	자격구분	□ 변호사 □ 법무사	자격등록번호	
	사무소소재지			
	연락처	(전화)	(FAX)	
첨부서면	1. 자격자증명서면 사본 1통 2. 신분증 사본 1통 3. 기타( )			

20   년   월   일

위 신청인   (인)

지방법원   지원 공탁관 귀중

위 임 장

성   명 :

주민등록번호 :

위 사람에게 사용자등록신청서 제출 등의 사무를 위임합니다.

20   년   월   일

신청인   (인)

※ 유의 사항
 1. 전국 공탁소 중 1곳에만 신청하시면 됩니다.
 2. 성명, 주민등록번호 등 사용자등록신청 정보와 공인인증서 정보는 서로 일치하여야
    합니다.
 3. '자격등록번호'란에는 변호사법무사등록증 상의 번호를 기재합니다.

자격자대리인 사용자등록 접근번호확인서

신 청 인	성 명		주민등록번호	
	자격구분	☐ 변호사 ☐ 법무사	자격등록번호	
	사무소소재지			
접근번호				
20 년 월 일 지방법원 지원 공탁관 (직인)				

※ 유의 사항
  1. 사용자등록은 접근번호를 부여받은 날부터 10일 이내에 하여야 합니다.
  2. 사용자등록 방법

---

① 전자공탁홈페이지(ekt.scourt.go.kr) 접속
② [회원/인증관리〉회원가입〉회원유형]에서 변호사회원 또는 법무사회원 선택
③ 약관동의, 실명확인, 회원정보 입력
④ 아이디로 로그인한 후에 [회원/인증관리〉자격자대리인등록]에서 접근번호 입력
⑤ [회원/인증관리〉인증센터]에서 공인인증서 등록

---

  3. 성명, 주민등록번호 등 사용자등록신청 정보와 공인인증서 정보는 서로 일치하여야
     합니다.

제15절 형사공탁의 특례

형벌(刑罰)을 법정형(法定刑) 이하로 감경(減輕)하는 것을 "형(刑)의 감경(減輕)"이라고 한다. 형의 감경에는 법률상의 감경과 재판상의 감경(酌量減輕)이 있다. '법률상 감경'이란 법률규정에 의해 형이 감경되는 경우를 말한다. 이것에는 다시 일정한 사유가 있으면 반드시 감경해야 하는 '필요적 감경'과 일정한 사유가 있으면 이를 고려하여 법원이 재량(裁量)에 의해 감경할 수 있는 '임의적 감경'이 있다.

법원은 피고인에게 범죄의 정상(情狀)에 참작할 만한 사유가 있는 때에는 작량(酌量)하여 그 형을 감경할 수 있다(형법 제53조). 이때 법원이 참작(參酌)할 만한 사유는 형법 제51조가 기준이 된다. 법원이 형을 정함에 있어서는. "1) 범인의 연령, 성행(性行), 지능과 환경 2) 피해자에 대한 관계 3) 범행의 동기, 수단과 결과 4) 범행 후의 정황(情況)"을 참작하여야 한다(형법 제51조). '피해자(被害者)'란 범죄에 의하여 침해되거나 위협된 법익(法益)의 주체(主體)를 말한다.

여기서 작량감경 사유인 "피해자에 대한 관계"라 함은 가해자인 피고인이 피해자에게 손해를 배상한 여부도 해당되므로, 형사사건의 피고인이 법원으로부터 그 형(刑)을 감경받기 위한 정상참작 사유로 피해자를 위하여 변제공탁을 하는 사례가 많으며, 특히 피고인이 "피해자의 인적사항을 알 수 없는 경우" 해당 형사사건이 계속 중인 법원 소재지의 공탁소에 공탁할 수 있도록 공탁법 개정으로 "형사공탁의 특례"가 마련되었다.

1. 형사공탁의 개념 및 관할

형사사건의 피고인이 법령 등에 따라 피해자의 인적사항을 알 수 없는 경우에 그 피해자를 위하여 하는 변제공탁(이하 "형사공탁"이라 한다)은 해당 형사사건이 계속 중인 법원 소재지의 공탁소에 할 수 있다(법 제5조의2 제1항).

"형사공탁"이란 법 제5조의2에 따라 이루어지는 변제공탁을 말한다(규칙 제81조 1호).

"형사공탁에 관한 업무처리지침"(대법원행정예규 제1321호. 2022.12.2) 예규는 「공탁법」 제5조의2 형사공탁과 그와 관련된 재판업무처리에 관하여 공탁규칙」(이하 "규칙"

이라 한다) 제89조에서 위임한 사항과 형사공탁의 구체적인 절차와 방법 및 그 시행에 필요한 세부적인 사항을 규정함을 목적으로 한다(동예규 제1조).

2. 형사공탁의 공탁서의 기재사항

(1) 피공탁자의 인적사항 및 피해자를 특정할 수 있는 명칭의 기재

공탁자는 공소장 · 조서 · 진술서 · 판결서(이하 "공소장 등"이라 한다)에 피해자의 성명이 기재되어 있는 경우에는 공탁서에 그 성명을 기재하고, 공소장 등에 피해자의 성명 중 일부가 비실명 처리되어 있거나 가명으로 기재되어 있는 경우에는 공탁서에도 그대로 기재하되, 가명으로 기재되어 있는 경우에는 괄호하여 가명임을 표시한다(예규 1321호 제4조).

형사공탁의 공탁서에는 공탁물의 수령인(이하 이 조에서 "피공탁자"라 한다)의 인적사항을 대신하여 해당 형사사건의 재판이 계속 중인 법원(이하 이 조에서 "법원"이라 한다)과 사건번호, 사건명, 조서, 진술서, 공소장 등에 기재된 피해자를 특정할 수 있는 명칭을 기재하고, 공탁원인사실을 피해 발생시점과 채무의 성질을 특정하는 방식으로 기재할 수 있다(법 제5조의2 제2항).

"법령 등에 따라 피해자의 인적사항을 알 수 없음을 확인할 수 있는 서면"이란 피해자의 개인정보보호를 위하여 법령 등에서 피해자의 인적사항 공개를 금지하고 있거나 형사 사건의 피고인이 재판기록 · 수사기록 중 피해자의 인적사항에 대한 열람 · 복사를 할 수 없는 등의 사정으로 피해자의 인적사항을 알 수 없음을 확인할 수 있는 서면을 말한다(규칙 제81조 2호).

법 제5조의2 제2항의 "피해자를 특정할 수 있는 명칭"이란 공소장, 조서, 진술서, 판결서에 기재된 피해자의 성명(성 · 가명을 포함한다)을 말한다(규칙 제81조 3호).

(2) 법령조항의 기재

공탁자는 공탁서에 법령조항으로 공탁법 제5조의2를 기재한다(예규 1321호 제3조).

(3) 공탁원인 사실의 기재

공탁자는 공탁원인사실로서 피해 발생시점, 피해 장소, 채무의 성질을 특정하여 기재하여야 한다(예규 제1321호 제5조1항).

공탁자는 공탁서에 피해자의 인적사항을 알 수 없는 사유를 구체적으로 기재하여야 한다(동예규 제5조 2항).

[예시: 공탁자는 0000. 0.0. 00:00경 O시 OO구 OO로 O길 O, OO식당 앞에서 피해자 홍길O을 폭행한 사실과 관련하여 손해배상금(피해보상금, 형사위로금, 위자료 등)을 홍길O에게 지급하려 하였으나 재판기록·수사기록 중 피해자의 인적사항에 대한 열람·복사 불허가 등의 사유로 인하여(또는 성폭력범죄의 처벌 등에 관한 특례법 등에서 피해자의 인적사항 공개를 금지하고 있어) 피해자의 인적사항을 알 수 없으므로 이를 공탁함]

(4) 피공탁자 동일인 확인

공탁물 수령을 위한 피공탁자 동일인 확인은 다음 각 호의 사항이 기재된 법원이나 검찰이 발급한 증명서에 의한다(법 제5조의2 4항).
1. 사건번호
2. 공탁소, 공탁번호, 공탁물
3. 피공탁자의 성명·주민등록번호
4. 그 밖에 동일인 확인을 위하여 필요한 사항

"피공탁자 동일인 확인 증명서"란 법 제5조의2 제4항에 따라 공탁서에 기재된 피공탁자가 형사사건의 피해자와 동일인임을 법원 또는 검찰이 증명하는 서면을 말한다(규칙 제81조 4호).

"비실명 처리"란 공탁관계 서류 및 전자기록에 나타난 정보 중 그대로 공개될 경우 개인의 사생활이 침해될 수 있는 사항에 관하여 비실명으로 표시하거나 그 밖의 적절한 방법으로 제3자가 인식하지 못하도록 처리하는 것을 말한다(규칙 제81조 5호).

공탁관은 피공탁자의 개인정보 보호를 위하여 아래 각 호의 방식으로 피공탁자의 성명을 비실명 처리하여 전산정보처리조직(이하 "전산시스템"이라 한다)에 피공탁자의 성명을 비실명 처리한다(예규 제1321호 제7조).
1. 공탁서에 피공탁자의 성명이 기재되어 있는 경우 공탁관은 전산시스템에 성만 입력하고 이름은 입력하지 아니한다.
2. 공탁서의 피공탁자 성명 중 일부가 기호처리 방식(O, □, △, ◇ 등으로 변환하여 표시하는 방식)으로 비실명 처리된 경우 공탁관은 전산시스템에 공탁서에 기재된 대로 입력한다.

3. 공탁서에 피공탁자 성명 대신 가명이 기재된 경우에 괄호하여 가명임을 표시하여 입력한다.

(5) 공탁서 기재의 특칙

제20조제2항제5호에도 불구하고 형사공탁의 공탁서에는 공소장, 조서, 진술서, 판결서에 기재된 피해자의 성명(성·가명을 포함한다)과 해당 형사사건이 계속 중인 법원과 사건번호 및 사건명, 공소장에 기재된 검찰청과 사건번호를 기재하여야 한다. 다만, 피공탁자의 주소와 주민등록번호는 기재하지 아니한다.(규칙 제82조).

3. 형사공탁서의 첨부서면

(1) 첨부서면의 특칙

공탁서에는 규칙 제21조제1항과 제2항에 따른 서면 외에 다음 각 호의 서류를 첨부하여야 한다(규칙 제83조).
1. 해당 형사사건이 계속 중인 법원을 확인할 수 있는 서면
2. 피해자를 특정할 수 있는 명칭이 기재된 공소장 부본이나 조서·진술서·판결서 사본
3. 법령 등에 따라 피해자의 인적사항을 알 수 없음을 확인할 수 있는 서면

(2) 피해자의 인적사항을 알수 없음을 확인할 수 있는 서면

규칙 제83조제3호 "법령 등에 따라 피해자의 인적사항을 알 수 없음을 확인할 수 있는 서면"이란 다음 각 호의 서면을 말한다(예규 제1321호 제6조).
1. 해당 형사사건에 적용되는 법령 등에서 피해자의 인적사항 공개를 금지하거나 피해자의 인적사항에 대한 열람·복사를 할 수 없는 등의 사정으로 피해자의 인적사항을 알 수 없음을 확인할 수 있는 서면(공소장, 재판장에 의하여 불허가된 재판기록 열람·복사 신청서 사본 등)
2. 그 밖의 규칙 제83조제3호에 해당함을 공탁관이 확인할 수 있는 서면

4. 피공탁자에 대한 공탁통지의 갈음

피공탁자에 대한 공탁통지는 공탁관이 다음 각 호의 사항을 인터넷 홈페이지 등에

공고하는 방법으로 갈음할 수 있다(법 제5조의 2, 제3항).

1. 공탁신청 연월일, 공탁소, 공탁번호, 공탁물, 공탁근거 법령조항
2. 공탁물 수령·회수와 관련된 사항
3. 그 밖에 대법원규칙으로 정한 사항

5. 형사공탁사실의 통지

공탁관은 규칙 제27조에 따라 공탁물보관자로부터 공탁물 납입사실을 전송받거나 공탁물품납입통지서를 받은 때에는 해당 형사사건이 계속 중인 법원과 검찰에 형사공탁에 관한 내용을 통지하여야 한다(규칙 제85조 1항).

피해자에게 변호사가 선임 또는 선정되어 있는 경우 대법원예규에서 정한 바에 따라 법원은 제1항에 의하여 통지받은 내용을 그 변호사에게 고지한다(규칙 제85조 2항).

공탁관은 공탁물납입사실의 전송이나 공탁물품납입통지서를 받은 때에 지체 없이 다음 각 호의 내용이 포함된 별지 제4호 양식의 형사공탁사실통지서를 피공탁자별로 작성하여 규칙 제85조 제1항의 법원 및 검찰에 통지서 원본을 우편 또는 사송의 방법으로 송부한 후 통지서 사본은 공탁기록에 편철한다(예규 제1321호 제9조 1항).

1. 공탁사건 정보: 공탁번호, 해당 형사사건이 계속 중인 법원과 사건번호 및 사건명, 공소장에 기재된 검찰청과 사건번호, 공탁물, 공탁 연월일
2. 공탁당사자 정보: 공탁자 성명, 피공탁자 성명
3. 규칙 제83조 제2호 서면의 명칭

규칙 제85조 제1항에 따른 통지의 내용 중 명백한 착오가 있는 경우 공탁관은 이를 수정한 후 제9조 제1항에 따라 정정통지를 하여야 한다. 규칙 제30조제4항에 따른 공탁서 정정신청이 수리된 때에도 이와 같다(2항).

제1항, 제2항의 형사공탁사실통지서 또는 형사공탁정정사실통지서 원본은 해당 형사사건의 공판기록에 편철한다(3항).

재판장은 제1항, 제2항의 형사공탁사실통지 또는 형사공탁정정사실통지를 받은 경우 피해자 또는 그 법정대리인이 변호사를 선임하거나 검사가 피해자를 위하여 국선변호사를 선정하였고 그 변호사(이하 "피해자 변호사"라 한다)의 선임 등을 증명할 수

있는 서류가 제출된 때에는 피해자 변호사에게 형사공탁 사실을 고지한다. 이 경우 피해자가 형사공탁 사실을 고지 받는 데에 동의한 때에는 피해자에게도 형사공탁 사실을 고지한다(4항).

제4항의 고지는 서면, 전화, 전자우편, 팩스, 휴대전화 문자전송 그 밖에 적당한 방법으로 할 수 있다(5항).

형사공탁이 이루어진 경우 피해자와 피해자 변호사는 해당 형사사건에서 이에 관한 의견을 제출할 수 있다(6항).

6. 형사공탁의 공고

피공탁자에 대한 공탁통지는 공탁관이 전자공탁홈페이지에 공고하는 방법으로 할 수 있다(규칙 제84조 1항).

공탁관은 공탁물보관자로부터 공탁물 납입사실의 전송이나 공탁물품납입통지서를 받은 때에는 특별한 사정이 없는 한 다음 날까지 다음 각 호의 사항을 공고하여야 한다(규칙 제 84조2항).
1. 법 제5조의2제3항에 규정된 사항
2. 해당 형사사건이 계속 중인 법원과 사건번호 및 공소장에 기재된 검찰청과 사건 번호
3. 그 밖에 대법원예규로 정한 사항

공탁관은 전자공탁홈페이지에 다음 각 호의 사항을 공고하여야 한다(예규 제1321호 제8조 1항).
1. 공탁소 및 공탁번호
2. 공탁신청 연월일
3. 공탁물
4. 공탁서에 기재된 피공탁자의 성명. 다만, 피공탁자의 성명이 비실명 처리되어 있지 않거나 가명이 아닌 경우에는 성(姓)을 제외한 이름은 비실명 처리한다.
5. 해당 형사사건이 계속 중인 법원과 사건번호 및 공소장에 기재된 검찰청과 사건 번호

제1항 제4호에도 불구하고 피공탁자의 성(姓)이 별표 3 기재 이외의 성(姓)일 경우 공탁관은 피공탁자의 사생활을 보호하기 위해 피공탁자의 성명을 공고하지 아니할 수 있다(위 예규 제8조 제2항).

규칙 제84조 제2항에 따른 공고 내용 중 명백한 착오가 있는 경우 공탁관은 이를 수정 한 후 정정공고를 하여야 한다. 규칙 제30조 제4항에 따른 공탁서 정정신청이 수리된 때에도 이와 같다(위 예규 제8조 제3항).

7. 군사법원 사건의 공탁

군사법원에 계속 중인 형사사건에 관하여도 제8장의 규정을 적용한다. 이 경우 법원은 군사법원으로, 검찰은 군검찰로 본다(규칙 제88조).

군사법원에 계속 중인 사건의 형사공탁은 별표 2 기재 군사법원 소재지의 지방법원 본원 공탁소에 할 수 있다(예규 제1321호 제2조).

8. 공탁물 지급 절차

(1) 피공탁자 동일인 확인증명서의 제출

공탁물을 출급하려는 사람은 해당 형사사건이 계속 중인 법원 또는 검찰에서 피공탁자 동일인 확인증명서를 발급받아 제출하여야 한다. 다만, 공탁소에 이미 제출되어 있는 경우는 그러하지 아니하다(규칙 제86조 1항).

제1항에 따라 피공탁자 동일인 확인증명서를 발급한 법원 또는 검찰은 지체 없이 공탁소에 그 발급사실을 통지하여야 한다(규칙 제86조 2항).

(2) 피공탁자 동일인 증명서의 발급신청

피공탁자는 해당 형사사건이 계속 중인 법원 또는 검찰에 방문하여 피공탁자 동일인 확인증명서(이하 "동일인 증명서"라 한다)의 발급을 신청할 수 있다(예규 제1321호 제10조).

(3) 공학관에게 피공탁자 동일인 확인증명서 발급사실통지서 송부

규칙 제86조 제1항에 따라 동일인 증명서를 발급한 법원 또는 검찰은 지체 없이 공탁관에게 피공탁자 동일인 확인증명서 발급사실통지서(이하 "동일인 증명서 발급사실통지서"라 한다)를 팩스로 전송한 후 위 원본을 우편 또는 사송의 방법으로 송부한다(예규 제1321호 제11조 1항).

제1항에 따라 동일인 증명서 발급사실통지서를 송부받은 공탁관은 그 서면에 접수인을 날인하고, 수령일자 및 발급기관을 해당 기록표지에 기재한 다음 공탁기록에 편철한다(동 제2항).

(4) 공탁관의 피공탁자 개인정보 전산등록

공탁관은 동일인 증명서가 제출된 때 그 서면의 기재사항을 피공탁자 개인정보관리에 전산등록 하여, 피공탁자의 인적사항이 공개되지 않도록 한다(예규 제1321호 제12조 1항).

공탁관은 동일인 증명서 외에 피공탁자 인적사항이 기재된 서면이 제출된 때 제7조에 따라 입력된 피공탁자 성명을 불러오기 방식으로 전산등록 하고, 나머지 인적사항은 전산등록 하지 아니한다(동 제2항).

(5) 공탁관의 피공탁자 동일인 확인증명서의 진위여부 확인

공탁관은 동일인 증명서와 별표 4 동일인 증명서 발급사실통지서 기재사항이 서로 일치하는지 확인하여야 한다(예규 제1321호 제13조 1항).

검찰이 발급한 동일인 증명서는 공탁관이 형사사법포털을 이용하여 위·변조방지바코드를 검증하는 방법으로 그 진위 여부를 확인한다(동 제2항).

관할공탁소 이외의 공탁소에서의 공탁사건처리 지침에 따라 관할공탁소 이외의 공탁소에 형사공탁사건에 대한 출급청구서가 접수된 경우 접수공탁소 공탁관은 동일인 증명서가 첨부되었는지 여부를 확인한다. 다만, 검찰이 발급한 동일인 증명서가 첨부된 경우 접수공 탁소 공탁관은 제2항의 절차에 따라 그 진위 여부를 확인하고, 출급청구서 상단 여백에 별 표 5와 같은 내용을 기재한 후 청구서 등을 관할공탁소에 전송한다(동 제3항).

(6) 열람 및 증명청구의 특칙

피공탁자의 인적사항이 기재되어 있는 공탁관계 서류 및 전자기록에 대하여 열람 및 사실증명의 청구가 있는 경우 공탁관은 피공탁자의 인적사항이 공개되지 않도록 개인정보 보호를 위한 비실명 처리 후 이를 열람하게 하거나 증명서를 발급하여야 한다(규칙 제 87조).

규칙 제87조에 따라 비실명 처리할 피공탁자의 인적사항(이하 "비실명처리대상정보"라 한다)은 다음 각 호와 같다(예규 제1321호 제14조).
  1. 성명과 그에 준하는 것(호, 아이디, 닉네임 등)
  2. 주소 등 연락처(거주지, 전화번호, 이메일 주소 등)
  3. 금융정보(계좌번호, 신용카드 번호, 수표번호 등)
  4. 기타 개인을 특정할 수 있는 정보(주민등록번호, 여권번호, 운전면허번호, 외국인등록 번호 등)

공탁관계서류에 대한 열람·복사의 청구가 있는 경우 공탁관은 제14조 기재 비실명처리대상정보에 접착식메모지, 접착식메모테이프, 라벨지 등을 부착하여 복사한 사본 또는 비실명처리대상정보의 내용을 알아볼 수 없도록 검은색으로 칠한 사본을 열람·복사의 청구에 제공한다(예금 제 1321호 제15조).

공탁관은 공탁관계서류 및 전자기록에 나타난 정보에 대하여 사실증명 청구가 있는 경우 비실명처리대상정보의 내용을 전산 또는 수작업으로 가리거나('O.*등'처리) 기재하지 않고 제공한다(예규 제1321호 제16조).

9. 법원의 피공탁자 확인증명서 관련 접수 및 발급절차

(1) 동일인 증명서 발급 담당자
동일인 증명서 발급 사무는 형사공탁의 원인된 형사사건(상소 등으로 다른 법원에서 사건이 계속 중인 경우에는 그 사건을 의미한다. 이하 "형사본안사건"이라 한다) 담당재판부의 법원서기관·법원사무관·법원주사·법원주사보(이하 "발급담당자"라 한다)가 처리한다(예규 제1321호 제17조).

(2) 동일인 증명서 발급신청 및 소명자료 제출
동일인 증명서 발급의 신청은 서면(이하 "동일인 신청서"라 한다)으로 한다(예규 제1321호 제18조 1항).

동일인 증명서 발급을 신청하는 경우에는 다음 각 호의 어느 하나에 해당하는 소명 자료를 제출하여야 한다. 다만 피공탁자 본인이나 그 포괄승계인, 이들의 법정대리인 또는 피해자 변호사가 발급 신청하는 경우로서 신분에 관한 증명서(주민등록증·여 권·운전면허 증 등) 사본을 제출한 경우에는 그러하지 아니하다(동2항).

1. 동일인 신청서 또는 위임에 따른 대리인의 권한을 증명하는 서면이나 그 밖에 승계사실 소명자료(이하 '신청서 등'이라 함)에 찍힌 인감에 관하여 발급일로부터 3개월 내의 인감증명서
2. 신청서 등에 기재된 서명에 관하여 발급일로부터 3개월 내의 본인서명사실확인 서 또는 전자본인서명확인서 발급증

동일인 신청서에는 1건당 500원의 수입인지를 붙여야 한다(동3항).

(3) 동일인 증명서 발급신청서의 접수절차

동일인 신청서의 접수 사무는 각급 법원의 제증명 담당자(이하 "접수담당자"라 한 다)가 처리한다(예규 제1321호 제19조 1항).

동일인 신청서를 접수한 접수담당자는 재판사무시스템에 접수내역을 입력한다(동2항).

접수담당자는 전항의 접수내역을 입력함에 있어서 형사본안사건이 다른 법원에 계 속 중이거나 확정되어 검찰로 기록이 인계되었는지 여부를 재판사무시스템을 통하여 확인하고, 만일 형사본안사건이 이에 해당하여 동일인 증명서의 발급이 불가능한 경 우에는 신청인에게 이를 안내한다(동3항).

(4) 신청인의 자격심사 및 신청서의 인계

신청을 받은 접수담당자는 피공탁자와의 관계 등 신청인의 자격에 관한 형식적 요 건을 심사한다(예규 제1321호 제20조 1항).

접수담당자는 신청인의 자격에 관하여 의심이 있는 경우에는 발급담당자에게 제시 하여 그 지시에 따른다(동2항).

접수담당자는 신청인의 자격에 관한 심사를 마친 후 동일인 신청서를 발급담당자에 게 인계한다(동3항).

(5) 피공탁자 동일인 확인증명서 발급의 허부

동일인 증명서의 발급을 위하여 발급담당자는 동일인 신청서 우측 상단 허부란에 재판장의 날인을 받는다. 신청권자에 의한 신청이 아니거나 법원이 피공탁자의 인적사항을 확인할 수 없는 등의 사유로 발급이 불가능한 경우에는 신청서 우측 상단 허부란의 부란에 재판장의 날인을 받고 비고란에 그러한 취지를 기재한다(예규 제1321호 제21조 1항).

발급담당자는 동일인 신청서의 허부란에 재판장의 날인을 받은 후 그 원본을 공판기록에 편철한다(동2항).

(6) 피공탁자 동일인 확인증명서의 발급 및 통지

발급담당자가 동일인 증명서를 발급하는 경우에는 별지 제10호 양식에 의한다(예규 제1321호 제22조 제1항).

재판장이 동일인 증명서 발급을 허가하지 않는 경우 발급담당자는 지체 없이 전화, 전자우편, 팩스 등의 방법으로 신청인에게 그 취지를 고지한다(동 제2항).

동일인 증명서를 발급한 발급담당자는 지체 없이 공탁관에게 별지 제11호 양식을 팩스로 전송한 후 통지서 원본을 우편 또는 사송의 방법으로 송부한 뒤, 통지서 사본은 공판기록에 편철한다.(동 제3항).

10. 공탁규칙 일부개정규칙(대법원규칙 제3073호 2022.10.27. 공포)의 시행

이 규칙은 2022년 12월 9일부터 시행한다(부칙).

◉ 형사공탁에 관한 업무처리지침

(대법원행정예규 제1321호 2022.12.2. 결재)

[별표 1]

양 식 목 록

양식 번호	명 칭	관련 공탁규칙 조문	비 고
1	금전 공탁서(형사공탁)	제20조, 제82조	제3조부터 제6 조까지
2	형사공탁 공고	제84조	제8조
3	형사공탁 정정공고	제84조	제8조제3항
4	형사공탁사실통지서	제85조제1항	제9조제1항
5	형사공탁정정사실통지서	제85조제1항	제9조제2항
6	공탁금 출급·회수청구서 (형사공탁)	제23조제1항	
7	형사공탁사실 고지서 (재판양식 B4970)	제85조제2항	제9조제4항
8	형사공탁정정사실 고지서 (재판양식 B4970-1)	제85조제2항	제9조제4항
9	피공탁자 동일인 확인 증명서 발급 신청서(재판양식 B4971)	제86조제1항	제18조
10	피공탁자 동일인 확인 증명서 (재판양식 B4972)	제86조제1항	제22조제1항
11	피공탁자 동일인 확인 증명서 발급사실통지서 (재판양식 B4973)	제86조제2항	제22조제3항

[별표 2]

군사법원 소재지의 공탁소(제2조 관련)

군사법원의 명칭	공탁소
중앙지역군사법원	서울서부지방법원
제1지역군사법원	대전지방법원
제2지역군사법원	수원지방법원
제3지역군사법원	춘천지방법원
제4지역군사법원	대구지방법원

[별표 3]

형사공탁 공고 대상 성(姓)(제8조 관련)

순번	성(姓)	순번	성(姓)
1	강	21	양
2	고	22	오
3	곽	23	우
4	구	24	유
5	권	25	윤
6	김	26	이
7	나	27	임
8	남	28	장
9	노	29	전
10	문	30	정
11	박	31	조
12	배	32	주
13	백	33	진
14	서	34	차
15	성	35	최
16	손	36	하
17	송	37	한
18	신	38	허
19	심	39	홍
20	안	40	황

[별표 4]

피공탁자 동일인 확인 증명서 발급사실통지서 기재사항(제13조 관련)

발급기관		기재사항
법원		공탁소 및 공탁번호, 공탁서에 기재된 형사사건의 법원의 명칭과 사건번호 및 사건명, 공탁서에 기재된 피공탁자의 성명, 피공탁자 성명, 주민등록번호, 발급일자, 발급기관
검찰		공탁소 및 공탁번호, 공탁서에 기재된 형사사건의 법원의 명칭과 사건번호 및 사건명, 공탁서에 기재된 피공탁자의 성명, 발급일자, 발급기관, 문서 확인번호
군사법원		공탁소 및 공탁번호, 공탁서에 기재된 형사사건의 법원의 명칭과 사건번호 및 사건명, 공탁서에 기재된 피공탁자의 성명, 피공탁자 성명, 주민등록번호, 발급일자, 발급기관, 문서 확인번호
군검찰	일반 사건	공탁소 및 공탁번호, 공탁서에 기재된 형사사건의 법원의 명칭과 사건번호 및 사건명, 공탁서에 기재된 피공탁자의 성명, 피공탁자 성명, 주민등록번호, 발급일자, 발급기관, 문서 확인번호
	가명1) 사건	공탁소 및 공탁번호, 공탁서에 기재된 형사사건의 법원의 명칭과 사건번호 및 사건명, 공탁서에 기재된 피공탁자의 성명, 발급일자, 발급기관, 문서 확인번호

---

1) 「특정범죄신고자 등 보호법」등에 따라 공소장 등에 인적사항을 기재하지 아니한 사건을 말한다.

[별표 5]

피공탁자 동일인 확인 증명서 확인(제13조제3항 관련)

대법원행정예규 제   호 제13조제3항에 의함

공탁번호 :   법원   금제   호

피공탁자 성명 :

주민등록번호 :

문서 확인번호 : 0000-0000-0000-0000

발급기관 :

법원 공탁관   (인)

금전 공탁서(형사공탁)

공 탁 번 호		년 금 제 호		년 월 일 신청	법령조항	공탁법 제5조의2
공 탁 자	성 명 (상호, 명칭)		피 공 탁 자	성 명		
	주민등록번호 (법인등록번호)			법원의 명칭과 사건번호 및 사건명		
	주 소 (본점, 주사무소)			검찰청의 명칭과 사건번호		
	전화번호					
공 탁 금 액		한글	보 관 은 행		은행 지점	
		숫자				
공탁원인사실						
비고(첨부서류등)					□ 계좌납입신청	

위와 같이 신청합니다.   대리인 주소
                                       전화번호
     공탁자 성명   인(서명)   성명   인(서명)

회수제한 신고	**공탁자는 피공탁자의 동의가 없으면 위 형사사건에 대하여 무죄판결이 확정될 때까지 공탁금에 대한 회수청구권을 행사하지 않겠습니다.** **공탁자 성명** **인(서명)** **대리인 성명** **인(서명)**

위 공탁을 수리합니다.
공탁금을   년   월   일까지 위 보관은행의 공탁관 계좌에 납입하시기 바랍니다.
위 납입기일까지 공탁금을 납입하지 않을 때는 이 공탁 수리결정의 효력이 상실됩니다.

년   월   일
법원   지원 공탁관   (인)

(영수증) 위 공탁금이 납입되었음을 증명합니다.

년   월   일
공탁금 보관은행(공탁관)   (인)

※금전공탁서(형사공탁) 작성안내(뒷면을 참조하시기 바랍니다)

1. 서명 또는 날인을 하되, 대리인이 공탁할 때에는 대리인의 성명, 주소(자격자 대리인은 사무소)를 기재하고, 대리인이 서명 또는 날인하여야 합니다.

2. 공탁금 납입 후 은행으로부터 받은 공탁서 원본을 해당 형사사건이 계속 중인 법원에 제출하시기 바랍니다.

3. 공탁금 회수청구권은 소멸시효 완성으로 국고에 귀속될 수 있습니다.

4. 공탁서는 재발급 되지 않으므로 잘 보관하시기 바랍니다.

5. 피공탁자란의 성명은 공소장·조서·진술서·판결서에 기재된 피해자의 성명(성, 가명 포함) 그대로 기재하시기 바랍니다. 다만, 동일 사건에 피해자가 2인 이상인 경우에는 공소장에 기재된 피해자의 성명(성, 가명 포함) 그대로 기재하시기 바랍니다.

6. 성명란 : 공소장, 조서 진술서, 판결서에 "홍길동"이 기재된 경우 "홍길동"을, "홍○동"이 기재된 경우 "홍○동"을, "홍길동(가명)"이 기재된 경우에 "홍길동(가명)"을 기재하시기 바랍니다.

7. 공탁원인사실란 : ① 피해발생시점, 피해장소, 채무의 성질을 특정하는 방식으로 기재하시기 바랍니다.

② 공탁자는 공탁서에 피해자의 인적사항을 알 수 없는 사유를 구체적으로 기재하시기 바랍니다.

[예시: 공탁자는 0000. 0. 0. 00:00경 ○시 ○○구 ○○로 ○길 ○, ○○식당 앞에서 피해자 홍길○을 폭행한 사실과 관련하여 손해배상금(피해보상금, 형사위로금, 위자료 등)을 홍길○에게 지급하려 하였으나 재판기록·수사기록 중 피해자의 인적사항에 대한 열람·복사 불허가 등의 사유로 인하여(또는 성폭력범죄의 처벌 등에 관한 특례법 등에서 피해자의 인적사항 공개를 금지하고 있어) 피해자의 인적사항을 알 수 없으므로 이를 공탁함]

○ ○ 법 원
형사공탁 공고

형사사건의 피고인이 법령 등에 따라 피해자의 인적사항을 알 수 없는 등의 사정으로 공탁법 제5조의2 제1항에 따라 이 법원 공탁소에 형사공탁을 하였으므로 아래와 같이 공고합니다.

1. 공탁소 및 공탁번호
2. 공탁신청 연월일
3. 공탁물
4. 형사사건번호
5. 검찰사건번호
6. 피공탁자
7. 공탁물 수령 · 회수와 관련된 사항

　가. 공탁물을 수령하려는 사람은 해당 형사사건이 계속 중인 법원 또는 검찰에서 피공탁자 동일인 확인 증명서를 발급받아 공탁소에 제출하여야 합니다.

　피공탁자 동일인 확인 증명서 발급에 대한 구체적인 사항은 해당 형사사건이 계속 중인 법원 또는 검찰에서 확인하시기 바랍니다.
　공탁금액에 다툼이 있는 경우에는 이의유보의 의사표시를 한 후 출급할 수 있습니다.

　나. 공탁자가 공탁금회수제한신고를 한 경우에는 피공탁자의 동의가 있거나 해당 형사사건에 대하여 무죄판결이 확정될 때까지 회수청구권을 행사할 수 없습니다.

20 ． ． ．

○ ○ 법 원　공탁관　○ ○ ○

[연락처 : ○ ○ ○ － ○ ○ ○ ○ (○ ○ 법원 공탁계)]

[별지 제3호 양식]

○ ○ 법 원
형사공탁 정정공고

공탁소 및 공탁번호

이 사건의 형사공탁 공고문을 아래 정정사항과 같이 정정 공고합니다.

– 아 래 –

정정사항

20 .   .   .

○○ 법원 공탁관 ○○○

[연락처 : ○○○－○○○○(○○법원 공탁계)]

※ 정정 전 공고문은 법원 전자공탁홈페이지의 '형사공탁 공고'에서 관련사건번호 (법원사건번호, 검찰사건번호 등)로 검색하여 확인하시기 바랍니다.

형사공탁사실통지서

공탁사건 정보	공탁번호		
	공탁신청연월일		
	공탁물		
	관련사건	법원사건번호 및 사건명	
		검찰사건번호	
공탁당사자 정보	공탁자		
	피공탁자		
첨부서면의 명칭			

공탁규칙 제85조제1항에 따라 형사공탁사실을 통지합니다.

년   월   일

○○ 법원 공탁관 ○○○ (직인)

[연락처 : ○○○-○○○○(○○법원 공탁계)]

형사공탁정정사실통지서

공탁사건 정보	공탁번호		
	공탁신청연월일		
	공탁물		
	관련사건	법원사건번호 및 사건명	
		검찰사건번호	
공탁당사자 정보	공탁자		
	피공탁자		
정정 사항			

위 정정사항과 같이 형사공탁사실통지서 기재사항이
정정되었음을 통지합니다.

년   월   일

○○ 법원 공탁관 ○○○ (직인)

[연락처 : ○○○-○○○○(○○법원 공탁계)]

[별지 제6호 양식]

공탁금 출급 · 회수 청구서(형사공탁)

※ 굵은 글씨 부분은 반드시 기재하시기 바랍니다.

공 탁 번 호		년 금 제 호		공 탁 금 액	한글
					숫자
공탁자	성 명 (상호, 명칭)		피공탁자	성 명	
	주민등록번호 (법인등록번호)				

청구 내역	청구금액		이자의 청구기간	이자 금액	합계금액	비 고
	한글			(은행)	(은행)	
	숫자			※ '이자 금액' 및 '합계금액' 란은 보관은행에서 기재함		

보 관 은 행	은행 법원 지점

청구 및 이의유보 사유 ※ 해당란에 ☑하시거나 기타란에 간단히 기재하시기 바랍니다.	출급청구시	회수청구시
	※ 이의를 유보하고 공탁금을 출급하시겠습니까? ☐ 예(이의를 유보하고 출급함, 아래 ※5. 참조) ☐ 아니오(공탁을 수락하고 출급함, 아래 ※6. 참조)	☐ 피공탁자 동의에 의하여 회수 ☐ 무죄판결 확정에 의하여 회수 ☐ 착오공탁

비고 (첨부서류 등)	☐ 피공탁자 동일인 확인 증명서 ☐ 신분증 사본 ☐ 위임장 ☐ 인감증명서 ☐ 채권압류추심명령 정본 및 송달증명 ☐ 채권압류·전부명령 정본 및 확정증명 ☐ 채권양도 원인서면 ☐ 법인등기사항증명서 ☐ 주민등록등 · 초본 ☐ 동의서 ☐ 무죄 판결등본 및 확정증명원 ☐ 착오 증명서면 ☐ 기타( )

계좌입금	☐ 계좌입금신청(금융기관 : 계좌번호 :) : 공탁금 계좌입금신청서 첨부

위와 같이 청구합니다.

년   월   일

청구인	대리인
주소 : 주민등록(사업자등록)번호 : 성명 : 인(서명) (전화번호 :)	주소 : 성명 : 인(서명) (전화번호:)

위 청구를 인가합니다.

년   월   일

법원   지원 공탁관   (인)

위 공탁금과 공탁금 이자(공탁금 출급·회수청구서 1통)를 수령하였습니다.

년   월   일

수령인(청구인 또는 대리인) 성명   (인)

※ 공탁금 출급 · 회수 청구서(형사공탁) 작성안내(뒷면을 참조하시기 바랍니다)

1. 청구인의 인감증명서를 첨부하여야 합니다(인감을 날인하고 인감증명서를 첨부하여야 하는 경우, 이를 갈음하여 서명을 하고 본인서명사실확인서 또는 전자본인서명사실확인서 발급증을 제출할 수 있습니다). 다만 1,000만 원 이하의 공탁금을 본인이 직접 청구하는 때에는 인감증명서를 제출하지 않아도 되며(신분증을 확인) 날인 대신 서명할 수 있습니다.

2. 대리인이 청구하는 경우(1,000만 원 이하인 경우 포함) 대리인의 성명, 주소(자격자대리인은 사무소)를 적고 날인(서명)하여야 하며, 이 때에는 본인의 인감을 날인한 위임장과 그 인감증명서를 첨부하여야 합니다.

3. '계좌입금'란은 계좌입금을 신청하는 경우에만 기재합니다.

4. 피공탁자 성명란에는 공탁서에 기재된 피공탁자 성명 그대로 기재하시기 바랍니다.

5. 공탁에 대하여 이의가 있는 경우에는 '예(이의를 유보하고 출급함)'에 ✓하고, 공탁금 출급 청구를 하여야 합니다. 이 경우에는 이후에 민사소송 등의 방법으로 권리를 주장할 수 있습니다.

6 '아니오(공탁을 수락하고 출급함)'에 ✓하고 출급하면, 공탁원인사실·공탁금액 등 공탁서에 기재된 내용을 인정하고 공탁금을 수령한 것으로 봅니다.

7. 해당 형사사건의 무죄판결 확정을 이유로 회수하는 경우 판결등본 및 확정증명원을, 피공탁자의 동의가 있음을 이유로 회수하는 경우에는 피공탁자의 동의서(공탁자의 회수청구에 대한 동의의 취지를 기재하고, 피공탁자의 인감을 날인하고, 인감증명서를 첨부) 및 피공탁자 동일인 확인 증명서를 제출하여야 합니다.

○ ○ 법 원

형사공탁사실 고지서

사   건   20

피   고   인   (－   )

이 사건에 관하여 공탁규칙 제85조제2항에 의하여 다음 사항을 알려드립니다.

1. 피해자에 대한 형사공탁사실: 별지와 같습니다.

20 .   .   .

재판장 ○ ○ ○ ㊞

※문의사항연락처 : ○○법원   형사 ○단독   법원사무관 ○ ○ ○

　직통전화 : (○○○) ○○○ － ○○○○

　팩   스 : (○○○) ○○○ － ○○○○   e－mail :   @scourt.go.kr

[별지 제8호 양식] (재판양식 B4970-1)

○ ○ 법 원

형사공탁정정사실 고지서

사   건   20

피   고   인   (−   )

이 사건에 관하여 공탁규칙 제85조제2항에 의하여 다음 사항을 알려드립니다.

1. 피해자에 대한 형사공탁정정사실: 별지와 같습니다.

20 .   .   .

재판장   ○ ○ ○   ㊞

※문의사항연락처 : ○○법원   형사 ○단독   법원사무관 ○ ○ ○

  직통전화 : (○○○) ○○○ − ○○○○

  팩   스 : (○○○) ○○○ − ○○○○   e−mail :   @scourt.go.kr

피공탁자 동일인 확인 증명서 발급 신청서			허가	불허가

신 청 인	성 명		연락 가능한 전화번호	
	이메일 주소		팩스	
	피해자와의 관계	☐ 피해자 본인 ☐ 피해자 대리인 ☐ 피해자 포괄승계인 ☐ 피해자 변호사 ☐ 기타( )	소명자료	☐ 피해자 신분증 사본 ☐ 피해자와의 관계를 증명할 수 있는 자료

형사본안사건	사 건 번 호	사 건 명	재 판 부
	피해자 성명 및 주민등록번호	(–)	

공탁사건정보	공탁소 및 공탁번호	지방법원 금제	
	공탁물		
	공탁서 기재 형사사건 (법원명, 사건번호, 사건명)	법원	
	공탁서 기재 피공탁자 성명		

위 피해자가 위 공탁사건의 피공탁자임을 확인하여 주시기 바랍니다. 20 . . . 신청인 (서명 또는 날인)	인지 500원 법원 내에 위치한 우체국·은행에서 구입
영 수 일 시 20 . . . :	영 수 인

1. 형사본안사건이란 형사공탁의 원인된 형사사건(상소 등으로 다른 법원에서 사건이 계속 중인 경우에는 그 사건)을 의미합니다.
2. 해당 법원에서 계속 중인 사건에 한하여 증명서를 발급할 수 있습니다.(다른 법원에서 사건이 계속 중인 경우에는 사건이 계속 중인 법원에서 증명서를 발급하며, 확정된 사건은 검찰에서 증명서를 발급합니다.)
3. ① 성폭력범죄의 처벌 등에 관한 특례법, 특정범죄신고자 등 보호법 등에 의하여 피해자가 가명처리되고 인적사항이 신원관리카드에 기재되어 검사가 관리하는 사건 및 ② 판결이 확정된 사건의 경우 피공탁자 동일인 확인 증명서 발급은 검찰에서 담당하므로 증명서 발급이 거부될 수 있습니다.
4. 발급일로부터 3개월 이내인 피공탁자의 인감증명서나 본인서명사실확인서 또는 전자본인서명확인서 발급증을 첨부하여야 합니다. 다만 피공탁자 본인이나 그 포괄승계인, 이들의 법정대리인, 피해자 변호사가 신청하는 경우에는 신청인의 신분증 사본을 첨부하는 것으로 갈음할 수 있습니다.

피공탁자 동일인 확인 증명서

형사본안사건	법원 고합 *(형사 제 단독)*			
	(사건명)			

공탁사건 정보	공탁번호	지방법원	금제	형사공탁
	공탁물	*(예시: 금전)*		
	공탁서 기재 형사사건	법원 고단		
		(사건명)		
	공탁서 기재 피공탁자 성명	*(예시: 김○○)*		

피공탁자	성명	
	주민등록번호	

공탁법 제5조의2제4항에 따라 위 공탁사건의 피공탁자 동일인을 확인합니다.

20 . . .

법원

법원사무관 (인)

1. 형사본안사건이란 형사공탁의 원인된 형사사건(상소 등으로 다른 법원에서 사건이 계속 중인 경우에는 그 사건)을 의미합니다.
2. 본 증명에 관하여 문의할 사항이 있으시면 *000-0000-0000*로 문의하시기 바랍니다.

피공탁자 동일인 확인 증명서 발급사실통지서

형사본안사건		법원	고합		(사건명)
공탁사건 정보	공탁번호	지방법원		금제	형사공탁
	공탁서 기재 형사사건	법원		고단	
		(사건명)			
	공탁서 기재 피공탁자 성명	(예시: 김○○)			
피공탁자	성명				
	주민등록번호				

공탁규칙 제86조 제2항에 따라
피공탁자 동일인 확인 증명서 발급 사실을 통지합니다.

20   .   .   .

법 원

법원사무관   (인)

※문의사항연락처 : ○○법원   형사 ○단독   법원사무관 ○ ○ ○

  직통전화 : (○○○) ○○○ － ○○○○

팩   스 : (○○○) ○○○ － ○○○○   e－mail :   @scourt.go.kr

제16절 공탁금지급청구권의 소멸시효와 국고귀속

공탁금 지급청구권의 소멸시효란 공탁금의 출급 또는 회수청구권을 행사할 수 있음에도 불구하고 이를 일정 기간 행사하지 않는 경우에 그 권리를 소멸시키는 제도이다.

공탁금에 대한 소멸시효와 국고귀속절차 등에 관하여는 대법원 행정예규 제560호 "공탁금 지급청구권의 소멸시효와 국고귀속절차"에 따른다.

1. 소멸시효

(1) 시효제도

시효는 일정한 사실상태가 일정기간 계속되는 경우에 그 사실상태가 진실의 권리관계와 일치하는가의 여부를 묻지 아니하고 그대로 그것을 존중하여 권리관계로 만들어 그것에 따른 권리의 득실을 생기게 하는 법률요건이다.

시효에는 취득시효와 소멸시효의 두 가지가 있다.

소멸시효란 어떤 사람이 채무를 부담하지 않는 것과 같은 사실상태가 오랫동안(즉 시효기간) 계속한 경우에 그 외관을 근거로 하여 그 사람이 과연 진실로 채무를 부담하지 않는 것인지의 여부를 묻지 않고 그 사람이 처음부터 채무를 부담하지 않았다고 인정해버리는 제도이다.

(2) 공탁금 출급 및 회수청구의 소멸시효기간(10년)

공탁금지급청구권의 소멸시효에 관하여 종전의 공탁법에는 명문의 규정이 없고, 소멸시효에 관하여 민법을 준용한다는 규정도 없어 민법상 소멸시효(민법 제162조 제1항)를 준용할 것인가에 대한 해석상 논란이 있었다.

그리하여 공탁법일부개정법률(2009.12.29. 법률 제9836호)에 의하여 "공탁물이 금전인 경우(제7조에 따른 유가증권상환금, 배당금과 제11조에 따른 물품을 매각하여 그 대금을 공탁한 경우를 포함한다) 그 원금 또는 이자의 수령, 회수에 대한 권리는 그 권리를 행사할 수 있는 때부터 10년간 행사하지 아니할 때에는 시효로 인하여 소멸한다(공탁법 제9조 제3항)."고 규정하여 공탁물이 금전인 경우 원금 또는 이자의 수령, 회수에 대한 권리에 대하여 10년의 소멸시효기간을 명시하였다.

따라서 공탁물이 금전일 경우에 피공탁자 또는 공탁자가 공탁물의 출급청구 또는 회수청구를 할 수 있을 때로부터 10년간 이를 행사하지 아니하면, 공탁금출급청구권 또는 회수청구권이 시효로 소멸되므로(공탁법 제9조 제3항) 국고에 귀속된다.

(3) 공탁금출급청구권의 소멸시효를 원용할 수 있는 자(국가)

공탁금출급청구권은 피공탁자가 공탁소에 대하여 공탁금의 지급, 인도를 구하는 청구권으로서 위 청구권이 시효로 소멸한 경우 공탁자에게 공탁금회수청구권이 인정되지 않는 한 그 공탁금은 국고에 귀속하게 되는 것이어서(공탁사무처리규칙 제55조 참조) 공탁금출급청구권의 종국적인 채무자로서 소멸시효를 원용할 수 있는 자는 국가이다(대판 2007.3.30, 2005다11312).

(4) 구 토지수용법 제61조 제2항에 의하여 기업자가 하는 손실보상금의 공탁에 있어서 공탁금출급청구권의 소멸시효가 완성된 경우, 기업자가 이를 원용할 수 있는지 여부(소극)

구 토지수용법(2002. 2. 4 법률 제6656호 공익사업을 위한 토지 등의 취득 및 보상에 관한 법률 부칙 제2조로 폐지) 제61조 제2항에 의하여 기업자가 하는 손실보상금의 공탁은 같은 법 제65조에 의해 간접적으로 강제되는 것이고, 이와 같이 그 공탁이 자발적이 아닌 경우에는 민법 제489조의 적용은 배제되어 피공탁자가 공탁자에게 공탁금을 수령하지 아니한다는 의사를 표시하거나 피공탁자의 공탁금출급청구권의 소멸시효가 완성되었다 할지라도 기업자는 그 공탁금을 회수할 수 없는 것이어서, 그러한 공탁자는 진정한 보상금수령권자에 대하여 그가 정당한 공탁금출급청구권자임을 확인하여 줄 의무를 부담한다고 하여도 공탁금출급청구권의 시효소멸로 인하여 직접적인 이익을 받지 아니할 뿐만 아니라 채무자인 국가에 대하여 아무런 채권도 가지지 아니하므로 독자적인 지위에서나 국가를 대위하여 공탁금출급청구권에 대한 소멸시효를 원용할 수 없다(대판 2007.3.30, 2005다11312).

🔍 판례

[1] 채권의 소멸시효가 완성된 경우 이를 원용할 수 있는 자는 시효로 인하여 채무가 소멸되는 결과 직접적인 이익을 받는 자에 한정되고, 그 채무자에 대한 채권

자는 자기의 채권을 보전하기 위하여 필요한 한도 내에서 채무자를 대위하여 이를 원용할 수 있을 뿐이므로 채무자에 대하여 무슨 채권이 있는 것도 아닌 자는 소멸시효 주장을 대위 원용할 수 없다.

[2] 공탁금출급청구권은 피공탁자가 공탁소에 대하여 공탁금의 지급, 인도를 구하는 청구권으로서 위 청구권이 시효로 소멸한 경우 공탁자에게 공탁금회수청구권이 인정되지 않는 한 그 공탁금은 국고에 귀속하게 되는 것이어서(공탁사무처리규칙 제62조 참조) 공탁금출급청구권의 종국적인 채무자로서 소멸시효를 원용할 수 있는 자는 국가이다.

[3] 구 토지수용법(2002. 2. 4 법률 제6656호 공익사업을 위한 토지 등의 취득 및 보상에 관한 법률 부칙 제2조로 폐지) 제61조 제2항에 의하여 기업자가 하는 손실보상금의 공탁은 같은 법 제65조에 의해 간접적으로 강제되는 것이고, 이와 같이 그 공탁이 자발적이 아닌 경우에는 민법 제489조의 적용은 배제되어 피공탁자가 공탁자에게 공탁금을 수령하지 아니한다는 의사를 표시하거나 피공탁자의 공탁금출급청구권의 소멸시효가 완성되었다 할지라도 기업자는 그 공탁금을 회수할 수 없는 것이어서, 그러한 공탁자는 진정한 보상금수령권자에 대하여 그가 정당한 공탁금출급청구권자임을 확인하여 줄 의무를 부담한다고 하여도 공탁금출급청구권의 시효소멸로 인하여 직접적인 이익을 받지 아니할 뿐만 아니라 채무자인 국가에 대하여 아무런 채권도 가지지 아니하므로 독자적인 지위에서나 국가를 대위하여 공탁금출급청구권에 대한 소멸시효를 원용할 수 없다(대판 2007.3.30, 2005다11312).

2. 공탁관의 공탁금의 소멸시효조사

(1) 공탁관의 조회

공탁관은 공탁원금 또는 이자의 출급 · 회수청구권의 소멸시효완성 시기 등을 조사하기 위하여 법원 기타 관공서에 공탁원인의 소멸 여부와 시기 등을 조회할 수 있다(공탁규칙 제60조).

(2) '금전' 공탁의 소멸시효 완성 전 알림 및 안내

(가) 금전공탁물의 수령 · 회수의 소멸시효기간(10년)

공탁법 제9조(공탁물의 수령 · 회수) 제1항 및 제2항의 공탁물이 '금전'인 경우(제7

조에 따른 유가증권상환금, 배당금과 제11조에 따른 물품을 매각하여 그 대금을 공탁한 경우를 포함한다) 그 원금 또는 이자의 수령·회수에 대한 권리는 그 권리를 행사할 수 있는 때부터 '10년'간 행사하지 아니할 때에는 '시효로 인하여 소멸'한다(공탁법 제9조 제3항).

(나) 공탁금 수령·회수권자에게 알림 및 안내

법원행정처장은 공탁법 제9조 제3항에 따른 시효가 완성되기 전에 대법원규칙으로 정하는 바에 따라 공탁법 제9조 제1항 및 제2항의 공탁금 수령·회수권자에게 공탁금을 수령하거나 회수할 수 있는 권리가 있음을 알릴 수 있다(공탁법 제9조 제4항). 법원행정처장은 공탁법 제9조 제4항에 따른 시효가 완성되기 전에 우편 등으로 공탁금 출급·회수에 관한 안내를 할 수 있다(공탁규칙 제60조의2 제1항). 제1항에 따른 '안내' 업무는 사법등기국 사법등기심의관이 담당한다(동조 제2항).

(다) 안내를 위하여 필요한 경우 개인정보 자료의 송부 요구

공탁규칙 제60조의2 제2항에 따른 안내를 위하여 필요한 경우에는 해당 정보를 보유하는 공공기관. 전기통신사업자 등 단체. 개인 또는 외국의 공공기관에 다음 각 호의 개인정보 가 포함된 자료의 송부를 요구할 수 있다(동조 제3항).

1. 공탁금 출급·회수 권자의 성명(상호, 명칭)
2. 공탁금 출급·회수 권자의 주민등록번호(법인등록번호)
3. 공탁금 출급·회수 권자의 주소(본점, 주사무소)
4. 공탁금 출급·회수 권자의 전화번호

공탁규칙 제60조의2 제1항에 따른 안내의 절차 및 방법 등 필요한 사항은 '대법원예규 〈소멸시효 완성 전 공탁금 출급 및 회수청구 안내에 관한 업무처리지침〉'로 정한다(동조 제4항) 공탁규칙 제60조의2 제3항에 따른 안내를 위하여 필요한 범위 내에서 〈개인정보 보호법〉 제24조의 고유 식별번호, 제24조의2의 주민등록번호가 포함된 자료를 처리할 수 있고, 제공받은 개인정보는 안내업무 이외의 목적으로 사용할 수 없다(공탁규칙 제60조의2 제5항).

(라) 소멸시효 완성 후의 공탁금출급·회수 인가의 금지

소멸시효가 완성된 공탁금에 대하여 출급·회수 청구가 있는 경우공탁관은 국고수입 납부 전이라도 출급·회수청구를 인가하여서는 안 된다(공탁규칙 제61조).

(마) 착오로 국고 귀속된 공탁금의 반환절차

공탁관이 착오로 국고귀속조치를 취한 공탁금의 반환절차와 수입 징수관의 사무처리 절차에 관하여는 〈국고금관리법 시행규칙〉을 준용한다. 이 경우 공탁관을 과오납부자로 본다(공탁규칙 제64조).

(바) 소멸시효 완성 전 공탁금 출급 및 회수청구 안내 업무처리지침

소멸시효 완성 전 공탁금 출급 및 회수청구 안내에 관한 업무처리지침을 다음과 같이 제정한다(대법원행정예규 제1183호, 2019. 6. 12).

제1조 (목적) 이 예규는 「공탁법」제9조제4항, 「공탁규칙」제60조의2에 따른 소멸시효 완성 전에 하는 공탁금 출급 · 회수청구 안내(이하 "안내"라 한다)에 관한 업무처리절차를 정함에 목적이 있다.

제2조 (담당) 안내에 관한 업무는 법원행정처 사법등기국에서 처리하며 사법등기심의관이 담당한다.

제3조 (안내 방법) ① 안내는 공탁금 출급 · 회수 청구에 관한 안내문(이하 "안내문"이라 한다)을 발송하는 방법으로 한다.

② 안내문은 우편으로 발송하되, 필요한 경우 전자적인 방법 등을 이용하여 알릴 수 있다.

제4조 (대상사건 및 대상자) 직전 연도 말 기준 만 8년 전인 해에 수리된 공탁사건 중 잔액이 50만원 이상인 다음 각 호 사건 및 대상자를 안내 대상으로 한다. 단, 국가 · 지방자치단체가 대상자일 경우는 잔액이 50만원 미만인 경우에도 적용할 수 있다.

1. 변제 · 집행공탁사건의 피공탁자
2. 재판상 보증공탁사건의 공탁자
3. 그 밖에 공탁사건의 공탁자 · 피공탁자 등

제5조 (조사) 매년 제4조의 대상사건 및 대상자에 대하여 전산시스템 등을 이용하여 공탁금의 지급제한사유 여부 등을 조사하고 안내문 발송 대상자를 선별한다.

제6조 (안내문 발송 및 처리) ① 안내문 발송 대상자에 대하여 주소변경 여부 등을 전산시스템 등으로 조회하고 주소가 변경된 경우에는 변경된 주소로 발송한다.

② 변제공탁사건의 경우에는 별지 1, 집행공탁사건의 경우에는 별지 2, 재판상 보증공탁사건의 경우에는 별지 3, 그 밖에 공탁사건의 경우에는 별지 4의 각 양식에 따른 해당 안내문을 발송하되,「공탁사무 문서양식에 관한 예규」에 첨부된 별지 '공탁금(유가증권) 출급청구 안내문'도 함께 발송한다(별지생략).

③ 발송한 안내문이 반송된 경우에는 폐기한다. 다만 반송사유가 폐문부재 또는 수취인

부재일 경우에는 안내문을 다시 발송할 수 있다.

제7조 (보고) 매년 1. 31.까지 직전 연도의 안내문 발송 결과(총 조사대상 사건 수, 안내문 발송 건수, 안내문 발송 후 출급·회수한 사건 수 및 지급액 등)를 법원행정처장에게 보고한다.

제8조 (유의사항) 안내문은 공탁서 및 공탁통지서를 대신하여 공탁금 출급·회수청구시의 첨부서류가 될 수 없다.

3. 공탁관의 공탁금국고귀속조서의 송부

공탁관은 출급·회수청구권의 소멸시효가 완성되어 국고귀속 되는 공탁원금 또는 이자가 있는 때에는 해당 연도분을 정리한 다음 공탁금국고귀속조서를 작성하여 다음 연도1월 20일까지 이를 해당법원의 세입세출 외 현금출납공무원(이하 "출납공무원"이라 한다)에게 보낸다(공탁규칙 제62조 1항).

출납공무원이 공탁금국고귀속 조서를 받은 때에는1월 31일까지 해당법원의 수입징수관에게 보내야 한다(공탁규칙 제62조 2항).

공탁관은 공탁규칙 제62조 제1항 이외의 사유로 국고귀속되는 공탁원금 또는 이자가 있는 때에는 그 때마다 공탁금국고귀속 조서를 작성하여 출납공무원에게 송부하고, 출납공무원은 지체 없이 해당법원의 수입징수관에게 보내야 한다(공탁규칙 제62조 3항).

4. 납부고지와 납부

수입징수관은 공탁금국고귀속 조서를 받았을 때에는 이를 조사한 후 총액에 대한 납부고지서2통을 해당 출납공무원에게 보낸다(공탁규칙 제63조 1항).

출납공무원은 위의 납부고지서를 받았을 때에는 지체 없이 그 중 1통을 첨부하여 해당 공탁관에게 하나의 청구로써 한꺼번에 지급청구를 하여야 하며, 공탁관이 지급의 청구를 받았을 때에는 공탁규칙 제35조 및 제39조의 규정에 따라 인가한다(공탁규칙 제63조 2항·3항).

출납공무원이 위의 인가를 받았을 때에는 지체 없이 그 금액을 해당 수입징수관 앞으로 납부하여야 한다(공탁규칙 제63조 4항).

5. 착오로 국고귀속 된 공탁금의 반환

(1) 착오로 국고귀속 조치 된 공탁금

공탁관이 착오로 국고귀속조치를 취한 공탁금의 반환절차와 수입징수관의 사무처리 절차에 관하여는 국고금관리법 시행규칙의 규정을 준용한다. 이 경우 공탁관을 과오 납부자로 본다(공탁규칙 제64조).

(2) 반대급부의 조건 있는 변제공탁에 조건이행이 안 된 상태에서 착오로 소멸시효 에 의한 국고귀속된 공탁금의 처리절차

반대급부의 조건이 있는 변제공탁의 경우에는 반대급부가 이행된 때로부터 소멸시 효가 진행되므로 반대급부가 이행되지 않고 있는 한 소멸시효는 진행되지 아니하므로 공탁관은 공탁규칙 제64의 규정에 의하여 착오로 국고귀속된 공탁금을 반환받아 공탁 절차를 회복하여야 하고, 그 후 공탁자는 공탁서정정신청을 할 수 있는 것이다(2000. 5.15, 법정 제3302-172호).

6. 공탁금지급청구권의 소멸시효와 국고귀속절차
(행정예규 제560호 2004.9.24. 개정 행정예규 제948호. 2013.3.13)

(1) 소멸시효 기간(10년)

(가) 공탁물이 금전인 경우 그 원금 또는 이자의 수령, 회수에 대한 권리는 그 권리 를 행사할 수 있는 때부터 10년간 행사하지 아니할 때에는 시효로 인하여 소멸한다 (공탁법 제9조 제3항).

(나) 공탁유가증권 및 공탁물품에 대하여는 소유권에 관한 청구가 가능하므로 소멸 시효가 완성되지 아니한다.

(2) 공탁금지급청구권의 소멸시효 기산일

(가) 변제공탁의 경우

공탁금회수청구권은 「공탁일」로부터, 공탁금출급청구권은 「공탁통지서 수령일」로부터 기산함이 원칙이나, 다음의 경우에는 그 기산일에 주의를 요한다.

1) 공탁의 기초가 된 사실관계에 대하여 공탁자와 피공탁자 사이에 다툼이 있는 경우에는 공탁물출급 및 회수청구권 모두 그「분쟁이 해결된 때」로부터 기산한다.

2) 채권자의 수령불능을 원인으로 한 공탁과 절대적 불확지공탁의 경우, 공탁금출급청구권은 공탁서정정 등을 통한 공탁통지서의 수령 등에 의하여「피공탁자가 공탁사실을 안 날(공탁통지서 수령일)」로부터 기산한다.

3) 상대적 불확지공탁의 경우, 공탁금출급청구권은「공탁금의 출급청구권을 가진 자가 확정된 때」로부터 기산한다.

4) 공탁에 반대급부의 조건이 있는 경우에는「반대급부가 이행된 때」로부터, 공탁이 정지조건 또는 시기부 공탁인 경우에는「조건이 성취된 때 또는 기한이 도래된 때」로부터 기산한다.

(나) 재판상 보증(담보)공탁의 경우

1) 담보권리자(피공탁자)의 공탁금출급청구권의 기산일은 담보권을 행사할 수 있는 사유가 발생한 때로부터 기산한다.

2) 담보제공자(공탁자)의 공탁금회수청구권의 기산일은,

    가) 담보제공자가 본안소송(화해, 인락, 포기 포함)에서 승소한 때에는「재판확정일 또는 종국일」로부터, 패소한 때에는「담보취소결정 확정일」로부터 각 기산한다.

    나) 본안소송 종국 전에 담보취소결정을 한 경우 또는 재판(결정)이 있은 후 그 재판(결정)을 집행하지 않았거나 집행불능인 경우에는「담보취소결정 확정일」로부터, 재판(결정) 전에 그 신청이 취하된 경우에는「취하일」로부터 각 기산한다.

(다) 집행공탁의 경우

1) 배당 기타 관공서의 결정에 의하여 공탁물의 지급을 하는 경우에는 그「증명서 교부일」로부터 기산한다.

2) 경매절차에서 채무자에게 교부할 잉여금을 공탁한 경우 또는 배당받을 채권자의 불출석으로 인하여 민사집행법 제160조 제2항에 따라 공탁한 경우에는「공탁일」로부

터 기산한다.

(라) 기타의 경우

1) 위 2. 가. 나. 다.항에 규정되어 있지 아니한 공탁사건의 공탁금지급청구권의 소멸시효는 원칙적으로 「공탁금의 지급청구권을 행사할 수 있는 때」로부터 기산한다.

2) 공탁원인이 소멸된 경우 공탁금회수청구권의 소멸시효는 「공탁원인이 소멸된 때」로부터 기산한다.

3) 착오공탁의 경우 공탁금회수청구권의 소멸시효는 「공탁일」로부터 기산한다.

4) 공탁유가증권의 상환으로 인하여 그 상환금·이자가 대공탁·부속공탁된 경우 공탁금 회수청구권의 소멸시효는 「대공탁·부속공탁일」로부터 기산한다.

5) 공탁으로 인하여 소멸한 채권의 소멸시효는 공탁금지급청구권의 소멸시효와 관련이 없다.

(마) 공탁금 이자청구권

통상 공탁금 이자는 원금과 같이 지급되어 이자청구권의 소멸시효는 문제되지 않으나, 예외적으로 공탁금과 이자의 수령권자가 다른 경우에는 공탁금 이자의 지급청구권의 소멸시효는 "공탁금 원금 지급일"로부터 기산한다.

(바) 지급 인가된 청구서에 의한 현금청구권의 소멸시효 여부

공탁금지급청구가 이유 있다 하여 지급 인가된 동 청구서에 의한 현금청구권도 소멸시효의 대상이 된다(인가한 날로부터 10년).

(3) 공탁 소멸시효 진행의 중단사유 해당 여부

(가) 소멸시효 진행의 중단사유로 볼 수 있는 사유

1) 시효기간 중에 공탁사실증명서를 교부한 경우

시효기간 중에 공탁사실 증명서(공탁규칙 제59조 제4항)를 교부한 경우에는 채무의 승인으로써 그때에 시효는 중단된다. 공탁사실증명서는 공탁당사자(공탁자, 피공탁자) 등 지급청구권자에게 교부한 것만이 시효중단사유가 된다.

2) 공탁관이 공탁자 또는 피공탁자 등 정당한 권리자에 대하여 공탁사건의 완결 여부의 문의서를 발송한 경우

3) 공탁금의 지급청구에 대해 첨부서면의 불비를 이유로 불수리 결정을 한 경우

4) 공탁관이 공탁자 또는 피공탁자에 대하여 당해 사건의 공탁금을 지급할 수 있다는 취지를 구두로 답한 경우

5) 공탁의 확인을 목적으로 공탁관계서류를 열람시킨 경우

6) 일괄 공탁한 공탁금의 일부에 대해 출급 또는 회수청구를 인가하였다면 나머지 잔액에 대하여도 시효가 중단된다.

7) 불확지공탁을 하였다가 공탁물을 수령할 자를 지정하거나 공탁원인 사실을 정정하는 공탁서정정신청을 인가한 경우, 공탁금 회수청구권의 소멸시효는 중단된다(1982.9.18, 행정예규 제86호).

8) 공탁금 출급 · 회수청구 안내문의 송달

행정예규 제803호에 의한 '공탁금 출급 · 회수청구 안내문'이 공탁자, 피공탁자에게 송달된 때에는 공탁금 출급 · 회수청구권의 시효가 중단된다(행정예규 제803호).

(나) 소멸시효의 중단사유로 볼 수 없는 사유

1) 변제공탁에 대해 피공탁자로부터 제출된 수락서를 공탁관이 받았다 해도 그것만으로 출급청구권의 시효가 중단되지 않는다.

2) 공탁금지급청구권에 대한 압류, 가압류, 가처분은 피압류채권 즉 공탁금지급청구권의 시효중단사유가 되지 않는다.

3) 피공탁자가 수인인 경우 그 1인에 대한 시효중단사유는 다른 출급청구권자의 시효진행에 영향을 미치지 않는다.

4) 공탁금회수청구권에 대한 시효중단은 출급청구권의 시효진행에 영향을 미치지 않는다. 그 반대의 경우도 동일하다.

5) 공탁관이 피공탁자의 요구에 대해 지급절차 등에 대해 일반적인 설명을 한 것만으로는 시효의 중단사유로 되지 않는다.

(다) 시효중단 후의 시효진행

시효가 중단된 때에는 중단까지에 경과한 시효기간은 이를 산입하지 아니하고 중단사유가 종료한 때로부터 새로이 진행한다(민법 제178조 제1항).

(라) 시효 중단 시 공탁관의 처리

공탁금지급청구권에 대한 소멸시효 중단사유가 발생한 경우에는 공탁관은 공탁기록 표지 비고란 등에 시효중단의 뜻과 그 연월일을 기재하고 날인한 다음 전산시스템('사

건메모'란 등)에 이를 입력하여야 한다.

(4) 시효이익의 포기 간주

공탁금지급청구권에 대한 소멸시효가 완성된 후 공탁사실증명서의 교부청구가 있는 경우에는 그 증명서를 교부해서는 아니 되나, 착오로 이를 교부한 경우에는 시효이익을 포기한 것으로 처리한다.

(5) 공탁금의 편의시효처리절차 등

(가) 시효완성 여부가 불분명한 경우

변제공탁을 한 후 10년을 경과한 공탁금에 대하여 출급 또는 회수청구가 있을 경우 공탁서, 지급청구서, 그 밖의 첨부서류, 전산시스템에 입력된 사항 등에 의하여 소멸시효의 완성 여부가 불분명한 경우에는 이를 인가하여도 무방하다.

(나) 편의적 국고귀속조치

공탁일로부터 15년이 경과된 미제 공탁사건의 공탁금은 편의적으로 소멸시효가 완성된 것으로 보아 공탁규칙 제62조의 규정에 따라 국고귀속조치를 취하되, 그 후 소멸시효가 완성되지 아니한 사실을 증명하여 공탁금지급청구를 한 경우에는 착오 국고귀속 공탁금의 반환절차에 따라 처리한다.

(다) 공탁유가증권상의 상환청구권이 시효소멸된 경우의 조치

1) 공탁유가증권의 상환금청구권이 시효소멸된 경우에도 그 소유권에 기한 반환청구는 인정된다.

2) 공탁유가증권의 상환금청구권이 시효소멸된 경우 공탁관은 그 시효완성을 이유로 유가증권 보관은행 등에 대하여 매년 1회 이상 시효소멸된 당해 유가증권의 회수청구를 할 수 있다.

3) 보관은행 등으로부터 유가증권을 회수한 경우 공탁관은 공탁서 및 공탁기록 표지 비고란에 그 취지를 기재하고 날인한 다음 전산시스템('사건메모'란 등)에 이를 입력하고, 그 사건은 완결된 것으로 처리하며, 당해 유가증권은 공탁기록에 편철하여 5년간 공탁기록과 같이 보관한다.

4) 위 3)의 절차를 마친 경우에도 폐기 전에는 당해 공탁유가증권의 소유권에 기한

반환청구는 인정된다.

🏷 선례·---
국고귀속예정 공탁사건 및 공탁사건 검색
1. 대법원 홈페이지에 게재하고 있는 '국고귀속예정 공탁사건'은 소멸시효 완성 예정
   인 공탁사건뿐만 아니라 대법원 행정예규 제560호에 따라 공탁일로부터 15년이
   경과하여 편의적으로 소멸시효가 완성된 것으로 보아 국고귀속조치를 취할 예정
   인 공탁사건도 포함되어 있으며, 매년 1월에 대법원 홈페이지에 게재하고 그 다
   음해 1월에 국고귀속 조치를 하고 있다.
2. 국고귀속예정 공탁사건이라도 이미 소멸시효가 완성된 공탁사건은 공탁금 지급청구가
   있는 경우 공탁관은 인가하여서는 안되며, 공탁당사자가 법인인 경우 법인등록번호가
   전산 입력되어 있는 공탁사건은 경매와 관련된 집행공탁사건도 대법원 홈페이지 '공
   탁사건 검색'에서 검색할 수 있다(2010.1.13. 사법등기심의관 - 107 질의회답).

(6) 착오 국고귀속 공탁금의 반환절차

(가) 국고귀속 대상(시효소멸) 여부 조사
공탁관은 공탁금의 국고귀속조치를 취하기 전에 공탁금지급청구권의 시효소멸 여부
및 그 시기 등을 법원 기타 관공서에 조회를 통하여 조사하여야 한다(공탁규칙 제60
조). 소멸시효가 완성된 공탁금은 국고귀속조치를 하기 전이라도 이를 지급하여서는
아니된다(공탁규칙 제61조).

(나) 착오로 국고귀속조치를 취한 경우 공탁금지급절차
공탁금지급청구권의 소멸시효가 완성되지 않았음에도 불구하고 공탁관이 착오로 공
탁금의 국고귀속조치를 취한 경우에는 공탁관을 과오납부자로 보아「공탁규칙」제64
조 (「국고금 관리법 시행령」 제17조, 제17조의2, 제18조, 제28조, 같은 법 시행규칙
제29조, 제30조 등)에 따라 다음과 같이 처리한다.

1) 착오로 귀속된 공탁금의 반환신청
공탁관은 착오로 국고귀속조치를 시킨 공탁금이 있음을 알거나 그 공탁금에 대한
소멸시효가 완성되지 아니한 사실을 증명하는 서면을 첨부한 공탁금지급신청이 있는
경우에는 별지 제1호 서식의「공탁금 반환 신청서」를 수입징수관에게 제출하여 착오로

국고 귀속된 공탁금의 반환신청을 하여야 한다.

2) 수입징수관의 과오납금 반환결정 및 통지

위 반환신청에 대하여 수입징수관은 「국고금 관리법 시행규칙」(이하 "시행규칙"이라 한다) 제29조 제1항 에 따라 착오로 국고귀속된 금액에 대하여 과오납금 반환결정을 하고, 별지 제2호 서식의 「과오납금반환결정통지서」에 의해 공탁관에게 이를 통지하며, 그 통지를 받은 공탁관은 별지 제3호 서식의 「과오납부자계좌번호통지」를 수입징수관에게 송부하여 반환금의 계좌입금을 청구한다.

3) 수입징수관의 한국은행 등에 대한 과오납금 반환금 지급요구

수입징수관은 공탁관으로부터 위 (2)의 반환금의 계좌입금 청구를 받는 즉시 「국고금 관리법 시행령」 제28조 및 시행규칙 제45조 에 따라 한국은행 등으로 하여금 과오납금을 공탁관의 예금계좌로 이체하여 지급하게 하여야 한다.

4) 공탁관의 출급 및 지급

수입징수관이 시행규칙 제48조에 따라 한국은행 등으로부터 계좌이체를 완료하였다는 통지를 받은 경우에는 이를 공탁관에게 통지하고, 공탁관은 그 계좌입금된 반환금을 출급하여 공탁금 지급청구권자에게 지급한다. 이 경우 특별한 사정이 없는 한 공탁금 지급청구권자 본인의 예금계좌로 이체하여 지급하여야 한다.

5) 공탁기록에의 편철과 기재 등

공탁관은 착오 국고귀속 공탁금의 반환절차와 관련된 모든 서류를 공탁기록에 편철하고, 그 처리 결과를 공탁기록 표지 비고란에 기재하고 날인한 다음 전산시스템('사건메모'란 등)에 이를 입력하여야 한다.

공탁금 반환 신청서

공탁번호		년 금 제 호	공탁금액	금 원
공 탁 자	성 명 (상호, 명칭)		피 공 탁 자 / 성 명 (상호, 명칭)	
	주민등록번호 (법인등록번호)		주민등록번호 (법인등록번호)	
	주 소 (본점, 주사무소)		주 소 (본점, 주사무소)	
반환할 금액		원금	이자	합계

위 공탁금이   년   월   일 소멸시효의 완성으로   년   월   일 국고귀속되었으나, 공탁금지급청구권은 소멸시효가 완성되지 아니한 것이 명백하므로 이에 공탁금 반환을 신청합니다.

첨   부 : 공탁금지급청구권이 소멸되지 않았음을 증명하는 서면

년   월   일

지방법원   공탁관   (인)

지방법원   수입징수관 귀하

과오납금반환결정통지서

제   호

과오납부자	성 명		주민등록번호 (사업자등록번호)	
	주 소		전화번호	

과오납내역	회 계	소 관	연 도	수입과목	납부일
	당초납부액		정당납부액	과오납금액 (반환금액)	
과오납된 사유					

　　　위와 같이 과오납금이 발생하여 국고금 관리법 시행령 제17조 제1항의 규정에 의하여 이를 통지합니다.

※ 과오납부자는 공탁관으로 합니다.

　　　　　　　　　　　년　　　월　　　일

　　　　　　지방법원　　　수입징수관　　　　　　(인)

과오납부자계좌번호통지

수신 : (   ) 지방법원   수입징수관 귀하

과오납금반환결정통지서		제 호		
과오납부자	성 명		주민등록번호	
	주 소		TEL	

과오납반환내역	회 계		연 도	수입과목	과오납금액
예금계좌	금융기관명	영업점명	예금종류	계좌번호	예금주성명

※ 예금계좌의 예금주 성명은 과오납부자(공탁관)의 성명과 동일하여야 합니다.

년   월   일

지방법원 공탁관   (인)

[별지 제4호 서식]

과오납부자계좌번호통지

수신 : (　　　　　) 지방법원　　　　　　　　　　수입징수관 귀하

과오납금반환결정통지서		제　　　　호	

과오납부자	성　명		주민등록번호	
	주　소		TEL	

과오납반환내역	회　　계		연　　도	수입과목	과오납금액

예금계좌	금융기관명	영업점명	예금종류	계좌번호	예금주성명

※ 예금계좌의 예금주 성명은 과오납부자(공탁관)의 성명과 동일하여야 합니다.

200　　년　　　월　　　일

○ ○ 지방법원　공탁관　○　　○　　○　(인)

과오납금 반환금 이체 및 반환통지서

제   호

한국은행(   )점장 앞

회계	연도	소관	수입과목	수입징수관 계좌번호	반환금 계좌번호

금   원

₩

　상기 금액을 본인의 수입금계좌에서 반환금 지급계좌로 이체하고 다음의 과오납부자에게 상기금액을 계좌입금하시기 바랍니다.

과오납부자	성 명		주민등록번호	
	주 소			TEL

200   년   월   일

○ ○ 지방법원   수입징수관   ○   ○   ○   (인)

과오납금반환금 입금의뢰서

제　　　　호

지로번호	

한국은행(　　　　　)점장 앞　　　　　　　　　　200 년.　월.　일.

일반회계 대법원 소관　　　관서명　○ ○지방법원　수입징수관　　　㉑

연번	과오납금반환 결의서번호	입 금 계 좌					금 액
		주소 및 상호	성 명	금융기관 점포명	※점포 코드	계좌번호	

※ 란은 기재하지 않음

※ 기재요령 : 1. 금융기관 점포명란에는 과오납부자가 과오납금의 계좌입금을 의뢰하는 금융기관 점포명을 기재한다.

2. 2개 이상의 금융기관에 입금의뢰할 경우에는 금융기관별로 기재한다.

3. 금융기관별 합계금액과 총액도 금액란에 기재한다.

4. 수입징수관은 입금의뢰서 3부를 작성하여 1부는 보관, 2부는 한국은행에 보낸다.

제17절 공탁관의 불수리처분에 대한 이의

공탁관이 공탁신청 또는 공탁물의 출급 또는 회수청구를 부적법하다고 인정하여 불수리처분을 한 경우(규칙 제48조), 이해관계인은 공탁법(공탁법 제12조~제14조)에서 정하고 있는 절차에 따라 불복신청을 함으로써 권리를 구제받을 수 있다.

1. 이의신청

(1) 불복대상(불수리처분)

(가) 공탁관의 처분

공탁관의 처분(공탁신청, 공탁서정정신청, 대공탁 또는 부속공탁의 청구, 공탁물의 출급 또는 회수청구 등에 대한 수리·불수리·인가 등) 중에서 이해관계인의 이의신청의 대상이 되는 처분은 신청 또는 청구를 불수리한 처분만이 이에 해당된다(2011.12.29. 사법등기심의관-3333).

공탁관의 처분에는 "수리, 인가, 불수리"등이 있다. 실무상으로는 공탁관의 불수리처분에 대한 이의신청이 대부분이지만, 수리처분에 대하여도 이의가 가능한가에 대하여는 견해가 나뉜다.

공탁관의 수리처분에 대하여도 이의신청이 가능하다는 견해와 불수리처분에 대하여만 이의할 수 있고 수리처분에 대하여는 이의할 수 없다는 견해가 있다.

하급심 판례에 의하면 공탁관의 처분에는 수리, 인가, 불수리 등이 있는데, 이의신청의 대상이 되는 공탁관의 처분이란 공탁이나 공탁물 지급청구권에 대한 공탁관의 불수리처분만을 의미하고 공탁관의 수리, 인가처분은 포함되지 않는다고 한다(서울지방법원 1999.6.14. 99파168. 2011.12.29. 사법등기심의관-3333. 대결. 2001.6.5. 2000마 2605).

(나) 공탁공무원의 처분에 대한 이의에 있어서 신청의 이익

공탁사무의 처리와 관련한 공탁공무원의 처분에 대한 이의에 있어서는 즉시항고와 같은 신청기간의 제한은 없으나, 이의의 이익이 있고 또한 존속하고 있는 동안에 신청하여야 하므로, 공탁공무원의 처분에 대한 이의에 의하여 그 처분의 취소 등 상당한 처분을 명하여 줄 것을 구하는 경우, 공탁공무원이 당해 공탁사무와 관련하여 더이상 어떠한 처분을 할 수 없게 된 경우에는 이미 그 이의의 이익이 없어 이의의 신청을 할 수 없다(대법원 2001.6.5. 2000마2605).

(2) 이의신청인

공탁관의 처분에 대하여 불복할 수 있는 자는 공탁당사자(공탁자, 피공탁자) 및 권리승계인이다(2011.12.29. 사법등기심의관-3333).

(3) 이의신청서 제출

공탁관의 처분에 불복하는 자는 관할 지방법원에 이의신청을 할 수 있다(공탁법 제12조 제1항).

이의신청은 공탁소에 이의신청서([별지 제17호 양식 이의신청서])를 제출하여야 한다(공탁법 제12조 제2항).

(4) 관할법원

지방법원 본원 및 본원 소속 시·군법원 공탁관의 처분에 대한 이의신청은 지방법원 본원이 관할법원이 되고, 지방법원 지원 및 지원 소속 시·군법원 공탁관의 처분에 대하여는 지방법원 지원이 관할법원이 된다. 이의사건에 대한 재판은 단독판사 관할이다.

(5) 이의신청기간

이의신청기간에는 공탁법에 규정이 없으므로 이해관계인은 이의의 이익이 있는 한 언제든지 이의를 신청할 수 있다.

🔍 판례

① 이의에 있어서 신청의 이익

공탁사무의 처리와 관련한 공탁관의 처분에 대한 이의에 있어서는 즉시항고와 같은 신청기간의 제한은 없으나 이의의 이익이 있고 또한 존속하고 있는 동안에 신청하여야 하므로 공탁관의 처분에 대한 이의에 의하여 그 처분의 취소 등 상당한 처분을 명하여 줄 것을 구하는 경우, 공탁관이 해당 공탁사무와 관련하여 더 이상 어떠한 처분을 할 수 없게 된 경우에는 이미 그 이의의 이익이 없어 이의의 신청을 할 수 없다(대법원 2001.6.5, 2000마2605 결정 : 공탁불수리처분에 대한 이의).

② 이의신청이 이익이 없어 부적법한 사례

공탁금회수청구권에 대한 압류 · 전부채권자가 공탁관에게 전부금액에 해당하는 공탁금회수청구를 하였으나 공탁관이 선행하는 가압류가 존재한다는 이유로 이를 불수리하고 민사소송법 제581조, 공탁규칙 제52조에 따라 압류의 경합을 이유로 사유신고를 한 경우 특단의 사정이 없는 한 집행법원은 배당절차를 개시하게 되고, 그 이후에는 공탁관으로서는 집행법원의 배당절차에 따라 공탁금을 각 채권자들에게 분할지급할 수 있을 뿐 해당 공탁사건에 관하여 더 이상 어떠한 처분을 할 지위에 있지 않게 되는 것이므로, 이 경우 공탁관의 처분에 대한 이의신청은 그 이익이 없어 부적법하게 된다(대법원 2001.6.5, 2000마2605 결정 : 공탁불수리처분에 대한 이의).

③ 공탁물회수청구채권이 압류 및 전부된 경우 공탁관이 한 공탁물회수청구에 대한 불수리처분의 적부

형식적 심사권밖에 없는 공탁관으로서는 그 전부명령의 유 · 무효를 심사할 수는 없는 것이므로 공탁물회수청구 채권이 이미 압류 및 전부되었다는 이유로 이 사건 공탁금회수청구를 불수리한 공탁관의 처분은 정당하고, 공탁물회수청구 채권에 대한 실질적 권리관계의 확정은 관계당사자간의 문제로서 별도로 해결되어야 할 것이다(대법원 1983. 3.25, 82마733 결정)

④ 공탁물회수청구권이 가압류되었다는 이유로 공탁금출급청구를 불수리한 공탁관의 처분의 당부

공탁물회수청구권에 대한 가압류결정이 그 방식에 있어서 적법한 이상 그 내용이 위법무효하더라도 그것이 발부되어 채무자와 제3채무자에게 송달되면 집행력을 가지는 것인즉, 형식적 심사권밖에 없는 공탁관으로서는 그 가압류결정의 유 · 무효를 심사할 수는 없는 것이므로, 위 공탁물회수청구권이 이미 가압류되었다는 이유로 위 공탁금출급청구를 불수리한 공탁관의 처분은 정당하다(대법원 1986.5.1, 85마739 결정).

⑤ 경매절차에서 배당기일에 불출석한 채무자가 자신에게 공탁된 배당잔여액의 출급을 위하여 집행법원에 지급위탁서의 송부와 자격증명서의 교부를 신청하였다가 거절당한 경우, 이에 대한 불

복방법(=집행에 관한 이의)

경매절차에서 배당기일에 출석하지 아니한 채무자가 자신에게 공탁된 배당잔여액을 출급하기 위해서는 공탁규칙 제39조가 정하는 바에 따라 집행법원이 공탁관에게 지급위탁서를 송부하고 채무자에게 그 자격에 관한 증명서를 교부하면 채무자가 그 자격증명서를 첨부하여 공탁관에게 공탁금출급청구를 하여야 하는바, 이 경우 집행법원이 공탁관에게 지급위탁서를 송부하고 채무자에게 자격증명서를 교부하는 사무는 공탁관의 공탁사무가 아니라 집행법원이 공탁된 배당잔여액의 출급을 위하여 집행절차에 부수하여 행하는 사무로 보아야 하므로 그 사무에 관한 집행법원의 처분에 대하여 불복하려면 공탁법 제10조가 정한 공탁관의 처분에 대한 이의신청을 할 것이 아니라 민사소송법 제504조가 정한 집행에 관한 이의신청을 하여야 하고, 그 이의신청은 배당절차에 관한 집행법원의 처분을 대상으로 한 것이 아니라 공탁된 배당잔여액의 출급에 관한 집행법원의 처분을 대상으로 한 것이므로 배당절차가 종료되었다 하여 이의신청을 할 이익이 없다고 할 수도 없다(대법원 1999.6.18. 99마1348 결정).

(6) 공탁관의 조치

공탁관은 이의신청서를 접수한 때에는 전산시스템의 문서건명부 해당항목(메뉴)란에 입력하여야 한다.

(가) 이의신청이 이유 있는 경우

공탁관은 이의신청이 이유 있다고 인정하면 신청의 취지에 따르는 처분을 하고 그 내용을 이의신청인에게 알려야 한다(공탁법 제13조 제1항).

(나) 이의신청이 이유 없는 경우

공탁관은 이의신청이 이유 없다고 인정하면 이의신청서를 받은 날부터 5일 이내에 이의신청서에 의견을 첨부하여 관할 지방법원에 송부하여야 한다(공탁법 제13조 제2항). 실무상으로는 공탁기록을 사본하여 함께 송부하고 있다.

(7) 이의신청에 대한 결정

공탁관의 의견서가 첨부된 이의신청서가 관할법원에 송부되면 법원은 서면에 의하여 심리하고 필요한 경우에는 이의신청인이나 이해관계인을 심문할 수 있다.

관할 지방법원은 이의신청에 대하여 이유를 붙인 결정(決定)으로써 하며 공탁관과 이의신청인에게 결정문을 송부하여야 한다. 이 경우 이의가 이유 있다고 인정하면 공탁관에게 상당한 처분을 할 것을 명하여야 한다(공탁법 제14조 제1항).

공탁관의 불수리처분이 부당한 것인가의 여부는 공탁관의 형식적심사권을 전제로 불수리처분을 한 시점을 기준으로 판단한다. 따라서 공탁관이 처분을 할 때에 제출된 신청서류 등의 증거방법을 가지고 공탁관이 가지는 심사권한의 범위 안에서 처분이 제대로 이루어진 것인지를 판단하여야 하며 사후의 자료나 주장은 고려할 사항이 아니다.

판례도 "형식적 심사권밖에 없는 공탁공무원으로서는 그 전부명령의 유·무효를 심사할 수는 없는 것이므로 공탁물 회수청구채권이 이미 압류 및 전부되었다는 이유로 이 사건 공탁금 회수청구를 불수리한 공탁공무원의 처분은 정당하고, 공탁물 회수청구채권에 대한 실질적 권리관계의 확정은 관계당사자간의 문제로서 별도로 해결되어야 할 것이다. 이러한 이치는 위 공탁관의 처분에 대하여 불복항고한 경우에 법원이 위 처분의 당부를 판단하는 경우에도 다를 바 없다"고 하였다(대결 1983.3.25, 82마733).

2. 이의신청 없이 직접 민사소송에 의한 공탁금지급청구의 가부(소극)

공탁관의 공탁물출급청구에 대한 불수리처분에 관하여 불복이 있는 때에는 공탁법 소정의 이의절차를 통하여 다투어야 하며, 이러한 절차를 거침이 없이 국가를 상대로 직접 민사소송으로서 공탁금지급청구를 함은 허용되지 아니한다(대판 1967.2.21, 66다2153; 대판 1991.7.12, 91다15447; 대판 1992.7.28, 92다13011).

판례

① 국가를 상대로 민사소송에 의한 공탁금지급청구의 가부(소극)

일단 공탁관의 공탁금출급인가 처분이 있고 그에 따라 공탁금이 출급되었다면, 설사 이를 출급받은 자가 진정한 출급청구권자가 아니라 하더라도 이로써 공탁법상의 공탁절차는 종료되었다 할 것이고, 따라서 원래의 진정한 공탁금출급청구권자라 하더라도 공탁사무를 관장하는 국가를 상대로 하여 민사소송으로 그 공탁금의 지급을 구할 수는 없다(대판 1993.7.13, 91다39429 : 공탁금지급).

② 공탁관의 처분에 대하여 불복이 있는 경우, 공탁법이 정한 절차에 의하지 않고 국가를 상대로

직접 민사소송으로 공탁금지급청구를 할 수 있는지 여부(소극)

공탁관의 처분에 대하여 불복이 있는 때에는 공탁법이 정한 바에 따라 이의신청과 항고를 할 수 있고, 공탁관에 대하여 공탁법이 정한 절차에 의하여 공탁금지급청구를 하지 아니하고 직접 민사소송으로써 국가를 상대로 공탁금지급청구를 할 수는 없다(대판 2013.7.25, 2012다204815).

3. 이의신청에 대한 결정과 항고 및 재항고

관할 지방법원은 이의신청에 대하여 이유를 붙인 결정으로써 하며 공탁관과 이의신청인에게 결정문을 송부하여야 한다. 이 경우 이의가 이유 있다고 인정하면 공탁관에게 상당한 처분을 할 것을 명하여야 한다(공탁법 제14조 1항).

공탁법 제14조 제1항의 결정에 대하여는 「비송사건절차법」에 따라 항고할 수 있다(공탁법 제14조 2항).

민사소송법에 의한 항고에 관한 규정은 특별한 규정이 있는 것을 제외하고는 비송사건절차법에 의한 항고에 이를 준용하므로(비송법 제23조), 항고의 제기는 항고장을 원심법원에 제출함으로써 하고(민소법 제445조), 원심법원이 항고에 정당한 이유가 있다고 인정하는 때에는 그 재판을 경정하여야 한다(민소법 제446조).

항고법원의 재판은 이유를 붙여야 한다(비송법 22조).

항고법원의 결정에 대하여는 재판에 영향을 미친 헌법, 법률, 명령 또는 규칙의 위반을 이유로 드는 때에만 대법원에 재항고할 수 있다(민소법 제442조).

4. 배당등에 의한 공탁금의 지급에 대한 이의신청절차

배당에 의하여 공탁물을 지급하는 것을 배당 등에 의한 지급이라고 한다. 배당절차에 따라 공탁물을 지급하는 경우 집행법원은 지급위탁서를 공탁관에게 보내고 지급받을 자에게는 그 자격에 관한 증명서를 주어야 한다(공탁규칙 제43조 제1항).

강제집행절차에서 공탁된 배당액에 대하여 배당채권자에게 공탁물수령권자임을 증명하는 증명서를 교부할 경우 집행법원은 공탁사무처리규칙 제32조에서 정하는 공탁물출급청구서 2통을 전산출력하여 함께 교부하여야 한다(재민 2001-4).

집행법원이 공탁관에게 지급위탁서를 송부하고 채권자에게 자격증명서를 교부(공탁규칙 제43조 제1항)하는 사무는 공탁관의 공탁사무가 아니라 집행법원이 공탁된 배당액의 출급을 위하여 집행절차에 부수하여 행하는 사무로 보아야 하므로 그 사무에 관한 집행법원의 처분에 대하여 불복하려면 공탁법 제12조에서 정한 공탁관의 처분에 대한 이의신청을 할 것이 아니라 민사집행법 제16조가 정한 집행에 관한 이의신청을 하여야 한다(대결 1999.6.18, 99마1348 참조).

이 의 신 청 서

신청인	성 명 (상호, 명칭)	
	주 소 (본점, 주사무소)	
	주민등록번호 (법인등록번호)	
피신청인	성 명	대한민국 법률상 대표자 법무부장관 ○ ○ ○ (소관 : ○○지방법원 ○○지원 공탁관)
	주 소	

<table>
<tr><td colspan="3">

신 청 취 지

1. 신청인이 20 . . . 피신청인에게 한 동원 년 금 제 호 공탁 신청(공탁금 출급회수 청구)에 대하여 피신청인이 20 . . . 행한 불수리결정을 취소한다
2. 피신청인은 신청인의 공탁 신청(공탁금 출급회수청구)을 수리(인가)하라 라는 재판을 구합니다.

신 청 이 유

첨 부 서 류

년 월 일

위 신청인 인(서명)

</td></tr>
</table>

이의신청서

사　건　2001파　　공탁관의 처분에 대한 이의
신 청 인　조 ○ ○ (　　　　　－　　　　　)
　　　　　　　서울 동작구 상도 1동
　　　　　　　대한민국 법률상 대표자 법무부장관 ○○○
피신청인　(소관 : 서울남부지방법원 공탁관)

신 청 취 지

1. 서울남부지방법원 공탁관이 2001. 8. 23. 위 법원 96 금 제1017호 공탁금액 금 2,629,343,320원 중 금 1,046,320,290원에 대한 신청인의 공탁금출급청구를 불수리한 처분을 취소한다.
2. 위 공탁관은 위 공탁금출급청구를 수리하여야 한다.

신 청 이 유

1. ○○구청장은 1996. 4. 16. 서울남부지방법원 공탁관에게 신청 외 ○○조씨 ○○ 공파 대종회소유이던 임야에 대하여 토지수용법에 의한 수용보상금으로 금 2,629,343,320원을 공탁하였는데, 신청인이 그 중 금 1,046,320,290원에 대하여 대구지방법원 김천지원 96 타기 304, 305호로 채권압류 및 전부명령을 받았습니다.
2. 그리하여 신청인은 2001. 8. 22. 위 금 1,046,320,290원에 대한 출급청구를 하였으나, 위 법원 공탁관은 채권압류의 경합이 있어 위 전부명령이 무효라는 이유로 출급청구를 수리하지 아니하였습니다.
3. 그러나 전부명령이 금지되는 「압류의 경합」 또는 「이중압류」라고 함은 동일한 채권에 대하여 여러 채권압류 내지 가압류가 경합된 상태를 일컫는 것인바(법원행정처, 개정증보 법원실무제요 강제집행(하), 282~283면, 305~306면 참조), 이 사건은 압류의 경합이라고 할 수 없으며, 따라서 위 전부명령은 유효합니다(압류의 경합이라면 공탁관은 사유신고를 하여야 하며, 집행법원의 배당절차에 따라 각 채권자에게 분할지급하여야 합니다. 민법주해[○], 298~299면 참조). 즉 이 사건에서와 같이 「가압류와 가처분」과는 그 내용이 서로 모순되거나 저촉됨이 없는 한

경합이 가능합니다(한국사법행정학회, 주석 강제집행법(○), 252면). 예를 들면 甲이 丙에 대하여 그의 채권을 가압류하고, 乙도 그 채권에 대하여 추심금지의 가처분을 신청하는 것을 들 수 있는데, 서로가 그 내용대로의 집행이 가능합니다(전게 주석 강제집행법, 253면).

4. 한편 신청 외 조○○ 등은 1996. 4. 19. 이 사건 피전부채권에 대하여 위 법원으로부터 채권처분금지가처분결정을 받았으나, 위 가처분결정은 1996. 6. 13. 전속 관할위반의 흠결이 있다는 이유로 취소확정되었습니다. 위 처분금지가처분의 효력은 상대적 무효설에 따라 처분금지에 위반된 처분행위가 있더라도 가처분채무자와 제3자 사이에는 완전히 유효하고, 다만 그 유효를 가처분채권자에게 주장할 수 없을 뿐인 것(전게 주석 강제집행법, 430~431면 참조)이었음은 말할 나위도 없습니다.

5. 그렇다면 위 법원 공탁관으로서는 신청인의 이 사건 공탁금출급청구를 수리함이 상당하다 할 것이므로 이 사건 이의신청에 이르렀습니다.

첨부 : 1. 결정
      2. 판결
      3. 가처분집행취소신청서
      4. 항소장
      5. 항소취하서

200 . . .

신청인 소송대리인 ○ ○ ○

제18절 공탁금관리위원회

2007년 3월 29일 법률 제8319호 공탁법 전부개정법률에 의하여 대법원장이 공탁금 보관은행을 지정하는 경우(공탁법 제3조 제1항)에 해당 지방법원의 의견을 듣고 공탁금 관리위원회의 심사를 거치도록 의무화하며(공탁법 제3조 제2항), 공탁금 관리위원회가 공탁금 보관은행으로부터 공탁금 운용수익금의 일부를 출연 받아 법률구조사업 등 공익사업에 사용 할 수 있는 법적 근거(공탁법 제21조)를 마련하였다. 이에 따라 공탁금의 보관·관리 등과 관련된 공탁법 제15조 제1항 각 호의 사항을 효율적으로 처리하기 위하여 공탁금관리위원회(이하 "위원회"라 함)라는 법인을 설립하였다(공탁법 제15조).

공탁금을 보관하는 은행은 매년 공탁금 운용수익금의 일부를 위원회에 출연할 수 있다(공탁법 제19조 제1항).

1. 공탁금관리위원회의 업무

위원회는 다음 각 호의 사항을 처리하기 위하여 공탁금관리위원회(이하 "위원회"라 한다)를 설립다(공탁법 제15조 제1항).
  1. 공탁금을 보관하는 은행의 지정 심사 및 적격심사
  2. 공탁법 제19조에 따른 출연금의 관리와 운용 및 그 사용
  3. 그 밖에 대법원규칙으로 정하는 사항(2007.12.31. 대법원규칙 제2148호. 공탁금관리위원회규칙. 이하에서 "규칙"이라 함.).

2. 공탁금관리위원회의 성격 및 등기사항

(1) 법인

위원회는 법인으로 하며, 위원회는 그 주된 사무소의 소재지에서 설립등기를 함으로써 성립한다. 위원회는 공탁규칙 제15조 제1항 각 호의 사항에 관한 업무를 독립하여 수행한다(공탁법 제15조 제2항 내지 제5항).

(2) 등기사항

위원회의 등기사항은 다음 각 호와 같다(공탁법 제18조)

1. 목적
2. 명칭
3. 사무소의 소재지
4. 위원의 성명, 주민등록번호 및 주소

3. 공탁금관리위원회에 대한 출연금제도의 문제점

법원은 공탁에 관한 사무를 관장 또는 감독하며(법원조직법 제2조 제3항 및 제19조 제2항), 이에 따라 대법원장은 법령에 따라 공탁하는 금전, 유가증권, 그 밖의 물품을 보관할 은행이나 창고업자를 지정(공탁법 제15조)하는 권한을 가지고 있다.

대법원은 공탁법전부개정법률(2007.3.29. 법률 제8319호)에 의하여 공탁금보관은행의 지정 및 적격심사, 공탁법 제19조에 따른 출연금등의 업무를 효율적으로 처리하기 위하여 '공탁금관리위원회'(이하 '위원회'라 함)라는 법인을 설립(공탁법 제15조)하였으며, 공탁금을 보관하는 은행이 매년 공탁금 운용수익금의 일부를 위원회에 출연할 수 있도록 하는 '출연금제도'를 신설(공탁법 제19조)하였다.

대법원은 위원회의 설립 . 구성 및 업무 등과 관련하여 위임한 사항과 그 시행에 필요한 사항을 정한 "공탁금관리위원회규칙(2007.12.31 대법원규칙 제2148호)" 및 "공탁금관리위원회의 지원금취급규칙(2008.6.5. 대법원규칙 제2173호)"을 제정하여 시행하고 있다.

(1) 사법서비스 진흥기금의 설치

법원은 위원회설립 후 공탁법 일부개정법률(2015.12.15. 법률 제13565호)에 따라 사법제도를 개선하고 법률구조 등 국민에 대한 사법서비스향상을 위한 자금을 확보, 공급하기 위하여 사법서비스진흥기금(이하 "기금"이라함)을 설치한 후 종전의 위원회가 관리, 운용하던 공탁제도개선, 국선변호 및 소송구조 제도, 조정제도의 운용, 법률구조사업의 지원 등의 업무와 사법제도개선 등의 용도에 기금을 사용하는 것으로 변경되었다(공탁법 제28조, 제31조).

(2) 대법관회의 의결에 의한 공탁금의 이자에 관한 규칙의 개정

(가) 공탁금의 이율

공탁금지급(출급·회수)청구권은 금전채권으로 일종의 지명채권(채권자가 특정되어 있는 채권으로서 증권적 채권에 속하지 않는 보통의 채권)의 성질을 가진다. 채무자가 채무의 내용에 좇은 이행을 하지 않거나 또는 그의 귀책사유로 이행할 수 없는 때에는 채권자는 채무불이행에 의한 손해배상을 청구할 수 있으며(민법 제390조), 손해배상액은 법정이율에 의한다(민법 제397조 제1항 본문).

이자 있는 채권의 법정이율은 다른 법률의 규정이나 당사자의 약정이 없으면 연 5분(分)으로 하나(민법 제379조), 공탁법 제6조에 따른 공탁금의 이자에 관하여는 '공탁금의 이자에 관한 규칙'의 적용을 받는다.

대법원은 공탁법전부개정법률(2007.3.29. 법률 제8319호)에 의하여 위원회의 설립 및 출연금제도를 도입한 후 대법관회의의 의결(법원조직법 제17조 제2호)로 공탁금의 이자를 '연2푼'으로 규정한 '공탁금의 이자에 관한 규칙'(2004.1.28. 대법원규칙 제1866호)을 3회에 걸쳐 개정(2009.5.4. 대법원규칙 제2231호에서 연 1푼으로, 2013.8.30. 대법원규칙 제2485호에서 연 1천분의 5로, 2015.3.30. 대법원규칙 제2595호에서 연 1천분의 1로, 2018.5.29. 대법원규칙 제2790호에서 연 1만분의 35로 이자를 각 인하함)하여 현재 공탁금의 이율은 '연 1만분의 35'로 인하되었다.

(나) 법정이율

법정이율이 민사에 있어서는 연 5푼(민법 제379조), 상사에 있어서는 연 6푼(상법 제54조), 소송촉진 등에 관한 특례법 제3조 제1항 본문의 규정에 의한 법정이율 연 100분의 15와 비교할 때 현재의 공탁금의 이율 연 1만분의 35를 상향 조절하여 현실화함으로써 공탁금지급(출급·회수)청구권자가 정당한 이자를 수령할 수 있도록 할 필요가 있다고 본다.

(다) 공탁금의 이자의 귀속 주체

변제공탁의 피공탁자가 공탁금을 출급할 때에는 그 이자는 피공탁자에게 속하며, 공탁자가 공탁금을 회수할 때에는 그 이자는 공탁자에게 귀속하며, 담보공탁의 경우에는 공탁금의 이자는 공탁자에게 귀속된다.

(라) 공탁금보관은행의 공탁금의 활용

공탁금보관은행은 공탁금을 연 3~4% 이상의 이율로 담보 및 신용대출금의 재원으로 활용하여 막대한 수익을 보고 있는 현실을 감안할 때 공탁금의 이자를 연 1만분의 35로 인하한 것은 공탁금지급(출급, 회수)청구권자의 재산권을 침해하는 것으로 볼 수 있다.

(3) 공탁금보관은행의 출연금의 납부

출연(出捐)이란 어떤 자와 '그 의사에 의해 임의로' 현실의 출비(出費)나 의무의 부담 등 재산상의 손실을 가져옴으로써 타인의 재산을 증가시키는 것을 말하며, 출연하는 것을 출연행위라 한다.

공탁법 제19조는 공탁금을 보관하는 은행은 매년 공탁금운용수익금의 일부를 위원회에 '출연할 수 있다'라고 규정하여 은행의 출연이 임의적인 것으로 볼 수 있으나, 공탁금관리위원회규칙 제21조는 위원회는 보관은행이 납부기간까지 출연금을 납부하지 않을 경우에는 의결을 거쳐 '대법원장에게 보관은행지정취소건의를 할 수 있다'고 규정하여 은행의 출연이 임의적인 것이 아니라 위 규정에 의하여 강제되는 것으로 볼 수 있다.

(4) 공탁금지급(출급 · 회수)청구권자의 재산권침해

공탁금 지급청구권자에게 공탁금의 이자를 종전과 같이 연 2푼으로 지급하는 상태에서 공탁금보관은행의 임의에 의한 공탁금 운용수익금의 일부를 위원회가 출연 받아 기금이 공탁제도개선, 국선변호인 및 소송구조제도, 법률구조사업 등의 용도에 사용한다면 문제가 될 수 없다.

그러나 법정이율이 민사에 있어서는 연 5푼, 상사에 있어서는 연 6푼, 소송촉진 등에 관한 특례법 제3보 제1항 본문의 규정에 의한 법정이율 연 100분의 15와 비교할 때 현재의 연 1만분의 35라는 공탁금의 이율은 공탁금에 대한 이자제도를 유명무실하게 한 것으로서 공탁금의 이자를 현실화함으로써 공탁금지급청구권자가 정당한 이자를 수령할 수 있도록 하는 것이 변제공탁제도(민법 제487조, 제479조) 및 공탁금에 대한 이자제도를 규정한 공탁법규(법 제6조 제7조 및 규칙 제32조 제2항 제4호, 제51조 내지 제53조)의 취지에 부합하는 것으로 본다.

공탁법 제19조의 규정에 의한 공탁금보관은행의 '출연금'은 공탁금보관은행의 공탁금운용수익금의 일부라기보다는 공탁금지급청구권자(출급청구권자 및 회수청구권자)에게 지급할 '공탁금의 이자의 일부'로 볼 수 있다.

따라서 위원회가 공탁금보관은행으로부터 매년 거액의 출연금을 납부 받아 '사법서비스진흥기금'(공탁법 제5장)의 일부로 사용하는 것은 공탁금지급(출급·회수)청구권자(공탁법 제9조)의 재산권을 침해(헌법 제23조)한다는 비난을 피할 수 없을 것이다.

왜냐하면 공탁법 제19조의 출연금의 재원(財源)의 상당부분은 공탁금보관은행의 공탁금운용수익금의 일부라기보다는 종전의 공탁금의 이자 연 2푼을 연 1만분의 35로 부당하게 인하함에 따라 사실상 '공탁금지급청구권자에게 지급할 이자가 출연금으로 변질'된 것으로 볼 수 있기 때문이다.

즉, 공탁금보관은행은 공탁금 지급청구권자에게 지급할 이자를 연 1만분의 35로 인하함에 따라 사실상 공탁금지급청구권자에게 지급할 공탁금의 이자로 막대한 수익을 보고 있는 반면, 위원회와 기금도 공탁금보관은행의 공탁금운용수익금의 일부라기보다는 공탁금지급청구권자에게 지급할 공탁금의 이자가 출연금이 되어 이로써 막대한 수익을 얻고 있는 것으로 볼 수 있다는데 문제가 있는 것이다.

(5) 헌법이 대법원의 규칙제정권을 인정한 취지 및 대법관회의의결의 문제점

(가) 대법원의 규칙제정권을 인정한 취지

규칙제정권이라 함은 규칙이라는 명칭이나 형식을 가진 성문법의 제정권을 말한다. 헌법은 국회(헌법 제64조 제1항), 대법원(헌법 제108조), 헌법재판소(헌법 제113조 제2항), 선거관리위원회(헌법 제114조 제6항)에 규칙제정권을 인정하여 국가기관이 일정한 범위 안에서 그 기관 스스로 규칙을 제정할 수 있는 권한 등 각 국가기관의 독자성을 존중하는 의미에서 자율권을 부여하고 있다.

헌법 제108조는 '대법원은 법률에 저촉되지 아니하는 범위 안에서 소송에 관한 절차, 법원의 내부규율과 사무처리에 관한 규칙을 제정할 수 있다'고 규정하여 대법원에 규칙이라는 명칭이나 형식을 가진 성문법의 제정권은 부여하여 법원의 자율권을 보장하고 있다.

(나) 대법관회의의결에 의한 공탁금의 이자에 관한 규칙개정의 문제점

대법원규칙의 제정과 개정 등에 관한 사항은 대법관회의 의결사항(법원조직법 제17조 제2호)인바, 대법원장이 의장이 된 대법관회의(법원조직법 제16조 제1항)에서 '공탁금의 이자에 관한 규칙'을 개정하면서 공탁금의 이자를 '연 1만분의 35'로 인하한 것이다.

헌법 제108조는 대법원은 '법률에 저촉되지 아니하는 범위' 안에서 소송에 관한 절차, 법원의 내부규율과 사무처리에 관한 규칙을 제정할 수 있다고 규정하고 있다. 따라서 대법관회의 의결(법원조직법 제17조 제2호)로 공탁금의 이자를 연 1만분의 35로 인하 한 공탁금의 이자에 관한 규칙을 개정(2018.5.29. : 대법원규칙 제2790호, 시행일 : 2018.7.1.)한 것은 공탁금의 이자제도를 규정한 공탁법 제6조, 공탁규칙 제52조, 제53조의 입법취지에 위배되는 것으로 볼 수도 있으며, 더 나아가 공탁금지급(출급·회수)청구권자의 재산권을 침해하는 것으로 볼 수 있으며, 또한 헌법이 대법원의 자율권을 보장하기 위하여 대법원에 규칙제정권을 부여한 헌법 제108조의 취지에도 저촉되는 것으로 볼 수 있다.

또한 대법관회의는 공탁금보관은행이 출연금을 납부하지 않을 경우 위원회로 하여금 대법원장에게 보관은행지정취소건의를 할 수 있도록 하여(공탁금관리위원회규칙 제21조)은행의 출연이 임의 출연이 아니라 사실상 강제되는 내용의 '공탁금관리위원회규칙'을 제정하였다(이 책 제2장 제20절 "공학금보관은행의 출연금제도의 문제점" 참고).

4. 공탁금관리위원회의 구성

(1) 위원장. 위원
위원회는 위원장 1명을 포함하여 9명의 위원으로 구성한다(공탁법 제16조 제1항)

(2) 위원장 및 위원의 임명
위원장과 위원은 법원행정처장이 다음 각 호의 기준에 따라 임명하거나 위촉한다(법 제16조 제2항).
　　1. 법관 또는 3급 이상의 법원공무원 3명

2. 기획재정부장관이 추천하는 3급 이상의 국가공무원 또는 고위공무원단에 속하는 일반직공무원 1명
3. 법무부장관이 추천하는 검사 또는 3급 이상의 국가공무원 또는 고위공무원단에 속하는 일반직공무원 1명
4. 금융위원회가 추천하는 3급 이상의 국가공무원 또는 고위공무원단에 속하는 일반직공무원 1명
5. 공탁제도에 관하여 학식과 경험이 풍부한 변호사, 공인회계사, 대학교수 중 3명

공탁금관리위원회의 구성에 관한 공탁법 제16조 제2항 제5호의 "공탁제도에 관하여 학식과 경험이 풍부한 변호사, 공인회계사, 대학교수"라는 규정 중 공인회계사와 대학교수로서 공탁제도에 관하여 학식과 경험이 풍부한 사람이 있는지 의문이다.

현재 법무사로서 법원 재직시 공탁관으로 근무한 경력이 있거나 공탁에 관한 저술이나 대학 등에서 공탁법 강의를 하는 등 공탁업무에 관하여 학식과 경험이 풍부한 사람이 있으나, 법무사를 공탁금관리위원회의 구성에서 완전히 배제한 것은 부당하다고 본다.

(3) 위원장등의 임기, 신분의 상실
위원장과 위원의 임기는 2년으로 하되, 연임할 수 있으며, 위원이 임기 중 제2항 제1호로부터 제5호까지 규정된 직이나 자격을 상실하는 경우에는 위원의 신분을 상실한다(공탁법 제16조 제3항, 제4항).

(4) 위원장, 부위원장의 직무
위원장은 위원회의 의장으로 위원회를 대표하며, 위원회 사무를 총괄한다(공탁법 제16조 제5항).

(5) 위원회의 간사 및 서기
위원회에 상정할 의안의 정리·배부, 회의록 작성 등의 업무를 효율적으로 처리하기 위하여 위원회에 간사와 서기 각 1명을 둔다(위 규칙 제4조 제1항).
간사는 위원회 사무국의 국장이 되며, 서기는 위원회 사무국 소속 직원 중에서 위원장이 지명한다(위 규칙 제4조 제2항, 3항).

(6) 위원의 결격사유

다음 각 호의 어느 하나에 해당하는 자는 위원회의 위원이 될 수 없다(위 규칙 제5조).

1. 피성년후견인 또는 피한정후견인
2. 파산선고를 받은 자로서 복권되지 아니한 자
3. 금고이상의 형을 받고 집행이 종료되거나 집행을 받지 아니하기로 확정된 후 3년이 경과되지 아니한 자
4. 공탁금 보관은행(이하 "보관은행"이라 한다)의 사외이사 등의 지위로 보관은행과의 관계상 공정한 직무수행에 지장이 있다고 인정된 자

(7) 위원의 해임

(가) 법원행정처장은 위원에게 다음 각 호의 어느 하나에 해당하는 사유가 있는 때에는 그 위원을 해임한다(위 규칙 제6조 제1항).

1. 위원에게 제5조의 결격사유가 있음을 안 때
2. 신체상 또는 정신상의 장애로 인하여 직무수행이 심히 곤란하거나 불가능하게 된 때
3. 고의 또는 중대한 과실로 위원회에 손실을 발생하게 된 때
4. 직무상의 의무에 위반하거나 그 밖에 위원으로서 적절하지 못한 행위를 한 때

(나) 법원행정처장은 위원이 정당한 사유를 들어 사임의 의사를 표명한 때에는 그 위원을 해임할 수 있다(위 규칙 제6조 제2항).

(8) 위원회의 회의

(가) 위원회의 회의는 정기회의와 임시회의로 구분하며, 다음 각 호와 같이 개최된다(위 규칙 제7조 제1항)

1. 정기회의 : 반기별 1회
2. 임시회의 : 위원장이 필요에 따라 수시로 정한 때

(나) 위원장은 제1항의 회의를 개최할 때에는 다음 각 호의 사항을 명시하여 회의일 7일 전까지 각 위원에게 통보하여 회의를 소집한다(위 규칙 제7조 제2항).

1. 회의 일시 및 장소
2. 회의 목적과 안건

3. 그 밖에 필요한 사항

　(다) 위원회는 이 규칙 또는, 정관에 특별히 정한 경우를 제외하고는 재적의원 과반수의 출석으로 개회하고 출석의원 과반수의 찬성으로 의결한다. 다만, 가부동수인 경우에는 위원장이 결정하는 바에 따른다(위 규칙 제7조 제3항).

　(라) 안건이 경미하거나 긴급을 요하는 사항에 대하여는 위원장의 결정에 따라 서면으로 의결할 수 있으며, 위원회 회의는 비공개를 원칙으로 한다. 다만, 위원회가 필요하다고 의결한 경우에는 회의 또는 회의록, 회의자료의 전부 또는 일부를 공개할 수 있다.

　위원장은 심의·의결을 함에 있어 필요한 경우에는 해당안건과 관련이 있는자 또는 전문가를 회의에 출석시켜 질문하거나 발언하게 할 수 있다(위 규칙 제7조 4-6항).

(9) 회의록의 작성·비치
　위원회는 회의 결과의 요지를 기록한 회의록(서면의결의 경우에는 결의록)을 작성하여 위원장과 부위원장이 서명 또는 기명날인한 다음 위원회에 비치하여야 하며, 위원장은 위원회의 심의결과 및 의결내용을 제1항의 회의록을 첨부하여 법원행정처장에게 즉시 보고하여야 한다(위 규칙 제8조 제1~2항)).

(10) 위원회의 정관
　(가) 위원회의 정관에는 다음 각 호의 사항을 적어야 한다(공탁법 제17조 제1항).
　　1. 목적
　　2. 명칭
　　3. 사무소의 소재지
　　4. 업무 및 그 집행
　　5. 재산 및 회계
　　6. 사무기구의 설치
　　7. 위원의 임명과 해임
　　8. 정관의 변경
　　9. 공고의 방법

(나) 위원회는 정관을 작성하고, 변경할 때에는 법원행정처장의 승인을 받아야 한다
(공탁법 제17조 제2항).

(11) 위원회의 사무기구

(가) 사무국

위원회의 업무를 지원하기 위하여 위원회에 사무국을 둔다(공탁법 제16조 제6항.
위 규칙 제9조 제1항).

사무국은 사무국장 1명, 법 제24조에 따라 겸직발령을 받은 법원공무원 및 위원장
이 제3항에 따라 채용한 직원으로 구성한다.

위원장은 위언회의 업무지원을 위하여 필요한 때에는 해당 업무의 전문가나 자격자
등을 사무국 직원으로 채용할 수 있다.

위원회 자금에 관한 지출원인행위 업무와 자금의 출납 업무를 1명이 겸직하도록 하
여서는 아니 된다.

위원회에 겸직발령을 받은 법원공무원의 보수는 원 소속기관에서 지급한다(위　규
칙 제9조 제1~5항).

(나) 사무국장

사무국장은 위원장의 명을 받아 사무국 사무를 관장하며, 소속직원을 지휘·감독한
다(위 규칙 제10조 제1항).

사무국장은 공탁 및 회계 관련 업무의 경험이 있는 자 중에서 위원회가 채용한 상근
직원으로 보한다. 다만, 위원회의 요청이 있는 경우 법원행정처장은 그 소속 공무원으
로 하여금 사무국장을 겸직하게 할 수 있다(공탁법 제24조. 위 규칙 제10조 제1항).

사무국장은 위원회의 회의에서 사무국 업무에 관한 주요사항을 보고할 수 있다(위
규칙 제10조 3항).

위원회의 위원 중 공무원이 아닌 위원은 형법이나 그 밖의 법률에 따른 벌칙을 적
용할 때에는 공무원으로 본다(공탁법 제26조).

(12) 위원회의 업무

(가) 위원회의 업무

위원회의 업무는 다음 각 호와 같다(규칙 제11조)

    1. 법 제15조 제1항 제1호에 따른 보관은행의 지정심사 및 적격심사

    2. 법 제15조 제1항 제2호에 따른 출연금의 관리 · 운용 및 그 사용

    3. 공탁제도 개선에 관한 사항의 연구 지원 등

    4. 보관은행의 지정취소에 관한 심사

    5. 위원회의 정관과 그 밖의 규정의 제 · 개정 또는 폐지에 관한 사항의 심의 의결

    6. 그 밖에 위원회 업무 및 운영에 관한 사항으로 위원장이 위원회에 회부한 사항의 심의 등

(나) 위원회의 보관은행의 지정. 적격심사

1) 위원회가 법원행정처장의 요청에 따라 법 제15조 제1항 제1호에 따른 보관은행의 지정 또는 적격심사를 하는 경우 다음 각호의 사항에 대하여 심사 · 평가하여야 한다(규칙 제12조 제1항)

    1. 재무구조의 건전성 및 대내외 신용도

    2. 공탁물 보관업무 수행능력

    3. 민원인 이용의 편리성

    4. 보관금 · 송달료 등 법원의 다른 업무 수행능력

    5. 공익사업 실적 및 법원소재지 지역 사회에 대한 기여도

    6. 그 밖에 필요하다고 판단되는 사항

2) 법원행정처장이 위원회에 보관은행의 지정 또는 적격심사를 요청할 때에는 해당 보관은행에 제출한 제안서, 신청서 등 심사에 필요한 자료를 송부하여야 한다(규칙 제12조 제2항).

3) 위원장은 제1항의 심사를 함에 있어 필요한 때에는 해당 은행에 추가로 자료제출을 요청할 수 있고, 은행관계자를 위원회에 출석시켜 질문을 하거나 진술하게 할

수 있다(규칙 제12조 제3항).

4) 법원행정처 사법등기국장은 위원회 회의에 출석하여 제1항의 심사에 관하여 의견을 진술할 수 있다(규칙 제12조 제4항).

5) 규칙 제12조의 심사요청이 있는 경우 위원장은 신속히 위원회를 소집하여 심사를 한 다음 그 결과를 심사요청이 있는 날부터 2개월 이내에 법원행정처장에게 보고하여야 한다(규칙 제12조 제5항).

(13) 출연금
공탁금을 보관하는 은행은 매년 공탁금 운용수익금의 일부를 위원회에 출연할 수 있다(공탁법 제19조 제1항).
공탁금 보관은행이 제1항에 따라 위원회에 출연하는 경우 수익금의 범위 방법·조건 등에 필요한 사항은 대법원규칙으로 정한다(공탁법 제19조 제2항).

(14) 위원회의 감독
법원행정처장은 위원회를 지휘하고 감독하며 필요하다고 인정하면 위원회에 그 사업에 관한 지시나 명령을 할 수 있다.
법원행정처장은 필요하다고 인정하면 위원회에 그 업무·회계 및 재산에 관한 사항을 보고하게 하거나 소속 공무원에게 위원회의 장부·서류나 그 밖의 물건을 검사하게 할 수 있다.
검사를 하는 공무원은 그 권한을 나타내는 증표를 지니고 이를 관계인에게 내보여야 한다(공탁법 제25조 제1~3항).

(15) 위원회의 회계장부의 비치
위원회는 사무국에 기업회계원칙에 따른 회계장부를 비치하고, 필요한 사항을 그때마다 기재하여야 하며, 장부의 기재 및 계산은 정규부기의 원칙에 따른다. 다만, 현금 회계방식에 따라 처리할 때에는 그러하지 아니하다(위 규칙 제17조 제1~2항).

(16) 출연금액의 확정

(가) 위원회의 출연금액의 확정

위원회는 매년 4월말까지 보관은행별로 전년도의 공탁금 운용수익금에서 이자비용과 공탁 관련 업무원가 및 보상이윤 등을 뺀 금액의 범위 내에서 당해 연도에 납부할 출연금액을 확정하여야 한다(위 규칙 제19조 제1항)

위원회는 회계법인 등의 의견과 각 보관은행의 제출자료 등을 참고하여 객관적이고 합리적인 출연금액을 산정하여야 하며, 출연금액이 확정되면 위원회는 해당 보관은행에 납부할 금액 및 납부방법 등을 신속히 통보하여야 한다(위 규칙 제19조 제2~3항).

(나) 출연금의 납부

위원회는 해당 보관은행으로부터 매년 1월 15일까지 전년도에 납부한 총 출연금의 50%에 해당하는 금액을 미리 받고, 제19조 제1항의 출연금액이 확정되면 미리 받은 금액을 뺀 나머지 금액을 5월말까지 납부 받는다. 다만, 위원회 의결로 달리 정한 경우에는 그러하지 아니하다(위 규칙 제20조).

(17) 보관은행 지정의 취소건의

위원회는 보관은행이 위 규칙 제20조에서 정한 기간까지 출연금을 납부하지 않을 경우에는 의결을 거쳐 대법원장에게 보관은행 지정취소 건의를 할 수 있다(위 규칙 제 21조).

(18) 현금보관의 제한

위원회는 자금을 현금상태로 보관하여서는 아니 된다. 다만, 소액의 현금을 지급할 필요가 있을 때에는 위원장이 정하는 금액을 보관할 수 있다.

위원장은 출연금 등 위원회의 자금을 예치·관리하기 위한 거래은행을 지정하고, 위원회 명의로 계좌를 개설하여야 한다(위 규칙 제22조 제1~2항).

(19) 연구용역의뢰

위원회의 업무를 효율적으로 수행하기 위하여 필요한 때에는 위원장은 관계 기관·단체 또는 전문가 등에게 자문을 구하거나 연구용역을 의뢰할 수 있다(위 규칙 제25조).

(20) 수당등의 지급

위원회 위원과 위 규칙 제25조에 따라 자문 또는 연구용역을 수행한 자 등에게 예산의 범위 내에서 수당, 여비, 연구용역비, 그 밖에 필요한 경비를 지급할 수 있다(위 규칙 제26조).

(21) 비밀누설금지

위원회 위원과 사무국 직원은 위원회의 심의와 관련하여 알게 된 사항을 누설하여서는 아니 된다(위 규칙 제27조).

(22) 벌칙 적용 시의 공무원 의제

위원회의 위원 중 공무원이 아닌 위원은 「형법」이나 그 밖의 법률에 따른 벌칙을 적용할 때에는 공무원으로 본다(공탁법 제26조).

제19절 사법서비스 진흥기금

1. 기금의 설치

법원은 사법제도를 개선하고 법률구조 등 국민들에 대한 사법서비스 수준을 향상시키기 위한 자금을 확보·공급하기 위하여 사법서비스진흥기금(이하 "기금"이라 한다)을 설치한다(법 제28조).

2. 기금의 조성

기금은 다음 각 호의 재원(財源)으로 조성한다(법 제29조 제1항).
　　1. 법 제29조 제2항에 따른 위원회의 출연금
　　2. 다른 회계 또는 기금으로부터의 전입금
　　3. 위원회 이외의 자가 출연 또는 기부하는 현금, 물품 그 밖의 재산
　　4. 기금의 운용으로 인하여 생기는 수익금
　　5. 그 밖에 대법원규칙으로 정하는 수입

위원회는 공탁법 제19조에 따라 위원회에 출연된 출연금 중 위원회의 운영비를 제외한 나머지 자금을 기금에 출연하여야 한다.

제1항 제3호에 따라 위원회 외의 자가 출연 또는 기부하는 경우 그 용도를 지정하여 출연 또는 기부할 수 있다(법 제29조 제1~3항).

3. 기금의 관리·운용

기금은 법원행정처장이 관리·운용한다(법 제30조 제1항).

법원행정처장은 기금에 여유자금이 있을 때에는 다음 각 호의 방법으로 이를 운용할 수 있다(법 제30조 제2항).
　　1. 국가·지방자치단체 또는 금융기관에서 직접 발행하거나 채무이행을 보증하는 유가증권의 매입

2. 「은행법」에 따른 은행 및 「우체국예금·보험에 관한 법률」에 따른 체신관서에 예치(預置) 또는 단기 대여
3. 그 밖에 대법원규칙으로 정하는 자금증식 방법

기금의 관리·운용에 관하여 그 밖에 필요한 사항은 대법원규칙으로 정한다(법 제30조 제3항).

4. 기금의 용도

기금은 다음 각 호에 해당하는 용도에 사용한다(법 제31조).
1. 공탁제도 개선 및 공탁전산시스템의 개발과 운용
2. 국선변호인제도 및 소송구조제도의 운용
3. 조정제도의 운용
4. 법률구조사업 및 범죄피해자법률지원사업의 지원
5. 기금의 조성·관리 및 운용
6. 그 밖에 소년보호지원, 민원서비스개선 등 사법제도 개선이나 국민에 대한 사법서비스 향상을 위한 공익사업으로서 제32조에 따른 심의회의 의결을 거쳐 대법원규칙으로 정하는 사업이나 활동

5. 기금운용심의회

기금의 관리·운용에 관한 다음 각 호의 사항을 심의하기 위하여 법원행정처에 사법서비스진흥기금운용심의회(이하 "심의회"라 한다)를 둔다(법 제32조 제1항).
1. 기금의 관리 및 운용에 관한 주요 정책
2. 「국가재정법」 제66조에 따른 기금운용계획안의 수립
3. 「국가재정법」 제70조 제2항에 따른 주요항목 지출금액의 변경
4. 「국가재정법」 제8조 제3항에 따른 기금 성과보고서 및 같은 법 제73조에 따른 기금 결산보고서의 작성
5. 「국가재정법」 제79조에 따른 자산운용지침의 제정 및 개정
6. 기금의 관리·운용에 관한 중요 사항으로서 대법원규칙으로 정하는 사항과

그 밖에 심의회의 위원장이 필요하다고 인정하여 부의하는 사항

심의회 위원은 위원장 1명을 포함하여 10명의 위원으로 구성하되, 다음 각 호의 기준에 따라 법원행정처장이 임명 또는 위촉한다(법 제32조 제2항).
1. 법관 또는 3급 이상의 법원공무원 3명
2. 기획재정부장관이 추천하는 3급 이상의 국가공무원 또는 고위공무원단에 속하는 일반직공무원 1명
3. 법무부장관이 추천하는 검사 또는 3급 이상의 국가공무원 또는 고위공무원단에 속하는 일반직공무원 1명
4. 사법서비스에 관하여 학식과 경험이 풍부한 변호사, 공인회계사, 대학교수중 5명

심의회의 구성 및 운영, 그 밖에 필요한 사항은 대법원규칙으로 정한다(법 제32조 제3항).

6. 기금의 회계기관 및 회계연도 · 회계처리

법원행정처장은 기금의 수입과 지출에 관한 사무를 처리하게 하기 위하여 소속 공무원 중에서 기금수입징수관, 기금재무관, 기금지출관 및 기금출납공무원을 임명한다(법 제33조).
기금의 회계연도는 정부의 회계연도에 따른다(법 제34조).
기금은 기업회계의 원칙에 따라 회계처리한다(법 제35조).

7. 기금의 일시차입

법원행정처장은 기금의 운용상 필요한 때에는 기금의 부담으로 한국은행, 그 밖의 금융기관으로부터 자금을 일시 차입할 수 있다(법 제36조).

8. 기금의 목적 외 사용금지 및 반환

공탁법 제31조에 따라 지원받은 기금은 지원받은 목적 외의 용도에 사용하지 못한다.
법원행정처장은 기금을 지원받은 자가 거짓이나 그 밖의 부정한 방법으로 기금을
지원받거나 지원받은 기금을 목적 외의 용도에 사용하였을 경우에는 지원을 취소하고
기금의 전부 또는 일부를 반환하게 할 수 있다(법 제37조 제2항).

9. 보고 및 감독

기금을 지원받는 자는 기금사용계획과 기금사용결과를 대법원규칙으로 정하는 바에
따라 법원행정처장에게 보고하여야 한다.
법원행정처장은 필요하다고 인정하면 소속 공무원으로 하여금 기금을 지원받은 자
의 장부·서류 등의 물건을 검사하게 할 수 있다(법 제38조 제1~2항).

10. 이익 및 결손의 처리

기금의 결산상 이익금이 생긴 때에는 이를 전액 적립하여야 한다(법 제39조 제1항).
기금의 결산상 손실금이 생긴 때에는 제1항에 따른 적립금으로 보전하고, 그 적립금
으로 부족한 때에는 정부가 예산의 범위에서 이를 보전할 수 있다(법 제39조 제2항).

11. 벌칙 적용에서의 공무원 의제

심의회의 위원 중 공무원이 아닌 위원은 「형법」 제129조부터 제132조까지의 규정을
적용할 때에는 공무원으로 본다(법 제40조).

12. 대법원규칙

이 법 시행에 필요한 사항은 대법원규칙으로 정한다(법 제41조).

제20절 공탁금보관은행의 출연금제도의 문제점

1. 법원의 공탁사무의 관장·감독

법원은 공탁에 관한 사무를 관장하거나 감독한다(법원조직법 제2조 제3항, 제19조 제2항).법령에 따라 행하는 공탁사무는 지방법원장이나 지방법원 지원장이 소속 법원서기관 또는 법원사무관 중에서 지정하는 자가 처리한다(공탁법 제2조 제1항 전단). 법원행정처장이 지정·고시하는 공탁소의 공탁사무는 대법원규칙으로 정하는 바에 따라 전산정보처리조직을 이용한 전자문서로 처리할 수 있다(공탁법 제2조 제2항).

2. 대법원의 규칙제정권

규칙제정권(規則制定權)이란 규칙이라는 명칭이나 형식을 가진 성문법(成文法)의 제정권을 말한다. 헌법 제108조는 '대법원은 법률에 저촉되지 아니하는 범위 안에서 소송에 관한 절차, 법원의 내부규율과 사무처리에 관한 규칙을 제정할 수 있다'고 규정하여 대법원에 규칙제정권을 부여하여 자율권(自律權)을 인정함으로써 사법권의 독립을 뒷받침하고 있다.

'대법원규칙의 제정과 개정 등에 관한 사항'은 대법관회의의 의결사항이다(법원조직법 제17조 제2호). 이에 따라 공탁에 관한 사무를 관장·감독하는 대법원이 대법관회의의 의결로 "공탁금의 이자에 관한 규칙"(1970. 9. 25. 대법원규칙 제425호)을 제정하여 시행되고 있다.

3. 대법원장의 공탁물보관자의 지정

대법원장은 법령에 따라 공탁하는 금전, 유가증권, 그 밖의 물품을 보관할 은행이나 창고업자를 지정한다. 대법원장이 공탁금보관은행을 지정할 때에는 공익성과 지역사회기여도 등 해당 지역의 특수성이 반영될 수 있도록 해당 지방법원장의 의견을 듣고, 공탁금관리위원회의 심사를 거쳐야 한다. 공탁물보관자로 지정된 은행이나 창고업자는 그의 영업부류에 속하는 것으로서 보관할 수 있는 수량에 한정하여 보관하며 선량한 관리자의 주의로써 보관하여야 한다(공탁법 제3조).

4. 공탁금의 이자

(1) 약정이자(약정이율)·법정이자(법정이율)

민법상 이자(利子)라 함은 금전기타의 대체물(代替物 : 일반거래상 물건의 개성이 중요시되지 않고 같은 종유, 품질, 수량의 다른 물건으로 바꾸어도 당사자에게 영향을 주지 않는 물건)의 사용대가로서 원본액과 사용기간에 비례하여 지급되는 금전 기타의 대체물로서, 당사자 사이에 특약이 있거나(約定利子) 법률의 규정이 있는 때(法定利子)에만 발생한다. 이자는 일정한 이율(利率)에 의해 산정되며, 이에는 법률이 규정하는 법정이율(法定利率)과 당사자의 법률행위로 정하여지는 약정이율(約定利率)이 있다.

약정이율이란 당사자의 법률행위로 정해지는 이율을 말하며, 그 수치(數値)는 원칙적으로 당사자가 자유로 정할 수 있으나 금전의 소비대차에 관하여는 이자제한법에 의한 최고이율(연 25%)의 제한이 있다. 법정이율은 민사에 있어서는 연 5푼(分)이고(민법 제379조), 상행위로 인한 채무의 법정이율은 연 6푼으로 한다(상법 제54조).

(2) 이자 있는 금전채권의 공탁시 이자의 공탁

금전변제공탁의 경우 채무자가 이자 있는 금전채권의 채무액을 공탁할 때에는 원본액(元本額)과 이자(利子)를 함께 공탁하여야 한다. 공탁금보관자로 지정된 은행은 공탁물을 수령할 자가 청구할 공탁의 목적물인 이자를 수령하여 이를 보관한다(공탁법 제7조 전단).

공탁금의 이자는 공탁금을 출급 또는 회수할 때 원금과 함께 지급하며(규칙 제52조 전단), 공탁금의 이자는 공탁금 출급·회수청구서에 의하여 공탁금보관자(은행)가 계산하여 지급한다. 이자를 별도로 청구하려는 사람은 공탁관에게 공탁금이자청구서 2통을 제출하여야 한다(공탁규칙 제53조 제1항, 제2항).

(3) 공탁금의 이자의 귀속주체

공탁금에는 대법원규칙으로 정하는 이자를 붙일 수 있다(공탁법 제6조). 이에 따라

"공탁금의 이자에 관한 규칙"(1970. 9. 25. 대법원규칙 제425호)이 제정되어 시행되고 있다. 공탁금의 이자에 관하여는 '공탁금의 이자에 관한 규칙'에서 정하는 바에 따른다(공탁규칙 제51조). 공탁금의 이자는 공탁금의 출급·회수시에 원금과 함께 지급한다(공탁규칙 제52조 전단). 변제공탁의 피공탁자가 공탁금을 출급할 때에는 그 이자는 피공탁자에게 귀속되며, 공탁자가 공탁금을 회수할 때에는 그 이자는 공탁자에게 귀속된다. 담보공탁의 경우에는 공탁금의 이자는 공탁자에게 귀속된다.

5. 공탁금관리위원회 및 출연금제도

(1) 공탁금보관은행의 공탁금의 활용

공탁금을 보관하는 은행은 공탁금을 출급 또는 회수하려는 사람이 공탁금을 출급·회수 할 때까지 공탁금을 연 3~4% 이상의 이율로 담보 및 신용대출 등의 재원으로 활용하여 지금까지 막대한 수익을 보고 있다.

(2) 공탁금관리위원회의 설립 및 출연금제도의 신설

대법원은 공탁법 전부개정법률(2007. 3. 29. 법률 제8319호)에 의하여 공탁금의 보관, 관리 등과 관련하여 공탁금보관은행의 지정심사 및 적격심사, 공탁법 제19조에 따른 출연금 및 위원회 운영비의 심의·확정 등의 업무를 효율적으로 처리하기 위하여 "공탁금관리위원회(법인)"(이하 "위원회"라 한다)를 설립하였다(공탁법 제15조 제1항).

또한 위 공탁법 전부개정법률에 따라 위원회설립 이후 공탁금을 보관하는 은행이 매년 공탁금 운용수익금의 일부를 위원회에 출연할 수 있게 한 "출연금제도"를 신설(공탁법 제19조 제1항)하였으며, 공탁금보관은행이 위원회에 출연하는 경우 수익금의 범위·방법·조건 등에 필요한 사항은 대법원규칙으로 정하도록 하였다(공탁법 제19조 제2항). 이에 따라 공탁금관리위원회의 설립·구성 및 업무등과 관련하여 공탁법이 위임한 사항과 그 시행에 필요한 사항을 규정한 "공탁금관리위원회규칙(2007. 12. 31. 대법원규칙 제2148호)"이 제정되어 시행되고 있다.

(3) 공탁금보관은행이 위원회에 출연하는 출연금의 임의성여부

공탁법 제19조 제1항은 '공탁금을 보관하는 은행은 매년 공탁금 운용수익금의 일부를 위원회에 출연(出捐)할 수 있다'고 규정하여 공탁금을 보관하는 은행의 출연이 '임의적'인 것으로 규정하고 있다. 그러나 공탁금관리위원회규칙 제21조는 '위원회는 공탁금을 보관하는 은행이 제20조에서 정한 기간까지 출연금을 납부하지 않을 경우에는 의결을 거쳐 대법원장에게 보관은행 지정취소건의를 할 수 있다'고 규정하여 공탁금을 보관하는 은행의 출연이 사실상 '강제'되고 있는 것으로 볼 수 있다.

공탁금보관은행이 출연금 납부기간까지 위원회에 출연금을 납부하지 않을 경우 대법원장은 위원회의 건의에 따라 공탁금보관은행지정을 취소할 수 있으므로 그 은행은 공탁금을 운용할 수 있는 기회를 상실할 수 있기 때문이다.

6. 공탁금의 이자에 관한 규칙의 개정

(1) 현 공탁금의 법정이율

대법원은 공탁금관리위원회의 설립(공탁법 제15조) 및 출연금제도의 신설(공탁법 제19조) 이 후 현재까지 대법관회의의 의결로 공탁금의 이자에 관한 규칙을 수차에 걸쳐 개정(법원조직법 제17조 제2호)하여 종전의 공탁금의 법정이율 "연 2푼"(2004. 1. 8. 대법원규칙 제1866호)이 현재 "연 1만분의 35"(2022. 9. 29. 대법원규칙 제3068호)로 대폭 인하되었다.

공탁금의 법정이율을 연 1만분의 35로 대폭으로 인하한 것은 법정이율이 민사에 있어서 연 5푼(민법 제379조), 상사에 있어서 연 6푼(상법 제54조)과 비교할 때 변제공탁재도를 규정한 민법 제487조 및 공탁금의 이자제도를 인정한 공탁법 제6조의 입법취지에 위배되는 것으로 볼 수 있다. 따라서 현재의 공탁금의 이율 연 1만분의 35를 현실화함으로써 공탁금지급청구권자가 정당한 공탁금의 이자를 수령할 수 있도록 해야 할 것이다.

(2) 변제공탁에 의한 채무의 소멸

변제공탁은 변제자가 변제의 목적물을 채무의 이행에 갈음하여 공탁소에 임치하여 채무를 면하는 제도로서 변제공탁에 의하여 채무자의 채무는 소멸하고 채권자(피공탁자)는 공탁물 출급청구권을 행사하게 된다. 변제(辨濟)라 함은 채무의 내용인 급부(給付)를 실현시키는 채무자 또는 제3자 의 행위를 말하며(민법 제469조 본문), 변제에 의해 채권자는 목적을 달성하게 되어 채권이 소멸되므로 변제가 유효하기 위해서는 그 채무의 이행이 채무의 내용에 좇은 것이어야 한다(민법 제460조 전단).

어떠한 채무의 이행이 '채무의 내용'에 좇은 것이냐는 채무의 이행이 그의 주체, 객체, 장소, 시간 등에 있어서 채무의 내용에 적합여부에 의하여 결정된다. 금전채무의 변제는 채무액의 전액을 제공하여야 하며, 원본 외에 이자도 지급하여야 할 경우에는 원본뿐만 아니라 이자를 합한 전액을 제공하여야 '채무의 내용에 좇은 변제'가 된다. 따라서 변제자가 채권자를 위하여 이자 있는 금전채무를 공탁하여 그 채무를 면하기 위하여는 원본액(元本額)과 이자(利子)도 함께 공탁하여야 변제의 효력이 발생한다.

따라서 채무의 일부 변제제공은 채무의 내용에 좇은 이행의 제공이라 할 수 없어 그 채무의 일부를 공탁했다 하더라도 변제의 효력이 발생할 수 없다(대판 1984.9.11. 84다카781, 1983.11.22. 83다카161, 2011.12.13. 2011다11580). 그러나 변제자의 공탁금액이 채무의 총액에 비추어 아주 근소하게 부족한 경우에는 당해 변제공탁은 신의칙상 유효한 것이라고 보아야 한다(대판 1988.3.22. 86다카909, 2002.5.10. 2002다12871,12888).

(3) 공탁금의 법정이율의 변동내역
대법관회의 의결에 따른(법원조직법 제17조 제2호) 공탁금의 이자에 관한 규칙의 개정에 의한 공탁금의 법정이율의 변동내용은 아래와 같다.
(1) 공탁금의 이자는 연 1.8푼으로 한다(1981. 7. 8. 대법원규칙 제776호 제2조).
(2) 공탁금의 이자는 금융통화위원회에서 정하는 별단예금의 최고이자율로 한다(1984. 2. 22. 대법원규칙 제873호 제2조).
(3) 공탁금의 이자는 연 2푼으로 정한다(2004. 1. 28. 대법원규칙 제1866호 제2조)
(4) 공탁금의 이자는 연 1푼으로 한다(2009. 5. 4. 대법원규칙 제2231호 제2조)
(5) 공탁금의 이자는 연 1천분의 5로 한다(2013. 8. 30. 대법원규칙 제2485호 제2조)

(6) 공탁금의 이자는 연 1천분의 1로 한다(2015. 3. 30. 대법원규칙 제2595호 제2조)

(7) 공탁금의 이자는 연 1만분의 35로 한다(2018. 5. 29. 대법원규칙 제2790호 제2조)

(8) 공탁금의 이자는 연 1천분의 1로 한다(2020.6.26. 대법원규칙 제2907호 제2조).

(9) 공탁금의 이자는 연 1만분의 35로 한다(2022.9.29. 대법원규칙 제3068호, 제2조).

7. 사법서비스진흥기금의 설치

대법원은 공탁법 일부개정법률(2015. 12. 15. 법률 제13565호)에 의하여 사법제도를 개선하고 법률구조 등 국민들에 대한 사법서비스 수준을 향상시키기 위한 자금을 확보·공급하기 위하여 "사법서비스진흥기금"(이하 "기금"이라 한다)을 설치하였으며(공탁법 제28조), 동 기금의 재원을 조성하기 위하여 위원회는 공탁법 제19조에 따라 위원회에 출연된 출연금 중 위원회의 운영비를 제외한 나머지 자금을 기금에 출연하도록 하였다(공탁법 제29조 제2항).

기금은 (1) 공탁법 제29조 제2항에 따른 위원회의 출연금, (2) 다른 회계 또는 기금으로부터의 전입금, (3) 위원회 이외의 자가 출연 또는 기부하는 현금, 물품 그 밖의 재산, (4) 기금의 운용으로 인하여 생기는 수익금, (5) 그 밖에 대법원규칙으로 정하는 수입'의 재원으로 조성한다(공탁법 제29조 제1항). 따라서 법원행정처장이 관리·운용하는 기금의 재원일부가 공탁금을 보관하는 은행이 위원회에 납부하는 출연금으로 충당되는 것이다.

기금은 (1) 공탁제도개선 및 공탁전산시스템의 개발과 운용, (2) 국선변호인제도 및 소송구조제도의 운용, (3) 조정제도의 운용, (4) 법률구조사업 및 범죄피해자지원사업의 지원, (5) 기금의 조성·관리 및 운용, (6) 그 밖에 소년보호지원, 민원서비스개선 등 사법제도개선이나 국민에 대한 법률서비스향상을 위한 공익사업으로서 공탁법 제32조에 따른 심의회의 의결을 거쳐 대법원규칙으로 정하는 사업이나 활동 등의 용도로 사용한다(공탁법 제31조).

기금을 관리·운용하는 자금의 재원 중 일부가 공탁법 제19조 제1항에 따라 위원회에 출연된 출연금 중 위원회의 운영비를 제외한 나머지 자금이다. 그러나 그 출연금은 실제상 공탁금을 보관하는 은행의 순수한 공탁금 운용수익금의 일부라기보다는 공탁금의 종전의 법정이율 '연 2푼'을 '연 1만분의 35'로 인하함으로써 사실상 공탁금 지급청구권자에 지급할 공탁금의 이자라고 볼 수 있다는 점에 문제가 있는 것이다.

공탁금관리위원회나 사법서비스진흥기금을 관리·운용하는 재원의 일부가 종전과 같이 공탁금의 법정이율 '연 2푼'을 유지하는 상태에서 위원회가 공탁금을 보관하는 은행으로부터 공탁금운용수익금의 일부를 임의로 출연 받아 국민에 대한 사법서비스 수준을 향상시키기는 용도로 사용한다면 그것은 문제가 되거나 비난의 대상이 될 수는 없다.

8. 위임입법의 한계일탈 여부

공탁법 전부개정법률(2007. 3. 29. 법률 제8319호)에 의한 공탁금관리위원회의 설립(공탁법 제15조) 및 출연금제도의 신설에 따라 공탁금을 보관하는 은행이 매년 위원회에 출연금을 납부(공탁법 제19조 제1항, 공탁금관리위원회규칙 제20조)하게 되었으며, 이후 대법원은 대법관회의의 의결로 "공탁금의 이자에 관한 규칙"을 수차례 개정하면서(법원조직법 제17조 제2호) 종전의 공탁금의 법정이율 '연 2푼'을 '연 1만분의 35'로 대폭으로 인하하였다(2022.9.29. 대법원규칙 제3068호. 제2조).

공탁금을 보관하는 은행은 공탁금을 연 3~4% 이상의 이율로 담보 및 신용대출금 재원으로 활용하여 막대한 수익을 얻고 있음에도 불구하고 대법원이 공탁금의 이자에 관한 규칙을 개정하여 공탁금 지급청구권자에게 지급할 공탁금의 법정이율이 연 1만분의 35로 대폭 인하됨에 따라 더 많은 수익을 보게 되었다. 이에 따라 위원회도 공탁금을 보관하는 은행으로부터 공탁금 운용수익금의 일부라기보다는 사실상 공탁금 지급청구권자에게 지급할 이자를 출연금(出捐金) 명목으로 출연 받아 상당한 수익을 얻고 있는 것으로 볼 수 있다.

이것은 헌법이 대법원에 규칙제정권이라는 성문법의 제정권을 위임한 헌법 제108조와 변제공탁제도를 규정한 민법 제487조 및 공탁금의 이자제도를 규정한 공탁법 제6

조 등의 입법취지에의 저촉되어 "위임입법(委任立法)의 한계를 일탈(逸脫)"한 여부가 문제될 수 있으며, 더 나아가 "공탁금지급청구권자의 재산권(헌법 제23조)을 침해"하는 것으로 볼 여지도 있다.

그러므로 대법원은 공탁금의 이자에 관한 규칙을 다시 개정하여 공탁금의 이자를 현실화시켜 공탁금출급청구권자가 정당한 공탁금의 이자를 수령하도록 하는 것이 법원이 공탁에 관한 사무를 적정하게 관장·감독하는 길이라고 본다.

법원은 헌법에 특별한 규정이 있는 경우를 제외한 모든 법률상의 쟁송(爭訟)을 심판할 권한을 가지고 있다(헌법 제101조 제1항, 법원조직법 제2조 제1항). 법원은 사법권을 행사하는 국가기관으로서 법관이 구체적 사건을 재판함에 있어서 절대적으로 독립하여 누구의 지휘나 명령에도 구속되지 않는 사법권의 독립(헌법 제103조)을 견지(堅持)함으로써 법질서의 안정적 유지와 국민의 자유 및 권리의 보장을 위한 최후의 보류가 되어야 한다.

이것이 법원 본연(本然)의 권한이요, 사명이며, 존재이유다. 법관이 헌법과 법률에 의하여 공정하고 보편타당한 가치판단과 그 양심에 따라 정의와 용기로 심판함으로서 국민의 자유와 권리를 보장하는 것이 "국민에 대한 진정한 사법서비스(공탁법 제28조 참조)"를 향상시키는 정도(正道)라고 본다.

부 록

1. 공탁관련 법령 발췌
   (1) 민 법
   (2) 공탁법
   (3) 공탁규칙
   (4) 공탁금의이자에관한규칙
   (5) 공탁금관리위원회규칙
   (6) 사법서비스진흥기금 관리 및 운용에 관한 규칙
   (7) 공익사업을 위한 토지 등의 취득 및 보상에 관한 법률
   (8) 인지 첩부·첨부 및 공탁 제공에 관한 특례법

2. 양식
   공탁사무 문서양식

3. 사항색인

1. 공탁관련 법령발췌

(1) 민 법

제3편 제1장 제6절

제2관 공탁

제487조 (변제공탁의 요건, 효과) 채권자가 변제를 받지 아니하거나 받을 수 없는 때에는 변제자는 채권자를 위하여 변제의 목적물을 공탁하여 그 채무를 면할 수 있다. 변제자가 과실없이 채권자를 알 수 없는 경우에도 같다.

제488조 (공탁의 방법) ①공탁은 채무이행지의 공탁소에 하여야 한다.

②공탁소에 관하여 법률에 특별한 규정이 없으면 법원은 변제자의 청구에 의하여 공탁소를 지정하고 공탁물보관자를 선임하여야 한다.

③공탁자는 지체없이 채권자에게 공탁통지를 하여야 한다.

제489조 (공탁물의 회수) ①채권자가 공탁을 승인하거나 공탁소에 대하여 공탁물을 받기를 통고하거나 공탁유효의 판결이 확정되기까지는 변제자는 공탁물을 회수할 수 있다. 이 경우에는 공탁하지 아니한 것으로 본다.

②전항의 규정은 질권 또는 저당권이 공탁으로 인하여 소멸한 때에는 적용하지 아니한다.

제490조 (자조매각금의 공탁) 변제의 목적물이 공탁에 적당하지 아니하거나 멸실 또는 훼손될 염려가 있거나 공탁에 과다한 비용을 요하는 경우에는 변제자는 법원의 허가를 얻어 그 물건을 경매하거나 시가로 방매하여 대금을 공탁할 수 있다.

제491조 (공탁물수령과 상대의무이행) 채무자가 채권자의 상대의무이행과 동시에 변제할 경우에는 채권자는 그 의무이행을 하지 아니하면 공탁물을 수령하지 못한다.

(2) 공탁법

[1958.7.29. 법률 제492호 제정]

[2020.12.8. 법률 제17567호]

제1장 총칙

제1조(목적) 이 법은 법령에 따라 행하는 공탁(供託)의 절차와 공탁물(供託物)을 효율적으로 관리하고 운용하기 위한 사항을 정함을 목적으로 한다.
[전문개정 2008. 3. 21.]

제2조(공탁사무의 처리) ①법령에 따라 행하는 공탁사무는 지방법원장이나 지방법원지원장이 소속 법원서기관 또는 법원사무관 중에서 지정하는 자가 처리한다. 다만, 시·군법원은 지방법원장이나 지방법원지원장이 소속 법원주사 또는 법원주사보 중에서 지정하는 자가 처리할 수 있다. 〈개정 2011. 4. 5.〉
② 법원행정처장이 지정·고시하는 공탁소의 공탁사무는 대법원규칙으로 정하는 바에 따라 전산정보처리조직을 이용한 전자문서로 처리할 수 있다. 〈신설 2011. 4. 5.〉
[전문개정 2008. 3. 21.]

제3조(공탁물보관자의 지정) ① 대법원장은 법령에 따라 공탁하는 금전, 유가증권, 그 밖의 물품을 보관할 은행이나 창고업자를 지정한다.
② 대법원장은 제1항에 따라 공탁금 보관은행을 지정할 때에는 공익성과 지역사회 기여도 등 해당 지역의 특수성이 반영될 수 있도록 해당 지방법원장의 의견을 듣고, 제15조에 따른 공탁금관리위원회의 심사를 거쳐야 한다.
③ 제1항에 따라 지정된 은행이나 창고업자는 그의 영업 부류(部類)에 속하는 것으로서 보관할 수 있는 수량에 한정하여 보관하며 선량한 관리자의 주의(注意)로써 보관하여야 한다.
[전문개정 2008. 3. 21.]

제2장 공탁 절차 〈개정 2008. 3. 21.〉

제4조(공탁 절차) 공탁을 하려는 자는 대법원규칙으로 정하는 바에 따라 공탁서를 작성하여 제2조에 따라 공탁사무를 처리하는 자{이하 "공탁관(供託官)"이라 한다}에게 제출한 후 공탁물을 지정된 은행이나 창고업자에게 납입하여야 한다.

[전문개정 2008. 3. 21.]

제5조(외국인등을 위한 공탁의 특례) ① 국내에 주소나 거소(居所)가 없는 외국인이나 재외국민(이하 "외국인등"이라 한다)을 위한 변제공탁(辨濟供託)은 대법원 소재지의 공탁소(供託所)에 할 수 있다.

② 외국인등이 공탁하는 절차나 외국인등을 위하여 공탁하는 절차, 그 밖에 필요한 사항은 대법원규칙으로 정할 수 있다.

[전문개정 2008. 3. 21.]

제5조의2(형사공탁의 특례) ① 형사사건의 피고인이 법령 등에 따라 피해자의 인적사항을 알 수 없는 경우에 그 피해자를 위하여 하는 변제공탁(이하 "형사공탁"이라 한다)은 해당 형사사건이 계속 중인 법원 소재지의 공탁소에 할 수 있다.

② 형사공탁의 공탁서에는 공탁물의 수령인(이하 이 조에서 "피공탁자"라 한다)의 인적사항을 대신하여 해당 형사사건의 재판이 계속 중인 법원(이하 이 조에서 "법원"이라 한다)과 사건번호, 사건명, 조서, 진술서, 공소장 등에 기재된 피해자를 특정할 수 있는 명칭을 기재하고, 공탁원인사실을 피해 발생시점과 채무의 성질을 특정하는 방식으로 기재할 수 있다.

③ 피공탁자에 대한 공탁통지는 공탁관이 다음 각 호의 사항을 인터넷 홈페이지 등에 공고하는 방법으로 갈음할 수 있다.

    1. 공탁신청 연월일, 공탁소, 공탁번호, 공탁물, 공탁근거 법령조항

    2. 공탁물 수령·회수와 관련된 사항

    3. 그 밖에 대법원규칙으로 정한 사항

④ 공탁물 수령을 위한 피공탁자 동일인 확인은 다음 각 호의 사항이 기재된 법원이나 검찰이 발급한 증명서에 의한다.

    1. 사건번호

    2. 공탁소, 공탁번호, 공탁물

3. 피공탁자의 성명·주민등록번호

　　　4. 그 밖에 동일인 확인을 위하여 필요한 사항

⑤ 형사공탁의 공탁서 기재사항, 첨부하여야 할 서면, 공탁신청, 공탁공고 및 공탁물 수령·회수 절차 등 그 밖에 필요한 사항은 대법원규칙으로 정한다.

[본조신설 2020. 12. 8.]

제6조(공탁금의 이자) 공탁금에는 대법원규칙으로 정하는 이자를 붙일 수 있다.

제7조(이자 등의 보관) 지정된 은행이나 창고업자는 공탁물을 수령할 자가 청구하는 경우에는 공탁의 목적인 유가증권의 상환금, 이자 또는 배당금을 수령하여 이를 보관한다. 다만, 보증공탁(保證供託)을 할 때에 보증금을 대신하여 유가증권을 공탁한 경우에는 공탁자가 그 이자나 배당금을 청구할 수 있다.

[전문개정 2008. 3. 21.]

제8조(보관료) 공탁물을 보관하는 은행이나 창고업자는 그 공탁물을 수령하는 자에게 일반적으로 같은 종류의 물건에 청구하는 보관료를 청구할 수 있다.

[전문개정 2008. 3. 21.]

제9조(공탁물의 수령·회수) ① 공탁물을 수령하려는 자는 대법원규칙으로 정하는 바에 따라 그 권리를 증명하여야 한다.

② 공탁자는 다음 각 호의 어느 하나에 해당하면 그 사실을 증명하여 공탁물을 회수할 수 있다.

　　　1. 「민법」 제489조에 따르는 경우

　　　2. 착오로 공탁을 한 경우

　　　3. 공탁의 원인이 소멸한 경우

③ 제1항 및 제2항의 공탁물이 금전인 경우(제7조에 따른 유가증권상환금, 배당금과 제11조에 따른 물품을 매각하여 그 대금을 공탁한 경우를 포함한다) 그 원금 또는 이자의 수령, 회수에 대한 권리는 그 권리를 행사할 수 있는 때부터 10년간 행사하지 아니할 때에는 시효로 인하여 소멸한다. 〈신설 2009. 12. 29.〉

④ 법원행정처장은 제3항에 따른 시효가 완성되기 전에 대법원규칙으로 정하는 바에 따라 제1항 및 제2항의 공탁금 수령·회수권자에게 공탁금을 수령하거나 회수할 수 있는 권리가 있음을 알릴 수 있다. 〈신설 2018. 12. 18.〉

[전문개정 2008. 3. 21.]

제10조(반대급부) 공탁물을 수령할 자가 반대급부(反對給付)를 하여야 하는 경우에는 공탁자의 서면 또는 판결문, 공정증서(公正證書), 그 밖의 관공서에서 작성한 공문서 등에 의하여 그 반대급부가 있었음을 증명하지 아니하면 공탁물을 수령하지 못한다.
[전문개정 2008. 3. 21.]

제11조(물품공탁의 처리) 공탁물 보관자는 오랫동안 보관하여 공탁된 물품이 그 본래의 기능을 다하지 못하게 되는 등의 특별한 사정이 있으면 공탁 당사자에게 적절한 기간을 정하여 수령을 최고(催告)하고 그 기간에 수령하지 아니하면 대법원규칙으로 정하는 바에 따라 공탁된 물품을 매각하여 그 대금을 공탁하거나 폐기할 수 있다.
[전문개정 2008. 3. 21.]

제3장 이의신청 등 〈개정 2008. 3. 21.〉

제12조(처분에 대한 이의신청) ① 공탁관의 처분에 불복하는 자는 관할 지방법원에 이의신청을 할 수 있다.
② 제1항에 따른 이의신청은 공탁소에 이의신청서를 제출함으로써 하여야 한다.

제13조(공탁관의 조치) ① 공탁관은 제12조에 따른 이의신청이 이유 있다고 인정하면 신청의 취지에 따르는 처분을 하고 그 내용을 이의신청인에게 알려야 한다.
② 공탁관은 이의신청이 이유 없다고 인정하면 이의신청서를 받은 날부터 5일 이내에 이의신청서에 의견을 첨부하여 관할 지방법원에 송부하여야 한다.
[전문개정 2008. 3. 21.]

제14조(이의신청에 대한 결정과 항고) ① 관할 지방법원은 이의신청에 대하여 이유를 붙인 결정(決定)으로써 하며 공탁관과 이의신청인에게 결정문을 송부하여야 한다. 이 경우 이의가 이유 있다고 인정하면 공탁관에게 상당한 처분을 할 것을 명하여야 한다.
② 이의신청인은 제1항의 결정에 대하여 「비송사건절차법」에 따라 항고(抗告)할 수 있다.
[전문개정 2008. 3. 21.]

제4장 공탁금관리위원회

제15조(공탁금관리위원회의 설립) ① 공탁금의 보관·관리 등과 관련된 다음 각 호의 사항을 효율적으로 처리하기 위하여 공탁금관리위원회(이하 "위원회"라 한다)를 설립한다. 〈개정 2015. 12. 15.〉

    1. 공탁금을 보관하는 은행의 지정 심사 및 적격 심사

    2. 제19조에 따른 출연금 및 위원회 운영비의 심의·확정

    3. 그 밖에 대법원규칙으로 정하는 사항

② 위원회는 법인으로 한다.

③ 위원회의 주된 사무소의 소재지는 정관(定款)으로 정한다.

④ 위원회는 그 주된 사무소의 소재지에서 설립등기를 함으로써 성립한다.

⑤ 위원회는 제1항 각 호의 사항에 관한 업무를 독립하여 수행한다.

[전문개정 2008. 3. 21.]

제16조(공탁금관리위원회의 구성 등) ① 위원회는 위원장 1명을 포함하여 9명의 위원으로 구성한다.

② 위원장과 위원은 법원행정처장이 다음 각 호의 기준에 따라 임명하거나 위촉한다. 〈개정 2011. 4. 5., 2014. 12. 30.〉

    1. 법관 또는 3급 이상의 법원공무원 3명

    2. 기획재정부장관이 추천하는 3급 이상의 국가공무원 또는 고위공무원단에 속하는 일반직공무원 1명

    3. 법무부장관이 추천하는 검사 또는 3급 이상의 국가공무원 또는 고위공무원단에 속하는 일반직공무원 1명

    4. 금융위원회가 추천하는 3급 이상의 국가공무원 또는 고위공무원단에 속하는 일반직공무원 1명

    5. 공탁제도에 관하여 학식과 경험이 풍부한 변호사, 공인회계사, 대학교수 중 3명

③ 위원장과 위원의 임기는 2년으로 하되, 연임할 수 있다.

④ 위원이 임기 중 제2항제1호부터 제5호까지에 규정된 직이나 자격을 상실하는 경우에는 위원의 신분을 상실한다.

⑤ 위원장은 위원회를 대표하며 위원회의 사무를 총괄한다.

⑥ 위원회의 업무를 지원하기 위하여 대법원규칙으로 정하는 바에 따라 사무기구(事務機構)를 둘 수 있다.

⑦ 그 밖에 위원회의 운영에 필요한 사항은 정관으로 정한다.

[전문개정 2008. 3. 21.]

제17조(정관) ① 위원회의 정관에는 다음 각 호의 사항을 적어야 한다. 〈개정 2014. 12. 30.〉

    1. 목적

    2. 명칭

    3. 사무소의 소재지

    4. 업무 및 그 집행

    5. 재산 및 회계

    6. 사무기구의 설치

    7. 위원의 임명·위촉과 해임·해촉

    8. 정관의 변경

    9. 공고의 방법

② 위원회는 정관을 작성하고 변경할 때에는 법원행정처장의 승인을 받아야 한다.

[전문개정 2008. 3. 21.]

제18조(등기사항) 위원회의 등기사항은 다음 각 호와 같다.

    1. 목적

    2. 명칭

    3. 사무소의 소재지

    4. 위원의 성명, 주민등록번호 및 주소

제19조(출연금) ① 공탁금을 보관하는 은행은 매년 공탁금 운용수익금의 일부를 위원회에 출연(出捐)할 수 있다.

② 공탁금을 보관하는 은행이 제1항에 따라 위원회에 출연하는 경우 수익금의 범위·방법·조건 등에 필요한 사항은 대법원규칙으로 정한다.

[전문개정 2008. 3. 21.]

제20조 삭제 〈2015. 12. 15.〉

제21조 삭제 〈2015. 12. 15.〉

제22조 삭제 〈2015. 12. 15.〉

제23조 삭제 〈2015. 12. 15.〉

제24조(공무원의 겸직) 법원행정처장은 위원장의 요청에 따라 그 소속 공무원을 위원회에 겸직근무하게 할 수 있다.

제25조(감독) ① 법원행정처장은 위원회를 지휘하고 감독하며 필요하다고 인정하면 위원회에 그 사업에 관한 지시나 명령을 할 수 있다.

② 법원행정처장은 필요하다고 인정하면 위원회에 그 업무·회계 및 재산에 관한 사항을 보고하게 하거나 소속 공무원에게 위원회의 장부·서류나 그 밖의 물건을 검사하게 할 수 있다.

③ 제2항에 따라 검사를 하는 공무원은 그 권한을 나타내는 증표를 지니고 이를 관계인에게 내보여야 한다.

[전문개정 2008. 3. 21.]

제25조의2 삭제 〈2015. 12. 15.〉

제26조(벌칙 적용 시의 공무원 의제) 위원회의 위원 중 공무원이 아닌 위원은 「형법」이나 그 밖의 법률에 따른 벌칙을 적용할 때에는 공무원으로 본다.

[전문개정 2008. 3. 21.]

제27조 삭제 〈2015. 12. 15.〉

제5장 사법서비스진흥기금 〈신설 2015. 12. 15.〉

제28조(기금의 설치) 법원은 사법제도를 개선하고 법률구조 등 국민들에 대한 사법서비스 수준을 향상시키기 위한 자금을 확보·공급하기 위하여 사법서비스진흥기금(이하 "기금"이라 한다)을 설치한다.

[본조신설 2015. 12. 15.]

제29조(기금의 조성) ① 기금은 다음 각 호의 재원(財源)으로 조성한다.

1. 제2항에 따른 위원회의 출연금
2. 다른 회계 또는 기금으로부터의 전입금
3. 위원회 이외의 자가 출연 또는 기부하는 현금, 물품 그 밖의 재산

4. 기금의 운용으로 인하여 생기는 수익금

5. 그 밖에 대법원규칙으로 정하는 수입

② 위원회는 제19조에 따라 위원회에 출연된 출연금 중 위원회의 운영비를 제외한 나머지 자금을 기금에 출연하여야 한다.

③ 제1항제3호에 따라 위원회 외의 자가 출연 또는 기부하는 경우 그 용도를 지정하여 출연 또는 기부할 수 있다.

[본조신설 2015. 12. 15.]

제30조(기금의 관리·운용) ① 기금은 법원행정처장이 관리·운용한다.

② 법원행정처장은 기금에 여유자금이 있을 때에는 다음 각 호의 방법으로 이를 운용할 수 있다.

　　1. 국가·지방자치단체 또는 금융기관에서 직접 발행하거나 채무이행을 보증하는 유가증권의 매입

　　2. 「은행법」에 따른 은행 및 「우체국예금·보험에 관한 법률」에 따른 체신관서에 예치(預置) 또는 단기 대여

　　3. 그 밖에 대법원규칙으로 정하는 자금증식 방법

③ 법원행정처장은 기금의 재무건전성을 유지하기 위하여 노력하여야 한다. 〈신설 2022. 1. 4.〉

④ 기금의 관리·운용에 관하여 그 밖에 필요한 사항은 대법원규칙으로 정한다. 〈개정 2022. 1. 4.〉

[본조신설 2015. 12. 15.]

제31조(기금의 용도) 기금은 다음 각 호에 해당하는 용도에 사용한다.

　　1. 공탁제도 개선 및 공탁전산시스템의 개발과 운용

　　2. 국선변호인제도 및 소송구조제도의 운용

　　3. 조정제도의 운용

　　4. 법률구조사업 및 범죄피해자법률지원사업의 지원

　　5. 기금의 조성·관리 및 운용

　　6. 그 밖에 소년보호지원, 민원서비스개선 등 사법제도 개선이나 국민에 대한 사법서비스 향상을 위한 공익사업으로서 제32조에 따른 심의회의 의결을 거쳐 대법원규칙으로 정하는 사업이나 활동

[본조신설 2015. 12. 15.]

제32조(기금운용심의회) ① 기금의 관리·운용에 관한 다음 각 호의 사항을 심의하기 위하여 법원행정처에 사법서비스진흥기금운용심의회(이하 "심의회"라 한다)를 둔다. 〈개정 2021. 12. 21.〉

    1. 기금의 관리 및 운용에 관한 주요 정책

    2. 「국가재정법」 제66조에 따른 기금운용계획안의 수립

    3. 「국가재정법」 제70조제2항에 따른 주요항목 지출금액의 변경

    4. 「국가재정법」 제85조의6제1항에 따른 기금 성과보고서 및 같은 법 제73조에 따른 기금 결산보고서의 작성

    5. 「국가재정법」 제79조에 따른 자산운용지침의 제정 및 개정

    6. 기금의 관리·운용에 관한 중요 사항으로서 대법원규칙으로 정하는 사항과 그 밖에 심의회의 위원장이 필요하다고 인정하여 부의하는 사항

② 심의회 위원은 위원장 1명을 포함하여 10명의 위원으로 구성하되, 다음 각 호의 기준에 따라 법원행정처장이 임명 또는 위촉한다.

    1. 법관 또는 3급 이상의 법원공무원 3명

    2. 기획재정부장관이 추천하는 3급 이상의 국가공무원 또는 고위공무원단에 속하는 일반직공무원 1명

    3. 법무부장관이 추천하는 검사 또는 3급 이상의 국가공무원 또는 고위공무원단에 속하는 일반직공무원 1명

    4. 사법서비스에 관하여 학식과 경험이 풍부한 변호사, 공인회계사, 대학교수 중 5명

③ 심의회의 구성 및 운영, 그 밖에 필요한 사항은 대법원규칙으로 정한다.

[본조신설 2015. 12. 15.]

제33조(기금의 회계기관) 법원행정처장은 기금의 수입과 지출에 관한 사무를 처리하게 하기 위하여 소속 공무원 중에서 기금수입징수관, 기금재무관, 기금지출관 및 기금출납공무원을 임명한다.

[본조신설 2015. 12. 15.]

제34조(기금의 회계연도) 기금의 회계연도는 정부의 회계연도에 따른다.

[본조신설 2015. 12. 15.]

제35조(기금의 회계처리) 기금은 기업회계의 원칙에 따라 회계처리한다.

[본조신설 2015. 12. 15.]

제36조(기금의 일시차입) 법원행정처장은 기금의 운용상 필요한 때에는 기금의 부담으로 한국은행, 그 밖의 금융기관으로부터 자금을 일시 차입할 수 있다.

[본조신설 2015. 12. 15.]

제37조(기금의 목적 외 사용금지 및 반환) ① 제31조에 따라 지원받은 기금은 지원받은 목적 외의 용도에 사용하지 못한다.

② 법원행정처장은 기금을 지원받은 자가 거짓이나 그 밖의 부정한 방법으로 기금을 지원받거나 지원받은 기금을 목적 외의 용도에 사용하였을 경우에는 지원을 취소하고 기금의 전부 또는 일부를 반환하게 할 수 있다.

[본조신설 2015. 12. 15.]

제38조(보고 및 감독) ① 기금을 지원받는 자는 기금사용계획과 기금사용결과를 대법원규칙으로 정하는 바에 따라 법원행정처장에게 보고하여야 한다.

② 법원행정처장은 필요하다고 인정하면 소속 공무원으로 하여금 기금을 지원받은 자의 장부·서류 등의 물건을 검사하게 할 수 있다.

[본조신설 2015. 12. 15.]

제39조(이익 및 결손의 처리) ① 기금의 결산상 이익금이 생긴 때에는 이를 전액 적립하여야 한다.

② 기금의 결산상 손실금이 생긴 때에는 제1항에 따른 적립금으로 보전하고, 그 적립금으로 부족한 때에는 정부가 예산의 범위에서 이를 보전할 수 있다.

[본조신설 2015. 12. 15.]

제40조(벌칙 적용에서의 공무원 의제) 심의회의 위원 중 공무원이 아닌 위원은 「형법」 제129조부터 제132조까지의 규정을 적용할 때에는 공무원으로 본다.

[본조신설 2015. 12. 15.]

제41조(대법원규칙) 이 법 시행에 필요한 사항은 대법원규칙으로 정한다.

[본조신설 2015. 12. 15.]

부칙 〈제8319호, 2007. 3. 29.〉

제1조 (시행일) 이 법은 공포한 날부터 시행한다. 다만, 제3조제2항 및 제15조부터 제26조까지의 개정규정은 2008년 1월 1일부터 시행한다.

제2조 (다른 법률의 개정) ① 선박소유자등의책임제한절차에관한법률 일부를 다음과 같이 개정한다.

제69조제3항 중 "공탁공무원"을 "공탁관"으로 한다.

② 징발법 일부를 다음과 같이 개정한다.

제22조의4제1항 전단 중 "법원공탁공무원"을 "공탁관"으로 하고, 제24조의4제2호 중 "법원공탁공무원"을 "공탁관"으로 한다.

③ 징발재산정리에관한특별조치법 일부를 다음과 같이 개정한다.

제13조·제15조제2항 및 제16조제2항 중 "법원공탁공무원"을 각각 "공탁관"으로 한다.

부칙 〈제8921호, 2008. 3. 21.〉

이 법은 공포한 날부터 시행한다.

부칙 〈제9836호, 2009. 12. 29.〉

이 법은 공포한 날부터 시행한다.

부칙 〈제10537호, 2011. 4. 5.〉

① (시행일) 이 법은 공포한 날부터 시행한다.

② (회계검사 등에 관한 적용례) 제22조 및 제25조의2의 개정규정은 이 법 시행일이 속하는 회계연도의 다음 회계연도부터 적용한다.

부칙 〈제12880호, 2014. 12. 30.〉

이 법은 공포한 날부터 시행한다.

부칙 〈제13565호, 2015. 12. 15.〉

이 법은 공포한 날부터 시행한다. 다만, 제15조제1항, 제20조부터 제23조까지 및 제25
조의2의 개정규정은 2016년 1월 1일부터 시행한다.

부칙 〈제15971호, 2018. 12. 18.〉

이 법은 공포 후 6개월이 경과한 날부터 시행한다.

부칙 〈제17567호, 2020. 12. 8.〉

이 법은 공포 후 2년이 경과한 날부터 시행한다.

부칙 〈제18585호, 2021. 12. 21.〉 (국가재정법)

제1조(시행일) 이 법은 공포한 날부터 시행한다. 〈단서 생략〉

제2조 생략

제3조(다른 법률의 개정) ① 공탁법 일부를 다음과 같이 개정한다.
제32조제1항제4호 중 "제8조제3항"을 "제85조의6제1항"으로 한다.
②부터 ⑦까지 생략

부칙 〈제18669호, 2022. 1. 4.〉

이 법은 공포한 날부터 시행한다.

(3) 공탁규칙

[2016.8.4. 대법원규칙 제2668호]
[2019.6.4. 대법원규칙 제2848호]
[2019.9.17. 대법원규칙 제2859호]
[2021.5.27. 대법원규칙 제2982호]
[2022.10.27. 대법원규칙 제3073호]

제1장 총칙

제1조(목적) 이 규칙은 「공탁법」(이하 "법"이라 한다)에서 위임한 사항과 그 밖에 공탁사무에 필요한 사항을 정함을 목적으로 한다.

제2조(시·군법원 공탁관의 직무범위) 시·군법원 공탁관(供託官)의 직무범위는 해당 시·군법원의 사건과 관련된 다음 각 호의 업무에 한한다.

  1. 변제공탁(辨濟供託)

    해당 시·군법원에 계속 중이거나 시·군법원에서 처리한 「소액사건심판법」의 적용을 받는 민사사건과 화해·독촉·조정사건에 대한 채무의 이행으로서 하는 「민법」 제487조, 제488조에 따른 변제공탁

  2. 재판상 보증공탁(保證供託)

    가. 「민사소송법」 제117조제1항에 따른 소송비용의 담보와 관련된 공탁

    나. 「민사소송법」 제213조에 따른 가집행선고와 관련된 공탁

    다. 「민사소송법」 제500조제1항에 따른 재심(再審)이나 상소(上訴)의 추후보완신청으로 말미암은 집행정지(執行停止)와 관련된 공탁

    라. 「민사소송법」 제501조, 제500조제1항에 따른 상소제기나 변경의 소제기로 말미암은 집행정지와 관련된 공탁

    마. 「민사집행법」 제34조제2항, 제16조제2항에 따른 집행문부여 등에 관한 이의신청과 관련된 공탁

    바. 「민사집행법」 제46조제2항, 제44조에 따른 청구에 관한 이의의 소의 잠정

처분(暫定處分)과 관련된 공탁

    사. 「민사집행법」 제46조제2항, 제45조에 따른 집행문부여에 대한 이의의 소의
잠정처분과 관련된 공탁

    아. 「민사집행법」 제280조, 제301조에 따른 가압류·가처분명령과 관련된 공탁

    자. 「민사집행법」 제286조제5항, 제301조에 따른 가압류·가처분 이의에 대한
재판과 관련된 공탁

    차. 「민사집행법」 제288조제1항, 제307조에 따른 가압류·가처분 취소와 관련
된 공탁

  3. 집행공탁(執行供託)

    「민사집행법」 제282조에 따른 가압류 해방금액(解放金額)의 공탁

  4. 몰취공탁(沒取供託)

    「민사소송법」 제299조제2항에 따른 소명(疏明)에 갈음하는 보증금의 공탁

제3조(공탁관계 장부와 양식) ① 공탁관은 다음 각 호의 장부(帳簿)를 전산정보처리조직
을 이용하여 기록·관리하여야 한다.

  1. 공탁물의 종류에 따른 원장(元帳)

  2. 공탁물의 종류에 따른 출납부

  3. 공탁물의 종류에 따른 사건부

  4. 불수리사건 관리부

  5. 문서건명부

② 이 규칙의 시행에 필요한 문서의 양식은 대법원 예규로 정한다.

제4조(원장) ① 공탁관은 원장(각 공탁사건에 관한 주요사항을 전산 등록한 기본장부를
말한다. 이하 같다)을 사건별로 작성하여야 한다.

② 공탁관은 공탁을 수리(受理)하거나 공탁물의 출급·회수를 인가(認可)한 때에는 이
를 원장에 등록하여야 한다.

제5조(출납부) ① 출납부는 공탁물의 종류에 따라 연도별로 작성한다.

② 공탁관은 공탁물보관자가 보내온 공탁물의 납입 및 지급결과에 관한 내용을 일자
순으로 등록하여야 한다.

③ 제2항의 공탁물의 납입 및 지급결과에 관한 내용은 원장에도 등록하여야 한다.

제6조(사건부) ① 사건부는 공탁물의 종류에 따라 연도별로 작성한다.

② 사건부에는 공탁신청사건의 접수사실을 등록하고, 공탁물의 지급 등으로 공탁사건이 완결된 때에는 완결일자를 등록하여야 한다.

③ 사건부에 등록할 공탁번호는 연도, 부호문자와 진행번호에 따라 부여한다. 부호문자는 금전공탁은 "금"으로, 유가증권(『주식·사채 등의 전자등록에 관한 법률』제63조제1항에 따라 발행된 전자등록증명서를 포함한다. 이하 같다)공탁은 "증"으로, 물품공탁은 "물"로 하고, 진행번호는 접수순서에 따르며 매년 그 번호를 새로 부여한다. 〈개정 2019. 9. 17.〉

제7조(불수리사건 관리부) 공탁관은 불수리사건 관리부에 다음 각 호의 사항을 등록하여야 한다.

　　1. 제48조의 불수리 결정을 한 경우 결정연월일과 고지연월일

　　2. 불수리 결정에 대한 이의신청이 있는 경우 이의신청일 및 결과

제8조(문서건명부) ① 문서건명부에는 공탁신청과 불수리 결정의 고지 이외의 공탁관련 모든 문서의 접수 및 발송사실을 등록 한다.

② 문서건명부의 진행번호는 접수문서와 발송문서를 구분하지 않고 등록순서에 따르며 매년 그 번호를 새로 부여한다.

제9조(일계표) 공탁관은 납입 및 지급된 공탁사건에 관하여 매일 일계표를 전산정보처리조직으로 출력하여 법원장(지방법원 지원에서는 지원장, 시·군법원에서는 시·군법원판사)의 결재를 받아야 한다.

제10조(공탁기록 및 서류철) ① 공탁사건을 접수한 공탁관은 사건마다 공탁기록을 만들고, 공탁에 관한 서류를 접수순서에 따라 해당 공탁기록에 편철한다.

② 제1항 이외의 서류는 아래와 같이 구분하여 편철한다.

　　1. 일계표철

　　2. 월계대사표철

　　3. 우편발송부

　　4. 기타 문서철

제11조(날인에 갈음하는 서명 등) ① 공탁관에게 제출하는 서면에 날인하여야 할 경우에는 서명으로 갈음할 수 있고, 날인이나 서명을 할 수 없을 때에는 무인으로 할 수 있다.

② 제1항은 제출하는 서면에 인감을 날인하고 인감증명서를 첨부하여야 하는 경우에는 적용하지 아니한다.

제12조(기재문자의 정정 등) ① 공탁서, 공탁물 출급·회수청구서 그 밖에 공탁에 관한 서면에 적는 문자는 자획(字劃)을 명확히 하여야 한다.

② 공탁서, 공탁물 출급·회수청구서, 지급위탁서·증명서에 적은 금전에 관한 숫자는 정정(訂正), 추가나 삭제하지 못한다. 그러나 공탁서의 공탁원인사실과 청구서의 청구사유에 적은 금전에 관한 숫자는 그러하지 아니하다.

③ 정정, 추가나 삭제를 할 때에는 한 줄을 긋고 그 위쪽이나 아래쪽에 바르게 적거나 추가하고, 그 글자 수를 난외(欄外)에 적은 다음 도장을 찍어야 하며, 정정하거나 삭제한 문자는 읽을 수 있도록 남겨두어야 한다.

④ 제3항에 따라 정정 등을 한 서류가 공탁서이거나 공탁물 출급·회수청구서인 때에는 공탁관은 작성자가 도장을 찍은 곳 옆에 인감(제55조제2항의 인감을 말한다. 이하 같다)도장을 찍어 확인하여야 한다.

제13조(계속 기재) ① 공탁관에게 제출하는 서류에 관하여 양식과 용지의 크기가 정하여져 있는 경우에 한 장에다 전부 적을 수 없는 때에는 해당 용지와 같은 크기의 용지로서 적당한 양식으로 계속 적을 수 있다.

② 제1항의 경우에는 계속 용지임을 명확히 표시하여야 한다.

제14조(서류의 간인) ① 공탁관에게 제출하는 서류가 두 장 이상인 때에는 작성자는 간인을 하여야 한다.

② 서류의 작성자가 여러 사람인 경우에는 그 중 한 사람이 간인을 하면 된다.

③ 제1항 및 제2항의 서류가 공탁서이거나 공탁물 출급·회수청구서인 때에는 공탁관이 인감도장으로 간인을 하여 확인하여야 한다.

제15조(원본인 첨부서면의 반환) ① 공탁서, 공탁서 정정신청서, 대공탁·부속공탁청구서, 공탁물출급·회수청구서 등에 첨부한 원본인 서면의 반환을 청구하는 경우에 청구인은 그 원본과 같다는 뜻을 적은 사본을 제출하여야 한다.

② 공탁관이 서류의 원본을 반환할 때에는 그 사본에 원본을 반환한 뜻을 적고 도장을 찍어야 한다.

제16조(자격증명서 등의 유효기간) 공탁관에게 제출하는 다음 서면은 발급일로부터 3월

이내의 것이어야 한다.

    1. 대표자나 관리인의 자격 또는 대리인의 권한을 증명하는 것으로서 관공서에서 발급받은 서면

    2. 제21조제3항의 주소를 소명하는 서면으로서 관공서에서 발급받은 서면

    3. 인감증명서

제17조(장부 등의 보존기간) ① 공탁관은 공탁에 관한 장부와 서류를 다음과 같이 구분하여 보존하여야 한다. 그러나 관계서류를 합철하였을 경우에는 그 서류 중 보존기간이 가장 긴 서류에 따라 보존한다.

    1. 제3조제1항 각호의 장부

       사건별 완결연도의 다음해부터 10년

    2. 공탁기록

       완결연도의 다음해부터 5년

    3. 일계표철, 월계대사표철, 우편발송부, 기타 문서철

       각 해당 연도의 다음해부터 2년

② 제1항의 장부와 서류는 보존기간이 끝난 후에도 보존하여야 할 특별한 사유가 있는 때는 그 사유가 존재하는 동안 보존하여야 한다.

제18조(장부 등의 폐기절차) 공탁관이 보존기간이 끝난 장부나 서류를 폐기하려면 그 목록을 작성하여 소속 지방법원장 또는 지원장의 인가를 받아야 한다.

제19조(완료되지 않은 서류 등의 반출금지) 공탁에 관한 서류로서 지급이 완료되지 않은 것은 천재지변(天災地變) 등 긴급한 상황에서 서류의 보존을 위하여 필요한 경우가 아니면 사무실 밖으로 옮기지 못한다.

제2장 공탁 절차

제20조(공탁서) ① 공탁을 하려는 사람은 공탁관에게 공탁서 2통을 제출하여야 한다.

② 제1항의 공탁서에는 다음 각 호의 사항을 적고 공탁자가 기명날인(記名捺印)하여야 한다. 그러나 대표자나 관리인 또는 대리인이 공탁하는 때에는 그 사람의 주소를 적고 기명날인하여야 하며, 공무원이 그 직무상 공탁하는 경우에는 소속 관서명과 그 직을 적고 기명날인하여야 한다.

1. 공탁자의 성명(상호, 명칭) · 주소(본점, 주사무소) · 주민등록번호(법인등록번호)
2. 공탁금액, 공탁유가증권의 명칭 · 장수 · 총 액면금(액면금이 없을 때에는 그 뜻) · 기호 · 번호 · 부속이표 · 최종상환기, 공탁물품의 명칭 · 종류 · 수량
3. 공탁원인사실
4. 공탁을 하게 된 관계법령의 조항
5. 공탁물의 수령인(이하 "피공탁자"라 한다)을 지정해야 할 때에는 피공탁자의 성명(상호, 명칭) · 주소(본점, 주사무소) · 주민등록번호(법인등록번호)
6. 공탁으로 인하여 질권, 전세권, 저당권이 소멸하는 때는 그 질권, 전세권, 저당권의 표시
7. 반대급부를 받아야 할 경우에는 그 반대급부의 내용
8. 공탁물의 출급 · 회수에 관하여 관공서의 승인, 확인 또는 증명 등을 필요로 하는 경우에는 해당 관공서의 명칭
9. 재판상의 절차에 따른 공탁의 경우에는 해당 법원의 명칭과 사건명
10. 공탁법원의 표시
11. 공탁신청 연월일

제21조(첨부서면) ① 공탁자가 법인인 경우에는 대표자 또는 관리인의 자격을 증명하는 서면, 법인 아닌 사단이나 재단일 경우에는 정관 이나 규약과 대표자 또는 관리인의 자격을 증명하는 서면을 공탁서에 첨부하여야 한다.

② 대리인이 공탁하는 경우에는 대리인의 권한을 증명하는 서면을 첨부하여야 한다.

③ 변제공탁을 하는 경우에 피공탁자의 주소를 표시하는 때에는 그 주소를 소명하는 서면을, 피공탁자의 주소가 불명인 경우에는 이를 소명하는 서면을 첨부하여야 한다.

제22조(첨부서면의 생략) 같은 사람이 동시에 같은 공탁법원에 여러 건의 공탁을 하는 경우에 첨부서면의 내용이 같을 때에는 1건의 공탁서에 1통만을 첨부하면 된다. 이 경우 다른 공탁서에는 그 뜻을 적어야 한다.

제23조(공탁통지서 등 첨부) ① 공탁자가 피공탁자에게 공탁통지를 하여야 할 경우에는 피공탁자의 수만큼 공탁통지서를 첨부하여야 한다. 〈개정 2010. 2. 1.〉

② 제1항의 경우「우편법 시행규칙」제25조제1항제4호다목에 따른 배달증명을 할 수 있는 우편료를 납입하여야 한다. 〈개정 2010. 2. 1., 2012. 10. 30.〉

③ 공탁관은 제1항의 공탁통지서를 발송하기 위한 봉투 발신인란에 공탁소의 명칭과

그 소재지 및 공탁관의 성명을 적어야 한다. 〈개정 2010. 2. 1.〉

제24조(기명식유가증권을 공탁하는 요건) 기명식(記名式)유가증권을 공탁하는 경우에는 공탁물을 수령하는 자가 즉시 권리를 취득할 수 있도록 유가증권에 배서(背書)를 하거나 양도증서를 첨부하여야 한다.

제25조(공탁신청서류 조사) 공탁관이 공탁신청서류를 접수한 때는 상당한 사유가 없는 한 지체 없이 모든 사항을 조사하여 신속하게 처리하여야 한다.

제26조(수리절차) ① 공탁관이 공탁신청을 수리할 때에는 공탁서에 다음 각 호의 사항을 적고 기명날인한 다음 1통을 공탁자에게 내주어 공탁물을 공탁물보관자에게 납입하게 하여야 한다.

    1. 공탁을 수리한다는 뜻

    2. 공탁번호

    3. 공탁물 납입기일

    4. 납입기일까지 공탁물을 납입하지 않을 경우에는 수리결정의 효력이 상실된다는 뜻

② 공탁관이 제1항에 따라 공탁신청을 수리한 때에는 주요사항을 전산등록하고, 공탁물보관자에게 그 내용을 전송하여야 한다. 다만, 물품공탁의 경우에는 공탁물보관자에게 전송하는 대신 공탁자에게 공탁물품납입서 1통을 주어야 한다.

③ 공탁자가 제1항제3호의 납입기일까지 공탁물을 납입하지 않을 때는 그 수리결정은 효력을 상실한다.

④ 제3항의 경우에는 원장에 그 뜻을 등록하여야 한다.

제27조(공탁물 납입절차) 공탁물보관자가 공탁물을 납입받은 때에는 공탁서에 공탁물을 납입받았다는 뜻을 적어 공탁자에게 내주고, 그 납입사실을 공탁관에게 전송하여야 한다. 다만, 물품을 납입 받은 경우에는 공탁물품납입통지서를 보내야 한다.

제28조(계좌입금에 의한 공탁금 납입) ① 공탁관은 금전공탁에서 공탁자가 자기의 비용으로 계좌납입을 신청한 경우 공탁금보관자에게 가상계좌번호를 요청하여 그 계좌로 공탁금을 납입하게 하여야 한다.

② 제1항의 방법으로 공탁금이 납입된 경우 공탁금보관자는 공탁관에게 공탁금이 납입된 사실을 전송하여야 한다.

③ 제2항의 전송을 받은 공탁관은 공탁서에 공탁금이 납입되었다는 뜻을 적어 공탁자

에게 내주거나 배달증명 우편으로 보내야 한다.

④ 삭제 〈2012. 10. 30.〉

제29조(공탁통지서의 발송) ① 공탁관은 제27조의 전송이나 공탁물품납입통지서를 받은 때에는 제23조의 공탁통지서를 피공탁자에게 발송하여야 한다.

② 제1항의 통지서에는 공탁번호, 발송연월일과 공탁관의 성명을 적고 직인을 찍어야 한다.

③ 공탁통지서를 발송한 경우 그 송달정보는 전산정보처리조직에 의하여 관리하여야 한다. 〈개정 2012. 10. 30.〉

④ 공탁통지서가 반송된 경우에는 이를 공탁기록에 편철하여야 한다. 〈개정 2012. 10. 30.〉

제30조(공탁서 정정) ① 공탁신청이 수리된 후 공탁서의 착오(錯誤) 기재를 발견한 공탁자는 공탁의 동일성(同一性)을 해하지 아니하는 범위 내에서 공탁서 정정(訂正)신청을 할 수 있다.

② 제1항의 신청을 하려는 사람은 공탁서 정정신청서 2통과 정정사유를 소명하는 서면을 제출하여야 한다.

③ 제21조제1항 및 제2항, 제22조, 제59조제2항은 공탁서 정정신청에 준용한다.

④ 공탁관이 공탁서 정정신청을 수리한 때에는 공탁서 정정신청서에 그 뜻을 적고 기명날인한 후 그 신청서 1통을 신청인에게 내준다. 이 경우 공탁관은 원장의 내용을 정정등록하여야 한다.

⑤ 수리의 뜻이 적힌 공탁서 정정신청서는 공탁서의 일부로 본다.

⑥ 피공탁자의 주소를 정정하는 경우에는 제23조를 준용한다.

제31조(대공탁 또는 부속공탁 청구) ① 공탁유가증권의 상환금의 대공탁이나 이자 또는 배당금의 부속공탁을 청구하려는 사람은 대공탁·부속공탁청구서 2통을 제출하여야 한다.

② 유가증권공탁에 관하여 대공탁과 부속공탁을 동시에 청구하는 경우에는 하나의 청구서로 할 수 있다. 이 경우 공탁관은 대공탁과 부속공탁을 별건으로 접수·등록하되 1개의 기록을 만든다.

③ 공탁관이 제1항의 청구를 수리할 때에는 대공탁·부속공탁청구서에 그 뜻과 공탁번호를 적고 기명날인한 다음, 그 중 1통을 유가증권·이표출급의뢰서와 함께 청구인에게 내주어야 한다.

④ 제21조제1항 및 제2항과 제22조는 제1항의 경우에 준용한다.

⑤ 공탁유가증권이 기명식인 때에는 청구인은 제1항의 청구서에 공탁물보관자 앞으로 작성한 상환금 추심 위임장을 첨부하여야 한다.

⑥ 대공탁과 부속공탁 청구절차의 추심비용은 청구인이 부담한다.

⑦ 대공탁과 부속공탁은 금전공탁사건으로 접수하고, 대공탁을 수리하는 경우에는 동시에 유가증권공탁사건부와 원장에 유가증권의 출급 사항을 등록하여야 한다.

제3장 출급 또는 회수절차

제32조(공탁물 출급·회수청구서) ① 공탁물을 출급·회수하려는 사람은 공탁관에게 공탁물 출급·회수청구서 2통을 제출하여야 한다.

② 제1항의 청구서에는 다음 각 호의 사항을 적고 청구인이 기명날인하여야 한다. 다만, 대표자나 관리인 또는 대리인이 청구하는 때에는 그 사람의 주소를 적고 기명날인하여야 하며, 공무원이 직무상 청구할 때에는 소속 관서명과 그 직을 적고 기명날인하여야 한다.

  1. 공탁번호
  2. 출급·회수하려는 공탁금액, 유가증권의 명칭·장수·총 액면금·액면금(액면금이 없을 때는 그 뜻)·기호·번호, 공탁물품의 명칭·종류·수량
  3. 출급·회수청구사유
  4. 이자의 지급을 동시에 받으려는 경우 그 뜻
  5. 청구인의 성명(상호, 명칭)·주소(본점, 주사무소)·주민등록번호(사업자등록번호)
  6. 청구인이 공탁자나 피공탁자의 권리승계인인 경우 그 뜻
  7. 제41조제1항이나 제2항에 따른 출급·회수청구의 경우 그 서류를 첨부한 뜻
  8. 공탁법원의 표시
  9. 출급·회수청구 연월일

제33조(공탁물 출급청구서의 첨부서류) 공탁물을 출급하려는 사람은 공탁물 출급청구서에 다음 각 호의 서류를 첨부하여야 한다.

  1. 제29조에 따라 공탁관이 발송한 공탁통지서 다만, 다음 중 어느 하나의 사유가 있는 경우에는 그러하지 아니하다.

가. 출급청구하는 공탁금액이 5000만원 이하인 경우(유가증권의 총 액면금액
이 5000만원 이하인 경우를 포함한다) 다만, 청구인이 관공서이거나 법인
아닌 사단이나 재단인 때에는 그 금액이 1000만원 이하인 경우

나. 공탁서나 이해관계인의 승낙서를 첨부한 경우

다. 강제집행이나 체납처분에 따라 공탁물 출급청구를 하는 경우

라. 공탁통지서를 발송하지 않았음이 인정되는 경우

2. 출급청구권이 있음을 증명하는 서면 다만, 공탁서의 내용으로 그 사실이 명백
한 경우에는 그러하지 아니하다.

3. 공탁물 출급을 위하여 반대급부를 하여야 할 때는 법 제10조에 따른 증명서류

제34조(공탁물 회수청구서의 첨부서류) 공탁물을 회수하려는 사람은 공탁물 회수청구서에
다음 각 호의 서류를 첨부하여야 한다.

1. 공탁서 다만, 다음 중 어느 하나의 사유가 있는 경우에는 그러하지 아니하다.

가. 회수청구하는 공탁금액이 5000만원 이하인 경우(유가증권의 총 액면금액
이 5000만원 이하인 경우를 포함한다) 다만, 청구인이 관공서이거나 법인
아닌 사단이나 재단인 때에는 그 금액이 1000만원 이하인 경우

나. 이해관계인의 승낙서를 첨부한 경우

다. 강제집행이나 체납처분에 따라 공탁물 회수청구를 하는 경우

2. 회수청구권이 있음을 증명하는 서면 다만, 공탁서의 내용으로 그 사실이 명백
한 경우에는 그러하지 아니하다.

제35조(공탁물 출급·회수의 일괄청구) 같은 사람이 여러 건의 공탁에 관하여 공탁물의
출급·회수를 청구하려는 경우 그 사유가 같은때에는 공탁종류에 따라 하나의 청구서
로 할 수 있다.

제36조(각종 부기문의 기재) ① 공탁서와 청구서 등에 적을 부기문은 그 서면의 여백에
적을 수 있다. 그러나 다른 용지에 적을 때는 직인으로 간인을 하여야 한다.

②제1항의 서면 중 1통을 제출자나 공탁물보관자에게 내주는 때에는 두 서면에 직인으로
계인(契印)을 찍어야 한다.

제37조(인감증명서의 제출) ① 공탁물 출급·회수청구를 하는 사람은 공탁물 출급·회수
청구서 또는 위임에 따른 대리인의 권한을 증명하는 서면에 찍힌 인감에 관하여「인감

증명법」제12조와「상업등기법」제16조에 따라 발행한 인감증명서를 제출하여야 한다. 〈개정 2019. 6. 4.〉

② 제1항은 법정대리인, 지배인, 그 밖의 등기된 대리인, 법인·법인 아닌 사단이나 재단의 대표자 또는 관리인이 공탁물 출급·회수청구를 하는 경우에는 그 법정대리인, 지배인, 그 밖의 등기된 대리인, 대표자나 관리인에 대하여 준용한다.

③ 제1항과 제2항은 다음 각 호의 경우에는 적용하지 아니한다.

    1. 본인이나 제2항에서 말하는 사람이 공탁금을 직접 출급·회수청구하는 경우로써, 그 금액이 1000만원 이하(유가증권의 총 액면금액이 1000만원 이하인 경우를 포함한다)이고, 공탁관이 신분에 관한 증명서(주민등록증·여권·운전면허증 등을 말한다. 이하 "신분증"이라 한다)로 본인이나 제2항에서 말하는 사람임을 확인할 수 있는 경우

    2. 관공서가 공탁물의 출급·회수청구를 하는 경우

④ 공탁관이 제3항에 따라 공탁금 출급·회수청구를 인가한 때에는 청구인의 신분증 사본을 해당 공탁기록에 편철하여야 한다.

제38조(자격증명서 등의 첨부) ① 제21조제1항 및 제2항과 제22조는 공탁물 출급·회수청구에 준용한다.

② 출급·회수청구인이 법인 아닌 사단이나 재단인 경우에는 대표자 또는 관리인의 자격을 증명하는 서면에 그 사실을 확인하는데 상당하다고 인정되는 2명 이상의 성년인 사람이 사실과 같다는 뜻과 성명을 적고 자필서명한 다음, 신분증 사본을 첨부하여야 한다. 〈개정 2010. 2. 1.〉

③ 변호사나 법무사[법무법인·법무법인(유한)·법무조합·법무사법인·법무사법인(유한)을 포함한다. 이하 "자격자대리인"이라 한다]가 대리하여 청구하는 경우에는 자격자대리인이 제2항의 서면에 사실과 같다는 뜻을 적고 기명날인하는 것으로 갈음할 수 있다. 〈개정 2016. 6. 27.〉

제39조(출급·회수의 절차) ① 공탁관이 공탁물 출급·회수청구서류를 접수한 때에는 상당한 사유가 없는 한 지체 없이 모든 사항을 조사하여 신속하게 처리하여야 한다.

② 공탁관은 제1항의 청구가 이유 있다고 인정할 때에는 청구서에 인가의 뜻을 적어 기명날인하고 전산등록을 한 다음 청구서 1통을 청구인에게 내주고, 공탁물보관자에게는 그 내용을 전송하여야 한다.

③ 제2항의 경우 공탁관은 청구인으로부터 청구서 수령인을 받아야 한다.

제40조(예금계좌 입금신청 등) ① 공탁금 출급·회수청구인이 공탁금을 자기의 비용으로 자신의 예금계좌에 입금하여 줄 것을 공탁관에게 신청한 경우에는 공탁금을 신고된 예금계좌에 입금하여 지급하여야 한다.

② 제1항의 신청을 하려는 사람은 공탁금계좌입금신청서를 공탁관에게 제출하여야 한다.

③ 제1항의 경우에 공탁관은 그 계좌번호를 전산등록한 후 공탁금 출급·회수 인가와 신청계좌로의 입금지시를 공탁물보관자에게 전송하여야 한다.

④ 공탁관으로부터 계좌입금지시를 받은 공탁물보관자는 그 처리결과를 공탁관에게 즉시 전송하여야 한다.

⑤ 삭제 〈2012. 10. 30.〉

제41조(공탁통지서·공탁서를 첨부할 수 없는 경우) ① 공탁물 출급·회수청구서에 제33조제1호의 공탁통지서나 제34조제1호의 공탁서를 첨부할 수 없는 때에는, 공탁관이 인정하는 2명 이상이 연대하여 그 사건에 관하여 손해가 생기는 때에는 이를 배상한다는 자필서명한 보증서와 그 재산증명서(등기사항증명서 등) 및 신분증 사본을 제출하여야 한다. 〈개정 2010. 2. 1., 2011. 9. 28.〉

② 제1항의 청구인이 관공서인 경우에는 청구하는 공무원의 공탁물 출급·회수 용도의 재직증명서를 보증서 대신 제출할 수 있다.

③ 출급·회수청구를 자격자대리인이 대리하는 경우에는 제1항의 보증서 대신 손해가 생기는 때에는 이를 배상한다는 자격자대리인 명의의 보증서를 작성하여 제출할 수 있다. 보증서에는 자격자대리인이 기명날인하여야 한다.

제42조(일부 지급) ① 공탁물의 일부를 지급하는 경우에는 공탁관은 청구인이 제출한 공탁통지서나 공탁서에 지급을 인가한 공탁물의 내용을 적고 기명날인한 후 청구인에게 반환하여야 한다.

② 제1항의 경우에는 출급·회수청구서의 여백에 공탁통지서나 공탁서를 반환한 뜻을 적고 수령인을 받아야 한다.

제43조(배당 등에 따른 지급) ① 배당이나 그 밖에 관공서 결정에 따라 공탁물을 지급하는 경우 해당 관공서는 공탁관에게 지급위탁서를 보내고 지급을 받을 자에게는 그 자격에 관한 증명서를 주어야 한다.

② 제1항의 경우에 공탁물의 지급을 받고자 하는 때에는 제1항의 증명서를 첨부하여 제32조에 따라 출급·회수청구를 하여야 한다.

제44조(양도통지서 등) ① 공탁관은 제49조제1항의 서면, 제49조제2항의 판결등본 또는 공탁물 출급·회수청구권에 관한 가처분명령서, 가압류명령서, 압류명령서, 전부(轉付) 또는 추심(推尋)명령서, 압류취소명령서, 그 밖에 이전 또는 처분제한의 서면을 받은 때에는 그 서면에 접수연월일, 시, 분을 적고 기명날인하여야 한다.

② 제1항의 서면을 받은 경우 공탁관은 그 내용을 해당 기록표지에 적은 다음 원장에 등록하여야 한다.

제45조(공탁물보관자의 처리) 공탁물보관자는 출급·회수청구가 있는 때에는 공탁관이 전송한 내용과 대조하여 청구한 공탁물과 그 이자 나 이표를 청구인에게 지급하고 그 청구서에 수령인을 받는다.

제46조(위와 같다) 공탁물보관자는 제45조의 공탁물을 지급한 후에 지급사실을 공탁관에게 전송한다. 다만, 물품공탁의 경우 지급결과통지서에 지급한 내용을 적어 공탁관에게 보낸다.

제47조(공탁물품의 매각·폐기 등) ① 「공탁법」 제11조에 따라 보관중인 공탁물품을 매각하거나 폐기하고자 할 경우에는 공탁물보관자의 신청으로 해당 공탁사건의 공탁소 소재지나 공탁물품의 소재지를 관할하는 법원의 허가를 받아야 한다.

② 법원은 직권 또는 공탁물보관자의 신청으로 제1항의 허가재판을 변경할 수 있다.

③ 공탁물품의 매각은 「민사집행법」에 따른다. 다만, 공탁물보관자는 법원의 허가를 받아 임의매각 등 다른 방법으로 환가(換價)할 수 있다.

④ 법원은 제1항부터 제3항까지의 허가나 변경재판을 하기 전에 공탁물보관자, 공탁자 또는 피공탁자를 심문할 수 있다. 그 밖에 재판절차는 「비송사건절차법」에 따른다.

⑤ 제1항부터 제3항까지의 허가나 변경한 재판에 대하여는 불복 신청을 할 수 없다.

⑥ 공탁물보관자가 법원의 허가를 받아 공탁물품을 폐기할 때에는 개인정보가 유출되지 않도록 하여야 한다.

제48조(불수리 결정) ① 공탁관이 공탁신청이나 공탁물 출급·회수청구를 불수리할 경우에는 이유를 적은 결정으로 하여야 한다.

② 제1항의 불수리 결정에 관하여 필요한 사항은 대법원 예규로 정한다.

제49조(공탁수락서 등의 제출) ① 공탁소에 대한 민법 제489조제1항의 승인이나 통고는 피공탁자가 공탁을 수락한다는 뜻을 적은 서면을 공탁관에게 제출하는 방법으로 하여야 한다.

② 공탁유효의 확정판결이 있는 경우 공탁자의 회수를 제한하기 위해서는 피공탁자는 그 판결등본을 공탁관에게 제출하여야 한다.

제50조(공탁물보관자 장부와의 대조) ① 공탁관은 출납부를 공탁물보관자 장부와 대조하기 위하여 전월분 월계대사표를 매달 초에 공탁물보관자에게 보내고, 공탁물보관자는 이를 확인한 후 공탁관에게 보내야 한다. 그러나 물품공탁의 경우에는 전년분에 관하여 매년 초에 이를 할 수 있다.

② 공탁관이 제1항의 확인을 마친 때에는 지체 없이 증빙서류와 대조를 하여야 한다.

③ 공탁관은 제2항의 대조 결과를 매달 초 소속 지방법원장에게 보고하여야 한다.

제4장 이자

제51조(공탁금의 이자) 공탁금의 이자에 관하여는「공탁금의 이자에 관한 규칙」에서 정하는 바에 따른다.

제52조(공탁금의 이자지급) 공탁금의 이자는 원금과 함께 지급한다. 그러나 공탁금과 이자의 수령자가 다를 때에는 원금을 지급한 후에 이자를 지급할 수 있다.

제53조(위와 같다) ① 공탁금의 이자는 공탁금 출급 · 회수청구서에 의하여 공탁금보관자가 계산하여 지급한다.

② 이자를 별도로 청구하려는 사람은 공탁관에게 공탁금이자청구서 2통을 제출하여야 한다.

③ 제2항의 청구에는 제35조, 제37조부터 제39조까지, 제45조, 제46조를 준용한다.

제54조(이표의 청구) ① 공탁유가증권의 이표를 받으려는 사람은 공탁관에게 공탁유가증권이표청구서 2통을 제출하여야 한다.

② 제1항의 청구에는 제53조제1항과 제3항을 준용한다.

제5장 보칙

제55조(대리공탁관 지정 등) ① 지방법원장이나 지원장은 공탁관이 직무를 수행할 수 없는 경우에 대비하여 대리공탁관을 지정할 수 있다.

② 지방법원장이나 지원장이 공탁관이나 대리공탁관을 지정한 때에는 공탁물보관자에게 그 성명과 인감을 알려 주어야 한다.

제56조(재정보증) 법원행정처장은 공탁관의 재정보증에 관한 사항을 정하여 운용할 수 있다.

제57조(현금 등의 취급 금지) ① 공탁관은 지정된 공탁물보관자에게 공탁금과 공탁유가증권에 관한 계좌를 각 설치하여야 하며, 공탁금 등을 직접 납부 받거나 보관할 수 없다.

② 대리공탁관은 별도의 계좌를 설치하지 아니하고 공탁관의 계좌를 이용한다.

제58조(사유신고) ① 공탁금 출급·회수청구권에 대한 압류의 경합 등으로 사유신고를 할 사정이 발생한 때에는 공탁관은 지체 없이 사유신고서 2통을 작성하여 그 1통을 집행법원에 보내고 다른 1통은 해당 공탁기록에 편철한다.

② 제1항에 따라 사유신고를 한 때에는 공탁관은 원장에 사유신고한 뜻과 연월일을 등록하여야 한다.

제59조(열람 및 증명청구) ① 공탁당사자 및 이해관계인은 공탁관에게 공탁관계 서류의 열람 및 사실증명을 청구할 수 있다.

② 위임에 따른 대리인이 제1항의 청구를 하는 경우에는 대리인의 권한을 증명하는 서면에 인감도장을 찍고 인감증명서를 첨부하여야 한다.

③ 제2항은 자격자대리인 본인이 직접 열람 및 사실증명을 청구하는 경우에는 적용하지 아니한다.

④ 제1항의 청구를 하는 사람은 열람신청서나 사실증명청구서를 제출하여야 한다. 사실증명을 청구하는 때에는 증명을 받고자 하는 수에 1통을 더한 사실증명청구서를 제출하여야 한다.

⑤ 삭제 〈2012. 10. 30.〉

⑥ 공탁관은 제1항의 열람신청이나 사실증명청구에 대하여 전산정보처리조직을 이용하여 열람하게 하거나 증명서를 발급해 줄 수 있다.

제60조(공탁금의 소멸시효 조사) 공탁관은 공탁원금 및 이자의 출급·회수청구권의 소멸

시효 완성시기 등을 조사하기 위하여 법원, 그 밖의 관공서에 공탁원인의 소멸여부와 그 시기 등을 조회(照會)할 수 있다.

제60조의2(소멸시효 완성 전 안내) ① 법원행정처장은「공탁법」제9조에 따른 시효가 완성되기 전에 우편 등으로 공탁금 출급·회수에 관한 안내를 할 수 있다.

② 제1항에 따른 업무는 법원행정처 사법등기국 사법등기심의관이 담당한다.

③ 제2항에 따른 안내를 위하여 필요한 경우에는 해당 정보를 보유하는 공공기관·전기통신사업자 등 단체·개인 또는 외국의 공공기관에 다음 각호의 개인정보가 포함된 자료의 송부를 요구할 수 있다. 〈신설 2022. 6. 30.〉

    1. 공탁금 출급·회수권자의 성명(상호, 명칭)

    2. 공탁금 출급·회수권자의 주민등록번호(법인등록번호)

    3. 공탁금 출급·회수권자의 주소(본점, 주사무소)

    4. 공탁금 출급·회수권자의 전화번호

④ 제1항에 따른 안내의 절차 및 방법 등 필요한 사항은 대법원예규로 정한다. 〈개정 2022. 6. 30.〉

⑤ 제3항에 따른 안내를 위하여 필요한 범위 내에서 「개인정보 보호법」제24조의 고유식별번호, 제24조의2의 주민등록번호가 포함된 자료를 처리할 수 있고, 제공받은 개인정보는 안내 업무 이외의 목적으로 사용할 수 없다. 〈신설 2022. 6. 30.〉

[본조신설 2019. 6. 4.]

제61조(소멸시효 완성 후의 공탁금) 소멸시효가 완성된 공탁금에 대하여 출급·회수청구가 있는 경우 공탁관은 국고수입 납부 전이라도 출급·회수청구를 인가하여서는 안된다.

제62조(공탁금국고귀속조서의 송부) ① 공탁관은 출급·회수청구권의 소멸시효가 완성되어 국고귀속되는 공탁원금이나 이자가 있는 때에는 해당 연도분을 정리한 다음 공탁금 국고귀속조서를 작성하여 다음해 1월 20일까지 이를 해당 법원의 세입세출외 현금출납공무원(이하 "출납공무원"이라한다)에게 보낸다.

② 출납공무원이 제1항의 조서를 받은 때에는 1월 31일까지 해당 법원의 수입징수관에게 보내야 한다.

③ 공탁관은 제1항 이외의 사유로 국고귀속되는 공탁원금이나 이자가 있는 때에는 그때마다 공탁금국고귀속조서를 작성하여 출납공무원에게 보내고, 출납공무원은 지체 없이 해당 법원의 수입징수관에게 보내야 한다.

제63조(납부고지와 납부) ① 수입징수관은 제62조에 따른 조서를 받은 때에는 조사한 후 총액에 대한 납부고지서 2통을 해당 출납공무원에게 보낸다.

② 출납공무원은 제1항의 납부고지서를 받은 때에는 지체 없이 그 중 1통을 첨부하여 해당 공탁관에게 하나의 청구서로 한꺼번에 지급청구를 하여야 한다.

③ 공탁관이 제2항의 청구를 받은 때에는 제35조와 제39조에 따라 인가한다.

④ 출납공무원이 제3항의 인가를 받은 때에는 지체 없이 그 금액을 해당 수입징수관 앞으로 납부하여야 한다.

제64조(착오로 국고 귀속된 공탁금의 반환) 공탁관이 착오로 국고귀속조치를 취한 공탁금의 반환절차와 수입징수관의 사무처리절차에 관하여는「국고금관리법 시행규칙」을 준용한다. 이 경우 공탁관을 과오납부자로 본다.

제64조의2(대법원예규에의 위임) 공탁절차와 관련하여 필요한 사항 중 이 규칙에서 정하고 있지 아니한 사항은 대법원예규로 정할 수 있다.

[본조신설 2012. 10. 30.]

제6장 외국인 등을 위한 공탁사무처리 특례

제65조(용어의 정의) 이 장에서 외국인과 재외국민은 다음 각 호의 사람을 말한다. 〈개정 2014. 12. 30.〉

　　1. 외국인

　　　가. 대한민국의 국적을 가지지 않은 사람

　　　나. 외국법에 따라 설립된 법인 또는 이에 준하는 단체

　　2. 재외국민 : 대한민국의 국민으로서 외국의 영주권을 취득한 자 또는 영주할 목적으로 외국에 거주하고 있는 자

제66조(관할의 특례) 국내에 주소나 거소가 없는 외국인이나 재외국민을 위한 변제공탁은 지참채무(持參債務)의 경우에 다른 법령의 규정이나 당사자의 특약이 없는 한 서울중앙지방법원의 공탁관에게 할 수 있다.

제67조(공탁통지) ① 공탁자가 피공탁자의 외국주소로 공탁통지를 하여야 할 경우에는 수신인란에 로마문자(영문)와 아라비아 숫자로 피공탁자의 성명과 주소를 적은 국제특급

우편 봉투와 우편요금을 첨부하여야 한다.

② 제1항의 우편요금은「국제우편규정」제12조제1항제3호에 의한 배달통지가 가능한 외국에 공탁통지를 할 경우는 배달통지로 할 수 있는 금액이어야 한다.

③ 공탁관은 제1항의 봉투 발신인란과 배달통지서의 반송인란에 로마문자(영문)와 아라비아 숫자로 공탁소의 명칭과 그 소재지 및 공탁관의 성명을 적어야 한다.

제7장 전자신청 〈신설 2012. 10. 30.〉

제68조(용어의 정의) 이 장에서 사용하는 용어의 뜻은 다음과 같다. 〈개정 2020. 11. 26., 2021. 5. 27.〉

1. "전자문서"란「전자서명법」제2조제1호에 따른 정보처리능력을 가진 장치에 의하여 전자적인 형태로 작성되거나 변환되어 송신·수신 또는 저장되는 정보를 말한다.
2. "전자서명"이란「전자서명법」제2조제2호에 따른 전자서명(서명자의 실지명의를 확인할 수 있는 것으로서 법원행정처장이 지정하는 인증서를 이용한 것을 말한다)을 말한다.
3. "인증서"란「전자서명법」제2조제6호에 따른 인증서(서명자의 실지명의를 확인할 수 있는 것으로서 법원행정처장이 지정하는 인증서를 말한다)를 말한다.
4. "전자공탁시스템"이란 법원행정처가 법에 따른 공탁·출급·회수 등의 절차에 필요한 전자문서를 작성·제출·송달하거나 관리할 수 있도록 하드웨어·소프트웨어·데이터베이스·네트워크·보안요소 등을 결합시켜 구축·운영하는 전산정보처리조직을 말한다.
5. "전자공탁홈페이지"란 이 규칙에서 정한 바에 따라 전자문서를 이용하여 공탁절차를 진행할 수 있도록 전자공탁시스템에 의하여 구축된 인터넷 활용공간을 말한다.

[본조신설 2012. 10. 30.]

제69조(전자문서에 의한 공탁 등의 수행) 금전공탁사건에 관한 신청 또는 청구는 이 규칙에서 정하는 바에 따라 전자공탁시스템을 이용하여 전자문서로 할 수 있다. 다만, 5천만원을 초과하는 공탁금에 대한 출급 또는 회수 청구의 경우에는 그러하지 아니하다.

[본조신설 2012. 10. 30.]

제70조(사용자등록) ① 전자공탁시스템을 이용하려는 자는 전자공탁시스템에 접속하여 다음 각 호의 회원 유형별로 전자공탁홈페이지에서 요구하는 정보를 해당란에 입력한 후 인증서를 사용하여 사용자등록을 신청하여야 한다. 이 경우 등록한 사용자 정보는 인증서의 내용과 일치하여야 한다. 〈개정 2020. 11. 26.〉

    1. 개인회원
    2. 법인회원
    3. 변호사회원
    4. 법무사회원

② 제1항의 신청인(법인인 경우 법인의 대표자)이 외국인인 때에는 다음 각 호의 어느 하나에 해당하는 요건을 갖추어야 한다.

    1. 「출입국관리법」제31조에 따른 외국인등록
    2. 「재외동포의 출입국과 법적 지위에 관한 법률」제6조, 제7조에 따른 국내거소신고

③ 대법원예규로 정하는 법인회원은 공탁소에 출석하여 대법원예규로 정하는 사항을 적은 신청서를 제출하여야 하며, 그 신청서에는 「상업등기법」제16조에 따라 신고한 인감을 날인하고 그 인감증명과 자격을 증명하는 서면을 첨부하여야 한다. 〈개정 2019. 6. 4.〉

④ 사용자등록을 신청하는 변호사회원 또는 법무사회원은 공탁소에 출석하여 그 자격을 증명하는 서면을 제출하여야 한다.

[본조신설 2012. 10. 30.]

제71조(사용자등록의 변경 및 철회) 제70조제1항에 따라 사용자등록을 한 자는 전자공탁시스템에 접속하여 사용자등록의 변경 또는 철회의 취지를 입력함으로써 사용자등록을 변경하거나 철회할 수 있다. 다만, 이미 전자공탁시스템을 이용하여 이루어진 신청이 계속 중인 경우에는 그 신청에 대한 처리가 종료된 이후에만 사용자등록을 철회할 수 있다.

[본조신설 2012. 10. 30.]

제72조(사용자등록의 말소 등) ① 법원행정처장은 다음 각 호의 어느 하나에 해당하는 사유가 있는 경우에는 등록사용자의 사용을 정지하거나 사용자등록을 말소할 수 있다.

    1. 등록사용자의 동일성이 인정되지 아니하는 경우

2. 사용자등록을 신청하거나 사용자정보를 변경할 때 거짓의 내용을 입력한 경우

3. 다른 등록사용자의 사용을 방해하거나 그 정보를 도용하는 등 전자공탁시스템을 이용한 공탁업무의 진행에 지장을 준 경우

4. 고의 또는 중대한 과실로 전자공탁시스템에 장애를 일으킨 경우

5. 그 밖에 위 각 호에 준하는 경우로서 대법원예규로 정하는 사유가 있는 경우

② 법원행정처장은 제1항 각 호 가운데 어느 하나에 해당하는지 여부를 결정하기 위하여 필요하다고 인정하는 경우에는 당사자·이해관계인의 신청에 따라 또는 직권으로 해당 등록사용자의 사용을 일시적으로 정지할 수 있다. 이 경우 법원행정처장은 등록사용자에게 적당한 방법으로 그 사실을 통지하여야 한다.

③ 법원행정처장은 제1항에 따라 사용자등록을 말소하기 전에 해당 등록사용자에게 미리 그 사유를 통지하고 소명할 기회를 부여하여야 한다.

④ 등록사용자가 전자공탁시스템을 마지막으로 이용한 날부터 5년이 지나면 사용자등록은 효력을 상실한다.

[본조신설 2012. 10. 30.]

제73조(전자문서의 작성·제출) ① 등록사용자의 전자문서 제출은 전자공탁시스템에서 요구하는 사항을 빈칸 채우기 방식으로 입력한 후 나머지 사항을 해당란에 직접 입력하거나 전자문서를 등재하는 방식으로 하여야 한다.

② 등록사용자가 제출하는 전자문서에는 전자서명을 하여야 한다. 〈개정 2020. 11. 26.〉

③ 공동의 이해관계를 가진 여러 당사자나 대리인이 공동으로 공탁·출급·회수 등을 신청하는 경우에는 다음 각 호 가운데 어느 하나의 방법에 따라 공동명의로 된 하나의 전자문서를 제출할 수 있다. 〈개정 2020. 11. 26.〉

1. 해당 전자문서에 공동명의자 전원이 전자서명을 하여 제출하는 방법

2. 해당 전자문서를 제출하는 등록사용자가 다른 공동명의자 전원의 서명 또는 날인이 이루어진 확인서를 전자문서로 변환하여 함께 제출하는 방법(공탁금을 출급 또는 회수하는 경우에는 제외한다)

④ 제2항 및 제3항의 전자서명은 공탁에 적용되거나 준용되는 법령에서 정한 서명 또는 기명날인으로 본다.

⑤ 제1항의 경우 제22조 및 제35조는 적용하지 아니한다.

⑥ 제1항의 경우 제20조제1항, 제30조제2항, 제32조제1항, 제53조제2항, 제59조제4항에도 불구하고 하나의 전자문서로 제출할 수 있다.

[본조신설 2012. 10. 30.]

제74조(전자문서의 파일 형식) ① 법원행정처장은 전자공탁시스템을 이용하여 제출할 수 있는 전자문서의 파일 형식, 구성 방식 그 밖의 사항을 지정하여야 한다. 〈개정 2021. 5. 27.〉

② 제1항에 따라 지정된 파일 형식을 사용하지 아니한 전자문서는 부득이한 사정을 소명하지 아니하는 한 전자공탁시스템을 이용하여 제출할 수 없다.

③ 전자문서는 전자공탁시스템에서 요구하는 방식에 따라 각 별도의 파일로 구분하여 제출하여야 하고, 이를 합하여 하나의 파일로 제출하여서는 아니 된다.

[본조신설 2012. 10. 30.]

제75조(전자신청의 접수시기) 전자문서에 의한 신청은 그 신청정보가 전자공탁시스템에 저장된 때에 접수된 것으로 본다.

[본조신설 2012. 10. 30.]

제76조(정정신청 등) 전자공탁시스템에 의한 공탁사건에 대한 정정신청 또는 보정은 전자공탁시스템을 이용하여 하여야 한다.

[본조신설 2012. 10. 30.]

제77조(전자신청사건의 수리 등) ① 전자공탁시스템에 의한 공탁사건에 대하여 공탁관이 수리, 인가 등의 처분을 하는 경우, 그 전자문서에 수리, 인가 등의 뜻을 기재하고, 「법원 행정전자서명 인증업무에 관한 규칙」제2조제2항에 따라 설치된 법원 행정전자서명 인증관리센터에서 발급받은 행정전자서명 인증서에 의한 사법전자서명을 하여야 한다.

② 공탁관은 신청인에게 제1항의 처분결과를 대법원예규로 정하는 방법에 따라 고지하여야 한다.

[본조신설 2012. 10. 30.]

제78조(전자신청사건의 공탁금 납입) ① 전자공탁시스템을 이용하여 공탁을 하는 경우 공탁관은 공탁물보관자에게 가상계좌번호를 요청하여 그 계좌로 공탁금을 납입하게 하여야 한다.

② 제1항의 공탁금이 납입된 경우 공탁물보관자는 공탁관에게 공탁금이 납입된 사실

을 전송하여야 한다.

③ 제2항의 전송을 받은 공탁관은 공탁서에 공탁금이 납입되었다는 뜻을 전자적으로 확인하여야 한다.

④ 공탁금을 납입한 공탁자는 전자공탁시스템에 접속하여 공탁서를 출력하여야 한다.
[본조신설 2012. 10. 30.]

제79조(전자문서에 의한 공탁금 출급·회수청구의 특례) ① 전자문서에 의하여 공탁금의 출급 또는 회수를 청구하는 경우 제37조제1항 및 제2항의 인감증명서는 첨부하지 아니한다.

② 변호사회원 또는 법무사회원이 전자문서에 의하여 공탁금의 출급 또는 회수를 청구하는 경우에는 청구인의 전자서명도 함께 제출하여야 한다.

③ 전자문서에 의한 공탁금의 출급 또는 회수청구에 따라 공탁금을 예금계좌에 입금하여 지급하는 경우 그 예금계좌는 청구인 본인의 예금계좌이어야 한다.
[본조신설 2012. 10. 30.]

제80조(공고) 이 장에서 법원행정처장이 지정하는 사항은 전자공탁홈페이지에 공고하여야 한다.
[본조신설 2021. 5. 27.]

제8장 형사공탁의 특례 〈신설 2022. 10. 27.〉

제81조(용어의 정의) 이 장에서 사용하는 용어의 뜻은 다음과 같다.

1. "형사공탁"이란 법 제5조의2에 따라 이루어지는 변제공탁을 말한다.

2. "법령 등에 따라 피해자의 인적사항을 알 수 없음을 확인할 수 있는 서면"이란 피해자의 개인정보보호를 위하여 법령 등에서 피해자의 인적사항 공개를 금지하고 있거나 형사사건의 피고인이 재판기록·수사기록 중 피해자의 인적사항에 대한 열람·복사를 할 수 없는 등의 사정으로 피해자의 인적사항을 알 수 없음을 확인할 수 있는 서면을 말한다.

3. 법 제5조의2제2항의 "피해자를 특정할 수 있는 명칭"이란 공소장, 조서, 진술서, 판결서에 기재된 피해자의 성명(성·가명을 포함한다)을 말한다.

4. "피공탁자 동일인 확인 증명서"란 법 제5조의2제4항에 따라 공탁서에 기재된

피공탁자가 형사사건의 피해자와 동일인임을 법원 또는 검찰이 증명하는 서면을 말한다.

    5. "비실명 처리"란 공탁관계 서류 및 전자기록에 나타난 정보 중 그대로 공개될 경우 개인의 사생활이 침해될 수 있는 사항에 관하여 비실명으로 표시하거나 그 밖의 적절한 방법으로 제3자가 인식하지 못하도록 처리하는 것을 말한다.

[본조신설 2022. 10. 27.]

제82조(공탁서 기재의 특칙) 제20조제2항제5호에도 불구하고 형사공탁의 공탁서에는 공소장, 조서, 진술서, 판결서에 기재된 피해자의 성명(성·가명을 포함한다)과 해당 형사사건이 계속 중인 법원과 사건번호 및 사건명, 공소장에 기재된 검찰청과 사건번호를 기재하여야 한다. 다만, 피공탁자의 주소와 주민등록번호는 기재하지 아니한다.

[본조신설 2022. 10. 27.]

제83조(첨부서면의 특칙) 공탁서에는 제21조제1항과 제2항에 따른 서면 외에 다음 각 호의 서류를 첨부하여야 한다.

    1. 해당 형사사건이 계속 중인 법원을 확인할 수 있는 서면

    2. 피해자를 특정할 수 있는 명칭이 기재된 공소장 부본이나 조서·진술서·판결서 사본

    3. 법령 등에 따라 피해자의 인적사항을 알 수 없음을 확인할 수 있는 서면

[본조신설 2022. 10. 27.]

제84조(형사공탁의 공고) ① 피공탁자에 대한 공탁통지는 공탁관이 전자공탁홈페이지에 공고하는 방법으로 할 수 있다.

② 공탁관은 공탁물보관자로부터 공탁물 납입사실의 전송이나 공탁물품납입통지서를 받은 때에는 특별한 사정이 없는 한 다음 날까지 다음 각 호의 사항을 공고하여야 한다.

    1. 법 제5조의2제3항에 규정된 사항

    2. 해당 형사사건이 계속 중인 법원과 사건번호 및 공소장에 기재된 검찰청과 사건번호

    3. 그 밖에 대법원예규로 정한 사항

[본조신설 2022. 10. 27.]

제85조(형사공탁 사실 통지) ① 공탁관은 제27조에 따라 공탁물보관자로부터 공탁물 납

입사실을 전송받거나 공탁물품납입통지서를 받은 때에는 해당 형사사건이 계속 중인 법원과 검찰에 형사공탁에 관한 내용을 통지하여야 한다.

② 피해자에게 변호사가 선임 또는 선정되어 있는 경우 대법원예규에서 정한 바에 따라 법원은 제1항에 의하여 통지받은 내용을 그 변호사에게 고지한다.

[본조신설 2022. 10. 27.]

제86조(피공탁자 동일인 확인 증명서의 제출 등) ① 공탁물을 출급하려는 사람은 해당 형사사건이 계속 중인 법원 또는 검찰에서 피공탁자 동일인 확인 증명서를 발급받아 제출하여야 한다. 다만, 공탁소에 이미 제출되어 있는 경우는 그러하지 아니하다.

② 제1항에 따라 피공탁자 동일인 확인 증명서를 발급한 법원 또는 검찰은 지체 없이 공탁소에 그 발급사실을 통지하여야 한다.

[본조신설 2022. 10. 27.]

제87조(열람 및 증명청구의 특칙) 피공탁자의 인적사항이 기재되어 있는 공탁관계 서류 및 전자기록에 대하여 열람 및 사실증명의 청구가 있는 경우 공탁관은 피공탁자의 인적사항이 공개되지 않도록 개인정보 보호를 위한 비실명 처리 후 이를 열람하게 하거나 증명서를 발급하여야 한다.

[본조신설 2022. 10. 27.]

제88조(군사법원에 계속 중인 사건) 군사법원에 계속 중인 형사사건에 관하여도 이 장의 규정을 적용한다. 이 경우 법원은 군사법원으로, 검찰은 군검찰로 본다.

[본조신설 2022. 10. 27.]

제89조(대법원예규에의 위임) 형사공탁 절차와 관련하여 필요한 사항 중 이 장에서 정하고 있지 아니한 사항은 대법원예규로 정할 수 있다.

[본조신설 2022. 10. 27.]

부칙 〈제2147호, 2007. 12. 31.〉

이 규칙은 2008. 3. 1.부터 시행한다.

부칙 〈제2272호, 2010. 2. 1.〉

이 규칙은 2010년 2월 1일부터 시행한다. 다만, 제23조의 규정은 2010년 5월 1일부터
시행한다.

부칙 〈제2356호, 2011. 9. 28.〉 (부동산등기규칙)

제1조(시행일) 이 규칙은 2011년 10월 13일부터 시행한다. 〈단서 생략〉

제2조부터 제4조까지 생략

제5조(다른 규칙의 개정) ① 공탁규칙 일부를 다음과 같이 개정한다.
　제41조제1항 중 "등기부 등본 등"을 "등기사항증명서 등"으로 한다.
　②부터 ⑫까지 생략

제6조 생략

부칙 〈제2429호, 2012. 10. 30.〉

이 규칙은 2012년 12월 17일부터 시행한다.

부칙 〈제2578호, 2014. 12. 30.〉

이 규칙은 2015년 1월 22일부터 시행한다.

부칙 〈제2668호, 2016. 6. 27.〉 (법무사규칙)

제1조(시행일) 이 규칙은 2016년 8월 4일부터 시행한다.

제2조 부터 제4조까지 생략

제5조(다른 규칙의 개정) ① 생략

　② 공탁규칙 일부를 다음과 같이 개정한다.

　제38조제3항 중 "법무사합동법인"을 "법무사법인·법무사법인(유한)"으로 한다.

　③부터 ⑦까지 생략

부칙 〈제2848호, 2019. 6. 4.〉

이 규칙은 공포한 날부터 시행한다. 다만, 제60조의2의 개정규정은 2019년 6월 19일부터 시행한다.

부칙 〈제2859호, 2019. 9. 17.〉

이 규칙은 공포한 날부터 시행하되, 2019년 9월 16일부터 적용한다.

부칙 〈제2929호, 2020. 11. 26.〉

제1조(시행일) 이 규칙은 2020년 12월 10일부터 시행한다.

제2조(적용례) 이 규칙은 이 규칙 시행 당시 접수되어 계속 중인 사건에 대하여도 적용한다.

부칙 〈제2982호, 2021. 5. 27.〉

제1조(시행일) 이 규칙은 2021년 6월 10일부터 시행한다.

제2조(적용례) 이 규칙은 이 규칙 시행 당시 접수되어 계속 중인 사건에 대하여도 적용한다.

부칙 〈제3060호, 2022. 6. 30.〉

이 규칙은 2022년 7월 11일부터 시행한다.

부칙 〈제3073호, 2022. 10. 27.〉

이 규칙은 2022년 12월 9일부터 시행한다.

(4) 공탁금의이자에관한규칙

[일부개정   2022. 9. 29. 대법원규칙 제3068호]

제1조(목적) 이 규칙은 「공탁법」 제6조에 따라 공탁금의 이자를 정함을 목적으로 한다.

제2조(이자) 공탁금의 이자는 연 1만분의 35로 한다.

　　　부칙 〈제2791호, 2018.5.29. 공포〉

이 규칙은 2018년 7월 1일부터 시행한다.

(5) 공탁금관리위원회규칙

[2018.10.8. 대법원규칙 제2805호]
[개정 2020.3.4. 대법원규칙 제2887호]
[개정 2022.12.29. 대법원규칙 제3082호]

제1장 총칙

제1조(목적) 이 규칙은 「공탁법」(이하 "법"이라 한다)이 공탁금관리위원회(이하 "위원회"라 한다)의 설립·구성 및 업무 등과 관련하여 위임한 사항과 그 시행에 필요한 사항을 정함을 목적으로 한다.

제2장 위원회

제2조(위원회의 구성) ① 위원회의 모든 위원은 비상임으로 임명하고, 위원회에는 위원장, 부위원장을 둔다.

② 위원은 공정하고 성실하게 직무를 수행하며, 위원으로서 품위를 유지하여야 한다.

③ 위원장은 법원행정처장이 임명하고, 부위원장은 위원 중에서 위원장이 지명한다.

④ 법 제16조제4항과 제6조의 사유 등으로 위원이 결원된 경우 법원행정처장은 결원이 있은 날부터 2개월 이내에 새로운 위원을 임명하여야 한다.

⑤ 제4항에 따라 임명된 위원의 임기는 전임위원의 잔여 임기로 한다.

⑥ 위원의 임기가 만료된 경우 부득이한 사유로 차기 위원을 임명하지 못한 때에는 전임 위원은 차기 위원이 임명될 때까지 그 직무를 수행한다.

제3조(위원장, 부위원장 직무) ① 위원장은 위원회의 의장으로 위원회를 대표하며, 위원회 사무를 총괄하고, 소속 직원을 지휘·감독한다.

② 위원장이 부득이한 사유로 직무를 수행할 수 없을 때에는 부위원장이 그 직무를 대행한다.

제4조(위원회 간사 및 서기) ① 위원회에 상정할 의안의 정리·배부, 회의록 작성 등의 업무를 효율적으로 처리하기 위하여 위원회에 간사와 서기 각 1명을 둔다.

② 간사는 위원회 사무국의 국장이 된다.

③ 서기는 위원회 사무국 소속 직원 중에서 위원장이 지명한다.

제5조(위원의 결격사유) 다음 각 호의 어느 하나에 해당하는 자는 위원회의 위원이 될 수 없다. 〈개정 2014. 5. 30.〉

1. 피성년후견인 또는 피한정후견인

2. 파산선고를 받은 자로서 복권되지 아니한 자

3. 금고이상의 형을 받고 집행이 종료되거나 집행을 받지 아니하기로 확정된 후 3 년이 경과되지 아니한 자

4. 공탁금 보관은행(이하 "보관은행"이라 한다)의 사외이사 등의 지위로 보관은행 과의 관계상 공정한 직무수행에 지장이 있다고 인정되는 자

제6조(위원의 해임) ① 법원행정처장은 위원에게 다음 각 호의 어느 하나에 해당하는 사 유가 있는 때에는 그 위원을 해임한다.

1. 위원에게 제5조의 결격사유가 있음을 안 때

2. 신체상 또는 정신상의 장애로 인하여 직무수행이 심히 곤란하거나 불가능하게 된 때

3. 고의 또는 중대한 과실로 위원회에 손실을 발생하게 한 때

4. 직무상의 의무에 위반하거나 그 밖에 위원으로서 적절하지 못한 행위를 한 때

② 법원행정처장은 위원이 정당한 사유를 들어 사임의 의사를 표명한 때에는 그 위원 을 해임할 수 있다.

제7조(위원회의 회의) ① 위원회의 회의는 정기회의와 임시회의로 구분하며, 다음 각 호 와 같이 개최한다.

1. 정기회의 : 반기별 1회

2. 임시회의 : 위원장이 필요에 따라 수시로 정한 때

② 위원장은 제1항의 회의를 개최할 때에는 다음 각 호의 사항을 명시하여 회의일 7 일 전까지 각 위원에게 통보하여 회의를 소집한다.

1. 회의 일시 및 장소

2. 회의 목적과 안건

3. 그 밖에 필요한 사항

③ 위원회는 이 규칙 또는 정관에 특별히 정한 경우를 제외하고는 재적의원 과반수의 출석으로 개회하고 출석의원 과반수의 찬성으로 의결한다. 다만, 가부동수인 경우에는

위원장이 결정하는 바에 따른다.

④ 안건이 경미하거나 긴급을 요하는 사항에 대하여는 위원장의 결정에 따라 서면으로 의결할 수 있다.

⑤ 위원회 회의는 비공개를 원칙으로 한다. 다만, 위원회가 필요하다고 의결한 경우에는 회의 또는 회의록, 회의자료의 전부 또는 일부를 공개할 수 있다.

⑥ 위원장은 심의·의결을 함에 있어 필요한 경우에는 해당 안건과 관련이 있는 자 또는 전문가를 회의에 출석시켜 질문하거나 발언하게 할 수 있다.

제8조(회의록의 작성·비치 등) ① 위원회는 회의 결과의 요지를 기록한 회의록(서면의결의 경우에는 결의록)을 작성하여 위원장과 부위원장이 서명 또는 기명날인한 다음 위원회에 비치하여야 한다.

② 위원장은 위원회의 심의결과 및 의결내용을 제1항의 회의록을 첨부하여 법원행정처장에게 즉시 보고하여야 한다.

제3장 사무 기구

제9조(사무국) ① 위원회의 업무를 지원하기 위하여 위원회에 사무국을 둔다.

② 사무국은 사무국장 1명, 법 제24조에 따라 겸직발령을 받은 법원공무원 및 위원장이 제3항에 따라 채용한 직원으로 구성한다.

③ 위원장은 위원회의 업무지원을 위하여 필요한 때에는 해당 업무의 전문가나 자격자 등을 사무국 직원으로 채용할 수 있다.

④ 위원회 자금에 관한 지출원인행위 업무와 자금의 출납 업무를 1명이 겸직하도록 하여서는 아니 된다.

⑤ 위원회에 겸직발령을 받은 법원공무원의 보수는 원 소속기관에서 지급한다.

제10조(사무국장) ① 사무국장은 위원장의 명을 받아 사무국 사무를 관장하며, 소속직원을 지휘·감독한다.

② 사무국장은 공탁 및 회계 관련 업무의 경험이 있는 자 중에서 위원회가 채용한 상근직원으로 보한다. 다만, 위원회의 요청이 있는 경우 법원행정처장은 그 소속 공무원으로 하여금 사무국장을 겸직하게 할 수 있다.

③ 사무국장은 위원회의 회의에서 사무국 업무에 관한 주요사항을 보고할 수 있다.

제4장 업무

제11조(위원회의 업무) 위원회의 업무는 다음 각 호와 같다. 〈개정 2015. 12. 29.〉

　　1. 법 제15조제1항제1호에 따른 보관은행의 지정심사 및 적격심사

　　2. 법 제15조제1항제2호에 따른 출연금 및 위원회 운영비의 심의·확정

　　3. 공탁제도 개선에 관한 사항의 연구 지원 등

　　4. 보관은행의 지정취소에 관한 심사

　　5. 위원회의 정관과 그 밖의 규정의 제·개정 또는 폐지에 관한 사항의 심의·의결

　　6. 그 밖에 위원회 업무 및 운영에 관한 사항으로 위원장이 위원회에 회부한 사항의 심의 등

제12조(보관은행 지정·적격 심사) ① 위원회가 법원행정처장의 요청에 따라 법 제15조제1항제1호에 따른 보관은행의 지정 또는 적격심사를 하는 경우 다음 각 호의 사항에 대하여 심사·평가하여야 한다.

　　1. 재무구조의 건전성 및 대내외 신용도

　　2. 공탁물 보관업무 수행능력

　　3. 민원인 이용의 편리성

　　4. 보관금·송달료 등 법원의 다른 업무 수행능력

　　5. 공익사업 실적 및 법원소재지 지역 사회에 대한 기여도

　　6. 그 밖에 필요하다고 판단되는 사항

② 법원행정처장이 위원회에 보관은행의 지정 또는 적격심사를 요청할 때에는 해당 보관은행에서 제출한 제안서, 신청서 등 심사에 필요한 자료를 송부하여야 한다.

③ 위원장은 제1항의 심사를 함에 있어 필요한 때에는 해당 은행에 추가로 자료제출을 요청할 수 있고, 은행관계자를 위원회에 출석시켜 질문을 하거나 진술하게 할 수 있다.

④ 법원행정처 사법등기국장은 위원회 회의에 출석하여 제1항의 심사에 관하여 의견을 진술할 수 있다.

⑤ 제1항의 심사요청이 있는 경우 위원장은 신속히 위원회를 소집하여 심사를 한 다음 그 결과를 심사요청이 있는 날부터 2개월 이내에 법원행정처장에게 보고하여야 한다. 〈개정 2009. 7. 28.〉

제13조 삭제 〈2015. 12. 29.〉

제14조 삭제 〈2015. 12. 29.〉

제15조 삭제 〈2015. 12. 29.〉

제15조의2 삭제 〈2015. 12. 29.〉

제16조 삭제 〈2015. 12. 29.〉

제5장 회계 및 재정

제17조(위원회의 회계장부의 비치) ① 위원회는 사무국에 기업회계원칙에 따른 회계장부를 비치하고, 필요한 사항을 그 때마다 기재하여야 한다.

② 제1항에 따른 장부의 기재 및 계산은 정규부기의 원칙에 따른다. 다만, 현금회계방식에 따라 처리할 때에는 그러하지 아니하다.

제18조(운영비의 조달) 위원회의 운영비는 법 제19조에 따른 보관은행의 출연금에서 충당한다.

[전문개정 2015. 12. 29.]

제19조(출연금액의 확정 등) ① 위원회는 매년 4월말까지 보관은행별로 전년도의 공탁금 운용수익금에서 이자비용과 포괄이윤 등을 뺀 금액의 범위 내에서 당해 연도에 납부할 출연금액을 확정하여야 한다. 다만, 해당 연도에 납부할 출연금액은 전년도 출연금액의 100분의 30을 초과하여 증액하거나 감액할 수 없다. 〈개정 2018. 10. 8., 2020. 3. 4., 2022. 12. 29.〉

② 법원 신설의 사유로 보관은행 신규 지정이 있거나 보관은행 지정 취소 또는 공개경쟁방식에 따른 공탁금관리위원회 심사를 거쳐 보관은행 지정이 있는 경우 각 법원의 보관은행별로 출연금액을 산정하고, 위와 같이 지정이 있는 날부터 당해 연도 마지막 날까지의 기간에는 제1항의 단서를 적용하지 아니한다. 〈신설 2022. 12. 29.〉

③ 제1항의 공탁금 운용수익금은 각 보관은행의 공탁금평균잔액에 해당 은행의 자금운용수익률을 곱하여 산정하고, 포괄이윤은 각 보관은행의 공탁금 평균잔액에 해당 은행의 순이자마진율을 곱하여 산정한다. 〈개정 2020. 3. 4., 2022. 12. 29.〉

④ 위원회는 자금운용수익률, 순이자마진율을 금융감독원 등이 공시한 각 보관은행의

회계 관련 자료 등을 참고하여 산정하되 필요한 경우 회계법인 등의 의견을 참고할 수 있다. 〈신설 2020. 3. 4., 2022. 12. 29.〉

⑤ 제1항의 출연금액이 확정되면 위원회는 해당 보관은행에 납부할 금액 및 납부방법 등을 신속히 통보하여야 한다. 〈개정 2020. 3. 4., 2022. 12. 29.〉

제20조(출연금 납부) 위원회는 해당 보관은행으로부터 매년 1월 5일까지 전년도에 납부한 총 출연금액의 50%에 해당하는 금액을 미리 받고, 제19조제1항의 출연금액이 확정되면 미리 받은 금액을 뺀 나머지 금액을 5월말까지 납부 받는다. 다만, 위원회 의결로 달리 정한 경우에는 그러하지 아니하다. 〈개정 2009. 7. 28., 2015. 12. 29.〉

제20조의2(기금 출연) 위원회는 제20조에 따라 1월 5일까지 납부 받은 출연금에서 해당 연도의 위원회 운영비를 뺀 나머지 금액은 그 해 1월 10일까지, 5월말까지 납부 받은 나머지 금액은 그 해 6월 10일까지 각각 기금에 출연하여야 한다.

[본조신설 2015. 12. 29.]

제21조(지정취소 건의) 위원회는 보관은행이 제20조에서 정한 기간까지 출연금을 납부하지 않을 경우에는 의결을 거쳐 대법원장에게 보관은행 지정취소 건의를 할 수 있다.

제22조(현금보관의 제한) ① 위원회는 자금을 현금상태로 보관하여서는 아니 된다. 다만, 소액의 현금을 지급할 필요가 있을 때에는 위원장이 정하는 금액을 보관할 수 있다.

② 위원장은 출연금 등 위원회의 자금을 예치·관리하기 위한 거래은행을 지정하고, 위원회 명의로 계좌를 개설하여야 한다.

제23조 삭제 〈2015. 12. 29.〉

제24조 삭제 〈2015. 12. 29.〉

제6장 보칙

제25조(연구용역 의뢰 등) 위원회의 업무를 효율적으로 수행하기 위하여 필요한 때에는 위원장은 관계 기관·단체 또는 전문가 등에게 자문을 구하거나 연구용역을 의뢰할 수 있다.

제26조(수당 등 지급) 위원회 위원과 제25조에 따라 자문 또는 연구용역을 수행한 자 등에게 예산의 범위 내에서 수당, 여비, 연구용역비, 그 밖에 필요한 경비를 지급할 수

있다.

제27조(비밀누설금지) 위원회 위원과 사무국 직원은 위원회의 심의와 관련하여 알게 된 사항을 누설하여서는 아니 된다.

제28조(내부규정) 이 규칙에서 규정한 것 외에 위원회 운영에 관하여 필요한 사항은 위원회의 의결을 거쳐 위원장이 정한다.

부칙 〈제2148호, 2007. 12. 31.〉

제1조 (시행일) 이 규칙은 2008년 1월 1일부터 시행한다.

제2조 (위원회 설립준비) 위원회 설립 준비를 위한 비용은 위원회가 부담한다.

제3조 (사업연도 등 조정) ① 2008년의 사업연도는 2008년 6월 1일부터 12월 31일까지로 하고, 자금운용계획 및 예산안은 2008년 5월 20일까지 대법원장의 승인을 받는다.
② 제20조는 2008년도 출연금에 대하여는 적용하지 아니한다.
③ 2008년도 보관은행의 출연금은 2008년 5월 31일까지 납부 받는다.

제4조 (폐지규칙) 공탁물관리위원회규칙은 이를 폐지한다.

부칙 〈제2223호, 2009. 3. 4.〉

제1조 (시행일) 이 규칙은 공포한 날부터 시행한다.

제2조 (경과조치) ① 2008년도 지원사업 중 이 규칙 공포 전에 지출원 인행위를 한 경비에 대하여도 제15조의2제1항을 적용한다.
② 출연금을 지원받은 기관은 2008년도 사용잔액등을 2009년 3월 13일까지 위원회에 반납하여야 한다.

부칙 〈제2243호, 2009. 7. 28.〉

이 규칙은 공포한 날부터 시행한다.

부칙 〈제2312호, 2010. 12. 13.〉

이 규칙은 2011년 1월 1일부터 시행한다.

부칙 〈제2538호, 2014. 5. 30.〉

제1조 (시행일) 이 규칙은 공포한 날부터 시행한다.

제2조 (금치산자 등에 관한 경과조치) 이 규칙 시행 당시 이미 금치산 또는 한정치산의 선고를 받은 사람에 대해서는 2018년 6월 30일까지 종전의 규정을 적용한다.

부칙 〈제2635호, 2015. 12. 29.〉

제1조 (시행일) 이 규칙은 공포한 날부터 시행한다. 다만, 제15조(집행결과 보고), 제15조의2(지원금 반납 등) 및 제16조(사업실적 및 결산)의 개정규정은 2016년 7월 1일부터 적용한다.

제2조 (다른 규칙의 폐지) 공탁금관리위원회의 지원금 취급규칙은 2016년 7월 1일부터 폐지한다.

부칙 〈제2805호, 2018. 10. 8.〉

이 규칙은 공포한 날부터 시행한다.

(6) 사법서비스진흥기금 관리 및 운용에 관한 규칙

[2015.12.29. 대법원규칙 제2636호]

제1조(목적) 이 규칙은 「공탁법」(이하 "법"이라 한다)이 사법서비스진흥기금의 설치와 관련하여 위임한 사항과 그 시행에 필요한 사항을 정함을 목적으로 한다.

제2조(기금의 조성) 법 제29조제1항제5호에서 "그 밖에 대법원규칙으로 정하는 수입"이란 사법서비스진흥기금운용심의회(이하 "심의회"라 한다)에서 기금의 수입으로 하기로 한 현금, 물품 그 밖의 재산을 말한다.

제3조(여유자금의 운용) ① 법 제30조제2항제3호에서 "그 밖에 대법원규칙으로 정하는 자금증식 방법"이란 「공공자금관리기금법」에 따른 공공자금관리기금 예탁을 말한다.

② 이 규칙 및 국가재정법령에서 규정한 사항 외에 기금의 관리·운영에 필요한 사항은 법원행정처장이 정한다.

제4조(기금의 용도) 법 제31조제6호에서 "대법원규칙으로 정하는 사업이나 활동"이란 다음 각 호의 어느 하나를 말한다.

　　1. 소년보호지원사업
　　2. 민원서비스개선사업
　　3. 사법서비스향상사업
　　4. 그 밖에 법원행정처장이 심의회의 심의를 거쳐 정한 사업이나 활동

제5조(기금의 지원 절차) ① 법 제31조제4호, 제6호에 해당하는 사업이나 활동을 하기 위하여 기금을 지원받으려는 자는 매년 3월 31일까지 다음 회계연도의 기금지원 신청서를 법원행정처장에게 제출하여야 한다.

② 법원행정처장은 제1항에 따른 기금지원 신청을 받으면 법원행정처 소속 공무원으로 하여금 법 제31조의 용도에 부합하는지와 기금 지원의 타당성 및 규모 등을 검토한 심사보고서를 제출하게 할 수 있다.

③ 법원행정처장은 심의회의 심의를 거쳐 기금지원에 관한 사항을 결정한다.

제6조(기금운용계획안의 수립) ① 법원행정처장은 법 제32조 및 「국가재정법」 제66조에

따라 매년 다음 연도의 기금운용계획안을 작성하여야 한다.

② 심의회는 제1항에 따른 다음 연도의 기금운용계획안을 매년 5월 31일까지 심의하여야 한다.

제7조(결산보고) ① 제5조에 따라 기금을 지원받은 자는 매년 1월 31일까지 그 전년도 기금사용에 대한 결산보고서를 법원행정처장에게 제출하여야 한다.

② 기금을 지원받은 자는 기금을 지원받은 사업 또는 활동이 종료하였을 때에는 30일 이내에 기금사용에 대한 결산보고서를 법원행정처장에게 제출하여야 한다.

③ 법원행정처장은 제1항 및 제2항에 따른 결산보고서의 제출과 관련하여 필요한 경우에는 기금을 지원받은 자에게 기금사용의 현황 및 결과를 소명할 자료의 제출을 요구할 수 있다.

제8조(심의회의 심의사항) 법 제32조제1항제6호에서 "대법원규칙으로 정하는 사항"이란 제5조에 따른 기금의 지원에 관한 사항을 말한다.

제9조(심의회의 구성 및 임기 등) ① 심의회는 위원장 1명을 포함하여10명의 위원으로 구성하되, 다음 각 호의 기준에 따라 법원행정처장이 임명 또는 위촉한다.

  1. 법관 또는 3급 이상의 법원공무원 3명
  2. 기획재정부장관이 추천하는 3급 이상의 국가공무원 또는 고위공무원단에 속하는 일반직공무원 1명
  3. 법무부장관이 추천하는 검사 또는 3급 이상의 국가공무원 또는 고위공무원단에 속하는 일반직공무원 1명
  4. 사법서비스에 관하여 학식과 경험이 풍부한 변호사, 공인회계사, 대학교수 중 5명

② 위원장과 위원의 임기는 2년으로 하되, 연임할 수 있다.

③ 위원이 임기 중 제1항제1호부터 제4호까지 규정된 직이나 자격을 상실하는 경우에는 위원의 신분을 상실한다.

④ 법원행정처장은 위원이 다음 각 호의 어느 하나에 해당하는 경우에는 해당 위원을 해임 또는 해촉하여야 한다.

  1. 이 법을 위반하거나 기금에 손실을 끼치는 행위를 하는 경우
  2. 금고 이상의 형을 선고받은 경우
  3. 파산선고를 받은 경우

4. 신체상 또는 정신상의 장애로 인하여 직무 수행이 불가능하거나 현저히 곤란한 경우

5. 직무상 의무에 위반하거나 그 밖에 위원으로서 적절하지 못한 행위를 한 경우

⑤ 법원행정처장은 위원이 정당한 사유를 들어 사임의 의사를 표명한 때에는 그 위원을 해촉할 수 있다.

제10조(위원장의 직무) ① 위원장은 심의회를 대표하고, 심의회의사무를 총괄한다.

② 위원장이 부득이한 사유로 직무를 수행할 수 없을 때에는 위원장이 지명한 위원이 그 직무를 대행한다.

제11조(회의) ① 심의회의 회의는 위원장이 소집하며, 그 의장이 된다.

② 심의회의 회의는 재적위원 과반수의 출석으로 개의(開議)하고, 출석위원 과반수의 찬성으로 의결한다. 다만, 가부동수인 경우에는 위원장이 결정하는 바에 따른다.

③ 안건이 경미하거나, 긴급을 요하는 사항에 대하여는 위원장의 결정에 따라 서면으로 의결할 수 있다.

제12조(간사) ① 심의회에는 법원행정처 소속 공무원 중에서 위원장이 지명하는 간사 2명을 둔다.

② 간사는 위원장의 명을 받아 심의회의 사무를 처리한다.

제13조(수당) 심의회의 회의에 참석한 위원에게는 예산의 범위에서 수당을 지급할 수 있다. 다만, 공무원인 위원이 그 소관 업무와 직접 관련되어 참석한 경우에는 그러하지 아니하다.

제14조(심의회의 운영세칙) 이 규칙에서 규정한 것 외에 심의회의 운영에 필요한 세부 사항은 심의회의 의결을 거쳐 위원장이 정한다.

제15조(기금계정의 설치) ① 법원행정처장은 기금의 수입과 지출을 명확히 하기 위하여 한국은행에 기금계정을 설치한다.

② 법원행정처장은 제1항에 따라 한국은행에 기금계정을 설치한 경우에는 수입계정과 지출계정으로 구분하여야 한다.

제16조(기금의 회계기관 임명 통지 등) ① 법원행정처장은 법 제33조에 따라 기금수입징수관, 기금재무관, 기금지출관 및 기금출납공무원을 임명하였을 때에는 기획재정부장관, 감사원장 및 한국은행 총재에게 알려야 한다.

② 법 제29조제1항에 따른 재원이 기금계정에 납입된 경우 이를 수 납한 사람은 즉시 그 납입서를 기금수입징수관에게 송부하여야 한다.

제17조(기금의 반환 및 지원 중단) ① 법원행정처장은 법 제37조제1항을 위반하여 지원받은 목적 외의 용도로 사용한 자에 대해서는 기한을 정하여 지원받은 기금의 반환을 명하여야 한다. 다만, 지원받은 기금 중에서 법 제37조제1항을 위반하지 않은 부분이 있음을 소명할 경우에는 그 부분을 제외한 나머지에 대해서만 반환하게 할 수 있다.

② 법원행정처장은 기금을 지원받은 목적이 달성되어 사업 또는 활동이 종료되거나 더 이상 계속할 수 없는 사유가 발생한 경우에는 기금 지원을 중단하여야 한다.

③ 법원행정처장은 기금을 지원받은 자가 제7조에 따라 결산보고서를 제출하지 않거나 기금사용의 현황 및 결과에 관한 자료제출 요구에 따르지 않을 경우 기금지원을 중단할 수 있다.

④ 법원행정처장은 제2항 및 제3항에 따라 기금의 지원을 중단하는 경우 미리 지급한 기금이 있을 때에는 기한을 정하여 반환을 명하여야 한다.

제18조(장부의 비치) ① 기금수입징수관과 기금재무관은 기금총괄부, 기금징수부 및 기금지출원인행위부를 작성하여 갖추어 두고, 기금의 수입·지출에 관한 총괄사항과 기금지출원인행위에 관한 사항을 기록하여야 한다.

② 기금출납공무원은 기금출납부를 작성하여 갖추어 두고, 기금의 출납상황을 기록하여야 한다.

부칙 〈제2636호, 2015.12.29.〉
이 규칙은 공포한 날부터 시행한다.

(7) 공익사업을 위한 토지 등의 취득 및 보상에 관한 법률

[2018.12.31. 법률 제16138호]

[2022.2.3. 법률 제18828호]

제4장 수용에 의한 취득 또는 사용

제1절 수용 또는 사용의 절차

제19조(토지등의 수용 또는 사용) ① 사업시행자는 공익사업의 수행을 위하여 필요하면 이 법에서 정하는 바에 따라 토지등을 수용하거나 사용할 수 있다.

② 공익사업에 수용되거나 사용되고 있는 토지등은 특별히 필요한 경우가 아니면 다른 공익사업을 위하여 수용하거나 사용할 수 없다.

[전문개정 2011. 8. 4.]

제20조(사업인정) ① 사업시행자는 제19조에 따라 토지등을 수용하거나 사용하려면 대통령령으로 정하는 바에 따라 국토교통부장관의 사업인정을 받아야 한다. 〈개정 2013. 3. 23.〉

② 제1항에 따른 사업인정을 신청하려는 자는 국토교통부령으로 정하는 수수료를 내야 한다. 〈개정 2013. 3. 23.〉

[전문개정 2011. 8. 4.]

제21조(협의 및 의견청취 등) ①국토교통부장관은 사업인정을 하려면 관계 중앙행정기관의 장 및 특별시장·광역시장·도지사·특별자치도지사(이하 "시·도지사"라 한다) 및 제49조에 따른 중앙토지수용위원회와 협의하여야 하며, 대통령령으로 정하는 바에 따라 미리 사업인정에 이해관계가 있는 자의 의견을 들어야 한다. 〈개정 2013. 3. 23., 2015. 12. 29., 2018. 12. 31.〉

② 별표에 규정된 법률에 따라 사업인정이 있는 것으로 의제되는 공익사업의 허가·인가·승인권자 등은 사업인정이 의제되는 지구지정·사업계획승인 등을 하려는 경우 제1항에 따라 제49조에 따른 중앙토지수용위원회와 협의하여야 하며, 대통령령으로 정하는 바에 따라 사업인정에 이해관계가 있는 자의 의견을 들어야 한다. 〈신설 2015. 12. 29., 2018. 12. 31.〉

③ 제49조에 따른 중앙토지수용위원회는 제1항 또는 제2항에 따라 협의를 요청받은

경우 사업인정에 이해관계가 있는 자에 대한 의견 수렴 절차 이행 여부, 허가·인가·승인대상 사업의 공공성, 수용의 필요성, 그 밖에 대통령령으로 정하는 사항을 검토하여야 한다. 〈신설 2015. 12. 29., 2018. 12. 31.〉

④ 제49조에 따른 중앙토지수용위원회는 제3항의 검토를 위하여 필요한 경우 관계 전문기관이나 전문가에게 현지조사를 의뢰하거나 그 의견을 들을 수 있고, 관계 행정기관의 장에게 관련 자료의 제출을 요청할 수 있다. 〈신설 2018. 12. 31.〉

⑤ 제49조에 따른 중앙토지수용위원회는 제1항 또는 제2항에 따라 협의를 요청받은 날부터 30일 이내에 의견을 제시하여야 한다. 다만, 그 기간 내에 의견을 제시하기 어려운 경우에는 한 차례만 30일의 범위에서 그 기간을 연장할 수 있다. 〈신설 2018. 12. 31.〉

⑥ 제49조에 따른 중앙토지수용위원회는 제3항의 사항을 검토한 결과 자료 등을 보완할 필요가 있는 경우에는 해당 허가·인가·승인권자에게 14일 이내의 기간을 정하여 보완을 요청할 수 있다. 이 경우 그 기간은 제5항의 기간에서 제외한다. 〈신설 2018. 12. 31., 2020. 6. 9.〉

⑦ 제49조에 따른 중앙토지수용위원회가 제5항에서 정한 기간 내에 의견을 제시하지 아니하는 경우에는 협의가 완료된 것으로 본다. 〈신설 2018. 12. 31.〉

⑧ 그 밖에 제1항 또는 제2항의 협의에 관하여 필요한 사항은 국토교통부령으로 정한다. 〈신설 2018. 12. 31.〉

[전문개정 2011. 8. 4.]

[제목개정 2018. 12. 31.]

제22조(사업인정의 고시) ① 국토교통부장관은 제20조에 따른 사업인정을 하였을 때에는 지체 없이 그 뜻을 사업시행자, 토지소유자 및 관계인, 관계 시·도지사에게 통지하고 사업시행자의 성명이나 명칭, 사업의 종류, 사업지역 및 수용하거나 사용할 토지의 세목을 관보에 고시하여야 한다. 〈개정 2013. 3. 23.〉

② 제1항에 따라 사업인정의 사실을 통지받은 시·도지사(특별자치도지사는 제외한다)는 관계 시장·군수 및 구청장에게 이를 통지하여야 한다.

③ 사업인정은 제1항에 따라 고시한 날부터 그 효력이 발생한다.

[전문개정 2011. 8. 4.]

제23조(사업인정의 실효) ① 사업시행자가 제22조제1항에 따른 사업인정의 고시(이하 "사

업인정고시"라 한다)가 된 날부터 1년 이내에 제28조제1항에 따른 재결신청을 하지 아니한 경우에는 사업인정고시가 된 날부터 1년이 되는 날의 다음 날에 사업인정은 그 효력을 상실한다.

② 사업시행자는 제1항에 따라 사업인정이 실효됨으로 인하여 토지소유자나 관계인이 입은 손실을 보상하여야 한다.

③ 제2항에 따른 손실보상에 관하여는 제9조제5항부터 제7항까지의 규정을 준용한다.

[전문개정 2011. 8. 4.]

제24조(사업의 폐지 및 변경) ① 사업인정고시가 된 후 사업의 전부 또는 일부를 폐지하거나 변경함으로 인하여 토지등의 전부 또는 일부를 수용하거나 사용할 필요가 없게 되었을 때에는 사업시행자는 지체 없이 사업지역을 관할하는 시·도지사에게 신고하고, 토지소유자 및 관계인에게 이를 통지하여야 한다.

② 시·도지사는 제1항에 따른 신고를 받으면 사업의 전부 또는 일부가 폐지되거나 변경된 내용을 관보에 고시하여야 한다.

③ 시·도지사는 제1항에 따른 신고가 없는 경우에도 사업시행자가 사업의 전부 또는 일부를 폐지하거나 변경함으로 인하여 토지를 수용하거나 사용할 필요가 없게 된 것을 알았을 때에는 미리 사업시행자의 의견을 듣고 제2항에 따른 고시를 하여야 한다.

④ 시·도지사는 제2항 및 제3항에 따른 고시를 하였을 때에는 지체 없이 그 사실을 국토교통부장관에게 보고하여야 한다. 〈개정 2013. 3. 23.〉

⑤ 별표에 규정된 법률에 따라 제20조에 따른 사업인정이 있는 것으로 의제되는 사업이 해당 법률에서 정하는 바에 따라 해당 사업의 전부 또는 일부가 폐지되거나 변경된 내용이 고시·공고된 경우에는 제2항에 따른 고시가 있는 것으로 본다. 〈신설 2021. 8. 10.〉

⑥ 제2항 및 제3항에 따른 고시가 된 날부터 그 고시된 내용에 따라 사업인정의 전부 또는 일부는 그 효력을 상실한다. 〈개정 2021. 8. 10.〉

⑦ 사업시행자는 제1항에 따라 사업의 전부 또는 일부를 폐지·변경함으로 인하여 토지소유자 또는 관계인이 입은 손실을 보상하여야 한다. 〈개정 2021. 8. 10.〉

⑧ 제7항에 따른 손실보상에 관하여는 제9조제5항부터 제7항까지의 규정을 준용한다. 〈개정 2021. 8. 10.〉

[전문개정 2011. 8. 4.]

제24조의2(사업의 완료) ① 사업이 완료된 경우 사업시행자는 지체 없이 사업시행자의 성명이나 명칭, 사업의 종류, 사업지역, 사업인정고시일 및 취득한 토지의 세목을 사업지역을 관할하는 시·도지사에게 신고하여야 한다.

② 시·도지사는 제1항에 따른 신고를 받으면 사업시행자의 성명이나 명칭, 사업의 종류, 사업지역 및 사업인정고시일을 관보에 고시하여야 한다.

③ 시·도지사는 제1항에 따른 신고가 없는 경우에도 사업이 완료된 것을 알았을 때에는 미리 사업시행자의 의견을 듣고 제2항에 따른 고시를 하여야 한다.

④ 별표에 규정된 법률에 따라 제20조에 따른 사업인정이 있는 것으로 의제되는 사업이 해당 법률에서 정하는 바에 따라 해당 사업의 준공·완료·사용개시 등이 고시·공고된 경우에는 제2항에 따른 고시가 있는 것으로 본다.

[본조신설 2021. 8. 10.]

제25조(토지등의 보전) ① 사업인정고시가 된 후에는 누구든지 고시된 토지에 대하여 사업에 지장을 줄 우려가 있는 형질의 변경이나 제3조제2호 또는 제4호에 규정된 물건을 손괴하거나 수거하는 행위를 하지 못한다.

② 사업인정고시가 된 후에 고시된 토지에 건축물의 건축·대수선, 공작물(工作物)의 설치 또는 물건의 부가(附加)·증치(增置)를 하려는 자는 특별자치도지사, 시장·군수 또는 구청장의 허가를 받아야 한다. 이 경우 특별자치도지사, 시장·군수 또는 구청장은 미리 사업시행자의 의견을 들어야 한다.

③ 제2항을 위반하여 건축물의 건축·대수선, 공작물의 설치 또는 물건의 부가·증치를 한 토지소유자 또는 관계인은 해당 건축물·공작물 또는 물건을 원상으로 회복하여야 하며 이에 관한 손실의 보상을 청구할 수 없다.

[전문개정 2011. 8. 4.]

제26조(협의 등 절차의 준용) ① 제20조에 따른 사업인정을 받은 사업시행자는 토지조서 및 물건조서의 작성, 보상계획의 공고·통지 및 열람, 보상액의 산정과 토지소유자 및 관계인과의 협의 절차를 거쳐야 한다. 이 경우 제14조부터 제16조까지 및 제68조를 준용한다.

② 사업인정 이전에 제14조부터 제16조까지 및 제68조에 따른 절차를 거쳤으나 협의가 성립되지 아니하고 제20조에 따른 사업인정을 받은 사업으로서 토지조서 및 물건조서의 내용에 변동이 없을 때에는 제1항에도 불구하고 제14조부터 제16조까지의 절

차를 거치지 아니할 수 있다. 다만, 사업시행자나 토지소유자 및 관계인이 제16조에 따른 협의를 요구할 때에는 협의하여야 한다.

[전문개정 2011. 8. 4.]

제27조(토지 및 물건에 관한 조사권 등) ① 사업인정의 고시가 된 후에는 사업시행자 또는 제68조에 따라 감정평가를 의뢰받은 감정평가법인등(「감정평가 및 감정평가사에 관한 법률」에 따른 감정평가사 또는 감정평가법인을 말한다. 이하 "감정평가법인등"이라 한다)은 다음 각 호에 해당하는 경우에는 제9조에도 불구하고 해당 토지나 물건에 출입하여 측량하거나 조사할 수 있다. 이 경우 사업시행자는 해당 토지나 물건에 출입하려는 날의 5일 전까지 그 일시 및 장소를 토지점유자에게 통지하여야 한다. 〈개정 2016. 1. 19., 2018. 12. 31., 2020. 4. 7.〉

　　1. 사업시행자가 사업의 준비나 토지조서 및 물건조서를 작성하기 위하여 필요한 경우

　　2. 감정평가법인등이 감정평가를 의뢰받은 토지등의 감정평가를 위하여 필요한 경우

② 제1항에 따른 출입·측량·조사에 관하여는 제10조제3항, 제11조 및 제13조를 준용한다. 〈신설 2018. 12. 31.〉

③ 사업인정고시가 된 후에는 제26조제1항에서 준용되는 제15조제3항에 따라 토지소유자나 관계인이 토지조서 및 물건조서의 내용에 대하여 이의를 제기하는 경우를 제외하고는 제26조제1항에서 준용되는 제14조에 따라 작성된 토지조서 및 물건조서의 내용에 대하여 이의를 제기할 수 없다. 다만, 토지조서 및 물건조서의 내용이 진실과 다르다는 것을 입증할 때에는 그러하지 아니하다. 〈개정 2018. 12. 31.〉

④ 사업시행자는 제1항에 따라 타인이 점유하는 토지에 출입하여 측량·조사함으로써 발생하는 손실(감정평가법인등이 제1항제2호에 따른 감정평가를 위하여 측량·조사함으로써 발생하는 손실을 포함한다)을 보상하여야 한다. 〈개정 2018. 12. 31., 2020. 4. 7.〉

⑤ 제4항에 따른 손실보상에 관하여는 제9조제5항부터 제7항까지의 규정을 준용한다. 〈개정 2018. 12. 31.〉

[전문개정 2011. 8. 4.]

제28조(재결의 신청) ① 제26조에 따른 협의가 성립되지 아니하거나 협의를 할 수 없을 때(제26조제2항 단서에 따른 협의 요구가 없을 때를 포함한다)에는 사업시행자는 사업

인정고시가 된 날부터 1년 이내에 대통령령으로 정하는 바에 따라 관할 토지수용위원 회에 재결을 신청할 수 있다.

② 제1항에 따라 재결을 신청하는 자는 국토교통부령으로 정하는 바에 따라 수수료를 내야 한다. 〈개정 2013. 3. 23.〉

[전문개정 2011. 8. 4.]

제29조(협의 성립의 확인) ① 사업시행자와 토지소유자 및 관계인 간에 제26조에 따른 절차를 거쳐 협의가 성립되었을 때에는 사업시행자는 제28조제1항에 따른 재결 신청 기간 이내에 해당 토지소유자 및 관계인의 동의를 받아 대통령령으로 정하는 바에 따 라 관할 토지수용위원회에 협의 성립의 확인을 신청할 수 있다.

② 제1항에 따른 협의 성립의 확인에 관하여는 제28조제2항, 제31조, 제32조, 제34 조, 제35조, 제52조제7항, 제53조제4항, 제57조 및 제58조를 준용한다.

③ 사업시행자가 협의가 성립된 토지의 소재지·지번·지목 및 면적 등 대통령령으로 정하는 사항에 대하여 「공증인법」에 따른 공증을 받아 제1항에 따른 협의 성립의 확인 을 신청하였을 때에는 관할 토지수용위원회가 이를 수리함으로써 협의 성립이 확인된 것으로 본다.

④ 제1항 및 제3항에 따른 확인은 이 법에 따른 재결로 보며, 사업시행자, 토지소유 자 및 관계인은 그 확인된 협의의 성립이나 내용을 다툴 수 없다.

[전문개정 2011. 8. 4.]

제30조(재결 신청의 청구) ① 사업인정고시가 된 후 협의가 성립되지 아니하였을 때에는 토지소유자와 관계인은 대통령령으로 정하는 바에 따라 서면으로 사업시행자에게 재결 을 신청할 것을 청구할 수 있다.

② 사업시행자는 제1항에 따른 청구를 받았을 때에는 그 청구를 받은 날부터 60일 이 내에 대통령령으로 정하는 바에 따라 관할 토지수용위원회에 재결을 신청하여야 한다. 이 경우 수수료에 관하여는 제28조제2항을 준용한다.

③ 사업시행자가 제2항에 따른 기간을 넘겨서 재결을 신청하였을 때에는 그 지연된 기 간에 대하여 「소송촉진 등에 관한 특례법」 제3조에 따른 법정이율을 적용하여 산정한 금액을 관할 토지수용위원회에서 재결한 보상금에 가산(加算)하여 지급하여야 한다.

[전문개정 2011. 8. 4.]

제31조(열람) ① 제49조에 따른 중앙토지수용위원회 또는 지방토지수용위원회(이하 "토지

수용위원회"라 한다)는 제28조제1항에 따라 재결신청서를 접수하였을 때에는 대통령령
으로 정하는 바에 따라 지체 없이 이를 공고하고, 공고한 날부터 14일 이상 관계 서
류의 사본을 일반인이 열람할 수 있도록 하여야 한다.

② 토지수용위원회가 제1항에 따른 공고를 하였을 때에는 관계 서류의 열람기간 중에
토지소유자 또는 관계인은 의견을 제시할 수 있다.

[전문개정 2011. 8. 4.]

제32조(심리) ① 토지수용위원회는 제31조제1항에 따른 열람기간이 지났을 때에는 지체
없이 해당 신청에 대한 조사 및 심리를 하여야 한다.

② 토지수용위원회는 심리를 할 때 필요하다고 인정하면 사업시행자, 토지소유자 및
관계인을 출석시켜 그 의견을 진술하게 할 수 있다.

③ 토지수용위원회는 제2항에 따라 사업시행자, 토지소유자 및 관계인을 출석하게 하
는 경우에는 사업시행자, 토지소유자 및 관계인에게 미리 그 심리의 일시 및 장소를
통지하여야 한다.

[전문개정 2011. 8. 4.]

제33조(화해의 권고) ① 토지수용위원회는 그 재결이 있기 전에는 그 위원 3명으로 구성
되는 소위원회로 하여금 사업시행자, 토지소유자 및 관계인에게 화해를 권고하게 할
수 있다. 이 경우 소위원회는 위원장이 지명하거나 위원회에서 선임한 위원으로 구성
하며, 그 밖에 그 구성에 필요한 사항은 대통령령으로 정한다.

② 제1항에 따른 화해가 성립되었을 때에는 해당 토지수용위원회는 화해조서를 작성
하여 화해에 참여한 위원, 사업시행자, 토지소유자 및 관계인이 서명 또는 날인을 하
도록 하여야 한다.

③ 제2항에 따라 화해조서에 서명 또는 날인이 된 경우에는 당사자 간에 화해조서와
동일한 내용의 합의가 성립된 것으로 본다.

[전문개정 2011. 8. 4.]

제34조(재결) ① 토지수용위원회의 재결은 서면으로 한다.

② 제1항에 따른 재결서에는 주문 및 그 이유와 재결일을 적고, 위원장 및 회의에 참
석한 위원이 기명날인한 후 그 정본(正本)을 사업시행자, 토지소유자 및 관계인에게
송달하여야 한다.

[전문개정 2011. 8. 4.]

제35조(재결기간) 토지수용위원회는 제32조에 따른 심리를 시작한 날부터 14일 이내에 재결을 하여야 한다. 다만, 특별한 사유가 있을 때에는 14일의 범위에서 한 차례만 연장할 수 있다.

[전문개정 2011. 8. 4.]

제36조(재결의 경정) ① 재결에 계산상 또는 기재상의 잘못이나 그 밖에 이와 비슷한 잘못이 있는 것이 명백할 때에는 토지수용위원회는 직권으로 또는 당사자의 신청에 의하여 경정재결(更正裁決)을 할 수 있다.

② 경정재결은 원재결서(原裁決書)의 원본과 정본에 부기하여야 한다. 다만, 정본에 부기할 수 없을 때에는 경정재결의 정본을 작성하여 당사자에게 송달하여야 한다.

[전문개정 2011. 8. 4.]

제37조(재결의 유탈) 토지수용위원회가 신청의 일부에 대한 재결을 빠뜨린 경우에 그 빠뜨린 부분의 신청은 계속하여 그 토지수용위원회에 계속(係屬)된다.

[전문개정 2011. 8. 4.]

제38조(천재지변 시의 토지의 사용) ① 천재지변이나 그 밖의 사변(事變)으로 인하여 공공의 안전을 유지하기 위한 공익사업을 긴급히 시행할 필요가 있을 때에는 사업시행자는 대통령령으로 정하는 바에 따라 특별자치도지사, 시장·군수 또는 구청장의 허가를 받아 즉시 타인의 토지를 사용할 수 있다. 다만, 사업시행자가 국가일 때에는 그 사업을 시행할 관계 중앙행정기관의 장이 특별자치도지사, 시장·군수 또는 구청장에게, 사업시행자가 특별시·광역시 또는 도일 때에는 특별시장·광역시장 또는 도지사가 시장·군수 또는 구청장에게 각각 통지하고 사용할 수 있으며, 사업시행자가 특별자치도, 시·군 또는 구일 때에는 특별자치도지사, 시장·군수 또는 구청장이 허가나 통지 없이 사용할 수 있다.

② 특별자치도지사, 시장·군수 또는 구청장은 제1항에 따라 허가를 하거나 통지를 받은 경우 또는 특별자치도지사, 시장·군수·구청장이 제1항 단서에 따라 타인의 토지를 사용하려는 경우에는 대통령령으로 정하는 사항을 즉시 토지소유자 및 토지점유자에게 통지하여야 한다.

③ 제1항에 따른 토지의 사용기간은 6개월을 넘지 못한다.

④ 사업시행자는 제1항에 따라 타인의 토지를 사용함으로써 발생하는 손실을 보상하

여야 한다.

⑤ 제4항에 따른 손실보상에 관하여는 제9조제5항부터 제7항까지의 규정을 준용한다.
[전문개정 2011. 8. 4.]

제39조(시급한 토지 사용에 대한 허가) ① 제28조에 따른 재결신청을 받은 토지수용위원회는 그 재결을 기다려서는 재해를 방지하기 곤란하거나 그 밖에 공공의 이익에 현저한 지장을 줄 우려가 있다고 인정할 때에는 사업시행자의 신청을 받아 대통령령으로 정하는 바에 따라 담보를 제공하게 한 후 즉시 해당 토지의 사용을 허가할 수 있다. 다만, 국가나 지방자치단체가 사업시행자인 경우에는 담보를 제공하지 아니할 수 있다.

② 제1항에 따른 토지의 사용기간은 6개월을 넘지 못한다.

③ 토지수용위원회가 제1항에 따른 허가를 하였을 때에는 제38조제2항을 준용한다.
[전문개정 2011. 8. 4.]

제2절 수용 또는 사용의 효과

제40조(보상금의 지급 또는 공탁) ① 사업시행자는 제38조 또는 제39조에 따른 사용의 경우를 제외하고는 수용 또는 사용의 개시일(토지수용위원회가 재결로써 결정한 수용 또는 사용을 시작하는 날을 말한다. 이하 같다)까지 관할 토지수용위원회가 재결한 보상금을 지급하여야 한다.

② 사업시행자는 다음 각 호의 어느 하나에 해당할 때에는 수용 또는 사용의 개시일까지 수용하거나 사용하려는 토지등의 소재지의 공탁소에 보상금을 공탁(供託)할 수 있다.

　　1. 보상금을 받을 자가 그 수령을 거부하거나 보상금을 수령할 수 없을 때

　　2. 사업시행자의 과실 없이 보상금을 받을 자를 알 수 없을 때

　　3. 관할 토지수용위원회가 재결한 보상금에 대하여 사업시행자가 불복할 때

　　4. 압류나 가압류에 의하여 보상금의 지급이 금지되었을 때

③ 사업인정고시가 된 후 권리의 변동이 있을 때에는 그 권리를 승계한 자가 제1항에 따른 보상금 또는 제2항에 따른 공탁금을 받는다.

④ 사업시행자는 제2항제3호의 경우 보상금을 받을 자에게 자기가 산정한 보상금을 지급하고 그 금액과 토지수용위원회가 재결한 보상금과의 차액(差額)을 공탁하여야 한

다. 이 경우 보상금을 받을 자는 그 불복의 절차가 종결될 때까지 공탁된 보상금을 수령할 수 없다.

[전문개정 2011. 8. 4.]

제41조(시급한 토지 사용에 대한 보상) ① 제39조에 따라 토지를 사용하는 경우 토지수용위원회의 재결이 있기 전에 토지소유자나 관계인이 청구할 때에는 사업시행자는 자기가 산정한 보상금을 토지소유자나 관계인에게 지급하여야 한다.

② 토지소유자나 관계인은 사업시행자가 토지수용위원회의 재결에 따른 보상금의 지급시기까지 보상금을 지급하지 아니하면 제39조에 따라 제공된 담보의 전부 또는 일부를 취득한다.

[전문개정 2011. 8. 4.]

제42조(재결의 실효) ① 사업시행자가 수용 또는 사용의 개시일까지 관할 토지수용위원회가 재결한 보상금을 지급하거나 공탁하지 아니하였을 때에는 해당 토지수용위원회의 재결은 효력을 상실한다.

② 사업시행자는 제1항에 따라 재결의 효력이 상실됨으로 인하여 토지소유자 또는 관계인이 입은 손실을 보상하여야 한다.

③ 제2항에 따른 손실보상에 관하여는 제9조제5항부터 제7항까지의 규정을 준용한다.

[전문개정 2011. 8. 4.]

제43조(토지 또는 물건의 인도 등) 토지소유자 및 관계인과 그 밖에 토지소유자나 관계인에 포함되지 아니하는 자로서 수용하거나 사용할 토지나 그 토지에 있는 물건에 관한 권리를 가진 자는 수용 또는 사용의 개시일까지 그 토지나 물건을 사업시행자에게 인도하거나 이전하여야 한다.

[전문개정 2011. 8. 4.]

제44조(인도 또는 이전의 대행) ① 특별자치도지사, 시장·군수 또는 구청장은 다음 각 호의 어느 하나에 해당할 때에는 사업시행자의 청구에 의하여 토지나 물건의 인도 또는 이전을 대행하여야 한다.

　　1. 토지나 물건을 인도하거나 이전하여야 할 자가 고의나 과실 없이 그 의무를 이행할 수 없을 때

　　2. 사업시행자가 과실 없이 토지나 물건을 인도하거나 이전하여야 할 의무가 있는

자를 알 수 없을 때

② 제1항에 따라 특별자치도지사, 시장·군수 또는 구청장이 토지나 물건의 인도 또는 이전을 대행하는 경우 그로 인한 비용은 그 의무자가 부담한다.

[전문개정 2011. 8. 4.]

제45조(권리의 취득·소멸 및 제한) ① 사업시행자는 수용의 개시일에 토지나 물건의 소유권을 취득하며, 그 토지나 물건에 관한 다른 권리는 이와 동시에 소멸한다.

② 사업시행자는 사용의 개시일에 토지나 물건의 사용권을 취득하며, 그 토지나 물건에 관한 다른 권리는 사용 기간 중에는 행사하지 못한다.

③ 토지수용위원회의 재결로 인정된 권리는 제1항 및 제2항에도 불구하고 소멸되거나 그 행사가 정지되지 아니한다.

[전문개정 2011. 8. 4.]

제46조(위험부담) 토지수용위원회의 재결이 있은 후 수용하거나 사용할 토지나 물건이 토지소유자 또는 관계인의 고의나 과실 없이 멸실되거나 훼손된 경우 그로 인한 손실은 사업시행자가 부담한다.

[전문개정 2011. 8. 4.]

제47조(담보물권과 보상금) 담보물권의 목적물이 수용되거나 사용된 경우 그 담보물권은 그 목적물의 수용 또는 사용으로 인하여 채무자가 받을 보상금에 대하여 행사할 수 있다. 다만, 그 보상금이 채무자에게 지급되기 전에 압류하여야 한다.

[전문개정 2011. 8. 4.]

제48조(반환 및 원상회복의 의무) ① 사업시행자는 토지나 물건의 사용기간이 끝났을 때나 사업의 폐지·변경 또는 그 밖의 사유로 사용할 필요가 없게 되었을 때에는 지체 없이 그 토지나 물건을 그 토지나 물건의 소유자 또는 그 승계인에게 반환하여야 한다.

② 제1항의 경우에 사업시행자는 토지소유자가 원상회복을 청구하면 미리 그 손실을 보상한 경우를 제외하고는 그 토지를 원상으로 회복하여 반환하여야 한다.

[전문개정 2011. 8. 4.]

(8) 인지 첩부·첨부 및 공탁 제공에 관한 특례법

[시행 2013.12.19.] [법률 제11551호, 2012.12.18., 타법개정]

제1조(목적) 이 법은 국가를 당사자로 하는 소송 및 행정소송에서 「민사소송법」 및 「민사소송 등 인지법」에도 불구하고 인지(印紙) 첩부(貼付)·첨부(添附) 및 공탁(供託) 제공에 관한 특례를 정함을 목적으로 한다. 〈개정 2012.12.18.〉

[전문개정 2009.10.21.]

제2조(인지 불첩부 및 불첨부) 국가는 국가를 당사자로 하는 소송 및 행정소송 절차에서 「민사소송 등 인지법」에 따른 인지를 붙이지 아니한다.

[전문개정 2009.10.21.]

[제목개정 2012.12.18.]

제3조(불공탁) 국가는 국가를 당사자로 하는 소송 및 행정소송을 수행할 때 「민사소송법」에 따른 공탁을 하지 아니한다.

[전문개정 2009.10.21.]

    부칙 〈제832호, 1961.12.13.〉
본법은 공포한 날로부터 시행한다.
본법 시행 당시 법원에 계속중인 사건에도 본법을 적용한다. 단, 이미 첩부된 인지, 제공된 공탁에는 영향을 미치지 아니한다.

    부칙 〈제5454호, 1997.12.13.〉 (정부부처명칭등의변경에따른건축법등의정비에관한법률)
이 법은 1998년 1월 1일부터 시행한다. 〈단서 생략〉

    부칙 〈제9807호, 2009.10.21.〉
이 법은 공포한 날부터 시행한다.

부칙 〈제11551호, 2012.12.18.〉 (수입인지에 관한 법률)

제1조(시행일) 이 법은 공포 후 1년이 경과한 날부터 시행한다.

제2조(다른 법률의 개정) ①부터 ③까지 생략

④ 인지 첨부 및 공탁 제공에 관한 특례법 일부를 다음과 같이 개정한다.

제명 "인지 첨부 및 공탁 제공에 관한 특례법"을 "인지 첨부·첨부 및 공탁 제공에 관한 특례법"으로 한다.

제1조 중 "첨부(貼付)"를 "첨부(貼付)·첨부(添附)"로 한다.

제2조의 제목 중 "불첨부"를 "불첨부 및 불첨부"로 한다.

2. 양 식

◉ **공탁사무 문서양식에 관한 예규 일부개정예규**

(대법원 행정예규 제1153호. 2018.7.27. 결재)

(대법원 행정예규 제1307호. 2021.7.21. 결재)

제2조 중 "제19호"를 "제20호"로 한다.

별표 및 별지 제9-1호, 제9-2호, 제9-4호, 제20호를 별지와 같이 한다.

부　칙

이 예규는 2022년 7월 22일부터 시행한다.

[별표]

● 양식목록

양식 번호	명칭	관계공탁규칙 조문	비고
1-1	금전 공탁서(변제 등)	제20조	
1-2	금전 공탁서(재판상의 보증)	제20조	
1-3	금전 공탁서(가압류해방)	제20조	
1-4	금전 공탁서(영업보증)	제20조	
1-5	유가증권 공탁서(변제 등)	제20조	
1-6	유가증권 공탁서(재판상의 보증)	제20조	
1-7	유가증권 공탁서(영업보증)	제20조	
1-8	물품 공탁서	제20조	
1-9	금전 공탁서(형사사건용)	제20조	추가
2-1	금전 공탁통지서	제23조제1항	
2-2	유가증권 공탁통지서	제23조제1항	
2-3	물품 공탁통지서	제23조제1항	
2-4	금전 공탁통지서(형사사건용)	제23조제1항	추가
3	공탁물품납입서	제26조제2항	
4	공탁물품납입통지서	제27조	
5	공탁서 정정신청서	제30조제2항	
6	대공탁 · 부속공탁 청구서	제31조제1항	
7	대공탁 · 부속공탁을 위한 유가증권 · 이표 출급의뢰서	제31조제3항	
8-1	공탁금 출급 · 회수청구서	제32조제1항	
8-2	공탁유가증권 출급 · 회수 청구서	제32조제1항	
8-3	공탁물품 출급 · 회수 청구서	제32조제1항	
9-1	공탁금 계좌 입금 신청서	제40조제2항	
9-2	공탁금 포괄계좌 입금 신청서		계좌입금에 의한 공탁금출금 · 회수절차에 관한 업무처리지침 제3조제1항

9-3	공탁금 포괄계좌입금 해지신청서		계좌입금에 의한 공탁금출금ㆍ회수절차에 관한 업무처리지침 제3조제2항
9-4	공탁금계좌입금신청서(원거리신청용)	제40조제2항	
9-5	전국공통 공탁금 포괄계좌 입금 신청서(국가ㆍ지방자치단체용)		계좌입금에 의한 공탁금출금ㆍ회수절차에 관한 업무처리지침 제3조의2제1항
9-6	전국공통 공탁금 포괄계좌 해지 신청서(국가ㆍ지방자치단체용)		계좌입금에 의한 공탁금출금ㆍ회수절차에 관한 업무처리지침 제3조의2제2항
10	보증서	제41조	
11	지급위탁서	제43조제1항	
12	증명서	제43조제1항	
13	공탁물품지급결과통지서	제46조	
14-1	공탁금 이자 청구서	제53조제2항	
14-2	공탁유가증권 이표 청구서	제54조	
15	사유신고서	제58조제1항	
16-1	공탁기록 열람ㆍ복사 신청서	제59조	
16-2	사실증명신청서	제59조	
17	이의신청서		공탁법 제12조제2항
18	동의서(승낙서)	제33조, 제34조	토지수용보상금의 공탁에 관한 사무처리지침 3.나.(2).(가) 추가
19	보정권고		전자공탁시스템에 의한 공탁사무처리지침 제10조 등
20	신분확인서		신분확인에 의한 공탁금출급회수업무처리지침등
별지	공탁금(유가증권)출급청구안내문		양식2-1, 2-2의 별지

금전 공탁서(변제 등)

공 탁 번 호		년 금 제 호		년 월 일 신청	법령조항	
공 탁 자	성 명 (상호, 명칭)		피 공 탁 자	성 명 (상호, 명칭)		
	주민등록번호 (법인등록번호)			주민등록번호 (법인등록번호)		
	주 소 (본점, 주사무소)			주 소 (본점, 주사무소)		
	전화번호			전화번호		
공 탁 금 액	한글		보 관 은 행		은행 지점	
	숫자					
공탁원인사실						
비고(첨부서류 등)		☐ 계좌납입신청 ☐ 공탁통지 우편료 원				
1. 공탁으로 인하여 소멸하는 질 권, 전세권 또는 저당권 2. 반대급부 내용						

위와 같이 신청합니다.   대리인 주소
                                                          전화번호
    공탁자 성명   인(서명)   성명   인(서명)

위 공탁을 수리합니다.
공탁금을   년   월   일까지 위 보관은행의 공탁관 계좌에 납입하시기 바랍니다.
위 납입기일까지 공탁금을 납입하지 않을 때는 이 공탁 수리결정의 효력이 상실됩니다.

년   월   일

법원   지원 공탁관   (인)

(영수증) 위 공탁금이 납입되었음을 증명합니다.

년   월   일

공탁금 보관은행(공탁관)   (인)

※ 1. 서명 또는 날인을 하되, 대리인이 공탁할 때에는 대리인의 성명, 주소(자격자대리인은 사무소)를 기재하고 대리인이 서명 또는 날인하여야 합니다. 전자공탁시스템을 이용하여 공탁하는 경우에는 날인 또는 서명은 인증서에 의한 전자서명 방식으로 합니다.
2. 공탁당사자가 국가 또는 지방자치단체인 경우에는 법인등록번호란에 '고유번호'를 기재하시기 바랍니다.
3. 공탁당사자가 국가인 경우 소관청도 기재하시기 바랍니다[예 : 대한민국(소관청 : ○○○)].
4. 피공탁자의 주소를 기재하는 경우에는 피공탁자의 주소를 소명하는 서면을 첨부하여야 하고, 피공탁자의 주소를 알 수 없는 경우에는 그 사유를 소명하는 서면을 첨부하여야 합니다.
5. 공탁통지서를 발송하여야 하는 경우, 공탁금을 납입할 때 우편료(피공탁자 수 × 1회 발송)도 납부하여야 합니다(**공탁신청이 수리된 후 해당 공탁사건번호로 납부하여야 하며, 미리 예납할 수 없습니다**).
6. 공탁금 회수청구권은 소멸시효 완성으로 국고에 귀속될 수 있습니다.
7. 공탁서는 재발급 되지 않으므로 잘 보관하시기 바랍니다.

금전 공탁서(재판상의 보증)

공 탁 번 호			년 금 제 호		년 월 일 신청	법령조항	
공탁자	성 명 (상호, 명칭)			피공탁자	성 명 (상호, 명칭)		
	주민등록번호 (법인등록번호)				주민등록번호 (법인등록번호)		
	주 소 (본점, 주사무소)				주 소 (본점, 주사무소)		
	전화번호				전화번호		

공 탁 금 액	한글	보 관 은 행	은행 지점
	숫자		

법원의 명칭과 사 건		법원			사건	
	당사자	원고 신청인 채권자		피고 피신청인 채무자		

공탁 원인 사실	1. 가압류보증 2. 가처분보증 3. 가압류 취소보증 4. 가처분 취소보증 5. 강제집행 정지의 보증	6. 강제집행 취소의 보증 7. 강제집행 속행의 보증 8. 소송비용 담보 9. 가집행 담보 10. 가집행을 면하기 위한 담보	11. 기타( )

비고(첨부서류 등)	□ 계좌납입신청

위와 같이 신청합니다.　　　　　　　　대리인 주소
　　공탁자 성명　　　　　인(서명)　　전화번호
　　　　　　　　　　　　　　　　　　성명　　　　　　인(서명)

위 공탁을 수리합니다.
공탁금을 　　 년 　월 　일까지 위 보관은행의 공탁관 계좌에 납입하시기 바랍니다.
위 납입기일까지 공탁금을 납입하지 않을 때는 이 공탁 수리결정의 효력이 상실됩니다.

　　　　　　　　　　　년 　　　　월 　　　　일

　　　　　　　　　　　법원 　　　지원 공탁관 　　　　　　(인)

(영수증) 위 공탁금이 납입되었음을 증명합니다.

　　　　　　　　　　　년 　　　　월 　　　　일

　　　　　　　공탁금 보관은행(공탁관) 　　　　　(인)

※ 1. 서명 또는 날인을 하되, 대리인이 공탁할 때에는 대리인의 성명, 주소(자격자대리인은 사무소)를 기재하고 대리인이 서명 또는 날인하여야 합니다. 전자공탁시스템을 이용하여 공탁하는 경우에는 날인 또는 서명은 인증서에 의한 전자서명 방식으로 합니다.
   2. 재판상 보증공탁 등 손해담보공탁으로서 공탁 당시에 손해담보권리자가 특정될 수 있는 경우에는 손해담보권리자를 피공탁자로 기재하여야 합니다.
   3. 공탁당사자가 국가 또는 지방자치단체인 경우에는 법인등록번호란에 '고유번호'를 기재하시기 바랍니다.
   4. 공탁당사자가 국가인 경우 소관청도 기재하시기 바랍니다[예 : 대한민국(소관청 : ○○○)]
   5. 공탁금 회수청구권은 소멸시효 완성으로 국고에 귀속될 수 있습니다.
   6. 공탁서는 재발급 되지 않으므로 잘 보관하시기 바랍니다.

금전 공탁서(가압류해방)

공 탁 번 호	년 금 제 호		년 월 일 신청	법령조항	민사집행법 제282조
공 탁 자 (가압류 채무자)	성 명 (상호, 명칭)				
	주민등록번호 (법인등록번호)				
	주 소 (본점, 주사무소)				
	전화번호				
공 탁 금 액	한글 숫자		보 관 은 행		은행 지점
법원의 명칭과 사 건	법원			사건	
	당 사 자	채 권 자		채 무 자	
공탁원인사실	위 사건의 가압류 집행 취소를 위한 해방공탁				
비고(첨부서류 등)	1. 가압류 결정문 사본 2. ☐ 계좌납입신청				

위와 같이 신청합니다.   대리인 주소
                                          전화번호
    공탁자 성명   인(서명)   성명   인(서명)

위 공탁을 수리합니다.
공탁금을   년   월   일까지 위 보관은행의 공탁관 계좌에 납입하시기 바랍니다.
위 납입기일까지 공탁금을 납입하지 않을 때는 이 공탁 수리결정의 효력이 상실됩니다.

                              년   월   일

                      법원   지원 공탁관   (인)

(영수증) 위 공탁금이 납입되었음을 증명합니다.

                              년   월   일

                      공탁금 보관은행(공탁관)   (인)

※ 1. 서명 또는 날인을 하되, 대리인이 공탁할 때에는 대리인의 성명, 주소(자격자대리인은 사무소)를 기재하고 대리인이 서명 또는 날인하여야 합니다. 전자공탁시스템을 이용하여 공탁하는 경우에는 날인 또는 서명은 인증서에 의한 전자서명 방식으로 합니다.
2. 공탁당사자가 국가 또는 지방자치단체인 경우에는 법인등록번호란에 '고유번호'를 기재하시기 바랍니다.
3. 공탁금 회수청구권은 소멸시효 완성으로 국고에 귀속될 수 있습니다.
4. 공탁서는 재발급 되지 않으므로 잘 보관하시기 바랍니다.

금전 공탁서(영업보증)

공 탁 번 호	년 금 제 호	년 월 일 신청	법령조항	
공 탁 금 액	한글	보 관 은 행	은행 지점	
	숫자			

공탁자	성 명 (상호, 명칭)	
	주민등록번호 (법인등록번호)	
	주 소 (본점, 주사무소)	
	전화번호	

공탁원인사실	

관공서의 명칭, 건명(허가번호 등)	

비고(첨부서류 등)	☐ 계좌납입신청

위와 같이 신청합니다.　　　　　　　　　　　　대리인 주소

　　공탁자 성명　　　　　　　　인(서명)　　　전화번호
　　　　　　　　　　　　　　　　　　　　　성명　　　　　　　인(서명)

위 공탁을 수리합니다.
공탁금을　　　년　월　일까지 위 보관은행의 공탁관 계좌에 납입하시기 바랍니다.
위 납입기일까지 공탁금을 납입하지 않을 때는 이 공탁 수리결정의 효력이 상실됩니다.

　　　　　　　　　　　　　년　　　　월　　　　일

　　　　　　　　　　법원　　　지원 공탁관　　　　　　　　(인)

(영수증) 위 공탁금이 납입되었음을 증명합니다.

　　　　　　　　　　　　　년　　　　월　　　　일

　　　　　　공탁금 보관은행(공탁관)　　　　　　　　　(인)

※ 1. 서명 또는 날인을 하되, 대리인이 공탁할 때에는 대리인의 성명, 주소(자격자대리인은
　　　사무소)를 기재하고 대리인이 서명 또는 날인하여야 합니다. 전자공탁시스템을 이용하
　　　여 공탁하는 경우에는 날인 또는 서명은 인증서에 의한 전자서명 방식으로 합니다.
　　2. 공탁금 회수청구권은 소멸시효 완성으로 국고에 귀속될 수 있습니다.
　　3. 공탁서는 재발급 되지 않으므로 잘 보관하시기 바랍니다.

유가증권 공탁서(변제 등)

공 탁 번 호		년 증 제 호		년 월 일 신청	법령조항	
공탁자	성 명 (상호, 명칭)		피공탁자	성 명 (상호, 명칭)		
	주민등록번호 (법인등록번호)			주민등록번호 (법인등록번호)		
	주 소 (본점, 주사무소)			주 소 (본점, 주사무소)		
	전화번호			전화번호		

공탁유가증권				공탁원인사실		
명 칭			계			
장 수						

총액면금	한글
	숫자
				1. 공탁으로 인하여
				  소멸하는 질권,
				  전세권 또는 저당권
				2. 반대급부 내용		

액면금 기호번호						
부속이표				보 관 은 행	은행 지점	
최종 상환기				비 고		

위와 같이 신청합니다.   대리인 주소
                                         전화번호
        공탁자 성명   인(서명)   성명   인(서명)

위 공탁을 수리합니다.
공탁유가증권을   년   월   일까지 위 보관은행의 공탁관 계좌에 납입하시기 바랍니다.
위 납입기일까지 공탁유가증권을 납입하지 않을 때는 이 공탁 수리결정의 효력이 상실됩니다.

                               년   월   일

                        법원   지원 공탁관   (인)

(영수증) 위 공탁유가증권이 납입되었음을 증명합니다.

                               년   월   일

                 공탁금 보관은행(공탁관)   (인)

※ 1. 서명 또는 날인을 하되, 대리인이 공탁할 때에는 대리인의 성명, 주소(자격자대리인은

사무소)를 기재하고 대리인이 서명 또는 날인하여야 합니다.

2. 공탁당사자가 국가 또는 지방자치단체인 경우에는 법인등록번호란에 '고유번호'를 기재하시기 바랍니다.

3. 공탁당사자가 국가인 경우 소관청도 기재하시기 바랍니다[예 : 대한민국(소관청 : ○○○)].

4. 공탁통지서를 발송하여야 하는 경우, 공탁금을 납입할 때 우편료(피공탁자 수 × 1회 발송)도 납부하여야 합니다(**공탁신청이 수리된 후 해당 공탁사건번호로 납부하여야 하며, 미리 예납할 수 없습니다**).

5. 공탁서는 재발급 되지 않으므로 잘 보관하시기 바랍니다.

유가증권 공탁서(재판상의 보증)

공 탁 번 호		년 증 제 호	년 월 일 신청	법령조항	
공 탁 자	성 명 (상호, 명칭)		**피 공 탁 자**	성 명 (상호, 명칭)	
	주민등록번호 (법인등록번호)			주민등록번호 (법인등록번호)	
	주 소 (본점, 주사무소)			주 소 (본점, 주사무소)	
	전화번호			전화번호	

공탁유가증권				법원의 명칭과 사건	법원 사건				
명 칭			계		당 사 자	원고 신청인 채권자		피고 피신청 인 채무자	
장 수									
총액면금	한글 숫자			공탁 원인 사실	1. 가압류보증 7. 강제집행속행보증 2. 가처분보증 8. 소송비용담보 3. 가압류취소보증 9. 가집행담보 4. 가처분취소보증 10. 가집행을 면하기 5. 강제집행정지보증 위한 담보 6. 강제집행취소보증 11. 기타( )				
액면금 기호번호									
부속이표				보 관 은 행			은행 지점		
최종 상환기				비고(첨부서류 등)					

위와 같이 신청합니다.   대리인 주소
                                                         전화번호
     공탁자 성명   인(서명)   성명   인(서명)

위 공탁을 수리합니다.
공탁유가증권을   년   월   일까지 위 보관은행의 공탁관 계좌에 납입하시기 바랍니다.
위 납입기일까지 공탁유가증권을 납입하지 않을 때는 이 공탁 수리결정의 효력이 상실됩니다.

                                    년   월   일

          법원   지원 공탁관   (인)

(영수증) 위 공탁유가증권이 납입되었음을 증명합니다.

                                    년   월   일

          공탁금 보관은행(공탁관)   (인)

※ 1. 서명 또는 날인을 하되, 대리인이 공탁할 때에는 대리인의 성명, 주소(자격자대리인은 사무소)를 기재하고 대리인이 서명 또는 날인하여야 합니다.
2. 재판상 보증공탁 등 손해담보공탁으로서 공탁 당시에 손해담보권리자가 특정될 수 있는 경우에는 손해담보권리자를 피공탁자로 기재하여야 합니다.
3. 공탁당사자가 국가 또는 지방자치단체인 경우에는 법인등록번호란에 '고유번호'를 기재하시기 바랍니다.
4. 공탁당사자가 국가인 경우 소관청도 기재하시기 바랍니다[예 : 대한민국(소관청 : ○ ○ ○)].
5. 공탁서는 재발급 되지 않으므로 잘 보관하시기 바랍니다.

유가증권 공탁서(영업보증)

공 탁 번 호	년 증 제 호	년 월 일 신청	법령조항	

공탁자	성 명 (상호, 명칭)	
	주민등록번호 (법인등록번호)	
	주 소 (본점, 주사무소)	
	전화번호	

공탁유가증권				공탁 원인 사실	
명 칭			계		
장 수					
총액면금	한글 숫자			관공서의 명칭, 건 명 (허 가 번 호 등)	
액면금 기호번호					
부속이표				보 관 은 행	은행　지점
최종 상환기				비 고	

위와 같이 신청합니다.　　　　　　　　　대리인 주소
　　　　　　　　　　　　　　　　　　　　전화번호
　공탁자 성명　　　　　　　인(서명)　성명　　　　　　　인(서명)

위 공탁을 수리합니다.
공탁유가증권을　년　월　일까지 위 보관은행의 공탁관 계좌에 납입하시기 바랍니다.
위 납입기일까지 공탁유가증권을 납입하지 않을 때는 이 공탁 수리결정의 효력이 상실됩니다.

　　　　　　　　　　　　　년　　　　월　　　　일

　　　　　　　　　　법원　　　　지원 공탁관　　　　　　　　(인)

(영수증)　위 공탁유가증권이 납입되었음을 증명합니다.

　　　　　　　　　　　　　년　　　　월　　　　일

　　　　　　　　공탁금 보관은행(공탁관)　　　　　　　　(인)

※ 1. 서명 또는 날인을 하되, 대리인이 공탁할 때에는 대리인의 성명, 주소(자격자대리인은
　　　사무소)를 기재하고 대리인이 서명 또는 날인하여야 합니다.
　　2. 공탁당사자가 국가 또는 지방자치단체인 경우에는 법인등록번호란에 '고유번호'를 기재
　　　하시기 바랍니다.
　　3. 공탁서는 재발급 되지 않으므로 잘 보관하시기 바랍니다.

물품 공탁서

공 탁 번 호		년 물 제 호		년 월 일 신청	법령조항	
공탁자	성 명 (상호, 명칭)		피공탁자	성 명 (상호, 명칭)		
	주민등록번호 (법인등록번호)			주민등록번호 (법인등록번호)		
	주 소 (본점, 주사무소)			주 소 (본점, 주사무소)		
	전화번호			전화번호		

공 탁 물 품			공탁원인사실	
명 칭	종 류	수 량		
			1. 공탁으로 인하여 소멸하는 질권, 전세권 또는 저당권 2. 반대급부 내용	
			보 관 자	
			비 고	

위와 같이 신청합니다.   대리인 주소
                                                            전화번호
    공탁자 성명   인(서명)   성명   인(서명)

위 공탁을 수리합니다.
공탁물품을   년   월   일까지 위 보관자에게 납입하시기 바랍니다.
위 납입기일까지 공탁물품을 납입하지 않을 때는 이 공탁 수리결정의 효력이 상실됩니다.

년   월   일

법원   지원 공탁관   (인)

(영수증) 위 공탁물품이 납입되었음을 증명합니다.

년   월   일

공탁물보관자   (인)

※ 1. 서명 또는 날인을 하되, 대리인이 공탁할 때에는 대리인의 성명, 주소(자격자대리인은 사무소)를 기재하고 대리인이 서명 또는 날인하여야 합니다.
 2. 공탁통지서를 발송하여야 하는 경우, 공탁금을 납입할 때 우편료(피공탁자 수 × 1회 발송)도 납부하여야 합니다(**공탁신청이 수리된 후 해당 공탁사건번호로 납부하여야 하며, 미리 예납할 수 없습니다**).
 3. 공탁서는 재발급 되지 않으므로 잘 보관하시기 바랍니다.

금전 공탁서(형사사건용)

공 탁 번 호		년 금 제 호		년 월 일 신청	법령조항	민법487조
공 탁 자	성 명 (상호, 명칭)		피 공 탁 자	성 명 (상호, 명칭)		
	주민등록번호 (법인등록번호)			주민등록번호 (법인등록번호)		
	주 소 (본점, 주사무소)			주 소 (본점, 주사무소)		
	전화번호			전화번호		

공 탁 금 액	한글	보 관 은 행	은행 지점
	숫자		

형사사건	사건번호	경찰서 년제 호 지방검찰청 지청 년 형제 호 지방법원 지원 년 고단(합) 제 호
	사건명	

공탁원인사실	

비고(첨부서류등)		☐ 계좌납입신청 ☐ 공탁통지 우편료 원
반대급부 내용 등		

위와 같이 신청합니다.   대리인 주소
                                                    전화번호
    공탁자 성명   인(서명)   성명   인(서명)

회수제한 신고	공탁자는 피공탁자의 동의가 없으면 위 형사사건에 대하여 불기소결정(단, 기소유예는 제외)이 있거나 무죄판결이 확정될 때까지 공탁금에 대한 회수청구권을 행사하지 않겠습니다. **공탁자 성명 인(서명) 대리인 성명 인(서명)** ※ 회수신고란에 서명하지 않을 경우 "금전 공탁서(변제 등)" 양식을 사용하시기 바랍니다.

위 공탁을 수리합니다.
공탁금을   년   월   일까지 위 보관은행의 공탁관 계좌에 납입하시기 바랍니다.
위 납입기일까지 공탁금을 납입하지 않을 때는 이 공탁 수리결정의 효력이 상실됩니다.
                              년   월   일
                        법원   지원 공탁관   (인)

(영수증) 위 공탁금이 납입되었음을 증명합니다.
                              년   월   일
                    공탁금 보관은행(공탁관)   (인)

※ 1. 서명 또는 날인을 하되, 대리인이 공탁할 때에는 대리인의 성명, 주소(자격자대리인은

사무소)를 기재하고 대리인이 서명 또는 날인하여야 합니다. 전자공탁시스템을 이용하여 공탁하는 경우에는 날인 또는 서명은 인증서에 의한 전자서명 방식으로 합니다.

2. 공탁금 납입 후 은행으로부터 받은(전자공탁시스템을 이용하여 공탁하는 경우에는 전산시스템으로 출력한) 공탁서 원본을 형사사건이 최종 계류 중인 경찰서나 검찰청 또는 법원에 제출하시기 바랍니다.

3. 공탁통지서를 발송하여야 하는 경우, 공탁금을 납입할 때 우편료(피공탁자 수 × 1회 발송)도 납부하여야 합니다(**공탁신청이 수리된 후 해당 공탁사건번호로 납부하여야 하며, 미리 예납할 수 없습니다**).

4. 공탁금 회수청구권은 소멸시효 완성으로 국고에 귀속될 수 있습니다.

5. 공탁서는 재발급 되지 않으므로 잘 보관하시기 바랍니다.

금전 공탁통지서

공 탁 번 호	년 금 제 호		년 월 일 신청	법령조항	
공 탁 자	성 명 (상호, 명칭)		피 공 탁 자	성 명 (상호, 명칭)	
	주 소 (본점, 주사무소)			주 소 (본점, 주사무소)	
공 탁 금 액	한글		보 관 은 행		은행 지점
	숫자				
공 탁 원 인 사 실					
1. 공탁으로 인하여 소멸하는 질권, 전세권 또는 저당권 2. 반대급부 내용					
위와 같이 통지합니다. 공탁자 성명 인(서명)		대리인 주소 성명 인(서명)			

1. 위 공탁금이   년   월   일 납입되었으므로 [별지] 안내문의 구비서류 등을 지참하시고, 우리 법원 공탁소에 출석하여 공탁금 출급청구를 할 수 있습니다.

   귀하가 공탁금 출급청구를 하거나, 공탁을 수락한다는 내용을 기재한 서면을 우리 공탁소에 제출하기 전에는 공탁자가 공탁금을 회수할 수 있습니다.

2. 공탁금 출급청구시 구비서류 등

   ※ [별지] 안내문을 참조하시기 바랍니다.

3. **공탁금액이 5천만원 이하인 경우에는 법원 전자공탁홈페이지(http://ekt.scourt.go.kr)를 이용하여 인터넷으로 공탁금 출급청구를 할 수 있습니다. 이 경우 인감증명서(또는 본인서명사실확인서)는 첨부하지 아니합니다.**

   ※ 전자공탁홈페이지에서 이체 가능한 은행을 확인 후, 청구하시기 바랍니다.

4. 공탁금은 그 출급청구권을 행사할 수 있는 때로부터 10년 내에 출급청구를 하지 않을 때에는 특별한 사유(소멸시효 중단 등)가 없는 한 소멸시효가 완성되어 국고로 귀속되게 됩니다.

5. 공탁금에 대하여 이의가 있는 경우에는 공탁금 출급청구를 할 때에 청구서에 이의유보 사유(예컨대 "손해배상금 중의 일부로 수령함" 등)를 표시하고 공탁금을 지급받을 수 있으며, 이 경우에는 후에 다른 민사소송 등의 방법으로 권리를 주장할 수 있습니다.

6. 공탁통지서는 재발급 되지 않으므로 잘 보관하시기 바랍니다.

7. 사건 내용은 법원 전자공탁홈페이지에서 조회할 수 있으며, 통지서 하단에 발급확인번호가 기재되어 있는 경우에는 전자문서로 신청된 사건이므로 전자공탁홈페이지에서 공탁관련 문서를 열람할 수 있습니다.

년   월   일 발송

법원   지원 공탁관   (인)
(문의전화 :   )

※ 피공탁자가 국가인 경우 공탁통지서는 소관청의 장에게 발송함.

유가증권 공탁통지서

공 탁 번 호		년 증 제 호		년 월 일 신청		법령조항	
공 탁 자	성 명 (상호, 명칭)		피 공 탁 자	성 명 (상호, 명칭)			
	주 소 (본점, 주사무소)			주 소 (본점, 주사무소)			

공탁유가증권				공탁 원인 사실		
명 칭			계			
장 수						

총액면금	한글
	숫자
				1. 공탁으로 인하여
				   소멸하는 질권,
				   전세권 또는 저당권
				2. 반대급부 내용		

액면금 기호번호						
부속이표				보 관 은 행		은행 지점
최종 상환기				비 고		

위와 같이 통지합니다.　　　　　　　　　　　　　　대리인 주소
　　공탁자 성명　　　　　　　인(서명)　　　　　성명　　　　　　　　인(서명)

1. 위 공탁유가증권이　년　월　일 납입되었으므로 [별지] 안내문의 구비서류 등을 지 참하시고, 우리 법원 공탁소에 출석하여 공탁유가증권 출급청구를 할 수 있습니다.

   귀하가 공탁유가증권 출급청구를 하거나 공탁을 수락한다는 내용을 기재한 서면을 우리 공탁소에 제출하기 전에는 공탁자가 공탁유가증권을 회수할 수 있습니다.

2. 공탁유가증권 출급청구시 구비서류 등

   ※ [별지] 안내문을 참조하시기 바랍니다.

3. 공탁유가증권에 대하여 이의가 있는 경우에는 공탁유가증권 출급청구를 할 때에 청 구서에 이의유보사유(예컨대 "손해배상금 중의 일부로 수령함" 등)를 표시하고 공탁 유가증권을 지급받을 수 있으며, 이 경우에는 후에 다른 민사소송 등의 방법으로 권리를 주장할 수 있습니다.

4. 공탁통지서는 재발급 되지 않으므로 잘 보관하시기 바랍니다.

　　　　　　　　　　　　　　년　　　　　월　　　　　일 발송

　　　　　　　　　　　　법원　　　지원 공탁관　　　　　　　　　(인)
　　　　　　　　　　　　(문의전화 :　　　　　　　　　　　　　　)

※ 피공탁자가 국가인 경우 공탁통지서는 소관청의 장에게 발송함.

[제2-3호 양식]

물품 공탁통지서

<table>
<tr><td colspan="2">공 탁 번 호</td><td>년 물 제 호</td><td colspan="2">년 월 일 신청</td><td colspan="2">법령조항</td></tr>
<tr><td rowspan="2">공탁자</td><td>성 명
(상호, 명칭)</td><td></td><td rowspan="2">피공탁자</td><td>성 명
(상호, 명칭)</td><td></td></tr>
<tr><td>주 소
(본점, 주사무소)</td><td></td><td>주 소
(본점, 주사무소)</td><td></td></tr>
<tr><td colspan="3" align="center">공 탁 물 품</td><td rowspan="2">공탁
원인
사실</td><td></td></tr>
<tr><td>명 칭</td><td>종 류</td><td>수 량</td><td></td></tr>
<tr><td></td><td></td><td></td><td>1. 공탁으로 인하여
   소멸하는 질권,
   전세권 또는 저당권

2. 반대급부 내용</td><td></td></tr>
<tr><td></td><td></td><td></td><td colspan="2" align="center">비 고</td></tr>
</table>

위와 같이 통지합니다.   대리인 주소
　　　　공탁자 성명　　　　　　인(서명)　　　　성명　　　　　　　　　인(서명)

1. 위 공탁물품이 　년　　월　　일 납입되었으므로 아래와 같은 구비서류를 지참하시고, 우리 법원 공탁소에 출석하여 공탁물품 출급청구를 할 수 있습니다.

   귀하가 공탁물품 출급청구를 하거나 공탁을 수락한다는 내용을 기재한 서면을 우리 공탁소에 제출하기 전에는 공탁자가 공탁물품을 회수할 수 있습니다.

2. 공탁물품 출급청구시 구비서류 : ①출급청구서 2통, ②공탁통지서, ③인감증명서 1통, ④인감도장,　　　　⑤신분증

   ※ 대리인이 올 경우에는 위 구비서류 ①, ②외에 위임장(본인의 인감도장이 찍힌 것), 본인의 인감증명서, 대리인의 신분증을 지참하여야 합니다.

3. 공탁물품에 대하여 이의가 있는 경우에는 공탁물품 출급청구를 할 때에 청구서에 이의유보사유(예컨대 "손해배상금 중의 일부로 수령함" 등)를 적고 공탁물품을 지급 받을 수 있으며, 이 경우에는 후에 다른 민사소송 등의 방법으로 권리를 주장할 수 있습니다.

4. 공탁통지서는 재발급 되지 않으므로 잘 보관하시기 바랍니다.

　　　　　　　　　　　　　　　년　　월　　일　　　발송

　　　　　　　　　　　법원　　지원　공탁관　　　　　　　(직인)
　　　　　　　　　　　(문의전화 :　　　　　　　　　　　)

※ 인감을 날인하고 인감증명서를 첨부하여야 하는 경우, 이를 갈음하여 서명을 하고 본인서명사실확인서를 제출할 수 있습니다.

금전 공탁통지서(형사사건용)

공 탁 번 호		년 금 제 호		년 월 일 신청		법령조항	
공탁자	성 명 (상호, 명칭)		피공탁자	성 명 (상호, 명칭)			
	주 소 (본점, 주사무소)			주 소 (본점, 주사무소)			
공 탁 금 액		한글	보 관 은 행			은행 지점	
		숫자					
형사사건	사건번호	경찰서 년 제 호 지방검찰청 지청 년 형 제 호 지방법원 지원 년 고단(합) 제 호					
	사건명						
공 탁 원 인 사 실							
반대급부 내용 등							

위와 같이 통지합니다.   대리인 주소
　공탁자 성명   인(서명)   성명   인(서명)

1. 위 공탁금이   년   월   일 납입되었으므로 [별지] 안내문의 구비서류 등을 지참하시고 우리 법원 공탁소에 출석하여 공탁금 출급청구를 할 수 있습니다.
2. 공탁금액이 5천만원 이하인 경우에는 법원 전자공탁홈페이지(http://ekt.scourt.go.kr)를 이용하여 인터넷으로 공탁금 출급청구를 할 수 있습니다. 이 경우 인감증명서(또는 본인서명사실확인서)는 첨부하지 아니합니다.

   ※ 전자공탁홈페이지에서 이체 가능한 은행을 확인 후, 청구하시기 바랍니다.
3. **공탁자가 회수제한신고를 한 경우에는 공탁자는 귀하의 동의가 없으면 위 형사사건에 대하여 불기소결정(단, 기소유예는 제외)이 있거나 무죄판결이 확정될 때까지 공탁금에 대한 회수청구권을 행사할 수 없습니다.**

   그러나, 공탁자가 회수제한신고를 하지 않은 경우에는 귀하가 공탁금 출급청구를 하거나, 공탁을 수락한다는 내용을 기재한 서면을 우리 공탁소에 제출하기 전에는 공탁자가 공탁금을 회수할 수 있습니다.
4. 공탁금은 그 출급청구권을 행사할 수 있는 때로부터 10년 내에 출급청구를 하지 않을 때에는 특별한 사유(소멸시효 중단 등)가 없는 한 소멸시효가 완성되어 국고로 귀속되게 됩니다.
5. 공탁금에 대하여 이의가 있는 경우에는 공탁금 출급청구를 할 때에 청구서에 이의유보 사유(예컨대 "손해배상금 중의 일부로 수령함"등)를 표시하고 공탁금을 지급받을 수 있으며, 이 경우에는 후에 다른 민사소송 등의 방법으로 권리를 주장할 수 있습니다.
6. 공탁통지서는 재발급 되지 않으므로 잘 보관하시기 바랍니다.
7. 사건 내용은 법원 전자공탁홈페이지에서 조회할 수 있으며, 통지서 하단에 발급확인번호가 기재되어 있는 경우에는 전자문서로 신청된 사건이므로 전자공탁홈페이지에서 공탁관련 문서를 열람할 수 있습니다.

　　　　　　　　　　　　　　　　　　　년   월   일 발송
　　　　　법원   지원 공탁관   (인)
　　　　　　　　(문의전화 :   )

공 탁 물 품 납 입 서

<table>
<tr><td colspan="5">공탁물보관자　　　　　　귀중</td></tr>
<tr><td>공 탁 번 호</td><td>접 수 일 자</td><td>취 급 자</td><td>검 인</td><td>계 인</td></tr>
<tr><td>년 물 제 　 호</td><td>년　월　일</td><td>㊞</td><td></td><td></td></tr>
<tr><td>물 품 명 칭</td><td>종 　 류</td><td>수 　 량</td><td colspan="2">비 　 고</td></tr>
<tr><td></td><td></td><td></td><td colspan="2"></td></tr>
<tr><td></td><td></td><td></td><td colspan="2"></td></tr>
<tr><td></td><td></td><td></td><td colspan="2"></td></tr>
<tr><td></td><td></td><td></td><td colspan="2"></td></tr>
<tr><td></td><td></td><td></td><td colspan="2"></td></tr>
<tr><td colspan="5">위 공탁물품을 납입합니다.

　　　　　　　　년　　　　월　　　　일

　　　　　　　법원　　　지원 공탁관　　　　　（인）</td></tr>
</table>

공 탁 물 품 납 입 통 지 서

				법원 지원 공탁관 귀하	
물품의 명칭	종 류	수 량	납입 연월일	공탁번호 : 년 물 제 호	
				공탁자	성명 (상호, 명칭)
					생년월일 (법인등록번호)
					주소 (본점, 주사무소)
				대리인	성명 (상호, 명칭)
					생년월일 (법인등록번호)
					주소 (본점, 주사무소)

위 공탁물품이 납입되었음을 알려드립니다.

년   월   일

공탁물보관자   (인)

공탁서 정정신청서

공탁사건	공 탁 번 호		공 탁 종 류	
	공 탁 자		피 공 탁 자	
	공 탁 목 적 물		공탁수리연월일	
정정할 사항				
비고(첨부서류 등)				

위와 같이 공탁서 정정신청을 합니다.

년   월   일

신청인 성명   인(서명)   대리인 주소
                                    성명   인(서명)

위 정정신청을 수리합니다.

년   월   일

법원   지원 공탁관   (인)

※ 1. 서명 또는 날인을 하되, 대리인이 공탁할 때에는 대리인의 성명, 주소(자격자대리인은 사무소)를 기재하고 대리인이 서명 또는 날인하여야 합니다. 전자공탁시스템을 이용하여 신청하는 경우에는 날인 또는 서명은 인증서에 의한 전자서명 방식으로 합니다.
   2. 전자공탁시스템을 이용하여 이루어진 공탁사건에 대한 공탁서 정정신청은 반드시 전자공탁시스템을 이용하여 하여야 합니다.
   3. 정정할 사항의 기재례 : 공탁서 기재사항 중 ㅇㅇㅇ란 "△△△"을 "ㅁㅁㅁ"로 정정

대공탁·부속공탁 청구서

원공탁 번호	년 증 제 호	년 월 일 신청	청구 종별	☐ 대 공 탁 ☐ 부속공탁
대공탁 번호	년 금 제 호	대공탁 금액		
부속공탁번호	년 금 제 호	부속공탁금액		

추 심 을 의뢰하는 목 적 물	공 탁 유 가 증 권				상환금·이자· 배당금의 구별, 기타 지급기일
	명 칭	장 수	총 액면금액	액면금 기호, 번호	

보 관 은 행	은행 지점
비고(첨부서류 등)	

위와 같이 청구합니다.   대리인 주소

청구인 성명   인(서명)   성명   인(서명)

| 위 청구를 수리합니다.

년   월   일

법원   지원 공탁관   (인) |
|---|

| (영수증) 위 공탁금을 납입하기 위하여 필요한 출급의뢰서 등 일체의 서류를 영수하였음을 증명합니다.

년   월   일

공탁금 보관은행   (인) |
|---|

※ 서명 또는 날인을 하되, 대리인이 공탁할 때에는 대리인의 성명, 주소(자격자대리인은 사무소)를 기재하고 대리인이 서명 또는 날인하여야 합니다.

대공탁·부속공탁을 위한 유가증권·이표 출급의뢰서

공탁금 보관은행				귀중
원공탁 번호	년 증 제 호	년 월 일 신청	청구 종별	☐ 대 공 탁 ☐ 부속공탁
대공탁 번호	년 금 제 호	대공탁 금액		
부속공탁번호	년 금 제 호	부속공탁금액		

출 급 을 의뢰하는 목 적 물	공 탁 유 가 증 권				상환금·이자· 배당금의 구별, 기타 지급기일
	명 칭	장 수	총 액면금액	액면금 기호, 번호	

위 증권·이표의 출급을 의뢰하오니 추심하여 공탁금 계좌에 납입하여 주시기 바랍니다.

첨부서류 :

년   월   일

법원   지원 공탁관   (인)

※ 첨부서류 : 공탁유가증권이 기명식인 때에는 공탁유가증권 보관자 앞으로 작성한 상환금
(이자배당금) 추심 위임장을 첨부함.

공탁금 출급·회수 청구서

※ 굵은 글씨 부분은 반드시 기재하시기 바랍니다.

공 탁 번 호		년 금 제 호		공 탁 금 액	한글	
					숫자	
공 탁 자	성 명 (상호, 명칭)		피 공 탁 자	성 명 (상호, 명칭)		
	주민등록번호 (법인등록번호)			주민등록번호 (법인등록번호)		

청구 내역	청구금액		이자의 청구기간	이자 금액	합계금액	비 고
	한글			(은행)	(은행)	
	숫자			※ '이자 금액' 및 '합계금액' 란은 보관은행에서 기재함.		

보 관 은 행	은행 법원 지점

청구 및 이의유보 사유 ※ 해당란에 √ 하시거나 기타란에 간단히 기재하시기 바랍니다.	출급청구시	회수청구시
	※ 이의를 유보하고 공탁금을 출급하시겠습니까? □ 예(이의를 유보하고 출급함, 아래 ※5. 참조) □ 아니오(공탁을 수락하고 출급함, 아래 ※6. 참조) □ 담보권 실행 □ 배당에 의함 □ 채권양수에 의함 □ 기타( )	□ 민법 제489조에 의하여 회수 □ 착오공탁(착오증명서면 첨부 필요) □ 공탁원인소멸(담보취소, 본압류이전, 가압류취하·취소·해제 등)
비고 (첨부서류 등)	□ 공탁통지서 □ 공탁서 □ 신분증 사본 □ 위임장 □ 인감증명서 □ 주민등록등초본 □ 법인등기사항증명서 □ 채권압류추심명령 정본 및 송달증명 □ 채권압류·전부명령 정본 및 확정증명 □ 동의서·승낙서·보증서 □ 채권양도 원인서면 □ 증명서 □ 착오증명서면 □ 담보취소결정 정본 및 확정증명 □ 가압류 취하해제증명 등 □ 기타 ( )	
계좌입금	□ 포괄계좌입금(금융기관 : 계좌번호 :) □ 계좌입금신청(금융기관 : 계좌번호 :) : 공탁금 계좌입금신청서 첨부	

위와 같이 청구합니다.

년   월   일

청구인	대리인
주소 : 주민등록(사업자등록)번호 : 성명 : 인(서명) (전화번호 :)	주소 : 성명 : 인(서명) (전화번호:)

위 청구를 인가합니다.

년   월   일

법원   지원 공탁관   (인)

위 공탁금과 공탁금 이자(공탁금 출급회수청구서 1통)를 수령하였습니다.

년   월   일

수령인(청구인 또는 대리인) 성명   (인)

※ 1. 청구인의 인감증명서를 첨부하여야 합니다(인감을 날인하고 인감증명서를 첨부하여야 하는 경우, 이를 갈음하여 서명을 하고 본인서명사실확인서 또는 전자본인서명사실확인서 발급증을 제출할 수 있습니다). 다만, 1,000만원 이하의 공탁금을 본인이 직접 청구하는 때에는 인감증명서를 제출하지 않아도 되며(신분증을 확인) 날인 대신 서명할 수 있습니다.

2. 대리인이 청구하는 경우(1,000만원 이하인 경우 포함) 대리인의 성명, 주소(자격자대리인은 사무소)를 적고 날인(서명)하 여야 하며, 이 때에는 본인의 인감을 날인한 위임장과 그 인감증명서를 첨부하여야 합니다.

3. 공탁금이 5,000만원 이하인 사건에 대하여 전자공탁시스템을 이용하여 출급·회수 청구하는 경우에는 인감증명서를 첨부하지 아니하며, 서명은 인증서에 의한 전자서명 방식으로 합니다.

4. '계좌입금'란은 계좌입금을 신청하는 경우에만 기재합니다.

5. 공탁에 대하여 이의가 있는 경우에는 '예(이의를 유보하고 출급함)'에 ✓하고, 공탁금 출급 청구를 하여야 합니다. 이 경우에는 이후에 민사소송 등의 방법으로 권리를 주장할 수 있습니다.

6. '아니오(공탁을 수락하고 출급함)'에 ✓하고 출급하면, 공탁원인사실 · 공탁금액 등 공탁(통지)서에 기재된 내용을 인정하고 공탁금을 수령한 것으로 봅니다.

공탁유가증권 출급·회수 청구서

공 탁 번 호	년 증 제		호		

공탁자	성 명 (상호, 명칭)		피공탁자	성 명 (상호, 명칭)	
	주민등록번호 (법인등록번호)			주민등록번호 (법인등록번호)	

청구 내역	명 칭	장 수	총 액면금	액면금, 기호, 번호	비 고

보 관 은 행	은행 지점
청구 및 이의유보 사 유	
비고(첨부서류 등)	

위와 같이 청구합니다.

년   월   일

청구인 주소   대리인 주소
   주민등록번호
    (사업자등록번호)   성명   인(서명)
   성명   인(서명)

위 청구를 인가합니다.

년   월   일

법원   지원 공탁관   (인)

위 유가증권과 그 이표(공탁유가증권출급·회수청구서 1통)를 수령하였습니다.

년   월   일

수령인(청구인 또는 대리인) 성명   (인)

※ 1. 청구인의 인감증명서를 첨부하여야 합니다. 다만, 1,000만원 이하의 공탁유가증권을 본인이 직접 청구하는 때에는 인감증명서를 제출하지 않아도 되며(신분증을 확인) 날인 대신 서명할 수 있습니다.
2. 대리인이 청구하는 경우(1,000만원 이하인 경우 포함) 대리인의 성명, 주소(자격자대리인은 사무소)를 적고 날인(서명)하여야 하며, 이 때에는 본인의 인감을 날인한 위임장과 그 인감증명서를 첨부하여야 합니다.
3. 인감을 날인하고 인감증명서를 첨부하여야 하는 경우, 이를 갈음하여 서명을 하고 본인 서명사실확인서 또는 전자본인서명확인서 발급증을 제출할 수 있습니다.

공탁물품 출급·회수 청구서

공 탁 번 호	년 물 제 호				
공탁자	성 명 (상호, 명칭)		피공탁자	성 명 (상호, 명칭)	
	주민등록번호 (법인등록번호)			주민등록번호 (법인등록번호)	

청구 내역	명 칭	종 류	수 량	비 고

청구 및 이의유보 사 유	
비고(첨부서류 등)	

위와 같이 청구합니다.

년   월   일

청구인 주소   대리인 주소
   주민등록번호
   (사업자등록번호)   성명   인(서명)
   성명   인(서명)

위 청구를 인가합니다.

년   월   일

법원   지원 공탁관   (인)

위 공탁물품(공탁물품 출급·회수청구서 1통)을 수령하였습니다.

년   월   일

수령인(청구인 또는 대리인) 성명   (인)

※ 1. 본인이 직접 청구하는 경우 본인의 인감증명서와 인감도장, 신분증을 지참하여야 합니다.
   2. 대리인이 청구하는 경우 대리인의 성명, 주소(자격자대리인은 사무소)를 적고 날인(서명)하여야 하며, 본인의 인감을 날인한 위임장과 그 인감증명서를 첨부하여야 합니다.
   3. 인감을 날인하고 인감증명서를 첨부하여야 하는 경우, 이를 갈음하여 서명을 하고 본인서명사실확인서 또는 전자본인서명확인서 발급증을 제출할 수 있습니다.

공탁금 계좌 입금 신청서

공탁번호		청구금액	
입금계좌번호	은행 지점		계좌번호 : 예 금 주 : 신청인 본인

출 급 (회 수) 인		첨부서류	– 실명확인증표 사본 (사업자등록증, 주민등록증 등) – 대리신청 시 위임장, 인감증명서
성 명 (상호, 명칭)			
주민등록번호 (사업자등록번호)			

신청인이 수령할 위 공탁금을 신청인의 비용부담으로 위 예금계좌에 입금하여 주시기 바랍니다.

년   월   일

신청인   주소
　　　　성명　　　　　　(인) (전화번호　　　　　)

대리인   주소
　　　　주민등록번호
　　　　성명　　　　　　(인) (전화번호　　　　　)

　　　　법원　　　　지원 공탁관　　　　　　　귀하

> 고객정보 등록필 : ○○은행 ○○지점 (인)

※ 1. 인감을 날인하고 인감증명서를 첨부하여야 하는 경우, 이를 갈음하여 서명을 하고 본인 서명사실확인서 또는 전자본인서명확인서 발급증을 제출할 수 있습니다.
   2. 실명확인증표가 이동통신단말장치에 암호화된 형태로 설치되는 등 사본화가 적합하지 않은 경우에는 「공탁사무 문서양식에 관한 예규」 별지 제20호 양식의 신분확인서를 첨부하시기 바랍니다.

공탁금 포괄계좌 입금 신청서

입 금 대 상 공 탁 금	향후 신청인이 출급·회수청구자가 되는 귀 원의 공탁금 전부		
입금계좌번호	은행 지점	계좌번호 : 예 금 주 : 신청인 본인	
출 급 (회 수) 인		첨부서류	− 실명확인증표 사본 (사업자등록증, 주민등록증 등) − 대리신청 시 위임장, 인감증명서
성 명 (상호, 명칭)			
주민등록번호 (사업자등록번호)			

향후 신청인이 출급·회수청구자가 되는 모든 공탁사건에 대하여 동일계좌 입금을 신청하오니, 수령할 공탁금을 신청인의 비용부담으로 위 예금계좌에 입금하여 주시기 바랍니다.

년   월   일

신청인 주소
　　　　성명　　　　　　　　(인) (전화번호　　　　　　　　)

대리인 주소
　　　　주민등록번호
　　　　성명　　　　　　　　(인) (전화번호　　　　　　　　)

법원　　　　지원 공탁관　　　　　　　　귀하

고객정보 등록필 : ○○은행 ○○지점 (인)

※ 1. 인감을 날인하고 인감증명서를 첨부하여야 하는 경우, 이를 갈음하여 서명을 하고 본인
　　서명사실확인서 또는 전자본인서명확인서 발급증을 제출할 수 있습니다.
　 2. 실명확인증표가 이동통신단말장치에 암호화된 형태로 설치되는 등 사본화가 적합하지
　　않은 경우에는 「공탁사무 문서양식에 관한 예규」 별지 제20호 양식의 신분확인서를 첨
　　부하시기 바랍니다.

공탁금 포괄계좌입금 해지 신청서

예금계좌은행	은행 지점
예금계좌번호	
예 금 주	신청인 본인

본인이 귀원에 신청한 위 계좌에 대한 공탁금 포괄계좌입금신청에 대하여 해지를 신청합니다.

년   월   일

신청인 주소
　　　　성명　　　　　　　(인) (전화번호　　　　　　　　)

대리인 주소
　　　　생년월일
　　　　성명　　　　　　　(인) (전화번호　　　　　　　　)

법원　　　　지원 공탁관　　　　　　　귀하

> 고객정보 등록필 : ○○은행 ○○지점 (인)

※ 인감을 날인하고 인감증명서를 첨부하여야 하는 경우, 이를 갈음하여 서명을 하고 본인서
　명사실확인서 또는 전자본인서명확인서 발급증을 제출할 수 있습니다.

공탁금 계좌 입금 신청서(원거리 신청용)

접수공탁법원		접수공탁법원 공탁금 보관은행	
관할공탁법원		관할공탁법원 공탁금 보관은행	
관할공탁법원 공탁사건번호		청구금액	
입금계좌번호	은행 지점 계좌번호 : 예 금 주 : 신청인 본인		
출 급 (회 수) 인		첨부서류	– 실명확인증표 사본 (사업자등록증, 주민등록증 등) – 대리신청 시 위임장, 인감증명서
성 명 (상호, 명칭)			
주민등록번호 (사업자등록번호)			

신청인이 수령할 위 공탁금을 위 예금계좌에 입금하여 주시기 바랍니다.

년   월   일

　　　　신청인 주소
　　　　　　　 성명　　　　　　(인) (전화번호　　　　　　　)

　　　　대리인 주소
　　　　　　　 주민등록번호
　　　　　　　 성명　　　　　　(인) (전화번호　　　　　　　)

　　　　관할공탁법원:　　　법원　　지원 공탁관 귀하

> 고객정보 등록필 : ○○은행 ○○지점 (인)

※ 1. 본 신청서를 접수한 은행은 접수 후 지체 없이 과세정보를 관할공탁소 공탁금보관은행
　　에 송부하시기 바랍니다.
　2. 인감을 날인하고 인감증명서를 첨부하여야 하는 경우, 이를 갈음하여 서명을 하고 본
　　인서명사실확인서 또는 전자본인서명확인서 발급증을 제출할 수 있습니다.
　3. 실명확인증표가 이동통신단말장치에 암호화된 형태로 설치되는 등 사본화가 적합하지
　　않은 경우에는 「공탁사무 문서양식에 관한 예규」 별지 제20호 양식의 신분확인서를 첨
　　부하시기 바랍니다.

전국공통 포괄계좌 입금 신청서(국가·지방자치단체용)

입금대상 공탁금	향후 신청인이 출급회수청구자가 되는 공탁금 전부		
입금계좌번호	은행 지점 계좌번호 : 예 금 주 : 신청인 본인		
출 급 (회 수) 인		첨부서류	– 실명확인증표 사본 (사업자등록증 등) – 대리신청 시 위임장
명 칭			
사업자등록번호			

향후 신청인이 출급·회수청구자가 되는 모든 공탁사건에 대하여 동일계좌 입금을 신청하오니, 공탁금 보관은행에서는 위 신청인의 과세정보가 각 보관은행에 공유 되도록 처리한 후, 고객정보 등록필에 직인처리 하시기 바랍니다.

년   월   일

신청인 주소
　　　명 칭　　　　　　　　(인) (전화번호　　　　　　　　　　)
대리인 주소

주민등록번호
성 명　　　　　　　　(인) (전화번호　　　　　　　　　　)
법원　　　지원 공탁관　　　　　　　　귀하

> 고객정보 등록필 : ○○은행 ○○지점 (인)

> 공탁소의 각 보관은행 과세정보 등록 확인 :
>
> 　　　확인 필□　미등록으로 인한 재처리 요망 □

※ 1. 본 신청서를 접수한 은행은 접수 후 지체 없이 전국공통 포괄계좌 등록을 통해 과세정 보를 모든 공탁금보관은행에 송부하시기 바랍니다.
2. 각 보관은행 과세정보 등록 확인은 공탁소에서 과세정보 확인 후 체크하여야 하며, 전 체 또는 일부 보관은행 과세정보 미등록시에는 '미등록으로 인한 재처리 요망'에 체크 후 다시 보관은행에서 재전송 하도록 해야 합니다.

전국공통 포괄계좌 해지 신청서(국가·지방자치단체용)

예금계좌은행	은행 지점
예금계좌번호	
예 금 주	신청인 본인

본인이 귀원에 신청한 위 계좌에 대한 전국공통 포괄계좌 입금 신청에 대하여 해지를 신청합니다.

년   월   일

신청인 주소
    명 칭   (인) (전화번호   )
    사업자등록번호

대리인 주소
    생년월일
    성 명   (인) (전화번호   )

법원   지원 공탁관   귀하

┌─────────────────────────────────────┐
│   고객정보 등록필 : ○○은행 ○○지점 (인)   │
└─────────────────────────────────────┘

[제10호 양식]

보 증 서

공탁번호	년 금(증물) 제 호			
공탁금액				
공 탁 자	성 명 (상호, 명칭)		생년월일 (법인등록번호)	
	주 소 (본점, 주사무소)			
피공탁자	성 명 (상호, 명칭)		생년월일 (법인등록번호)	
	주 소 (본점, 주사무소)			

아래 연대보증인들은 위 공탁사건에 대하여 피공탁자(공탁자)가 공탁통지서(공탁서)를 첨부하지 않고 공탁금을 출급(회수)함으로 인하여 손해가 발생한 때에는 수령인과 연대하여 그 손해를 배상할 것을 보증합니다.

년   월   일

수 령 인 :   (서명)

연 대 보 증 인 :   (서명)
생 년 월 일 :
주   소 :

연 대 보 증 인 :   (서명)
생 년 월 일 :
주   소 :

※ 1. 첨부서류 : 보증인의 재산증명서(부동산등기사항증명서 등), 신분증사본
　 2. 출급·회수청구를 자격자대리인(변호사, 법무사 등)이 대리하는 경우 그 대리인이 보증을 할 수 있고, 이 때에는 재산증명서나 신분증사본은 첨부하지 않아도 됩니다.

지 급 위 탁 서

		법원	지원 공탁관	귀하

공 탁 번 호		년 금 제 호	공 탁 금 액	
공탁자	성 명 (상호, 명칭)			
	주 소 (본점, 주사무소)			
수령인	성 명 (상호, 명칭)			
	주 소 (본점, 주사무소)			
	주민등록번호 (사업자등록번호)			
지 급 액				
지 급 내 역				

공탁금을 위와 같이 지급 의뢰합니다.

년   월   일

법원   지원   (인)

증 명 서

공 탁 번 호	년 금 제 호	공 탁 금 액	
수령할 공탁금액			
수 령 인	성 명 (상호, 명칭)		
	주 소 (본점, 주사무소)		
	주민등록번호 (사업자등록번호)		

위 수령인이 위의 수령할 공탁금액에 대한 수령권자임을 증명합니다.

년   월   일

법원   지원   (인)

공 탁 물 품 지 급 결 과 통 지 서

법원   지원 공탁관   귀하

공탁번호 :

공탁자 성명(상호, 명칭) :

주소(본점, 주사무소) :

수령인(청구인 또는 대리인) 성명(상호, 명칭) :

주소(본점, 주사무소) :

생년월일(사업자등록번호) :

공탁물품 :

위 공탁물품을 위 수령인에게 지급하였기에 그 결과를 통지합니다.

년   월   일

공탁물보관자   (인)

공탁금 이자 청구서

공탁번호	년 금 제 호	공탁금액	한글
			숫자

위 공탁금에 대한   년   월   일부터   년   월   일까지의 이자를 청구합니다.

년   월   일

청 구 인	대 리 인
주소 : 주민등록번호 : (사업자등록번호) 성명 : 인(서명) (전화번호 :)	주소 : 성명 : 인(서명) (전화번호 :)

위 청구를 인가합니다.

년   월   일

법원   지원 공탁관   (인)

위 공탁금이자(공탁금 이자청구서 1통)를 수령하였습니다.

년   월   일

수령인(청구인 또는 대리인) 성명   (인)

※ 1. 대리인이 청구하는 경우에는 대리인의 성명, 주소(자격자대리인은 사무소)를 적고 날인 (서명)하여야 하며, 본인의 인감을 날인한 위임장과 그 인감증명서를 첨부하여야 합니다.
 2. 공탁금이 5,000만원 이하인 사건에 대하여 전자공탁시스템을 이용하여 출급·회수 청구하는 경우에는 인감증명서를 첨부하지 아니하며, 서명은 인증서에 의한 전자서명 방식으로 합니다.
 3. 인감을 날인하고 인감증명서를 첨부하여야 하는 경우, 이를 갈음하여 서명을 하고 본인 서명사실확인서 또는 전자본인서명확인서 발급증을 제출할 수 있습니다.

공탁유가증권 이표 청구서

공탁번호	명 칭	장수	총 액면금	액면금 기호, 번호	청구이표	지급기일	장수

위와 같이 이표의 지급을 청구합니다.

년   월   일

청 구 인	대 리 인
주소 : 주민등록번호 : (사업자등록번호) 성명 :　　　　　　　　인(서명) (전화번호 :　　　　　　　)	주소 : 성명 :　　　　　　　인(서명) (전화번호 :　　　　　　　)

위 청구를 인가합니다.

년   월   일

법원　　　지원 공탁관　　　　　　(인)

공탁유가증권 이표　　　　장 (총액　　　　　　　　　　　)
위 공탁유가증권 이표(공탁유가증권 이표청구서 1통)를 수령하였습니다.

년   월   일

수령인(청구인 또는 대리인) 성명　　　　　　(인)

※ 1. 청구인의 인감증명서를 첨부하여야 합니다. 다만, 이표의 총 액면금액이 1,000만원 이하인 경우 본인이 직접 청구하는 때에는 인감증명서를 제출하지 않아도 되며(신분증을 확인) 날인 대신 서명할 수 있습니다.
　2. 대리인이 청구하는 경우(1,000만원 이하인 경우 포함) 대리인의 성명, 주소(자격자대리인은 사무소)를 적고 날인(서명)하여야 하며, 이 때에는 본인의 인감을 날인한 위임장과 그 인감증명서를 첨부하여야 합니다.
　3. 인감을 날인하고 인감증명서를 첨부하여야 하는 경우, 이를 갈음하여 서명을 하고 본인서명사실확인서 또는 전자본인서명확인서 발급증을 제출할 수 있습니다.

사 유 신 고 서

			법원 지원	귀하

			공 탁 금 액	한글
공 탁 번 호				숫자

공탁자	성 명 (상호, 명칭)	
	주 소 (본점, 주사무소)	
	생년월일 (법인등록번호)	

피공탁자	성 명 (상호, 명칭)	
	주 소 (본점, 주사무소)	
	생년월일 (사업자등록번호)	

위 공탁금의 회수(출급) 청구권에 대하여 아래와 같이 채권압류명령 등이 경합 되었으므로 사유신고 합니다.

– 아   래 –

1.

년   월   일

법원   지원 공탁관   (인)

※ 1. '아래'란에는 가압류·압류 사건번호와 법원, 채권자 및 채무자의 성명과 주소, 청구금액 및 압류명령서 등의 송달 연월일 등을 기재합니다.
   2. 공탁당사자가 국가 또는 지방자치단체인 경우에는 법인등록번호란에 '고유번호'를 기재 하시기 바랍니다.

공탁기록 열람·복사 신청서

신 청 인	성 명		
	자 격		
	주 소		
	생년월일		
	전화번호		
신청구분	□ 열람		□ 복사
대상기록	법 원		
	공탁사건번호	공탁금액	
	공 탁 자	피공탁자	
복사할 부분			(복사매수 매)
복사비용	원 (매×50원)	(수입인지 첨부란)	
비 고			
영수일자	년 월 일	영수인	인(서명)

년   월   일

위 신청인   인(서명)

※ 1. 공탁당사자 및 이해관계인이 신청할 수 있습니다.
  2. 위임에 따른 대리인이 신청하는 경우에는 대리인의 권한을 증명하는 서면에 인감도장을 찍고 인감증명서를 첨부하여야 합니다(단, 공탁규칙 제59조 제3항의 경우에는 적용하지 아니함)
  3. 인감을 날인하고 인감증명서를 첨부하여야 하는 경우, 이를 갈음하여 서명을 하고 본인서명사실확인서 또는 전자본인서명확인서 발급증을 제출할 수 있습니다.
  4. 공탁관계 서류에 관한 등초본이나 인증된 사본을 청구할 수 없습니다. 다만, 열람청구의 연장으로 공탁관의 인증이 없는 사본은 청구할 수 있습니다.

사 실 증 명 신 청 서

신 청 인	성 명	
	자 격	
	주 소	
	주민등록번호	
	전화번호	

증명대상서류	법 원			
	공탁사건번호		공탁금액	
	공 탁 자		피공탁자	

증명의 목적	

증명을 받고자 하는 내용	

년　　　월　　　일

위 신청인　　　　　　　　　인(서명)

위의 사실을 증명합니다.

년　　　월　　　일

법원　　　지원 공탁관　　　　　　　　(인)

※ 1. 공탁당사자 및 이해관계인이 신청할 수 있으며, 증명받고자 하는 수에 1통을 더한 신청
서를 제출하여야 합니다.
2. 위임에 따른 대리인이 신청하는 경우에는 대리인의 권한을 증명하는 서면에 인감도장을
찍고 인감증명서를 첨부하여야 합니다(단, 공탁규칙 제59조 제3항의 경우에는 적용하지
아니함)
3. 인감을 날인하고 인감증명서를 첨부하여야 하는 경우, 이를 갈음하여 서명을 하고 본인
서명사실확인서 또는 전자본인서명확인서 발급증을 제출할 수 있습니다.

이 의 신 청 서

신 청 인	성 명 (상호, 명칭)	
	주 소 (본점, 주사무소)	
	생년월일 (법인등록번호)	
피 신 청 인	성 명	대한민국 법률상 대표자 법무부장관 ○ ○ ○ (소관 : ○○지방법원 ○○지원 공탁관)
	주 소	

신 청 취 지

1. 신청인이 20 . . . 피신청인에게 한 동원   년 금 제   호 공탁 신청(공탁금 출급·회수 청구)에 대하여 피신청인이 20 . . . 행한 불수리결정을 취소한다
2. 피신청인은 신청인의 공탁 신청(공탁금 출급·회수청구)을 수리(인가)하라
라는 재판을 구합니다.

신 청 이 유

첨 부 서 류

년   월   일

위 신청인   인(서명)

동의서(승낙서)

공탁번호		년 금(증, 물) 제 호
공탁금액		
동의자	성 명 (상호, 명칭)	
	주민등록번호 (법인등록번호)	
	주 소 (본점, 주사무소)	
상대방 (동의받는 자)	성 명 (상호, 명칭)	
	주민등록번호 (법인등록번호)	
	주 소 (본점, 주사무소)	
첨부서류		1. **동의자의 인감증명서** 1부 2.

위 상대방(동의받는 자)에게 이 사건 공탁금을 지급하는데 대하여 동의합니다.

년   월   일

동의하는 자 성명(상호 등)   (인감)

지방법원   지원 공탁관 귀하

※ 동의자의 인감증명서를 첨부하여야 합니다(인감을 날인하고 인감증명서를 첨부하여야 하는 경우, 이를 갈음하여 서명을 하고 본인서명사실확인서 또는 전자본인서명확인서 발급증을 제출할 수 있습니다).

보 정 권 고

공탁사건번호			구분	☐ 공탁신청 ☐ 출급·회수청구 ☐ 기타
공탁자	성명 (상호, 명칭)			
	주민등록번호 (법인등록번호)			
	주소 (본점, 주사무소)			
피공탁자	성명 (상호, 명칭)			
	주민등록번호 (법인등록번호)			
	주소 (본점, 주사무소)			

신청인은 아래 사항을   년   월   일까지 보완하시기 바랍니다.

보 완 할   사 항

년   월   일

지방법원   지원 공탁관   (인)

※ 1. 공탁관이 지정한 기한 내에 보정하지 아니한 경우에는 신청이 불수리될 수 있습니다.
   2. 전자공탁시스템을 이용하여 한 신청의 경우에는 그 보정도 전자공탁시스템을 이용하여
      하는 것이 불가능한 경우(예 : 인감증명서 제출) 등 특별한 사정이 없는 한 전자공탁시
      스템을 이용하여 보정하여야 합니다.

신 분 확 인 서

공탁사건	공탁 사건번호		공탁금액	
	공 탁 자		피공탁자	

신청사항	신청인 성명		신청인 주민등록번호	(-)
	신분확인 사유			
	▢ 1,000만 원 이하의 공탁금 지급청구 ▢ 장기미제 공탁사건 공탁금 지급청구 ▢ 본인의 공탁통지서 교부청구 ▢ 대리인의 공탁통지서 교부청구 ▢ 기타( )			

비고(식별정보 등)	운전면허번호: 식별번호: 발급일자(발급기관): 년 월 일( )

신분증명서가 이동통신단말장치에 암호화된 형태로 설치되는 등 사본화가 적합하지 않은 경우(주민등록법 제25조의 주민등록확인서비스, 도로교통법 제85조 및 동 시행규칙 제77조의 모바일운전면허증 등)에 해당하므로 신분증 사본에 갈음하여 신분확인서에 의하여 위 사실을 확인합니다.

년   월   일

법원   지원 공탁관   (인)

※ 신분증명서의 진위 확인을 위하여 반드시 아래의 정보를 기재하여야 합니다.
 1. 모바일운전면허증의 경우 운전면허번호(예:11-23-012345-67), 식별번호(예: 1234AB)
 2. 주민등록확인서비스의 경우 발급일자, 발급기관

공탁금(유가증권) 출급청구 안내문

귀하가 피공탁자로 지정된 공탁금이 납입되어 있으므로 공탁금을 지급받고자 할 경우에는 아래 표를 참조하여 구비서류를 지참하시고 우리 법원 공탁소를 방문하여 청구하시기 바랍니다.

구 분			공탁금 출급청구권자			
			개 인	법 인	법인 아닌 사단·재단	관공서
공탁금액	5천만원 초과	공탁통지서	○	○	○	○
		인감증명서와 인감도장	○	○	○	×
		신분증	○	○	○	○
	5천만원 이하 ~ 1천만원 초과	공탁통지서	×	×	○	○
		인감증명서와 인감도장	○	○	○	×
		신분증	○	○	○	○
	1천만원 이하	공탁통지서	×	×	×	×
		인감증명서와 인감도장	×	×	×	×
		신분증	○	○	○	○

※ 유가증권인 경우에는 그 액면금을 기준으로 보시면 됩니다.
※ 인감을 날인하고 인감증명서를 첨부하여야 하는 경우, 이를 갈음하여 서명을 하고 본인서명사실확인서 또는 전자본인서명확인서 발급증을 제출할 수 있습니다.

1. 1천만원 이하의 금액을 본인이 직접 청구하는 경우와 법인의 위임을 받은 대리인이 청구하는 경우에는 관할공탁소 뿐만 아니라 가까운 지방법원 또는 지원 공탁소(관할공탁소와 같은 특별시 및 광역시에 소재하는 경우에는 제외)에서도 공탁금을 찾을 수 있습니다(자세한 내용은 「관할공탁소 이외의 공탁소에서의 공탁사건처리 지침」(대법원행정예규) 참조).
2. 공탁금이 5,000만원 이하인 사건에 대하여는 법원 전자공탁홈페이지(http://ekt.scourt.go.kr)에서 전자공탁시스템을 이용하여 공탁소를 방문하지 않고도 출급청구를 할 수 있습니다. 이 경우 인감증명서를 첨부하지 아니하며, 서명은 인증서에 의한 전자서명으로 합니다.

3. 법인등기사항증명서, 가족관계증명서, 주민등록표 등·초본, 인감증명서(법인의 경우 사용인감계는 허용되지 아니함) 등 관공서 발급서면은 발급일로부터 3개월 이내의 것을 가져 오시기 바라며, 신분증으로는 주민등록증, 운전면허증, 여권 등을 가지고 오시기 바랍니다.

4. 대리인이 청구할 경우에는 위임장(본인의 인감도장이 찍힌 것), 본인의 인감증명서, 대리인의 신분증을 지참하여야 합니다(단, 미성년자의 법정대리인이 출급청구를 하는 경우에는 미성년자의 가족관계증명서 및 기본증명서를 첨부하여야 하고, 친권은 공동행사가 원칙이므로 부모 중 한명이 오실 경우에는, 배우자의 위임장·인감증명서 또는 배우자가 친권을 행사할 수 없다는 증명서를 추가로 가져오셔야 합니다).

5. 법인의 경우에는 위의 첨부서류 외에 법인등기사항증명서를 지참하여야 합니다.

6. 피공탁자 여러 명을 상대로 상대적 불확지공탁을 한 경우에는 다른 피공탁자의 동의서(인감증명서 첨부)나 확정판결서 등 출급권한을 증명하는 서면이 있어야 출급이 가능합니다.

7. 법인 아닌 사단·재단(종중, 교회 등)이 출급청구를 하는 경우에는 위의 첨부서류 외에 정관 또는 규약과 대표자임을 증명하는 서면을 첨부하여야 합니다. 특히, 대표자임을 증명하는 서면(대표자선임결의서 등)에는 2인 이상의 성년이 사실과 같다는 뜻을 적고 자필서명한 다음 각자의 신분증 사본을 첨부하여야 합니다.

8. 공탁금 출급청구서 양식은 우리 법원 공탁소에 비치되어 있으며, 법원 전자공탁홈페이지에서 다운로드받아 사용할 수도 있습니다.

색 인

• 저자 약력

- 강원도 평창군 봉평면 출생
- 봉평 중학교 졸업
- 춘천 고등학교 졸업
- 서경 대학교(국제대학) 졸업
- 서울 북부지방법원 공탁관
- 서울 중앙지방법원 감사관
- 수원 지방법원 감사관. 화성 등기소장
- 법원행정처 등기과 등기담당 사무관
- 서울 중앙지방법원 공탁관 .상업등기소 등기관
- 춘천 지방법원 속초지원 사무과장(법원 서기관)
- 서울 중앙지방법원 등기과장
- 명지 대학교 . 경북 전문대학교 . 건국 대학교 부동산대학원 강사
- 대한 법무사교육원 교수 등 역임
- 현 :   법무사 (02-2696-3456, 3382, 3383)
                      한국 민사집행법학회 회원
                      한국 민사법학회 회원

• 저서 및 논문

- 부동산등기편람(동민출판사)
- 부동산등기편람(上) .(下) (법률신문사)
- 신 등기총람 Ⅰ.Ⅱ (법률신문사)
- 부동산등기법 (법률출판사)
- 부동산등기법 강의 (법률출판사)
- 도시재개발 재건축 해설(동민출판사)
- 공탁법 (도서출판 박영사)
- 새로운 부동산등기법 (도서출판 박영사)

- 도시 및 주거환경정비법(도서출판 박영사)
- 전정판 공탁법 (도서출판 박영사)
- 재개발 재건축 해설 (법률출판사)
- 집행불능판결의 유형과 예방 (법률정보센타)
- 특수분야의 등기 (법률출판사)
- 판결에 의한 등기 (법률출판사)
- 도시 및 주거환경정비법 해설 (법률출판사)
- 제2판 집행불능판결의 유형과 예방 (법률정보센타)
- 신부동산등기법 (법률정보센타)
- 동산 · 채권 담보권 등기 (법률정보센타)
- 부동산등기법 (법률출판사)
- 신부동산등기실무 (법문북스)
- 부동산등기소송정해 (법문북스)
- 선장의 지혜 (도서출판 월송)
- "판결에 의한 등기" "승소한 등기의무자의 등기신청"
- "토지수용 보상금의 공탁에 관한 고찰"
- "판결에 의한 등기의 집행" (집행 불능 판결의 예방) 등 논문 37편

- **상훈 및 표창**

  1985. 12. 24 대법원장 표창
  2000. 5. 31   법무부장관표창
  2007. 6. 29   법원행정처장 표창
  2008. 4. 25   국민훈장 동백장
  2010. 12. 1   상록대상(특별공로부문)

[제2전정판]
공탁법해설

2023년 3월 20일   1판 1쇄 인쇄
2023년 3월 30일   1판 1쇄 발행

저 자   최 돈 호
발 행 인   김 용 성
발 행 처   법률출판사
서울시 동대문구 휘경로 2길3. 4층
☎ 02)962-9154 팩스 02)962-9156
등록번호   제1-1982호

정가 100,000원

ISBN 978-89-5821-417-5   13360